# Lexikon der Musik der Renaissance

# HANDBUCH DER MUSIK DER RENAISSANCE

Herausgegeben von
Andrea Lindmayr-Brandl, Elisabeth Schmierer und Joshua Rifkin

Band 6

# LEXIKON DER MUSIK DER RENAISSANCE

Herausgegeben von Elisabeth Schmierer

Band 1
A – K

Mit 1.153 Stichwörtern,
113 Abbildungen,
und 30 Notenbeispielen

Laaber

**Bibliographische Information der Deutschen Bibliothek**
Die Deutsche Bibliothek verzeichnet diese Publikation
in der Deutschen Nationalbibliographie;
detaillierte bibliographische Daten sind im Internet über
<http://dnb.ddb.de/> abrufbar.

© 2012 by Laaber-Verlag, Laaber
Alle Rechte vorbehalten
Printed in Germany / Imprimé en Allemagne
ISBN 978-3-89007-700-0 (Reihe)
ISBN 978-3-89007-706-2 (Band 6)
ISBN 978-3-89007-821-2 (Teilband 1)
Umschlaggestaltung: Sonja Weinmann, Augsburg
Umschlagmotiv: Meister der weiblichen Halbfiguren,
*Musizierende junge Frauen*, Öl auf Holz (1520/25)
Layout: Emmerig DTP, Lappersdorf
Druck und buchbinderische Verarbeitung:
Friedrich Pustet, Regensburg

**www.laaber-verlag.de**

# Inhalt

Vorwort .................................................................... 7

Verzeichnisse ......................................................... 11
  Autorenverzeichnis .......................................... 11
  Artikelverzeichnis ............................................. 15
  Abkürzungen .................................................... 28

Lexikon A–K ........................................................... 29

# *Vorwort*

Die Epoche der Renaissance erfreut sich wachsender Aktualität: In den vergangenen Jahren wurden ihr mehrere übergreifende lexikalische Werke gewidmet, welche sie in ihrer Gesamtheit behandelten. Bislang fehlte allerdings ein Lexikon, das sich speziell mit der Musik auseinandersetzte, obwohl diese in der Kultur der Renaissance eine überaus zentrale Rolle einnimmt. Sie war nicht nur – im Unterschied zur Bildenden Kunst und Architektur – als theoretische Disziplin im System der universitären Lehre verankert, sondern war als praktizierte Musik ein bedeutendes Repräsentationsobjekt der Herrscher und integrativer Bestandteil der Liturgie; nicht zu unterschätzen ist überdies die private Musikausübung sowie die überwiegend mündlich weitergegebene Musik der Spielleute. In der Zeit der Renaissance bildete sich an Höfen und Kirchen die musikalische Institution der Kapelle als Aufführungsort anspruchsvoller mehrstimmiger Musik aus, die Instrumentalmusik gewann im Laufe des 16. Jahrhunderts zunehmendes Renommee, Musikausübung war in die Erziehung Adliger und Geistlicher integriert. Der seit Beginn des 16. Jahrhunderts aufkommende Druck mehrstimmiger Musik beförderte eine umfassende Ausbreitung von Kompositionen. Wenn die Musik auch nicht in dem Maße wie Architektur und Literatur auf antike Vorbilder im Sinne einer ›Wiedergeburt‹ zurückgreifen konnte, nahm sie mit der Thematisierung ihrer Wirkungen in der Antike einen wichtigen Platz in den Debatten der Humanisten und Musiktheoretiker ein; und der dezidierte Rückgriff auf die Antike gegen Ende des 16. Jahrhunderts führte zur Entstehung einer der bedeutendsten Gattungen der abendländischen Musikgeschichte, der Oper.

Die vorliegenden Bände bieten ein Kompendium über die Musik und die mit ihr verbundenen kulturellen Erscheinungen der Epoche an der Schwelle der Neuzeit. Sie umfassen Artikel zu bedeutenden Musikern und zu musikgeschichtlich relevanten Persönlichkeiten aus Literatur, Bildender Kunst, Architektur, Theologie, Philosophie, Naturwissenschaften und Politik. Behandelt werden Städte und Regionen sowie Länder bzw. Staaten, sofern sie musikgeschichtlich als sinnvolle Einheiten zu fassen sind. Die Musikgeschichte von Städten oder Regionen deckt sich dabei teilweise mit derjenigen der jeweiligen Herrscher oder der herrschenden Familien, deren Artikel deshalb hauptsächlich auf eine kurze Zusammenfassung der politischen und kulturellen Bedeutung und eine orientierende Chronologie beschränkt bleiben. In umfassender Weise werden Sachbegriffe behandelt; speziell musikalische Termini umgreifen die in der Zeit der Renaissance gängigen Musikinstrumente sowie kompositorische, musiktheoretische, ästhetische, institutionsgeschichtliche und aufführungspraktische Sachverhalte; hinzu kommen die für die musikalische Kultur relevanten Begriffe aus anderen Bereichen, denn die Musik war sowohl mit dem Kanon der weiteren universitären Fächer als auch mit außeruniversitären kulturellen Erscheinungen eng verflochten.

Da in der Zeit der Renaissance oftmals nur wenige Fakten über die Vita selbst der berühmtesten Komponisten bekannt sind – es existiert kein musikgeschichtliches Werk, das Giorgio Vasaris Künstlermonographien vergleichbar ist –, ist die Biographie von Musikern oft kurz gehalten, ohne dass die diesbezüglichen Hintergründe eigens erwähnt werden. Häufig sind auch die Lebensdaten ungesichert oder nur eine Wirkungszeit bekannt. Ähnlich verhält es sich mit den Werken, die nur selten datierbar sind, und von denen insbesondere in der Zeit vor dem Musikdruck ein Großteil verloren ist. Hinzu kommt, dass die musikwissenschaftliche Aufarbeitung der Musik oftmals noch nicht geleistet wurde. Existieren zwar von den in unserer Zeit bekannteren Komponisten Gesamtausgaben, so sind Werke heute unbekannterer, in der Zeit der Renaissance jedoch durchaus berühmter Komponisten nur zum Teil in modernen Ausgaben zugänglich. Im Lexikon werden keine Werkverzeichnisse angeführt – die wichtigsten Kompositionen werden in den Artikeln erwähnt und behandelt –, dafür jedoch eine Auswahl der wichtigsten Ausgaben genannt, die zum Studium herangezogen werden können. Die jeweils angegebene Literatur am Ende der Artikel verzichtet auf Vollständigkeit; sie stellt vielmehr eine Auswahl dar, die unter dem Aspekt der Aktualität, der übergreifenden Darstellung, der Eignung auch für ein breiteres Publikum und der im Artikel erwähnten Sachverhalte getroffen wurde. Die Literatur zu Sachbegriffen umfasst im Allgemeinen keine Literatur zu einzelnen, in den Artikeln genannten Komponisten, sondern nur zum Sachgegenstand; für Literatur zu den Komponisten muss auf deren Artikel zurückgegriffen werden. Zur umfassenden Orientierung sind Verweise auf behandelte Personen sowie Sachartikel integriert (ausgenommen Städte, Regionen und Länder). Das Lexikon enthält zudem ein Personenregister, das auf diejenigen Artikel verweist, in denen die jeweilige Person genannt wird.

Die Zeit der Renaissance umfasst im wesentlichen das 15. und 16. Jahrhundert. Nicht nur unter der selbstverständlichen Prämisse, dass Grenzen von Epochen nicht strikt gezogen werden können, sondern auch aufgrund der Tatsache, dass Kontinuitäten zu den umgebenden Jahrhunderten insbesondere im Bereich von musikalischen Gattungen und musiktheoretischen Sachverhalten vorherrschen, greifen die Themenbereiche über die beiden zentralen Jahrhunderte hinaus.

Das Lexikon verbindet eine auch für den Laien verständliche Darstellung mit wissenschaftlichem Anspruch. Es richtet sich an eine breite Leserschaft: den Konzertbesucher Alter Musik, den Interpreten historischer Aufführungspraxis, den Lehrer, den Musikstudierenden, den Kritiker; dem Wissenschaftler, gerade auch demjenigen anderer Disziplinen, bietet es die Möglichkeit zur gezielten, schnellen und fachkundigen Information, auch über die aktuellste Literatur zum jeweiligen Gegenstand.

Mein Dank gilt ganz besonders allen Autoren, die zum Gelingen der Bände beigetragen haben. Zudem danke ich Herrn Dr. Daniel Glowotz für die Bearbeitung der Übersetzung der Artikel »Sphärenharmonie« und »Humanismus«, Herrn Joshua Rifkin für die Bearbeitung der Übersetzung des Artikels »Josquin Desprez«, Frau Dr. Alexandra Ziane und Frau Dr. Christina Boenicke für die Übersetzung der italienischen Artikel sowie Herrn Dr. Thomas Emmerig für die sorgfältige Erstellung des Layouts. Ein großer Dank sei dem Laaber-Verlag abgestattet, der das Projekt initiiert und durch alle Phasen begleitet hat; hierbei sei vor allem den Lektorinnen und Lektoren und Herrn Dr. Henning Müller-Buscher gedankt, durch dessen verlegerisches Engagement das Projekt zum Abschluss gebracht werden konnte.

# Autorenverzeichnis

Alphabetisch nach Kürzel:

| | | | |
|---|---|---|---|
| AB | Armin Brinzing (München) | FK | Franz Körndle (Augsburg) |
| ABR | Adrian Brown (Amsterdam) | FS | Franziska Schneider (Wien) |
| AD | Aurel Damerius (Essen) | GB | Gundula Bobeth (Wien) |
| AG | Alfred Gross (Trossingen) | GV | Gabi Vettermann (Wien) |
| AGR | Armin Groh (Essen) | HFP | Heinrich F. Plett (Essen) |
| AJ | Andreas Jacob (Essen) | HW | Horst Weber (Berlin) |
| AKH | Annette Kreutziger-Herr (Köln) | JB | Jonas Becker (Essen) |
| ALB | Andrea Lindmayr-Brandl (Salzburg) | JR | Jesse Rodin (Stanford) |
| AM | Agostino Magro (Tours) | JS | Johannes Schwarz (Wien) |
| AME | Alwyn Metzelder (Essen) | KA | Klaus Aringer (Graz) |
| AO | Annette Otterstedt (Berlin) | KJS | Klaus-Jürgen Sachs (Erlangen) |
| AP | Annette Padberg (Düsseldorf) | KP | Klaus Pietschmann (Mainz) |
| APA | Arno Paduch (Münster) | KS | Katelijne Schiltz (Löwen) |
| AR | Alexander Rausch (Wien) | LK | Luise Kimm (Essen) |
| AW | Anke Westermann (Essen) | LMK | Linda M. Koldau (Frankfurt) |
| AWO | Annette Wojtowicz (Haan Gruiten) | LS | Lothar Schmidt (Marburg) |
| AZ | Alexandra Ziane (Regensburg) | MAC | Marie-Alexis Colin (Tours) |
| BEH | Benedikt Hager (Wien) | MB | Marion Beyer (Essen) |
| BJ | Bernhard Janz (Würzburg) | MBR | Matthias Brzoska (Essen) |
| BL | Birgit Lodes (Wien) | MF | Mareike Faber (Köln) |
| BLO | Biljana Lovric (Gelsenkirchen) | MG | Manuel Gervink (Dresden) |
| BS | Bernhold Schmid (München) | MK | Martin Klotz (Tübingen) |
| BW | Britta Wandschneider (Münster) | ML | Mark Lindley (Boston) |
| CB | Christian Bettels (Münster) | MM | Michael Malkiewicz (Salzburg) |
| CHB | Christine Ballman (Brüssel) | MP | Malte Puls (Wien) |
| CHD | Christian Dabrowski (Berlin) | MR | Markus Rathey (New Haven) |
| CBO | Christina Boenicke (Regensburg) | MRO | Markus Roth (Essen) |
| CR | Claus Raab (Essen) | MZ | Michael Zywietz (Bremen) |
| CS | Christoph Sielczak (Herten) | NIS | Nina Schroeder (Bochum) |
| CTL | Christian Leitmeir (Bangor) | NKS | Nicole Katharina Strohmann (Hannover) |
| CV | Christiane Voth (Essen) | NSCH | Nicole Schwindt (Trossingen) |
| DF | David Fiala (Lüttich) | PF | Philip Feldhordt (Bochum) |
| DG | Daniel Glowotz (Münster) | PHV | Philippe Vendrix (Tours) |
| DH | Dietrich Helms (Dortmund) | PN | Patrice Nicolas (Tours) |
| DS | Dominik Šedivý (Salzburg) | RK | Regina Kauschat (Jena) |
| EH | Eberhard Hüppe (Münster) | RKF | Ronald Kornfeil (Wien) |
| EK | Esther Kunze (Essen) | RMJ | Ralf Martin Jäger (Münster) |
| ES | Elisabeth Schmierer (Essen) | RS | Rebekka Sandmeier (Cape Town) |
| FD | Frank Dobbins (Tours) | SF | Stefan Fitzke (Nienstädt) |
| FG | Fabien Guilloux (Paris) | SG | Stefan Gasch (Wien) |
| | | ST | Sonja Tröster (Wien) |

# Autorenverzeichnis

| | | | | |
|---|---|---|---|---|
| STK | Stefan Klöckner (Essen) | | Jäger, Ralf Martin | RMJ |
| SW | Silvia Wälli (Salzburg) | | Janz, Bernhard | BJ |
| TC | Tim Carter (Chapel Hill) | | Kauschat, Regina | RK |
| TD | Tobias Dalhof (Bochum) | | Kimm, Luise | LK |
| TR | Tobias Reisige (Essen) | | Klöckner, Stefan | STK |
| TRI | Tobias Rimek (Weimar) | | Klotz, Martin | MK |
| TRÖ | Thomas Röder (Erlangen) | | Koldau, Linda M. | LMK |
| TS | Tilman Seebaß (Innsbruck) | | Körndle, Franz | FK |
| TSB | Thomas Schmidt-Beste (Bangor) | | Kornfeil, Ronald | RKF |
| UHB | Ulrike Hascher-Burger (Amsterdam) | | Kreutziger-Herr, Annette | AKH |
| UK | Ulrike Küpper (Grevenbroich) | | Kunze, Esther | EK |
| UN | Ulrich Nefzger (Salzburg) | | Küpper, Ulrike | UK |
| US | Udo Sirker (Bergheim) | | Leitmeir, Christian | CTL |
| UV | Ulrike Volkhardt (Essen) | | Lindley, Mark | ML |
| VZ | Vasco Zara (Dijon) | | Lindmayr-Brandl, Andrea | ALB |
| | | | Lodes, Birgit | BL |
| | | | Lovric, Biljana | BLO |

Alphabetisch nach Name:

| | | | | |
|---|---|---|---|---|
| | | | Magro, Agostino | AM |
| | | | Malkiewicz, Michael | MM |
| Aringer, Klaus | | KA | Metzelder, Alwyn | AME |
| Ballman, Christine | | CHB | Nefzger, Ulrich | UN |
| Becker, Jonas | | JB | Nicolas, Patrice | PN |
| Bettels, Christian | | CB | Otterstedt, Annette | AO |
| Beyer, Marion | | MB | Padberg, Annette | AP |
| Bobeth, Gundula | | GB | Paduch, Arno | APA |
| Boenicke, Christina | | CBO | Pietschmann, Klaus | KP |
| Brinzing, Armin | | AB | Plett, Heinrich F. | HFP |
| Brown, Adrian | | ABR | Puls, Malte | MP |
| Brzoska, Matthias | | MBR | Raab, Claus | CR |
| Carter, Tim | | TC | Rathey, Markus | MR |
| Colin, Marie-Alexis | | MAC | Rausch, Alexander | AR |
| Dabrowski, Christian | | CHD | Reisige, Tobias | TR |
| Dalhof, Tobias | | TD | Rimek, Tobias | TRI |
| Damerius, Aurel | | AD | Röder, Thomas | TRÖ |
| Dobbins, Frank | | FD | Rodin, Jesse | JR |
| Faber, Mareike | | MF | Roth, Markus | MRO |
| Feldhordt, Philip | | PF | Sachs, Klaus Jürgen | KJS |
| Fiala, David | | DF | Sandmeier, Rebekka | RS |
| Fitzke, Stefan | | SF | Schiltz, Katelijne | KS |
| Gasch, Stefan | | SG | Schmidt, Bernhold | BS |
| Gervink, Manuel | | MG | Schmidt, Lothar | LS |
| Glowotz, Daniel | | DG | Schmidt-Beste, Thomas | TSB |
| Groh, Armin | | AGR | Schmierer, Elisabeth | ES |
| Gross, Alfred | | AG | Schneider, Franziska | FS |
| Guilloux, Fabien | | FG | Schroeder, Nina | NIS |
| Hager, Benedikt | | BEH | Schwarz, Johannes | JS |
| Hascher-Burger, Ulrike | | UHB | Schwindt, Nicole | NSCH |
| Helms, Dietrich | | DH | Šedivý, Dominik | DS |
| Hüppe, Eberhard | | EH | Seebaß, Tilman | TS |
| Jacob, Andreas | | AJ | Sielczak, Christoph | CS |

| | | | |
|---|---|---|---|
| Sirker, Udo | US | Wandschneider, Britta | BW |
| Strohmann, Nicole Katharina | NKS | Weber, Horst | HW |
| Tröster, Sonja | ST | Westermann, Anke | AW |
| Vendrix, Philippe | PHV | Wojtowicz, Annette | AWO |
| Vettermann, Gabi | GV | Zara, Vasco | VZ |
| Volkhardt, Ulrike | UV | Ziane, Alexandra | AZ |
| Voth, Christiane | CV | Zywietz, Michael | MZ |
| Walli, Silvia | SW | | |

# Artikelverzeichnis

## A

Aaron, Pietro
Académie de Musique et de Poésie
Accademia Alfonsina ▶ Akademie
Accademia degli Addormentati ▶ Akademie
Accademia degli Alterati ▶ Akademie
Accademia degli Infiammati ▶ Akademie
Accademia degli Infocati ▶ Akademie
Accademia degli Immobili ▶ Akademie
Accademia degli Intronati ▶ Akademie
Accademia della Crusca ▶ Akademie
Accademia Filarmonica ▶ Akademie
Accademia Pontaniana ▶ Akademie
Adam von Fulda
Adel ▶ Sozialgeschichte
Affekt
Agnus Dei ▶ Messe
Agricola, Alexander
Agricola, Martin
Agricola, Rudolphus
Agrippa von Nettesheim, Heinrich Cornelius
Aich, Arnt von
Aichinger, Gregor
Air de cour
Aix-en-Provence ▶ Frankreich
Akademie
Akzidentien
Alamire, Petrus
Alberti, Gasparo
Alberti, Leon Battista
Albrecht II.
Albrecht V.
Albrecht VI.
Alfonso V.
Alleluia
Allemande
Alta musica
Alternatim
Amerbach, Bonifacius
Amiens ▶ Frankreich
Amon, Blasius
Amour courtois
Amsterdam ▶ Niederlande
Anatomie
Andachtsmusik
Aneau, Barthélemy
Anerio, Felice
Anerio, Giovanni Francesco
Angers ▶ Frankreich
Animuccia, Giovanni
Annibale Padovano
Anonymi
Anthem
Antico, Andrea
Antiphon
Antisemitismus ▶ Jüdische Musik
Appenzeller, Benedictus
Aragon ▶ Spanien
Arbeau, Thoinot
Arcadelt, Jacques
Archicembalo
Architektur
Aretino, Pietro
Aria / Air
Ariosto, Ludovico
Aristokratie ▶ Sozialgeschichte
Aristotelische Philosophie
Aristoxenismus
Arnault de Zwolle, Henri
Arnold von Bruck
Arras ▶ Frankreich
Ars nova
Ars subtilior
Artes liberales
Artes mechanicae
Artusi, Giovanni Maria
Astrologie ▶ Kabbalistik, ▶ Magie
Astronomie
Attaingnant, Pierre
Augsburg
Autun ▶ Frankreich
Avignon

## Artikelverzeichnis

**B**

Baïf, Jean-Antoine de
Baldung, Hans, genannt Grien
Baldwin, John
Ballade
Ballard, Robert ▶ Le Roy & Ballard
Ballata
Ballet de cour
Balletto (vokal)
Ballo / Balletto
Banchieri, Adriano
Bandora / Pandora / Orpharion
Barbingant
Barbireau, Jacobus
Barcelona ▶ Spanien
Bardi, Giovanni Maria de' [Conte di Vernio]
Barform / Bar
Bartholomaeus de Bononia
Bartolomeo degli Organi
Barzeletta
Basel ▶ Schweiz
Basiron, Philippe
Bassadanza / Bassedanse
Bassano
Bassklausel ▶ Klausel
Basso continuo ▶ Generalbass
Basso pro organo ▶ Basso seguente
Basso seguente / Basso cavato / Basso pro organo
Basso cavato ▶ Basso seguente
Battaglia / Bataille
Bauernstand ▶ Sozialgeschichte
Beaujoyeulx, Balthasar de
Beauvais ▶ Frankreich
Bedyngham, Johannes
Beheim, Michel
Belleau, Rémy
Bellini, Giovanni
Bembo, Pietro
Benet, John
Beolco, Angelo [gen. Il Ruz(z)ante]
Berchem, Jacquet de
Berg, Adam
Bergamasca
Bergerette
Bergreihen
Bermudo, Juan
Bern ▶ Schweiz
Bertrand, Antoine de
Bèze, Théodore de

Bianchini, Dominico
Bicinium
Bildmotette
Binchois, Gilles
Blitheman, John
Blockflöte
Bocchi, Francesco
Bodin, Jean
Bogentantz, Bernhard
Bologna
Bombard / Bombarde / Bomhart ▶ Schalmei
Boni, Guillaume
Bonnet, Pierre
Bordeaux ▶ Frankreich
Borgia, Familie
Bottegari, Cosimo
Bourgeois, Loys
Bourgeoisie ▶ Sozialgeschichte
Bourges ▶ Frankreich
Branle
Brassart, Johannes
Brebis, Johannes
Brescia
Brevis
Browning
Bruderschaften / Brüdergemeinen
Brügge
Bruhier, Antoine
Brumel, Antoine
Brüssel
Bucer, Martin
Buchillustration ▶ Druckgraphik
Buchner, Hans
Bugenhagen, Johannes
Bühnenbild
Bull, John
Buontalenti, Bernardo
Burgkmair, Hans
Burgund
Burmeister, Joachim
Burzio, Nicolò
Busnoys, Antoine
Bußpsalmen ▶ Psalmvertonungen
Byrd, William

**C**

Cabezón, Antonio de
Caccini, Giulio Romolo

Cadenza ▸ Klausel
Caecilia
Caietain, Fabrice Marin
Calvin, Jean
Calvinistische Musik
Calvisius, Sethus
Cambio, Perissone
Cambrai ▸ Frankreich
Camerata fiorentina
Campion, Thomas
Canario
Canción
Cancionero ▸ Canción
Canis, Cornelius
Canisius, Petrus
Canova da Milano, Francesco
Cantare al liuto
Cantastorie
Cantatorium ▸ Gesangbuch, liturgisches
Canti carnascialeschi
Cantique spirituel
Canto de òrgano
Cantor / Cantor principalis ▸ Kapelle
Cantoris ▸ Decani und Cantoris
Cantrix
Cantus coronatus ▸ Puy
Cantus figuratus / Musica figuralis
Cantus firmus
Cantus fractus
Cantus planus ▸ Cantus figuratus
Cantus prius factus ▸ Cantus firmus
Canzone / Canzon da sonar
Canzonetta
Capella ▸ Kapelle
Capilla espanola ▸ Kapelle
Capilla flamenca ▸ Kapelle
Capirola, Vincenzo
Capreoli, Antonio
Capriccio
Cara, Marchetto
Caravaggio, Michelangelo Merisi da
Carol
Caron, Firminus
Caroso, Fabritio
Carpentras [eigentlich Elzéar Genet]
Carver, Robert
Cascarda
Castiglione, Baldassare
Casulana, Maddalena
Cavalieri, Emilio de'

Celtis, Conrad
Cembalo
Cerone, Domenico Pietro
Cersne, Eberhard von
Certon, Pierre
Cesaris, Johannes
Ceterone ▸ Cister
Chambéry ▸ Frankreich
Chanson
Chanson rustique
Chanson spirituelle
Chapel Royal
Chapelain ▸ Kapelle
Chardavoine, Jean
Chartres ▸ Frankreich
Chitarrone
Chor ▸ Kapelle
Choral ▸ Gregorianischer Choral, ▸ Kirchenlied
Chorales ▸ Kapelle
Choralmesse ▸ Messe
Choralmotette
Choralnotation
Choralvariation ▸ Variation
Christine de Pizan
Ciconia, Johannes
Cister / Citole
Clausula ▸ Klausel
Clavichord
Clavicytherium
Clemens non Papa, Jacobus
Cleve, Johann de
Cochlaeus, Johannes
Colascione
Color
Commissura
Common Prayer Book ▸ Cranmer
Compagnie di laudesi ▸ Lauda
Compère, Loyset
Concerto delle dame / delle donne / di donne
Confréries ▸ Bruderschaften
Conrad von Zabern
Consort
Consort song
Contenance angloise
Contrapunctus ▸ Kontrapunkt
Contrapunctus simplex / diminutus
Contratenor, Contratenor altus, Contratenor bassus ▸ Stimmengattungen
Copernicus, Nicolaus
Cordier, Baude

Cori spezzati
Cornago, Juan
Cornamuse
Cornazzano, Antonio
Cornysh, William der Jüngere
Correggio, Antonio Allegri da
Corsi, Jacopo
Corteccia, Francesco
Cortesi, Paolo
Corvinus, Matthias I.
Costeley, Guillaume
Courante
Courville, Joachim Thibault de
Cousin, Jean
Cranmer, Thomas
Crecquillon, Thomas
Crétin, Guillaume

D

Dänemark
Dalla Viola, Familie
Danckerts, Ghiselin
D'Arco, Livia ▶ Concerto delle dame
Daser, Ludwig
Decani und Cantoris
Dedekind, Euricius
Dedekind, Henning
Dell'Arpa, Giovanni Leonardo
Della Robbia, Luca
Demantius, Christoph
Déploration
Dering, Richard
Desportes, Philippe
Devisenmotette
Devotio moderna ▶ Andachtsmusik
Dietrich, Sixtus
Diferencia ▶ Variation
Dijon ▶ Frankreich, ▶ Burgund
Diminution
Diruta, Girolamo
Discantus / Diskant ▶ Stimmengattungen
Diskantklausel ▶ Klausel
Divitis, Antonius
Domarto, Petrus de
Domenico da Piacenza
Donato, Baldassare
Doni, Antonfrancesco
Dorico, Valerio

Douai ▶ Frankreich
Dowland, John
Drehleier
Dresden (Hof)
Dressler, Gallus
Druckgraphik in der Musikikonographie
Du Bellay, Joachim
Du Caurroy, François-Eustache
Du Chemin, Nicolas
Du Tertre, E(s)tienne
Dubrovnik
Dufay, Guillaume
Dulzian
Dunstaple, John


E

Eberhard von Cersne ▶ Cersne, Eberhard von
Eccard, Johannes
Effekt / Wirkung
Egenolff, Christian
Einstimmigkeit ▶ Gregorianischer Choral
Elisabeth I.
Eloy d'Amerval
Emblem
Encina, Juan de
Engelsmusik
England
Ensalada ▶ Quodlibet
Entrée
Enzyklopädien / Lexika
Epos
Erasmus von Rotterdam, Desiderius
Erbach, Christian (der Ältere)
Escobar, Pedro de
Esquivel Barahona, Juan de
Estampie
Este, Familie
Estocart, Paschal de L'
Evreux ▶ Frankreich
Eyck, Jacob van
Eyck, Jan van


F

Faber, Heinrich
Faber Stapulensis, Jacobus
Faburden ▶ Fauxbourdon

Fagott ▸ Dulzian
Falso bordone ▸ Fauxbourdon
Fancy ▸ Fantasia
Fantasia
Fantasia (Bildende Kunst) ▸ Poesia und Fantasia
Farnaby, Giles
Farnese, Familie
Faugues, Guillaume
Fauxbourdon / Faburden / Falsobordone
Fayrfax, Robert
Felis, Stefano
Ferdinand I.
Ferrabosco, Familie
Ferrante (Ferdinand) I.
Ferrara
Festa, Costanzo
Févin, Antoine de
Ficino, Marsilio
Fidel
Figuren ▸ Madrigalismen, ▸ Rhetorik, ▸ Burmeister
Finalis ▸ Klausel
Finck, Heinrich
Finck, Hermann
Florenz
Flöte ▸ Blockflöte
Fludd, Robert
Fogliano, Lodovico
Folia
Fontaine, Pierre
Forme fixe
Formschneider, Hieronymus
Forster, Georg
Fossa, Johannes de
Franck, Melchior
Frankoflämische Musik
Frankreich
Franz I.
Frauen in der Musikkultur
Fresneau, Henry
Fresneau, Jean
Fricassée ▸ Quodlibet
Friedrich III.
Friedrich der Weise ▸ Wittenberg
Frottola
Frye, Walter
Fugger, Familie
Fundamentbuch

G

Gabrieli, Andrea
Gabrieli, Giovanni
Gaffurio, Franchino
Galilei, Galileo
Galilei, Vincenzo
Galliarde
Galliculus, Johannes
Gallicus, Johannes
Gallus, Jacobus
Gambe ▸ Viola da gamba
Ganassi del Fontego, Sylvestro
Gardano, Antonio
Gareth, Benedetto [genannt Il Cariteo]
Gascongne, Mathieu
Gaspar van Weerbeke
Gastoldi, Giovanni Giacomo
Gavotte
Geigenwerk
Geistliches Drama
Generalbass
Genet, Elzéar ▸ Carpentras
Genf ▸ Schweiz
Genrebild
Genua
Gerlach, Katharina
Gesualdo, Don Carlo [Graf von Consa, Fürst von Venosa]
Gerson, Jean Charlier de
Gesangbuch, liturgisches
Geschichte im 15. und 16. Jahrhundert
Ghiselin, Johannes
Gibbons, Orlando
Gigue
Giorgione da Castelfranco
Gitarre
Giunta
Giustiniana / Justiniana
Glarean(us), Heinrich
Glocken
Glosa ▸ Variation
Gombert, Nicolas
Gonzaga, Familie
Gosswin, Antonius
Goudimel, Claude
Goulart, Simon
Graduale ▸ Gesangbuch, liturgisches
Graf, Urs
Granjon, Robert

Greghesca
Gregorianischer Choral / Einstimmigkeit
Greiter, Mathias
Grenoble ▶ Frankreich
Grenon, Nicholas
Grimm & Wirsung
Grossin, Etienne
Ground
Guami, Gioseffo
Guarini, Anna ▶ Concerto delle dame
Guarini, Giovanni Battista
Guarino Veronese
Guerrero, Francisco
Guglielmo Ebreo da Pesaro
Gumpelzhaimer, Adam
Gutenberg, Johannes
Guyot de Châtelet, Jean
Gymel

# H

Harfe
Haßler, Hans Leo
Hausmusik
Haußmann, Valentin
Hayne van Ghizeghem
Heidelberg
Heinrich II.
Heinrich III.
Heinrich IV.
Heinrich VIII.
Hellinck, Lupus
Hexachord
Heyden, Sebald
Heymair, Magdalena
Hofhaimer, Paul
Hofkapelle ▶ Kapelle
Hofweise
Holbein, Hans, der Jüngere
Holborne, Antony
Hollander, Christian
Horn
Howard, Henry
Hufnagel-Notation
Hugenotten
Hugenottenpsalter ▶ Calvin, ▶ Calvinistische Musik, ▶ Hugenotten
Humanismus

Hymnar ▶ Gesangbuch, liturgisches
Hymnus

# I

Imitation
Imperfectio
Improvisation
In Nomine
Individualdruck
Individualismus
Ingegneri, Marc'Antonio
Innsbruck
Instrumentalmusik
Instrumente: Familienbildung
Instrumentenstimmung ▶ Stimmung und Temperatur
Intavolierung
Intermedium
Inversio / Umkehrung
Ioculatores
Isaac, Heinrich
Isnardi, Paolo [genannt Ferrarese]
Isomelie
Isorhythmie

# J

Jacotin
Janequin, Clement
Jean de Hollande ▶ Hollander, Christian
Jesuitenschulen
Joachim a Burck
Jodelle, Étienne
Johannes de Lymburgia
Johannes de Muris
Johannes von Lublin
Johann(es) von Soest
Josquin Desprez
Joye, Gilles
Judenkünig, Hans
Jüdische Musik
Justiniana ▶ Giustiniana

# K

Kabbalistik
Kadenz ▶ Klausel
Kanon
Kantionalsatz
Kantorei / Cantoria
Kapelle
Karl der Kühne
Karl V.
Karl VII.
Karl VIII.
Karl IX.
Kassel
Katholische Erneuerungsbewegung
Kepler, Johannes
Kerle, Jacobus de
Kirbye, George
Kirchenlied
Kirchentonarten ▶ Tonsystem
Kithara ▶ Leier
Klausel / Kadenz
Klerus ▶ Sozialgeschichte
Kleve / Düsseldorf
Knöfel, Johann
Köln
Kolorierung
Kombinative Chanson
Komposition
Königsberg
Konstantinopel
Konstanz
Kontrapunkt / Satztechnik
Konzil von Basel ▶ Konzilien
Konzil von Cividale ▶ Konzilien
Konzil von Ferrara
Konzil von Florenz
Konzil von Konstanz
Konzil von Pavia und Siena ▶ Konzilien
Konzil von Trient ▶ Konzilien
Konzilien
Kopernikus ▶ Copernicus
Kortholt
Kotter, Hans
Krakau
Krebsgang
Krebskanon ▶ Kanon
Kriegstein, Melchior
Krummhorn
Kugelmann, Paul

Kurrende
Kyriale ▶ Gesangbuch, liturgisches

# L

La Grotte, Nicolas de
Labé, Louise
Lamentatio
Landino, Cristoforo
Lanfranco, Giovanni Maria
Langres ▶ Frankreich
Lantins, Familie
Lassus, Orlande de
Lassus, Rudolph de
Lauda
Laute
Lautenlied
Lautentabulatur
Laval ▶ Frankreich
Layolle, Francesco de
L'Estocart, Paschal de ▶ Estocart, Pschal de L'
Le Franc, Martin
Le Jeune, Claude
Le Maistre, Mattheus
Le Roy & Ballard
Lechner, Leonhard [Beiname »Athesinus«]
Legrensis, Johannes ▶ Gallicus, Johannes
Leier
Leipzig
Leisentrit, Johann
Lemaire de Belges, Jean
Le Mans ▶ Frankreich
Leonardo da Vinci
Lexika ▶ Enzyklopädien
L'homme armé
Liedmotette
Ligatur
Lindner, Friedrich
Lira / Lira da braccio / Lira da gamba / Lirone
Listenius, Nicolaus
Liturgisches Drama ▶ Geistliches Drama
London ▶ England
Longa
Longueval, Antoine de
Lossius, Lucas
Lotto, Lorenzo
Loyola, Ignatius von
Lucca
Ludford, Nicholas

Ludovico
Ludwig XI.
Ludwig XII.
Lupi, Johannes
Lupi, Livio
Luther, Martin
Lüttich
Luzzaschi, Luzzasco
Lyon
Lyra ▶ Leier, ▶ Lira

# M

Machaut, Guillaume de
Machiavelli, Niccolò
Madrigal
Madrigalismus
Madrigalkomödie
Mäzenatentum / Patronage
Magie
Magnificat
Mailand
Maillard, Jean
Maître de chapelle, Maître de chant ▶ Kapelle
Maîtrise
Malatesta, Familie
Malvezzi, Cristofano
Mandola
Manierismus
Mantua
Marenzio, Luca
Margarete von Österreich
Marienantiphon ▶ Antiphon
Marot, Clément
Marseille ▶ Frankreich
Martin, Claude
Martin le Franc ▶ Le Franc, Martin
Martini, Johannes
Maschera, Florenzo
Masque
Mathematik ▶ Artes liberales, ▶ Quadrivium, ▶ Sphärenharmonie, ▶ Metaphysik, ▶ Tinctoris, ▶ Zarlino, ▶ Kepler ▶ Johannes de Muris, ▶ Galilei, Galileo, ▶ Ramos de Pareja, ▶ Faber Stapulensis
Mauduit, Jacques
Maximilian I.
Maximilian II.
Mecheln

Medici, Familie
Medizin ▶ Anatomie
Mehrchörigkeit
Mehrstimmigkeit ▶ Polyphonie
Mei, Girolamo
Meiland, Jacob
Meistergesang
Melancholie
Melanchthon, Philipp
Ménestrel ▶ Spielleute, ▶ Ioculatores
Mensur
Mensuralnotation
Mensurkanon ▶ Kanon
Mentalitätsgeschichte
Mersenne, Marin
Merula, Tarquinio
Merulo, Claudio
Messe
Metaphysik
Metz ▶ Frankreich
Mewes, Gregor
Milán, Luis de
Milton, John
Minima
Minstrel ▶ Ioculatores, ▶ Spielmann
Missa de salve ▶ Messe
Missale ▶ Gesangbuch, liturgisches
Modena
Moderne, Jacques
Modus ▶ Tonsystem
Molinet, Jean
Molza, Tarquinia ▶ Concerto delle dame
Monodie
Montanus, Johannes
Monte, Philippe de
Monteverdi, Claudio
Montpellier ▶ Frankreich
Morales, Cristóbal de
Moralphilosophie
More, Thomas
Moresca
Morley, Thomas
Morton, Robert
Motette
Motettenchanson
Motetti missales
Motetus
Moulu, Pierre
Mouton, Jean
Mozarabisch

Mudarra, Alonso
München
Mündlichkeit / Oralität
Müntzer, Thomas
Mundy, William
Musica coelestis / humana / instrumentalis
Musica ficta / falsa
Musica mundana ▸ Musica coelestis
Musica plana ▸ Cantus planus
Musica poetica
Musica practica (activa)
Musica reservata
Musica segreta
Musica theor(et)ica (speculativa)
Musikdruck ▸ Notendruck
Musikerporträts
Musiktheorie
Musique mesurée à l'antique
Mysterienspiel ▸ Geistliche Dramen

N

Nancy ▸ Frankreich
Nanino, Giovanni Bernardino
Nanino, Giovanni Maria
Nantes ▸ Frankreich
Narbonne ▸ Frankreich
Narváez, Luis de
Naturphilosophie
Neapel
Negri, Cesare
Neostoizismus
Neri, Filippo
Neupythagoreismus ▸ Pythagoreisches System
Neusiedler, Familie
Nicholson, Richard
Niederlande
Ninot le Petit
Noël
Noëma
Norwegen ▸ Dänemark
Notation
Note nere ▸ Mensuralnotation
Notendruck
Noyon ▸ Frankreich
Nürnberg

O

Obrecht, Jacob
Ockeghem, Johannes
Ode
Öglin, Erhard
Oper ▸ Camerata fiorentina, ▸ Intermedien
Oratorium
Orden, religiöse
Ordinarium missae ▸ Messe
Orgel
Orgelmesse ▸ Alternatim
Orgeltabulatur
Orléans ▸ Frankreich
Ornithoparchus, Andreas
Orpheoreon ▸ Bandora / Pandora / Orpharion
Orpheus
Ortiz, Diego
Orto, Marbrianus de
Osiander, Lucas
Osmanisches Reich
Oswald von Wolkenstein
Othmayr, Caspar
Ott, Hans


P

Padovana
Padua
Paenultima ▸ Klausel
Paix, Jacob
Palestrina, Giovanni Pierluigi da
Palestrinastil
Pandora ▸ Bandora
Pandurina ▸ Laute
Papst ▸ Rom
Parabosco, Girolamo
Paracelsus
Parallelführungsverbot
Paris
Pariser Chanson
Parma
Parodiemesse ▸ Messe
Parsons, Robert
Part Song
Passamezzo
Passepied
Passereau, Pierre
Passion

Passionsmotette
Pastorale
Pathie, Rogier
Patronage ▶ Mäzenatentum
Paulirinus, Paulus
Paumann, Conrad
Pavane
Pavaniglia
Payen, Nicolas
Pedersøn, Mogens
Peletier du Mans, Jacques
Peñalosa, Francisco de
Perfectio
Peri, Jacopo
Perspektive ▶ Bühnenbild
Perugia
Petrarca, Francesco ▶ Petrarkismus
Petrarkismus
Petreius, Johannes
Petrucci, Ottaviano
Peverara, Laura
Pevernage, Andreas
Pfeifen (Pfeiffen)
Phalèse, Familie
Philipp der Gute
Philipp II.
Philips, Peter
Philosophie ▶ Naturphilosophie, ▶ Moralphilosophie
Physik ▶ Naturphilosophie, ▶ Pythagoreisches System
Pico della Mirandola, Giovanni
Pietro Bono de Burzellis
Piffero (Piffaro)
Pilgertum
Pipelare, Matthaeus
Pisano, Bernardo
Piva
Planson, Jean
Plantin, Christoffel
Pléiade, La
Plenarmesse ▶ Messe
Poesia und Fantasia
Poitiers ▶ Frankreich
Polen
Politik ▶ Bodin, ▶ Bocchi, ▶ Effekt
Poliziano, Angelo
Polonaise
Polyphonie ▶ Kontrapunkt, ▶ Vokalpolyphonie
Pommer ▶ Schalmei

Pontio, Pietro
Porta, Costanzo
Posaune
Power, Leonel
Präludium / Praeambulum
Praetorius, Michael
Prioris, Johannes
Prolatio minor/maior
Proportionen
Proportionskanon ▶ Kanon
Proprietas ▶ Mensuralnotation
Proprium missae ▶ Messe
Prosdocimus de Beldemandis
Protestantismus ▶ Luther
Prozession
Psalmlied ▶ Psalmvertonungen
Psalmmotette
Psalmvertonungen
Psalter ▶ Gesangbuch, liturgisches
Pullois, Johannes
Punctus
Puy
Pythagoreisches System

## Q

Quadernaria
Quadran pavan ▶ Passamezzo
Quadrivium
Quatreble ▶ Stimmengattungen
Querflöte ▶ Pfeifen
Quodlibet

## R

Rab, Valentin
Rabelais, François
Ramos de Pareja, Bartolomé
Rampollini, Mattio Romolo
Rackett
Rappresentazione sacra ▶ Geistliches Drama
Ratio Studiorum
Rätselkanon ▶ Kanon
Rebec
Reformation ▶ Luther ▶ Calvin
Regiomontanus, Johannes
Regis, Johannes
Regnart, Jacob

Regnault, Pierre ▸ Sandrin
Renaissance
Rener, Adam
Reprisenmotette
Requiem
Reson, Johannes
Responsorium
Reusch, Johann
Rezeption der Renaissance
Rhau, Georg
Rhetorik, musikalische
Rhythmus ▸ Mensuralnotation
Ricercar
Richafort, Jean
Rinuccini, Ottavio
Rittertum ▸ Sozialgeschichte
Rogier, Philippe
Rom
Romance
Romanesca
Rondeau / Rondellus
Ronsard, Pierre de
Rore, Cipriano de
Rosseter, Philip
Rotenbucher, Erasmus
Rouen ▸ Frankreich
Round ▸ Kanon
Rudolf II.
Rue, Pierre de la
Ruffo, Vincenzo
Ruggiero ▸ Aria, ▸ Ariosto
Ruzzante ▸ Beolco, Angelo

S

Sacco di Roma
Sachs, Hans
Sackbut ▸ Posaune
Salinas, Francisco de
Saltarello
Sandrin [Regnault, Pierre]
Sarabande / Zarabanda
Sarum rite / Use of Sarum
Satzlehre / Satztechnik ▸ Kontrapunkt, ▸ Komposition
Savonarola, Girolamo
Scandello, Antonio
Scève, Maurice
Schäferspiel ▸ Pastorale

Schalmei
Schanppecher, Melchior
Schisma
Schlick, Arnolt
Schlüsselung
Schmeltzl, Wolfgang
Schöffer, Peter (der Jüngere)
Scholastik
Schuldrama ▸ Geistliches Drama
Schweden
Schweiz
Scotto, Familie
Semibrevis
Semiminima
Senfl, Ludwig
Serafino de' Ciminelli dall'Aquila
Serlio, Sebastiano
Sermisy, Claudin de
Serpent
Service
Servin, Jean
Sforza, Familie
Shakespeare, William
Sheppard, John
Siena
Sight
Sigismund
Signalmusik
Sinfonia
Skelton, John
Soggetto / Soggetto cavato
Solmisation
Sonett
Sopranklausel ▸ Klausel
Sordun ▸ Kortholt
Soriano, Francesco
Sortisatio ▸ Improvisation
Soto de Langa, Francisco
Sozialgeschichte
Spagnoletto
Spangenberg, Johann
Spanien
Spataro, Giovanni
Spenser, Edmund
Sphärenharmonie
Spielleute / Ménestrels / Minstrels
Spinett
Sponsorentum ▸ Mäzenatentum
Spruchmotette
Squarcialupi, Antonio

Staatsmotette
Stabat mater
Stadtmusikanten / Stadtpfeifer ▶ Spielleute
Stegreifausübung ▶ Improvisation
Stilleben mit Musik
Stimmengattungen / Stimmambitus
Stimmung und Temperatur
Stobaeus, Johann
Stokem, Johannes de
Stoltzer, Thomas
Stomius, Johannes
Strambotto
Straßburg
Striggio, Alessandro der Ältere
Striggio, Alessandro der Jüngere
Strozzi, Piero
Studia humanitatis
Sturm, Caspar
Stuttgart
Stylus motecticus
Succentor
Superius ▶ Stimmengattungen
Susato, Tylman
Sweelinck, Jan Pieterszoon
Super librum cantare ▶ Improvisation

T

Tabulatur
Tactus
Tafelmusik
Talea ▶ Isorhythmie
Tallis, Thomas
Tanz
Tanznotation
Tapissier, Johannes
Tasso, Torquato
Tasteninstrumente ▶ Orgel, ▶ Cembalo, ▶ Clavichord, ▶ Virginal, ▶ Spinett, ▶ Clavicytherium
Taverner, John
Te Deum
Tempus perfectum/imperfectum
Tenor ▶ Stimmengattungen
Tenorklausel ▶ Klausel
Tenorlied
Tenormesse ▶ Messe
Tenormotette
Tessier, Charles

Tessier, Guillaume
Textunterlegung
Theorbe
Thibault de Courville ▶ Courville
Tiento ▶ Ricercar
Tinctoris, Johannes
Tintoretto
Tizian
Toccata
Tomkins, Thomas
Tonsystem / Modus
Tordiglione
Totentanz
Toulouse ▶ Frankreich
Tourdion
Tours ▶ Frankreich
Transitus ▶ Commissura
Trauermusik ▶ Déploration
Treble ▶ Stimmengattungen
Trienter Codices
Triplum ▶ Stimmengattungen
Tritonius, Petrus
Trivium
Tromboncino, Bartolomeo
Trompete
Turbae ▶ Passion
Türkenpsalm
Tyard, Pontus de
Tye, Christopher


U

Ugolino de Orvieto
Ulenberg, Caspar
Ungarn
Universität
Urbino
Urrede, Juan de
Utendal, Alexander


V

Vaet, Jacobus
Vagans ▶ Stimmengattungen
Van Eyck, Jacob ▶ Eyck, Jacob van
Van Eyck, Jan ▶ Eyck, Jan van
Vanneo, Stefano
Variation / Variationen

Varietas ▸ Variation
Vasari, Giorgio
Vásquez, Juan
Vaudeville ▸ Voix de ville
Vautrollier, Thomas
Vecchi, Orazio
Vehe, Michael
Venedig
Venegas de Henestrosa, Luis
Vento, Ivo de
Verdelot, Philippe de
Verdonck, Cornelis ▸ Bildmotette
Verovio, Simone
Vers mesurés ▸ Musique mesurée à l'antique
Verzierungen ▸ Diminution
Vesperantiphon ▸ Antiphon
Vesperpsalm ▸ Psalmvertonungen
Viadana, Ludovico
Vicentino, Nicola
Victoria, Tomás Luis de
Vide, Jacobus
Vihuela
Villancico
Villanella
Villon, François
Villotta
Viola da gamba
Violine
Violone
Virdung, Sebastian
Virelai
Virginal
Virginalmusik
Virtu
Vittorino da Feltre
Voix de ville / Vaudeville
Vokalpolyphonie
Volkslied
Voluntary
Votivantiphon ▸ Antiphon
Votivmesse ▸ Messe
Vulpius, Melchior

**W**

Waelrant, Hubert
Wait
Walter, Johann
Wannenmacher, Johannes
Ward, John
Watson, Thomas
Weelkes, Thomas
Wert, Giaches de
White, Robert
Wien
Wilbye, John
Wilder, Philip van
Willaert, Adrian
Wittenberg
Wollick, Nicolaus
Wyatt, Sir Thomas


**Y**

Yonge, Nicholas


**Z**

Zabarella, Franciscus
Zacara da Teramo, Antonio
Zacconi, Lodovico
Zarabanda ▸ Sarabande
Zarlino, Gioseffo
Zell, Katharina
Zink
Zirkelkanon ▸ Kanon
Zoilo, Annibale
Zunft ▸ Sozialgeschichte
Zwingli, Huldrych
Zwolle ▸ Arnault de Zwolle

# Abkürzungen

| | | | |
|---|---|---|---|
| aufgef. | aufgeführt | Habil. | Habilitationsschrift |
| bearb. | bearbeitet | hrsg. | herausgegeben |
| CMM | Corpus mensurabilis musicae | Hs. | Handschrift |
| CSM | Corpus scriptorum de musica | IMS | International Musicological Society |
| D.M.A. | Dissertation Magister Artium | | |
| Diss. | Dissertation | ital. | italienisch |
| DKL | *Das deutsche Kirchenlied. Kritische Gesamtausgabe der Melodien*, hrsg. von K. Ameln, M. Jenny und W. Lipphardt, Bd. 1/1 Verzeichnis der Drucke (RISM B/VIII/1), Kassel und Basel 1975 | MGG² | *Die Musik in Geschichte und Gegenwart*, 2. Ausgabe, hrsg. von Ludwig Finscher, Kassel u.a. 1994–2008 |
| | | MGG | *Die Musik in Geschichte und Gegenwart. Allgemeine Enzyklopädie der Musik*, hrsg. von Friedrich Blume, Kassel 1949–1986 |
| i. Vorb. | in Vorbereitung | | |
| dt. | deutsch | | |
| engl. | englisch | Ms. | Manuskript |
| entst. | entstanden | o.J. | ohne Jahr |
| fl. | floruit (Wirkungszeit einer Person) | o.O. | ohne Ort |
| frz. | französisch | op. | Opus |
| gedr. | gedruckt | reg. | regierte |
| Grove | *The New Grove Dictionary of Music and Musicians*, 2. Auflage, hrsg. von Stanley Sadie, London 2001 | RISM | Répertoire internationale des sources musicales |
| | | S. | Seite |
| Grove | *The New Grove Dictionary of Music and Musicians*, hrsg. von Stanley Sadie, London 1980 | Sp. | Spalte |
| | | span. | spanisch |
| | | T. | Takt |
| GS | Martin Gerbert, *Scriptores ecclesiastici de musica sacra potissimum*, 3 Bde., St. Blasien 1784 | Univ. | University |
| | | zit. | zitiert |

## Aaron [Aron], Pietro
\* um 1480 Florenz, † nach 1545, Ort unbekannt

Aaron zählt zu den einflussreichsten Musiktheoretikern des 16. Jahrhunderts in Italien. Er verfasste mehrere Traktate, worin sowohl die theoretischen als auch insbesondere die praktischen Probleme im Umgang mit dem modalen Tonsystem, der Kontrapunktlehre und der Anwendung der ▸ Musica ficta thematisiert werden. Zu seinen bedeutendsten Werken zählt das 1523 in Bologna erschienene Traktat *Thoscanello de la Musica*.

Wo genau Aaron seine ersten 30 Lebensjahre verbrachte, ist nicht bekannt. Es bleibt lediglich anzunehmen, dass er um 1480 in Florenz geboren wurde, wo er nach eigenen Angaben ▸ Josquin Desprez, Jacob ▸ Obrecht, Alexander ▸ Agricola und Heinrich ▸ Isaac kennen gelernt haben soll. 1505 erschien seine erste und die einzige heute noch erhaltene Komposition, die vierstimmige ▸ Frottola *Io non posso più durare*, in einem Sammeldruck in Venedig. Alle übrigen Werke, Messen sowie Madrigale, sind verschollen. Im Jahre 1516 war Aaron nachweislich als Priester in Imola tätig. In diesem Zeitraum publizierte er auch sein erstes Traktat, die *Libri tres de institutione harmonica*. Er bezog nachweislich ein Gehalt für seine Tätigkeit als Musiklehrer an der Kathedrale in Imola. Es erstaunt, dass er zu keiner Zeit eine offizielle Anstellung als Sänger oder Chorleiter besessen hat, was auf eine eventuell jüdische Herkunft Aarons schließen lässt (▸ Jüdische Musik). Dem Vorwort des 1523 erschienenen *Thoscanello de la Musica* ist zu entnehmen, dass er aus einfachen Verhältnissen stammte, was ihn mehr oder weniger gezwungen haben wird, in Ermangelung einer akademischen Schulbildung, sein fundiertes, musiktheoretisches Wissen als Autodidakt zu erwerben. Während Aaron sein erstes Traktat *De institutione harmonica* noch ins Lateinische übersetzen ließ, indem der Humanist Giovanni Antonio Flaminio mit dieser Aufgabe betraut wurde, sind alle weiteren Schriften in Italienisch verfasst, obwohl Latein nach wie vor in der wissenschaftlichen Literatur dominierte. Aaron scheint bestrebt gewesen sein, hinsichtlich der Verwendung der eigenen Landessprache einen möglichst großen Leserkreis für seine Schriften zu erreichen. 1523 verließ er Imola und übersiedelte nach Venedig, wo er in den Dienst von Sebastiano Michiel, Ritter des Johanniterordens und Prior von Venedig trat. Diesem widmete er sein zweites, im gleichen Jahr herausgegebenes Traktat *Thoscanello*. Nachdem sein Patron 1536 gestorben war, trat Aaron als Mönch in ein Kreuzherrenkloster in der Nähe von Bergamo ein und blieb dort möglicherweise bis zu seinem Tode.

Aarons musiktheoretische Schriften stehen in der Tradition von Johannes ▸ Tinctoris und Franchino ▸ Gaffurio. Er zählt somit nicht zu den eigentlich innovativen Theoretikern des frühen 16. Jahrhunderts. Aaron war jedoch einer der ersten, der zwischen der Kompositionsweise des ›Neuen‹ und ›Alten‹ unterschied, indem er feststellte, früher sei sukzessiv komponiert worden, d.h. eine Stimme nach der anderen in einer bestimmten Reihenfolge, heute würden alle Stimmen zugleich, quasi vertikal komponiert werden. Aaron zählt auch zu den ersten Theoretikern, die sich eingehend mit der mitteltönigen Stimmung befassten (▸ Stimmung und Temperatur). Es ist bemerkenswert, dass Aaron in seinen Traktaten kaum den Bezug zur Musikpraxis verliert. Er scheint dieser sogar in besonderem Maße verpflichtet, eventuell bedingt durch seinen eigenen, in erster Linie praktischen Zugang zur Musik. Aaron sparte in seinen Werken die Frage nach der Vereinbarkeit zwischen der Theorie des Kontrapunkts sowie der zunehmend in die Kritik geratenen, traditionellen Moduslehre und der davon scheinbar divergierenden Praxis nicht aus, sondern er versuchte die ursprünglich auf den gregorianischen Choral beziehungsweise die frühe Mehrstimmigkeit rekurrierende Satzlehre auf das Repertoire der polyphonen Musik seiner Zeit zu übertragen. In seinem bedeutenden *Trattato della natura et cognitione di tutti gli tuoni di canto figurato* von 1525 erklärte er daher den Tenor für die tragende Stimme auch im polyphonen Satz, nach der, hinsichtlich ihres Tonumfangs, Schlusstons und der darüber oder darunter liegenden Quinten und Quarten, die Tonart einer Komposition zu bestimmen sei.

*Schriften*:
*Libri tres de institutione harmonica*, Bologna 1516; *Thoscanello de la musica*, Venedig 1523; *Toscanello in musica* [...] *nuovamente stampato con l'agggiunta*, Venedig 1523, ³1539, Reprint Kassel u.a. 1970; *Trattato della natura et cognitione di tutti gli tuoni di canto figurato*, Venedig 1525; Traktat ohne Titel, Venedig 1531; *Lucidario in musica di alcune oppenioni antiche et moderne con le loro opposiotioni et resolutioni*, ebenda 1545; *Compendiolo di molti dubbi, segreti et sentenze intorno al canto fermo, et figurato*, Mailand nach 1545.

*Literatur*:
B. Meier, *Die Tonarten der klassischen Vokalpolyphonie*, Utrecht 1974 • H.S. Powers, *Mode*, in: Grove, Bd. 16, 2001, S. 775–823 • E. Apfel, *Diskant und Kontrapunkt in der Musiktheorie des 12. bis 16. Jahrhunderts*, Wilhelmshaven 1982 • B.J. Blackburn, *On Compositional Process in the Fifteenth Century*, in: Journal of the American Musicological Society 40 (1987), S. 210–284 • C.C. Judd, *Modal Types and »Ut, Re, Mi« Tonalities: Tonal Coherence in Sacred Vocal Poyphony from about 1500*, in: Dass. 45 (1992), S. 428–467 • H. Powers, *Is mode real? Pietro Aaron, the Octenary System, and Polyphony*, in: Basler Jahrbuch für historische Musikpraxis 16 (1992), S. 9–52 • M. Bent, *Accidentals, Counterpoint and Notation in Aaron's »Aggiunta« to the »Toscanello in Musica«* in: Journal of Musicology 12 (1994), S. 306–344 • C.C. Judd, *Reading Aaron Reading Petrucci: The Music Examples of the »Trattato della natura et cognitione di tutti gli tuoni« (1525)*, in: Early Music History 14 (1995), S. 121–152 • J. Haar, *Lessons in Theory from a Sixteenth-Century* Composer, in: *Essays on Italian Music in the Cinquecento*, hrsg. von R. Charteris, Sydnes 1990, S. 51–81.

TRI

# Académie de Musique et de Poésie

Die Académie de Musique et de Poésie wurde gegen 1567 von Antoine de ▸ Baïf und Joachim Thibault de ▸ Courville in Paris gegründet. Nachdem sie durch ▸ Karl IX. im November 1570 in den Rang einer königlichen Institution erhoben wurde, wurde sie unter der Regierung von ▸ Heinrich III. (reg. 1574–1589) in Académie du Palais umgetauft und beendete ihre Aktivitäten in den Jahren 1584–1585. Sie wurde nach dem Modell der neoplatonischen italienischen Akademien organisiert und hielt ihre Sitzungen alle Sonntag Nachmittage im Haus von Baïf ab; die Musiker (Komponisten, Poeten, Sänger und Instrumentalisten) präsentierten dort ihre Arbeiten vor einem Publikum von Zuhörern, die im Gegenzug die Verwaltung und die Finanzierung der Institution übernahmen.

In den Statuten der Akademie (1570) wurde der Zweck präzisiert: die Wiederfindung der ▸ Effekte der Musik der Antike, indem die Prinzipien der griechischen und lateinischen Metrik auf die zeitgenössische Poesie und Musik angewandt wurden. Das Feld der Aktivitäten der Akademie war weit, da sie gleichermaßen die poetische Domäne (›vers mesuré à l'antique‹), die musikalische (▸ ›Musique mesurée à l'antique) und die choreographische (▸ Ballet de cour) umfasste. Das *Ballet comique de la Royne* (1581) von Balthazar de Beauxjoyeult (Libretto von La Chesnaye, Musik von Lambert de Beaulieu) war eine der typischsten Ausprägungen; sie öffnete den Weg zur englischen ▸ Masque und zur französischen Tragédie lyrique des 17. Jahrhunderts. Die Poeten und die Musiker des Hofes der Valois, unter ihnen Jean Dorat, Pierre de ▸ Ronsard, Joachim ▸ Du Bellay, Pontus de ▸ Tyard, Rémy ▸ Belleau, Philippe ▸ Desportes, Jacques Mauduit, Guillaume ▸ Costeley oder Claude ▸ Le Jeune, besuchten die Akademie häufig oder standen unter ihrem direkten Einfluss.

Die Akademie war mehr als ein einfaches künstlerisches Unternehmen und verfolgte deshalb ehrgeizige Absichten: den Geist ihrer Hörer durch Effekte der ›mélodies à l'antique‹ zu verfeinern und zu reinigen, um sie auf einen Zugang auf höherem Erkenntnisniveau vorzubereiten. Angesichts dessen befand sich die musikalische Reform von Baïf und Courville eng an ein Programm der moralischen und religiösen Reform der französischen Gesellschaft geknüpft, zum Teil mit der Politik und allgemein mit den Angelegenheiten des Staates verbunden. Aus institutioneller Sicht diente die Académie de Musique et de Poésie als Modell für französische Akademien, die im Ancien Régime gegründet wurden, darunter die Académie française (1635), die Académie de Danse (1661) und die Académie Royale de Musique (1669).

*Literatur:*
D.P. Walker, *Der musikalische Humanismus im 16. und frühen 17. Jahrhundert*, Kassel 1949 • Ders., *Some Aspects and Problems of musique mesurée à l'antique: the Rhythm and Notation of musique mesurée*, in: Musica Disciplina 4 (1950), S. 163–186 • F.A. Yates, *The French Academies of the Sixteenth Century*, London 1947, ²1988 • R.M. Isherwood, *Music in the Service of the King. France in the Seventeenth Century*, Ithaca 1973.

FD

**Accademia Alfonsina** ▸ Akademie

**Accademia degli Addormentati** ▸ Akademie

**Accademia degli Alterati** ▸ Akademie

**Accademia degli Infiammati** ▸ Akademie

**Accademia degli Infocati** ▸ Akademie

**Accademia degli Immobili** ▸ Akademie

**Accademia degli Intronati** ▸ Akademie

**Accademia della Crusca** ▸ Akademie

Accademia Filarmonica ▶ Akademie

Accademia Pontaniana ▶ Akademie

## Adam von Fulda
* Fulda (?), † 1505 Wittenberg (?)

Adam von Fulda war Musiktheoretiker, Komponist und Historiograph. Die vormals als gesichert geltende Biographie der späten Jahre Adams von Fulda ist jüngst angezweifelt worden (Heidrich, *Adam von Fulda*, Sp. 111). Während Herkunft und Ausbildung ohnedies im Dunkeln liegen, berichtet Adam in der Vorrede zum Traktat *De Musica* (GS 330) von Aufenthalten in Passau und dem Benediktinerkloster Vornbach. An selber Stelle bezeichnet er sich als »ducalis musicus« (GS 329), was sich auf seine seit 1489 dokumentierte Stellung am Hof des sächsischen Kurfürsten Friedrichs III. des Weisen beziehen dürfte. Dort wird ein »Adam Singer« (Heidrich, *Adam von Fulda*, Sp. 111) als Kantoreimitglied geführt, dessen Identität mit Adam von Fulda als wahrscheinlich gelten muss. 1492 wird dieser beauftragt, »alte historien, cronicen und geschichten« auszuwerten (ebenda), um eine Historie Sachsens und des Herrscherhauses zu verfassen. Diese nicht erhaltene Sachsenchronik wurde 1506 von dem Würzburger Abt Johannes Trithemius vervollständigt. Dass Adam ab 1498 Kapellmeister am sächsischen Hof und ab 1502 Professor an der Wittenberger Universität war, bleibt spekulativ, wenngleich die dortigen Matrikel einen »Adamus de Fulda« (ebenda) verzeichnen.

Eine ▶ Messe, ein ▶ Magnificat, zehn kleinere geistliche Werke und fünf Lieder lassen sich Adam von Fulda zuordnen. Die Messe *Seit ich dich Herzlieb* ist mit zweistimmiger Kopfimitation, ▶ Kanontechniken, strenger ▶ Cantus-firmus-Behandlung im Tenor und charakteristischer Physiognomie der Stimmlagen einem älteren frankoflämischen Ideal verpflichtet (▶ frankoflämische Musik), was im Traktat durch den Bezug auf »doctissimi Wilhelmus Duffay, ac Antonius de Busna« (GS 341) historisch legitimiert wird. Lothar Hofmann-Erbrecht sah in dieser Messe eines der frühesten Beispiele von schöpferischer Adaption niederländischer Kompositionstechniken im deutschsprachigen Raum (*Rezeption des niederländischen Stils*, S. 158). Die kleineren drei- bis fünfstimmigen ▶ Hymnen und ▶ Responsorien, stilistisch den Rahmen der Zeit einhaltend, sind liturgisch zumeist im Offizium verortet, der Cantus firmus findet sich im Diskant wie im Tenor. Der Solmisationshymnus *Ut queant laxis* (▶ Solmisation) ist Reminiszenz an guidonische Tradition wie auch anschauliche Umsetzung von Adams musiktheoretischen Überlegungen.

Humanistisch geprägte künstlerische Selbstvergewisserung begegnet in Form von Strophenakrosticha in den Tenorliedern *Ach Jupiter hets tu gewalt* (»ADAM UON FVLDA«) und *Apollo aller kunst ein hort* (»ADaM«). Ein solches fehlt in der Liebesklage *Ach hülff mich leid*, einem der bekanntesten Lieder des 16. Jahrhunderts, das noch 1547 im *Dodekachordon* von Heinrich ▶ Glarean lateinisch kontrafaziert wurde. Adams Textautorschaft muss aufgrund eines zeitlichen Überlieferungssprunges allerdings angezweifelt werden.

Die musikalischen Werke entsprechen dem kompositorischen Niveau im deutschsprachigen Raum des ausgehenden 15. Jahrhunderts, stehen jedoch in ihrer Bedeutung hinter dem musiktheoretischen Traktat *De musica* zurück, der dem Konsistorialadvokaten Joachim Luntaler (»amico, fautorique singularissimo«, GS 329) gewidmet ist. Mit dem Rekurs auf spätantike und mittelalterliche Theoretiker wie Boethius, Guido von Arezzo und ▶ Johannes de Muris belegt Adam seine musikliterarische Bildung und folgt diesen Vorbildern auch in der systematischen Durchdringung und Darstellung von Herkunft und Ethos der Musik, Notation, Solmisation, Proportion und Modus. Vereinzelt setzt Adam individuelle Akzente, wenn er beispielsweise die ›musica artificialis‹ dezidiert in instrumental und vokal (»vel instrumentalis vel vocalis«, GS 333) unterteilt. Zudem hebt er richtungsweisend und – wenn auch in aller Kürze – systematisch den Affektgehalt der Modi hervor (GS 356).

Adam von Fulda verpflichtet sich in seinen Ausführungen den ▶ Artes liberales, auf die er wortwörtlich Bezug nimmt (GS 333 und passim). Aber auch die zugleich sichtbar werdenden humanistischen Neigungen finden ihren Niederschlag im Traktat, verleihen diesem eine Scharnierfunktion zwischen mittelalterlicher und frühneuzeitlicher Musiktheorie und machen Adam zu einem der Wegbereiter der deutschsprachigen Musik des 16. Jahrhunderts.

*Ausgaben*:
*Das Liederbuch des Arnt von Aich (Köln um 1510)*, hrsg. von E. Bernoulli und H.J. Moser, Kassel 1930; *Adami de Fulda musica* (GS 3, S. 329–381), Reprint Hildesheim 1963; *Der Mensuralkodex des Nikolaus Apel* (Das Erbe deutscher Musik 32–34), hrsg. von R. Gerber, 3 Bde., Kassel 1956–1975.

*Schriften*:
*De musica*, Explicit 5. November 1490, zu großen Teilen wahrscheinlich in Vornbach entstanden, vollendet in Torgau; die Manuskriptvorlage Martin Gerberts wurde 1870 bei einem Brand in Straßburg zerstört • *Ein ser andechtig Cristenlich Buchlein aus hailigen schrifften und lerern von Adam von Fulda in teutsch reymen gesetzt*, Wittenberg 1512.

*Literatur*:
H.J. Moser, *Leben und Lieder des Adam von Fulda*, Reprint Kassel 1974 • M. Just, *Der Mensuralkodex Mus. ms. 40021 der Staatsbibliothek Preußischer Kulturbesitz Berlin*, 2 Bde., Tutzing 1975 • H. Hüschen, *Adam von Fulda*, in: *Die deutsche Literatur des Mittelalters. Verfasserlexikon*, Bd. 1, hrsg. von K. Ruh u.a., Berlin ²1978, Sp. 54–61 • L. Hoffmann-Erbrecht, *Stufen der Rezeption des niederländischen Stils in der deutschen Musik der Dürerzeit*, in: *Florilegium musicologicum. Hellmut Federhofer zum 75. Geburtstag*, hrsg. von Chr.-H. Mahling, Tutzing 1988, S. 155–168 • M. Just, *Anschaulichkeit und Ausdruck in der Motette um 1500*, in: *Die Motette: Beiträge zu ihrer Gattungsgeschichte*, hrsg. von H. Schneider, Mainz 1991, S. 75–104 • J. Heidrich, *Die Deutschen Chorbücher aus der Hofkapelle Friedrichs des Weisen*, Baden-Baden 1993 • H. Wagner, *Adam von Fulda in Vornbach. Zur Musikgeschichte des ehemaligen Benediktinerstifts*, in: Ostbairische Grenzmarken 39 (1997), S. 45–52 • J. Heidrich, *Adam von Fulda*, in: MGG, Bd. 1 (Personenteil), 1999, Sp. 111–113 • K. W. Niemöller, *Adam von Fulda*, in: Grove, ²2001, Bd. 1, S. 148–149 • H. von Loesch, *Musica – Musica practica – Musica poetica*, in: *Deutsche Musiktheorie des 15. bis 17. Jahrhunderts* (Geschichte der Musiktheorie 8/I), hrsg. von Th. Ertelt und F. Zaminer, Darmstadt 2003, S. 99–264.

CB

# Adel ▶ Sozialgeschichte

# Affekt

(lateinisch affectus = Gemütsverfassung, Stimmung, Leidenschaft)

Im Zuge der Stärkung des Individuums und zunehmender subjektiver Wahrnehmung in der Renaissance fand auch die Welt des Gefühls Beachtung. Nicht mehr die dogmatische Welt klösterlicher Kultur des Mittelalters bestimmte die Musikausübung und -rezeption, sondern in der allgemeinen Rückbesinnung auf die Kultur der Antike brach sich ein individueller Ausdruckwille Bahn. Obwohl eine explizite Affektenlehre erst im Barock formuliert wird, hat sie ihren Ausgangspunkt in der Renaissance.

Theoretiker wie Gioseffo ▶ Zarlino (*Le istitutioni harmoniche*, 1558) bezogen sich auf griechische Philosophen (u.a. Platon und Aristoteles), die der Musik kathartische Wirkung zuschrieben und sie für die Erziehung genutzt wissen wollten. Unterschiedlichen Tonarten schrieben die Griechen in der Antike verschiedene Charaktere und Wirkungen zu. Auch die Intervalle hatten verschiedene Bedeutungen. Maßgeblich für die Gestaltung einer Komposition sollten laut Zarlino jedoch Sprachmelodie und Rhythmus des Textes (oratione), die Harmonie dem Text untergeordnet sein. (Dieses Dictum formulierte Claudio ▶ Monteverdi später als: »Die Rede sei die Herrin der Musik, nicht die Harmonie.«) Der Theoretiker Franchino ▶ Gaffurio forderte, der Gesang sollte den Worten des Textes entsprechen (*Practica musica*, 1496), Johannes ▶ Stomius bezeichnete einen Kanon als eine »mimesis« (*Prima ad musicen instructio*, 1537), Gallus ▶ Dressler nannte ›syncopatio‹ und ›fuga‹ als wichtige ›ornamenta‹ in den Kompositionen Jacobus ▶ Clemens non Papas (*Praecepta musicae poeticae*, 1563). So wurde ein anderer Rückbezug deutlich, nämlich jener auf die antike Kunst der Rhetorik, die nun nicht mehr im scholastischen Sinne als Übung betrachtet wurde, sondern ihre Funktion als Mittel subjektiver Überzeugung zurückerhielt und im Geiste des Humanismus neu gestaltet wurde. Zwar sollten sich erst im ›Stile nuovo‹ der Florentiner ▶ Camerata alle wesentlichen rhetorischen Elemente, wie auch der große formale Aufbau einer Rede bzw. eines Musikstücks, zeigen, die Idee rhetorischer Figuren fand jedoch offensichtlich schon Berücksichtigung. Joachim ▶ Burmeister, 1594 in Lüneburg geboren, ordnete einzelnen Figuren konkrete Wirkungen zu: Das ›Noëma‹ (homophoner Abschnitt in einer polyphonen Komposition) etwa wirke »lieblich anregend und außerordentlich streichelnd auf Ohren und Gemüte«. Die ›pathopeia‹ sei eine »figura apta ad affectos creandos« (eine geeignete Figur, um Gefühle hervorzurufen). Ein weiterer Theoretiker, der konkrete rhetorische Figuren benannte und systematisierte, ist Johannes Nucius, geboren 1556 in Görlitz (*Musices Poeticae*, 1613).

Hinweise allgemeinerer Natur darauf, dass die Musik die Gefühle des Hörers erreichen und bewegen sollte, finden sich z.B. bei Michael ▶ Praetorius, der folgendes beschreibt: »Wie die Knaben/ so vor andern sonderbare Lust und Liebe zum singen tragen/ [...] zu informieren und zu unterrichten seyn. Gleich wie eines Oratoris Ampt ist/ nicht allein eine Oration mit schoenen anmutigen lebhafftigen Worten/ unnd herrlichen Figuris zu sieren/ sondern auch recht zu pronuncijren, und die affectus zu moviren: In dem er bald die Stimmen erhebet/ bald sincken lesset/ bald mit maechtiger und sanffter/ bald mit ganzer und voller Stimme redet: Also ist des Musicanten nicht allein singen/ besonders kuenstlich und anmuetig singen: Damit das Herz der Zuhoerer geruehret/ und die affectus beweget werden/ und also der Gesang seine Endschafft/ dazu er gemacht/ und dahin er gerichtet/ erreichen moege.« (Praetorius, S. 229)

Auch die Titel etlicher Kompositionen zeugen von der Bedeutung der Affekte. Besonders eindrucksvoll ist die Bezeichnung »Semper Dowland, semper dolens«, die John ▶ Dowland einer der Pavanen aus seiner Sammlung *Lachrimae* gab. Diese Sammlung widmete Dowland Königin Anne, der Schwester des dänischen Königs Christians, in dessen Diensten er 1598 stand, offensichtlich unter ▶ Melancholie leidend. Den Hauptteil der Sammlung bilden die LACRIMAE OR SEVEN TEARS FIGURED IN SEAVEN PASSIONATE Pavans, die sein eigenes Lied *Flow my tears, fall from your springs* variieren. Die Titel beschreiben verschiedene Arten von Tränen: *Lachrimae Antiquae, Lachrimae Antiquae Novae, Lachrimae Gementes, Lachrimae Tristes, Lachrimae Coactae, Lachrimae Amantis* und *Lachrimae Verae*.

Auch Anthony ▶ Holborne verwendete in seinen fünfstimmigen *Pavans, Galliards and Almains* von 1599 Titel wie *The image of Melancholly, Spero, Paradizo, Inferno, Patiencia, The funerals, Pavana Ploravit, Last will and testament*. Alessandro ▶ Striggio nannte eines seiner Madrigale *Nasce la pena mia*. Es wur-

John Dowland: *Flow my tears*, 1. Seite, Faksimile *The Scolar Press Limited*, London 1977.

de von Johann Schop als Diminution bearbeitet und erreichte höchste Dramatik. Liedsätze aus dem Glogauer Liederbuch tragen Titel wie *Fruntlich begyr, Groß senen ich ym herczen trag, Hab ich lip zo leyd ich not, O wy gerne, Meyn gemuet das wueth*. Jan Pieterszoon ▸ Sweelinck schrieb Variationen über *Mein junges Leben hat ein End'*. Vicenzo ▸ Ruffo nannte einzelne Stücke in seinen Capricci in Musica von 1564 *Quand'io penso al martire, Il Capriccioso, La disperata, El Perfidios, El Malenconico* und griff u.a. das bekannte Madrigal *O Felici occhi miei* auf. Als letzte Konsequenz dieses Bemühens um den Affektgehalt der Musik mögen der frühbarocke ›Stile nuovo‹, auch ›Stile concitato‹, in *Le Nuove Musi-* che (1602) von Giulio ▸ Caccini und den *Affetti Musicali* von Biagio Marini (Venedig 1617) gelten.

*Ausgaben*:
V. Ruffo, *Capricci in Musica*, Milano 1564, Faksimile Florenz 1979; A. Holborne, *Pavans, Galliards, Almains*, hrsg. von B. Thomas, London 1980; John Dowland, *Complete Consort Music*, hrsg. von E. Hunt, London 1985.

*Literatur*:
M. Praetorius, *Syntagma Musicum*, Bd. III: *Termini Musici*, Wolfenbüttel 1619, Faksimile Kassel 1958 • D. Bartel, *Handbuch der musikalischen Figurenlehre*, Laaber 1985 • W. Braun, *Affekt*, in: MGG, Bd. 1 (Sachteil), 1994, Sp. 31–41.

UV

**Agnus Dei** ▸ Messe

**Agricola, Alexander**
* 1445 oder 1446 Gent, † 15.8.1506 Valladolid

Agricola, dessen echter Name Alexander Ackerman lautet, entstammt wahrscheinlich einer Familie aus Gent. Von seinen ersten Jahren als Komponist ist wenig bekannt, die Überlieferung ist sehr bruchstückhaft. Ein gewisser ›Alessandro Alemanno‹, Sänger und Viola-Spieler, war in Mailand und in den frühen 1470er Jahren am Aragonesischen Hof in Neapel tätig. Falls es sich dabei um den Komponisten handelt (›Alemanno‹ oder ›Tedesco‹ war allgemein üblich, um die Herkunft aus Nordeuropa zu kennzeichnen), könnte man behaupten, dass Agricola seine Beziehungen zu den italienischen Höfen schnell aufgenommen hat. Die erste sichere Angabe geht auf die Zeitspanne von 1475–1476 zurück, während der Agricola ›petit vicaire‹ an der Kathedrale von Cambrai war. Am 1. Oktober 1491 war Agricola Sänger an der Kathedrale von Florenz und unterhielt gleichzeitig gemeinsam mit seinem Kollegen Heinrich ▸ Isaac Verbindungen zum Hof von Lorenzo il Magnifico (▸ Medici). Zwischen diesen beiden Jahren muss Agricola eine nicht genauer bestimmte Zeitspanne am Hof des Königs von Frankreich, ▸ Karl VIII. (1483–1498) verbracht haben. In jedem Fall ist überliefert, dass der Komponist den königlichen Hof verlassen hat, ohne um Erlaubnis zu fragen, um an den Hof der Medici zu gelangen: In einem an Piero de' Medici adressierten Brief vom 25. April 1492 fordert der König von Frankreich, dass Agricola an die königliche Kapelle zurückkehre. Anstatt nach Frankreich zurückzukehren, verließ Agricola Florenz und landete in Neapel. Dort blieb er nicht lange, weil der König von Neapel, ▸ Ferrante I (König Ferdinando), in einem Brief vom 13. Juni 1492 Karl VIII. informiert, dass Agricola soeben die Stadt verlassen hätte, um Richtung Frankreich aufzubrechen, wobei er wiederum einen Zwischenhalt in Florenz einlegte. Dort bleibt er bis zum Oktober, um im Anschluss daran den königlichen Hof wahrscheinlich gegen Ende des Jahres zu erreichen. Die beiden folgenden Jahre sind ebenfalls ausgefüllt mit nicht einfachen Reisen zwischen Frankreich, Florenz und Neapel. Es handelt sich um turbulente Zeiten, und auch die Karriere Agricolas scheint unter deren Einfluss zu stehen. König Ferrante schätzte die Begabung des Komponisten. Im Februar des Jahres 1493 erklärt er sich bereit, ihn endgültig am neapolitanischen Hof aufzunehmen. Die Reise Agricolas verzögert sich wahrscheinlich aufgrund der schlechten Beziehungen zwischen Frankreich und Aragon: Karl VIII. ist entschlossen, seine Ansprüche auf das Königreich von Neapel geltend zu machen. Agricola kommt in Neapel gemeinsam mit dem Kollegen Johannes ▸ Ghiselin Verbonnet, der sich in Florenz aufhielt, im Februar 1494 an, ein paar Tage nach dem Tod Ferrantes († 25 gennaio 1494). Die zwei Komponisten kehren nach Florenz zurück, aber die Ereignisse überstürzen sich: Karl VIII. drängt in Richtung Toscana und versucht, Neapel und die Medici zu erreichen, die – mittlerweile von der Florentiner Bevölkerung schlecht angesehen, da sie dafür verantwortlich gemacht werden, die Toscana den Franzosen überlassen zu haben – gezwungen waren, im November 1494 aus Florenz zu fliehen. Leider besitzen wir zu Agricola kein einziges Dokument bis zum Monat August des Jahres 1500, dem Datum, an welchem er am Hof von Philipp dem Schönen in Erscheinung tritt, der eine der florierendsten Musikkapellen der Zeit unterhielt. 1506 folgte Agricola dem Herrscher der Niederlande auf der Reise nach Spanien, wo er am 15. August desselben Jahres sechzigjährig in Valladolid starb, vermutlich an Thyphus. Diese Information verdanken wir einem anonymen musikalischen Epitaph, der Motette *Musica, quid defles*, veröffentlicht von Georg ▸ Rhau 1538. Wenn wir den Text des Epitaphs wörtlich nehmen, wurde Agricola zwischen 1445 und 1446 geboren.

Der bekannte Corpus der Werke Agricolas besteht aus acht ▸ Messen, vier *Credo*, etwa zwanzig ▸ Motetten und anderen liturgischen Kompositionen, und aus etwa fünfzig Chansons. Zu dieser bereits recht stattlichen Produktion müssen gut 25 Instrumentalstücke hinzugefügt werden, die Agricola zum fruchtbarsten Instrumentalmusikkomponisten seiner Generation machen (gemeinsam mit Johannes ▸ Martini). Agricola ist ein eklektischer Komponist, dessen verfeinerter Stil sich manchmal als etwas künstlich, aber immer als vornehm und ausgeglichen erweist.

Von den Messen, denen Ottaviano ▸ Petrucci 1504 einen gesamten Band widmete, verdienen vor allem die *Missa Malheur me bat* und die *Missa Je ne demande* für die extreme Freiheit und den Abwechslungsreichtum bei der Behandlung der Vorlage Erwähnung. Die erste ist eine klassische Messe über einem ▸ Cantus firmus, die jedoch in einigen Abschnitten nicht darauf verzichtet, die Paraphrase der Vorlage (eine Chanson, die in unterschiedlichen Quellen wahlweise Martini, Malcort und Johannes ▸ Ockeghem zugeschrieben wurde) in allen vier Stimmen der Komposition einzuführen, ein Verfahren, das Agricola auch in seiner *Missa Le serviteur* angewandt hat. In der Messe *Je ne demande* systematisiert Agricola diese Vorgehensweise: Der Kontrapunkt der berühmten Chanson von Antoine ▸ Busnoys wird überarbeitet und mit außergewöhnlicher Geschicklichkeit in jedem Abschnitt der Messe neu erfunden.

In seinen Chansons bevorzugt Agricola eine Struktur aus drei gleichbedeutenden Stimmen, häufig in imitativem Stil. Insbesondere eine Chanson ist aufgrund ihrer weiten Verbreitung hervorzuheben: die vierstimmige ▸ Bergerette (▸ Virelai) *Je n'ay deuil*, von der nicht weniger als 14 Quellen bekannt sind. Ausgehend von einer Chanson Ockeghems (der Beginn des Basses der Rondeau *J'en ay deuil / Je n'ay deul*) schafft Agricola einen imitativen Kontrapunkt aus vier Stimmen, der – wie auch der Theoretiker Pietro ▸ Aaron (*Libri tres de institutione harmonica*, 1516) angemerkt hat – eine erste Etappe auf dem Weg zur gleichzeitigen Konzeption der Stimmen darstellt und sich dabei von der Struktur gegenseitiger Abhängigkeit, basierend auf der Achse Superius–Tenor, entfernt. Es gibt zwei Messen von Antoine ▸ Brumel und Ghiselin Verbonnet, die auf diesem Modell basieren.

Die Instrumentalstücke zu zwei, drei und vier Stimmen zeichnen sich durch große Virtuosität aus. Der größte Teil davon sind keine abstrakten Kompositionen, sondern Kontrapunkte, die um den Tenor einer Chanson herum konstruiert sind. Als Cantus prius factus (▸ Cantus firmus) wurde jeweils eines der bekanntesten Werke der Zeit ausgewählt, wie zum Beispiel in den vier Versionen von *D'ung aultre amer*, die auf einer Chanson von Ockeghem basieren, oder die fünf Versionen von *De tous bien plaine* auf dem äußerst berühmten Rondeau von ▸ Hayne van Ghizeghem. Berühmt ist auch seine sechsstimmige Version des italienischen Stücks *Fortuna desperata* (Busnoys?), in dem Agricola den drei originalen Stimmen drei virtuose Kontrapunkte hinzufügt. Mit *Cecus non iudicat de coloribus* und *Pater meus agricola est*, beide dreistimmig, kodifiziert Agricola das abstrakte Instrumentalgenre. Erstere ist ein Kontrapunkt mit über hundert Mensuren in nicht imitativem Stil. Der Ursprung des Titels bleibt im Dunkeln, könnte sich aber auf die zwei berühmten blinden Brüder Johannes und Karolus Fernandes, Pariser Lehrer und Instrumentalvirtuosen, beziehen. In letzterer entwickelt Agricola eine weitschweifige musikalische Rede (130 Mensuren), aufgebaut aus mehreren, sich imitierenden ▸ Soggetti, die innerhalb verschiedener Abschnitte rhythmisch kontrastreich ausgearbeitet sind.

*Ausgaben*:
*Alexander Agricola, Opera Omnia*, hrsg. von E.R. Lerner, 5 Bde. (CMM 22), American Institute of Musicology, 1961–1970.

*Literatur*:
N. Schwindt (Hrsg.), *Alexander Agricola – Musik zwischen Vokalität und Instrumentalismus* (Trossinger Jahrbuch für Renaissancemusik 2006), Kassel 2007.

AM

## Agricola, Martin
* 6.1.1486 (?) Schwiebus (heute Swiebodzin),
† 10.6.1556 Magdeburg

Agricola zählt zu den bedeutendsten Musiktheoretikern des 16. Jahrhunderts. Er kam 1519 oder 1520 nach Magdeburg und wirkte seit etwa 1525 bis zu seinem Lebensende als Kantor an der dortigen Lateinschule.

Zentral für die Musikinstrumentenkunde und Musikpraxis der Zeit ist die *Musica instrumentalis deudsch*, die seit 1529 in mehreren Auflagen erschien, letztmals in grundlegend überarbeiteter Form 1545. Agricola widmet sich in dem reich illustrierten Werk den verschiedenen Musikinstrumententypen und deren Spielpraxis.

Des weiteren veröffentlichte er in deutscher und lateinischer Sprache verfasste Lehrbücher für den schulischen Musikunterricht, in denen er die verschiedenen Aspekte der Musiktheorie (Notation, Solmisation, Tonarten usw.), meist durch zahlreiche Musikbeispiele illustriert, darstellt. Seine Kompositionen umfassen (teils gedruckt, teils handschriftlich überliefert) u.a. deutsche ▶ Kirchenlieder, lateinische ▶ Motetten und ▶ Hymnen sowie textlose Übungskompositionen für den Schulunterricht.

*Ausgaben*:
A. Prüfer, *Untersuchungen über den außerkirchlichen Kunstgesang in den evangelischen Schulen des 16. Jahrhunderts*, Diss. Leipzig 1890, Partitur, S. 1–88; *Instrumentische Gesänge*, hrsg. von H. Funck, Wolfenbüttel 1933; *Weihnachtsgesang*, hrsg. von H. Funck, Kassel usw. 1974; *Neue deutsche geistliche Gesänge für die gemeinen Schulen, Wittenberg 1544*, hrsg. von J. Stalmann, Kassel usw. 1992 (G. Rhau, *Musikdrucke aus den Jahren 1538–1545 in praktischer Neuausgabe*, Bd. 11).

*Schriften*:
*Ein kurtz Deudsche Musica*, Wittenberg, 1528, ²1528, ³1533 als *Musica choralis Deudsch*; *Musica instrumentalis deudsch*, Wittenberg 1529, ⁴1542, erweiterte Umarbeitung ebenda 1545; *Musica Figuralis deudsch*, Wittenberg, 1532; alle Nachdruck Hildesheim ²1985; *Scholia in musicam planam Venceslai Philomatis de nova domo*, o.O. [1538]; *Rudimenta musices*, Wittenberg 1539, Nachdruck Hildesheim ²1985; *Ein Sangbuchlein aller Sontags Evangelien. Eine kurtze Deüdtsche Leyen Musica, mit sampt den Evangelien durchs gantze Jar, auff alle Sontage*, Magdeburg [1541], Ausgaben 1560, 1563, 1658 bearbeitet von Wolfgang Figulus; *Quaestiones vulgatiores in musicam*, Magdeburg 1543; *Musica ex prioribus a me aeditis musicis, excerpta*, Magdeburg 1547; *Duo libri musices*, Wittenberg 1561.

*Literatur*:
H. Funck, *Martin Agricola. Ein frühprotestantischer Schulmusiker*, Wolfenbüttel 1933 • W. Steude, *Untersuchungen zur mitteldeutschen Musiküberlieferung und Musikpflege im 16. Jahrhundert*, Leipzig 1978 • W. Werbeck, *Zur Tonartenlehre bei Martin Agricola*, in: *Festschrift Arno Forchert zum 60. Geburtstag*, hrsg. v. G. Allroggen, Kassel 1986, S. 48–60 • A. Brinzing, *Studien zur instrumentalen Ensemblemusik im deutschsprachigen Raum des 16. Jahrhunderts* (Abhandlungen zur Musikgeschichte 4), Göttingen 1998 • Ders., *Martin Agricola als Schulmann und Komponist*, in: *Ständige Konferenz Mitteldeutsche Barockmusik, Jahrbuch 2005*, Beeskow 2006, S. 171–188.

AB

## Agricola, Rudolphus [Roelof Huisman]
* 17.2.1444 (oder 23.8.1443) Baflo, † 27.10.1485 Heidelberg

Rudolf Agricola gilt als einer der bedeutendsten deutschen Frühhumanisten. In seinen Schriften und Reden und durch die Ausstrahlung seiner Persönlichkeit trug er wesentlich zur Verbreitung des italienischen Humanismus, dessen Anfänge auf Francesco Petrarca (1304–1374) u.a. zurückgehen, bei.

Seine Ausbildung erfuhr Rudolf Agricola am Martinistift in Groningen bei den ›Brüdern vom gemeinsamen Leben‹, einer Bewegung, die aus der ▶ Devotio moderna (u.a. Thomas van Kempen) hervorgegangen war. Hier sind vermutlich Agricolas Wunsch nach immer größer werdender Allgemeinbildung und sein immenser Fleiß begründet worden. – Nach seinen Studien der ▶ Artes liberales, der Theologie in Erfurt, Köln, Löwen (Erwerb des Magistergrades ›summa cum laude‹ 1465 / siehe von Plieningen) und des ›ius civile‹ in Pavia, wechselte er 1475 an die Universität und den Hof von ▶ Ferrara, einem der Zentren des italienischen Humanismus und der Renaissance.

Trotz seines mehrjährigen Aufenthaltes hat er eine feste Anstellung stets abgelehnt und sich mit dem Verdienst als Organist in der herzoglichen Kapelle und durch Privatunterricht, Reden und Vorträgen an der Universität in seiner bescheidenden Lebensführung die Freiheit geschaffen, um sich seinen Studien der griechischen Literatur und Philosophie, seinen wissenschaftlichen Ambitionen, den »artibus quas humanitatis vocant« (von Plieningen), der Schulung der Eloquenz widmen zu können. 1479 ging er in die Hansestadt Groningen und bekleidete von 1480–1484 als ›secretarius‹ der Stadt die Funktion eines Justitiars und Diplomaten. Durch die politische und juristische Tätigkeit in Groningen fühlte er sich in seinen wissenschaftlichen Interessen beengt. 1484 nahm er auf Bitten seiner Freunde Johann von Dalberg (Kanzler des Kurfürsten Philipp) und Dietrich von Plieningen (kurfürstlicher Rat) eine Einladung an die Universität Heidelberg an – ohne offizielle Anstellung. Seine Vorlesungen und Reden wurden sowohl von den Professoren als auch von den Studenten aufgrund der Eleganz seiner Rhetorik und der gewinnenden Art seiner Persönlichkeit äußerst geschätzt.

In seinen philosophischen/philologischen Schriften ist aus seiner Feder über die Bedeutung der Musik nichts überliefert; jedoch in allen Schriften über Agricola werden seine herausragende musikalische Begabung und die Beherrschung mehrerer Instrumente gewürdigt. Da von den Autoren keine Quellen genannt werden und von ihm kein einziger Takt überliefert ist, muss versucht werden, aus der Sekundärliteratur ein Bild des Musikers Agricola zu gewinnen. Wilhelm Ehmer berichtet von den musikalischen Fähigkeiten der Friesen und dem instrumentalen Unterricht, den Agricola in Groningen erhalten hat. Er betont die Anregungen der im 15. Jahrhundert beliebten friesischen Volksmusik, auf die Agricola in späteren Jahren bei seinem Musizieren im kleinen Kreise immer wieder zurückgriff. Der Plan, eine Musiktheorie zu schreiben, ist durch seinen frühen Tod vereitelt worden (von Plieningen).

Um seinen Lebensunterhalt zu bestreiten und sein Studium der griechischen Philosophie zu ermöglichen, hat Agricola in der herzogliche Kapelle, die unter Ercole d'Este in Ferrara eine bedeutende Erweiterung erfuhr, mitgewirkt (Georg Ihm). Niederländische Musiker waren im 15. Jahrhundert am Hof sehr beliebt. Sein Mitwirken in der Hofkapelle – hauptsächlich als Organist – wird von zahlreichen Autoren erwähnt (Kuhlmann, von Plieningen, Roth). Neben seinem vorzüglichen Orgelspiel werden seine Fähigkeiten auf der Laute und Flöte lobend erwähnt. Auch im Chor soll er einige Male mitgewirkt haben in der Stimmlage ›mezza voce‹ (O. Luscinus, *Musicae institutiones*, Straßburg 1515). Unstreitig sind seine Fähigkeiten als Organist. Während seines Groninger Aufenthaltes (1480–1484) ist er als Sachverständiger beim Umbau und der Erweiterung der Orgel an der St. Martini-Kerk heran gezogen worden. Bei der intensiven Beschäftigung mit den Rhetoren der Antike hat sicherlich der römische Redner Quintilian (35–90 n.Chr.) eine große Rolle für Agricolas Wertschätzung der Musik gespielt.

In seinem Hauptwerk *Institutio oratoria* betont Quintilian bereits den hohen pädagogischen Wert im Kindesalter für die Entwicklung der Stimme, aber auch die Wechselwirkung zwischen Musik und Sittlichkeit (griechisch-römische Ethoslehre: musische Bereicherung, verschiedene ethische Wirkung der Tonarten, läuternde und heilende Kraft der Musik); dasselbe gilt natürlich auch für das Erwachsenenalter; dazu tritt noch die Bedeutung der Stimmlagen und die Gestik des Redners.

Man wird annehmen dürfen, dass Agricola als glänzender Redner in seinen zahlreichen Vorlesungen und Vorträgen an Universitäten und Fürstenhöfen die hohe Bedeutung der Musik für den idealen, humanistisch gebildeten Rhetor herausgestellt hat.

In Italien hat Agricola die Musik als Bestandteil der humanistischen Bildung kennen gelernt und sicherlich erheblich dazu beigetragen, die Musik in den Bildungskanon des deutschen Humanismus aufzunehmen, zumal seine Breitenwirkung – da nur zwei seiner Schriften zu Lebzeiten im Druck vorlagen – durch seine Schüler Konrad ▸ Celtis, den ›poeta laureatus‹ (1459–1508), Johannes Reuchlin (1455–1522), die Brüder von Plieningen und seine späteren Bewunderer, Philipp ▸ Melanchthon (1497–1560) und ▸ Erasmus von Rotterdam (1466–1536) ab 1500 einsetzte. Mit Recht kann man Agricola als einen der ersten Vertreter des Menschenideals jener Zeit, als ›uomo universale‹ bezeichnen.

*Literatur*:
G. Ihm, *Der Humanist Rudolf Agricola. Sein Leben und seine Schriften*, Paderborn 1893 • W. Ehmer, *Rudolf Agricola und Konrad Mutian*, in: *Beiträge zur Geschichte der Persönlichkeit unter dem Einfluss des Humanismus in Deutschland*, München 1926 • W. Kuhlmann (Hrsg.), *Rudolf Agricola: 1444-1485. Protagonist des nordeuropäischen Humanismus zum 550. Geburtstag*, Bern 1994 (darin: W. Straube, *Die Agricola – Biographie des Johannes von Plieningen*; J. Blusch, *Agricola als Pädagoge und seine Empfehlungen. De formando studio*) • M. Seidelmayer, *Agricola, Rudolf*, in: *Neue Deutsche Biographie*, Berlin 1953 • Fr.W. Bautz, *Agricola (Huusman, Huisman) Rudolf*, in: *Biographisch-Bibliographisches Kirchenlexikon*, Hamm 1975 • F.J. Worstbrock, *Agricola, Rudolf*, in: *Die Deutsche Literatur des Mittelalters. Verfasserlexikon*, Berlin und New York 1978. • F. Akkerman und W. Kulmann, *Agricola, Rudolphus*, in: *Killy Literatur-Lexikon*, 2008.

AME

## Agrippa von Nettesheim, Heinrich Cornelius

\* 14.9.1486 Nettesheim bei Köln, † 18.2.1535 Grenoble

Agrippa – Philosoph, Alchemist und Astrologe – ist eine der schillerndsten Figuren der deutschen Renaissance. Er immatrikulierte sich am 22. Juli 1499 an der Universität Köln und legte dort im März 1502 das Lizenziatsexamen in Theologie ab. Später behauptete Agrippa auch von sich, er sei Doktor in Zivilrecht, Kirchenrecht und Medizin; entsprechende Universitätsgrade sind zwar nicht belegt, aber in Anbetracht seiner Tätigkeit als Universitätsdozent zumindest möglich. Vor 1507 lebte er einige Zeit in Paris.

Nach kürzeren Aufenthalten in Spanien, Avignon, Dôle, England und erneut Köln verbrachte er die Jahre zwischen 1511 und 1517 als Diplomat in Diensten von Kaiser ▸ Maximilian I. (1508–1519) sowie als Dozent an den Universitäten Pavia und Turin. Auch danach wechselte Agrippa immer wieder den Wohnort, hatte selten eine feste Stellung inne: 1518 bis 1520 lebte er in Metz, 1520 bis 1521 wieder in Köln, 1521 bis 1523 in Genf, 1523 bis 1524 als Arzt in Fribourg (Schweiz), 1524 bis 1527 in Lyon am Hof des französischen Regenten, 1527 bis 1528 in Paris, 1529 bis 1532 als Archivar und Historiograph des habsburgischen Hofes in Antwerpen und Mecheln und schließlich 1532 bis 1535 in Diensten des Kölner Erzbischofs Hermann von Wied (1477–1552). 1535 kehrte er aus ungeklärten Gründen nochmals nach Frankreich zurück und starb vermutlich am 18. Februar 1535 in Grenoble.

Agrippa ist eine der wichtigsten Figuren der Renaissance, die sich zu Fragen der ▸ Magie, der Astrologie, der Kabbala (▸ Kabbalistik) und der Geheimwissenschaften äußerten; aufgrund seiner als häretisch eingeschätzten Lehren und seiner Neigung zum Protestantismus geriet er auch immer wieder in Konflikt mit den kirchlichen Autoritäten.

In seinen beiden Hauptwerken, *De incertitudine et vanitate scientiarum et artium* und *De occulta philosophia*, äußert er sich auch ausführlich zu musikalischen Fragen. In *De occulta philosophia* (2. Buch, Kap. 24ff.) führt er die wunderbar-magische Wirkung der Musik auf ein komplexes, wenn auch in sich nicht konsistentes neoplatonisches Beziehungssystem zwischen ▸ Sphärenharmonien, Modalethos, Intervallrelationen, Tetrachorden, Klangcharakteren und Körpersäften zurück, das philosophisch auf Marsilio ▸ Ficino, musikalisch auf Bartolomé ▸ Ramos de Pareja und Franchino ▸ Gaffurio beruht.

Von der Wirkung der Musik handeln auch die entsprechenden Kapitel aus *De incertitudine et vanitate scientiarum et artium* (Kap. 17f.), hier jedoch aus einem skeptischen, offenbar in bewusst paradoxem Widerspruch zum Musiklob der *Occulta philosophia* stehenden Blickwinkel: Agrippa übernimmt die Definitionen des modalen Ethos aus Plato, Aristoxenos und Boethius und äußert wie diese Sorge über die möglichen negativen Wirkungen der Musik. Ferner beklagt er – wie viele zeitgenössische Humanisten – die korrupte Musikpraxis seiner Zeit, insbesondere im Hinblick auf mangelnde Textverständlichkeit, die aus schlechtem Vortrag und dem polyphonen Satz resultiere und die ihrerseits den Verlust jeglicher ethischer Wirkung bedinge.

*Ausgaben*:
*De occulta philosophia libri tres*, hrsg. von V. Perrone Compagni, Leiden u.a. 1992.

*Literatur*:
K.G. Fellerer, *Agrippa von Nettesheim und die Musik*, in: Archiv für Musikwissenschaft 16 (1959), S. 77–86 • G. Tomlinson, *Musical Modes and Planetary Song*, in: Kongreßbericht IMG Bologna 1987, hrsg. von A. Pompilio u.a., Bd. 3, Turin 1990, S. 183–188 • L.Ph. Austern, »*Art to Enchant*«: *Musical Magic and its Practitioners in English Renaissance Drama*, in: Journal of the Royal Musical Association 115 (1990), S. 191–206 • G. Tomlinson, *Music in Renaissance Magic: Toward a Historiography of Others*, Chicago 1993 • Th. Schipperges, *Vom leeren Schein der Musik. Paradoxa der effectus musicae in Heinrich Cornelius Agrippa von Nettesheims »Declamatio« De incertitudine et vanitate scientiarum et artium (1530)*, in: Zeitschrift für Religions- und Geistesgeschichte 55 (2003), S. 205–226.

TSB

# Aich [gesprochen: Aach], Arnt von
* (?) Aachen, † 28.6.1530 Köln

Arnt von Aich war Buchdrucker und Besitzer der Lupuspresse in Köln. Sein einziger Musikdruck ist das sogenannte *Liederbuch des Arndt von Aich*, eine Sammlung von 75 deutschsprachigen, meist weltlichen Liedern, die für das mehrstimmige Musizieren im kleinen Kreis gedacht ist. Bei dieser undatierten, in seiner Holzschnitttechnik konservativen Publikation dürfte es sich um einen Nachdruck von Repertoire aus dem Umfeld eines Augsburger Bischofs handeln. Aufgrund äußerer Kriterien wird neuerdings eine Entstehungszeit von 1514/1515 angenommen. Erstaunlich ist, dass das Liederbuch bis gegen Ende des Jahrhunderts der einzige praktische Kölner Musikdruck bleiben wird. Arnt von Aich sympathisierte mit dem Protestantismus. Der Drucker des reformierten Bonner Gesangbuches (1550), Laurenz von der Mülen, war sein Schwiegersohn.

*Ausgabe*:
*Das Liederbuch des Arnt von Aich*, hrsg. von E. Bernoulli und H.J. Moser, Kassel 1930.

*Literatur*:
N. Schwindt, *Das Liederbuch des Arnt von Aich im Kontext der frühen Lieddrucke*, in: *Das Erzbistum Köln in der Musikgeschichte des 15. und 16. Jahrhunderts. Kongressbericht Köln 2005* (Beiträge zur Rheinischen Musikgeschichte 172), hrsg. von K. Pietschmann, Kassel 2008, S. 109–130.

ALB

# Aichinger, Gregor
* 1564 Regensburg, † 20/21.2.1628 Augsburg

Aichinger war ein bedeutender Organist und Komponist im Deutschland der ▸ Katholischen Erneuerungsbewegung. Der Schwerpunkt seines Schaffens liegt in der lateinischen

Sakralmusik. Außerdem komponierte Aichinger noch ▶ Madrigale und Instrumentalwerke.

Gregor Aichinger wurde um 1564 in Regensburg geboren. 1577 begab er sich nach München und wurde Schüler von Orlande de ▶ Lassus. Darauf immatrikulierte er sich an der Universität in Ingolstadt. Dort lernte Aichinger auch Jacob II. ▶ Fugger kennen, mit dem ihn eine lebenslange Freundschaft verband. 1584 wurde er von Jacob I. Fugger zum Organisten an der Klosterkirche St. Ulrich und Afra in Augsburg erhoben. Kurze Zeit später ließ Aichinger sich beurlauben und reiste nach Italien, um in Venedig bei Giovanni ▶ Gabrieli in die Lehre zu gehen. Nach einem erneuten Italienaufenthalt, als er in Rom möglicherweise die priesterlichen Weihen erhalten hatte, kehrte er 1601 endgültig nach Augsburg zurück. In diesen Jahren wurde der Großteil seiner Werke gedruckt, wie die *Odaria lectissima* (1601), seine *Divinae laudes* (1602) oder das *Thymiana sacerdotale* (1618). Neben den zahlreichen Individualdrucken sind einzelne Werke Aichingers auch in bedeutenden zeitgenössischen Sammeldrucken zu finden, z.B. im *Collorarium cantionum* von 1590 oder dem *Florilegium Portense* aus dem Jahre 1621.

Der Kompositionsstil Aichingers zeigt sich sowohl von der Polyphonie Orlande de Lassus' als auch deutlich von der in Venedig und insbesondere seinem Lehrer geprägten ▶ Mehrchörigkeit beeinflusst.

Ausgaben:
*Musica divina*, Bd. 2–4, hrsg. von C. Proske, Regensburg, 1854–1862; *G. Aichinger: Ausgewählte Werke*, hrsg. von T. Kroyer (Denkmäler der Tonkunst in Bayern 18), Wiesbaden 1909; *Gregor Aichinger: Cantiones ecclesiasticae*, hrsg. von W.E. Hettrick (Recent Researches in the Music of the Baroque Era 13), Madison 1972; *Gregor Aichinger: The Vocal Concertos*, hrsg. von Ders. (dass. 54/55), Madison 1986.

Literatur:
A. Layer, *Musik und Musiker der Fuggerzeit: Begleitheft zur Ausstellung der Stadt Augsburg*, Augsburg 1959 • R.C. Charteris, *Music by Giovanni Gabrieli and his Contemporaries. Rediscovered sources in the Staats- und Universitätsbibliothek Hamburg*, in: Musica Disciplina 52 (1998–2002), S. 251–288 • A.J. Fisher, *Music and religious Identity in Counter-Reformation Augsburg*, Ph. Diss, Aldershot 2004.

TRI

## Air de cour

Die französische Form des ▶ Lautenliedes, bei dem eine einzelne Gesangsstimme zur Begleitung einer Laute erklingt, blühte im letzten Drittel des 16. Jahrhunderts und noch weitere fünfzig Jahre, bevor der Liedtypus vom generalbassbegleiteten Barocklied abgelöst wurde.

In einer Zeit, als zahlreiche französische Begriffe durch italienische Lehnwörter ersetzt wurden, schlug Adrian ▶ Le Roy im Vorwort seines *Livre d'airs de cour miz sur le luth* (1571) die von ital. ›aria‹ abgeleitete Bezeichnung für den bisherigen Ausdruck ▶ Voix de ville vor, was sich aber erst seit 1596 durchsetzen sollte. Bei der Mehrzahl der Sätze handelt es sich in der Tat um Bearbeitungen von derartigen Chansons, die Nicolas de la Grotte im Jahr zuvor veröffentlicht hatte. Gleichzeitig erläutert Le Roy den Zusammenhang von Notationsweise, Aufführungspraxis und Anspruch des Air de cour. Auf der linken Seite erscheint in Tabulatur der vierstimmige Lautensatz, der die Begleitung beinhaltet, auf der rechten Seite stehen die Oberstimme in Mensuralnoten mit der unterlegten ersten Strophe sowie eine charakteristische Vielzahl von Folgestrophen als Text. Dieses Layout ist auf eine Darbietung der gesamten Musik durch eine singende und spielende Einzelperson gemünzt und ist bei späteren Publikationen eigentlich auch gemeint, wenngleich die Drucker bis 1608 zur bequemeren Präsentation in polyphonen Einzelstimmen zurückkehrten. Dass Le Roy manchen Stücken eine ornamentierte Version beigab, verweist ebenfalls auf den ursprünglich improvisatorischen Vortragskontext.

Le Roy macht in seiner Adresse an die Wimungsträgerin, die Laute spielende Comtesse de Retz, ausdrücklich auf den hohen Rang der Dichter (z.B. Pierre ▸ Ronsard, Philippe ▸ Desportes) und die im Vergleich zu anderen Chansonintavolierungen einfachere musikalische Faktur mit ihrer klaren Oberstimmenbetonung aufmerksam. Dies lässt bereits erkennen, dass die Gattung auf dem sozialen Niveau der Hocharistokratie angesiedelt war (auch wenn die Lieder in die Stadt ausstrahlten und spätere Drucke den Bestandteil ›de cour‹ wegzulassen pflegten). Für die Besucher der Salons im Umfeld des Hofes waren die Texte ein wichtiges Ausdrucks- und Gestaltungsmittel höfischer Mentalität, die es sprachlich ohne formale Artifizialität und musikalisch sehr direkt und neutral zu artikulieren galt. Die Strophen der Airs de cour bis zum Ende des 16. Jahrhunderts folgten daher entweder keinen besonderen Bauprinzipien oder realisierten einfache Wiederholungsmuster (AAB oder ABB). Die musikalische Umsetzung vertraut auf klare Syllabik und sangbare Melodien mit eindeutigen Einschnitten sowie auf homophone Satzstrukturen, die durch Folgen fasslicher Abschnitte im Zweier- oder Dreiermetrum belebt werden, aber inhaltlich möglichst indifferent bleiben.

In der Publikumsgunst liefen Airs de cours schon bald regulären, anspruchsvolleren Chansondrucken den Rang ab. Sie erschienen zumeist als Sammelwerke mehrerer Autoren, gelegentlich auch als Individualdrucke (z.B. Didier Le Blanc 1579, Guillaume ▸ Tessier 1582, Pierre ▸ Bonnet 1585, Jean ▸ Planson 1587, Denis Caignet und Charles ▸ Tessier 1597, Pierre Cerveau 1599).

*Literatur:*
G. Durosoir, *L'air de cour en France 1571–1655*, Lüttich 1991 • J. Brooks, *La comtesse de Retz et l'air de cour des années 1570*, in: J.-M. Vaccaro (Hrsg.), *Le concert des voix et des instruments à la Renaissance*, Paris 1995, S. 299–316 • J. Brooks, *Courtly Song in Late Sixteenth-Century France*, Chicago 2000 • J. Brooks, *»New Music« in Late Renaissance France*, in: *Trossinger Jahrbuch für Renaissancemusik* 2 (2002), S. 161–175.

NSCH

Aix-en-Provence ▸ Frankreich

## Akademie

Als Akademien wurden in der Renaissance seit der Mitte des 15. Jahrhundert die Zusammenkünfte italienischer Humanisten bezeichnet, in denen die Wiederbelebung von Wissenschaft und Kultur der Antike diskutiert wurde. Der Begriff beruht auf Platons gleichnamiger im Hain des attischen Heros Akademos gegründeten Philosophenschule. Die ersten Akademien kamen in Neapel (Accademia Alfonsina, später Pontaniana 1443, die als erste humanistische Akademie gilt), Florenz (dort die Accademia Platonica, 1463 von Marsilio ▸ Ficino mit Unterstützung von Cosimo de' Medici gegründet) und Rom auf. Um 1600 existierten in Italien 377 Akademien (Findlen, S. 5). Seit der Mitte des 16. Jahrhunderts wurden Akademien im kulturellen Leben der italienischen Städte immer wichtiger (u.a. Accademia degli Alterati, gegr. 1569; Accademia degli Infiammati, gegr. 1540); dem italienischen Vorbild eiferten auch andere Länder nach.

Für die Musikgeschichte sind die Akademien der Renaissance insofern von Bedeutung, als Musikausübung eine wichtige Rolle spielen konnte wie bspw. in der Accademia degli Infocati, der Accademia degli Immobili, der Accademia della Crusca, und insbesondere in der 1543 in Verona gegründeten Accademia filarmonica, die sich hauptsächlich der Musik widmete und 1548 eigens Giovanni Nasco als Musiker beschäftigte; er hatte die

Aufgabe, die Mitglieder zu unterrichten, mit ihnen zu musizieren und Musik auf deren Gedichte zu schreiben. Ansonsten erklang Musik meist zu Theaterstücken, die von Mitgliedern geschrieben wurden. Dazu gehörten beispielsweise die fünf Madrigale von Francesco ▶ Corteccia (Text: Ugolino Martelli) als ▶ Intermedien zur 1544 aufgeführten Komödie *Il furto* von Francesco d'Ambra. Girolamo Bargaglis *La pellegrina*, die gerade wegen ihrer Intermedien berühmt ist, wurde 1589 von Mitgliedern der Sieneser Accademia degli Intronati aufgeführt. In der Accademia degli Invaghiti wurde 1607 Claudio ▶ Monteverdis *Orfeo* zum ersten Mal gegeben. Der Accademia degli addormentati (1587 gegründet), dem bedeutendsten literarischen Zirkel Genuas, gehörte der Dichter Gabriello Chiabrera an, der eine Versreform einführte (*Le maniere dei versi toscani* 1599), die als Voraussetzung für die Komposition der neuen Sologesänge um und nach 1600 gilt; bei den Zusammenkünften des Zirkels wurde auch Musik aufgeführt. Die musikgeschichtlich wichtigste Rolle spielte die ▶ Camerata fiorentina, in deren Umkreis aus der Idee der Wiederbelebung der antiken Musik die Oper entstand. – In der in Paris gegründeten ▶ Accadémie de Poésie et de Musique wurde in Anlehnung an antike Metrik die ▶ Musique mesurée à l'antique geschaffen, deren Bedeutung allerdings im wesentlichen auf das Œuvre Claude ▶ Le Jeunes und einigen weiteren Komponisten beschränkt blieb und musikhistorisch nur vorübergehend relevant war. Die Spezifizierung von Akademie als Konzert und von Akademie als Unterrichtsstätte sowie von Accadémie Royale de Musique für die Pariser Oper kam erst ab dem 17. Jahrhundert auf.

*Literatur*:
M. Maylender, *Storia delle Accademie d'Italia*, 5 Bde., Bologna 1926–1930 • F.A. Yates, *The French Academies of the Sixteenth Century*, London 1947, Reprint 1988 • P. Findlen, *Academies*, in: *Encyclopedia of the Renaissance*, hrsg. von P. Grendler, Bd. 1, S. 4–6, London 1999 • I.M. Groote, *Musik in italienischen Akademien. Studien zur Institutionellen Musikpflege 1543–1666*, Laaber 2007.

## Akzidentien

Unter Akzidentien versteht man im Allgemeinen Versetzungszeichen, welche einen diatonischen Stammton alterieren, also chromatisch verändern. In der Renaissance wurden sie zur Kennzeichnung der Lage des Halbtonschrittes, welcher im ▶ Hexachord zwischen den Solmisationssilben mi und fa (▶ Solmisation) liegt, verwendet. Im Unterschied zum heutigen Gebrauch bedeuten die Zeichen Kreuz (#) und Be (b) also nicht immer eine chromatische Erhöhung oder Erniedrigung. So ist das Kreuz (diesis) in den modernen Notentext bisweilen nur als Auflösungszeichen zu übersetzen. In den Quellen der Zeit sind Akzidentien nur sporadisch notiert. Die Praxis gekennzeichneter und impliziter Alterationen fällt meist in den Bereich der ▶ Musica ficta.

*Literatur*:
R.C. Wegman, *Musica ficta*, in: *Companion to Medieval and Renaissance Music*, hrsg. von T. Knighton und D. Fallows, London 1992, S. 265–274 • C. Kühn, *Akzidentien*, in: *MGG*, Bd. 1 (Sachteil), ²1994, Sp. 421–423.

RKF

## Alamire, Petrus
\* um 1470 (?) Nürnberg, † nach 26.6.1536 Mecheln

Petrus Alamire gilt als einer der bedeutendsten Kopisten und Produzenten illuminierter Chorbücher, die europaweit exportiert wurden. Über die ersten Lebensjahre, seine Geburt und Ausbildung betreffend, liegen keine konkreten Informationen vor. 1497 findet sich ein Petrus Alamire »Van Nuerenborch« im Mitgliederverzeichnis der »Lieve Vrouwe Broederschap« (Bruderschaft Unserer Lieben Frau) in 's-Hertogenbosch, von der er auch seine ersten Aufträge als Musikschreiber erhielt. Offensichtlich stammte Alamire nicht, wie in der früheren Literatur angenommen, aus den Niederlanden, sondern war deutscher Herkunft, wie auch ein Dokument des Jahres 1503 bestätigt, worin sein Name mit dem Zusatz »Alman« versehen ist. Sein Nachname lautete eigentlich Imhoff, der wahrscheinlich nach seiner Übersiedlung in Imhove bzw. Van den Hove umgewandelt und von ihm später durch »Alamire« ergänzt bzw. ersetzt wurde. Alamire orientierte sich dabei offenbar an der zu dieser Zeit unter den Komponisten nicht unüblichen Praxis, den eigenen Namen bzw. einzelne Silben daraus mittels Solmisationssilben (▶ Solmisation) darzustellen, beginnend bei Guillaume ▶ Dufay, über Johannes ▶ Pipelare und Pierre de la ▶ Rue. Da der Name Imhoff/Imhov nur schwerlich auf diese Weise ausgedrückt werden konnte, wählte er die Tonhöhen a bzw. a', die im Hexachordsystem (▶ Hexachord) den Solmisationssilben ›la‹, ›mi‹ und ›re‹ entsprechen, womit sich das Pseudonym A-la-mi-re ergab. Die zentrale Lage des Tons im Hexachordsystem vermochte zugleich die hohe Bedeutung Alamires, die er sich selbst offenbar beimaß, zu symbolisieren.

Wenn man annimmt, dass Alamire etwa 65 Jahre alt war, als er 1534, seinem Todesjahr, eine Pension von Maria von Ungarn erhielt, müsste er um 1470 geboren sein. 1505 erwarb er mit seiner Gattin Katlyne van der Meeren ein Haus in Antwerpen, wie den Akten zu entnehmen ist, darin er zudem als »Meester« (Meister) betitelt wird. Unklar bleibt, worauf der Titel sich bezieht.

Spätestens ab 1508 trat er als Kopist und Buchhalter in die Dienste des Erzherzogs Karl, dem späteren ▶ Karl V. Außerdem war Alamire, etwa zwischen den Jahren 1515 und 1518, als Geheimagent im Auftrag des englischen Königs ▶ Heinrich VIII. tätig. Nachdem Alamire aber vermutlich in den Verdacht der Doppelspionage geraten war, brach, eventuell als Folge seiner Entlassung, auch die Zusammenarbeit mit dem englischen Hof ab. In den Jahren 1518–1519 hielt er sich wiederholt am Hof Friedrichs des Weisen, dem Kurfürsten von Sachsen-Wittenberg, auf. Im Auftrag des Burgundisch-Habsburgischen Hofes fertigte seine Werkstatt mehrere Prachthandschriften in Form großformatiger Chorbücher, die Friedrich geschenkt werden sollten, um seine Gunst für die Wahl Karls zum Kaiser zu gewinnen. Unter den Kunden des Skriptoriums befanden sich neben Karl V. oder Margarete von Österreich aus dem burgundisch-habsburgischen Herrscherhaus, dem dänischen König Christian IV. und kirchlichen Würdenträgern, auch Vertreter der Hochfinanz, wie die der vermögenden Augsburger Kaufmannsfamilie ▶ Fugger. In den 1520er Jahren produzierte die Werkstatt Alamires gleich mehrere, aufwendige Musikhandschriften für den Bankier Raymund Fugger, dem Neffen von Jacob Fugger.

Alamires musikgeschichtliche Bedeutung ist weniger seinem kompositorischen Schaffen zu verdanken – überliefert ist nur das fünfstimmige Tandernaken für Krummhörner – als der europaweiten Verbreitung von Werken aus der Generation ▶ Josquins. Unter den insgesamt 48 Handschriften, die im Skriptorium Alamires produziert wurden, bilden Chorbücher den Hauptbestandteil. Sie enthalten überwiegend geistliche Musik von Pierre de la ▶ Rue. Es können über sieben verschiedene Schreiber identifiziert werden; Alamires Aufgabe im Skriporium konzentrierte sich später wohl, mit der steigenden Auftragszahl zusammenhängend, auf redaktionelle und organisatorische Tätigkeiten.

*Literatur*:
*Census-Catalogue of Manuscript Sources of Polyphonic Music. 1400-1550*, hrsg. von H. Kellmann, 5 Bde., Stuttgart und Neuhausen 1979–1988 • H.M.

Brown, *In Alamire's Workshop. Notes on Scribal Practice in the Early Sixteenth Century*, in: Quellenstudien zu Musik der Renaissance II, Wiesbaden 1983, S. 15–63 • E. Schreurs (Hrsg.), *Illuminated Music Manuscripts from the Burgundian-Habsburg Court, 1500–1535. The Workshop of Petrus Alamire*, Gent und Chicago 1999 • H. Kellman, *The treasury of Petrus Alamire. Music an Art in Flemish Court Manuscripts*, Ghent/Ludion 1999 • B. Bouckaert / E. Schreurs (Hrsg.), *The Burgundian-Habsburg Court Complex of Music Manuscripts (1500–1535) and the Workshop of Petrus Alamire*, Kongressbericht (Yearbook of the Alamire Foundation, 5), Leuven 2003.

TRI

## Alberti, Gasparo [Gaspar de Albertis, Gaspare Albertus]

\* um 1485 Padua?, † nach dem 12.2.1560 Bergamo?

Der Komponist, der als bedeutender Vertreter der italienischen ▸ Vokalpolyphonie vor Paletrina gilt, war wahrscheinlich zeitlebens in Bergamo an der Kirche S. Maria Maggiore tätig. Seine erhaltenen Kompositionen sind in drei Chorbüchern überliefert (I-BGc), die ▸ Messen, ▸ Motetten, ▸ Magnificatvertonungen, ▸ Passionen, ▸ Psalmvertonungen, ▸ Lamentationen und weitere liturgische Stücke enthalten. Seine drei Parodiemessen *»Super Italia mia«*, *»Dormend' un giorno a Baia«* und *»Quaeramus cum pastoribus«* wurden 1549 in Venedig als einer der ersten bekannten Individualdrucke eines italienischen Komponisten herausgegeben. Albertis Kunstfertigkeit zeigt sich vor allem in diesen drei Messen, deren erste beide über Madrigale von Philippe de ▸ Verdelot, die dritte über eine Motette von Jean ▸ Mouton komponiert wurden. Die Messen zeigen eine große Variabilität an verschiedenen Techniken in der Verarbeitung der Vorlage. Der Beginn der Missa *»Italia mia«* zitiert den Cantus der Vorlage ebenfalls im Cantus, während das Incipit der Tenor-Vorlage in den übrigen Stimmen imitatorisch verarbeitet wird; der Quintus bildet dabei mit seinen langen Notenwerten den Gegenpart zum Cantus, er zitiert eigentlich den Altus der Vorlage, ähnelt jedoch gleichermaßen den Imitationsmotiven (die Bearbeitung der Vorlage kann an der Ausgabe Jeppesen, Bd. 1, nachvollzogen werden, der Verdelots Madrigal als nächste Nummer nachfolgen lässt). Das dritte *Agnus Dei* enthält den zusätzlichen Huldigungstext im Tenor »Nulla Albane tuum«, der an den Widmungsträger des Druckes gerichtet ist. Zwei weitere handschriftlich überlieferte Messen sind keine Parodiemessen. Die 17 überlieferten Motetten zeigen Merkmale der Josquin-Nachfolge wie Imitationsstruktur, an der Textdeklamation ausgerichtete Motivik und des öfteren eine zweiteilige Anlage. Albertis Magnificatvertonungen von 1541 und 1542 gelten als innovativ ebenso wie seine doppelchörigen Psalmvertonungen (Ravizza, Sp. 350). Seine ▸ Passionen gehören unter die ersten, die sowohl die Turbae als auch alle Soliloquenten und die Vox Christi mehrstimmig setzen.

*Ausgaben*:
Missa *»Super Italia mia«*, Missa *»Dormend' un giorno a Baia«*, Missa *»Quaeramus cum pastoribus«*, Passio secundum Matthaeum, Lamentationes, Motetten *O admirabile commercium*, *Christus Jesus splendor Patris*, *Oremus fratres*, in: Italia sacra musica, hrsg. von Knud Jeppesen, Bd. I–III, Kopenhagen 1962; *Opera omnia Gasparis de Albertis* (Corpus mensurabilis musicae 105), hrsg. von D. Crawford und G.S. Towne [in Vorb].

*Literatur*:
D. Crawford / S. Messing, *Gaspar de Albertis' Sixteenth-Century Choirbooks at Bergamo*, Neuhausen und Stuttgart 1994 (Renaissance Manuscript Studies 6) • V. Ravizza, *Alberti, Gasparo*, in: MGG, Bd. 1 (Personenteil), 1999, Sp. 348–350.

ES

## Alberti, Leon Battista

14.2.1404 Genua, † Ende April 1472 Rom

Der Architekt und Humanist, dessen Schriften die wichtigsten Sachgebiete der Zeit umfassen

(Architektur, Malerei, Literatur, Philosophie, Naturwissenschaften, Geschichte und Sozialgeschichte), hat sich auch zur Musik geäußert, wenn er ihr auch kein eigenes Werk widmete.

Die Grundlage seiner humanistischen und naturwissenschaftlichen Bildung erwarb sich Alberti in der Humanistenschule in Padua, er schloss ein Studium der Rechte in Bologna 1428 ab und arbeitete ab 1432 in Rom als Sekretär und dann als Schreiber der päpstlichen Kurie. In Florenz, wohin er Papst Eugen IV. 1432 folgte, lernte er bedeutende Künstler und Humanisten kennen; 1438 bekam er Aufträge von den ▸ Este in Ferrara. Zurückgekehrt nach Rom 1443 verfasste er u.a. seine wichtigste architekturtheoretische Schrift, die auf Vitruv aufbauende, jedoch eigenständige Abhandlung *De re aedificatoria libri X*. Nach 1450 verfolgte er architektonische Projekte, u.a. in Rom die Restaurierung von Santo Stefano Rotondo und den Tempio Malatestiano, in Florenz den Palazzo Rucellai und die Fassade von Santa Maria Novella und Kirchen in Mantua im Auftrag der ▸ Gonzaga (z.T. nur Zuschreibungen).

Zentral für die Kunstauffassung Albertis ist seine Definition der Schönheit, die eine »gesetzmäßige Übereinstimmung aller Teile« sei, »die darin besteht, dass man weder etwas hinzufügen noch hinwegnehmen oder verändern könnte, ohne sie weniger gefällig zu machen« (*Zehn Bücher über die Baukunst*, VI/2, S. 293; Vitruvs Forderung am Beginn des zweiten Kapitels des 6. Buches seiner *Zehn Bücher über Architektur*, dass Änderungen an der Symmetrie eines Gebäudes, die durch die Bodenbeschaffenheit notwendig werden können, »beim Anblick nichts vermissen« lassen dürfen [Ausgabe Fensterbusch, S. 271], umfasst noch nicht die weitreichenderen ästhetischen Implikationen). Diese »Übereinstimmung und […] Zusammenklang der Teile zu einem Ganzen« beruhe auf einer »bestimmten Zahl, einer besonderen Beziehung und Anordnung […], wie es das Ebenmaß (›concinnitas‹), das heißt das vollkommenste und oberste Naturgesetz fordert« (IX/5, S. 492). Abgeleitet wird diese Ordnung aus der Musik, deren Harmonien »einen den Ohren angenehmen Zusammenklang« ergeben; solche Zahlenproportionen, auf denen der Zusammenklang beruhe und die Alberti für die Intervalle in der Musik aufzeigt (IX/5, S. 496ff.), sollen auch in der ▸ Architektur wirksam werden, um die richtigen Proportionen der einzelnen Teile zueinander zu erhalten. Eine erklärende Exemplifizierung insbesondere für die Gestaltung von Fassaden, die die Schönheit von Gebäuden ausmachen, bleibt jedoch aus. – In der Kunstgeschichte wurde die aus der Musik abgeleitete Proportionalität zur Untersuchung von ▸ Architektur der Renaissance herangezogen, jüngst in einer Analyse der Fassade des Palazzo Rucellai, um »Substantielles« in Albertis Idee eines »musikalischen Gestaltungsverfahrens« in der Architektur aufzuweisen (Strohmayer). In der Musikwissenschaft müsste – anstatt im Blick auf die Zahlenverhältnisse hauptsächlich eine Fortsetzung pythagoreisch-platonischer Tradition zu sehen (Bott) – reflektiert werden, inwiefern die in Albertis Definition angelegte Kategorie des vollendeten und unveränderlichen Kunstwerks zur Konstituierung des späteren Werkbegriffs beiträgt, der bei verschiedenen Theoretikern der Renaissance anklingt (Johannes ▸ Tinctoris, Nicolaus ▸ Listenius). Die relative Unbestimmtheit der Definition der Schönheit hinsichtlich nachzuvollziehender Beziehungen von Musik und Architektur kann zwar durch eine Rekonstruktion praktischer Beispiele konkretisiert werden (siehe Strohmayer), sie kann jedoch auch als ästhetische Kategorie im Sinne eines gemeinsamen Nenners zwischen den Künsten und im Blick auf die Nobilität von Kunst verstanden werden, zumal Alberti noch betont, dass das Zustandebringen einer solchen Schönheit »eine gewaltige und göttliche Sache

[sei], bei deren Ausführung es der Anspannung aller künstlerischen und geistigen Kräfte bedarf und sogar der Natur […] es selten vergönnt [sei], etwas hervorzubringen, das absolut und in allen Teilen vollkommen ist« (Alberti, S. 293). In weiteren Schriften Albertis werden seine musikästhetischen Anschauungen jedenfalls im Blick auf die erklingende Musik ergänzt wie im Dialog *Profugiorum ab aerumna libri* (ca. 1450), in dem im humanistischen Sinne die sinnliche Wirkung von Musik auf den Zuhörer erörtert wird, »wofür er wahrscheinlich als Pionier zu gelten hat« (Strohm, S. 123ff.). Möglicherweise finden sich in der Satire *Musca* (in der der Fliege eine zentrale Rolle in der Entstehung der Musik zugewiesen wird, siehe Bott), ›zwischen den Zeilen‹ ebenfalls Hinweise zu einer zukunftsweisenden musikästhetischen Anschauung.

*Schriften* (die Musik betreffend):
*De re aedificatoria libri X* (zw. 1443 und 1452), Florenz 1485, dt. Übersetzung als *Zehn Bücher über die Baukunst. Ins Deutsche übertragen, eingeleitet und mit Anmerkungen und Zeichnungen versehen durch Max Theuer*, Wien und Leipzig 1912, Reprint Darmstadt 1975; *Musca* (1441–1443); *Profugiorum ab aerumna libri* (ca. 1450).

*Literatur*:
G.C. Bott, *Alberti, Leon Battista*, in: *MGG*, Bd. 1 (Personenteil), 1999, Sp. 355–358 • W. Strohmayer, *Leon Battista Alberti: Schönheitsbegriff und traditionelle Entwurfsgrundlagen*, in: Archiv für Musikwissenschaft 58 (2001), S. 231–260 • R. Strohm, *Musik erzählen: Texte und Bemerkungen zur musikalischen Mentalitätsgeschichte im Spätmittelalter*, in: *Kontinuität und Transformation in der italienischen Vokalmusik zwischen Due- und Quattrocento*, Hildesheim u.a. 2007, S. 109–125.

ES

# Albrecht II.
* 16.8.1397, † 27.10.1439 Neszmély (Ungarn)

Der seit 1404 regierende habsburgische Herzog von Österreich, Albrecht V., wurde 1437 König von Ungarn und Böhmen und 1438 in Frankfurt zum deutschen König gewählt. Er war Schwiegersohn von Kaiser ▶ Sigismund. Nach dessen Tod 1437 übernahm er die Hofkapelle und baute sie nach dem Muster der päpstlichen und burgundischen Kapelle weiter aus; ihr stand Johannes ▶ Brassart als ›cantor principalis‹ vor, der seit 1434 Sänger bei Kaiser ▶ Sigismund war. Die Trauermotette auf Albrechts Tod *Romanorum Rex – Requiem* stammt wahrscheinlich von ihm. Deren Text erwähnt namentlich sieben Sänger und lässt somit auf die Zusammensetzung der Kapelle unter Albrecht II. schließen. Wahrscheinlich waren, wie schon bei Sigismund, auch Chorknaben darunter.

*Literatur*:
R. Strohm, *The Rise of European Music 1480–1500*, Cambridge 1993.

# Albrecht V.
* 29.2.1528 München, 24.10.1579 ebenda

Unter Albrecht V., Herzog von Bayern, erlebte München eine kulturelle Hochblüte, die mit europäischen Zentren anderer Länder konkurrieren konnte. Die Hofkapelle wurde ausgebaut und mit Sängern aus dem frankoflämischen Bereich und Instrumentalisten vornehmlich aus Italien bereichert. Albrecht setzte Jacob ▶ Fugger zum finanziellen und personellen Verantwortlichen der Kapelle ein und ernannte ihn zum ›Hof- und Camerrath‹ und schließlich zum Hofkammerpräsidenten (1572).

Insbesondere ▶ Orlande de Lassus verlieh der Kapelle großes Renommee. Prachtvolle Musikhandschriften, darunter der Rore-Kodex mit Motetten von Cipriano de ▶ Rore und der berühmte Mielich-Kodex mit den *Sieben Bußpsalmmotetten* Lassus', dokumentieren nicht nur seine Förderung der Musik, die »Teil eines ehrgeizigen kunstmäzenatischen und damit kunstpolitischen Programms« wurde (Schwindt, *Hans Mielichs bildliche Darstellung*, S. 49), sondern auch die »politisch legitimierte Aufgabe der Rekreation« durch die Musik, die »hier zum ersten Mal in einem offiziellen Text aufzutauchen scheint« (Schwindt, *Zum Säkularisierungsprozess*, S. 251). In dem von Hans Mielich illustrierten Kodex befindet sich die bekannte Darstellung der Münchner Hofkapelle.

*Literatur*:
N. Schwindt, *Hans Mielichs bildliche Darstellung der Münchner Hofkapelle von 1570*, in: Acta musicologica 68 (1996), S. 48–85 • Dies., N. Schwindt, *Zum Säkularisierungsprozess der bayerischen Hofkapelle unter Albrecht V.*, in: *Institutionalisierung als Prozess – Organisationsformen musikalischer Eliten im Europa des 15. und 16. Jahrhunderts*, hrsg. von B. Lodes und L. Lütteken, Laaber 2009, S. 197–224.

## Albrecht VI.
* 1418 Wien, † 2.12.1463 Wien

Albrecht VI. war seit 1446 Herzog von Österreich (seit 1453 Erzherzog). Der nach Macht Strebende geriet in Streit mit seinem Bruder, dem deutschen Kaiser Friedrich III., erreichte die Abtretung Oberösterreichs und bekam, nach kriegerischen Auseinandersetzungen mit dem Kaiser 1462, auch Niederösterreich. Er stiftete 1457 die Universität Freiburg im Breisgau. Albrecht VI. war ein musikliebender Herrscher, der sich auf den Stationen seiner Reisen zwischen Wien und Freiburg gerne von den örtlichen Spielleuten und Sängern unterhalten ließ. Erhalten ist ein Zahlbuch, das die zwischen 1443 und 1446 angeworbenen Musiker (Trompeter, Stadtpfeifer, einen Lautenisten, singende Schüler) auflistet. Seine Kapelle, die 1444 aus sechs bis sieben Sängern bestand, ließ er bei seinen Reisen wahrscheinlich in Wien zurück. 1445 erwarb er die berühmte Handschrift A von ▸ Oswald von Wolkenstein.

*Literatur*:
R. Strohm, *The Rise of European Music 1480–1500*, Cambridge 1993.

## Alfonso V.
* 1396 wahrsch. Medina del Campo, † 27.6. 1458 Neapel

Der Herrscher von Aragon eroberte 1442 Neapel, wurde im selben Jahr König (als Alfonso I.) und nahm dort seine neue Residenz. Er versammelte an seinem Hof Gelehrte, Künstler und Musiker (u.a. Lorenzo Valla, Pisanello), gründete die Bibliothek und die erste neapolitanische humanistische Akademie, die Accademia Alfonsina, und spielte somit eine maßgebende Rolle in der Renaissancekultur der Italienischen Halbinsel. Alfonso hatte eine der größten Hofkapellen Europas, deren Sänger (1444: 15, 1451: 21) wahrscheinlich überwiegend aus spanischen Musikern bestand und mit Pietro Oriola (ab 1441) und vor allem Johannes ▸ Cornago (ab 1453) bedeutende Komponisten bekam. Begründet wurde auch eine von Johannes ▸ Tinctoris fortgesetzte musiktheoretische Tradition durch den 1444 bis 1451 in der Hofkapelle angestellten Sänger Giacomo Borbo, der die nach Spanien gelangte Traktat-Trilogie des Goscalcus (Elementarlehre, Kontrapunkt, Mensuralmusik) um einen vierten über die musikalischen Proportionen erweiterte.

*Literatur*:
A.W. Atlas, *Music at the Aragonese court of Naples*, Cambridge 1985.

## Alleluia

Alleluia (übersetzt ›Lobt Gott‹) ist im alten Testament in Tobias (13,22), in mehreren Psalmen wie auch in der Apokalypse (19,1-9) überliefert. In der vereinheitlichten Liturgie der Messe bildet das Alleluia den dritten Gesang des Proprium missae vor dem Evangelium. Das Alleluia wurde außer in Buß- und Fastenzeiten (Tractus und Sequenz) während des ganzen Kirchenjahres gesungen. – Die einstimmigen gregorianischen Alleluia beginnen mit einer kürzeren Melodie auf das Wort Alleluia, woran sich der Jubilus, ein längeres Melisma über der Schluss-Silbe des Wortes, anschließt und daraufhin ein Versus folgt, dessen Text überwiegend dem Psalter entnommen ist; am Schluss werden Alleluia und Jubilus wiederholt. Viele Alleluia-Melismen wurden seit dem Mittelalter tropiert, d.h. es wurden neue Texte unterlegt. Das Alleluia wurde responsorial ausgeführt: Alleluia (solistisch) – Alleluia und Jubilus (chorisch), Versus (solistisch), Schluss des Verses (chorisch), Alleluia-Wiederholung (solistisch), Jubilus-Wiederholung (chorisch) (▸ Responsorium). Alleluia diente auch als Anhang zu anderen liturgischen Formen in Messe und Offizium, z.B. zu Introitus-, Offertoriums- und Communio-Gesängen. – Im 15. und 16. Jahrhundert gewannen in England mehrstimmige Responsoriumsvertonungen und somit auch das Alleluia an Bedeutung, möglicherweise in Wiederbelebung des ▸ Sarum rite unter Maria der Katholischen (z.B. *Alleluia »Ora pro nobis«* von Thomas ▸ Tallis, mehrere Alleluia-Motetten von William ▸ Byrd). Mehrstimmige Alleluia-Vertonungen existierten auch auf dem Kontinent innerhalb von Plenarmessen, in Propriumszyklen (z.B. in den Messproprien von Orlande de ▸ Lassus) oder in Motetten (▸ Reprisenmotette).

*Literatur*:
K. Schlager, *Alleluia*, in: *MGG*, Bd. 1 (Sachteil), 1994, Sp. 445–462.

# Allemande

Die Allemande ist ein geradtaktiger Tanz in mäßigem Tempo. Der Terminus taucht erstmals in dem Traktat *Here Followeth the Maner of Dauncynge Bace Daunces After the Vse of Fraunce & Other Places* von Robert Coplande (London 1521) auf. Vor 1617 (Johann Hermann Schein) wird sie in deutschsprachigen Ländern als »Teutscher Tanz« oder »Dantz« bezeichnet, während sie in den Tanzsammlungen außerhalb Deutschlands (Claude Gervaise, Adrian ▸ Le Roy, Guillaume Morlaye, Pierre ▸ Phalèse, Tilman ▸ Susato u.a.) bereits als »Allemande« aufscheint. Auf sie folgt oft ein rascher im Tripeltakt stehender Nachtanz (Tripla, Proportz, Hupfauff, ▸ Saltarello). Die früheste Beschreibung der choreographischen Ausführung gibt Thoinot ▸ Arbeau in seiner *Orchesographie* (1588): Auf drei Schritte folgt jeweils ein schwingender Schritt des freien Beines. Verschränkte Armhaltung des Tanzpaares bzw. auch Partnertausch im Tanzablauf sind weitere Merkmale der Allemande.

In der Suite ist die Position der Allemande zunächst noch nicht fest definiert (Paul Peuerl 1611: Padouan-Intrada-Dantz-Galliarde; Schein 1617: Paduane-Galliarde-Courante-Allemande-Tripla; Isaac Posch 1618: Gagliarda-Tanz-Proportio). Erst gegen Ende des 17. Jahrhunderts wird sie zum Eröffnungssatz (Johann Sebastian Bach u.a.), aus der »die übrigen Suiten, als die Courante, Sarabande und Gigue, als Partes fliessen« (Johann Gottfried Walther, *Musicalisches Lexicon*, 1732, S. 28). Spätestens ab der Mitte des 18. Jahrhunderts wird die geradtaktige Renaissance-Allemande vom durchwegs im Tripeltakt stehenden und auch als »Allemande« bezeichneten »Deutschen Tanz« (»Ländlerischer Tanz«) abgelöst. Trotz Namensgleichheit steht diese, sieht man von der besonderen Armhaltung ab, nicht mit der älteren Form in Verbindung.

*Literatur*:
Fr. Blume, *Studien zur Vorgeschichte der Orchester-Suite des 15. und 16. Jahrhunderts*, Leipzig 1925 • A. Anders, *Untersuchungen über die Allemande als Volksliedtypus des 16. Jahrhundert*, Gelnhausen 1940

- R. Hudson, *The Allemand, the Balletto, and the Tanz*, Cambridge 1986 • M. Woitas, *Allemande*, in: *MGG* Bd.1 (Sachteil), 1994, Sp. 462–470 • R. Gstrein, *Allemande*, in: *Handbuch der musikalischen Terminologie*, 27. Auslieferung, 1998.

MM

## Alta musica

Der nach dem Traktat *De usu et inventione musicae* III,8 (ca. 1483–1485) des Johannes ▸ Tinctoris von Heinrich Besseler (s. Literatur) geprägte Begriff Alta musica bezeichnet das drei- bis vierstimmige Bläserensemble des 15. und frühen 16. Jahrhunderts, das erstmals um 1430 in Burgund auftauchte und von 1450 bis 1516 in unterschiedlichen Besetzungsstärken ikonographisch häufig dokumentiert ist. Standardmäßig bestand die Besetzung einer Alta musica oder Alta cappella aus ▸ Schalmei (Diskant-Pommer), Bomhart (Alt-Pommer) und Zug- bzw. S-Trompete (▸ Trompete) oder ▸ Posaune, den sogenannten lauten Instrumenten (frz. instruments hauts), denen die Alta musica (frz. haute musique) auch ihren Namen verdankt. Im Alta-Ensemble war die Besetzung der Oberstimmen mit der Schalmei für den Diskant und dem Bomhart für den Tenor (▸ Stimmengattungen) recht einheitlich geregelt, unklar ist jedoch, wann der Übergang in der Besetzung des tiefen Contratenors als Unterstimme von der Zugtrompete zur ▸ Posaune erfolgte. Verwendung fand die Alta in der Regel zu festlichen Anlässen verschiedenster Art wie bei Prozessionen und Umzügen, bei der Tafelmusik und vor allem bei der Tanzmusik. Entsprechend vielfältig war ihr Repertoire, das ein- und mehrstimmige Bearbeitungen geistlicher und weltlicher Musik wie Tanzsätze – z.B. ▸ Basse danse, La Spagna oder Saltarello – ▸ Chansons, ▸ Motetten und ▸ Messensätze umfasste. Die Spielpraxis der Alta basierte wahrscheinlich auf einer hochentwickelten Improvisationstechnik, wohl in Form eines Diskantierens der Ober- und Unterstimmen über einen auf dem Bomhart gespielten ▸ Cantus firmus bzw. Tenor oder über eine von Zugtrompete oder Posaune vorgetragene Bordun- bzw. Bassstimme. Das einzige überlieferte Notat für eine Alta stellt ein gleichnamiger Satz von Francisco della Torre im *Cancionero del palacio* (E-Mp 1335) aus Madrid dar, der ein Beispiel für die erstere Technik bildet.

*Literatur:*
H. Besseler, *Alta*, in: *MGG*, Bd. 1 (1949), Sp. 378–379 • H. Mayer Brown, *Alta*, in: *The New Grove Dictionary of Musical Instruments*, hrsg. von S. Sadie, London 1980, Bd. 1, S. 49–50 • A. Hofer, *Blasmusikforschung, eine kritische Einführung*, Darmstadt 1992 • K. Winkler, *Zur Frühgeschichte der Posaune*, in: Das Musikinstrument 42 (1993), S. 54-62 • L. Welker, *Alta*, in: *MGG*, Bd. 1 (Sachteil), 1994, Sp. 497–483 • H. Mayer Brown / K. Polk, *Alta*, in: *Grove*, 2001, Bd. 1, S. 422–423.

DG

## Alternatim

Alternatim bedeutet im weitesten Sinne den alternierenden Vortrag des Chorals in der Liturgie, im Wechsel zweier Solisten, von Solo und Chor oder zweier Chöre (▸ Responsorium, ▸ Antiphon). Seit Beginn der Mehrstimmigkeit bezeichnet die Praxis den Wechsel von einstimmigem Choral (▸ Gregorianischer Choral) und mehrstimmigem Gesang, im Notre Dame-Repertoire (12./13. Jahrhundert) vor allem in Graduale und ▸ Alleluia. Insbesondere ist die Praxis mit der Alternatim-Orgelmesse verbunden, die um die Wende zum 15. Jahrhundert aufkam und im 17. Jahrhundert ihren Höhepunkt erlebte; ein frühes Beispiel im deutschen Bereich bietet das *Wiener Kyrie »Magnus deus potencie«* (siehe Aringer). Die Alternatim-Orgelmesse ist wie die Vokalmesse in die fünf Teile des Ordinarium missae (▸ Messe) gegliedert. Die Abschnitte der Orgel umfassen jeweils einen liturgischen Vers, der

›Versett‹ genannt wird: Im Kyrie bspw. findet der Wechsel nach den einzelnen Kyrie- bzw. Christe-Rufen statt, wobei die Orgel beginnt, so dass den Sängern bei ihrem Einsatz der Ton gegeben wird; entsprechend wird das Agnus Dei behandelt. Im Sanctus hat die Orgel den ersten und dritten Sanctus-Anruf sowie die Verse 3 und 5, in Gloria und Credo jeweils die geradzahligen Verse, da der erste Vers (»*Gloria in excelsis Deo*« und »*Credo in unum Deum*«) jeweils vom Zelebranten intoniert wird. Abweichungen gehen auf eine andere Verseinteilung zurück. Die Orgelabschnitte sind somit relativ kurz, sie können choralgebunden oder frei sein oder können auch improvisiert werden.

Die Alternatim-Praxis war häufig auch im Proprium Missae (oftmals Introitus, auch Offertorium und Communio sowie weitere Zwischengesänge) und in den Offizien (▸ Hymnen, ▸ Magnificat, ▸ Te Deum u.a.) üblich. Möglich ist auch ein Wechsel von Orgel und mehrstimmigem Gesang. Orgelmessen aus dem 16. Jahrhundert sind in handschriftlicher oder gedruckter Form von Hans ▸ Buchner, Girolamo Cavazzoni, Claudio ▸ Merulo, Andrea ▸ Gabrieli, Antonio de ▸ Cabezón u.a. überliefert.

*Literatur*:
A. Mielke, *Untersuchungen zur Alternatim-Orgelmesse*, 2 Bde., Kassel 1996 • Ders., *Orgelmesse*, in: MGG, Bd. 7 (Sachteil), 1997, Sp. 1049–1054) • K. Aringer, *Das Wiener Kyrie »Magne deus potencie« (A-Wn 3617, fol. 10v) im Kontext organistischer Spielpraktiken des 15. Jahrhunderts*, in: *Wiener Quellen der älteren Musikgeschichte zum Sprechen gebracht*, Tutzing 2007, S. 187–203.

## Amerbach, Bonifacius
\* 11.10.1495 Basel, † 24. oder 25.4.1562 Basel

Amerbach gehört zu den bedeutenden Humanisten um Erasmus von Rotterdam, der sich 1514 in Basel aufhielt. Wie in humanistischen Kreisen in Basel üblich, wurde der Vorrang der praktischen Musikausübung vor der theoretischen Lehre betont; Musikausübung und -hören war für Amerbach nicht nur »ästhetisches Vergnügen«, sondern diente der »Vervollkommnung des Menschen« (vgl. Marx 1963, S. 53 und 67). Als Sammler von Instrumenten (Flöten, Zinken, Posaunen, Clavichorde, Orgeln) und insbesondere von Orgelbüchern hat er wertvolle Quellen zur Orgelliteratur des frühen 16. Jahrhunderts hinterlassen (heute in der Universitätsbibliothek Basel, publiziert in: *Schweizer Musikdenkmäler* 6, hrsg. von H.J. Marx, Basel 1967).

Der Sohn des humanistisch gebildeten Basler Druckers Johann Amerbach studierte nach Besuch der Schlettstädter Lateinschule an der ›facultas artium‹ der Universität Basel, danach an der Universität Freiburg im Breisgau und später in Avignon.

Während seiner Studien hatte er viel Kontakt zu Organisten: Er lernte den späteren Fribourger Komponisten Hans ▸ Kotter kennen, der 1513/1514 in Basel und/oder Freiburg im Breisgau weilte und nahm wahrscheinlich Unterricht bei ihm; in Freiburg war er mit Sixtus ▸ Dietrich und dem Organisten am Münster Johann Weck bekannt.

Aus diesen Beziehungen ging eines der umfangreichsten Tabulaturbücher der Zeit hervor: Der *Codex Amerbach* (CH-Bu, F IX 22, geschrieben von Amerbach, Kotter, Weck u.a.), entstanden zwischen 1513 und 1535, der 56 Kompositionen in alter deutscher ▸ Orgeltabulatur enthält: Lieder und ▸ Motetten, Tanzsätze und freie Sätze von Heinrich ▸ Isaac, Paul ▸ Hofhaimer, Kotter, Weck, Hans ▸ Buchner, ▸ Josquin, Dietrich u.a. (Merian 1916 und Marx, 1963, S. 68–70); der Beginn besteht aus einer Art Orgelschule (*Fundamentum*). 1525–1548 war Amerbach Professor für römisches Recht an der Universität in Basel.

*Literatur*:
W. Merian, *Die Tabulaturen des Organisten Hans Kotter. Ein Beitrag zur Musikgeschichte des beginnenden 16. Jahrhunderts* (Biblioteca organologica 69), Leipzig 1916 • H.-J. Marx, *Der Tabulaturcodex des Basler Humanisten B. Amerbach*, in: *Musik und Geschichte. Festschrift Leo Schrade zum 60. Geburtstag*, Köln 1963, S. 50–70 • J. Kmetz, *The Sixteenth-Century Basel Song Books. Origins, Contents and Context* (Publikationen der Schweizer Musikforschenden Gesellschaft, Serie 2,35), Bern u.a. 1995 • H.-J. Marx, *Amerbach*, in: MGG, Bd. 1 (Personenteil), 1999, Sp. 597–598.

**Amiens** ▶ **Frankreich**

**Amon, Blasius**
\* um 1560 Hall (Tirol), † zwischen 1. und 21.6.1590 Wien

Eine Chronologie der biographischen Elemente des Komponisten Amon kann aus den Vorworten seiner Drucke und vereinzelten Dokumenten nur bedingt rekonstruiert werden. Bis 1577 Kapellknabe bei Erzherzog Ferdinand I. in Innsbruck, lebte Amon nach einer ersten Italien-Reise im Innsbrucker Franziskanerkonvent. Von 1582 bis 1585 weilte er erneut in Venedig, wo er mit Andrea ▶ Gabrieli in Kontakt gekommen sein könnte. Als Kantor wirkte er danach am Zisterzienserstift Heiligenkreuz und empfing 1587 in Wien die Priesterweihe.

Amon veröffentlichte neben den vierstimmigen *Missae* (Wien 1588) jeweils zwei Bände *de tempore*-Introiten (Wien 1582 und 1602) und ▶ Motetten (München 1590 und 1593), aus denen einzelne Werke in späteren Sammeldrucken zu finden sind. Amon gehört jener Generation habsburgischer Musiker an, in deren Werk sich der Wechsel und die Durchmischung von imitierendem, linearem Satz der Niederländer und akkordisch-deklamierendem Stil der Italiener manifestiert. Als einer der ersten deutschsprachigen Komponisten machte er von der ▶ Cori spezzati-Technik konsequenten Gebrauch.

*Ausgabe*:
Blasius Amon: *Kirchenwerke I* (Denkmäler der Tonkunst in Österreich 73), hrsg. von C. Huigens, Graz 1931.

*Literatur*:
W. Senn, *Musik und Theater am Hof zu Innsbruck*, Innsbruck 1954 • Ders., *Zur Lebensgeschichte des Tiroler Komponisten Blasius Amon (um 1560-1590). Mit einem Werkverzeichnis*, in: Veröffentlichungen des Tiroler Landesmuseum Ferdinandeum 56 (1976), S. 145–168 • B. Schwemer, *Amon, Blasius*, in: MGG, Bd. 1 (Personenteil), 1999, Sp. 614–615.

CB

**Amour courtois**

Innerhalb der Liebeskonzeptionen des Hoch- und Spätmittelalters prägte die ›höfische Liebe‹ ein System von Ideen, Bildern und Begriffen aus, von der weite Teile der französischsprachigen Epik und Lyrik bis ins 15. Jahrhundert getragen wurden. Vor allem Vertonungen von Gedichten anonymer Dichter basieren noch länger, bis zum Ende des Jahrhunderts, auf diesem Diskursmodell, das nicht unbedingt als Lebensweise und Verhaltenskodex in der Wirklichkeit akzeptiert war, sondern vor allem im virtuellen Raum der Dichtung sowie ihrer bildlichen und musikalisch-poetischen Umsetzung existierte.

Unter vermutlich arabischem Einfluss fand in der Poesie der provenzalischen Trobadors im 12. Jahrhundert ein Paradigmenwechsel statt, in dem die misogyne Haltung der Kirchenväter durch eine Hinwendung zur Frau und Aufwertung der Geschlechterliebe überwunden wurde, wobei das feudale Sozialverhältnis zwischen Lehnsherr und Vasall auf die Beziehung zwischen der Herrin und dem Liebenden übertragen wurde. Aufgrund der Lokalisierung im ritterlich-höfischen Milieu schuf Gaston Paris 1883 die Formulierung

›amour courtois‹, die bald zum Terminus technicus für das Liebeskonzept wurde, das zeitgenössisch als ›fin' amors‹ (edle Liebe, ›hohe Minne‹) bei Jaufré Rudel in ein Begriffsgeflecht mit ›bon'‹ und ›verai' amors› (gute bzw. echte Liebe) eingebunden war. Die Grundannahme des Amour courtois besteht darin, Liebe als ethischen Wert zu verstehen, der zur individuellen und gesellschaftlichen Vollkommenheit führt. Ausgelöst wird die Liebe im Liebenden durch das Gewahrwerden der Überlegenheit der Dame, die sich in Schönheit, geistigen und moralischen Qualitäten äußert. Das Wesen dieser Liebe ist ihre Prozesshaftigkeit, ihre grundsätzliche Unabgeschlossenheit und Nicht-Erfüllbarkeit. Deshalb ist die Liebe illegitim, die Herrin – obwohl nicht notwendigerweise verheiratet – unerreichbar, sie wirkt abweisend, oft weiß sie nichts von der Liebe, die sich in permanentem einseitigem Streben nach (auch sexueller) Erfüllung, Sehnsucht, Hoffnung, treuem Dienst und vor allem unablässiger Werbung (›courtoisie‹, Hofieren) des Mannes vollzieht und ihn einer breiten Spanne von emotionalen Reaktionen zwischen exaltierter Freude und Todeswunsch aussetzt. Die Furcht, die Gunst der Dame zu verlieren, stachelt ihn zu immer größerer, schrittweise zu erreichender Perfektion an: sowohl in seinen höfischen Tugenden als Mensch wie in seinem Liebesdienst. Zu diesem Dienst gehört auch die Performanz der Werbung, die sich in ritterlich-militärischen Taten und nicht zuletzt ästhetisch, als Schaffen von (poetischer und gegebenenfalls musikalischer) Lyrik niederschlägt. Künstlerische Tätigkeit ist daher, zumal es sich um ein fiktives, nicht reales gesellschaftliches Wertesystem handelt, essentieller Bestandteil der Liebeskonzeption und insofern für die Musik und ihre literarische Textgrundlage bis zum Beginn der Frühen Neuzeit quantitativ und qualitativ fundamental und legitimierend. In Chansons bis um 1500 werden daher immer wieder gleiche Topoi durchgespielt (bzw. als Gegenentwurf bewusst durchbrochen): die über Blicke und oft nur ausschnitthaft, etwa als roter Mund, wahrgenommene und sodann gepriesene Schönheit und edle Natur der Geliebten, die bedingungslose Ergebenheit des Liebenden trotz Nicht-Erhörung, die oft als Gefangenschaft empfunden wird, die Schilderung seiner psychischen Verfassung, verbunden mit der Bitte um Mitleid, seine verschiedenen Phantasien von Hingabe oder Eroberung der Dame (auch in kämpferischen Metaphern wie Jagd, Liebeskrieg, Erstürmung der Burg), seine zum Teil mit Krankheit oder Wahnsinn erkaufte Treue bis in den Tod. Der Konstruiertheit des Liebeskonzepts entsprechen die gedanklich und formal artifiziellen künstlerischen Produkte, die oft auf ein festes Arsenal an allegorischen Figuren zurückgreifen (Bel Acueil, Bien Amer, Courtoisie, Dame Fortune, Ennuy, Esperance, Mercie, Pitié).

Im Bereich der deutschsprachigen Liebeslyrik wurde das Konzept des Amour courtois zu Zeiten des Minnesangs übernommen, im Unterschied zu Frankreich aber schon um 1400 von einer Liebesvorstellung abgelöst, in der zwar Vokabeln wie ›staete‹, ›genade‹ und ›dienen‹ noch vorkommen, bei der aber fast immer von einer Situation gegenseitiger, allenfalls von innen oder außen angefochtener Liebe ausgegangen wird.

*Literatur*:
G. Paris, *Études sur les romans de la table ronde*, in: Romania 12 (1883), S. 459–534 • D. Poirion, *Le poète et le prince. L'évolution du lyrisme courtois de Guillaume de Machaut à Charles d'Orléans*, Paris 1965 • U. Liebertz-Gruen, *Zur Soziologie des »amour courtois«. Umrisse der Forschung*, Heidelberg 1977 • P. Zumthor, *Le masque et la lumière. La poétique des Grands Rhétoriqueurs*, Paris 1978 • K.A. Glanz, *De arte honesti amandi. Studien zur Ikonographie der höfischen Liebe*, Frankfurt a.M. 2005.

NSCH

**Amsterdam** ▸ Niederlande

## Anatomie

Beschreibungen über die wunderbaren Wirkungen der Musik (▶ Effekt) bewogen die Theoretiker in der Zeit der Renaissance, eine Idee zu entwickeln, die dem Satz »Musica medicinalis est« aus der *Summa musicæ* von ▶ Johannes de Muris erneut zu Ehren verhalf. Die Musik besäße therapeutische Macht, und dies bestätigten die Beschreibungen über ihre wunderbaren Wirkungen. Seit der Antike (Herophilos) und während des ganzen Mittelalters (Claudius Galenus) wurden Analogien zwischen den musikalischen Proportionen und dem Pulsschlag aufgezeigt. Während des 15. Jahrhundert war diese Idee nicht nur weit davon entfernt, verworfen zu werden, sondern erhielt auch eine pragmatischere Ausrichtung. So begründete Michele Savonarola, der Autor einer Schrift *De febribus, de pulsibus, de urinis* (1498), seine Deutung des Pulsschlags unter Heranziehung der beiden ›divisiones‹ der italienischen Notation (▶ Mensuralnotation). Auf die therapeutischen Fähigkeiten der Musik wurde häufig aufmerksam gemacht, oft in allgemeinen Begriffen, jedoch wurde manchmal auch eine praktische Umsetzung vorgenommen wie insbesondere im Maison de la Charité chrestienne von Nicolas Houel in Paris, wo eine ›Ecole de Musique‹ gegründet wurde.

Einige Physiologen und Mediziner interessierten sich intensiver für die durch Musik hervorgerufenen Effekte, um daraus Schlüsse für das Funktionieren des Körpers zu ziehen. Jason Pratensis (*De cerebri morbis*, 1549) versuchte, den Schlaf durch die Art zu erklären, wie die Musik den Geist des Hörers in Anspruch nimmt; Henri de Monantheuil (*Ludus iatromathematicus, musis factus*, 1547) arbeitete eine Theorie der Minderung der Schmerzen durch die Musik aus. Parallel dazu thematisierten die Philologen wie beispielsweise Jean Brodeau (*Miscellaneorum libri IV*, 1555) oder Julius Scaliger (*Exorticarum exercitationum libri XV de subtilitate ad Hieronymum Cardonum*, 1592) die heilenden Fähigkeiten der Musik.

Bevor verstanden wurde, wie der Ton vom Ohr wahrgenommen wurde, war eine Vertiefung der anatomischen Kenntnisse notwendig. Bis zum Beginn des 16. Jahrhunderts wurde bezüglich der anatomischen Beschreibungen des Ohrs lediglich auf die Entdeckungen Galens (Claudius Galenus, ca. 131 – ca. 201) zurückgegriffen. Ein Jahrhundert später wurde der Mechanismus des Gehörs präziser beschrieben. Helkiah Crooke (1576–1635) veröffentlichte seine *Microcosmographia* (1615), die eine detaillierte Beschreibung der Funktion und der Anatomie des Ohres enthielt. Crookes Werk ist das Resultat der Forschungen eines Jahrhunderts, die hauptsächlich von italienischen Medizinern wie Berengario da Carpi (*Commentaria super anatomia Mundini*, 1521), Giovanni Filippo Ingrassia (ca. 1510–1580), Bartolomeo Eustachio (*Opuscula anatomica*, 1563 das ein Kapitel enthält, das mit »Epistula de audibus organis« überschrieben ist) und Giulio Casserio (*De vocis auditusque organis historia anatomica*, 1600) durchgeführt wurden. Einige deutsche Physiologen trugen ebenfalls zu einer vertieften Kenntnis über das Ohr bei. Unter ihnen publizierte Volcher Coiter 1573 die Schrift *De audibus instrumento*.

Die Forschung der Physiologen bestand vorzugsweise in der Identifikation der Organe, mit denen die Töne empfunden wurden, und deren Funktionsweise, die die »species« des Tones wandelte, um sie dem »allgemeinen Sinn« des Gehirns zu übermitteln. Indem sie auf der Rolle der ›inneren Luftschicht‹ des Mittelohrs beharrten, schrieben Coiter und andere nach ihm den Knöchelchen und dem Hörgang verschiedene Rollen zu. Guido Guidi († 1569) hatte seinerseits vorgeschlagen, dass die Bewegung der Töne in der äußeren Luft, nachdem sie das Trommelfell und die Knöchelchen in Bewegung gesetzt hatten, in das innere Ohr durch das ›fenestra ovalis‹ gelangen, das durch die Bewegung der ›stapes‹ geöffnet wird. Guidis Abhandlung wurde vor 1611 nicht veröffentlicht, und nur Andrea Laurentius (*Historia anatomica humani corporis*, 1600) näherte sich einer Erklärung, die genauso präzise wie diejenige des italienischen Mediziners war. Die hypothetische Natur dieser Entdeckungen regte einige Anatomiker an, ein neues Programm auszuformulieren. So schrieb der Anatomiker und später kaiserliche Leibarzt Andreas Vesal (1515–1564) seinem Kollegen Gabriele Falloppia (ca.1523–1562), dass größte Vorsicht geboten sei, denn seit den neuen Entdeckungen schien es notwendig, alle anatomische Forschung mit einer quantitativen Studie der Töne zu kombinieren. Gleichermaßen sollten die Ergebnisse einer physiologischen Problematik (der Mechanismus der Töne) von denjenigen einer philosophischen oder psychologischen Problematik (das Empfinden und die Wahrnehmung) präzise unterschieden werden.

*Literatur*:
A. Crombie, *Mathematics, Music and Medical Science*, in: Organon 6 (1969), S. 22–36 • W.F. Kümmel, *Musik und Medizin. Ihre Wechselbeziehungen in Theorie und Praxis von 800 bis 1800*, Freiburg 1977 • A. Diehr, *Speculum corporis. Körperlichkeit in der Musiktheorie des Mittelalters*, Kassel 2000.

PHV

## Andachtsmusik

Andacht, mittelhochdeutsch andâht, abgeleitet von ›denken‹, bezeichnet den mentalen Vorgang des (nichtintellektuellen) Denkens auf einen Gegenstand hin. In der Renaissance ist damit in erster Linie ein religiöser Vorgang gemeint als Denken auf Gott hin. In denselben Kontext gehören die Begriffe Kontemplation, Devotion und Meditation, von denen der Terminus Andacht nicht scharf abzugrenzen ist. Andacht ist zu verstehen als persönlicher Vorgang privater Frömmigkeitsübung. Daneben bezeichnet Andacht eine gemeinschaftlich praktizierte religiöse Feier außerhalb der Messliturgie bzw. der Gottesdienstliturgie mit flexiblem Ablauf. Andachten waren häufig verbunden mit Anlässen des Kirchenjahrs (Advent, Passion) oder mit herausragenden Heiligen (Maria). In der Reformation spielen private Hausandachten eine wichtige Rolle in der Überlieferung des neuen Liedguts und seiner mehrstimmigen Sätze.

Andachtsmusik ist ein häufig gebrauchter, jedoch recht unspezifischer Terminus, dessen genaue Definition noch aussteht. Verfasser des Artikels versteht darunter Musik, die die religiöse Andacht unterstützt und verstärkt. Generell kann dazu natürlich die gesamte geistliche Musik gerechnet werden. Spezifischer zählt dazu die geistliche paraliturgische Musik der privaten Andachtsfeier. Im Spätmittelalter ist Andachtsmusik verstärkt im paraliturgischen Kontext der privaten Andacht von Klerikern, Semireligiosen und Laien zu finden. Unter dem Einfluss einer verstärkten Endzeiterwartung nimmt ab dem 14. Jahrhundert vor allem auf Seiten der Laien und Semireligiosen das Interesse an einer privat vollzogenen Andacht stark zu und bildet den Nährboden für vielfältige Kompositionsformen. Vor allem das in dieser Zeit sehr erweiterte geistliche Liedrepertoire gehört zur Andachtsmusik. Ein wichtiges Kennzeichen der Privatandacht und ihrer Musik ist der häufige Gebrauch der Volkssprache, während die Messliturgie ausschließlich in lateinischer Sprache gefeiert wurde.

In diesen Kontext gehört unter anderem die Musik der städtischen ▶ Bruderschaften und die Musik der Devotio moderna. Auch die ▶ Lauda spirituale des späten Mittelalters, die sowohl mit lateinischen als auch volkssprachigen Texten verbunden sein konnte, hatte einen Platz in der paraliturgischen Andacht monastischer und laikaler Kreise.

Messliturgie und Andachtsmusik waren nicht immer streng voneinander getrennt. Eine lokale wie temporale Überschneidung von Liturgie und Andacht ergab sich dann, wenn während der Messe die lateinischen liturgischen Handlungen der Priester und des Chors und die volkssprachige persönliche Kontemplation der einzelnen Laien gleichzeitig nebeneinander stattfanden. Zahlreiche lateinische Hymnen und Sequenzen wurden zu diesem Zweck im 15. und 16. Jahrhundert ohne Notation in die mittelniederländische und mittelniederdeutsche Sprache übersetzt. Allerdings wurde diese Andachtsmusik während der Messe ›im Herzen‹, also stumm, ausgeführt.

Besondere Bedeutung für die Musikgeschichte der Renaissance erlangten die seit dem 15. Jahrhundert in den südlichen Niederlanden entstandenen Andachten zu Ehren der Gottesmutter Maria, kurz ›lof‹ genannt. Ein Grund für den enormen Zulauf zu diesen mancherorts täglich stattfindenden Andachten war die starke Zunahme der Marienfrömmigkeit im späten Mittelalter. Die Feiern wurden von Marienbruderschaften zum Zweck der Marienverehrung organisiert und gefeiert, die Musik wurde von professionell ausgebildeten Chorsängern ausgeführt, die im Dienst der Bruderschaft standen. Diese Bruderschaften waren zwar mit einer bestimmten Kirche verbunden, ihre Mitglieder, Männer und in geringerer Zahl auch Frauen, waren jedoch keine Priester, sondern Laien. Im Mittelpunkt der Marienandachten standen polyphone Kompositionen, z.B. Bearbeitungen der sehr beliebten Marienantiphon *Salve Regina*. Zahlreiche polyphone Marien-Kompositionen niederländisch-flämischer Komponisten wurden während dieser Marienandachten ausgeführt. Guillaume ▸ Dufay und Pierre de la ▸ Rue waren selbst Mitglieder von Marienbruderschaften in Antwerpen bzw. 's-Hertogenbosch. Die Kompositionen für diese Andachtsfeiern wurden in eigens dafür zusammengestellten, oft prachtvoll ausgestatteten Sammlungen bewahrt, unter anderem in den berühmten Codices des in 's-Hertogenbosch tätigen Künstlers und Musikers Petrus ▸ Alamire. Während der Andachtsfeiern konnte die Musik rein polyphon, aber auch abwechselnd mit einstimmig choraliter gesungenen Versen der gregorianischen Vorlage ausgeführt werden. Manche Kennzeichen zyklisch angeordneter Messkompositionen können mit der regelmäßigen Verwendung in Andachtsfeiern in Zusammenhang gebracht werden. So sind die einzelnen Teile der zyklischen *Missa Verbum incarnatum* von Arnold de ▸ Lantin nicht von einem durchgehenden ▸ Cantus firmus, sondern von musikalischen Eigenschaften der einleitenden Marienantiphon geprägt, was mit ihrer Funktion während der Andachtsfeiern der Bruderschaften in Verbindung gebracht wurde (siehe Strohm).

Auch in Kreisen der Devotio moderna nahm Andachtsmusik als Musik während der täglichen privaten Meditation einen wichtigen Raum ein. Die geistlichen Liederhandschriften dieser Bewegung lassen oft den Aufbau der speziell für die Meditation zusammengestellten persönlichen Textsammlungen, Rapiaria genannt, erkennen, die die Anhänger der Devotio moderna selbst anzulegen pflegten. Viele geistliche Lieder hatten eine Funktion bei diesen täglichen privat und gemeinschaftlich gefeierten Andachtsübungen. Die Musik konnte vor allem mit zwei Gelegenheiten in Verbindung gebracht werden: der Handarbeit und der privaten Vorbereitung auf das tägliche Stundengebet der Gemeinschaften, die die Musik auch selbst ausführten. Den verbindenden Faktor zwischen Musik und Meditation bildet die erstrebte innige Gemütsbewegung (affectio), die sich, basierend auf der Lektüre eines passenden Texts (lectio), aus der Meditation darüber (meditatio) ergeben soll, um schließlich in ein emotional durchlebtes Gebet zu Gott (oratio) zu münden. Die Auswirkungen der Musik auf den Affekt wurden bereits in der Antike diskutiert. Auch hing die Devotio moderna der spätantiken Auffassung an, die Musik sei zwar göttlichen Ursprungs, doch könne der Mensch sie wegen der Erbsünde nicht mehr ohne weiteres in der richtigen Weise ausführen. Über die Schriften Augustins fand diese Kenntnis Eingang in das Schriftgut und die Vorstellungswelt der Devotio moderna. Traktate einschlägiger Autoren und Chroniken berichten von einer Beteiligung der Musik an der Meditation. Diese Funktion beeinflusste sowohl das Musikverständnis der Devotio moderna als auch die Faktur der Musik selbst. So wurden beispielsweise zahlreiche liturgische Gesänge in den paraliturgischen Kontext der Meditation übernommen und diesem angepasst. Mit dem Übergang in die Andachtsmusik kann allgemein eine Aufweichung der liturgischen Gattungen festgestellt werden, wodurch fest umschriebene liturgische Formen in der Aufzeichnung wie in der Überlieferung undeutlich werden. Hierin wird eine Entwicklung zum beliebig einsetzbaren paraliturgischen Gesang mit amorpher Form und Funktion erkennbar. Auch die mehrstimmige Musik der Devotio moderna war gekennzeichnet von ihrer Funktion im Kontext der Privatandacht. Erlaubt war nur homophone Musik. Vor allem die polyphone Faktur des ▸ Contrapunctus diminutus, der in Quellen der Devotio moderna Discantus genannt wird, war streng verboten. Der komplizierte musikalische Aufbau dieser mehrstimmigen Musik, bei der oft sogar verschiedene Texte gleichzeitig deklamiert wurden, wirkte sich auch auf die Textverteilung aus und verhinderte, dass der Text immer gut verstanden werden konnte. Textverständlichkeit stand jedoch bei Gesängen der Devotio moderna an erster Stelle, da diese nur dann eine zuverlässige Basis für die Meditation bilden konnten. In ihrer Forderung nach Textverständlichkeit stimmte die Devotio moderna mit dem ▸ Humanismus und dem Genfer Reformator Johannes ▸ Calvin überein. Die Namen der Komponisten der Devotio moderna sind nicht überliefert, die Musik wurde in anonymen Sammlungen verbreitet. Vom 16. Jahrhundert an bemühte man sich, einzelne Autoren der Devotio moderna mit dem Liedschaffen dieser Kreise in Verbindung zu bringen. Ein bekanntes Beispiel dafür ist der Windesheimer Kanoniker Thomas a Kempis, dessen umfangreiche Schrift *De imitatione Christi* (Von der Nachfolge Christi, 1441) bis in moderne Zeit eine enorme Verbreitung erfuhr. Mit seinem Namen wird ein im Lauf der Jahrhunderte stark angewachsenes Corpus lateinischer geistlicher Lieder in Verbindung gebracht, doch ist seine Autorschaft nicht bewiesen.

Die Devotio moderna trug zur Verbreitung des lateinischen und volkssprachigen geistlichen Liedes im 15. und 16. Jahrhundert in wesentlichem Maß bei. Dies ist der Nährboden, auf dem sich im 16. Jahrhundert das reformatorische ▸ Kirchenlied entwickeln konnte.

Auch im Musikleben der Reformation nahm die Musik während privater Hausandachten einen wichtigen Platz ein. Für calvinistische Kreise (▸ Calvinistische Musik) komponierten Claude ▸ Goudimel und Claude ▸ Le Jeune für diese Gelegenheit zahlreiche mehrstimmige Sätze des im Gottesdienst nur einstimmig gesungenen Genfer Psalters. Auch in der lutherischen ▸ Reformation war die private Hausandacht Ausgangspunkt für zahlreiche Liedkompositionen. Die Lieder des Wittenberger Reformators Martin ▸ Luther wurden zunächst für den privaten Gebrauch als Andachtsmusik für Laien gedruckt und fanden erst danach Eingang in kirchliche Gesangbücher. Titel, Format und Inhalt lutherischer Lieddrucke des 16. Jahrhunderts lassen darauf schließen, dass die meisten von ihnen für den privaten Hausgebrauch gedacht waren, nicht für den kirchlichen Gebrauch. Auch die zahlreichen Lieder Nicolaus Hermans, des in Wittenberg ausgebildeten Kantors und Pädagogen der aufstrebenden böhmischen Silberminenstadt Joachimsthal, waren in erster Linie für den privaten Hausgebrauch und den Schulgebrauch bestimmt. Sein musikalisches Œuvre macht acht Prozent des deutschsprachigen geistlichen Liedschaffens des 16. Jahrhunderts aus.

*Ausgaben*:
Das deutsche Kirchenlied, Abteilung I: *Verzeichnis der Drucke von den Anfängen bis 1800*. Bearbeitet von Konrad Ameln, Markus Jenny und Walther Lipphardt, 2 Teile, Kassel 1975 und 1980, zugleich RISM B/VIII/1+2 • Das deutsche Kirchenlied, Abteilung II: *Geistliche Gesänge des deutschen Mittelalters. Melodien und Texte handschriftlicher Überlieferung bis um 1530*, 8 Bde, hrsg. von M. Lütolf, Kassel etc. ab 2003 • Das deutsche Kirchenlied, Abteilung III: *Die Melodien aus gedruckten Quellen bis 1680*, hrsg. von der Gesellschaft zur wissenschaftlichen Edition des deutschen Kirchenlieds, Kassel etc. ab 1993. • U. Hascher-Burger, *Gesungene Innigkeit. Studien zu einer Musikhandschrift der Devotio Moderna (Utrecht, Universiteitsbibliotheek, ms. 16 H 34, olim B 113). Mit einer Edition der Gesänge* (Studies in the History of Christian Thought 106), Leiden 2002.

*Literatur*:
J. Maier: *Studien zur Geschichte der Marienantiphon ›Salve Regina‹*, Regensburg 1939 • R. Strohm: *Einheit und Funktion früher Meßzyklen*, in: *Festschrift Rudolf Bockholdt zum 60. Geburtstag*, hrsg. von N. Dubowy und S. Meyer-Eller, Pfaffenhofen 1990, S. 141–160 • H. Kellman (Hrsg.), *The Treasury of Petrus Alamire. Music and Art in Flemish Court Manuscripts 1500–1535*, Amsterdam 1999 • U. Hascher-Burger, *Gesungene Innigkeit. Studien zu einer Musikhandschrift der Devotio Moderna (Utrecht, Universiteitsbibliotheek, ms. 16 H 34, olim B 113). Mit einer Edition der Gesänge* (Studies in the History of Christian Thought 106), Leiden 2002 • V. Roelvink, *Gegeven den sangeren. Meerstemmige muziek bij de Illustre Lieve Vrouwe Broederschap te 's-Hertogenbosch in de zestiende eeuw*, Utrecht 2002 • Y. Desplenter, *Liturgische lofzangen in het Middelnederlands. Een onderzoek naar de aard, verspreiding en functie van Middelnederlandse vertalingen van Latijnse hymnen en sequensen*, Diss. Gent 2004 • Chr. Boyd Brown, *Singing the Gospel, Lutheran Hymns and the Success of the Reformation*, Cambridge/Massachusetts u.a. 2005 • U. Hascher-Burger, *Schrieb Thomas a Kempis Lieder? Eine alte Frage neu gestellt*, in: *Aus dem Winkel in die Welt. Die Bücher des Thomas von Kempen und ihre Schicksale*, hrsg. von U. Bodemann und N. Staubach (Tradition-Reform-Innovation. Studien zur Modernität des Mittelalters 11), Frankfurt a. M. 2006, S. 232–254.

UHB

## Aneau, Barthélemy
\* um 1510 Bourges, † Juni 1561 Lyons

Der französische Lehrer, Redner, Jurist und Humanist wurde nach Studien an der Universität von Bourges zum Rhetorik-Professor am Collège de la Trinité in Lyons berufen (vor 1538) und wurde 1540 Rektor. Er wurde dort 1561 während eines Aufstandes ermordet, möglicherweise von rivalisierenden Jesuiten und Protestanten.

Aneau veröffentlichte mehrere bedeutende Bücher, darunter ein politisches satirisches Schauspiel – *Lyon marchant* (1541), eine polemische Attacke auf Joachim ▶ Du Bellays Manifest über eine neue französische Sprache – *Quintil horatian* (1551), Embleme – *Picta poesis* und *Imagination poétique* (1552), eine Abhandlung über Gesetz und Regierung – *Juris prudentia* (1554) und eine Fabelgeschichte – *Alector* (1560). Einige dieser Bücher zeigen seine tiefe Kenntnis der zeitgenössischen Musik und Musiker: *Lyon marchant* wird mit Arion (König ▶ Franz I.), der zur Laute singt, eröffnet – *Doulce memoire* (Text von Franz I., Musik von Pierre ▶ Sandrin, François ▶ Layolle u.a.), woraufhin im folgenden die hauptsächlichen Instrumente und musikalischen Formen der Zeit beschrieben werden. Der *Quintil* verteidigt die lyrischen Qualitäten von ▶ Mellin de Saint-Gelais' improvisatorischer Dichtung und deren musikalische Aufführung, wobei erklärt wird, dass berühmte Komponisten wie Claudin de ▶ Sermisy, Pierre ▶ Certon, Pierre ▶ Sandrin und Pierre de Villiers Texte professioneller Dichter vertonten. *Alector* enthält ein ▶ Cantique – *Dieu souverain, de puissance infinie*, das von einem vierstimmigen Chor gesungen wurde, unterstützt von einem Instrumentalensemble aus Orgel, Lauten, Violen, Harfen, Psalterien u.a.

Aneaus Interesse an Musik zeigt sich hauptsächlich in einem Weihnachtsspiel, das für sein Collège geschrieben und vollständig gesungen wurde: *Chant natal* (1539) besteht aus geistlichen Liedern oder ▶ Noëls, Kontrafakturen von Liedern von Clément ▶ Marot, Franz I. und aus anderen bekannten polyphonen Sätzen von Sermisy, Sandrin und Villiers; das abschließende *Noël mystique sur le chant »Le dueil yssu«* beinhaltet die Zeile »Le Rossignol vy lier par accords« mit einer Randnotiz, die den Namen des Komponisten nennt – »Villiers«.

Eine weitere Sequenz von Noëls wurde der Schwester König ▶ Heinrichs II., Marguerite, gewidmet: *Genethliac – Noël Musical et Historial de la Conception & Nativité de nostre Seigneur* (1558), deren Texte voll mit anagrammatischen Bezügen zu verschiedenen Mitgliedern der königlichen Familie sind. Die Sammlung enthält 17 neu komponierte Lieder für drei oder vier Stimmen mit gedruckten Cantus- und Tenor-Stimmen (Paris, BNF Conservatoire Rés.85). Die ersten 15 könnten von Estienne ▶ du Tertre sein, dessen Name mit demjenigen Aneaus in einem Quatrain in allegorischer Weise auf der Titelseite zitiert wurde; das Buch schließt mit einer sibyllinischen Ekloge von Claude ▶ Goudimel und einer *Présentation de l'enfant au Temple* von Didier Lupi dem zweiten.

*Literatur*:
J.L. Gerig, *Barthélemy Aneau: a Study in Humanism*, in: Romanic Review 1 (1910), S. 181–207, 287–9, 395–410; 2 (1911), S. 163–185; 4 (1913), S. 27–57 • F. Goyet, *Traités de poétique et de rhétorique de la Renaissance*, Paris 1990 • F. Dobbins, *Music in Renaissance Lyons*, Oxford 1992, S. 59–77 • Ders., *Music in French Theatre*, in: Early Music History 13 (1994), S. 85–122 • M.M. Fontaine (Hrsg.), *Barthélemy Aneau: Alector*, Geneva 1996.

FD

# Anerio, Felice
* um 1560 Rom, † 26.9.1614 ebenda

Anerios Œuvre erstreckt sich von weltlichen sowie geistlichen Madrigalen und Kanzonetten über ▶ Messen, ▶ Motetten und ▶ Laudenvertonungen.

Felice Anerio, älterer Bruder von Giovanni Francesco, wurde um 1560 in Rom geboren und verbrachte dort sein gesamtes Leben. Von 1568 bis 1574 ist er als Chorknabe an der Kapelle von Santa Maria Maggiore nachweisbar, deren Leitung zu diesem Zeitpunkt Giovanni Maria ▶ Nanino oblag. Anerio bezeichnete in mehreren Vorreden seiner Publikationen Nanino als seinen Lehrer. Ab 1580 begann er mit seinen ersten Werken in die Öffentlichkeit zu treten, darunter die verlorengegangene *Passio de Nostro Signor in verso heroico*. Anerio unterhielt engen Kontakt zum Oratorio des Filippo Neri.

1595 wurde Anerio auf Wunsch Papst Clemens VIII. zum Nachfolger Giovanni Pierluigi da ▶ Palestrinas als Komponist an der päpstlichen Kapelle erhoben. 1607 erhielt er die Priesterweihe. Am 6.3.1611 bekam er zusammen mit Francesco ▶ Soriano die Lizenz für die Reformierung des *Graduale Romanum*. Anerios Kompositionsstil ist an der von Palestrina geprägten Vokalpolyphonie orientiert.

*Literatur*:
F.X. Haberl, *Felice Anerio: Lebensgang und Werke nach archivalischen und bibliographischen Quellen*, in: Kirchenmusikalisches Jahrbuch 18 (1903), S. 28–52 • G. Dixon, *G.F. Anerio (1567–1630) and the Roman School*, in: Musical Times 121/1648 (1980), S. 366ff • K. Fischer, *Anerio, Felice*, in: MGG, Bd. 1 (Personenteil), 1999, Sp. 695–698.

TRI

## Anerio, Giovanni Francesco
* um 1567 Rom, † 12.6.1630 Graz

Der Schwerpunkt des kompositorischen Schaffen Anerios liegt in der geistlichen Musik. Dazu gehören drei Messen, darunter eine Transkription der *Missa Papae Marcelli* von Giovanni Pierluigi da ▸ Palestrina sowie 83 Motetten zu 1–4 bzw. 8 Stimmen, die in Sammeldrucken herausgegeben wurden, sowie 28 handschriftlich überlieferte Responsorien.

Die meiste Zeit seines Lebens verbrachte Anerio in Rom, wo er um 1567 geboren wurde. Schon früh kam er in Kontakt zur berühmten ›Congregatione dell'Oratorio‹ des Filippo ▸ Neri. Nach verschiedenen Gelegenheitstätigkeiten als Organist oder als Sänger wurde Anerio 1602 in die Kongregation Neris aufgenommen. Von etwa 1600 bis 1603 war er Kapellmeister in S. Giovanni in Laterano. Ab 1608 ist er als Kapellmeister an der Kathedrale von Verona nachweisbar. Nachdem er diesen Posten drei Jahre später wieder aufgegeben hatte, ging Anerio abermals nach Rom und wurde dort zum Kapellmeister in S. Maria dei Monti ernannt. 1624 übernahm er das Amt des Chormeisters am Hof König Sigismunds III. in Warschau. Am 12.6.1630 starb Anerio, als er sich auf der Rückreise nach Rom befand.

*Ausgaben*:
N.Z. Williams, *The Masses of Giovanni Francesco Anerio: a Historical and Analytical Study with a Supplementary Critcal Edition*, Diss. Chapel Hill 1971; *Two Settings of Paletrina's Missa Papae Marcelli*, hrsg. von H.J. Busch (Recent Researches in the Music of the Baroque Era 16), Madison 1973; *Dialogo pastorale al presepio di nostro signore*, hrsg. von A. Morelli, Rom 1983.

*Literatur*:
A. Armstrong, *The »Antiphonae, seu Sacrae Cantiones« (1613) of Francesco Anerio: a Liturgical Study*, in: Analecta Musicologica 14 (1974), S. 89–150 • H.E. Smither, *A History of the Oratorio*, Bd. 1, Chapel Hill 1977 • K. Fischer, *Anerio*, in: *MGG*, Bd. 1 (Personenteil), 1999, Sp. 690–703.
TRI

## Angers ▸ Frankreich

## Animuccia, Giovanni
* um 1510 in Florenz, † 25.3.1571 (?) in Rom

Animuccia komponierte eine Vielzahl an ▸ Madrigalen, ▸ Messen und mehrstimmigen ▸ Lauden die sowohl in Form von ▸ Individualdrucken als auch in Anthologien herausgegeben wurden.

Giovanni Animuccia wurde um 1510 in Florenz geboren und erhielt dort auch seine musikalische Ausbildung. Über zeitgenössische Quellen ist zu erfahren, dass er enge Kontakte zu den prominenten Florentiner Intellektuellenzirkeln in direkter Nähe zum ▸ Medici-Hof pflegte. Um 1550 verließ er Florenz und trat in die Dienste des Kardinals Guido Ascanio ▸ Sforza in Rom. 1555 übernahm Animuccia das Amt des Kapellmeisters an der Cappella Giulia di San Pietro, das zuvor kein geringerer als Giovanni Pierluigi da ▸ Palestrina innengehabt hatte, und behielt diesen Posten bis zu seinem Tode 1571. In Rom ergab sich auch die Verbindung zu Filippo ▸ Neri und der von ihm gegründeten ›Congregatione dell' oratorio‹. Da in den ›esercizi‹, den Andachts- und Gebetsübungen der ›Congregatione‹, die Musik eine immer zentralere Rolle spielte, wuchs der Bedarf nach neuen Kompositionen, insbesondere der Lauda, aus der später das ▸ Oratorium hervorgehen sollte. Animuccia komponierte für diese Anlässe zwei Bücher mit vier- bis achtstimmigen Lauden, die 1563 und 1570 herausgegeben wurden.

*Ausgaben*:
Aus: *Il primo libro delle laudi*, Rom 1563: *Ben venga amore*, in: *Collana di composizioni polifoniche vocali sacre et profane* 1, hrsg. von A. Schinelli, Mailand 1955; *Benedetto sia lo giorno*, in: A. Schering, *Geschichte des Oratoriums*, Leipzig 1911, Anhang; *Dispost' ho di seguirti*, in: E.J. Dent, *The Laudi Spirituali in the XVIth and XVIIth Centuries*, in: *Proceedings of the Royal Musicological Association* 43 (1916/

1917), S. 63–95; *Lodate dio*, in: L. Cervelli, *Le laudi spirituali di Giovanni Animuccia e le orgini dell' oratoria musicale a Roma*, in: *Rassegna musicale* 20 (1950), S. 116–121; *Missarum liber primus. With the addition of an introduction*, hrsg. von Th. Dart, Westmead/Farnborough 1972; *Kyrie dalla Messa »Ave maris stella«* hrsg. von B. Somma, Rom 1960; *Missa Conditor alme syderum* Paris o.J.

*Literatur*:
R.A. Sromovsky, *Giovanni Animuccia (1510–1571)*, Diss. Madison/Wisconsin 1936 • P. Ackermann, *Giovanni Animuccia*, in: MGG Bd. 1, (Personenteil), 1999, Sp. 732–739; Ders., *Studien zur Gattungsgeschichte und Typologie der römischen Motette im Zeitalter Palestrinas* (Beiträge zur Geschichte der Kirchenmusik 10), Paderborn 2002.

TRI

## Annibale Padovano
* 1527 Padua, † Ende März 1575 Graz

Der Komponist und Organist war 1552–1565 erster Organist an San Marco neben seinen berühmteren Kollegen Claudio ▶ Merulo und Girolamo ▶ Parabosco (Orgel) sowie Adrian ▶ Willaert, Cipriano de ▶ Rore und Gioseffo ▶ Zarlino (Maestri di cappella). Von 1565 bis zu seinem Tod war er im Dienst des Erzherzogs Karl II. von Österreich, ab 1570 als Leiter der Hofkapelle.

Annibale zeichnet sich vor allem durch seine Instrumentalkompositionen, insbesondere durch seine ▶ Ricercare aber auch durch seine ▶ Toccaten aus, die zu einer selbständigen, von der Vokalmusik unabhängigen ▶ Instrumentalmusik führten, wie sie unter anderem in der *Musica nova* (1540) vorbereitet und in der zweiten Hälfte des 16. Jahrhunderts nicht nur in Italien, sondern auch in England und den Niederlanden weiter ausgebildet wurde. Sein *Il primo libro de madrigale a cinque voci* (1564, weitere folgten nicht), das Erzherzog Karl gewidmet ist, enthält Madrigale in den üblichen italienischen Schreibweisen mit typischen Madrigalismen. Annibale publizierte zudem ein *Liber motectorum quinque et sex vocum [...]*, 1567 sowie ein *Missarum quinque vocum* (1573).

*Ausgaben*:
Ensemble-Ricercars, hrsg. von M.A. Swenson (Recent Researches in the Music of the Renaissance 27), Madison 1978, S. 44–75; *Il primo libro de Ricercari a quattro voci, Venedig 1556*, hrsg. von J. Ladewig (Italian Instrumental Music of the Sixteenth and Seventeenth Centuries 4), New York/London 1994; *Toccate e Ricercari, Venedig 1604*, in: *Annibale Padovano, Sperindio Bertoldo, Compositions for Keyboard*, hrsg. von K. Speer (Corpus of Early Keyboard Music), o.O. 1969; Madrigale, in: G. Del Valle de Paz, *Annibale Padovano nella storia della musica del cinquecento*, Turin 1933.

*Literatur*:
G. Del Valle de Paz (siehe Ausgaben) • D. Kämper, *Studien zur instrumentalen Ensemblemusik des 16. Jahrhunderts*, Wien 1970 • E. Selfridgefield, *Venetian Instrumental Music from Gabrieli to Vivaldi*, Oxford 1975 • F. Heidelberger, *Annibale*, in: MGG², Personenteil, Bd. 1 (1999), Sp. 748–749).

## Anonymi

In der Musikwissenschaft, wie in anderen historischen Fächern, ist es üblich, beachtenswerte Personen, deren Namen unbekannt sind, als ›Anonymi‹ (d.h. Unbenannte) und ihre Werke als ›anonym‹ zu bezeichnen. Dieser Hinweis auf ungeklärte Verfasserschaft, der als ›Ersatz-Namen‹ benutzt wird, hat sich bewährt, obwohl dem Benennungs-Verfahren etwas Vorläufiges anhaftet. Denn die Forschung bemüht sich grundsätzlich – und nicht selten erfolgreich –, den Schleier der Anonymität zu lüften, die unbenannten Personen zu ermitteln oder zumindest hypothetisch zu erfassen. Während andere Fächer bereits seit dem 18. Jahrhundert über Lexika oder Verzeichnisse anonymer Schriften verfügen (Hüschen 1949, Sp. 492), entstanden derartige Hilfsmittel in der Musikwissenschaft erst ab Mitte des 20. Jahrhunderts.

Zum Personenkreis, in dem Anonymi musikgeschichtlich auftreten, zählen in erster

Linie Komponisten musikalischer Werke und Autoren musikbezogener Schriften, gelegentlich auch an deren Überlieferung beteiligte Kompilatoren, Kopisten, Drucker, sofern für sie eine ›Ersatz-Benennung‹ nützlich zu sein scheint, sowie, relativ selten, in Quellen erwähnte ausübende Musiker.

Die recht verschiedenartigen Gründe für Anonymität liegen vor allem: 1) in Verlusten, die, wie auch immer verursacht, im Laufe der Überlieferung eintraten; 2) in mangelnder Notwendigkeit namentlicher Nennungen, zumal bei Quellen aus eng umgrenzten, überschaubaren Gemeinschaften; 3) im aus Überzeugung geübten Verschweigen des eigenen Namens, wie es beispielsweise einer Demutshaltung innerhalb des monastischen Bereichs entsprach; 4) im weithin selbstverständlichen Brauch, bei Personen, deren Tätigkeit als mehr oder minder beigeordnet gilt, auf namentliches Erwähnen in Dokumenten zu verzichten.

Fragen der Anonymität spielen in der Musikforschung eine nicht geringe Rolle. Sie sind abhängig vor allem von Gebrauchs-Charakter und Status der überlieferten Musik sowie von epochenspezifischen Gepflogenheiten, zumal den jeweiligen Einschätzungen von Autorschaft. Indem beispielsweise für einstimmige Melodien praktischer Repertoires in den Bereichen ▸ Choral, Lied und instrumentaler Spielmannskunst anonyme Verfasserschaft die Regel ist, doch auch mehrstimmige Musik bis zum 14. Jahrhundert weit überwiegend anonym tradiert wurde, tritt Anonymität anscheinend, ähnlich wie in spätmittelalterlicher Literatur, gattungsspezifisch auf.

Die Kennzeichnung eines Werkes als ›anonym‹, zumal sie immer nur ›vorläufig‹ gilt, besagt jedoch nichts über dessen Qualität, historischen Wert oder einstige Bekanntheit und Bedeutung. Überdies heften sich Anonymitäts-Diskussionen auch an Fälle, in denen man gewichtig erscheinende Musikstücke oder Traktate aus bloßer Vermutung oder aber zur Aufwertung gern besonders herausragenden, berühmten Personen zuschrieb bzw. unterschob. Beispielsweise steht die Forschung vor der Aufgabe, bei etlichen Werken des ▸ Josquin Desprez zwischen (in den Quellen) divergierenden Komponisten-Angaben zu entscheiden oder, in anderen Fällen, als Behelf von ›Pseudo-Josquin‹ bzw. ›anonym‹ zu sprechen. Auch bei Musikschriften begegnen, neben tatsächlich anonymer Überlieferung, mutmaßliche, doch zweifelhafte Zuweisungen, etwa bei einigen Texten ›des‹ ▸ Johannes de Muris, bei denen sich inhaltlich begründet anbietet, sie einer ›Muris-Schule‹ zuzuschreiben oder als ›gemäß seiner Lehre‹ auszugeben.

Die vordergründige Erwartung, das Aufkommen der Verbreitung gedruckter Texte und Musikalien (musikgeschichtlich ab ca. 1480) bedeute für die Renaissance-Epoche ein Abnehmen der Anonymitätsprobleme, trifft nur partiell zu. Denn zum einen schützen auch Druckpublikationen nicht vor zweifelhaften Zuweisungen; zum andern bleibt der Fundus an rein handschriftlich überlieferten Kompositionen noch bis ins 18. Jahrhundert hinein so gewaltig, dass Anonymität massenhaft begegnet. Auch kommt es vor, dass ein historisch beachtenswerter Autor wie Johannes ▸ Cochlaeus zwei Frühfassungen seiner *Musica* – vielleicht angesichts ihrer Vorläufigkeit – ohne Namensnennung erscheinen ließ, weshalb die jüngere der beiden als *Anonymus Riemann* bzw. *Anonymi Introductorium musicae* in der Forschung bekannt wurde und vor dem autorisierten Druck von 1507 zu datieren ist.

Wie sich aus dem zitierten Beispiel ersehen lässt, wird die Angabe ›Anonymus‹ im konkreten Fall durch eine Beifügung präzisiert. Diese kann, recht beliebig, aus dem Editoren- oder Bearbeiter-Namen, aus einer Quellenbezeichnung, aus dem originalen Titel bzw. Incipit oder aus einem Buchstaben- bzw. Ziffern-Index bestehen. In der musikhistorischen Forschungsliteratur besonders bekannt und geläufig wurden Anonymi aus den Sammelpublikationen, in denen Martin Gerbert (1784) und Charles-Edmond-Henry de Coussemaker (1864–1876) grundlegende musiktheoretische Texte aus Mittelalter und Renaissance für lange Zeit maßgeblich vorlegten.

Die durch Beifügungen präzisierte Kennzeichnung von Anonymi ist zur möglichst schnellen und eindeutigen Verständigung im musikwissenschaftlichen Fachschrifttum gebräuchlich und nötig, dort allerdings bisher weder streng systematisiert noch einheitlich behandelt. Doch werden wichtige Verzeichnisse, die der Übersicht und Erfassung größerer Bestände dienen, zunehmend als Muster für Kurzbezeichnungen verwendet.

Von solchen Verzeichnissen seien genannt: der *Census-Catalogue of Manuscript Sources of Polyphonic Music 1400–1550*, 4 Bände, hrsg. vom American Institute of Musicology, 1979–1988 (Renaissance Manuscript Studies 1); *Das Tenorlied. Mehrstimmige Lieder in deutschen Quellen 1450–1580*, hrsg. vom Deutschen musikgeschichtlichen Archiv Kassel und vom Staatlichen Institut Preußischer Kulturbesitz Berlin, Bd. 3, Kassel u.a. 1986, S. 30–49 (Catalogus musicus 11); das *Lexicon musicum Latinum medii aevi*, hrsg. von Michael Bernhard, München 1992, 1. Faszikel (Quellenverzeichnis) und Addenda in den weiteren seither erschienenen Faszikeln.

*Literatur*:
H. Hüschen, *Anonymi*, in: *MGG*, Bd. 1, 1941–1951, Sp. 492–503 • H. Kühn, *Anonym*, in: *Riemann Musik Lexikon*, Sachteil, Mainz 1967, S. 38–40 • Kl.-J. Sachs mit Egert Pöhlmann und Amnon Shiloah, *Anonymi*, in: *MGG*, Bd. 1 (Sachteil), 1994, Sp. 595–619.
KJS

# Anthem

Das Anthem entstand im 16. Jahrhundert im Kontext der Konstituierung der anglikanischen Kirche. Zur Zeit seines Aufkommens war es eine Gattung paraliturgischer mehrstimmiger geistlicher Vokalmusik in englischer Sprache, die seit der Mitte des 16. Jahrhunderts neben den liturgischen Services zur anspruchsvollsten Gattung geistlicher Musik in der reformierten englischen Kirche wurde (der Begriff geht letztendlich ins 11. Jahrhundert zurück, im 15. Jahrhundert wurden Votiv-Antiphonen auch als Anthem bezeichnet). Daneben diente es – wie die Motette – auch als Repräsentationskomposition. Die Entstehung war mit den reformatorischen Forderungen nach besserer Textverständlichkeit und der Einführung der Landessprache im Gottesdienst (1549) verbunden. Im *Book of Common Prayer* (Thomas ▸ Cranmer) findet das Anthem im 16. Jahrhundert keine Erwähnung, wohl aber in den *Royal Injunctions*, so 1548 in der Anweisung, die Heiligenverehrung in Anthems zu unterlassen, nur Gott zu preisen und in Englisch zu singen; in den *Injunctions* Elisabeths I. von 1559 wurde »to the praise of the Almighty God [...] the best sort of melody and music« gefordert, die nach Morning oder Evening Prayer gesungen werden konnte (anstelle früherer Votiv-Antiphonen in Matutin und Vesper; zit. nach Harper/Le Huray, 2001, S. 719). Erst 1662 wurde der liturgische Ort für das Anthem im *Book of Common Prayer* als nach der dritten Kollekte in Morning und Evening Prayer bestimmt.

Die kompositorische Faktur von Anthems reicht von einer sehr einfachen Vertonungsweise, die den reformatorischen Forderungen nach Textverständlichkeit entsprach, über Kontrafakturen von Motetten zu anspruchsvollen Sätzen. Ab ca. 1560 bildeten sich zwei Arten des Anthems aus, das Full Anthem mit Chorbesetzung, meist a capella, und das Verse Anthem, das einen Wechsel von Chor- und solistischen Partien (Verse-Partien) aufweist und meist mit Orgelbegleitung gehalten ist. Kompositorisch gilt das Verse Anthem als das anspruchsvollere: Es entstand um 1560 wohl in der ▸ Chapel Royal, wo das sängerische Potential für die solistischen Partien bereit stand; möglicherweise hat auch die Musikpflege in Cambridge eine Rolle gespielt (insbesondere bezüglich der Gamben- statt Orgelbegleitung, siehe Payne). Prägend ist ein Variationsreichtum innerhalb der solistischen Abschnitte durch den Wechsel von ein bis mehreren Solisten und innerhalb der chorischen Abschnitte durch Gegeneinandersetzen von Teilen des Chores, Wechsel von homophoner und polyphoner Faktur und Variabilität im Wechsel der Partien, sowie eine Abwechslung in der Satztechnik (Polyphonie, Homophonie, Imitationsstrukturen, voller Chorklang). Der Wechsel zwischen solistischen und chorischen Partien ist von der Anzahl der Verse des Textes bestimmt (er kann auch nur einen Verse- und einen Full-Teil umfassen), wobei mit einem Verse-Teil begonnen und mit einem Full-Teil geschlossen wird. Die Orgel hat in den Soloteilen eigenständige Instrumentalabschnitte und folgt im Full-Teil dem Chor (notiert sind nur die Außenstimmen). Die Orgel ist zuweilen auch durch (notierte) Consort-Begleitung ersetzt (Gamben, evtl. auch Bläser, so insbesondere bei Orlando ▸ Gibbons und Thomas ▸ Morley). Als frühestes überliefertes Verse Anthem gilt Richard Farrants *When as we sat in Babylon*.

Das Full Anthem (ab 1558) setzt zunächst das einfache vierstimmige edwardianische Anthem (ab 1549) fort und ist insbesondere in der Frühphase syllabisch, homophon, mit kurzgliedrigen Phrasen, zum Teil Faburden-Technik und allenfalls wenigen einfachen imitatorischen Abschnitten gehalten, um den reformerischen Forderungen nach Textverständlichkeit zu entsprechen. Kontrafakturen von Motetten, die in der zweiten Hälfte des 16. Jahrhunderts die Gattung prägen, transportieren jedoch den Anspruch der katholischen Kirchenmusik auch in das Full Anthem. 28 Kontrafakturen sind identifiziert, 9 von William Byrd, 12 von Thomas Tallis, 5 von John Taverner, 2 von Robert White. Das Full Anthem entwickelte sich bis zum Ende des 16. Jahrhunderts zur ebenfalls anspruchsvollen, dem Verse Anthem nicht nachstehenden Gattung durch Polyphonisierung und Variationsreichtum in der Gegeneinandersetzung verschiedener Chorstimmen und -gruppierungen.

Die Texte der Anthems sind meist der Bibel, Gebeten, dem Psalter oder auch dem *Book of Common Prayer* entnommen, Psalmvertonungen herrschen vor. Zwischen 1560 und 1644 entstanden ca. 450 Anthems, die – wie bei englischer Kirchenmusik der Zeit üblich – meist nur handschriftlich überliefert oder erst im 17. Jahrhundert oder später gedruckt wurden (eine Ausnahme ist der erste Druck von Kirchenmusik, John Days *Certaine Notes*, London 1560). Beigetragen zur Gattung haben unter vielen anderen die bedeutendsten englischen Komponisten: Thomas ▸ Tallis, Christopher ▸ Tye, William ▸ Mundy, Robert ▸ Parsons, John ▸ Sheppard, William ▸ Byrd, Thomas ▸ Weelkes, Thomas ▸ Tomkins, Orlando ▸ Gibbons.

*Ausgaben*:
R.T. Daniel / P. Le Huray, *The Sources of English Church Music 1549–1660* (Early English Church Music Supplement 1), London 1972; *The Oxford Book of Tudor Anthems*, hrsg. von Chr. Morris, London 1978; *The Tudor Church Music of the Lumley Books* (Recent Researches in the Music of the Renaissance 65), hrsg. von J. Blezzard, Madison/Wisconsin 1985; *The Music of the ›Wanley‹ Part Books* hrsg. von J. Wrightson, Madison/Wisconsin 1991.

*Literatur*:
P. Le Huray, *Music and the Reformation in England 1549–1660*, London 1967, Cambridge ²1978 • I. Payne, *The Provision and Practice of Sacred Music, c. 1547–1660*, Cambridge 1991 • J. Morehen, *The English Anthem Text, 1549–1660*, in: Journal of Research in Music Education 117, Heft 1 (1992), S. 62–85 • P. Le Huray, *Anthem*, in: MGG, Bd. 1 (Sachteil), 1994, Sp. 623–628 • J. Harper / P. Le Huray, *Anthem*, in: Grove, 2001, S. 719–721.

ES

## Antico, Andrea
* um 1480 Montona, Istrien, † nach 1539 Venedig (?)

Andrea Antico war Musikdrucker, Komponist und Herausgeber kroatischer Herkunft. Er beherrschte die konservative Drucktechnik des Holzschnittes, bei der man eine Notenseite in einem einzigen Druckvorgang produzieren konnte, auf höchstem Niveau. Als erster Musikdrucker Roms begann er 1510 seine Tätigkeit. Anticos erste Publikation war eine Sammlung von ▶ Frottolen (*Canzoni nove*), die den entsprechenden Notendrucken seines Konkurrenten Ottaviano ▶ Petrucci äußerlich und inhaltlich sehr nahe ist. Nachdem er 1513 ein päpstliches Druckerprivileg für die Dauer von zehn Jahren erhalten hatte, erschienen in rascher Folge zwei weitere Frottolen-Sammlungen. 1516 wurde das Privileg auf großformatige Musikbücher ausgeweitet. Antico reagierte darauf mit dem Druck von 15 Messen berühmter Komponisten im Chorbuchformat. Die Titelseite zeigt den Drucker selbst, als er Papst Leo X. persönlich das Buch überreicht. Der Widmung zufolge hatte er fast drei Jahre daran gearbeitet. Im selben Jahr noch übertrug der Papst das Privileg zum Druck von ▶ Orgeltabulaturen von Petrucci an Antico, der kurze Zeit danach den ersten Band mit gedruckter italienischer Tastenmusik vorlegen konnte (*Frottole intabulate da sonare organi*, Rom 1517). 1518 erschien mit einer Motettensammlung seine letzte Publikation in Rom.

Nachdem Antico seine Werkstatt nach Venedig verlegt hatte, arbeitete er verstärkt mit anderen Druckern und Verlegern wie ▶ Scotto und ▶ Giunta zusammen. In seiner ersten venezianischen Phase (1520–1521) publizierte er neben der Fortsetzung der Motettenserie drei Bücher mit Messkompositionen, einen Chansondruck (*Chanons à troys*) sowie eine Frottolen-Sammlung für Singstimme und Laute. Auch hier standen die Drucke Petruccis als Vorbild Pate. In einer zweiten Periode (1533–1539) war Antico zunehmend in untergeordneter Position im Musikdruck tätig. Das Repertoire konzentrierte sich nun auf aktuelle italienische Kompositionen, insbesondere auf Madrigale von Philippe ▶ Verdelot. Seine letzte Edition war der zweite Motettenband mit Werken von Adrian ▶ Willaert (Venedig 1539).

Als Komponist ist Antico durch zwei Frottolen in schlichter Homophonie bekannt. Sie sind im dritten Band seinen *Canzoni sonetti strambotti et frottole libro tertio* (Rom 1513) abgedruckt. Die Autorschaft weiterer ähnlicher Kompositionen ist aufgrund der uneindeutigen Zuschreibungen zweifelhaft.

*Ausgaben*:
La Couronne et fleur, hrsg. von L. Bernstein, New York 1984; *The Motet Books of Andrea Antico* (Monuments of Renaissance Music 8), hrsg. von M. Picker, Chicago 1987.

*Literatur*:
C.W. Chapman, *Andrea Antico*, Diss. Harvard 1964 • M. Picker, *The Motet Anthologies of Andrea Antico*, in: *Festschrift M. Bernstein*, hrsg. von E. Clinkscale und C. Brooks, New York 1977, S. 211–237 • W. Spehar, *Andrea Antico or Andrija Motovunjanin*, in: Journal of Croatioan Studies 31 (1990), S. 76–86 • W. Prizer, *Local Repertoires and the Printed Book. Antico's Third Book of Frottole (1513)*, in: *Festschrift L. Lockwood*, hrsg. von J.A. Owens und A.M. Cummings, Warren/Michigan 1997, S. 374–464.

ALB

## Antiphon

Dieser liturgische Gesang (gr. »Gegengesang«) seit Ende des 4. Jahrhunderts bezeugt und bedeutet das Singen einer Art von Refrain zwischen, vor und nach Psalmversen. In der Frühzeit sind noch keine genauen musikalischen Formen gegeben und auch über die genaue Zahl der Ausführenden gibt es keine Angaben. Zu vermuten ist, dass die Antiphon zunächst auch zwischen einzelnen Psalmversgruppen gesungen wurde, dann von allen Anwesenden zusammen, während die Psalmverse von einem Vorsänger oder einer kleinen Vorsängergruppe vorgetragen wurden. Später kristallisierte sich die auch noch heutige Praxis heraus, vor und nach dem Psalm die Antiphon zu singen.

Es gibt verschiedene Arten von Antiphonen, die jeweils ihrer Verwendung entsprechend musikalisch und formal gestaltet sind, wobei zudem unterschieden werden muss, ob die Antiphon in Offizium oder Messe Eingang gefunden hat.

a) Offizium: Hier sind vor allem die einfachen Ferialantiphonen zu den Psalmen zu finden; sie sind meistens syllabisch gehalten und gehören zum ältesten gregorianischen Repertoire. Textgrundlage für diese Antiphonen bilden entweder die Psalmen selbst oder aber die theologischen Schriften der Kirchenväter; bei Heiligenfesten können Texte aus den entsprechenden Viten entnommen sein. – Zeichnen sich die frühen Antiphonen nur durch einfache Formen (Akklamationen) aus, werden die späteren zu formalen Großgebilden, die musikalisch oft durch sogenannte Typusmelodien gekennzeichnet sind. Diese Typusmelodien gibt es für jeden der acht Töne. Wichtig ist dabei, dass bei der Adaption von der Melodie auf die unterschiedlichen Texte immer das Wort-Ton-Verhältnis – also die bewusst richtige Betonung des Textes – gewahrt blieb. Somit besitzt jede Antiphon klangliche Individualität, die durch die korrekte Betonung des Textes hervortritt. Zudem erlaubt die verwendete Typusmelodie eine schnellere Erinnerung an den Gesang bei den Scholaren.

b) Messe: In der Messe sind der Introitus und die Communio die antiphonalen Gesänge. Beide können – der Länge der Handlung entsprechend – mehrfach wiederholt werden. Vor jeder Wiederholung wird ein Psalmvers gesungen, wobei – anders als im Offizium – hier die Antiphon im Mittelpunkt steht.

c) besondere Formen:
1) Marianische Antiphonen: Diese sind nicht mehr als herkömmliche Antiphonen zu verstehen; es sind eigenständige Kompositionen, die das tägliche Stundengebet abschliessen. Es gibt vier dieser Antiphonen: *Alma Redemptoris Mater*, *Ave Regina caelorum*, *Regina caeli laetare* und das *Salve Regina*, die zunächst eine Anbindung an die Festzeiten des Kirchenjahres erfuhren: *Alma Redemptoris Mater* im Advent und der Weihnachtszeit, *Ave Regina caelorum* in der Fastenzeit, *Regina caeli laetae* in der Osterzeit und das *Salve Regina* in der restlichen Zeit des Kirchenjahres. Zu diesen vier Gesängen kamen noch weitere approbierte wie etwa das *Ave Maria*.

Die Marianischen Antiphonen sind in zwei Fassungen vertont: Einer einfachen, syllabischen und einer komplexeren, melismatischen. An Sonn- oder Festtagen werden die feierlicheren melismatischen Gesänge vorgetragen.

2) Prozessionsantiphonen: Sie stellen eine besondere Gruppe innerhalb der Antiphonen dar und unterscheiden sich hinsichtlich der textlichen, melodischen und funktionalen Parameter von den Offiziumsantiphonen. Die umfangreichen oratorischen Texte werden hier mit weitschweifigen Melodien kombiniert. Anders als die Antiphonen des Offiziums entfällt bei den Prozessionsantiphonen die Koppelung an einen Psalm; sie sind aber trotzdem durch die Zuordnung zu Festen (z.B. Mariä Lichtmeß) oder anderen Votivzwecken (z.B. Fürbitten, Reliquienverehrungen) genau zuzuordnen.

*Literatur*:
St. Klöckner, *Handbuch Gregorianik. Einführung in Geschichte, Theorie und Praxis des Gegorianischen Chorals*, Regensburg 2009.

AW

**Antisemitismus** ▸ Jüdische Musik

## Appenzeller, Benedictus
* um 1480/1488 in Flandern, † nach 1558 Brüssel (?)

Appenzeller ist einer der bedeutendsten franko-flämischen Komponisten in der unmittelbar auf ▸ Josquin Desprez folgenden Generation. Trotz des an den Schweizer Kanton Appenzell anklingenden Namens spricht alles dafür, dass Appenzeller Flame war. Ab 1517 ist er als Sänger an St. Jakob in Brügge nachweisbar, 1519 als ›sangmeester‹. Erst 1536 taucht er als Sänger am Hof der habsburgischen Regentin Maria von Ungarn in Brüssel wieder auf, ab 1537 als ›maître des enfans‹ (Leiter der Chorknaben) bzw. ab 1542 als ›maître de la chapelle‹ (Kapellmeister). Nach der Abdankung Kaiser Karls V. im Jahr 1556 zog sich Maria nach Spanien zurück; Appenzeller blieb in Brüssel zurück und bekleidete von Ende 1555 bis 1558 noch die Position des ›sangmeesters‹ an der Kirche Ste.-Gudule.

In der geistlichen Musik (6 ▸ Messen, 12 ▸ Magnificats, ca. 30 ▸ Motetten) tragen vor allem die vierstimmigen Kompositionen das Erbe Josquins in hohem Maße weiter, während in den fünf- bis sechsstimmigen vollstimmige Klangwirkungen dominieren und der Bassus zunehmend harmonische Stützfunktion übernimmt. Ein ›Markenzeichen‹ Appenzeller ist der Einsatz von Archaismen, z.B. ▸ Proportionskanon, ▸ Tempus perfectum und ▸ Cantus-firmus-Techniken.

Appenzellers etwa 40 erhaltene Chansons stehen stilistisch zwischen der homophonen ▸ Pariser und der polyphonen ›franko-flämischen‹ Chanson; sie verbinden klare, textbezogene, meist bis auf das Schlussmelisma weitgehend syllabische Deklamation und eine ebenso klare Phrasengliederung mit einem dennoch recht kunstvollen Kontrapunkt, der sein Interesse meist aus der Imitation kurzer, prägnanter Deklamationsmotive in engem Abstand bezieht.

*Ausgaben*:
*Chansons* (Monumenta Musica Nederlandica 14), hrsg. von G.G. Thompson, Amsterdam 1982 • 6 Motetten in *The Sixteenth-Century Motet*, hrsg. von R. Sherr, New York 1991–2000.

*Literatur*:
D. Bartha, *Benedictus Ducis und Appenzeller*, Wolfenbüttel und Berlin 1930 • G.G. Thompson, *Benedictus Appenzeller. Maitre de la chapelle to Mary of Hungary*, Diss. Univ. of N. Carolina, Chapel Hill 1975 • Dies., *Archival accounts of Appenzeller, the Brussels Benedictus*, in: Revue Belge de Musicologie 32–33 (1978–1979), S. 51–70 • E. Jas, *Another Mass by Benedictus Appenzeller*, in: Tijdschrift van de Vereniging voor Nederlandse Muziekgeschiedenis 44 (1994), S. 99–114.

TSB

## Aragon ▸ Spanien

## Arbeau, Thoinot [Anagramm für Jehan Tabourot]
* 17.3.1520 Dijon, † 21.?/23.?7.1595 Langres

Arbeau, Kanoniker und Tanztheoretiker, entstammt einer alten burgundischen Familie von Schriftstellern und Architekten. Sein Studium in Dijon, Poitiers, und eventuell auch in Paris, schloss er mit dem Lizenziat in Jurisprudenz ab. 1542 wurde er Schatzmeister des Domkapitels in Langres, 1547 Kanoniker der Kathedrale, 1565 Kanoniker und Schatzmeister in Bar-sur-Aube, zwei Jahre später fungierte er als Rechtsvertreter, danach als Inspektor der Diözesen-Schulen, er beaufsichtigte den Wiederaufbau der Kathedrale nach deren Zerstörung und wurde schließlich zum Mitglied der Kurie gewählt. Arbeau schrieb auch unter dem Pseudonym Jean Vostet Breton. Das Tanztraktat *Orchesographie* (1588) veröffentlichte er 1589 unter seinem tatsächlichen Namen. Es gibt einen Überblick über die Tanzpraxis seit 1550. Arbeau schreibt unter dem Blickwinkel eines tanzinteressierten Laien. Gleichwohl war er zweifellos mit der zeitgenössischen Literatur zum Tanz vertraut. Die dargestellten Tänze sind generell einfacher aufgebaut als die von italienischen Traktaten überlieferten, sie zeigen allerdings auch eine größere Variationsbreite. Arbeau informiert vor allem über die volkstümlichen anlässlich von Bällen getanzten Tanzformen.

Die *Orchesographie* ist unter mehreren Aspekten bemerkenswert. Die Intention, Tänze so darzustellen, dass sie schriftlich tradiert und praktisch gelernt werden können, führt ihn zur Notierung in Wortkürzeln. Die Tänze werden in Einzelhaltungen und Schritte zerlegt dargestellt, wobei Arbeau die zeitgenössische Terminologie verwendet. Die Beziehung zwischen Bewegung und Musik ist durch die sogenannte Tabulatur geregelt. Diese Art der Notation setzt also eine tänzerische und musikalische Vorbildung voraus. Der Lehrer konzipiert darüberhinaus didaktisch, indem seine Beispiele mit einfachen Variationen beginnen, die zunehmend komplexer werden. Arbeau vermittelt Tanzen aber nicht nur strukturell, sondern gibt im Text, der als fiktiver Dialog zwischen Arbeau und seinem Schüler Capriol verfasst ist, auch Informationen zu kulturellen Körperpraktiken der Zeit. Mit der neoplatonischen Sichtweise, die den Tanz als Spiegelbild der ▸ Sphärenharmonie sieht, stellt Arbeau sich in die Tradition der ▸ Musica coelestis. Ebenso betrachtet er die vorteilhaften Wirkungen des Tanzes auf die körperliche Gesundheit und goutiert das menschliche Vergnügen am Tanzen. Außergewöhnlich erscheint in seinen Beschreibungen die Darstellung der Verbindung zwischen Tanzen und männlichen, und das heißt vor allem militärischen Aktivitäten. Zudem erweckt nicht allein die erwähnte Variationsbreite der beschriebenen Tänze Aufmerksamkeit, sondern bemerkenswert erscheinen auch die Art und Weise ihrer Darstellung: Arbeau sucht nämlich deren Quellen in lokalen Tanztypen zu erforschen; diese Art der Bestimmung wird gewöhnlich erst im 18. Jahrhundert publik. Und nicht zuletzt ist Arbeaus Schrift auch deshalb von Interesse, da sie als einziges nordeuropäisches Dokument aus der zweiten Hälfte des 16. Jahrhunderts Detailinformationen zur Rekonstruktion von Tänzen im Schauspiel erlaubt, z.B. zu den bei William ▸ Shakespeare erwähnten Tanztypen.

Arbeaus Traktat gibt einen Einblick in die Tanzpraktiken der zweiten Hälfte des 16. Jahrhunderts in Nordeuropa. Unklar ist jedoch, inwieweit dieser Stil noch repräsentativ für das 17. Jahrhundert ist. Die zeitgenössischen italienischen Tanzmeister bestimmten die Entwicklung von Tanz im 17. Jahrhundert an nahezu allen europäischen Höfen.

*Schriften*:
*Orchesographie et traicte en forme de dialvgve*, [...], Langres 1588; unter anderem Titel Langres 1589, 1596, Faksimile Genua 1972; deutsche Übersetzung von A. Czerwinsky, Danzig 1878; Ausgabe von 1588 in engl. Übersetzung von C.W. Beaumont (dort auf 1589 datiert), London 1925, Reprint New York 1968; Ausgabe von 1589 in engl. Übersetzung von M.St. Evans, New York 1848, Reprint New York 1967 (with corrections, introduction, and notes by J. Sutton, and representative steps and dances in Labanotation by M. Becker).

*Literatur*:
J. Sutton, *Arbeau*, in: *International encyclopedia of dance*, hrsg. von S.J. Cohen, New York [u.a.] 1989, Bd. 1, S. 103–107 • W. Brunner, *Arbeau*, in: *MGG*, Bd. 2 (Personenteil), 1999, Sp. 851–853.

GV

# Arcadelt, Jacques [Jacobus Henricus]
* 10.8.1507 Namur, † 14.10.1568 Paris

Der wallonische Komponist Jacques Arcadelt gehört ohne Zweifel zu den vielseitigsten und bedeutendsten Komponisten des 16. Jahrhunderts, ist zusammen mit Philippe ▸ Verdelot vielleicht überhaupt die zentrale Figur der Musikergeneration zwischen ▸ Josquin Desprez, Heinrich ▸ Isaac und Jacob ▸ Obrecht einerseits sowie Giovanni Pierluigi da ▸ Palestrina und Orlande de ▸ Lassus andererseits. – In den Taufregistern der Kirche St. Jean-Baptiste in Namur erscheint am 10. August 1507 der Eintrag »Die festo Sti Laurentii, Viº aᵉ Idus Augusto – Iacobus Henricus filius Gerardi Fayl arca Eltinensis«. Arcadelts Familie stammt somit aus dem Dorf Helt oder Haltinne südöstlich von Namur. Ab 1515 erhielt Arcadelt seinen ersten Unterricht bei Alexandre de Clèves an der Stiftskirche St.-Pierre-au-Château; von 1516 bis 1524 war er Chorknabe an der Stiftskirche St.-Aubain. Kurz darauf verließ Arcadelt offenbar seine Heimat; spätestens ab den frühen 1530er Jahren hielt er sich in Florenz auf. Eine Position an einer der großen florentinischen Kapellen scheint er aber nicht bekleidet zu haben; nur einmal wird er im Juli 1535 als Mitglied der privaten Musikkapelle von Alessandro de' Medici (1511–1537) genannt. Abgesehen davon hatte Arcadelt engen Kontakt mit der gebildeten städtischen Oberschicht, besonders mit der Familie Strozzi.

Aus der Florentiner Zeit stammen auch erste datierbare Werke: Neben einer Reihe von ▸ Motetten liegt das Hauptgewicht des Schaffens dieser Jahre auf dem ▸ Madrigal. Handschriftliche Sammlungen aus dem Florenz der 1530er Jahre enthalten zusammen über 70 Madrigale; ab 1537 erscheinen zudem einzelne Stücke in gedruckten Anthologien, und einige Madrigale dienten wahrscheinlich als ▸ Intermedien zu Theateraufführungen der Medici. Zwischen Mitte 1538 und Ende 1539 erscheinen dann bei ▸ Gardano und ▸ Scotto in Venedig praktisch auf einen Schlag vier Sammlungen mit vierstimmigen Madrigalen, die offenbar ein Fazit des gesamten Schaffens der 1530er Jahre darstellen.

Nach der Ermordung seines Patrons Alessandro de' Medici durch Lorenzino de' Medici (1514–1548) im Januar 1537 und den sich daran anschließenden monatelangen Unruhen verließ der Komponist vermutlich die Stadt. Wahrscheinlich ist Arcadelt der »Jacobus Flandrus«, der ab Januar 1539 als Sänger und von Juli bis Dezember desselben Jahres als »magister capellae« an der Cappella Giulia des Petersdoms genannt wird; am 30. Dezember 1540 wurde er dann als Sänger an der Cappella Sistina aufgenommen und verblieb dort bis zum Juni 1551. In der römischen Zeit lässt die Produktion von Madrigalen nach: Neben dem fünften Madrigalbuch von 1545 und dem *Primo Libro d'i Madrigali d'Archadelt a tre voci* von 1542 (das aber nur sechs Werke von Arcadelt enthält, die alle aus der Florentiner Zeit stammen) steht vor allem eine Gruppe der in den 1540er Jahren in Rom populären ›madrigali a note nere‹. Daneben rückt die geistliche Musik stärker in den Vordergrund. Zwei ▸ Messen (die *Missa de beata virgine* und die *Missa Ave regina caelorum*) und zehn Motetten entstanden offenbar für die päpstliche Kapelle.

Von Rom zog Arcadelt nach Frankreich. Im Jahr 1554 wird er als Sänger am Hof des späteren Königs ▸ Karl IX. erwähnt, eine Stellung, die er bis zu seinem Tod innehatte. Gleichzeitig befand sich Arcadelt auch in Diensten des Kardinals von Lothringen, Charles de Guise (1524–1574), der ebenfalls in Paris residierte. Am 14. Oktober 1568 starb er in Paris, bereits damals als einer der bedeutendsten Komponisten seiner Zeit anerkannt. Bezüglich des kompositorischen Schaffens sind die 1550er und 1560er Jahre die Jahre der französischen ▸ Chanson: Der Großteil der etwa 100 Werke erscheint zwischen 1552 und 1569 in den Anthologien von ▸ Le Roy & Ballard. Alle anderen Gattungen traten in dieser Zeit vollständig in den Hintergrund.

Der musikhistorisch wichtigste Teil des Arcadelt'schen Œuvres ist zweifellos sein Madrigalschaffen mit über 200 Kompositionen. Der Komponist befand sich hier in der glücklichen Situation, eine Gattung, die sich gerade erst ein Jahrzehnt zuvor in den Werken von Bernardo ▸ Pisano, Verdelot und Costanzo ▸ Festa überhaupt herauskristallisiert hatte, aufgreifen, vervollkommnen und weiterentwickeln zu können. Arcadelt hielt sich zudem in den entscheidenden Phasen in den beiden Zentren des frühen Madrigals auf, d.h. in Florenz in den 1530er Jahren und in Rom in den 1540er Jahren. Hinzu kommt – in einer Gattung, die sich zunehmend anspruchsvolleren Texte zuwandte – vor allem ein Gespür für Rhythmus und Sprachmelodie italienischer Dichtung, das unter den Madrigalisten der ersten Jahrhunderthälfte, auch den Muttersprachlern, seinesgleichen sucht.

Die Entstehungschronologie ist nicht klar nachzuvollziehen, aber angelehnt an James Haar lassen sich grob drei Phasen unterscheiden:
1. eine relativ kleine Gruppe früher Werke aus den späten 1520er und frühen 1530er Jahren,
2. das einen Großteil des Gesamtschaffens umfassende Korpus der mittleren und späten 1530er Jahre, das weitgehend in den ersten vier Madrigalbüchern erschien,
3. eine ebenfalls nicht allzu umfangreiche, sehr heterogene Gruppe späterer Werke aus den 1540er und 1550er Jahren.

Die frühen Werke zeichnen sich durch enge Anlehnung an den Stil seiner Vorgänger, vor allem Verdelot, sowie an die Techniken der zeitgenössischen Chanson aus, mit blockhaftem und teilweise schematisch-repetitivem Phrasenbau. Das Hauptkorpus offenbart die Stilmerkmale, die die Musikgeschichtsschreibung seit jeher für Arcadelt als typisch erkannt hat: Ein dergestalt ›normales‹ Madrigal ist weitgehend homophon. Die Oberstimme dominiert geringfügig und beginnt mit einer weitgehend schrittweise gestalteten Melodielinie, die mit breiten Notenwerten anfängt und danach leicht beschleunigt. Die musikalischen Phrasen, die sich nach dem Vers oder nach der Syntax richten, sind durch Kadenzen deutlich voneinander abgegrenzt, die Phrasen werden jedoch oft durch Überlappung einzelner Stimmen überbrückt. Die einzelnen Phrasen werden durch das Wiederaufgreifen oder Modifizieren melodischer Motive und bisweilen durch die Wiederholung von Passagen zur Hervorhebung von poetischer Struktur oder von Reimworten zu einem Ganzen verbunden. Einzelworte oder Textpassagen von besonderem emotionalem oder tonmalerischem Interesse werden subtil hervorgehoben, z.B. in *Il bianco e dolce cigno* durch die Es-Dur-Wendung in der zweiten Phrase auf »piangendo« oder durch die stereotypischen raschen Läufe bei Textstellen, die Wasser, Wind oder rasche Bewegung zum Thema haben.

Exaltierte Madrigalismen wie in dem etwas später aufkommenden norditalienischen Madrigal von Cipriano de ▸ Rore und Adrian ▸ Willaert sowie später in Werken von Giaches de ▸ Wert, Luca ▸ Marenzio und Carlo ▸ Gesualdo sind Arcadelt aber fremd. Einzelne Phrasen werden polyphon verarbeitet, aber ein komplexes kontrapunktisches Geflecht entsteht nicht, endet spätestens an der Schlusskadenz der Phrase. Der Reiz und die Meisterschaft des reifen Madrigals liegt in der nahezu vollkommenen Verschmelzung von Sprachmelodie und musikalischer Linie, in der durch den ruhigen Grundrhythmus wie selbstverständlich wirkenden Umsetzung der variablen italienischen Versprosodie in musikalischen Rhythmus, sowie der Entsprechung melodischer und sprachlicher Hoch- und Tiefpunkte. Die späteren, chronologisch stärker verstreuten Stücke stellen sich auch stilistisch wesentlich weniger einheitlich dar. Neben einigen Stücken, die den typisch Arcadeltschen Stil weiterführen, stehen eine Reihe ›madrigali a note nere‹, die alle Charakteristika dieses Typus aufweisen, d.h. vor allem größere Freiheit in der rhythmischen Gestaltung und Wechsel von sehr raschen mit sehr breiten Passagen.

Ebenso wie die Madrigale entstand ein Großteil der Chansons in einem relativ begrenzten zeitlichen Rahmen, und ebenso wie dort hat die Chronologie auch stilistische Auswirkungen. Die Stücke aus den Anthologien der 1530er und 1540er Jahre sind typische Vertreter der so genannten ▸ Pariser Chanson, die klar abgegrenzte, oberstimmenorientierte und weitgehend homophone Phrasen aufweist. Die poetische Struktur wird sowohl im großen durch Wiederholungsmuster als auch im kleinen durch Umsetzung der Versgrenzen und Binnenzäsuren wiedergegeben. Beispiele für die Kehrseite der Pariser Chanson, die raschdeklamatorischen, oft obszönen ›Plapperchansons‹ fehlen dagegen fast völlig. Von den späten 1540er Jahren an setzen sich die Entwicklungen in zwei Richtungen fort. Einerseits erscheinen immer mehr rein homophone Stücke, viele davon dreistimmig, oft im Dreiertakt oder im Wechsel von Dreier- und Vierertakt, mit volkstümlichen oder pseudo-volkstümlichen Melodien in der Oberstimme, im ›voix-de-ville‹- oder Vaudeville-Stil. Eine Reihe weiterer Chansons entstanden offenbar unter dem Einfluss der literarisch-humanistischen Bewegung der ▸ Pléiade, in der die Musik wie in Zeiten der Antike bezüglich Form und Metrum auf die reine Darstellung des Textes zurückgeführt werden musste, um die legendäre ethische Wirkung der antiken Musik wiederzuerlangen (hieraus entwickelte sich etwas später die Theorie der ▸ Musique mésurée von Jean Antoine de ▸ Baïf). Die entsprechenden Stücke von Arcadelt (und seinen Zeitgenossen) sind bis auf kleine Kadenzmelismen ebenfalls rein syllabisch-homophon und richten die Deklamation an einem festen ›Metrum‹ aus, das in zahlreichen Chansons wiederkehrt. Beide Typen verweisen durch die oberstimmenorientierte Homophonie und durch zugrundeliegende volkstümliche und/oder humanistische Ideale auf eine mögliche Aufführungspraxis des instrumentalbegleiteten Sologesangs. Am deutlichsten macht sich bei Arcadelt der Einfluss der Musique mésurée naheliegenderweise in den lateinischen Chansons bemerkbar, in denen Arcadelt Ausschnitte aus Dichtungen von Vergil, Horaz und Martial vertonte. Er folgt in der rhythmischen Deklamation jedoch nicht – wie die deutschen Komponisten der Humanistenode – den Silbenquantitäten der klassischen Verse, sondern dem Wortakzent. Die Chansons erfreuten sich in Frankreich auch nach dem Tod Arcadelts weiterhin reger Beliebtheit.

Die geistliche Musik spielt im Œuvre von Arcadelt keine dem Madrigal vergleichbare Rolle. Hier war er auch nicht im selben Maße innovativ wie im Madrigal, aber auch hier kommt sein Bemühen um eine eng am Text orientierte Vertonung deutlich zum Ausdruck, und auch hier lässt sich eine klare Entwicklung von den früheren Werken, in denen die Textvertonung weitgehend neutral oder schematisch ist, zu den Motetten ab den späten 1530er Jahren feststellen, in denen sich die Melodie rhythmisch wie diastematisch den Worten aufs engste anschmiegt (vgl. insbesondere *Pater noster*, *Gaudent in caelis*, *Hodie beata virgo*). Im Phrasenbau bevorzugt Arcadelt wie in den Madrigalen nach langsamem Exordium beschleunigende und am Ende abgerundete Linien. Die Imitations-Soggetti lassen sich größtenteils zwei Haupttypen zuordnen: der schon aus dem Madrigal bekannte schrittweise aufsteigende Gang und ein Quintfallmotiv. Bisweilen werden auch von Anfang an ein Motiv und ein Gegenmotiv einander gegenübergestellt. Die Imitationsabstände, das motivische Geflecht und der Satz insgesamt sind im Vergleich zur vorausgegangenen Komponistengeneration dichter. Stärker noch als im Madrigal und der Chanson besteht das historische Verdienst Arcadelts im Bereich der geistlichen Musik in der Assimilation und Adaption, insbesondere aber in der Perfektionierung vorhandener Stilrichtungen.

*Ausgaben*:
Jacobi Arcadelt. Opera Omnia (Corpus mensurabilis musicae 31), hrsg. von A. Seay, 10 Bde., o.O. 1965–1970.

*Literatur*:
W. Klefisch, *Arcadelt als Madrigalist*, Köln 1938 • E.B. Helm, *The Beginnings of the Italian Madrigal and the Works of Arcadelt*, Diss. Harvard Univ. Cambridge/Massachusetts 1939 • A. Einstein, *The Italian Madrigal*, 3 Bde., Princeton 1949 • N. Pirrotta (mit E. Polovedo), *Li due orfei: Da Poliziano a Monteverdi*, Turin 1969, ²1975; engl. in: ders., *Music and Theatre from Poliziano to Monteverdi*, Cambridge u.a. 1982 • T.W. Bridges, *The Publishing of Arcadelt's First Book of Madrigals*, 2 Bde., Diss. Harvard Univ. Cambridge/Massachusetts 1982 • J. Haar, *Towards a Chronology of the Madrigals of Arcadelt*, in: Journal of Musicology 5, 1987, S. 28–54 • I. Fenlon / J. Haar, *The Italian Madrigal in the Early Sixteenth Century. Sources and Interpretation*, Cambridge u.a. 1988 • L. Lera, *J. Arcadelt: Orizzonte culturale e modelli stilistici di un padre del madrigale*, in: *Le origini del madrigale*, hrsg. von L. Zoppelli, Asolo 1990, S. 83–90 • P. Moret, *J. Arcadelt musicien namurois (1507–1568)*, in: Bulletin de la Société liégeoise de musicologie 83/10 (1993), S. 12–16 • M.A. Balsano, *Solo e pensoso: D'Arcadelt inizia felice, intensa, secolare vita*, in: Festschrift N. Pirrotta (Puncta: Studi musicologici 12) hrsg. von M.A. Balsano und G. Collisani, Palermo 1994, S. 31–58 • K. van Orden, *Les Vers lascifs d'Horace: Arcadelt's Latin chansons*, in: Journal of Musicology 14 (1996), S. 338–369 • J. Haar, *The Florentine Madrigal, 1540–60*, in: Festschrift L. Lockwood, hrsg. von J.A. Owens und A.M. Cummings, Warren/Michigan 1997, S. 141–151.

TSB

# Archicembalo

Bereits in der ersten Hälfte des 16. Jahrhunderts wurden Tasteninstrumente (Cembali, Orgeln) mit gespaltenen Obertasten gebaut, die eine Differenzierung der chromatischen Halbtöne, z.B. in dis und es, zuließen. Das prominenteste dieser Instrumente ist das von Nicola ▸ Vicentino entwickelte Archicembalo, dessen Konstruktion er im 5. Buch seiner Schrift *L'antica musica ridotta alla moderna prattica* (Rom 1555) darstellt. Vicentino erläutert hier seine Vorstellung von einer zeitgemäßen Realisierung der durch die antike Theorie verbürgten Tongeschlechter (Genera) diatonisch, chromatisch und enharmonisch. Dabei ging es ihm nicht (zumindest nicht in erster Linie) um deren Wiederbelebung ›an sich‹, sondern eher um die praktische Anwendung in einer zunehmend chromatischeren (und daher mit den Möglichkeiten der mitteltönigen Stimmung nicht mehr realisierbaren) Musiksprache: Das Archicembalo, das Vicentino sich um 1534 nach seinen Plänen hatte bauen lassen, umfasste nicht weniger als 36 Tasten pro Oktave bei fünffacher Teilung des Ganztons, technisch realisiert durch zwei jeweils dreifach gestaffelte Manuale. Ähnlichen Zwecken diente die von ihm 1561 nach dem Vorbild des Archicembalo konstruierte Orgel, der Archiorgano. Im 20. Jahrhundert hat Marco Tiella eine spielfähige Rekonstruktion des Archicembalo hergestellt.

*Ausgaben*:
N. Vicentino, *L'antica musica ridotta alla moderna prattica*, Rom 1555, Faksimile hrsg. von E.E. Lowinsky, Kassel 1959.

*Literatur*:
F.J. Ratte, *Die Temperatur der Clavierinstrumente. Quellenstudien zu den theoretischen Grundlagen und praktischen Anwendungen von der Antike bis ins 17. Jahrhundert*, Kassel 1991.

MG

# Architektur

Die Feststellung einer Verbindung zwischen den Gesetzen der Architekturplanung und der musikalischen ›harmonia‹ geht nicht auf die Renaissance zurück: Architekten des Mittelalters versuchten auf unterschiedliche Weise, unter der Ägide der musikalischen ›mathesis‹ pythagoreisch-platonischer Prägung die Regeln geometrischer Darstellung ›ad quadratum‹ – bestehend aus Quadraten und Dreiecken, als Grundriss und als Querschnitt – für gesetzmäßig zu erklären. Aber ohne Zweifel finden die Argumente auf der italienischen Halbinsel am Ende des 15. Jahrhunderts ihre deutlichste und vollkommenste Ausprägung: Es sind die soliden philosophischen und epistemologischen Grundlagen der ›scientia‹ der Musik, die – unter dem Schutz der Zahlen des Klangs – diejenigen Architekten antreibt, die danach bestrebt sind, die eigene Disziplin dem rein Handwerklichen zu entheben und ihr stattdessen ein neues geistiges Ansehen zu verleihen, damit sie ihren Rang als ›ars liberalis‹ (▶ Artes liberales) wieder erlangen, dessen sie seit dem 6. Jahrhundert Martianus Capella in seiner propädeutischen Summa *De Nuptiis Philologiae et Mercurii* (Liber IX, v. 891) beraubt hatte.

Leon Battista ▶ Alberti besiegelte mit seinen *De re ædificatoria libri decem* (IX,5) quasi den Beginn des musikalisch-architektonischen ›paragone‹, des Wettkampfs zwischen den Künsten, eingeführt im Florentiner Umfeld unter der Schutzherrschaft von Filippo Brunelleschi, als dieser die Neuerungen seiner Ingenieurspläne am Bau der Domkuppel von Santa Maria del Fiore erprobt hat. Wenngleich nach dem Vorbild von *De architectura libri decem* des Römers Marcus Vitruvius Pollio (1. Jh. nach Christus) entworfen, unterscheidet sich der Traktat Albertis in Sprache und Inhalt, da er eine systematische Theorie ausarbeitet, die nicht nur zu einer architektonischen Ausdrucksweise fähig ist, sondern auch zu einem ontologischen, metaphysischen und zeitlosen Konzept einer architektonischen Schönheit, für welche die mathematische ›ratio‹ nun gleichzeitig Regel und Garant war. Darin fügt sich unter dem Gesichtspunkt der ›concinnitas‹ cicerianischer Lesart die musikalische Argumentation ein, dass sich in sinnlichem Wohlgefallen der richtigen Proportion die der Natur innewohnenden Gesetze manifestierten.

Man sollte sich daher sogleich von dem Missverständnis freimachen, welches sich in der Renaissance von Anfang an breit machte, nämlich das Paar Musik–Architektur bereits im Werk des römischen Architekten angelegt zu sehen. Das fünfte Buch von *De architectura* gibt in der Tat vollständig und genau Aristoxenos (▶ Aristoxenismus) und seine Lehre wieder, und die Disziplin Musik wird für das Curriculum des Architekten gefordert. Vitruvs eigene architektonische Lehre basiert auf der Unterteilung des menschlichen Körpers – einem proportionalen Kanon, den zuerst Filarete in seinem Traktat, den er zwischen 1461 und 1464 verfasst hat, und dann der Zeitgenosse Francesco di Giorgio Martini in mehreren handschriftlichen Notizen in einen Anthropomorphismus mit soliden christlichen Wurzeln integrieren, und somit den Weg zur Verbindung zwischen ›fabrica humana‹ und ›fabrica mundana‹ eröffnen, der ab Beginn des 16. Jahrhunderts wirksam wurde. Die Musik und ihre Derivate hingegen dienen allein dazu, die Schnüre von Ballisten und Katapulten zu halten, die Stimme in Theatern zu verstärken und hydraulische Instrumente zu konstruieren.

Was Alberti betrifft, so ist zwar in Form von Schriften bewiesen, dass er sich in einem allgemeineren Rahmen auf eine harmonische Theorie bezieht, jedoch erweist es sich als schwierig, deren Gültigkeit in seinen Bauprojekten nachzuweisen: Auch wenn die Analyse der Fassade des Tempio Malatestiano in Rimini von einer Anmerkung zu den Arbeiten an den Baustellenleiter Matteo de' Pasti gestützt wird, der darum gebeten wurde, die angegebenen Maße nicht zu verändern, weil »durch das, was du änderst, jene ganze Musik verstimmt wird«, so erweisen sich dieselben Maße in Wirklichkeit im Zusammenklang als Dissonanzen, ebenso wie am Palazzo Rucellai in Florenz (das Verhältnis der mittleren Spannweite zu den seitlichen ist 8:9, ein Ganzton; die Spannweiten der seitlichen Felder sind im ersten Stock auf Grundlage einer großen Septime 8:15 proportioniert, im zweiten Stock auf einer verminderten Septime 5:9, Intervalle, die sich erst a posteriori, auf anachronistische Weise, zu Strukturprinzipien erklären lassen), oder am Palazzo Piccolomini in Pienza, dessen Fassadengestaltung sich perfekt anhand des Systems ›ad quadratum‹ veranschaulichen lässt, womit es auf dem irrationalen Wert √2 der Diagonale des Quadrats basiert. Wie auch immer die unterschiedlichen Deutungen der Historiker aussehen mögen, so lässt sich der Einfluss nicht bezweifeln, den der Traktat Albertis mehr noch als derjenige Vitruvs nicht nur auf Fachleute, sondern auch auf Literaten, Philosophen und Persönlichkeiten humanistischer ›intelligentia‹ ausübte, u.a. auf Nikolaus von Kues (gleichzeitig das problematischste Beispiel in Hinsicht auf die gegenseitige Einflussnahme). Und es sind gerade die Verbindungen der philosophischen Spekulation, aus denen im folgenden Jahrhundert in rein venezianischem Umfeld die Verbindung der beiden Disziplinen hervorgeht.

Die *Hypnerotomachia Poliphili* von Francesco Colonna, gedruckt 1499 von Aldo Manuzio, ist der erste Vorbote: Abgesehen davon, dass darin Alberti und vor allem Filarete zu Wort kommen – die architektonische Sprache der Zeit –, nähert Poliphilus' Traum dank des nicht zu vernachlässigenden Beitrags von Franchino ▸ Gaffurio (von dem sich die Konzepte der ›prattica‹ und des ›liniamento‹ ableiten lassen – *Practica musicae* stammt aus dem Jahr 1496) die ›quadratura‹ des Architekten der ›intonazione‹ des Musikers an, das Interkolumnium (den Säulenzwischenraum) dem ›mensurato tempo‹ (▸ Mensuralnotation); darüber hinaus werden vor allem die architektonischen Ordnungen – dorisch, ionisch, korinthisch – mit den musikalischen Modi (▸ Tonsystem) identifiziert. Schließlich bietet er Bramante den Anstoß dazu, die besagten Ordnungen anders anzuwenden, nicht mehr nach sozialer, moralischer oder künstlerischer Logik, sondern nach einer musikalischen: Die dorische Ordnung trägt die anderen Ordnungen, verleiht man ihr die Funktion des dorischen Modus, auf dessen tieferer Lage sich das polyphone Gerüst erhebt. Wenn man also einerseits die semantische Erweiterung des Einflusses von musikalischer Sprache auf die architektonische Sprache feststellen kann, da Wissensgebiete eingesetzt werden, die nicht streng an die Tradition des ▸ Quadriviums gebunden sind, also jene des rhetorischen Ausdrucks (▸ Rhetorik) und der Veranschaulichung der Leidenschaften, vertieft sich darin andererseits der gemeinsame mathematische Ursprung, wie die Übersetzung Vitruvs mitsamt einem Kommentar von Cesare Cesariano von 1521 beweist, in der der musikalischen Theorie breiter Raum gewidmet wird, aber vor allem die *Descrittione (o Memoriale) per condur la fabrica della Chiesa […] Sancti Francisci a Vinea Venetiarum* von Francesco Zorzi (anderswo Giorgi), datiert auf den 1. April 1535. Der Autor ist ein Franziskanermönch, der ein Jahrzehnt zuvor bereits Urheber einer *Harmonia Mundi totius* mit eindeutiger Nähe zu ▸ Ficino und ▸ Pico war, die weithin unter den Akademien der Halbinsel und jener von Jean Antoine de ▸ Baïf zirkulierte, und in der die architektonische Struktur des Kosmos auf musikalisch neoplatonischen Fundamenten gründet, vom Dogen Andrea Gritti dazu berufen, die Maße im Plan der von Jacopo Sansovino entworfenen Kirche zu ›korrigieren‹. Zorzi gibt eine Lesart, in der auf organische und programmatische Weise alle jene Elemente zusammenfließen, die zuvor verloren und in Bezug auf die ›fabrica del mondo‹ zerstreut waren: vitruvianischen Anthropomorphismus, biblischen Salomonismus, Hermetismus, christliche ▸ Kabbala, Neoplatonismus. Und es ist das erste Mal, dass eine derartige Summa auf unmissverständliche Weise nicht einen Gegensatz aufbaut, um die musikalische Spekulation zu rechtfertigen, sondern dass sie direkt auf einen kreativen Willen reagiert und konkrete Anwendung in einem bestimmten architektonischen Objekt findet.

In denselben Jahren beginnt der junge Palladio an der Akademie von Giulio Trissino in Vicenza seine Lehrzeit. Die Unternehmung Trissinos in der Nachfolge der alten platonischen Akademie von Florenz strebte danach, das Renaissance-Ideal des Universalgelehrten zu verkörpern, der durch die Ursprünge klassischer Bildung aristotelischer und neoplatonischer Prägung geformt wird; und wenngleich die *Quattro Libri dell'Architettura*, die Palladio am Ende seines Lebens (1570) verfasst und veröffentlicht hat, bereits frei von jener gnostischen und gelehrsamen Anlage sind, so offenbart die Gesamtheit seiner künstlerischen Laufbahn doch eine tiefe Kenntnis der harmonischen Doktrin als regulatorischem Prinzip der Einheit eines Entwurfs: von der Zusammenarbeit mit Daniele Barbaro (einem Patriarchen aus Aquileia, einem Hektographen, der schon die theoretischen Werke Albrecht Dürers gekannt hat, Übersetzer von Aristoteles, Porphyrios und der *Ethica Nikomachea* von Hermolaus), für den er 1556 den Kommentar zu Vitruv illustrierte – eine nach aristotelischer und platonischer Sichtweise weite Abschweifung von der Summa Vitruvs, die den Schriften Gioseffo ▸ Zarlinos in musikalischer Hinsicht viel schuldet. In ihr kommt die Anspielung auf die Entsprechung der sinnlichen Wahrnehmungsweisen in der menschlichen Seele ausdrücklich zur Geltung, da »jenes, was Wohlklang für die Ohren ist, Schönheit für die Ohren ist [...] & jene Proportionen, die in Form von Stimmen die Ohren erfreuen, erfreuen angewandt auf Gestalten die Augen«. Davon gibt etwa ein Jahrzehnt später selbst das ›memorandum‹ Palladios für die ›fabrica‹ des Domes von Brescia einen Nachhall ab: »So wie die Proportionen der Stimmen für die Ohren Harmonie ergeben, so sind jene der Maße Harmonie für unsere Augen, welche üblicherweise am allermeisten erfreut, ohne dass man wüsste warum, außer diejenigen, die sich darum bemühen, die Ursachen der Dinge zu erfahren.« Aber wie bei Alberti hat eine Baustellenbemerkung die Historiker nicht von ihrer konkreten Anwendung bei der Durchführung überzeugt, da ihnen bei ihrer hermeneutischen Arbeit vom schon in Erinnerung gebrachten pragmatischen Charakter der *Quattro Libri* nicht geholfen wurde, deren Maßangaben im Hinblick auf Pläne und Schnitte von Villen nicht immer mit dem Vorhandenen korrespondieren, und deren Deutung in harmonisch-musikalischer Hinsicht schon Anlass zu gegensätzlichen und sich widersprechenden kritischen Prüfungen gegeben hat.

Die Vorstellung von einer Architektur als Tochter und Spiegel alles Außerweltlichen (›extra-mundano‹) macht ihren Lauf unter den Schülern und Anhängern von Palladio: Giovanni Paolo Lomazzo schlägt dafür wieder den anthropomorph-musikalischen Topos vor, sowohl in seinem *Trattato dell'arte della pittura* von 1584 als auch sechs Jahre später in seiner *Idea del Tempio della Pittura*; ebenso taucht sie bei Vignola in seiner *Regola delli cinque ordini* 1562 auf; dieselbe Richtung schlägt Giacomo Soldati auf seiner Suche nach der sechsten architektonischen Ordnung ein, der harmonischen Ordnung, einer wörtlichen Übersetzung der musikalischen Konsonanzen in universaler Lesart, ein Jahrhundert bevor derartige Versuche nationalen Charakter erreichen. Aber von allen Verzweigungen ist es interessant, wenigstens jene zu erwähnen, die im folgenden Jahrhundert in Frankreich erwächst, und die eine parallele Linie abzuzeichnen scheint: In der architektonisch-musikalischen Auffassung lebt die Prägung der christlichen, hermetisch-kabbalistischen Tradition wieder auf, deren reiche Frucht im späten *In*

*Ezechielem Explanationes et Apparatus Urbis ac Templi Hierosolymitani* des spanischen Jesuiten Juan Bautista Villalpando zu sehen ist, gedruckt zwischen 1594 und 1604 in Rom – einer suggestiven Rekonstruktion des Salomonischen Tempels, in der jedes kleinste architektonische Detail von den musikalischen Intervallen ›diapason‹, ›diapente‹ und ›diatesseron‹ bestimmt wird und die sich gleichermaßen im Venedig der Renaissance ausbreitet und dort ihren Ursprung findet. Unter den Prüfern und den Befürwortern des Zorzi-Programms für San Francesco della Vigna befanden sich, außer ▸ Tizian und dem Gelehrten Fortunio Spira, Sebastiano ▸ Serlio, ›præceptor Galliæ‹, Architekt, Didakt und Pädagoge, Organisator der mehrfach wieder aufgelegten *Regole generali di architettura sopra le cinque maniere degli edifici* – einem aus mehreren Büchern bestehenden und im Laufe der Zeit abgewandelten Kompendium, das darin unterrichtet, die fünf Ordnungen der Architektur zu zeichnen – und dessen Schüler, Philibert de l'Orme. De l'Orme schrieb 1567 einen der ersten Traktate jenseits der Alpen über Architektur, dessen zweiter Band jedoch, der ganz den göttlichen und heiligen – und musikalischen – Proportionen gewidmet sein musste, nicht mehr zur Ausführung kam: In der Aufzählung der ›exempla‹ passt er zur von Zorzi in seiner venezianischen *Descritione (o Memoriale) per condur la fabrica della Chiesa* selbst vorgeschlagenen Auflistung. Das ist die erste Probe einer Spekulation, die die künstlerische Debatte in Frankreich das gesamte 17. Jahrhundert bewegen wird, und die eine Stimme finden wird, was die architektonisch-musikalische Entsprechung betrifft: im Brief Nicolas Poussins vom 24. November 1647 über die griechischen Modi, in der *Rhétorique des Dieux*, einem Manuskript mit Lautenstücken, in dem die Identifikation der angeführten musikalischen Modi mit den architektonischen Ordnungen, die die Illustrationen zu den Kompositionen schmücken, explizit ist und in den Regesten der ›proces-verbaux‹ der *Académie de Peinture* und der *Académie d'Architecture*, aber vor allem in der *Architecture Harmonique, ou Application de la Doctrine des Proportions de la Musique à l'Architecture,* gedruckt 1679 in Paris, die eine Schlüsselstellung dieses historischen und spekulativen Diskurses darstellt: der erste Traktat, der sich vollständig und ausschließlich auf die Verbindung von Musik und Architektur konzentriert, und die erste Schrift von einem Musiktheoretiker, René Ouvrard, mit dem extremen Versuch, die Proportionsangaben von Vitruv auf die Doktrin der klingenden Zahlen von Zarlino anzuwenden.

*Literatur*:
R. Wittkower, *Architectural Principles in the Age of Humanism, London,* 1962 • P. von Naredi-Rainer, *Architektur und Harmonie. Zahl, Maß und Proportion in der abendländischen Baukunst,* Köln 1982 • P. von Naredi-Rainer, *Musiktheorie und Architektur,* in: *Geschichte der Musiktheorie* Bd. I, hrsg. von F. Zaminer, Darmstadt 1985, S. 149–174 • John Onians, *Bearers of Meaning. The Classical Orders in Antiquity, the Middle Ages and the Renaissance,* Princeton/New Jersey 1988 • Ph. Vendrix, *Proportions harmoniques et proportions architecturales dans la théorie française des XVII$^e$ et XVIII$^e$ siècle,* in: International Review of the Aesthetics and Sociology of Music 20 (1989), S. 3–10 • M. Trachtenberg, *Architecture and Music Reunited: A New Reading of Dufay's ›Nuper Rosarum Flores‹ and the Cathedral of Florence,* in: Renaissance Quarterly 56 (2001), S. 741–775 • V. Zara, *Musica e Architettura tra Medio Evo e Età moderna. Storia critica di un'idea,* in: Acta Musicologica 77 (2005), S. 1–26 • D. Howard / L. Moretti (Hrsg.), *Architettura e Musica nella Venezia del Rinascimento,* Paravia 2006.

PHV und VZ

## Aretino, Pietro
\* 20.4.1492 Arezzo, † 21.10.1556 Venedig

Der italienische Dichter war ein erster »Enthüllungsjournalist« (Thiele-Dormann, S. 9), dessen Kritik an Moral und Anstand in Spottschriften und Satiren gegen illustre Persönlichkeiten berühmt und berüchtigt war. Seine Absicht war jedoch nicht nur, Heuchelei und Bestechung aufzudecken, sondern er genoss seine Macht, ließ sich Lobgedichte bezahlen und verlangte umgekehrt Geld dafür, dass er keine kritischen Schriften verfasste. Ein Gemälde von ▸ Tizian (1545) zeigt ihn als selbstgefällig und schelmisch blickenden Menschen. Er war den Medici-Päpsten Leo X. und Clemens VII. zugetan, die ihn als Parteigänger brauchten; unter Hadrian VI. musste er hingegen Rom verlassen. Ab 1526 war er in Venedig sesshaft und führte als gefeierter Dichter ein großes Haus. Er führte zudem eine Kontroverse mit Antonfrancesco ▸ Doni. Die Musik hat er in seinen Werken eher selten erwähnt, obgleich er mit vielen Musikern in Kontakt stand – er hatte Lautenunterrichte bei Marco dall'Aquila, Girolamo ▸ Parabosco schrieb er Motetten zu und er gedachte Albert de Rippes Tod. Musiker, z.B. Philippe de ▸ Verdelot, vertonten jedoch seine Texte, auch aus seinen Schauspielen (*L'Orazia*, 1546; *La cortigiana*, 1526; *Il marescalco*, 1533; *Lo ipocrito*, 1542; *La Talanta*, 1542; *Il filosofo*, 1546).

*Literatur*:
Thiele-Dohrmann, *Kurtisanenfreund und Fürstenplage. Pietro Aretino und die Kunst der Enthüllung*, Düsseldorf und Zürich 1998.

## Aria / Air

Im grundsätzlichen Unterschied zur Arie der späteren Opernzeit verweist das italienische Begriffsfeld Aria/arioso (und entsprechend die französische Adaption Air) in der Renaissance auf eine usuelle Musizierpraxis und ist am ehesten mit ›Singweise‹ zu übersetzen oder als Art, ein Gedicht singend vorzutragen, zu umschreiben. 1558 spricht der Theoretiker Gioseffo ▸ Zarlino daher alternativ von »modo overo aria di cantare«. Es fehlen gerade die späteren Vorstellungen von arios im Sinne von kantabel, melodiös, auch bravourös; vielmehr ist der sprachnahe, deklamierende Aspekt akzentuiert, ohne aber bereits die am differenzierten Sprechakt orientierte rhythmische und melodische Qualität des nachmaligen Rezitativs anzunehmen. Ein wesentliches Merkmal der Aria ist nicht das Individualisierende, sondern im Gegenteil das Allgemeingültige, Modell- und Formelhafte, das auf viele konkrete Vortragssituationen anwendbar ist.

Der historische Hintergrund ist die universelle und archetypische Praxis des Stegreif-Vortrags epischer und lyrischer, jedenfalls in gebundener Sprache abgefasster Texte, für die sich in Abhängigkeit von den zugrundeliegenden versmetrischen Gegebenheiten Melodiemodelle und auch einige aus der instrumentalen Begleitpraxis hervorgegangene Harmonieformulare entwickelten. Charakteristika sind dementsprechend: Gliederung nach überschaubaren Verseinheiten, Übereinstimmung von Silbenanzahl im Vers und Tonreservoir der Musikzeile, additive, dem Sprachduktus folgende Rhythmik, die zumeist nur zwei Dauernwerte (Längen und Kürzen) gebraucht und unter Umständen Versenden mit gegenrhythmischen (›synkopischen‹) Bildungen akzentuiert, melodischer Verlauf mit eingeschränktem Ambitus und häufigen Wiederholungen auf gleicher Tonhöhe, elementare Klangkombinationen, die von primären Intervallfolgen in der Unterstimme (Sekunde, Quarte, Quinte) geprägt sind. Solche Harmoniemodelle sollten sich als ostinate Bässe, oft unter Aufgabe ihres Oberstimmen-Pendants, aber unter Beibehaltung des an den Text erinnernden Namens verselbstständigen (z.B. ▸ Ruggiero, Cara cosa, ▸ Romanesca). Die ausgesprochen neutrale Grundverfassung des Vortrags von Arie bildete Berichten zufolge jedoch bei manchen kunstfertigen Sängern den Boden für sehr eindrucksvolle und virtuose Ausschmückungen, die man sich bei schriftlich dokumentierten Quellen vor allem an denjenigen Stellen vorstellen muss, wo Noten mit einem fermatenähnlichen ›Corona‹-Zeichen markiert sind.

Obwohl es sich um traditionelle Praktiken handelte, ging man nach 1500 im Zusammenhang mit anderen, aus der Stegreifpraxis erwachsenen mehrstimmigen Gattungen wie der norditalienischen ▶ Frottola und der süditalienischen ▶ Villanella dazu über, solche Singweisen handschriftlich festzuhalten und als textlose Modellvorlagen oder texttragende Konkretionen sogar zu veröffentlichen. Zum einen handelte es sich um Muster für lyrische Strophenformen. Ottaviano ▶ Petrucci druckte in seinem vierten Frottolenbuch 1505 die vier Stimmen eines aus drei untextierten Musikzeilen bestehenden ›Modo de cantar sonetti‹, was als Standard für alle ▶ Sonette dienen konnte. Zum anderen konnten lange narrative Folgen, die sich allerdings aus kleineren Stropheneinheiten zusammenzusetzen pflegten, auf solche komplexen Formeln abgesungen werden (›capitolo‹ oder ›terza rima‹ in der Reimfolge ABA BCB DCD etc.: Petruccis *Aer de capituli*; achtzeilige ›ottave rime‹ als vier gleiche Paarreime, das letzte Reimpaar weicht in der Regel jedoch ab). Das Capitolo-Modell bei Franciscus Bossinensis (1511) verläuft in drei Melodiephrasen, die von einer Schlüsselnote am Anfang ausgehen, dann nach oben wandern und zu einem klaren Ankunftspunkt zurücksinken; das letzte Verspaar einer Ariost-Stanza wurde gerne in höherer Lage gesungen.

Mit der Publikation von Ludovico ▶Ariostos heroischem Versepos *Orlando Furioso* (1516) bekam dieser Dichtungstyp – und mit ihm die Musikalisierung der ›ottava rima‹ – neuen Auftrieb. Nobilitiert wurde die Praxis ferner im ganzen 16. Jahrhundert durch humanistische Auslegungen, die das Verfahren wie Vincenzo ▶ Galilei (1581) zu den antiken Kitharöden zurückverfolgten, die vom Text ausgegangen seien und dann die passende Aria »all'improviso, & di fantasia« gefunden hätten. Dass das Aria-Prinzip maximales Textverständnis garantiert, kam der ideologischen Argumentation im Vorfeld der ▶ Monodie sehr zupass, so dass die Aria als Gegenentwurf zum herrschenden polyphonen ▶ Madrigal erhoben werden konnte. In jedem Fall konnte man sich auf eine durchgängige Praxis berufen, die bis weit ins 17. Jahrhundert nachweisbar ist und die als Sologesang zur Begleitung (meist auf der Laute) in ganz Italien und auf allen Gesellschaftsstufen schriftlos kultiviert wurde. Aus Neapel weiß man auch, dass Frauen eigene Vortragsformeln favorisierten, so wie in venezianischen Salons gebildete Kurtisanen und Dichterinnen mit Darbietungen von Arie glänzten.

Neapel mit den Grafen Sanseverino war in der ersten Hälfte des 16. Jahrhunderts ein Zentrum des formulaischen Ariengesangs, der thematisch eine ernste Alternative zur Villanelle bildete (insbesondere Scipione de Palla, Fabrizio und Luigi Dentice, Rocco Rodio; 1537 erschien der Druck *Madrigali a 3 et arie napolitane*). Im Zusammenhang mit Ferrante Sanseverinos Verbannung wandten sich um 1550 viele Musiker von Neapel nach Rom, Paris oder auf die iberische Halbinsel, wo das selbstbegleitete Singen von Arie Fuß fasste, aber auch die Transformation in nicht-expressive, dafür deklamatorisch-akkordisch geprägte vierstimmige Madrigale stattfand, die Antonio Barré in Rom 1555–1562 mit dem Untertitel *Madrigali ariosi* publizierte (u.a. mit Kompositionen von Giaches de ▶ Wert und Orlande de ▶ Lassus, die aus Neapel gekommen waren). In Frankreich waren die Exilmusiker die Geburtshelfer des Airs (▶ Air de cour), das terminologisch und sachlich deutlich von der Aria angeregt war; die Sammlung des gebürtigen Neapolitaners Fabrice Marin ▶ Caietain *Airs pour chanter tous sonnets* fasst 1576 ein seit einem Vierteljahrhundert bekanntes Verfahren zusammen. In Spanien beschreibt Francisco ▶ Salinas 1577 in seinem Musiktraktat die Rezitationsformeln.

Erst um 1570 begannen Lautensänger wie Cosimo ▶ Bottegari, ihr Repertoire in handschriftlichen Sammlungen im Notationsformat Gesangsstimme plus Lautentabulatur niederzulegen.

*Literatur*:
H.M. Brown, *The Geography of Florentine Monody: Caccini at Home and Abroad*, in: Early music 9 (1981), S. 147–168 • J. Haar, *The ›madrigale arioso‹: A Mid-Century Development in the Cinquecento Madrigal*, in: Studi musicali 12 (1983), S. 203–219 • J. Haar, *›Improvvisatori‹ and Their Relationship to Sixteenth-Century Music*, in: ders., *Essays on Italian Poetry and Music, 1300–1600*, Berkeley 1986, S. 76–99 • S. Leopold, *Al modo d'Orfeo. Dichtung und Musik im italienischen Sologesang des frühen 17. Jahrhunderts* (Analecta musicologica 29), Laaber 1995.

NSCH

## Ariosto, Ludovico
* 8.9.1474 Reggio Emilia, † 6.7.1533 Ferrara

Der berühmte Dichter ist auch musikgeschichtlich von Bedeutung, da seine Texte, insbesondere aus *Orlando furioso*, vielfach als Kompositionsvorlagen dienten. – Ariosto wandte sich nach einem Jura-Studium der Literatur und humanistischen Studien zu; nach dem Tod seines Vaters musste er verschiedene Stellen annehmen, um den Lebensunterhalt seiner Geschwister zu bestreiten. Ab 1503 trat er in den Dienst der ▶ Este, zunächst unter Kardinal Ippolito, 1522 war er Gouverneur der Provinz Garfagnana unter Herzog Alfonso I. 1525 kehrte er nach Ferrara zurück.

Unter Ariostos Dichtungen – einige volkssprachige italienische Kommödien nach dem Vorbild von Plautus und Terenz, drei weitere Theaterstücke sowie *Satire* (1534), *Rime* (publ. 1545) und *Carmina* (publ. 1553) – nimmt sein Hauptwerk *Orlando furioso* (entst. 1505–1515, publ. 1516, 2. Fassung 1521) auch in der Musik eine hervorgehobene Stellung ein.

Es diente nicht nur als Vorlage für spätere Opern seit Francesca Caccinis *La liberazione di Ruggiero dall'isola d'Alcina* (1625), sondern als Textquelle für zahlreiche Vokalkompositionen des 16. Jahrhunderts seit Veröffentlichung des Werkes. Eine erste Vertonung (1517), Orlandos Klage *Queste non son più lacrime, che fuore* (XIII, 126), stammt von Bartolomeo ▶ Tromboncino. In der Folgezeit wurden die Texte ob ihrer Beliebtheit zum einen auf Improvisationsmodelle gesungen, am bekanntesten das Modell des ▶ Ruggiero, der auf der Stanze *Ruggier, qual sempre fui tal esser voglio* (XLIV,61) beruht; zum anderen wurden sie eine der Hauptquellen für anspruchsvolle Madrigalkomposition im zweiten Drittel des 16. Jahrhunderts. Bevorzugte Texte waren die Eröffnungsstanzen, Naturbeschreibungen und pathetische Ausbrüche wie bspw. Orlandos Klage um Angelicas Verlust (VIII,76–78). Nicht nur einzelne Stanzen, sondern auch längere Abschnitte des *Orlando* wurden in einer Art Madrigalzyklen vertont wie bei Jacquet de ▶ Berchem, der 94 Stanzen in Musik setzte (1561), oder bei Don Salvatore di Cantaldo, der alle Eröffnungsstanzen vertonte (1559). Untersucht wurden insbesondere die Ariosto-Vertonungen von Cipriano de ▶ Rore (Haar 1990). Die Beliebtheit des *Orlando* ließ erst in den 1580er Jahren nach, als Texte aus Torquato ▶ Tassos *Gierusalemme liberata* bevorzugt gewählt wurden. – Unter den Vertonungen der Madrigaltexte Ariostos (Balsano 1981) findet sich eine Komposition von Claudio ▶ Merulo (*Oh se quanto l'ardore*).

*Ausgaben*:
*Opere minori*, hrsg. von C. Segre, Mailand und Neapel 1954; *Orlando furioso*, hrsg. von Dems., Mailand 1964.

*Literatur*:
A.A. Abert, *Ariost*, in: *MGG*, Bd. 1, 1949–1951, Sp. 626–628; überarbeitete Fassung in *MGG*, Bd. 1 (Personenteil), 1999, Sp. 915–917 • M.A. Balsano,

*L'Ariosto, la musica e i musicisti*, hrsg. von M.A. Balsano, Florenz 1981 • J. Haar, *Rore's settings of Ariosto*, in: *Essays in Musicology. A Tribute to Alvin Johnson*, hrsg. von L. Lockwood und E. Roesner, o.O. 1990, S. 101–125 • S. Norman, *Cyclic Musical Settings of Laments from Ariosto's Orlando furioso*, Diss. Chappel Hill 1994.

Aristokratie ▸ Sozialgeschichte

## Aristotelische Philosophie

Die Naturphilosophie beruht hauptsächlich auf den Schriften von Aristoteles oder auf den Texten, die Aristoteles zugeschrieben wurden. Unter den Fragen, die von dem griechischen Philosophen aufgeworfen wurden, nimmt das Hören einen relativ bedeutenden Platz ein, weil das Gehör im System der Sinne das zweite nach dem Sehen ist und eine wichtige Rolle in der Aufnahme und der Hervorbringung des Wissens einnimmt. Ein Abschnitt aus *De anima* (II,8) handelt von der Produktion und Rezeption der Töne, Aspekten, die unter einem psychologischen Blickwinkel in *De sensu et sensatio* angesprochen wurden. Das 11. und 19. Buch der *Problemata* beschäftigen sich mit der auditiven Wahrnehmung. Aristoteles interessierte sich mehr für physische als für epistemologische Probleme, aber stellte Fragen auf, die die Humanisten zu beantworten versuchten: Was ist ein Ton? Und wie wird er wahrgenommen? Wenn diese beiden Fragen heute auch den Rahmen der Philosophie der Musik zu überschreiten scheinen, bildeten sie in der Renaissance jedoch die Basis aller Reflexion und gehörten dieser Disziplin wie die Naturphilosophie unter fließenden Grenzen an. Parallel dazu rief die Frage nach dem Rang des Gehörsinns, des zweiten Sinnes, Überlegungen zur Hierarchisierung der Sinne hervor.
▸ Moralphilosophie

PHV

## Aristoxenismus

1581 veröffentlichte Vincenzo ▸ Galilei seinen *Dialogo della musica antica, et della moderna* und äußerte darin deutlich seine Vorliebe für eine Konzeption der Musik, die sich zuvörderst dem aristoxenischen Denken annäherte. Aristoxenos von Tarent, Schüler von Aristoteles, übernahm von seinem Meister die skeptische, ja sogar feindliche Haltung gegenüber dem ▸ Pythagoreischen System. Euklid folgte ihm darin. Beide rekurrierten auf die axiomatische Methode (das Axiom ist ein nicht beweisbarer Satz, der für sich selbst evident erscheint und in allgemeiner Weise auf unbestimmte Quantitäten angewandt wird). Aristoxenos konnte somit behaupten, dass die Musik nicht zur Arithmetik gehört (denn sie ist kein Komplex aus nicht-stetigen Größen, der durch ganze Zahlen ausgedrückt werden kann), sondern zur Geometrie (denn die Musik ist eine stetige Größe, ▸ Quadrivium). Um ein konsonantes Intervall zu messen, sei es keineswegs notwendig, auf Zahlenproportionen zurückzugreifen; man müsse sich auf die auditive Wahrnehmung beziehen, wobei die Intervention des Verstandes aber keineswegs ausgeschlossen wird. Die Theorie des Aristoxenos provozierte lebhafte Opposition, manchmal ungerechtfertigter Weise. Auch wenn dessen *Elementa harmonica* erst 1615 zum ersten Mal publiziert wurden, wurde die aristoxenische Theorie seit dem 15. Jahrhundert mit großem Eifer wiederbelebt. Zunächst in indirekter Weise (über das, was Boethius und Manuel Bryennios in seiner *Harmonica* sagten), denn seit Ptolomäus, eine unbestrittene Autorität, ihn verworfen hatte, gehörte es nicht zum guten Ton, den griechischen Theoretiker zu zitieren. Bartholomé ▸ Ramos de Pareja und Gioseffo ▸ Zarlino versuchten, sich der aristoxenischen Perspektive anzunähern, ohne ihn zu zitieren. Dies ist hauptsächlich bei Zarlino der Fall, der die Anzahl der Konsonanzen von der Quaternario zur Senario ausdehnte. Er erweiterte das pythagoreische System, das auf den Zahlen von 1 bis 4 beruhte, indem er die Zahlen von 1 bis 6 einbezog.

Zarlino gab sich, als er diese Reihe behandelte, mit den beiden Teilungen, die nun in Gebrauch waren, zufrieden. Er wäre gezwungen gewesen, sich auf die Verhältnisse 1, 1:2, 1:3, 1:4, 1:5, 1:6 im Fall der harmonischen Teilung und auf 6:6, 5:6, 4:6, 3:6, 2:6, 1:6 im Fall der arithmetischen Teilung zu beschränken. Folglich betrachtete er die besonderen Verhältnisse gleich, das heißt die ›sesquiquarta‹ (5:4) und die ›sesquiquinta‹ (6:5). Dank der ›senario‹ und der Multiplikation der in Betracht gezogenen Verhältnisse gelang es Zarlino, die Anzahl der Konsonanzen auszuweiten und eine Serie anderer Intervalle einzubeziehen. So betrachtete er die kleine Sexte als aus der Union von Quarte und kleiner Terz entstanden.

Zarlino zog zu gleicher Zeit in Betracht, dass das in Gebrauch sich befindliche System nicht dasjenige ist, was für die Stimmung der Instrumente gebraucht wurde. Daraufhin wurde Aristoxenos auf direkte Weise wieder gelesen, hauptsächlich dank des Bemühens Antonio Gogavias, der, durch Zarlino ermutigt, 1562 zusammen mit Auszügen aus Ptolomäus und Aristoteles, die *Harmonicorum elementorum libri III* des Aristoxenos übersetzte. Aristoxenos schlug – immer auf empirischer Basis – auch vor, die Oktave in sechs gleiche Töne zu unterteilen und den Ton in zwei gleiche Halbtöne. Dieser Vorschlag wurde ebenfalls verdammt, bis er in indirekter Weise Gnade in den Augen der Theoretiker fand. Jacques Lefèvre d'Ètaples (Jacobus ▸ Faber Stapulensis) erfand in seinen *Elementa musicalia* (1496) eine Methode, um jede Reihe in zwei gleiche Partien nach geometrischer Art zu teilen. Er bereitete die wissenschaftlichen Fundamente eines Instruments vor, das Vitruv und Giorgio Valla beschrieben hatten und das gleichermaßen die Aufmerksamkeit Zarlinos auf sich zog, das ›Mesolabium‹.

Die aristoxenische Parteinahme, die Vincenzo Galilei in seinem *Dialogo della musica antica et della moderna* (1581) verteidigte, rief eine lebhafte Reaktion von seiten Gioseffo Zarlinos hervor. Vincenzo Galilei ging, auf Empfehlung von Giovanni de ▸ Bardi, zum Studium zu Zarlino nach Venedig. Er trat danach in Kontakt mit Girolamo Mei, ein Schüler von Benedetti und ein bedeutender humanistischer Gelehrter. Es war Mei, der Galilei vorschlug, Aristoxenos von Tarent zu lesen, und der somit alles, was er bei Zarlino gelernt hatte, in Frage stellte. 1578 schickte Galilei dem venezianischen Gelehrten seinen *Dialogo della musica antiqua e moderna*, der Zarlino nicht zufrieden stellte. Die Ratschläge seines alten Professors vernachlässigend vertiefte Galilei seinen Ausgangspunkt in einer zweiten Edition, die 1581 erschien. Zarlino musste nun Vincenzo antworten: Er publiziere 1588 die *Sopplimenti musicali*, auf die Galilei ein Jahr später mit einem kurzen *Discorso intorno all'opere di messer Gioseffo Zarlino* reagierte.

Dieser theoretische Disput ist zweifellos der interessanteste des 15. Jahrhunderts. Der Streit entstand unter anderem aus der Kritik heraus, die Galilei an Zarlinos Prinzip der ›richtigen‹ Intonation formulierte. Über dieses spezifische Problem hinaus war es die Ordnung des musikalischen Wissens, die Galilei in Frage stellte, indem er behauptete, das Kunstwerk sei der Natur überlegen. Die Art, in der sich Zarlino verteidigte, hat nichts Originelles: Er nahm beinahe wörtlich die aristotelische Argumentation auf. Indem er auf der Immanenz der Mittel und der Unbewusstheit der Natur insistierte, definierte Zarlino die Kunst durch ihren äußeren Charakter und ihre Selbstreflexion (Die Kunst basiert bei Zarlino auf einem »principio estrinseco«, das aus dem Willen des Kunstwerks entsprungen ist und sich aus Materie und Form zusammensetzt, während die Natur dem Essentiellen der Dinge entspricht.) Was mit der Natur verbunden ist, entsteht aus kreativer Spontaneität, während das Künstliche der schöpferischen Intelligenz entspringt.

Vincenzo Galilei verfügte nicht über das Werkzeug, um ein ähnliches Schema in modifizierter Weise darzustellen. Er stellte ein Verhältnis der Qualitäten zwischen Natur und Kunst auf metaphorischer Basis auf. Warum sollte nicht auch die Musik, genauso wie die Medizin, die Landwirtschaft oder andere, ihr Objekt perfektionieren? Jenseits dieser theoretischen Debatte war es die Stellung der Instrumentalmusik, die neu definiert werden musste, nicht in Begriffen, die Surrogate der Vokalmusik sind, sondern als Mittel, um die musikalische Praxis zu verbessern. Galilei versuchte, die Verbindung zwischen Vokalmusik und ›musica naturalis‹ und zwischen Instrumentalmusik und ›musica artificialis‹ zu lösen, die die Renaissance aus der mittelalterlichen Tradition erbte.

Dieses Forschungen, die von aristoxenischen Reflexionen inspiriert sind, sind der Reflex einer tiefen Krise des mathematischen Begriffs, der vom ▶ pythagoreischen System ausging: Die Theoretiker wurden sich bewusst, dass die allein auf mathematischen Spekulationen beruhenden Intervallkonstellationen nicht den Wünschen und Erfordernissen der praktischen Musik dienen konnten. Angesichts einer solchen Feststellung konnten die Theoretiker nur die Tatsache betonen, dass die Musik zwei Dispositionen hervorzurufen schien: Die Vernunft und das Gefühl.

Literatur:
F. Cohen, *Quantifying Music. The Science of Music at the First Stage of the Scientific Revolution, 1580-1650*, Dordrecht 1984 • Cl. Palisca, *Humanism in Italian Renaissance Musical Thought*, New Haven 1985 • M. Lindley, *Stimmung und Temperatur*, in: *Hören, Messen und Rechnen in der frühen Neuzeit* (Geschichte der Musiktheorie 6), Darmstadt 1987, S. 109–332 • V. Coelho (Hrsg.), *Music and Science in the Age of Galileo*, Dordrecht 1992 • P. Gozza, *Number to Sound: The Musical Way to the Scientific Revolution*, Dordrecht 1999 • A.E. Moyer, *Musica Scientia. Musical Scholarship in the Italian Renaissance*, Ithaca 1992 • Ph. Vendrix, *La musique à la Renaissance*, Paris 1999 • Ph. Vendrix (Hrsg.), *Music and Mathematics from Late Medieval to Early Modern Europe*, Turnhout 2007.

PHV

## Arnault de Zwolle, Henri
\* um 1400 Zwolle, † 6.9. 1466 Paris

Der niederländische Astronom, Arzt und Mechaniker Henri Arnault de Zwolle verfasste die wohl bedeutendste Schrift zum Instrumentenbau aus dem 15. Jahrhundert. Durch die bis zum Jahr 1932 nur handschriftliche Überlieferung seines zwischen 1438 und 1446 entstandenen Werks zählte Arnault lange zu den am wenigsten bekannten Musikschriftstellern der Renaissance.

Wie Johannes ▶ Regiomontanus, Paulus ▶ Paulirinus und andere Universalgelehrte der Renaissance steht Arnault de Zwolle für die enge Verbindung des Fachs Instrumentenbau mit ▶ Musiktheorie, ▶ Astronomie und Mechanik im System der mathematisch-naturwissenschaftlichen Fächer des ▶ Quadriviums. Nachdem Arnault die Lateinschule seiner Heimatstadt absolviert hatte, studierte er wahrscheinlich an den Universitäten von Montpellier und Basel die ▶ Artes liberales und Medizin, bevor er sein Studium an der Pariser Sorbonne bei dem Arzt und Astronomen Jean Fusoris (1365–1436) als Magister der Medizin abschloss. Von 1432 bis 1454 war er Medizinalprofessor, Astronom und Astrologe am Hof Herzog ▶ Philipps des Guten von Burgund in Dijon, bevor er zwischen 1454 und 1461 als Leibarzt und Hofastrologe in den Dienst der französischen Könige ▶ Karl VII. (1419–1461) und ▸ Ludwig XI. (1461–1483) in Paris trat. Dort starb er im Jahre 1466 an der von ihm selbst mit astrologischen Methoden vorhergesagten Pest.

Arnaults Traktat zum Instrumentenbau bildet einen Abschnitt seiner naturwissenschaftlichen, größtenteils autographen Sammelhandschrift *De motibus planetarum* (F-Pn ms. lat. 7295, Fol. 128r-132r). Diese zählt zu den ältesten und besten Quellen zu Form und Funktionsweise von Saiten- und Tasteninstrumenten aus der Renaissance. Die in ihr überlieferten Zeichnungen sind so exakt ausgeführt, dass nach ihnen noch in jüngster Zeit spielfähige Nachbauten von historischen Instrumenten rekonstruiert werden konnten, wie zum Beispiel nach dem von Arnault vollständig überlieferten geometrischen Bauplan des im 15. Jahrhundert gängigen Lautentyps.

Unter Arnaults Beschreibungen der Tasteninstrumente Cembalo, Clavichord und Orgel entspricht das Clavichord mit einem Ambitus von H–h$^2$ und einer Applikatur von sieben weißen und fünf schwarzen Tasten pro Oktave sogar der noch heute benutzten Form. Von Arnault de Zwolle stammt auch die älteste erhaltene detaillierte Beschreibung und Zeichnung eines Cembalos mit drei unterschiedlichen Formen von Springermechaniken. Darüber hinaus beschrieb er das Hackbrett oder Dulce melos mit drei verschiedenen Arten der Tonerzeugung, nämlich mittels manuell geschlagener Klöppel, Springermechanik und Hammermechanik. Mit dem letzteren Instrument antizipierte Arnault den Typus des Cristofori-Klaviers um gut dreihundert Jahre. Seine Beschreibungen von Orgeln umfassen verschiedene Prospekte, ferner Bauweisen von Pfeifentypen, Registern und Mixturen, sowie Bälgen. Außerdem beschreibt er den zu seiner Zeit wiederentdeckten Registerzug, ein seit der Römerzeit bekanntes Element des Orgelbaus, das während des Mittelalters in Vergessenheit geraten war.

*Schriften*:
*Instruments de musique du XVe siècle, les traités d'Henri-Arnault de Zwolle et de divers anonymes (Paris: Bibliotèque nationale, ms. latin 7295)* (Documenta Musicologica 2/4), hrsg. von G. LeCerf und R.E. Labande, Paris 1932, Faksimile Kassel 1972.

*Literatur*:
J. Montagu, *Geschichte der Musikinstrumente in Mittelalter und Renaissance*, Freiburg (Breisgau) u.a. 1981 • F.P. Bär, *Arnault de Zwolle, Henri*, in: *MGG*, Bd. 1 (Personenteil), 1999, Sp. 957–959 • J. Koster, *Arnault de Zwolle, Henri*, in: *Grove*, Bd. 2, 2001, S. 34 • M. Peres (Hrsg.), *Les orgues gothiques*, Paris 2000 • W. Strohmayer, *Mathematische Gestaltungsprinzipien in den Instrumentenplänen des Henri Arnault de Zwolle, ein Musiktraktat als Dokument gotischer Baukunst*, in: *Das österreichische Cembalo, 600 Jahre Cembalobau in Österreich*, hrsg. von A. Huber, Tutzing 2001, S. 35–77.

DG

# Arnold von Bruck [Arnoldus Brugensis]
\* um 1500 Brügge, † 6.2.1554 Linz

Obwohl flämischer Herkunft, liegt Arnold von Brucks historische Bedeutung vor allem in seinem Wirken als Komponist und Kapellmeister der österreichisch-habsburgischen Krone begründet. Der Geburtsort von Arnold war lange umstritten. Die nationalistische deutsche Musikgeschichtsschreibung vertrat Brugg im Aargau (Schweiz) und vor allem die österreichischen Orte Bruck an der Leytha, Bruck an der Mur bzw. Bruck an der Ammer. Mittlerweile steht jedoch fest, dass sich die Herkunftsbezeichnung »Brugensis« auf Brügge in Flandern bezieht. Laut eigener Aussage des Komponisten im Jahr 1530 hatte er zu diesem Zeitpunkt »trew langwierig, den Hern von Ostereich vier und zwaintzig Jar« gedient, was darauf schließen lässt, dass er etwa im Jahr 1506 – anfangs wohl als Chorknabe – in die burgundische Hofkapelle aufgenommen wurde. Ebenso wie sein nomineller Dienstherr (der spätere Kaiser ▸ Karl V.) verbrachte Arnold somit seine Jugend am Hof der Regentin Margarete von Österreich in Mecheln; hier verblieb er vermutlich bis etwa 1519. Danach verliert sich seine Spur für einige Jahre; 1527 wurde er zum Kapellmeister des Regenten Erzherzog Ferdinand (des späteren Königs und Kaiser ▸ Ferdinand I.) in Wien ernannt, war allerdings offenbar schon seit einiger Zeit am Wiener Hof tätig gewesen. Er bekleidete diesen Posten 18 Jahre lang, und zum 31. Dezember 1545 wurde er in den Ruhestand verabschiedet und zog 1548 nach Linz, wo er am 6. Februar 1554 starb.

Als Leiter der Wiener Hofkapelle stand Arnold an der Spitze der österreichisch-habsburgischen Musikwelt; 1550 komponierte Caspar Copus sogar ein *Salve regina* »in gratiam Arnoldi de Bruck«. In den Vertonungen deutscher Texte liegt auch das historische Hauptverdienst des Komponisten: Sowohl die Choralbearbeitungen als auch die weltlichen Lieder demonstrieren das vollständige Aufgehen der gattungstypischen Cantus-firmus-Bearbeitung in einem dichten, durchimitierten Kontrapunkt. Allgegenwärtig ist dabei die feste Koppelung von Tenor und Superius in Oktavimitation. Trotz der zahlreichen Vertonungen deutscher Choräle im Œuvre des Komponisten und deren Publikation im lutherischen Gesangbuch von Georg ▸ Rhau ist die Annahme, der Komponist habe dem Luthertum und der Reformation zugeneigt, nicht haltbar; die Attraktivität der neuen Melodien und Texte war offenbar konfessionsübergreifend. Arnolds lateinische Musik ist vermutlich gemeinsam mit den Handschriften der Hofkapelle von Ferdinand I. und der Kapelle am Stephansdom weitgehend untergegangen; die wenigen erhaltenen ▸ Motetten stehen in dichtem, klangreichen Satz. Ungewöhnlich sind die zwei- bis vierstimmigen Sätze für hohe Stimmen ›ad voces aequales‹, vermutlich für die Knaben der Wiener Hofkapelle oder des Schottenstiftes komponiert. Das eindrucksvollste Beispiel für die Neigung Brucks zu kontrapunktischen Höchstschwierigkeiten ist das vierstimmige *Dies irae*, in dem die komplette sechzigzeilige Dichtung auf der Basis des strophischen ▸ Cantus firmus in immer neuen Konstellationen verarbeitet wird.

*Ausgaben*:
Choralbearbeitungen in *Newe deudsche geistliche Gesenge für die gemeinen Schulen* (Denkmäler deutscher Tonkunst 34), hrsg. von J. Wolf, Wiesbaden und Graz 1908, ²1958; 19 Lieder in: *Das deutsche Gesellschaftslied in Österreich von 1480–1550* (Denkmäler der Tonkunst in Österreich 72), hrsg. von L. Nowak, Wien 1930; *Sämtliche lateinische Motetten und andere unedierte Werke* (Dass. 99) hrsg. von O. Wessely, Graz und Wien 1961.

*Literatur*:
J. Wirth, *Arnold von Bruck: sein Leben und seine Werke*, Diss. Wien 1910 • L. Nowak, *Das deutsche Gesellschaftslied in Österreich von 1480 bis 1550*, in: Studien zur Musikwissenschaft 17 (1930), S. 21–52 • O. Wessely, *Arnold von Bruck. Leben und Umwelt*, Habilitationsschrift Wien 1958 (mschr.) • H. Osthoff, *Das Te Deum des Arnold von Bruck*, in: *Festschrift F. Blume*, hrsg. von A.A. Abert, Kassel 1963, S. 252–257 • W. Pass, *Das vierstimmige »Magnificat« des Arnold von Bruck*, in: Studien zur Musikwissenschaft 42 (1993), S. 467–474 • O. Wessely, *Die späten Jahre des A. von Bruck*, in: *Festschrift Th. Antonicek*, hrsg. von E.Th. Hilscher, Tutzing 1998, S. 43–50.

TSB

# Arras ▸ Frankreich

# Ars nova

Ars nova bezeichnet in der Musikgeschichtsschreibung die Epoche von um 1320 bis um 1380, in der Neuerungen in der Notation und daraus resultierend in den Kompositionsgattungen aufkamen und sich konsolidierten. Der Begriff ist der Titel der gleichnamigen Schrift Philippe de Vitrys (nach 1320), in denen er Neuerungen der ▸ Mensuralnotation behandelt, die in seinen Motetten bereits seit 1316 vorkommen. Weiterer wichtiger Vertreter ist Guillaume de ▸ Machaut. – In der zweiten Hälfte des 15. Jahrhunderts bezeichnete Johannes ▸ Tinctoris in seinem *Proportionale musices* (um 1473) das Schaffen von John ▸ Dunstaple, Guillaume ▸ Dufay und Gilles ▸ Binchois als ›ars nova‹ und ließ somit in den zwanziger Jahren des 15. Jahrhunderts eine neue musikalische Epoche beginnen; zeitnäher wurden die Errungenschaften der genannten Komponisten bereits von Martin ▸ Le Franc in *Le champion des dames* (1438–1442) als neue Kunst gepriesen (▸ Frankoflämische Musik, ▸ Frankreich). In der Musikwissenschaft wurde der Begriff erstmals bei Johannes Wolf in seiner *Geschichte der Mensuralnotation* (1904) verwendet.

*Literatur*:
K. Kuegle / M. Gómez / U. Günther, *Ars nova – Ars subtilior*, in: *MGG*, Bd. 1 (Sachteil), 1994, Sp. 877–918.

## Ars subtilior

Ars subtilior ist im Unterschied zum zeitgenössischen Begriff der ▸ Ars nova eine Bezeichnung der Musikwissenschaft (Ursula Günther), die aus der Beschreibung der »moderni subtilesque musici« des Anonymus X abgeleitet ist. Sie benennt eine gegenüber der Ars nova nochmalige Erweiterung und Verfeinerung der ▸ Mensuralnotation in der Zeit des Schismas (1378–1417). Sie bildet mithin die Übergangszeit von der Ars nova zum 15. Jahrhundert, also zu der Epoche, die in der Musikgeschichtsschreibung gemeinhin als ▸ Renaissance bezeichnet wird.

*Literatur*:
▸ Ars nova

## Artes liberales

Der auch unter seinem deutschen Synonym Freie Künste bekannte Begriff der Artes liberales bezeichnete von der Antike bis in die Renaissance das zentrale Konzept und den grundlegenden Fächerkanon der höheren Bildung. Neben verschiedenen Erweiterungen und Änderungen umfasste das Curriculum der Artes in den genannten Epochen unstritten nur die Teilbereiche der drei sprachlichen Fächer des ▸ Triviums und der vier mathematisch-naturwissenschaftlichen Fächer des ▸ Quadriviums. Vom 12. bis 16. Jahrhundert bildete das Studium der Freien Künste an den Artistenfakultäten der Universitäten die erforderliche Grundlage für Abschlüsse wie das Baccalaureat nach Absolvierung des Triviums oder das Magisterium nach dem anschließenden Durchlaufen des Quadriviums. Das Magisterium der Freien Künste qualifizierte seinerseits für die universitäre Lehrtätigkeit und den Eintritt in die höheren Universitätsfakultäten Medizin, Jurisprudenz und Theologie.

Nach Cicero (*De inventione* I,25 und *De officio* I, 150) und Seneca (*Epistula* 88, 2) waren die Artes liberales als Künste des Geistes im Gegensatz zu den auf den Erwerb des Lebensunterhalts zielenden mechanischen und handwerklichen Künsten (lat. Scientiae) die einzigen eines freien Menschen würdigen. Das Konzept der Artes selbst ist allerdings wesentlich älter als seine Definition durch Cicero und Seneca. Es geht auf den von den griechischen Sophisten eingeführten Begriff der Enkyklios Paideia als Ausdruck für allgemeine Bildung zurück, der erstmals während des hellenistischen Zeitalters seine feste Form als Kanon der sieben Fächer Grammatik, Rhetorik, Dialektik, Arithmetik, Musiktheorie, Geometrie und ▸ Astronomie angenommen hatte. Ursprünglich besaß dieses Bildungskonzept wissenschaftspropädeutischen Charakter. Poseidonios (135–51 v. Chr.) und Philon von Alexandria (15 v. Chr.–50 n. Chr.) verstanden es als Vorbereitung auf das Studium der Philosophie, der römische Rhetoriker Quintilian (15–100 n. Chr.) als Propädeutik für das

Studium der Rhetorik. Die überwiegende Mehrheit der griechischen und lateinischen Kirchenväter akzeptierte die Freien Künste als Grundlagenwissen für das Studium der Bibel und der Theologie.

Neben Quintilian, der in seiner *Institutio oratoria* (I,10) den Begriff der Artes liberales auf das Curriculum der Enkyklios Paideia übertragen und damit ihr lateinisches Äquivalent geschaffen hatte, beeinflussten auch die lateinischen Enzyklopädien der Spätantike und des Mittelalters die Entwicklung des Fächerkanons und der Lehrinhalte der Artes in entscheidender Weise. Auf Varros verschollenen *Disciplinae* (33/34 v. Chr.) baute mit Martianus Capellas *De nuptiis Mercurii et Philologiae* (um 439) die erste lateinische Enzyklopädie auf, die nach dem Kanon der sieben Freien Künste gegliedert war und diesen explizit formulierte. Aus dem 5. Jahrhundert stammen auch die *Saturnalia* und das *Commentarium in Somnium Scipionis* des Macrobius. Während die *Saturnalia* Grammatik, Rhetorik, Astronomie und Philosophie im Werk Vergils kommentieren, bildet der Kommentar zum *Somnium Scipionis* aus Ciceros *De re publica* eine grundlegende Darstellung der Lehre der Neuplatoniker, in der vorwiegend Fragen der ▸ Astronomie, Arithmetik und Musiktheorie erörtert werden. Die *Institutiones* von Cassiodor (485–580) und die darauf aufbauenden *Etymologiae* des Isidor von Sevilla (560–636) waren während des Mittelalters die am weitesten verbreiteten Enzyklopädien und Einführungsschriften für das Studium der Freien Künste, doch blieb ihre Rezeption in der Musiktheorie auf das frühe Mittelalter beschränkt. Anders verhält es sich mit den beiden grundlegenden Schriften des Boethius (475–524) zur Arithmetik und Musiktheorie, *De institutione arithmetica* und *De institutione musica*, die bis ins 16. Jahrhundert an den europäischen Universitäten und Humanistenschulen als Standardwerke für ihre jeweiligen Fächer in Gebrauch blieben.

Als während des 12. und 13. Jahrhunderts im Bereich der höheren Bildung die Universitäten die Führungsrolle von den Kloster- und Kathedralschulen übernahmen, setzten sie auch deren Pflege der Freien Künste und der Philosophie in ihren Artistenfakultäten fort. Dabei verloren die Artes liberales ihre Selbständigkeit und wurden der Philosophie untergeordnet. Ihr propädeutischer Charakter blieb allerdings im propädeutischen Charakter der Artistenfakultäten erhalten. Die strenge Trennung zwischen den wissenschaftspropädeutischen Artes und den reinen Wissenschaften, die für die Antike charakteristisch gewesen war, wurde von der ▸ Scholastik aber nicht reproduziert. Vielmehr wandelten sich die Artistenfakultäten nach der Einführung des Corpus der aristotelischen Schriften im 12. Jahrhundert zu Fakultäten des Studiums der Freien Künste und aller Wissenschaften, die der Philosophie zugeordnet werden konnten, darunter auch die mathematischen und naturwissenschaftlichen Fächer wie die Musiktheorie. Man kann im Zusammenhang mit der Übernahme der Artes durch die Scholastik also am ehesten davon sprechen, dass die Freien Künste nun in einen größeren Komplex von Wissen eingefügt wurden, wie sich auch an fast allen hoch- und spätmittelalterlichen Quellen zur Wissenschaftsklassifikation zeigen lässt.

Das prominenteste Beispiel für die Erhaltung der Artes liberales als Grundprogramm der höheren Bildung bis ins Zeitalter der Renaissance bildet jedoch die *Margarita philosophica* (Heidelberg 1496) des Freiburger Kartäusermönchs Gregor Reisch (1470–1525), eine äußerst umfangreiche Enzyklopädie des gesamten Wissens ihrer Zeit, die mit ihren insgesamt zehn Auflagen als eines der wichtigsten Lehrbücher vieler Artistenfakultäten weite Verbreitung fand. Ihr Verfasser bezieht sich auf die antiken, schon während des Mittelalters bekannten Autoritäten Donatus und Priscian für die Grammatik, Aristoteles für die Logik, Cicero für die Rhetorik und Poetik, Boethius für die Arithmetik, Pythagoras vermittelt über Boethius für die Musiktheorie, Euklid für die Geometrie, Ptolemaios und Platon für die Astronomie, Seneca und die Kirchenväter für die Moralphilosophie. Die Aufnahme der Fächer Poetik und Moralphilosophie in Reischs Bildungsprogramm weist jedoch schon deutlich auf humanistische Einflüsse hin. Das wissenschaftspropädeutische Curriculum der Humanisten stellte sich im 14. und 15. Jahrhundert nämlich zunächst mehr oder weniger als einfache Erweiterung der Artes liberales um die ▸ Studia humanitatis Geschichtsschreibung, Moralphilosophie und Poetik dar. Vordenker waren in dieser Hinsicht die italienischen Humanisten Coluccio Salutati (1331–1406), Pier Paolo Vergerio (1370–1444), ▸ Vittorino da Feltre, Angelo ▸ Poliziano und Girolamo ▸ Mei.

Im Zeitalter der Renaissance änderte sich allerdings das Verständnis der Fächer Musik und Musiktheorie grundlegend. Nach anfänglicher Skepsis der Humanisten gegenüber einem mathematischen Fach wie der Musiktheorie wurde von ihnen seit etwa den zwanziger Jahren des 15. Jahrhunderts insbesondere der pädagogische und ethisch-moralische Aspekt der Musik, der seinen deutlichsten Ausdruck schon in der antiken Ethos-Lehre gefunden hatte, mit regem Interesse aufgenommen, so dass auch die Musik und ihre Theorie Bestandteile der neuen humanistischen Erziehungskonzepte werden konnten. Für die von den Humanisten schließlich vollzogene Lösung von Musik und Musiktheorie aus dem Zusammenhang mit dem Quadrivium und ihre Etablierung als eigenständige poetisch-künstlerische Fächer bildete wiederum die *Institutio oratoria* Quintilians die wichtigste antike Quelle. Die Möglichkeit einer Lösung der Musik und ihrer Theorie aus dem Kontext des Quadriviums und ihrer Annäherung an die Fächer Rhetorik und Poetik hatte sich allerdings auch schon während des Mittelalters in der theoretischen Beschäftigung mit der praktischen Musik abgezeichnet: Bereits im Verlauf des 12. bis 14. Jahrhunderts hatten sich im Zusammenhang mit allen Überlegungen und Theorien zur Mensuralmusik die Lösung der Musiktheorie aus dem Zusammenhang mit dem Quadrivium und die Möglichkeit ihrer Verbindung mit der Grammatik und Rhetorik, den beiden sprachlichen Fächern des Triviums, angedeutet. Dies geschah allerdings um den Preis des Absinkens der Musiktheorie vom Status einer höheren Ars des Quadriviums mit kosmologisch-metaphysischen Implikationen zu einer niederen mit technisch-praktischen, die einer Scientia wie der klingenden Musik näher stand als die mathematische Musiktheorie des Quadriviums.

*Literatur:*
G. Pietzsch, *Die Musik im Erziehungs- und Bildungsideal des ausgehenden Altertums und frühen Mittelalters*, Halle/Saale 1932, Darmstadt ²1969 • H. Hüschen, *Artes liberales*, in: MGG, Bd. 1, 1949, Sp. 737–742 • N.C. Carpenter, *Music in the Medieval and Renaissance Universities*, Norman/Oklahoma 1958 • J. Koch (Hrsg.), *Artes Liberales, von der antiken Bildung zur Wissenschaft des Mittelalters* (Studien und Texte zur Geschichte des Mittelalters 5), Leiden und Köln 1959 • E.A. Lippman, *The Place of Music in the System of Liberal Arts*, in: *Aspects of Medieval and Renaissance Music, a Birthday Offering to Gustave Reese*, hrsg. von I. La Rue, New York 1966, S. 545–559 • D.L. Wagner (Hrsg.), *The Seven Liberal Arts in the Middle Ages*, Bloomington/Indiana 1983 • C.V. Palisca, *Humanism in Italian Renaissance Musical Thought*, New Haven/Connecticut 1985 • M. Bernhard / F. Zaminer (Hrsg.), *Rezeption des antiken Fachs im Mittelalter* (Geschichte der Musiktheorie 3), Darmstadt 1990 • A.E. Moyer, *Musica scientia, Musical Scholarship in the Italian Renaissance*, Ithaca/New York 1992 • K.-J. Sachs, *Artes liberales*, in: MGG, Bd. 1 (Sachteil), 1999, Sp. 918–923 • Ph. Vendrix (Hrsg.), *Music and Mathematics. From late medieval to early modern Europe*, Turnhout 2007.

DG

## Artes mechanicae

Als Artes mechanicae wurden bis zur Renaissance die Künste (in wörtlicher Übersetzung des Begriffs) angesehen, deren Produkte von praktischem Nutzen waren und die daher als den Septem artes liberales (▸ Artes liberales) untergeordnet galten, wobei zu bedenken ist, dass bis zur Renaissance eine Differenzierung von Kunst (Ars) und Wissenschaft (Scientia) im neuzeitlichen Sinne nicht existierte. Die Septem artes liberales bezeichneten schon in ihrem Titel die festgelegte Siebenzahl der einzelnen Fächer im Rahmen der Facultas artium (bestehend aus dem ▸ Trivium, nämlich Grammatik, Rhetorik und Dialektik, sowie dem darauf aufbauenden ▸ Quadrivium, das Arithmetik, Musik, Geometrie und Astronomie umfasste). Als ›freie‹ Künste galten hier also diejenigen Disziplinen, die ein freier Mann erlernte (frei im Sinne dieser Definition war, wer auf die Zwänge des Broterwerbs nicht angewiesen war). Dem gegenüber hatten die Artes mechanicae eine deutlich untergeordnete Position inne. Im Gegensatz zu den Septem artes liberales bezeichneten die Artes mechanicae, für die mitunter auch die Termini ›artes sordidae‹ (lat. ›schmutzige Künste‹) oder ›technai banausoi‹ (griech. ›Handwerkskünste‹) verwandt wurden, die Fertigkeiten, die dem Broterwerb unmittelbar dienlich waren, wobei sie aber über die handwerklichen Berufe (›armatura‹) hinausgingen, so dass eine Trennung in Handwerk auf der einen sowie Wissenschaft und Kunst auf der anderen Seite eine unzulässige Verkürzung bedeuten würde. Tatsächlich umfassten die Artes mechanicae ab dem Mittelalter zusätzlich die Bildenden Künste, die Baukunst (›architectura‹, ▸ Architektur) und das Bekleidungshandwerk (›lanificium‹).

Es ist mit unserem heutigen Kunstbewusstsein wohl nur schwer zu vereinen, dass nach diesem System die Malerei den Artes mechanicae angehörte, die Musik dagegen den Septem artes liberales, ein Zustand, der sich erst mit der Aufwertung der Artes mechanicae in der Renaissance änderte. Verständlich wird dies durch die unterschiedliche Rolle der im modernen Sinne als gleichberechtigte Künste geltenden Disziplinen in der Antike, wonach die Musik durch ihre auf die Pythagoreische Zahlenlehre bezogene Repräsentation universaler kosmischer Gesetzmäßigkeiten als geistige Tätigkeit und daher wissenschaftliche Disziplin gegenüber der Malerei galt, die als lediglich nachahmende Kunst einen wesentlich niedrigeren Rang einnahm. Erst mit der allmählichen Überwindung der zahlenbasierten Musikanschauung schwand der Gegensatz zwischen Artes mechanicae und Artes liberales und wurde durch die im modernen Sprachgebrauch üblichen Definitionen ersetzt.

*Literatur*:
L. Boehm, *Artes mechanicae und artes liberales im Mittelalter. Die praktischen Künste zwischen illiterater Bildungstradition und schriftlicher Wissenschaftskultur* (Historische Forschungen 56), Berlin 1996.

MG

## Artusi, Giovanni Maria
\* um 1540 Bologna, † 18.8.1613 Ebenda

Der Theoretiker und Komponist Artusi machte zusammen mit Ercole Bottrigari, Annibale Melone und Adriano ▸ Banchieri Bologna zu einem wichtigen Zentrum der Musiktheorie. Er wurde vor allem durch seine Polemik gegen Claudio ▸ Monteverdi bekannt, aber auch mit den Schriften Vincenzo ▸ Galileis und Bottrigaris setzte er sich detailliert auseinander.

Über Artusis Leben sind wir kaum informiert. In Venedig war er ein Schüler Gioseffo ▸ Zarlinos, dessen musiktheoretische Auffassungen er in mehreren Schriften verteidigte (z.B. in dem verlorenen *Trattato apologetico in difesa dell'opere del [...] Zarlino da Chioggia* vom 8.4.1590, der allein durch Zitate in

Bottrigaris *Aletologia di Leonardo Gallucio* [1604] bekannt ist). Artusi trat im Februar 1562 der Kongregation von San Salvatore in Bologna bei, und am 21.2.1563 legte er dort die Gelübde als ›canonico regolare‹ ab. Durch seine Studien griechischer und lateinischer Handschriften und Drucke (u.a. aus der dortigen Klosterbibliothek) machte er sich als Autorität der antiken Musiktheorie einen Namen.

In seinen frühesten Schriften widmet Artusi sich der Kontrapunkttheorie. Nachdem er mit *L'arte del contraponto* (1586) eine Synthese (in tabellarischer Übersicht) der damaligen Kontrapunktlehre geboten hatte, behandelte er in der *Seconda parte* (1589) den Gebrauch von Dissonanzen. In Anlehnung an die zeitgenössische Madrigalpraxis genehmigt er zwar die textexpressive Funktion von Dissonanzen, gleichzeitig verurteilt er aber mit seinem Regelsystem die in der Vokalmusik gängigen Irregularitäten (wie frei einsetzende Dissonanzen oder Doppeldissonanzen).

Als Antwort auf die von Bottrigari in *Il Desiderio* (Venedig 1594) geführte Diskussion über die Unzulänglichkeit der modernen ›concerti‹ kommt er im ersten Teil seiner *L'Artusi, overo Delle imperfettioni della moderna musica* (1600) zum Ergebnis, dass nur die gleichschwebende Stimmung von Aristoxenos das Ensemblespiel der Instrumente und die Transposition auf jede beliebige Tonstufe ermöglicht. Diese Schrift wurde, gemeinsam mit der *Seconda parte* (1603), jedoch vor allem wegen ihrer Kritik an Fragmenten aus bis dahin unveröffentlichten Madrigalen Monteverdis bekannt, die Artusi ohne Text und anonym wiedergibt. Artusi wirft Monteverdi u.a. einen Verstoß gegen die Dissonanzen- und Moduslehre vor. Monteverdi verteidigt sich im Vorwort seines fünften Madrigalbuchs (1605). Zwei Jahre später nimmt sein Bruder Giulio Cesaro diesen Text zum Ausgangspunkt einer *Dichiaratione*, die Monteverdis *Scherzi musicali* (1607) begleitet und in der die ›Ideale der seconda pratica‹ beleuchtet werden.

*Schriften (Erscheinungsort Venedig, sofern nicht anders angegeben):*
*L'arte del contraponto ridotta in tavole,* 1586; *Seconda parte dell'arte del contraponto, nella quale si tratta dell'utile et uso delle dissonanze,* 1589; *L'arte del contraponto,* erweiterte Neuausgabe beider Teile, 1598; *L'Artusi, overo Delle imperfettioni della moderna musica,* 1600; *Seconda parte dell'Artusi, overo Delle imperfettioni della moderna musica,* 1603; *Impresa del molto Rev. M. Gioseffo Zarlino,* Bologna 1604; *Discorso secondo musicale di Antonio Bracconi da Todi,* 1608.

*Literatur:*
C. Dahlhaus, *Zur Theorie des klassischen Kontrapunkts,* in: Kirchenmusikalisches Jahrbuch 45 (1961), S. 47–57 • A. Damerini, *Giovanni Maria Artusi e alcune sue opere theoriche,* in: Chigiana 20 (1963), S. 9–14 • G. Gaspari, *Dei musicisti bolognesi al XVI secolo e delle loro opere a stampa,* in: Ders., *Musica e musicisti a Bologna* (Biblioteca musica bononiensis III.1), Bologna 1969, S. 269–333 • T. Carter, *Artusi, Monteverdi, and the Poetics of Modern Music,* in: *Musical Humanism and Its Legacy: Essays in Honor of Claude V. Palisca,* hrsg. von N.K. Baker und B.R. Hanning, Stuyvesant/NY 1992, S. 171–194 • M.R. Maniates, *The Cavalier Ercole Bottrigari and His Brickbats: Prolegomena to the Defense of Don Nicola Vicentino against Messer Gandolfo Sigonio,* in: *Music Theory and the Exploration of the Past,* hrsg. von Chr. Hatch und D.W. Bernstein, Chicago und London 1993, S. 137–188.

KS

**Astrologie** ▶ **Kabbalistik,** ▶ **Magie**

## Astronomie

Nach der Wissenschaftsklassifikation des Mittelalters und der Renaissance gehörte die Astronomie als vierte Disziplin des ▶ Quadriviums zu den angewandten Fächern der Mathematik und war wie die Musiktheorie zwischen den Natur- und Zahlwissenschaften angesiedelt. Methodisch gehörte die Astronomie nach den Vorgaben des Quadriviums zur Geometrie, den ihr zugehörigen Teilbereich der Mathematik bildete die sphärische Trigonometrie. Über die von der Antike bis zur Frühen Neuzeit gültige Vorstellung eines musikalisch bzw. harmonikal aufgebauten Kosmos wie der ▶ Sphärenharmonie oder Musica mundana (▶ Musica coelestis) stand die Astronomie im Quadrivium außerdem mit der Musiktheorie in Verbindung. Damit erklärt sich auch, warum einige prominente Astronomen des 14. bis 17. Jahrhunderts wie ▶ Johannes de Muris, ▶ Prosdocimus de Beldemandis, Johannes ▶ Regiomontanus, Sethus ▶ Calvisius, Galileo ▶ Galilei und Johannes ▶ Kepler neben astronomischen auch musiktheoretische Studien betreiben konnten. Weitere zentrale Bereiche der Astronomie des Mittelalters und der Frühen Neuzeit bildeten die immer wieder aus religiösen oder wissenschaftlichen Gründen kritisierte Astrologie und die Zeitrechnung oder Chronologie. Letztere diente beispielsweise zur Bestimmung des Zeitpunkts der kanonischen Gebetsstunden, der exakten Termine des Osterfestes oder zur Klärung kalendarischer Fragen wie der korrekten Folge der Schaltjahre. Erwähnenswert ist im Zusammenhang mit den Aufgaben der vormodernen Astronomie auch die Anfertigung von astronomischen Tafelwerken über den Lauf der Gestirne, die zum Beispiel im Bereich der nautischen Navigation Verwendung fanden.

Seit etwa 1230 wurde die Astronomie als eigenständiges wissenschaftliches Fach an den Artistenfakultäten der europäischen Universitäten gelehrt. Ihr Theoriegebäude basierte bis ins 16. Jahrhundert auf der primär spekulativ ausgerichteten griechischen Astronomie des hellenistischen Zeitalters und deren Weiterentwicklung durch die arabischen Astronomen des Mittelalters. Bis Nicolaus ▶ Copernicus und Kepler blieb daher das geozentrische Weltbild aus den häufig kommentierten Schriften *Mathematike Syntaxis* (auch: *Megale/Megiste Syntaxis* oder arabisch *Almagest*) und *Hypothesen der Planeten* des alexandrinischen Astronomen Klaudios Ptolemaios (ca. 100–175 n. Chr.) in Europa die zentrale, wenn auch nie völlig unumstrittene Theorie der Kosmologie. Sie beruhte auf der Vorstellung, dass sich im Mittelpunkt des Universums die kugelförmige Erde befindet, um die sich auf konzentrischen Kugelschalen von Ost nach West die Sonne, der Mond, die Planeten Merkur, Venus, Mars, Jupiter und Saturn sowie in gegenläufiger Richtung die Fixsterne bewegen. Die Entfernungen dieser Planetensphären genannten Kugelschalen wurden dabei zunächst auf spekulativem Wege bestimmt oder ließen sich alternativ in Form einer pythagoreischen Reihe von musikalischen Intervallen bzw. deren mathematischen Proportionen darstellen. Erstmals beschrieben wurde dieses System von Platon im *Timaios* und im Mythos von Er aus der *Politeia*. Trotz der Ablehnung des Konzepts der Sphärenharmonie durch Aristoteles hielt das Abendland im Mittelalter zunächst an dieser Form der Kosmologie fest, da sie das einzige aus der antiken Tradition bekannte Weltbild darstellte, das in der lateinischen Textüberlieferung der spätantiken Enzyklopädisten wie Boethius, Cassiodor oder Isidor von Sevilla und der Neoplatoniker wie Censorinus und Macrobius zugänglich war und von den Kirchenvätern weitgehend akzeptiert wurde.

Während des Hochmittelalters verschwand jedoch durch den seit dem 10. Jahrhundert über Spanien vermittelten Zustrom von Wissen aus der damals bereits höher entwickelten arabischen Astronomie nach Europa die einseitige Abhängigkeit der europäischen Astronomie von den kosmologischen Theorien aus der lateinischen neoplatonischen Überlieferung. Die Schriften des Ptolemaios waren schon während des 9. Jahrhunderts ins Arabische übersetzt worden und die arabischen Astronomen hatten fast zeitgleich mit der Verbesserung der praktischen Astronomie, insbesondere ihrer Beobachtungsinstrumente und -techniken sowie Rechenmethoden begonnen. Trotz aller empirisch verifizierbaren Kritikpunkte und Korrekturen der Araber an den Berechnungen und Modellen der Planetentheorie nach Ptolemaios wurde diese auch für die europäische Astronomie des Mittelalters und der Renaissance zum maßgeblichen Bezugspunkt aller weiteren Überlegungen. Vermittelt über die lateinischen Übersetzungen von Astronomietraktaten aus dem Arabischen, die seit dem 12. Jahrhundert in Spanien angefertigt worden waren, hatte die europäische Astronomie von den Arabern nämlich die ptolemäische Theorie der Planetenbewegungen als theoretische Basis übernommen. Insbesondere Gerhard von Cremona und seine Mitarbeiter in Toledo leisteten hierzu mit der Erstellung der bis ins Zeitalter der Renaissance weit verbreiteten und bekannten Übersetzungen des *Almagest* (1175), dessen bekanntester Kommentare sowie des astronomischen Handbuchs *Compilatio astronomica* des Alfraganus (fl. 833–861) aus dem Arabischen einen entscheidenden Beitrag.

Obwohl sich das System der mathematischen Astronomie und der geozentrischen Kosmologie nach Ptolemaios auf der Grundlage der arabischen Überlieferungs- und Kommentierungstradition während des 13. Jahrhunderts in Europa fast vollständig durchgesetzt hatte, mehrten sich in etwa zeitgleich vor allem aus dem Lager der Aristoteliker die kritischen Stimmen gegenüber der ptolemäischen Astronomie. Zu diesen Kritikern gehörten immerhin so prominente Gelehrte wie Albertus Magnus, Thomas von Aquin, Roger Bacon oder Michael Scotus. Auch der Widerstand von Astronomen aus der arabischen Welt wie Alpetragius (ca. 1150–1204) oder Averroes (1126–1191) gegenüber dem Weltbild und der Theorie der Planetenbewegungen nach Ptolemaios wurde im Okzident nun mit Interesse wahrgenommen. Gegen Ende des 13. Jahrhunderts lebten in Europa sogar wieder ältere Theorien und Ideen zu einer heliozentrischen Kosmologie auf, die bereits an den Gesetzmäßigkeiten der Mechanik orientiert waren und Elemente des modernen Weltbildes aufwiesen wie etwa die selbständige Drehung der Erde um ihre eigene Achse oder die von den Planetensphären unabhängige Bewegung der Gestirne im Weltall. Zeitlich parallel kam es im Bereich der Physik und der Astronomie zu einer wachsenden Favorisierung der Empirie und einer damit verbundenen Verbesserung der astronomischen Beobachtungsinstrumente.

Insofern bedeutete die neue geistesgeschichtliche Strömung des ▶ Humanismus in der Geschichte der Astronomie zunächst einen Rückschritt, da sie während des 14. und 15. Jahrhunderts anfänglich die Empirie wieder zurückdrängte. Dies geschah allerdings zugunsten einer erstmals philologisch korrekten Auseinandersetzung mit den antiken und mittelalterlichen Originalquellen des Fachs in griechischer Sprache. Als größtes Verdienst der Humanisten für die Geschichte der Astronomie ist daher, ähnlich wie in allen anderen Naturwissenschaften auch, die Übersetzung, Kommentierung und Verbreitung der Rezeptionsbasis griechischer Originalquellen nach textkritischen Methoden anzusehen. Das gilt auch für den griechischen Originaltext des ptolemäischen *Almagest*, um dessen kritische Rezeption im 15. und 16. Jahrhundert sich die römische Akademie des unierten Kurienkardinals Basileios Bessarion (1403–1472) besonderes verdient gemacht hat. Sie zeichnet nicht nur für die lateinische Erstübersetzung dieses Werks aus dem Griechischen durch den Exilbyzantiner Georgios Trapezuntios (1395–1472) in den Jahren 1451–1452 verantwortlich, sondern auch für die Anfertigung einer lateinischen Epitome dieses Werks durch den Wiener Astronomen Georg Aunpeck von Peuerbach (1423–1461) und seinen Assistenten Regiomontanus. Neben der textkritischen Rezeption der griechischen Originalquellen zur Astronomie vollzog sich während des 15. Jahrhunderts jedoch auch ein grundsätzliches Umdenken in der theoretischen Astronomie, das die Durchsetzung des neuen heliozentrischen Weltbilds nach 1500 entscheidend vorbereitete. Unter den Astronomen, die hier Neuland beschritten, sind wiederum Gelehrte aus dem Umfeld der Akademie des Kardinals Bessarion zu nennen, zunächst Nikolaus von Kues, dessen Hypothese eines unbegrenzten Universums ohne eigentlichen Mittelpunkt ein weiteres Festhalten an einem Weltbild mit der Erde im Mittelpunkt entscheidend in Frage stellte. Peuerbach dagegen entwarf auf der Basis eines intensiven kritischen Studiums der Schriften des Ptolemaios eine neue Planetentheorie, die erstmals von Regiomontanus unter dem Titel *Theoricae novae planetarum* (Nürnberg 1473) im Druck publiziert wurde und bis ins 17. Jahrhundert etwa 50 Auflagen erlebt hat. Regiomontanus selbst setzte sich neben seiner Arbeit als Redakteur und Herausgeber klassischer lateinischer und griechischer Texte zur Sternkunde für eine Stärkung der Empirie als Grundlage für eine Reform der Astronomie ein, denn er hatte durch die intensive Beobachtungs- und Berechnungstätigkeit in seinem Nürnberger Observatorium bereits grundsätzliche Zweifel am ptolemäischen Weltbild entwickelt.

Die letztlich durch Copernicus, Kepler und Galilei herbeigeführte Überwindung des geozentrischen Weltbildes wirkte seit dem 16. Jahrhundert auch auf die Musiktheorie zurück, denn sie entzog indirekt auch den Theorien einer harmonikalen Kosmologie wie der Sphärenharmonie die Grundlage. Schon während des Mittelalters und der Renaissance war die Theorie der Sphärenharmonie immer wieder unter den aristotelisch orientierten Gelehrten und Musiktheoretikern auf Ablehnung gestoßen, so zum Beispiel bei Johannes de Grocheo, Johannes ▸ Tinctoris oder ▸ Adam von Fulda, doch gab es selbst im 15. und 16. Jahrhundert noch erklärte Anhänger dieser Kosmologie wie Bartolomé ▸ Ramos de Pareja, Copernicus oder Giordano Bruno (1548–1600). Insofern ist die vollständige Ignorierung des Systems der ▸ Sphärenharmonie in der *Musica theorica* von Lodovico ▸ Fogliano als revolutionärer Schritt zu begreifen, denn sie bot erstmals die Möglichkeit, das System der mitteltönigen oder reinen Stimmung als das eigentlich natürliche darzustellen, ohne wie die pythagoreisch orientierten, konservativen Musiktheoretiker wie Franchino ▸ Gaffurio weiterhin auf ein für das Stimmungssystem konstitutives metaphysisches oder kosmologisches Konzept Rücksicht nehmen zu müssen. Einen anders als die Sphärenharmonie gearteten Entwurf für eine harmonikale Kosmologie entwickelte zwar noch Kepler, doch blieb sein Modell ohne Nachfolge – wohl auch, weil das Konzept der Sphärenharmonie bereits zuvor von Galilei endgültig beiseite gelegt worden war.

*Literatur*:
F.A. Gallo, *Astronomy and Music in the Middle Ages, the ›Liber introductorius‹ by Michael Scot*, in: Musica Disciplina 27 (1973), S. 5–9 • H. Schavernoch, *Die Harmonie des Sphären, die Geschichte der Idee des Welteinklangs und der Seelenstimmung*, Freiburg i. Breisgau 1981 • R. Haase, *Bemerkungen zu Platons Sphärenharmonie*, in: Ders., *Aufsätze zur Geschichte der Harmonik*, Bern 1984, S. 6–10 • E. Neuenschwander, *Weltbild, I. Astronomisch-kosmologisch*, in: *Lexikon des Mittelalters*, hrsg. von N. Angermann, R.-H. Bautier, R. Auty, Bd. 8, München 1997, Sp. 2159–2162 • S. Rankin, *›Naturalis concordia vocum cum planetis‹: Conceptualizing the Harmony of the Spheres in the Early Middle Ages*, in: *Citation and Authority in Medieval and Renaissance Musical Culture* (Studies in medieval and Renaissance music 4), hrsg. von S. Clark und E. Leach, Woodbridge 2005, S. 3–19 • D. Glowotz, *Byzantinische Gelehrte in Italien zur Zeit des Renaissance-Humanismus, Musikauffassung, Vermittlung antiker Musiktheorie, Exil und Integration*, Schneverdingen 2006 (*Schriften zur Musikwissenschaft aus Münster 22*) • O.

Mazal, *Geschichte der abendländischen Wissenschaft des Mittelalters*, Bd. 2, Graz 2006.

DG

## Attaingnant, Pierre
* um 1494 Douai, Nordfrankreich(?), † 1552 Paris (?)

Pierre Attaingnant, der 1513 erstmals dokumentarisch nachweisbar ist, war Drucker, Verleger und Buchhändler in Paris. Als erster Drucker mehrstimmiger Musik in Frankreich entwickelte er eine völlig neue Methode des Musikdrucks, indem er Noten mitsamt einem kleinen Ausschnitt des Notensystems als Einzeltypen herstellte und aneinanderreihte. Diese gegenüber dem Mehrfachdruckverfahren sehr ökonomische Drucktechnik verbreitete sich rasch über ganz Europa und war ein wichtiger Schritt hin zur Massenproduktion.

Schon in seinem ersten Musikdruck (*Chansons nouvelles*, 1527/1528) wurde diese neue Technik erfolgreich angewandt. Um die Produktion gegenüber Raubdrucken abzusichern, bemühte sich Attaingnant zugleich um ein königliches Druckprivileg, das er 1531 bzw. 1537 erneuert bekam. Mit dem letzten Privileg wurde er auch ausdrücklich zum »imprimeur et libraire du Roy en musique« ernannt und stand in lebhafter Verbindung zu den musikalischen Institutionen des französischen Hofs und deren Komponisten.

Attaingnants gesamte Produktion umfasst 174 Titel mit meist mehrstimmiger Musik. Seine Druckerei war besonders bedeutend für die Verbreitung der neuen ▸ Pariser Chansons, dem er eine nummerierte Reihe von Sammeldrucken widmete. Über tausend Chansons erschienen in 36 Folgebänden und wurden mehrfach aufgelegt. Allein Clement ▸ Janequins Chansons sind in fünf Büchern abgedruckt. Aber auch in anderen musikalischen Gattungen beherrschten Attaingnants Publikationen den Markt. 1532 erschienen sieben Messensammlungen in großem Chorbuchformat, 1534/1535 dreizehn Bände mit Motetten. Experimente im Format der Musikdrucke führten schließlich zu einem etwas größeren Querformat als bisher üblich. Im Bereich der Instrumentalmusik begann Attaingnant 1529 mit der Publikation einer Lautenschule, die er 1530 mit einer Tänzesammlung für Laute ergänzte. 1531 erschienen sieben Bücher mit Orgelintavolierungen (▸ Orgeltabulatur), womit das französische Repertoire für Tasteninstrumente umfassend dokumentiert war.

Attaingnants Drucke erfuhren über ganz Europa weite Verbreitung. Erst gegen Ende seines Lebens wurde seine rund 25jährige Monopolstellung im Pariser Notendruck durch Konkurrenz von ▸ Du Chemin und ▸ Le Roy & Ballard bedroht.

*Ausgaben*:
Pierre Attaingnant, *Transcriptions of Chansons for Keyboard* (Corpus mensurabilis musicae 20), hrsg. von A. Seay, Rom 1961; *Keyboard Dances from the Earlier Sixteenth Century* (Corpus of Early Keyboard Music 8), hrsg. von D. Heartz, Rom 1965; *Anonymorum de Libris Petri Attaingnant* (Corpus mensurabilis musicae 93/1), hrsg. von A. Seay, Neuhausen/Stuttgart 1983.

*Literatur*:
D. Heartz, *Pierre Attaingnant, Royal Printer of Music. A Historical Study and Biographical Catalogue*, Berkeley/Los Angeles 1969 • C.S. Adams, *The Early Chanson Anthologies Published by Pierre Attaingnant (1528-1539)*, in: The Journal of Musicology 5 (1987), S. 526–548.

ALB

## Augsburg

Die Kulturgeschichte Augsburgs ist geprägt von einem auf so engem Raum selten anzutreffenden Wechselspiel verschiedener Kräfte; zu nennen sind: Kirche (Bischofssitz), Reich (Reichsstadt seit 1316), das weltliche Stadtregiment und die führenden Patriziergeschlechter (seit Beginn des 16. Jh. geadelt). Diese Teilkräfte konnten wiederum ihrerseits erheblich diversifiziert sein, wie etwa die kirchlichen Institutionen (Bischof, Domkapitel, die Klöster wie etwa das Reichsstift SS. Ulrich und Afra). Auch die Bürgerschaft sprach kaum mit einer Stimme; das Verhältnis zwischen einfachen Bürgern, Handwerkern und der Führungsschicht wurde im Lauf der Zeit mehrfach revidiert.

Im Blick auf diese Konstellationen sei die Geschichte Augsburgs, insbesondere die Musikgeschichte, für den Zeitraum von 1400 bis 1600 in vier Epochen eingeteilt: Die spätmittelalterliche Bistums-, Handwerker- und Handelsstadt; die Maximilianeische Epoche; Reformationszeit; nach dem Religionsfrieden 1555.

*Die spätmittelalterliche Bistums-, Handwerker- und Handelsstadt*
Mit der Zunftrevolution von 1368 formierte sich in Augsburg langfristig eine Machtbalance innerhalb der maßgebenden Schichten, der Handwerker und Kaufleute. Seit Beginn der städtischen Buchhaltung stehen Musikanten auf den Rechnungslisten, sowohl fahrende (die als wichtige Informanten galten) als auch ansässige. Von der Mitte des 15. Jahrhunderts an ist ein festes Ensemble der Stadtmusiker nachweisbar; es war mit vier (im 16. Jahrhundert fünf bis sieben) ständigen Mitgliedern einer Stadt von der Größe Augsburgs angemessen.

In zwei Handschriften ist das musikalische Interesse der Bürgerschaft dokumentiert. Um 1454 entstand ein Liederbuch mit Spruch- und Minnedichtung (D-Mbs Cgm 379, sogenanntes *Augsburger Liederbuch*; ohne Noten). 1471 zeichnete die Lohnschreiberin Clara Hätzlerin (nachgewiesen 1452–1476) im Auftrag des Bürgers Jörg Roggenburg Minnegesänge und anderes auf (CZ-Pnm, X A 12), wobei sie offenbar eine aus höfischer Tradition stammende Vorlage benutzte. Eine Liedstrophe aus dem Hätzlerschen Liederbuch nennt die Meistersinger-›Singschule‹ für das Jahr 1449; dies wäre die erste bekannte Datierung einer solchen Veranstaltung überhaupt. Die Augsburger Meistersingergesellschaft hielt sich bis ins 18. Jahrhundert hinein.

Dass der machtbewußte Bischof und Kardinal Peter von Schaumberg (1388–1469, Bischof seit 1424) die liturgischen Bücher seiner Dillinger Hofkapelle dem Augsburger Domkapitel vermachte, wirft ein Licht auf die dortige kirchenmusikalische Situation. Immerhin wurde zur Regierungszeit Peters erstmals ein Magister Capellae am Augsburger Dom erwähnt. Im Einklang mit den zeitgenössischen Bestrebungen um eine Vereinheitlichung des liturgischen Gesangs wurde 1487 von Bischof Friedrich von Zollern der aus Augsburg stammende Drucker Erhard Ratdolt (1447–1528) von Venedig zurückberufen. Ratdolt druckte in der Folgezeit für Augsburg und weitere Diözesen zahlreiche liturgische Bücher aller Art, wobei dessen Notendrucke (anfangs Holzschnitt-, dann Typendruck) bis heute ihrer Sorgfalt und ästhetischen Anmutung wegen bewundert werden.

Während im Dom mehrere Orgeln vorhanden gewesen sein müssen, ist zunächst kein Organist namentlich bekannt, wohl aber, mit einem gewissen Heinrich Orgler (erwähnt 1366), für die Abteikirche SS. Ulrich und Afra. Ein neues Orgelwerk erbaute dort um 1488 der Breslauer Orgelbauer Stephan Kaschendorf. Bekannt ist das Benediktinerkloster wegen seiner überreich illuminierten Notenhandschriften, die im 15. Jahrhundert entstanden; eine Tradition, die in der Schreibkunst von Leonhard Wagner (1454–1522) ihren Höhepunkt fand.

*Die Maximilianeische Epoche*
Die besondere Beziehung zu Maximilian von Habsburg, seit 1486 römischer König, seit 1508 gewählter Kaiser, ist auf die Finanzkraft

der großen Augsburger Handelshäuser zurückzuführen, die in den letzten Jahrzehnten vor 1500 einen gewaltigen Zuwachs verzeichnen konnte. Die häufige Anwesenheit Maximilians in der Reichsstadt und die damit verbundene Mischung aus imperialer Symbolik und Bürgernähe ließen noch im 16. Jahrhundert den heute noch lebendigen Mythos von Augsburgs Glanzzeit entstehen. In der Tat bedeutete die königliche Präsenz eine vielfache Anregung für Kunsthandwerk, Humanismus und Musikleben. Maximilians Hoforganist Paul ▸ Hofhaimer bezog auf dessen Wunsch 1507 in Augsburg Wohnung. Die Hofkapelle, die nicht immer mit dem Kaiser zog (sie wurde gar 1496 wegen eines ausstehenden Darlehens von der Reichsstadt zum Bleiben gezwungen), hielt sich zur Zeit von Maximilians Tod (1519) in Augsburg auf. Der Nimbus dieser Institution blieb durch Maximilians Memorialprojekte erhalten, die allesamt mit dem Augsburger graphischen Gewerbe verknüpft sind: die idealen Arrangements der Musikdarstellungen im *Weißkunig* (um 1516) sowie im bekannten *Triumphzug Kaiser Maximilians I.* (um 1518) dürften sich, wenn auch nicht ausschließlich, so doch auf eine Augsburger Wirklichkeit beziehen. Wie nur wenigen namentlich bekannten deutschen Instrumentalisten jener Zeit fiel den Söhnen von Ulrich Schubiger (ca. 1425–1491, seit 1457 in Augsburg dokumentiert) internationale Bekanntheit zu; zunächst Stadtmusiker, wurden ihre Dienste nicht nur von der kaiserlichen Hofkapelle, sondern auch von auswärtigen Höfen wie etwa in Ferrara und Florenz nachgefragt.

Für eine kurze Zeitspanne, von etwa 1515 bis 1521, äußerte sich das humanistische Engagement der Augsburger auch in einer entsprechend gewichtigen heimischen Publikationstätigkeit, wobei die Musik nur eine randständige Rolle spielte. So ließ Erhard ▸ Öglin 1507 die Odenkompositionen, welche Petrus ▸ Tritonius auf Anregung von Conrad ▸ Celtis für das Wiener Poetenkollegium verfertigte, in sorgfältigem Typen-Doppeldruck erscheinen. Es handelt sich hierbei (zusammen mit einem Obrecht-Messendruck aus Basel) um den ersten Typendruck mit Mensuralnoten nördlich der Alpen. Öglin publizierte 1508 überdies ein genuin Augsburger musikpädagogisches Werk, und zwar die *Stella musicae*, eine Chorallehre des Veit Bild aus SS. Ulrich und Afra, einem typischen Vertreter des Klosterhumanismus. Die Nachdrucke sowohl von Michael Keinspecks *Lilium musicae planae* (1498, Erstausgabe Basel 1496) als auch von Sebastian ▸ Virdungs *Musica getutscht* (um 1513, zuerst Basel 1511) zeugen von dem auch in späterer Zeit noch festzustellenden Interesse der Augsburger Drucker am nützlichen, illustrierten Buch.

Überragt werden diese musikalischen Zeugnisse durch mehrere Sammeldrucke. Dem Gedächtnis des Augsburger Bischofs Friedrich von Zollern (um 1450–1505, regierte seit 1486) dürfte das durch Arnt von Aich 1510 in Köln gedruckte Liederbuch gewidmet sein, dessen letztes Lied einen Text Friedrichs zur Grundlage hat. Der Sammeldruck von 42 Gesängen, den Öglin 1512 veranstaltete, weist enge Beziehungen zum Personal und damit wohl auch zum Repertoire der maximilianeischen Hofkapelle auf. Auch die handschriftliche Sammlung, die im Besitz der Patrizierfamilie Hörwart war und zwischen 1505 und 1514 entstanden ist (D-As, 2° Cod. 142a; gelegentlich ebenfalls *Augsburger Liederbuch* genannt), zeigt mit einigen Motetten sowie zahlreichen weltlichen Gesängen und untextierten Sätzen (unter anderem von Hofhaimer und Ludwig ▸ Senfl, aber auch ▸ Josquin Desprez und Alexander ▸ Agricola) eine Affinität zur Hofkapelle. Schließlich wird diese Reihe bekrönt durch den ersten deutschen Motettendruck, der 1520 unter dem Titel *Liber selectarum cantionum* die Offizin der gleichfalls dem Humanistenkreis zugehörigen gelehrten Drucker Sigmund Grimm und Marx Wirsung verließ, vermutlich von Ludwig Senfl kompiliert und redigiert und mit einem Nachwort von Conrad Peutinger (1465–1547) ausgestattet, dem Stadtschreiber, kaiserlichen Rat und prominentesten Augsburger Humanisten.

*Reformationszeit*
Luthers kurzes Erscheinen zum Augsburger Reichstag 1518 signalisiert Sympathie und Engagement bedeutender Augsburger Kreise für die kirchliche Erneuerung von Anfang an. Eine erste protestantische Welle, nicht zuletzt getragen von der breiten Basis der Handwerkerschaft und einfachen Leute, dazu flankiert von einer lebhaften Druckpublizistik, führte gegen Ende der 1520er Jahre zur faktischen Dominanz der neuen Lehre, insbesondere in ihrer zwinglischen Ausprägung. Die gewichtigste Gegenkraft hierzu bildete das Haus ▸ Fugger, zu jener Zeit am Zenith seiner Macht, dazu in unbedingter Weise treu zu Kirche und Kaiserhaus. Maximilians Enkel und Nachfolger Karl V. verdankte seine Wahl zum römischen König nicht zuletzt den fuggerschen Zahlungen, doch orientierte sich sein politisches Anliegen kaum auf das Reich hin. Karl löste die Hofkapelle auf, deren Musiker um und nach 1520 die Reichsstadt verließen: Senfl ging nach München, Hofhaimer nach Passau und Salzburg, der Trompeter Hans Kugelmann nach Königsberg. Das Stadtregiment übernahm in den folgenden Jahren mehr und mehr die Aufsicht über das Augsburger Kirchenwesen, kulminierend 1537, als die Stadt zahlreiche Kirchengüter einzog und Bildwerke beseitigt wurden. Das Domkapitel begab sich ins Exil nach Dillingen, der bischöflichen Residenz. Im Sinn der evangelisch-humanistischen Bildungsideen wurde das verwaiste Kloster St. Anna 1531 zu einer städtischen Schule umgewandelt; die Büchersammlungen der aufgehobenen Klöster wurden hierhin verbracht und bildeten den Grundstock der Stadtbibliothek. In diesem Zusammenhang stehen wohl die Nachdrucke der musikalischen Lehrbücher von Nicolaus ▸ Listenius (*Rudimenta* beziehungsweise *Musica*), die von 1535 an bis 1543 bei Heinrich Steiner herauskamen. Ebenso dürfte in einen primär schulischen Kontext die bedeutende, »ad musicae studiosos« gewidmete Sammlung der *Selectissimae necnon familiarissimae cantiones* gehören, die 1540 der Stadtmusiker und Lehrer Sigmund Salminger (um 1500 – nach 1562) bei Melchior Kriegstein drucken ließ: 105 geistliche und weltliche Gesänge von 2 bis 8 Stimmen, teilweise Unica oder Primärausgaben, deren Provenienzen (französisch, flämisch, italienisch und deutsch) sofort an den internationalen Handelsplatz Augsburg denken lassen. Salminger, der als »Selector« zeichnet, ist die herausragendste musikalische Kraft in diesem Jahrzehnt des städtischen Aufschwungs. Er initierte nicht nur zwei weitere Sammeldrucke (*Cantiones* sowie *Concentus*, beide 1545), sondern war bereits 1537/1538 Mitherausgeber eines deutschen Psalmengesangbuchs, des ersten Augsburger Gesangbuchs überhaupt. Als Karl V. 1548 nach der Niederlage des Schmalkaldischen Bundes die politische Dominanz der Protestanten und Zünfte in Augsburg per Dekret beendete, brachte Salminger noch einige Sammeldrucke und Einzelblattdrucke heraus, bevor er in Fuggersche Dienste trat. Das sogenannte ›Interim‹, die Festschreibung der Verhältnisse von 1548 an, war dem öffentlichen und kirchlichen Musikleben nicht förderlich.

*Nach dem Religionsfrieden 1555*
Mit dem Religionsfrieden, der auf dem Augsburger Reichstag 1555 geschlossen wurde, konstituierte sich die städtische Kultur neu. Das Domkapitel kehrte nach Augsburg zurück und ließ die musikalischen Institute an der Bischofskirche (Domschule und -kapelle)

wieder aufleben. Der Bischof, Otto Truchsess von Waldburg (1514–1573, im Amt seit 1543), Widmungsempfänger von Heinrich ▸ Glareans *Dodekachordon*, der eine wichtige Rolle für das ▸ Tridentiner Konzil spielte, erließ 1561 eine Ordnung für die neuformierte Domkapelle. Waldburgs privater Kapellmeister Jacobus de ▸ Kerle, dessen *Preces speciales* 1562 beim Tridentiner Konzil aufgeführt wurden, war von 1568–1575 Augsburger Domorganist. Erst richtig zum Tragen kam nach 1555 die musikkulturelle Bedeutung der katholisch gebliebenen Patrizierfamilien, allen voran der Fugger-Dynastie. Mitgliedern des Hauses Fugger waren von 1560 an fast 50 Musikdrucke gewidmet, darunter von Autoren wie Giovanni ▸ Gabrieli, Philipp de ▸ Monte oder Orazio ▸ Vecchi. Die Musikförderung, die 1512 von Jakob Fugger (1459–1525, dem »Reichen«) mit einer Orgelstiftung (St. Anna, mit Hofhaimer als erstem Organisten) begonnen wurde, expandierte in den nachfolgenden Generationen. Hans Jakob Fugger (1516–1575), durch dessen Vermittlung vermutlich Orlande de ▸ Lassus an den Münchner Hof kam, war so sehr der Musik verpflichtet, dass er sich 1564 auszahlen ließ und Musikintendant des bayerischen Herzogs wurde. Seine umfangreiche Musikaliensammlung gehört zum Grundstock der Bayerischen Staatsbibliothek; Lassus widmete ihm und seinen Vettern den berühmten ›Viersprachendruck‹ (1573). Die Musikinstrumentensammlung des Raymund (II) Fugger (1528–1569) übertraf, einer Liste von 1566 zufolge, mit fast 400 Stück die meisten vergleichbaren fürstlichen Bestände. Oktavian II. Fugger (1549–1600) förderte Hans Leo ▸ Haßler und machte ihn 1586 zu seinem Kammerorganisten; Haßlers Bruder Jakob war seit 1586 in der Stadt und hatte Christoph Fugger (1566–1615) zum Patron. Christian ▸ Erbach (um 1570–1635) diente seit 1596 als Organist für Marcus (II) Fugger (1564–1614) und brachte es bis zum Domorganisten (1625). Jakob (II) Fugger (1542–1598) stiftete 1580 eine neue Hauptorgel für St. Ulrich; deren erster Organist wurde der von ihm unterstützte Gregor ▸ Aichinger. Dass die Augsburger Stadtmusik fallweise auch von den vornehmen Familien beschäftigt wurde, steht außer Frage; Stadtmusiker wie etwa Jakob Baumann genossen einen überregionalen Ruf und hatten einen entsprechenden Schülerkreis, darunter der bereits erwähnte Jakob Haßler und noch 1621 Sigmund Theophil Staden aus Nürnberg. Darüber hinaus zogen die Fugger oder auch der musikliebende Diplomat und Patrizier Philipp Hainhofer (1578–1647) bedeutende Vertreter der Lautenmusik nach Augsburg wie etwa Melchior und Conrad ▸ Neusiedler sowie Jean Baptiste Besardus (1564–1625); in Melchior Neusiedlers Lautenbuch von 1574 findet sich ein *Fuggerin Dantz*. Außerhalb des Fugger-Netzwerks steht freilich der produktive Adam ▸ Gumpelzhaimer (1559–1625), der Kantor (seit 1581) des protestantischen Gymnasiums an St. Anna, dessen *Compendium musices* (1591), eine in zahlreichen Folgeauflagen kontinuierlich ausgebaute Bearbeitung von Heinrich ▸ Fabers gleichnamigem Lehrwerk, als ein gutes Beispiel der zeitgenössischen Schullehre gelten kann.

Als der nachmalige Domorganist Erasmus Mayr (ca. 1545–1624) 1576 von seinem durch Oktavian Fugger geförderten italienischen Studienaufenthalt zurückkehrte, brachte er, angeregt durch die Wasserorgel im Park der Villa d'Este, die Fertigkeit des »Walzenbesteckens« mit und initiierte somit eine Augsburger Spezialität im Musikinstrumentenbau: die Herstellung von Musikautomaten. Hans Leo Haßler beteiligte sich beiläufig an diesem Metier, und vornehmlich die Familie Bidermann machte sich hierin über mehrere Generationen hinweg einen Namen.

Doch vor allem im Buchhandelsgewerbe etablierte sich die Reichsstadt im 16. und folgenden Jahrhundert an führender Position. Der Augsburger Buchhändler Georg Willer (um 1515–1593), der seit 1564 die Frankfurter Messkataloge herausgab, besorgte 1550 die Ausgabe der Teile II und III von Heinrich ▸ Isaacs *Choralis Constantinus* und widmete diese Hans Jakob Fugger; sein Sohn Georg (gest. 1631) gab 1622 einen umfangreichen Katalog über ausschließlich musikalische Werke heraus. Der Organist Kaspar Flurschütz spezialisierte sich im Handel mit italienischen Noten; bedeutend sind seine von 1606 an erschienenen Kataloge, von denen sich ein Exemplar von 1615 aus dem Besitz von Michael ▸ Praetorius erhalten hat.

*Literatur:*
A. Layer, *Augsburger Musikkultur der Renaissance*, in: *Musik in der Reichsstadt Augsburg*, hrsg. von L. Wegele, Augsburg 1965 • Fr. Krautwurst, *Musik im Mittelalter; Musik der Blütezeit*, in: *Geschichte der Stadt Augsburg*, hrsg. von G. Gottlieb u.a., Stuttgart 1984, S. 233–237 und 386–391 • R. Eikelmann (Hrsg.), *Die Fugger und die Musik*, Augsburg 1993 • Fr. Brusniak / J. Mancal, *Augsburg*, in: *MGG*, Bd. 1 (Sachteil), 1994, Sp. 997–1027 • Th. Röder / Th. Wohnhaas, *Der Augsburger Musikdruck von den Anfängen bis zum Ende des Dreißigjährigen Krieges*, in: *Augsburger Buchdruck- und Verlagswesen von den Anfängen bis zur Gegenwart*, hrsg. von H. Gier und J. Janota, Wiesbaden 1997, S. 291–321 • Chr. Böhm, *Die Reichsstadt Augsburg und Kaiser Maximilian I.*, Sigmaringen 1998 • W. Zorn, *Augsburg. Geschichte einer europäischen Stadt*, Augsburg ⁴2001.

TRÖ

## Autun ▸ Frankreich

## Avignon

Nach unzureichend dokumentierten Anfängen im Mittelalter trat Avignon auch in musikalischer Hinsicht schlagartig in den Mittelpunkt Europas, als im Jahr 1309 Papst Clemens V. (reg. 1305–1314) beschloss, den Sitz der Kurie aufgrund der dortigen Unruhen (und unter Druck des französischen Königshauses) von Rom nach Avignon zu verlegen. Bis zur Wahl Martins V. auf dem ▸ Konzil von Konstanz (1415) und dem Ende des Großen Abendländischen ▸ Schismas war Avignon, ab 1348 offiziell in päpstlichem Besitz, eines der theologischen und kulturellen Zentren Europas, noch heute deutlich dokumentiert durch den Papstpalast in der Stadt. Hier publizierte etwa Papst Johannes XXII. die Bulle *Docta sanctorum* (1325), die die Auswüchse der modernen mehrstimmigen Musik zu unterbinden suchte. Vor allem aber wuchsen Wohlstand und Bevölkerungszahl, da allein die Kurie über 1000 Personen beschäftigte; der Luxus des päpstlichen Hofes veranlasste nicht nur den Dichter Francesco Petrarca, der von 1311 bis 1353 (mit Unterbrechungen) mit dem Papsthof in Avignon assoziiert war, zu kritischen Bemerkungen. Seit 1334 umfasste die Sängerkapelle Benedikts XII. zwölf Mitglieder (›cantores capellae‹), die sich ab der Jahrhundertmitte an der Kapelle des französischen Hofs in Paris orientierte und wie diese ihre Mitglieder weitgehend aus Nordfrankreich rekrutierte. Philippe de Vitry hielt sich mehrfach in Avignon auf und komponierte seine Motette *Petre clemens* zu Ehren von Papst Clemens VI. (1342–1352); wichtige Musiker am päpstlichen Hof in den letzten Jahrzehnten des 14. Jahrhunderts, die auch komponierten, waren Matheus de Sancto Johanne, Johannes de Altacuria (Haucourt), Johannes Symonis Hasprois, Johannes de Bosco (Bosquet) und Jacob de Senleches. Zwei wichtige Handschriften aus dem späten 14. Jahrhundert sind mit dem Papsthof in Verbindung gebracht worden, die Codices Apt (F-APT 16bis) und Ivrea (I–IV 115); während mittlerweile feststeht, dass das Repertoire von Ivrea aus dem Umfeld der französischen Hofkapelle in Paris stammt, könnte Apt in der Tat Werke enthalten, die für Avignon entstanden oder zumindest dort verwendet wurden, zumal es sich weitgehend um liturgische Musik (Hymnen und Messensätze) handelt. Da die meisten Stücke anonym überliefert und bestenfalls zwei von einem der päpstlichen Musiker stammen, bleibt jedoch auch dies Hypothese. Größtenteils wurde der Gottesdienst offenbar (wie anderswo auch) mit Choral und/oder improvisierter Mehrstimmigkeit bestritten.

Während im päpstlichen Avignon alle anderen musikalischen Aktivitäten im Schatten stehen (belegt sind einige Festlichkeiten, zu denen Trompeten und andere Bläser engagiert wurden), fällt das Musikleben nach 1409 (Synode von Pisa mit Absetzung des Avignoneser Gegenpapstes Benedikt XIII.) bzw. 1415 (Konstanzer Konzil) wieder an die Stadt zurück – wenn auch zunächst in stark eingeschränktem Umfang. An der 1303 gegründeten Universität existierte seit 1497 das Amt eines ›maître de chant‹; die Kathedrale erhielt 1449 eine Orgel, die Kirche St. Agricol folgte 1454. An der Kathedrale wurde 1481 durch Erzbischof Giuliano della Rovere (den späteren Papst Julius II.) eine ▸ Maîtrise (Chorschule) mit sechs Knaben eingerichtet.

Einen kurzen Aufschwung nahm in den 1530er Jahren der (ansonsten von Lyon beherrschte) Musikdruck: Jean de Channey, seit 1512 Buchdrucker in Avignon, verlegte zwischen 1532 und 1535 das Gesamtwerk des päpstlichen Kapellmeisters Elzéar Genet (genannt ▸ Carpentras, nach seinem in der Nähe von Avignon gelegenen Geburtsort), der seit 1515 nominell Dekan der Stiftskirche S. Agricole in Avignon war, einen Posten, den er seit 1521 gelegentlich und von 1526/1527 bis zu seinem Tod permanent vor Ort wahrnahm. Carpentras finanzierte die Drucklegung selbst, und innerhalb von vier Jahren erschienen vier Bände im ebenso aufwendigen wie für Musikdrucke ungewöhnlichen Großfolio-Format, mit hierfür eigens von Etienne Briard entworfenen Notentypen. Seinen Lebensabend in Avignon verbrachte auch der etwas jüngere Komponist Jean Lhéritier (ca. 1480/1485 – nach 1552); nach einer Laufbahn in Ferrara, Rom und Mantua wurde er um 1540 Kapellmeister des päpstlichen Legaten in Avignon, Kardinal François de Clermont. In Dienste des Kardinals und päpstlichen Legaten Georges d'Armagnac (ca. 1501–1585) standen Berenguer Buysson (Kapellmeister 1572) und Jean Yssandon (Verfasser eines *Traité de la musique pratique*, 1582).

Bereits im späten 16. Jahrhunderts sind Streicher- und Oboenensembles (›bandes‹) belegt, deren Aufgabe in erster Linie die musikalische Ausgestaltung von Festen war (u.a. spielte eine ›bande‹ aus Avignon 1572 zur Hochzeit von Heinrich von Navarra mit Margarete von Valois am Hof in Paris); im November 1600 wurde der Einzug von Königin Maria de' Medici mit festlicher Musik des Domorganisten Antoine Esquirol und des Leiters der Maîtrise an St. Agricol, Sauveur Intermet, begangen (publiziert Avignon 1601). Schließlich ist noch eine avignonesische Sammlung mit provenzalischen Noëls (Weihnachtsliedern) zu erwähnen, die zwischen 1570 und 1610 an der Kirche Notre-Dame des Doms zusammengestellt wurde und die erste ihrer Art ist.

*Literatur:*
A. Tomasello, *Music and Ritual at Papal Avignon*, Ann Arbor 1983 • F. Lesure, *Avignon*, in: *MGG*, Bd. 1 (Sachteil), 1994, Sp. 1098–1101 • G. Peters, *Civic subsidy and musicians in southern France during the fourteenth and fifteenth centuries: a comparison of Montpellier, Toulouse and Avignon*, in: *Music and Musicians in Renaissance Cities and Towns*, hrsg. von F. Kisby, Cambridge 2001, S. 57–69 • Y. Plumley, *An ›Episode in the South‹? Ars Subtilior and the Patronage of French Princes*, in: Early Music History 22 (2003), S. 103–168.

TSB

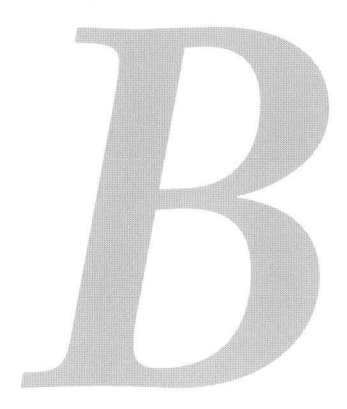

## Baïf, Jean-Antoine de
\* 19.2.1532 Venedig, † 19.9.1589 Paris

Der französische Dichter war der Sohn des Humanisten Lazare de Baïf, Botschafter des Königs von Frankreich in der venezianischen Republik. Er studierte Lateinisch und Griechisch bei Charles Estienne und Jacques Toussaint (1540–1544), bevor er dem Unterricht von Jean Dorat im Collége de Cocqueret folgte (1547–1550), wo er häufig mit Rémy ▶ Belleau, Joachim du ▶ Bellay, Etienne ▶ Jodelle und Pierre de ▶ Ronsard zusammentraf.

Als Mitglied des literarischen Kreises der ▶ Pléiade verschrieb er sich der reformerischen Bewegung, die eine Rückkehr zu den griechischen, lateinischen, neolateinischen, alexandrinischen oder italienischen poetischen Formen predigte. Nachdem er anfangs stark vom ▶ Petrarkismus beeinflusst war, machte er sich beim Publikum durch drei poetische Anthologien bekannt, die Sonnette, Oden, Epigramme, ›baisers‹ und ›chansons‹ vereinigten: *Les Amours de Jean-Antoine de Baïf* (1552), die *Amours de Méline* (1552) und die *Quatre livres des amours de Francine* (1553); Clement ▶ Janequin (1556) und Jacques ▶ Arcadelt (1557) zählten zu den hauptsächlichen Komponisten, die seine Gedichte vertonten.

Seine Reform radikalisierte sich gegen 1567 noch mehr, als er mit Joachim Thibault de ▶ Courville die Académie de musique gründete. Nachdem sie von ▶ Karl IX. in den Rang einer königlichen Institution erhoben wurde, wurde sie unter der Regierung ▶ Heinrichs III. in Académie du Palais umgetauft und beendete ihre Aktivitäten in den Jahren 1584–1585. Als experimentelle Forschungsstätte widmete sie ihre Arbeit dem Wiederfinden der ›Wirkungen‹ der Musik der Antike, indem die Prinzipien der griechischen und lateinischen Metrik auf die zeitgenössische Poesie und Musik angewandt wurden.

Für Jean-Antoine de Baïf war der Rhythmus das Antriebsmoment der Verse. Als Initiator des ›vers mesuré à l'antique‹ verbreitete er den Gebrauch des zwölfsilbigen Verses, ›Alexandriner‹ genannt, und gab seinen Namen dem fünfsilbigen Vers: der Vers ›baïfin‹. In denselben Jahren nahm er eine Vereinfachung der Orthographie dank eines phonetischen Systems vor. 1587 übersetzte er nach diesem Verfahren den Psalter ins französische, in der Folge realisierte er davon eine metrische

(1573) und eine gereimte (1587) Version. Diese drei Psalter, zu denen drei Sammlungen von ›chansonnettes mesurées‹ hinzukommen, blieben im Zustand des Manuskripts, sie entgingen mit Hilfe von Jacques ▶ Mauduit der Plünderung der Truppen Heinrichs IV. Die Chansonettes von Baïf zirkulierten nichtsdestoweniger unter seinen Zeitgenossen und erhielten die Zustimmung zahlreicher Komponisten wie Joachim Thibault de Courville, Lambert de Beaulieu und Fabrice Marin ▶ Caietain (1576), Orlande de ▶ Lassus (1576), Didier Le Blanc (1578), Nicolas de ▶ La Grotte (1583), Claude ▶ Le Jeune (1583–1603), Jacques Mauduit (1586) und Eustache ▶ Du Caurroy (1610).

Protegiert von Franz II., dann von ▶ Karl IX. 1572, dessen Sekretär er wurde, gab Baïf seine gesamten Werke 1572 in einer vierbändigen Ausgabe erneut heraus: *Les Poèmes, Les Amours, Les Jeux* et *Le Passe-temps*. 1576 erschien das erste Buch der *Mimes, enseignements et proverbe*, moralische und satirische Reflexionen in der Anlage der *Quatrains* von Guy du Faur de Pibrac (1576), ein zweites folgte 1581 und ein drittes 1597. In der Zwischenzeit hatte er sich mit *Le Brave* (1567) nach Plautus und *Antigone* (1573 nach Sophokles im dramatischen Genre versucht, bevor er zur lateinischen Poesie mit seinem *Carminium* (1577) zurückkehrte.

Schriften:
*Œuvres en rime de Jean Antoine de Baïf*, hrsg. von C. Marty-Laveaux, Paris 1881–1890; *Jean Antoine de Baïfs Psaultier*, hrsg. von E.J. Groth, Heilbronn 1888.

Literatur:
F.A. Yates, *The French Academies of the Sixteenth Century*, London 1947, ²1988 • D.P. Walker, *Der musikalische Humanismus im 16. und frühen 17. Jahrhundert*, Kassel 1949 • P. Bonnifet, *Un ballet démasqué: L'union de la musique au verbe dans Le Printans de Jean-Antoine de Baïf et Claude Le Jeune*, Paris 1988 • J. Vignes, *Jean-Antoine de Baïf*, Paris, 1999 • F. Dobbins, *Baïf*, in: Grove, Bd. 2, 2001, S. 487–488.

FG

# Baldung, Hans, genannt Grien
\* 1484/1485 Schwäbisch Gmünd, † 1545 Straßburg

Baldung war Maler und Graphiker, der bei Albrecht ▶ Dürer lernte und am Oberrhein wohnte und arbeitete. In dieser Gegend ist die ▶ Totentanzthematik verbreitet und man stellt eine Vorliebe für das Schauerliche, Wilde und auf den Tod Fixierte fest, die sich besonders bei Baldung und Urs ▶ Graf zeigt. Baldung fällt auch durch die Besonderheit auf, dass er ein ungewöhnliches Interesse am modernen Musikinstrumentarium seiner Zeit zeigt (besonders bei seinen ▶ Engelsmusiken).

Unter den Gemälden ist eine *Allegorie der Musik* bedeutsam, die Frau Musica als nackte junge Venus darstellt (Abb. 1). Sie liest aus einem Notenbüchlein in Oktav und hält mit der Rechten eine auf dem Boden stehende Diskantgambe; eine fette, übergroße Katze am Boden in Frontalansicht vervollständigt die Szene.

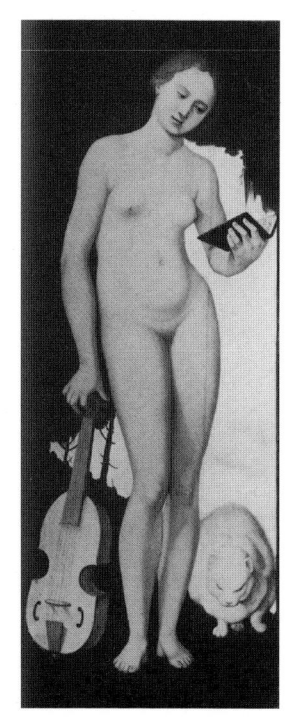

Abb. 1: Hans Baldung Grien, *Allegorie der Musik*, Öl auf Holz, München, Alte Pinakothek.

Abb. 2: Hans Baldung Grien, *Vor Gebirgsszenerie gelegenes Wasserschloß, von dem aus sich ein phantastischer Zug auf einen Tanzplatz zu bewegt*, Federzeichnung, Berlin, Kupferstichkabinett.

Man möchte vermuten, dass der Künstler sich von den Venusbildern Lucas Cranachs dem Jüngeren hat anregen lassen.

Unter den Federzeichnungen finden sich verschiedentlich musizierende Engel (teilweise als Putten). Die für unseren Zusammenhang aber bei weitem bedeutendste ist das große Blatt *Vor Gebirgsszenerie gelegenes Wasserschloß, von dem aus sich ein phantastischer Zug auf einen Tanzplatz zu bewegt* (Abb. 2). Unter einem gewittrigen Himmel und in gebirgiger, von Ruinen besetzter Umgebung befindet sich ein Wasserschloss, das Neptun mit zwei Dreizacks auf einem Fisch umschifft. Aus dem Haupttor strömt eine Prozession über die Brücke auf das Ufer im Vordergrund zu, mit einem Mönch zuvorderst, zwei Musikern und gefolgt von einem Zug, in dessen Mitte ein Narr auf einem Schild getragen wird; am Ufer schon angelangt sind tanzende und tändelnde Paare, denen ein Kriegsknecht auf der Schweizerpfeife aufspielt.

Auf der Basis von Hans Süß von Kulmbachs Holzschnitt, das den Humanisten Conrad ▸ Celtis selbst für seine Ausgabe der *Quatuor libri amorum* (1501) in Auftrag gab und ihn als von Göttern umgebenen Dichter zeigt, hat Baldung für eine spätere Auflage einen Holzschnitt mit dem gleichen Sujet geschaffen (*Libri Odarum quatuor* Straßburg: Matthias Schürer, 1513; Oldenbourg Nr. 325). Der Dichter ist in einem zweistöckigen Gebäude in der oberen Etage am Schreibtisch zu sehen. Unter ihm im Parterre ist sein Wappen und ein kleiner kastalischer Brunnen (»Fons Musarum«) mit zwei musizierenden Puttenengeln zu sehen. An den Seiten stehen sechs verschiedene Götter. Thematisch verwandt ist ein weiterer Holzschnitt in Wappenform, der aber nur als Vorzeichnung nachweisbar ist. Wir sehen einen Apollon als bekränzten Greis mit Pelzcape, der mit ernster Miene eine primitive Bretthárfe spielt, zu seiner Linken flankiert von einem Blockflöte spielenden, geharnisch-

ten und behelmten Hermes, zu seiner Rechten von einer ebenfalls geharnischten und bekränzten Athene mit Lanze; unten schließt eine Säule, um die sich eine Schlange windet, die Komposition ab (Abb. 3). Die Forschung hat für die Kombination der göttlichen Trias eine Analogiebildung zur Trinität vorgeschlagen oder an eine astrologische Verbindung der drei Gottheiten gedacht. Aber vielleicht ist die Szene auch als Parodie auf die Selbstverherrlichung der Humanisten gemeint. Unmittelbares Vorbild für diese Komposition ist ein anonymer ganzseitiger Holzschnitt mit den gleichen drei Göttern umgeben von den neun Musen, der für Petrus ▸ Tritonius *Melopoia* von 1507 geschaffen wurde.

Abb. 3: Hans Baldung Grien, *Apollo, Hermes und Athene*, Federzeichnung, Basel, Öffentliche Kunstsammlung.

Von noch größerem Interesse sind die beiden Porträts, die Baldung von sich selbst und dem Komponisten Johannes Rudolphinger anfertigte (Federzeichnung; Basel, Kupferstichkabinett), die von einem mittelmäßigen Holzschneider als Buchschmuck für den Notendruck eines mehrstimmigen Leichenliedes des Sixt ▸ Dietrich auf den Straßburger Komponisten Thomas Sporer geschaffen wurde (*Epicedion Thomae Sporeri Musicorum Princips Modulis muscis a Sixto Dittricho illustratum*. Tenor. Straßburg: Peter Schoeffer und Matthias Apiarius, 1534). Das von scholastischem Selbstgefühl und Standesdenken geprägte Ensemble der vier Verehrer Sporers, die als Vertreter von Dichtung, bildender Kunst und Musik eines verstorbenen Musikers gedenken und ihm ein Denkmal setzen, spiegelt den humanistischen Zeitgeist besonders gut wider.

*Literatur*:
P. Wechser, *Baldung und Celtis*, in: Der Cicerone 20 (1928), S. 749–752 • C. Koch, *Die Zeichnungen Hans Baldung Griens*, Berlin 1941 • M.C. Oldenbourg, *Die Buchholzschnitte des Hans Baldung Grien. Ein bibliographisches Verzeichnis ihrer Verwendungen*, Straßburg und Baden-Baden 1962 • G. Von der Osten, *Hans Baldung Grien. Gemälde und Dokumente*, Berlin 1983 • S. Midalsky (Hrsg.), *Hans Baldung Grien. Buchholzschnitte aus Augsburger Beständen*, Ausstellungskatalog, (Augsburg: Institut für Kulturgeschichte der Universität), Augsburg 1992 • W. Salmen, *Bilder von »Groß Geigen« bei Hans Baldung, gen. Grien*, in: Münsterblatt (Freiburg/Br.) Nr. 8 (2001), S. 24–28.

TS

## Baldwin [Baldwine], John
* vor 1560, † 28.8.1615 London

Der Kopist, Komponist und Sänger an der St. George's Chapel in Windsor (seit 1575) und an der Chapel Royal (1598 bis wahrscheinlich 1600) ist insbesondere durch drei bedeutende Quellen aus seiner Hand bekannt. Eine erste (GB-Och 979-983) entstand zwischen ca. 1575 und ca. 1581 und enthält Kompositionen aus der englischen Kirchenmusik vor der anglikanischen Reform. Die zweite, *Baldwin's Commonplace Book* (GB-Lbl RM 24.d.2), die zwischen ca. 1586 und 1591 geschrieben wurde, überliefert neben vorreformatorischer Musik und Proportionskompositionen (u.a. aus dem 15. Jahrhundert) Madrigale von Luca ▸ Marenzio, und trägt somit zur Rezeption des italienischen Madrigals in England bei. *My Ladye Nevells Book* (im Besitz der Nachfahren) wurde 1591 abgeschlossen und enthält Musik für Tasteninstrumente von William ▸ Byrd. – Unter Baldwins 23 überlieferten Kompositionen befinden sich neun, in GB-Lbl überlieferte Proportions-Studien, die durch äußerst zahlreiche Proportionsvorzeichnungen (bis zu 28) herausragen. Weitere in GB-Lbl und GB-Och überlieferte Kompositionen sind typisch englische Gattungen wie zwei ▸ *In nomine*-Vertonungen und eine ▸ Browning, die die populäre Melodie auf verschiedene Tonstufen setzt, sowie englischsprachige Lieder.

*Ausgaben*:
*Instrumental Music from the Baldwine-Manuscript. 1581–1606*, hrsg. von K. Boeke, Tokyo 1978; *London, British Library. R.M. 24.d.2*, eingeleitet von J.A. Owens (Renaissance music in facsimile 8), New York 1987.

*Literatur*:
R. Bray, *John Baldwin*, in: Music and Letters 56 (1975), S. 55–59 • Ders., Baldwin, in: *MGG²*, Bd. 2 (Personenteil), 1999, Sp. 99.

ES

## Ballade

Unter den drei ▸ Formes fixes, in denen die meisten komponierten ▸ Chansons des 14. und 15. Jahrhunderts abgefasst sind, ist die Ballade in ihrer Basisanlage die am leichtesten zu überschauende literarisch-musikalische Strophenform. Der erste Strophenteil (›frons‹) besteht aus einem Stollen (›pied‹, meist mit sich öffnender ›ouvert‹-Schlusswendung auf einem nicht schlussfähigen Ton) und dessen in Versbau und Musik identischer Wiederholung (mit schließender, oft auch längerer ›clos‹-Formulierung am Ende, die zu einem schlussfähigen Ton führt); der Gegenstollen hat neuen Text. Es folgt ein zweiter, mehrgliedriger, aber nicht weiter determinierter Teil (frz. ›queue‹, lat. ›cauda‹), der in einen in allen Strophen wörtlich wiederkehrenden, unbedingt kurzen Refrain mündet. Schematisch lässt sich die Form als a$^{ou}$ a$^{cl}$ b R darstellen.

Aufgrund dieser geradlinigen Disposition konnte die Ballade zwei völlig unterschiedliche Funktionen übernehmen. Ihr Gerüst diente als einfache Struktur für unkomplizierte Lieder und als nachdrückliche formale Grundlage für große, auch von der Textaussage her gewichtige Lieder. In der Geschichte der Ballade wechselten die Konjunkturen der beiden Typen mehrfach ab.

Ihren Ausgang nahm die Ballade vom mittelalterlichen einstimmigen Tanzlied, der ›chanson baladée‹ (provenz. balar = tanzen), dem ein Typus zur Seite trat, in dem der funktionale Tanzaspekt gegenüber einem narrativen Interesse zurücktritt. Vermutlich antwortete in diesem in einer mündlichen Kultur angesiedelten Balladentypus, von dem es seit dem 13. Jahrhundert auch schriftliche Zeugen gibt, die Gruppe mit dem Refrain auf die immer neuen Strophen-Vorgaben eines Solisten. Aufgrund dieser kreisenden Anlage konnten auch die ersten mehrstimmigen Balladen (von Adam de la Halle, † Ende 13. Jh.) wie seine ▸ Rondeaux in den Quellen unter »rondes« subsumiert werden. Dennoch ist damit bereits ein spezifisches Moment der Balladenform benannt, das der Theoretiker Jacques Legrand (*Des rymes*, um 1400) so beschrieb, dass man beim Voranschreiten immer auf ein Ende zielen und dass der Refrain ständig bewiesen werden solle, indem man sich quasi mit ihm unterhalte. Diese Aufwertung des Refrains zum Element einer rhetorischen Strategie hatte insbesondere der Dichter-Komponist Guillaume de ▸ Machaut († 1377) in seinem umfangreichen Chanson-Œuvre verfolgt.

Machaut wies der Ballade die Position der anspruchsvollsten Liedgattung zu, auch wenn sie – wie unterdessen weit häufiger – unvertont blieb. Sie besetzte von nun an für ein gutes halbes Jahrhundert quantitativ und qualitativ die Spitze der Gattungshierarchie innerhalb der weltlichen Musikarten, wuchs an Umfang (durch die Länge der drei sieben- oder achtzeiligen Normstrophen mit Refrainzeile oder -zeilenpaar, expansive Phrasen mit reicher Melismatik und motivischen Rückgriffen, gegen Ende des Jahrhunderts auch mit proportionaler Verlagerung auf den umfangreicheren zweiten Teil), war grundsätzlich mehrstimmig (zwei- oder um 1400 in der Regel drei-, selten vierstimmig wie schon bei Machaut), nutzte alle Möglichkeiten eines komplexen und konstruktiven Tonsatzes aus, entwickelte beziehungsreiche Ablaufstrukturen (wie den Rücklauf, eine ausladende Passage des clos-Schlusses, die am Refrainende wiederaufgegriffen wird), war in der sprachlichen Diktion höchst elaboriert, operierte mit teils intrikaten Bezügen zwischen den Reimen (die in den einzelnen Strophen gleich bleiben, unter sich einen ›rime dominant‹ hervorheben und sich bisweilen in exakten oder variierten musikalischen Reimen spiegeln) und verarbeitete ernsthafte Thematik aus dem Bereich des ▸ Amour courtois sowie politische Themen, die bisher der ▸ Motette vorbehalten waren, gelegentlich auch mit mehreren simultan erklingenden Texten.

In diesem Sinne einer ›grande ballade‹ erlebte sie als Leselyrik in der Dichtung um 1400 (Eustache Deschamps, Jean Froissart, Charles d'Orléans, ▸ Christine de Pizan) und in der musikalischen Epoche der ▸ Ars subtilior ihre Blütezeit, bevor sie ab etwa 1410 sukzessiv vom sie überflügelnden Rondeau verdrängt wurde (auch z.B. im lyrischen Werk von Alain Chartier). Der hohe künstlerische und intellektuelle Anspruch, der sich mit der Ballade verband, geht auch daraus hervor, dass sie die bevorzugte Gattung für Intertextualität wurde. Bereits Machaut begann mit einer entsprechenden Zitattechnik, die von der nachfolgenden Komponistengeneration intensiv aufgegriffen wurde und sprachlich und musikalisch vernetzte Chansonfamilien entstehen ließ. Die Hauptquellen für die mehrstimmige Ballade der Jahrhundertwende sind die zu Beginn des 15. Jahrhunderts entstandenen Kodizes Chantilly, Modena A, Turin (aus Zypern) und Reina.

Das Übergewicht der nicht primär für die Vertonung vorgesehenen Balladen führte zur Anfügung einer der alten Chanson Royale entlehnten Geleitstrophe (›envoi‹), in der der Dichter den lyrischen Rahmen weitet und sich an eine (meist hochstehende) Person wendet. Formal greift der Envoi die Versstruktur der letzten Zeilen der Strophe auf, er wird nicht eigens musikalisch gesetzt, sondern lediglich aufführungspraktisch integriert, was nicht immer unproblematisch ist. Dass der Envoi bei vertonten Balladen trotz dieser Schwierigkeit nicht unterschlagen wurde, unterstreicht den offiziellen Charakter, den die Gattung in der Frührenaissance angenommen hatte. Die Balladen Guillaume ▸ Dufays und seiner Zeitgenossen sind immer häufiger repräsentative Kunst, die bei zeremoniellen Anlässen erklang und dabei die Angesprochenen und den Anlass bisweilen direkt oder verschlüsselt benannte oder gar in wirkungsvollen Abschnitten hervorhob (etwa Dufays *Resvelliés vous* für die Malatesta-Colonna-Hochzeit 1423 oder *Se la face ay pale* für die Hochzeit des savoyischen Thronfolgers 1434, die er bei der Hochzeit des nächsten Thronfolgers 1452 in seiner *Missa Se la face ay pale* als ▸ Cantus firmus zitierte). Neben Friedensfeiern, Papst- und Königshuldigungen (Jean ▸ Pullois 1455, Antoine ▸ Busnoys 1461) war die Ballade aufgrund ihres würdevollen Charakters auch die bevorzugte Form für Totenklagen, sei es für Personen des öffentlichen Lebens oder noch mehr für individuelle Totenklagen, speziell auf verehrte Komponistenkollegen. Bereits F. Andrieus Deploration Machauts war eine mehrtextige Ballade gewesen, und Johannes ▸ Ockeghems Lamento auf den Tod Gilles ▸ Binchois' († 1460) greift dieses Modell modifiziert auf, indem der Balladentext *Mort tu as navré* mit dem liturgischen Cantus firmus *Miserere* gekoppelt wird.

Eine eigene Entfaltung erlebte die Ballade in England zu einer Zeit, als sie auf dem Festland bereits veraltet war. Bereits eine der neun Balladen Binchois' (*Dueil angoisseus*) entstand vermutlich im Zusammenhang mit seinen Diensten für den Earl of Suffolk 1424/1425. Auch von englischen Komponisten der Binchois-Dufay-Generation wie John ▸ Bedyngham und Walter ▸ Frye sind neben etlichen Anonyma Vertonungen englischer oder ursprünglich englischer Balladen bekannt, die allerdings oft sprachlich korrumpiert oder mit französischen bzw. lateinischen Texten versehen sind, weil sie nur noch von kontinentalen Quellen, etwa dem in den 1470er Jahren in Neapel angefertigten Mellon-Chansonnier, überliefert werden.

Auch bei den englischen Balladen macht sich eine Entwicklung zur Refrainlosigkeit bemerkbar, die auch im französischen Sprachbereich im Laufe des 15. Jahrhunderts immer häufiger zu beobachten ist und die Ballade als Gedichtform zusehends dem einfachen, linearen Achtzeiler (›huitain‹) mit stollig gebautem Anfang oder auch dem deutschen ▸ Bar annähert (AAB). Mit dieser Amputation des ehedem rhetorisch bedeutsamen Refrains wird die Ballade wieder zu einer betont schlichten Form, die meistens auch in knapperen acht- (statt zehn-)silbigen Versen abgefasst ist und im Frons auf eine musikalische Differenzierung in ouvert und clos verzichtet. Mit dem unangestrengten, umgangsmäßigen, teils populären Ton, den die Balladen im Umfeld von Loyset ▸ Compère (*Reveille-toy*), ▸ Josquin (*Si j'ay perdu mon amy, Une mousse de Biscaye*) und ▸ Ninot le Petit (*Mon seul plaisir*) vor und um 1500 anschlagen, erlebte der alternative Typus der unkomplizierten, oft erzählenden oder pastourellenhaften Ballade, die zwischen Martinus Fabri (*N'ay je cause*, um 1400) und Busnoys (*Pucelotte que dieu vous gart*) eher sporadisch auftauchte, wieder einen zeitweiligen Aufschwung. Dichterische Sujets und kompositorische Haltung machen diese Balladen zu einem Teil des Phänomens der ▸ Chanson rustique.

Gedichte in Balladenform entstanden auch noch in der ersten Hälfte des 16. Jahrhunderts (z.B. von Clément ▸ Marot), allerdings verstanden die Komponisten dies keinesfalls mehr als Verpflichtung, sie als Balladen im engeren Sinn zu vertonen. Andererseits ähnelte die von Claudin de ▸ Sermisy favorisierte musikalische Umsetzung jeglicher Huitains als ABABCDAB der Balladenform, so dass zufällig resultierende dichterisch-musikalische Balladen wie *Amour me voyant sans tristesse* von Marot/Sermisy (1533) nicht überbewertet werden sollten.

*Literatur*:
N.S. Josephson, *Intersectional relationships in the French »grande ballade«*, in: Musica Disciplina 40 (1986), S. 79–97 • Literaturwissenschaftliche Titel in ▸ Forme fixe.

NSCH

## Ballard, Robert ▸ Le Roy & Ballard

## Ballata

Die Ballata spielte als feste italienische Lyrikform in Dichtung und Musik des Trecento eine große Rolle, verlor aber im 15. und 16. Jahrhundert an Bedeutung und hatte im ▸ Madrigal nur noch eine unterschwellige formale Funktion.

Sie gehört zu den im 13. Jahrhundert entwickelten provenzalischen Dichtungsformen und entspricht im Strophenbau dem französischen ▸ Virelai, von dem sie sich aufgrund der italienischen Metrik speziell durch die Silbenzahl der Verse unterscheidet. Die klassische Ballata verwendet ausschließlich Elf- und Siebensilbler, was sie auch von der populären Variante der ▸ Frottola-▸ Barzelletta (mit Achtsilblern) abhebt. Die Strophe setzt sich zusammen aus der Ripresa, einer aus zwei Stollen (Piedi) bestehenden Stanza (auch Mutazioni genannt, weil sich Versbau, Reim und als Konsequenz die Musik gegenüber der Ripresa ändern), einer Volta, die Versstruktur und Reimstellung der Ripresa mit neuem Text übernimmt, und dem wörtlichen Wiederaufgriff der Ripresa. Die Strophenteile werden durch Reimbindung zusammengeschlossen, indem der erste Reim der Volta den letzten Reim der Piedi wiederholt (Concatenazione, ›Verkettung‹) und der Schlussreim von Ripresa und Volta identisch sind. Schematisch lässt sich eine beispielhafte Einzelstrophe einer Ballata folgendermaßen darstellen (Kleinbuchstaben bedeuten gleichen Reim, Großbuchstaben gleichen Text):

|      | *Ripresa* | *Piedi* | *Volta* | *Ripresa* |
|------|-----------|---------|---------|-----------|
| Text | A B B A   | cd cd   | d e e a | A B B A   |
| Musik| α         | β β     | α       | α         |

Nach dem Umfang der Strophenteile werden die üblichsten Ballatenformate als »grande« (4-zeilige Ripresa mit 3-zeiligen Piedi), »mezzana« (3, 2), »minore« oder »minima« (2, 1) bezeichnet. Die Dichtungslehre hat zu keiner einheitlichen Norm gefunden, ob im Falle mehrerer Strophen die Ripresa zwischen diesen doppelt erscheint oder einmal unterdrückt wird. Varianten und Irregularitäten konnten alle Komponenten betreffen und führten in der Dichtungspraxis zu sehr vielfältigen Ausprägungen, vor allem im 16. Jahrhundert dann bis hin zu kaum noch als Ballate identifizierbaren Gebilden.

In Italien wirkende Musiker komponierten um 1400 noch bedeutende Ballate, was die Textgattung auch für englische Komponisten interessant erscheinen ließ. Am bekanntesten ist Leonardo Giustinianis Ballata *O rosa bella*, die von dem Frankoflamen Johannes ▸ Ciconia (vermutlich um 1410) sowie von John ▸ Bedyngham (wohl nicht John ▸ Dunstaple) um 1440 vertont wurde und durch vielfältige Bearbeitungen eines der verbreitetsten europäischen Lieder des 15. Jahrhunderts wurde. Ansonsten blieb die Form für die aus dem Stegreif musizierenden italienischen Dichter-Musiker (▸ Cantastorie) relevant.

War die Ballata des Trecento als Textform noch an eine musikalische Umsetzung gekoppelt, was vor allem einen strengen Bau hinsichtlich der Verslängen verlangt, begann mit dem Humanismus des späten 15. Jahrhunderts (Dichter wie Leon Battista ▸ Alberti, Angelo ▸ Poliziano, ▸ Lorenzo il Magnifico) die Literarisierung der Gattung und damit ihre Lösung von der Musik. Dadurch wurden Freiheiten in Reimstellung und Verslänge viel attraktiver, da in Lese- bzw. Vortragslyrik z.B. eine abweichende Volta nicht mehr auf die gleiche Musik wie die Ripresa gesungen werden musste. Mit zunehmenden Modifikationen wurde die Grenze zum (freien) Madrigal immer unschärfer; umgekehrt wurden etwa bei Ludovico ▸ Ariosto selbst die eindeutigen Ballate nicht mehr als solche benannt. Auch bei den Komponisten, die solche Texte vertonten, vor allem den Vertretern des florentinischen Proto-Madrigals (Alessandro Coppini, Bartolomeo degli Organi, Bernardo Pisano) in den 1510er-Jahren, schwand in Anbetracht der häufigen Inkonsistenzen die Neigung, Wiederholungsstrukturen musikalisch umzusetzen, auch wenn sie möglich wären. Statt dessen wurden ballatenhafte Texte häufig ganz oder zumindest weitgehend durchkomponiert, was der allgemeinen Tendenz, sich von den ▸ Formes fixes zu lösen, entsprach. Obwohl es durchaus bei den frühen Madrigalkomponisten wie Philippe de ▸ Verdelot (z.B. *Fuggi, fuggi, cor mio, Madonna qual certezza*) und Jacques ▸ Arcadelt (z.B. *Io mi pensai*) noch deutlich erkennbare Bezüge zwischen textlicher und musikalischer Form gibt, reagierten sie bisweilen eher durch mehr oder weniger ausgeprägte thematische Bezüge auf die Ballatenstruktur ihrer Vorlagen (z.B. Verdelot, *Amor, quanto più lieto*), was bei Adrian ▸ Willaert dann oft nur noch ein musikalischer Reflex der rhetorischen, kaum noch der formalen Disposition des Gedichts ist (z.B. *Amor mi far morire*). Allerdings ist die Erbschaft der Ballata im Madrigal noch oft in einer klaren Zäsur, die sogar durch einen Doppelstrich oder ein Fermatenzeichen markiert sein kann, an der Stelle wirksam, wo nach drei oder vier Versen der Wechsel von der Ripresa zur Stanza stattfinden würde.

In der zweiten Hälfte des 16. Jahrhunderts bilden Ballate nur noch selten die Grundlage einer madrigalischen Komposition, zumal nur noch wenige, gelehrte Dichter wie Antonio Minturno, Torquato ▸ Tasso oder Gabriello Chiabrera gelegentlich Gedichte in dieser Form schrieben, die – wie bei Tasso – in der Dichtungslehre als relativ niedrige Gattung galten. Auch in der gängigen Poesia per musica tauchen freie Ballata-Formen nur gelegentlich auf und werden dann mitunter in musikalischen Reprisen- und Wiederholungsstrukturen berücksichtigt, um vereinheitlichende Korrespondenzprinzipien wirken zu lassen (Vincenzo ▸ Ruffo, *Amor io sento*, 1553; Cipriano de ▸ Rore, Orlande de ▸ Lassus, jeweils *Vieni, dolc'Himineo*, 1565). Häufiger allerdings ignorieren die Vertonungen die Formstruktur (u.a. Giaches de ▸ Wert, *Lasso, quand'io credea*, 1561; Andrea ▸ Gabrieli, *Quand'io talhor*, 1574; Luca ▸ Marenzio,

*Amor, io non potrei*, 1581, und *Vaneggio*, 1587; Giovanni Pierluigi da ▸ Palestrina, *Se non fusse*, 1586). Auffällig genau hält sich Claudio ▸ Monteverdi in *Non si levava* (1590) an die formalen Wiederholungsvorgaben des Gedichts, die allerdings als kohärenzstiftende Strategie in Anbetracht einer sehr umfangreichen zweistrophigen Ballata grande erklärbar sind.

*Literatur*:
D. Harrán, *Verse Types in the Early Madrigal*, in: Journal of the American Musicological Society 22 (1969), S. 27–53 • H. Schick, *Musikalische Einheit im Madrigal von Rore bis Monteverdi: Phänomene, Formen und Entwicklungslinien*, Tutzing 1998, S. 227–261 • M. Mangani / M. Zackova Rossi, *Ballata Form in the Early Madrigal*, in: *Théorie et analyse musicales 1450–1650*, hrsg. von Anne-Emmanuelle Ceulemans und Bonnie J. Blackburn, Louvain-la-Neuve 2001, S. 149–193.

NSCH

# Ballet de cour

Unter historischem Aspekt lassen sich für das Ballet de cour, ein Mixed-Media-Spektakel oder Gesamtkunstwerk des französischen Hofs, zwei Phasen unterscheiden: die erste Phase, die sich von der Mitte des 16. bis in die zweite Hälfte des 17. Jahrhunderts erstreckt; sie steht vor allem unter dem Einfluss Katharina de Medicis und Ludwig XIV., und die zweite Phase, die Mitte bis Ende des 17. Jahrhundert dauert und primär den Einfluss der italienischen Oper und die Entwicklung des Comédie-Ballet zeigt. Relevant für den Zeitraum der Renaissance erscheint vor allem die erste Phase, weshalb die folgenden Ausführungen ihren Schwerpunkt in diesem Zeitraum setzen und lediglich einen Ausblick auf die zweite Phase geben.

Anders als für die italienischen Tänze der Renaissance existieren für das französische Ballet de cour wenig Tanzlehrbücher oder Theorien. Das Quellenmaterial besteht vor allem aus Libretti und musikalischen Aufzeichnungen, und in der zweiten Phase darüber hinaus aus Tanztheorien und philosophischen Abhandlungen, die den Tanz reflektieren.

Die Tänze der Hoffeste, der Maskeraden, bestanden in der Regel aus bekannten Gesellschaftstänzen, wie der ▸ Pavane und der ▸ Courante, die von den Adligen ausgeführt wurden. Die Situation änderte sich mit der Bestellung des italienischen Violinisten und Tanzmeisters Baltazarino di Belgioso / Balthasar de ▸ Beaujoyeulx an den französischen Hof. Als Verbindungsfrau fungierte Katharina de Medici. Beaujoyeulx verwandelte die Feste mit Gesellschaftstänzen in Hofballette durch Narrativierung des Tanzes. Nicht mehr allein Können und Grazie bestimmten das Bild der Tänze, sondern sie vermittelten sich nun auch durch Rollenfiguren, durch Charaktere, die die Darstellung ihres Tuns dem Zuschauer glaubhaft machen sollten. Kurz: Es ging nicht mehr nur um allegorische Repräsentationen, sondern um die Darstellungen von Menschentypen. Und ebenso großen Einfluss auf die Entwicklung des Ballet de cour wie der Tanzmeister hatte die von Jean Antoine de ▸ Baïf und seinen Dichter-Kollegen initiierte und von Karl IX. etablierte ▸ Académie de musique et de poésie; auf der Suche nach dem ›drame des anciens‹, also nach dem Theater der griechischen Antike, entwickelte sie ein Konzept des multimedialen Spiels, das in der Verbindung von rhythmisierter Dichtung, Musik und Bewegung bestand. Die Konzeption der Kooperation von Tänzern/Choreographen, Dichtern, Komponisten und bildenden Künstlern wirkte in Frankreich für fast ein Jahrhundert stilbildend sowohl für die Geschichte des Tanztheaters wie für die der Oper. Und verknüpft war mit der ästhetischen auch immer eine politische Wirkung. Die geometrischen Bodenmuster wurden verstanden als Projektion der göttlichen Ordnung auf die Erde. Die tanzenden

Mitglieder des Hofes mit dem König an der Spitze vollzogen also diese göttliche, vorherbestimmte und bestimmbare Ordnung in den Bewegungen nach, repräsentierten mithin die himmlische Ordnung auf Erden durch Tanzen. Der König verkörperte auf diese Weise den Schöpfer der Weltordnung. Das Ballet de cour erscheint als Ritual, das durch seine Orientierung an der Himmels-Geometrie politische Inhalte im mythologischen oder allegorischen Gewand vermittelte.

Eines der bekanntesten Beispiele, das die genannten Merkmale in sich vereint, ist Beaujoyeulx' *Le Balet Comique de la Royne* (1581). Der Sieg des französischen Königs über die magischen Kräfte der Zauberin Circe wurde in geometrischen Figurationen dargestellt, die die irdische Entwicklung als Spiegelbild der himmlischen repräsentierten. Das Hoffest dauerte fünf Stunden, Tänzer, Sänger und Zuschauer gehörten dem Adel an. Neben der feierlichen, repräsentativen Form entwickelte sich jedoch auch eine eher burleske oder melodramatische Variation z.B. im *Ballet des Fous* (1596) oder im *Ballet des Bouteilles* (1604). Vor allem diese Ausrichtung verlangte nach einer Weiterentwicklung der Bühnenmaschinerie, die aus Italien importiert wurde. Die Sujets der Ballette stammten oft von italienischen Renaissancedichtern, von Torquato ▸ Tasso, Ludovico ▸ Ariosto u.a. Beispielhaft für diesen Typus ist das *Ballet de la Délivrance de Renaud* (1617, Text: Étienne Durant, Musik: Pierre Guédron u.a.), in dem sich groteske, athletische Passagen, mit feierlich, getragenen abwechseln. Inhaltlich vermittelt dieses Ballet jedoch ebenso wie *Le Balet Comique de la Royne* politische Interessen; in beiden Fällen ging es um die Überwindung der Magie durch die Macht des Königs, um die Herstellung der idealen, gottgegebenen Ordnung auf Erden.

Eine neue Form des Ballet de cour entwickelte sich mit dem Ballet à Entrée in den zwanziger Jahren des 17. Jahrhunderts. Bekanntermaßen hatte das Ballett, ähnlich der Oper, von seiner Entstehung bis heute Probleme, sich an den aristotelischen Einheiten zu orientieren, obgleich sie bis ins 19. Jahrhundert in den Theorien als verbindliches Prinzip proklamiert wurden. Der Tanz schuf jedoch immer auch historisch jeweils unterschiedliche Lösungen, diese Ordnung zu unterlaufen. Die subversive Variation des 17. Jahrhunderts, die in Folge auch die Dramaturgie des Opernballetts nachhaltig beeinflusste, war – eben – das Ballet à Entrée. Es bestand, wie der Name besagt, aus einer Folge von Entrées, Auftritten, die inhaltlich jeweils verschiedene Mottos thematisieren; und die Leitideen verbanden sich weiter mit einer Gruppe von Tänzen und Vokalstücken. Auf diese Weise entstand eine bunte Mischung verschiedener Stile, Charaktere und Bilder, die dennoch immer eines im Auge behielten: die Repräsentation von politischer Macht. Beispielhaft ist *Le Ballet de Fées de la Forêt de Saint Germain* (11.2.1625; Vokalmusik Antoine Boësset, Jacques Cordier; Instrumentalmusik: Louis Constantin; Text: René Bordier; Ausstattung: Daniel Rabel). Groteske Elemente und Exotismen erhöhten deren Schaueffekt. Die politische Propaganda zeigt sich vor allem in den von Richelieu ab ca. 1630 beeinflussten Spektakeln, die für dessen militärische Unternehmungen warben. Prototypisch erscheint das von dem Kardinal in Auftrag gegebenen *Ballet de Prosperité des Armes de France* (1641), in dem die königlichen Schlösser und die reichen Wälder von Arkadien den Hintergrund bildeten für die französischen Siege in Casal und Arras. Diese aufwendige Bühnentechnik, entworfen von dem bekannten Maschinisten Giacomo Torelli, steigerte noch die Wirkung der politischen Reklame. Es war vor allem die Flexibilität des Gesamtkunstwerks, die trotz oder wegen dieser enormen Spektakularität den Tanz immer in den Vordergrund des Geschehens stellte.

Die Mischung aus Allegorischem, Fantastischem, Burleskem, Groteskem, Prunkvollem und Majestätischem ist typisch für das Ballet de cour unter Ludwig XIII. und auch noch für den Beginn der Herrschaft von Ludwig XIV. Die melodramatischen Passagen wurden meist von Berufstänzern ausgeführt, die das Können und die Virtuosität besaßen, Krüppel, Verrückte, Dämonen, Halbmenschen oder Hermaphroditen zu verkörpern. Angehörige des Adels, Prinzen und Prinzessinnen, traten in den repräsentativen Teilen auf. Die Tänzer wurden für ihre Kostüme meist ebenso bewundert wie für ihre Figuren, ihre Schritte.

In der zweiten Hälfte des 17. Jahrhunderts bestimmte sich das Ballet de cour zunehmend durch Professionalität. Spektakularität und Virtuosität, prächtige Ausstattung und Tanztechnik wurden zum Markenzeichen für den Adel. Ludwig XIV., der junge Monarch, der für den Tanz begabt war und sein Können gern zur Schau stellte, setzte ein Zeichen seiner Herrschaft mit dem *Ballet de la Nuit* (1653, Text: Isaac de Benserade, Musik: Jean-Baptiste Lully, Ausstattung: Giacomo Torelli), indem er als Roi de Soleil auftrat. Mit der experimentellen Zusammenarbeit von Isaac de Benserade und Jean-Baptiste Lully begann schließlich die Entwicklung des Comédie-Ballet und der Tragédie en musique, zweier für den Tanz ebenso wie für die Oper zukunftweisender Kunstformen. Durch die Förderung, die das Ballet de cour von Hof und Klerus erfuhr (vgl. dazu Ballet de Collège), erweckte es darüber hinaus das Interesse auch von Höfen außerhalb Frankreichs.

Literatur:
I. Brainard, *II. 15. bis Mitte des 16. Jahrhunderts*, in: *MGG Prisma. Tanz*, hrsg. von S. Dahms, Basel u.a. 2001, S. 55–61 • S. Dahms, *III. Ende des 16. bis Anfang des 18. Jahrhunderts*, in: Dass., S. 62–65 • M. MacGowan, *Ballet de Cour 1560-1670*, in: *International Encyclopedia of Dance*, hrsg. von S.J. Cohen, New York u.a. 1989, Bd. 1, S. 285–289 • M. Franko, *Figural Inversions of Louis XIV's dancing Body*, in: *Acting on the Past*, hrsg. von M. Franko und A. Richards, Hanover und London 2000, S. 35–51.

GV

# Balletto (vokal)

Das vokale Balletto wurde laut Thomas ▸ Morley und Michael ▸ Praetorius von Giovanni Giacomo ▸ Gastoldi mit seiner Sammlung *Balletti a cinque voci con li suoi versi per cantare, sonare, & ballare* (1591) geschaffen. Die Sammlung wird mit einer *Introduttione a i balletti* eröffnet und schließt mit einem achtstimmigen *Concerto de pastori*, gegenüber den fünfstimmigen Stücken ein Höhepunkt am Ende, der in den Madrigalsammlungen englischer Madrigalisten in den 1590er Jahren übernommen wurde. Die Balletti sind zweiteilig mit Wiederholung der Teile, die jeweils in einen Abschnitt auf die Silben »Falala« (auch »Nanana« oder ähnliches) münden; die Texte sind strophisch, die kompositorische Faktur überwiegend homophon und syllabisch in beschwingtem Rhythmus. Die Stücke der späteren Sammlung Gastoldis, *Balletti a tre voci* (1594), enthalten bis auf das letzte die »Falala«-Abschnitte nicht. Gastoldis erfolgreiche erste Ballettsammlung war auch nördlich der Alpen sehr beliebt und diente für Bearbeitungen oder als Modell für Neukompositionen deutscher (Hans Leo ▸ Haßlers *Lustgarten neuer teutscher Gesänge, Balletti*, 1601) und insbesondere englischer Komponisten. Thomas ▸ Morley kontrafizierte in seinen *Ballets for five Voyces* (1595) sieben Balletti von Gastoldi und arbeitete Canzonetten anderer italienischer Komponisten zu ›Ballets‹ um. Morley hatte bereits in seiner Canzonetten-Sammlung von 1593 auf die Balletto-Form von Gastoldi durch die Interpolation von »Falala«-Abschnitten rekurriert. Seine Bearbeitungen wie seine Neukompositionen zeigen gegenüber den italienischen Vorbildern eine differenziertere und insbesondere in den »Falala«-Abschnitten polyphone Satzstruktur. Weitere englische Ballets komponierten u.a. Thomas ▶ Weelkes (*Ballets and Madrigals to five Voyces, with one to 6 voyces*, 1598) und Thomas ▶ Tomkins (einzelne Madrigale wie *Come Shepherds, sing with me* in *Songs of 3,4,5 & 6 parts*, 1622).

*Literatur*:
S.G. Cusick, *Balletto. Vocal*, in: Grove, Bd. 2, 2001, S. 601f.

ES

## Ballo / Balletto

Der italienische Begriff Ballo wurde spätestens seit dem 12. oder 13. Jahrhundert verwendet. Er bedeutete: Tanz, ein gesellschaftliches Event mit Tanz, eine kurze Tanzkomposition, ein spezifischer traditioneller = regionaler Tanz; Balletto heißt ›kleiner Tanz‹. Die Tanzwissenschaft heute verwendet beide Begriffe, um den Gesellschafts- und Theatertanz des 15. und 16. Jahrhunderts zu bezeichnen. In vielen Regionen Italiens werden traditionelle Tänze noch heute Balli genannt. Dennoch: Mit der zunehmenden Komplexität von Bewegungsausführung und Tanzkomposition beginnt sich im 16. Jahrhundert ein Unterschied in der Begrifflichkeit anzudeuten. Ballo bezeichnet Gruppenspiele, die zu Musik ausgeführt werden, sowie Tanzkompositionen, die innerhalb von Bühnenspektakeln stattfanden; Balletto hingegen wird als Untertitel von spezifischen Tanzkompositionen, die innerhalb gleichartiger Variationen erschienen, oder für eine Reihenfolge von Tanzkompositionen gebraucht (▶ Tanz).

### 15. Jahrhundert

In den italienischen Tanztraktaten des 15. Jahrhunderts werden Ballo und Balletto meist austauschbar verwendet; sie bezeichnen durchgestaltete Arrangements von Tänzen für den privaten und öffentlichen Bereich. Der Begriff Ballo allein wird gebraucht von ▶ Domenico da Piacenza in *De arte saltandi* (um 1455) und in der ersten von seinem jüdischen Schüler ▶ Guglielmo Ebreo da Pesaro (Giovanni Ambrosio) verfassten Ausgabe von *De practica seu arte tripudii* (um 1463); Antonio ▶ Cornazzano benutzt in der theoretischen Einführung in *Libro dell'arte del danzare* (1455–1465) die beiden Begriffe synonym, für die Beschreibung der Kompositionen verwendet er jedoch den Begriff Ballo. Im sogenannten Giorgio-Manuskript (um 1470, das ist eine der zahlreichen Versionen von Guglielmos Manual) werden neu erfundene Tänze Balletti genannt und ältere Balli.

Die Aufzeichnungsweise der italienischen Tanzmeister folgt immer dem gleichen Muster: ▶ Bassedanze wie Balli/Balletti werden dem Ablauf folgend verbal beschrieben. Charakteristisch für die Balli/Balletti ist, im Unterschied zu Bassedanze oder anderen typischen zeitgenössischen Tanzformen, dass sie in Abschnitten aufgebaut sind. Für gewöhnlich setzen sie sich zusammen aus einer Kombination von zwei bis vier unterschiedlichen Misura. Jede Misura gibt sowohl das Tempo wie die Mensur (bezogen auf den Rhythmus) vor. Bassadanza ist der langsamste, Quadernaria ist ein Sechstel, Saltarello zwei Drittel, und die Piva ist zweimal schneller als der Bassadanza. In der modernen Tanzpraxis werden diese Misura meist als 6/4, 4/4, 3/4 oder 6/8 transkribiert. Mit Ausnahme der Quadernaria, die allein in den Balli erschien, handelt es sich bei den genannten Formen um voneinander unabhängige Tanztypen, die in den Balli nacheinander auftreten konnten. Die Misura bezogen sich sowohl auf die Musik wie auf die Ausführung der Schritte. Zum Beispiel konnte ›tempo di saltarello‹ eine rhythmische Einheit aus der Saltarello-Musik mit einem Saltarello-Schrittmuster bedeuten oder jeweils ›nur‹ Saltarello-Musik oder Saltarello-Schrittmuster. Wechsel der Misura können in den Balli den Reichtum an Variationsmöglichkeiten vorführen oder zu dramatischen Höhepunkten gerinnen. Durch den häufigen Misura-Wechsel unterschieden sich die italienischen Balli von den zwei ›französischen‹ Balli, die Guglielmo Ebreo erörtert. Häufig beginnen die Balli des 15. Jahrhunderts mit dem Einführungs-Saltarello (Saltarello- oder Quadernaria-Misura), der die Ausführenden in die Mitte des Tanzraums führte. Der mittlere Abschnitt wurde oft durch eine Bassadanza-Misura mit Figuren ausgeführt von Formationen bis zu zwölf Tänzern dargestellt, die Linien, Rechtecke, Dreiecke oder paarweise Reihen bildeten. Und die Balli schlossen im schnellen Piva-Tempo, durch das sich die Tänzer mit der Ausführung virtuoser Bein-Bewegungen und Drehungen aufeinander bezogen.

Narrative, dramatische Strukturen finden sich spätestens in der zweiten Hälfte des 15. Jahrhunderts in den Traktaten von Domenico da Piacenza und Cornazzano. Diese Art der Darstellung zeigt sich sowohl in den Bodenwegen (besonders in den Aufzeichnungen von Domenico) wie in den verbalen Beschreibungen (bei Cornazzano). Die Angaben zur Ausführung der Schritte beschränkten sich meist auf deren Dauer. Und deutlich wird die Demonstration männlicher Tanzkunst, der Display von Virilität.

Balli wurden sowohl in öffentlichen wie in privaten Räumen getanzt, sie waren Bestandteil von Bällen der Aristokratie wie auch von kostümierten Einlagen bei offiziellen Festen. Die Tanzmeister, die sie arrangierten, genossen hohes Ansehen, und ihr Ruhm verbreitete sich durch zahlreiche Quellen. So zeigen es zum Beispiel die Berichte der Festivitäten anlässlich des Besuchs des Papstes in Florenz 1459, die mehrere Balli enthielten, unter anderem auch Domenicos *Rostiboli*. Nicht zuletzt ihre Verbreitung sicherte den Balli eine kontinuierliche Tradition bis ins 15. Jahrhundert.

*16. und 17. Jahrhundert*
Balli und Balletti erscheinen bis Mitte des 17. Jahrhunderts sowohl als Gesellschaftstänze wie als Tänze in Bühnen-Spektakeln. Die beiden Begriffe werden auch weiter synonym verwendet; Balletto signalisiert oft den Titel eines Tanzes, der im Text dann Ballo genannt wird. Wie bemerkt beginnt sich im 16. Jahrhundert ein Unterschied in der Begrifflichkeit anzudeuten. Innerhalb des weniger komplex erscheinenden Spektrums von Tanztypen nannte man Gruppenspiele, die zu Musik ausgeführt wurden, Ballo, und Balletto erscheint als Untertitel für einige spezifische Tanzkompositionen wie Bassa, Passo e mezzo, Pavaniglia usw. Und innerhalb des komplexen Spektrums von Formen wurde Ballo für den Tanz in Spektakeln verwendet, und Balletto bezeichnete Kompositionen von Tanzfolgen, die sich aus zwei oder vier Tänzen mit unterschiedlichen Mensuren zusammensetzen, wobei die Mensuren sich meist alle auf das gleiche musikalische Material bezogen.

*Zu den Balli, von denen die Traktate nur wenige verzeichnen, ja innerhalb von Bühnenspektakeln sogar nur ein halbes Dutzend* Spielerische Tänze sind dokumentiert z.B. von Fabritio ▸ Caroso (*Ballo del Fiore* in Caroso 1581, 1600) und für die Bühne choreographierte Balli finden sich u.a. bei Cesare ▸ Negri (*Austria Felice* in Negri 1602, 1604). Die Bühnentanzkomposition scheint ein eigener Tanztyp gewesen zu sein, der sowohl einfache Formen wie hochkomplexe und virtuose Kompositionen kannte. Er konnte von einem männlichen Solisten, einer Gruppe von Männern oder Frauen oder, ab 20 Personen, von einer gemischtgeschlechtlichen Gruppe getanzt werden.

Die Aufzeichnungen der Gruppentänze zeigen meist geometrische Bodenmuster. Dargestellt finden sich allegorische, mythologische oder pastorale Sujets von Tänzern und Tänzerinnen in kongenialen Kostümen. Musikalische und tänzerische Passagen konnten auf vielfältige Weise verflochten sein, so zum Beispiel in Emilio de' ▸ Cavalieris finalem Ballo für die Intermedi in *La Pellegrina* (1589). Überliefert sind Bodenwege, Angaben der Mise en scène, Beschreibungen von 20 musikalischen Sektionen mit wechselnden Mensuren, sowie die Musik.

Die Aufführung getanzter und/oder gesungener Balli oder auch anderer Tänze im Finale etablierte sich in den frühen Opern; zum Beispiel auch in den Werken von Claudio ▸ Monteverdi und Marco da Gagliano. Und diese Verwendung von Tanz tradierte sich schließlich bis ins 20. Jahrhundert.

*Zur Balletto-Suite, einem bei den Tanzmeistern des 16. Jahrhunderts sehr beliebten Tanztyp*
Populär war die Tanzfolge vor allem auch deshalb, da sie durch die Tänze mit verschiedenartigen Mensuren, die sich auf das gleiche musikalische Material bezogen, dem zeitgenössischen ästhetischen Verständnis von Einheit und Variationsreichtum, Einfachheit und Komplexität entsprachen. Eine Suite bestand meist aus klar erkennbaren Tanzformen, die jedoch nicht immer explizit bezeichnet wurden. Sie begann häufig mit einer (nicht genannten) ▸ Pavane oder ▸ Allemande, gefolgt von einer ▸ Galliarde; danach erscheint meist ein ▸ Saltarello und als vierter Tanz ein ▸ Canario.

Es gab jedoch auch sehr komplexe Formen, in denen die Variationen dieser Typen erschienen. Der Erfindungsreichtum wurde vor allem dem tradierten Kanon von Schritten und Figuren untergeordnet; Grazie und Eleganz, die zu den Grundregeln nicht nur der Balli sondern auch der Bassedanze gehörten, waren unverzichtbare Bestandteile der Ausführung; gleichzeitig forderten die Suiten jedoch eine weitere Regel heraus, nämlich die Memoria: Sie erlaubte es dem Tänzer, das bekannte Material nicht nur (quasi mechanisch) einzusetzen, sondern auch durch die Reflexion des Tanzes zu seinem persönlichen individuellen virtuosen Stil zu finden.

Das Schrittvokabular der Suiten ist in den italienischen Tanzlehrbüchern und -traktaten detailliert dargestellt. Interessant erscheint vor allem, dass bestimmte Schrittmuster und Bodenwege charakteristisch sind für spezifische Tanzformen. Das heißt, selbst wenn ein Tanz in einem Ballo nicht genannt wurde, konnte man ihn anhand dieser Kompositionsteile identifizieren. Zum Beispiel wird ›seguito battuto alla canario‹ (Passage mit stampfenden Schritten) nur in Canario-ähnlichen Tänzen verwendet.

*Literatur:*
J. Sutton, *Ballo and Balletto*, in: *International Encyclopedia of Dance*, New York u.a., hrsg. von S.J. Cohen, New York u.a. 1989, Bd. 1, S. 352–354 • I. Brainard, *II. 15. bis Mitte des 16. Jahrhunderts*, in: *MGG Prisma. Tanz*, hrsg. von S. Dahms, Basel u.a. 2001, S. 55–61 • S. Dahms, *III. Ende des 16. bis Anfang des 18. Jahrhunderts*, in: Dass., S. 62–65.

GV

## Banchieri, Adriano [Tomaso]
* 3.9.1568 Bologna, † 1634 Bologna

Der olivetanische Mönch, Komponist, Organist, Musiktheoretiker und italienische Schriftsteller Adriano Banchieri durchlief seine musikalische Ausbildung bei Gioseffo Guami (1542–1611), dem Organisten an der Kathedrale von Lucca. 1587 trat er in die benediktinische Kongregation des Mont-Olivet ein, wo er den Vornamen Adriano (1589) erhielt, bevor er sein Gelübde ablegte (1590). Zwischen 1593 und 1607 hatte er verschiedene Organistenstellen in Klöstern seines Ordens inne, bis er sich endgültig auf Bologna (1609–

1634) festlegte. 1615 gründete er dort die Accademia dei Floridi (1615) und widmete sich am Rande seiner kirchlichen und musikalischen Karriere einer intensiven literarischen Tätigkeit unter den Pseudonymen Camillo Scaliggeri dalla Fratta und Attabalippa dal Peru.

Als Kirchenmusiker hinterließ Banchieri nicht weniger als dreizehn Bände mit religiöser Musik, die zwischen 1595 und 1629 publiziert wurden, ohne die Dutzende von Kompositionen mitzuzählen, die zerstreut in Anthologien enthalten sind. Seine Schaffenskraft zeigt sich in allen Genres: zwei Volumen von Psalmen und Cantiques für die Vespern (*Salmi*, 1598; *Salmi da recitarsi à battuta larga*, 1613), zwei Bände Messen (*Messe solenne*, 1599; *Primo libro delle messe e motetti*, 1620), neun Bücher mit Motetten (1595, 1607, 1609, 1610, 1611, 1613, 1614, 1619, 1625), Orgelstücke (*L'Organo suonarino*, 1605) und neun didaktische Traktate: Sechs sind dem Kirchengesang gewidmet (1601, 1611, 1614, 1615, 1622) und drei der Orgel (1605, 1609, 1627). Sein Kompositionsstil ist charakteristisch für die religiöse Musik an der Wende des 16. zum 17. Jahrhundert. Seine Messen, ein Teil seiner Psalmen (*Salmi*, 1598) und seiner Motetten (*Concerti ecclesiastici*, 1595; *Ecclesiastiche sinfonie*, 1607; *Sacra armonia*, 1619) sind gemäß den Forderungen der tridentinischen Reformatoren in einem polyphonen Stil im einfachen Kontrapunkt komponiert, der eine klare Behandlung des Textes erlaubte. Er schrieb auch Werke in einem konzertanteren Stil, insbesondere Motetten für zwei Stimmen und Basso continuo (*Gemelli armonici*, 1609, ²1622; *Dialoghi, concerti, sinfonie, e canzoni*, 1625, ²1629) oder auch für eine Stimme und Basso continuo (*Terzo libro di nuovi pensieri ecclesiastici*, 1613).

Das weltliche Werk von Banchieri ist ebenfalls wichtig: Es besteht aus zwölf Bänden, die zwischen 1597 und 1630 publiziert wurden.

Es handelt sich hier hauptsächlich um madrigaleske Komödien im Genre von Orazio ▸ Vecchi (1550–1605), die auf amourösen Intrigen gemäß der Commedia dell'arte oder auf pastoralen Themen basieren. Sein Schaffen beinhaltet sechs Bücher mit Canzonette zu drei Stimmen (1597, 1598, 1600, 1601, 1607, 1614), von denen einige, wie *La pazzia senile* (1598, ²1599), *Il metamorfosi musicale* (1601, ²1606) oder *Prudenza giovenile* (1607, ²1628), mehrere Auflagen erhielten. Sechs weitere Bücher (1604, 1605, 1608, 1622, 1626, 1630) enthalten Stücke für fünf Stimmen im Genre des Madrigals. Banchieri hat sich auch im instrumentalen Repertoire berühmt gemacht mit den Kanzonen für Violinen (*Il virtuoso ritrovo academico*, 1626) und hauptsächlich mit drei Sammlungen *Fantasie* und *Canzoni alla francese* zu acht Stimmen (1596), vier Stimmen und Continuo (1603) sowie zwei Stimmen und Continuo (1612).

Sein didaktisches Œuvre zielt vor allem auf die Praxis: *Cartelle musicale* (1601) bietet verschiedene Beispiele vokaler Verzierungen; *L'organo suonarino* (1605) beschreibt die Art der Aussetzung des Basso continuo, gibt Anleitungen für die Begleitung des liturgischen Gesanges und für die Registrierung der Orgel. Banchieri ist einer der ersten, die Taktstriche und moderne Notationszeichen gebraucht haben, ebenso wie er zu dynamischen Bezeichnungen griff (*Terzo libro di nuovi pensieri ecclesiastici*, 1613).

*Ausgaben*:
A. *Banchieri Opera omnia*, hrsg. von I. Vecchi, Bologna 1963– (Antiquae Musicae Italicae Monumenta Bononiensia 12).

*Schriften*:
*Cartella, overo Regole utilissime à quelli che desiderano imparare il canto figurato* (1601, ⁵1623), Faksimile Bologna 1968 (Bibliotheca Musica Bononiensis II/26); *L'organo suonarino* (1605, ³1622), Faksimile Bologna 1991 (dass. II/31); *Conclusioni nel suono dell'organo* (1609, ²1626), Faksimile Bologna 1968 (dass. II/24); *Cantorino utile a novizzi, e cherici se-*

*colari, e regolari* (1622), Faksimile Bologna 1980 (dass. II/19); *Lettere armoniche* (1628, ²1630), Faksimile Bologna 1968 (dass. V/21).

*Literatur*:
H.J. Wilbert, *Die Messen des Adriano Banchieri*, Mainz 1969 • O. Mischiati, *Adriano Banchieri (1568–1634): profilo biografico e bibliografia dell'opere*, in: Annuario 1965–1970 del Conservatorio di Musica »G.B. Martini« di Bologna (1971), S. 38–201 • W.S. May, *Adriano Banchieri: Late Sacred Motets: the ›Seconda Prattica‹ in Sacred Music*, Diss. Tulane Univ. 1975 • A. Wernli, *Studien zum literarischen und musikalischen Werk Adriano Banchieris (1568–1634)*, Bern und Stuttgart 1981 • M. Farahat, *Adriano Banchieri and the Madrigal Comedy*, Diss. Univ. of Chicago 1991.

FG

## Bandora / Pandora / Orpharion

Die Bandora ist ein der Laute verwandtes Instrument in tiefer Lage, mit flachem und (an Jakobsmuscheln erinnerndem) verziertem Körper mit Metallsaiten, deren Steg wie auf einer Laute gerade sein kann oder schräg, wodurch die Saiten in der Höhe immer kürzer werden. Die Instrumente mit schrägem Steg haben auch schräge Bünde, wodurch ein Trapez zwischen Bünden und Steg entsteht. Diese Erfindung erlaubte die Entwicklung des Instruments, da die Metallsaiten sowohl in der Höhe (kein Bruch) als auch in der Tiefe (Klangfülle) weniger Probleme bereiteten als die Darmsaiten. Die Bünde sind aus Metall wie auf der Cister. Nach Michael ▶ Praetorius (1619) soll die Bandora in London 1562 erfunden worden sein, mit fünf Chören und parallelem Steg und Bünden. Die Erfindung neuer gedrehter Saiten und neuer Legierungen, kombiniert mit dem trapezförmigen Bau von Bünden und Steg, erlaubte eine steigende Anzahl an Chören bis zu 12. Man spricht dann eher von Orpharion oder von Penorcon. Die Pandora, die ein Soloinstrument ist, diente gleichermaßen zur Begleitung der ersten ›English songs‹ (▶ Lautenlieder) und wurde in den ›broken ▶ consorts‹ ver-

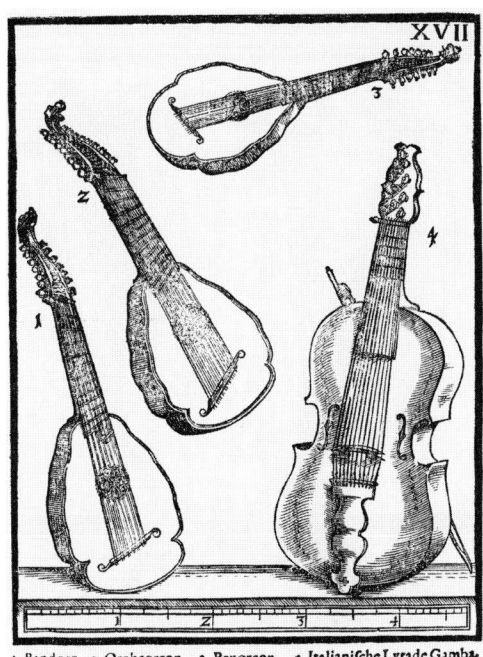

Bandora (Bandoer), Orpheoreon und Penorcon, aus: M. Praetorius, *Syntagma Musicum* Bd. II: *De Organographia*, Wolfenbüttel 1619, Faksimile Kassel 1958, Tafel XVII.

wendet. William Barley, Thomas ▶ Morley und Anthony ▶ Holborne haben für das Instrument geschrieben. Auf dem Kontinent diente die Bandora hauptsächlich als Continuoinstrument.

*Literatur*:
D. Gill, *The Orpharion and Bandora*, in: The Galpin Society Journal 13 (1960), S. 14.

CHB

## Barbingant
fl. 1445–1460

Von Barbingant, einem nicht zu vernachlässigenden Komponisten des 15. Jahrhunderts, hat sich in den Archiven keine Spur erhalten, so dass er in der Vergangenheit mit Jacques ▶ Barbireau verwechselt wurde.

Den Quellen nach zu urteilen, in denen seine Werke überliefert sind, und nach anderen Zeugnissen soll Barbingant zwischen dem 5. und dem 7. Jahrzehnt im Umkreis der königlichen Kapelle im Loiretal tätig gewesen sein. Zwei seiner Rondeaux kranken an einer doppelten Zuschreibung an Johannes ▸ Ockeghem und an Johannes Fedé, die beide im Loiretal tätig waren. Barbingant ist Guillaume ▸ Crétin bekannt, der ihn in der *Déploration* auf den Tod Ockeghems (1497) zitiert, und ▸ Eloy d'Amerval, der seinen Namen gemeinsam mit den herausragendsten Komponisten der Epoche (*Livre de la déablerie*, 1508) erwähnt.

Das überlieferte Werk von Barbingant ist wirklich spärlich: zwei dreistimmige ▸ Messen, drei ▸ Rondeaux und ein wahrscheinlich instrumentales Stück. Seine profanen Stücke erfuhren eine gewisse Bekanntheit, wie *L'omme banny de sa plaisance*, das auch von Johannes ▸ Tinctoris im *Liber imperfectionum notarum musicalium* zitiert und in den Traktaten von Franchino ▸ Gaffurio und Giovanni del Lago wieder ins Gedächtnis gerufen wird. Die ▸ Chanson *Au travail suis* scheint eines der Hauptwerke Barbingants zu sein, auch wenn bis heute ihre Authentizität in Frage gestellt wird. Ockeghem, dem dieses Rondeau im *Chansonnier Nivelle de la Chaussée* zugeschrieben wird, bediente sich ihrer, um eine seiner experimentellsten Messen zu komponieren (*Missa Au travail suis*).

*Der Pfauenschwanz*, das ohne Text überliefert ist, verrät einen wahrscheinlich instrumentalen Ursprung, aber die Authentizität seiner Zuschreibung bleibt hier ein weiteres Mal Zweifeln anheimgestellt. Dieses vierstimmige Stück wurde bei zwei Messen von Johannes ▸ Martini und Jacob ▸ Obrecht als Vorlage benutzt.

Eine der zwei Messen von Barbingant, die anonym überliefert ist, wurde als sein Dank an Tinctoris' Zitierung in seinem *Proportionale musices* erkannt. Die andere, die *Missa Terriblement*, ist eine sehr interessante Komposition der Epoche. Sie paraphrasiert in der Tat mit großer Gewandtheit die drei Stimmen der Vorlage, das anonyme Virelai *Terriblement suis fortunée*, vielleicht ebenfalls von Barbingant.

*Ausgaben*:
*Jacobi Barbireau opera omnia*, hrsg. von B. Meier, 2 Bde., American Institute of Musicology, Amsterdam 1954, 1957 (CMM 7) [enthält auch Werke von Barbingant].

AM

# Barbireau, Jacobus
\* um 1455, † 7.8.1491 Antwerpen

Die musikalische Laufbahn dieses herausragenden, aus Antwerpen stammenden Komponisten wäre ruhmreich gewesen, wenn der Tod ihn nicht frühzeitig in jungem Alter (36 Jahre) ereilt hätte.

Barbireau ist einer der wenigen Komponisten dieser Epoche, dessen Bildung und humanistische Kenntnis uns indirekt überliefert ist. Er unterhielt nämlich eine enge Freundschaft mit dem Humanisten Rudolph ▸ Agricola († 1485) und war der Adressat seiner verschiedenen Lehrbriefe. Einer der wichtigsten, bekannt unter dem Namen *De formando studio* (1484), von Agricola dem Freund Jacobus Barbirianus gewidmet, ist eine persönliche Verherrlichung der humanistischen Erziehung. Der Humanist Judocus Beyssel schrieb zum Tod des jungen Komponisten drei Epitaphe.

Die aus der Biographie von Barbireau bekannten Daten lassen sich in wenigen Zeilen zusammenfassen. 1481 beherbergte er in Antwerpen Rudolphus Agricola und seine Frau. Barbireau übernahm 1484 das Amt des ›magister puerorum‹ an der Kathedrale Notre-Dame von Antwerpen. Bei seinem Tod gingen diese Pfründen in die Hände des großen Jacob ▸ Obrecht über. ▸ Maximilian I. muss den Komponisten sehr geschätzt haben: Auf den Januar 1490 geht einer seiner Empfehlungsbriefe zurück, in dem er Barbireau erlaubt, den ungarischen Hof zu besuchen.

Von Barbireau kennt man heute zwei ▸ Messen, ein *Kyrie paschale*, eine ▸ Motette (*Osculetur me*) und drei weltliche Stücke. Die *Missa Virgo parens Christi*, für die Gepflogenheiten der Epoche ungewöhnlicherweise für fünf Stimmen, ist vielleicht für die Kathedrale von Antwerpen komponiert worden, in der jedes Jahr zur Oktav von Mariä Himmelfahrt (eine Woche nach dem 15. August) eine »missa celebrata cum organis et discantu« gesungen wurde.

Die *Missa Faulx perverse*, deren Vorlage unbekannt ist, ist für vier tiefe Stimmen und gehört sicherlich zu den interessantesten Messenkompositionen der zweiten Hälfte des 15. Jahrhunderts.

*Ausgaben*:
*Jacobi Barbireau opera omnia*, hrsg. von B. Meier, 2 Bde., American Institute of Musicology, Amsterdam 1954, 1957 (CMM 7).

AM

Barcelona ▸ Spanien

# Bardi, Giovanni Maria de', Conte di Vernio
\* 5.2.1534 Florenz, † September 1612 ebenda

Der florentinische Mäzen, Dichter, Theoretiker und Komponist stammte aus einer führenden toskanischen Adelsfamilie, die sich auch im Militärdienst auszeichnete (im Krieg gegen Siena 1553 und in der Verteidigung von Malta 1565). Er erlangte leichten Zugang in die oberen Ränge des ▸ Medici-Hofes, gewann die Gunst des Herzogs (später Großherzog) Cosimo I. und seines Nachfolgers Francesco I. Bardi war in die Organisation florentinischer Zeremonien eingebunden, darunter eine *Mascherata del Piacere e del Pentimento* (Februar 1573) und die Hochzeitsfestlichkeiten von Eleonora de' Medici mit Vincenzo Gonzaga (1584), von Virginia de' Medici mit Cesare d'Este (1586, einschließlich Bardis Schauspiel *L'amico fido*), und von Großherzog Ferdinando I. de' Medici mit Christine von Lothringen (1589). Während dieser Zeit unterhielt Bardi auch Verbindungen zum ▸ Este-Hof in Ferrara und seinem musikliebenden Herzog.

Die Hochzeitsaufführungen von 1589 schlossen ein Schauspiel ein, Girolamo Bargaglis *La pellegrina*, mit einer Reihe verschwenderischer Intermedien, die die Macht der Musik priesen. Bardi ersann komplexe neoplatonische Allegorien, die mit extravaganten szenischen Effekten und einem breiten Variationsreichtum an Musik dargestellt wurden. Diese ▸ Intermedien kennzeichneten den Höhepunkt eines Genres, das typisch für die Propaganda der florentinischen Dynastie war. Der neue Großherzog bevorzugte jedoch, den jüngeren florentinischen Adel zu befördern auf Kosten derjenigen, die von seinem unpopulären Vorgänger begünstigt wurden; er übergab also die Leitung der Hoffeierlichkeiten einem Römer, der jüngst in Florenz eintraf, Emilio de' ▸ Cavalieri. Bardi ging 1592 nach Rom und wurde ›maestro di camera‹ von Papst Clemens VIII. und Generalleutnant der päpstlichen Wache. Er diente auf den Schlachtfeldern in Ungarn 1595 – wo er Claudio ▸ Monteverdi getroffen haben könnte (dort im Gefolge des Herzogs Vincenzo Gonzaga von Mantua) – und blieb danach weiterhin in römischen Diensten bis 1605, als er nach Florenz zurückkehrte.

Bardi war teilweise in die Hochzeitsfeierlichkeiten für Prinz Cosimo de' Medici und Maria Magdalena von Österreich 1608 involviert, und könnte möglicherweise in die Streitigkeiten rivalisierender florentinischer Musiker rund um die Gründung von Marco da

Gaglianos Accademia degli Elevati verwickelt gewesen sein. Überwiegend scheint er jedoch einen friedlichen Ruhestand genossen zu haben.

1563 hat Bardi den florentinischen Lautenisten und Theoretiker Vincenzo ▶ Galilei gesponsert, damit er bei Gioseffo ▶ Zarlino in Venedig studieren konnte. Er war auch ein früher Unterstützer des jungen Sängers und Komponisten Giulio ▶ Caccini, der 1565 in Florenz ankam. Galilei kehrte von Venedig zurück, da er mit Zarlinos Unterricht unzufrieden war und baute sogleich einen Briefwechsel mit dem bekannten florentinischen Humanisten Girolamo ▶ Mei auf, der zu dieser Zeit in Rom war. Meis umfassende Korrespondenz mit Galilei und Bardi über die Natur und die Effekte der antiken griechischen Musik behandelte diesen Gegenstand weithin aus einer theoretischen Perspektive, obwohl praktische Fragen bald hinzu kamen, indem die Unzulänglichkeiten der zeitgenössischen Musik, besonders des Kontrapunkts, aufgezeigt wurden. Bardi versuchte, die Probleme in einem Diskurs über antike Musik und gutes Singen einzufangen, der an Giulio Caccini 1578 gerichtet war, und Galilei wandelte das Thema in seinem *Dialogo della musica antica, et della moderna* (Florence 1581) in eine Polemik um. In diesem imgainären Dialog zwischen Giovanni de' Bardi und Piero Strozzi betonte Galilei umfassend die Vorteile der antiken Musik gegenüber der modernen hinsichtlich ihrer Klarheit in der Textdeklamation (d.h. des Sologesangs), ihrer Macht für emotionale Erregung durch die Wirksamkeit ihrer musikalischen Faktur (Kontrapunkt führte gleichzeitig in zu viele Richtungen), und durch ihre Stimmungen und Leidenschaften.

Galileis Traktat stellt einen Versuch dar, die Unterhaltungen aufzuschreiben, wie sie in Bardis sogenannter ▶ Camerata stattgefunden haben könnten, eine lose verbundene Gruppe von Mäzenen, Theoretikern und Musikern, die von Giulio Caccini und ebenso von Bardis Sohn Pietro (in einem Brief von 1634 an den Theoretiker Giovanni Battista Doni) später damit identifiziert wurden, einen bezeichnenden Einfluss auf neue Richtungen der florentinischen Musik, d.h. des Sologesangs und der Oper, gehabt zu haben. Weder Bardi noch seine Camerata hatten notwendigerweise ein kohärentes Programm, wie es von solchen späteren Kommentatoren (und einigen heutigen Wissenschaftlern) angenommen wurde, und Bardi befand sich nicht mehr in Florenz, als die Oper entstand. Tatsächlich bildete die Musik nur einen Teil einer breiteren Serie von Konversationsthemen. Als prominentes Mitglied mehrerer florentinischen Akademien (einschließlich der Accademia della Crusca und der Accademia degli Alterati) war Bardi selbst in zeitgenössische Debatten über die Poesie involviert einschließlich der wütenden Kontroverse über die jeweiligen Verdienste von Ludovico ▶ Ariosto und Torquato ▶ Tasso. Er schrieb sogar Traktate, unter anderem über das florentinische Spiel von *Calcio* (1586). Bardi zeigte sich eher als umfassend gebildeter Intellektueller denn als jemand, der einseitig eine Absicht verfolgt.

Bardis Teilnahme an florentinischen Hoffestlichkeiten führte ihn auch dazu, Dichtung sowie einige Musik für diese zu schreiben. Seine Texte im ersten und fünften der Intermedien von 1589 (eingeschlossen der eröffnende Gesang der Harmonie) sind sehr konventionell. Seine drei erhaltenen Kompositionen sind alle für fünf Stimmen: *Lauro, ohimè, lauro ingrato* (in *Il laure secco*, Ferrare 1582; publ. in Newcomb, II, S. 16–21), eine Vertonung von Pietro ▶ Bembos *Cantai un tempo, et se fu dolce in canto* (in Pasquale Trista Bocca da l'Aquila's *Il secondo libro di madrigali a cinque voci*, Venedig 1586; publ. in Palisca 1985, S. 380–390), und *Miseri habitator' del cieco Averno* im vierten der Intermedien von 1589 (publ. Walker, S. 85–87). Jedes ist überwiegend homophon und respektiert die

Rhythmen der Dichtung; Palisca hat zudem offengelegt, dass es in *Cantai un tempo* einen Versuch der Annäherung an den antiken griechischen mixolydischen Modus gibt. Bardis Musik für das fünfte der Intermedien von 1586, das sein eigenes Schauspiel *L'amico fido* begleitet, ist verloren.

*Literatur*:
A. Newcomb, *The Madrigal at Ferrara, 1579–1597*, Princeton 1980 • D.P. Walker (Hrsg.), *Musique des intermèdes de »La pellegina«: Les fêtes de Florence, 1589*, Paris 1963, Nachdruck 1986 • C.V. Palisca, *Humanism in Italian Renaissance Musical Thought*, New Haven and London 1985 • C.V. Palisca, *The Florentine Camerata: Documentary Studies and Translations*, New Haven and London 1989.

TC

# Barform / Bar

Das Bar bezeichnet in der Poetologie des ▶ Meistergesangs im 15. bis 17. Jahrhundert ein Lied mit mehreren Strophen (mindestens und in der Regel drei). In diesem Sinne verwenden die Schreiber der Kolmarer Liederhandschrift (um 1460) »bar« als Gattungsbezeichnung im Titel von Liedern. Auf Richard Wagner (*Die Meistersinger von Nürnberg*, Akt III, 2) geht neben der Verwendung als Maskulinum der irreführende Gebrauch als Bezeichnung für eine einzelne Strophe zurück. Daraus entstand in der Terminologie der musikalischen Formenlehre des 20. Jahrhunderts der Begriff Barform, der dort zur Kennzeichnung eines allgemeinen musikalischen Bauprinzips verwendet wird. In Übernahme der Meistersinger-Nomenklatur wird damit eine dreiteilig-›stollige‹ Anlage benannt, in der einem aus zwei gleichgebauten ›Stollen‹ bestehenden ›Aufgesang‹ ein abweichend gebauter ›Abgesang‹ folgt (AAB).

Die Strophenform nach dem Modell AAB wird in der Literaturwissenschaft Kanzonenform genannt, deren konstitutives Prinzip aus Parallelität und Verschiedenheit (nicht notwendigerweise Gegensatz) eine der wichtigsten und gebräuchlichsten Strophentypen seit dem hohen Mittelalter entstehen ließ. Mit dem Spielraum zahlreicher Varianten ging sie von der ›cantio‹/›canzone‹ der provenzalisch-romanischen Lyrik zum Minnesang sowie zur Sangspruchdichtung und von dort zum Meistergesang und zu den deutschsprachigen Liedern des 15. und 16. Jahrhunderts über. Unter Hinzufügung eines Refrain-Teils bildet die Kanzonenstrophe den Ausgangspunkt für ▶ Ballata, ▶ Ballade, ▶ Virelai, ▶ Bergerette, ▶ Barzeletta, ▶ Canción und ▶ Villancico. Diese Refrainkomponente, die dem ▶ Sonett mangelt, das ansonsten ebenfalls auf das Grundprinzip der Kanzonenstrophe zurückgeführt werden kann, fehlt auch in den deutschen Strophen als eigener Formteil; nur ausnahmsweise werden im 15. Jahrhundert und nach 1500 immer noch eher selten am Ende aller Strophen ein halber bis drei Verse im identischen Wortlaut refrainartig vorgetragen, z.B. Paul ▶ Hofhaimer, *Mein einigs a.* (Aufgrund der Strukturverwandtschaft ordnet David Fallows, *A Catalogue of Polyphonic Songs 1415–1480*, Oxford 1999, deutsche Lieder mit Kanzonenstrophe etwas missverständlich der Rubrik ›Ballade‹ zu.) Wegen der terminologischen, sachlichen und historischen Problematik werden im musikwissenschaftlichen Sprachgebrauch die Begriffe ›Bar‹ und ›Barform‹ im Zusammenhang mit Liedern des hier interessierenden Zeitraums zunehmend aufgegeben und durch den neutraleren, wenngleich ebenfalls nicht zeitgenössischen Terminus ›Kanzonenform‹ ersetzt. In Anbetracht des älteren Sprachgebrauchs in der Sekundärliteratur werden die im Folgenden behandelten Strophencharakteristika deutscher Lieder noch unter den anachronistischen Stichwörtern ›Bar‹ bzw. ›Barform‹ besprochen.

Obwohl die Kanzonenstrophe sehr unterschiedliche Ausprägungen erlaubte und auch im Lied zahlreiche individuelle, mitunter lange und komplexe Formen (z.B. bei den Dichter-Komponisten ▸ Oswald von Wolkenstein und ▸ Adam von Fulda) hervorbrachte, wurden einige Standardformen favorisiert, die häufig auf die aus der Nibelungenstrophe entwickelte Hildebrandsstrophe zurückgehen und diese genau übernehmen oder abwandeln:

1. als asymmetrische neunzeilige Strophe 3a- / 3b / 3a- / 3b // 3c- / 3d / 3c- / 3c- / 3d (Wechsel von auftaktigen weiblichen und männlichen Dreihebern mit Kreuzreim und verdoppelter siebter Zeile); durch die Entstehung aus der Teilung der Langzeilen der Nibelungenstrophe sind erste und dritte Zeile oft reimlos (x),
2. als asymmetrische siebenzeilige Strophe 3a- / 3b / 3a- / 3b // 4c / 3x- / 3c (mit wegfallender vierter und verlängerter folgender Zeile, was die vorletzte Zeile zur Waisen macht),
3. als achtzeilige Strophe mit symmetrischer Zeilenverteilung zwischen Auf- und Abgesang, zumeist in der metrischen und reimtechnischen Folge 4a / 3b- / 4a / 3b- // 4c / 3d- / 4c / 3d-, häufig auch mit Teilung der Vollzeilen in Kurzzeilen mit Binnenreim 2a+2a / 3b- / 2a+2a / 3b- // 2c+2c / 3d- / 2c+2c / 3d-.

Variiert wird innerhalb dieser Modelle, indem die Proportionen zwischen Auf- und Abgesang durch hinzugefügte bzw. wegfallende Zeilen verschoben werden, durch wechselvolle Anwendung von Kurzzeilen bis hin zu Schlagreimfolgen sowie durch syntaktische Manipulationen im Versaufbau, z.B. Enjambement. Vor allem dieser sprachlich artistischere Umgang kennzeichnet die Strophen an der Wende zum 16. Jahrhundert und wird als Merkmal der ▸ Hofweise angesehen; sie sind entsprechend gehäuft in den von Erhard ▸ Öglin, Peter Schöffer d.J. und Arnt von ▸ Aich gedruckten Liederbüchern sowie in Georg ▸ Forsters erster Liedanthologie anzutreffen, wo sie über zwei Drittel der Textgrundlagen bilden.

Auch für Martin ▸ Luthers geistliche Liedertexte stellen diese Strophenformen ein Grundmuster dar, nachdem die Form im Lochamer-, Schedel- und Glogauer Liederbuch der 2. Hälfte des 15. Jahrhunderts allenfalls paritätisch neben den fortlaufenden und durchkomponierten gestanden hatte.

Bei manchen Komponisten, sofern man sie namentlich kennt, sind individuelle Vorlieben festzustellen, so bei Heinrich ▸ Finck die Neigung zur 8-zeiligen, symmetrischen Strophe, bei Ludwig ▸ Senfl zu komplizierten Formen. Bereits im 15. Jahrhundert herrscht ein enger Anschluss der musikalischen Disposition an die Textvorlage mittels abgestufter Kadenzbildungen, der in einfacheren Liedern auch im 16. Jahrhundert waltet und bei kunstvollen Kompositionen sehr differenziert berücksichtigt, aber auch bewusst verschleiert werden kann (bis hin zur Durchkomposition, z.B. bei Senfl). Andererseits sind nicht kanzonenförmige Strophen bisweilen auch in Anlehnung an die musikalische Barform vertont worden (z.B. bei Balthasar Arthopius 1536, Johann ▸ Knöfel 1581). In fast allen Fällen werden die Stollen mit identischer Musik nur einmal und mit Wiederholungszeichen notiert. Die musikalische Gabelung des Stollenschlusses in ouvert und clos (zuerst auf einem nicht schlussfähigen und beim zweiten Durchgang auf einem schlussfähigen Ton) ist dem Lied-Bar, im Gegensatz zur Ballade, fremd.

Die musikalisch am Madrigal orientierte Liedkomposition der zweiten Hälfte des 16. Jahrhunderts stützte sich noch zu großen Teilen auf alte Texte und übernahm somit auch deren kanzonenförmigen Bau, nur noch in Ausnahmefällen wurde aber mehr als eine Strophe vertont, und Reflexe der Stollenanlage finden sich in der musikalischen Disposition kaum noch. Erst im Zuge der Rezeption der italienischen Gattungen ▸ Villanella und ▸ Canzonetta wurden zuerst sporadisch seit den 1570er Jahren, dann vermehrt seit den

1590er Jahren kanzonenförmige Texte auch wieder mit entsprechenden Wiederholungen musikalisch umgesetzt.

NSCH

## Bartholomaeus de Bononia
fl. um 1410–1427

Bartholomaeus de Bononia ist möglicherweise mit demjenigen Fra Bartolomeo da Bologna identisch, der mindestens 1405 bis 1407 Organist der Kathedrale von Ferrara und auch Prior des Klosters S. Nicolò war (Citadella 1864, Ausg. Reaney 1975). Von seinen Kompositionen sind nur sieben erhalten geblieben. Es handelt sich fast ausschließlich um dreistimmige Vokalwerke (Ballata, Virelais, etc.).

Die Kompositionen zeigen französische Einflüsse wie im ›canon virelais‹ *Que pena maior* – oder das in französischer ▸ Balladenform komponierte *Arte psallentus* und das in französischer ▸ Rondeauform stehende *Mersi chiamando adiuto*. Das Gloria-Credo Paar ist in Parodietechnik komponiert: Die Ballata *Vince con lena* wird in erkennbaren Zitaten und in einigen Abschnitten sogar vollständig verwendet. Aus der Ballata *Morir desio* verwendete Bartholomaeus nur einzelne Motive.

*Ausgaben*:
*Early Fifteenth-Century Music* (Corpus mensurabilis musicae 11,5), hrsg. von G. Reaney, 1975; *Polyphonia Sacra*, hrsg. von Ch. van den Borren, Burnham 1932; *A Fifteenth-Century Repertory from the Codex Reina* (Corpus mensurabilis musicae 37), hrsg. von N.E. Wilkins, 1966; *French Secular Compositions of the Fourteenth Century III* (Corpus mensurabilis musicae 53), hrsg. von W. Apel, 1972.

*Literatur*:
A. Cavicchi, *Sacro e profano: documenti e note su Bartolomeo da Bologna e gli organisti della cattedrale di Ferrara nel primo quatrocento*, in: Rivista italiana di musicologia 10 (1975), S. 46–71 • Ders., *Altri documenti per Bartolomeo da Bologna*, in: Dass. 11 (1976), S. 178–181 • D. Baumann, *Bartholomeus de Bononia*, in: MGG, Bd. 3 (Personenteil), 2000, Sp. 335–336.

AP

## Bartolomeo degli Organi
* 24.12.1474 Florenz, † 12.12.1539 Florenz

Bartolomeo war Komponist, Sänger und Organist in Florenz, wo er eine wichtige Position im Musikleben der Stadt einnahm. In den 1490er Jahren war er Organist an verschiedenen Florentiner Kirchen und Begleiter an SS Anunziata, an der er bereits mit 13 Jahren Laudensänger gewesen war. 1509 wurde er Organist am Florentiner Dom und blieb dies bis an sein Lebensende; zudem wurde er auf Veranlassung seines Förderers Lorenzo de' ▸ Medici Sänger am Florentiner Baptisterium. Bartolomeo war mit berühmten Zeitgenossen in Verbindung, darunter Lorenzo Strozzi, Piero Rucellai, Niccolò ▸ Machiavelli, Benedetto Varchi. Einer seiner Söhne war der Lautenist Perino Fiorentino. Bartolomeo blieb zeitlebens trotz aller Unruhen (u.a. Vertreibung der Medici) in Florenz.

Bartolomeo hat wahrscheinlich eine beträchtliche Anzahl an geistlichen Kompositionen geschrieben, von denen jedoch nur zwei vollständige (publiziert von Serafino Razzi) und eine unvollständige Lauda erhalten blieben: *Signore, soccor'et aita* und *Quand'i'pense a'piacer del parodiso*, die eine Kontrafaktur des ▸ Canto carnascialesco *Donne per electione* ist, zu dessen Gattung Bartolomeo wahrscheinlich auch noch mehr Beiträge geleistet hat, da sie unter Lorenzo de' Medici blühte (erhalten ist noch *Donne come vedete*). Von seinen weltlichen Liedern sind ein Strambotto und neun ▸ Ballate erhalten, deren melodische Gestaltung eng an die Akzentstruktur des Textes angelehnt ist. Erhalten sind zudem drei instrumentale Chansonbearbeitungen.

*Ausgaben*:
*Music of the Florentine Renaissance*, Bd. 2, hrsg. von F. D'Accone (Corpus mensurabilis musicae 32), o. 1967.

*Literatur*:
F. D'Accone, *Alessandro Coppini and Bartolomeo degli Organi – Two Florentine Composers*, in: Analecta musicologica 4 (1967), S. 38–76.

# Barzeletta

Unter den zahlreichen Strophenformen der um 1500 florierenden italienischen Liedgattung der ▶ Frottola ist die Barzeletta die typischste, weshalb sie manchmal direkt mit Frottola gleichgesetzt wurde. So verzichteten auch die maßgeblichen Verleger von Frottole, Ottaviano ▶ Petrucci und Andrea ▶ Antico, auf die Unterbezeichnung. Der Name erscheint ebenfalls in den dialektalen Schreibweisen ›bargeleta‹ und ›belzeretta‹, was auf die Verwandtschaft mit der französischen ▶ Bergerette verweist.

Als Abkömmling der ▶ Ballata taucht sie bereits im 15. Jahrhundert neben dieser im *Codex Reina*, *Lucca* und *Montecassino* als mehrstimmiger Tonsatz auf, unterscheidet sich von ihr aber vor allem aufgrund der kürzeren Verse, die in den unprätentiösen und – gegenüber den komplexen Elfsilblern – leichter fasslichen trochäischen Achtsilbern (Ottonari) abgefasst sind. Der Generalplan der sprachlichen Ballata-Strophe wird übernommen: Einer Ripresa folgt eine aus zwei Teilen bestehende Stanza, d.h. zuerst ein doppelstollig gebauter Abschnitt mit neuen Reimen, dann eine Volta, deren erster Reim den der unmittelbar vorangegangenen Verszeile aufgreift und deren letzter Reim den Bogen zur Ripresa zurückschlägt, bevor diese erneut erklingt und die Brücke zu meist zwei oder drei weiteren Strophen baut.

Im Unterschied zur altehrwürdigen Ballata liegt das für die Sub-Gattung bezeichnende und spielerische Potenzial der Frottola-Barzelletta in den unzähligen Varianten, mit denen der Schematismus durchbrochen wurde. Das konnte sich auf sprachliche Abwandlungen beziehen (etwa durch weniger als die regulären vier Ripresa-Verse oder verkürzte Volte), sehr oft aber auch auf musikalische Manipulationen. In einem solchen Fall werden beispielsweise die Musikzeilen der Ripresa hergenommen, um darauf in äußerster Ökonomie auch die Verse der Stanza-Abschnitte zu singen, die eigentlich neue Musik verlangten (zumindest der erste, stollige Abschnitt). Divergierende Notentexte in verschiedenen Quellen lassen erkennen, dass dies bei ein und derselben Komposition offensichtlich auch ad hoc unterschiedlich gehandhabt wurde, was charakteristisch für die an Gedächtnisleistungen gekoppelten Praktiken einer nur bedingt schriftlichen Musikkultur ist. Oder von der Ripresa wird nur ein gekappter und daher mottohaft hervorgehobener Teil wiederholt. Eine weitere der zahlreichen, kaum systematisierbaren Möglichkeiten, das Modell zu modifizieren, besteht darin, in der Stanza zwar in der Oberstimme auf Melodiezeilenmaterial der Ripresa zu rekurrieren, in den Begleitstimmen aber neue Musik bereitzustellen, was entwicklungsgeschichtlich auf das Prinzip der schließlich auch angewandten Durchkomposition hinführte. Da Refrain- und sonstige Wiederholungsformen seit der Wende zum 16. Jahrhundert generell an Reputation verloren, nimmt auch innerhalb des Frottola-Repertoires der Gebrauch der Barzelletta als Strophentypus kontinuierlich ab: Nahm sie vor und um 1500 noch etwa drei Viertel ein, war ihr Anteil ab 1508 nur noch die Hälfte und schrumpfte seit 1514 auf ein Drittel.

Die Wahl des Formtyps Barzelletta gab der Frottola oft bereits einen bestimmten Tonfall vor. Die Gedichtexte tendieren zu frechen, auch derben Inhalten und parodieren gerne das überkommene Thema der unglücklichen höfischen Liebe. Entsprechend agiert die Musik üblicherweise lebhaft.

*Literatur*:
W.F. Prizer, *Performance Practices in the Frottola*, in: *Early Music* 3 (1975), S. 227–235 • W.Th. Elwert, *Italienische Metrik*, Wiesbaden ²1984 • ▸ Frottola.
NSCH

**Basel** ▸ Schweiz

**Basiron, Philippe**
\* um 1449 (?), † um 1491 (?)

Philippe Basiron ist einer der wenigen Komponisten des 15. Jahrhunderts, der mit Sicherheit französischen Ursprungs ist. Er wurde nämlich um 1450 in Bourges geboren, und in dieser Stadt absolvierte er seine gesamte Laufbahn. Basiron trat im Oktober 1458 als Sänger in die Sainte-Chapelle-de-Bourges ein. Es ist wichtig anzumerken, dass Guillaume ▸ Faugues zu seinen Lehrern zählte, dessen Anwesenheit an der Sainte-Chapelle als ›maître des enfants‹ für die Jahre 1462–1453 belegt ist. Im Mai des Jahres 1464 wurde Basiron damit beauftragt, sich um die musikalische Ausbildung der Sängerknaben zu kümmern, und erst ab Februar 1469 wurde er offiziell mit dem Amt des ›magister puerorum‹ betraut. Im Jahr 1474 wurde er ersetzt, weil er die Stadt vorläufig verlassen hat. Im Zeitraum von 1474 bis 1490 verliert sich jede Spur von ihm. Da die archivalischen Dokumente im Hinblick auf die Sainte-Chapelle-de-Bourges nämlich sehr fragmentarisch überliefert sind, ist das genaue Datum seiner Rückkehr in diese Stadt nicht bekannt. Seine Anwesenheit ist im Jahr 1490 wieder belegt. Basiron stirbt kurz darauf im Alter von etwa vierzig Jahren in Bourges. Ein Dokument der Sainte-Chapelle vom 31. Mai 1491 gibt darüber Aufschluss, dass Basiron zu diesem Zeitpunkt bereits begraben war.

Ebenso wie bei den meisten Komponisten dieser Epoche erscheint der Name von Basiron in der *Déploration* auf den Tod von Johannes ▸ Ockeghem von Guillaume ▸ Crétin (1497) und im *Livre de la déablerie* von ▸ Eloy d'Amerval (1508); er wird gemeinsam mit anderen berühmten Komponisten auch in der Motette *Mater floreat* von Pierre ▸ Moulou zitiert. Seine Kompositionen waren bekannt und wurden in den italienischen Traktaten von Franchino ▸ Gaffurio (1496) und Giovanni ▸ Spataro (1531) als Beispiel verwendet.

Das Werk von Basiron ist nicht üppig. Was das geistliche Werk betrifft, so sind nur drei Marianische ▸ Motetten und drei ▸ Messen überliefert, von denen eine auf dem berühmten Thema ▸ *L'homme armé* basiert. Eine vierte, von Gaffurio erwähnte Messe, ist heute verloren. Die vier dreistimmigen ▸ Chansons befinden sich in aus dem Loiretal stammenden Manuskripten und wurden etwa in den 70er Jahren verfasst, so dass sie das Werk des sehr jungen Basiron übermitteln. Zwei weitere vierstimmige, wahrscheinlich instrumentale Stücke, sind Bearbeitungen des Rondeau *D'aung aultre amer* von Ockeghem; eines der beiden enthält auch die Melodie *L'homme armé* und stellt eines der wenigen nicht geistlichen Stücke dar, das auf diesem Thema basiert.

*Ausgaben*:
*Missa L'homme armé*, in: Monumenta Polyphoniae Liturgicae Sanctae Ecclesie Romanae, Ser. 1, Bd. 1 Fasc. 8, hrsg. von L. Feininger, Rom 1948; Motetten in: *The Motet Books of Andrea Antico* (Monuments of Renaissance Music 8), hrsg. von M. Picker, Chicago 1987.

*Literatur*:
P. Higgins, *Tracing the careers of late medieval composers. The case of Philippe Basiron of Bourges*, in: Acta Musicologica 62 (1990), S. 1–28.
AM

**Bassadanza / Bassedanse**

Trotz der sehr ähnlichen Bezeichnung des Tanztypus, der in den italienischsprachigen Quellen als Bassadanza, in den französischsprachigen Quellen hingegen als Bassedanse überliefert ist, weisen die Choreographien sowohl in der Art ihrer Notation als auch in der Struktur beträchtliche Unterschiede auf. Allgemein zeichnen sich beide Formen durch überwiegendes Tanzen ›par terre‹ aus. In der französischen Bassedanse wird auf gesprungene bzw. raschere Passagen fast vollständig verzichtet. Ihre besondere Qualität besteht in einer genauen Verbindung von Musik und Tanz. Dabei sollen die Tänzer ad hoc auf die Improvisation der Musiker zu einem vorgegebenen Tenor, den Klangcharakter der Instrumente, die gewählte Tonart (mit b quadratum oder b rotundum, also Dur/Moll) sowie auf die rhythmischen Akzentuierungen reagieren. Somit ergibt sich auch bei einer vielfachen Wiederholung der oft nur sehr kurzen Choreographien ein unendlicher Variationsreichtum.

Als Hauptquellen zur französischen Bassedanse gelten das Brüsseler Manuskript sowie ein Druck von Michel Toulouze (Michiel Tholouze), die beide gegen Ende des 15. Jahrhunderts entstanden sind. Zur Tanzbeschreibung dienen Buchstabenkürzel, die jeweils unter die zugehörigen ▸ Brevisnoten geschrieben sind (▸ Tanznotation). Die überlieferten Tenormelodien wurden fast durchwegs aus der Vokalmusik (Konkordanzen im Lochamer Liederbuch, Buxheimer Orgelbuch u.a.), wenn auch in rhythmisch vereinfachter Form, nämlich Reduktion des Rhythmus aller Melodietöne auf die Brevis, übernommen. Ein klar strukturiertes und den Traktaten vorangehendes Regelwerk erlaubt nur bestimmte Kombinationen von Schritten, die als »Mesure« zusammengefasst sind, und aus denen sich sämtliche Bassedanses zusammensetzen. Mehrstimmige Musik zur Bassedanse ist in zahlreichen Drucken (Pierre ▸ Attaingnant, Jacques ▸ Moderne, Tilman ▸ Susato u.a.) überliefert. Ab 1530 macht sich, möglicherweise durch den Einfluss der ▸ Pavane, eine Veränderung von unregelmäßiger hin zu einer symmetrisch strukturierten Phrasierung (Achttaktigkeit) der Musik, bei Thoinot ▸ Arbeau (1588) auch im Tanz bemerkbar.

Die italienische Bassadanza ist in den Traktaten von ▸ Domenico da Piacenza, ▸ Guglielmo Ebreo da Pesaro, Antonio ▸ Cornazzano, sowie in den Abschriften und Ergänzungen zu diesen Hauptquellen dokumentiert. Die Bassadanza weist eine abstrakte, überwiegend syntaktisch strukturierte Form auf. Im Gegensatz zu Frankreich werden die Choreographien hier rein verbal beschrieben. Anstelle von rein prozessionsartigen Bodenwegen sind auch andere raumgreifende Figuren möglich. Die strenge Regelung der »Mesure« findet hier keine Anwendung. Abgesehen von einigen kurzen Bassadanza-Abschnitten in den ▸ Balli, zu denen die Melodien als Tenor in Breven notiert sind, können wir uns nur über den Umweg der nicht primär zum Tanz überlieferten Vokalmusik eine Vorstellung von der dazu ausgeführten Musik machen.

*Literatur*:
E. Hertzmann, *Studien zur Basse danse im 15. Jahrhundert, mit besonderer Berücksichtigung des Brüsseler Manuskripts*, in: Zeitschrift für Musikwissenschaft 11 (1929), S. 401–413 • D. Heartz, *Hoftanz und Basse Dance*, in: Journal of the American Musicological Society 19 (1966), S. 13–36 • B. Sparti, *Rôti Bouilli: Take Two ›El Gioioso Fiorito‹*, in: Studi Musicali 14/2 (1995), S. 231–261.

MM

## Bassano

Bekanntestes Mitglied der Bassano-Familie ist Giovanni Bassano (* 1558 Venedig, † 17.8. 1617 Venedig), Instrumentalist in der Kapelle von San Marco in Venedig, ab 1601 deren Leiter in der Nachfolge Girolamo dalla Casas, Instrumentenbauer (Michael ▸ Praetorius schreibt ihm die Erfindung der Bassanelli zu) Komponist von ▸ Motetten, Concerti ecclesiastici, ▸ Canzonetten und ▸ Madrigalen. Besonders seine ▸ Diminutionen über zeitgenössische Vokalwerke und sein Lehrwerk *Ricercate / passaggi et cadentie*, das Solorecercare und eine Anleitung zur Praxis des Diminuierens enthält, werden auch heute wieder beachtet. Die Wahrnehmung dieser Werke durch das Studium der Aufführungspraxis verstellte jedoch Jahrzehnte lang den Blick dafür, dass die Bassanos (auch Bassani), aus dem nahe Venedig gelegenen kleinen Ort ›Bassano‹ stammend, eine weit verzweigte Familie von Musikern und Instrumentenbauern bildeten. Bedeutend neben dem in Venetien verbliebenen Teil der Familie sind die in England zunächst tätigen und später auch ansässigen Bassanos: Bereits 1531 waren Alvise († 1554), Anthony († 1574), Jasper († 1577) und John († 1570) de Jeronimo (Söhne des Jeronimo / Magister Hieronymus, der 1502 in Bassano mit der Instandhaltung und Stimmung der Orgeln beauftragt wurde) am Hofe ▸ Heinrichs VIII. als Mitglieder des Pommern- und Posaunen- ▸ Consorts tätig, Anthony wurde 1538 »Hersteller verschiedener Musikinstrumente« bei Hofe. Auch Baptista († 1576) gelangte 1540 an den englischen Hof, 1550 dann auch Augustine († 1604), der älteste Sohn von Alvise. Die Bassanos bildeten ein Consort (die ▸ ›Blockflöten‹), das aus sechs Spielern bestand und 90 Jahre lang existierte. Einige kleine Kompositionen von Augustine und Jerome Bassano sind überliefert. Die von den Bassani gebauten Instrumente sind u.a. dokumentiert durch ein von Johann ▸ Fugger an den bayerischen Hof übermitteltes Inventar. Hierin werden Lauten und Blasinstrumente wie Zinken, Blockflöten, ▸ Krummhörner, ▸ Pommern und Pfeifen erwähnt. Im Inventar Heinrichs VIII. werden zudem ▸ Viole da Gamba, Querflöten, Schwegel und ▸ Dulciane genannt, die wahrscheinlich von den Bassanos gebaut wurden. Die Familie stellte über 125 Jahre und drei Generationen hinweg Hofmusiker in England.

*Ausgaben*:
Giovanni Bassano, *Ricercate / passaggi et cadentie* 1585, Zürich 1976; R. Erig (Hrsg.), *Italienische Diminutionen*, Zürich 1979; *Ricercate e Passaggi: Improvisation and Ornamentation (Giovanni Bassano)*, REP 3, 5, 7, 8, 10, 11, 13, 14, 16, 17, London 1980 ff. • Augustine Bassano, *Pavans and Galliards in 5 Parts*, London 1981 • Jerome Bassano, *Four Fantasias in 5 Parts*, London 1981.

*Literatur*:
R. Erig (Hrsg.), *Italienische Diminutionen*, Zürich 1979 • D. Lasocki, *The Anglo-Venetian Bassano Family as Instrument Makers and Repairers*, in: The Galpin Society Journal 1985 • Ders., *The Bassanos: Anglo-Venetian Musicians and Instrument Makers at the English Court, 1531–1665*, Aldershot 1995 • Ders., *Die Bassanos: Holzbläser, Instrumentenbauer und Komponisten des 16. Und 17. Jahrhunderts in London und Venedig*, in: Tibia 1 (2002), S. 3–10 • B. Janz, *Bassano* in: $MGG^2$, Bd. 2 (Personenteil), 1999, Sp. 558ff. • D. Lasocki / D. Arnold / F. Ferraccioli, *Bassano*, in: *Grove*, Bd. 2, 2001, S. 858–861.

UV

**Bassklausel** ▸ **Klausel**

**Basso continuo** ▸ **Generalbass**

**Basso pro organo** ▸ **Basso seguente**

**Basso seguente / Basso cavato / Basso pro organo**

Der Basso seguente (fortlaufender Bass) ist eine Bass-Stimme, die die jeweils tiefsten Stimmen eines vielstimmigen, auch mehrchörigen Satzes herauszieht (Basso cavato) und in einer fortlaufenden Stimme vereint, über der die Oberstimmen nach dem Prinzip des späteren Basso continuo bzw. ▸ Generalbasses als Akkorde gegriffen werden können. Das Verfahren, das im letzten Drittel des 16. Jahrhunderts aufkam (Basso pro organo von 1585 zu Giovanni Pierluigi da ▸ Palestrinas Motette *Dum complerentur*), gilt somit als Vorform des Generalbasses. Der Basso seguente ist Ersatz für eine Intavolierung motettischer Kompositionen und für die Orgel bestimmt, daher auch Basso pro organo genannt. Der Begriff wurde von Adriano ▸ Banchieri im Titel seiner *Ecclesiastiche sinfonie ... per sonare et cantare et sopra un basso seguente* op. 16 (1607) gebraucht.

*Literatur*:
P. Williamson / D. Ledbetter, *Basso seguente*, in: *Grove*, Bd. 2, 2001, S. 895 • ▸ Generalbass.

## Basso cavato ▸ Basso seguente

## Battaglia / Bataille

Battaglia (engl. The Battle, frz. La Bataille oder La Guerre, span. La batalla) ist die Bezeichnung für eine Komposition, im engeren Sinne des 16. und der ersten Hälfte des 17. Jahrhunderts, in der eine Schlacht oder ein Kampf musikalisch dargestellt wird. Als initiierend gilt die berühmte Chanson *La guerre* (1538) von Clement ▸ Janequin, die sich auf die Schlacht von Marignano (1515) bezieht. Die verschiedenen Teile schildern die einzelnen Stationen des Kampfes, besonders auffällig onomatopoetisch dargestellt in der Kanonade (Nr. 6). Die Koinzidenz von Text, der zum Teil in Tonsilben aufgelöst und somit ebenfalls zur Klangmalerei beiträgt, und Musik konkretisiert, wie auch in anderen Chansons Janequins, das dargestellte Thema der programmatischen Chanson. Neben instrumentalen Bearbeitungen diente Janequins *La guerre* als Modell nachfolgender Battaglia-Vokalkompositionen, u.a. von Andrea ▸ Gabrieli, Johannes ▸ Gallus, Christoph Demantius, später Claudio ▸ Monteverdi). Die Battaglia erschien auch in der Virginalmusik mit Kompositionen u.a. von bei William ▸ Byrd, Jan Pieterszoon ▸ Sweelinck und Girolamo Frescobaldi. Die musikalische Faktur beruht meist auf gleich bleibender Harmonik, oftmals Dreiklangsmelodik und Repetitionen bei rhythmischer Belebung des Satzes.

*Literatur*:
W. Braun, *Battaglia*, in: $MGG^2$, Bd. 1 (Sachteil), 1994, Sp. 1294–1306.

## Bauernstand ▸ Sozialgeschichte

## Beaujoyeulx, Balthasar de
\* um 1535, † um 1587 Paris

Beaujoyeulx ist ein italienischer Violinist, Choreograph und Autor. Über sein Leben in Italien ist nichts bekannt. Aufgrund seines Namens Baltazarini (Baldassare) di Belgioioso kommt eine – allerdings nicht nachgewiesene – Herkunft aus Belgioioso in der Lombardei in Betracht. Möglicherweise erhielt er eine erste Ausbildung bei dem Tanzmeister Pompeo Diobono in Mailand. Auf Initiative des Gouverneurs von Piemont, Charles de Brissac, kam er um 1555 zunächst als Musiker an den Hof von Katharina de' ▸ Medici. Neben seiner Tätigkeit als Violinist in Brissacs »bande de violons très esquise, toute complette« war er auch für die Gestaltung zahlreicher Feste, Bälle und Maskeraden am Hof der Valois zuständig. Brantôme rühmte sich seiner Freundschaft mit ihm und bezeichnet ihn als einen der besten Geiger der Christenheit (»le meilleur violon de la chrestienté«), der nicht nur wegen seines musikalischen und tänzerischen Talents bewundert wurde, sondern auch als hervorragender Geschichtenerzähler bekannt war.

1560 war er bereits »valet de chambre« ▸ Heinrichs III. und dessen Mutter, Katharina de' Medici. In derselben Funktion war er auch für Maria Stuart, Karl IX. sowie für Herzog Francesco d'Alençon tätig. Am 20. August

1572, nur wenige Tage vor der Bartholomäusnacht, fand unter seiner Aufsicht die Maskerade zur Hochzeit von Heinrich von Navarra mit Margerita von Valois statt. 1573 choreographierte er die Tänze für das *Ballet des Polonais*, welches anlässlich der Anwesenheit des polnischen Botschafters aufgeführt wurde, der nach Paris gereist war, um Heinrich III. die polnische Krone anzubieten. Bei diesem Ballett arbeitete Beaujoyeulx bereits mit dem Komponisten Lambert de Beaulieu zusammen. 1584 verließ er den Hof Heinrichs III., blieb aber bis zu seinem Tode im Jahre 1587 weiterhin im Dienst von Katharina de' Medici.

1570 wurde von Jean Antoine de ▸ Baïf gemeinsam mit Joachim Thibaut de ▸ Courville in Paris die ▸ Académie de Poésie et de Musique gegründet. Die Ideen der Akademie (Nachahmung von Poesie und Musik der Antike, Entwicklung von ›vers mésuré‹ und ▸ Musique mésurée) waren direktes Vorbild für die Gestaltung des einzigen überlieferten Werkes von Beaujoyeulx, dem *Ballet Comique de la Reine*. Dieses von ihm choreographierte und konzipierte Bühnenwerk gilt als erstes Ballett der Tanzgeschichte. Es wurde am 15. Oktober 1581, anlässlich der Vermählung des Herzogs Anne von Joyeuse mit Margarete von Lothringen im Louvre uraufgeführt und 1582 in Paris veröffentlicht. Bei dieser von zehn Uhr abends bis halb vier Uhr früh dauernden Aufführung wirkten zahlreiche Musiker, Tänzer und Schauspieler auf eine zuvor noch nie gesehene Art zusammen.

Die hier zum ersten Mal verwendete Bezeichnung ›Balet Comique‹ im Titel weist auf das Zusammenwirken von Tanz und Schauspiel, vereint unter dem gemeinsamen Rhythmus der Musik hin. Dazu schreibt Beaujoyeulx selbst im Vorwort an die Leser, dass er dem Tanz den ersten Platz eingeräumt hat, die Handlung hingegen an zweiter Stelle steht. Trotz der vorkommenden Götter, Göttinnen und heroischen Figuren, die man eher mit dem ernsten Genre in Verbindung bringen würde, hat er sein Werk aufgrund des glücklichen Ausgangs als ›comique‹ bezeichnet. – In diesem Ballett wird dargestellt, wie die magischen Künste der Zauberin Circe durch Heinrich III. besiegt werden. Mit Hilfe himmlischer Kräfte zieht Harmonie in das durch Krieg und Glaubenskämpfe zerrüttete Reich ein. Besonders eindrucksvoll waren die vierzig, von Nymphen und Dryaden dargestellten geometrischen Figuren, bei denen Vers, Musik und Tanzrhythmus zu einem harmonischen ›balet mesuré‹ vereint wurden. Idealerweise sollte der auf der Bühne dargestellte Frieden die Wiederherstellung der Ordnung auch im Reich bewirken. – Das Ballett ist mit einer Ouverture zu Beginn, anschließenden Entrées und am Schluss mit einem Grand Ballet aus drei Elementen zusammengesetzt, welche in den auf Ballett gestützten Gattungen des Musiktheaters in Frankreich zumindest bis in das 18. Jahrhundert hinein Form bildend wirkten. Über Ottavio Rinuccini, der bei der Aufführung des *Ballet comique* ebenfalls anwesend war, wurde diese Struktur nach Italien gebracht, wo sie etwa in Claudio ▸ Monteverdis *Ballo delle ingrate* (Mantua 1608) Eingang fand.

Das *Ballet comique de la Reine* als frühestes dokumentiertes Beispiel für das sich in Frankreich entwickelnde ▸ Ballet de cour hatte mehrere Funktionen zu erfüllen: eine moralische, in der Bezwingung des Chaos und der Wiederherstellung der Ordnung; eine philosophisch-weltanschauliche, indem die Platonische Idee der Sphärenharmonie in der Verbindung von Musik und Tanz verwirklicht wurde; schließlich auch eine profan-politische, in der Machtmanifestation des durch Kriege geschwächten Königshauses. – Mit einem für die damalige Zeit überwältigenden Einsatz von Personal und Künstlern sowie innovativen technischen und künstlerischen Gestaltungsmitteln wurde in der Verbindung unterschiedlicher Künste eine einzigartige Harmonie zur Schau gestellt, die sich in einer ebenso idealen Wirklichkeit manifestieren sollte. Tendenzen, wie im Ballet de cour, sind auch heute noch in ähnlich pompös angelegten Spektakeln, wie etwa den Eröffnungsfeiern zu großen Sportereignissen wie den Olympischen Spielen, lebendig.

*Literatur*:
G. Tani, *Baltazarini*, in: *Enciclopedia dello Spettacolo*, Bd. 1, 1954, Sp. 1398–1402 • S. Sallusti, *Baltazarini*, in: *Dizionario Biografico degli Italiani*, Bd. 5, 1963, Sp. 627–632 • C. und L. MacClintock (Hrsg. und Übersetzer), *Le Balet Comique de la Royne* (Musicological Studies and Documents, Nr. 25), New York 1971 • M.M. McGowan, *Le Balet Comique by Balthazar Beaujoyeulx, 1581* (Faksimile der Edition Paris 1582), Binghamton 1982 • E. Cooper, *Le Balet Comique de la Reine: An Analysis*, http://depts.washington.edu/uwdance/dance344reading/bctextp1.htm • M.M. McGowan, *Ballet de cour*, in: *MGG²*, Bd. 1 (Sachteil), 1994, Sp. 1163–1170 • Dies., *Beaujoyeux, Balthasar de*, in: *MGG²*, Bd. 2 (Personenteil), 1999, Sp. 579–580.

MM

## Beauvais ▶ Frankreich

## Bedyngham [Bedyngeham, Bedingham, Bodingham, Bellingan, Benigun], Johannes
fl. nach 1440, † 1459/1460 vermutlich London

Bedyngham war neben John ▶ Dunstaple und Leonel ▶ Power einer der führenden englischen Komponisten im frühen 15. Jahrhundert. Er komponierte zumeist Lieder und Messen.

Spätestens ab 1449 war Bedyngham Mitglied der London Guild of Parish Clerks, denn sein Name ist in der ältesten erhaltenen Mitgliederliste aufgeführt. Ebenso wird sein Tod in der Mitgliederliste von 1459/1460 vermerkt. In den Jahren 1453 und 1454 war er Sänger an der Lady Chapel in Westminster, ab 1456 bis zu seinem Tod ›verger‹ an der St. Stephens Kirche in Westminster. Bedyngham muss als Komponist in England sehr angesehen gewesen sein, denn dieses Amt wurde nur an berühmte Musiker vergeben.

Besonders Bedynghams Lieder sind in den Handschriften des 15. Jahrhunderts auch auf dem europäischen Festland weit verbreitet, allerdings oft mit Zuschreibungen an andere Komponisten, wie Guillaume ▶ Dufay, Walter ▶ Frye oder Dunstaple. Bedynghams Name war demnach außerhalb Englands wohl eher unbekannt. Viele der Liedtexte gehen vermutlich auf englische ▶ Balladen zurück, sind aber in kontinentalen Quellen mit anderem Text überliefert. *O rosa bella* ist das am häufigsten kopierte Lied im 15. Jahrhundert und wurde zur Grundlage zahlreicher Bearbeitungen.

In der Messe *Dueil angiosseux* erscheint die Ballade von Gilles ▶ Binchois in allen drei Stimmen. Die Messe ist allerdings keine ▶ Parodiemesse, sie kann noch nicht einmal als ein Vorläufer gelten, da nur Andeutungen und Bruchstücke der Ballade verwendet werden. Sie zeigt aber, mit welchen Mitteln polyphone Vorlagen im 15. Jahrhundert verarbeitet wurden. Die Zuschreibungen lateinischer Werke in John ▶ Baldwins *Commonplacebook*, das im späten 16. Jahrhundert entstand, sind aufgrund ihrer Gruppierung mit anderen Werken aus der Mitte des 15. Jahrhunderts und der Satztechnik vermutlich korrekt.

Bedynghams Kompositionen, Lieder wie geistliche Werke, zeigen einen kunstvollen ▶ Kontrapunkt; die komplizierten Proportionen der lateinischen Werke verweisen auf Kompositionstechniken der ▶ Ars subtilior.

*Ausgaben*:
*Collected Works* (Corpus mensurabilis musicae 19), hrsg. von S. Kenney, o.O. 1960.

*Literatur*:
D. Fallows, *Dunstable, Bedyngham and »O rosa bella«*, in: The Journal of Musicology 12 (1994), S. 287–305 • A. Kirkman, *Innovation, Stylistic Patterns and*

*the Writing of History. The Case of Bedyngham's Mass »Dueil angoisseux«*, in: *I codici musicali trentini. Nuove scoperte e nuove orientamenti della ricerca*, hrsg. von P. Wright, Trient 1996, S. 149–175 • D. Harran, *Nouvelles variations sur »O Rosa bella«, cette fois avec un ricercare juif*, in: *Johannes Ockeghem. Actes du XLe Colloque International d'Études Humanistes*, hrsg. von P. Vendrix, Paris 1998, S. 365–379 • D. Fallows, *Bedyngham*, in: *MGG²*, Bd. 2 (Personenteil), 1999, Sp. 647–650 • Ders., *Bedyngham*, in: *Grove*, Bd. 3, 2001, S. 63–66.

RS

## Beheim, Michel

\* 29.9.1420 (?) Sülzbach bei Weinberg, † zw. 1472 und 1479 ebenda

Beheim ist der letzte berühmte Sangspruchdichter. – Er war Sohn eines Webers, lernte selbst dieses Handwerk und wurde dann beim Reichserbkämmerer Konrad von Weinsberg angestellt, der ihn wohl zu seiner Laufbahn als Dichter gebracht hat. Beheim, dessen Vita vor allem aufgrund der Texte seiner Lieder sowie autobiographischer Notizen verfolgt werden kann, machte als Sangspruchdichter eine außerordentliche Karriere. Er stand in Diensten vieler Herrscher (vgl. hierzu das Lied Nr. 24 und Scholz, S. 126ff.): Herzog Albrecht III. in München (1448), Markgraf Albrecht III. Achilles in Ansbach (1449 bis 1453, Reisen nach Drontheim und Kopenhagen 1450), Herzog Albrecht VI. von Österreich (1454), König Ladislaus V. Postumus (1454 bis 1457), Albrecht VI. (1458), bis er schließlich unter Kaiser ▸ Friedrich III. für sechs bzw. sieben Jahre eine Stelle antrat (1459 bis 1465 oder 1466). Anschließend war er unter Herzog Sigmund in München und Kurfürst Friedrich I. von der Pfalz in Heidelberg tätig (1468). 1472 kehrte Beheim wahrscheinlich wieder nach Sülzbach zurück und war Schultheiß; er wurde dort zwischen 1472 und 1479 ermordet.

Beheims Œuvre ist – wie das der Sangspruchdichter allgemein – weniger für die Musikwissenschaft als für die Literatur und die Geschichte von Interesse, da in seinen Texten politische und soziale Zustände in kritischer Stellungnahme durchleuchtet werden. Deutlich wird in seinen Gedichten auch sein Selbstverständnis als Dichter und Sänger, d.h. als Künstler, der jedoch auch seine Funktion für die höfischen Kreise und seine Abhängigkeit von seinen Mäzenen erkennt (Niemeyer).

Von Beheim sind 452 Lieder und drei gereimte Chroniken erhalten (laut Gesamtausgabe, größtenteils in autographen Handschriften überliefert), denen 12 wahrscheinlich von ihm selbst verfasste Töne zugeordnet sind (*Zugweise, Kurze Weise, Osterweise, Verkehrte Weise, Trummetenweise, Sleht guldin Weise, Gekrönte Weise, Hohe guldin Weise, Hofweise, Slegweise, Lange Weise; Angstweise* für die Chroniken). Eine Weise entstand jeweils auf die erste Textstrophe eines Gedichts und ist durch Text-Form-Korrespondenzen genau auf den Text abgestimmt (Petzsch 1972, S. 460 und 1967). Die Weisen sind in den Handschriften vor der Gruppe von Gedichten notiert, die auf die Weisen gesungen werden sollten (zur Notation in den Quellen siehe Petzsch 1972, S. 461). Insgesamt sind die Töne auf den Inhalt der Lieder abgestimmt: Zum Beispiel standen Minnelieder in der *Hofweise*, die *Verkehrte Weise* tritt im Zusammenhang mit fehlerhaftem Verhalten auf, die *Gekrönte Weise* war geistlichen Liedern vorbehalten, und die *Angstweise* entstand, laut Beheims Vorwort im *Buch von den Wienern*, zum Lied *Wien in der burg, do er in grossen angsten waz*. *Gekrönte Weise, Hofweise* und *Verkehrte Weise* wurden im ▸ Meistergesang übernommen.

Auf Beheims Untertitel in seinem *Buch von den Wienern* »das man es lesen mag als ainen Spruch oder singen als ain liet« sowie im *Buch von der Stadt Triest* »daz man es lesen mag als ain gerimptes puch oder singen als ain liet, und wer es singen well, der heb es in disen noten hie dishalb an«, geht die Interpretation zurück, dass Sangspruchweisen nicht unbedingt singend vorgetragen werden mussten; sie könnten auch als Lektüre rezipiert worden sein (Scholz). Nicht nur die Möglichkeit einer älteren Bedeutung von Lesen als »Rezitation« (Petzsch, Sp. 951), sondern auch das Genre – es handelt sich um die gereimten Chroniken (hinzu kommt noch die *Pfälzische Reimchronik*) – deuten darauf hin, dass die Rezeptionsform des Singens nicht verallgemeinert werden kann. Der Übergang zu den Chroniken bildet jedoch auch einen Übergang von der Tradition der vorgetragenen Sangspruchdichtung zur Leseliteratur, wie er sich in dieser Zeit allgemein vollzogen hat (Spriewald, S. 53).

*Ausgaben*:
*Die Gedichte des Michel Beheim* (GA), 3 Bde., hrsg. von H. Gille und I. Spriewald (Deutsche Texte des Mittelalters 60, 64, 65), Berlin 1968, 1970, 1972 (in Bd. 3, S. 451–486, enthalten: *Die Melodien und ihre Überlieferung*, hrsg. von Chr. Petzsch).

*Literatur*:
Chr. Petzsch, *Text-Form-Korrespondenzen im mittelalterlichen Strophenlied. Zur Hofweise Michel Beheims*, in: Deutsche Vierteljahrsschrift für Literaturwissenschaft 41 (1967), S. 27–60 • Fr. Schanze, *Meisterliche Liedkunst zwischen Heinrich von Mügeln und Hans Sachs*, 2 Bde. (Münchener Texte und Untersuchungen zur deutschen Literatur des Mittelalters 82 und 83), München 1983 und 1984 • M.G. Scholz, *Zum Verhältnis von Mäzen, Autor und Publikum im 14. und 15. Jahrhundert. »Wilhelm von Österreich« – »Rappoltsteiner Parzival« – Michel Beheim*, Darmstadt 1987 • I. Spriewald, *Literatur zwischen Hören und Lesen. Wandel von Funktion und Rezeption im späten Mittelalter. Fallstudien zu Beheim, Folz und Sachs*, Berlin und Weimar 1990 • Joh. Rettelbach, *Variation – Derivation – Imitation. Untersuchungen zu den Tönen der Sangspruchdichter und Meistersinger* (Frühe Neuzeit 14), Tübingen 1993 • Chr. Petzsch, *Beheim*, in: MGG², Bd. 2 (Personenteil), 1999, Sp. 250–253 • F. Niemeyer, *Ich, Michel Pehn: Zum Kunst- und Rollenverständnis des meisterlichen Berufsdichters Michel Beheim*, Frankfurt am Main 2001.

ES

## Belleau, Rémy
* 1528 Nogent-le-Rotrou, † 6.3.1577 (?)

Der französische Dichter studierte bei George Buchanan und Marc Antoine de Muret an den Collèges von Lemoine und Cocqueret in Paris; er war mit Joachim ▸ Du Bellay, Etienne ▸ Jodelle und Pierre de ▸ Ronsard befreundet und wurde 1554 Mitglied der ▸ Pléiade. Er diente René, dem Marquis von d'Elbeuf, Charles, dem Herzog von Lothringen und anderen Mitgliedern der Familie der Guises. 1556 publizierte er *Les Petites Inventions* und 1559 *Les Odes d'Anacreon*, indem er die herkömmlicherweise dem griechischen Dichter zugeschriebenen Oden in französische Verse übersetzte. Zwischen 1565 und 1572 publizierte er *La Bergerie*, die von Iacopo ▸ Sannazaros *Arcadia* inspiriert wurde, als Prosaerzählung mit eingestreuten pastoralen und amourösen Gedichten. Er arbeitete mit dem Komponisten Pierre Clereau zusammen, der einige seiner Gedichte für drei Stimmen setzte, darunter ein *Chant des nymphes de la Seine* und *Chant des Nymphes de Meuse* aus seinem *Epithalame sur le mariage de Monseigneur le duc de Lorraine et Madame Claude fille du Roy* (1559). Andere Verse wurden von Nicolas (1561), Didier Le Blanc (1579), Jean ▸ Planson (1583–1587), Nicolas de La Grotte (1583) und Jean Machielz vierstimmig gesetzt, von Jean Castro (1586) und Cornelius Verdonck (1599) fünfstimmig und von Jean Chardavoine (1576) einstimmig.

*Ausgaben*:
Remy Belleau: *Œuvres poétiques*, hrsg. von G. Demerson u.a., 6 Bde., Paris 1995–2003.

FD

## Bellini, Giovanni
* um 1430 Venedig, † 1516 ebenda

Bellini war ein venezianischer Maler, in dessen Werkstatt ▸ Giorgione, ▸ Tizian, Dosso ▸ Dossi und andere ausgebildet wurden. Für die Musikikonographie ist Bellini insofern wichtig, als er die Rolle von Musikengeln in Madonnenbildern (insbesondere die Sacre Conversazioni) durchsetzt und modernisiert. Wenn er Engel ins Bildprogramm aufnimmt, befinden sich diese immer auf Augenhöhe des Betrachters im Fluchtpunkt der Perspektive, wogegen Maria und Kind und die Beistehenden darüber positioniert sind (siehe Brook). Dieses perspektivische Konzept geht auf Andrea Mantegna zurück und hat im Trecento Vorläufer. Ebenso wichtig ist die Reduktion der Zahl von Musizierenden auf eins bis drei und der Ersatz von Puttenengeln durch Halbwüchsige. In dieser Weise definiert Bellini den Musikengel verstärkt als Vermittler zwischen dem Bildbetrachter und den heiligen Bildgegenständen und gesteht ihm eine Rolle zu, die über die reine Akklamationsfunktion hinausgeht. Unterstützt durch einen beträchtlichen Naturalismus in der Darstellung und Handhabung der Musikinstrumente, für die die Vorbilder wohl aus dem Norden kommen (Jan van ▸ Eyck, Hans Memling etc.), findet also eine Annäherung zwischen Musikengel und musizierendem Menschen statt: Die von Menschen produzierte Musik kann himmlische und mystische Qualitäten haben und engelische Musik stellt sich der zeitgenössische Betrachter im Gewand kunstvoller, entzückender irdischer Musik vor.

An dargestellten musikalischen Aktionen – von realistischen Aufführungskombinationen zu sprechen wäre voreilig – kommen das kleine Vokalensemble (3 Kinderengel in Pala di Santa Caterina di Siena; gegen 1470, zerstört) und verschiedene Instrumentalkombinationen vor: ein ▸ Rebec und zwei ▸ Lauten (Pala di San Giobbe, 1477–1480 – Öl auf Holz, Venezia, Galleria dell'Accademia. Pignatti Nr. 101; siehe Abb. 1), Laute und ▸ Blockflöte (Trittico dei Frari, 148 – Öl auf Holz, Venezia, Santa Maria dei Frari. Pignatti Nr. 134), ▸ Viola da braccio (Pala de San Zaccaria, 1505 – Öl auf

Abb. 1: Giovanni Bellini, *Sacra Conversazione*, Öl auf Holz, Pala di San Giobbe, Venezia, Galleria dell'Accademia.

Leinwand übertragen auf Holz, Venezia, San Zaccaria. Pignatti Nr. 183) und Viola da braccio und Laute (Madonna con bambino, San Marco etc., 1488 – Öl auf Leinwand, Murano, San Pietro Martire. Pignatti Nr. 135).

Unter den wenigen erhaltenen und in der Zuschreibung gesicherten Bildern Bellinis mit weltlichem Thema befindet sich eine fünfteilige Möbeldekoration (Öl auf Holz; Venezia, Galleria dell'Accademia. Pignatti Nr. 137) u.a. mit einer Darstellung der Allegorie der Unbeständigkeit. Wir sehen die Frauengestalt in einem schwankenden Kahn mit einer Kugel auf dem Knie, einen jugendlichen Atlas und im Bug einen Putto, der einen antikischen Doppelaulos bläst; die beiden Tuben sind konisch und enthalten Gifflöcher. Das Konzept geht wohl auf antike Prozessionsbilder mit einem Auleten als Ankündiger zurück.

Schließlich ist noch ein Gemälde zu erwähnen, das manchmal der Werkstatt Bellinis zugeschrieben und auf die Zeit zwischen 1510–1515 datiert wird. Die beiden gängigen Titel *Musizierende* und *Concerto a 4* passen schlecht auf das Bild (Öl auf Leinwand, Hampton Court, Royal Collection. Pignatti Giorgione Nr. 44). Wir sehen von links einen Bärtigen, der eine rechts vor ihm stehende junge Frau an deren Oberarm berührt, die ihrerseits ein Notenblatt mit einem Knaben und einem älteren Manne ganz rechts zu diskutieren scheint, jedoch den Blick auf den Bildbetrachter richtet. Es besteht ein Bezug zu Giorgiones *Drei Lebensalter [als Musikszene]*, in dem drei männliche Figuren verschiedenen Alters mit Musik beschäftigt sind und zu dem Tizian eine Konkurrenzfassung geschaffen hat, reicht aber weder an die gedankliche Tiefe des ersteren noch an die Natürlichkeit der Aktion des letzteren heran. Ein genrehaftes, intimes Element macht sich dafür stärker bemerkbar, so dass man vielleicht spontan an das Gruppenbildnis einer Familie denken könnte, die sich als Musikbeflissene dargestellt sehen oder Gespräche über Musik als Symbol für ein harmonisches Idyll benützen wollte. Aber eine ganz schlüssige Interpretation gibt es noch nicht; und so bleibt das Gemälde ein wichtiger, spannender und qualitativ hochstehender Zeuge für die Verbindung von Porträt und Genre im Kontext von Musik.

*Literatur:*
M. Brook, ›ut pictura musica‹. Comment l'image fait-elle voir la musique?, in: Imago Musicae 16/17 (1999/2000), S. 61–79 • P. Humfrey, *The Altarpiece in Renaissance Venice*, New Haven and London 1993 • T. Pignatti, *L'opera completa di Giovanni Bellini*, Milano 1969 • Ders., *Giorgione*, Milano 1980.

TS

Abb. 2: Bellini Werkstatt, *Musizierende*, Öl auf Leinwand, Hampton Court, Royal Collection.

# Bembo, Pietro
* 20.5.1470 in Venedig, † 18.1.1547 in Rom

Als Sprach- und Literaturtheoretiker und als Dichter übte Bembo entscheidenden Einfluss auf die Entwicklung der volkssprachlichen Literatur in Italien in der ersten Hälfte des 16. Jahrhunderts aus und gab maßgebliche Impulse für die Entstehung einer eigenen Poetik des ▸ Madrigals.

Als Sohn eines Patriziers in diplomatischen Diensten der Venezianischen Republik, die ihn 1478 nach Florenz und 1485 nach Rom führten, erhielt Bembo eine gründliche humanistische Ausbildung, die er bei seinen Aufenthalten in Messina 1492 und seit 1494 an der Universität Padua vertiefte. Als ausgezeichneter Kenner der antiken Literatur verfasste er auch später noch Texte in ciceronischem Latein, so wie auch die Rhetorik Ciceros seine poetologischen Maximen der ›imitatio‹ und des Lernens nach Mustern lebenslang leiten sollten.

Starke Eindrücke erfuhr Bembo in Ferrara am Hof von Alfonso d'Este (1497–1499, 1502/1503), wo er in Kontakt mit Ariost und dem Petrarkisten Antonio Tebaldeo kam. Bei seinem zweiten Aufenthalt unterhielt er ein Liebesverhältnis mit Alfonsos neuer Gattin, der kulturell sehr aktiven Lucrezia ▸ Borgia. Dazwischen hielt er sich in Venedig auf, um 1501 seine epochemachende Edition des

*Canzoniere* Francesco Petrarcas bei Aldo Manutius herauszubringen. In diese Zeit fällt seine in Briefen dokumentierte Beziehung zu Maria Savorgnan, die Bembo selbst in seiner nun einsetzenden Lyrikproduktion zu einem Parallelfall zu Petrarcas Liebe zu Laura stilisierte.

Während seines zweiten Aufenthalts am ferraresischen Hof begann er den für die Erosdoktrin des Cinquecento wichtigen Dialogtraktat *Gli Asolani* (gedruckt 1505, Lucrezia Borgia gewidmet), in dem er von drei Protagonisten drei aktuelle Liebeskonzeptionen vertreten lässt: die Schmerzliebe des ▸ Petrarkismus, die hedonistische Liebe und die vergeistigte Liebe des Neoplatonismus. Die Präsentation der theoretischen Abhandlung als ernst-, aber nicht lehrhafte Unterhaltung einer höfischen Gesellschaft war zukunftweisend für die Gesprächskultur der Renaissance. Bezeichnenderweise machte Baldasarre ▸ Castiglione Bembo zu einer der fiktiven Hauptfiguren in seinem *Buch vom Hofmann* (*Il cortegiano*), dem Prototyp des höfischen dialogischen Etikettetraktats, der am Hof von Urbino, Bembos Aufenthaltsort von 1506 bis 1512, spielt. Sowohl Ferrara als auch Urbino, wo Elisabetta Gonzaga residierte, ebenso wie Mantua, wohin Bembo 1505 auf Einladung Isabella d'Estes reiste, waren Höfe mit einer intensiven Musikpflege, wobei vor allem die drei Fürstinnen die Gattung der ▸ Frottola förderten.

Bembo schrieb in diesen Jahren Gedichte in Anlehnung an sein lyrisches Idol Petrarca und wünschte eigens deren Vertonung, die es ermöglichen sollte, dass sie von einer Frau wie Isabella gesungen würde. Bereits in den *Asolani* (II,25) hat er den weiblichen Gesang zur Lautenbegleitung als paradigmatische Realisierung von Lyrik bezeugt. Sein Interesse für die Gattung spricht auch aus der Vorrede, die er dem elften, 1514 von Ottaviano ▸ Petrucci veröffentlichten Frottola-Buch voranstellte,

Giovanni Bellini, *Portrait of a Young Man* [Pietro Bembo], Hampton Court, the Royal Collection, © Copyright 2003 Her Majesty Queen Elizabeth II. – Das Bild zeigt Bembo nicht als den alten Kardinal, wie er in den Musiklexika immer abgebildet wird, sondern als schönen jungen Mann.

nachdem bereits das siebte Buch (1507) etliche Vertonungen seiner Gedichte enthalten hatte.

1512 ging Bembo nach Rom, wo er bis zu dessen Tod 1521 als Sekretär des Medici-Papstes Leo X. wirkte. Hier begann er seine bahnbrechende literaturtheoretische Studie der *Prose della volgar lingua*, in der er die Landessprache als Dichtungssprache dem Latein an die Seite stellte und die ihn zum Haupt der italienischen Literaturtheorie machte. Im Rahmen der »questione della lingua«, der Diskussion um die verbindliche Varietät des Italienischen, plädierte er für Toskanisch und stellte als musterhafte Autoritäten aus dem Trecento Giovanni Boccaccio für Prosa und Francesco Petrarca für die ›poesia‹ auf. Um die Suche nach dem Volgare als lebenslange Aufgabe zu verklären, datierte er die Konzeptionsphase des Werks bis zu seiner Petrarca-Edition zurück. Obwohl die dialogisch abgefasste Schrift bereits seit 1516 handschriftlich zirkulierte und die Diskussion beflügelte, wurde sie erst 1525 gedruckt.

Zu den fundamentalen Annahmen seiner Poetik, die auf Ciceros De oratore (54,182) zurückgehen, gehört die Forderung an den Dichter, zuerst die »voci« zu wählen (»elezione«) und sie dann anzuordnen (»disposizione«). Das Material wird gebildet aus der Klangqualität (»suono«) und der Zeitdauer (»numero«) der Silben, die Organisation erfolgt durch Abwechslung (»variazione«), um somit die ästhetischen Positionen der würdevollen Schwere („gravità) und der anmutigen Leichtigkeit (»piacevolezza«) umfassend zu berücksichtigen und auszubalancieren (Buch 2, Kap. IX). Seine Äußerungen zu formalen Aspekten wie Verslängen und Reimtechnik liegen auf einer konsequenten Linie. Indem Bembo den physischen Qualitäten der Sprache so großen Wert zuspricht, hob er nicht nur das Ansehen des Italienischen, sondern misst der artikulierten Sprache selbst eine sinnliche Geltung bei, die bereits für das verbale Gedicht eine expressiv-musikalische Dimension in phonetischer Harmonie postuliert. In Petrarcas Lyrik sah er diese verwirklicht. Für die in Rom und Florenz entstehende Gattung des ▶ Madrigals bedeutete diese Poetik einen starken Stimulus.

1521 zog Bembo zu seiner Geliebten Morosina (Ambrogina Faustina Morosina della Torre) nach Padua, mit der er seit 1513 bis zu ihrem Tod 1535 liiert war und drei Kinder hatte. 1525 trat der Organist Marc'Antonio Cavazzoni in seine Dienste. Seine bereits hier gepflegten Kontakte zu schöngeistigen venezianischen Zirkeln verstärkten sich, als er 1529 den Auftrag erhielt, eine Geschichte Venedigs zu verfassen und 1530 zum Leiter der Markusbibliothek berufen wurde. In diese Zeit fiel nicht nur die Publikation seiner Lyrik (Rime, Venedig 1530), sondern auch sein Einfluss auf die literarischen und musikalischen Kreise um den seit 1527 als Markuskapellmeister wirkenden Adrian ▶ Willaert, dessen ▶ Madrigale ein neues Stadium und zugleich einen Höhepunkt in der Auseinandersetzung mit Bembos petrarkistischer Literaturtheorie markieren. 1539 kehrte er, zum Kardinal ernannt, nach Rom zurück.

Bembos von Petrarca inspirierte Gedichte waren in Verbindung mit seiner poetologischen Reflexion von so großer Wirkung, dass man die mit ihm in Verbindung gebrachte Phase des »zweiten Petrarkismus« im zweiten Viertel des 16. Jahrhunderts auch als Bembismus bezeichnet. Sie wurden nicht nur von Zeitgenossen vertont (Alfonso della Viola, François ▶ Layolle, Jacques ▶ Arcadelt, Jehan Gero, Giovanni Domenico da Nola, in Venedig Perissone ▶ Cambio und Baldassare ▶ Donato) – Giaches de Ponte widmete seinen Gedichten 1545 die Individualsammlung Cinquanta stanze del Bembo –, sondern blieben für Komponisten als Madrigaltexte auch posthum (Antonius Barré, Giovanni Nasco, Vincenzo ▶ Ruffo, Cipriano de ▶ Rore, Giovanni Pierluigi da ▶ Palestrina, Gioseffo ▶ Guami, Stefano Rossetti, Claudio ▶ Merulo, Andrea ▶ Gabrieli, Giaches de ▶ Wert, Marc'Antonio ▶ Ingegneri, Luca ▶ Marenzio, Claudio ▶ Monteverdi) und bis ins frühe 17. Jahrhundert attraktiv (Marco da Gagliano, Sigismondo d'India). Gelegentlich dienten seine Gedichte außerhalb Italiens als Madrigalvorlage (Pierre Clereau, Jean de Castro, Philippe de Monte, Orlande de ▶ Lassus, Severin Cornet, Jan Pieterszoon ▶ Sweelinck), und vereinzelt wurden sie als Canzonetten umgesetzt (Giovanni Croce, Orazio ▶ Vecchi), von letzterem Accingetevi amanti als zehnstimmige Battaglia d'amore. Am häufigsten vertont wurden Voi mi ponesti in foco, Quand'io penso al martire, Che gioia posseder, Cantai un tempo, Goia m'abonda 'l cuor, Veramente in amore si prova ogni *dolore, La mia leggiadra e candida angioletta, Rose bianche e vermiglie.*

*Literatur*:
D.T. Mace, *Pietro Bembo and the Literary Origins of the Italian Madrigal*, in: Musical Quarterly 55 (1969), S. 65–86 • M. Feldman, *City Culture and the Madrigal at Venice*, Berkeley 1995 • C. Kidwell, *Pietro Bembo: Lover, Linguist, Cardinal*, Montreal 2004.

NSCH

## Benet, John
fl. ca. 1420 – ca. 1458

Der englische Komponist war ein Zeitgenosse von Leonel ▸ Power und John ▸ Dunstaple, dessen Kompositionen ihm wohl als Vorbild dienten. Seine wenigen erhaltenen Werke – die dennoch von größerer Anzahl als von anderen Zeitgenossen Dunstaples und Powers sind – umfassen eine vollständige und zwei unvollständige Messen (wobei die Zuschreibung allerdings nicht eindeutig ist) sowie einige Messensätze und drei isorhythmische Motetten, deren Proportionsstrukturen der ▸ ›taleae‹ auf solche von Dunstaple zurückgeht. Die Missa *Sine nomine I* (Gloria, Sanctus, Agnus Dei) zeigt durch ähnliche Incipits die in Messepaaren und -zyklen üblichen Vereinheitlichungstendenzen der Zeit, die Missa *Jacet granum* (Gloria, Sanctus) hat darüber hinaus einen gemeinsamen ▸ Cantus firmus, der auch einem weiteren Sanctus-Satz zugrunde liegt. Für die vollständige *Missa sine nomine II* wurden auch Dunstaple und Power als Komponisten in Betracht gezogen.

*Ausgaben*:
Gesamtausgabe in *Early English Church Music* geplant; dort bereits erschienen: Motette *Gaude pia Magdalena / O certe precipuus* (Bd. 8).

*Literatur*:
B. Trowell, *Some English Contemporaries of Dunstable*, in: Proceedings of the Royal Musical Association 81 (1954–1955), S. 77–91 • J.-M. Evans, *The Mass Music of John Benet: a Transcrpition and Critical Appraisal*, Dissertation London 1994 • B. Towell, *Benet*, in: MGG², Bd. 2 (Personenteil), 1999, Sp. 1096–1099.

ES

## Beolco, Angelo [gen. Il Ruz(z)ante]
* um 1497 Padua, † 17.3.1542 ebenda

Der Dichter und Schauspieler wuchs als unehelicher Sohn des Arztes Giovanni Francesco Beolco in dessen Haus gleichberechtigt mit den jüngeren ehelichen Geschwistern auf, verwaltete nach dem Tod des Vaters dessen Vermögen und wurde später von dem Adligen Alvise Cornaro gefördert, der ihm die Aufsicht über seine Ländereien übertrug. – Beolco trat zwischen 1520 und 1526 als Schauspieler bei Festlichkeiten verschiedener venezianischer ›Compagnie‹ auf und verfasste seit 1417/1518 Komödien, die Passagen in der Hochsprache und im Dialekt enthalten. Prägendes Merkmal seiner Komödien ist die höfische Normen negierende und im Dialekt sprechende Figur des paduanischen Bauern Ruzante, die dem Dichter seinen Beinamen einbrachte. In den Komödien wurden Lieder gesungen, deren Melodien jedoch nicht erhalten sind. Mehrstimmige Vertonungen seiner Texte existieren erst nach Beolcos Tod im Repertoire der ▸ Villanella und Villotta, so u.a. von Filippo Azzaiolo (1557), Adrian ▸ Willaert (1545), Dominico del Giovane da Nola (1545). Berühmt wurde insbesondere die Villanella *Zoia zentilche per secreta via* von Willaert.

*Ausgaben*:
*Primo edizione completa. Testo, traduzionne e note*, hrsg. und übersetzt von L. Zorzi, Turin 1967.

*Literatur*:
W. Osthoff, *Theatergesang und Darstellende Musik in der italienischen Renaissance*, Tutzing 1969 • N. Dersofi, *Arcadia and the Stage: An Introduction to the Dramatic Art of Angelo Beolco Called Ruzzante*, Madrid 1978 • J. Steinheuer, *Beolco*, in: MGG², Bd. 2 (Personenteil), 1999, Sp. 1163–1166.

## Berchem, Jacquet de
\* ca. 1505 Berchem-lez-Anvers, † vor 2.5. 1567 Monopoli

Die Karriere von Jacquet de Berchem ist schwierig zu verfolgen, da nur einige wenige Dokumente erhalten blieben. Er könnte zwischen 1505 und 1510 in Berchem oder in der Umgebung geboren worden sein. Seit Beginn der 1530er Jahre war er in Italien, wo seine ersten Kompositionen erschienen (in Anthologien, die zwischen 1535 und 1538 veröffentlicht wurden). Die Widmung seines ersten Individualdrucks präzisiert Venedig als seinen Aufenthaltsort und dort den Zirkel der Familie Bragadin; eine seiner Motetten wurde zudem Maranconito Trevisan gewidmet, einem Mäzen, der durch seine Beziehungen zu Adrian ▶ Willaert und Antonio ▶ Gardano bekannt ist. Letzterer schenkte dem Werk Jacquets besondere Aufmerksamkeit, indem er es in umfangreichem Masse publizierte. Gegen Ende des Jahres 1546 hatte Berchem einen Posten in Verona: Er behielt ihn wahrscheinlich bis 1550 oder 1551. Danach verschwinden Hinweise auf seine Biographie, während sein Name in venetianischen und römischen Drucken erscheint. Die Unsicherheiten bezüglich seiner Karriere werden durch Probleme der Zuschreibung noch verstärkt. Seit dem 16. Jahrhundert tendierten die Drucker dazu, vier »Jacquet« zu verwechseln: Jacquet de Berchem, Jacquet de Mantua, Jacques ▶ Brumel und Jacques Buus. Wenn heute die Zuschreibung der Werke auch nur noch in einigen Fällen problematisch ist, bleibt die Rekonstruktion seiner Vita schwierig. Überraschend ist zudem, dass Berchem, der Kapellmeister an der Kathedrale von Verona war, seine Aufmerksamkeit fast ausschließlich auf weltliche Stücke richtete.

Während der 1550er Jahre war Berchem auf der Suche nach einem neuen Patron. Er wandte sich an Alfonso II. ▶ d'Este, dem Antonio Gardano das *Capriccio* (1561) widmete. Augenscheinlich hatte Berchem Alfonsos Interesse jedoch nicht geweckt. Er schien sich dann ein Netz von Mäzenen geschaffen zu haben, das sich immer mehr nach Monopoli hin orientierte. 1553 heiratete Jacquet ein Mitglied der Aristokratie von Monopoli: Giustina de Simeonibus. Diese Heirat schien den Musiker finanziell abgesichert zu haben, jedenfalls mehr als die Gagen, die er für seine Aktivitäten (die nicht dokumentiert sind) an der Kathedrale von Monopoli von Andrea Marzato, dem Gouverneur von Monopoli, erhielt, die ihm nur ein Minimum an Komfort bieten konnten. Jacquet starb in Monopoli 1567.

Das Œuvre von Jacquet de Berchem ist umfangreich: zwei ▶ Messen, ▶ Motetten, einige ▶ Chansons und eine beträchtliche Anzahl an ▶ Madrigalen. Bevor er eine Stelle in Verona erhielt, scheint Berchem ein reiches und vielfältiges musikalisches Erbe entdeckt und aktualisiert zu haben. Er komponierte »in der Art von«: der ▶ Pariser Chanson, der imitierenden Chanson, der erzählenden Chansons, der kanonischen Motette, der Motette über einen ▶ Cantus firmus, der Parodiemesse. Am Ende der 1540er Jahre wurde das Madrigal zu seinem beliebtesten Feld. Er entwickelte hier eine leichte Schreibweise für Texte mit Liebesthemen (von Francesco Petrarca, Luigi Tansillo, Luigi Cassola) im homophonen Stil. Zuvor hatte er das Genre in der Art der flämischen Komponisten erkundet, indem er auf einen dichten Kontrapunkt rekurrierte. Berchem widmete sich auch einem ambitionierten Projekt: der Vertonung der 94 ›Stanze‹ aus *Orlando furioso* von Ludovico ▶ Ariosto. Dieses Programm erschien unter dem Titel *Primo, secondo et terzo libro del capriccio di Jachetto Berchem con la musica da lui composta sopra le stanze del Furioso*. Der Text ist in drei Teile gegliedert, die wie eigenständige Akte einer szenischen Darstellung aufgebaut sind. Jede Episode ist durch die spezifische Auswahl von Modi und von verschiedenen Stimmlagen charakterisiert, die den Eindruck einer Serie von Ereignissen des epischen Gedichts von Ariosto hervorrufen. Auch die Benennung ist originell: Mit diesem Werk erschien zum ersten Mal der Begriff ▸ Capriccio, der während der Jahre 1560 und darüber hinaus außerordentlich beliebt wurde.

*Ausgaben*:
Jacquet de Berchem, *Complete Motets and Chansons*, hrsg. von J. Taricani (Druck i. Vorb.).

*Literatur*:
P.T. Jackson, *The Masses of Jachet of Mantua*, Diss. Univ. of North Carolina 1968 • G. Nugent, *The Jacquet Motets and their Authors*, Diss. Princeton University 1973 • J. Haar, *The Capriccio of Giachet Berchem: a Study in Modal Organization*, in: *Musica Disciplina* 42 (1988), S. 129–56 • J. Taricani, *The Early Works of Jacquet de Berchem: Emulation and Parody*, in: Revue belge de musicologie 46 (1992), S. 53–79.

PHV

## Berg, Adam
\* ?, † vor dem 12.12.1609 München

Adam Berg war ein Drucker, der vom Protestantismus zum katholischen Glauben konvertierte. Ab 1564 ist er in München nachweisbar und publizierte dort als bedeutendster Drucker der ▸ Katholischen Erneuerungsbewegung in Süddeutschland eine Vielzahl von unterschiedlichster Literatur sowie offizielle Verordnungen und Erlässe. Im Bereich der Musik verdanken wir ihm Erstausgaben von Orlande de ▸ Lassus und von Komponisten aus dessen Umfeld. Insbesondere hervorzuheben sind die zwölfbändige Prachtausgabe der großformatigen Chorbuchdrucke von Lassus' *Patrocinium musices* (1574–1588) sowie ein Bericht über Hochzeitsfeierlichkeiten am Münchner Hof (1568), der einen Einblick in das Musikleben der Zeit bietet.

*Literatur*:
H. Leuchtmann, *Adam Bergs rätselhafte Notendruckkennzeichnung in den Jahren 1571–1575*, in: Musik in Bayern 22 (1981), S. 63–72.

ALB

## Bergamasca

Bergamasca ist die Bezeichnung für volkstümliche Tanzlieder mit geradem Takt, schnellem Tempo und dem sich wiederholenden harmonischen I-IV-V-I Schema, die im norditalienischen Bergamo seit der zweiten Hälfte des 16. und im 17. Jahrhunderts entstanden und in ganz Europa verbreitet waren. Die Melodik war überwiegend stereotyp, beginnend mit d"-d"(I)-e"-e"(IV)-d" (V)-h'/g'(I). Erste Beispiele enthalten Giacomo Gorzanis *Il terzo libro de intabolatura di liute* (1564) und Filippo Azzaiolos *Il terzo libro delle villotte del Fiore* (1569). Bergamasce wurden seit Ende des 16. und im 17. Jahrhundert beliebte Melodien für Instrumentalvariationen (u.a. Samuel Scheidt, Bernardo Pasquini, Marco Uccellini, Salamone Rossi, Jean-Baptiste Besard) oder ▸ Canzonen (u.a. Girolamo Frescobaldi).

*Literatur*:
L Mode, *Bergamasca*, in: *MGG²*, Bd. 1 (Sachteil), 1994, Sp. 1402–1404.

## Bergerette

In der Mitte des 15. Jahrhunderts trat in der Chansondichtung und -komposition die Bergerette als ▸ Forme fixe zum weiterhin dominierenden ▸ Rondeau hinzu.

Die Bezeichnung beggenet im Kontext von Texthandschriften (ab 1455) und Dichtungstheorie (ab ca. 1480), ohne immer ganz eindeutig zu sein. Die Inkonsistenzen rühren unter anderem daher, dass die Bergerette in der äußerlichen Strophenform einerseits mit dem (um 1420 außer Gebrauch gekommenen) ▶ Virelai übereinstimmt, aber meist nur noch einstrophig ist. Eine Motivation für den neuen Namen scheint darin bestanden zu haben, dass mit der Bergerette vor allem ein anderes Vertonungsprinzip als mit dem Virelai verbunden wurde und man sie ausdrücklich als eine (moderne) Variante der Rondeau-Komposition verstand.

| Rondeau-Form | | | | | Bergerette-Form (¬ Virelai) | |
|---|---|---|---|---|---|---|
| 2-tlg. | | Voll-Refrain | A<br>B | A<br>B | Refrain | |
| 1-tlg. | neue | Halb-Strophe | a | c | Gegenstrophe | 1. Pied, ouvert |
| 1-tlg. | | Halb-Refrain | A | c | | 2. Pied, clos |
| 2-tlg. | neue | Voll-Strophe | a<br>b | a<br>b | Alternativstrophe (Tierce) | |
| 2-tlg. | | Voll-Refrain | A<br>B | A<br>B | Refrain | |

Großbuchstaben: gleicher Text und gleiche Musik, Kleinbuchstaben: abweichender Text bei gleichem Versbau, gleiche Musik.

Der Umgang mit Refrain und Alternativstrophe entsprach dem im Rondeau (zwei Teile aus vier oder fünf Zeilen mit Mittelzäsur und oft sogar Signum congruentiae nach dem ersten Zwei- bzw. Dreizeiler, das in der Bergerette überflüssig ist, da ja nie nach diesem Teil zum Anfang zurückgekehrt wird); auch fehlt in den Musikhandschriften wie beim Rondeau bisweilen der Text der Tierce. Der maßgebliche Unterschied besteht in der andersartigen Qualität des Teils nach dem Refrain, der in der Bergerette eine vorzugsweise als musikalischer Kontrast gestaltete Gegenstrophe ausbildet, etwa durch Wechsel von perfekter zu imperfekter Mensur, von polyphonem zu homophonem Satz, von melismatischem zu deklamatorischem Textvortrag, von lebhafter zu ruhiger Bewegung. In den Quellen wird dies fast immer sinnfällig, indem man zur Gegenstrophe umblättern muss, was freilich auch vom größeren Umfang durch den hinzugekommenen Teil bedingt ist.

Nicht zufällig begann man diese neuen, speziell der Bergerette-Form eigenen, gegensätzlichen Gestaltungsmöglichkeiten zu jener Zeit und in jenem Umfeld zu schätzen, da sich die Satzkonzeption und Verlaufsstruktur der Chanson zu wandeln begannen: hin zu einem homogeneren Satzverband, in dem die drei bzw. vier Einzelstimmen in ihrer Physiognomie und Funktion einander angeglichen werden, dafür aber deutlichere Abschnittsprofile ausbilden, wies es auch z.B. in der Motettenkomposition zunehmend realisiert wurde. Diese kompositionstechnische Umorientierung wurde zuerst (in den 1450/1460er Jahren) und anhaltend bei Komponisten nicht am burgundischen Hof, sondern im Umfeld der französischen Krone in Zentralfrankreich, insbesondere in Tours, manifest. Im gleichen Zuge vertonten diese Komponisten auch die ersten Bergerettes: Johannes ▶ Ockeghem, Philippe ▶ Basiron, Antoine ▶ Busnoys (vor seinem Wechsel in burgundische Dienste vor 1467). Pierre Fabri (*Le grant et vray art de pleine rhetorique*, um 1480/1490, gedruckt 1521) schreibt die Wiederbelebung der Form Busnoys, der selbst dichtete, zu. Eine frühe Hauptquelle für Bergerettes stellt der Chansonnier Nivelle de la Chaussée (?Bourges, um 1460/1465) dar. Die Gedichte sind öfters heterometrisch als ›bergerette layée‹, d.h. mit dem Wechsel von

Lang- und Kurzzeilen, gestaltet. Bis um 1490, als sich das Interesse an Formes fixes ohnehin verlor, sollte die Bergerette eine sehr beliebte Form sein, die etwa 15 bis 20 Prozent des Chansonrepertoires ausmacht. Vor allem in der früheren Phase vertrauten die Komponisten ihre oft anspruchsvollsten Chansonkompositionen der Bergerette-Form an (z.B. Busnoys, *Je ne puis vivre*, *En tous les lieux*; Ockeghem, *Ma bouche rit*, *Presque transi*; Guillaume Dufay, *Helas mon deuil*).

Ein Reflex des Terminus ist noch im Umfeld der ▸ Frottola spürbar, wenn Gedichte in der verwandten Form der ▸ Barzelletta in Mantua auch »belzerette« genannt werden (Galeotto del Carretto an Isabella d'Este, 14.1. 1497).

*Literatur*:
R.W. Linker / G.S. McPeek, *The Bergerette Form in the Laborde Chansonnier: A Musico-Literary Study*, in: Journal of the American Musicological Society 7 (1953), S. 113–120 • D. Fallows, *Johannes Ockeghem: The Changing Image, the Songs and a New Source*, in: Early Music 12 (1984), S. 218–230 • L.L. Perkins, *Conflicting Attributions and Anonymous Chansons in the »Busnoys« Sources of the Fifteenth Century*, in: Antoine Busnoys. Method, Meaning, and Context in Late Medieval Music, hrsg. von P. Higgins, Oxford 1999, S. 317–358 • D. Fallows, *»Trained and immersed in all musical delights«: Towards a New Picture of Busnoys*, ebenda, S. 21–50.

NSCH

# Bergreihen

Der Ausdruck (in verschiedenen Schreibweisen wie »bergkreyen«, »berckhrayen«) taucht vom 16. bis zum 18. Jahrhundert in verschiedenen locker miteinander verbundenen Zusammenhängen auf, ohne einen konsistenten Sinn anzunehmen. Viele Linien führen nach Sachsen und zu seinen bedeutenden Bergbaugebieten als einem geographischen Schwerpunkt, während der Wortbestandteil »Reihen« eine ursprüngliche Beziehung zum Tanz bzw., weil es sich durchgängig um Lieder handelt, zum Tanzlied nahelegt. Mit Noten überliefert sind lediglich eine zwei- und eine vierstimmige Sammlung (Erasmus Rotenbucher, 1551; Melchior Franck, 1602), die wie Einzeltitel von Liedern und mehrere Textdrucke seit 1531 so etwas wie ein ungefähres zeitgenössisches Gattungsverständnis vermuten lassen. Textlich werden nur sporadisch bergmännische, oft unkompliziert-heitere und ansonsten fast überwiegend geistliche Inhalte thematisiert. Musikalisch verknüpfen sich mit der »Bergkreyen Weis« oder »Art« Vorstellungen von Improvisation, die im Falle von mehrstimmiger ▸ Stegreifausführung (Sortisatio) zu entsprechenden Satztechniken wie Terz- und Sextparallelen (Johann Andreas Herbst, *Musica poetica*, 1643; Samuel Scheidt an Henricus Baryphonus 1651) führen. Diese mutmaßliche Herkunft passt auch zu der Charakterisierung als homophoner Satz (Caspar ▸ Othmayr, Vorwort zu *Bicinia sacra*, 1547). Da die Merkmale jedoch nicht immer in den komponierten Bergreihen anzutreffen sind, muss man davon ausgehen, dass sich mit dem Ausdruck ein wesentlicher Anteil an atmosphärischer Bedeutung verband.

*Literatur*:
K. Gudeweill Gudewill, *Bergreihen*, in: MGG, Bd. 1, 1949, Sp. 1696–1702.

NSCH

# Bermudo, Juan

\* erste Dekade des 16. Jahrhunderts im andalusischen Écija, † wahrscheinlich nach 1560

Bermudo war einer der wichtigsten spanischen Musiktheoretiker im 16. Jahrhunderts; seine vielrezipierten Schriften sind das bedeutendste Zeugnis der spanischen Musiktheorie der Zeit.

Er stammte aus einer wohlhabenden andalusischen Familie, trat im Alter von 15 Jahren in den Minoriten-Orden ein und wirkte dort zeitweilig als ›guardián‹ und Prediger. An der Universität von Alcalá de Henares studierte Bermudo Mathematik. Vermutlich hat er in seiner Studienzeit auch Unterricht in elementarer Musiktheorie bekommen. Bei einem Besuch der Kathedrale von Toledo unter Kardinal Alfonso de Fonseca wurde zum ersten Mal sein Interesse an der Musik geweckt, als er den ›contrapunto concertado‹, eine gesungene improvisierte Polyphonie, gehört hat. Die Ämter bei den Minoriten musste Bermudo später aus Krankheitsgründen niederlegen. Jedoch entstand während dieser Zeit eine tiefergehende Neigung zur Musik; er begann, sich ernsthafter damit zu beschäftigen, und fasste den Entschluss, ein musiktheoretisches Buch zu schreiben.

Auf einer Reise nach Granada besprach Bermudo den Inhalt seines ersten Buches mit dem Kapellmeister der königlichen Kapelle Bernardino de Figueroa. Im Jahre 1550 hielt er sich im Klarissen-Konvent auf, wo er als Prediger fungierte. Dort widmete er sein Werk *Arte Tripharia* der Äbtissin Isabel Pacheco. Im Juni des Jahres 1560 wurde Bermudo in das Amt des ›definidor‹ erhoben, ein Mitglied des leitenden vierköpfigen Vorstandes der andalusischen Franziskaner. Jedoch vermutet man, dass er bald darauf verstorben ist.

Bermudos Quellen für seine theoretischen Schriften waren im wesentlichen Jacobus ▶ Faber Stapulensis, Franchino ▶ Gaffurio, Andreas ▶ Ortnithoparchus und Heinrich ▶ Glarean.

Sein erstes Buch *Comiença el libro declaración de instrumentos musicales* (1549) behandelt die ▶ Musica practica, den Canto llano (▶ Cantus planus) und den ▶ Canto de órgano, beginnend mit einer Einführung der »alabanças de música práctica«, einem Lob auf die ▶ Musica practica. Sein nächstes Werk *Comiença el arte tripharia* (1550), ist didaktisch angelegt und behandelt die Elementarlehre für Anfänger (ein- und mehrstimmigen Gesang); gedacht für die Nichte der Äbtissin kann es gleichermaßen als Zeugnis der klösterlichen Musikpflege gelten. Seine dritte Schrift, *Comiença el libro llamado Declaración de instrumentos musicales* (1555), ist eine überarbeitete und erweiterte Version der zwei vorher veröffentlichten Bücher und besteht aus fünf von sieben geplanten Bänden. Im dritten Band werden Aspekte des Vortrags des einstimmigen Gesangs behandelt. Im besonders hervorzuhebenden vierten Band finden sich wichtige Beiträge zur Instrumentenkunde, die Aufschluss über die damalige Praxis geben. Saiten- und Tasteninstrumente werden beschrieben, die Bauweise, Spieltechnik und Stimmung der einzelnen Instrumente wird diskutiert und erläutert. Im siebten geplanten Band sollten Fehler von zeitgenössischen Theoretikern aufgegriffen und geklärt werden sowie einige von ihm eigens entwickelte Instrumente beschrieben werden – darunter eine siebensaitige Vihuela.

*Ausgaben*:
13 Kompositionen aus *Declaración de Instrumentos musicales*, in: Orgue et liturgie 47(1960); *Declaración de instrumentos musicales* (1555), Faksimile, hrsg. von M.S. Kastner (Documenta musicologica I/11), Kassel 1957; *Exposition of musical instruments*, übersetzt von von G. Kinney, Lexington/Kentucky 1977.

*Literatur*:
V.Cl. Bushnell, *The »Declaración de instrumentos musicales« of Fray Juan Bermudo*, Magisterarbeit Rochester/New York 1960 • R. Stevenson, *Juan Bermudo*, Den Haag 1960 • J.J. Goldáraz Gaínza, *Afinación y temperamento en la música occidental*, Madrid 1992 • Ders., *Perfecting the Perfect Instrument: Fray Juan Bermudo on the Tuning and Temperament of the ›Vihuela de Mano‹*, in: Early Music 23 (1995), S. 421–435 • K.W. Gümpel, *Bermudo*, in: MGG², Bd. 2 (Personenteil), 1999, Sp. 1354–1355 • W. Freis (mit B.J. Blackburn, *Bermudo*, in: Grove Bd. 3, (2001), S. 422–423.

CHB

**Bern** ▶ **Schweiz**

## Bertrand, Antoine de

* 1530–1540 Fontanges (Auvergne), † um 1580–1582 Toulouse

Der französische Komponist lebte von 1560 bis 1580 in Toulouse, wo er einen Zirkel von Dichtern, darunter Jacques Grévin, Robert Garnier, Olivier de Magny, Jacques Salomon, Pierre de Brach, Pierre Le Loyer, Jean de Rangouse, Louis du Pin und Gabriel de Minut besuchte, mit denen er den Enthusiasmus für Pierre de ▸ Ronsards Sonette teilte, der von dem humanistischen Erzbischofs Georges d'Armagnac ausging. Die Dichter hielten Veranstaltungen und Wettbewerbe im Collège de Science et Art de Rhétorique ab (später als Académie de Jeux Floraux bekannt). Bertrand widmete sein drittes *Chansons*-Buch Charles de Bourbon, dem Bischof von Lectoure, aber er schien keinen Posten in der Kirche oder in dessen Haushalt gehabt zu haben. Er lebte wahrscheinlich von den Einnahmen seiner Ländereien und denjenigen seiner Frau, Anne Carrière. Im Vorwort seiner *Airs spirituels contenant plusieurs Hymnes & Cantiques*, publiziert in Paris 1582, wird davon berichtet, dass er seine Jugendzeit mit »chansons impudiques« verschwendete, und dass er von Leuten ermordet worden sei, die seine kirchlichen Hymnen und die neu entstandene katholische Devotion nicht mochten.

Seine erhaltene Musik umfasst 84 ▸ Chansons, 13 französische ▸ Psalmvertonungen, 10 lateinische ▸ Hymnen, 3 lateinische ▸ Motetten und eine italienische ▸ Villanella, die meisten für vier Stimmen. Sein Vorwort zu *Les amours de P. de Ronsard* (Paris 1576) kündigt fünf oder sechs weitere Bücher an mit Stücken zu fünf und sechs Stimmen. Er publizierte drei Chansons in einer Anthologie in Paris 1570. Seine ersten beiden Einzeldrucke (1576 und 1578) bestehen aus Vertonungen von Gedichten aus Ronsards *Amours* genauso wie diejenigen seines Freundes Guillaume ▸ Boni; sie wurden zwischen 1555 und 1567 publiziert und erzählen von seinen Liebesaffären mit Marie und Anne (möglicherweise Bertrands Frau). Die Musik war gemäß den ▸ Modi angeordnet und zeigt Bertrands Überzeugung von modalem Ethos, das er in seinen Vorworten wachrief. Das dritte Buch mit »eher menschlichen und allgemeinen Airs« enthält unterschiedliche Dichtung, Sonette von Ronsard, Joachim ▸ Du Bellay und anderen, aber auch ▸ Chansons spirituelles (*Sur moy, Seigneur*), eine italienische Villanella (*Tutto lo giorno*) und drei *Jeux* von Grévin.

Die meisten Sonette haben die musikalische Struktur AAB (▸ Barform); die beiden Quatrains haben dieselbe Musik, aber oft mit variierter Reprise, die mehr Flexibilität für den Ausdruck des Textes erlaubt als in den früheren Vertonungen von Pierre ▸ Certon, Clement ▸ Janequin and Claude ▸ Goudimel möglich war; die Sestina am Schluss ist durchkomponiert und wortbetonter, wenn auch oft festgestellt wurde, dass sie der Konvention der alten ▸ Balladen und Epigramme durch die Wiederholung der Schlusszeile folgt. Wie Boni kombinierte Bertrand französische und italienische Vorlieben, nämlich strukturelle Klarheit und madrigalistische Ausgestaltung von besonderen Worten und Sätzen durch Rhythmus, Tessitura, Melismen und Chromatik. Im Vorwort seines ersten Buches beschrieb er die Musik als eine eher sinnliche als intellektuelle Kunst; er verabscheute ausschweifende Chromatismen, die von der Affektenlehre akzeptiert wurden, aber widerstand Gioseffo ▸ Zarlinos Idee, dass enharmonische Tetrachorde das Optimale seien. *Ces liens d'or* in seinem ersten Buch basiert nur auf diatonischen perfekten Intervallen, kleinen Terzen und Halbtönen, vermeidet Sekunden, Sexten und große Terzen; aber extreme Chromatismen durch Erhöhungen am Ende von *Je suis tellement amoureux* in seinem zweiten Buch folgen Nicola ▸ Vicentino und Guillaume ▸ Costeley.

Seine Vorliebe, Dur- und Mollakkorde im Abstand einer Sekunde oder einer Terz nebeneinander zustellen (oftmals durch entsprechende Vorzeichen in einer der Mittelstimmen), verfolgt nicht die Absicht, Chromatismen theoretisch zu rechtfertigen, sondern beabsichtigt eine ausdrucksvolle Wirkung. Seine harmonische Sprache, überwiegend ganztönig, erfreut mit ungewöhnlichen Sequenzen und melodischen Teilen, die schwierige Intervalle vermeiden.

Das Vorwort des ersten Buchs verwirft ›mathematische Demonstrationen‹, aber viele Lieder zeigen eine geometrische Organisation von Rhythmus und Metrum, was ihre kontrapunktische und strukturelle Entwicklung beeinflusst. Rhythmische Perioden sind geschmeidig und variiert; aber das Zweiermetrum überwiegt, mit Phrasen oder Abschnitten im Dreiermetrum zur Einführung von Kontrasten. Er riet den Aufführenden, ein gemäßigtes Tempo einzuschlagen, aber lehrte, dass die Stimmung des Gedichts das Tempo suggeriert, genauso wie Nuancen Rhythmen und individuelle Phrasen beeinflussen. Seine vierstimmigen Texturen sind einfach und konservativ, sie wechseln zwischen Homophonie und einfacher Polyphonie mit imitierenden und paarigen Eingängen.

Die geistlichen Airs enthalten 13 französische geistliche Lieder (inklusive drei Psalmen von Philippe ▶ Desportes) und 13 lateinische Stücke (zehn Hymnen, zwei imitative Responsorien und ein Introitus); die Hymnen basieren auf traditionellen gregorianischen Melodien im Superius, mit einfachen homophon geführten tieferen Stimmen wie denjenigen des Hugenottenpsalters; die letzten drei Stücke gebrauchen vermehrt imitative Techniken.

*Ausgaben:*
*Les Amours de P. de Ronsard, Second Livre des Amours de Pierre de Ronsard, Tiers livre de chansons* (Les maîtres musiciens de la Renaissance française 4-7), hrsg. von H. Expert, Paris 1926-1927.

*Literatur:*
G. Thibault, *Antoine de Bertrand, musicien de Ronsard, et ses amis toulousains*, in: *Mélanges offerts à M. Abel Lefranc*, Paris 1936 (Reprint), S. 282–300 • F. Lesure / G. Thibault, *Bibliographie des éditions d'Adrian Le Roy et Robert Ballard (1551–1598)*, Paris 1955 • J.-M. Vaccaro, *Le livre d'airs spirituels d'Antoine de Bertrand*, in: *Revue de Musicologie* 56 (1970), S. 35–53 • J. Brooks, *Ses amours et les miennes tout ensemble: la structure cyclique du* Premier livre *d'Anthoine de Bertrand*, in: *Revue de Musicologie* 74 (1988), S. 201–220 • J.-M. Vaccaro, *Les préfaces d'Anthoine de Bertrand*, in: *Revue de Musicologie* 74 (1988), S. 221–236 • J.-M. Vaccaro, *Geometry and Rhetoric in Anthoine de Bertrand's* Troisiesme livre de chansons, in: Early Music History 13 (1994), S. 217–248 • F. Dobbins, *Les musiciens toulousains de P. de Ronsard*, in: *L'Humanisme à Toulouse (1480-1596)*, hrsg. von N. Dauvois, Paris 2006, S. 459–482.

FD

## Bèze, Théodore de
* 24.6.1519 Vézelay, † 13.10.1605 Genf

Der französische Theologe und Dichter wurde, da er Waisenkind war, von seinem Onkel, dem Pariser Parlamentsrat Nicolas de Bèze, erzogen; dieser vertraute seine Ausbildung dem hellenistischen Melchior Wolmar an, bei dem er in Orléans wohnen konnte (1528-1535). In der Umgebung dieses Humanisten, einem eifrigen Lutheraner, machte er die Bekanntschaft von Jean ▶ Calvin und anderen Vertretern des französischen Protestantismus. Nachdem er das Studium der Rechte 1539 abgeschlossen hatte, kam er nach Paris zurück, führte ein mondänes Leben (1539–1548) und publizierte die *Poemata juvenilia* (1548), die ihn nach dem Urteil seiner Zeitgenossen als den besten lateinischen Dichter seiner Zeit erscheinen ließen. Er bekannte sich zu der Reform und traf Calvin in Genf wieder (1548), der ihm einen Lehrstuhl für Griechisch an der neu gegründeten Académie de Lausanne verschaffte (1549–1558). Nachdem er erneut von Calvin nach Genf gerufen wurde, half dieser ihm, einen Lehrstuhl für Theologie an der Académie in derselben Stadt zu bekommen (1558–1559). Er kehrte anschließend nach Frankreich zurück, wo er an den Religionskriegen als Pfarrer in der hugenottischen Armee teilnahm, indem er eine aktive Rolle als Botschafter und Glaubensstreiter beim Hof in Frankreich spielte (1560–1562). 1563 kehrte er zu Calvin zurück und folgte ihm nach dessen Tod (17.5.1564) als Rektor der Akademie, »Modérateur de la Vénérable Compagnie des Pasteurs« und Anführer des Protestantismus in Frankreich nach. Er verfolgte seitdem intensive politische und kirchliche Aktivitäten, begleitet von einer Fülle an literarischer Produktion. Zu seinen wesentlichsten Schriften zählen die *Confession de la foi chrétienne* (1560), die *Histoire de la vie et mort de feu M. Jean Calvin* (1565), *De jure Magistratum* (1572) als Reaktion auf die Massaker der Bartholomäusnacht und zahlreiche Editionen, Übersetzungen und Kommentare biblischer Texte.

Nach dem Tod von Clément ▸ Marot (1544) beauftragte ihn Calvin, die unvollendete Übersetzung des Psalters weiterzuverfolgen. 34 Psalmen wurden 1551 geschaffen, die, zu den 49 von Marot hinzugefügt, mit Melodien von Loys ▸ Bourgeois in den *Pseaumes octantetrois* (1551) publiziert wurden. Sechs neue Psalmen wurden bei der Wiederauflage des Werks 1554 hinzugefügt, dann neue Kompilationen mit weiteren Psalmen in den *Octanteneuf Pseaumes de David* (1556). Théodore de Bèze vollendete die Übersetzung und die Versifikation des Psalters 1561, dessen Vertonung er wahrscheinlich Pierre Davantès (1525–1561) anvertraute. *Les Pseaumes mis en rime françoise* (1562), die definitive und vollständige Version des Psalters, die auch unter *Psautier de Genéve* oder *Psautier huguenot* (Hugenottenpsalter) bekannt ist, erschien gleichzeitig in Genf, Lyon und Paris und wurde danach schnell in andere Sprachen übersetzt und adaptiert. In der Folge der Paraphrasen von Marot wurden diejenigen von Bèze nach den genauen metrischen und poetischen Prinzipien realisiert, nach denen sich die Melodie mit dem Rhythmus und der Akzentsetzung verbindet. Musikalisch sind sie durch eine strophische Struktur charakterisiert, eine syllabische Behandlung des Textes, den exklusiven Gebrauch von Minimen und Semiminimen und den begrenzten Ambitus einer Oktave. Théodore de Bèze ist auch der Autor einer biblischen Tragödie *Abraham sacrifiant* (1550), deren musikalische Teile nicht erhalten sind.

*Schriften*:
*Pseaumes octantetrois de David mis en rime françoise par Clément Marot et Théodore de Bèze*, Genève 1551, Faksimile New Brunswick 1973; *Les Pseaumes mis en rime francoise*, Genève 1562, Faksimile Genf 1986.

*Literatur*:
P. Pidoux, *Le Psautier Huguenot du XVI*ᵉ *siècle. Mélodies et documents*, Basel 1962 • J. Dedieu, *Bèze*, in: *Dictionnaire d'Histoire et de Géographie Ecclésiastique*, Paris 1935, Bd. 8, col. 1344–1351 • L. Guillo, *Les éditions musicales de la Renaissance lyonnaise*, Paris 1991.

FG

## Bianchini [Bianchini Veneziano], Dominico, [Il Rossetto], [Il Rosso]
* 1510 Udine, † nach 1576 Venedig

Der Lautenist und Mosaikleger Bianchini trat 1537 in die Gilde der venetianischen Mosaikleger ein und arbeitete von 1540 bis 1576 an der Markuskirche, wo er Mosaiken nach den Entwürfen von Francesco Salviati (1510–1563) und ▸ Tintoretto (1518–1794) legte. *L'Intavolatura de lauto di Dominico Bianchini ditto Rossetto [...]* wurde 1546 bei Antonio ▸ Gardano in Venedig veröffentlicht, dem Jahr, das besonders reich an italienischen Lautenpublikationen war. Der Band wurde 1554 und 1563 wieder aufgelegt und einige Stücke der Sammlung wurden auch von Pierre ▸ Phalèse (1547) und Hans Gerle (1662) übernommen, was den Erfolg des Komponisten belegt. Sein Buch ist für Lautensammlungen der Renaissance typisch: Intavolierungen von Vokalwerken, acht Tänze und sechs ▶ Ricercare, deren imitative Schreibweise möglicherweise auf vokalen Modellen basiert.

*Literatur*:
H.M. Brown, *Instrumental Music printed before 1600. A Bibliography*, Cambridge/Massachusetts und London 1965.

CHB

## Bicinium

Ein Bicinium ist ein zweistimmiger Vokal- oder Instrumentalsatz. Der Terminus, der wohl erstmals bei Jan von Lublin (theoretischer Teil der Orgeltabulatur 1540) und Georg ▶ Rhau (*Bicinia Gallica, Latina et Germanica*, 1545) wahrscheinlich in Anlehnung an Isidor von Sevilla eingeführt wurde, war vor allem im protestantischen deutschen Sprachbereich im 16. Jahrhundert geläufig und wird bis heute im musiktheoretischen Bereich gebraucht. Er bezeichnet zum einen zweistimmige Partien oder Sätze innerhalb von Kompositionen von vier und mehr Stimmen, zum anderen eigenständige zweistimmige Kompositionen. Zweistimmige Partien und Sätze kommen in ▶ Messen und ▶ Motetten seit Beginn des 15. Jahrhunderts als Kontrast zur Vierstimmigkeit vor; in der Messenkomposition sind es bestimmte Partien, die meist zweistimmig gesetzt sind wie *Et iterum venturus est*, *Pleni sunt coeli et terra* oder *Benedictus* (seit Guillaume ▶ Dufay). Bicinium als selbstständige Komposition zeigt sich vor allem im Bereich des Liedes und betrifft die wichtigsten Liedgattungen: deutsche Lieder, französische Chansons, italienische Madrigale, aber auch Motetten und Instrumentalstücke (insbesondere Stücke zum Turmblasen). Ob man allerdings das Bicinium als eine eigene Gattung bezeichnen kann, wenngleich ihm zahlreiche Spezialdrucke nicht nur im protestantischen Bereich gewidmet wurden (z.B. Rhau, siehe oben; Caspar ▶ Othmayr, *Bicinia sacra*, 1547; Johannes ▶ Wannenmacher, 1553; Orlande de ▶ Lassus, 1577; Jean de Castro, *Bicinia*, 1593 und viele mehr, siehe Finscher und Geck), oder inwiefern es sich mit anderen, Liedgattungen und Instrumentalgattungen, überschneitet, müsste eine genauere musikanalytische Untersuchung des gesamten Repertoires noch zeigen. Bicinien waren insbesondere zum Musizieren in Lateinschulen, als Musizierstücke generell sowie als Lehrbeispiele gedacht.

*Literatur*:
M. Geck, *Bicinium*, in: *Riemann Musik Lexikon*, Sachteil, Mainz 1967, S. 110 • B. Bellingham, *The Bicinium in the Lutheran Latin Schools during the Reformation Period*, Diss. Univ. of Toronto 1971 • L. Finscher, *Bicinium*, in: *MGG*$^2$, Bd. 1 (Sachteil), 1994, Sp. 1538–1545.

## Bildmotette

Der Begriff Bildmotette wurde von Max Seiffert 1929 geprägt und bezeichnet Kupferstiche der zweiten Hälfte des 16. Jahrhunderts, deren Darstellung geistlichen Inhalts auch eine ▶ Motette beinhaltet. Die Motetten sind in der üblichen Notationsweise der Zeit in Stimmen aufgezeichnet, in Büchern mit zwei bis vier Stimmen auf einer Seite oder auf Einzelblättern bzw. Tafeln (in Jan Sadelers *Verkündigung der Geburt Christi an die Hirten* die neunstimmige Motette auf neun Einzelblättern). Die bildnerische Darstellung und der Motettentext sind eng aufeinander bezogen.

Waren Notentexte auf Gemälden und in der Druckgraphik während des 15. und 16. Jahrhunderts nichts Besonderes, so gilt der in Antwerpen und ab 1580 in deutschen Städten, ab 1587 am Münchner Hof wirkende Kupferstecher und Musikliebhaber Johannes (Jan)

Jan I. Sadeler nach Maerten de Vos: *Maria, umgeben von musizierenden Engeln*, 1585; München, Staatliche Graphische Sammlung, Inv.Nr. 28821 – Text in den Noten: »Magnificat anima mea Dominum et exultavit spiritus meus in Deo salutari meo. Quia respexit humilitatem ancille sue. Ecce enim ex hoc beatam me dicent omnes generationes«.

Sadler (1550–1600) als Schöpfer der Bildgattung, für die Komponisten eigens Motetten komponierten; diese Motetten sind meist auch nur in dieser Form, als Bildmotette, und nicht als Notendruck oder Notenhandschrift, erhalten. Komponisten der Bildmotetten Sadlers waren Cornelis Verdonck (*Maria und Anna mit dem Christuskind und musizierenden Engeln* und *Maria, umgeben von musizierenden Engeln*), Andreas ▶ Pevernage (*Verkündigung der Geburt Christi an die Hirten* mit neunstimmiger Motette, *Anbetung des Lammes Gottes*), Daniel Raymundi (*Heilige Cäcilia und musizierende Engel*) und Orlande de ▶ Lassus, der die kurze vierstimmige Motette *Laudent Deum cithara, chori: vox, tuba, fides, cornu, organa. Alleluia* für den Stich *König David und die Engelschöre* von Sadeler und dem ebenfalls am Münchner Hof tätigen Peter Candide (Pieter de Witte) komponierte; der Stich, der neben musizierenden Engeln auch die Heilige Cäcilia im Hintergrund an der Orgel zeigt, war einer der beliebtesten und wurde vielfach kopiert (Volk-Knüttel, siehe Vignau-Wilberg, S. 56), die Motette erschien allerdings auch in Lassus' Gesamtausgabe (Abb. ▶ Engelsmusik). Die bildnerischen Vorlagen der Bildmotetten Sadlers stammten ansonsten meist von Maerten de Vos (1532–1603).

Sadlers zweite Bildmotette, *Maria, umgeben von musizierenden Engeln* (1585, siehe Abbildung) nach einer Vorlage von Maerten de Vos zeigt ein fünfstimmiges ▸ Magnificat von Verdonck, das auf zwei Tafeln notiert ist, die von Engeln gehalten werden. Auf der linken stehen Superius und Tenor, der als Kanon gesungen werden soll, also zwei Stimmen beinhaltet, rechts stehen Altus und Bassus. Wie auch auf anderen Bildmotetten sind die Engel als Ausführende der Motette dargestellt: Sie schauen in die Noten, spielen auf Instrumenten (Viola da Gamba, Querflöte, krummer Zink) und singen, Zeugnis einer gemischt vokalinstrumentalen Aufführungspraxis. Während der rechte Engel das Notenblatt nur hält, singt der linke mit geschlossenen Augen wahrscheinlich den Tenor, den er, da er auf der Choralmelodie basiert, auswendig kann. Möglicherweise haben die Gambenspieler auch noch mitgesungen (der rechte ist mit geöffnetem Mund dargestellt). Magnificat-Text und -Vertonung, Marias Preislied auf Gott (der oben in den Wolken angedeutet ist), ist mit der Darstellung der musizierenden Engel aufs engste verbunden, die Musik ist visualisiert und die Darstellung in Musik gesetzt.

Außer den Bildmotetten von Sadeler sind noch weitere bekannt (siehe die Liste bei Vignau-Wilberg, S. 56/57), u.a. mit Motetten von Adam ▸ Gumpelzhaimer und Francesco ▸ Soriano. Besonders zu erwähnen ist die 1625 in Venedig erschienene Bildmotette des Verlegers und Komponisten Romano Micheli *Verkündigung Mariae* mit der Abbildung einer 20-stimmigen Motette (siehe Maaß). – Die Bildmotette gilt auch als Vorgänger des seit dem 17. Jahrhundert üblichen in Kupfer gestochenen Notendrucks.

*Literatur*:
R. Hammerstein, *Imaginäres Gesamtkunstwerk. Die niederländischen Bildmotetten des 16. Jahrhunderts*, in: *Die Motette. Beiträge zu ihrer Gattungsgeschichte*, hrsg. von H. Schneider, Mainz 1992, S. 165–203 • I. Maaß, *Romano Michelis Dialogus Annuntiationis und seine Bildquellen*, in: *Musik und Szene. Festschrift für Werner Braun zum 75. Geburtstag*, hrsg. von B.R. Appel u.a., Saarbrücken 2001 • T. Vignau-Wilberg, *Bildmotetten und Motettenbilder*, in: *Himmelschöre und Höllenkrach. Musizierende Engel und Dämonen*, hrsg. von Ursula Härting, Ausstellungskatalog Hamm 2006, S. 53–57 (vgl. auch ihren Beitrag in: *O Musica du edle Kunst*, hrsg. von Ders., München 1999).

ES

## Binchois [Binchoys], Gilles [de Bin] [Binch, Binche]
\* um 1400 Mons (?) † 20.9.1460 Soignier

Auf der Epochenschwelle vom Mittelalter zur Renaissance gilt Binchois als ein eher dem Überkommenen zugewandter Komponist denn als ›experimentierfreudiger‹ Neuerer. Das hat möglicherweise mit seiner Wirkungsstätte zu tun: dem Hof des Herzogs von Burgund. An diesem mächtigen und prächtigen Hofe pflegte man die spätmittelalterliche Ritterkultur. Philipp der Gute hatte Binchois wohl Ende der 20er Jahre verpflichtet, damit er in musikalischen Belangen die Hochzeit des Herzogs mit Isabella von Portugal 1430 vorbereite und ausgestalte.

Obwohl der Hof durch flandrische Besitzungen sehr reich war, verfügte er wohl nicht ständig über eine angemessene Kapelle, auch unter den Vorgängern Philipps nicht. Das mag darauf zurückzuführen sein, dass in jenen kriegerischen Zeiten das Militär einen großen Teil der Mittel verschlang und die Herzöge viel im Feld unterwegs waren. Auch scheint es lange keine Chorknaben(-ausbildung) gegeben zu haben. Die auffallend tiefe Lage der Singstimmen in Binchois' Werken führt man darauf zurück. Sänger, Musiker und Komponisten wurden ad hoc je nach Bedarf und Anlass engagiert.

Burgund kämpfte auf Seiten Englands gegen Frankreich, und so konnte England große Teile Frankreichs besetzen und besetzt halten. Schließlich waren es auch burgundische Häscher, die Jeanne d'Arc aus Lothringen an die Engländer auslieferten, die sie 1431 auf dem Marktplatz von Rouen auf dem Scheiterhaufen hinrichteten. Das Blatt wendete sich erst, als 1435 der französische König Karl VII. im Frieden von Arras große Gebiete von Mâcon und Auxerre an Philipp abtrat. Die Engländer mussten sich nach und nach aus weiten Teilen Frankreichs zurückziehen, schon 1436 aus Paris.

Auch Binchois war mit den Engländern in Paris gewesen: 1424 im Dienste von William de la Pole, vierter Earl und später erster Duke von Suffolk. Das erwähnt ein Diener Poles namens Guillaume Benois. Auch in der Déploration auf den Tod Binchois' von Johannes ▸ Ockeghem wird erwähnt, dass Binchois in jungen Jahren »soudard« (Soldat) gewesen sei. Das lässt darauf schließen, dass Binchois am Hofe des Herzogs Guillaume IV. von Hainault, wo sein Vater Jean Binche Hofbeamter war, eine militärische Ausbildung genoss, musikalisch nur das erlernte, was ›zum guten Ton‹ gehörte: Poesie und Gesang, aber vermutlich nicht polyphone und kontrapunktische Satzweise. So war er, der nie zum Priester geweiht wurde (1437 lediglich zum Subdiakon), wahrscheinlich Chorsänger bzw. -knabe an der Kirche St. Germain in Mons und ist in Ste Waudru 1419 als Organist nachweisbar. Auf diese Zeit geht wohl auch seine Bekanntschaft bzw. Freundschaft mit Guillaume ▸ Dufay zurück.

Lange Zeit galt das Hauptaugenmerk von Binchois' Schaffen seiner weltlichen Liedkunst, die sich der Textstruktur und -form der ▸ Formes fixes bedient (darunter 47 ▸ Rondeaux, und nur 7 ▸ Ballades). Diese höfische Liebeslyrik wird zum Teil höchsten literarischen Ansprüchen gerecht, stammt sie doch von berühmten Poeten: Charles d'Orleans, ▸ Christine de Pizan, Alain Chartier. Allerdings löst Binchois die Musik aus der engen Verbindung mit der Textstruktur, macht sie eigenständiger. Bemerkenswert ist seine elegante, fein ziselierte und weit ausschwingende Melodieführung der Singstimme, die mit wenigen, immer wieder neu variierten und paraphrasierten melodischen Elementen auskommt. Die beiden instrumentalen Tenores als Unterstimmen sind weit weniger bewegt, liegen eng zusammen und überkreuzen sich häufig. Bisweilen sind die Stimmen imitatorisch aufeinander bezogen, wie in der Chanson *Vostre allée me desplait tant* am Anfang jeder Textzeile.

Binchois' sakrale Werke dagegen gerieten erst in den genaueren Blick, als sie von Philip Kaye 1992 herausgegeben wurden. Darunter ist keine Vertonung eines ganzen Messordinariums – sei es, dass Binchois keines komponiert hat, sei es, dass keines erhalten geblieben ist. Es gibt nur einzelne Sätze oder Satzpaare, daneben ▸ Hymnen, ▸ Psalmvertonungen, ▸ Magnificat, ▸ Te deum, ▸ Motetten. In dieser Musik zeigt sich eine enge Beziehung zur englischen Tradition, in der man bisweilen notengetreue Übereinstimmungen von Passagen in Binchois' Werken mit solchen englischer Komponisten nachweisen konnte. Die Satztechnik der sakralen Werke ist vielfältig; sie reicht vom einfachen ▸ Fauxbourdon- (faburden-) Satz bis zur ▸ isorhythmischen Motette. In der vierstimmigen Motette *Nove cantum melodie* – 1431 komponiert zur Geburt von Philipps und Isabellas erstem Sohn Antoine – sind alle vier Stimmen auf je eigene Weise isorhythmisch strukturiert.

1453 zog sich Binchois nach Soignier zurück. Philipp hatte ihn zum Probst an der Kirche St. Vincent ernannt, die wie viele andere zum Herzogtum Burgund kamen, als Philipp 1433 auch den Titel Herzog von Hainault erwarb. An dieser College-Kirche, die einen prächtigen Chor unterhielt, war Binchois nicht für die Musik zuständig. Vom musikalischen Schaffen aus dieser Zeit bis zu seinem Tode 1460 ist wenig bekannt. Es wird jedoch vermutet, dass er den Komponisten Johannes ▸ Regis, der an dieser Kirche wirkte, mit seinem musikalischen Idiom vertraut machte.

Von der Bekanntheit und Wertschätzung Binchois' zu seinen Lebzeiten zeugt, dass in den 20er und 30er Jahren des 15. Jahrhunderts seine Werke öfter kopiert wurden als die von Dufay. Sein Nachruhm beginnt mit zwei Klagegesängen auf seinen Tod: Dufays Rondeau *En triumphant de Cruel Dueil* und die bereits erwähnte Déploration Ockeghems, die Liedmotette *Mort, tu as navré*. Vielleicht wurde auch Ockeghems *Missa De plus en plus* anlässlich von Binchois' Tod 1460 komponiert; sie verwendet den Tenor aus Binchois' gleichnamiger Chanson. Ockeghem veränderte den Tenor jedoch so, dass er zahlensymbolisch auf Binchois' Namen zurückverweist (Stenzl, S. 427). »Dies wiederum könnte vermuten lassen, dass Binchois Ockeghems Lehrer gewesen ist« (Stenzl, ebenda). Nach Ockeghem verwenden als Tenormaterial aus Binchois' Werken Martin ▸ Agricola, ▸ Josquin Desprez, Jacob ▸ Obrecht, Heinrich ▸ Isaac, Johannes ▸ Tinctoris. So reicht das Werk des heute eher als traditionell eingeschätzten Binchois ›subkutan‹ auch in die Zukunft der Renaissance.

*Ausgaben*:
*Die Chansons von Gilles Binchois*, hrsg. von W. Rehm, Mainz 1957; *The Sacred Music of Gilles Binchois*, hrsg. von Ph. Kaye, Oxford 1992.

*Literatur*:
L. Finscher / S. Leopold, *Die französische Chanson*, in: *Die Musik des 15. und 16. Jahrhunderts*, Laaber 1990, S. 499–530 • W.H. Kemp, *Burgundian Court Song in the Time of Binchois*, Oxford 1990 • R. Strohm, *The Rise of European Music 1380–1500*, Cambridge 1993 • *Binchois Studies*, hrsg. von A. Kirkman und D. Slavin, Oxford 2000 • P. Branscombe, *Binchois*, in: *Grove*, 2001, Bd. 3, S. 578–593 • J. Stenzl, *Ockeghem*, in: *Komponisten-Lexikon*, hrsg. von H. Weber, Stuttgart ²2003, S. 426–428.

CR

## Blitheman, John
\* um 1525 (?), † 23.5.1591 London

Blitheman war englischer Komponist, Organist und Mitglied der Chapel Royal seit der Regierungszeit Marias der Katholischen (1553–1558). Aufgrund von Zahlungen ist belegt, dass er ab 1563 bis fast an sein Lebensende auch eine Anstellung an der Christ Church in Oxford hatte. John ▸ Bull war sein Schüler. – Neben drei erhaltenen liturgischen Vokalkompositionen sind vor allem seine Stücke für Tasteninstrumente zu erwähnen, die im Mulliner-Book überliefert sind; ein Stück befindet sich auch im Fitzwilliam Virginal Book (L), wo er mit dem Vornamen »William« erscheint. Seine Kompositionen basieren überwiegend auf geistlichen Melodien, worunter die sechs kunstvollen ▸ In-nomine-Kompositionen eine besondere Stellung einnehmen und Bulls Stücke dieser Kompositionsgattung beeinflusst haben.

*Literatur*:
J. Caldwell, *Blitheman*, in: MGG², Bd. 3 (Personenteil), 2000, Sp. 91–93.

ES

## Blockflöte

Die Blockflöte gehört zu den Längsflöten und hat ihren Namen nach dem Verschlusskern, einem hölzernen Block (Kern) im Kopf, neben dem nur eine enge Spalte (Kernspalte) frei bleibt. Durch diese wird der Atem des Bläsers gegen die Kante (Schneidekante) eines Aufschnitts (Labium) geführt. Durch das Schließen der sieben vorderständigen und eines hinterständigen Lochs erklingt der tiefste Ton der Flöte. Die höheren Töne werden durch das Öffnen der Grifflöcher erzeugt. Die meisten Blockflöten der Renaissance hatten einen Umfang von einer Oktave und einer Sexte. Die Töne der zweiten Oktave werden mit einer Überblastechnik sowie durch teilweises Öffnen des hintenstehenden Daumenlochs hervorgebracht. Die historischen Quellen und Bilder aus der Renaissancezeit deuten auf einen hohen Stellenwert, den die Blockflöte im Musikleben gehabt haben muss. Inventarlisten europäischer Königshäuser führen zahlreiche Blasinstrumente auf. Die Berühmteste ist wohl die von ▸ Heinrich VIII. von England aus dem Jahre 1547, die 76 Blockflöten auflistet. In einem weiteren Beispiel aus dem Jahre 1532 gibt die Inventarliste der Stadtpfeifer von Antwerpen 28 Blockflöten an, die der Stadt gehören. Die Literatur für Blockflöten umfasste sowohl adaptierte Vokalmusik, als auch Instrumentalwerke, die oft zum Musizieren auf beliebigen Instrumenten komponiert wurden. Eingesetzt wurde die Blockflöte in diesem Zusammenhang entweder als Ensembleinstrument im chorischen Einsatz innerhalb eines ▸ Consort mit mehreren Blockflöten oder als Colla parte Instrument innerhalb eines gemischten Consort.

1. *Bezeichnungen*
Andere Begriffe für die Blockflöte sind Schnabelflöte, Längsflöte, Handflöte. Die Bezeichnung ▸ Pfeiffe/Pfeife (lat. Pipa) wurde oft als Sammelbegriff für jede Art von Holzblasinstrumenten verwendet. Nach und nach wurde der Begriff Pfeife mehr mit den kleineren Flötenarten in Verbindung gebracht. Andere Bezeichnungen für die Blockflöte innerhalb Europas waren: Recorder, Common flute (engl.); Fiauto, Flauto dolce, Flauto diritto (ital.); Flute à neuf trous, Flute à bec, Flute douce (frz.); u.a.

2. *Historische Quellen*. Die Blockflöte wird in mehreren Traktaten und pädagogischen Schriften der Renaissance behandelt. Die meisten Quellen beschreiben drei Größen von Blockflöten in f, c' und g'.

| Grundnote | F | B | f | c' | g' | c'' | d'' | g'' |
|---|---|---|---|---|---|---|---|---|
| Amerbach Hs. (ca.1510) | | | | | Discant | | | |
| Virdung (1511) | | | Baßcontra or Bassus | Tenor | Discant | | | |
| Agricola (1529) | | | Bassus | Tenor = Altus | Discantus | | | |
| Ganassi (1535) | | | basso | tenor | sopran | | | |
| Cardan (ca. 1546) | | | bass | tenor | canto | | nicht benannt | |
| Jambe de Fer (1556) | | | bas | taille = haute contre | dessus | | | |
| Zacconi (1596) | | | basso | tenor | canto | | | |
| Virgiliano (ca. 1600) | | | | | nicht benannt | | | |
| Cerone (1613) | | | Baxo | Tenor | Tiple | | | |
| Praetorius (1619) | Großbaß | Baß | Basset | Tenor | Alt | Discant | Discant | klein Flötlein oder exilent |

In Sebastian ▸ Virdungs *Musica getutscht und ausgezogen* von 1511 ist der Blockflöte ein langer Abschnitt als Beispielinstrument für Blasinstrumente mit mehreren Abbildungen gewidmet. Gezeigt werden vier aus einem Stück gefertigte Blockflöten gleicher Bauart in drei Größen.

Anhand einer Klassifizierung der Instrumente gebührt den Blockflöten bei Virdung innerhalb der Blasinstrumente der höchste Rang aufgrund der Anzahl der Grifflöcher. Virdung spricht von zwei möglichen Gruppierungen, »Coppel« genannt: Vier Flöten mit

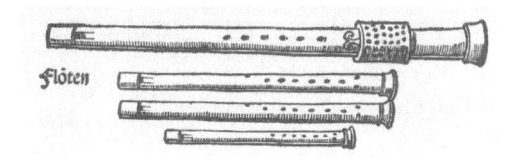

Abb. 1: Sebastian Virdung, *Musica getutscht*, 1511, Nachdruck, hrsg. von K.W. Niemöller, Kassel 1970. – Darstellung eines Blockflötenconsorts. Zu sehen sind vier Flöten in drei Größen. Die größte Flöte hat für den tiefsten Ton eine Klappenmechanik unter einer schützenden Fontanelle.

einer Discant-, zwei Tenor- und einer Bassblockflöte, oder sechs Flöten mit zwei Discant-, zwei Tenor- und zwei Bassflöten. Sie können in einem »futeral« genannten Köcher aufbewahrt werden. Der Umfang von Discant- und Tenorflöte ist gleich, eine Oktave und eine kleine Septime. Die Bassflöte kommt nur auf eine Oktave und eine große Sexte.

Auch in Martin ▸ Agricolas Abhandlung *Musica instrumentalis deutsch* von 1529 hat die Blockflöte eine Spitzenposition als Beispielinstrument für die Pfeiffen mit vielen Grifflöchern. Seine Erläuterungen und Abbildungen sind stark an Virdungs Werk angelehnt. Im Gegensatz zu Virdung, der seine Texte als Dialog darstellt, schreibt Agricola in Reimen, denn sein Anliegen war an erster Stelle, Chorjungen zu unterrichten. Wie bei Virdung beschreibt er eine Gruppe von vier Blockflöten in drei Größen im Quintabstand.

*Die Schule des kunstvollen Flötenspiels und Lehrbuch des Diminuierens: La fontegara* (1535) von Sylvestro ▸ Ganassi ist die erste systematische Anleitung zum Erlernen der Blockflöte: »Es behandelt besonders das Verzieren, das nützlich ist für jedes Blas- und Saiteninstrument und auch für den, der Freude am Gesang hat.« Ganassi wirkte als Hofmusiker des Dogen in Venedig und muss ein hervorragender, virtuoser Flötenspieler sowie Gambist gewesen sein. Nach der *Fontegara* zu urteilen, hatte das Blockflötenspiel zu Ganassis Zeiten einen hohen Grad an technischer Vollendung erreicht. Verschiedene Artikulationsarten, alternative Fingersätze und die Kunst der improvisierten Verzierung werden erklärt. Bemerkenswert ist der Umfang der Blockflöte, von der Ganassi ausgeht: Seine Grifftabellen erweitern den Umfang bis zu 2 Oktaven und einer großen Sexte.

Eine erste musiktheoretische Schrift in französischer Sprache, *Epitome musical* von Philibert Jambe de Fer (ca. 1515 – ca. 1566), erschien 1556. Nach dem ersten theoretischen Kapitel beschreibt er im zweiten Teil die Umfänge, Stimmungen, Griffe und Spieltechniken der Blockflöte, Querflöte, Gambe und Violine. Zu erwähnen sind zwei Traktate des italienischen Musiktheoretikers, Philosophen, Arztes, Mathematikers und Astrologen Jerome Cardan (1501-1576). Sein erstes Werk *De Musica* (ca. 1546, publ. 1663) wiederholt viele thematische Aspekte von Ganassi. Er erwähnt darüber hinaus aber auch eine kleine Blockflöte in d".

Ein Jahrhundert nach Virdungs Veröffentlichung berichtet Michael ▸ Praetorius (1571–1621) in seinem Werk *Syntagma Musicum* (1615–1619) von nicht weniger als acht verschiedenen Größen und Besetzungen mit bis zu 21 Blockflöten: »2 Gar klein Exilent / 2 Discant, quart niderer / 2 Discant, quint niderer / 4 Altflöten / 4 Tenorflöten / 4 Bassetflöten / 2 Baßflöten / 1 Groß Baß Flöte [...] Und ein solch ganz Stimmwerk kann auß Venedig umb 80 Thaler ohngefehr herauß gebracht werden.«

Man geht aber davon aus, dass es auch schon am Anfang des 16. Jahrhunderts diese größeren und kleineren Ausführungen der Blockflöte gab. Weshalb vor Praetorius nur drei verschiedene Größen angegeben wurden, könnte darin begründet sein, dass man nur in relativen Größen gedacht hat. In seinen Tabellen über die Blockflötenumfänge beschreibt er, dass man mit den sechs Blockflötengrößen in vier Registern spielen kann. So konnte z.B. eine Tenorblockflöte eine Bass-, eine Tenor/

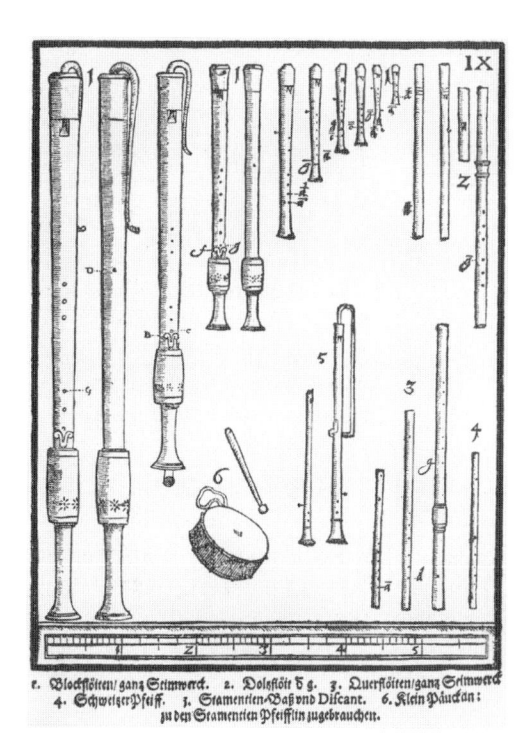

stimme im Abstand einer None über dem Bass liegt. Der Bass des »petit jeu« dient dem »grand jeu« als Sopran, somit sind alle Blockflöten des Stimmwerks im Quintabstand gestimmt. Weiter beschreibt er zwei tiefe Blockflöten, die mit einer diatonischen Extension ausgestattet sind und dadurch noch eine Quarte tiefer spielen. Diese zusätzlichen Töne werden mit Klappen erreicht. Ein erhaltenes Instrument dieses Ausmaßes (250 cm) ist im Antwerpener Vleeshuis Museum ausgestellt.

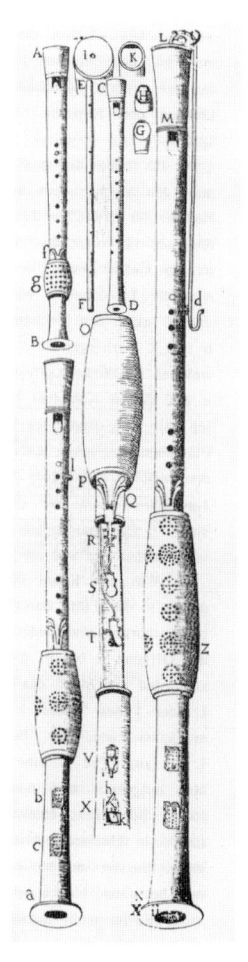

Abb. 3: Marin Mersenne, *Harmonie universelle*, 1636, Proposition VIII. – Abbildung der großen Bassblockflöten bei Marin Mersenne. Er stellt auch die Klappenmechanik bei verschobener Fontanelle dar.

Abb. 2: Michael Praetorius, *Syntagma Musicum*, Bd. 2, Wolfenbüttel 1619, hrsg. von W. Gurlitt, Nachdruck Kassel 1958, Tafel IX. – Auf dieser Instrumententafel ist das erweiterte Blockflötensortiment zu sehen, wie es Michael Praetorius beschreibt. Außerdem sind noch Querflöten und Pfeiffen abgebildet.

Altus- oder Cantusstimme spielen, abhängig von der Funktion innerhalb des Registers.

Auch bei Marin ▶ Mersenne hat die Blockflöte einen hohen Stellenwert in der Hierarchie der Instrumente. In seiner *Harmonie universelle* (1636) steht zwar die Stimme immer noch an höchster Stelle, die Blockflöte folgt jedoch direkt nach: »Wegen der Anmut ihres Klanges werden diese Flöten ›douces‹ genannt. Sie vermitteln den Charme und die Anmut der menschlichen Stimme.« Das Flötenstimmwerk besteht bei Mersenne aus zwei Quartetten, dem »petit jeu« und dem »grand jeu«, mit jeweils drei verschiedenen Größen. Er beschreibt, dass beim »petit jeu« die Tenor- und Altstimme im Abstand einer Quint, und die Sopran-

### 3. Bauweise

Die neuen Anforderungen der Polyphonie verlangten von den Instrumentenbauern, homogene Blockflötengruppen zu entwickeln. Um den Tonraum nach oben und unten auszuweiten, kamen neue Größen hinzu. Die Instrumente wurden durchweg aus einem Stück gefertigt, nur bei den größeren Flöten sind der Kopfaufsatz mit Anblasrohr und das Fußteil abnehmbar. Bei den Bassblockflöten wird für den tiefsten Ton eine Klappenmechanik benötigt, die mit einer dekorativen Fontanelle verdeckt ist. Alle Blockflöten haben sieben vorderständige Grifflöcher und ein hinterständiges Überblasloch für den Daumen. Kleine Instrumente ohne Klappen haben das siebte Griffloch doppelt, weil es nicht festgelegt war, welche Hand oben und welche unten zu sein hat. Das jeweils nicht benutzte siebte Loch wurde mit Wachs verschlossen. Aufgrund der historischen Quellen und der etwa 200 erhaltenen Instrumente und einigen Futteralen könnte man die Renaissance-Blockflöten in folgende Gruppen unterteilen:

- Virdung/Agricola-Modell: Blockflöten wie sie in den Abbildungen von Virdung und Agricola sowie auf einigen Ikonographien zu sehen sind (siehe Abb. 1). Sie könnten auf spätmittelalterliche Instrumente hindeuten, die noch in Gebrauch waren, allerdings ist keine Blockflöte erhalten, die so aussieht. Es könnte sich jedoch auch um eine rein schematische Abbildung der drei Blockflötengrössen bezogen auf ihre Stimmlagen handeln.
- Rafi/Grece-Modell: Eine Handvoll erhaltene Blockflöten, u.a. in der Accademia Filarmonica di Bologna, haben ein auffallend unübliches Äußeres, das auf eine andere Tradition hindeutet. Sie zeichnen sich durch eine enge, zylindrische Bohrung mit einer Stufe in Höhe des siebten Fingerlochs und einer rein zylindrischen Außenform aus, die Renaissance-Traversflöten ähneln, aber auch an die abgebildeten Blockflöten in den Grifftabellen bei Jambe de Fer erinnern. Die Brandstempel auf den Flöten weisen auf eine Instrumentenbauerfamilie aus der ersten Hälfte des 16. Jahrhunderts hin, die in Lyon lebte und arbeitete (»Rafi«), sowie auf einen unbekannten Bauer (»Grece«).
- Renaissance-Standardmodell: Diese Blockflöten sind vorzugsweise zum Musizieren im Consort gedacht und zeichnen sich durch eine relativ weite Bohrung aus. Besonderheiten sind die zylindrische Bohrung im oberen Drittel, dann eine konische Sektion bis zum kleinsten Durchmesser in der Höhe des siebten Fingerlochs und danach eine Ausweitung zum Schallstückende hin. Das Fenster ist im Vergleich zu älteren Modellen ziemlich breit, aber nicht hoch. Der Umfang dieser Flöten ist nur eine Oktave und eine kleine Septime, aber diese Art der Bohrung erlaubte das Bauen von Blockflöten in vielen Größen bis zu 250 cm. Um die 70 Prozent aller erhaltenen Instrumente gehören zu dieser Bauart.
- Die »Ganassiflöte«: In den 70er Jahren des 20. Jahrhunderts erlangte diese Blockflöte (Alto in g') fälschlicherweise den separaten Status eines Soloinstruments und wurde als Bindeglied zwischen Renaissance- und Barocktypus eingestuft. Jüngste Forschungen zeigen jedoch, dass, obwohl einige Renaissanceblockflöten den üblichen Ambitus überschreiten konnten, sie sich hiermit nicht vom Renaissance-Standardmodell grundsätzlich unterscheiden, sondern dass sie einen seperaten Instrumententyp bilden könnten.

Einige erhaltene Instrumente, die sehr wahrscheinlich aus der ersten Hälfte des 17. Jahrhunderts stammen, sind schwierig zu kategorisieren. Sie weisen aber Charakteristika auf, nach denen man sie aus heutiger Sicht als frühbarocke Blockflöten bezeichnen kann. In seinem »Fluyten-Lusthof« von 1649 bildet der Holländer Jacob van Eyck eine c"-Flöte ab, die einen Umfang bis d'''' haben soll. Die Stücke in seinem Buch zeigen die Blockflöte nun hauptsächlich als Soloinstrument. Auch andere Quellen, z.B. Virgiliano, erwähnen eine Solo-Altblockflöte in g'.

*4. Musiker und Instrumentenbauer*
Seit dem späten 14. Jahrhundert ist die Blockflöte als gebräuchliches Instrument von professionellen Musikern anhand von Dokumenten belegt. In dieser Zeit der »stillen« und »lauten« Instrumentengruppen taucht ihr Name neben anderen Instrumenten in beiden Gruppen auf. Jeder professionelle Musiker spielte viele Instrumente, wobei die Blockflöte oft das erste Alternativinstrument war. Auch Adelige, die in ihrer Freizeit Musik machten, spielten Blockflöte, manchmal sogar zusammen mit ihren Hausmusikern. Um 1500 hat die Blockflöte durch ihren Einsatz in beiden Gruppen einen Allgemeinstatus erreicht, den kein anderes Instrument dieser Zeit hatte. Auch die Personalunion von Instrumentenmachern und Spielern ist belegt. ▸ Heinrich VIII. verpflichtete 1539/1540 eine Gruppe von Blockflötisten, fünf Brüder der Familie ▸ Bassano aus Venedig. Die Bassanos waren als Instrumentenbauer und Musiker über 125 Jahre und drei Generationen am Hofe in London tätig und gehörten mit ihren Familienzweigen in Italien und England zu den wichtigsten Holzblasinstrumentenmachern des 16. Jahrhunderts.

Die meisten der heute noch erhaltenen Instrumente haben keine direkten Signaturen, sondern Brandstempel als eine Art Firmenzeichen. Durch Vergleiche mit alten Inventurlisten und Kaufverträgen konnte man Verbindungen zu Werkstätten in Italien und Deutschland aufzeigen, namentlich zu den Familien Bassano, Schnitzer und Rauch von Schrattenbach.

In der ersten Hälfte des 17. Jahrhunderts starb die Idee der ▸ Instrumentenfamilien langsam aus. Einige erhaltene, einteilige Blockflöten sind schwer zu klassifizieren. Es ist fraglich, ob sie nun Soloinstrument oder Teil eines ▸ Consorts waren. Im Frühbarock entwickelt sich die Blockflöte mehr und mehr zum Soloinstrument, aber auch Blockflöten im Consort sind weiter gebräuchlich, z.B. bei Kinsecker bis 1670.

Diese späten Blockflötenconsorts sind im abwechselnden Quart- und Quintabstand gebaut; dieses geht mit der Auflösung des modalen Systems einher. Noch später wurden Barockblockflöten in Consorts in Deutschland, England und Frankreich bis weit in den Hochbarock gebaut.

*Literatur:*
S. Virdung, *Musica getutscht*, Basel 1511 (Documenta Musicologica 1/XXXI), Faksimile Kassel 1970 • M. Agricola, *Musica instrumentalis deutsch*, Wittenberg 1545 (2. erweitertete Auflage von Agricola 1528), Faksimile Hildesheim 1985 • Ph. Jambe de Fer, *Epitome Musical*, Lyon 1556, • J. Cardan, *De Musica*, 1546, in: *Hieronymi Cardani Mediolensis opera omnia*, Lyons 1663 • S. Ganassi, *Schule des kunstvollen Flötenspiels und Lehrbuch des Diminuierens: La fontegara*, Venedig, 1535, Faksimile Berlin 1956 • M. Praetorius, *Syntagma Musicum II*, Wolfenbüttel 1619 (Documenta Musicoligica 1/XIV), Faksimile Kassel 1985 • M. Mersenne, *Harmonie universelle*, Paris 1636, Faksimile Paris 1965 • M.H. Harras, *Blockflöte*, in: *MGG²* Bd. 1 (Sachteil), 1994, Sp. 1576–1599 • D. Lasocki, *Recorder*, in: *Grove*, Bd. 21, 2001, S. 37-53 • E.Hunt, *The recorder and its music*, London 1977 • J.M. Thomson (Hrsg.), *The Cambridge Companion to the Recorder*, Cambridge 1995 • D. Lasocki (Hrsg.), *Musicque de Joye. Proceedings of the international Symposium on the Renaissance Flute and Recorder Consort, Utrecht 2003*, Utrecht 2005, darin besonders: P. van Heyghen: *The recorder consort in the Sixteenth Century*, S. 227–321 • D. Lasocki: *Die Bassanos: Holzbläser, Instrumentenmacher*, in: Tibia (2002), S. 3–10 • A. Brown: *Die »Ganassiflöte« – Tatsachen und Legenden*, in: Tibia (2005), S. 571–584 • F. Puglisi, *The 17th-century-recorders of the Accademia Filarmonica of Bologna*, in: The Galpin Society Journal 34 (1981), S. 33–43 • A. Brown / D. Lasocki, *Blockflötenbauer der Renaissance*, Teil 1–4, in: Tibia (2007), S. 322–328; 402–212; 482–488; 562–566.

TR und ABR

## Bocchi, Francesco
\* 1546, † 1618

Der Schriftsteller und Theoretiker, dessen Schriften ein weites Spektrum an Themen umfassen (z.B. auch das jüngst wieder aufgelegte kunsthistorische Buch *Le Bellezze della città di Fiorenza*, 1591), hat sich in seinem *Discorso sopra la Musica, non secondo l'arte di quella, ma secondo la ragione alla politica pertinente* (1581) über Musik und Politik geäußert. Das harmonische Modell des idealen Staates, das von Platon stammt, war in den letzten Jahrzehnten des 16. Jahrhunderts heftigen Angriffen ausgesetzt, deren erster von Bocchi kam. Dessen politisches Denken wurde in weiten Teilen von den Texten Niccolò ▸ Machiavellis bestimmt, deren Horizont er erweiterte. Denn der Autor von *Il principe* (1513) hatte nur einen kurzen Hinweis auf die Künste gegeben, die der Fürst nicht vernachlässigen sollte, um die Zufriedenheit des Volkes zu erlangen. Bocchi bestätigte in der Art von Machiavelli den Vorrang der Politik über die Künste: Die ▸ Virtu, ein grundlegender Begriff auf militärischem Modell, ist die Substanz und das endgültige Ziel des staatsbürgerlichen Lebens, aber erlaubt nur schwerlich schöpferische Aktivitäten der Unterhaltung und des Vergnügens wie die Musik. Die Musik figuriert so unter der Zahl der Aktivitäten, die nur gelegentlich zu ehren sind und ist jedenfalls ohne Bedeutung für verdienstvolle Menschen. Darüberhinaus kann man sie zwar als nützlich betrachten, indem sie Erleichterung hervorrufen kann. Aber dies darf nicht vergessen machen, dass die Musik die Zeit nimmt, welche die Bürger benötigen, um ihre staatsbürgerlichen Verpflichtungen zu erfüllen. Schwerer noch wiegt, dass derjenige, der Musik praktiziert, sich an ein Leben gewöhnt, das nur für das Vergnügen gemacht ist, das nicht nur die Regierenden und an der Spitze des Staates befindlichen Personen, sondern auch die ganze Stadt infizieren kann.

Diese Ausführungen zeigen deutlich: Bocchi fürchtet sich nicht, sowohl die klassischen Autoritäten zu kritisieren als auch die mythischen Erzählungen, die die positiven Effekte der Musik loben. Kein Bericht über die wunderbaren Wirkungen der Musik findet in seinen Augen Gefallen, er bezeichnet sie als imaginär und falsch. Der einzige Effekt der Musik, den Bocchi ausnimmt, ist derjenige, dass sie dem Menschen ein gewisses Maß an Glück geben kann. Die Geschichte aber habe gezeigt, dass dies nur in einigen Fällen zutreffend sei. Francesco Bocchi schreitet zu einer Entmystifizierung der Wirkungen der Musik vor. Er nimmt diesen gegenüber eine skeptische Haltung ein, die ihre volle Entfaltung am Anfang des 17. Jahrhunderts erfahren sollte, in gemäßigter Weise bei Marin ▸ Mersenne in den *Quæstionnes celeberrimæ in Genesim* (1623), oder in systematischer Weise bei François de La Mothe le Vayer (1588–1672) im *Discours sceptique sur la Musique* (1634).

*Literatur:*
A. Luppi, *A Myth Debunked: Music Subjected to Politics Francesco Bocchi's View (1581)*, in: International Review of the Aesthetics and Sociology of Music 21 (1990), S. 129–139 • A. Luppi, *Musiche immaginarie e critica scettica nel Discours di François de La Mothe le Vayer*, in: Studi musicali 20/2 (1991), S. 111–140 • St. Lorenzetti, *Musica e identità nobiliare nell'Italia del Rinascimento*, Florence 2003 • G. Schröder, »Der kluge Blick«. Studie zu den kunsttheoretischen Reflexionen Francesco Bocchis, Hildesheim 2003 • K. van Orden, *Music, Discipline, and Arms in Early Modern France*, Chicago 2005.

PHV

## Bodin, Jean
\* 1530 Angers, † 1596 Laon

Der französische Jurist, Philosoph und Advokat am Parlement von Paris durchlief eine brillante und schnelle juristische Karriere. 1571 wurde er Rechtsberater von François, dem Fürsten von Alençon, dem jüngsten Bruder des Königs. Bodin besuchte oft die Kreise der bedeutenden Poeten und Musiker. Während vieler Jahre wurde er der intime Freund von Guy du Faur de Pibrac, dem Poeten und Gründer der Académie du Palais unter Heinrich III. Und gerade in dieser Akademie hielt Bodin in den Jahren 1576 und 1577 eine Reihe von Konferenzen vor einem Publikum ab, unter dem sich unter anderem der König, Pontus de ▶ Tyard und Antoine de ▶ Baïf befanden. In Anbetracht dieser Kontakte ist es nicht überraschend, dass man in seinem Hauptwerk, den *Six livres de la République*, Spuren einer Suche nach einem Harmonie-Begriff entdeckt: Harmonie als Modell, aber auch als konkretes Ziel der guten Regierungsweise, besonders in einem Königreich, das durch religiöse Spannungen zwischen Katholiken und Protestanten geprägt war.

Sehr früh in seiner Karriere äußerte Jean Bodin seine Absicht, eine übernationale, universale Theorie auszuarbeiten, die auf einer mathematischen Ordnung beruhte, und versuchte »ein gut aufgeteiltes Bild« darzustellen, »das zwischen seinen Gliedern eine reguläre und fortgesetzte Klassifikation aufstellt, so gut, dass seine wechselseitigen Bezüge und seine harmonischen Relationen in einem einzigen Augenblick erfasst werden können, was uns das Prinzip der Serie gibt« (*Tableau du droit universel*, 1550). Bodin bestätigte die musikalische Dimension des Bildes, indem er auf der Beachtung der »drei Proportionen« bestand, »der arithmetischen, geometrischen und harmonischen, die sich durch gegenseitige Umarmung stützen wie die drei Töchter von Thémis, Eunomia, Dikaiosunè und Eirénè, was die Gleichheit vor dem König, der Justiz und dem Frieden bedeutet« (idem). Die arithmetische Proportion (die Nummern 2, 4, 6, 8, 10, 12) »besteht darin, sie dem Prinzip der Gleichheit Fakt für Fakt, Sache für Sache konform zu machen« (idem) und eignet sich ganz besonders dazu, Kredite, Anleihen etc. zu regeln. Die geometrische Proportion (die Zahlen 2, 4, 8, 16, 32, 64) ist distributiv und betrifft weniger die Gleichheit, sondern die Ähnlichkeit. Sie stimmt mit der Verteilung der Strafen und der Löhne überein. Die harmonische Proportion (die Zahlen 6, 8, 12, 16, 24) ist die Synthese der beiden vorangehenden Prinzipien und erlaubt, in jedem Fall die Egalitäten und Ähnlichkeiten gerechter zu schätzen, ein Grund, weshalb sie für Fragen von Darlehen Verwendung findet. Letztendlicher Zweck ist nicht, eine andere Lesart der Vergangenheit anzubieten, sondern, durch die Kenntnis der Vergangenheit und ihrer mathematischen Planung zukünftige Aktionen vorauszusagen, was für jeden Herrscher von außerordentlicher Bedeutung ist. 1576 vergleicht Bodin in *Les Six livres de la République* die politisch-mathematische mit der politischen Harmonie: »Der königliche Staat ist harmonisch, und soll auch harmonisch regiert werden: denn zwei zu drei macht die Quinte, drei zu vier die Quarte, zwei zu vier die Oktave: und erneut macht eins zu zwei die Oktave, eins zu drei die Duodezime, die Quinte und die Oktave enthaltend, und eins zu vier die doppelte Oktave, die das ganze System aller Töne und Akkorde der Musik enthält: Und wer zu fünf fortschreiten wollte, wird unerträgliche Verstimmung machen.« Mit dieser Beschreibung verbindet Bodin die Verhältnisse der Macht, wie sie sich sowohl in den Königreichen als auch in den Republiken wieder finden: 1 ist der Souverän, 2 die Kirche, 3 das Militär und 4 das Volk. Die Kombination geometrischer und arithmetischer Ordnungen öffnet die höhere Ordnung, die Bodin »Harmonie« nennt, »das einzige Ziel und der Gipfel aller Gesetze und Urteile, und der wahren königlichen Regierung: wie die harmonische Justitia das Ziel der geometrischen und arithmetischen Regierung ist.«

Jean Bodin zählt zu denjenigen Philosophen, die die einfachen, auf Zahlen begründeten Beziehungen dem eher Ungewissen und

Zufälligen (den Wirkungen von Musik und dem wechselseitige Bezug von Musik und Poesie) vorzogen, um sich in der Art von Platons *Res publica* einen von harmonischen Gesetzen ideal regierten Staat vorzustellen. In dieser Hinsicht nimmt Bodin einen privilegierten Platz ein, da er nicht einen einfachen Kommentar von Platons Text gibt, sondern ein aktuelles politisches Denken aufbereitet.

*Schriften:*
Jean Bodin, *Œuvres philosophiques*, hrsg. von P. Mesnard, Paris 1951 ff.

*Literatur:*
Ph. Desan, *Naissance de la méthode*, Paris 1987 • K. van Orden, *Music, Discipline, and Arms in early Modern France*, Chicago 2005.

PHV

## Bogentantz, Bernhard
\* um 1490 Liegnitz, † nach 1527 oder 1535

Bogentantz, der ab 1508 in Köln wahrscheinlich bei Johannes ▸ Cochlaeus und zusammen mit Heinrich ▸ Glarean studierte, 1525 und 1527 in Wittenberg seine Studien fortsetzte, gehört zu der Gruppe der deutschen Musiktheoretiker des 16. Jahrhunderts in Köln, die neben den oben genannten auch Nicolaus ▸ Wollick und Melchior ▸ Schanppecher einbeziehen. Bogentantz verfasste wie später Nicolaus ▸ Listenius, Heinrich ▸ Faber, Martin ▸ Agricola und Gallus ▸ Dressler eine musikalische Elementarlehre, wahrscheinlich für den schulischen Unterricht. Möglicherweise war Bogentantz auch als Lehrer an der Pfarrschule St. Peter zu Liegnitz, auf jeden Fall zwei Jahre an der Kölner Universität tätig. Seine Musiklehre *Collectanea utriusque cantus* (Köln 1515) hat er bereits als Student geschrieben, angeregt durch die musiktheoretischen Schriften von Cochlaeus, in denen wie bei Bogentantz sowohl der einstimmige Choral als auch die mehrstimmige Mensuralmusik behandelt wird. Eine weitere Quelle war, neben Nicolaus Wollicks *Opus aureum* (Köln 1501), die im deutschen Sprachbereich intensiv rezipierte *Practicae musicae* (Mailand 1496) Franchino ▸ Gaffurios, aus der schon nach Feststellung der Zeitgenossen viel abgeschrieben wurde (Niemöller, S. 78). Ein Jahr später kam auch Glareans *Isagoge in musicen* (Basel 1516) heraus (siehe die Übersicht bei Niemöller, S. 57/58). Bogentantz' Traktat erfuhr vier Auflagen, die letzten beiden unter dem Titel *Rudimenta utriusque cantus* (1528 und 1535).

*Literatur:*
K.G. Fellerer, *Zur Biographie des Kölner Musiktheoretikers Bernhardin Bogentantz*, in: Mitteilungen des Arbeitskreises für rheinische Musikgeschichte (1957), Heft 7, S. 98–109; Heft 8, S. 118f. • T. Schmidt-Beste, *Bogentantz*, in: $MGG^2$, Bd. 3 (Personenteil), 2000, Sp. 233–234 • Th. Göllner / K.W. Niemöller / H. von Loesch, *Deutsche Musiktheorie des 15. bis 17. Jahrhunderts* (Geschichte der Musiktheorie 8/1), Darmstadt 2003.

## Bologna

Die Stadt, die seit 1278 bis Ende des 18. Jahrhunderts dem Kirchenstaat angehörte, empfing wichtige Impulse zur Pflege mehrstimmiger Musik während der Aufenthalte der Gegenpäpste Alexander V. 1409/1410 und Johannes XXIII. 1410–1415. Wahrscheinlich besuchten in den ersten Jahrzehnten des 15. Jahrhunderts renommierte Musiker die Stadt; der Aufenthalt Guillaume ▸ Dufays im Gefolge des Kardinalsgesandten Louis Aleman ist für die Jahre 1426 bis 1428 dokumentiert, wahrscheinlich entstand Dufays *Missa Sancti Jacobi* für die Kirche San Giacomo. 1436 wurde die Cappella musicale di San Petronio gegründet, ihr erster Maestro di cappella 1512–1541 war der Komponist und Musiktheoretiker Giovanni ▸ Spataro (zuvor waren die Kapellmeister als ›magister cantus et grammaticae‹ angestellt). Die Cappella umfasste in dieser Zeit zwischen sechs und vierzehn, in der zweiten Hälfte des 16. Jahrhunderts ungefähr 30 Mitglieder, die als namhafte Komponisten an San Petronio als Maestro di cappella tätig waren, u.a. die in der Stadt geborenen Komponisten Domenico Maria ▸ Ferrabosco 1547–1551, Bartolomeo Spontoni 1577–1583 und Andrea Rota 1583–1597. In der zweiten Hälfte des 16. Jahrhunderts wurden zudem zunehmend Instrumentalisten angestellt, wodurch mehrchörige Aufführungspraktiken möglich waren (erster Nachweis 1558); zur Realisation mehrchöriger Kompositionen wurde 1596 eine zweite Orgel gebaut (▸ Mehrchörigkeit).

Weitere Stätten des Musiklebens war der Palazzo del Comune und der Hof der Familie Bentivoglio. Am Palazzo wurden im 15. Jahrhundert vermehrt Instrumentalisten angestellt, zu den Trompeten kamen Posaunen, ›piffari‹, eine Laute, die später durch eine Harfe ersetzt wurde, hinzu. Eine nochmalige Erweiterung der Instrumentalisten vollzog sich während des 16. Jahrhunderts von 11 Musikern zu Beginn des Jahrhunderts bis zu 19 Musikern im Jahre 1537. Das Ensemble bestand nun aus acht kleinen Trompeten, vier Zinken, vier Posaunen (›musici‹ oder auch ›piffari‹), einer Harfe, einer Laute und Schlaginstrumenten. Die Aufgaben waren genau festgelegt. Die Capella alta (▸ Alta musica) spielte täglich vom Balkon des Palazzo, die Spieler von Saiteninstrumenten bestritten die Tafelmusik während des Mittagsmahls im Palazzo; zudem sollte das Auftreten städtischer Persönlichkeiten in der Öffentlichkeit musikalisch begleitet werden, religiöse Verpflichtungen wahrgenommen und an Prozession teilgenommen werden.

Der Hof der Familie Bentivoglio, die zwischen 1401 und 1506 in Bologna an der Macht waren (1506 wurde die Stadt endgültig dem Kirchenstaat unterstellt), bot zur Repräsentation ihrer Macht prächtige musikalische Aufführungen. So konnten bei Zeremonien der Herrscherfamilie über 100 Musiker mitwirken wie es für die Hochzeit von Annibale, Sohn des Musikmäzen Giovanni II. Bentivoglio (reg. 1443–1507), mit Lucrezia d'Este 1487 dokumentiert ist. Auch die Heirat seines Sohnes Alessandro mit Ippolita Sforza 1492 diente – wie die Einheiratung in große Familien gebührte – der Repräsentation von Macht durch kulturelle Darbietungen.

In der Ende des 11. Jahrhunderts gegründeten Universität wurde 1450 von Papst Nikolaus V. ein Lehrstuhl für Musik offiziell errichtet. Auf den Lehrstuhl bewarb sich Bartolomeus ▸ Ramos de Pareia erfolglos, dessen 1482 in Bologna gedruckte Schrift *Musica practica* heftige musiktheoretische Kontroversen auslöste. Seine Position wurde später von seinem Schüler Spataro gegenüber Nicolò ▸ Burzio, Franchino ▸ Gaffurio und Pietro ▸ Aaron verteidigt.

Musik wurde während der 1530er und 1540er Jahre auch an den Accademie de' Rivaroli und de' Filarmonici gepflegt; wahrscheinlich wurden volkstümliche Lieder gesungen, wie sie später in mehrstimmigem Satz von dem in Bologna gebürtigen Bologneser Filippo Azzaiolo in seinen Villottenbüchern von 1557, 1559 und 1569 gedruckt wurden.

*Literatur*:
O. Gambassi, *La cappella musicale di S. Petronio: maestri, organisti, cantori e strumentisti dal 1436 al 1920*, Florenz 1987 • C.A. Monson, *Disembodied Voices: Music and Culture in an Early Modern Italian Convent*, Berkeley 1995 • A. Fiori, *Bologna. I. Von den Anfängen bis 1500*, in: MGG², Bd. 2 (Sachteil), 1995, Sp. 23–27 • A. Roccatagliati, *Bologna. II Vom 16. bis 18. Jahrhundert. 1. 16. Jahrhundert*, in: MGG², Bd. 22 (Sachteil), 1995, Sp. 27–29.

# Bombard / Bombarde / Bomhart
▸ Schalmei

## Boni [Bony], Guillaume
* ? St Flour, † nach 1594

Der französische Komponist Boni wurde zwischen 1568 und 1576 (Zeitpunkt noch nicht bestimmbar) ›maître des enfants‹ des Chors der Kathedrale Saint Étienne von Toulouse. Sein Ruf als Komponist war aber wohl seit 1565 etabliert, da der Chor der Kathedrale einige seiner Kompositionen anlässlich des Aufenthalts von ▶ Karl IX. mit seinem Hof in der Stadt vom 31. Januar bis zum 19. März 1565 aufführte; unter diesen befand sich eine *Symphonie pour neuf voix*, die den jungen König so faszinierte, dass er sofort eine Kopie für seine Bibliothek bestellte.

Boni ist der Komponist von 44 ▶ Motetten für 5, 6, 7 und 12 Stimmen (1573 und 1582), 59 vierstimmigen ▶ Chansons (seit 1576 veröffentlicht) auf Gedichte von Pierre de ▶ Ronsard (am häufigsten Sonnette aus *Amours* und *Continuation des Amours*, einige davon wurden 1565 Karl IX. präsentiert) und einer vollständigen drei- bis sechsstimmigen Version der 126 *Quatrains* von Sieur de Pybrac (1582).

Seine Werke sind im allgemeinen nach modalem System angeordnet; mit Ausnahme der *Psalmi Davidici* mischen sie imitatorischen Kontrapunkt mit homorhythmischer Schreibweise und weisen häufig ▶ Madrigalismen auf (parallele Quarten am Anfang von *Tristis es*; in *Rossignol mon ami* in allen vier Stimmen auf »vole« Semiminimae und Fusae ▶ Mensuralnotation). Während er im ersten Buch der Sonnette der musikalischen Form /:A:/B/:C:/ folgte, entschied er sich im zweiten Buch für größeren Variationsreichtum (AA'BC; durchkomponierte Form). Unter seinen Werken waren die Sonnette am erfolgreichsten: Ihre zahlreichen Auflagen reichten bis ins 17. Jahrhundert und Simon Goulart publizierte sie als Kontrafakturen (*Sonets chrestiens*, 1578–1579).

Die Originalität der *Psalmi Davidici* (1582) liegt in der Tatsache begründet, dass sie heute wie ein seltenes musikalisches Echo der durch König Heinrich III. hervorgerufenen literarischen Vorliebe für Psalmparaphrasen erscheinen (▶ Psalmvertonungen). Außerdem schließt die Sammlung, die eine Widmung des königlichen Dichters Jean Dorat an den König enthält, mit dem an ihn gerichteten Gebet *Quaesumus omnipotens*, das für zwei sechsstimmige Chöre in gleicher Lage komponiert ist, und das im übrigen zu den wenigen mehrchörigen Stücken gehört (▶ Mehrchörigkeit), die in Frankreich am Ende des 16. Jahrhunderts komponiert wurden.

*Ausgaben*:
G. Boni. *Sonetz de Pierre de Ronsard mis en musique à quatre parties*, hrsg. F. Dobbins, Paris 1987; *Motets (1573)*, hrsg. von J. Brooks, Tours 2000; *Les Quatrains du Sieur de Pybrac (1582)*, hrsg. von M.A. Colin, Tours 2000.

*Literatur*:
E. Droz, *Guillaume Boni de Saint-Flour en Auvergne, musicien de Ronsard* in: *Mélanges offerts à M. Abel Lefranc*, Paris 1936, S. 270–281 • F. Dobbins, *Les madrigalistes français et la Pléiade*, in: *La chanson à la Renaissance*, hrsg. von J.M. Vaccaro, Tours 1977, S. 164–165 • M.A. Colin, *Eustache Du Caurroy et le motet en France à la fin du XVI$^e$ siècle*, Diss. Univ. Tours 2001, Bd. 1, S. 77–81.

MAC

## Bonnet, Pierre
* Limousin, fl. 1585–1600

Bonnet wurde von Georges de Villequier, einem Berater des Königs, sowie von Gaspard de Rochechouart, bei dem seine Airs und Villanellen aufgeführt wurden, gefördert. 1588 war er Sänger bei Katharina de ▶ Medici. Er wurde vom Hofdichter Jean Dorat gerühmt. – Bonnet hat zwei Bücher mit *Airs* (1585) bzw. *Airs et Villanelles* (1660) publiziert, die mehrere Auflagen hatten. Die Kompositionen stehen im Übergang von der französischen Chanson zum ▸ Air de cour, Bonnet wurde von Henry Expert sogar als Erfinder des Air de Cour bezeichnet. Die Airs haben überwiegend homophone Satzstruktur, zum Teil mit Auszierungen in der Oberstimme (im Unterschied zum Madrigal nur dort) auf hervorgehobenen Textworten (z.B. *Rigoureux frein d'amour* auf »flammes«, »mes desires«, »dame«, S. 10/11 oder *Cessez de ces regrets* auf »plaintes«, »gratieux«, »Sont comme voz amours«, S. 16/17). Die zweite Sammlung enthält zwei interessante Dialoge, insbesondere den *Dialogue entre le Poëte et les Muses* nach einem Text von Pierre de ▸ Ronsard, in dem das Problem der ▸ Monodie reflektiert wird: Der erste Teil kann alternativ von einem Dessus allein gesungen werden und ist einstimmig notiert, während die Musen im vierstimmigen Chor alternieren.

*Ausgaben*:
Airs et Villanelles, in: *Florilège du concert vocal de la Renaissance*, Bd. 5, hrsg. von H. Expert, Paris 1926; eine Chanson in: *Anthologie de la Chanson Parisienne au XIVe siècle*, Monaco 1953.

*Literatur*:
G. Durasoir, *L'air de cour en France 1571–1655*, Lüttich 1991 • F. Lesure, *Bonnet*, in: *MGG²*, Bd. 3 (Personenteil), 2000, Sp. 349 • F. Dobbins, *Bonnet*, in: *Grove*, Bd. 3 (2001), S. 868.

ES

## Bordeaux ▸ Frankreich

## Borgia, Familie

Die aus Spanien stammende Familie wurde im 15. Jahrhundert politisch bedeutend. Alonso Borgia (1378–1458) machte als Kleriker Karriere; durch Mitwirkung bei der Abdankung des Gegenpapstes Clemens VIII. und später bei der Vermittlung zwischen dem spanischen König ▸ Alfonso V. und Papst Eugen IV. wurde er 1444 Kardinal und 1455 Papst Calixtus III. Durch die Besetzung von Stellen mit seinen Landsleuten und Familienmitgliedern festigte er die Position der Familie an der Kurie. So wurde der aus derselben Linie stammende Rodrigo Borgia (1431–1503) Kardinal und 1492 Papst Alexander VI.; dessen Kinder aus seiner Verbindung mit Vanozza Cattanei bauten die Macht weiter aus. Der berühmt und berüchtigte Cesare (1475–1507) ließ sich 1498 aus dem Kardinalstand entheben, um die Interessen des Hauses in weltlicher Herrschaft wahrzunehmen, wozu insbesondere das Bündnis mit Frankreich gehörte, mit dessen Hilfe er antipäpstliche Gebiete eroberte; Cesare diente Niccolò ▸ Machiavelli als Beispiel für dessen »Principe«. Nachdem Julius II. Papst geworden war, brach seine Politik zusammen. Giovanni/Juan (1474–1497), auf den Alexander VI. setzte, erhielt von seinem Vater Teile des Kirchenstaats, hatte aber nur eine kurze Wirkungszeit, da er ermordet wurde. Lucrezia Borgia (1480–1519), ebenfalls Tochter Alexanders VI., wurde zum Spielball der Politik der Borgia; sie wurde mit Giovanni ▸ Sforza verheiratet, um sich die Familie gefügig zu machen (dessen Bruder Ascanio Sforza erhielt nach Ausscheiden Cesares aus der Kurie dessen Amt). Sie trennte sich jedoch 1497 von Giovanni, ihr zweiter Gatte, Alfonso von Aragonien, wurde ermordet (möglicherweise von ihrem Bruder Cesare). Für die Musikgeschichte von Bedeutung wurde sie als Gattin ihres dritten Mannes, Alfonso I. d' ▸ Este (seit 1501), an dessen Hof in ▸ Ferrara neben Dichtern und Gelehrten namhafte Komponisten waren; in ihrer Hofhaltung wurde die ▸ Frottola gepflegt, die insbesondere Gegenstand weiblicher Musikausübung wurde. – Die

Borgia-Päpste förderten die päpstliche Kapelle und zogen auch spanische Musiker mit ein; unter Alexander VI. kam Juan del ▶ Encina 1498 in die Kapelle, der auch noch Papst Julius II. diente. Unter Alexander waren vorübergehend auch ▶ Josquin Desprez (1489–1494) und Marbrianus de ▶ Orto (1483–ca. 1499) in der päpstlichen Kapelle. In Cesares Diensten stand ▶ Serafino de' Ciminelli dall'Aquila.

*Literatur*:
W. Prizer, *Isabelle d'Este and Lucrezia Borgia as Patrons of Music: The Frottola at Mantua and Ferrara*, in: Journal of the American Musicological Society 38 (1985), S. 1–33 • V. Reinhardt, *Die großen Familien Italiens*, Stuttgart 1992.

## Bottegari, Cosimo [Cosmo]
* 27.9.1554 Florenz, † 31.3.1620 ebenda

Der italienische Komponist, Sänger und Lautenist Bottegari war von 1573 bis mindestens 1575, möglicherweise sogar bis 1579 in München als Tenor und Lautenist bei Herzog Albrecht von Bayern angestellt, der ihn 1573 zum ›gentiluomo della camera‹ ernannte. Orlande de ▶ Lassus war zu dieser Zeit Kapellmeister und die beiden befehdeten sich 1576, wie aus einigen Briefen von Lassus hervorgeht, die er an Herzog Wilhelm von Landshut schickte; die Gründe für diese Rivalität blieben jedoch im dunkeln. Bottegari veröffentlichte eine Anthologie mit Stücken der in München aktiven Komponisten, *Il secondo libro de madrigali a cinque voci de floridi virtuosi del Serenissimo Ducca di Baviera*, worin sich zwei Madrigale von seiner Hand befinden (RISM 1575[11]), und kompilierte ab 1574 ein Manuskript *Arie e Canzoni* (I-MOe-Mus C311), das Zeugnis von seiner Konzeption des Gesangs zur Laute abgibt, die derjenigen seiner florentinischen Zeitgenossen Vincenzo ▶ Galilei (*Fronimo*, RISM 1584[15]) und Raffaello Cavalcanti (manuscrit B-Br-S. II 275) entgegengesetzt war. – Während seiner Münchner Jahre begab sich Bottegari mehrere Male nach Florenz, vielleicht zu diplomatischen Missionen. Er ging endgültig nach dem Tod von Herzog Albrecht dorthin zurück und heiratete Fiametta di Giuliano de' Salvetti. Gegen 1580 steht er in Beziehungen zum Florenzer Hof und wird im ›Ruolo‹ 1588 als unabhängiger Musiker erwähnt.

Nach den Daten des Manuskripts *Arie e Canzoni* hätte Bottegari daran von 1574 bis ungefähr 1600 gearbeitet, sei es in München und schließlich in Florenz. Die Bedeutung dieser Sammlung von Stücken für Gesang und Laute besteht in der Tatsache, dass es sich um ein Arbeitsmanuskript handelt, wie zahlreiche Korrekturen zeigen. Man kann darin die Etappen seiner Arbeit der Intavolierung verfolgen. Es enthält neben den 127 Stücken für Gesang und Laute, auf denen das Hauptinteresse liegt, einige Tänze und Fantasien. Das vokale Repertoire, das Bottegari für seine Arrangements aussuchte, umfasst hauptsächlich weltliche Musik: Madrigale, Villanellen und Canzonetten, unter anderem von Cipriano de ▶ Rore, Giovanni Pierluigi da ▶ Palestrina, Alessandro ▶ Striggio, Orazio ▶ Vecchi, Giaches de ▶ Wert, Fabricio Dentice, Gian Domenico Del Giovane da Nola, Giovanni Leonardo Primavera, Girolamo Conversi und, als neueste Stücke, zwei *Stanze* von Giulio ▶ Caccini, die in der *Nuove musiche* 1601–1602 ediert wurden. Man findet fünf Stücke von Lassus, darunter das berühmte *Susanne un jour*, die den Bezug zum bayerischen Hof herstellen. Das Manuskript ist außerdem eine Hauptquelle der Werke des Sängers und venetianischen Lautenisten Ippolito ▶ Trombocino. Durch sein weites Ausmaß dokumentiert das Repertoire den Weg von der Polyphonie zur begleiteten Monodie.

Im Gegensatz zu Galilei und zu Cavalcanti, die zum Singen die Bass-Stimme empfehlen – der erstgenannte gibt die Bass-Stimme in der üblichen Notation wieder, der zweite notiert den Text in der Tabulatur unter dem Einsatz der Bass-Stimme – gibt Bottegari den Superius zum Singen an, der in der üblichen Notation beigegeben ist. Verzierte Varianten des Gesangs sind manchmal unten auf der Seite hinzugefügt. Die ›Reduktion‹ für die Laute lässt oft die gesungene Stimme aus, was die Intavolierung vereinfacht, die aber im übrigen nahe an der originalen Vokalversion bleibt. Bottegari zeigt sich konservativer als seine Zeitgenossen und sein Engagement am bayerischen Hof passt mit dieser Haltung zusammen.

*Ausgaben*:
C. MacClintock (Hrsg.), *The Bottegari Lutebook*, Wellesley/Massachusetts 1965; *Cosimo Bottegari, Il libro di canto e liuto*, hrsg. D. Fabris und J. Griffiths, Bologna 2006.

*Literatur*:
L.-F. Valdrighi, *Il libro di canto e liuto di Cosimo Bottegari*, Florenz 1891 • C. MacClintock, *A court musician's Songbook: Modena MS C311*, in: Journal of the American Musicological Soceity 9 (1956), S. 177–192 • W. Kirkendale, *The Court Musicians in Florence during the Principate of the Medici*, Florenz 1993, S. 251–255 • L.C. Hubbell, *Sixteenth-Century Italian Songs for Solo Voice and Lute*, 2 Bde., Diss. Evanston/Illinois 1982 • C. Ballman, *Les œuvres de Roland de Lassus mises en tablature pour le luth. Catalogue, Transcription, Analyse*, 4 Bde., Diss. Université libre de Bruxelles 2002.

CHB

## Bourgeois [Bourgeoy, Bourgeoys, Bourgoys, Bourjois], Loys [Loïs, Louis]
\* um 1510–1515, Paris, † nach 1560 Paris?

Der französische Sänger, Komponist und Pädagoge war Autor von drei vierstimmigen Chansons, die 1539 in Lyon von Jacques ▶ Moderne gedruckt wurden. 1545 war er Chorleiter an den calvinistischen Kirchen von Saint Pierre und Saint Gervais in Genf und lehrte die Chorknaben, neue Melodien auf die 49 französischen Psalmen zu singen, die vor kurzem von Clément ▶ Marot übersetzt worden waren (sie waren möglicherweise überwiegend von dem vorangehenden Chorleiter, Guillaume Franc, zusammengestellt worden). 1547 heiratete er, er wurde Genfer Bürger und bis November 1549 lebte er in einem mit St. Pierre verbundenen Haus, das als Chorschule diente.

Im Vorwort der *Pseaumes octantetrois de David, mis en rime Francoise, a savoir, quaranteneuf par Clement Marot [...] et trentequatre par Theodore de Besze* (Genf 1551) behauptete er, neue Melodien für 34 Psalmen von Théodore de ▶ Bèze komponiert zu haben, 12 der alten Melodien für Marots 49 Übersetzungen neu geschrieben und 24 revidiert zu haben. Im April 1550 bezahlte der städtische Rat Bourgeois für eine »feuille pour apprendre à chanter« (»Blatt, um das Singen zu lernen«); und im Mai autorisierte ihn Jean ▶ Calvin, einen kurzen Musiktraktat auf eigene Kosten drucken zu lassen. Im Januar 1551 bat er um Bezahlung zur »Verbesserung der Psalm-Melodien«; aber im Dezember wurde er eingesperrt, weil er einige ohne Erlaubnis geändert hatte. Er wurde nach Calvins Eingreifen schnell freigelassen; der Rat und ein Minister aus Lausanne beschwerten sich jedoch über seine Änderungen. Im August 1552 wurde ihm gewährt, nach Lyon und Paris zu gehen, um einen Verleger für seine neuen polyphonen Psalmsätze zu suchen. Er kehrte nie zurück, ließ sich zuerst in Lyon nieder, wo er zwischen 1553 und 1557 lebte, und dann in Paris, wo er sich wieder verheiratete und wo seine Tochter Susanne im Mai 1560 getauft wurde.

1547 publizierten die Beringen-Brüder zwei Sammlungen mit vierstimmigen Sätzen der Psalmen Marots; die erste, *Psalmes cinquante de David [...] mis en musique par Loys Bourgeois à voix de contrepoint égal conso-*

*nante au verbe*, hat Bourgeois' Melodien im Tenor in homorhythmischer Harmonisierung; die zweite, *Premier livre des Pseaulmes de David contenant XXIIII pseaulmes. composé par Loys Bourgeois en diversité de musicque: a scavoir, familiere ou vaudeville: aultre plus musicales: & aultres à voix pareilles, bien convenable aux instrumentz* enthält 24 Stücke; nur drei haben einfache Harmonik und lassen den Cantus firmus unverändert; 13 führen Paraphrasen oder Parodietechnik ein und acht geben die orthodoxen Genfer Melodien auf. 1554 druckte Godefroy Beringen eine revidierte und vergrößerte Edition des ersten Buches, indem zu Marots 49 Psalmen 34 Vertonungen der neuen Übersetzungen von Bèze hinzugefügt wurden; diese Sammlung von 1554 wurde wieder als ›gewohnt‹ (d.h. homophon) und geeignet für Instrumente beschrieben, mit einigen Stücken, die für ›gleiche‹ Stimmen arrangiert sind (d.h. Partien mit ähnlichem melodischem Gewicht). *La bibliothèque d'Antoine Du Verdier* (Lyons, 1585, S. 792) zitiert eine weitere Edition dieser *Quatre-vingt-trois psaulmes de David*, fünf-, sechs- und achtstimmige Stücke einbegriffen, die 1561 in Paris von Antoine Le Clerc gedruckt wurden (heute verloren). All diese Psalmen zeugen von Bourgeois' Rolle als populärer Pädagoge, der professionelle katholische Polyphonie mit kongregationaler calvinistischer Monodie versöhnte.

Sein *Le droict chemin* (Geneva und Lyon 1550) war das erste didaktische Manual in französischer Sprache für den Gesang und die ▶ Sight-Praxis. Obwohl es Heinrich ▶ Glarean, Franchino ▶ Gaffurio, Sebald ▶ Heyden, Johann Frosch, Nikolaus ▶ Listenius, Andreas ▶ Ornithoparchus und anderen geschuldet ist, zeigt das Buch einige Vereinfachungen in Theorie und Praxis, führt das Solfège-Konzept ein und verlässt die archaische Guidonische Hand. Es enthält klare Erklärungen und Demonstrationen von ›tactus‹, Proportion, Synkopation und sogar die Konvention, die später als ›notes inégales‹ bezeichnet wird.

Bourgeois frühe Chansons enthalten ein Epigramm, *Si par faveur*, das in der höfischen Manier von Claudin de ▶ Sermisy gesetzt ist, eine erotische Anekdote, *Ung soir bien tard*, im bewegteren syllabischen Stil von Clement ▶ Janequin und ein spätes Beispiel eines kompletten Rondeaus, *Ce moys de may*, das den ganzen Text mit abgekürzten ›rentrements‹ setzt. Eine spätere lebhafte imitative Chanson spirituelle, *Si je vivois ce cens mille ans*, wurde von Nicolas ▶ Du Chemin in Paris 1560 gedruckt. In diesen Liedern wie in vielen Psalmen zeigte er die konservative Vorliebe für modale Harmonik, aber eine kühnere Haltung in seinen Rhythmen und seine Vorliebe, Melodien im Superius eher als im Tenor zu platzieren. Die Psalm-Melodien gebrauchen größtenteils Minimen und Semiminimen in syllabischer Deklamation, einfache, fließende Linien von geringem Umfang mit begrenzten Melismen und Wortmalerei.

*Ausgaben*:
[50] *Pseaulmes de David [...] à voix de contrepoinct égal consonante au verbe*, a4v, (Lyon 1547), 37 davon publiziert in: *37 Psalmen [...] van Loys Bourgeois*, hrsg. von K.P. Bernet Kempers, Delft 1937; *Le premier livre des [24] pseaulmes [...] en diversité de musique*, a4v (Lyons 1547), hrsg. von P.-A. Gaillard (Schweizerische Musikdenkmäler III), 1960; *Pseaulmes LXXXIII de David*, à 4 voix (Lyons, 1554); 3 chansons, 4vv, hrsg. von J. Bernstein (*Sixteenth Century Chanson XXVI*), New York 1993; *Le droict chemin de musique* (Genf 1550) Reprint Bärenreiter 1954.

*Literatur*:
P. Pidoux, *Le Psautier huguenot du XVIe siècle*, 2 Bde., Basel 1962 • F. Dobbins, *Music in Renaissance Lyons*, Oxford 1992.

FD

**Bourgeoisie** ▶ **Sozialgeschichte**

**Bourges** ▶ **Frankreich**

# Branle

Branle (›congedium‹, ›congé‹) bezeichnet zunächst eine bestimmte Bewegung innerhalb der Bassedanse des 15. und 16. Jahrhunderts. Laut den zumeist ungenauen Beschreibungen in den Quellen wird hier am Stand mit den Füßen eine wiegenden Bewegung ausführt, die im Nürnberger Manuskript mit dem Treten eines Orgelbalges (»continentz oder ploßpelg«; Ms Nürnberg, fol. 5r) verglichen wird. Bei Antonius de Arena (1529) erscheint Branle (bransle, brando u.a.) zum erstenmal als Gattungsbegriff für eine choreographische Struktur dieser überwiegend im bürgerlich-ländlichen Bereich gepflegten Tanzform. Hierbei wird meist eine Abfolge unterschiedlicher Branles in einem geschlossenen Reigen oder in offener Kette getanzt. Die ausführlichste Quelle zur Branle ist Thoinot ▶ Arbeaus *Orchesographie* (1588). Hier werden zahlreiche Branles beschrieben, die zumeist mit unterschiedlichen Provinzen Frankreichs assoziiert werden. Neben rein formalen Branles, die durch eine unregelmäßige choreographische und rhythmische Struktur geprägt sind, weisen andere pantomimische und inhaltlich deutbare Bewegungselemente auf.

In vielen Tanzmusiksammlungen des 16. Jahrhunderts – Löwener (1572) und Antwerpener (1583) Tanzbuch von Pierre Pahlèse d.Ä. und d.J., Michael ▶ Praetorius' *Terpsichore* (1612) u.a. – befinden sich zahlreiche Branles. Das *Cinquiesme livre de danceries* (1550) von Claude Gervaise enthält ausschließlich Branles. François de Lauze (*Apologie de la danse*, 1623) und Marin Mersenne (*Harmonie universelle*, 1636/1637) führen in Ablauf und Anzahl bereits vorgegebene Branlesuiten an. Von den *brando*-Choreographien aus dem italienischen Repertoire zeigt nur der *Brando di Cales* (Cesare ▶ Negri, 1602) Ähnlichkeiten mit der französischen Branle. Die Branle lebt in der Form unterschiedlichster Kreistanzformationen unter jeweils anderen Bezeichnungen und Charakteristika (›farandole‹, ›ronde‹, ›rounde‹, ›kolo‹, ›hora‹ u.a.) in den europäischen Volkstänzen bis heute fort.

*Literatur*:
G. Martin, *Die Branles von Arbeau und die osteuropäischen Kettentänze*, in: *Studia musicologica* 15, 1973, S. 101–128 • Y. Guilcher, *Les Differentes Lectures de l'Orchésographie de Thoinot Arbeau* in: *La Recherche en danse* 2 (1983), S. 21–32 • W. Brunner, *Branle*, in MGG², Bd. 2 (Sachteil), 1995, Sp. 95–100 • J. Sutton u.a., *Branle*, in: *International Encyclopedia of Dance*, Bd. 1, 1998, S. 520–524.

MM

# Brassart, Johannes

\* um 1400–1405 Lauw, † um 1455 Lüttich

Brassart ist nicht, wie behauptet wurde, in Lüttich, sondern in Lauw geboren (»de Ludo«), im aktuellen belgischen Limbourg. Die ersten Spuren seiner musikalischen Aktivität führen währenddessen sehr wohl nach Lüttich: 1424 bis 1425 war er der dritte Assistent des ›succentor‹ an der Kollegiatkirche Saint-Jean l'Evangéliste. 1428 wurde er ›succentor‹ an der Kathedrale, einer wichtigen Position im musikalischen Leben der Bischofsstadt. Sein Ruf überschritt die Grenzen des Fürstentums, der einen ersten Aufenthalt in Rom zum Jubeljahr 1425/1426 hätte bewirken können. Er wurde 1431 Sänger an der päpstlichen Kapelle zusammen mit Guillaume ▶ Dufay und nahm am ▶ Konzil von Basel teil, wo er zweifellos seinen Ruf als Komponist festigte: Während eines Jahrzehnts diente er den Herrschern ▶ Sigismund (als ›rector capelle‹), ▶ Albrecht II. und ▶ Friedrich III. (als ›cantor‹ oder ›rector principalis‹), für die er Gelegenheitsmotetten komponierte. Nachdem er 1442 Kaplan der Kollegiatkirche Notre Dame in Tongres wurde, hatte er in derselben Stadt die Funktion des ›chanoine-chantre‹ inne. 1445 kehrte er nach Lüttich zurück, um Kanoniker von Saint-Paul zu werden, wo er 1455 starb.

In Fortführung von Johannes ▸ Ciconia und im Unterschied zu Dufay nahm Brassart niemals die aus England, insbesondere von John ▸ Dunstable importierte Klanglichkeit auf. Dagegen zeigt sein Schaffen mehrere Arten des Komponierens. So konnte er sich dem Diskantus-Tenor-Stil zuwenden, in dem die Stimmen von Superius und Tenor quasi von gleicher Bedeutung sind und wo komplexe kontrapunktische Passagen auftreten, die jedoch weniger imitatorisch gearbeitet sind. Andere Stücke gehen auf den Motetten-Kantilenen-Stil zurück, indem die Diskantus-Partie als Hauptstimme erscheint, während die Begleitfunktion den tiefen Stimmen vorbehalten bleibt. Schließlich verweisen weitere Werke auf den ›Conductus‹-Stil, in dem alle Stimmen zu gleicher Zeit den Text singen. Diese verschiedenen Schreibweisen finden sich in einem Korpus wieder, der (bis auf eine Ausnahme) auf lateinischen Texten basiert, wobei es sich um Messensätze, liturgische oder paraliturgische Motetten (vier davon ▸ isorhythmisch), ▸ Hymnen und Introitus-Vertonungen handelt. Die Rolle von Brassart ist bezüglich letzterer Gattung von Bedeutung: Er scheint einer der ersten gewesen zu sein, der den Introitus polyphon gesetzt hat, ein Genre, dass dann weitreichenden Erfolg hatte.

Zehn Motetten werden ihm heute zugeschrieben. Einige sind in die Jahre 1420 bis 1430 datierbar, weil sie in der Handschrift Bologna Q 15 stehen. Andere erlauben eine Lokalisierung zum Gebrauch in Lüttich oder Umgebung: *Fortis cum quevis* für den Evangelisten Johannes, *Cristi nutu sublimato* und *Lamberte vir inclite* für den heiligen Lambertus. *O rex Fridrice*, die 1440 oder 1442 für Kaiser Friedrich zu seiner Thronbesteigung oder seiner Krönung komponiert wurde, ist zweifellos das ehrgeizigste und vielschichtigste Werk von Brassart. Es handelt sich um eine isorhythmische Motette mit komplexem Schema, das die formale Meisterschaft des Musikers bestätigt.

*Ausgaben*:
Johannes Brassart, Opera omnia, hrsg. von K.E. Mixter, 2 Bde. (CMM 35), o.O. 1965, 1991.

*Literatur*:
R. Nosow, *The Florid and Equal-Discantus Motet Styles of Fifteenth-Century Italy*, Diss. Univ. of North Carolina, 1992 • E. Schreurs, *Music at the Collegiate Church of Tongeren and the School of Liège in the Late Middle Ages*, in: International Musicological Society: Congress Report XV: Madrid 1992, S. 2476–2494 • P. Wright, *Johannes Brassart and Johannes de Sarto*, in: Plainsong and Medievel Music 1 (1992), S. 41–61 • Ders., *A New Attribution to Brassart?*, in: Dass. 3 (1994), S. 23–43 • M. Bent, *Early Papal Motets*, in: Papal Music and Musicians in Late Medieval and Renaissance Rome, hrsg. von R. Sherr, Oxford 1998, S. 5–43 • C. Saucier, *Sacred music and musicians at the cathedral and collegiate churches of Liege, 1330–1500*, Diss. Univ. of Chicago, 2005.

PHV

## Brebis, Johannes

fl. spätes 15. Jahrhundert, † vor 1479, wahrscheinlich in Ferrara

Der aus Frankreich stammende Sänger und Komponist war am norditalienischen Hof der Este in Ferrara aktiv. Er befand sich unter den ersten von Herzog ▸ Ercole I d'Este für dessen neu gegründete Hofkapelle angeworbenen Sängern. Erstmals im November 1471 wurde Brebis dort als »fra Zoane de Franza cantadore« geführt, im Folgejahr als »maestro de cappella« (Lockwood, S. 160). 1478 machte ihn Ercole zum Erzpriester der Kirche von Cocanile im Ferrareser ›contado‹. Einem auf den 12.2.1479 datierten Dokument ist zu entnehmen, dass Brebis kurz zuvor verstarb.

Von Brebis ist mit *Hercules omni memorandus aevo* nur eine einzige Motette erhalten, die vermutlich Ende des Jahres 1471 oder im Sommer 1472 zu Ehren von Herzog Ercole entstand. Ferner hatte Brebis einen bislang nicht genau spezifizierten Anteil an den in den Manuskripten I-MOe, M.1.11 und I-MOe, M.1.12 enthaltenen doppelchörigen Psalmvertonungen, Hymnen und anderen geistlichen Werken. Diese Werke werden in höfischen Dokumenten zum Teil dem seit 1473 der herzoglichen Kapelle angehörenden Johannes ▶ Martini und Johannes Brebis zugeschrieben. Auf eine Zusammenarbeit beider Komponisten weist die je einem von beiden zugeschriebene Urheberschaft der gradzahligen bzw. ungradzahligen Strophen dreier von insgesamt vier Brebis zugeschriebenen antiphonal konzipierten Hymnen hin. Daneben ist unter Brebis' Namen nur noch ein ▶ Magnificat überliefert. Die in diesen Corpora enthaltenen Werke zählen zu den ersten bekannten polyphon-doppelchörigen Kompositionen. Im Gegensatz zur kunstvoll polyphonen Motette sind sie in vergleichsweise schlichtem homophonem Stil komponiert.

*Literatur*:
L.F. Valdrighi, *Cappelle, concerti e musiche di casa d'Este dal secolo XV al XVIII*, in: *Atti e memorie dele reali deputazione di storia patria per le provincie modenesi e parmesi*, Serie 3, 2, 1883, S. 415–465 • M. Kanazawa, *Martini and Brebis at the Estense Chapel*, in: *Essays Presented to Myron P. Gilmore*, hrsg. von S. Bertelli und G. Ramakus, Florenz 1978, S. 421—432 • L. Lockwood, *Music in Renaissance Ferrara 1400-1505*, Oxford 1984 • M. Calella, *Brebis*, in: *MGG²*, Bd. 3 (Personenteil), 2000, Sp. 790f.

SF

## Brescia

Die Stadt, die zu Beginn des 15. Jahrhunderts von Pandolfo III. ▶ Malatesta (reg. 1404–1421) regiert wurde und 1426 bis 1797 unter venezianischer Herrschaft stand, ist insbesondere für den Instrumentenbau bekannt, als deren Folge sich dort auch eine eigenständige Instrumentalmusik entwickelte. Die ersten Geigenbauer wirkten seit Ende des 15. Jahrhunderts (Giacobo della Corna und Zanetto de Micheli, ▶ Violine) und begründeten eine lange Tradition, mit der der moderne Violinbau in der zweiten Hälfte des 16. Jahrhunderts begann und zu der im 19. Jahrhundert berühmte Geigenbauer zählten. Im Orgelbau trat die Familie Antegnati hervor (▶ Orgel). Unter den Komponisten von Instrumentalmusik ist vor allem Fiorenzo ▶ Maschera zu nennen, dessen *Libro 10 de canzoni da sonare* (1582/1584) der erste, ausschließlich Instrumentalcanzonen enthaltende Individualdruck ist (▶ Canzone); in der zweiten Hälfte des 16. Jahrhunderts wirkten als Instrumentalkomponisten u.a. Floriano Canali, Antonio Mortaro sowie der Organist und Orgelbauer Constanzo Antegnati (Verfasser der Schrift *L'arte Organica*, 1608). Die Kompositionen wurden auch in Brescia gedruckt, wo 1490 der erste ▶ Notendruck Boninus de' Boninis, das *Missale Carmelitorum*, erschien und eine Tradition des Notendrucks in Brescia begründete über Jacobus und Angelus Britannicus (*Missale romanum*, 1492) zu Pietro Marchetti, Tomaso Bozzola, Vincenzo Sabbio (Druck des *Libro* von Maschera) und Francesco Tebaldini (Druck der *L'arte organica*) im 16. bzw. Anfang des 17. Jahrhunderts. – Zu erwähnen sind auch die Musiktheoretiker Bonaventura da Brescia, dessen *Breviloquium musicale* (1497), ein die Grundlagenlehre vermittelnder früher volkssprachiger Choraltraktat, weite Verbreitung fand, sowie Valerio Bona, dessen *Regole del contraponto* (Casale 1595) Zeugnis seiner Lehrtätigkeit gibt, und Giovanni Maria ▶ Lanfranco.

Im Unterschied zu vielen weltlichen Höfen Italiens am Beginn des 15. Jahrhunderts hatte Pandolfo III. Malatesta eine aus bis zu 19 Sängern bestehende Cappella, sowie einen Organisten und Instrumentalisten (19 Trompeter, ›piffari‹, ein Lautenist und ein Harfenist) angestellt, die im geistlichen und weltlichen Bereich tätig waren. Im 16. Jahrhundert wurden die üblichen weltlichen Vokalgattungen gepflegt, zunächst ▶ Frottole und ▶ Strambotti, als deren Vertreter in Brescia Antonio ▶ Capreoli gilt, und schließlich ▶ Madrigale.

*Literatur*:
A.W. Atlas, *Pandolfo III Malatesta mecenate musicale: musica e musicisti presso una signoria italiana del primo Quattrocento*, in: RIDM 23 (1988), S. 38–92 • M.T.R. Barczzani, *Brescia*, in: *MGG²*, Bd. 2 (Sachteil), 1995, Sp. 140-147.

# Brevis

Die Brevis, lat. kurz(e Note), ist der ursprünglich kürzeste Notenwert in der mittelalterlichen Notation. Durch die wiederholte Einführung noch kürzerer Noten hat sich die Brevis in der Zeit der Renaissance zu einem relativ langen Wert entwickelt, dem in der modernen Notation etwa die Länge eines Taktes entspricht. Der Gegenbegriff dazu ist die ▶ Longa. Eine Brevis hat einen quadratischen Notenkopf (ohne Notenhals) und besteht in der ▶ Mensuralnotation je nach ▶ Mensur aus zwei oder drei Semibrevis-Einheiten. Die entsprechende Pause ist ein senkrechter Strich durch einen Zwischenraum des Liniensystems.

ALB

# Browning

Browning bezeichnet im 16. Jahrhundert in England eine Instrumentalkomposition, die aus kontinuierlich ineinander übergehenden Variationen über eine bestimmte populäre Melodie (einen ›Ton‹ bzw. ›tune‹) besteht. Der Name leitet sich vom Text ab, der mit »Browning my dear« beginnt und als Textmarke den Instrumentalkompositionen beigefügt ist; der Text ist verloren, jedoch sind andere Texte auf die gleiche Melodie überliefert wie »Browning Madame, browning Madame, so merrily we sing, browning Madame« von Thomas Ravenscroft, »The leaves be green, the nuts be brown, they hang so high they will not come down« von William ▶ Byrd sowie ein Titel über Lautenvariationen John Danyels »*Mrs Anne Green*«. Brownings wurden von vielen englischen Komponisten in verschiedenen Techniken (siehe Neighbour) geschrieben.

*Literatur*:
O.W. Neighbour, *Browning*, in: *Grove*, Bd. 4, 2001, S. 451.

ES

# Bruderschaften / Brüdergemeinen

Brüdergemeinen sind seit dem Spätmittelalter von Laien und Klerikern gegründete Gemeinschaften, die sich gegen die haltlosen Zustände sowohl in der katholischen Weltkirche wie auch in den Orden auflehnten. Im Vordergrund standen die wiederzuentdeckenden christlichen Tugenden: Bibelfrömmigkeit, tätiges Christentum in Form der Caritas und vor allem ein einfacher Lebenswandel. Trotz des Verbots und zahlreicher Versuche der Ausrottung seitens der katholischen Kirche, sind Brüdergemeinen bzw. Bruderschaften bis ins 18. Jahrhundert belegt.

Für die Musikgeschichte sind vor allem die Böhmischen Brüder von großer Bedeutung. Sie sind Mitte des 15. Jahrhunderts als Freikirche in Folge der Hussitischen Bewegung in Böhmen entstanden. Ihr Streben nach totaler Autonomie gipfelt in der Gemeindeordnung aus dem Jahr 1464, die zugleich als Gründungsurkunde der als ›Brüder-Unität‹ wirkenden Gemeinschaft gesehen werden kann. Mit der Wahl eigener Priester 1467 ist der Bruch zur Nationalkirche vollzogen. Trotz erneuter Verfolgungen vergrößert sich der Kreis der Mitglieder stetig. Vor allem der böhmische Adel – zunächst Schutzherren, später teilweise Mitglieder der Gemeinschaft – stärkt die Bestrebungen. Mit dem Dreißigjährigen Krieg beginnt der Niedergang der Unität, bevor im ersten Drittel des 18. Jahrhunderts die ›Erneuerte Brüder-Unität‹ (heute Herrnhuter Brüdergemeine) von Nikolaus Ludwig Graf von Zinzendorf (1700–1760) gegründet wurde.

Noch vor den Reformatoren Martin ▸ Luther und Thomas ▸ Müntzer, die den volkssprachlichen Kirchengesang als ein entscheidendes Mittel für die Verbreitung der neuen Lehre ansahen, wird von den Böhmischen Brüdern 1501 das erste volkssprachliche Gesangbuch gedruckt. Es enthält 89 tschechische Lieder ohne Melodieangaben. Die Ausgabe mit Melodiefassungen von 1505 und 1519 gelten als verschollen. Das erste erhaltene tschechische Gesangbuch mit Melodie wird 1541 bei Jan Roh in Prag gedruckt. In den darauffolgenden Jahren erscheinen zahlreiche Neuauflagen des Gesangbuchs. Das erste in deutscher Sprache gedruckte Gesangbuch der Unität ist das 1531 erscheinende *Ein New Gesengbuchlen* von Michael Weisse. Es enthält 157 Lieder und ist zu dieser Zeit das umfangreichste Gesangbuch. Auch dieses Gesangbuch erfährt zahlreiche Neuauflagen. Anders als Luther, der zunächst einige Probleme bei der Einführung der deutschsprachigen Gesänge in die lateinische Liturgie zu bewältigen hat, stellen die Böhmischen Brüder den Gemeindegesang in den Mittelpunkt des Gottesdienstes und erreichen das Volk direkter als Luther in der immer noch traditionellen Messe.

*Literatur:*
W. Blankenburg, *Die Musik der Böhmischen Brüder und der Brüdergemeine*, in: Friedrich Blume, *Geschichte der Evangelischen Kirchenmusik*, Kassel 1965, S. 401–412 • D. Meyer, *Gesangbücher der alten und neuen Brüderunität und des Pietismus*, in: »...*das heilige Evangelion in Schwang zu bringen*«. *Das Gesangbuch: Geschichte – Gestalt – Gebrauch. Begleitbuch zu einer Ausstellung in der Württembergischen Landesbibliothek Stuttgart vom 30.11.1996 bis 25.01.1997 und im Landeskirchlichen Museum Ludwigsburg vom 23.02. bis 13.04.1997*, hrsg. von R. Nägele, Stuttgart 1996, S. 87–106.

AW

# Brügge (frz. und engl. Bruges)

Die im 15./16. Jahrhundert in der Grafschaft Flandern gelegene Stadt Brügge war bereits im Mittelalter – durch die Lage am Meer begünstigt – eine der wichtigsten nordeuropäischen Handelsstädte. Durch den daraus resultierenden Wohlstand wurde die Kultur entscheidend geprägt. Nicht nur die bildenden Künste (Jan van ▸ Eyck, Hans Memling, Gerard David u.a.), sondern auch die Musik wird ein unabkömmlicher Teil des kulturellen Lebens. Im 15. Jahrhundert zu ▸ Burgund gehörend, hielten sich die burgundischen Herzöge häufig dort auf. Trotz des wirtschaftlichen Niedergangs seit der Mitte des 15. Jahrhunderts behielt die Stadt ihre wichtige Rolle bis in die zweite Hälfte des 16. Jahrhunderts, als die Region nach der Auflösung des burgundischen Reiches 1477 unter die Herrschaft der Habsburger kam.

Die Kollegiatskirche St. Donatian (während der Französischen Revolution im Jahr 1797 zerstört) war religiöser Mittelpunkt der Stadt und auch das Zentrum der Musikpflege. Die Grundlage hierzu wurde seit Mitte des 13. Jahrhunderts mit der Einstellung eines Organisten und eines ›zangmeester‹ gelegt, der ab 1312 ›chorales‹ ausbildete. Diese waren seit ungefähr 1400 zusammen mit ›clerici‹ auch für die Ausführung polyphoner Gesänge zuständig. Viele in Brügge ausgebildete Chorknaben wurden später in italienischen Kapellen (Ferrara, Neapel, Florenz und Lucca) bevorzugt engagiert.

Im späten 14. Jahrhundert wurden viele Chorbücher mit Repertoire für die Chorknaben und mit polyphonen Gesängen angelegt, die jedoch nicht erhalten sind. Das einzig erhaltene Zeugnis der Musikpflege an St. Donatian ist die vor oder um 1400 entstandene *Gruuthuse-Handschrift* (im Privatbesitz Schloss Ten Berghe zu Koolkerke bei Brügge). Diese Handschrift enthält sieben große gereimte

Gebete, 147 mit Melodien versehene einstimmige Lieder und eine umfangreiche allegorische Dichtung mit acht eingefügten Melodien. Die Texte der Lieder stehen in den Formen des ▸ Rondeau und der ▸ Ballade, sie sind in mittelniederländischer Sprache gehalten. Nach einem jeden Text steht eine Melodie in sogenannter Strichnotation (▸ Notation); die fehlende Schlüsselung und die nicht-rhythmische Notation erschwert jedoch eine Deutung. Diese Notation war wahrscheinlich für Sänger bestimmt, die mit der üblichen Choral- und Mensuralnotation nicht vertraut waren.

Die Musikpflege an den Kirchen in Brügge war von Stiftungen abhängig, die vom Klerus selbst, von der Stadt zur Zelebrierung von Festen oder von Familien, meist zur Lesung von Totenmessen, gegeben wurden (Strohm, S. 17). Im 15. Jahrhundert spielte die Verbundenheit mit den burgundischen Herrschern eine Rolle. Da Brügge ein beliebter Residenzort der burgundischen Herzöge war, ging das musikalische Geschehen an St. Donatian mit dem des Hofes und der Hofkapelle einher. Besonders ▸ Philipp der Gute (1419–1467) – in dessen Diensten seit 1425 auch van Eyck war – förderte die Praxis des polyphonen Gesanges durch stete Ausbildung von vier Chorknaben seit 1421; sie sollten die täglich in der Marienkapelle gesungene Marien-Messe, die *Missa de salve*, polyphon darbieten; diese Praxis trug zur Entstehung der ▸ Messe als Zyklus im 15. Jahrhundert bei – die *Missa de Tournai* des 14. Jahrhunderts war ein frühes Beispiel. Zur Verstärkung des Knabenchores wurden um 1440 zwölf ›clerici installati‹ zur Ausführung des polyphonen Gesangs engagiert, die allerdings keine musikalische Ausbildung im Sinne von ›chorales‹ genossen hatten. Die zeitweilige Residenz der burgundischen Herzöge bot verschiedene Anlässe, zu denen Musik aufgeführt wurde, wie beispielsweise die Versammlungen des Ordens des goldenen Fließes, die Hochzeit ▸ Karls des Kühnen mit Margarete von York 1468 sowie Feste zu Friedensverhandlungen, auf denen Musiker aus verschiedenen Regionen und Ländern zusammen kamen (England, Frankreich). Beteiligt waren dabei auch die bei der Stadt angestellten Instrumentalisten. Sie spielten nicht nur bei den großen Anlässen, sondern gaben – neben ihren funktionalen Aufgaben bspw. als Turmwächter – seit den 1480er Jahren auch eine Art öffentlicher Konzerte: Sie wurden seit 1483 für eine instrumentale *Salve*-Aufführung nach dem täglich aufgeführten vokalen *Salve* an den drei Markttagen bezahlt; an diesen Tagen fanden auch weitere Aufführungen mit Instrumentalisten auf dem Marktplatz statt (Strohm, S. 86).

Unter den Musikern, die eine Anstellung als Succentor an St. Donatian im 15. Jahrhundert innehatten, sind folgende erwähnenswert (eine vollständige Liste findet sich bei Strohm, Appendix A): Thomas Fabri, Komponist und Succentor (1412-1415), studierte in Paris bei dem burgundischen Hofkomponisten Jean ▸ Tapissier; er komponierte einige Werke, von denen ein Gloria (I-Bc, Q 15), eine unvollständige Antiphon und zwei flämische Lieder (in A-HE, um 1410–1420) erhalten sind. Jacobus Contreman (gest. 1432) war von 1417–1422 und von 1427–1429 Succentor und von 1427–1432 Organist an St. Donatian; von ihm ist eine Chanson (*Vaylle que vaylle il fant au moys de mai*) überliefert. Jacobus (Jerôme?) de Clibano war von 1430–1433 Chorleiter an St. Donatian und komponierte etliche geistliche Werke, von denen nur einige Messensätze bekannt sind. Cornelius Heyns wurde 1447 zunächst (nachweislich) als Sänger angestellt und war später von 1452–1453 und von 1463–1465 als Succentor an St. Donatian tätig. Von seinen Werken blieb nur die *Missa Pour quelque paine* erhalten, die in einem Brüsseler Ms. irrtümlicherweise Johannes ▸ Ockeghem zugeschrieben wird. Das Ordinarium von Heyns gehört zu den frühesten Beispielen avancierter ▸ Cantus firmus- und ▸ Parodietechnik. Ferner waren Jacobus ▸ Vide, Gilles ▸ Joye, Guillaume ▸ Dufay, Gilles ▸ Binchois und Nicholas ▸ Grenon Kanoniker an St. Donatian; Jacob ▸ Obrecht war 1485–1491 und 1489–1500 Succentor und komponierte mehrere polyphone Werke für St. Donatian, darunter möglicherweise seine *Missa de Sancto Martino* und die *Missa Salve diva parens* sowie einige Motetten zu Ehren des Hl. Basilius und des Hl. Blutes. Jean ▸ Cordier, einer der bedeutendsten Sänger seiner Zeit, wurde in Brügge geboren, war seit 1460 als Tenorist an St. Donatian und kehrte nach einer Anstellung am Hof von Ercole ▸ d'Este in Ferrara 1483 nach Brügge zurück, wo er 1497–1498 Succentor an St. Donatian war. 1487 wurde er, während seines erneuten Aufenthalts in Italien, von Herzog Ercole beauftragt, in Brügge eine Entsendung Obrechts nach Ferrara zu erwirken, was auch im darauf folgenden Jahr stattfand. Da alle polyphonen Chorbücher von St. Donatian zerstört sind, kann man nur über Rechnungsbücher über die Anfertigung von Chorbüchern und das reiche Repertoire erfahren; so sind bspw. zwischen ca. 1468 und 1485 91 ▸ Messen und 36 ▸ Magnificats verzeichnet, die auf eine überaus reiche Musikpraxis in Brügge schließen lassen (Strohm, S. 30f.). Beteiligt waren daran auch andere Kirchen wie die Liebfrauenkirche, die nahezu über die gleiche Anzahl von Clerici und Schulknaben wie St. Donatian verfügte und an der seit der zweiten Hälfte des 15. Jahrhunderts polyphone Kompositionen gesungen wurden. An St. Salvator war Antoine ▸ Busnoys am Ende des 15. Jahrhunderts ›cantor cantoriae‹, polyphone Musik wurde insbesondere seit dem 16. Jahrhundert gepflegt, seit 1501 täglich ein polyphones *Salve* gesungen. An St. Jacobus war Benedictus ▸ Appenzeller von 1517–1519 als Succentor tätig. Dass jedoch St. Donatian auch im 16. Jahrhundert eine vorrangige Rolle einnahm, zeigen die Namen berühmter Komponisten, die dort als Succentor tätig waren: Antonius ▸ Divitis (1501–1504), Lupus ▸ Hellinck (1523–1540), ▸ Jean de Hollande (1541–1545) und Antonius Galli (1545–1550).

Seit 1964 wird in Brügge jährlich das Festival der Alten Musik (Festival van Vlaanderen) veranstaltet, in dessen Rahmen Wettbewerbe für Orgel, Blockflöte, Cembalo und Ensembles sowie Instrumentenausstellungen, Interpretationskurse und Konzerte stattfinden.

*Literatur:*
R. Strohm, *Music in Late Medievel Bruges*, Oxford 1985 • I Bossuyt, *Brügge*, in: *MGG²* (Sachteil), Bd. 2, 1995, Sp. 178–182 • K. Vellekoop, *Gruuthuse-Handschrift*, in: *MGG²* (Sachteil), Bd. 3, 1995, Sp. 1722–1723 • E. Schreurs, Bruges, in: *Grove* (2001), S. 488–489 • I. Bejczy, *Bruges*, in: *Encyclopedia of the Renaissance*, hrsg. von Paul F. Grendler, Bd. 1, New York 1999, S. 295–296.

BLO

# Bruhier, Antoine
* (?) Noyon, † nach 1521 (?)

Der Sänger und Komponist war an der Kathedrale von Langres (1504), bei Kardinal Ippolito ▸ d'Este (1505–1508), möglicherweise auch am Hof in Ferrara und am Hof von Urbino tätig, bevor er 1513 als Cantor segreto in den Dienst von Papst Leo X. trat, wo er bis zu dessen Tod 1521 blieb. Neben drei ▸ Messen – darunter wahrscheinlich eine *Missa »L'homme armé«* und die *Missa carminum* – und einigen ▸ Motetten sind insbesondere seine ▸ Chansons hervorzuheben, die in dem um 1500 üblichen Stil gehalten sind: Populäre französische Lieder werden als vierstimmige Sätze verarbeitet mit dem Wechsel von imitatorischen, homophonen und zweistimmigen Partien oft mit einer Gliederung in mehrere, durch Mensurwechsel unterschiedene Teile.

Die *Missa carminum*, die durch ihre Publikation in *Das Chorwerk* ins heutige Chorrepertoire aufgenommen wurde, hat mehrere populäre Melodien als Cantus firmus, darunter *L'on doit bien aimer* im Credo und Benedictus, *L'oserai-je dire* im Osanna II (dort als Kanon in den beiden Unterstimmen) und den Contratenor von ▸ Hayne van Ghizeghems Rondeau *Alles regret* (Analyse im Vorwort zu *Chorwerk* 127); die Liedtexte waren in den Stimmen notiert, die Melodien hoben sich vom Kontext durch längere Notenwerte ab. Die Verfahrensweise war im frühen 16. Jahrhundert beliebt, zur Gattung haben auch Heinrich ▸ Isaac und Adam ▸ Rener beigetragen.

*Ausgaben* (Auswahl):
A.K. Laird / N.S. Johnson Hrsg., *Missa Carminum*, Wolfenbüttel 1979 (Das Chorwerk 127) • H. Hewitt (Hrsg.), *Harmonice musices Odhecaton A*, New York 1973 (Faksimile), darin: Chanson *La tura tu* (S. 414–417) • dies., *Canti B numero cinquanta (Venedig, 1502, O. Petrucci)*, Chicago 1967 (Monuments of Renaissance Music 2), darin: Chanson *Vray Dieu qui me comfortera*, S. 105–107.

*Literatur*:
R. Sherr, *Bruhier*, in: *Grove*, Bd. 4, 2001, S. 490–491.

## Brumel, Antoine
\* um 1460 Diözese Laon?, † um 1512 Mantua?

Brumel ist eine der interessantesten Persönlichkeiten der Komponistengeneration im Umkreis von ▸ Josquin. Die ersten bekannten Dokumente berichten, dass Brumel im August des Jahres 1483 ein geschätzter Sänger der Kathedrale von Chartres war, der sich auf besondere Weise den täglichen Offizien (›horarius et matutinarius‹) widmete. Im Oktober des Jahres 1486 trat er an der Kathedrale Saint-Pierre von Genf in der Funktion eines ›magister innocentium‹ in Erscheinung. Dort blieb er bis 1492, mit Unterbrechungen etwa zwischen 1489 und 1490, als sich Brumel an den Hof der Savoy in Chambery begab. Im Jahr 1497 war Brumel Kanoniker an der Kathedrale von Laon. Wir wissen nicht, seit wann er diese Pfründe besaß, aber es ist sicher, dass Brumel im Januar 1498 die Stadt verließ, um an Notre-Dame-de-Paris das Amt des ›magister puerorum chori‹ anzutreten. Dort blieb er bis 1501. Brumel, ein geschätzter und gefragter Musiker, scheint in dieser Zeit den Höhepunkt seiner Laufbahn zu erreichen. Er diente nämlich vom Juni 1501 bis zum Juli 1502 an der herzöglichen Kapelle der Savoy. 1501 wurde Brumel ›maestro di cappella‹ am Hof des Herzogs von Ferrara, Alfonso ▸ d'Este. Dort blieb er bis 1510. Ab diesem Moment ist das Schicksal Brumels, eines fünfzigjährigen Komponisten, unbekannt. Ein Dokument vom Mai 1512 weist darauf hin, dass Brumel zu diesem Zeitpunkt Kontakte zu den Städten Faenza und Mantua unterhielt. Ein spätes Zeugnis des Theoretikers und Musikers Vincenzo ▸ Galilei († 1591) setzt uns darüber in Kenntnis, dass Brumel 1513 bei der Inthronisation von Papst Leo X. in Rom war. Im Allgemeinen wird dieser letzte biographische Beleg nicht als glaubwürdig eingeschätzt.

Antoine Brumel war ein einflussreicher, geschätzter Komponist, und er erfreute sich großer Bekanntheit. Er ist eine der zentralen Gestalten in den zwei ▸ Déplorations auf den Tod des berühmten Meisters Johannes ▸ Ockeghem: jener von Guillaume ▸ Crétin und jener von Jean ▸ Molinet, in der von Josquin vertonten Version. Brumel erscheint auch im Text der Motette von Pierre ▸ Moulu, *Mater floreat*, im *Livre de la deablerie* von Eloy d'Amerval (1508), und seiner wird vierzig Jahre nach seinem Tod, gemeinsam mit den berühmtesten Musikern der Vergangenheit, im Prolog zum »Quart livre des faicts […] du bon Pantagruel« von François ▸ Rabelais (1552) gedacht. Der Theoretiker Franchino ▸ Gaffurio führt seinen Namen unter den »iucundissimi compositores« dieser Epoche an (*Practica musice*, 1496). Der Name Brumels wird nicht einmal nach seinem Tod vergessen. Sebald ▸ Heyden (*De *arte canendi*, 1540) und Heinrich ▸ Glarean (*Dodecachordon*, 1547) führen seine Werke zum Beispiel mehrmals an. Adrien Petit Coclico (*Compendium musices*, 1552) fügt ihn bei den »musici praestantissimi« der letzten Generationen ein, während Hermann ▸ Finck (*Practica musica*, 1556) unter den »peritissimi musici« der Vergangenheit an ihn erinnert. Sein Name wird noch in den Schriften von Gioseffo ▸ Zarlino († 1590) und Thomas ▸ Morley († 1602) ins Gedächtnis zurückgerufen.

Das Werk Brumels hatte das gesamte 16. Jahrhundert über editorischen Erfolg. Ottaviano ▸ Petrucci widmet ihm vollständig sein drittes, der Gattung der Messe zugeeignetes Buch (*Misse Brumel*, 1503), und weitere Stücke wurden von ihm in verschiedenen Anthologien von 1501 bis 1514 veröffentlicht. Andere wichtige Verleger druckten auch nach dem Tod Brumels seine Musik (Andrea ▸ Antico, Giunta, Pierre ▸ Attaingnant, Johannes ▸ Rhau etc.). Was die geistliche Musik betrifft, so besteht der von Brumel bekannte Korpus aus etwa 15 ▸ Messen – darunter ein Requiem –, aus vier Credo-Kompositionen und etwa 30 geistlichen Stücken wie ▸ Motetten, Sequenzen und ▸ Magnificat-Kompositionen. Weltliche Musik ist eigenartigerweise kaum vertreten, jedoch auch schlecht erhalten, da der größte Teil der etwa 15 erhaltenen ▸ Chansons unvollständig und ohne Text überliefert ist.

Brumel versucht sich normalerweise nicht in komplizierten Satzstrukturen – abgesehen von einigen wenigen Ausnahmen –, und seine Musik strebt nach bildlicher Schlichtheit der vokalen Linien und nach einer besonderen Aufmerksamkeit für die Vertonung des Textes. Diese Tendenz findet man in den Messen und, noch mehr ausgeprägt, in den Motetten sowie in den wenigen Chansons, die Text enthalten.

Was die Messen betrifft, die zweifelsohne seinen wichtigsten Schaffensbereich darstellen, so erfreut sich der Stil Brumels eines eigenen Charakters, deren Merkmale für einen aufmerksamen Zuhörer leicht erkennbar sind. Brumel verwendet häufig enge Imitation zwischen den Stimmen und eine kanonische Schreibweise. Freien, häufig besonders virtuosen Kontrapunkt wechselt er zwanglos mit einer vertikalen Schreibweise, die eine klare Deklamation des sakralen Textes begünstigt. Eine weitere Besonderheit von Brumel ist der häufige Gebrauch der Ostinato-Technik, d.h. die Verwendung von kurzen, rhythmisch-melodisch wiederholten Einschüben in einer oder mehreren Stimmen. In den Messen Brumels erfolgt die Behandlung des ▸ Cantus firmus üblicherweise sehr frei, und die verwendeten Vorlagen sind abwechslungsreich. Die *Missa Victime paschali* basiert auf der berühmten Sequenz für den Ostertag. Für die Osterzeit ist auch seine berühmte zwölfstimmige Messe *Et ecce terrae motus* bestimmt, die auf den ersten sieben Noten der Antiphon für Laudes und Vesper des Ostersonntags aufgebaut ist. Die *Missa Dominicalis* und die *Missa de Beata Virgine* benützen in jedem Abschnitt die jeweiligen liturgischen Gesänge des Ordinariums, die häufig in allen Stimmen paraphrasiert werden. Glarean scheint die *Missa de Beata Virgine* von Brumel gut gekannt zu haben, da er sie in seinem *Dodecachordon* mehrere Male als beispielhafte Komposition anführt, und er behauptet, dass diese Messe von Brumel in fortgeschrittenem Alter komponiert worden sei. Die auf dem berühmten Tenor des 15. Jahrhunderts basierende *Missa L'homme armé* unterscheidet sich von der übrigen Tradition der Messen auf diesem Thema durch die Schlichtheit der Behandlung des Cantus firmus. Die *Missa Ut re mi fa sol la* verwendet im Verlauf der Messe als Cantus firmus die transponierte Guidonische Tonleiter auf dem ▸ Hexachordum naturale (auf *do*), durum (auf *sol*) und mollis (auf *fa*). Es ist eine eklektische Messe, in welcher der Komponist sehr viel Ostinato und aufsteigende und absteigende harmonisch-melodische Fortschreitungen verwendet. Messen Brumels über polyphonen Chansons gibt es vier, und alle verwendeten Vorlagen sind vierstimmig. Die Messe *Je n'ay dueul* basiert auf einer Chanson Alexander ▸ Agricolas. Die *Missa de Dringhs* basiert auf *Tous les regretz*, einer Chanson von Brumel selbst. Die anderen beiden Messen basieren auf zwei ▸ Chansons rustiques von Josquin: *Bergerette savoyenne* und *En l'ombre d'ung buissonet au matinet*, die wie ihre Vorlage vollständig aus einem Doppelkanon aufgebaut ist. Die *Missa Bergerette savoyenne* ist eine Cantus-firmus-Messe, in der Brumel jedoch nicht darauf verzichtet, vereinzelt die gesamte kontrapunktische Struktur der Chanson von Josquin zu imitieren. Auch in der *Missa Je n'ay dueul* fungiert der Cantus firmus als kompositorische Leitlinie, aber die anderen Stimmen der Vorlage, die Imitationsgruppen und die musikalischen Ideen werden im Verlauf der Messe beinahe beharrlich entliehen und bearbeitet. Die *Missa de Dringhs* kann dagegen vollständig in die Kategorie der Parodiemessen eingeordnet werden. Diese Messe ist nichts anderes als eine polyphone Bearbeitung ihres Modells. Die Verbindung zwischen der Übertragung des Titels der Messe und dem Text ihrer Vorlage (*Tous les regretz*) bleibt bis heute ohne Erklärung. In der *Missa da Requiem*, einem kleineren Werk innerhalb seines geistlichen Musikschaffens, vertont Brumel erstmals die Sequenz *Dies irae* auf polyphone Weise (▸ Requiem).

Die zwölfstimmige *Missa Et ecce terrae motus* ist heute das berühmteste Werk Brumels, vor allem aufgrund der Exzentrizität dieser Komposition, die einen für die Zeit ungewöhnlichen Stimmenkomplex entfaltet. Die vier für den Stil der Zeit üblichen Stimmen sind hier mit drei multipliziert (Cantus I, II, III; Contratenor I, II, III; Tenor I, II, III; Bassus I, II, III) mit einem dreifachen Cantus firmus, der zwischen Tenor I, Tenor II und Bassus III im Kanon geführt ist. Nur im Agnus Dei wechseln die sieben Noten der Osterantiphon vom Tenor I zum Cantus III. Diese Messe ist nur in einer einzigen Quelle überliefert, einem in München aufbewahrten Manuskript (Bayerische Staatsbibliothek Mus. MS 1), das noch ein halbes Jahrhundert nach Brumels Tod an der bayerischen Kapelle unter der Leitung von Orlande de ▸ Lassus benutzt wurde. Die Besonderheit dieses Manuskripts besteht darin, dass die Namen der Sänger, die sie aufgeführt haben, darin erscheinen, wobei der Name »Orlando di Lasso« in der Stimme des Tenor II aufgeführt wird. Dass diese Messe sich während der Renaissance großer Bekanntheit erfreut hat, steht außer Zweifel. Ein weiteres Indiz dafür liefert die sechsstimmige *Missa Tempore paschali* von Nicolas ▸ Gombert, die auf den Ordinariumsgesängen der Osterzeit basiert. Im letzten Agnus Dei erweitert Gombert die kontrapunktische Struktur auf zwölf Stimmen und benützt als Cantus firmus ausgerechnet die Antiphon *Et ecce terrae motus*, ohne Zweifel eine Hommage an die berühmte Komposition Brumels.

Die Motetten Brumels sind zum größten Teil für Marianische Feste bestimmt. Es gibt auch solche für die Osterzeit und für Weihnachten. Normalerweise handelt es sich dabei um polyphone Versionen von Sequenzen, ▸ Antiphonen, ▸ Hymnen oder Psalmen (▸ Psalmvertonungen). Die dreistimmige Motette *Ave Maria gratia plena* liefert einen Beleg für die kompositorische Betätigung Brumels während seiner Pariser Jahre. Diese Motette war für eine Stiftung von Pierre Henry bestimmt, einem Kanoniker der Kathedrale, nach dem dieses *Ave Maria* jeden ersten Sonntag des Monats nach der Matutin von der *maîtrise* gesungen werden sollte. Der Text der Motette *Conceptio hodiernus Mariae* ist eine Kompilation von Texten aus Antiphonen und ▸ Responsorien für das Fest der Unbefleckten Empfängnis (8. Dezember). Die fünfstimmige

Motette *Nato canunt omnia* vertont ebenfalls eine Sammlung von Texten, dieses Mal für Weihnachten. Die verschiedenen Motive der originalen Antiphone werden in den unterschiedlichen Stimmen der Motetten paraphrasiert, während die Stimme des Tenor als Cantus firmus drei Weihnachtsmelodien verwendet, darunter das Graduale *Puer natus est*. Auch *Nativitas unde gaudia* ist eine Motette über einem Cantus firmus, dieses Mal in die oberste Stimme gesetzt, und verwendet eine abwechslungsreiche Zusammenstellung von Texten, die teilweise aus einem Responsorium von Fulbert de Chartres († 1028) entnommen sind. Das *Lauda Sion* vertont nur zwölf der 24 Strophen der Sequenz von Thomas von Aquin für Fronleichnam (die ungeraden Strophen) polyphon und wird alternatim mit der einstimmigen Sequenz gesungen. Das *Laudate Dominum* ist hingegen eines der ersten polyphonen Beispiele der Psalmen 148 und 150. Die beiden Motetten, die auf der berühmten Marianischen Antiphon *Regina caeli* aufgebaut sind, gehören zu den interessantesten innerhalb des Schaffens von Brumel. Er verwendet in beiden Versionen zwei unterschiedliche musikalische Techniken: Das *Regina caeli* I behandelt alle vier Stimmen in vollständiger Durchimitation, die Antiphon wird dabei frei paraphrasiert; im *Regina caeli* II wird die Antiphon nur in den beiden oberen Stimmen (Cantus und Altus) paraphrasiert, die vollständig kanonisch gehalten sind. Einige Motetten Brumels sind von sehr mäßigem Umfang, was wahrscheinlich mit der Bestimmung für verschiedene Arten privater Devotion zu tun hat (*O Domine Jhesu Christe*, *Sub tuum praesidium*, *Sicut lilium*). Dazu gehört auch die dreistimmige Motette *Mater Patris*, die einen gewissen Erfolg erlebte, insofern sie sich in verschiedenen handschriftlichen Quellen und Drucken der Zeit befindet. Diese Motette wurde für eine Josquin Desprez zugeschriebene Parodiemesse, die Messe *Mater Patris*, als Vorlage benützt.

Von den Chansons, die uns wie erwähnt fast alle ohne Text überliefert sind, soll *Du tout plongiet / Fors seulement* angeführt werden, das zu den zahlreichen Bearbeitungen dieser berühmten Chanson Ockeghems gehört. Es wurde für vier tiefe Stimmen komponiert, wobei der Tenor den Tenor der Chanson Ockeghems um eine None nach unten transponiert zitiert.

*Ausgaben*:
Antoine Brumel, Opera omnia, hrsg. von B. Hudson, 6 Bde., American Institute of Musicology, 1969–1972 (CMM 5).

*Literatur*:
Kl. Pietschmann, Brumel, in: MGG², Bd. 3 (Personenteil), 2000, Sp. 1120–1126.

AM

# Brüssel

## 15. Jahrhundert

Nachdem die Stadt Brüssel allmählich den Rang als Hauptstadt des Herzogtums Brabant gegen Louvain, ihrer mittelalterlichen Rivalin, behaupten konnte, befand sie sich in der Renaissance inmitten einer Reihe größerer Territorien: den burgundischen Niederlanden unter der Autorität der Herzöge Valois von Burgund und anschließend ihrer habsburgischen Erben. Seit 1404 wurde Brabant von einem Herrscher aus dem Haus Burgund regiert, Anton, der Bruder von Johann ohne Furcht. 1430 kam das Herzogtum in direkten Besitz des dritten burgundischen Herzogs, ▶ Philipp des Guten, zu gleicher Zeit, als andere wichtige Territorien hinzukamen (Holland, Seeland, Hainaut, Limburg), deren Erwerb die Dynastie endgültig in ihren diesseitigen (nördlichen) Ländern verankerte, weit von ihrer ursprünglichen Hauptstadt, Dijon, und der Residenz der königlichen Herrscher, Paris.

Philipp der Gute machte Brüssel zu seiner Hauptstadt, und installierte sich somit in seinen reichsten und aktivsten Ländern. Wenn der Herrscher und sein Hof auch ein Wanderhof blieben, wurde der Palast der Fürsten von Brabant, der auf dem Hügel von Coudenberg lag, immer mehr ihre reguläre Residenz außerhalb der militärischen Kampagnen oder der Reisen, und er wurde der Ort, wo ein guter Teil der Güter des Herrschers aufbewahrt wurde, darunter seine Bibliothek. Dieser Palast, der gleichzeitig »der Hof« genannt wurde, und dessen Geschichte ins 12. Jahrhundert zurückgeht, wurde vergrößert und verschönert, bis er eine der berühmtesten fürstlichen Residenzen Europas im 16. Jahrhundert wurde. Von 1452 bis 1460 ließ Philipp der Gute dort einen großen Prunksaal errichten, die »Aula magna«, an den ▸ Karl V. eine prächtige Kapelle anschließen ließ, die dem Gedenken seiner Eltern, Philipp dem Schönen († 1506) und Johanna von Kastilien gewidmet war. Das Ganze wurde 1731 Opfer eines riesigen Brandes, 1781 endgültig zerstört und durch den Bau eines neuen Palastes ersetzt; seit 1995 wird der Ort archeologisch erforscht, so dass Spuren der berühmten Aula magna von Philipp dem Guten wieder entdeckt werden konnten.

Seit der Epoche Antoine de Brabants vermischt sich das musikalische Leben in Brüssel weitgehend mit den Festen und fürstlichen Zeremonien, deren Pracht und Häufigkeit mit der Installation des Hofes von Burgund nur zunehmen konnten. In den Kirchen der Stadt fanden Ereignisse des dynastischen Lebens statt: Beerdigungen von Mitgliedern der Herrscherfamilie, von Katharina von Frankreich, der ersten Frau von ▸ Karl dem Kühnen (1446), bis zu Isabelle der Katholischen, die in Spanien gestorben und begraben wurde, aber für die Philip der Schöne, ihr Schwiegersohn und Erbe, große Festlichkeiten im Januar 1505 organisierte; hinzu kamen Taufen der Erben, die in Brüssel geboren wurden. Für die erste Taufe, diejenige Antoines, Sohn ▸ Philipp des Guten, die in Saint-Jacques um 1430 gefeiert wurde, komponierte Gilles ▸ Binchois seine Motette *Nove cantum melodie*. Nach der Geburt von Maria von Burgund (1457) bezahlte ▸ Karl der Kühne den Kopisten einer Motette, die für diese Gelegenheit komponiert wurde, und alle ▸ Ménestrels von Brüssel und von Gent dafür, dass sie gekommen waren, »an der Taufe des Kindes des Herrn von Brüssel« zu spielen. Drei Versammlungen des Ordens des Goldenen Fließes wurden in Brüssel 1435, 1501 und 1516 organisiert. 1501 sang die Kapelle Philipps des Guten zum Gedenken an die verstorbenen Mitglieder das Requiem von Guillaume ▸ Dufay, das heute verloren ist.

Die fürstliche Kapelle, die täglich seit dem Ende des 14. Jahrhunderts die Gottesdienste vor dem Fürsten zelebrierte, war damals die anspruchsvollste Kapelle in Europa. Im Verlauf ihrer Geschichte beschäftigte sie mindestens 20 Sänger und Komponisten von großem Renommee: Gilles ▸ Binchois bis in die 1450er Jahre, Antoine ▸ Busnoys von 1467 bis zum Beginn der Jahre 1480, Pierre de La ▸ Rue vom Beginn der Jahre 1490 bis 1516. Wenn einige ihrer bekanntesten Sänger auch nicht originär aus Brüssel waren, verfügten doch viele unter ihnen über Benefizien in den Kirchen der Stadt und mehrere wohnten dort. Seit der Mitte des Jahrhunderts wurde das Kapitel von Sainte-Gudule teilweise von Würdenträgern des Hofes verwaltet wie Mathieu de Bracle, Schlosskaplan Philipp des Guten, der 1450 zum Doyen gewählt wurde, oder Marc Steenberch und François de Busleyden, die 1497 zum Doyen und Schatzmeister ausersehen wurden. Das Kapitel zählte in seinen Rängen die ersten Chapelains: Philippe Siron († 1485), Nicolas Mayoul l'aîné († 1506), der sich in diese Kirche zurückzog, und Mabrianus de ▸ Orto († 1529). Unter den Scholastern folgten Guathier Henry, der Kellermeister des in Cambrai von Nicolas ▸ Grenon gegründeten Oratoriums von Karl dem Kühnen, dann Charles Soillot, Sekretär des Ordens des Goldenen Fließes, und Jean Ysembart, ›maître d'école‹ von Philipp dem Schönen. Zahlreiche Sänger des Hofes, die in Sainte-Gudule Präbenden hatten, Jean du Passage, Richard de Bellengues genannt Cardot (†1471), Simon Le Breton und Pierre du Wez († 1508) haben darüber hinaus ihre Spuren hinterlassen. Andere einflussreiche Mitglieder der Kapelle zogen sich nach Brüssel zurück wie Jean Caron, Kellermeister des Oratoriums Philipps des Guten, der zum Hausmeister des fürstlichen Palastes 1470 benannt wurde, der Vater von Philipp Caron, dem ›maître de chant‹ von Saint-Gudule in den Jahren 1490 bis zu seinem Tod 1509.

So wie die Herrscher regelmäßig die Sänger der Kirchen, in welchen sie der Messe beiwohnten, entlohnten, besonders diejenige neben dem Palast, Notre-Dame du Sablon, spielten die Ménestrels (▸ Spielleute) der Stadt, die in der Mitte des 15. Jahrhunderts von einem gewissen Claes de Criquenzy geleitet wurde, regelmäßig vor dem Fürsten, so z.B. im Juli 1495, als sie dafür bezahlt wurden, damit sie »auf ihren Instrumente vor der Tafel mehrere Chansons« spielten.

Neben den Veranstaltungen, die an den Hof gebunden waren, war das musikalische Leben von Brüssel auf die regulären Aktivitäten der Kathedrale Saint-Gudule und einige Kollegiatkirchen ausgerichtet. Die polyphone Praxis und diejenige des einstimmigen Gesangs entsprachen in Sainte-Gudule einer rigorosen Organisation bezüglich der Aufgaben. Der Kantor und manchmal der ›zangmeester‹ leiteten die Aufführungen; die ›hebdomadarii‹ waren für den einstimmigen Gesang beauftragt. Die Verantwortlichkeit für die Polyphonie oblag dem ›zangmeester‹, dem Tenor und dem Leiter der ›cotidianen‹. Der ›cantor‹ musste sich präsent halten, Sänger zu suchen. Im 16. Jahrhundert wurde ihm von einem Vikar geholfen. Die Gegenwart des ›zangmeester‹ ist während des 15. Jahrhunderts nur für Saint-Gudule dokumentiert (seit Beginn des 15. Jahrhunderts) und für zwei andere Kirchen mit bedeutenden Einkünften: Saint Nicolas und Notre-Dame du Sablon, wo am Ende des 15. Jahrhunderts die Posten nach der Konstitution einer ▸ Maîtrise eingerichtet wurden. Die wesentliche Rolle des ›zangmeester‹ war, die Chorknaben, die ›bonifanten‹, zu erziehen. Dokumente der Archive bestätigen die entscheidende Rolle einiger Kanoniker in der Erweiterung des Erziehungsangebots für die Kinder und in der Etablierung von feierlichen Festen, die einen erhöhten musikalischen Aufwand erforderten. Die Kathedrale, die Kollegiatkirchen und der Hof bildeten nicht die einzigen Orte der musikalischen Praxis. Prozessionen, ›ommegan‹, fröhliche Entreen, ›Bruderschaften‹ waren ebenso Gelegenheit und Mittel, um ein intensives musikalisches Leben aufrechtzuerhalten, selbst wenn konkrete Spuren dieser Ereignisse leider verschwunden sind.

### 16. Jahrhundert

Der Hof und die religiösen Konflikte prägen während des 16. Jahrhunderts das musikalische Leben von Brüssel. ▸ Margarete von Österreich (1480–1553) ist dafür berühmt, dass sie in ihrer direkten Umgebung eine beeindruckende Anzahl talentierter Musiker unterhielt. Zum Unglück für Brüssel entschied sie sich nach dem Tod von Philibert, des Herzogs von Savoyen, den Hof nach Malines zu verlegen, dreißig Kilometer in den Norden (Maria von Ungarn führte ihn 1531 nach Brüssel zurück). Als diese kleine Stadt daraufhin ein Ort künstlerischer Produktionen und der Handschriftenkopien im Atelier von Petrus ▸ Alamire wurde, verlor Brüssel an Glanz. Karl V. entschied sich, seine musikalischen Institutionen seiner Art des Regierens anzupassen. Er verfügte so über drei Kapellen: die Reisekapelle, die ihm während seiner Reisen folgte; die kaiserliche Kapelle, die zwischen Wien und Prag geteilt war und die für den speziellen Dienst Erzherzogs Ferdinands bestimmt war; schließlich blieb ihm in Brüssel nur eine persönliche, eher bescheidene Kapelle, die den Gottesdiensten der Herrscherinnen diente (Margarete von Österreich und dann Maria von Ungarn) sowie für den Fall vorgesehen war, dass sich der König von Neuem in den ›diesseitigen‹ Landen aufhielt. Seit dem Rückzug des Herrschers in das Kloster von Yuste machten sich starke Lücken in den personellen Rängen der Kapelle bemerkbar. 1554 wurde sie ernsthaft erschüttert, als Maria von Ungarn die Niederlande verlassen hatte und ihre Musiker mit nach Spanien nahm. Während Philipp II. definitiv die Niederlande verließ (am 27. August 1559), wurde die Kapelle nach Madrid verlegt und dort sesshaft.

Der königliche Hof von Spanien und seine Kapellen blieben an diejenige der Niederlande geknüpft, während der Hof von Wien immer mehr unabhängig wurde. Parallel zu diesen institutionellen Zergliederungen wurde die systematische Praxis der Beschaffung junger Musiker für die in Brüssel verbliebene Kapelle vernachlässigt, deren Stärke sich im Lauf des Jahrhunderts reduzierte. Hinzu kam die destabilisierende Wirkung der Religionskriege. Die Geschichte der Kapelle in Brüssel und das musikalische Leben der Stadt drückten sich in beständigem Widerstand gegen religiöse Unterdrückung, finanzielle Missstände, die Beliebigkeit der Regierungen (Margarete von Parma, 1559–1567; Ferdinand Alvare von Toledo, der Herrscher von Alba, 1567–1573; Requesens, 1573–1576; Don Juan von Österreich, 1576-1578; Alexandre Farnèse, 1578–1593) und das Ausbleiben von Nachschub aus. Seit dem Ende des 16. Jahrhundert wurde die Brüsseler Kapelle, ohne Meister, die berühmt genug gewesen wären, ihr zu einem großen Renommee zu verhelfen, immer mehr von fremden Musikern durchdrungen, die sich am Hof des Erzbischofs Albert und Isabelle zeigten (auch wenn die Kapelle von Géry de Ghersem geleitet wurde).

Die Organisation und interne Funktion der königlichen Kapelle, deren Statuten unter Karl V. redigiert wurden, gleichen sehr denjenigen, die man in allen kirchlichen Maîtrisen der provinziellen Kollegiatkirchen wieder findet. Der tatsächliche Standard de Kapelle umfasste einen ›maître de chant‹, ›choraux‹, Chorknaben, erwachsene Sänger, Instrumentalisten, darunter einen oder zwei Organisten und einen Orgeltreter, ebenso einen Scholaster und technische Mitarbeiter wie verschiedene Angestellte, Kopisten und ›fourriers‹. Der ›maître‹ ist mit der Erziehung der Kinder betraut; er versorgt außerdem das Repertoire der Kapelle mit Messen, Motetten und profaner Musik, sorgt für die Chorbücher, leitet und kontrolliert die musikalische Ausführung. Der ›vice-maître‹ der Kapelle wird unter den qualifiziertesten Sängern ernannt oder ausdrücklich dafür rekrutiert. Er hilft in allem dem ›maître de chapelle‹, überwacht die Inventare des Materials der Kapelle und kontrolliert die Ausgaben.

Die Chorknaben wurden unter den besten des Landes ausgesucht: Sie wurden an ihrer anfänglichen Maîtrise unterrichtet und dann prioritär nach Madrid geschickt (seit 1559), wenn nicht an die königliche Kapelle in Brüssel oder an andere europäische Kapellen. Die alten ›choraux‹ konnten den Sängertitel bekommen, sowohl wenn sie in Brüssel blieben als auch wenn sie abreisten. Erwachsene konnten in den Niederlanden bleiben oder der Capilla flamenca (▸ Kapelle) beitreten. In Brüssel konnten sie selbst ›maître‹ an der königlichen Kapelle oder an einer der bedeutenden Kollegiatkirchen werden. Pierre de La Rue bei Margarete, Benedictus ▸ Appenzeller bei Maria, Pierre du Hot bei Margareta de ▸ Farnese, Jean de Turnhout bei Alexander sind die Hauptakteure des musikalischen Lebens am Hofe.

*Literatur:*
R. Wangermée, *La musique flamande et la société aux XVe et XVIe siècles*, Brüssel 1966 • B. Haggh, *Music, liturgy and ceremony in Brussels, 1350–1500*, Diss. Univ. of Illinois 1988 • H. Kellman (Hrsg.), *The treasury of Petrus Alamire. Music and art in Flemish court manuscripts. 1500–1535*, Gand 1999 • D. Fiala, *Le mécénat musical des ducs de Bourgogne et des princes de la maison de Habsbourg 1467–1506*, Turnhout 2011.

DF und PHV

## Bucer [Butzer], Martin
\* 1499 im Elsaß, † 28.2.1551 Cambridge

Der Reformator Bucer stammte aus einer ärmlichen Familie (der Vater war Kübler, die Mutter Hebamme) und wuchs in Schlettstadt auf. Nach einer Ausbildung an der dortigen Lateinschule, einer Brutstätte des deutschen ▸ Humanismus, trat er 1506 in den Dominikanerorden ein, um seine Studien weiterführen zu können. In Heidelberg erwarb er den Magistergrad. Weichenstellend war die Begegnung mit Martin ▸ Luther bei der Heidelberger Disputation im April 1518: Aus glühender Begeisterung für die Reformation erlangte er 1521 die Entbindung vom Ordengelübde und schloss (als einer der ersten Weltpriester) 1522 den Ehebund mit Elisabeth Silbereisen, einer vormaligen Nonne aus dem Kloster Lobenfeld.

In Straßburg entfaltete er ab 1523 eine reiche Tätigkeit als Prediger, Seelsorger und Publizist und wurde rasch zu einem der bedeutendsten Wortführer protestantischer Theologie. Bucer, der zwischen Luther und den oberdeutschen Strömungen zu vermitteln suchte, näherte sich der Wittenberger Orthodoxie an (Konkordie von 1536), die erhoffte Einigung mit den helvetischen Kirchen kam aber letztlich nicht zustande.

Aufgrund seiner Verdienste um die Neuorganisation der Straßburger Kirche (die er in Auseinadersetzung mit den Wiedertäufern durchführte) wurde Bucer 1538 an den Hof des Landgrafen von Hessen berufen. In dessen Auftrag verfasste er eine evangelische Kirchenordnung der Hessischen Kirche, die für den deutschen Raum Maßstäbe setzte (bis hin zur ebenfalls von Bucer in Zusammenarbeit mit Philipp ▸ Melanchthon erarbeiteten Kölner Kirchenordnung von 1542/1543).

Als wortgewaltiger Gegner des ›Interim‹ von 1548 zog sich Bucer den Zorn Kaiser ▸ Karls V. zu, der die Stadt Straßburg zur Ausweisung Bucers nötigte. Rufe an die Universitäten Genf, Wittenberg und Kopenhagen ablehnend, zog es ihn schließlich an die Universität Cambridge, wo er mit Erzbischof Thomas ▸ Cranmer einen einflussreichen Fürsprecher erhielt. Als Berater wirkte er maßgeblich an der Revision des *Common Prayer Book* mit. Nach Krankheit verstarb er 1551 in Cambridge, seine Gebeine und Schriften wurden während der Rekatholisierung unter Königin Maria verbrannt.

Musikgeschichtlich sind insbesondere Bucers Leistungen auf dem Gebiet kirchlicher Neuordnung von Belang. Mit den von ihm entwickelten liturgischen deutschen und englischen Formularen schuf er, wenngleich oft implizit, die Rahmenbedingungen gottesdienstlicher Musik, die ihre Gültigkeit oft über Jahrhunderte hinweg bewahrten.

Als wegweisend erwiesen sich auch Bucers Äußerungen zu Wesen und Zweck der Kirchenmusik, die er etwa in seiner Vorrede zum Straßburger Gesangbuch von 1541 oder in seiner Schrift *Grund und Ursach...* (1524) mitteilte, wo er festhält: »Wir gebrauchen in der gemein gotes keins gesangs noch gebete das nit auf götlicher Schrift gezogen seyn.« Die emphatische Verpflichtung auf das Schriftwort hatte nicht nur Auswirkungen auf die Auswahl liturgischer Texte (und die ihnen zugeordneten Gesänge), sondern scheint zugleich eine wichtige Rolle bei der Verbreitung und Blüte von ein- oder mehrstimmigen Psalmvertonungen gespielt zu haben. Nicht zufällig begann Clément ▶ Marot unter dem Eindruck von Bucers Psalmenkommentar mit seinen gereimten Psalmübertragungen ins Französische, die eine breite musikalische Rezeption erfahren sollten.

*Ausgaben*:
*Martini Buceri Opera omnia*, Leiden und Gütersloh 1960ff.

*Literatur*:
F. Hubert, *Die Straßburger liturgischen Ordnungen im Zeitalter der Reformation*, Göttingen 1900 • C. Hopf, *Martin Bucer and the English Reformation*, Oxford 1946 • J.G. van de Poll, *Martin Bucer's liturgical ideas. The Strasburg Reformer and his Connection with the Liturgies of the sixteenth Century*, Assen 1954 • F. Blume, *Geschichte der evangelischen Kirchenmusik*, Zweite, neubearbeitete Auflage, hrsg. von L. Finscher u.a., Kassel u.a. 1965 • M. Greschat, *Martin Bucer*, München 1991 • A.B. Mullinax, *Musical diversity in Reformation Strasbourg: Martin Bucer's Strasbourg song book (1541)*, in: *The hymn: A journal of congregational song* 45 (1994), S. 9–13 • C.M. Roper, *Strasbourg and the origin of metrical psalmody*, in: The hymn: A journal of congregational song 49 (1998), S. 12–17.

CTL

## Buchillustration ▶ Druckgraphik

## Buchner, Hans
\* 27.10.1483 Ravensburg, † Februar 1538 Konstanz (?)

Als Organist und Komponist wirkte Buchner im süddeutschen Raum, insbesondere am Münster in Konstanz. Durch seine als »Fundamentum« bezeichneten Lehrbücher, in denen ein Lehrgang des Orgelspiels, der Intavolierung und der Orgelkomposition bzw. -improvisation entfaltet wird, sowie durch seine überlieferten Orgelwerke führte er die organistische Tradition von Paul ▶ Hofhaimer fort, als dessen bedeutendster Schüler Buchner gelten darf. Auch stellen besagte »Fundamentbücher« die älteste überlieferte Orgelschule dar.

Als Sohn des nach Ravensburg zugewanderten Organisten Hans ▶ Buchner d.Ä. erhielt Buchner bereits früh eine fundierte musikalische Ausbildung, die durch Lehr- und Wanderjahre im süddeutsch-österreichischen Raum vervollständigt wurde. Buchner zählte nicht nur zum Schülerkreis um Paul Hofhaimer (dessen kompositorische Gruppenbildung bemerkt wurde und zur Bezeichnung als »Paulomimen« Anlass gab), er stand eventuell auch für kurze Zeit in den Diensten von Kaiser ▶ Maximilian I. – immerhin empfing er noch Jahre später (1515) vom Kaiser jährliche Zahlungen. Zu jener Zeit war Buchner bereits zum Domorganisten am Münster Unser Lieben Frauen in Konstanz ernannt worden (seit 1506, mit lebenslänglicher Anstellung seit 1512). Die Kirchenmusik in Konstanz stand zu jener Zeit in ihrer Blüte, was durch die durchaus prominent besetzte Domkantorei einerseits (mit Mitgliedern wie Sebastian ▶ Virdung oder Sixtus ▶ Dietrich), durch den Bau einer der größten Orgel der Zeit andererseits (1516–1521 durch den Orgelbauer Hans Schentzer) belegt ist. Buchner war bei der Auftragsvergabe wie beim Bau der Orgel beratend tätig, und so ist davon auszugehen, dass dieses werkgeteilte, mehrmanualige Instrument mit Pedal (mit getrennten Registerzügen für Baß- und Diskantlage) seinen künstlerischen Vorstellungen nahe kam. In seiner Funktion als Orgelexperte war Buchner sehr geschätzt, wie man aus verschiedenen ehrenvollen Einladungen zur Orgelprobe in andere Städte (wie 1507 nach Zürich oder 1537 nach Heidelberg) schließen kann.

Nachdem der Bischof und die katholische Geistlichkeit im Zuge der reformatorischen Umbrüche die Stadt 1526/1527 verlassen hatten, verrichtete der weiterhin katholische Buchner seinen Organistendienst am Münster in Überlingen. Eine Bewerbung um die Stelle des Domorganisten in Speyer blieb für Buchner ohne positives Ergebnis – wohl aufgrund seiner hohen finanziellen Forderungen.

Im Lehrgang der »Fundamentbücher«, die zu Buchners nachhaltigsten Zeugnissen gehören, werden zunächst Fragen der Spieltechnik (›ars ludendi‹) sowie der Notation geklärt. Insbesondere die Übertragung von Musik, die in Mensuralschrift (▶ Mensuralnotation) notiert ist, in die für den Spieler leichter zu handhabende Tabulaturschrift (▶ Tabulatur) spielt dabei eine große Rolle (»ratio compositas cantiones transferendi in tabulaturam«). Daran schließt sich jener Teil an, der von Buchner als das eigentliche »fundamentum« gesehen wurde und der die Grundzüge einer Kompositions- bzw. Improvisationslehre beinhaltet. Als methodischer Ausgangspunkt dient das Kontrapunktieren eines ▶ Cantus firmus, für das ein System von polyphonen Formeln als Kontrapunkt für mögliche Fortschreitungen des ▶ Cantus firmus vorgestellt wird. Die anschließenden Beispiele versammeln Sätze zu verschiedenen liturgischen Anlässen (Ordinarium, Proprium, Offizium) und folgen der sogenannten ▶ Alternatim-Praxis, bei der die Abschnitte der Liturgie wechselweise von Sängern vorgetragen werden bzw. als Orgelstücke zu hören sind.

Buchners Beispielsätze führen verschiedene Stimmenzahlen vor (ungefähr die Hälfte ist dreistimmig, fast ebenso viele Stücke sind vierstimmig, daneben treten auch zwei-, fünf- oder sechsstimmige Sätze auf). Überdies werden unterschiedliche Formgebungen vorgestellt (sei es als Kontrapunktierung des Cantus firmus, der einer Stimme zugeordnet bleibt oder auch wandern kann, als dialogartige Wiederholung mit wechselnder Stimmenanordnung, oder als fugierende Imitation mit Material des Cantus). Die Zielvorstellung scheint es gewesen zu sein, eine Vielfalt von Satzweisen abzubilden. Auch die souveräne Behandlung des Pedals (das bis in die Zweistimmigkeit geführt wird) demonstriert den hohen Standard des zeitgenössischen Orgelspiels. Nicht zuletzt durch dieses Charakteristikum des didaktischen Zeigens verschiedener spiel- wie satztechnischer Möglichkeiten werden diese originären Orgelwerke zu einem wichtigen Dokument der künstlerischen Entwicklung der süddeutschen Orgelmusik um 1500.

*Ausgaben*:
*Die Tabulaturen aus dem Besitz des Basler Humanisten Bonifacius Amerbach* (Schweizerische Musikdenkmäler 6), hrsg. von H.J. Marx, Kassel 1967; *Sämtliche Orgelwerke* (Das Erbe deutscher Musik 54/55), hrsg. von J.H. Schmidt, Frankfurt a.M. 1974; *Die Orgeltabulatur des Leonhard Kleber* (Das Erbe deutscher Musik 91/92), hrsg. von K. Berg-Kotterba, Frankfurt a.M. 1987.

*Literatur*:
C. Paesler, *Fundamentbuch des Hans von Constanz. Ein Beitrag zur Geschichte des Orgelspiels*, in: Vierteljahrsschrift für Musikwissenschaft 5 (1889), S. 1–192 • W. Nagel, *Fundamentum Authore* Buchnero, in: Monatshefte für Musikgeschichte 23 (1891), S. 77–109 • J. H. Schmidt, *Johannes Buchner. Leben und Werk. Ein Beitrag zur Geschichte der liturgischen Orgelmusik des späten Mittelalters*, Diss. Freiburg i. Br. 1957 • W. Apel, *Geschichte der Orgel- und Klaviermusik bis 1700*, Kassel 1967 • M. Schuler, *Zur Orgelkunst am Hof Kaiser Maximilian I.*, in: *Musik und Tanz zur Zeit Maximilian I.* (Innsbrucker Beiträge zur Musikwissenschaft 15), hrsg. von W. Salmen, Innsbruck 1992, S. 123–130.

AJ

# Bugenhagen, Johannes
* 24.6.1485 Wollin, † 20.4.1558 Wittenberg

Der Sohn eines Ratsherrn nahm nach einem humanistisch ausgerichteten Studium in Greifswald, wo er sich 1502 immatrikulierte, eine Stelle als Rektor an der städtischen Lateinschule von Treptow an der Rega an. Obwohl er keinen Universitätsabschluss in Theologie vorweisen konnte, wurde er 1509 zum Priester geweiht und erhielt ein Kanonikat an der örtlichen Marienkirche. Ab 1517 hielt er Vorlesungen in Exegese und Patrologie an der Klosterschule in Belbuck. Eine zwiespältige

Einschätzung Martin ▸ Luthers wich rasch einer Begeisterung für den Reformator und dem folgenreichen Entschluss, 1521 das Studium der Theologie in Wittenberg aufzunehmen. Dort erwarb er bald die Freundschaft Philipp ▸ Melanchthons und Luthers, den er 1525 traute und um 1540 bei der Revision der niederdeutschen Bibelübersetzung fachkundig unterstützte. Nach seiner Heirat im Jahre 1522 ereilte ihn 1523 der Ruf als Stadtpfarrer von Wittenberg und 1535 an die Theologische Fakultät. 1546 wurde er außerdem Generalsuperintendent des Kurkreises.

Bugenhagen trat zunächst mit theologischen Publikationen in Erscheinung (Psalmenvorlesungen 1524), machte sich dann aber vor allem um die Neuorganisation des protestantischen Kirchen- und Schulwesens in Norddeutschland verdient. Ihm sind die Kirchenordnungen von Braunschweig (1528 und 1531), Hamburg (1529) – dort einschließlich der Neugründung des Gymnasium Johanneum – und Friesland, Lübeck (1530–1532) und Pommern (1534/1535) zu verdanken. Anschließend führte Bugenhagen im Auftrag des Königs die Reformation in Dänemark durch (1537–1539). Als der Schmalkaldische Bund 1542 die Herrschaft über Braunschweig-Wolfenbüttel erlangte, wurde Bugenhagen als Superintendent eingesetzt, um auch dort eine evangelische Landeskirche zu errichten.

Nach dem Tod Luthers, dessen Grabrede Bugenhagen hielt, wirkte er wieder vorrangig in Wittenberg, wo er sich der vom Schmalkaldischen Krieg gezeichneten Pfarrgemeinde und Universität annahm. Unverständnis und scharfe Ablehnung rief seine kooperative Haltung gegenüber Herzog Moritz von Sachsen hervor, der die verhassten Forderungen des ›Interim‹ von 1548 durchzusetzen unternahm.

Mit seinen ebenso zahl- wie einflussreichen Kirchen- und Schulordnungen verlieh Bugenhagen auch der norddeutschen Kirchenmusik ihr wesentliches organisatorisches, institutionelles und liturgisches Gepräge. Die von ihm herausgegebene *Passionsharmonie* (1526), in der er die vier Evangelienberichte mit den sieben Worten am Kreuz in sinnreicher Zusammenschau vereinigte, diente vielen protestantischen Komponisten als Textgrundlage (wohingegen Johann ▸ Walter individuelle Psalmodiemodelle für die vier Passionsberichte schuf). Seine Osterharmonie *Historia des Leidens und der Auferstehung* (1526) wird in einer anonymen Osterhistorie (▸ Historia) der Jahrhundertmitte verwendet, die zeitgleich mit den Walterschen ▸ Passionen entstand. Sie ist durchwegs in einem (dieser Vertonung spezifischen) einstimmigen Osterton gehalten, nur die ▸ Turba-Chöre sind als mehrstimmige ▸ Falsobordone-Sätze über dem als ▸ Cantus firmus im Tenor liegenden Rezitationsmodell konzipiert.

*Ausgaben*:
*Johannes Bugenhagens Braunschweiger Kirchenordnung 1528*, hrsg. von H. Lietzmann, Bonn 1912; *Der ehrbaren Stadt Hamburg christliche Ordnung 1529*, hrsg. und übers. von H. Wenn, Hamburg 1976; *Der keyserliken Stadt Lübeck christlike Ordeninge*, Lübeck 1531, Reprint Lübeck 1981; *Die pommersche Kirchenordnung 1535*. Text mit Übersetzung, Erläuterungen und Einleitung, hrsg. von N. Buske, Schwerin 1985; *Historia des Lydendes unde Upstandige unses Heren Jesu Christi uth den veer Euangelisten*, hrsg. von N. Buske, Berlin u.a. 1985.

*Literatur*:
W. Jensen, *Johannes Bugenhagen und die lutherschen Kirchenordnungen von Braunschweig bis Norwegen*, in: Luther 29 (1958), 60-72 • F. Blume, *Geschichte der evangelischen Kirchenmusik*, Zweite, neubearbeitete Auflage, hrsg. von L. Finscher u.a., Kassel u.a. 1965 • H. Oppermann, *Die hamburgische Schulordnung Bugenhagens*, Hamburg 1966 • J.H. Bergsma, *Die Reform der Meßliturgie durch Johannes Bugenhagen*, Hildesheim 1966 • H.G. Leder / V. Gummelt: *Johannes Bugenhagen Pomeranus – vom Reformer zum Reformator. Studien zur Biographie* (Greifswalder theologische Forschungen 4), Frankfurt a.M. u.a. 2002.

CTL

# Bühnenbild

Seit der zweiten Hälfte des 15. und insbesondere im 16. Jahrhundert zeigten sich im Bereich des Bühnenbildes bedeutende Neuerungen: Die Illusionsbühne (illusionistische Guckkastenbühne) entstand, die die Bühnengestaltung bis ins 19. Jahrhundert prägt. Der den Bühnenraum abschließende rückwärtige Prospekt wurde zentralperspektivisch bemalt, so dass sich der Eindruck eines sich nach hinten öffnenden Raumes bot. Die Zentralperspektive war in der Malerei bereits um 1420 angewandt worden, ihre ›Erfindung‹ wurde Filippo Brunelleschi zugeschrieben, und Leon Battista ▸ Alberti hatte ihre Gesetze in *Della pittura* (1436) ausformuliert. Um 1530 wurde die perspektivische Gestaltung auch in den Bühnenraum hinein erweitert, d.h. es wurden perspektivisch gestaltete Seitenkulissen angebracht (Winkelrahmenbühne). Das Bühnenbild war zunächst fest installiert, d.h. es konnte nicht schnell verwandelt werden. Der Architekturtheoretiker Sebastiano Serlio (1475–1554) hatte jedoch in seiner Schrift *De architettura* in Rekurs auf Vitruv auf die antiken ›periaktoi‹ hingewiesen, die die Möglichkeit einer Verwandlung boten: Dreieckige Seitenkulissen, die auf jeder Seite verschieden bemalt waren, konnten gedreht werden und somit wechselnde Ansichten zeigen. Ein fortgeschrittenes System der ›periaktoi‹ in Verbindung mit Flugmaschinen und Versenkungsmechanismen schuf Bernardo ▸ Buontalenti in der zweiten Hälfte des 16. Jahrhunderts, der die prächtigen Bühnenausstattungen besonders für die ▸ Intermedien zu Schauspielen – und damit speziell für musikalische szenische Darbietungen – gegen Ende des 16. Jahrhunderts einsetzte. Die Verwandlungen des Bühnenbildes fanden vor den Augen der Zuschauer statt und gehörten zu den Attraktionen des Theatererlebnisses. Die Weiterentwicklung beweglicher Seitenkulissen führte zur Kulissenbühne mit versetzt hintereinander angeordneten Seitenkulissen, die zur Verwandlung ein- und ausgezogen werden konnten.

Buontalenti erweiterte zudem die üblichen Szenentypen. Serlio hatte, ebenfalls in Anlehnung an Vitruv, die drei antiken Szenentypen beschrieben, die sich auf die Hauptgattungen des Schauspiels – Tragödie, Komödie und Satyrspiel – bezogen, und auf denen dann spätere Bühnenbilder aufbauten: Die Scena tragica bestand aus öffentlichen Gebäuden im repräsentativen Stil, die Scena comica aus bürgerlichen Bauten (Gasthaus und Läden), die Scena satirica aus einem Landschaftsbild. Buontalenti bezog Wolken- bzw. Himmelszenen, Meer-, Garten-, Hafen- und Unterweltszenen mit ein und somit solche, die gerade für die Intermedien thematisch von Bedeutung waren. Die Anfertigung eines Bühnenbildes nahm viel Zeit, oftmals über ein halbes Jahr in Anspruch, um sie entsprechend prächtig zu Repräsentationszwecken – Hochzeiten, Taufen, Herrscherbesuchen – zu gestalten. Buontalenti setzte die Bühnenbilder zuerst bei den Intermedien von *L'amico fido* (1586) Giovanni de' ▸ Bardis und dann bei *La pellegrina* (1589) Girolamo Bargaglis ein, die beide jeweils die übliche Anzahl von sechs Intermedien enthielten; die Intermedien zu *La Pellegrina*, die aus Anlass der Hochzeit von Ferdinand de' Medici mit Christine von Lothringen aufgeführt wurden, sind am berühmtesten und zeigen im ersten Intermedium beispielsweise eine Wolken- bzw. Himmelszene, welche das Sujet – die ▸ Sphärenharmonie – darstellen.

*Literatur*:
A.M. Nagler, *Theatre Festivals of the Medicis 1539-1637*, New Haven und London 1964 • E. Povoledo, *Origini e aspetti della scenografia in Italia. Dalla fine del Quattrocento agli intermezzi del 1589*, in: *Li due Orfei. Da Poliziano a Monteverdi*, hrsg. von N. Pirrotta, Turin 2. Auflage, 1975, S. 335-460 • A.R. Blumenthal, *Theatre Art of the Medici* (Ausstellungskatalog), Hanover/New Haven und London 1980 • Chr. Cairns, *The Renaissance Theatre. Text, Perfor-*

*mance, Desing, Vol. 2*, hrsg. von Christopher Cairns, Aldershot 1999.

ES

## Bull, John
* 1562/1563 wahrsch. Old Radnor/Radnorshire, † 12./13.3.1628 Antwerpen

Der englische Komponist, Organist und Virginalist war Chorknabe, dann Organist (1582) und Chorleiter (1583) an der Kathedrale von Hereford, anschließend 1586 ›Gentleman of the Chapel Royal‹ und 1591 Organist an der Chapel Royal unter ▶ Elisabeth I.; am Königshof war er auch als Virginalist tätig. 1589 erhielt er den Doctor of Music in Cambridge, 1592 in Oxford; 1597–1607 lehrte er am Gresham-College. Nachdem er unter Jacob I. zunächst großes Ansehen genoß, musste er 1613 aus England fliehen. 1617 wurde er Organist an der Kathedrale in Antwerpen. Zusammen mit Peter ▶ Philips und Richard ▶ Dering gehört er zu den englischen Musikern, die in den Niederlanden wirkten.

Bull ist neben William ▶ Byrd und Orlando ▶ Gibbons einer der bedeutendsten Vertreter der englischen Musik für Tasteninstrumente und war insbesondere für seine virtuose Gestaltung in Komposition und Ausführung berühmt. Bei vielen Werken ist seine Autorschaft jedoch nicht gesichert (Cunningham 211). Sein ihm zugeschriebenes Œuvre umfasst wahrscheinlich früh entstandene Choralbearbeitungen (darunter 12 *In nomine*-Kompositionen, 3 *Miserere*, 2 *Salvator mundi*, 2 *Veni redemptor gentium*, 2 *Salve Regina*, *Christe redemptor omnium*), Bearbeitungen weltlicher Melodien (darunter *God Save the King*, 3 Hexachordfantasien *Ut, re, mi, fa, sol, la*, *Fantasia über ein Thema von Sweelinck*), ▶ Präludien und freie ▶ Fantasien (darunter einige in Koppelung), Tänze (▶ Allemanden, ▶ Couranten; viele, wahrscheinlich aus der Phase vor seiner Abreise aus England entstandenen ▶ Pavanen und ▶ Galliarden, auch oft in Koppelung durch zusätzliche gemeinsame Titel), einige Toys und ▶ Carols und zahlreiche ▶ Grounds und ▶ Variationen. Ob die Kompositionen für Orgel oder andere Tasteninstrumente geschrieben sind, ist nicht festgelegt. Die Choralbearbeitungen sind, insbesondere bei Vorliegen von Cantus firmi in langen Notenwerten, eher für Orgel geeignet, Tänze, Grounds und Variationen eher für Virginal, Präludien und Fantasien für beide Instrumente. Mehr noch als in der Instrumentalmusik anderer Komponisten der Zeit sind Bulls Kompositionen Charakterstücke: Auch die Tanzformen haben zusätzliche Überschriften wie *Melancholy Pavan* und *Galliard*, *Coranto* »*Alarm*«, »*Battle*« oder »*Joyeuse*«; *The Kings Hunt* mit der Imitation von Signalmotiven ist formal eine Kombination aus ›Pavan‹ und Variation (drei Perioden, die sich variativ aufeinander beziehen, aber jeweils aus zwei kontrastierenden Abschnitten bestehen); die einzelnen Personen gewidmeten Stücke (darunter Elisabeth I., Jacob I., Prinz Heinrich, Lord Lumley, Herzog von Brunswick, dessen Gattin) sind auf deren Funktion und Charakter abgestimmt ebenso wie die Stücke, in denen er sich selbst zeichnet wie *My Self*, *My Grief*, *My Jewel*, *Bulls Goodnight*; auch nationale Charakteristika werden unterschieden wie *Dutch dance*, *French alman*, *Italian galliard*, *Spanish pavan*; die Grounds auf bestehende ›tunes‹ sind auf den Charakter der Texte der Melodien abgestimmt wie bspw. in dem auch von Gibbons und Byrd bearbeiteten Lied *Go from my window*. Wie die geistlichen Cantus firmi hat er auch weltliche ›tunes‹ mehrfach verarbeitet, so *Why ask you?* oder *The Quadran Pavan* und *Galliard* in jeweils drei Kompositionen. Nicht nur in Grounds und Variationen, sondern auch in den Tanzformen (deren zwei bis drei Abschnitte jeweils die ersten acht oder mehr Takte variiert wiederholen) konnte Bull seine vielfältigen Variationstechniken entfalten; einen Höhepunkt bietet das umfangreiche Stück *Walsingham*, dessen 30 Variationen ein weites Spektrum an unterschiedlichsten Techniken und Ausdrucksmöglichkeiten bietet. Harmonische Experimente wie in seinen Hexachordfantasien *Ut, re, mi, fa, sol, la* oder die extreme Chromatik mancher Fantasien sind möglicherweise auf den Einfluss italienischer Musik zurückzuführen. Die Kompositionen, die in den Niederlanden entstanden sind (z.B. *Fantasia on a theme from Sweelinck*, 1621), zeigen den Einfluss der dort üblichen kontrapunktischen Schreibweise.

Neben dem reichen Schaffen für Tasteninstrumente hinterließ Bull 120 ▸ Kanons, 116 davon über *Miserere*, dessen Melodie er auch einigen Stücken für Tasteninstrument zugrunde legte, einen Puzzlekanon und einen Doppelkanon sowie einige wenige ▸ Consort-Stücke, von denen zudem noch mehrere unvollendet blieben. An geistlicher Vokalmusik sind einige ▸ Anthems überliefert, die wahrscheinlich für die Chapel Royal entstanden sind.

*Ausgaben*:
*Keybord Music*, Bd. 1 und Bd. 2, hrsg. von J. Steele und Fr. Cameron (Musica Britannica 14 und 19), London 1960 und 1963, ²1967 und ²1970 (revidierte Auflagen); Reprint mit Korrekturen London 1992; *Fantasia* für 3 Violinen und *In nomine* für 5 Violen, in: *Jacobean Consort Music*, Nr. 7 und 50, hrsg. von Th. Dart und W. Coates (Musica Britannica 9), London 1955; *Bull's Toye and the Bull Masque*, in: *Four Hundred Songs and Dances from the Stuart Masque*, hrsg. von A.J. Sabol, Providence/Rhode Island 1978.

*Literatur*:
W. Braun, *Britannica abundans. Deutsch-englische Musikbeziehungen zur Shakespearezeit*, Tutzing 1977 • W. Cunningham, *The Keybord Music of John Bull*, Ann Arbor/Michigan 1984 • W. Braun, *Hammerschläge und Daktylen. Zur Überlieferung einer Courante von J. Bull*, in: *Festschrift L. Hoffmann-Erbrecht*, hrsg. von A. Bingmann, K. Hortschansky und W. Kirsch, Tutzing 1988, S. 65–83 • A.M. Brown, *England*, in: *Keybord Music before 1700*, hrsg. von A. Silbiger, New York und London 1995, S. 23–89 • T. Mäkelä, »*As I went to Walsingham*«. *Über den Sinn einer zyklischen Betrachtung der Liedvariationen von John Bull*, in: *Acta musicologica* 68 (1996), S. 23–47 • S. Jeans/O.W. Neighbour, *Bull*, in: *Grove* Bd. 4 (2001), S. 584–592 • W. Werbeck, *Bull*, in: *Komponistenlexikon*, hrsg. von Horst Weber, Stuttgart u.a. 2003 (2. rev. Auflage), S. 86–87.

ES

## Buontalenti, Bernardo [genannt Timante]
* 1523 Florenz, † 6.6.1608 Florenz

Der Architekt, Bühnenbildner, Maler, Bildhauer und Ingenieur war ab 1547 im Dienst der ▸ Medici, zunächst zum Bau von Befestigungsanlagen angestellt, dann als Architekt und Ingenieur. 1574 erhielt er nach dem Tod Giorgio ▸ Vasaris, der ihn künstlerisch beeinflusste, dessen Amt als Hofarchitekt sowie als Ausstatter von Festen (›festaiuolo‹).

Gilt der bildende Künstler Buontalenti als Vertreter des toskanischen Manierismus, so ist er musikgeschichtlich insbesondere durch seine Bühnenausstattungen für ▸ Intermedien und für die frühe ▸ Oper bedeutend. Bereits seit 1565 mit der Bühnenausstattung zu verschiedenen Intermedien unter der Leitung Vasaris betraut, bilden die Intermedien von 1586 und insbesondere die berühmten Intermedien zur Hochzeit von Ferdinando de' Medici mit Christine von Lothringen von 1589 einen Höhepunkt seines Schaffens. Sie wurden im Theatersaal in den Uffizien aufgeführt, den Buontalenti entworfen und mit der technischen Neuerung versehen hatte, dass die Verwandlungen des Bühnenbildes vor den Augen der Zuschauer verborgen waren. Ein fortgeschrittenes System der ›periaktoi‹ (▸ Bühnenbild), Flugmaschinen und Versenkungsmechanismen sorgten für schnelle Verwandlungen, die außerordentlich bewundert wurden. Zudem hat er die üblichen Szenentypen (▸ Serlio) um Wolken-, Meer-, Garten-, Hafen-, Unterweltszenen erweitert. Berühmt sind auch seine Dekorationen zu einer der ersten Opern,

Giulio ▸ Caccinis *Il rapimento di Cefalo* (Musik verschollen), die 1600 im Theater der Uffizien uraufgeführt wurde.

*Literatur*:
A. Fara, *Buontalenti: Architettura et teatro*, Florenz 1979 • M. Ossi, *Dalle macchine ... la meraviglia: Bernardo Buontalenti's* Il Rapimento di Cefalo *at the Medici Theater in 1600*, in: *Opera in Context: Essays on Historical Staging from the Late Renaissance to the Time of Puccini*, hrsg. von M.A. Radice, Portland/ Oregon 1998, S. 15–35 • H. Zielske, *Buontalenti*, in: *MGG*², Bd. 3 (Personenteil), 2000, Sp. 1271–1273.

ES

## Burgkmair, Hans
\* 1473 Augsburg, † 1531 ebenda

Der Maler, Zeichner und Holzschneider ist musikgeschichtlich insbesondere wegen seiner Musikerdarstellungen im *Triumphzug* Kaiser ▸ Maximilians I. von Bedeutung. – Nach einer kurzen Lehre bei Martin Schongauer in Colmar 1488/1489 wanderte er wahrscheinlich durch Oberitalien und war ab 1491 im Dienst des Druckers Erhard Ratdolt in Augsburg, begab sich aber auch auf Reisen, um Aufträge auszuführen. Erste Kontakte zum kaiserlichen Hof kamen wohl auf dem Augsburger Reichstag 1500 zustande, ab 1508 arbeitete er überwiegend für Maximilian I. Als einer der wichtigsten Aufträge entstanden seit dem 7.4. 1516 die Holzschnitte zum *Triumphzug*, zu dem er die ersten 57 Holzschnitte sowie Nr. 111–114, 123–125, 129–131 anfertigte; Albrecht Dürer hatte die prunkvollsten Bilder, die Ehrenpforte, den Großen Triumphwagen und die Burgundische Hochzeit zu gestalten, weitere Künstler wie Albrecht Altdorfer u.a. wurden hinzugezogen; am 25.8.1518 waren die Formschneider mit der Herstellung von 135 Druckstöcken fertig. Die Darstellungen sind keine Wiedergabe eines stattgefundenen Ereignisses, sondern das Programm und die Bildtitel mit erläuternden Versen wurden von dem seit 1503 in kaiserlichem Dienst stehenden Wiener Humanisten und Historiographen Johannes Stabius (1460–1522) entworfen und von Maximilian laut Dokument (Abdruck in Appuhn, S. 171–196) seinem Sekretär Marx Treytzsaurwein 1512 diktiert; die Beschreibung des Großen Triumphwagens Dürers, den er als selbständiges Werk herausbrachte, stammt von dem Nürnberger Humanisten Willibald Pirckheimer (1470–1530; Appuhn, S. 160/161 und 197–202). Zuvor waren Skizzen des Malers und Architekten Jörg Kölderers († 1540) für den Triumphzug entstanden.

Die wichtigsten Musikerdarstellungen, die fünf Wagen mit Musikanten Nr. 17–26 sowie die *Pfeyffer vnd Trumlslager* Nr. 3–4 stammen von Burgkmair; Nr. 77–79 *Burgundisch pfeyffer* sind von Altdorfer, Nr. 115–117 *Reichs Trumeter* sind von dem Augsburger Leonhard Beck, der von Burgkmair herangezogen wurde. Die Tafeln zeigen sowohl namentlich benannte herausragende Musiker vom Hofe des Kaisers (»Maister«) als auch Ensembles von Instrumentalisten, die auf die Aufführungspraxis von Musik aus dieser Zeit wie auch die Funktion der Ensembles schließen lassen: In Maximilians diktiertem Programm sind unter den Bildtiteln, Anweisungen und Inschriften die Instrumente, die dargestellt werden sollen, genau angegeben. Am Beginn (Nr. 3–4) leiten die Instrumente, die bei Kriegszügen dabei waren, den Zug ein, nämlich Pfeifer (Querflöten) und Trommler, die alle auf Pferden reiten, angeführt vom Pfeifer Anthonius von Dornstätt. Die fünf Wagen mit Musikern repräsentieren hingegen die Musik als ›Kunst‹ zur Erbauung und Repräsentation. *Musica. Lauten vnd Rybeben* (Nr. 17–18, drei ▸ Lauten und zwei ▸ Gamben) sollen unter »Maister Artus« den Kaiser »ergötzen«. Ein Instrument aus *Musica. Schalmeyen, pusaunen, krumphörner* (Nr. 19–20, eine ▸ Posaune, zwei ▸ Krummhörner [dort Abb.], zwei ▸ Schalmeien) hat der Kaiser wohl selbst gespielt, denn der Spruch des »Maisters Neyschl« erwähnt dessen Unterricht, der den Kaiser sehr erfreut habe. *Musica Rigal vnd possetif* (Nr. 21–22) zeigt den Innsbrucker Organisten Paul ▸ Hofhaimer am Orgelpositiv (▸ Orgel) und erwähnt ihn in der Inschrift als Komponisten und Orgellehrer (»wie Er […] die Musica künstlichen gemert vnd erclert hab«). *Musica süeß Meledey* (Nr. 23–24) besteht aus einem gemischten Ensemble aus Bläsern und Saiteninstrumenten samt einer Trommel: »An Ersten ain tämerlin« (kleine Trommel, die mit dem Schwegel zusammen gespielt wurde, einer Flöte mit nur drei Löchern, um mit einer Hand gegriffen werden zu können), »Ain quintern« (kleine Laute), »Ain große lauten«, »Ain Rybeben« (Gambe), »Ain fydel« (▸ Fidel), »Ain klain Rauschpfeiffen« (▸ Kortholt), »Ain harpfen« (▸ Harfe), »Ain große Rauschpfeiffen«. *Musica Canterey* zeigt die Hofkapelle (▸ Kapelle) des Kaisers unter Leitung von Georg Slatkonia: Dargestellt sind die Sänger, bestehend aus fünf Erwachsenen und fünf Chorknaben, dahinter ▸ Zinken- und ▸ Posaunenspieler; am unteren Teil und rechts sind die Musen mit gängigen Musikinstrumenten der Zeit abgebildet, auf der linken Seite Apollo. Alle Inschriften sind zugleich eine Huldigung an den Kaiser: Nur seiner Gunst und Unterstützung ist es zu verdanken, dass die Ensembles und die Musik in solcher Pracht existieren.

*Literatur*:
*Burgkmair und die graphische Kunst der deutschen Renaissance. Ausstellungskatalog Herzog Anton Ulrich-Museum Braunschweig*, hrsg. von Chr. von Heusinger, Braunschweig 1973 • *Der Triumphzug Kaiser Maximilians I.*, mit einem Nachwort von H. Appuhn (Die bibliophilen Taschenbücher 100), Dortmund 1979, ²1987.

ES

# Burgund

Burgund war im 15. Jahrhundert ein wirtschaftlich blühendes Herzogtum mit einer verfeinerten Hofkultur, in der die Musik eine bedeutende Rolle einnahm. Das Anliegen früherer Musikgeschichtsschreibung, die burgundische Hofkultur oder auch nur den Bereich der Musik als einheitliches und spezifisch ›burgundisches‹ Phänomen zu fassen, ist jedoch obsolet: Zum einen lässt sich eine burgundische Musik als eigenständiges Phänomen nicht von der im 15. Jahrhundert vorherrschenden frankoflämischen Musik abgrenzen, sondern geht in ihr auf oder ist Teil von ihr. Zum anderen ist eine solche Kultur nicht regional fass- oder eingrenzbar, da der burgundische Hof in seinem ausgedehnten Territorium vom südlichen Burgund bis zu den nördlichen Niederlanden seine Hofhaltung an verschiedenen Orten nahm und somit kultureller Austausch stattfand. Auch italienischer Einfluss wird in jüngster Zeit hervorgehoben (Lecuppre-Desjardins). Da sowohl dem Bereich der ▸ frankoflämischen Musik als auch den wichtigsten Städten und Regionen (▸ Brüssel, ▸ Mechelen, ▸ Brügge, ▸ Lüttich, ▸ Niederlande, Beaune in ▸ Frankreich) eigene Kapitel gewidmet sind, konzentrieren sich die folgenden Ausführungen auf eine kurze Zusammenfassung der politischen Situation und der musikalischen Institutionen am burgundischen Hof sowie auf die zeitliche Begrenzung bis 1477, dem Ende des selbständigen burgundischen Herzogtums.

Voraussetzung für die Eigenständigkeit des seit 956 bestehenden Herzogtums war der Verzicht des französischen Königs auf Burgund als Lehen im Jahre 1420, das Philipp der Kühne (reg. 1363–1404, Haus Valois) von seinem Vater Johann II. bzw. seinem Bruder Karl V. (dem Weisen) erhalten hatte. Durch Heiratspolitik (Margarete von Flandern) gewinnt er Flandern, Artois, Nevers, Rethel und die Freigrafschaft Burgund. Die Auseinandersetzungen mit Frankreich (Thronfolgeansprüche) unter Johann ohne Furcht (der 1419 ermordet wurde) waren von vorübergehender

Dauer, denn ▸ Philipp der Gute (reg. 1419–1467) war auf eine Politik der Aussöhnung bedacht; er wurde im Frieden von Arras von den Lehnspflichten gegenüber Frankreich entbunden und vergrößerte sein Reich durch Kauf und Erbe (Hennegau, Holland, Seeland, Brabant, Limburg, weitere Städte und Diözesen). Bedeutende Ereignisse sind die Gründung des Ordens vom Goldenen Vließ 1430 anlässlich seiner dritten Hochzeit und das Fasanenbankett von Lille 1454, in dem er zum Kreuzzug gegen die Türken aufrief. Seine Bestrebungen, die Königskrone zu erlangen, blieben erfolglos. Die Versuche seines Sohnes ▸ Karl des Kühnen (reg. 1467–1477), das burgundische Territorium durch kriegerische Eroberungen zu erweitern, scheiterten; er wurde 1476 von den Schweizer Eidgenossen besiegt und starb ein Jahr später in der Schlacht bei Nancy 1477. Nach seinem Tod wurde Burgund geteilt, indem das ehemals französische Lehen wieder an Frankreich zurückging und seine Tochter Maria von Burgund (reg. 1477–1482) die niederländischen Gebiete erhielt; durch deren Heirat mit ▸ Maximilian I., der Kaiser wurde, kamen die Niederlande unter habsburgische Herrschaft. Nach Marias Tod erbte deren Sohn Philipp der Schöne (reg. 1482–1506) die niederländischen Gebiete, die während seiner Minderjährigkeit von Maximilian regiert wurden. – Die Residenz der burgundischen Herzöge verlegte sich von Dijon und Beaune seit 1410 immer mehr in die Niederlande nach Lille, Arras und seit 1430 insbesondere nach Brüssel, nach dem Tod Karls des Kühnen 1477 nach Mecheln.

Die musikalische Kultur am burgundischen Hof blühte nicht erst unter Philipp dem Guten auf, sondern war bereits bei Philipp dem Kühnen vorgeprägt, dessen 1384 gegründete bzw. übernommene (siehe Finscher, Sp. 271) Hofkapelle er bis 1404 auf 28 Mitglieder erweiterte und somit über eine größere Kapelle als diejenige des französischen Königs und des Papstes in Avignon verfügte. Unter Johann ohne Furcht wurde die Kapelle zwar aufgelöst, jedoch einige Chorknaben wurden unter Johannes ▸ Tapissier und später Nicolas ▸ Grenon (ab 1412 am burgundischen Hof) beibehalten. 1415 wurde die Kapelle neu gegründet, Mitglieder waren die Komponisten Pierre Fontaine, Nicolas Grenon und Richard Cardot. Unter Philipp dem Guten zählte die Kapelle 1445 17 Chaplains (die keine geweihten Priester sein mussten), zwei Clercs und vier Sommeliers und war somit zu dieser Zeit die größte Kapelle Europas. Das berühmteste Mitglied war Gilles ▸ Binchois, weitere bekannte Musiker waren Robert ▸ Morton und Gilles ▸ Joye; Karl der Kühne brachte bei Regierungsantritt ▸ Hayne van Ghizeghem und Antoine ▸ Busnoys aus seiner eigenen Kapelle mit. Ferner weilte auch Guillaume ▸ Dufay einige Male am Hof. An Musik in den Messen erklang an gewöhnlichen Tagen Choralgesang, an Festtagen polyphone Hymnen, Sätze aus Messen und Motetten. Die Sänger hatten ferner Aufgaben bei den zahlreichen Festen am burgundischen Hof zu versehen. Maria von Burgund und Maximilian I. beschäftigten die Kapelle weiter; unter Philipp dem Schönen waren Pierre de la ▸ Rue und Alexander ▸ Agricola Mitglieder, 1506 zählte sie insgesamt 33 Musiker. – Instrumentalisten weilten ebenfalls am Hof, die aus verschiedenen Ländern Europas kamen (Frankreich, England, Italien, Deutschland, Portugal, Sizilien und den Niederlanden).

*Literatur:*
J. Marix, *Les Musiciens de la cour de Bourgogne au Xve siècle*, Paris 1937 • C. Wright, *Music at the Court of Burgundy, 1364–1419: a Documentary History*, Henryville/Pennsylvania 1979 • P.M. Higgins, *Antoine Busnois and Musical Culture in Late Fifteenth-Century France and Burgundy*, Diss. Princeton University 1987 • L. Finscher, Burgund, in: *MGG²*, Bd. 2 (Sachteil), 1995, Sp. 267–276 • E. Lecuppre-Desjardins, *Ceremonies urbaines et propagande princiere: La Bourgogne à l'ecole de l'Italie?*, in: *Regards croises: Musiques, musiciens, artistes et voyageurs entre France et Italie au XV siècle*, hrsg. von N. Guidobaldi, Paris 2002.

## Burmeister, Joachim
* 1564 Lüneburg, † 5.5 1629 Rostock

Burmeister wirkte als Lehrer, Theoretiker und Komponist in Rostock. Seine theoretischen Abhandlungen bilden eine umfangreiche Musiklehre, die eine Zusammenfassung der damaligen Theorie und Praxis darstellt, sowie als wegweisendes Werk auf fast alle barocken Musiktheoretiker großen Einfluss hatte. Insbesondere Burmeisters musikalisch-rhetorische Figurenlehre wie auch sein Analyseverfahren einzelner Kompositionen begründen seine Bedeutung innerhalb der Musikgeschichte.

Burmeister besuchte die Johannisschule in Lüneburg. Neben den Kantoren Christoph Praetorius und Euricius ▶ Dedekind lehrte dort der Konrektor Lucas ▶ Lossius, dessen Schriften, vor allem sein Lehrbuch der Rhetorik, Burmeister wohl in hohem Maße beeinflusst haben. Ab 1586 studierte er an der Rostocker Universität. Ostern 1589 wurde er zum Kantor an der Nikolaikirche ernannt, im Herbst desselben Jahres wechselte er als Kantor zur Marienkirche. 1593 schloß Burmeister sein Studium mit dem Magistergrad ab und wurde Lehrer (Praeceptor classicus) an der Rostocker Stadtschule. Dieses Amt behielt er bis zu seinem Tod 1629.

Alle Schriften Burmeisters stammen aus seiner Zeit als Lehrer. Die drei Hauptwerke *Hypomnematum musicae*, *Musica autoschediastike* und *Musica poetica* sind als Einheit zu betrachten, die eine an der Rhetorik orientierte Kompositionslehre entfalten. Burmeister wollte der Musik einen ihr gebührenden Platz unter den Wissenschaften verschaffen, indem er die allgemein anerkannte Rhetorik der Musik an die Seite stellte. Dabei fasste er die Musik als Sprache auf, die wie die gesprochene Sprache über Stil und Ausdrucksmittel verfüge, Inhaltliches darzulegen, auszudrücken und abzubilden. Wie der Rhetor mit seinen Mitteln Sprache ausforme, so habe auch der Komponist Möglichkeiten, seine Komposition kunstvoll zu gestalten und Texte musikalisch auszudeuten. In Anlehnung an Quintilian nannte Burmeister diese Stilmittel Figuren (›figurae‹). Burmeisters Figurenlehre gab dem Komponisten, Ausführenden und Analytiker nun ein Werkzeug, mit dessen Hilfe sowohl Inhalte als auch Affekte des Textes in der Musik herausgestellt, untermalt und verdeutlicht werden konnten. Burmeister erfand jedoch keine eigenen Figuren zur Textausdeutung, sondern systematisierte bereits Vorhandenes. Seine insgesamt 26 Figuren erhielt er aus der Analyse von Werken wichtiger Komponisten wie ▶ Clemens non Papa, Orlande de ▶ Lassus oder Luca ▶ Marenzio, die er in seiner *Musica poetica* (1606) als Vorbilder benannte. Besonders die darin enthaltene Analyse der Motette *In me transierunt* von Lassus ist ein Musterbeispiel für eine vollkommene Untersuchung des technischen, formalen und affektiv-rhetorischen Aufbaus einer Komposition.

Um musikalische Gestaltungsmittel als Figuren klassifizieren zu können, musste Burmeister sie als Abweichungen von den Normen in den Kompositionen lokalisieren und typisieren. Diese Abweichungen bedurften einer Legitimation durch den der Musik zugrunde liegenden Text, denn der Komponist hatte sich an strenge Regeln zu halten, die eine Beleidigung des Ohres, zum Beispiel durch ganz bestimmte Intervallsprünge, vermeiden sollten. Burmeister bezeichnete die Figuren, die ausnahmslos solche Abweichungen definieren, mit Termini, die er der Rhetorik entnahm. Dabei versuchte er Analogien zwischen rhetorischen und kompositorischen Stilmitteln aufzuzeigen. So steht zum Beispiel der Terminus ›hyperbole‹ für eine sprachliche Übertreibung, bei Burmeister bezeichnet er das Überschreiten des Ambitus in einer melodischen Passage. Da die Figuren in Burmeisters Augen nicht nur inhaltsverdeutlichende, sondern auch Schmuckfunktion (›ornatus‹) besitzen, ordnete er sie ausschließlich nach kompositionstechnischen Gesichtspunkten. Die in der *Musica poetica* dargelegten 26 Figuren lassen sich in Wiederholungs-, Imitations-, Dissonanz-, Intervall- sowie wortausdeutende Figuren gruppieren:

Anaphora = Wiederholung eines Abschnittes in anderen, aber nicht in allen Stimmen.

Apocope = fugische Imitation, in der die Wiederholung der Phrase unvollständig bleibt.

Aposiopesis = ›Generalpause‹, oft ein Zeichen von Ausharren, Leere, Stille, Tod.

Climax = Wiederholung einer Tonfolge in derselben Stimme einen Ton höher.

Noema = Gedanke, Entschluss; erzeugt durch akkordisch homophonen Satz innerhalb eines polyphonen Teils.

Parrhesia = chromatische Halbtonveränderung, die einen ›Querstand‹ zur Folge hat, vornehmlich verwendet bei ambivalenten Ausdeutungen, zum Beispiel zur Darstellung des Todes Christi (negativ), der gleichzeitig auch Erlösung (positiv) verheißt.

Pathopoeia = Bewegung durch Halbtonschritte in Bereiche außerhalb einer Harmonie oder eines Modus, um Affekte wie Traurigkeit, Angst oder Schrecken auszudrücken.

Pleonasmus = eine »schmerzhafte« Verzögerung der Kadenz durch Synkope und Durchgang.

Im Zuge des Humanismus verbreiteten sich die Kenntnisse über Rhetorik. Schon Johannes ▸ Tinctoris 1477 in seinem *Liber de arte contrapuncti*, Gallus ▸ Dressler (1563) oder Sethus ▸ Calvisius (1592) betonten in ihren Kompositionslehren die Verwandtschaft von Musik und Rhetorik. Burmeister war es jedoch, der mit seiner *Musica poetica* eine erste große systematische Zusammenfassung von Kompositions- und Figurenlehre vorlegte. Der Titel *Musica poetica* beschreibt dabei den Ausdruck der erkannten Verwandtschaft von Sprache und Musik und verweist auf die ›Ars poetica‹, die Dichtkunst.

Die 1601 erschienene *Musica autoschediastike* ist eine erweiterte Fassung der 1599 herausgegebenen *Hypomnematum musicae*. Sie fügt ein Kapitel über die Nachahmung der großen Meister hinzu, vergrößert das Kapitel über die musikalischen Figuren und enthält Ausschnitte aus der ▸ ›musica theorica‹ (Musiktheorie) sowie eine vollständige ▸ ›musica practica‹ (Sing- und Elementarlehre), die im selben Jahr separat veröffentlicht wurde. Burmeister setzt sich hier für die Abschaffung der ›Mutation‹ ein und fügt deshalb der Sechstonreihe eine siebte Stufe hinzu. Auch plädiert er dafür, das Tempo des Taktes nicht am Pulsschlag auszurichten, sondern dem Chorleiter zu überlassen. Modern ging Burmeister auch in seiner Kompositionslehre zu Werke: Seine Unterweisung im Tonsatz beginnt nicht wie damals üblich mit dem zweistimmigen ▸ Kontrapunkt, sondern mit der ›Syntax‹, dem Aufbau von Akkorden, die auf den acht Stufen der diatonischen Skala errichtet werden. Der hier von Burmeister gewählte Terminus verdeutlicht den hergestellten Bezug der Musik zur Sprache. Auch das Kapitel über die ›genera styli‹ lehnt sich an die ›genera dicendi‹ der Rhetorik an. Als ›genus humile‹ wird der schlichte akkordische Satz bezeichnet. Die übrigen Stile unterscheiden sich nach Verwendung der musikalisch-rhetorischen Figuren. Den idealen Stil, der als ›genus mixtum‹ durch den Einsatz aller Stile gekennzeichnet ist, fand Burmeister in den Werken von Lassus.

Die *Musica theorica Henrici Brucaei* (1609) beruht auf einer Mitschrift einer Vorlesung des in Rostock lehrenden Mathematikers und Mediziners Henricus Brucaeus zur spekulativen Musiktheorie, die Burmeister durch eigene Kommentare ergänzte. Behandelt wird ausschließlich die pythagoreische Skala nach Boethius. Auf die mit der zunehmenden Wichtigkeit der Terz verbundenen Stimmungsprobleme geht Burmeister nicht ein. In dieser Schrift vertritt er die Ansicht,

▸ ›musica poetica‹ und ›musica practica‹ sollten sich auf die ›musica theorica‹ gründen.

Als Komponist erreicht Burmeister nicht die Qualität anderer komponierender Theoretiker wie Gioseffo ▸ Zarlino oder Michael ▸ Praetorius. Seine Choräle der Sammlung *Geistlicher Psalmen* (1601) sind im einfachen akkordischen Satz gehalten und folgen somit dem von ihm postulierten ›genus humile‹. Die vier fünfstimmigen Motetten, enthalten in *Hypomnematum musicae poeticae* und *Musica autoschediastike*, orientieren sich am Stil von Lassus und zeigen die Anwendung der von Burmeister gewonnenen rhetorischen Figuren.

*Schriften*:
*Hypomnematum musicae poeticae* [...] *ad chorum gubernandum cantumque componendum conscripta synopsis*, Rostock 1599; *Musica autoschediastike*, Rostock 1601; daraus separat veröffentlicht: *Musicae practicae sive artis canendi ratio*, Rostock 1601; *Musica poetica*, Rostock 1606; *Musica theorica Henrici Brucaei*, Rostock 1609.

*Literatur*:
M. Ruhnke, *Joachim Burmeister*, Kassel 1955 • D. Bartel, *Handbuch der musikalischen Figurenlehre*, Laaber 1985 • H. Krones, *Musik und Rhetorik*, in: *MGG²*, Bd. 6 (Sachteil), 1997, Sp. 814–840 • M. Ruhnke, *Burmeister*, in: *MGG²*, Bd. 3 (Personenteil), 2000, Sp. 1313–1316 • J. Burmeister, *Musica Poetica*, hrsg. von R. Bayreuther, übers. von Ph. Kallenberger, Laaber 2004.

AD

## Burzio, Nicolò [Burtius, de Burciis, Nicolaus]
* ca. 1453 Parma, † August 1528 ebenda

Der Historiker und Musiktheoretiker Burzio wurde zum Priester ausgebildet (Weihe 1478), studierte Musik bei Johannes ▸ Gallicus und anschließend kanonisches Recht in Bologna, wo er, protektioniert von der Familie Bentivoglio, bis 1498 weilte. Zwischen 1504 und 1528 hatte er eine Anstellung an der Kathedrale in Parma.

Burzios musikgeschichtliche Bedeutung liegt in seinem Traktat *Musices opusculum* begründet, einer der ersten von mehreren folgenden Abhandlungen zur ▸ Musica practica und eine Verteidigung der Lehre des Guido von Arezzo gegen Bartolomé ▸ Ramos de Pareja, den er in der Einleitung angreift. Die Abhandlung ist in drei Teile gegliedert. Im ersten, 30 Kapitel umfassenden Teil werden verschiedene grundlegende Aspekte behandelt, u.a. die Definition von Musik (»Capitulum primum quid sit musica«), das Wesen der Instrumentalmusik, grundlegende musiktheoretische Voraussetzungen wie Kirchentonarten, Intervalle und die Guidonische Hand sowie praktische Ratschläge zum Aufbau des Unterrichts und zum Singen gegeben. Der zweite Teil mit sechs Kapiteln handelt von den Regeln des Kontrapunkts und der dritte von Notation, Zahlentheorie und Teilung des Monochords; ein Kapitel über Astrologie schließt sich an. Burzio lehnte sich in seinem Traktat eng an die Schrift seines Lehrers Johannes ▸ Gallicus an, den *Libellus musicalis de ritu canendi vetustissimo et novo*, aus dem er vieles zitierte, jedoch auch über ihn hinausging. Er trat für Imitationstechniken ein und lehrte für das mehrstimmige Komponieren das sukzessive Verfahren (die Komposition einer Stimme nach der anderen), während Gallicus nur den ▸ Contrapunctus simplex behandelte. Der Traktat enthält zudem die ersten gedruckten Musikbeispiele, die im Holzschnittverfahren hergestellt wurden. Burzios Abhandlung löste durch seine Verteidigung des Guidonischen Systems einen lang anhaltenden Streit aus, der von John Hothby, Francino ▸ Gaffurio und Giovanni ▸ Spataro fortgeführt wurde (Miller, S. 12–18); Spataro widmete seine gegen Burzio gerichtete Schrift *Honesta defensio in Nicolai Burtii parmensis opusculum* (Bologna 1491) ausgerechnet einem Mitglied der Familie Bentivoglio, was die Protektion Burzios gefährden konnte.

*Schriften*:
*Musices opusculum*, Bologna 1487, hrsg. von G. Vecchi, Faksimile Bologna 1969; *Musices Opusculum*, engl. Übersetzung und Einleitung von C.A. Miller, Neuhausen-Stuttgart 1983 (Musicological Studies and Documents 37).

*Literatur*:
R.E. Murray, *New Documents concerning the biography of Nicolò Burzio*, in: Studi Musicali 24 (1995), S. 263–282 • B.J. Blackburn, *Burzio*, in: *MGG*², Bd. 3 (Personenteil), 2000, Sp. 1340–1341.

## Busnoys, Antoine
* um 1430/35 Busnes (?), † vor 6.11.1492 Brügge (?)

Antoine Busnoys, wahrscheinlich in Busnes, in der Nähe von Béthune (Pas-de-Calais) geboren, ist gemeinsam mit Johannes ▸ Ockeghem einer der repräsentativsten Komponisten der Generation der Mitte des 15. Jahrhunderts. Seine Laufbahn spielte sich offensichtlich ausschließlich in Frankreich und in Burgund ab, auch wenn sein Ruhm schnell die Alpen überquerte und bis Italien reichte, ein Land, in dem seine Musik viel kopiert wurde. Der größte Teil des Schaffens dieses herausragenden Komponisten besteht aus weltlicher Musik, etwa 60 sicher zugeschriebenen ▸ Chansons, die zum größten Teil den ▸ Formes fixes ▸ Rondeau und ▸ Virelai (während des 15. Jahrhunderts ▸ Bergerette genannt) folgen. Was die geistliche Musik betrifft, so kann man selbst heute nur über die Knappheit des überlieferten Repertoires staunen, insbesondere wenn man die Bedeutung dieses berühmten Komponisten bedenkt. Etwa 15 ▸ Motetten, von denen ein kleiner Teil verloren ist, und zwei Messen bilden den heute bekannten Korpus. Zu diesen müssen ein ▸ Magnificat, ein Credo und zwei weitere Messen, die ihm erst kürzlich zugeschrieben wurden, hinzugefügt werden.

Wie bei den meisten Komponisten dieser Zeit ist es schwierig, die Ausbildung und die ersten Jahre der Berufstätigkeit zu verfolgen. Bei Berücksichtigung der ersten ihn betreffenden Dokumente ist es mehr als berechtigt, das Geburtsdatum um 1430 festzumachen. Einige Indizien lassen darauf schließen, dass Busnoys vor seiner Ankunft in Tours Beziehungen zum Hof von Arthur von der Bretagne, genannt Richemont, »connétable« von Frankreich, Herzog von Touraine und Herzog der Bretagne (1457–1458), gehabt haben könnte. Das erste bekannte Datum, das Busnoys unmittelbar betrifft, stammt von einem Dokument aus dem vatikanischen Archiv vom 28.2.1461: Busnoys wird darin in der Funktion eines Kapellmeisters der Kathedrale Saint-Gatien von Tours erwähnt, der Stadt, in welcher der französische König und sein Hof residierten, dem Johannes Ockeghem als königlicher Kapellmeister angehörte. Dieses Dokument bezeugt in Wirklichkeit einen wenig ruhmreichen Zwischenfall, in den Busnoys und einige seiner Mittäter involviert waren. Er wurde angeklagt, bei verschiedenen Gelegenheiten einen Priester »usque ad sanguinis effusionem« schlagen lassen zu haben. Das bedeutete für ihn die Exkommunikation, wenngleich sich das Problem wenig später durch die Absolution von Seiten des Vatikans (Papst Pius II.) auflöste.

Es lohnt die Hervorhebung, dass zwei Komponisten des Formats von Ockeghem und Busnoys für eine bestimmte Zeit in derselben Stadt gearbeitet und auch denselben kirchlichen Institutionen angehört haben. Busnoys wechselte nämlich zu einem unbestimmten Zeitpunkt von der Kathedrale von Tours zur königlichen Basilika Saint-Martin, an der Ockeghem wichtige Pfründen innehatte. Am 7. April 1465 wird Busnoys, Kleriker an Saint-Martin, in den Rang eines Akoluthen erhoben, der höchsten der vier niederen Weihen, um schließlich kurze Zeit später Subdiakon zu werden, ein erster Schritt in Richtung höherer Weihen. Ein Dokument vom September 1465 aus den Kapitularsakten von Saint-Hilaire-de-

Grand aus Poitiers weist darauf hin, dass Busnoys ›magister clericulorum‹ an Saint-Martin war. Er wurde vom Kapitel als größter Kenner von Musik und Dichtkunst anerkannt und schließlich als würdig erachtet, dasselbe Amt in Poitiers zu bekleiden (»esse multum sufficientem et maxime expertum in musica« und »dictus Busnoys est sufficientissimus in musica et poetria«). Ein weiteres Dokument vom 26.7.1466, ebenfalls aus Poitiers, weist darauf hin, dass Busnoys an diesem Tag dieses letzte Amt bereits aufgegeben hatte.

Kurze Zeit später erreicht Busnoys den Hof von Charles, dem Grafen von Charolais und späteren Herzog von Burgund (▶ Karl der Kühne), wie er selbst im Text seiner Motette *In hydraulis*, einer Hommage an Ockeghem, belegt, in dem er sich selbst als »indignum musicum« des bedeutenden Grafen von Charolais erwähnt. Von 1467 bis 1474 erscheint sein Name regelmäßig in den Regesten der überlieferten Rechnungen der burgundischen Kapelle, anfangs als ›chantre‹ (14.3.1467), später als ›chapelain‹ oder als ›demi-chapelain‹. Es ist ersichtlich, dass Busnoys in diesem Zeitraum verschiedene kirchliche Pfründen zugebilligt wurden, die in burgundischem Herrschaftsgebiet gelegen sind, wie eine Kaplanei in Mons und ein Kanonikat in der Diözese von Thérouanne. Beim Tod von Karl dem Kühnen wechselte Busnoys in den Dienst des einzigen Erben, Marias von Burgund, so dass er nach der Hochzeit zwischen der Herzogin und Maximilian von Österreich die habsburgisch-burgundische Kapelle ergänzte. Busnoys wird gemeinsam mit den Mitgliedern der Kapelle, die an der Beerdigung Marias von Burgund (27.3.1428) teilnahmen, in der Funktion eines ›prêtre chapelain‹ genannt. Dies weist darauf hin, dass Busnoys in der Zwischenzeit Zugang zum Priesteramt erlangt hatte und dass der Komponist zu diesem Zeitpunkt immer noch in Kontakt mit dem habsburgisch-burgundischen Hof stand. Dort blieb er sicherlich bis 1483, dem Jahr, ab dem die dokumentarischen Belege rar werden. In diesem Zeitraum erhielt Busnoys weitere Pfründen in Mons, Condé und Tholen. 1484 trat Busnoys vielleicht sein Amt in Brügge an, wo er eine Pfründe an der Kollegienkirche Saint-Saveur besaß. Die Regesten dieser Kirche merken zum Datum des 6.11.1492 (das Dokument ist heute verloren) an, dass der ›rector cantoriae‹ Antoine Busnoys kürzlich verstorben sei.

Busnoys ist ohne Zweifel eine der wichtigsten Gestalten der Musikgeschichte der Renaissance, und sein Werk wurde von Komponisten der nachfolgenden Generation hoch angesehen und studiert. Der Theoretiker Johannes Tinctoris führt ihn bei verschiedenen Gelegenheiten an. Im Prolog seines *Proportionale musices* (ca. 1473) sieht er ihn als einen der wichtigsten Protagonisten der ›neuen‹ Musik an. Diese Meinung wird im folgenden *Liber de arte contrapuncti* (1477) bekräftigt, in dem Tinctoris eine heute verlorene Motette Busnoys' als perfektes Beispiel für das Prinzip der Varietas (▶ Variation) zitiert, während der *Liber de natura et proprietate tonorum* (1476) Ockeghem und Busnoys gewidmet ist (*Praestantissimis ac celeberrimis artis musicae professoribus Domino Johanni Okeghem, christianissimi regis Francorum Protho-capellano ac Magistro Antonio Busnois, illustrissimi Burgondorum ducis cantori*) – ein weiterer eindeutiger Beweis der Bewunderung, die dieser Komponist hervorgerufen hat. Bartolomé ▶ Ramos de Pareja (*Musica practica*, 1482) führt häufig Busnoys an, um die Komplexität der Mensur und den Gebrauch des Rätselkanons zu illustrieren. ▶ Adam von Fulda erwähnt ihn in *De Musica* von 1490 gemeinsam mit den großen Komponisten seiner Epoche (»meam aetatem«).

Busnoys kann vielleicht, soweit bekannt ist, als einer der letzten Dichtermusiker angesehen werden, als unmittelbarer Erbe der Tradition der höfischen Lyrik des Mittelalters.

Viele Hinweise lassen darauf schließen, dass Busnoys der Autor einer beachtlichen Anzahl von Texten gewesen sein könnte, die er vertont hat. Dass er ›Literat‹ gewesen ist, daran bestehen offensichtlich keine Zweifel, das legt Tinctoris (*Proportionale musices*) nahe, und es wird vom oben erwähnten Dokument aus Poitiers bestätigt. Unmittelbare Beweise finden sich in einem Rhetoriktraktat von Pierre Fabri (*Grand et vray art de pleine rhétorique*, 1521) und im ms.f.fr.9223 der Bibliothèque nationale von Paris. Diese beiden Quellen enthalten Busnoys zugeschriebene Gedichte ohne Musik, jeweils ein Virelai (*Cent mille fois le jour*) und ein Rondeau (*Lequel vous plairoit mieulx trouver*). Jean ▸ Molinet, ein bekannter Kollege Busnoys' am burgundischen Hof, würdigt ihn mit einem Gedicht – *Je te rends honneur et tribus* –, desen Reime mit »bus« und »nois« enden. Busnoys schreibt als Antwort ein Rondeau – *Reposons nous entre nous amoureux* –, das auf dem Refrain von Molinet basiert. Dieser Text von Busnoys wurde viel später von Pierre de Manchicourt (1544) vertont. Und vielleicht lassen sich dem Komponisten auch die lateinischen Texte seiner Motetten zuschreiben: *Anthoni usque limina*, gewidmet dem Hl. Antonius Abbas, und *In hydraulis*, eine Hommage an Ockeghem, in der er als Pythagoras und neuer ▸ Orpheus der Musik dargestellt wird.

Die Musik Busnoys', vor allem die Chansons, erfuhr weite Verbreitung. Er zeigt große Sensibilität für melodische Linien, die er mit außergewöhnlicher Ausgeglichenheit gestaltet, und großen Abwechslungsreichtum im rhythmischen Aufbau. Von der Quellenlage ausgehend lässt sich schließen, dass zwei Drittel der überlieferten weltlichen Musik Busnoys' während seiner Jahre im Loiretal, also vor 1467 entstanden sind. Dieser Gruppe gehören vier Chansons an, die an Jaqueline d'Hacqueville gerichtet sind, eine nicht gut identifizierte Persönlichkeit, einer der »filles et dames d'honneur« im Dienst von Margarethe von Schottland († 1445) und der Königin Maria von Anjou († 1463), der Frau von König ▸ Karl VII. Welches höfische Spiel und welche Beziehung es war, die die Dame der Gesellschaft mit Busnoys verband, ist heute unbekannt. Die Verse des Rondeaux *A vous sans autre* und des Virelais *Je ne puis vivre ainsy* bilden ein Akrostichon, das den Namen der Dame hervorruft: »A Jaqueline« im ersten Fall und »Jaqueline d'Aqueville« im zweiten. Das Virelai *Ja que lui ne s'y attende* und das Rondeau *Ha que ville et habominable* spielen im Textincipit auf Jaqueline an. Ein letztes, in der Quelle anonymes Stück (Chansonnier *Nivelle de la Chaussée*), könnte Busnoys zugeschrieben und dieser besonderen Gruppe von Chansons hinzugerechnet werden: Das Rondeau *Pour le biens qu'en vous je parçoy*, dessen Incipit ein perfektes Anagramm zu »Ces vers pour Busnoys p[ar] o[ordre] Jaqueline« ist.

Busnoys kombiniert in seinen Chansons gerne unterschiedliche Texte, die aus verschiedenen populären Traditionen schöpfen. Es lassen sich mindestens sieben davon aufzählen, allesamt vierstimmige Rondeaux. In *Amours nous traitte / Je m'en vois au vert bois* und in *Mon mignault / Gratieuse plaisante* wird die bekannte Melodie in Tenor und Contratenor quasi kanonisch behandelt, während dem Cantus der Text des Rondeaus anvertraut ist. *L'autrier la pieça / En l'ombre du buissonet / Trop suis jonette* benutzt mehr als eine bekannte Melodie; die ▸ Chanson rustique *En l'ombre du buissonet*, von der der Tenor inspiriert ist, ist dieselbe, die von ▸ Josquin Desprez ein paar Jahre später in seiner kanonischen Chanson *En l'ombre d'ung buissonet au matinet* verwendet wird.

Sowohl in den dreistimmigen als auch in den vierstimmigen Chansons gestaltet Busnoys geschickt die tiefste Stimme, die trotz der aktiven Teilnahme am Kontrapunkt gemeinsam mit den anderen Stimmen sehr oft die eigentliche Funktion eines harmonischen Basses (Tonika und Dominante) einnimmt, wie zum Beispiel in *Chi dit on benedicite* oder auch in *J'ay mains de biens*. Häufig benutzt Busnoys auch ein in allen drei Stimmen imitiertes Incipit, wie in *Seule a par moy* oder in *Bel accueil*, was auf eine Konzeption der Chansons hindeutet, die nicht nur auf einer linearen Struktur basiert, die auf eine Cantus-Tenor-Achse gestützt ist. Sehr oft sind diese beiden Stimmen die gesamte Chanson über in Imitation angelegt, manchmal in enger, wie in dem Virelai *A une dame j'ay fait veu* und im bereits angeführten *Je ne puis vivre ainsi*, in dem die Stimmen Cantus und Tenor, begleitet vom Contratenor, beinahe in kanonischer Schreibweise fortschreiten. Das musikalische Incipit von *Je ne demande lialté*, von dem leider nicht der gesamte Text überliefert ist, spielt auf das berühmte Rondeau *Je ne demande aultre degré* an.

Diese Chanson von Busnoys erlebte in der Tat einen außergewöhnlichen Erfolg (sie befindet sich in mindestens sieben Quellen) und andere Komponisten ließen sich von ihr zu komplexeren Kompositionen inspirieren, zum Beispiel Jacob ▸ Obrecht und Alexander ▸ Agricola in den *Missae Je ne demande*. Tatsächlich dienten die Chansons von Busnoys häufig als Vorlage für Messen, was das Ansehen und die Bewunderung beweist, die dieser Komponist hervorgerufen hat. In der *Missa Plurimorum carminum I* schöpft Obrecht aus Auszügen verschiedener Tenores, u.a. aus Chansons von Busnoys (*Joye me fuit*, *Mon mignault / Gratieuse plaisante*, *Accordés moy*). Die Rondeau *Joye me fuit* und *Mon mignault / Gratieuse* wurden auch von Johannes ▸ Ghiselin Verbonnet in zwei verschiedenen Messen verwendet (von der ersten ist nur das Paar Sanctus–Agnus Dei erhalten), während Heinrich ▸ Isaac auf der Basis des Rondeaus *Quant j'ay au cueur* eine der ersten Parodiemessen (▸ Mes-

se) der Zeit schrieb. Einen immensen Erfolg erlebte auch das Busnoys zugeschriebene, italienische Stück (zweifelhafter Zuschreibung) *Fortuna desperata*, das trotz seiner weiten Verbreitung nur in einem Manuskript überliefert ist (Segovia e.e.). Heute sind etwa dreißig Bearbeitungen bekannt, und mindestens fünf Messen sind auf dieser Vorlage aufgebaut, darunter eine von Josquin und eine von Obrecht.

Nur wenige Messen existieren von Busnoys, aber sie gehören zu den wichtigsten musikalischen Schöpfungen des 15. Jahrhunderts. In den Messen verwendet Busnoys gerne eine strenge Behandlung des ▸ Cantus firmus, die einhergeht mit komplexen Mensurkombinationen zwischen den Stimmen. In der *Missa O crux lignum* besteht der Cantus firmus aus einem Teil der Sequenz *Laudes crucis attollamus* von Adam von Sankt Victor (12. Jahrhundert), und steht somit in Verbindung zur Liturgie der Kreuzesverehrung, einem sehr populären Feiertag in Brügge, der Stadt, in der Busnoys wahrscheinlich seine letzten Lebensjahre verbrachte. Der Cantus firmus wird in jedem Abschnitt der Messe in veränderter Mensur (einer Abwandlung des originalen Notenwerts durch die Veränderung der Mensurzeichen, ▸ Mensuralnotation) und ▸ Proportion (die Werte können proportional zur originalen Schreibweise augmentiert und diminuiert werden) eingesetzt, womit eine musikalische Struktur von komplexer Anlage entsteht.

Diese Komplexität der Schreibweise betrifft auch die Messe über das berühmte Thema ▸ L'homme armé. Die *Missa L'homme armé* von Busnoys gehört sicherlich, gemeinsam mit denjenigen Guillaume ▸ Dufays und Ockeghems, zu den Ursprüngen dieser Tradition, die zwei Jahrhunderte der Musikgeschichte ausfüllen wird. Wenngleich Pietro ▸ Aaron im *Toscanello in musica* (1523) in einem schwer zu deutenden Abschnitt Busnoys das fragliche

Thema zuzuschreiben scheint, ist die *Missa L'homme armé* von Busnoys eine eklektische Komposition, die die Kenntnis der beiden Messen von Dufay und Ockeghem voraussetzt, auf die sich Busnoys fortwährend zu beziehen scheint, vielleicht als Akt der Würdigung gegenüber dem Ansehen (›auctoritas‹) der beiden Meister. Busnoys wechselt, wie in der Messe von Dufay, die Originaltonart des Themas *l'homme armé* (mixolydisch), indem er dem Schlüssel ein b hinzufügt (dorisch auf sol). Wie in der Messe von Ockeghem wird dieser ▸ Cantus firmus mit Verdopplung der originalen Notenwerte gesungen, ohne Zuhilfenahme eines expliziten ▸ Kanons (Verwendung der ▸ Prolatio major als Augmentationszeichen), eine Vorgehensweise, die von Tinctoris im *Liber de arte contrapuncti* (»error anglorum«) kritisiert wird. Wie Ockeghem versetzt auch Busnoys den Cantus firmus im Credo und im Agnus Dei in die tiefe Stimme. In diesem letzten Abschnitt soll das Thema *l'homme armé* mit vierfacher Augmentation gesungen werden, so wie es in demselben Abschnitt der Messe Ockeghems passiert, und die Inversion der originalen Intervalle (zu einem aufsteigenden Intervall korrespondiert ein absteigendes und umgekehrt) scheint auf den Rückwärtskanon anzuspielen, der sich im Agnus Dei der Messe Dufays befindet.

Die *Missa L'homme armé* von Busnoys war sehr erfolgreich, wie man aus der großen Anzahl von Manuskripten schließen kann, in der sie überliefert wurde. Sie war auch der Ausgangspunkt für eine Emulatio von Seiten Obrechts, der seine Messe *L'homme armé* auf dem Cantus firmus der Messe von Busnoys (wörtliche Zitierung), in phrygischen Modus (auf mi) transponiert, aufbaut. Eine *Missa de Sancto Johanne Baptista*, die uns leider anonym überliefert ist, adaptiert hingegen die gesamte rhythmische Organisation des Cantus firmus der *L'homme armé*-Messe von Busnoys.

Die Motetten Busnoys' sind weniger komplex als seine Messen. *Anthoni usque limina* ist eine Motette zu Ehren des Hl. Antonius Abbas, bekannt auch unter dem Namen des Hl. Antonius von Vienne. In der einzigen Quelle (ms. Bruxelles 5557) ist ein komplexer Rätselkanon um eine ▸ Glocke herum geschrieben, das Symbol des Ordens von Antonius, in erweitertem Sinne das Attribut desselben heiligen Antonius. Die musikalische Struktur des Cantus firmus, der auf den Klang der Glocke anzuspielen scheint, bezieht sich auf die Nummer 108, die aus numerologischer Hinsicht, folgt man dem lateinischen Alphabet, den Namen des Komponisten darstellt (Busnoys = 2 + 20 + 18 + 13 + 14 + 23 + 18 = 108), der getarnt auch in den Versen erscheint, die den Text der Motette eröffnen und beschließen (ANTHONI USque limina ... e ... Fiat in omniBUS NOYS). Dieselbe Komplexität und symbolische Anspielung auf die Nummern scheint sich auch in der Motette *In hydraulis* wieder zu finden, die – wie bereits erwähnt – Ockeghem gewidmet ist.

Die anderen, eigentlich wenigen Motetten Busnoys' sind etwas ›traditioneller‹, wie die beiden *Regina caeli* oder das *Victime paschali laudes*, das die Sequenz für den Ostersonntag polyphon vertont. Die Marianische, anonym überlieferte Motette *Gaude caelestis Domina* konnte seit einer Erwähnung Tinctoris' im *Proportionale musices* Busnoys zugeschrieben werden.

*Ausgaben*:
*Antoine Busnoys, Collected Works*, hrsg. von Richard Taruskin, 2 Bde., New York 1990.

*Literatur*:
*Antoine Busnoys. Method, Meaning and Context in Late Medieval Music*, hrsg. Von P. Higgins, Oxford 1999.

AM

**Bußpsalmen** ▸ **Psalmvertonungen**

## Byrd, William
* um 1539/1540, † 4.7.1623 wahrscheinlich Stondon Massey

Byrd war der berühmteste englische Komponist in der zweiten Hälfte des 16. Jahrhunderts. Sein geistliches Werk spiegelt die religiöse Ambiguität zwischen Staatskirche und Katholizismus wieder: Er komponierte sowohl anglikanische Kirchenmusik als auch lateinische Motetten und Messen, die in katholischen Kreisen aufgeführt wurden. Er gilt mit seinen etwa 100 Werken für Tasteninstrument als einer der bedeutendsten Virginalisten. Mit seinen Liedern prägt er gegenüber zunehmenden italienischen Einflüssen den Stil des englischen Liedes weiterhin aus.

Byrd war zur Regierungszeit Königin Marias wahrscheinlich ›Children of the Chapel Royal‹ (▶ Chapel Royal). 1563 wurde er Organist und ›Master of the Choristers‹ an der Kathedrale in Lincoln. Seit 1570 war er ›Gentleman of the Chapel Royal‹ als Nachfolger von Robert ▶ Parsons. 1575 bis 1596 besaß er zusammen mit Thomas ▶ Tallis das Privileg für Musikdruck, Verkauf von liniertem Papier und importierter Musik. Als erstes Werk erschienen die Cantiones sacrae (1575) mit je 17 Motetten beider Komponisten. Spätestens 1577 zog er nach Harlington/Middlesex, 1593 nach Standon Massex/Essex, wo er bis zum Ende seines Lebens blieb. Insbesondere seit der zweiten Hälfte der 1570er Jahre ist seine Situation durch seine ambivalente Stellung zur anglikanischen Staatskirche gekennzeichnet. Die gegenüber Katholiken relativ liberale Haltung ▶ Elisabeths I. war Voraussetzung für die Toleranz von Byrds Katholizismus, der immerhin am Königshof angestellt war und sich dieser Stellung offenbar auch sicher genug fühlte, um eine Befreiung des Besuches vom anglikanischen Gottesdienst für sich und seine Familie zu erwirken. Trotz Gewissensfreiheit war die Feier der katholischen Messe verboten und musste daher heimlich durchgeführt werden, von deren Teilnahme in katholischen Kreisen Byrd jedoch nicht nur nicht zurückschreckte, sondern sogar Messkompositionen (wahrscheinlich für heimliche Messen im Hause von Lord John Petre) anfertigte, die er auch zwischen 1592 und 1595 drucken ließ. Da er ein Lied auf ein verbotenes Gedicht komponierte (*Why Do I Use my Paper, Ink and Pen*, Verherrlichung des Martyriums des Jesuiten Edmund Campian, S. Neighbour, Sp. 1479), wurde er von der Regierung zwar überwacht, jedoch niemals belangt. Für den Hausgebrauch und die Andacht in katholischen Kreisen sind wahrscheinlich auch seine Motettenkompositionen nach Bibeltexten, die 1589 und 1591 gedruckten *Cantiones sacrae*, komponiert worden, die dem katholischen Grafen von Worcester, Lord Lumley, gewidmet wurden. Die Tatsache, das sie von Exil, Gefangenschaft und Verfolgung handeln, interpretiert sie als Widerspiegelung der Situation der Katholiken in England. Zu gleicher Zeit hat Byrd aber auch Gedichte des Protestanten Philip Sydney vertont sowie auf dessen Tod 1586 Lamentationen geschrieben. Ebenfalls entstanden Kompositionen für den anglikanischen Gottesdienst, so der *Great Service*, und Kompositionen auf das Lob der Königin – *Rejoice unto the Lord* und *This sweet and merry month* –, letzteres als Beitrag zur Madrigalsammlung des Protestanten Thomas Watson. 1588 und 1589 hatte er seine beiden Liedsammlungen bereits Personen am Hofe gewidmet. Die Publikation seiner *Gradualia* konnte eigentlich nur provozierende Absicht haben. Denn obwohl der Besitz des Druckes schon Grund für eine Verhaftung war, ließ Byrd sich nicht abschrecken, 1607 auch noch das zweite Buch zu veröffentlichen, es Lord Petre zu widmen und darauf hinzuweisen, dass es für Musik in dessen Haus gedacht war.

Byrds liturgische anglikanische Kirchenmusik besteht aus vier ▶ *Service*-Zyklen (*Short*

*Service, Second Service, Third Service, Great Service*) sowie den *First Preces and Psalms* und den *Second Preces and Psalms*. Sie ist bis auf den *Great Service* wahrscheinlich in seinen ersten Jahren in Lincoln ab 1663 entstanden. Die Kompositionen sind syllabisch und überwiegend homophon vertont gemäß der reformerischen Forderung nach größtmöglichster Textverständlichkeit und Unterordnung des musikalischen Ausdrucks in der Kirchenmusik. Die Qualitäten liegen in der genauen Beachtung der Deklamationsstruktur sowie der Austarierung melodischer Abschnitte und des harmonischen Gangs. Die Stücke sind in Lincoln jedoch wohl allenfalls an Festtagen gesungen worden (siehe Monson, Byrd Edition, Bd. 10a, S. VI); möglicherweise hat Byrd die Musik bereits für die Chapel Royal verfasst. Der *Short Service* umfasst die für Morning Prayer, Communio und Evening Prayer zugelassenen Texte in englischer Sprache (*Venite, Te Deum, Benedictus; Kyrie, Credo; Magnificat, Nunc Dimittis*); aus seiner Überlieferung in zahlreichen Quellen der Zeit kann geschlossen werden, dass er sehr beliebt war und oft gesungen wurde. Der *Second Service* ist der erste bekannte Verse Service. Die Praxis war wahrscheinlich im ▸ Anthem *Teach me O Lord*, einem frühen Verse Anthem, vorgeprägt. Der *Third Service* war im Unterschied zum *Short Service* wenig bekannt. Der *Great Service*, der die für Service-Kompositionen üblichen Sätze umfasst, die jedoch durch Textwiederholungen gedehnt werden und anspruchsvoll komponiert sind, ist Byrds bedeutendste Komposition für die anglikanische Kirche und gilt als eines der »großen Meisterwerke der Elizabethanischen Kunst« (Monson, Byrd Edition, Bd. 10b, S. V). Wann der *Great Service* komponiert wurde, ist unbekannt, aber seine Länge und seine Komplexität, Imitationsstrukturen an Höhepunkten der Sätze und der Wechsel von Stimmgruppen deuten darauf hin, dass er wahrscheinlich in den 1580er Jahren entstanden ist. Eher unwahrscheinlich ist, dass er nicht für eine bestimmte Gelegenheit, sondern nur aus künstlerischen Absichten komponiert wurde: Byrd hätte als Katholik ein intendiertes ›Meisterwerk‹ wohl kaum mit Kompositionen für die anglikanische Liturgie bestritten. Möglicherweise hat sich Byrd an ähnlichen Services von John ▸ Sheppard, Robert ▸ Parsons und William ▸ Mundy orientiert.

Die drei zwischen 1592 und 1595 veröffentlichten, für heimliche katholische Gottesdienste bestimmten Messen sind wohl die letzten der lateinischen Ordinariumskompositionen in England. Sie knüpfen eher an musikalische Prinzipien englischer Messenkompositionen des zweiten Drittels des Jahrhunderts, beispielsweise an die die Imitationsprinzipien des Kontinents aufgreifende *Meane Mass* von John ▸ Taverner an, als dass sie direkt an kontinentalen Messenkompositionen orientiert sind, vor deren Hintergrund sie relativ schlicht erscheinen: Sie sind kürzer, die Wortverständlichkeit spielt eine große Rolle und es werden keine Choralmelodien oder polyphonen Vorlagen verarbeitet. Im Unterschied zu englischen Ordinariumsvertonungen ist jedoch auch das Kyrie mehrstimmig gesetzt, möglicherweise ein Einfluss der *Services*, die meist ein Kyrie enthalten oder in Orientierung an den wenigen, ein Kyrie enthaltenden Messen wie diejenige Mundys. Byrds erste dreistimmige Messe ist überwiegend homophon und syllabisch, wahrscheinlich in Anlehnung an anglikanische Kirchenmusik vertont. Die zweite vierstimmige Messe ist in weiten Teilen imitatorisch und explizit auf Taverners *Meane Mass* bezogen, deren Kopfmotiv er im *Sanctus* verarbeitete. Die dritte fünfstimmige Messe ist die anspruchsvollste und längste und ist durchgehend von Imitationstechnik durchzogen; Einflüsse auch seiner *Cantiones sacrae* von 1591 sind hier wirksam.

Byrds zahlreiche lateinische Motetten (*Cantiones sacrae*) hatten in den einzelnen Schaffensperioden verschiedene Funktionen (Kerman, S. 46). Zwei oder auch mehr frühe kurze Motetten – ▸ Cantus firmus-Vertonungen – die noch in der Regierungszeit Königin Marias entstanden, sind für den ▸ Sarum Rite komponiert. Eine Anzahl von Psalmmotetten der 1560er Jahre – umfangreiche Vertonungen kompletter oder fast kompletter Psalmen, darunter die sehr langen Stücke *Ad Dominum cum tribularer* für acht und *Domine quis habitabit* für neun Stimmen in imitierendem Stil – führen eine unter Heinrich VIII. begonnene Tradition der Motette fort, die paraliturgische Funktion einnimmt, das heißt sie war in der regulären Liturgie nicht vorgesehen, konnte aber als Zusatz oder Ersatz Verwendung finden, möglicherweise in den noch zugelassenen lateinischen Gottesdiensten oder nach dem Morning oder Evening Prayer anstelle der ebenfalls paraliturgischen Anthems (▸ Liturgie, englische). Die Anthems ersetzten die Votiv-Antiphon, die als Anhang zur Liturgie gebraucht wurde, und deren Merkmale (Gegeneinandersetzen von Abschnitten unterschiedlich großer Besetzung) sich in Byrds Motette *Tribue Domine* wiederfinden. Zu nennen sind auch die Hymnen in Alternatim-Versionen wie *Sacris solleminiis*, *Pange lingua* und *Christe qui lux es*, in der nur der erste Vers als Choral erscheint, dieser jedoch in jeder der fünf Stimmen im weiteren Hymnus verwendet wird. – Byrds erste, zusammen mit Thomas ▸ Tallis herausgegebene Sammlung *Cantiones, quae ab argumento sacrae vocantur* (1575) war Elisabeth I. gewidmet und dokumentiert die Wertschätzung, die der Motette als Gattung in England zukam, auf welche die Autoren im Vorwort verweisen. In dieser mittleren Phase von Byrds Schaffen, zwischen 1575 und 1590, bestand keine Verbindung mehr zur offiziellen Liturgie: Die Kompositionen wurden wahrscheinlich unter Liebhabern von Byrds Musik gesungen (Kerman, S. 46) wie dem Kreis um den katholischen Grafen Lord Lumley, dem die zweite und dritte Sammlung gewidmet ist; meist handelte es sich um katholische Kreise und die Motetten waren auf der Grundlage entsprechender Vorlagen oft als Protest gedacht (z.B. *Libera me*; s.o.). Die Motetten jener Jahre sind von intensiverer Textausdeutung geprägt, die zum englischen ▸ Madrigal führt. In der späten Phase kehrt Byrd mit den *Gradualia* von 1605 und 1607, einer umfangreichen Sammlung von Propriumszyklen (▸ Messe) für alle Haupt- und Marienfeste des Kirchenjahrs (Introitus, Graduale mit Alleluia oder Tractus, Offertorium, Communio; Antiphonen im zweiten Buch) wieder zu liturgischen Kompositionen zurück; sie wurden wahrscheinlich in heimlich abgehaltenen katholischen Gottesdiensten gesungen. Die im ersten Buch enthaltenen Motetten deuten jedoch auch auf private Andachten hin. Die kompositorische Gestaltung schließt an die dritte Messe und die Cantiones sacrae an.

Die Anzahl der ▸ Anthems ist gegenüber denjenigen von Byrds Motetten äußerst gering, zudem sind mindestens neun ▸ Kontrafakturen von Motetten. Überliefert sind 10 Full Anthems, die in Anlehnung an Motetten oder als Kontrafakturen nicht die einfache homophone vierstimmige Faktur der Vorgänger übernehmen, sondern fünf- und sechsstimmig in imitatorischer Gestaltung gehalten sind. Byrd gilt zudem als Pionier des Verse Anthems (17 Kompositionen), für das nur wenige Vorbilder der Hofkomponisten Richard Farrant und Mundy existierten. Das Verse Anthem *Alack, when I look back* existiert auch als Consort Song und zeigt somit den engen Zusammenhang zwischen den Gattungen; einige Consort Songs tendieren zum Verse Anthem, indem sie einen chorischen Schlussteil aufweisen. Anthems hat Byrd hauptsächlich für die Chapel Royal geschrieben.

Byrds englischsprachige Lieder wurden oftmals mit Madrigalen seiner Zeitgenossen wie Thomas ▸ Morley, John ▸ Wilbye oder

Thomas ▸ Weelkes verglichen; sie stehen jedoch der englischen Tradition näher als einem wortausmalenden italienischen madrigalistischen Stil. Denn viele Lieder sind als ▸ Consort Songs konzipiert, deren strophische Form Wortausdeutung nicht zuließ. Byrd komponierte Consort-Songs in seinen frühen Jahren, sie sind überwiegend syllabisch gehalten, nur an den Versenden finden sich in späteren Kompositionen kurze Melismen; ein kurzes Vorspiel dient auch als Zwischenspiel. Gedruckt hat er seine Lieder jedoch nicht in der für die Gattung üblichen Besetzung für eine Singstimme und vier Instrumente – sie sind in dieser Weise nur in handschriftlicher Fassung überliefert (Byrd Edition Bd. 15); vielmehr hat Byrd alle Stimmen mit Text unterlegt, wobei die wichtigste Stimme markiert ist, um eine solistische Ausführung mit Begleitung zu ermöglichen. Im Unterschied zu den ›originalen‹ Consort Songs ist die als »The first singing part« bezeichnete Hauptstimme jedoch kaum von ihrer ›Begleitung‹ abgehoben, allenfalls zuweilen in abschnittsweise längeren Notenwerten (z.B. in dem bekannten *Lullaby*). Sie setzt allerdings, wie in den ›originalen‹ Consort Songs, erst später ein, so dass bei Consort-Ausführung zunächst ein instrumentales ›Vorspiel‹ ertönt. Byrd erwähnt selbst die Praxis im Vorwort *The Epistle to the Reader* seines ersten Lieddrucks *Psalmes, Sonets & Songs of Sadness and Pietie* (1588), wobei jedoch nicht alle, sondern nur einige Lieder der Sammlung gemeint sind: »If thou delight in Musicke of great compasse, here are diuers songs, which being originally made for Instruments to expresse the harmonie and one voyce to pronounce the dittie, are now framed in all parts for voyces to sing the same« (»Wenn Ihr Freude an einer Musik von großer Ausdehnung habt, so gibt es hier verschiedene Lieder, komponiert ursprünglich für Instrumente, die die Harmonie ausdrücken und eine Singstimme, die den Gesang wiedergeben soll, die nun in allen Partien mit Singstimmen besetzt sind, die den gleichen Text singen«, Byrd Edition 12, S. XII). Die Publikation aller seiner Lieder mit Textunterlegung in allen Stimmen und – partiell – der Markierung der Hauptstimme geschah somit wahrscheinlich weniger in Anlehnung an die Besetzung des Madrigals als aus verkaufsstrategischen Gründen, um sie verschiedenen Nutzungsmöglichkeiten zu öffnen (vgl. hierzu Brett, Byrd Edition 16, Madrigals and Songs, Canons and Rounds, S. V). Noch zu untersuchen ist, ob es typische Unterschiede zwischen den mit Texten unterlegten Consort Songs und original für mehrere Stimmen komponierten Liedern gibt.

Byrds Lieder wurden in den drei Sammlungen von 1588, 1589 und 1611 publiziert, die neben einer Mehrzahl weltlicher auch geistliche Lieder enthalten. In den *Psalmes, Sonets & Songs of Sadness and Pietie* 1588 präsentiert Byrd den »Predigern« (»If thou be disposed to praye«, Byrd Edition 12, S. XII) 10 Psalmvertonungen, den Fröhlichen (»If to be merrie«, a.a.O.) 16 Sonnette und Pastoralen, und den Traurigen (»If to lament for thy sinnes«) Lieder, die ein Zeugnis der kommenden Melancholie abgeben und den Grabgesang für Philip ▸ Sidney enthalten, dessen Texte Byrd vertont hat (hier: *O you that hear this voice*; weitere Textdichter der Sammlung sind wahrscheinlich Edward Dyer, Henry Walpole, Walter Raleigh, jeweils ein Gedicht ist von Ovid und Ariost). Übergreifend werden die oben genannten textierten Consort Songs genannt (sie sind in ihren originalen Versionen mit Strophen, die im zeitgenössischen Druck fehlen, in Byrd Edition 16 publiziert). Die Lieder sind alle fünfstimmig, haben die oben beschriebenen Merkmale mit Angabe einer Hauptstimme und ähneln hierin den Consort songs. In der Sammmlung enthalten sind die bekannten Lieder *Though amaryllis dance in green* und *Lullaby*. – Die *Songs of Sundrie Natures* (1589) sind in Form, Charakter und

Stimmenzahl (3, 4, 5, 6) sehr verschieden; sie enthalten dreistimmige Bußpsalmen und drei- und vierstimmige, sehr individuelle Sonette. Ob einige der vielstimmigeren Kompositionen als Madrigale bezeichnet werden können, oder ob auch sie dem instrumentalen Consort Song zu zurechnen sind, ist umstritten. Im Unterschied zur Sammlung von 1588 ist keine Hauptstimme markiert. Wiederum werden im Vorwort verkaufsstrategische Kriterien, nun bezüglich des unterschiedlichen Schwierigkeitsgrades der Lieder, betont, um jedem Ensemble und allen Singstimmen die Möglichkeit zu geben, daraus zu musizieren (Byrd Edition 13, S. IX). Unter den Texten findet sich ein Gedicht von Philip Sidney und eines von Francis Kindlemarsh, alle anderen sind anonym überliefert. Einige wenige Lieder sind in ihrer ursprünglichen Besetzung als Consort-Lieder gedruckt. – Die *Psalmes, Songs and Sonnets* (1611) beinhalten sechsstimmige Consort songs und Verse Anthems sowie fünfstimmige Lieder, die Madrigalismen mit Merkmalen des Sololieds verbinden. Hier finden sich auch Lob- und Feierpsalmen als einzige englischsprachige Motetten. Wie schon in der Sammlung von 1588 betont Byrd hier auf der Titelseite, dass die Lieder sowohl mit Stimmen als auch mit Streichern ausgeführt werden können (»fit for all companies and voyces«, Byrd Edition 14, o.S.). Als Dichter sind Thomas Churchyard und Geoffrey Whitney erwähnt, als weitere Dichter werden Thomas ▸ Watson und John Redford vermutet. Nr. 26 ist – allerdings als Ausnahme – eine rein instrumentale *Fantazia*.

Obwohl Byrd nicht, wie seine Zeitgenossen (Morley u.a.) sich ausführlich der Madrigalkomposition widmete, weisen liedhafte Kompositionen madrigalähnliche Merkmale auf, insbesondere die fünf als »Madrigals and Partsongs« veröffentlichten Lieder (Byrd Edition 16). Darunter befindet sich *This sweet and merry month* (1590), das in Thomas Watsons *Italian Madrigalls Englished* aufgenommen wurde. Es gilt als das erste englische Madrigal, das gedruckt wurde. Byrd hat sich hier auch im Stil dem italienischen Madrigal angenähert.

Byrd hat mit seinen Kompositionen für ▸ Consort und insbesondere für Tasteninstrumente den wohl bedeutendsten Beitrag zur Eigenständigkeit der Instrumentalmusik im 16. Jahrhundert geleistet. Seine ▸ Virginalmusik unterscheidet sich essentiell von seinen Vokalkompositionen, insbesondere die Tanzbearbeitungen mit Variationen haben eine »instrumental-klangliche« Satzkonzeption, noch vokal geprägte Sätze werden nicht wie in der deutschen Tradition durch »virtuose Figurationen und Spielfiguren instrumentalisiert« (siehe M. Klotz, insbesondere S. 55/56). Nur in seinen frühen Jahren entstanden Cantusfirmus-Vertonungen, sowohl für Consort als auch für Tasteninstrumente, die sich noch an vokale Modelle anlehnen; hierzu gehören die zwei vierstimmigen und die fünf fünfstimmigen *In nomine*-Vertonungen für Consort sowie einige Hymnen-Vertonungen und *Miserere* sowie die Sätze über *Clarifica me, Gloria tibi trinitas, Miserere I/II und Salvator mundi I/II* für Tasteninstrument. Nach Aufgabe des Cantus firmus-Prinzips dominieren vier Gattungen. In den ▸ Grounds, die aus groß angelegten Variationsreihen zum einen und aus kürzeren Stücke zum anderen bestehen, zeigt sich die akkordisch-klangliche Gestaltungsweise in der Entwicklung eines Klangschemas aus einem melodischen Baßthema (Klotz, S. 261f.). In den ▸ Fantasien für Virginal manifestiert sich – im Unterschied zu denjenigen für Consort – noch deutlicher als bei den Grounds und wohl bedingt durch die Freiheit der Erfindung, die die Gattung implizierte, eine Absetzung von vokal bestimmten Satzmodellen, die in den einzelnen Fantasien auf ganz verschiedene Weise verwirklicht wird (Klotz, S. 269–298). Mit besonderer Deutlichkeit ist die instrumentale Komposition durch das auch hier vorherrschende Variationsprinzip in den Tanzsätzen der Virginalmusik ausgeprägt, unter denen ▶ Pavane und ▶ Galliarde – wie in der englischen Instrumentalmusik der Zeit üblich – gegenüber Allemande, Courante, Gigue dominieren (der jeweils erste Abschnitt einer jeden der zwei oder drei Perioden der Komposition wird variiert wiederholt). Für Consort hat Byrd zwei Variationenfolgen komponiert, die *Browning*-Variationen (▶ Browning) und *Prelude and Ground*, die in Fortsetzung der Tradition den Höhepunkt der englischen Gattungen markieren. Die Variationssätze über Volksliedmelodien gipfeln in den programmmusikalischen Stücken *The Hunt's up*, *The Bells* und *The Battle*, deren programmatische Konzeptionen, insbesondere diejenige von *The Battle*, in engem Zusammenhang mit der primär klanglichen Gestaltung stehen (z.B. im Verharren auf einem C-Klang über einen langen Zeitraum, siehe Klotz, S. 506). Programmatische Titel deuten jedoch nicht immer auf ›Programmusik‹, sondern verweisen meist auf zugrunde liegende ›tunes‹ (meist Volksliedmelodien) und sind nachträglich hinzugefügt.

*Ausgaben*:
*The Byrd Edition* [BE], hrsg. von P. Brett, 17 Bde., London 1970–2004; Bd. 18–20: *William Byrd, Keyboard Music* (Musica britannica 27–28), hrsg. von A. Brown, 2 Bde., London 1969/1971, ²2000/²2004.

*Literatur*:
J. Kerman, *The Elizabethan Madrigal*, New York 1962, insbesondere S. 100–117 • O. Neighbour, *The Consort and Keyboard Music of William Byrd* (The Music of William Byrd 3), London 1978 • J. Kerman, *The Masses and Motets of William Byrd* (The Music of William Byrd 1), London 1981 • R. Turbet, *William Byrd: a guide to Research*, New York 1987, ²2006 • A. Brown / R. Turbet, *Byrd Studies*, Cambridge 1992 • J. Harley, *William Byrd, Gentleman of the Chapel Royal*, Aldershot 1997 • D.L. Schulenberg, *The Keyboard Works of William Byrd: Some Questions of Attribution, Chronology, and Stile*, in: Musica disciplina 47 (1993, gedr. 1997), S. 99–121 • J. Harley, *New Light on William Byrd*, in: Music and Letters 79 (1998), S. 475–488 • O.W. Neighbour, *Byrd*, in: *MGG*², Bd. 3 (Personenteil), 2000, Sp. 1477–1511 • M. Klotz, *Instrumentale Konzeptionen der Virginalmusik von William Byrd*, Tutzing 2005 • J. Harley, *William Byrd's Modal Practice*, Ashgate 2005.

ES

## Cabezón, Antonio de
* 1510 Castrillo de Matajudíos, Castrojeriz bei Burgos, † 26.3.1566 Madrid

Cabezón war Komponist und Organist. Er erblindete in seiner Kindheit und wurde wahrscheinlich an der Kathedrale von Palencia ausgebildet. Sein Lehrer war der Organist García de Baeza. 1526 wurde er als Organist in die Kapelle Isabellas von Portugal aufgenommen, der Gemahlin Kaiser ▸ Karls V. Zusätzlich zu diesem Amt wurde er im Februar 1538 ›músico de la camara‹ des Kaisers. Nach dem Tod Isabellas 1539 trat er in die Dienste des Prinzen Philipps und seiner Schwestern ein, für die eigene Höfe etabliert wurden. Um 1537 heiratete er Luisa Núñez aus Avila, mit der er fünf Kinder hatte. Als Philipp 1543 zum Regent ernannt wurde und sich mit Maria von Portugal vermählte, wirkte Cabezón als Organist der Kapelle Philipps bei der Hochzeit mit. 1548–1551 sowie 1554–1555 begleitete er seinen Arbeitgeber auf zwei Reisen durch Europa, die ihn u.a. nach Italien, die Niederlande und England führten. Der Prinz wurde im Oktober 1555 König ▸ Philipp II. von Spanien, und Cabezón trat im April 1556 seinen Dienst am Hofe des Infanten Don Carlos an.

Spätestens zu dieser Zeit wurde Cabezón kompositorisch tätig, denn 1557 gab Luis ▸ Venegas de Henestrosa das *Libro de cifra nueva* heraus, das einige Kompositionen Cabezóns enthält. Außerdem sah er zusammen mit seinem Bruder Juan de Cabezón die *Arte de tañer fantasía* von Tomás de Santa María durch, die allerdings erst 1565 erschien. Am 26. März 1566 starb Cabezón in Madrid. Ein Porträt des Musikers von Alonso Sánchez Coello, von Philipp II. in Auftrag gegeben, ist nicht erhalten. Die meisten seiner Werke erschienen posthum in *Obras de música para tecla, arpa y vihuela* (▸ Tabulatur), die 1578 von seinem Sohn Hernando de Cabezón herausgegeben wurden. Insgesamt sind ca. 275 Werke von Cabezón erhalten.

Cabezón war einer der profiliertesten Spieler und Komponisten für Tasteninstrumente in seiner Zeit. Er komponierte mit einer Ausnahme (*Sancta Maria ora pro nobis* für fünf Stimmen) nur Instrumentalmusik. Seine ▸ Tientos (davon vierzehn in *Libro de cifra nueva* und zwölf in *Obras de música para tecla, arpa y vihuela*) stellen instrumentale Motetten dar, die sowohl im Gottesdienst als auch im häuslichen Gebrauch Verwendung fanden. Drei der Tientos (▸ Ricercar) verwenden Musik von Johannes ▶ Ockeghem, Adrian ▶ Willaert und ▶ Josquin Desprez. Die zwei Fugae gehören wie die Tientos zu den freien Kompositionen. Cabezóns neun ▶ Diferencias zeichnen sich durch Einfallsreichtum und vielfältige Variationstechniken aus. Sie beruhen auf spanischen Liedern und Tänzen und haben andere Komponisten angeregt, sich ebenfalls mit Variationen zu beschäftigen (z.B. William ▶ Byrd in England). Sämtliche Diferencias sind in Hernandos *Obras de música para tecla, arpa y vihuela* veröffentlicht. Bei den ▶ Glosas, von denen 42 überliefert sind, handelt es sich um Transkriptionen meist flämischer Kompositionen, z.B. von Josquin. Sie sind von unterschiedlicher Stimmenzahl (vier- bis sechsstimmig) und oft reich verziert. Sein liturgisches Werk umfasst 36 Hymnen, die auf dem Gerüst des ▶ ›Cantus firmus‹ aufgebaut sind, neun Kyrie-Vertonungen, 32 Fabordones (▶ Fauxbourdon) sowie je acht ▶ Psalm- und ▶ Magnificat-Töne in allen Modi. Cabezóns Musik ist stark von flämischen Einflüssen geprägt, insbesondere von Kompositionen Josquins, Nicolas ▶ Gomberts und Thomas ▶ Crecquillons, wobei die beiden letzteren als Musiker in der Kapelle Karls V. dienten. Ihre Werke waren Cabezón sicherlich bekannt.

*Ausgaben*:
*Antonio de Cabezón. Tientos und Fugen aus den Obras de Música para Tecla, Arpa y Vihuela*, bearb. und hrsg. von M.S. Kastner, Mainz 1958; *Antonio de Cabezón. Gesamtausgabe/Collected Works*, hrsg. von Ch. Jacobs, 5 Bde., New York 1967–1986; *Antonio de Cabezón. Obras de música para tecla, harpa y vihuela* (Monumentos de la música española 27–29), hrsg. von H. Anglès und F. Pedrell, Madrid 1966, Nachdruck Barcelona 1996.

*Literatur*:
M.S. Kastner, *Antonion und Hernando Cabezón. Eine Chronik dargestellt am Leben zweier Generationen von Organisten*, Tutzing 1977 • Ch. Jacobs, *Antonio de Cabezón*, in: MGG², Bd. 3 (Personenteil), 2000, Sp. 1525–1529 • L. Jambou, *Antonio de Cabezón*, in: *Grove*, Bd. 4, 2001, S. 765–766.

CV

## Caccini, Giulio Romolo [Giulio Romano]
* 8.10.1551 Rom, begraben 10.12.1618 Florenz

Der toskanische Sänger und Komponist war einer von drei Söhnen von Michelangelo Caccini, einem Zimmermann aus Montópoli nahe Pisa; der ältere Orazio war Musiker in Rom und der jüngere Giovanni war Bildhauer. Seit Mitte des Jahres 1564 war Caccini Sängerknabe (Sopran) in der Cappella Giulia in Rom und wurde von seinem Kapellmeister, dem Florentiner Giovanni ▶ Animuccia, für den Part der Psyche im fünften Intermedium von Francesco d'Ambra's *La cofanaria* empfohlen, das zu den Hochzeitsfeierlichkeiten des Prinzen Francesco de' ▶ Medici und Johanna von Österreich in Florenz 1565 aufgeführt wurde. Der Medici-Hof behielt ihn bei sich und ließ ihn von dem bekannten neapolitanischen Sänger Scipione della Palle unterrichten; Caccini behauptete später, dass er von ihm »die noble Art des Singens« gelernt habe. Er fügte sich schnell in das Florentiner Hofleben und dessen Intrigen ein (seine Rolle als Informant führte zur Ermordung von Eleonora di Garzia da Toledo im Juli 1576 durch ihren Gatten, Pietro de' Medici). Spätestens 1579 erhielt er ein Gehalt am Hof, als er Piero ▶ Strozzis *Fuor dell'umido nido* im Turnier für die Hochzeit von Großherzog Francesco und Bianca Capello sang.

Caccini war Mitglied der ▶ Camerata, die von Giovanni de' ▶ Bardi gefördert wurde; er behauptete, er habe in der Camerata mehr gelernt als in 30 Jahren Kontrapunktstudium. Bardi richtete an ihn seinen Diskurs über antike Musik und gutes Singen (ca. 1578). Caccini behauptete später zudem, dass Bardis Zirkel in den frühen und mittleren 1580er Jahren einige der Gesänge lobte, die in *Le nuove musiche* (Florenz 1602) publiziert wurden. Caccini und Bardi besuchten Ferrara 1583, wo sie das berühmte ▶ Concerto di donne und deren neuen Stil der Verzierungskunst hörten, und Caccini sollte schließlich sein eigenes Concerto mit seiner ersten Gemahlin, der Sängerin Lucia di Filippo Gagnolanti etablieren (sie heirateten 1584; sie starb 1593) und dann (seit 1604) mit seiner zweiten, Margherita di Agostino Benevoli della Scala. Unter seinen Kindern, die er zusammen mit Lucia hatte, befanden sich Francesca und Settimia, die beide bedeutende Sängerinnen und Komponistinnen wurden; es gab auch einen illegitimen Sohn, Pompeo, der sang und Künstler war (er spielte die Rolle des Alfeo und schuf das Bühnenbild zu Filippo Vitalis Oper *Aretusa*, die 1620 in Rom aufgeführt wurde).

Lucia Caccini spielte die Zauberin im vierten der Intermedien von 1589 für die Hochzeit von Großherzog Ferdinand I. de' Medici und Christine von Lothringen und sang die Musik ihres Ehemanns. Die Nachfolge Ferdinands I. bereitete jedoch Schwierigkeiten für die höfischen Künstler, die von seinem Vorgänger favorisiert wurden. Lucia war schon im Januar 1588 entlassen worden, und Caccini zog einen Wechsel nach Ferrara in Betracht; er wurde Herzog Alfonso II. d'Este empfohlen wegen seiner Fähigkeiten als Sänger, Harfenist und Lira da braccio-Spieler, als Kalligraph und als Gärtner, der seltene Pflanzen züchtete. Er blieb jedoch in Florenz, aber Bardis Weggang nach Rom 1592 und die Neigung zur Verwicklung in Skandale, die einen Streit mit Antonio Salviati, dem Liebhaber einer seiner Schülerinnen, einschlossen, führten zu seiner eigenen Entlassung im August 1592. Er zog (wieder) Ferrara in Betracht, Rom und Genua, obwohl er finanzielle und andere Unterstützung von einer Gruppe von Florentinern erhielt, darunter Pierro ▸ Strozzi, um ihn zum Bleiben zu veranlassen. Er verdiente sich auch durch privaten Unterricht seinen Lebensunterhalt: Unter seinen Schülern befand sich der Virtuose Francesco Rasi, der schließlich die Titelrolle in Monteverdis *Orfeo* übernahm.

Die Festlichkeiten für die Hochzeit von Maria de' Medici und ▸ Heinrich IV. von Frankreich im Oktober erlaubten Caccini eine gunstvolle Rückkehr an den Hof. Er komponierte eine Menge an Musik für Gabriello Chiabreras *Il rapimento di Cefalo* (9. Oktober), und er erlangte die Kontrolle über Jacopo ▸ Peris *Euridice*, indem er darauf insistierte, dass seine Sänger seine und nicht Peris Musik singen sollten. Er übertraf dann Peri, indem er seine eigene Komposition der gesamten Oper im Dezember 1600 veröffentlichte, obwohl sie bis 1602 nicht aufgeführt wurde.

Die Prioritätsstreitigkeiten um den neuen florentinischen Sologesangsstil zwischen Caccini, Peri und Emilio de' ▸ Cavalieri wurden durch den Notendruck angefeuert. Caccini führte den Kampf mit der Sammlung seiner Gesänge für Stimme und Basso continuo mit dem Titel *Le nuove musiche* fort, die früh im Jahre 1602 veröffentlicht werden sollte, aber wegen des Todes des Druckers erst im Juli erschien; die Widmung an Lorenzo Salviati lässt vermuten, dass Caccini den Riss von 1593 zu schließen versuchte. Der Titel verweist auf neue Werke für Sologesang, obwohl es üblich geworden ist, von florentinischer »neuer Musik« als einem neuen Stil zu sprechen. Das bedeutende Vorwort vermerkt, dass viele dieser Gesänge in unlauteren handschriftlichen Kopien zirkulierten (was richtig zu sein scheint); das Vorwort erklärt auch die Grundlagen des Singens und Begleitens in dem neuen Stil, inbegriffen der Verzierungen und anderer expressiver Mittel, und beharrt auf der Tugend der Ausführung mit ›Sprezzatura‹, ein Begriff, der auf Baldassare ▸ Castigliones Darstellung der mühelosen Anmut zurückgeht, mit der der ideale Höfling schwierige Aufgaben selbstverständlich meistern sollte.

Caccini und sein Concerto di donne, zu dem nun Francesca und Settimia gehörten, machten 1604–1605 eine außerordentlich erfolgreiche Reise nach Paris; der Gedanke, sie nach England fortzusetzen, wurde nie realisiert. Nach seiner Rückkehr nach Florenz engagierte sich Caccini in den Aktivitäten, die für einen Hofmusiker typisch waren: die Leitung von Aufführungen weltlicher und geistlicher Musik, das Unterrichten junger Sänger und das Komponieren für Aufführungen. Er spielte eine Schlüsselrolle bei der Organisation der Musik für die Festlichkeiten, die die Hochzeit von Prinz Cosimo de' Medici und Maria Magdalena von Österreich im Oktober 1608 zelebrierten. Musiker, die Florenz besuchten, weilten oft in seinem Haus, darunter Sigismondo d'India 1608 und der neapolitanische Virtuose Adriana Basile auf seiner Reise nach Mantua 1610.

1614 publizierte Caccini eine zweite Sammlung von Gesängen, *Nuove musiche e nuova maniera di scriverle*. (Das ihm manchmal zugeschriebene *Fuggilotio musicale*, von Giulio Romano 1613 publiziert, war ziemlich sicher von einem anderen Komponisten.) Die »neue Art« der Komposition dieser Gesänge von 1614 scheint eine detailliertere Notation von Verzierungen einzuschließen; es gibt auch Stücke, die einen außerordentlich weiten Stimmumfang haben. Caccini stellte wieder ein Vorwort voran – mit der offensichtlich irrtümlichen Behauptung, dass er Ottavio Rinuccinis *Dafne* vertont habe –, in dem er zudem die Sprezzatura behandelte.

Obwohl dies Teil einer neuen Initiative der Musikpublikation in Florenz war (mehrere Drucke erschienen 1614), mochte sich Caccini hier der Flut junger Komponisten nicht entgegengestemmt haben. Er wurde zudem zunehmend rechthaberisch, indem er sich in immer mehr Dispute einmischte (1615 mit Ottavio Archilei, dem Sohn der Sängerin Vittoria). Wahrscheinlich setzte seine Stimme aus und er schenkte seiner Karriere als Beschaffer von exotischen Pflanzen zunehmende Aufmerksamkeit. Ein Schlaganfall machte ihn schließlich bettlägerig und er unterzeichnete zu dieser Zeit seinen letzten Willen am 27. September 1617.

Obwohl Caccinis *Le nuove musiche* nicht die erste publizierte Sammlung von Monodien war – Domenico Maria Mellis *Musiche* erschien im März 1602 –, gebührt ihm mit Sicherheit das Verdienst, das ihm von Theoretikern, Komponisten und Dichtern des frühen 17. Jahrhunderts zugeschrieben wurde. Seine Unterscheidung zwischen durchkomponierten Madrigalen und Arien – die letzteren enthalten strophische Vertonungen von strophischer Poesie, aber nicht notwendigerweise in einem tänzerischen Stil (wenngleich auch einige darunter sind) – wurde zum Standard in Liederbüchern des frühen 17. Jahrhunderts. Caccinis Talent lag im Schreiben eleganter Melodien und Passagenwerks, die perfekt der (gut trainierten) Stimme angepasst waren. Nicht umsonst wurden seine Gesänge weithin kopiert und imitiert und auch durch das nördliche Europa nach England befördert: *Amarilli, mia bella* – welches merkwürdigerweise zuerst 1601 als nicht zugeschriebenes sechsstimmiges Madrigal publiziert wurde – war besonders beliebt, auch als deutsche und englische ▸ Kontrafakta und in instrumentalen Bearbeitungen (von Peter ▸ Philips für Cembalo, basierend auf der sechsstimmigen Version; von ▸ Jacob van Eyck für Blockflöte). Seine *Euridice* ist weniger interessant als diejenige Peris, und das dramatische Rezitativ war nicht seine Stärke. Das Vorwort zu *Le nuove musiche* wurde jedoch von dem Londoner Drucker John Playford übersetzt und in aufeinanderfolgenden Editionen seiner *Introduction to the Skill of Music* von 1664 bis 1696 veröffentlicht. Es wird noch heute als ein Hauptdokument vokaler Technik betrachtet.

Caccinis Töchter Francesca und Settimia waren beide Komponistinnen eigenen Rechts, insbesondere Francesca. Zu ihren bedeutenden Kompositionen zählen eine Sammlung von Gesängen (publiziert 1618) und ihre

›Commedia in musica‹, die auf Ariostos *La liberazione di Ruggiereo dall'isola d'Alcina* basiert (Libretto von Ferdinando Saracinelli), die in der Villa Poggio Imperiale nahe Florenz am 3. Februar 1625 aufgeführt und in Warschau 1628 wiederholt wurde.

*Ausgaben*:
*Euridice*, hrsg. von A. Coán, Florenz 1980; *Le nuove musiche (1602)*, hrsg. von H.W. Hitchcock (Recent Researches in the Music of the Baroque Era 9), Madison 1970; *Nuove musiche e nuova maniera di scriverle (1614)*, hrsg. von H.W. Hitchcock (Recent Researches in the Music of the Baroque Era 28), Madison 1978.

*Literatur*:
R. Giazotto, *Le due patrie di Giulio Caccini, musico mediceo (1551–1618)*, Florenz 1984 • T. Carter, *Giulio Caccini's* Amarilli, mia bella: *Some Questions (and a Few Answers)*, in: *Journal of the Royal Musical Association* 113 (1988), S. 250–273 • W. Kirkendale, *The Court Musicians in Florence during the Principate of the Medici, with a Reconstruction of the Artistic Establishment*, Florenz 1993 • S. Leopold, *Al modo d'Orfeo: Dichtung und Musik im italienischen Sologesang des frühen 17. Jahrhunderts*, 2 Bde. (Analecta musicologica 29), Laaber 1995 • T. Carter, *Rediscovering* Il rapimento di Cefalo, in: *Journal of Seventeenth-Century Music* 9 (2003) <http://sscm-jscm.press.uiuc.edu/jscm/v9no1.html>

TC

# Cadenza ▶ Klausel

# Caecilia

Die frühchristliche römische Märtyrerin wird schon früh als Patronin der Kirchenmusik und Erfinderin der Orgel verehrt. Älteste Quelle ist die *Passio sanctae Caeciliae* im *Martyrologium Hieronymianum* (5. Jh.). Aus ihren zahlreichen ikonographischen Darstellungen ragt die frühe von Raffael (1514) heraus. Seit dem 15. Jahrhundert wird Caecilia zur Schutzpatronin von musikalischen Bruderschaften und Institutionen erhoben. Als 1584 in Rom von Papst Sixtus V. eine Musikakademie gegründet wird, erhält sie den Namen der Patronin der Musik, den sie noch bis heute trägt: Accademia di Santa Cecilia. Giovanni Pierluigi da ▶ Palestrina, einer ihrer Gründer, komponierte die Cäcilien-Motette *Cantantibus organis* (1575) und später eine gleichnamige zwölfstimmige Messe. Über *Cantantibus organis*, eine Phrase aus dem *Martyrologium*, deren missverständliche Deutung Caecilia zur Erfinderin der Orgel machte, sind weitere Motetten verschiedener Komponisten des 16. Jahrhunderts (Cipriano de ▶ Rore, Jacobus ▶ Clemens non papa) bekannt. Aus dem Frankreich des 17. Jahrhunderts stammt ein lateinisches Oratorium von Marc-Antoine Charpentier mit dem Titel *Caecilia, virgo et martyr* (ca. 1657). Jedoch die größte musikalische Verehrung erfährt die Heilige auf den britischen Inseln in Gestalt von Oden, die aus der Zusammenarbeit von Dichtern und Komponisten entstehen. Dabei spielt die Darstellung der Musik auf die menschlichen Affekte eine bedeutende Rolle. Die Aufführungen der Cäcilien-Oden finden in der Regel am 22. November, dem Festtag der Heiligen, statt. Zu den bedeutendsten frühen Dichtern zählen Nahum Tate, John Dryden und Thomas Shadwell. Die früheste Aufführung einer Cäcilien-Ode ist in London für den 22.11.1683 belegt mit Henry Purcell als Komponisten, der die Dichtung eines nicht weiter bekannten Christopher Fishburn vertonte. Das Werk ist eine Auftragsarbeit der in diesem Jahr gegründeten Musical Society und beginnt mit der Einladung: »Welcome to all the pleasures that delight«. Vielleicht als Vorspiel zu dieser Aufführung und gleichzeitig als Bezug auf die Tradition der Cäcilien-Verehrung entstand eine weitere Komposition über den lateinischen Text *Laudate Caeciliam*. Im Auftrag der gleichen Musical Society komponierte Purcell 1692 eine weitere, ungleich komplexere Komposition von insgesamt 13 Sätzen mit reichhaltigerem Instrumentarium (3 Blockflöten, 2 Oboen, 2 Trompeten, Kesselpauken) unter dem Titel *Ode on St. Cecilia's Day*. Die mit einer feierlichen Ouvertüre und einer pompösen chorischen *invocatio* »Hail, bright Cecilia!« eingeleitete Ode auf den Text von Nicholas Brady, einem anglikanischen Geistlichen, der auch mit anlassbedingten Predigten zur Verteidigung der Kirchenmusik hervorgetreten ist, entstand in der Zeit von Purcells großen Bühnenwerken *King Arthur* und *The Fairy Queen*. Am Ende der Restaurationszeit verfasste der englische Hofdichter John Dryden seinen musiktheoretisch signifikanten *Song for St. Cecilia's Day* (1687), der als Libretto für zwei verschiedene Kompositionen diente: zunächst (1687) des Italieners Giovanni Battista Draghi, dann (1739) des Deutschen Georg Friedrich Händel. Die zweite, anspruchsvollere Ode Drydens, die unter dem Titel *Alexander's Feast, or The Power of Music* (1697) vor allem die Wirkung der Musik auf die menschlichen Affekte (›passiones‹) in den Mittelpunkt stellt, erfuhr nach mehreren kompositorischen Fehlschlägen (z.B. Jeremiah Clarke, Thomas Clayton) 1736 durch Händel ihre endgültige musikalische Gestalt, der 1790 eine Bearbeitung des Werkes durch Wolfgang Amadeus Mozart folgte. Ein frühes italienisches Oratorium stammt unter dem Titel *Il martirio de Santa Cecilia* (1708) von Alessandro Scarlatti.

*Literatur*:
W.H. Husk, *Musical Celebrations on St. Cecilia's Day in the Sixteenth, Seventeenth and Eighteenth Centuries*, o.O. 1867 • Ch.H. Biklé, *The Odes for St. Cecilia's Day in London (1683-1703)*, 4 Bde. Ann Arbor/Michigan 1982 • R. Hammerstein, Caecilia, in: *MGG²*, Bd. 2 (Sachteil), 1994, Sp. 309-318 • H. Maier, *Cäcilia: Essays zur Musik*. Frankfurt/Main und Leipzig, 1998, ²2005, bes. S. 11–35 • Kl. Ley (Hrsg.), *Caecilia – Tosca – Carmen: Brüche und Kontinuitäten im Verhältnis von Musik und Welterleben*, mit einem Anhang: *Die Präsenz der »Passio S. Caeciliae« auf der Bühne in italienischen Texten vom 15. bis zum 19. Jahrhundert*, Tübingen 2006.

HFP

## Caietain [Cajetan, Gaietanus, Gaiettane], Fabrice [Fabricio, Fabriciault] Marin
* (?) Gaëta, fl. 1570–1578

Der aus Italien stammende Komponist – möglicherweise war er am Anfang seiner Karriere Organist in Neapel – hat in Lothringen und in Paris, wo seine Werke publiziert wurden, gewirkt. 1571 diente er dem Duc de Lorraine, Karl III. (siehe die Widmung seiner Sammlung von zwölf sechsstimmigen Chansons) und war zu gleicher Zeit ›maître des enfants‹ an der Kathedrale von Toul (siehe die Widmung der 12 vierstimmigen Motetten des *Liber primus modulorum [...] ad usum Ecclesiae ac Instrumentorum organicorum*). Nach dem Tod von Karl III. 1574 diente Caietain dessen Neffen, dem Duc de Guise Heinrich I., wie aus der Widmung der 32 vierstimmigen *Airs mis en musique ... sur les Poësies de P. de Ronsard et autres excelens poëtes* (1576, wiederaufgelegt 1578) hervorgeht. Zwei Jahre später erschienen 20 vierstimmige Chansons, 8 neapolitanische und zwei spanische vierstimmige ▶ Villanellen im *Second livre d'airs*.

Seine ▶ Motetten, die häufig auf Psalmentexte komponiert und – wie im Titel angezeigt – sowohl für Stimmen als auch für Instrumente bestimmt sind, sind durch sehr verzierte Melodik insbesondere an den Schlüssen und durch punktuelle Madrigalismen geprägt (beispielsweise der chromatische Abstieg auf »timent« im Superius von *Beati omnes*). – In seinen 1571 publizierten ▶ Chansons wandte er im wesentlichen kontrapunktischen Stil an wie in *A la doulce ombre*, die zudem eine der seltenen musikalischen Versionen einer französischen Übersetzung von Francesco Petrarcas *A la dolce ombra* ist. Die Chansons und die folgenden ▶ Airs (1576 und 1578) weisen eine eher homophone und syllabische Schreibweise auf. Dieser neue Ansatz resultierte aus Kontakten mit mehreren Mitgliedern der ▶ Académie de Poésie et de Musique, die in Paris von Jean Antoine de ▸ Baïf ins Leben gerufen wurde; in der Widmung seiner ersten Air-Sammlung von 1576 erklärte Caietan außerdem, dass er die Schule von ▸ Thibault de Courville und Lambert de Beaulieu häufig besucht hat, die in der Praxis des Gesangs zur ▸ Leier und der ▸ Musique mesurée à l'antique hervorragten. Hingegen sind nur drei Texte ›mesurée à l'antique‹ (*Une puce j'ay dedans l'oreille* von Baïf), die anderen sind Gedichte von Philippe ▸ Desportes (*M'ostant le fruict*), Amadis Jamin (*Je jeune*), Pierre de ▸ Ronsard (*Douce maitresse*) und anderen. Seine ▸ Villanella *Non vi mando* ist auf einen Text von Pietro ▸ Bembo komponiert.

*Ausgaben:*
*Airs [...] premier livre; Second livre d'airs*, hrsg. von J.A. Bernstein (Sixteenth Century Chanson 4), New York 1995.

*Literatur:*
P. Desaux, *Fabrice Marin Caietain, maître des enfants du chœur de la cathédrale Saint-Etienne de Toul et maître de musique de Henri de Lorraine, duc de Guise*, in: *Symphonies Lorraines*, Paris, 1998, S. 113–150 • F. Dobbins, *Caietain, Marin*, in: *Grove*, Bd. 4, 2001, S. 810–811.

MAC

## Calvin [Cauvin], Jean
* 10.7.1509 Noyon, † 27.5.1564 Genf

Der französische Theologe und Reformator fühlte sich zu einer kirchlichen Karriere berufen und besuchte von 1523 bis 1528 in Paris die Kollegien ›la Marche‹ und ›de Montaigu‹. Nach dem Magister Artium verließ er die Theologie und wendete sich den Rechten zu, die er in Orléans 1828 bei Pierre de l'Estoile, dann 1529 bis 1530 in Bourges bei Andrea Alciati studierte. Nach seiner Rückkehr nach Paris besuchte er die humanistischen Zirkel des Collège de France und zwischen 1531 und 1534 den Unterricht bei den Hellenisten Pierre Danès, François Vatable und dem Hebräiker Guillaume Budé; dann trat er durch seine Schrift *De Clementia* (1532), einen gelehrten Kommentar über das gleichlautende Werk von Seneca, hervor. Nachdem er von den reformatorischen Ideen bekehrt wurde (ca. 1532/1533), brach er mit der römischen Kirche (1534) und legte seine kirchlichen Ämter nieder. Nach der Affaire des Placards im Oktober 1534 musste er aus Paris fliehen und flüchtete nach Basel, wo er seine *Christianae religionis institutio* (1536) redigierte. In diesem apologetischen Werk verteidigte er seine Landsleute, die mit der repressiven Politik von ▸ Franz I. konfrontiert waren, und legte die Fundamente seiner Doktrin gemäß der Katechismen von Martin ▸ Luther (Gesetz, Glaube, Gebet). Er ließ sich gleichermaßen über die Sakramente aus und definierte die Prinzipien der »christlichen Freiheit«. Nach einem kurzen Aufenthalt am Hof von Renée von Frankreich in Ferrara (1536), wo er den Dichter Clément ▸ Marot traf, beschloss er, nach Straßburg zu ziehen. Da er gezwungen war, durch Genf zu reisen, hielt er sich dort 1536 bis 1538 auf, um dem Reformator Guillaume Farel (1489–1565) bei der Organisation der dortigen Kirche zu helfen. Nachdem er aus Genf wegen seiner radikalen Positionen vertrieben wurde, wurde er von Martin ▸ Bucer in Straßburg aufgenommen, der ihn mit der Gemeinschaft der französischen Flüchtlinge betraute (1538–1541). Er profitierte von der exegetischen Kenntnis Bucers und arbeitete an der Reform des Straßburger Ritus mit, in der bereits die lateinische Sprache zugunsten der Volkssprache aufgegeben war und dem Gemeindegesang ein gewichtiger Platz zugesprochen wurde. Dafür publizierte er *Aulcuns pseaulmes et cantiques mys en chant* (1539), die erste musikalische Anthologie von Psalmen, Cantiques und Gebeten in französischer Sprache für den reformierten Kultus. 1541 wurde er nach Genf zurück gerufen, blieb dort bis zu seinem Tod 1564 und widmete sich der

Predigt und seinen Schriften. Zu seinen Hauptwerken gehören *Ordonnances ecclesiastiques* (1541), *Catéchisme* (1542) und, die Musik betreffend, *La forme des prières et chants ecclésiastiques* (1542) sowie *Les Pseaumes mis en rime françoise* (1562). Die letztgenannte Publikation – ein Kirchengesangbuch – ist auch unter dem Namen *Psautier de Genève* (Genfer Psalter) oder *Psautier huguenot* (Hugenottenpsalter, ▸ Calvinistische Musik) bekannt.

Calvin interessierte sich für Musik innerhalb des vorgeschriebenen Rahmens der Liturgie. Eine Zusammenfassung seiner Gedanken findet man in seiner Bittschrift *A tous chretiens et amateurs de la parole de Dieu*, die als Vorwort zu *Forme des prières et chants ecclésiastiques* (1542) und zu *Pseaumes mis en rime françoise* (1562) diente. Im Rekurs auf patristische und humanistische Lehren vertrat er die Auffassung des göttlichen Ursprungs der Musik und erinnerte daran, dass sie primär zur Ausübung des Lobes bestimmt sei. Die Psalmen Davids und die biblischen Gesänge wurden so zu Formen poetischen und musikalischen Ausdrucks, die für das christliche Gebet bestimmt waren und begründeten so die Basis des kultischen Repertoires der calvinistischen Reform. Im liturgischen Rahmen haben sie die Form eines monodischen, nicht begleiteten Gemeindegesangs in Alltagssprache. Musikinstrumente sind aufgrund ihrer Verbindung mit dem Heidentum und der mit ihr verbundenen Polyphonie verboten, da sie das Verständnis des Textes veränderten und die Aufmerksamkeit des Gläubigen ablenken. Stark vom ▸ Humanismus beeinflusst empfindet Calvin trotzdem eine Faszination für die Wirkungen der Musik auf die Seele und den menschlichen Körper, die von antiken Autoren beschrieben werden. Auch die versifizierte Übersetzung des Psalters, die er zunächst Marot und dann Théodore de ▸ Bèze anvertraute, vollzog sich gemäß den genauen metrischen und poetischen Prinzipien, nach denen die Melodie sich mit dem Rhythmus und der Betonung verbindet. Die ersten Psalmen und Cantiques, die auf diese Weise vertont wurden, erschienen in *Aulcuns pseaulmes* (1539), wurden dann sukzessive revidiert und vervollständigt in *La forme des prieres et chantz ecclesiastiques* (1542), *Cinquante pseaumes* (1543), *Pseaumes octantetrois* (1554) bis zur Publikation des kompletten Psalters 1562. Obwohl die Mehrheit der Melodien anonym sind, können einige zwei Genfer Komponisten zugeordnet werden: Loys ▸ Bourgeois und Pierre Davantès (1525–1561). Sie sind durch eine strophische Struktur, eine syllabische Behandlung des Textes und den ausschließlichen Gebrauch von Minimen und Semiminimen sowie den auf eine Oktave beschränkten Ambitus charakterisiert.

Die rasche und massive Ausbreitung der calvinistischen Reform in Frankreich und im Norden von Europa sicherte die Verbreitung und den editorischen Erfolg der *Pseaumes mis en rime françoise* (1562). In den flämischen Ländern, wo mit den *Souterliedekens* (1540) bereits Willem Zuylen van Nyevelt eine metrische Version des Psalters nach lutherischem Modell vorgestellt hatte, erschienen gleichzeitig zwei Übersetzungen: Die erste, die von Utenhove in den Gemeinden der englischen Exilanten verbreitet wurde, gebrauchte nur teilweise die Genfer Melodien, während die zweite, die von Dathenus publiziert wurde, alle notengetreu reproduzierte; diese zweite Edition blieb in der flämischen reformierten Kirche bis 1773 gültig. In England wurde der Genfer Psalter seit 1562 unter dem Titel *The Whole Booke of Psalmes* von Thomas Sternhold und John Hopkins übersetzt; diese Version wurde von den Pilgern in Nordamerika seit 1520 verbreitet. Sie beeinflusste gleichermaßen die Einrichtung des schottischen Psalters (1564), in dem man 42 Genfer Melodien findet. In den deutschsprachigen Ländern wurde er hauptsächlich durch die Übersetzung von Ambrosius ▶ Lobwasser verbreitet (1573) und unterschiedslos für den lutherischen oder calvinistischen Kult gebraucht.

Die Melodien des Genfer Psalters stehen auch am Beginn einer bedeutenden polyphonen Tradition, die jedoch »nicht für den kirchlichen, sondern für den häuslichen Gebrauch bestimmt ist« (Goudimel 1565). Die ältesten bekannten Kompositionen erschienen in der Sammlung *Recueil de trente et un Psaumes à quatre voix* (1546) von Pierre ▶ Certon. Verbreiteter waren jedoch die vierstimmigen Sätze der *Pseaulmes cinquante de David* (1547) von Loys ▶ Bourgeois und die *Pseaumes […] Mis en musique à quatre parties* (1564, ²1565) von Claude ▶ Goudimel; der gesamte Zyklus von Goudimel wurde in mehrere Sprachen übersetzt und wurde sogar von der reformierten Kirche offiziell für den häuslichen Gebrauch anerkannt. Die gelehrte polyphone Tradition lässt sich bis ins 17. Jahrhundert verfolgen mit Claude ▶ Le Jeune und und Jan Pieterszoon ▶ Sweelinck, beim ersten mit seinem *Dodécacorde* (1598) und dann mit einem vollständigen Psalterzyklus (1601), bei zweitem mit zwei Sammlungen (1608 und 1621). In Flandern komponierte Jacobus ▶ Clemens non Papa dreistimmige Versionen auf Melodien der *Souterliedekens* (1556–1557). In Deutschland wurde der gesamte Psalter von Sigmund Hemmel (1567) in Musik gesetzt und eine Anthologie der polyphonen Psalmen erschien in *Geistliche Lieder und Psalmen* (1586), veröffentlicht von Lucas ▶ Osiander. In den polyphonen Versionen stehen die Melodien entweder im ›contrapunctus simplex‹, im ›stylus floridus‹ auf den Cantus firmus oder im Motettenstil. In den Niederlanden wurden sie auch in Kompositionen für Tasteninstrumente von Sweelinck, Henderick Speuy oder Anthoni van Noordt verwendet.

*Ausgaben*:
*Ionannis Calvini Opera quae supersunt omnia*, Brunswick u. Berlin, 1863–1900; *Forme des prières et chants ecclésiastiques*, Genève 1542 (Faksimile New Brunswick 1973); *Les Pseaumes mis en rime francoise*, Genève 1562, Faksimile Genf 1986.

*Literatur*:
H.P. Clive, *The Calvinist Attitude to Music*, in: Bibliothèque d'Humanisme et Renaissance 19 (1957), S. 80–102, 294–319; 20 (1958), S. 79–107 • P. Pidoux, *Le Psautier Huguenot du XVIᵉ siècle. Mélodies et documents*, Basel 1962 • C. Garside, *The Origins of Calvin's Theology of Music*, Philadelphia 1979 • R.A. Leaver, *»Goostly psalmes and spirituall songes«: English and Dutch Metrical Psalms from Coverdale to Utenhove 1535–1566*, Oxford 1991 • B. Cottret, *Calvin. Biographie*, Paris 1995, ²1999 • A. Dunning, *Calvin*, in: *Grove*, Bd. 4, 2001, S. 844-847.

FG

# Calvinistische Musik

Unter calvinistischer Musik ist diejenige liturgische und außerliturgische einstimmige und mehrstimmige vokale volkssprachige Musik zu verstehen, die in Übereinstimmung mit den Richtlinien des Genfer Reformators Johannes ▶ Calvin entstand und in calvinistischen Kreisen ausgeführt wurde. Das betrifft in erster Linie den französischen Genfer Psalter, seine Übersetzungen und musikalischen Bearbeitungen sowie in calvinistischen Kreisen außerliturgisch gesungene geistliche Lieder.

Johannes Calvin hing der spätantiken Auffassung an, Musik sei zwar göttlichen Ursprungs, durch die Erbsünde jedoch sei der Mensch nicht ohne Weiteres in der Lage, sie in der richtigen, Heil bringenden Weise zu gebrauchen. Strenge Regeln für den reformierten Gottesdienst sollten daher die Gefahr des Missbrauchs ausschließen. So gestattete Calvin im Rahmen der Kirchenmusik der jungen Genfer reformierten Gemeinde ausschließlich einstimmigen Psalmengesang (Vorwort zur Gottesdienstordnung mit Psalmensammlung *La forme des prières et chantz ecclésiastiques*, 1542). Musikinstrumente und mehrstimmige Musik waren während des Gottesdienstes verboten. Den Hauptgrund für diese Entscheidung gab Calvin im Kommentar zu Psalm 33 an: Der Gebrauch von Musikinstrumenten in der Bibel beziehe sich auf die Unterrichtssituation, für den Tempeldienst sei er unpassend gewesen. Calvin bezieht sich auch auf 1 Kor. 14, 16, wo Paulus dafür plädiert, das Wort Gottes in einer bekannten Sprache zu verkündigen. Instrumentalmusik enthalte keine Worte und damit keine Sprache und sei daher unerwünscht. Außerdem sah er in mehrstimmiger Musik und Instrumentalmusik eine Verbindung zur vorreformatorischen Liturgietradition, die er strikt ablehnte. Die strenge Orientierung der calvinistischen Gemeinde an der Bibel ließ für den Gottesdienst ausschließlich biblische Gesänge zu, nämlich die 150 Psalmen des Alten Testaments und die Cantica aus dem Alten und Neuen Testament. Während der privaten Hausandachten (▶ Andachtsmusik) waren jedoch mehrstimmige und instrumentale Musik sowie geistliche Lieder mit freien Texten erlaubt.

Für die französischen reformierten Gemeinden zunächst in Straßburg, später in Genf ist zwischen 1533 und 1561 eine Sammlung aller 150 Psalmen sowie der biblischen Cantica in gereimter Form entstanden: der Genfer Psalter. Die erste Ausgabe *Auculns pseaulmes et cantiques mys en chant* erschien 1533 für die französische Flüchtlingsgemeinde in Straßburg. Sie enthält neunzehn Psalmen und drei Cantica in französischer Sprache. Dreizehn Texte stammen von dem französischen Hofdichter Clément ▶ Marot, neun Texte werden Calvin zugeschrieben, allerdings steht seine Autorschaft nur für zwei Psalmen fest (Ps. 25 und Ps. 46). Die Herkunft der Hälfte der Melodien ist unbekannt, sechs Melodien stammen von den Straßburger Kantoren Matthias ▶ Greiter und Wolfgang Dachstein. Nach Calvins endgültiger Rückkehr nach Genf 1541 erschienen für die reformierte Gemeinde dort weitere Psalmenausgaben, bis schließlich 1562 alle 150 Psalmen in französischer Bereimung vorlagen (*Les Psaumes en vers français avec leurs mélodies*). Die neuen Texte wurden von Clément Marot und Calvins Nachfolger im Amt Théodore de Bèze geschrieben, die Melodien stammen von drei Genfer Komponisten und Kantoren: Guillaume Franc, Loys ▶ Bourgeois und einem nicht identifizierten ›Maistre Pierre‹ (möglicherweise dem Genfer Humanisten und Drucker Pierre Davantès).

Der Genfer Psalter ist eine wichtige Quelle der Renaissancemusik, enthält er doch anders als die meisten, auf dem Weg der ▶ Kontrafaktur gewonnenen Liedersammlungen der Renaissance überwiegend Originalkompositionen aus dem 16. Jahrhundert. Die Auffassung der älteren Forschung, die Genfer Melodien gingen auf weltliche Liedmelodien zurück, ist mittlerweile widerlegt. Für die Melodik des Genfer Psalters charakteristisch ist ihre syllabische Faktur unter Verwendung nur zweier rhythmischer Werte (Semibrevis und Minima, ▶ Mensuralnotation) in zahlreichen Kombinationsformen. Jeder Psalm beginnt mit einer Semibrevis, die einzelnen Zeilen enden meist mit einer Pause. Die Melodien lehnen sich an die mittelalterlichen ▶ Kirchentonarten an, mit einer Vorliebe für den dorischen und ionischen Modus, die zusammen zwei Drittel der Psalmmelodien bestimmen. Insgesamt enthält der Genfer Psalter 125 verschiedene Melodien.

Während im calvinistischen Gottesdienst der Genfer Psalter nur einstimmig gesungen wurde, entstanden schon bald mehrstimmige Bearbeitungen für den Hausgebrauch. Die frühesten Sätze stammen von Loys Bourgeois, Kantor an der Genfer Kirche St. Pierre. Er war einerseits als Melodiekomponist an der Entstehung des Genfer Psalters beteiligt, andererseits komponierte er auch mehrstimmige homophone Sätze auf der Basis der Psalmmelodien (Pseaulmes cinquante de David, 1547).

Am bekanntesten sind die Psalmsätze des reformierten französischen Komponisten und Musikverlegers Claude ▸ Goudimel. Von ihm sind drei mehrstimmige Psalmzyklen erhalten, zwei Zyklen strikt homophoner sowie imitierender Sätze auf der Basis der Genfer Psalmmelodien (1564/1565 und 1568/1580) und ein Zyklus frei komponierter polyphoner Psalmmotetten (1557–1566). Goudimels mehrstimmige Bearbeitungen des Genfer Psalters sorgten für eine Rezeption der Genfer Psalmen weit über den französischen Sprachraum hinaus. Weitere mehrstimmige Bearbeitungen des Genfer Psalters im 16. Jahrhunderts stammen von Paschal de l'▸Estocart und Claude ▸ Le Jeune. Le Jeune komponierte sowohl cantus firmus-freie Psalmsätze, als auch einen kompletten, 1601 posthum erschienenen Psalmzyklus auf der Basis der Genfer Psalmmelodien.

Von musikgeschichtlicher Bedeutung sind auch die Psalmbearbeitungen des niederländischen Komponisten Jan Pieterszoon ▸ Sweelinck. Er publizierte einen französischen Psalmzyklus für vier bis acht Stimmen auf der Basis des Genfer Psalters sowie Variationen über einige Genfer Psalmmelodien für Tasteninstrument.

Nicht für den Gemeindegesang, wohl aber für die private Hausmusik vor allem französischer reformierter Kreise wurden vom Genfer Psalter unabhängige geistliche mehrstimmige Lieder moralisch aufbauenden Charakters geschrieben. Zu den Komponisten zählen Goudimel, aber auch Le Jeune und De l'Estocart. De l'Estocarts *Premier livre des Octonaires de la vanité du monde* (1582) und Le Jeunes *Octonaires de la vanité et inconstance du monde* (1606) umfassen geistliche Vokalkompositionen moralischen Inhalts in einer stark italienisch beeinflussten Kompositionsweise.

Durch die Auswanderung der Hugenotten im 16. und 17. Jahrhundert fand der Genfer Psalter in einstimmiger und mehrstimmiger Form nahezu weltweite Verbreitung. Er wurde in mehrere Sprachen übersetzt. Für die deutschsprachigen Länder wurde die erstmals 1573 erschienene Übersetzung des Königsberger Juristen, Humanisten und Lutheraners Ambrosius ▸ Lobwasser maßgebend. Seine Vorlage war die vierstimmige Psalmenausgabe Goudimels von 1565. Der Lobwasser-Psalter bildete die musikalische Basis für reformierte Gottesdienste in Deutschland und in der Schweiz bis zum Ende des 18. Jahrhunderts. In den Schweizer Gemeinden konnten die Genfer Psalmen im Gottesdienst auch mehrstimmig gesungen werden.

Für die Gottesdienste der reformierten Kirche in der Republik der Sieben Vereinigten Niederlande war bis 1773 ausschließlich der Genfer Psalter in der Übersetzung des Prädikanten Peter Datheen (*De psalmen Davids*, erstmals 1566) erlaubt. Seine Übersetzung ist eine wortgetreue Übertragung der französischen Psalmtexte, allerdings mit erheblichen Verstößen gegen den musikalischen Akzent. Ihr waren die *Psalmen Davidis* Jan Utenhoves vorausgegangen (1551–1566). Utenhove verwendete deutsche Psalmmelodien, die zum Teil mit Genfer Psalmmelodien übereinstimmen. Einen Reimpsalter auf der Basis des hebräischen Urtexts, kombiniert mit den Genfer Psalmmelodien, publizierte Philips van Marnix van St. Aldegonde (*Boek der psalmen Davids*, 1580), doch konnte er sich gegen den Psalter Datheens nicht durchsetzen. Eine unvollständige englische Ausgabe des Genfer Psalters publizierten 1556 Thomas Sternhold und John Hopkins für die englische Flüchtlingsgemeinde in Genf, als vollständige englische Ausgabe aller Psalmen mit den Genfer Melodien erschien sie 1562 in London. Auch die schottischen Kirchen nahmen in ihren Reimpsalter Melodien aus dem Genfer Psalter auf. Französische Flüchtlinge brachten den Genfer Psalter schließlich auch nach Nord- und Südamerika, wo er u.a. in der Mission Verwendung fand.

*Ausgaben:*
*Aulcuns pseaulmes et cantiques mys en chant*, Straßburg 1539, Faksimile mit Einführung von J.R. Luth, Brasschaat 2003 • *La Forme des prières et chantz ecclésiatiques avec la manière d'administrer les sacraments, et consacrer le marriage: selon la coustume de l'église ancienne*, Genf 1542, Faksimile der Originalausgabe der Bibliothek Stuttgart mit einem Vorwort von P. Pidoux, Kassel u.a. 1959 • Claude Goudimel, *Œuvres complètes*, hrsg. von L.A. Dittmer und P. Pidoux, Bd. I–X, New York und Basel 1967ff. (Institute of Mediaeval Music New York und Schweizerische Musikforschende Gesellschaft) • W. Herbst (Hrsg.), *Evangelischer Gottesdienst. Quellen zu seiner Geschichte*, Göttingen ²1992. • Cl. Marot / Th. de Bèze, *Les Psaumes en vers français avec leurs mélodies*, Genf 1562, Faksimile mit einer Einleitung von P. Pidoux, Genf 1986 • *Monuments de la musique française au temps de la renaissance*, hrsg. von H. Expert [...], 11 Bde. Paris 1924ff., Reprint Bd. 1–10 New York 1952 • Jan Pieterszoon Sweelinck, *Opera omnia*, Bd. 1–5, hrsg. von der Koninklijke Vereniging voor Nederlandse Muziekgeschiedenis, Utrecht 1968–1988.

*Literatur:*
M. Jenny, *Luther, Zwingli und Calvin in ihren Liedern*, Zürich 1983 • J.R. Luth, »*Daer wert om 't seerste uytgekreten...*«. *Bijdragen tot een geschiedenis van de gemeentezang in het Nederlandse Gereformeerde protestantisme ± 1550 – ± 1852*, Kampen 1984 • P. Pidoux, *Vom Ursprung der Genfer Psalmweisen*, in: Musik und Gottesdienst 38 (1984), S. 45–63 • G. Aeschbacher, *Über den Zusammenhang von Versstruktur, Strophenform und rhythmischer Gestalt der Genfer Psalmlieder*, in: Jahrbuch für Liturgik und Hymnologie 31 (1987/1988), S. 53–71 • E. Grunewald / H.P. Jürgens / J.R. Luth (Hrsg.), *Der Genfer Psalter und seine Rezeption in Deutschland, der Schweiz und den Niederlanden. 16.-18. Jahrhundert*, Tübingen 2004.

UHB

# Calvisius, Sethus

\* 21.2.1556 Gorsleben (Thüringen), † 24.11.1615 Leipzig

Mit der Berufung von Calvisius zum Thomaskantor begann die Aufwertung dieses Amts zu einer zentralen Institution des Leipziger Musiklebens und die Reihe seiner bedeutendsten Vertreter. Gleichermaßen befähigt als Musiktheoretiker und -pädagoge, Komponist und Kompositionslehrer, Astronom, Historiker und Altphilologe, repräsentierte Calvisius in idealtypischer Weise den umfassend gebildeten Vertreter des protestantischen Kantorenamts im Deutschland des 16.–18. Jahrhunderts. Durch die Rezeption der *Istitutioni harmoniche* Gioseffo ▶ Zarlinos in seinem Musiktraktat *Melopoiia* trug er darüber hinaus entscheidend zur Weiterentwicklung der deutschen Musiktheorie seiner Zeit bei, vor allem in den Bereichen der Klausel-, Kontrapunkt- und Fugenlehre.

Nach dreijährigem Schulbesuch im thüringischen Frankenhausen erhielt Calvisius seit 1572 seine musikalische und humanistische Bildung als Kurrendeschüler in ▶ Magdeburg, u.a. wohl am Altstädtischen Gymnasium unter Gallus ▶ Dressler. 1579–1581 studierte er an den Universitäten von Helmstedt und ▶ Leipzig. Seine professionelle Laufbahn begann er 1581 als Repetent und Leiter der Universitätsmusiken an der Leipziger Paulinerkirche, bevor er 1582 als Kantor und Lehrer für alte Sprachen an die Fürstenschule Pforta in Naumburg (Saale) empfohlen wurde. In den zwölf Jahren seines dortigen Wirkens trug Calvisius entscheidend zur Begründung des musikalischen Ruhmes von Schulpforta bei, u.a. mit der Abfassung seiner Theoriewerke *Melopoiia* (1592) und *Compendium musicae* (1594), der Grundlegung des später von seinem Schüler und Nachfolger Erhard Bodenschatz herausgegebenen *Florilegium selectarissimum cantionum* (1603), sowie der Komposition seiner vierstimmigen *Hymni sacri latini et germanici* (1594). Seine langjährige, erfolgreiche Arbeit als Kantor, Lehrer und Wissenschaftler in Pforta prädestinierte ihn für die Wahl als Thomaskantor und Musikdirektor der Leipziger Hauptkirchen, die 1594 erfolgte. Die von Calvisius im Thomaskantorat nahtlos weitergeführten Forschungen auf dem Gebiet der Chronologie trugen ihm Berufungen auf die Lehrstühle für

Mathematik an den Universitäten von Wittenberg und Frankfurt (Oder) ein, die er jedoch ausgeschlagen hat. Calvisius blieb bis zu seinem Tode als Thomaskantor in Leipzig, wo er für eine erhebliche Steigerung des Niveaus der Kirchenmusikpflege sorgte.

Das musikalische, aber auch das wissenschaftliche und musiktheoretische Œuvre von Calvisius entstand zu großen Teilen unter den Vorzeichen der von ihm ausgeübten Kantorenämter. In diesem Kontext stehen Werke wie die *Bicinia* über lateinische Evangeliensprüche (1599) und die, allerdings auch schon für das private bürgerliche Musizieren intendierten, *Tricinia* (1602) auf Psalmentexte und erbauliche Dichtungen. Letzteres gilt ebenso für die von Calvisius bereits 1597 vorgelegten 120 *Kirchengesenge*, mit denen der vierstimmige oberstimmengeführte Kantionalsatz nach Lukas ▶ Osiander und Rogier Michael im Leipziger Kirchenmusikleben eingeführt wurde, wie für Calvisius' vierstimmige Vertonung des Psalters nach Cornelius Becker (1605). Primär musikpädagogisch ausgerichtet waren seine beiden äußerst beliebten Traktate *Compendium musicae* zur Elementarlehre sowie *Exercitationes musicae* zur Moduslehre und Geschichte der Musik. Dass sich die Bedeutung des Musiktheoretikers Calvisius jedoch nicht nur auf pädagogische Aspekte reduzieren lässt, zeigen dagegen seine intensiven fachlichen Kontakte zu Kollegen wie Michael ▶ Praetorius und Johannes ▶ Kepler sowie das theoretische Magnum opus *Melopoiia*. Dieses stellt nichts Weniger dar als das seinerzeit umfassendste deutsche Kompendium zur mehrstimmigen Kompositionslehre, in dem erstmals eindeutig formulierte Regeln zum Gebrauch von Dissonanzen und Intervallfortschreitungen, zur Imitationstechnik, zum mehrfachen Kontrapunkt und zur Textbehandlung festgelegt wurden, die bis heute quasi zu den Naturgesetzlichkeiten des kontrapunktischen Satzes gehören.

*Ausgaben*:
7 Choralsätze, in: *Schatz des liturgischen Chor- und Gemeindegesangs*, hrsg. von L. Schöberlein, 3 Bde., Göttingen 1865–1872; *Tricinia*, hrsg. von P. Rubardt, Berlin 1949; *Geistliche Chormusik*, hrsg. von A. Tunger, Stuttgart 1965.

*Schriften (nur Musiktheorie)*:
*Melopoiia sive melodiae condendae ratio, quam vulgo musicam poeticam vocant*, Erfurt 1592, Magdeburg ²1630; *Compendium musicae pro incipientibus conscriptum*, Leipzig 1594, ²1602, Neuausgabe als *Musicae artis praecepta nova et facilima*, Jena 1612, Mikrofilmausgabe Zug o.J.; *Exercitationes musicae duae / Exercitatio musica tertia*, Leipzig 1600/1609, Faksimile Hildesheim 1973.

*Literatur*:
H. Koerth, *Sethus Calvisius und seine Bedeutung für die Entwicklung des Thomaskantorats in Leipzig*, in: *Struktur, Funktion und Bedeutung des deutschen protestantischen Kantorats im 16. bis 18. Jahrhundert*, hrsg. von C. Lange, B. Reipsch und W. Hobohm, Oschersleben 1997, S. 68–75 • W. Braun (A. Adrio), *Calvisius, Sethus*, in: *MGG²*, Bd. 3 (Personenteil), 2000, Sp. 1720–1725 • H. von Loesch, *Musica – Musica poetica – Musica practica*, in: *Deutsche Musiktheorie des 15. bis 17. Jahrhunderts, erster Teil, von Paumann bis Calvisius* (Geschichte der Musiktheorie 8,1), hrsg. von Th. Ertelt und F. Zaminer, Darmstadt 2003, S. 99–264 • G. Schröder (Hrsg.), *Tempus musicae – tempus mundi. Untersuchungen zu Seth Calvisius*, Hildesheim 2008.

DG

# Cambio, Perissone

\* um 1520 Geburtsort unbekannt, † um 1565 Sterbeort unbekannt

Cambio war Sänger und Komponist, überwiegend im Bereich der weltlichen Vokalmusik. Er wird erstmals in Antonfrancesco ▶ Donis *Dialogo della musica* (Venedig 1544) erwähnt und wegen seiner schönen Stimme und perfekten Technik gelobt; zugleich sind dort zwei seiner Madrigale abgedruckt. Im Februar 1549 wird Cambio als Sänger der San Marco-Musikkapelle angestellt. Er schrieb die Widmung zu Cipriano de ▶ Rores auf Francesco Petrarca basierendem Zyklus *Vergine bella* (Venedig

1548). Nach seinem Tod verfassten Domenico Venier und Girolamo Fenaruolo jeweils ein Sonett, in dem Cambios Vorname Teil eines Wortspiels ist (*Ben perì suon, quel suono il nome stesso* und *In un punto perì suon sì pregiato*).

*Ausgaben*:
*Il primo libro di madrigali a quatro voci* (Sixteenth-Century Madrigal 3), hrsg. von M. Feldman, New York und London 1989; *Madrigali a cinque voci* (Sixteenth-Century Madrigal 2), hrsg. von M. Feldman, ebenda 1990.

*Literatur*:
M. Feldman, *City Culture and the Madrigal at Venice*, Berkeley und Los Angeles 1995.

KS

# Cambrai ▸ Frankreich

# Camerata fiorentina

Die Camerata fiorentina war eine Gruppe mit wechselnden Mitgliedern aus Intellektuellen, Dichtern und Musikern, die in Florenz im letzten Viertel des 16. Jahrhunderts aktiv waren; ihr wird oft (auch wenn dies nicht ganz korrekt ist) der Verdienst der Erfindung des Sologesangs und der Oper zugesprochen. Die ›erste‹ Camerata wurde von dem florentinischen Mäzen Giovanni de' ▸ Bardi geleitet und war in den 1570er und 1580er Jahren aktiv. Nachdem Bardi nach Rom gegangen war, nahm Jacopo ▸ Corsi seinen Platz ein, dessen eigener Zirkel die ersten Opern des Dichters Ottavio ▸ Rinuccini und des Dichters Jacopo Corsi aufführte, *Dafne* (1598) und *Euridice* (1600). Es mag auch eine dritte Gruppe gegeben haben, die mit dem römischen Komponisten Emilio de' ▸ Cavalieri verbunden war, der 1589 nach Florenz kam.

Der Begriff ›Camerata‹ wurde erstmals von Giulio ▸ Caccini in der an Bardi gerichteten Widmung seiner Vertonung der *Euridice* (Florenz 1600) gebraucht und bezeichnete die Versammlung von Musikern, Poeten und Philosophen in Bardis Haus einige Jahre zuvor. Bardis Sohn Pietro gebraucht den Begriff ebenfalls in einem Brief, der die künstlerischen Aktivitäten seines Vaters beschrieb und der an den Theoretiker Giovanni Battista Doni 1634 gerichtet war: Er schrieb, dass die Diskussionsthemen Musik, Dichtung, Astrologie und andere Wissenschaften einschlossen. Insofern scheint die Gruppe nicht nur ein einziges Thema gehabt zu haben. Die Musik war unter den Konversationsthemen jedoch offensichtlich hoch angesiedelt, besonders die Frage, warum moderne Musik nicht die rhetorischen und emotionalen Effekte erreichen konnte, die ihr in der klassischen Antike zugesprochen wurden. Bardi und sein Schützling, der Lautenist und Theoretiker Vincenzo ▸ Galilei, beschäftigten sich mit der Natur der griechischen Musik in einer ausgedehnten Korrespondenz mit dem bekannten Humanisten Girolamo ▸ Mei. Bardi und Galilei argumentierten beide für eine Reform der modernen musikalischen Praxis, der erstere in einem Diskurs über antike Musik und gutes Singen, der an Giulio ▸ Caccini gerichtet war (ca. 1578), und der letztere in seinem *Dialogo della musica antica, et della moderna* (Florenz 1581), der als Dialog zwischen Bardi und dem einzigen anderen Musiker dargestellt ist, von dem man weiß, dass er eine direkte Verbindung mit der Camerata hatte, dem florentinischen Adligen Piero ▸ Strozzi. Galilei machte dann einige musikalische Experimente gemäß seiner Reform, die eine Vertonung von Graf Ugolinis Klage aus Dantes *Inferno* (XXXIII:4–75) und eine Reihe von Lamentationen und Responsorien für die Heilige Woche (alles verloren) einschlossen. Caccini behauptete später, dass sein eigener neuer Stil des Sologesangs, oder der Monodie, diesen Debatten viel verdankte, von denen er mehr lernte als von 30 Jahren Kontrapunktstudien. Er bemerkte außerdem, dass verschiedene seiner Gesänge in der Camerata mit »leidenschaftlichem Beifall« aufgenommen wurden.

Während Galileis Traktat von 1581 die konkreteste theoretische Darlegung, die aus Bardis Camerata hervorging, darstellt, waren die bedeutendste artistische Leistung, vielleicht überraschenderweise, die Intermedien für die Feierlichkeiten, die die Hochzeit des Großherzogs Ferdinando I. de' ▸ Medici und Christine von Lothringen 1589 zelebrierten. Bardi ersann eine komplexe Reihe neoplatonischer Allegorien, die die Macht der antiken Musik thematisierten, inszeniert mit extravaganten Bühnenbildern von Bernardo ▸ Buontalenti, und mit zahlreichen Vertonungen verschiedener Komponisten, von prunkvollen 30stimmigen Stücken zu Sologesängen mit ausgearbeiteten Verzierungen.

Zu den Dichtern und Musikern, die an den Intermedien von 1589 beteiligt waren, gehörten diejenigen, die Oper und Sologesang in der nächsten Dekade entwickeln halfen, wenn auch unter einem neuen Patron. Jacopo Corsi hatte mit Sicherheit enge Beziehungen zu Ottavio Rinuccini und Jacopo ▸ Peri, und zweifellos fanden in seinem Palast ebenfalls schöngeistige Konversationen statt: Er hatte Verbindungen mit den Dichtern Torquato ▸ Tasso, Giovanni Battista ▸ Guarini und Gabriello Chiabrera so wie mit einer Anzahl von Künstlern und Musikern. Nicht klar ist, ob dieser Gruppe jemals als ›Camerata‹ eine feste Form gegeben wurde, aber selbst das Stellen der Frage ist verfehlt, denn diese Versammlungen, eingeschlossen diejenige Bardis, wurden nie in irgendeiner Weise formalisiert. Florenz hatte zweifellos eine Tradition von offiziellen ▸ Akademien (die Accademia Fiorentina, della Crusca, degli Alterati, etc.), aber gleichermassen bewegten sich florentinische Intellektuelle mit Leichtigkeit in einem weiten Bereich von sozialen Zirkeln und durch verschiedene kulturelle Räume, und genossen dabei die Vergnügen des kultivierten Diskurses als Zweck für sich, und nicht als Mittel zum Zweck.

Caccinis Erfindung des Begriffs ›Camerata‹ diente seinen eigenen Zielen, als er versuchte, seine Priorität über den jüngeren Peri zu etablieren. Wissenschaftler des 19. und 20. Jahrhunderts andererseits tendierten dazu, den Begriff als eine Art Erklärung für die plötzliche Erscheinung der Oper in Florenz in den späten 1590er Jahren in Anspruch zu nehmen, und vielleicht ebenso für die scheinbare akademische Trockenheit der frühen Beispiele des Genres. Die Behauptung, dass die Oper theoretische Grundlagen benötigte, bevor sie ihre Erfüllung unter den Händen eines wirklichen Komponisten (Claudio ▸ Monteverdi) erlangte, spielt in die komplexe Rezeptionsgeschichte des Genres, nicht zuletzt der nach-wagnerianischen, hinein. Wenn die florentinische Camerata letztlich auch teilweise ein Mythos sein mag, hatte sie doch eine mächtige Wirkung.

*Literatur*:
N. Pirrotta, *Temperaments and Tendencies in the Florentine Camerata*, in: Musical Quarterly 40 (1954), S. 169–189; repr. in *Music and Culture in Italy from the Middle Ages to the Baroque*, Cambridge/Massachusetts 1984, S. 217–234 • C.V. Palisca, *The »Camerata Fiorentina«: a Reappraisal*, in: Studi musicali 1 (1972), S. 203–236 • C.V. Palisca, *The Florentine Camerata: Documentary Studies and Translations*, New Haven and London 1989.

TC

## Campion [Campian], Thomas
* 12.2.1567 London, † 1.3.1620 ebenda

Campion war einer der bedeutendsten Dichter der Shakespeare-Zeit. Zudem komponierte er hauptsächlich Lautenlieder mit Bassgambenbegleitung im Stil von John ▸ Dowland. Ab 1605 praktizierte er als Arzt.

Campion studierte zunächst in Cambridge, bevor er 1586 zum Jurastudium an das Grays

Inn ging. Dort begann er seine literarischen und theatralischen Aktivitäten. 1605 erhielt er einen Doktor der Medizin der Universität Caën.

Campion verglich seine Lautenlieder im Vorwort zum *Book of Ayres* (1601) mit Epigrammen, daher sind die Sätze meist einfach, metrisch und akkordisch, ohne kontrapunktische Ornamentik und ausgiebige Tonmalerei. In den *Observations in the Art of English Poesie* (1601) favorisierte er eine Vertonung, in der – wie in der französischen ▸ Musique mesurée – der musikalische Rhythmus die Metren der antikisierenden Gedichte widerspiegelt, wendete sie selbst jedoch nur in dem Lied *Come let us sound* an. Die Lautenlieder basieren ausschließlich auf eigenen Gedichten. Auch zu einigen der ▸ Court masques, die Campion ab 1607 für den englischen Hof schrieb (z.B. zur Hochzeit Friedrichs von der Pfalz mit Prinzessin Elisabeth am 14. Februar 1613; vgl. *Description, Speeches and Songs of the Lords Maske*, 1613), leistete er selbst musikalische Beiträge.

*Schriften*:
*Observations in the Art of English Poesie*, London 1601; *The Description of a Maske, Presented before the Kinges Majestie at White-Hall*, London 1607; *Description, Speeches and Songs of the Lords Maske*, London 1613; *A Relation of the Late Royal Entertainment*, London 1613; *A Newe Way of Making Fowre Parts in Counter-point*, London [1614]; *The Description of a Maske Presented in the Banqueting Roome at Whitehall*, London 1614; Gedichte (vollständiges Verzeichnis siehe W.R. Davis, *The Works*).

*Ausgaben*:
W.R. Davis (Hrsg.), *The Works of Thomas Campion*, Garden City 1967; D. Greer (Hrsg.), *Collected English Lutenist Partsongs* (Musica Britannica 54), Bd. 2, London 1989.

*Literatur*:
E. Lowbury / T. Salter / A. Young, *Thomas Campion. Poet, Composer, Physician*, London 1970 • W. Maynard, *Elizabethan Lyric Poetry and its Music*, Oxford 1986 • D. Lindley, *Thomas Campion*, Leiden 1986 • W.R. Davis, *Thomas Campion*, Boston 1987 • C.R. Wilson, *Words and Music Coupled Lovingly Together. Thomas Campion, a Critical Study*, New York 1989.

RS

# Canario

Canario ist die Bezeichnung für einen rhythmisch prägnanten, sowohl zu gerad- als auch ungeradtaktiger Musik ausführbaren Tanz, welcher ab der Mitte des 16. Jahrhunderts in Spanien erwähnt wird, deren erste Musik- und Tanzquellen aber aus Italien stammen. Bereits im 16. Jahrhundert gibt es unterschiedliche Erklärungsmodelle über die Herkunft des Canario (Thoinot ▸ Arbeau, *Orchesographie*, 1588). Inwiefern die Bezeichnung auf eine auf den Kanarischen Inseln beheimatete Liedform zurückgeht, ist unklar. Die Struktur vokaler Canario-Formen weist eine Nähe zum ▸ Villancico auf.

Die früheste Quelle zum Canario befindet sich in Fabritio ▸ Carosos *Il Ballarino* (Venedig 1581). Hier wie auch bei den nachfolgenden Traktaten (Cesare ▸ Negri) zum höfischen Gesellschaftstanz dieser Zeit steht der Canario in der Abfolge Sonata–Gagliarda–Saltarello–Canario als virtuoser Höhepunkt an letzter Stelle des zumeist mehrteiligen ▸ Balletto-Typus. Während ▸ Galliarde und ▸ Saltarello musikalisch jeweils aus der Sonata abgeleitet sind, beruht der Canario unabhängig davon auf einem melodisch und harmonisch in sich gleich bleibenden Modell einer zumeist einfachen Kadenzformel (I–V–I; I–IV–V–I u.ä.).

Der Canario ist auch als eigenständiger Tanz überliefert, bei dem die Tanzpartner durch rhythmische Schrittmuster in der Art eines improvisierten ›Pedalogo‹ (Caroso, *Nobiltà di Dame*, Venedig 1600) tanzend miteinander kommunizieren. Livio ▸ Lupi (1600, ²1607) beschreibt über 100 unterschiedliche Mutanze (solistische) und Passeggi (gemeinsame Schritt-variationen) des tanzenden Paares. Der Name sowie die für diesen Tanz typischen stampfenden Schritte verleihen dem Canario einen exotischen Charakter, dessen Beliebtheit als eigenständiges Musikstück in zahlreichen Beispielen (Michael ▸ Praetorius 1612; Gasparo Zanetti 1645; Giovanni Battista Vitali 1667; Lucas Ruiz de Ribayaz 1677 u. a.) dokumentiert ist. Marin ▸ Mersenne erwähnt noch 1636 (*Harmonie universelle*) die typischen »batteries de pieds«. Während man in den Suiten der süddeutsch-österreichischen Komponisten (Johann Heinrich Schmelzer, Heinrich Ignaz Franz Biber, Leopold I. u. a.) überwiegend den italienischen Canario verbreitet sieht, entwickelte sich im Verlauf des 17. Jahrhunderts in Frankreich eine neue, zumeist im 6/8-Takt stehende Form. Die zugehörigen Choreographien weisen mit dem Tanz des 16. und frühen 17. Jahrhunderts keine Gemeinsamkeiten auf.

Canario aus Fabritio Caroso: *Il Ballarino*, Venedig 1581, fol. 70r.

*Literatur*:
M. Lutz, *Zur Choreographie der Renaissance-Tänze in der Instrumentalmusik zur Zeit Heinrich Ignaz Franz Bibers*, in: *Tagungsbericht Heinrich Ignaz Franz Biber, Salzburg 9.–12. April 1994*, hrsg. vom Forschungsinstitut für Salzburger Musikgeschichte, Salzburg 1997, S. 159–176 • J. Sutton, *Canario*, in: *MGG²*, Bd. 2 (Sachteil), 1995, Sp. 364–368 • R. Hudson / M. Little, *Canary*; in: *Grove*, Bd. 4, 2001, S. 921–923 • J. Sutton, *Canary*, in: *International Encyclopedia of Dance*, Bd. 2 (1998), S. 50–52.

MM

## Canción

Den allgemeinen spanischen Ausdruck für Lied, der das mittelalterliche ›cantiga‹ ablöste und von dem auch die Sammlungsform des ›Cancionero‹ (Liederbuch) abgeleitet ist, verwendet man als spezielleren Gattungsbegriff für die iberische Variante der polyphonen ▸ Chanson in der zweiten Hälfte des 15. Jahrhunderts.

Die Affinität der Canción zur burgundisch-französischen Parallelgattung besteht in überlieferungstechnischer, personeller, thematischer, formaler und satztechnisch-stilistischer Hinsicht und zeigt, wie spanische (kastilische) Lyrik von teils bekannten Dichtern, die seit der Jahrhundertmitte in eigenen literarischen Cancioneros gesammelt wurde, mit der tonangebenden Kompositionsweise der nördlichen Zentren in Übereinstimmung gebracht wurde.

In enger Nachbarschaft mit zeitgenössischen Chansons ist das Repertoire überwiegend anonym in den musikalischen Quellen (*Cancionero de la Colombina* und *de Palacio*, *Segovia*) überliefert, aber die namentlich bekannten Komponisten lassen Beziehungen nach Norden erkennen: Enrique Foxer figuriert auch als Enrique de Paris, der ebenfalls in Paris ausgebildete Spanier Joan ▸ Cornago komponierte Canciones in einem zunehmend frankoflämisch infiltrierten Umfeld am aragonesischen Hof in Neapel, nicht nur der auf der iberischen Halbinsel tätige Juan de Triana, sondern auch der Frankoflame Johannes ▸ Ockeghem bearbeiteten je eine seiner Canciones mit zwei neuen Stimmen (*Señora qual soy venido* bzw. *¿Qu'es mi vida*), und Juan de ▸ Urrede (Johannes Wreede), der am Hof in Alba de Tormes wirkte, wo auch noch Juan del ▸ Encina Canciones verfassen sollte, stammt aus Brügge.

Die musikalische Orientierung am Chanson-Vorbild wurde durch die formale Verwandtschaft der zugrundeliegenden Gedichte erleichtert. Wie die Refrainformen des französsischen ▶ Virelai bzw. der ▶ Bergerette (und der italienischen ▶ Ballata) geht die Canción auf die provenzalische Kanzone zurück und enthält folglich drei konstitutive Elemente: Die Strophe beginnt mit einem ›estribillo‹ (auch ›cabeza‹ genannt), der in der Regel aus vier Versen in der Reimfolge abba oder abab, seltener aus fünf Zeilen (quintilla) besteht; jede Zeile erhält neue Musik. Es folgt die ›copla‹, die sich in zwei baugleiche und somit auf dieselbe Musik vorgetragene Doppelverse teilt (›mudanza‹ 1 und 2, Reimstellung cdcd oder cddc); wie bei der modernen Bergerette, mit der sie der Verzicht auf Folgestrophen verbindet, kontrastiert dieser Abschnitt bisweilen in Metrum und Satzprofil. Im Unterschied zu den genannten Refrainformen wird die Canción durch eine ›vuelta‹, die das Bauprinzip und damit die Musik des ›estribillo‹ wiederaufgreift, abgeschlossen; sie realisiert dabei aber einen Kompromiss aus Alternativstrophenteil und Refrain, indem der Anfang der ›vuelta‹ neuen Text bringt und das Ende einen Teil des ›estribillos‹ auch als Text zitiert. Ein wesentlicher Unterschied besteht weiterhin in der Länge der Verszeilen, da die kastilische Poetik den (relativ kurzen) Achtsilbler zur Norm erhoben hatte. Als literarische Form wurde die Canción (auch unter diesem Namen) von Juan del Encina 1496 theoretisch erfasst und vom populäreren ▶ Villancico abgegrenzt, die – unter gänzlich veränderten Kompositionsbedingungen – auch noch für die 1589 in Venedig gedruckte Sammlung *Canciones y villanescas espirituales* (u.a. mit Werken von Francisco ▶ Guerrero) Gültigkeit behalten sollte. Als Hoflyrik folgt die Canción des 15. und beginnenden 16. Jahrhunderts den thematischen Konventionen des ▶ Amour courtois.

Neben gelegentlichen wörtlichen Motiventlehnungen übernahm die Canción von der frankoburgundischen Chanson charakteristische Stilmerkmale wie dreistimmigen Satz mit Diskant-Tenor-Gerüst (bei Cornago ähnlich wie bei Antoine ▶ Busnoys beide Stimmen gerne in relativ enger Oberstimmenlage) zuzüglich Contratenor, geschmeidig geführter, textierter Cantusmelodie, aufgelockert syllabischer Textdeklamation am Versbeginn und bisweilen melismatisch ausgesungenen Versmitten oder Versenden sowie weitgehender Enthaltung von Imitationen. Dann und wann meldet sich spanisches Idiom, z.B. in Form von ausdrucksintensiven threnodischen Quartgängen oder fallenden punktierten Figuren. Vierstimmige Sätze tauchen erst gegen Ende des 15. Jahrhunderts auf und sind häufig Bearbeitungen von dreistimmigen Canciones, denen einzelne Stimmen entnommen und in einen neuen Satzzusammenhang gestellt worden sind (»art-song reworking«).

*Literatur*:
G. Haberkamp, *Die weltliche Vokalmusik in Spanien um 1500. Der ›Cancionero de la Colombina‹ von Sevilla und außerspanische Handschriften* (Münchner Veröffentlichungen zur Musikgeschichte 12), Tutzing 1968 • D. Fallows, *A Glimpse of the Lost Years: Spanish Polyhonic Song, 1450–70*, in: *New Perspectives on Music. Essays in Honor of Eileen Southern*, hrsg. von J. Wright und S.A. Floyd, Warren 1992, S. 19–36.
NSCH

## Cancionero ▶ Canción

## Canis, [de Hondt], Cornelius
* um 1506 Gent, † 15.2.1562 Gent

Die Karriere von Cornelius Canis hat sich hauptsächlich in Gent abgespielt. Die ersten Dokumente stammen von 1532: Er ist zu dieser Zeit schon ›maître de chant‹ einer Kongregation, die an die Kirche Saint-Jean von Gent gebunden ist, die später Kathedrale wurde. 1540 war Canis in Lille an Saint-Pierre angestellt, wo er die Funktion des ›rector puerorum‹ innehatte. Wie viele seiner Zeitgenossen wurde er damit beauftragt, junge Sänger zu rekrutieren und sie an den Hof von Madrid mitzunehmen. 1542 verließ Canis diese Stelle. Im Juni desselben Jahres wurde ihm angeboten, die Nachfolge von Thomas ▶ Crecquillon als ›maître de chapelle‹ des Kaisers anzutreten. Die Abdankung Karls V. 1555 verlief für die Kapelle nicht ohne Störungen, denn Canis schien nicht die Sympathie von ▶ Philippe II. gehabt zu haben. Jedenfalls folgte er dem neuen Herrscher nicht nach Spanien, sondern quittierte seinen Posten und kehrte in das Haus seiner Eltern zurück. Er konnte sich bis zum Kanoniker steigern und sein Leben war offensichtlich komfortabel genug, um den Vorschlag, in den Dienst Kaiser Ferdinands in Prag zu treten, abzulehnen. Canis starb im Februar 1562 in seiner Geburtsstadt.

Canis komponierte zwei ▶ Messen und drei ▶ Hymnen, ist aber hauptsächlich durch seine ▶ Motetten (25) und seine ▶ Chansons (29) bei den Zeitgenossen und der Nachwelt berühmt. Motetten und Chansons wurden innerhalb von 20 Jahren gedruckt (zwischen 1542 und 1558) und waren sehr erfolgreich. Die Virtuosität seines Kontrapunkts wurde im folgenden von Musikern der kaiserlichen Kapelle übernommen; dies war eine Qualität, die nicht nur seine geistlichen Werke, sondern auch seine weltlichen Kompositionen prägte. So gebrauchen sieben von den zwölf fünfstimmigen Chansons, die er komponierte, ▶ Kanons. Seine berühmtesten Motetten gehören dem Genre der ▶ Staatsmotette an. *Tota vita peregrinamur* und *Clama ne cesses* erschienen in der Sammlung *Cantiones selectissimae* (Augsburg 1548), deren sämtliche Werke aus der Feder von Meistern der Kapelle Karls V. stammen.

Literatur:
A. Dunning, *Die Staatsmotette, 1480-1555*, Utrecht 1969 • B. Bouckaert, *Cornelius Canis (†1562) in Ghent and Lille. New Biographical Evidence*, in: Tijdschrift van de Koninklijke Vereniging voor Nederlandse Muziekgeschiedenis 51 (2001), S. 83–102.

PHV

# Canisius, Petrus
\* 8.5.1521 Nimwegen, † 21.12.1597 Fribourg (Schweiz)

Canisius gilt als der erste deutsche Jesuit. Pieter de Hondt – er benutzte seit seiner Berufung auf das Konzil von Trient 1547 die Latinisierung seines Namens – stammte zwar aus Nimwegen, das jedoch zur Diözese Köln gehörte. Er studierte in Köln und trat 1543 in die wenige Jahre zuvor gegründete ›Societas Jesu‹ (Jesuitenorden, ▶ Orden) ein. Als Professor und Prediger wirkte er 1549–1452 an der Universität Ingolstadt, 1452–1455 in Wien, 1555–1556 in Prag, 1559–1566 in Augsburg, 1571–1577 in Innsbruck und ab 1580 in Freiburg im Üchtland (Fribourg/Schweiz). 1556 wurde er von Ignatius von ▶ Loyola als Provinzial eingesetzt und bestimmte grundlegend die Verankerung der Jesuiten im deutschen Sprachbereich; den schulischen und universitären Unterricht sah er als Voraussetzung an und gründete im Laufe der Jahre insgesamt 18 Jesuiten-Kollegien. 1564 und 1590 wurden Dekrete zu Programm und personeller Ausstattung verfasst (siehe dazu Müller). 1580 gründete er das Kollegium St. Michael in Freiburg im Üchtland (Fribourg). – Canisius setzte sich in Anlehnung an Ignatius von Loyola insbesondere auch für den volkssprachigen Kirchengesang und das ▶ Kirchenlied sowie für die Einbeziehung der Gemeinde beim Singen ein und rief bei seinen Predigten in Augsburg zum Singen von geistlichen Liedern in und außerhalb der Kirche auf. In den Städten, in denen Jesuitenkollegien entstanden (u.a. Ingolstadt, München, Innsbruck und Dillingen), erschienen auch Gesangbücher im Druck. 1574 wurde von dem Buchdrucker und Literaten Adam Walasser, der von Canisius beeinflusst war, ein erstes Gesangbuch *Catholische Teutsche vnd Lateinische Geseng* (Tegernsee 1574) herausgegeben, dessen zweite Auflage 1577 um ältere Gesangsformen wie Rufe und Litaneien,

1582 noch um Psalmen erweitert wurde. 1596 wurden in Fribourg Canisius' *Catholische Kirchengesäng* gedruckt.

*Ausgaben*:
Der große Katechismus: Summa doctrinae christianae (1555), ins dt. übertragen und kommentier von H. Filser und St. Leimgruber, Regensburg 2003.

*Literatur*:
H. Schmidt, *Gemeindegesang*, in: *MGG*², Bd. 3 (Sachteil), 1995, über Canisius Sp. 1150–1152 • R.A. Müller, *Schul- und Bildungsorganisation im 16. Jahrhundert. Die Canisianische Kollegienpolitik*, in: R. Berndt (Hrsg.), *Petrus Canisius SJ (1521–1597). Humanist und Europäer*, Berlin 2000.

## Canova da Milano, Francesco [Francesco Milanese, Francesco da Parigi, Francesco da Monzino]
\* 18.8.1497 Monza, † 2.1.1543 (?)

Francesco Canova ist einer der bedeutendsten Lautenisten und Komponisten für Lautenmusik der italienischen Renaissance. Man nannte ihn auch ›il divino‹, eine Bezeichnung, die eine Generation später Orlande de ▸ Lassus aufgrund seiner Vokalmusik erhielt. In einer Welt, die durch Musiker des Nordens und durch die Vorherrschaft des Vokalen dominiert wurde, ist dieser Instrumentalist vielleicht der erste in Italien, der internationale Anerkennung erlangte. Seine Werke zirkulierten in ganz Europa bis ins 17. Jahrhundert sowohl in Editionen als auch in Manuskripten. Francesco ist der Autor von ca. 100 ▸ Fantasien oder ▸ Ricercaren, die einen bemerkenswerten Beitrag zur Instrumentalmusik leisten sowohl durch ihre Anzahl als auch durch die Qualität der Werke. Wie alle Lautenisten der Renaissance fertigte er auch Intavolierungen von polyphonen Vokalwerken an. Auf diesem Gebiet wählte er im wesentlichen weltliche, französische und zeitgenössische Komponisten: ▸ Josquin Desprez, Clement ▸ Janequin, Pierre ▸ Certon, Claudin de ▸ Sermisy etc. Sammlungen, die ihm als ganzes gewidmet sind, erschienen seit 1536, aber mehr als die Hälfte seines Werks blieb unpubliziert.

Francesco wurde in einer Musikerfamilie in Monza geboren. Seine Karriere vollzog sich hauptsächlich in Rom, wo er von 1514 bis 1537 im Dienst der Päpste Leo X., Hadrian VI., Clemens VI. und Paul III. stand. Kurz vor dem ▸ Sacco di Roma von 1527 kehrte er nach Mailand zurück, wo er 1528 eine Kanoniker-Stelle in S. Nazaro Maggiore erhielt. Das erste veröffentlichte Werk, eine veränderte Version der Fantasia 24, erschien bei Pierre ▸ Attaingnant in Paris in *Tres breve et familiere introduction* von 1529, und Werke, die mit Francesco da Parigi unterzeichnet sind, erschienen im Manuscrit de Sienne (NL-Dhgm 28 B 39); dies sind zwei Dokumente, die von einem vorübergehenden Aufenthalt in Paris zeugen. Während des berühmten Treffens zwischen ▸ Franz I., ▸ Karl V. und Papst Paul II. in Nizza 1538 nahm der Papst nur Francesco als Musiker mit, was die Wertschätzung zeigt, die der Papst für ihn hegte. Im gleichen Jahr heiratete er die Mailänderin Chiara Tizzoni, die ihm 1540 einen Sohn schenkte. Eine letzte Erwähnung Francescos und seines Vaters im Dienst des päpstlichen Hofes stammt von 1539. Der Rest seines Lebens bleibt im Dunkeln.

Die Fantasien von Francesco zeigen perfekt die Stilentwicklung, die von der kurzen Improvisation zu ausgedehnteren und strukturierteren Stücken reicht, die in der Art des vokalen Kontrapunktes mit Imitationen, gegensätzlichen Registern, die die Stimmen paarweise gruppieren, oder mit parallelen Dezimen, wie man sie bei Josquin findet, gehalten sind. Viele Werke präsentieren unterschiedliche kurze Motive, aber manche Fantasien knüpfen schon an die Form des monothematischen Ricercars an. Die Bedeutung von Francesco liegt gleichzeitig in der Meisterung des polyphonen vokalen Idioms und in der Schöpfung eines autonomen instrumentalen Repertoires.

Die Lautenisten sowohl im 16. Jahrhundert als auch in unseren Tagen täuschen sich nicht, wenn sie dieses Repertoire als Standard der instrumentalen Literatur der Renaissance betrachten.

*Ausgaben*:
A.J. Ness (Hrsg.), *The Lute Music of Francesco Canova da Milano (1497–1543)*, Cambridge/Massachusetts 1970.

*Literatur*:
H. Colin Slim, *Francesco da Milano (1497–1543/44) – A bio-bibliographical Study*, in: Musica Disciplina 18 (1964), S. 63–84 und 19 (1965), S. 109–128 • J. McWhorter Meadors Jr, *Italian Lute Fantasias and Ricercars Printed in the Second Half of the Sixteenth Century*, Diss. Harvard Univ., Cambridge/Massachusetts 1984 • F. Pavan, *Francesco Canova da Milano*, Diss. Univ. von Mailand 1997 • V. Coelho, *Francesco Canova da Milano*, in: MGG², Personenteil, Bd. 6, 2001, Sp. 1571–1575 • V. Coelho, *Papal Tastes and Musical Genres: Francesco (Canova) da Milano ›il Divino‹ (1497–1543), and the Clementine Aesthetic*, in: *The pontificate of Clement VII. History, Politics, Culture*, hrsg. von K. Gouwens und S. Reiss, Ashgate 2002.

CHB

## Cantare al liuto

Im weltlichen Bereich (selten auch in der geistlichen Privatmusik) war die Praxis, dass ein Singender sich selbst auf der Laute begleitete, eine der üblichsten Formen der Musikausübung im 16. Jahrhundert. Terminologische und Quellenbelege stammen überwiegend aus Italien, sind aber auch in anderen Ländern nachweisbar. Hauptsächliche Motivation für den Gesang zur Laute war seine konkurrenzlose Praktikabilität, er wurde aber auch ideengeschichtlich in der Figur des mythologischen und antiken Sängers überhöht und so schließlich Ausgangspunkt für humanistische Konzepte des monodischen Singens. Er ist in verschiedenen Erscheinungsformen greifbar: durch Zeugnisse für eine schriftlose Stegreifpraxis, für die elementare, stereotype, aber differenzierte Begleittechniken rekonstruierbar sind; als schriftlich in ▶ Tabulatur mit einer Mensuralstimme überführte Bearbeitung von genuin mehrstimmigen Kompositionen (z.B. Lieder durch Arnolt ▶ Schlick, 1512, ▶ Madrigale von Philippe ▶ Verdelot durch Adrian ▶ Willaert, 1536) oder von ursprünglich als begleiteter Gesang konzipierten, aber polyphon notierten Stücken (▶ Frottole durch Franciscus Bossinensis, 1509); als komponiertes Lautenlied und als Monodie (Vincenzo ▶ Galilei, Lamento des Grafen Ugolino, 1582, nicht erhalten). Die Überlieferung verdeckt bisweilen die ursprüngliche Bestimmung von Sätzen, die zur Laute gesungen wurden, aber als mehrstimmiger Stimmbuchsatz publiziert wurden, z.B. bei der ▶ Villanella oder dem ▶ Air de cour.

*Literatur*:
*Gesang zur Laute*, hrsg. von N. Schwindt (Trossinger Jahrbuch für Renaissancemusik 2), Kassel 2003.

NSCH

## Cantastorie

Im Italienischen werden mobile Sänger, die Lieder oft erzählenden Charakters vor Publikum vortragen und sich dabei selbst begleiten, als ›cantastorie‹ (Straßensänger, wörtlich ›Geschichtenerzähler‹) oder auch als ›cantimbanchi‹, ›cantaimpanca‹ (Bänkelsänger) bezeichnet. Sie spielten für Dichtung und Musik im 15. und 16. Jahrhundert insofern eine besondere Rolle, als sie nicht nur nach wie vor in der populären Kultur allgegenwärtig waren, sondern als eigener Typus auch von humanistischen Idealen getragen waren. Solche literarisch und musikalisch sehr versierten Sänger waren im 15. Jahrhundert an Höfen (▶ Pietro Bono de Burzellis, Benedetto Gareth, ▶ Serafino de' Ciminelli dall'Aquila), im 16. Jahrhundert in intellektuellen Zirkeln hoch angesehen und tradierten mündlich Formen der Epik und Liebeslyrik. Als Begleitinstrumente zog man

▸ Laute und ▸ Cister heran, zunehmend auch das neu entwickelte Streichinstrument der ▸ Lira da braccio, mit dem man den mythischen Sänger ▸ Orpheus assoziierte. Durch den Aufschwung der Ritterepik um 1500, vor allem mit ▸ Ariosts *Orlando furioso*, bekam neben populären Gedichtformen, die z.T. Eingang in die ▸ Frottola fanden, der Vortrag von Ottaverime (fortlaufenden achtzeiligen Strophen) neue Nahrung. Die Deklamationsweise (▸ Aria) und standardisierte Begleitmodelle wie die ▸ Romanesca wurden auch in komponierter Musik aufgegriffen.

*Literatur*:
J. Haar, *Arie per cantar stanze ariostesche*, in: *L'Ariosto, la musica e i musicisti*, hrsg. von M.A. Balsano, Florenz 1981, S. 31–46 • Ders., *»Improvvisatori« and Their Relationship to Sixteenth-Century Music*, in: ders., *Essays on Italian poetry and music in the Renaissance, 1350–1600*, Berkeley 1986, S. 76–99 • I. Cavallini, *Sugli improvvisatori del Cinque-Seicento: Persistenze, nuovi repertori e qualche riconoscimento*, in: Recercare 1 (1989), S. 23–40.

NSCH

## Cantatorium ▸ Gesangbuch, liturgisches

## Canti carnascialeschi

Obwohl es seit dem Mittelalter zum allgemeinen Brauchtum gehörte, an Karneval und bei sonstigen Gelegenheiten, zu denen man sich verkleidete, ›Karnevalslieder‹ zu singen, verdichtete sich das Ritual in Florenz am Ende des 15. Jahrhunderts und brachte für wenige Jahrzehnte eine eigene, mehrstimmig komponierte Gattung hervor, die man als Canto carnascialesco im speziellen Sinn bezeichnet. Sie umfasst ein Repertoire von rund hundert erhaltenen Belegen.

Bereits die aus ▸ Medici-Besitz stammende Trecento-Handschrift London 29987 enthält ein frühes Zeugnis eines solchen Liedes (*La mantacha sera tu tu tu*), doch erst durch die nachhaltige Initiative Lorenzos de' ▸ Medici, der Florenz von 1469–1492 regierte und sie einem Bündel politisch stabilisierender Maßnahmen eingliederte, wurden die Gesänge in einem größeren Rahmen aufgewertet und in die mehrmals im Jahr ausgerichteten, nun sehr aufwändig inszenierten Festumzüge integriert. Es gab mehrere saisonale Gelegenheiten für solche Straßenkorsos (die der Fastenzeit vorausgehenden und die ›calendimaggio‹ genannten vor dem Fest des Stadtpatrons Johannes des Täufers am 24. Juni), bei denen Wägen (›carri‹) mit bildlichen und halbszenischen Aufbauten sowie gestisch agierenden Personendarstellern und auch Musikern eine große Rolle spielten. Für die Paraden prägten sich unterschiedliche Charaktere aus, die einesteils mehr volksfestartig waren und eine Plattform für alltägliche, typischerweise im Handwerker-Milieu angesiedelte und oft in direkter Ansprache an die Frauen im Publikum gerichtete skurrile und beharrlich doppeldeutig-obszöne Thematik boten (›mascherate‹) und die anderenteils offiziöse und repräsentative Funktion erfüllten, wofür ernsthafte, bisweilen humanistisch inspirierte Stoffe – zumeist allegorisch – dargestellt wurden (›trionfi‹, wie sie auch andernorts, vor allem in Neapel, üblich waren).

Dass Lorenzo nicht nur selbst Texte (evtl. auch Melodien) lieferte, sondern hochrangige Florentiner Dichter wie Angelo ▸ Poliziano (und nach 1500 auch Niccolò ▸ Macchiavelli) zur Gattung beitrugen, demonstriert ihren gehobenen Anspruch, ohne die betont performative Natur der Gesänge im mindesten zu relativieren. Formal wurde auf heimische Refraintypen (wie die ▸ Ballata) zurückgegriffen, die aber in den griffigeren Achtsilberversen abgefasst und mit deutlich mehr Strophen ausgestattet wurden, um die inhaltlichen und sprachlichen Belustigungen oder auch Moralitäten weitschweifig durchspielen zu können.

Das Bemühen, entweder Trivialitäten bewusst herzustellen oder Plastizität für die Wahrnehmung bei öffentlicher Aufführung unter freiem Himmel zu schaffen, betrifft auch die musikalische Gestaltung, die bisweilen in die Hände hochrangiger frankoflämischer Komponisten vor Ort gelegt wurde (Heinrich ▸ Isaac: *Né più bella di queste, Berricuocuoli, donne, e confortini*, Musik verloren; Alexander ▸ Agricola: *Donne, no' sian dell'olio facitori*, nur Cantus erhalten; die letzten beiden auf Texte Lorenzos). Die oft anonym überlieferten Kompositionen prägen ein charakteristisches Satzmodell aus: Streng syllabisch in meist geradem Metrum und in den anfangs drei, später vier Stimmen homorhythmisch koordiniert, werden die Verse zeilenweise in schlichtem melodischem Duktus und mit beschränktem Klangreservoir vorgetragen, wobei nach Einheiten von einer oder höchstens zwei Versen eine starke Zäsur (per Generalpause oder Fermate) eintritt. Das Strophenende wird öfters durch den Wechsel ins Dreiermetrum markiert. Die Stimmfunktionen lassen zwar einen klaren Außenstimmensatz erkennen, allerdings betrifft der versweise installierte Kadenzschematismus als gleichbleibende Formel nur die tiefste Stimme, die immer mit einer Bassklausel schließt, während Diskant- und Tenorklausel in den höheren Stimmen austauschbar sind und somit immerhin ein Minimum an komponiertem Kontrapunkt signalisieren. Obwohl es auch ikonographische Hinweise gibt, dass Canti carnascialeschi zur Laute dargeboten wurden, ist der vokale Vortrag durch kleine singende Ensembles aus Knaben und Männern, entsprechend den akustischen Verhältnissen auch mit instrumentaler Unterstützung, als Normalfall anzunehmen.

Auf die Satztechnik und die vokale Aufführungspraxis wird üblicherweise verwiesen, wenn Vorbilder und Ansatzpunkte für das frühe Florentiner ▸ Madrigal gesucht werden. Denn nach einer Phase im Untergrund (zu Zeiten der ersten Florentiner Republik, in der anfangs unter dem Dominikaner Girolamo ▸ Savonarola mehrstimmige sowie weltliche Musikausübung geächtet waren und viele Materialien zerstört wurden, überdauerten populäre Melodien von Canti carnascialeschi nur als ▸ Kontrafaktur in Gestalt geistlicher ▸ Lauden) wurden mit der Wiederbelebung der Umzüge, zuerst zaghaft nach Savonarolas Tod 1498 und dann definitiv nach der Restitution der Medici 1512 Karnevalslieder erneut gepflegt. Aus dieser Zeit stammen auch die handschriftlichen musikalischen Hauptquellen, während umfassende Textquellen (darunter Antonfrancesco Grazzinis Druck *Tutti i trionfi, carri, mascherate o canti carnascialeschi andati per Firenze*, 1559, mit einem die Umzüge beschreibenden Vorwort) vorwiegend aus der Mitte des 16. Jahrhunderts stammen, mithin aus der Zeit, als in Florenz als der Hauptstadt des neuen Großherzogtums Toskana in legitimatorischer Absicht die eigene Geschichte dokumentiert wurde.

*Literatur*:
J.J. Gallucci, *Florentine Festival Music 1480–1520* (Recent Researches in the Music of the Renaissance 40), Madison 1981 • W.F. Prizer, *Reading Carnival: The Creation of a Florentine Carnival Song*, in: Early Music History 23 (2004), S. 185–252 • U. Abele, *Die Landsknechtslieder in den Codices Magliabechi XIX, 121 und Banco Rari 230*, in: *Von Schlachthymnen und Protestsongs: Zur Kulturgeschichte des Verhältnisses von Musik und Krieg*, hrsg. von A. Firme u.a., Bielefeld 2006, S. 41–59.

NSCH

# Cantique spirituel

Auch als ›Chanson spirituelle‹ oder ›Ode spirituelle‹ bezeichnet ist der Cantique spirituel das religiöse Äquivalent zur weltlichen französischen Chanson, der sich, im katholischen Kontext, vom ▸ Hymnus, dem Psalm (▸ Psalmvertonungen) und dem ▸ Noël durch seine moralisierende und doktrinäre Sichtweise unterscheidet. Durch seine monodische oder einfache polyphone Gestaltungsweise bleibt er an die Verbreitung des tridentinischen Katechismus gebunden, dessen emblematische Sammlung die *Paraphrase des hymnes et cantiques spirituels* (1592) von Michel Coyssard (1547–1623) bildet, die bis zum 17. Jahrhundert regelmäßig wiederaufgelegt wurde. In ihrer wissenschaftlichen Form ähnelt der Cantique spirituel dem ▶ Air de cour in der Art der *Airs spirituels* (1582) von Antoine de ▶ Bertrand (fl. 1530–1580/1582). Im Calvinismus wird sie außerhalb des Kultus gesungen, um die allzu freien Chansons zu ersetzen. Paschal de L' ▶ Estocart, Didier ▶ Lupi oder Claude ▶ Le Jeune haben zu dem Genre beigetragen.

*Literatur*:
A. Gastoué, *Le cantique populaire en France*, Lyon 1924 • C. Rozier, *Hymnes et cantiques en France du 13ᵉ au 17ᵉ siècle*, in: La Maison-Dieu 92 (1967), S. 136–144 • J.-C. Dhotel, *Les origines du Catéchisme moderne*, Paris 1967 • E. Weber, *La musique protestante de langue française*, Paris 1979 • D. Launay, *La musique religieuse en France du Concile de Trente à 1804*, Paris 1993.

FG

## Canto de órgano

Canto de órgano ist der spanische Terminus für Mensuralmusik (▶ Mensuralnotation) als Gegensatz zum Canto llano (▶ gregorianischer Choral), der in der Zeit der Renaissance bis zum 18. Jahrhundert in Gebrauch war. Manchmal wird stattdessen auch Canto figurado verwendet, der Begriff ist jedoch weniger üblich.

## Cantor / Cantor principalis ▶ Kapelle

## Cantoris ▶ Decani und Cantoris

## Cantrix
(cantatrix / cantorissa / Cantorin / Singmeisterin)

Klösterliches Amt der Gesangsmeisterin, die für die Einübung der Novizinnen in die lateinischen Gesänge und den dazu notwendigen Lateinunterricht verantwortlich war, die Schola leitete und im Gottesdienst die Gesänge anstimmte sowie solistische Abschnitte übernahm. Voraussetzung waren eine hohe musikalische Begabung, sehr gute Kenntnisse der lateinischen Sprache und die vollkommene Vertrautheit mit der komplexen klösterlichen Liturgie. Oft war das Amt der Cantrix mit dem der Scriptorin vereint, da der Cantrix auch die Pflege der Chorbücher oblag.

LMK

## Cantus coronatus ▶ Puy

## Cantus figuratus / Musica figuralis

Cantus figuratus ist in der Renaissance ein anderer Begriff für Mensuralmusik oder Musica mensurabilis (▶ Mensuralnotation) im Gegensatz zum Cantus planus (ital. Canto piano, span. Canto llano, englich plainchant, ▶ gregorianischer Choral). Der spätere Begriff der Figuralmusik hingegen bezieht sich auf melodische Figuration.

## Cantus firmus

Ein Cantus firmus ist die einem mehrstimmigen Satz zugrunde liegende Melodie, die meist eine bereits vorhandene geistlicher oder weltlicher Herkunft ist (Cantus prius factus). Sie gründet in dem mittelalterlichen Verfahren, eine mehrstimmige Komposition auf Melodien des ▶ gregorianischen Chorals (Cantus planus) aufzubauen. Merkmal einer Cantus firmus-Komposition ist, dass der Cantus firmus in langen Notenwerten in einer Stimme, überwiegend im Tenor liegt, jedoch auch in anderen Stimmen gebracht werden kann, als Oberstimme in der Diskantmesse oder durch die Stimmen wandern kann. Der Cantus firmus kann auch figuriert werden, aus ihm kann das melodische Material der anderen Stimmen entwickelt werden. Die Verfahrensweisen in Cantus firmus-Kompositionen sind vielfältig. ▸ Messe, ▸ Motette, ▸ Tenorlied.

*Literatur*:
Th.F. Kelly (Hrsg.), *Plainsong in the Age of Polyphony*, Cambrigde 1992 • J. Bloxam, *Cantus firmus*, in: *MGG*², Bd. 2 (Sachteil), 1995, Sp. 404–417 • E. Weber (Hrsg.), *Itinéraires du cantus firmus. V: Réminiscences, référence et pérennité*, Paris 2001; *Le cantus firmus hymnologique, lexicologique et pédagogique*, Paris 2004; *Le cantus firmus: Exploitation à travers les siècles*, Paris 2004.

## Cantus fractus

Cantus fractus ist ein mehrstimmiger Satz, dessen Gerüsttöne durch kleinere Notenwerte ausgeziert werden, sei es als Improvisation oder als Komposition. ▸ Diminution.

## Cantus planus ▸ Cantus figuratus

## Cantus prius factus ▸ Cantus firmus

## Canzone / Canzon da sonar

Die Canzone bezeichnet erstens eine lyrische Dichtungsgattung, die in der Troubadourlyrik im 12. Jahrhundert aufkam, dann bei Francesco Petrarca im 14. Jahrhundert gepflegt und im 16. Jahrhundert im ▸ Petrarkismus wieder aufgegriffen wurde. Im 15. Jahrhundert spielte sie kompositorisch nur eine geringe Rolle (vereinzelte Stücke wie z.B. Guillaume ▸ Dufays *Vergine bella* nach Petrarca). Im 16. Jahrhundert ist sie mit den Gattungen ▸ Frottola und ▸ Villanella verknüpft, Sammlungen werden dementsprechend bezeichnet: z.B. *Canzoni sonetti strambotti et frottole libro quarto* (1517), *Canzone villanesche alla napolitana* (1537), *Canzoni villanesche* (1541), *Canzoni alla napoletana* (1572).

Zweitens und bedeutender für die Musik der Renaissance ist die in Italien entstandene instrumentale Canzone, mit der sich im 16. Jahrhunderts eine eigenständige Instrumentalmusik in Italien entwickelte mit zahlreichen Kompositionen für Laute, Tasteninstrumente und Instrumentalensembles. Sie war neben dem ▸ Ricercar die beliebteste Gattung für ▸ Consort. Die Canzone entwickelte sich zwar auch aus einer Vokalgattung heraus, der französischen Chanson, die in Italien beliebt war und in zahlreichen Drucken erschien, oft mit der Anweisung zu vokaler und instrumentaler Ausführung: *Canzoni francese [...] da cantare e sonare* (1539), und für Laute und Tasteninstrument in Intavolierungen (▸ Tabulatur). Zunächst durch ▸ Diminutionen, dann durch Bearbeitungen und nur Übernahme von melodischem Material entwickelten sich jedoch originale instrumentale Kompositionen, wobei eine Unterscheidung in Original oder Bearbeitung wegen fehlender Incipits als Hinweis auf die Chansonvorlage oft kaum möglich ist.

Die frühesten Canzonen für ▸ Laute, in denen die Vorlagen notengetreu (nur unter Einfügung von Verzierungen) übernommen werden, stehen in Francesco Spinacinos *Intabulatura de Lauto* (1507); in ▸ Francesco da Milanos *Intabolatura di liuoto* (1536) finden sich bereits Chanson-Bearbeitungen, und in Melchiore da Barberiis Lautenbuch (1546) sind erstmals zwei wahrscheinlich originale Kompositionen ohne Angabe der Vorlage

(Brinzing, Sp. 426) abgedruckt. Die Entwicklung verlief jedoch nicht geradlinig von der Übernahme der Vorlage zur eigenständigen Komposition, sondern in der zweiten Hälfte des 16. Jahrhunderts überwogen im Bereich der Lautenmusik immer noch die auf Vorlagen basierenden Kompositionen gegenüber den originalen. – Ähnlich verhält es sich in der Musik für Tasteninstrumente, in der zwar bereits früh neben Übernahmen auch Kompositionen stehen, die lediglich das melodische Material aufgreifen, um es in einer eigenständigen Komposition zu verarbeiten (Marco Antonio Cavazzoni, *Recercari motetti canzoni [...] libro primo*, 1523); auch noch in der zweiten Hälfte des 16. Jahrhunderts jedoch gab es lediglich verzierte Übernahmen wie bspw. in Andrea ▸ Gabrielis *Canzoni alla francese libro [...] sesto* (1605, posthum). Bearbeitungen von Chansons und vermutlich eigenständige Orgelkompositionen sind am Ende des Jahrhunderts bei Claudio ▸ Merulo in seinen Canzonen für Orgel (1592, weitere Bücher 1606 und 1611) vereinigt. – Canzonen für Instrumentalensemble entstehen hingegen erst in der zweiten Hälfte des 16. Jahrhunderts, als früheste gilt die in Nicola Vicentinos Madrigalsammlung (1572) abgedruckte *Canzone de sonar. La bella*. 1582 erschien die Sammlung *Libro primo de canzoni da sonare* (nur zweite Auflage von 1584 erhalten) von Fiorenzo ▸ Maschera, die als bedeutendes Dokument in der Entstehung der selbständigen Instrumentalmusik gilt. In die Canzone für Instrumentalensemble gingen um 1600 zudem Prinzipien der ▸ Mehrchörigkeit ein (z.B. Giovanni ▸ Gabrieli, *Sacrae Symphoniae* 1597). Die Merkmale der durch Tempo und Taktart in mehrere Teile gegliederten Canzone des 17. Jahrhunderts findet man erstmals in Vincenzo Pellegrinis *Canzoni di intavolatura d'organo* (1599). Der Sammeldruck Alessandro Raveriis *Canzoni per sonare con ogni sorte di stromente a 4, 5, e 8 con il suo basso generale per l'organo* (1608) enthält Canzonen der bekanntesten Komponisten und bietet somit eine Art Summe der Canzonenkomposition gegen Ende des 16. Jahrhunderts (Giovanni Gabrieli, Claudio Merulo, Gioseffo ▸ Guami, Fiorenzo Maschera, Luzzascho ▸ Luzzaschi, Costanzo ▸ Antegnati, Girolamo Frescobaldi, Adriano Banchieri u.a.

*Literatur:*
A. Brinzing / P. Pozzi, *Canzone* (instrumental), in: *MGG²*, Bd. 2 (1995), Sp. 424–431 • F. Heidlberger, *Canzon da Sonar. Studien zu Terminologie, Gattungsproblematik und Stilwandel in der Instrumentalmusik Oberitaliens um 1600* (Würzburger musikhistorische Beiträge 19), Tutzing 2000.

## Canzonetta

Als Diminutiv zu Canzone (›Liedchen‹) stellte die Canzonetta ein unkompliziertes Pendant zu größeren oder anspruchsvolleren Vokalgattungen des 16. und 17. Jahrhunderts dar, insbesondere zum ▸ Madrigal. Sowohl in ihren Sujets, ihrer Sprachebene und musikalischen Faktur bleibt sie als leichtere Variante stets auf diese bezogen. Der Drucker von Franz Joachim Brechtels Liedern »nach art der welschen Canzonetten« (1590) fasste im Vorwort das Verhältnis in das Bild vom Genuss frischen Wassers nach demjenigen starken und wohlschmeckenden Weins. Die Wertschätzung erstreckte sich jedoch nur auf die umfangreiche Musikpraxis, die Hunderte von Drucken hervorbrachte, nicht auf den Status in der Dichtungstheorie, wo diese Art der ›poesia per musica‹ keine Rolle spielte.

Bereits im Umfeld der ▸ Frottola kursierte der Begriff kurz nach 1500 zur Bezeichnung einer einfachen Strophenform nach dem Reimmuster AbbA cccA dddA etc. (Großbuchstaben bezeichnen einen ganzversigen Refrain). Doch zu einer musikalischen Gattung mit eigenem Profil wurde die Canzonetta erst um 1570, nachdem Madrigal und ▸ Villanella längst etabliert waren. Terminologisch wird sie nicht vor Orazio ▸ Vecchis erstem Buch mit *Canzonette* (Venedig 1580) greifbar. Mit dieser Publikation besiegelte Vecchi den neuen, meist vier-, gelegentlich dreistimmigen Typus, der mit strophischer Anlage (allerdings kaum mehr mit Refrain, dafür mit regelmäßigen Binnenwiederholungen) und klarer musikalischer Beachtung der Verseinheiten eindeutig liedhafte Züge hat. Diese Anlage verweist auf die Villanella, die als *Canzone alla napolitana* ihr terminologischer und formaler Wegbereiter war, zurück.

Zur ungekünstelten Ausstrahlung trägt auch die Art der Umsetzung des Textes in relativ neutralen, stark am motorischen Taktmetrum orientierten Rhythmen unter Einbezug kleiner silbentragender Notenwerte bei, zu denen die vorherrschenden homophonen Satzstrukturen ein Übriges taten. Andererseits nennt Thomas ▸ Morley die »canzonets«, die sich sehr schnell in Deutschland und England verbreitet hatten und dort auch in den Landessprachen verfasst wurden, in seiner Theorie der weltlichen Vokalgattungen nicht ohne Grund »a counterfeit of the madrigal« (*A Plain & Easy Introduction to Practical Music*, 1597). Denn auch die Canzonetta war der Stilistik des Madrigals, wenngleich in abgeschwächter Form, zugänglich: Petrarkistische wie antipetrarkistische (▸ Petrarkismus) und auch pastorale Liebeslyrik in Themen, Affekten, Bildern und Vokabular, freier Wechsel von sieben- und elfsilbigen Versen, textillustrative Details, polyphon aufgelockertes Satzbild (mit kanzonetten-typisch in Stimmenduetten oder -terzetten hin und her geworfenen Motiven) sind anzutreffen. Mitunter wird der Bezug zur Muttergattung explizit hergestellt; so gibt es allein sieben Canzonette, die den Anfang von Giovanni Pierluigi da ▸ Palestrinas berühmtem Madrigal *Io son ferito* zitieren.

Als vor allem in geselligem Umfeld geschätzte Gattung erfreute sich auch die mit Generalbass ausgestattete geringstimmige Canzonetta im 17. Jahrhundert ungebrochener Beliebtheit.

*Literatur*:
R.I. DeFord, *Musical Relationships Between the Italian Madrigal and Light Genres in the Sixteenth Century*, in: *Musica disciplina* 39 (1985), S. 107–168 • C. Assenza, *La canzonetta dal 1570 al 1615* (Quaderni di Musica / Realtà 34), Lucca 1997.

NSCH

**Capella** ▸ **Kapelle**

**Capilla espanola** ▸ **Kapelle**

**Capilla flamenca** ▸ **Kapelle**

**Capirola, Vincenzo**
\* 1474 Brescia, † nach 1548

Der Lautenist und Komponist, der aus einer adligen Familie in Brescia stammt, ist durch das Capirola-Lautenbuch (US-Cn VM C.25) bekannt, eine Handschrift von 148 Seiten, die »Kompositionen des Meisters Vincenzo Capirola …« enthält. Sie könnte von einem Schüler von Capirola zusammengestellt worden sein, einem gewissen ›Vidal‹, über den man sonst nichts weiß – der vielleicht auch Capirola selbst gewesen ist. Dass das Manuskript erhalten blieb, verdankt sich dem im Vorwort genannten Grund: Wegen der reichen Illuminationen mit schmückenden ländlichen Motiven und ebenso wegen der verschiedenen Farben, die in der Tabulatur angewendet sind, wurde sie wahrscheinlich gut aufbewahrt und sollte – wie der Autor schreibt – zukünftigen Generationen wenn nicht aufgrund der Musik, so doch aufgrund der in ihr repräsentierten Kunst weitergegeben werden: »Wenn jemandem die [musikalische] Kenntnis fehlt, so wird er sie doch wegen der Schönheit der Bilder aufbewahren.« In musikalischer Hinsicht ist die Handschrift ein wesentliches Zeugnis der musikalischen Praxis zu Beginn des 16. Jahrhunderts in Italien.

Man weiß, dass Capirola in den Jahren 1489 und 1548 in seiner Geburtsstadt lebte, dass er 1517 – möglicherweise das Datum des Verfassens der Handschrift – in Venedig als Lautenist und Lehrer arbeitete, und Otto Gombosi schlägt vor, dass er der berühmte Lautenist von Brescia sein könnte, der soviel Erfolg am Hof ▸ Heinrichs VIII. im Jahr 1515 hatte. Das Repertoire der Handschrift entspricht dem gewöhnlichen Inhalt italienischer Ausgaben zu Beginn des Jahrhunderts: ▸ Frottolen, ▸ Chansons, ▸ Motetten, Auszüge von ▸ Messen, an die sich 13 ▸ Ricercare und 7 Tänze anschließen.

Die Handschrift ist nicht nach musikalischen Genres gegliedert, Ricercare, Vokalwerke und Tänze wechseln sich ab, sie sind im allgemeinen durch ihre Tonalität gruppiert, wie der Titel einiger Stücke andeutet (»Voi che pasati qui. Nel ton del recercar terzo.«). Die Komponisten der vokalen Vorlagen werden nicht immer genannt. Unter den genannten findet man Antoine ▸ Brumel, ▸ Josquin Deprez, ▸ Hayne van Ghizeghem, Jacob ▸ Obrecht, Alexander ▸ Agricola und für Italien Marchetto ▸ Cara und Bartolomeo ▸ Tromboncino. Im Gegensatz zu den zwischen 1507 und 1511 erschienenen Ausgaben von Ottaviano ▸ Petrucci (Francesco Spinacino, Joan Ambrosio Dalza, Franciscus Bossinensis) sind die Intavolierungen von Vokalmusik bei Capirola nur einfache Transkriptionen. Dank der Hinzufügung von Ornamenten und ▸ Diminutionen erlangt das Repertoire dennoch instrumentale Autonomie.

Die Handschrift gibt zudem wertvolle Informationen über Interpretation und instrumentale Techniken wie ›tenuto‹, ›legato‹, ›mordente‹, ›tremolo‹, Fingersatz, ›scordatura‹ und auch die Technik der Teilung des Chores in seine zwei Saiten. In den Ricercaren, die einen improvisatorischen Charakter aufweisen, alternieren freie und kontrapunktische Passagen. Unter den Tänzen findet man zwei ▸ Spagnas, drei ▸ Padovanas, zwei davon in französischer Manier, eine ▸ Bassadanza und ein ▸ Ballett. Auf die Titel zahlreicher Stücke folgt eine Wertung, sei es zum Schwierigkeitsgrad, sei es zum ästhetischen oder technischen Rang: ›ala spagnola facile‹, ›senza fuge‹, ›bella e aierosa‹, ›belisimo‹, ›piu belisimo‹, ›descorda il contrabaso‹, ›descorda come sancta trinitas‹ etc.

*Ausgaben*:
O. Gombosi (Hrsg.), *Compositione di Messer Vincenzo Capirola: lute-book (circa 1517)*, Neuilly-sur-Seine und Chicago 1955, Nachdruck New York 1983; O. Cristoforetti (Hrsg.), *Compositione di Messer Vincenzo Capirola*, Faksimile Archivum musicum. Collana di testi rari 39, Florence 1981.

*Literatur*:
R. Chiesa, *Storia della letteratura del liuto e della chitarra: il Cinquecento*, in: Il Fronimo 2/6 (1974), S. 17–19 und 2/7 (1974), S. 26–32 • V. Cattaneo (Hrsg.), *Vincenzo Capirola: compositore liutista di Leno, 1474–1548*, Monumenta musicae Brixensis, Brescia 1980 • F. Marincola / M. Marincola, *Vincenzo Capirola et le luth en Italie au début du XVIe siècle* in: *Luths et luthistes en Occident*, Paris 1998, S. 135–143.

CHB

## Capreoli [Caprioli], Antonio
* ca. 1470 Brescia, † (?)

Der Frottolist Capreoli wird bei Ottaviano ▸ Petrucci als »Antonius Capreolus Brixiensis«, »Antonius Capriolus«, »Ant. Cap.« oder einfach als »A. C.« bezeichnet; über sein Leben ist nichts bekannt. Capreoli, von dem etwa 20 Kompositionen erhalten sind, ist einer der bedeutendsten Kontrapunktiker der ▸ Frottola; im allgemeinen arbeitete er die drei unteren (instrumentalen) Stimmen selbständiger, belebter und polyphoner aus, als es in der Gattung sonst üblich war. Sein *Aer de versi latini* sollte als Modell für den improvisatorischen Vortrag lateinischer Distichen dienen.

*Literatur und Ausgaben*:
R. Schwartz, *Ottaviano Petrucci, Frottole, Buch I und IV* (Publikationen älterer Musikwerke 8), Leipzig 1933–1935 • W. Rubsamen, *Literary Sources of Secular Music in Italy (ca. 1500)*, Berkeley und Los Angeles 1943 • K. Jeppesen, *La Frottola*, 3 Bde., Aarhus und Kopenhagen 1968–1970.

TSB

# Capriccio

Der Begriff Capriccio wurde erstmals in Jacquet de ▸ Berchems *Primo, secondo et terzo libro del capriccio* (1561) gebraucht und seither häufig wieder verwendet, so beispielsweise bei Vincenzo ▸ Ruffo, *Capricci in musica* (1564), Giovanni ▸ Bassano *Capricci musicali* (1588) oder Ottavio Bariolla *Capricci overo canzoni a quatro* (1594). Das Capriccio ist im 16. Jahrhundert keine spezifische musikalische Gattung oder Form, es können Madrigale, Canzonen, Tanzformen, Szenen oder anderes als Capricci bezeichnet werden, es können Vokal- und Instrumentalformen sein; die Bezeichnung deutet eher auf einen Charakter im Sinne des Wortes Capriccio – Laune, Grille, Einfall –, der musikalisch unterschiedlich verwirklicht werden kann (Abweichen von Regeln, plötzliche Wechsel, fantasieartige Gestaltung). Einige Sammlungen von Capricci, die in ihrer Abfolge sehr durchdacht sind und auf einer Vielzahl von Techniken beruhen (z.B. Ruffos *Capricci*), können als Vorformen des »Musikalischen Kunstbuchs« (Kämper) betrachtet werden.

*Literatur*:
D. Kämper, *Vincenzo Ruffos Capricci und die Vorgeschichte des musikalischen Kunstbuchs*, in: *Zeichen und Struktur in der Musik der Renaissance*, hrsg. von K. Hotschansky, Kassel u.a. 1989, S. 107–120.

# Cara [de Cara, Carra], Marchetto [Marco, Marcetus, Marcus]

* um 1465 Verona, † Ende 1525(?) Mantua

Cara war neben Bartolomeo Tromboncino der bedeutendste italienische Komponist seiner Generation. Der Schwerpunkt des Schaffens liegt auf der ▸ Frottola (mehr als 100 erhaltene Stücke, dazu eine große Anzahl mit unsicherer Zuschreibung), daneben sind eine dreistimmige ▸ Motette (*Salve regina*) und fünf ▸ Lauden erhalten.

Cara wurde als Sohn eines Handwerkers in Verona geboren. Er besuchte wahrscheinlich die Veroneser Domschule. Zwei Veroneser Dokumente von 1487 bzw. 1489 berichten von der Verleihung von kirchlichen Pfründen. Spätestens ab der Mitte der 90er Jahre stand er in engem Kontakt mit dem Mantuaner Hof, aber auch eine förmliche Verbindung zu Kardinal Giovanni Colonna ist im Jahr 1497 bezeugt. Ab Mai 1499 sind dann Zahlungen Francescos II. ▸ Gonzaga an Cara belegt, der nun bis zu seinem Tod in dessen Diensten blieb. Cara war spätestens seit 1501 mit der Mantuaner Hofsängerin Giovanna Morescha verheiratet, vielleicht bereits seit 1497, als er auf seine Pfründen verzichtete. Nach dem Tod Giovannas heiratete Cara 1512 Barbara Leale, eine Hofdame Isabella d' ▸Estes, der Frau Francescos II. Cara war nicht nur als Komponist von Frottolen, sondern auch als Sänger und Lautenist hochgeschätzt. Außerdem gehörte er von 1511–1523 der wieder aufgebauten musikalischen Kapelle an der Mantuaner Kathedrale San Pietro an. In zwei Briefen Francescos II. aus den Jahren 1512 und 1513 wird er als »maestro di cappella« bezeichnet. Diese Funktion schloss auch die Leitung der weltlichen Hofmusik ein. Bis zum Jahr 1513 unternahm Cara von Mantua aus zahlreiche Reisen (Venedig, Cremona, Mailand). Cara hatte in Mantua hohe Einkünfte, darüber hinaus erhielt er von Francesco II. Land und drei Häuser zum Geschenk. Im Oktober 1525 ließ Cara sein Testament beglaubigen. Spätere notarielle Dokumente, die seine Witwe betreffen, deuten darauf hin, dass Cara wenig später verstarb.

Caras Tätigkeit an der Mantuaner Kathedrale war, wenn die Werküberlieferung nicht täuscht, vor allem organisatorischer Art. Sicher wirkte er hier auch als Sänger. Die höfischen Kompositionsaufträge bezogen sich hingegen durchweg auf Frottolen. Sie sind vor allem in Briefen Isabella d'Estes und solchen aus ihrem Umfeld belegt. Immer wieder wurden Cara Gedichte zur Komposition vorgelegt. Die Produktion ist damit aufs engste eingebunden in die künstlerisch-literarischen Interessen Isabella d'Estes, aber auch von außerhalb trat man über Isabella an Cara heran, so z.B. Kardinal Luigi d'Aragon in Neapel. Ebenfalls durch Briefe belegt ist, dass Cara solchen Aufträgen gegenüber durchaus selbstbewusst auftrat und bisweilen Kompositionen zurückhielt mit dem Argument, er wolle an ihnen noch feilen.

Caras Frottolen erscheinen seit ca. 1495 in Handschriften, seit 1504 – d.h. seit Ottaviano ▸ Petruccis erstem Frottolenbuch – auch in Drucken. Insgesamt sind es bis ins dritte Jahrzehnt des 16. Jahrhunderts, als die Gattung mehr und mehr in den Hintergrund tritt, mehr als 50 Quellen. Die dichte Überlieferungsfolge lässt deutlich Veränderungen innerhalb des Frottolenschaffens erkennen. Bereits 1505 erscheinen in den Drucken Sätze für Sonette; sie sind allerdings nach einem einfachen Zeilenwiederholungsschema organisiert. Ab 1517 zeigen sich mit der Hinwendung zu Strophenformen wie der ▸ Ballata oder der ▸ Canzone auch Veränderungen im Satz. Die Mittelstimmen nähern sich im Duktus stärker der Oberstimme (gelegentlich sind alle Stimmen textiert), Imitationen treten häufiger auf und die einfache rhythmische Prägnanz der älteren Frottola tritt zurück.

*Ausgaben*:
*Die mehrstimmige italienische Laude um 1500*, hrsg. von K. Jeppesen und V. Brøndal, Kopenhagen und Leipzig 1935; *Ottaviano Petrucci. Frottole Buch I und IV* (Publikationen älterer Musik 8), hrsg. von R. Schwarz, Leipzig 1935; *Canzoni sonetti strambotti et frottole, libro tertio (Andrea Antico)* (Smith College Musical Archive 4), hrsg. von A. Einstein, Northampton/Massachussets 1941; *Le frottole nell'edizione principe di Ottaviano Petrucci* (Instituta et monumenta 1,1), hrsg. von G. Cesari u.a., Cremona 1954; Prizer 1980 (siehe Literatur); *Le frotole Petrucci. Le edizioni dal 1504 al 1515*, Padua 1997ff.

*Literatur*:
W.F. Prizer, *Courtly Pastimes. The Frottole of Marchetto Cara* (Studies in Musicology 33), Ann Arbor 1980 • W.F. Prizer, *Laude di Popolo, Laude di Corte: Some Thoughts on the Style and Function of the Renaissance Lauda*, in: *La musica a Firenze al Tempo di Lorenzo il Magnifico* (Quaderni della Rivista italiana di musicologia 30), hrsg. von Piero Gargiulo, Florenz 1993, S. 167–194.

LS

## Caravaggio, Michelangelo Merisi da
* 29.9.1571 Mailand, † 18.7.1610 Porto Ercole

Michelangelo Merisi stammt aus der kleinen Stadt Caravaggio östlich von Mailand, nach der er benannt ist. Er gehört zu den bedeutendsten italienischen Malern an der Wende vom 16. zum 17. Jahrhundert. In seinen frühen Jahren schuf er Portraits, Stilleben und Genredarstellungen, bevor er sich zu einem wichtigen Künstler im Bereich der religiösen Malerei etablierte. Seine von starkem Naturalismus geprägten Gemälde stehen nicht nur im Gegensatz zur gleichzeitigen Strömung des Manierismus, sondern auch zum Klassizismus wie er etwa durch Annibale Carracci vertreten wurde. Selbst Heilige und Apostel stellte Caravaggio als lebensnahe Menschen dar, denen er durch ausgeprägte, dramatische Gestik und das Hell-Dunkel akzentuierende Ausleuchtung große Lebendigkeit verlieh. Obwohl er keine Werkstatt unterhielt, fand sein charakteristischer Stil in der ersten Hälfte des 17. Jahrhunderts rege Nachfolge.

Nachdem er eine Malerausbildung in Mailand absolviert hat, geht Caravaggio 1592 nach Rom, wo er nach einigen schwierigen Jahren schließlich bedeutende Mäzene findet. 1600 vollendet er die Ausmalung der dem Heiligen Matthäus gewidmeten Kapelle in San Luigi dei Francesi für Kardinal Matteo Contarelli. Dieser erste große Auftrag für einen öffentlichen Raum verschafft ihm viel Prestige; einige weitere Gemälde für römische Kirchen folgen. Nachdem er bereits mehrfach aufgrund verschiedener Vergehen vor Gericht gestanden hat, tötet Caravaggio 1606 im Streit seinen Kontrahenten, so dass er gezwungen ist, aus Rom zu fliehen. Die folgenden Jahre sind geprägt von ständigem Neuaufbruch, nichtsdestotrotz entstehen weitere bedeutende Gemälde. Die Stationen führen den Maler über Neapel und Malta nach Sizilien, von wo er wieder nach Neapel aufbricht. Beim Versuch der Rückkehr nach Rom stirbt er 1610 in der Hafenstadt Porto Ercole vor Orbetello an Fieber.

Caravaggio, *Die Ruhe auf der Flucht nach Ägypten*, Öl auf Leinwand, 1594, Rom, Galleria Doria Pamphili.

Die Gemälde mit Darstellungen von Musik entstanden alle in Caravaggios früher römischer Periode. *Die Ruhe auf der Flucht nach Ägypten* (1594, Rom, Galleria Doria Pamphili) ist seine einzige religiöse Darstellung, in der die Musik eine entscheidende Rolle spielt. In dieser sehr lyrischen, zugleich aber naturgetreu dargestellten Szene hält Joseph ein Stimmbuch, identifiziert mit dem Superius von Noël Bauldewijns Hoheliedmotette *Quam pulchra es et quam decora*, aus dem ein Engel auf der Violine Maria und dem in ihren Armen schlafenden Jesuskind ein Wiegenlied spielt. *Die Musiker* (1595, New York, Metropolitan Museum of Art) zeigt vier junge, sinnliche Knaben – als Amor, Lautenist, Zinkspieler und Sänger – im Moment unmittelbar vor einer musikalischen Aufführung.

Das Gemälde changiert zwischen der Darstellung eines wirklichen Konzertes und einer Allegorie der Musik, ebenso wie Caravaggios *Lautenspieler*. Von diesem Gemälde existieren mehrere, in Details voneinander abweichende Exemplare, von denen zumindest diejenigen in St. Petersburg (1595/1596, Eremitage) und in New York (1596, Metropolitan Museum of Art) als eigenhändig erachtet werden. Ein sehr femininer, sich auf der Laute begleitender Junge singt hier aus einem Stimmbuch, das den Bassus von Madrigalen aus Jacques ▶ Arcadelts *Primo libro di madrigali a quattro voci* (1539) enthält.

Die Auftraggeber Kardinal Francesco Maria del Monte und Vincenzo Giustiniani gehören zu Caravaggios wichtigsten Mäzenen und waren beide sehr an Musik interessiert, so dass davon auszugehen ist, dass Caravaggio entsprechende Aufführungen an deren Höfen selbst miterlebt hat. Im berühmten, sehr widersprüchlich interpretierten *Amor als Sieger* (1601/1602, Berlin, Staatliche Museen, Gemäldegalerie) triumphiert ein nackter geflügel-

Caravaggio, *Lautenspieler*, Öl auf Leinwand, 1595/1596, St. Petersburg, Eremitage.

ter Amorknabe gleich dem Motto »Amor vincit omnia« nach Vergil, von einer Kante herabsteigend, über die verstreut liegenden Instrumente der Künste und Wissenschaften.

*Literatur*:
F. Trinchieri Camiz / A. Ziino, *Caravaggio. Aspetti musicali e committenza*, in: Studi musicali 12 (1983), S. 67–83 • H.C. Slim, *Musical Inscriptions in Paintings by Caravaggio and His Followers*, in: *Music and Context: Essays in Honor of John Milton Ward*, hrsg. von A. Shapiro, Cambridge/Mass. 1985, S. 241–263 • F. Trinchieri Camiz, *The Castrato Singer. From Informal to Formal Portraiture*, in: Artibus et Historiae 18 (1988), S.171–186 • K. Christiansen, *A Caravaggio Rediscovered. The Lute Player* (Ausstellungskatalog Metropolitan Museum of Art), New York 1990 • F. Trinchieri Camiz, *Music and Painting in Cardinal del Monte's Household*, in: Metropolitan Museum Journal 26 (1991), S. 213–226 • A. Ziane, *Affetti amorosi spirituali. Caravaggio e la musica spirituale del suo tempo*, in: *Caravaggio e il suo ambiente: ricerche e interpretazioni*, hrsg. von S. Ebert-Schifferer, J. Kliemann, V. von Rosen und L. Sickel (Studi della Bibliotheca Hertziana 3), Mailand 2007, S. 161–179 • S. Schütze, *Caravaggio. Das vollständige Werk*, Köln 2009 • S. Ebert-Schifferer, *Caravaggio. Sehen – Staunen – Glauben. Der Maler und sein Werk*, München 2009.

AZ

# Carol

Obwohl das Wort vom französischen ›carole‹ (höfisches Tanzlied) abgeleitet ist, handelt es sich um eine rein englische Liedgattung mit meist englischen, seltener lateinischen, oft gemischten Texten. Eine einstimmige Herkunft aus dem hohen Mittelalter ist vorauszusetzen, aber nur spärlich dokumentiert.

Aus dem 15. und beginnenden 16. Jahrhundert sind knapp 130 mehrstimmige Liedsätze bekannt. Neben den überwiegend geistlichen Texten spiegelt der motettische und liturgische Überlieferungszusammenhang der vier Hauptquellen den Gebrauch durch musikalisch ausgebildete Kleriker in kirchlichen Institutionen, vor allem zu Andachts- und Prozessionszwecken und speziell in der Weihnachtszeit. Der älteste und bekannteste erhaltene Satz, *Deo gratias Anglia*, der auf den Agincourt-Feldzug 1415 Bezug nimmt, zeigt die gelegentliche politisch-zeremonielle Funktion.

Bei allem professionellen musikalischen Kontext offenbart sich der usuelle Charakter in der Bevorzugung von Dreier-Metren, Setzweisen in Anlehnung an das Stegreif-Singen (Ketten von parallelen Terzen und Sexten, ▸ Gymel-Technik), responsorialem Prinzip (▸ Responsorium) und Refrain-Strukturen. Typisch ist die Anlage aus einem zweizeiligen ›burden‹ (Refrain) für drei Stimmen zu Anfang, am Ende und als Zwischenteil, mit dem sich vierzeilige Strophen für zwei Stimmen abwechseln. Teilweise wird dem ersten ›burden‹ ein zweiter mit abgewandelter oder abweichender musikalischer Gestalt zur Seite gestellt.

Im 16. Jahrhundert gehen die kennzeichnenden Merkmale immer mehr verloren und das Carol nähert sich dem unspezifischen mehrstimmigen ▸ Part song an.

*Literatur*:
J. Stevens, *Carol*, in: *Grove*, 2001, Bd. 5, S. 162–173 • H. Deeming, *The sources and origin of the ›Agincourt Carol‹*, in: Early Music 35 (2007), S. 23–36.

NSCH

# Caron, Firminus
fl. 15. Jahrhundert

Der vielleicht aus der Picardie (Amiens) stammende Caron ist einer der interessantesten Komponisten des 15. Jahrhunderts, auch wenn seine biographischen Daten bis heute im Dunkeln bleiben.

Er wurde in der Vergangenheit mit Jean Caron, einem Sänger an der burgundischen Kapelle, und mit Philippe Caron, »enfant de chœur« an der Kathedrale von Cambrai, verwechselt. Johannes ▸ Tinctoris versäumt es nie, ihn in seinen Traktaten gemeinsam mit den angesehensten Komponisten wie Johannes ▸ Ockeghem, Antoine ▸ Busnoys, Johannes ▸ Regis und Guillaume ▸ Faugues zu erwähnen, einer Generation, der Caron offensichtlich auch angehören musste. Es ist evident, dass Caron sich bei seinen Zeitgenossen eines gewissen Rufs erfreuen musste, wenn Tinctoris seinen Namen an verschiedenen Stellen ins Gedächtnis ruft. Im *Liber de arte contrapuncti* (1477) lobt er seine ▸ Chanson *La tridaine* (heute verloren) als Beispiel für eine perfekte Veranschaulichung des Prinzips der Varietas (▸ Variation), während Tinctoris ihn im *Proportionale musices* (Kapitel III) unter den »minime litteratos« (gemeinsam mit Regis und Faugues) behandelt. Caron erscheint im Text der berühmten Motette *Omnium bonorum plena* von Loyset ▸ Compère, die wahrscheinlich 1472 zur Weihe der Kathedrale von Cambrai komponiert wurde. Sein Name wird noch von Theoretikern wie John Hothby, Franchino ▸ Gaffurio, Pietro ▸ Aaron, Sebald ▸ Heyden, Adrien Petit Coclico und noch 1556 in der *Practica musica* von Hermann ▸ Finck erwähnt. Von Caron sind heute fünf ▸ Messen und etwas mehr als 20 Chansons erhalten. Die Musik von Caron erfuhr weite Verbreitung, und einige Stücke waren regelrecht berühmt. Die Chanson *Helas qui pourra devenir* ist aus über 22 Quellen bekannt und erscheint in verschiedenen Kontrafakturen. *Cent mille escus* taucht in nicht weniger als 15 Quellen auf und *Accuelly m'a belle*, über das Caron selbst eine seiner Messen schrieb (*Missa Accueilly m'a la belle*), in neun Quellen. Das Werk Carons verdient es, noch genauer erforscht zu werden.

Literatur:
Les œuvres complètes de Philippe (?) Caron, hrsg. von J. Thomson, New York 1971–1976.

AM

## Caroso, Fabritio [Fabritio Caroso da Sermoneta]
\* 1525/1535 Sermoneta, † 1605/1620 unbekannt

Fabritio Caroso ist einer der bedeutendsten Tanzmeister und Autoren. Er veröffentlichte zwei umfangreiche Traktate, *Il Ballarino*, Venedig 1581, das in überarbeiteter Form 1600/1605 ebenfalls in Venedig mit dem Titel *Nobilità di Dame* erschien. Die Traktate sind in zwei Teile gegliedert: Der erste enthält Beschreibungen von Schritten und allgemeine Verhaltensregeln für Damen und Herren bei Bällen; im zweiten Abschnitt werden die Tänze dargestellt. Dabei erscheint vor allem der Typus der mehrteiligen und technisch anspruchsvollen Paartänze als ein wichtiges Bindeglied zwischen Renaissance und Barock.

Über Carosos Leben ist nur wenig bekannt. Aufgrund der unterschiedlichen Altersangaben in der Umschrift seines Porträts ist das Geburtsjahr nur auf zehn Jahre einzugrenzen. Da der Familienname in Sermoneta besonders von Angehörigen schreibender Berufe (Sekretäre, Notare) getragen wird, erscheint seine Herkunft in diesem Umfeld möglich. Die Erschließung der mündlichen Überlieferung verweist jedoch auch darauf, dass er von Bauern abstammen könnte und von der Familie Caetani gefördert wurde.

Seinen Ausführungen in *Nobilità* ist zu entnehmen, das er in Adelskreisen lehrte; die Widmungen der Tänze an diverse Angehörige der ▸ Medici, ▸ Gonzaga, ▸ Este und andere nicht-römische Familien, lassen jedoch lediglich den Schluss zu, dass er sicherlich in und um Rom arbeitete, dass sich das Tätigkeitsfeld aber möglicherweise geographisch auch auf das gesamte Norditalien erstreckte.

Im ersten Teil der Traktate erläutert Caroso über 50 Schritte. Trotz Verwendung einer der Mensuralnotation entlehnten Terminologie sind die Zeitangaben der Schritte in einem von der Musiknotation unabhängigen System geordnet. Die Musik am Ende jeder Choreographie ist in italienischer ▸ Lautentabulatur bzw. in ▸ Mensuralnotation notiert. Die Schrittfolgen sowie die Bodenwege werden verbal beschrieben.

Im zweiten Teil enthält *Il Ballarino* 82 Choreographien, wovon 28 Tänze anderen Tanzmeistern zugeschrieben sind. *Nobilità* enthält 49 Tänze, wovon 36 Tänze überarbeitete Versionen von Tänzen aus *Il Ballarino* darstellen. Die meisten Tänze sind für ein Paar konzipiert; abgesehen davon gibt es Choreographien für drei, sechs sowie auch einer beliebigen Anzahl von Tänzern.

Tänze für zwei Paare, wie sie in Cesare ▸ Negris Traktat häufig zu finden sind, enthält weder *Il Ballarino* noch *Nobilità*. Ebenso wenig nennen die Traktate Tänze mit dramatischen oder narrativen Passagen, wie sie wiederum bei Negri und auch bei Thoinot ▸ Arbeau verzeichnet sind. Das heißt jedoch nicht, dass die von Caroso beschriebenen Formen im tanztheatralen Bereich keine Rolle spielen, denn das Schrittvokabular findet sich u.a. in den von Negri dargestellten Spektakeln und kann mithin als prototypisch auch für diesen Bereich gelten.

Zusätzlich zu dem Titel ordnet Caroso die Tänze auch bestimmten Typen, wie ▸ Balletto, ▸ Canario, ▸ Cascarda, ▸ Tordiglion, ▸ Passamezzo u.a. zu. Eine Klassifizierung ist allerdings manchmal problematisch. Alte Tanzformen, wie Bassa, werden weiterentwickelt und mit neuen Formen kombiniert. Ausschmückungen durch Variation und Improvisation sind ein wichtiger Bestandteil der Tänze dieser Zeit. Die Übereinstimmung von Tanztypen, Bodenmustern und Schrittmustern in den Lehrbüchern von Caroso und Arbeaus *Orchesographie* legen nahe, dass es möglicherweise in Westeuropa einen (einzigen) Tanzstil gab, der lediglich regionale oder nationale Variationen kannte. Zum Beispiel ist in Bezug auf die Gewichtsverlagerung das Schrittmuster der ▸ Galliarde bei Caroso identisch mit der zweiten Variation der Galliarde bei Arbeau.

Ende des 16. Jahrhunderts geraten die Raum-Zeit-Ordnungen in ›Bewegung‹. Dies zeigt sich in den Trakaten Carosos in einer Veränderung im Umgang mit der Symmetrie. Das bislang vorherrschende Prinzip der sukzessiven Simultanität wird aufgegeben zugunsten einer Simultansymmetrie, zumindest in den Paartänzen. Und es zeigt sich in den Experimenten im Raum und mit dem Raum. Erforscht werden Bodenwege und Positionen der Tänzer zueinander sowie Gesten, von oben gesehen. Diese Art der Darstellung ist der Beginn eines freilich noch rudimentären Diskurses zwischen der visuellen und verbalen Umsetzung von Körperbewegung. Visualisierung und Verbalisierung erscheinen als gleichermaßen wichtig, um das Bewegungsgefühl zu dokumentieren. Diese Gewichtung ist wegsend für den Tanz bis heute.

*Schriften*:
*Il Ballarino*, o.O. 1581, Faksimile New York 1967; *Nobilità di Dame*, Venedig 1600, 1605, Faksimile Bologna 1970; mit veränderten Illustrationen als *Raccolta di varij balli*, Rom 1630, engl. Übersetzung und Einführung von J. Sutton, Transkription der Musik von F.M. Walker Oxford 1986; Reprint mit Transkription der Schritte in Labanotation von R. Palnick Tsachor und J. Sutton, New York 1995.

*Literatur*:
J. Sutton, *Caroso, Fabritio*, in: *International Encyclopedia of Dance*, hrsg. von S.J. Cohen, New York u.a. 1989, Bd. 2, S. 73–77 • M. Lutz-Malkiewicz, *Caroso*, in: *MGG²*, Bd. 4 (Personenteil), 2000, S. 247–250 • S. Dahms, *III. Ende des 16. bis Anfang des 18. Jahrhunderts*, in: *MGG Prisma. Tanz*, hrsg. von S. Dahms, Basel u.a. 2001, S. 62–65 • M. Malkiewicz, *Fabritio Caroso: Il Ballarino (Venetia 1581) – Studien zu Leben und Werk eines Tanzmeisters des 16. Jahrhunderts*, 2 Bde., Diss., mschr. Univ. Salzburg 2001.

GV

**Carpentras [eigentlich Genet, Elzéar]**
* um 1470 Carpentras (Vaucluse), † 14.6. 1548 Avignon

Der Sänger und Komponist geistlicher Musik ist erstmals 1505 als Chorsänger in Avignon nachweisbar. Seit 1507/1508 bis 1512 war er in der päpstlichen Kapelle in Rom, danach wahrscheinlich am Hof König ▶ Ludwigs XII., von wo er bereits 1513 von Papst Leo X. nach Rom zurückgeholt und Maestro der päpstlichen Kapelle wurde. 1521 bis 1524 (während Hadrian VI. Papst war) hielt sich Carpentras in Avignon auf. 1532 bis ca. 1535 veröffentlichte er in Rom seine Werke, vier umfangreiche Bände im Chorbuchformat und die erste gedruckte ›Gesamtausgabe‹, deren Finanzierung er sich aufgrund seiner zahlreichen Benefizien leisten konnte; er sicherte sich allerdings in einem umfangreichen Vertrag mit dem Verleger ab.

Carpentras komponierte überwiegend Musik für die Offizien: Lamentationen-, Hymnen- und Magnificatzyklen, Motetten mit Offiziumsantiphonen und Psalmtexten. Außer in der Motette *Simile est regnum celorum* beziehen sich alle seine überlieferten Kompositionen auf ▶ Cantus firmi. In ▶ Hymnen (deren mehrstimmig gesetzte Verse überwiegend die geradzahligen sind) liegen sie oft vollständig in längeren Notenwerten einer Stimme oder im ▶ Kanon auch zweien zugrunde, werden oft aber auch in die Stimmenstruktur rhythmisch integriert; in den ▶ Motetten, die oft mehrteilig, jedoch fast durchgängig vierstimmig gehalten sind, sind sie meist in die imitatorische Struktur eingearbeitet. Die auf Rezitationstönen basierenden Stücke (▶ Lamentationen, ▶ Magnificats, ▶ Psalmvertonungen) lösen sich zum Teil ganz vom Cantus firmus. Seine *Lamentationes Hieremiae Prophetae* hat er nach einer ersten Aufführung überarbeitet und sie Papst Clemens VII. in einer Prachthandschrift gewidmet. – Den fünf Vertonungen des Ordinarium missae (▶ Messe) liegen Chansonmelodien zugrunde, die meistens im Superius vollständig gebracht werden (z.B. die Missa *Fors seulement* nach der Chanson von Antoine de ▶ Févin); in den Credo-Sätzen wird häufig das Gregorianische Credo I eingearbeitet, im Agnus Dei geht er zuweilen aus der überwiegenden Vierstimmigkeit in einen fünfstimmigen Satz über und/oder setzt das zweite Agnus zweistimmig. – An weltlichen Kompositionen sind nur zwei ▶ Chansons und vier ▶ Frottole erhalten, die der Schreibweise nach aus der Regierungszeit Leos X. stammen.

*Ausgaben*:
Elziarii Geneti, *Opera omnia*, hrsg. von A. Seay, 5 Bde. (Corpus mensurabilis musicae 58, I-V), Neuhausen-Stuttgart 1972/1973.

*Literatur*:
R. Sherr, *Carpentras*, in: MGG², Bd. 4 (Personenteil), 2000, Sp. 256–260.

**Carver [Carvor], Robert [alias Arnot, Arnat]**
* 1484/1487 Schottland, † 1566/1568 ebenda

Carver komponierte ▶ Messen und ▶ Motetten, die zusammen mit Werken Guillaume ▶ Dufays sowie weiterer englischer und kontinentaler Komponisten im Carver Choirbook, einer der wenigen Quellen schottischer Mehrstimmigkeit der Renaissance, überliefert sind.

Carver wurde 1503 zum Geistlichen geweiht und studierte später möglicherweise an der Universität Leuven. Ab 1511 war er an der Abtei von Scone. Vermutlich um die (uneheliche?) Abstammung von einer bedeutenden Familie zu zeigen, benutzte er an der königlich-schottischen Kapelle und an der Gemeindekirche der Burg Stirling den Namen Arnot.

Das Chorbuch entstand zwischen 1503 und 1550. Es wurde vermutlich für die königlich-schottische Kapelle oder die Gemeindekirche von Stirling zusammengestellt, da die

Kompositionen für die Ressourcen der Abtei von Scone zu groß besetzt sind. Carvers Stil vereint Merkmale englischer und kontinentaler Kompositionspraxis mit schottischen Elementen aus der Faburden- und Improvisationstradition (▶ Fauxbourdon, ▶ Improvisation).

*Ausgaben:*
K. Elliott (Hrsg.), *Robert Carver. The Complete Works & Two Anonymous Masses* (Musica Scotica 1), Glasgow 1996.

*Literatur:*
J. Ross, *Robert Carver, a 16th Century Scottish Master of Polyphony*, in: The Consort 43 (1987), S. 1–12 • I. Woods, *Towards a Biography of Carver*, in: The Music Review 49 (1988), S. 83–101 • R. Turbet, *Scotland's Greatest Composer: An Introduction to Robert Carver (1487–1566)*, in: Bryght Lanternis. Essays on the Language and Literature of Medieval and Renaissance Scotland, hrsg. von J.D. McClure, Aberdeen 1989, S. 48-54 • D.J. Ross, *Musick Fyne. Robert Carver and the Art of Music in Sixteenth Century Scotland*, Edinburgh 1993 • R. Turbet, *Early Music in Scotland*, in: The Consort 54 (1998), S. 57–61.

RS

# Cascarda

Die Cascarda ist ein Tanztypus des 16. Jahrhunderts, der – abgesehen von einer Erwähnung im Jahre 1456 (Smith 1991) – ausschließlich in den Traktaten von Fabritio ▶ Caroso (1581, 1600) und Livio ▶ Lupi (²1607) überliefert ist. Sämtliche Cascarde sind für ein Tanzpaar bzw. für drei Tänzer choreographiert. Eine einzige Cascarda ist für vier Tänzer konzipiert, andere Formationen sind nicht überliefert. Die Musik ist durchwegs in einem raschen 3/2-Takt (drei Minimae pro Takt) notiert.

Der Begriff Cascarda bezieht sich ausschließlich auf den Tanztypus und erscheint nur in Zusammenhang mit einer Choreographie. Als reines Instrumentalstück ist die Cascarda nicht überliefert. In den Choreographien besteht die Cascarda meist aus vier bzw. fünf getanzten Strophen. Die ersten beiden Strophen werden gemeinsam ausgeführt, wobei die Tänzer überwiegend in Kreisformation tanzen. Es folgt ein Herrensolo, danach das choreographisch identische Damensolo sowie ein gemeinsamer Abschluss. Am Ende jeder dieser fünf Strophen wird gemeinsam eine durch Vor- und Rückwärtsbewegung der Tänzer charakterisierte Schrittfolge getanzt, die in allen Strophen choreographisch gleich bleibt.

Der ▶ Spagnoletto hat eine der Cascarda sehr ähnliche Form. Im Unterschied zur Cascarda hat dieser aber eine spezifische Musik, die zudem auch als geradtaktige Version möglich ist.

*Literatur:*
N. Dolmetsch, *Squilina Cascarda from Il Ballarino by Fabritio Caroso 1581*, in: Historical Dances 2/1 (1980/81), S. 13–16 • A. W. Smith, *Spanish Dance contributions 500 years ago*, in: Proceedings. Society of Dance History Scholars, Miami 1991, Riverside 1991, S. 136–144 • I.A. Engle, *Dell'Arte Cascardare. Choreographic Analysis of the Cascarde in Caroso's Il Ballarino*, in: The Letter of Dance 4 (1996) (http://www.pbm.com/~lindahl/lod/vol4/dell_arte_cascardare.html) • M. Lehner, *The Cascarda. An Italian Dance Form of the Sixteenth Century*, in: Terpsichore 1450–1900, Gent 2000, S. 11–20.

MM

# Castiglione, Baldassare
\* 6.12.1478 Casatico bei Mantua, † 7.2.1529 Toledo

Der Hofmann, Diplomat und Dichter ist vor allem durch sein *Il libro del cortegiano* berühmt, in dem das Bild eines perfekten Hofmanns entworfen wird, der auch musikalisch gebildet sein musste. – Castiglione wuchs in Mantua auf, war in Diensten der Höfe in Mailand, Mantua (ab 1499) und Urbino (ab 1504) und wurde 1524 päpstlicher Nuntius in Spanien.

*Il libro del cortegiano* entstand 1513/1514 (publ. 1528) und steht in der damals beliebten und auf Platons Vorbild zurückgehenden Dialogform (eine fiktive, ins Jahr 1507 gelegte Diskussion am Hof von Urbino). Aufgestellt werden Verhaltensregeln für den Hofmann (*Il libro* gilt als das erste seiner Art, das eine lange Tradition begründete), die sich später im Absolutismus zu festen Normen entwickeln sollten. Musikgeschichtlich ist Castigliones Buch insofern interessant, als die vom Hofmann geforderten musikalischen Fähigkeiten ausführlich dargestellt werden. Dazu gehört insbesondere die Rezitation (halb improvisierter Sprechgesang) zu einem Saiteninstrument meist in Form der ▶ Frottola oder ▶ Villanella (▶ Cantare al liuto) – also der Verbindung von Dichtung, die nach Forderungen der Humanisten verständlich vorgetragen werden musste, mit musikalischer Begleitung. Der Cortegiano musste dazu die ▶ Mensuralnotation beherrschen sowie das Spiel auf möglichst mehreren Saiteninstrumenten. Zweck war die Unterhaltung im höfischen Kreise.

Von Bedeutung nicht nur für die Verhaltensweise, sondern auch für die Musik selbst ist der bei Castiglione angeführte Begriff der ›sprezzatura‹, der eine Grundhaltung des Hofmanns bezeichnet: Eine Tätigkeit, wie bspw. das Singen zum Saiteninstrument, sollte als leicht, lässig und ungezwungen erscheinen, die Anstrengung, die dahinter stand, sollte – zumindest von Außenstehenden – unbemerkt bleiben. Für die musikalische Ausführung bedeutete dies auch, dass Verzierungen wie zufällig – also quasi improvisiert – angebracht sowie die im strengen polyphonen Satz verbotenen Dissonanzen eingebracht werden konnten, deren Einsatz als Nachlässigkeit galt, jedoch dafür erhöhtes Interesse hervorrief. Durch die Ähnlichkeit zum sprezzatura-Begriff bei Giulio ▶ Caccini um 1600 ist die Verbindung zur Monodie erkennbar (siehe Schmidt-Beste), die sich aus dieser Art des improvisierten Gesangs entwickelt hat (siehe Leopold).

Castiglione schrieb auch Frottolen-Texte, mindestens zwei wurden vertont: *Cantai mentre nel core lieto fioriva* von Marchetto ▶ Cara und *Queste lacrime mie questi suspiri* von Bartolomeo ▶ Tromboncino.

*Ausgaben*:
*Il libro del cortegiano*, hrsg. von A. Quondam, Mailand 1981; dt. Übersetzung von F. Baumgart, Bremen 1960, München ²1986; *Der Hofmann: Lebensart in der Renaissance*, übersetzt von A. Wesselski, Berlin ³2008.

*Literatur*:
E. Kanduth, *Der Stellenwert der Musik in Baldassare Castigliones »Il Cortegiano«*, in: Festschrift Othmar Wessely, hrsg. von M. Angerer und E. Ditrich, Tutzing 1982, S. 301–316 • E. Saccone, *Grazia, Sprezzatura, Affettazione in the Courtier*, in: *Castiglione. The Ideal and the Real in the Renaissance Society*, hrsg. von R.W. Hanning und D. Rosand, New Haven und London 1983 • S. Leopold, *Über die Inszenierung durch Musik. Einige grundsätzliche Überlegungen zur Interaktion von Verhaltensnormen und Personendarstellung in der Barockoper*, in: Basler Jahrbuch zur Historischen Musikpraxis 23 (1999) • Th. Schmidt-Beste, *Castiglione*, in: MGG², Bd. 4 (Personenteil), 2000, Sp. 411–413.

ES

## Casulana [Mezari detta Casulana], Maddalena [Madalena]

\* um 1540 Casola d'Elsa bei Siena (?), fl. Vicenza 1566–1583, † nach 1583

Maddalena Casulana gilt als die erste Frau, die mit dem Anspruch einer professionellen Komponistin musikalische Werke veröffentlichte. Über ihr Leben ist sehr wenig bekannt; ihr Name lässt vermuten, dass sie aus Casola stammte und mit einem Mann namens Mezari verheiratet war. Als Sängerin und Lautenistin hielt sie sich an verschiedenen norditalienischen Höfen auf; eine Zeitlang stand sie in den Diensten der Herzogin Isabella de' ▶ Medici, der sie 1568 ihr *Primo libro di madrigali a quattro voci* widmete. Insgesamt sind von Maddalena Casulana drei Bücher mit Madrigalen erhalten (veröffentlicht 1568, 1570 und 1583 vorwiegend in Venedig, vermutlich außerdem zwei Bücher mit *Madrigali spirituali* von ca. 1591, beide verschollen). In ihren Madrigalen legt Casulana Wert auf Sanglichkeit und Textausdruck; ihr Stil ist gemäßigt kontrapunktisch und vermeidet extreme Chromatismen, weist aber gelegentlich ungewöhnliche harmonische Effekte und die dramatisch konzipierte Opposition von hohen und tiefen Lagen auf. Ihre Zeitgenossen – u.a. Orlande de ▸ Lassus und Philippe de ▸ Monte – schätzten sie als Musikerin und Komponistin sehr.

Ihr Selbstbewusstsein als Komponistin drückt Casulana mit ungewöhnlicher Deutlichkeit in ihrem Vorwort von 1568 aus: Ihr Ziel sei es, dass ihre Madrigale »der Welt den eitlen Irrtum der Männer beweisen mögen, die sich so sehr für die Herren der hohen Gaben des Verstandes halten, dass ihnen scheint, diese können den Frauen nicht gleichermaßen zustehen« (italienisches Original in der Ausgabe des *Primo libro di madrigali*, S. 7).

*Ausgaben*:
*I madrigali di Madalena Casulana*, hrsg. von B. Pescerelli, Florenz 1979 (Studi e testi per la storia della musica 1).

*Literatur*:
B. Pescerelli, *Maddalena Casulana*, Diss. Università di Bologna 1973/1974 • T.W. Bridges, *Casulana [Mezari], Maddalena*, in: *The New Grove Dictionary of Women Composers*, hrsg. von J.A. Sadie und R. Samuel, London 1994, S. 109–111 • J. Willimann, »*Indi non più desio*«: *Vom Verzichten und Begehren. Die Madrigale von Maddalena Casulana*, in: Musik & Ästhetik 37 (2006), S. 71–97 (dort weitere Literaturangaben).
LMK

# Cavalieri, Emilio de'
* nach Oktober 1548, vor Januar 1552 Rom,
† 11.3.1602 Rom

Cavalieri war Komponist und Generalintendant aller Künste am Hof von Ferdinand I. de' ▸ Medici in Florenz. Vor dieser Stellung hatte er mehrere Posten inne (Zolleinnehmer, ›revisore di porte et ponti‹, ›caporione‹ von St. Eustachio, Konservator der Stadt Rom). Stellen, die bereits auf seine zukünftigen Aufgaben am Hof der Medici deuten, waren die Ausrichtung von Musikaufführungen am Oratorium von S. Marcello seit 1577, die Verantwortlichkeit für die Bezahlung der Musiker und die Leitung des Baus der Doppelorgel für S. Maria in Aracoeli 1585. 1588 wurde er Generalintendant mit einem außerordentlich hohen Gehalt am Medici-Hof. In Florenz kümmerte sich Cavalieri ebenfalls um den Bau von Orgeln; von Francesco Palmieri, den er von Rom mitbrachte, ließ er drei enharmonische Orgeln bauen (▸ Vicentino). Cavalieri war zudem Leiter der Werkstätten des Kristallschmelzens und -gießens, dessen Entwicklung gerade begonnen hatte. Nachdem in Florenz Spannungen aufgetreten waren und die Oper *Euridice* seines Konkurrenten Jacopo ▸ Peri aufgeführt wurde, ging Cavalieri um 1600 nach Rom zurück.

Eine der ersten Aufgaben Cavalieris am Medici-Hof bestand in der Organisation der Hochzeitsfeierlichkeiten für Ferdinand I. de' Medici mit Christine von Lothringen, die musikgeschichtlich wegen der prachtvollen ▸ Intermedien zu Giovanni Battista ▸ Guarinis Schauspiel *La Pellegrina* berühmt wurden. Die Hochschätzung durch seinen Dienstherrn bezeugt die Tatsache, dass dieser eine revidierte Version des Festberichtes drucken ließ, da die Verdienste Cavalieris gegenüber denjenigen Giovanni de' ▸ Bardis im Bericht Bastiano de' Rossis (Sekretär der Accademia della Crusca) verschwiegen wurden (siehe hierzu Kirkendale). Zu den Intermedien steuerte er ein ▸ Madrigal bei, *Godi turba mortal* (VI,3), auf einen Text von Ottavio ▸ Rinuccini, und komponierte den abschließenden Ballo *O che nuovo miracolo* (VI,5) samt Choreographie, der sehr gelobt wurde und im 17. Jahrhundert als Aria di Fiorenza oder Ballo del Gran Duca häufig wieder verwendet wurde (Laura Guidiccioni schrieb dazu den passenden Text, der allerdings nicht mit demjenigen von Rossis Bericht identisch ist). Cavalieri schrieb ferner drei ▸ Pastoralen, *Il Satiro, La disperazione di Fileno* (beide 1590 aufgeführt) und *Il giuco della cieca* (1595), die im Vorwort der *Rappresentazione di anima e di corpo* (1600) erwähnt werden und möglicherweise als erste Opern gelten können (sie sind nicht erhalten). Die *Rappresentazione* wird sowohl als Oper als auch als ▸ Oratorium interpretiert: als Oper insofern, als im Vorwort die Aufführung auf einer Bühne erwähnt wird und die Kostümierung der Sänger vorgeschlagen wird, als Oratorium, da es sich um einen religiösen Stoff handelt; da jedoch die Frühgeschichte der Opern auch von Werken mit religiösen Stoffen geprägt wird, gilt sie zugleich als erste religiöse Oper (siehe Leopold und Ehrmann). Der Text stammt von Agostino Manni, einem Dichter aus Filippo ▸ Neris Congregazione. Verbunden ist in dem Werk die mittelalterliche Tradition des ▸ Geistlichen Spiels mit den neuen Bestrebungen des Sologesangs in Florenz: Notiert sind Singstimme bzw. ein in Partitur notierter Chorsatz und ein ▸ Generalbass, der durchgängig beziffert ist. Die *Rappresentazione* ist durch den Wechsel von Sologesängen, Chören und Ritornellen bzw. den ›Sinfonie‹ am Ende des ersten und zweiten Akts abwechslungsreicher gestaltet als die *Euridice*-Opern von Peri und Giulio ▸ Caccini. Hinzu kommt die musikalische Kontrastierung der gegensätzlichen Charaktere, ganz besonders deutlich beispielsweise in den Gesängen der »Anime beate« und der »Anime damnate« im dritten Akt, sowie der stilistische Wechsel zwischen deklamierenden syllabischen Partien und solchen mit virtuosen Auszierungen, die meist textbedingt sind (z.B. auf »eterno« der »Anime beate« in der dritten Szene des dritten Akts). Die verschiedene stilistische Ausprägung innerhalb der Technik der Monodie zeigt sich hier innerhalb des Werkes, nicht nur als personeller Unterschied verschiedener Komponistenpersönlichkeiten (siehe Bradshaw).

Cavalieris *Lamentationes* (drei vollständige Zyklen für die Tenebrae, ein Zyklus Responsorien, ein zweiter unvollständiger Zyklus mit Lamentationen und einige anonyme Verse), deren vollständige 1599 in Pisa und 1600 in Rom aufgeführt wurden (der unvollständige wahrscheinlich in Pisa unter Mitwirkung der berühmten Sängerin Vittorina Archilei), sind erste Beispiele der Übertragung des neuen monodischen Stils auf liturgische Musik. Sie sind aber nicht nur die ersten monodischen, die auf die Tradition der polyphonen Vertonungen der Lamentationen im 16. Jahrhundert folgten, sondern blieben lange Zeit die einzigen auf den Jeremia-Text. Sie könnten als Verwirklichung der originalen Ideen von Girolamo Mei und Vincenzo ▸ Galilei angesehen werden (Bradshaw); das Manuskript O 31 (Biblioteca Vallicelliana Rom), in dem sie überliefert sind, repräsentiert sehr früh den Stil der Monodie, dem weitere folgten (Jacopo Peri, Giulio Caccini, Gabriele Fattorini, Biovanni Battista Conforti, Ludovico ▸ Viadana). Die Stücke sind jedoch nicht durchweg monodisch gehalten, vielmehr wechseln polyphone Chorsätze, die hauptsächlich am Beginn und am Schluss stehen, mit monodischen Sätzen. Monodien finden sich vor allem in den ▸ Lamentationen, aber auch in den ▸ Responsorien. Die Monodien sind bei Cavalieri weniger rezitativisch als expressiv melodisch gehalten, können aber auch im deklamatorischen narrativen Stil geschrieben sein. In den späteren Monodien hören Textrepetitionen ganz auf, die ein Merkmal polyphoner imitierender Sätze, der Monodie jedoch fremd sind.

*Ausgaben*:
*Godi turba mortale* und *O che nuova miracolo*, in: *Les fêtes du mariage de Ferdinand de Médicis et de Christine de Lorraine* Florence 1589, hrsg. von D.P.

Walker, Paris 1963, S. 140–154; *The Lamentations and Responsories of 1599 and 1600* (Publications of the American Institue of Musicology 3), hrsg. von M. C. Bradshaw, Neuhausen-Stuttgart 1990; *Rappresentazione di Anima e Corpo*, hrsg. von E. Funck, Wolfenbüttel und Zürich o.J.

*Literatur*:
Alaleona, *Storia dell'oratorio musicale in Italia*, Turin 1908, Reprint Mailand 1945 • S. Leopold, *Das geistliche Libretto im 17. Jahrhundert. Zur Gattungsgeschichte der frühen Oper*, in: Die Musikforschung 31 (1978), S. 248ff. • S. Ehrmann, *Emilio de' Cavalieris Rappresentazione di anima, et di corpo: Welttheater, Oper, Oratorium?*, in: *Musikalisches Welttheater, Festschrift Rolf Dammann*, hrsg. von S. Schaal, Th. Seedorf und G. Splitt, Laaber 1995, S. 21–41 • W. Kirkendale, *Emilio de' Cavalieri, »Gentiluomo Romano«: His Life and Letters, His Role as Superintendent of all the Arts at the Medici Court, and His Musical Compositions*, Florenz 2001.

## Celtis, Conrad
\* 1.2.1459 Wipfeld bei Schweinfurt, † 4.2.1508 Wien

Der bedeutende Humanist und neolateinische Dichter begann 1476 das Studium der ▶ Artes liberales in Köln, schloss dieses 1479 ab und studierte anschließend Theologie; nach einer Bildungsreise nach Buda setzte er sein Studium in Heidelberg bei Rudolphus ▶ Agricola fort (Poetik und Rhetorik, Abschluss Magister artium 1485). Nachdem er an verschiedenen Universitäten gelehrt hatte, wurde er 1487 von ▶ Friedrich III. als erster Deutscher zum ›Poeta laureatus‹ gekrönt. Nach einer zweiten Bildungsreise nach Italien, in osteuropäische Regionen und nach Norddeutschland setzte er sich in Ingolstadt nieder, wo er ab 1491/1492 eine Professur für Rhetorik und Poetik innehatte. Nach weiteren Posten (Leiter der Domschule in Regensburg 1492/1493, Lehrer der Söhne des Kurfürsten Philipp von der Pfalz 1476–1508) wurde er 1497 Professor für Poetik und Rhetorik an der Universität Wien, wo er ab 1501 dem neu entstandenen ›Collegium poetarum et mathematicorum‹ vorstand. Er gründete in Wien zudem die ›Sodalitas litteraria Danubiana‹, eine Gelehrtengesellschaft, wie er sie zuvor auch schon in anderen Städten gepflegt hatte.

Celtis ist musikgeschichtlich zum einen bezüglich der Verlagerung der Musiklehre in den ▶ Universitäten und zum anderen bezüglich der speziellen Anleitung zur Odenkomposition (▶ Ode) von Bedeutung. Innerhalb seines humanistischen Lehrsystems hat er die Stellung der Musik innerhalb der ▶ Artes liberales neu bestimmt (die Musik verschwand im Laufe des 16. Jahrhunderts allmählich aus dem ▶ Quadrivium) und den Zusammenhang zur Rhetorik betont; so hat er Musik innerhalb seiner Professur für Rhetorik und Poetik in Ingolstadt gelehrt. Dort behandelte er auch, um den Studierenden die antike Dichtung nahe zu bringen, die antike Quantifizierung in Längen und Kürzen im Verhältnis 2:1 und deren Anwendung auf die Odenkomposition, wie sie von seinem Schüler Petrus ▶ Tritonius umgesetzt wurde; dies dokumentiert einen früheren Versuch einer ▶ Musique mesurée à l'antique als denjenigen der französischen Dichter und Musiker der zweiten Hälfte des 16. Jahrhunderts. In einer Rhythmisierung nach antiker Quantifizierung sind auch die in einfachem homophonen Satz komponierten Schauspielmusiken zu *Ludus Dianae* (1501) und *Rhapsodia* (1505) gehalten (wohl von Tritonius), die bei den Festspielen zum Ruhm Kaiser ▶ Maximilians I. aufgeführt wurden: An den Aktschlüssen von *Ludus Dianae* sollten laut Szenenanweisung drei- und vierstimmige Chöre der Faune, Nymphen und Bacchanten gesungen sowie dazu getanzt werden, wobei auch Instrumente mitspielen sollten (»ad fistulam et cytharam saltabant«); die Chöre sind in der Vierteljahrsschrift für Musikwissenschaft, Bd. 6, 1890, S. 359 wiedergegeben). Celtis gab zudem die *Melopoeiae sive harmonicae tetracenticae* (1507), Odenvertonungen von Tritonius heraus, die der Komposition von Oden Aufschwung gaben; die Tenores von Tritonius und Celtis wurden von Ludwig ▶ Senfl sowie von Paul ▶ Hofhaimer bearbeitet. Celtis pflegte zu letzterem Kontakt, ebenso auch zu Heinrich ▶ Finck. Er entwarf zudem Bildprogramme für Albrecht Dürer und Hans ▶ Burgkmair.

*Ausgaben*:
*Libri odarum quattuor, liber epodon, carmen saeculare*, hrsg. von F. Pindter, Leipzig 1937; *Ludi scaenici*, hrsg. von F. Pindter, Leipzig 1945.

*Literatur*:
D. Wuttke, *Celtis*, in: *Literaturlexikon. Autoren und Werke deutscher Sprache*, Bd. 2, Gütersloh und München 1989, S. 395–400 • F. Brusniak, *Celtis*, in: *MGG*², Bd. 4 (Personenteil), 2000, Sp. 536–540.

# Cembalo

Neben der Orgel und dem Clavichord ist das Cembalo das wichtigste Tasteninstrument der Renaissance. Im Gegensatz zum barocken Cembalo sind heutige Rekonstruktionen – mitbedingt durch den Mangel an konkreten Vorbildern – noch nicht sehr zahlreich.

*Funktionsweise*
Das Cembalo ist ein besaitetes Tasteninstrument in Flügelform, bei dem im Gegensatz zu ▶ Clavichord und Hammerklavier die Saiten mit einem Plektrum angezupft und nicht angedrückt oder angeschlagen werden. Als Material für die Plektren kommen in erster Linie der Kiel einer Vogelfeder, heutzutage meist durch den Kunststoff Delrin ersetzt, aber auch Leder oder Metall in Frage. Der Kiel befindet sich in einer beweglichen Zunge, die in dem so genannten Springer eingeachst ist. Der Springer ruht auf dem hinteren Tastenende, beim Niederdrücken der Taste wird der Kiel nach oben gegen die Saite gedrückt und zupft diese an. Durch die bewegliche Aufhängung weicht die Zunge im Niederfallen nach hinten aus, der Kiel gleitet um die Saite herum und der Springer erreicht wieder den Ruhezustand. Eine aus dünnem Messingblech oder einer Schweinsborste, heute oft aus einem Plastikmaterial gefertigte Feder hinter der Zunge bringt diese wieder in den Ausgangszustand zurück. Ein Filzdämpfer ist wie ein Fähnchen in Richtung Saite so am oberen Springerende angebracht, dass er im Ruhezustand die schwingende Saite abdämpft. Eine quer über das Instrument verlaufende und an der Unterseite mit Filz gefütterte Prallleiste begrenzt die vertikale Bewegung des Springers nach oben. Die Stärke des Anschlags hat bei dieser Mechanik keinen nennenswerten Einfluss auf die Lautstärke des Tons, wohl aber auf die Klangqualität, worauf allerdings erst die Quellen des 18. Jahrhunderts eindeutig Bezug nehmen. Ähnlich wie bei der Orgel können jedoch verschiedene Register den Klang des Instruments stark beeinflussen. Bei gleicher Tonhöhe klingt der Ton je nach Anzupfpunkt entweder runder oder nasaler. Den Effekt machte man sich sowohl mit zwei Registern für eine Saite als auch, im häufigeren Fall, mit zwei getrennten Saitenchören zu Nutze. Eine um die Hälfte gekürzte Saitenreihe (4'-Register) lässt die Oktave des Grundtons erklingen und hellt den Klang wie ein entsprechendes Orgelregister auf. Mehrere Register werden bei der flügelförmigen Form (Cembalo) verwendet, bei der die Saiten horizontal vom Spieler weg über den Stimmstocksteg und den Resonanzbodensteg verlaufen, während Formen mit identischen mechanischen Grundprinzipien, aber anderer Saitenrichtung (quer, diagonal oder vertikal) wie ▶ Virginal, ▶ Spinett oder ▶ Clavicytherium üblicherweise mit einem Saitenchor auskommen.

*Geschichte*
Mit einer ersten Datierung zum Ende des 14. Jahrhunderts lassen sich die Spuren des Instrumentes weit zurückverfolgen. Ein im Original

lateinischer Brief des Paduaner Juristen und Professors Giovanni Lodovico Lambertacci vom 17. Januar 1397 nennt sogar einen Erfinder des Cembalos: »Magister Armannus, doctor artium, Studienkollege Deines Magisters Johannes, ein junger Mann von guter Konversation und gutem Lebenswandel, hochbegabt und der Erfinder eines Instrumentes, das er clavicembalum nennt, geht nach Pavia, wo er das Doktorat in Medizin zusammen mit Deinem magister Johannes nächsten Sommer erhalten wird.« Magister Armannus ist der aus Wien stammende Herrmann Poll, und seine Erfindung fällt mit der Datierung der ältesten Quellen italienischer Tastenmusik wie dem Codex Faenza (um 1410–1420) zusammen. 1404 erscheint erstmals in einer deutschsprachigen Quelle der Begriff ›clavicymbolum‹. Der Mindener Eberhard von ▶ Cersne setzt ihn in einem Gedicht seiner Schrift *Der Minne Regel* eindeutig von verwandten Begriffen wie ›clavicordium‹ und ›schachtbrett‹ ab. Aus dem Dom desselben nordwestdeutschen Minden stammt ein Altarretabel mit der Abbildung eines Cembalos, das um 1425 datiert werden kann. Ein Engel spielt, umrahmt von Clavichord und Psalterium, ein sehr klein mensuriertes Instrument. Henri ▶ Arnault de Zwolle, wie Hermann Poll im Hauptberuf Arzt, beschreibt in seinem wahrscheinlich zwischen 1438 und 1446 vermutlich in Dijon verfassten Traktat (F-Pn, f. lat. 7295, fol. 128r, s. *Les traités d'Henri-Arnault de Zwolle et de divers anonymes*, Faks. und kommentierte Übertragung von G. Le Cerf, Paris 1932, R Kassel 1972) neben der aufsichtigen Zeichnung des Korpus eines ›clavisimbalum‹ vier unterschiedliche Mechaniksysteme und veranschaulicht seine Beschreibungen mit nicht einfach zu deutenden Skizzen. Drei der (Zupf-)Mechaniken arbeiten mit aufwändigen Wippensystemen und sollten im späteren Cembalobau keine Fortsetzung finden. Eine Saitendämpfung ist wie beim Clavicytherium nicht vorgesehen.

Das vierte Mechaniksystem verbindet Arnault mit dem »dulce melos«. Dabei handelt es sich um eine einfache Hammermechanik mit einer gebogenen Klammer (›crampinum‹) am Ende des Hammerarms. An weniger prominenter Stelle des Traktats (fol. 129bis) ist, ebenfalls in Aufsicht, der Korpus eines Monochords (gemeint ist ein Clavichord) skizziert, verbunden mit dem Hinweis »sonans ita alte sicut clavisimbalum«, also in der Klangstärke eines Cembalos. Unter der Skizze liefert Arnault das Konstruktionsmerkmal, mit dessen Hilfe das ›monocordium‹ die Klangstärke des ›clavisimbalum‹ erreicht: Er bildet hier einen veritablen Springer ab, der mit der Taste fest verbunden und in dessen Schlitz eine Feder gesteckt werden soll. Durch die feste Verbindung des Springers mit der Taste erübrigt sich eine Prallleiste. Eine Dämpfung ist auch hier nicht vorgesehen. Damit liegt die erste Beschreibung derjenigen Mechanik vor, die in vergleichbarer Form im süddeutschen Clavicytherium ein halbes Jahrhundert später dokumentiert ist.

Der frühe Gebrauch des Cembalos wird 1455 im Testament des Trienter Domorganisten Johannes ▶ Lupi belegt, der seinen Kapitelkollegen neben anderen Instrumenten ein ›clavicimbolum‹ vermachte. Bezeichnenderweise hatte er seine Ausbildung in Wien erhalten und ist wie Herrmann Poll ein Beispiel für den regen Austausch zwischen Nord und Süd in Hinblick auf die sich ausdifferenzierende Kultur der Tastenmusik. Bilddokumente belegen die schnelle Verbreitung des Cembalos bis auf die britische Insel: musizierende Engel in Warwick (Saint Mary's Church 1439–1447) und ein Cembalo spielender Engel in der Kathedrale von Manchester (1465/1468). Spätestens 1469 war das Instrument in Spanien in Gebrauch, wie ein Dokument aus Zaragoza festhält. Um 1475 bildet ein Fresko das Cembalo in seiner charakteristischen Erscheinung mit fünf Rosetten wie bei Arnault de Zwolle im schwedischen Häverö, nördlich von Stockholm, ab; 1489 lassen sich zwei Abbildungen im Chor der Pfarrkirche St. Andreas in Thörl-Maglern bei Villach (Kärnten) nachweisen. Der osteuropäische Raum ist mit Darstellungen in Mirna (Slowenien) und Lovran (Kroatien) zwischen 1463 und 1479 vertreten. Die Proportionen der Abbildungen legen einen vergleichsweise kleinen Instrumententyp mit entweder relativ hoher Stimmung oder in 4'-Lage nahe.

Konkreter wird die Kenntnis des Instruments mit den etwa 50 erhaltenen italienischen Instrumenten des 16. Jahrhunderts. 1515 begann Vincentius mit dem Bau des bisher ältesten erhaltenen und signierten Cembalos, das für Papst Leo X. angefertigt und 1516 fertiggestellt wurde. Die hier entwickelte und eingangs beschriebene Mechanik änderte sich in der langen Geschichte des Instruments vom Grundsatz her nicht mehr. In der Folge sollte Venedig aufgrund günstiger Zunftregelungen zum Zentrum des Baus besaiteter Tasteninstrumente werden. Allein von Domenico da Pesaro sind sieben Cembali erhalten, in den Sammlungen der ▸ Fugger und ▸ Este verfügte man über je fünf bzw. sechs venezianische Instrumente. Alessandro und Vito Trasuntino, Giovanni Antonio Baffo, Giovanni Celestini und Francesco Padovano hinterließen Cembali von seltener Güte. Die dünnwandigen und schlanken Instrumente aus Zypresse oder Ahorn wurden meist in stabileren Überkästen aufbewahrt. Ein gutes Beispiel für das zur Verfügung stehende Repertoire ist Antonio Gardanos *Intabolatura nova* (Venedig 1551), in deren Titel als Instrumente »arpichordi, claviciembali, spinette, & manachordi« genannt sind. Erstmals ist das Cembalo hier in einem Titel erwähnt und ausdrücklich von den anderen besaiteten Tasteninstrumenten abgesetzt.

Besaitung, Tonumfang und Registerzahl fast aller erhaltener italienischer Cembali sind mehr oder weniger großen Veränderungen unterzogen worden. Eine schlüssige Aussage über diese Parameter ist daher kaum zu treffen. Nachweisbare Registerdispositionen sind 1 x 8', häufig 1 x 8'+1 x 4', aber auch 2 x 8'. Ein beliebter Tonumfang im 16. Jahrhundert war C/E (so genannte ›kurze Oktave‹) – f'''. Tasti spezzati (aufgeteilte Tasten für Dis/Es oder Gis/As) findet man erstmals 1570 bei einem Instrument für den Hof von Alfonso II. d'Este in Ferrara. Hier wirkte Luzzasco ▸ Luzzaschi, der das dortige Gesangsensemble des ▸ Concerto delle dame vom Cembalo aus leitete und bei dem mit Girolamo Frescobaldi die nächste Cembalistengeneration heranwuchs. Die Stimmtonhöhe variierte regional und war von der Größe und der Saitenmensur abhängig, die Tendenz zu einem hohen Stimmton von ungefähr 520 Hz ist in der Diskussion.

Weniger gut belegt als der italienische Cembalobau ist der nordeuropäische Zweig, der aber offensichtlich auf die gleichen Wurzeln aus der Mitte des 15. Jahrhunderts zurückgeht. Neben zwei Virginalen von Joes Karest (1548 und 1550) ist aus der ersten Hälfte des 16. Jahrhunderts lediglich das Cembalo des Hans Müller aus Leipzig (1537) erhalten. Das dünnwandige Instrument verleugnet die Tradition nicht, unterscheidet sich aber von den italienischen Cembali durch seine nicht-pythagoreische, zum Diskant hin also verkürzte Mensur, einen durchgehenden Resonanzboden und durch erweiterte Registriermöglichkeiten, beispielsweise ein Nasalregister in unmittelbarer Nähe des vorderen Stegs. Die zweite Hälfte des 16. Jahrhunderts sieht in Antwerpen ein neues Zentrum des Baus von Tasteninstrumenten entstehen. Erhalten blieben aus diesem Zeitraum einige Virginale (unter anderem von Hans Ruckers), jedoch kein Cembalo. Mitglied in der Antwerpener St. Lukas-Gilde war von 1561 bis 1568 Lodewijk Theeus, von dem ein Cembalo erhalten ist, das nach seiner Auswanderung nach London 1579 dort entstand. Die Verwendung von Eiche für den

Korpus und der chromatische Bass (anstatt der kurzen Oktave) deuten auf englische Einflüsse hin, viele Details wie der durchgehende Resonanzboden und die Bevorzugung verschiedener Register zum Wechsel der Klangfarbe lassen aber die Verwandtschaft zu Müllers Instrument erkennen.

Wie in der frühen Renaissance lässt sich auch im 16. Jahrhundert das Cembalo in Spanien lediglich in Textdokumenten belegen. Immerhin ist im Instrumenteninventar Philipp II. (reg. 1556–1598) ein ›clavicordio‹ (der spanische Begriff für Cembalo) mit einer Länge von 223 cm verzeichnet. Wahrscheinlich ist, dass Werke eines Antonio de ▸ Cabezón – 1578 veröffentlichte sein Sohn Hernando die *Obras de música* – auf einem solchen Instrument ihre klangliche Realisierung erfuhren.

*Literatur*:
E.A. Bowles, *A Checklist of Fifteenth-Century Representations of Stringed Keyboard Instruments*, in: *Keyboard Instruments, Studies in Keyboard Organology 1500–1800*, hrsg. von E.M. Ripin, Edinburgh 1971, S. 11–17 • R. Strohm, *Die private Kunst und das öffentliche Schicksal von Hermann Poll, dem Erfinder des Cembalos*, in: *Musica Privata. Die Rolle der Musik im privaten Leben. Festschrift zum 65. Geburtstag von Walter Salmen*, hrsg. von M. Fink, R. Gstrein und G. Mössmer, Innsbruck 1991, S. 53–66 • A. Huber, *Text- und Bildquellen zum frühen Cembalobau in Österreich*, in: *Das österreichische Cembalo. 600 Jahre Cembalobau in Österreich*, hrsg. von A. Huber, Tutzing 2001, S. 89–114 • D. Wraight, *Überlegungen zu Mechanik und Mensurentwicklung im Cembalobau des 15. Jahrhunderts*, in: ebenda, S. 79–88 • E.L. Kottick, *A History of the Harpsichord*, Bloomington 2003.

AG

## Cerone, Domenico Pietro
\* 1566 Bergamo, † 1625 Neapel

Cerone gehört als Musiktheoretiker zu den bedeutendsten Erscheinungen des ausgehenden 16. und beginnenden 17. Jahrhunderts. Sein Traktat *El melopeo* (Neapel 1613) repräsentiert eine der herausragendsten Konzeptionen in der Geschichte der Musiktheorie.

Bevor Cerone 1592 als Sänger Mitglied der Kapelle ▸ Philipps II. (reg. 1555–1598) und Philipps III. (reg. 1598–1621) in Spanien wurde, war er unbestimmte Zeit lang Sänger an der Kathedrale von Oristano auf Sardinien. Ab 1603 ist Cerone als Priester und Sänger an der Kirche S. Annunziata in Neapel nachweisbar und unterrichte dort ab 1609 die Geistlichen im Choralgesang. Die Entstehung von *Le regole più necessarie per l'introduttione del canto fermo* (Neapel 1609), der zweiten erhaltenen musiktheoretischen Veröffentlichung Cerones, steht wohl in unmittelbarem Zusammenhang mit dieser neuen Aufgabe. Von 1610 bis zu seinem Tode war er Sänger in der Hofkapelle der spanischen Vizekönige in Neapel.

Es ist davon auszugehen, dass Cerone während seines Spanien-Aufenthaltes intensive Studien der spanischen Musik und der einheimischen Musiktheoretiker betrieb, die für sein Hauptwerk *El melopeo y maestro. Tractado de musica theorica y practica: en que se pone per extenso, lo que uno para hazerse perfecto musico ha menester saber* (Neapel 1613) von großer Wichtigkeit sind. Der in spanischer Sprache verfasste Traktat ist schon aufgrund seines Umfanges (849 Kapitel und 1160 Seiten) von außerordentlicher historischer Bedeutung. Es handelt sich um eine der ganz großen synthetischen Konzeptionen in der Geschichte der Musiktheorie. Weniger die Neuartigkeit der Gedanken als vielmehr die stringente Form der Präsentation machen seinen Rang aus. Die kompositionstechnischen Methoden der Parodiemesse (▸ Messe) erfahren durch Cerone eine kataloghafte Zusammenfassung und die Zusammenschau des zeitgenössischen italienischen und spanischen musiktheoretischen Gedankenguts ist von kaum zu überschätzender Wichtigkeit. Hinsichtlich des enzyklopädischen Anspruchs ist das Werk Cerones mit Athanasius Kirchers *Musurgia universalis*

(Rom 1650) zu vergleichen. Wie zuvor der Stil Adrian ▸ Willaerts durch Gioseffo ▸ Zarlino als beispielhaft dargstellt worden war, so enthält *El melopeo* bereits die grundlegende Zusammenfassung des ›stile alla Palestrina‹ (▸ Palestrinastil). Diese systematische Kodifizierung der vom Werk Palestrinas abgenommenen Satzregeln ist wesentlich das Werk Cerones. In Parallele zu zeitgenössischen literarischen Regelwerken ist geradezu von einer Poetik des Palestrinastils zu sprechen. Der Traktat ist in vielfacher Hinsicht konservativ, so in der fortdauernden Tradierung der mittelalterlichen Einteilung der Musik, ihrer therapeutischen Wirkungen und der Betonung ihrer Zahlengesetzlichkeit, wie umgekehrt im Verzicht auf die Beschreibung der neuen Techniken des Rezitativs, des ariosen Gesangs und der generalbassbestimmten Harmonie. Weiterhin enthält er wichtige Angaben zum Musikleben Neapels und zur Biographie von in Neapel wirkenden Musikern. Obwohl die zeitgenössische spanische Musikpflege in *El melopeo* sehr kritisch beurteilt wird, wurde das Werk in Spanien intensiv bis gegen Ende des 17. Jahrhunderts rezipiert.

MZ

## Cersne, Eberhard von
fl. 1400–1410

Der Minnesänger Eberhard von Cersne dürfte zur ritterlichen Familie von Cersne gehören, die sich nach dem niedersächsischen Ort Zersen benannte. Er ist wohl identisch mit dem »Ebihirhardus de Czersen«, der sich 1395 an der neugegründeten Universität Rostock immatrikulierte, wo er aber wahrscheinlich über den Grad eines Baccalaureus nicht hinauskam. Anschließend trat er, wie es scheint, ein Kanonikat am Chorherrenstift Johannes Evangelist in Minden an, wo er aber erst ab 1408 urkundlich belegt ist. Sein Hauptwerk, *Der Minne Regel*, verfasste er um 1404 (wie aus dem Text des Gedichts hervorgeht) auf dem Lande. Damit nimmt er wohl auf die Streitigkeiten Bezug, die sich an der Neuwahl des Mindener Bischofs im Jahre 1402 entzündeten und zeitweilig u.a. zum Exil eines der Amtsbewerber (samt seiner Partei) führten.

Musikgeschichtlich bedeutsam wurde sein Hauptwerk *Der Minne Regel* (1404), das (auf der Grundlage des Traktats *De amore* [1185–1187] von Andreas Capellanus) einen mittelhochdeutschen Lehrdialog zwischen dem Autor und der »Königin der Liebe« vorstellt. Die musikalische Bildung Eberhards offenbart sich vor allem in dreierlei Hinsicht: In der Einleitung, um die er seine dichterische Vorlage anreicherte, beschreibt Eberhard ein Vogelkonzert (»der fogel musica«) mit Hilfe von Fachtermini aus der Musiktheorie seiner Zeit. Ein Instrumentenkatalog enthält ferner die erste belegte Verwendung der Bezeichnung ▸ Clavichord.

Die Wiener Handschrift seines Traktats (Österreichische Nationalbibliothek, Ms. 3031) enthält vier Lieder mit Melodien in schlichter Buchstabennotierung (*Ich bad eyn hobiztochterlin*; *Ich grüße dich, trut fouwelin*; *Kurtzlich gronet uns der walt*; *Hilff werde, suße, reyne frucht*). Einschübe mit vielen Dreiklangsbrechungen erscheinen wie instrumentale ›Vor-‹ und ›Zwischenspiele‹ und wurden aufgrund ihrer an die Naturtöne der Trompete gemahnenden Melodik auch als ›Trompetta‹ charakterisiert.

*Ausgaben*:
*Der Minne Regel*, hrsg. von F.X. Wöber und A.W. Ambros, Wien 1861, Reprint Hildesheim 1981 • *Der Minne Regel. Lieder*, hrsg. von D. Buschinger und H. Lomnitzer (Göppinger Arbeiten zur Germanistik 216), Göppingen 1981 • *Die Lieder Eberhards von Cersne. Edition und Kommentar*, hrsg. von Elisabeth Hages-Weissflog (Hermea. Germanistische Forschungen, Neue Folge 84), Tübingen 1998.

*Literatur*:
H.-J. Moser / J. Müller-Blattau, *Deutsche Lieder des Mittelalters*, Stuttgart 1968 • R. Strohm, *The Rise of*

*European Music, 1380-1500*, Cambridge 1993 • H. Birkhan, *Der »Minne Regel« des Eberhard von Cersne*, in: Musicologica austriaca 22 (2003), S. 71–88.

CTL

## Certon, Pierre
\* um 1515 möglicherweise bei Melun, † 23.2./25.2.1572 Paris

Certon war einer der bedeutendsten Repräsentanten der französischen Chanson und der wohl schaffensreichste Komponist seiner Zeit in Frankreich.

Für seine Herkunft aus Melun spricht, dass er vor 1560 eine Kanonikats-Pfründe an Notre-Dame dieser Stadt innehatte. Ebenso führte er dort den Brauch einer gesungenen Messe zum Fest Mariä Verkündigung ein, was er 1560 mit dem Domkapitel schriftlich fixierte. 1527 ist ein »Jehan Certon« als »fermier du fourrage« in Melun dokumentiert. Er wurde am 29.10.1529 ›clericus matutinorum‹ in Notre-Dame von Paris, während Hugue de Caen das Amt des ›maître de musique‹ bekleidete. Certon fiel 1530 mehrfach wegen Frechheit und mangelnder Disziplin auf und entging nur aufgrund seiner Jugend einer Strafe (Archives nationales, LL 137, p. 141, 312, 329). 1532 trat er als ›clerc sous la prébende de M. Odon de Colligny‹ in die königliche Sainte-Chapelle ▸ Franz I. ein. Noch immer als Schreiber tätig, wurde er am 15.11.1536 ›maître des enfants de chœur‹ und 1548 Kaplan auf Lebenszeit. Somit lebte Certon bis zu seinem Tode im musikalischen Zentrum von Frankreich. Seine erste Chanson wurde 1533 veröffentlicht, ein Jahr darauf seine erste Motette. Seit 1567 trug er den Ehrentitel ›chantre de la chapelle du Roi‹, welcher außer ihm nur noch Pierre ▸ Sandrin im Jahre 1547 und Clement ▸ Janequin 1557 verliehen worden war. Er war mit dem ›sous-maître‹ der königlichen Hofkapelle Claudin de ▸ Sermisy befreundet, dem er 1542 sein zweites Motettenbuch widmete und 1562 in einer ▸ Déploration, gedruckt in den *Meslanges*, gedachte. Weitere Freunde waren Janequin, einer der bedeutendsten Chansonkomponisten der Zeit, dessen musikbegeisterter Testamentsvollstrecker und Prokurator Mathurin Le Beau und der Verleger Pierre ▸ Attaingnant. Certon war Pate jeweils eines der Kinder des königlichen Organisten Thomas Champion, genannt Mithou (um 1525 bis um 1580), und von Pierre Lavocat, Sänger des Königs von Navarra, später des Königs von Frankreich und von Hubert Jullet. Nicolas Le Gendre, Seigneur de Villeroy, der in seinem kleinen Schloss nahe Corbeil eine hervorragende Kapelle unterhielt, unterstützte Certon in späteren Jahren als Mäzen. Ihm widmete der Komponist die *Meslanges*.

Von Certons Werken sind 8 ▸ Messen, ungefähr 50 ▸ Motetten, 50 ▸ Psalmvertonungen und ▸ Chansons spirituelles und etwa 300 weltliche ▸ Chansons erhalten. Die Missa *»Sus le pont d'Avignon«* verarbeitet als ▸ Cantus firmus die bekannte Chanson, die Missa *pro defunctis* eine ▸ Choralmelodie. Die anderen sechs sind ▸ Parodiemessen. Die Messen wie auch die Motetten und das ▸ Magnificat gestaltete er durch kontrastierende Abschnitte und changierende Stimmkombinationen abwechslungsreich. Certons geistliche Werke wurden in älterer musikwissenschaftlicher Literatur kritisiert, da sie zu sehr an der ▸ Pariser Chanson orientiert und zu wenig kontrapunktisch gestaltet seien (siehe dazu Lesure, Sp. 584). Jüngere Analysen haben jedoch gezeigt, dass seine Motetten (insbesondere die 1542 von Attaingnant herausgegebenen 24 Motetten aus *Recens modulorum editio*) zwar den Einfluss von Sermisy aufweisen, sich in ihrem kontrapunktischen Idiom jedoch an Komponisten aus nördlicheren Regionen wie Jehan Leleu ▸ Lupi und Pierre de Manchicourt orientieren.

Obgleich Certon Kleriker war, liegt die Bedeutsamkeit seines Schaffens, wie bei Janequin, vorwiegend in seinen weltlichen Chansons. Seine frühen Chansons, 1533–1551 veröffentlicht, sind schlichter in der Melodie als die Werke Sermisys und weniger vielfältig in Aufbau und Rhythmus als diejenigen Janequins. Aufgrund ihrer Klarheit, Leichtigkeit und ihres mitunter frivolen, deftigen und erotischen Wortwitzes waren sie sehr erfolgreich. In Anlehnung an den syllabischen Stil von Sandrin entwickelte Certon um 1550 auf der Grundlage der ›voix de ville‹ (▶ Vaudeville) einen neuen Chansontyp, der streng homophon war und dessen Musik auf mehrere Strophen passte. Mit seinem 1552 von Le Roy & Ballard verlegten *Premier Livre de Chansons* erlangte dieser neue Stil große Beliebtheit am königlichen Hof. 1570 veröffentlichte Nicolas ▶ Du Chemin in den *Meslanges* eine sehr vielfältige Sammlung von Chansons für mehr als vier Stimmen, die Certon in seinen letzten Lebensjahren komponierte. 84 der 96 Werke sind 5- bis 8-stimmige Bearbeitungen homophoner Melodien von ▶ Chanson rustique oder mehrstimmiger Chansons seiner Zeitgenossen und seiner selbst. Einigen liegen geistliche Psalmen zugrunde, darunter ein Weihnachtslied. In seinen Chansons vertonte Certon sowohl alte Texte wie auch Gedichte seiner Zeitgenossen wie ▶ Mellin de Saint-Gelais, Jean und Clément ▶ Marot, Maurice ▶ Scève oder Claude Chappuys.

*Ausgaben*:
Missa »Sus le pont d'Avignon«, Missa »Adiuva me«, Missa »Regnum mundi«, in: *Messes à 4 voix*, hrsg. von H. Expert, Paris 1925 (Monuments de la musique française au temps de la Renaissance 2); *Pseaumes de P. Certon réduits pour chant et luth par G. Morlaye*, hrsg. von Fr. Lesure und R, de Morcourt, Paris 1957; *Chansons polyphoniques, publiées par P. Attaingnant*, hrsg. von H. Expert und A. Agnel, 3 Bde., Paris 1967–1968 (Maîtres anciens de la musique française 2–4); 1 Motette in: *The Sixteenth-Century Motet 13*, New York 1993; diverse Chansons in: *The Sixteenth Century Chanson 6*, New York 1991, sowie 24–28, New York und London 1992–1993.

*Literatur*:
A. Agnel, *Les Chansons polyphoniques de P. Certon*, Diss. Univ. Paris IV 1970 • J.T. Brobeck, *The Motet at the Court of Francis I*, Diss. Univ. of Pennsylvania 1991 • F. Lesure, *Certon*, in: *MGG*[2] (Personenteil), Bd. 4, 2000, Sp. 577–585 • A. Agnel, *Certon*, in: *Grove*, Bd. 5, 2001, S. 382–384.

EK

## Cesaris, Johannes
fl. Ende 14. Jahrhundert – ca. 1420

Cesaris galt laut Martin ▶ Le Franc als einer der drei bedeutenden französischen Musiker neben Jean ▶ Tapissier und Johannes Carmen zu Beginn des 15. Jahrhunderts, die »ganz Paris in Erstaunen setzten«. Der wahrscheinlich aus Nordfrankreich oder dem Westen Flanderns stammende Komponist wird erstmals 1394 in einem Rotulus des Erzbischof von Bourges an den Gegenpapst Benedikt XIII. in Bezug auf einen Pfründenerwerb erwähnt; dies bedeutet, dass er sich bereits als Komponist Verdienste erworben hatte, möglicherweise im Umfeld des Erzbischofs von Bourges und des Herzogs Jean von Berry, in dessen neu gegründeter, hochkarätiger Kapelle in Bourges er 1406–1409 als Sänger, Organist und ›magister puerorum‹ tätig war. Sein Nachfolger als Lehrer der Chorknaben war Nicolas ▶ Grenon. Bezüglich der weiteren Karriere von Cesaris ist nur seine Organistentätigkeit um 1417 in der Kathedrale von Angers bekannt.

Die acht erhaltenen Kompositionen von Cesaris umfassen eine ▶ Motette, zwei ▶ Balladen und fünf ▶ Rondeaux (das Rondeau *Se vous scaviés, ma tres douce maistresse* ist vermutlich nicht von Cesaris, sondern von Passet). Die im Codex Chantilly überlieferte Ballade *Le dieus d'amours* ist, wie das Repertoire dieser Quelle generell, ein Beispiel der ▶ Ars subtilior mit komplexerer Rhythmik, wenn sie auch im Kontext des Codex noch relativ einfach erscheint; sie entspricht der Grande Ballade der Zeit mit ausgedehnten Melismen insbesondere im Refrain. Die zweite Ballade *Bonté bialté* ist ohne Textunterlegung nur mit Incipit überliefert und weist ungewöhnliche Akzidentien in der Oberstimme auf (b, es, as). Drei der fünf Rondeaux sind Rondeaux quatrains (vierzeilige Rondeaus), zwei haben unterschiedlichen Text in Cantus und Kontratenor (*Pour la douleur / Qui dolente* und *Mon seul valoir / Certes m'amour*). Die einfachen Rondeaux haben nicht das übliche Schema, sondern in der dritten Zeile einen b-Reim und die vierte hat einen anderen Text als die erste Zeile; entsprechend sind die 16-zeiligen Rondeaux quatrains gehalten. Die Rondeaux folgen aber, wenngleich sie noch sehr melismatisch sind, dem einfacheren Satz des frühen 15. Jahrhunderts. Die vierstimmige Motette ist wahrscheinlich eine frühe Komposition in einfacher isorhythmischer Faktur.

*Ausgaben*:
*Early Fifteenth-Century Music* (Nr. 19–39), hrsg. von G. Reaney (Corpus mensurabilis musicae 11,1), Rom 1955; *French Secular Music. The Manuscript Chantilly 564* (Nr. 73, 77–80), hrsg. von G.K. Green (Polyphonic Music of the Fourteenth Century 18), Monaco 1981.

*Literatur*:
P. Higgins, *Music and Musicians at the Sainte-Chapelle of the Bourges Palace, 1405–1515*, in: *Kongreßbericht SMI Bologna 1987*, Turin 1990, Bd. 3, S. 689–701 • Y. Plumley, *Cesaris*, in: *MGG²*, Bd. 4 (Personenteil), 2000, Sp. 606–609.

# Ceterone ▶ Cister

# Chambéry ▶ Frankreich

# Chanson

Das französische Wort für ›Lied‹ wird im Zusammenhang mit dem Renaissance-Repertoire im spezifischen Sinn als Gattungsname verwendet. Zur Unterscheidung von dem Chanson, also jedwedem französischen Lied, bezieht sich die Chanson als Fachterminus insbesondere auf mehrstimmige Kompositionen des 14. bis 16. Jahrhunderts mit weltlichen nicht-lateinischen Verstexten. In ihrer Ausdehnung und Anspruchshaltung bleiben sie an den Charakter einer musikalisch-lyrischen Kleinform zurückgebunden, auch wenn sie auf manchen Entwicklungsstufen an die Grenzen dieser Definition geraten. Monophone Chansons sind zwar die historische Grundlage und auch immer wieder Anknüpfungspunkt für die mehrstimmigen Vertonungen, auch spielen geistliche Gedichte eine gewisse Rolle, doch sind dies Randbereiche einer ansonsten differenzierten und wandlungsreichen polyphonen säkularen Gattung, von der die europäische Kunstmusik der Zeit sehr stark getragen, in der zweiten Hälfte des 14. und der ersten Hälfte des 15. Jahrhunderts sogar angeführt wurde. Die Modellhaftigkeit der Chanson war im 15. Jahrhundert so stark, dass gelegentlich auch in anderen Sprachen (Englisch, Italienisch und Spanisch) Lieder nach Art einer Chanson entstanden. Der Ausdruck ›chanson‹ selbst war im 14. und 15. Jahrhundert für Liedsätze ungebräuchlich.

Die Chanson fußt auf einer entwickelten einstimmigen Liedkultur der mittelalterlichen Trobadors und Trouvères, die vor allem für die Inhalte (▶ Amour courtois) und die Diktion noch lange maßgeblich blieben. An der Entwicklung eines anspruchsvollen mehrstimmigen Satzes hatten landessprachliche Liedkompositionen bis zum frühen 14. Jahrhundert nur geringen Anteil, obwohl es bereits einzelne mehrstimmige Chansons von Adam de la Halle, Jean de Lescurel und im *Roman de Fauvel* gibt; ohne dass sie sich erhalten hätten, hat angeblich auch Philippe de Vitry solche geschrieben und sie damit dem planvollen Stil der Ars nova zugeführt. Sprunghaft entfaltete sich die Gattung in der zweiten Hälfte des 14. Jahrhunderts mit dem umfangreichen Œuvre des Dichter-Komponisten Guillaume de Machaut, der sie der Motette als ebenbürtig zur Seite stellte. Machaut etablierte ein System von ein- bis vierstimmigen Liedkompositionen, für deren Gestaltung die drei hierarchisch gestaffelten dichterisch-musikalischen ▸ Formes fixes mit Refrainanlage (▸ Ballade, ▸ Rondeau und ▸ Virelai) maßgeblich wurden. Die sprachliche und rhetorische Raffinesse der nun fast ausschließlich zehnsilbigen Verse traf auf einen elaborierten Tonsatz, in dem die musikalische Disziplin mit ausladender Melismatik wirkungsvoll in den Vordergrund tritt. Durch die hervorgehobene und geschlossene melodische Gestaltung wird der Cantus als Hauptstimme gegenüber dem ebenfalls zum Gerüst gehörenden Tenor und den gegebenenfalls ergänzenden Stimmen als Kantilene profiliert. Die zentrale Bedeutung dieses Typus eines Kantilenensatzes, der im Kern das Muster bis in die zweite Hälfte des 15. Jahrhunderts bleiben sollte, wird dadurch akzentuiert, dass der Text von jetzt an in den Quellen fast nur noch dem Cantus unterlegt wird. Damit wird eine Ausführung als instrumentenbegleiteter Sologesang zwar optisch nahegelegt, für die Praxis sind andere Besetzungsmöglichkeiten, auch die rein vokale, allerdings ebenfalls bekannt.

Auf dem von Machaut geschaffenen Fundament bauten die Komponisten zur Zeit der Ars subtilior (ca. 1370–1420) die Chanson zur anspruchsvollsten Musikgattung überhaupt aus, indem sie Umfang und kompositionstechnische Komplexität wesentlich steigerten. Bei einem zum Standard erhobenen dreistimmigen Satz tragen vor allem rhythmische Subtilitäten zum ästhetischen Ziel einer Kunst bei, die nicht nur am Pariser Königshof, sondern auch an vor allem südfranzösischen und norditalienischen Höfen ihre elitären Hörer fand. Die Ballade wurde zur favorisierten Form, bevor sie mit dem stilistischen Umschwung nach 1420 völlig zurücktrat.

Die nächste Phase der Chansongeschichte (bis zur Jahrhundertmitte) wird traditionell als ›burgundisch‹ apostrophiert, weil ihre komponierenden Hauptvertreter, insbesondere Gilles ▸ Binchois, in Diensten des politisch erstarkten burgundischen Herzogshauses standen oder – wie der in Italien, Savoyen und Cambrai wirkende Guillaume ▸ Dufay – enge Beziehungen dorthin unterhielten (▸ Burgund). An Quellen hat sich allerdings außer dem Chansonnier *Escorial A* (mit dem Repertoire der Jahre 1430–1455) fast nichts aus burgundischem Umfeld erhalten, sondern vor allem aus Italien (u.a. der Kodex *Oxford*, um 1430). Die bevorzugt vertonte Form der größtenteils anonymen Gedichttexte ist das Rondeau, das einerseits den nun öfter freundlicheren Texten (speziell mit Neujahrs- und Mai-Thematik) entgegenkommt, andererseits die elegischen Inhalte des Amour courtois aufzunehmen vermag. Wenngleich der dreistimmige geschichtete Kantilenensatz, in dem jede Stimme ihre ganz eigene melodische und Bewegungsphysiognomie ausprägt, verbindlich bleibt, änderte sich der Tonfall grundsätzlich. Er verdankt sich mehreren Faktoren: erstens dem mutmaßlich von England her beeinflussten neuen Wohlklang, der vermehrt imperfekte Konsonanzen wie Terzen, Sexten und Dezimen berücksichtigt, zweitens einer balancierteren Melodiegestaltung besonders des Cantus, die jede Verszeile mit einer bewusst gewölbten Linie bedenkt, wesentlich syllabischer voranschreitet und mit Melismen eher die Versränder betont, drittens mit einem ruhigeren rhythmischen Verlauf, bei dem die großräumigere Mensur des ▸ Tempus perfectum (als 3/4-Takt übertragen) die kleingliedrigere der ▸ Prolatio maior (als 6/8-Takt transkribiert) ablöst. Das ›burgundische‹ Modell verbreitete sich als Gattung allgemein, aber auch durch einige besonders bekannte Chansons (z. B.

von Robert ▸ Morton und ▸ Hayne van Ghizeghem) in ganz Europa.

Mit der Erholung der französischen Krone nach dem 1453 beendeten Hundertjährigen Krieg und schließlich dem Ende des burgundischen Reiches (1477/1482) verschob sich auch das Zentrum der Chansonkomposition allmählich auf die Loire-Region, aus der etliche Quellen erhalten sind (die Chansonniers *Nivelle de la Chaussée*, *Wolfenbüttel* sowie *Laborde* nach 1460, *Dijon* nach 1470 und *Kopenhagen* nach 1480). Mit neuen Komponistennamen (Johannes ▸ Ockeghem, Philippe ▸ Basiron und Antoine ▸ Busnoys, der allerdings seit 1467 in burgundischen Diensten stand) verbinden sich neue Konzepte, die den weiterentwickelten traditionellen Chansonsätzen zur Seite gestellt wurden. Die bisherige geschichtete Satztechnik, in der jede Stimme eine definierte Funktion erfüllt (gesanglicher Cantus, struktureller Tenor, klangauffüllender springender Contratenor) wich zunehmend einem anderen Satzbild, bei dem die Stimmverläufe einander angeglichen und untereinander homogenisiert sind, sich teilweise oder sogar vollständig imitieren, dafür aber klarere, gegeneinander abgegrenzte Abschnittsprofile ausbilden. Dem kam entgegen, dass zum einen der Ambitus der (bisweilen vier) Stimmen in die tiefere Lage ausgedehnt und dass zum anderen die Form des Virelai in seiner einstrophigen Variante als ▸ Bergerette neu belebt wurde. Denn diese Form ermöglicht einen als regelrechte Gegenstrophe gestalteten Teil, dessen Kontrastwirkung oft durch Wechsel zu homophonem Satz oder Tempus imperfectum (als 2/2-Takt übertragen) entsteht. Gegensätze wurden in diesem Umfeld auch gesucht, wenn man mehrere Sphären in einer Chanson simultan kombinierte: als Koppelung einer Chanson-Ebene, die sich durch einen Text in Forme fixe mit Amour-courtois-Thematik und kantilenenhafte Gestaltung auszeichnet, entweder mit einem gleichzeitig ablaufenden liturgischen ▸ Cantus firmus (▸ Motetten-Chanson) oder, häufiger, mit einer Liedweise, die textlich wie musikalisch der populären Domäne entspringt oder zu entspringen scheint (▸ kombinative Chanson).

Wenngleich die Chanson des 15. Jahrhunderts sozialgeschichtlich fest im aristokratisch-höfischen Milieu verankert blieb, wirkte sich das tatsächlich oder scheinbar populäre Element gegen Ende des Jahrhunderts stimulierend aus. Besonders am Hof ▸ Ludwigs XII. erhalten einstimmige, tendenziell populäre Lieder nach 1470 neuen Aufschwung und werden auch wie präexistente Lieder im Rahmen von dreistimmigen Cantus-firmus-Bearbeitungen gesetzt (Antoine de ▸ Févin, ▸ Josquin Desprez). Daneben greifen Texte mit Erzählcharakter, Pastourellen sowie satirische, scherzhafte und obszöne Inhalte Raum und werden nicht selten statt in längeren, vom Vers vorgegebenen Melodiebögen in kurzen Motiveinheiten spielerisch vertont, bei denen Tonrepetitionen und imitative Partikel eine große Rolle spielen. Dieser gewöhnlich vierstimmige Chansontyp, der den Gerüstsatz aus Diskant und Tenor gegen einen in simultan konzipierten Klängen fortschreitenden Satz eingetauscht hat, wurde seit den 1490er Jahren besonders von frankoflämischen Komponisten gepflegt, die sich längere oder kürzere Zeit in einem der wichtigsten Rezeptionsgebieten der Chanson, in Italien aufgehalten haben (Loyset ▸ Compère, Josquin, Antoine ▸ Bruhier, ▸ Ninot Le Petit, Jean ▸ Mouton). Im Zuge dieser Entwicklungen wurden die komplexen Strukturen der ehemaligen Forme fixe immer mehr ausgehöhlt oder ganz aufgegeben. In den Handschriften, die in oder für Italien hergestellt wurden (die Chansonniers *Casanatense*, *Braccesi*, *Capella Giulia*, *Basevi*), und in den ersten Drucken (Ottaviano ▸ Petruccis venezianischen Chansonpublikationen 1501, 1502 und 1504), die um 1500 die Hauptquellen für die Chanson sind, fehlen die Texte oft ganz, was auch auf bevorzugt instrumentale Ausführung in einem internationalisierten, zumindest von der Landessprache entfernten Kontext deuten kann.

Eine nach wie vor konstitutive Rolle spielten die Texte (öfters noch in Formes fixes) in einer anderen Region, in der sich nach 1500 der ernsthafte Zweig der Chanson fortsetzte: im flandrischen Mecheln im Umfeld des Hofs der habsburgischen Statthalterin ▸ Margarete von Österreich (Pierre de la ▸ Rue, Marbrianus de ▸ Orto, Johannes ▸ Prioris, Josquins Spätwerk, Jean ▸ Richafort). Die meist schwermütigen Texte korrespondieren mit stärker kontrapunktisch – im Falle Josquins auch kanonisch – ausgerichteten, tendenziell vier-, fünf- oder sechsstimmigen und mit voller Klanglichkeit ausgestatteten Sätzen. Die Nähe zur Motette zeigt sich bei diesen Chansons hinsichtlich des dichten musikalischen Satzes und des bedachtsamen Zugriffs auf die Worte. Dieser an musikalischer Komplexität orientierte Strang der Chanson fand in der ersten Hälfte des 16. Jahrhunderts seine Fortsetzung bei den Komponisten der anderen habsburgisch-burgundischen Regenten Maria von Ungarn und Kaiser ▸ Karl V. (Jacobus ▸ Clemens non Papa, Benedictus ▸ Appenzeller, Nicolas ▸ Gombert, Thomas ▸ Crecquillon).

In Fortführung der Chansons mit populärem Einschlag entwickelte sich seit der Regierungsübernahme durch ▸ Franz I. 1515 in Paris (und teilweise in der französischen Provinz) der neue Typus der ▸ ›Pariser Chanson‹, die mit Tausenden von Sätzen für ein halbes Jahrhundert ein klares und starkes Modell ausprägte. Claudin de ▸ Sermisy, Pierre ▸ Sandrin, Pierre ▸ Certon und Clement ▸ Janequin sind die wichtigsten Vertreter eines Stils, der auf Transparenz und Annehmlichkeit zielte. Die in Form, Sprache und Gedankenführung überschaubaren Gedichtvorlagen (vor allem von Clément ▸ Marot), die teils mehr auf Sentiment, teils mehr auf pikante Erotik setzen und teils reflexiv, teils narrativ angelegt sind, wurden in fast ausschließlich vierstimmige, oberstimmenbetonte, in allen Stimmen textierte Tonsätze von großer Prägnanz verwandelt. Sie beziehen ihre Überzeugungskraft aus der absoluten Abstimmung auf die Struktur des französischen Verses in syllabischem Duktus, gegliedertem Phrasenbau und klangvoller Homophonie. Eine eigene Spezies erzählt kleine Geschichten, die mit schnellem Parlando einen Handlungsablauf dynamisch und agil nachvollzieht. Der Erfolg der Pariser Chanson basiert wesentlich auf der Verbreitung durch die 1528 einsetzende Druckindustrie, mit der über die höfische Zielgruppe hinaus auch ein zunehmend stadtbürgerliches Publikum erreicht wurde.

Der neutrale musikalische Charakter der Pariser Chanson, der dem Text nicht semantisch, sondern auf formalem Wege gerecht werden will, machte dieses Satzmodell geeignet, um in der zweiten Hälfte des 16. Jahrhunderts einer anderen Idee zu dienen. Im Umfeld der Literatengruppe der ▸ Pléiade, die insbesondere von Pierre de ▸ Ronsard verkörpert wird, sollte die formale wie inhaltliche Oberflächlichkeit der Dichtungen Marots durch den Rückgriff auf humanistisches Gedankengut, nicht zuletzt auch die Vorstellung von einer Einheit von Dichter und Musiker in der Person des Sängers, und durch eine an der Antike geschulte Sprach- und Formenwelt überwunden werden. Als vielfältige Konsequenzen vor diesem gedanklichen Hintergrund entstanden zum einen Tonsätze, die so indifferent waren, dass sie auf die unterschiedlichsten Gedichte passten, sofern sie ihnen in formaler Hinsicht entsprachen, zum anderen schlichte Fakturen, deren Satz sich an Stegreif-Begleitungen zu Liedmelodien orientierte (▸ Voix de ville, ▸ Air de cour), oder Chansons, die den einfachen Vortragsmodus der italienischen ▸ Villanella übernahmen (Jacques ▸ Arcadelt). Eine besondere Zuspitzung erfuhr die Verbindung aus homophonem Satzbild und sprachlicher Akkuratesse in der ▸ Musique mesurée à l'antique. So war es im Zuge der Diversifizierung nicht nur edle Poesie, sondern auch umgangsmäßiges Dichtgut, das der bevorzugt schlichten Musikalisierung zugeführt wurde.

Die Neigung zum betont Liedhaften blieb für die französische Chanson des 16. Jahrhunderts kennzeichnend. Der Ansatz, sich in der Vertonung vermehrt dem Textinhalt zuzuwenden, Bilder und Ausdruckswerte der Vorlage illustrativ oder expressiv zu vermitteln, wurde – als Rezeption des italienischen Madrigals – nur teilweise aufgegriffen. Zwar fanden die vitalen, textdarstellenden Chansons von Orlande de ▸ Lassus (der nicht in Frankreich ansässig war) auch unter französischen Konsumenten starke Aufmerksamkeit, daneben bemühten sich andere Komponisten in den 1570er und 1580er Jahren bisweilen um Wortmalerei, gestische Motivik, affekthaltige Harmonien, abwechslungsreiche Abläufe sowie Durchkomposition der Strophe bei fragmentierter Behandlung der Verseinheiten (vor allem in Flandern ▸ Jean de Castro und François ▸ Regnard sowie in Südfrankreich Guillaume ▸ Boni, Antoine de ▸ Bertrand und Jean de Maletty), doch war der madrigalisierten Chanson gegenüber den liedhaften Modellen im Umfeld des Air kein anhaltender Erfolg beschieden.

*Literatur*:
L.L. Perkins, *Toward a Typology of the »Renaissance chanson«*, in: Journal of Musicology 6 (1988), S. 421–447 • L. Finscher, *Die französische Chanson*, in: *Die Musik des 15. und 16. Jahrhunderts* (Neues Handbuch der Musikwissenschaft 3), hrsg. von L. Finscher, Laaber 1990, S. 499–536 • L.L. Perkins, *Music in the Age of the Renaissance*, New York 1998, S. 257–308, 607–648, 938–942 • N. Schwindt, *Musikalische Lyrik in der Renaissance*, in: *Musikalische Lyrik* (Handbuch der musikalischen Gattungen 8), hrsg. von H. Danuser, Laaber 2004, S. 138–156, 162–175, 194–200, 227–235.

NSCH

# Chanson rustique

Chanson rustique (wörtlich: »bäuerlich einfaches Lied«) wird als lockerer musikalischer Gattungsname auf einen vor allem in den Jahrzehnten um 1500 gängigen französischen Liedtypus mit populären Elementen bezogen, der entweder als monophones Lied überliefert ist oder eine einstimmige Liedweise im polyphonen Satz verwendet.

Der Ausdruck geht auf vereinzelte zeitgenössische Formulierungen vorwiegend im literarischen Bereich zurück: Der Musiktheoretiker Johannes ▸ Tinctoris nennt in seinem *Proportionale musices* (vor 1475) ein Lied von Johannes ▸ Ockeghem ein »carmen bucolicum«, der Dichter Jean ▸ Molinet spricht in *L'Art de rhétorique vulgaire* (1493) von »chansons rurales«, 1548 erschien in Paris eine Textsammlung *Chansons nouvellement composées sur plusieurs chants, tant de Musique que Rustiques*, der Dichtungstheoretiker Nicholas Boucher erlaubt 1579 in *La conjunction des lettres et des armes* Verstöße gegen korrekte Silbenlängen nur in »chansons rustiques«. Obwohl sich mit diesen Belegen im Rahmen einer pastoralen Literaturtradition kein präzises Profil verbindet, griff Howard Brown den Ausdruck 1959 auf, um eine Klasse von Chansons zu benennen, die für die Gattungsentwicklung von ca. 1430 bis 1530 als ein Seitenstrang von Bedeutung war. Es handelt sich um Chansons, deren Texte nicht vom ▸ Amour courtois bestimmt waren, sondern Dinge des täglichen Lebens oder vor ländlicher Szenerie schildern oder die Liebesthematik in Form balladesker Begebenheiten oder mit satirischem bzw. obszönem Hintergrund behandeln und dabei meist als einfache Strophenlieder, bisweilen mit abschließenden Refrainpartien geformt sind. Nur selten lassen sich Texte dieser Chansons in Quellen zurückverfolgen, die vor den mehrstimmigen Kompositionen liegen; auch ist nicht nachweisbar, ob musikalisches Material, das in mehrstimmigen Versionen erscheint, tatsächlich als einstimmiges Lied präexistent und gegebenenfalls mündlich tradiert war oder ob es teilweise bzw. ganz in der Absicht, ein populäres Idiom auszuprägen, neu geschaffen und dann gegebenenfalls als wirklich popularisierte Melodie oder als Chiffre für das Populäre weiterverwendet wurde. Die Merkmale, die man der Melodie einer Chanson rustique zuschreibt, sind syllabische Textvertonung, vorwärts gerichtete Rhythmik mit nur gelegentlicher Synkopierung, kleiner Ambitus der Einzelstimmen, bündige melodische Linienführung, regelmäßige Phrasenstruktur, Wiederholungsneigung und Bevorzugung dreiteiliger Formen. Zwar wird die Präexistenz trotz der methodischen Unsicherheit oft stillschweigend angenommen, doch ist dies dann sekundär, wenn es um die Anmutung eines ›niederen Stils‹ geht. Dies machen neben der Überlieferung in oft preziösen Quellen auch die verschiedenen Arten von polyphonen Chansons rustiques klar, da sie als Ganzes kein ▸ Volkslied nachahmen wollen, sondern anspruchsvolle, komponierte Tonsätze darstellen und dies mit verschiedenen Mitteln realisieren.

Nach verstreuten, noch kaum einheitliche Muster ausbildenden frühen Belegen (Martinus Fabris, *N'ay je cause*, um 1400, Guillaume ▸ Dufay, *La belle se siet*, vor 1436, Gilles ▸ Binchois, *Filles a marier*, vor 1450) entstehen seit der Mitte des 15. Jahrhunderts verschiedene Typen. Ein erster Komplex findet sich zahlreich in den Chansonniers *Escorial B* (vor 1460) und *Dijon* (nach 1470): Schlichte Melodien im Tenor werden mit einer oder seltener zwei neu komponierten oder aus anderen mehrstimmigen Chansons (zumeist in ▸ Formes fixes) zitierten Oberstimmen mit deren originalem Text kombiniert und zur Drei- bzw. Vierstimmigkeit ergänzt, was ausdrücklich einen simultanen Kontrast der Formverläufe, Gestaltungsweisen und ästhetischen Sphären bezweckt. Mit dem allgemeinen satztechnischen Wandel zu imitativen Strukturen mehren sich in Handschriften der letzten drei Jahrzehnte des 15. Jahrhunderts Fälle, in denen eine ›rustique‹-Melodie im Tenor, nach 1510 auch öfters im Cantus liegt und imitatorisch, teils kanonisch von zwei weiteren Stimmen aufgegriffen wird. Nach 1500 tendieren die Komponisten immer mehr dazu, die tatsächlich oder scheinbar präexistente Melodie und die hinzukomponierten Stimmen in ihrem Duktus einander anzugleichen. Dieser Typus, dessen Hauptvertreter Antoine de ▸ Févin und ▸ Josquin Desprez sind, ist vor allem in französischen Quellen bezeugt und erfreute sich besonderer Beliebtheit am französischen Königshof Ludwigs XII., in dessen Umfeld um 1500/1510 auch zwei schön gestaltete Notenmanuskripte mit einstimmigen Liedern, darunter der *Chansonnier de Bayeux*, angelegt wurden, die oft dasselbe Melodienmaterial wie die polyphonen Chansons enthalten. Nicht zuletzt weil manche dieser Melodien noch die Grundlage für Chansons der Generation von Claudin de ▸ Sermisy bilden, vermutet man eine direkte Entwicklungslinie von der Chanson rustique zur ▸ Pariser Chanson.

*Literatur*:
H.M. Brown, *The Chanson Rustique – Popular Elements in the 15th- and 16th-Century Chanson*, in: Journal of the American Musicological Society 12 (1959), S. 16–26 • P. Gülke, *Das Volkslied in der burgundischen Polyphonie des 15. Jahrhunderts*, in: Festschrift Heinrich Besseler zum 60. Geburtstag, Leipzig 1961, S. 179–202 • Th. Brothers, *Genre, Style, and Composition Technique in French Music of the Fifteenth Century*, Diss. Univ. of California, Berkeley 1991.

NSCH

# Chanson spirituelle

Das französische ›geistliche Lied‹ in Form von Umdichtungen weltlicher Vorlagen oder als eigenständige Schöpfung bildete eine eigene Variante der ▸ Chanson für die private Andachtsmusik protestantischer Rezipienten in der zweiten Hälfte des 16. Jahrhunderts aus.

In vorreformatorischer Zeit war eine Scheidung des europäischen Liedguts in weltliches und geistliches Repertoire nur gering ausgeprägt. Lieder mit geistlicher Thematik finden sich verstreut unter solchen mit weltlichem Inhalt, allenfalls markieren sie bisweilen in bewusst angelegten Sammlungen, vor allem mit Beginn des Musikdrucks, deren Beginn bzw. Ende oder die Binnenabteilungen. Diese Sonderfunktion blieb im ganzen 16. Jahrhundert erhalten.

Mit der Reformation und der katholischen Gegenreformation wuchs die Sensibilisierung für eine eigene Kategorie in allen musiklyrischen Gattungen, so dass vermehrt Liedpublikationen rein geistlichen Inhalts entstanden. In der ersten Etappe handelte es sich um protestantische Sammlungen, die vorrangig auf dem Wege der ▸ Kontrafaktur und in Frankreich (wie in Deutschland) seit den 1530er-Jahren auch als reine Textdrucke entstanden.

Als französischer Name gewann für diese bald auch von der Kontrafaktur unabhängige Dichtung der Begriff der Chanson spirituelle Bedeutung (Marguerite d'Angoulême, vor 1547), der dann auch als gedruckter Sammlungstitel für Texte und Musik fungierte. Die erste so benannte Publikation des Dichters Guillaume Guéroult und des Komponisten Didier Lupi Second (*Premier livre de chansons spirituelles*, Lyon 1548) enthält die bis ans Ende des 16. Jahrhunderts in protestantischen Regionen Europas weit verbreitete geistliche Chanson *Susanne un jour*, die nicht zuletzt aufgrund ihrer schlichten, am Typus der ▸ Pariser Chanson orientierten Vertonung Modellcharakter hatte. Der Aufschwung der calvinistisch reformierten Kirche in Frankreich ab 1555 zog auch eine kurzzeitig verstärkte Publikationstätigkeit nach sich: Claude ▸ Goudimel, *Chansons spirituelles sur des poèmes de M.A. de Muret* (Paris 1555, verschollen); Clement ▸ Janequin, *Premier livre contenant plusieurs chansons spirituelles, avec les lamentations de Jérémie* (Paris 1556); *Jardin musical* [second livre], *contenant plusieurs belles fleurs de chansons spirituelles* (Antwerpen 1556). Dass die Chanson spirituelle ein spezifisches Produkt des Protestantismus war, zeigen auch noch die qualitätvollen Gattungsbeiträge von Claude ▸ Le Jeune um 1600.

Mit dem Beginn des ▸ Konzils von Trient etablierten sich allmählich auch in nicht von der Reformation berührten Ländern geistliche Spielarten der landessprachlichen Dichtungsvertonungen. Den Beginn markiert Cipriano de ▸ Rores madrigalischer Zyklus über Francesco ▸ Petrarcas *Vergine* (1548), den auch Palestrina vertonte (1581), als sich die italienischen Sonderformen des ›Madrigale spirituale‹ (▸ Madrigal) und der ›Canzonetta spirituale‹ (▸ Canzonetta) etabliert hatten. In Spanien eröffnete Francisco ▸ Guerrero, *Canciones y villanescas espirituales* (1589) eine ähnliche Seitenlinie des geistlichen ▸ Villancicos.

*Literatur*:
H.M. Brown, *The Chanson Spirituelle, Jacques Buus, and Parody Technique*, in: Journal of the American Musicological Society 15 (1962), S. 145–173 • M. Honegger, *Les Chansons spirituelles de Didier Lupi et les débuts de la musique protestante en France au XVIe siècle*, Lille 1971 • R. Freedman, *The Chansons of Orlando di Lasso and Their Protestant Listeners. Music, Piety, and Print in Sixteenth-Ccentury France*, Rochester 2001 • C.S. Powers, *The Spiritual Madrigal in Counter-Reformation Italy*, Diss. Univ. of California, Santa Barbara 1997.

NSCH

# Chapel Royal

Die Chapel Royal war die ▸ Kapelle für die private Religionsausübung wie auch Repräsentation der englischen Königinnen und Könige. Die Mitglieder der Kapelle, die ›Gentlemen of the Chapel Royal‹, bestanden aus Priestern und Musikern; die berühmtesten englischen Komponisten gehörten der Kapelle an und blieben bis an ihr Lebensende in dieser Position. Das Niveau der Kompositionen, die in der Chapel Royal gesungen wurden, war dementsprechend hoch; unter den Musikern bestand wohl ein reger Austausch, wie aus verschiedenen Kompositionen zu ersehen ist (z.B. *Western Wind*-Messen von John ▶ Taverner, John ▶ Sheppard und Christopher ▶ Tye). Neue kompositorische Entwicklungen in der Kirchenmusik, so die Entstehung des Verse ▶ Anthems und des Great ▶ Service, insbesondere auch die Verarbeitung kontinentaler Einflüsse, gingen meist von Komponisten der Chapel Royal aus. Ihre kirchenmusikalische Praxis diente nicht nur als Vorbild für andere anspruchsvollere Kapellen, sondern diese wurden unter Elisabeth I. auch angewiesen, die dort ausgeübten Formen des Gottesdienstes zu übernehmen. Bei Bedarf, u.a. an hohen Festtagen, sangen ihre Mitglieder auch in anderen Kirchen. Der Chapel Royal gehörten, im Unterschied zu Kapellen in anderen Ländern und Regionen, nur englische Musiker an. Die Knabenstimmen führten die ›Children of the Chapel Royal‹ aus. Die Kapelle umfasste zur Zeit Elisabeths I. 32 ›Gentlemen‹ und zwölf ›Children‹, wobei die weniger wichtigen Gottesdienste nur von der Hälfte der ›Gentlemen‹ bestritten wurden. – Durch die erhaltenen ›Cheque Books‹ kann die Entwicklung der Chapel Royal seit der Regierungszeit Elisabeths I. detailliert nachvollzogen werden (siehe Literatur).

*Literatur*:
E.F. Rimbauld, *The Old Cheque-Book. Or Book of Remembrance of the Chapel Royal*, London 1872 • A. Smith, *The Gentlemen and Children of the Chapel Royal of Elizabeth I: an Annotated Register*, in: Royal Musical Association Research Chronicle 5 (1965), S. 13–46 • R. Bowers, *English church polyphony: Singers and sources from the 14th to the 17th century*, Aldershot 1999 • F. Kishby, *Officers and office-holding at the English court: A study of the Chapel Royal, 1485–1547*, in: Royal Musical Association Research Chronicle 32 (1999), S. 1—61 • A. Ashbee / J. Harley (Hrsg.), *The Cheque Books of the Chapel Royal*, 2 Bde., Aldershot 2000.

ES

## Chapelain ▶ Kapelle

## Chardavoine, Jean
* 2.2.1538 Beaufort-en-Vallée (bei Angers), † um 1580

Jean Chardavoine war ein in Paris wirkender Schriftsteller, der sich als Herausgeber der umfangreichsten Sammlung von einstimmigen Chansonmelodien des 16. Jahrhunderts einen Namen gemacht hat. *Le Recueil des plus excellentes chansons [...]* erschien nach der Zuerkennung eines speziellen königlichen Privilegs vom 20.8.1573 im Jahr 1576. Es umfasst 190 Gedichte mit einstimmigen strophischen Melodien in der Form der ›voix de ville‹ (▶ Vaudeville) mit Notenköpfen in Tränenform. Viele Melodien sind identisch mit den Oberstimmen oder der Tenorstimme bekannter drei- oder vierstimmiger französischer Chansons, andere hat Chardavoine erheblich bearbeitet oder gleich neu komponiert. Die sehr erfolgreiche Sammlung wurde mehrmals aufgelegt, 1580 in zwei Ausgaben, und dabei erweitert und teilweise umgearbeitet.

*Ausgaben*:
*Le Recueil des plus excellentes chansons en forme de voix de ville*, Faksimile, Genf 1980.

*Literatur*:
A. Verchaly, *Le recueil authentique des chansons de Jehan Chardavoine*, in: Revue de musicologie 49 (1963), S. 203–219.

ALB

## Chartres ▶ Frankreich

## Chitarrone
(Chitarron, Chitaron)

Der Unterschied zwischen dem Chitarrone und der ▸ Theorbe ist nicht immer deutlich. Die zwei Begriffe werden am Ende des 16. und am Beginn des 17. Jahrhunderts gleichermaßen verwendet.

Beim Chitarrone handelt es sich um eine große ▸ Laute, die mit einem zweiten, über die Verlängerung des Halses gespannten Saitenspiel ausgestattet ist, dessen Saiten leer gespielt werden. 1608 konstruierte Magno Tieffenbrucker in Venedig einen Chitarrone, dessen frei schwingende Saiten eine Länge von 170 cm umfassten.

Das Instrument wird vor allem mit dem Beginn der begleiteten Monodie in Verbindung gebracht, obgleich es auch als Continuo-Instrument diente. Die älteste Referenz auf das Instrument findet sich in der Beschreibung der florentinischen ▸ Intermedien von 1589. Es begleitete den Gesang in der Musik von Giulio ▸ Caccini oder Jacopo ▸ Peri, aber es wird auch Solo gespielt, wie die Editionen von Girolamo Kapsberger (*Libro primo d'intavolatura di chitarrone*, Venedig 1604) oder Alessandro Piccinini (*Intavolatura di liuto, e di chitarrone*, Bologna 1623) zeigen.

*Literatur:*
E. Pohlmann, *Laute, Theorbe, Chitarrone: die Instrumente, ihre Musik und Literatur von 1500 bis zur Gegenwart*, Bremen 1968–1982 • D.A. Smith, *On the Origin of the Chitarrone*, in: Journal of the American Musicological Society 32 (1979), S. 440–462 • K.B. Mason, *The Chitarrone and its Repertoire in early Seventeenth-Century Italy*, Aberystwyth 1989.

CHB

## Chor ▸ Kapelle

## Choral ▸ Gregorianischer Choral, ▸ Kirchenlied

## Chorales ▸ Kapelle

## Choralmesse ▸ Messe

## Choralmotette

Eine Choralmotette ist im weitesten Sinne eine ▸ Motette, die eine Choralmelodie als Vorlage hat. In vorreformatorischer Zeit bezieht sich dies auf den einstimmigen (▸ gregorianischen) Choral, der die Grundlage von ▸ Tenormotetten sowie von mehrstimmigen Bearbeitungen für die Liturgie bildet. Im Zuge der Reformation wird der gregorianische Choral durch das protestantisch-volkssprachliche Kirchenlied ersetzt, das von Anfang an seinerseits ›motettisch‹ (d.h. in anspruchsvoller Polyphonie und nicht in schlichtem ▸ Kantionalsatz) verarbeitet wird, in Deutschland zuerst in Johann ▸ Walters *Geystlichem Gesangk Büchleyn* (Wittenberg 1524). Noch ist jedoch meist von (motettischen) ›Choralbearbeitungen‹ und nicht von ›Choralmotetten‹ die Rede, zumal ›Motette‹ zu dieser Zeit noch fest mit der Vertonung lateinischer Texte assoziiert ist; zum festen Gattungsbegriff wird ›Choralmotette‹ erst im 17. und 18. Jahrhundert, von Hans Leo ▸ Haßler über Heinrich Schütz zu Johann Sebastian Bach und darüber hinaus.

*Literatur:*
S. Gissel, *Untersuchungen zur mehrstimmigen protestantischen Hymnenkomposition in Deutschland um 1600*, Kassel 1983 • R. Marshall / R.A. Leaver, *Chorale Settings*, in: Grove, 2001, Bd. 5, S. 747–763.

TSB

## Choralnotation

Choralnotation bezeichnet im weitesten Sinn jede musikalische Notation, mit der typischerweise einstimmige Melodien des ▸ Gregorianischen Chorals (Messgesänge) festgehalten wurden. Alle diese Schriftarten verbindet, dass sie zum Rhythmus der Melodien in der Regel gar keine oder nur rudimentäre Angaben bieten, indem sie einzelne Töne als ›lang‹ oder ›kurz‹ kennzeichnen. ›Choralnotation‹ wird deshalb hauptsächlich in Abgrenzung zu anderen Arten der Notation verwendet, die den Rhythmus durchgehend in proportionalen Werten angeben und der ›musica mensurabilis‹ zugehören (z.B. Modal- oder ▸ Mensuralnotation). Im Gegensatz dazu bezieht sich ›Choralnotation‹ auf die überwiegend einstimmige ›musica plana‹ und gründet damit auf einer Differenzierung, die im theoretischen Denken seit Johannes de Garlandia präsent ist. Die Bezeichnung ›Choralnotation‹ ist jedoch auch für moderne Editionen liturgischer Melodien in Gebrauch, wenn diese auf eine taktartige Präzisierung des Rhythmus verzichten.

Graduale aus der Kartause Seitz.

Trotz weiter Verbreitung ist der Begriff ›Choralnotation‹ aus historischer Perspektive prekär. Er ist schon insofern unangemessen, als die dafür verwendeten Schriftarten nicht nur für gregorianische Gesänge in Gebrauch waren, sondern auch für weltliche Musik, etwa zur Aufzeichnung von Liedern der Troubadour und Trouvères. In historischer Hinsicht geradezu irreführend ist, dass Choralnotation eine Notenschrift mit spezifischen Zeichenformen suggeriert, der die Quellenlage keineswegs entspricht: Die verschiedenen Schriftarten und Zeichenformen für die Notation gregorianischer Melodien auf Linien entwickelten sich seit dem 11. Jahrhundert auf der Grundlage unterschiedlicher linienloser Neumenschriften, deren Zeichenformen bei der Übertragung auf Liniensysteme zweckmäßig stilisiert wurden. Wenn die Einzeltöne dabei quadratische Form annahmen, sind die Zeichenformen von der zeitgleichen Modalnotation nicht zu unterscheiden. Häufig sind auch rhombenförmige Einzeltöne. Im deutschen Sprachraum nahmen die Einzelzeichen besonders häufig die Gestalt von Hufnägeln an (▸ Hufnagel-Notation). Wie die Zeichenformen können auch die Zeichenbedeutungen von Handschrift zu Handschrift variieren, denn die Einführung der Liniennotation im europäischen Raum war ein längerer, komplexer Prozess, der von einer Vielzahl kultureller Voraussetzungen und Zufällen vorangetrieben wurde, wobei den weit ausstrahlenden, netzwerkartig über Europa verbreiteten liturgischen Reformbewegungen eine entscheidende Rolle zukam. Dieser Prozess war jedoch selbst im 14. Jahrhundert noch nicht vollständig abgeschlossen, und die Entwicklung der dafür verwendeten Zeichenformen fand in den gedruckten Ausgaben und modernen Editionen eine Fortsetzung. Den aktuellen Standard für die Edition der Gesänge der Messe bietet das *Graduale Triplex* (Solesmes 1979).

*Literatur:*
D. Hiley, *Western Plainchant*, Oxford 1993 • Bruno Stäblein, *Schriftbild der einstimmigen Musik*, Leipzig 1975.

SW

**Choralvariation** ▸ Variation

### Christine de Pizan [Pisan]
\* um 1364 in Venedig, † um 1430

Als Dichterin zählt sie zu den bedeutendsten französischen Lyrikern des Spätmittelalters, als Schriftstellerin war sie eine der einflussreichsten Intellektuellen im Paris der Zeit um 1400. Eine ihrer Balladen gehört zu den wenigen Gedichten von namentlich bekannten Autoren (neben Charles d'Orléans und Alain Chartier), die in Musik gesetzt wurden.

Christine erhielt von ihrem Vater Tommaso de Pizzano, einem am Hof des französischen Königs Karls V. tätigen italienischen Astrologen und Mediziner, eine ausgezeichnete Ausbildung. Mit etwa 15 Jahren heiratete sie den königlichen Sekretär Étienne de Castel, mit dem sie drei Kinder hatte. Nach dem Tod ihres Vaters 1385 und ihres Mannes 1389 begann sie im wirtschaftlich, sozial und psychisch schwierigen Witwenstand zuerst mit Kopistentätigkeiten, die sie aber nach einem intensiven Studium antiker Dichtung und der zeitgenössischen poetischen Produktion (Guillaume de ▸ Machaut, Eustache Deschamps) schon 1394 durch eigene Werke ablöste. Nach Einzelgedichten, Gedichten in Romanen und Gedichtzyklen, die bei aller Umsetzung höfischer Konventionen weibliche Perspektiven besonders deutlich artikulieren (*Cent Balades*, 1399, *Le Livre du Duc des Vrais Amans*, 1405, *Cent Balades d'Amant et de Dame*, 1410), verfasste sie vor allem Prosatexte didaktischer, moralischer, politischer, gesellschaftskritischer, geschichtsphilosophischer und utopischer Natur, in die sie immer wieder autobiographische Elemente einbaute; dabei thematisierte sie beispielhaft ihre sowohl ungewöhnliche als auch konflikthafte Geschlechterrolle. Sehr schnell stieg sie zur bei Hofe geschätzten Literatin und intellektuellen Autorität auf und widmete zahlreiche Werke den Angehörigen der königlichen Familie und des Hochadels, insbesondere Königin Isabeau. Ihre bei aller Konzilianz kompromisslose Haltung zeigte sie erstmals in der maßgeblich seit 1401 von ihr gelenkten Debatte über die populäre misogyne Fortsetzung des *Roman de la rose*. Die dort begonnene Linie der Verteidigung von Frauen führte über Texte, die weibliche Zukunftsvisionen artikulieren (*La Cité des Dames*, 1404/1405) oder einen positiven Verhaltenskodex für Frauen von der Fürstin bis zur Bäuerin entwerfen (*Le Livre des Trois Vertus*, 1405), bis zum hochaktuellen panegyrischen Gedicht auf »die Zierde des weiblichen Geschlechts« (*Le Ditié de Jehanne d'Arc*, 1429). Als in politisch wirren Zeiten 1418 eine Epidemie ausbrach, verließ Christine Paris, um sich vermutlich in das Dominikanerinnenkloster Saint-Louis in Poissy zurückzuziehen. Ihr ebenfalls dichtender Sohn Jean de Castel († 1425) stand als Sekretär zuerst in burgundischen, dann in französischen Hofdiensten.

Christine schrieb Gedichte in den üblichen Formen und Formaten der höfischen Lyrik (3 Complaintes, 3 Lais, 70 epigrammatische Gedichte und sogenannte ›Verkaufsspiele‹ sowie von den modernen Refrainformen 23 ▸ Virelais, 79 ▸ Rondeaux und 285 ▸ Balladen). Häufig experimentierte sie, vor allem durch – der Musik eher fremde – heterometrische Konzeptionen, im Rondeau mit Kurzzeilen und Refrainkürzungen, in der Ballade etablierte sie die abschließende Geleit-Halbstrophe (›envoi‹), was ebenfalls nicht genuin musikalisch konzipiert ist. Ihr Werk, auch das lyrische, erfuhr eine kontinuierliche Rezeption u.a. am Hof der burgundischen Herzöge bis hin zu ▸ Margarethe von Österreich. Auch im Herzog ▸ Philipp dem Guten gewidmeten Verstraktat *Le Champion des Dames* von Martin ▸ Le Franc (um 1441) ist sie erwähnt. Gilles ▸ Binchois vertonte ihre Ballade *Dueil angoisseus*, die zur besonderen Gruppe ihrer rund 20 »poèmes de veuvage« gehören und aus weiblicher Sicht das Phänomen der Trauer in scheinbar unerschöpflichen repetitiven Begriffen beschwört, wie es für den Typus der Complainte charakteristisch ist. Ob Binchois von dem Text zu seiner Zeit am burgundischen Hof Kenntnis erhielt oder bereits 1424/1425, als er in Diensten des Earl of Suffolk stand, ist unbekannt. Letzteres ist wahrscheinlicher, weil die Komposition zahlreiche englische Stilistiken aufweist, die Gattung der Ballade zu dieser Zeit nur noch im englischen Kontext aktuell war und Christine direkte Beziehungen nach England hatte.

*Ausgaben*:
Œuvres poétiques, Bd. 1: *Ballades, virelays, lays, rondeaux, jeux à vendre et complaintes amoureuses*, hrsg. von M. Roy, Paris 1886, Reprint New York 1965.

*Literatur*:
D. Poirion, *Le poète et le prince. L'évolution du lyrisme courtois de Guillaume de Machaut à Charles d'Orléans*, Paris 1965 • E.J. Richards (Hrsg.), *Christine de Pizan and Medieval French Lyric*, Gainesville 1998 • D. Fallows, *Binchois and the poets*, in: *Binchois Studies*, hrsg. von A. Kirkman und D. Slavin, Oxford 2000, S. 199–219 • M. Zimmermann, *Christine de Pizan*, Reinbek 2002 • L. Curtis, *Christine de Pizan and »Dueil Angoisseux«*, in: *Gender, Sexuality and Early Music*, hrsg. von T.M. Borgerding, New York 2002, S. 265–282 • N. Schwindt, *Musikalische Lyrik in der Renaissance*, in: *Musikalische Lyrik* (Handbuch der musikalischen Gattungen 8), hrsg. von H. Danuser, Laaber 2004, S. 153–156.

NSCH

## Ciconia, Johannes
\* um 1370 Lüttich, † zw. 11.06. und 12.7.1412 Padua

Ciconia war franko-flämischer Komponist und Musiktheoretiker, dessen Kompositionen alle Gattungen der Musik um 1400 repräsentieren und dessen musikalischer Stil zukunftsweisend ist. Sein Werk galt lange Zeit (›Epoche Ciconia‹) als das wesentliche Verbindungsstück zwischen italienischem und französischem Stil, und wenn heute auch eine differenziertere Sicht möglich ist, sind Ciconias Kompositionen höchst originelle Beispiele für die Stilentwicklung um 1400. Überliefert sind Messensätze (▸ Messe), ▸ Motetten (auch isorythmisch), lateinische Lieder (▸ Kontrafakturen, ▸ Kanons) und italienische (▸ Madrigale, ▸ Ballate), französische (▸ Virelais) Liedsätze und theoretische Schriften wie *Nova Musica* und *De proportionibus*.

Die Biographie des »Magister Johannes Ciconia de Leodio« (so die Zuschreibung zweier Motetten in GB-Ob Can. Misc. 213) ist seit den 60er Jahren eine Detektivgeschichte, deren Ausgang noch nicht abzusehen ist. Als gesichert gilt, dass Johannes Ciconia um 1370 in Lüttich geboren wurde und bis 1385 auch dort nachweisbar ist. Sein Vater war vermutlich ein Priester und Kanoniker gleichen Namens an der Kirche Saint Jean-l'Evangeliste in Lüttich, seine Mutter die nicht namentlich erwähnte Tochter von Jacques de Hemricourt. Ab 1391 ist Ciconia in Rom nachweisbar und zwar im Haus des Kardinals und päpstlichen Legaten Philippe d'Alençon, vermutlich bis zu dessen Tod 1397. Die Motette *O virum omnimoda* und das Gloria-Credo-Paar Nr. 3–4 lassen sich in der römischen Zeit verorten.

Die späten 1390er Jahre hat Ciconia vermutlich am Hof Giangalazzo Viscontis in Pavia verbracht. Das Madrigal *Una panthera*, das Virelai *Sus un fontayne* und *Le Ray au Soleil* verweisen durch intertextuelle Bezüge auf Visconti. Ab 1401 ist Ciconia in Padua belegt, er tritt in die Dienste der Familie Carrara und wird von Francesco Zabarella gezielt protegiert – er erhält die Kirche S. Biagio di Roncaglia als Pfründe und wird zum Kaplan an St. Prosdocimus ernannt, der Kathedrale von Padua. Zwei Motetten für Francesco ▸ Zabarella belegen den engen Bezug zu Ciconias Förderer. Ab 1403 ist Ciconia ferner Custos, Cantor und Musicus an der Kathedrale; er erhält weitere Pfründe, und seine Tätigkeit und Anwesenheit in Padua ist zwischen 1401 und 1412 vielfach belegt. In der Paduaner Zeit entstehen Motetten wie *O felix templum*, das Madrigal *Per quella strada* und auch der Traktat *Nova musica*.

1406 erobern die Venezianer Padua, die Carrara werden hingerichtet, und Ciconia arrangiert sich äußerlich mit den neuen Machthabern. Die Ballata *Con lagreme bagnandome nel viso* auf den Tod von Francesco Carrara il Novello und die Staatsmotetten für venezianische Repräsentationsanlässe sind nur vor diesem politischen Hintergrund verständlich. Neben der dramatischen Situation in Padua ist ein weiterer Kontext für Ciconias Schaffen das Konzil von Pisa, das das jahrzehntelange Kirchenschisma zu überwinden sucht. Die Motette *Doctorum principem / Melodia suavissima* sowie das lateinische Lied *O Petre, Christi discipule*, komponiert zur Krönung von Pietro Filargo als Papst Alexander V. 1409 in Pisa zeugen davon. Weltliche Liedsätze wie *Mercé o morte*, *O rosa bella* und *Lizadra donna* lassen sich auf die Zeit um 1410 datieren. Am 10. Juni beglaubigt Ciconia ein letztes Dokument, am 13. Juli 1412 wird ein Nachfolger als Cantor am Dom zu Padua »per mortem M. Johannis Ciconia« eingesetzt und Ciconia in St. Prosdocimus beigesetzt.

Nur von Paolo Tenorista da Firenze sind mehr Kompositionen bekannt als von Ciconia, sein Wirken geht weit über die regionalen Grenzen seiner Biographie hinaus. Erhalten sind elf Messensätze (davon vier als Paar), zehn Motetten (davon sechs isorhythmische), vier lateinische Liedsätze (darunter der Rätselkanon *Quod jactatur*), vier Madrigale (*Cacando un giorno*, *I cani sono fuora del cielo*, *Per quella strada* und *Una panthera*), sechzehn italienische Ballate und vier Virelais. Ciconias Werke bedienen sich der gesamten Vielfalt der Stilistik ihrer Zeit und nutzen alle Möglichkeiten italienischer schwarzer Mensuralnotation – u.a. Metrenwechsel, Melismenbögen, polymorphe Rhythmen. Die Motetten sind durch enge historische Bezüge an ihren Kontext gebunden und führen einen spezifisch norditalienischen Motettenstil weiter (rezipiert wird hier u.a. der Traktat *Summa artis rithmici vulgaris dictaminis*, 1332, von Antonio da Tempo), der sich durch zwei hohe, im wesentlichen kreuzungsfreie Oberstimmen auszeichnet sowie eine Tenorstimme, die nicht entlehnt sein muss. Der Text wird in rhetorischer Kraft und mit deutlichem Ausdruck vorgetragen, der Einsatz isorhythmischer Kompositionsweise in vier Motetten ist für Norditalien ein Novum und wird für den motettischen Stil prägend. Die Messensätze weisen, im Vergleich zu den Motetten, kaum Persönliches auf, sondern reagieren auf die italienische Messpolyphonie der Zeit: Zwei Gloria-Credo-Paare sind definitiv Ciconia zugeschrieben und zeigen die Rezeption einiger Messkompositionen von Antonio Zacara da Teramo; auch weisen einige musikalische Bezüge des Gloria-Credo-Paars Nr. 1 auf das Madrigal *Una panthera* und die Motette *O felix templum*.

Die weltlichen Werke, besonders die Ballate, propagieren einen unerhört neuen Stil, in dem leidenschaftlicher Textvortrag durch einen hoch ausdifferenzierten musikalischen Satz ermöglicht wird. In der neuartigen Verknüpfung von Wort und Ton ist jede Phrase individuell gestaltet, die Komposition ist dem Text wie ein massgeschneidertes Gewand auf den Leib geschrieben.

*Nova Musica* ist ein Traktat, der von Gelehrsamkeit, Kenntnis der Notationsgeschichte (Franco von Köln, Philippe de Vitry, Marchetto da Padova), von Intervall- und Moduslehre geprägt ist, wobei Ciconia übliche Verweise auf Guidos Hexachordlehre (▶ Hexachord) nicht nur meidet, sondern mit seinen einfachen Buchstabenbenennungen von Tonhöhen offensiv eine Rückkehr zu Boethius fordert. Besonders der dritte Teil der Schrift, *De proportionibus*, ist an der Musikpraxis des 14. Jahrhunderts orientiert, wenn auch die meisten Beispiele der einstimmigen Musik entstammen.

Die Kompositionen von Ciconia finden sich sowohl in Kontext- als auch in Rezeptionshandschriften, und Ciconia ist mit Antonio ▶ Zacara da Teramo und Paolo Tenorista da Firenze der Komponist, vom dem um 1400 die meisten Werke in weitester Verbreitung überliefert sind. Dabei erscheint er als der Komponist mit der größten Vielfalt und Ausdifferenziertheit musikalischer Mittel. Seine Kompositionen sind von geradezu avantgardistischer Originalität gekennzeichnet, und Ciconia erscheint als individuelle Künstlerpersönlichkeit um 1400: Er ist der erste Komponist, der sich selbst in fünf Texten seiner Motetten nennt, zum Teil gar als »in orbe famosissimus musicus«. Er ist zugleich der erste der frankoflämischen Italienfahrer (Wulf Arlt), dem im 15. Jahrhundert andere folgen werden.

Ciconia ist eine Wiederentdeckung des 20. Jahrhunderts, die durch die Arbeiten von Suzanne Clercx-Lejeune und ihre zweibändige Studie inklusive einer Werkschau (1953 und 1960), durch Margaret Bents und Anne Hallmarks Gesamtausgabe (1985) sowie eine Erstausgabe der theoretischen Schriften (1993) geprägt ist. Besonders im Bezug zur Humanismusrezeption im 14. und frühen 15. Jahrhundert erscheint seine Betonung einer intensiven Wechselbeziehung von Text und Musik als individuell und visionär. Mit Liedsätzen wie *O rosa bella*, *Mercé, o morte*, *Lizadra donna* und *Con lagreme*, in denen ein ausdifferenzierter, hoch artifizieller und engagierter Musik-Text-Bezug verwirklicht ist, wie er erst Ende des 15. Jahrhunderts erneut gepflegt wird, erscheint Ciconia als der größte Liedkomponist seiner Zeit.

*Schriften*:
*Nova musica and De proportionibus by Johannes Ciconia. New critical texts and translations on facing pages, with an introduction, annotations, and indices verborum and nominum et rerum*, hrsg. von O.B. Ellsworth, Lincoln 1993.

*Ausgaben*:
*The Works of Johannes Ciconia* (Polyphonic Music of the Fourteenth Century 24), hrsg. von M. Bent und A. Hallmark, Monaco 1985.

*Literatur*:
H. Besseler, *Bourdon und Fauxbourdon*, Leipzig 1950, von P. Gülke überarbeitete Neuauflage 1974 • S. Clercx-Lejeune, *Johannes Ciconia. Un musicien liégeois et son temps (vers 1335–1411)*, Brüssel 1960 • W. Arlt, *Musik und Text im Liedsatz frankoflämischer Italienfahrer der ersten Hälfte des 15. Jahrhundert*, in: Schweizer Jahrbuch für Musikwissenschaft 1 (1981), S. 23–69 • J. Nádas / A. Ziino, *The Lucca Codex: Codice Mancini: Lucca, Archivio di Stato, MS 184; Perugia, Biblioteca comunale »Augusta«, MS 3065*, Lucca 1990 • A. Kreutziger-Herr, *Johannes Ciconia (ca. 1370–1412): Komponieren in einer Kultur des Wortes* (Hamburger Beiträge zur Musikwissenschaft 39), Hamburg und Eisenach 1991 • D. Fallows, *Leonardo Giustinian and Quattrocento Polyphonic Song*, in: R. Borghi / P. Zappalà, *L'edizione critica tra testo musicale e testo letterario*, Lucca 1995, S. 247–260 • A. Hallmark, *Protector, imo verus pater: Francesco Zabarella's Patronage of Johannes Ciconia*, in: Festschrift für Lewis Lockwood, hrsg. von J.A. Owens und A.M. Cummings, Warren/Michigan 1997, S. 153–168 • P. Vendrix (Hrsg.), *Johannes Ciconia: Musicien de la transition*, Turnhout 2003.

AKH

# Cister / Citole

Die Cister ist ein Instrument in gerundeter Form mit plattem und flachem Körper, dessen Saiten gezupft werden, und am Ende des Halses befindet sich oft eine Kopfskulptur. Das Griffbrett ist bis zur Decke des Korpus verlängert. Die Wirbel sind entweder seitlich angebracht wie bei der Laute, oder vorne im Kopf aus Holz. Wie bei einer Mandoline sind die Metallsaiten am Ende des Korpus befestigt und werden von einem beweglichen Steg hochgehalten. Die Cister wird mit einem Plektrum gespielt. Die Saiten sind oft zu zweien oder dreien gruppiert, im Unisono oder in Oktaven. Der Hals ist mit harten Bünden ausgestattet, im allgemeinen aus Metall, die aufgeklebt oder eingesetzt sind. Das Instrument, dessen Name an die antike Kithara erinnert, stammt von der Citole des Mittelalters ab und hat seinen Höhepunkt im 16. und 17. Jahrhundert.

Die mittelalterliche Citole bietet bereits die Mehrzahl der charakteristischen Eigenschaften der Cister, die oben genannt wurden, obwohl das Aussehen des Korpus wechseln kann zur Form einer Schaufel, einer Drehleier, eines

Stechpalmenblattes etc. Die Citole ist aus einem einzigen Stück Holz gemacht wie es auch noch bei einigen Cistern der Renaissance der Fall war. Sie wird mit drei bis fünf Saiten bespannt.

Johannes ▶ Tinctoris (um 1487) beschreibt die ›cetula‹ als Instrument mit vier Metallsaiten, das von einem Plektrum gespielt wird, und erklärt, dass sie von den Italienern erfunden worden sei. Diese Behauptung stimmt damit überein, dass die Citole einen bedeutenden Aufschwung in Italien im 15. Jahrhundert nahm. Es handelt sich schon um die Anfänge der Renaissance-Cister.

Ein charakteristisches Merkmal der ältesten Cistern beruht darauf, dass die Decke größer ist als die Rückseite des Instruments, die Zargen stehen somit nicht senkrecht zur Decke (vom Profil her gleicht das Instrument einer Bratpfanne) und der Korpus ist gegen den Hals hin tiefer. An der Verbindung von Hals und Korpus erinnert eine Art von Rollen oder Halbsäulen (Spuren der »Flügel« der antiken Kithara) an Ornamente der Citole.

Verschiedene Typen von Cistern existieren in der Renaissance nebeneinander. In den Niederlanden, in Frankreich und in England hat die Cister vier Chöre. Die italienischen Cistern haben im allgemeinen sechs Chöre. Am Ende des 16. Jahrhunderts diente ein größeres Instrument, der Ceterone, der bis zu 14 Chöre hatte, als Continuo-Instrument. Die Varianten betreffen auch den Hals. Auf dem Griffbrett sind die Bünde entweder diatonisch oder chromatisch oder auch gemischt angeordnet (die Bünde der Halbtöne decken zwei oder drei hohe Chöre, diejenigen, auf welchen die Melodie gespielt wird) je nach Region oder Epoche.

Die chromatische Cister erscheint erst in der Mitte des 16. Jahrhunderts. Pierre ▶ Phalèse und Jean Bellère publizierten 1570 italienische Musik für chromatische Cister. Es gibt zwei verschiedene Stimmungen für die beiden unteren Chöre der vierchörigen Cister; bei den Instrumenten mit sechs Chören können die Stimmungen der Bass-Saiten variieren. Die Stimmungen sind generell ›rückläufig‹, d.h. ›höhere‹ Saiten können tiefer klingen als die vorhergehenden.

Die erste Veröffentlichung italienischer Musik für Cister ist diejenige von Paolo Virchi (1574), dessen Vater, Girolamo, Cistern baute. Seine Sammlung fordert eine virtuose Technik und weite Griffe in der linken Hand wie diejenige von Anthony ▶ Holborne (1597) oder Thomas Robinson (1607) in England. In Frankreich publizierte Adrian ▶ Le Roy 1565 eine *Instruction*. Frederic Viaera (1564) und Sebastian Vreedman (1568) repräsentieren die Editionen in den Niederlanden, während Sixt Kargel seit 1569 in Deutschland publizierte.

Das Repertoire der Cister ähnelt demjenigen der Laute, das aus Fantasien, Intavolierungen von Vokalwerken und Tänzen besteht.

Abbildungen finden sich bei Michael Praetorius, *Syntagma musicum*, Bd. 2, *De Organographia*, Wolfenbüttel 1619, Tafel XVI (siehe dazu ▶ Laute).

*Literatur*:
I. Waldbauer, *The cittern in the Sixteenth Century and its Music in France and the Low Countries*, Diss. Univ. of Harvard 1964 • W. Bachmann, *Die Anfänge des Streichinstrumentenspiels*, Leipzig ²1966 • D. Abbott / E. Segermann, *The Cittern in England before 1700*, in: The lute society journal 17 (1975), S. 24–48 • D. Gill, *Wire-strung Plucked Instruments Contemporary with the Lute*, in: Lute Society Booklets, Bd. 3, London 1977 • E. Winternitz, *Musical Instruments and their Symbolism in Western Art*, New York ²1979 • P. Forrester, *Citterns and their Fingerboard*, The lute society journal 23 (1983), S. 15–20 • P. Forrester, *The Cittern in Consort*, in: Fellowship of Makers and Researchers of Historical Musical Instruments Quaterly 83 (1996), S. 65–74.
CHB

**Clausula** ▶ **Klausel**

## Clavichord

Bei diesem besaiteten Tasteninstrument erfolgt die Klangerzeugung durch einen Tangentenmechanismus. In das Ende des Tastenhebels ist ein schmales Metallplättchen eingelassen, das von unten gegen die jeweilige Saite (bzw. meist ein gleich gestimmtes Saitenpaar) gedrückt wird. Der linke Teil der Saite wird dabei von einem eingeflochtenen Filzstreifen gedämpft, während der rechte Teil seine Schwingungen über den Steg auf den Resonanzboden überträgt, der sich rechts von der Tastatur befindet. Beim Loslassen der Taste dämpft der Filz die gesamte Saite ab. Der Ton kann so lange geformt werden, wie die Tangente mit der Saite in Kontakt steht. Charakteristisch ist die so genannte Bebung, ein dem Vibrato der Streichinstrumente verwandter Effekt, der bereits 1599 als Spieltechnik des spanischen Organisten Francisco Peraza beschrieben wird. Die Clavichordmechanik erlaubt darüber hinaus eine differenzierte Kleindynamik.

Als erster literarischer Beleg für das Instrument gilt seine Erwähnung in Eberhard von ▶ Cersnes Traktat *Der Minne Regel* in dessen ältester handschriftlicher Überlieferung von 1404. Zu den frühesten ikonographischen Quellen zählt ein Clavichord spielender Engel an der Altarplastik zu St. Sixtus im heute niedersächsischen Northeim, die Mariens Krönung zur Himmelskönigin darstellt und auf 1420/1430 datiert wird. Vergleichbare bildliche Belege aus dieser Zeit finden sich u.a. in Barcelona, Saint-Bonnet-le-Château (Loire), Shrewsbury (England) sowie Neapel und bezeugen die weite Verbreitung des Instrumententyps bereits in diesem frühen Stadium.

Bis in die erste Hälfte des 18. Jahrhunderts hinein wurden ausschließlich gebundene Clavichorde gebaut. Hierbei teilen sich zuerst bis zu vier und dann gegen Ende des 16. Jahrhunderts zwei Tasten eine Saite. Die frühe Beschreibung der Tastenanordnung des Clavichords bei Henri ▶ Arnault de Zwolle (Ms. F-Pn, lat. 7295, Dijon um 1440) belegt die Herkunft vom Messinstrument Monochord. Die Abstammung von diesem üblicherweise für musiktheoretische Zwecke benutzten Gerät setzt sich in der Verwendung des Begriffs ›monocordio‹, ›manicordio‹ usw. für die Clavichorde im 15. und 16., in Spanien gar noch im 19. Jahrhundert fort. (›Clavicordio‹ meint in der spanischen Terminologie ein ▶ Cembalo.)

Alle Saiten des von Arnault beschriebenen und auch von Sebastian ▶ Virdung in seiner *Musica getutscht* 1511 erwähnten Instruments haben die gleiche Länge und sind auf die gleiche Tonhöhe gestimmt. Lediglich der unterschiedliche Berührungspunkt der Tangente ruft die gewünschte Tonhöhe hervor. Die drei- und vierfachen Bindungen sind so angelegt, dass ein mehrstimmiges Spiel bei pythagoreischer Stimmung auf den insgesamt nur zehn Saitenpaaren für die drei Oktaven möglich ist. In Arnaults Darstellung sind zu diesem Zweck die tiefsten Tastenhebel stark nach links gekröpft, und im Diskant müssen die Tastenenden sehr dünn werden, um die kleiner werdenden Tonabstände zu garantieren.

1476 zeigt die Darstellung eines Clavichords als Intarsie im Herzoglichen Palast in Urbino eine neue Entwicklungsstufe. Die fünf tiefsten Töne haben jeweils eigene, auf die gewünschte Tonhöhe gestimmte Saitenpaare, wodurch eine zu starke Kröpfung der Tasten vermieden wird. Die verbleibenden zwölf Saitenpaare sind unterschiedlich gestimmt und lassen einen Umfang von vier Oktaven zu. Die Genauigkeit der Intarsie lässt die Festlegung auf pythagoreische ▶ Stimmung zu. Charakteristisch für diesen frühen Instrumententyp ist der tief im Korpus und unter den Tasten liegende Resonanzboden, auf dem ein Steg ähnlich dem eines Streichinstrumentes steht.

Das älteste erhaltene und datierte Clavichord baute Domenico da Pesaro 1543 in Venedig; heute wird es im Leipziger Musikinstrumentenmuseum als Nr. 1 aufbewahrt. In seiner hexagonalen Form repräsentiert es die ›Italienische Mensur‹, wie Michael ▸ Praetorius diesen Typus 1619 noch nennen sollte (*Syntagma musicum*, Teil 2: *De Organographia*). Bei kurzer Bassoktave hat das Instrument einen Tonumfang von vier Oktaven (C/E–$c^3$). Der Resonanzboden schließt rechts an die Tasten an und befindet sich auf einer höheren Ebene. Die drei Stege (Diskant, Mittellage, Bass) sind nun erheblich flacher geworden. Zwei weitere erhaltene Clavichorde mit geteilten Stegen (Leipzig Nr. 2 und 3) belegen, wenn auch nicht hexagonal, sondern rechteckig gebaut, die Verbreitung dieser neuen Bauweise.

Wie die bildlichen Darstellungen präsentieren sich auch die Berichte über den musikalischen Gebrauch des Instrumentes auf einer breiten Basis. Paradigmatisch fasst Virdung die umfassende pädagogische Bedeutung zusammen: »Zum ersten nimm für dich das Clavichordium. Denn was du uff dem Clavichordio lernest, das hast du dann gut und leichtlich spielen zu lernen uff der Orgeln, uff dem Clavicymbel, uff dem Virginall und uff allen andern clavirten Instrumenten.« So stand das Instrument nicht zuletzt wegen seiner leichten Verfügbarkeit (geringes Gewicht, gute Simmhaltung, intimer Klang) im Zentrum einer frühen Tastenmusikkultur, die sich in den Tabulaturbüchern des 16. Jahrhunderts wie demjenigen des Basler Humanisten Bonifacius ▸ Amerbach manifestierte. Hier ist das Clavichord ausdrücklich erwähnt, andere Sammlungen wie die der Drucker Pierre ▸ Attaingnant (Paris 1531) oder Antonio ▸ Gardano (Venedig 1551) nennen im Titel neben den Kielinstrumenten die »manichordi« als Klangwerkzeug.

Juan ▸ Bermudo (*Declaracíon de instrumentos musicales*, Osuna 1555) und besonders Tomás de Santa Maria (*Arte de taner fantasía*, Valladolid 1565) haben sich ihm in ihren Lehrwerken ausführlich gewidmet. Eindrücklich ist das virtuose Clavichordspiel des Sevillaners Francisco Peraza beschrieben (Francisco Pacheco, *Libro de descripcíon de verdaderos retratos de illustres y memorables varones*, Sevilla 1599). Nicht nur, dass er mit der Bebung schwebende Orgelregister nachahmte, auch das Vihuela- und Harfenspiel seiner renommierten Kollegen imitierte er auf dem ›monacordio‹. So verwundert es nicht, dass der spätere Organist der königlichen Kapelle, Bernardo Clavijo, bei seiner Stellenbewerbung an der Universität Salamanca 1593 seine Fähigkeiten als Tastenvirtuose statt auf der Orgel auf dem ›monacordio‹ unter Beweis stellen musste. 1576 demonstriert Antonio Valente in Neapel sein Tabulatursystem anhand der Zeichnung eines typischen italienischen Clavichords und das trotz des Titels *Intavolatura de Cimbalo*.

Die Nähe zum Studium der Musik, zur gedanklichen Auseinandersetzung wird hier ebenso offensichtlich wie bei der Intarsie des Studiolo von Urbino, wo der Darstellung des Clavichords in diesem räumlichen Zusammenhang geradezu symbolischer Wert zuwächst. So auch ist neben einem Orgelpositiv das Clavichord repräsentatives Tasteninstrument auf jenem Holzschnitt Hans Burgkmairs für die fiktive Autobiographie Kaiser Maximilians I., die den jungen Monarchen als »Weißkunig« in seinem Musikraum darstellt. Mit ähnlicher Intention sollte der Maler Hans Mielich 1572 die Münchner Hofkapelle zur Zeit Orlande de ▸ Lassus' mit einem Clavichord an zentraler Position zeigen, nicht um eine reale Musiksituation wiederzugeben, sondern um der ideellen Bedeutung des Clavichords als Inkarnation des Tasteninstruments schlechthin gerecht zu werden, die weit über den praktischen Nutzen als leicht verfügbares Übe-, Haus- und Kompositionsinstrument, den es zweifellos im musikalischen Alltag hatte, hinausreichte.

*Literatur*:
B. Kenyon de Pascual, »*Clavicordios*« *and Clavichords in 16th-Century Spain*, in: *Early Music* 20 (1992), S. 611–630 • *De clavicordio. Proceedings of the International Clavichord Symposium Magnano 1993*, hrsg. von B. Brauchli, S. Brauchli und A. Galazzo, Turin 1994 • B. Brauchli, *The Clavichord*, Cambridge 1998.

AG

# Clavicytherium

Ein Clavicytherium ist ein Tasteninstrument, das charakteristischerweise mit aufrecht stehendem Corpus gebaut wird. Bei der vorbarocken Form (die spätere Art ist ein aufrecht stehendes Cembalo) beginnt der Resonanzboden etwa bei der Hälfte der Saitenlänge. Die Klangerzeugung erfolgt mit Hilfe einer Zupfmechanik.

Eine zeitgenössische Beschreibung des Clavicytheriums liefert Sebastian ▸ Virdung in seiner 1511 in Basel erschienenen *Musica getutscht*. Neben einer reichlich skizzenhaften Abbildung vermerkt der Autor: »Das ist eben als das virginale/ allein es hat ander saiten von den dörmen d[er] schaue vnd negel die es harpfen machen hat auch federkile als das virginale, ist neülich erfunden vnd ich hab ir nür eins gesehen« (fol. B$^v$). Das weltweit einzige erhaltene Exemplar aus dieser Zeit beherbergt das Royal College of Music in London. Es ist das wohl älteste erhaltene besaitete Tasteninstrument überhaupt. Über Ort und Zeitpunkt der Entstehung gibt ein Papierstreifen, der auf der Rückseite eine Leimfuge absichert, Auskunft. Der Streifen ist das Fragment eines Ulmer Pachtvertrags aus den Jahre 1470/1480 und legt somit eine Datierung des Instruments vor 1500 nahe. Die Vermerke »vorders« und »hinders« auf den Innenseiten der Sockelbretter unterstützen die Annahme eines deutschsprachigen Instrumentenbauers.

Reich ist die Dekoration mit zwei Schallfenstern (eines davon noch mit geschnittenem Pergament verziert) und einer Rosette im Resonanzboden sowie mit Resten eines ehemals farbenprächtigen modellierten mutmaßlichen Kalvarienbergs. Im ursprünglichen Zustand verlieh sie dem Instrument sicherlich ein spektakuläres Aussehen. Das Instrument ist einchörig auf 8'-Basis bei 145,7 cm Höhe, 64,4 cm Breite und 20,7 cm Tiefe (vom Sockel gemessen). Dämpfer waren offensichtlich nicht vorgesehen, was eine Darmbesaitung (Virdungs Schafsdärme) nahelegt. Sie lässt ähnlich wie eine gotische Harfe polyphone Klarheit auch dann zu, wenn die Saiten nach dem Anzupfen ungedämpft weiterklingen. Bei der Mechanik sind Taste, Stecher und Springer in der Form eines um 90° gekippten U zu einer geschlossenen Einheit verbunden, wodurch sich eine Prallleiste erübrigt. Der obere Schenkel des U mit dem Kielträger ist leicht nach oben geneigt, so dass er in Instrumentenrichtung schräg abfällt. Dadurch kann das System nach dem Zupfvorgang allein durch die Schwerkraft und ohne Rückholfeder in die Ausgangsposition zurückfallen. Bei neueren Rekonstruktionen erwies sich diese Mechanik als leichtgängig und zuverlässig.

Unklar bleibt die originale Tastenanordnung und damit der Tonumfang. F,G–g" ist eine wahrscheinliche und von Virdungs Abbildung abzulesende Möglichkeit. Die Mensur des Instruments legt eine relativ hohe Stimmtonhöhe (a' etwa 490 Hz) nahe. Eine Veränderung der Klangfarbe können die bei Virdung erwähnten Nägel bewirken. Wahrscheinlich sind damit Metallstifte gemeint, die an einer Leiste aufgereiht gegen die Saiten geschoben werden können und einen Effekt analog den Schnarrhaken einer gotischen Harfe bewirken. Eine solche Vorrichtung lässt sich allerdings bei dem erhaltenen Londoner Instrument nicht finden.

In musikalischer Hinsicht eignet sich das Instrument mit seinem Tonumfang in idealer Weise für die Darstellung der Musik der zeitgenössischen ▶ Tabulaturbücher wie desjenigen aus der ehemaligen Klause von Buxheim oder den Basler Büchern um Bonifacius ▶ Amerbach. Die Nähe des Clavicytheriums zur süddeutschen Tastentradition um 1500 belegt eine Szene aus Hans ▶ Burgkmairs Holzschnittserie *Triumphzug Maximilians*, entstanden um 1516–1518. In Fahrtrichtung sitzt ein Organist (vermutlich Paul ▶ Hofhaimer) an einem Orgelpositiv, das von einem Kalkanten mit Wind versorgt wird. In seinem Rücken auf dem Wagen befinden sich zwei weitere Instrumente, wovon eines zweifelsfrei als Clavicytherium zu identifizieren ist. Da es von seiner Rückseite her gezeigt wird, ist eine nähere Spezifikation leider nicht möglich.

*Literatur*:
S. Virdung, *Musica getutscht*, Basel 1511, Reprint Berlin 1882, Basel 1931, Kassel 1970 • W. Debenham, *The Compass of the Royal College of Music Clavicytherium*, in: FoMRHI Quarterly 11 (1978), S. 19–21 • E. Wells, *The London Clavicytherium*, in: Early Music 6 (1978), S. 568–571 • *Royal College of music. Museum of Instruments. Catalogue, Part II: Keyboard Instruments*, hrsg. von E. Wells, London 2000, S. 18–26.

AG

## Clemens non Papa, Jacobus
\* um 1510 (?), † um 1556 (?)

Von dem Komponisten, den Kaiser ▶ Maximilian auf der Suche nach Talenten engagiert hatte, weiß man nur wenig. Man sagt, dass er in Diksmude in den Niederlanden zwischen 1510 und 1515 geboren wurde, da der Musiker auch dort begraben wurde. Die erste Erwähnung eines Jacobus Clemens datiert vom März 1544. Der Priester war als ›maître chanteur‹ der Kollegiatkirche Saint Donatien von Brügge ausgezeichnet, wo er tatsächlich seine *Missa Gaude lux Donatiane* komponiert hat. Er wurde als Musiker von Philippe II. de Croÿ (1496–1549) angestellt, für den er eine ergreifende Chanson schrieb: *Adieu delices de mon cœur/ Adieu mon maistre et mon seigneur*. 1550 ist er »sanger ende componist« der berühmten Marien-▶Bruderschaft von s'Hertogenbosch, wo er eine siebenstimmige Motette komponierte, *Ego flos campi*. Die letzten Jahre seiner Karriere bleiben ziemlich mysteriös. Man vermutet, dass er auf Zypern war, wo er möglicherweise Motetten (4) schrieb, die dem Heiligen Martin gewidmet sind, dem Patron der Kollegiatkirche und der Stadt, oder in Dordrecht, was die Chanson *Congié je prens* nahelegt, oder in Leiden, wo einige seiner Werke in einem Chorbuch aufbewahrt sind. Sein Namenszusatz »non papa«, den er für den Rest seiner Karriere behielt, erscheint zum ersten Mal in einer Liedersammlung, die in Brügge 1542 zusammengestellt wurde (für Zeghere van Male). Dass es sich um eine Anspielung auf Papst Clemens VII. handelt, der 1534 starb, ist wahrscheinlich. Hingegen ist sicher, dass Clemens ein ausschweifendes Leben führte, weshalb Philippe III. de Croÿ ihm die Eigenschaften des »großen Betrunkenen« und des »mal vivant« zuschrieb.

Das Schaffen von Clemens ist beeindruckend, sowohl in der Quantität als auch in der Qualität. 15 vollständige ▶ Messen, zwei Messenfragmente, annähernd 233 ▶ Motetten, 13 ▶ Magnificat-Vertonungen und ungefähr 10 weltliche Werke, hauptsächlich französische ▶ Chansons und Lieder auf niederländische Texte. Am Ende seines Lebens begann Clemens Arrangements der Psalmen auf niederländisch zu vertonen, die *Souterliedekens*. Diese 159 Stücke führte er nicht zu Ende, und so bemühte sich der in Antwerpen tätige Editor Tylman ▶ Susato damit, die von Clemens skizzierten Psalmen zu vollenden. Und in Louvain war es der Herausgeber Pierre ▶ Phalèse, der dem Œuvre von Clemens genauso wie demjenigen seines Zeitgenossen Thomas ▶ Crecquillon eine weite Verbreitung sicherte. Das *Septiesme livre des chansons à quatre parties* gibt davon beredtes Zeugnis: Es wurde zum ersten Mal 1560 publiziert und bis in den 1660er Jahre mehr als zwanzig Mal wieder aufgelegt.

Dem Reichtum der Produktion entspricht auch die Verschiedenheit der Ausdrucksqualitäten. Obwohl der imitative Satzstil die Grundlage seiner Schreibweise zu sein scheint, lehnt Clemens homophone Passagen nicht ab. Einige seiner vierstimmigen Chansons könnten an die zeitgenössischen ▸ Pariser Chansons erinnern (Claudin de ▸ Sermisy und Pierre ▸ Sandrin), während andere, solche zu fünf oder sechs Stimmen, der flämischen Tradition, insbesondere Nicolas ▸ Gombert, folgen und durch fortwährende kontrapunktische Dichte geprägt sind. Die Anzahl der Stimmen bedingt jedoch nicht die Art der Schreibweise: Dafür zeugt seine einzige Chanson zu acht Stimmen, *Amour au cueur me poingt*, die durch ihren homophonen Charakter eher aus dem Pariser Modell als aus dem flämischen hervorgeht. Die *Souterliedekens* nehmen eine gesonderte Position im Schaffen von Clemens ein. Die Texte stammen von Zuylen van Nijevelt (Antwerpen, Symon Cock, 1540) und die präexistenten Melodien sind von unterschiedlicher Stilistik und werden entweder im Tenor oder im Superius zitiert. Wie in den Chansons wechseln Stücke in homophoner Schreibweise mit solchen, die als imitatorische Passagen strukturiert sind. Sein Bemühen in den *Souterliedekens* war vielleicht eine Antwort auf den Wunsch Susatos, der Stücke auf niederländische Texte suchte, die die Jugend nicht brüskierten (»oneerlycken oft lichtverdigen misbruycke«), sondern sie zur Devotion anhalten sollten (»danckelyck lovene«).

Die Unterschiedlichkeit der Schreibarten, die in seiner weltlichen Musik offensichtlich ist, prägt seine geistlichen Kompositionen nicht (nur drei Motetten haben einen weltlichen Text). Die Schreibweise über einem Cantus firmus ist nicht die übliche, sie betrifft nur zwei Motetten, *Circumdederunt me* und *Si diligis me*, sowie sein *Requiem*. Das Parodieverfahren ist in seinen 15 Messen die Norm. Clemens greift dabei auf seine eigenen Werke (Chansons oder Motetten) und auf diejenigen seiner Zeitgenossen zurück. Das Modell wirkt jedoch nicht zwanghaft: Das geborgte melodische Material wird mit großer Freiheit und ohne Tendenz zur Systematisierung behandelt. Der Rekurs auf kontrapunktische Kunstfertigkeiten erscheint eher selten: Die strikte kanonische Schreibweise ist rar und jedes Mal aus rhetorischen Gründen angewandt (wie in der *Missa Ecce quam bonum*). Der rhetorische Sinn ist zweifellose das bedeutendste Merkmal auch seiner Motetten. Die kontrapunktische Dichte ist auf eine syllabische Schreibweise abgestimmt, die raffinierte Spiele im Wechsel der Texturen hervorruft. Das Spiel der Texturen erweist sich manchmal als das fundamentale Element eines Stückes wie in *Accesserunt ad Jesum*, wo der Text zwischen den tiefen und den hohen Stimmen geteilt wird. In *Job tonso capite* verlässt Clemens plötzlich den kontrapunktischen Fluss zugunsten einer homophonen Schreibweise, die dafür bestimmt ist, die Emotion der Erzählung Jobs zu betonen, eine Wahl, wie sie gleichermaßen in *Ego flos campi* vorkommt (eine Motette, die symbolisch siebenstimmig und für die Bruderschaft in s'Hertogenbosch komponiert ist). – Die große Anzahl von Clemens' Werken, die für Instrumente bearbeitet sind, bezeugt, dass sein Œuvre eine erstrangige Rolle in der musikalischen Kultur in der Mitte des 16. Jahrhunderts spielte.

*Ausgaben*:
Jacobus Clemens non Papa, *Opera omnia*, hrsg. von K.Ph. Bernet Kempers, 21 Bde. (CMM 4,1–21), Rom 1951–1976.

*Literatur*:
E. Jas (Hrsg.), *Beyond contemporary fame. Reassessing the art of Clemens non Papa and Thomas Crecquillon*, Turnhout 2006.

PHV

## Cleve, Johann de
* 1528/1529 Kleve (?), † 14. Juli 1582 Augsburg

Johann de Cleve ist Gründungskapellmeister der Grazer Hofkapelle, Sänger und Komponist. Mutmaßliche Herkunft und Geburtsdatum erschließen sich aus dem Augsburger Epitaph; für die nicht unwahrscheinliche Identität mit einem gleichnamigen Musiker in Bergen op Zoom fehlen einstweilen Belege. Die frühe Präsenz im ersten und dritten Band der Antwerpener Sammeldrucke *Ecclesiasticarum cantionum* (RISM 1553[8] und 1553[10]) spricht für eine Schaffensperiode in den Niederlanden. De Cleve war seit März 1553 Tenor an der kaiserlichen Kapelle ▶ Ferdinands I. und folgte 1564 dessen Sohn Karl II. als Kapellmeister nach Graz. 1570 schied er krankheitsbedingt aus den erzherzoglichen Diensten, lebte einige Zeit in Wien und ließ sich 1579 in Augsburg nieder, wo er weiterhin komponierte und auch unterrichtete; Bernhard Klingenstein zählte hier zu seinen Schülern.

De Cleve markiert trotz seiner Funktion als Gründungskapellmeister insofern eher die Schlussphase niederländischer Dominanz in den habsburgischen Diensten, als seine Nachfolger sowie der Großteil des Grazer Kapellpersonals Italiener waren, durch die sich nicht nur personell, sondern auch im Repertoire ein deutlicher Stilwandel weg vom motettischen Satz der Frankoflamen vollzog (▶ Frankoflämische Musik). De Cleve erweist sich diesem älteren Stil in seinen frühen Werken verpflichtet, wobei er den durchimitierten Satz immer häufiger zugunsten eines homorhythmisch-deklamierenden Duktus in den Hintergrund treten lässt und damit der allgemeinen kompositionsgeschichtlichen Tendenz folgt. Während in den Kanonkonstruktionen der Messen Reminiszenzen an die ▶ Josquin-Generation anklingen, zeigt sich de Cleve mit der Anwendung eines Systems wortausdeutender und formgebender musikalisch-rhetorischer Figuren auf der Höhe der Zeit. Den historischen Umständen verhaftet, geriet er in den Bann der auch innerhalb des Hauses Habsburg gärenden Konfessionsunruhen, die für die Musik allerdings weit weniger von Bedeutung waren als für die Politik, so dass sich in de Cleves Œuvre neben ▶ Motetten, ▶ Messen und ▶ Offiziumsgesängen auch 20 Liedsätze nach protestantischen Melodien aus der *Gesang Postill* (1574) des katholischen Stadtpfarrers Andreas Gigler finden. De Cleves Werke wurden in drei Individual- (*Cantiones sacrae*, 2 Bücher, Augsburg 1559; *Cantiones seu harmoniae sacrae*, Augsburg 1579) sowie zahlreichen, teilweise höchst prominenten Sammeldrucken (vgl. RISM) publiziert, fanden darüber hinaus in Handschriften weite Verbreitung und waren im ausgehenden 19. Jahrhundert Bestandteil von R.-J. van Maldeghems großangelegter Anthologie *Trésor musical*, die als eine der frühesten Editionen die wissenschaftliche Auseinandersetzung mit den frankoflämischen Kompositionen des 16. Jahrhunderts initiierte.

*Ausgaben*:
2 Messen, 29 Motetten, in: *Trésor musical. Collection authentique de musique sacrée et profane des anciens maitres belges*, hrsg. von R.-J. van Maldeghem, Brüssel 1865–1893; *Johannes de Cleve, Missa »Vous perdes temps«. Claude de Sermisy, Chanson »Vous perdes temps«* (Musik alter Meister 1), hrsg. von H. Federhofer, Graz [2]1960 • *Johannes de Cleve, Vier Motetten zu fünf und acht Stimmen aus »Cantiones seu harmoniae sacrae« (1579/80)* (Musik alter Meister 52), hrsg. von M. Huber, Graz 1986.

*Literatur*:
E. Vander Straeten, *La Musique aux Pays-Bas avant le XIXe siècle*, Brüssel 1867–1888 • H.J. Moser, *J. de Cleve als Setzer von zehn Luth. Melodien*, in: Tijdschrift van de Vereniging voor nederlandse muziekgeschiedenis 16 (1946) S. 31–35 • H.J. Moser, *Die Musik im frühevangelischen Österreich*, Kassel 1954 • H. Federhofer, *Musikpflege und Musiker am Grazer Habsburgerhof der Erzherzöge Karl und Ferdinand von Innerösterreich (1564–1619)*, Mainz 1967 • A. Dunning, *Die Staatsmotette 1480–1555*, Utrecht

1969 • W. Krebs, *Die lateinische Evangelien-Motette. Repertoire, Quellenlage, musikalische Rhetorik und Symbolik* (Frankfurter Beiträge zur Musikwissenschaft 25), Tutzing 1995 • Chr. Bettels, *Cleve, Johannes de*, in: *MGG*², Bd. 4 (Personenteil), 2000, Sp. 1261–1264.

CB

## Cochlaeus [eigentlich: Dobeneck], Johannes

\* 1479 Raubersried bei Nürnberg, † 11.1.1552 Breslau

Cochlaeus studierte seit 1504 in Köln und erwarb 1507 den Grad eines Magister Artium. Im selben Jahr erschien seine *Musica*, der bereits zwei frühere, jedoch ohne Angabe von Autor und Jahr erschienene Fassungen voraus gegangen waren. Er setzte seine Studien fort und unterrichtete auch an der Kölner Universität (1509 Professor), wo der bedeutende Musiktheoretiker Heinrich ▸ Glarean zu seinen Schülern zählte. 1510 wurde er Rektor der Lateinschule an St. Lorenz in Nürnberg, und veröffentlichte dort neben anderen pädagogischen Werken 1511 auch sein *Tetrachordum musices*. 1515 reiste er nach Italien, erwarb 1517 in Ferrara den Doktortitel in Theologie und wurde in Rom zum Priester geweiht. Im Anschluss nahm er verschiedene kirchliche Positionen (u.a. Frankfurt am Main, Mainz, Dresden und Breslau) ein.

Cochlaeus veröffentlichte zahlreiche theologische, historische, geographische und pädagogische Schriften. Er war als humanistisch gebildeter Theologe einer der aktivsten Gegner Martin ▸ Luthers, den er in einer Vielzahl von Publikationen angriff. Seinen musiktheoretischen Schriften kommt für die schulische und universitäre Musiklehre große Bedeutung zu. Er widmet sich darin der Lehre des einstimmigen Chorals ebenso wie den Grundlagen der mehrstimmigen zeitgenössischen Musik. Hinzu kommen Ausführungen zum Kontrapunkt und zu Musikinstrumenten sowie praktische Hinweise zum Vortrag der Psalmen und Lektionen. Cochlaeus fügte dabei auch vermutlich von ihm selbst stammende Kompositionen zur praktischen Illustration bei. In seinen Schriften bezieht er sich häufig auf andere Autoren, allen voran Franchino ▸ Gaffurius (*Practica musicae*, Mailand 1496) sowie Nicolaus ▸ Wollick, Michael Keinspeck und Melchior ▸ Schanppecher.

Während seiner Zeit in Italien beschäftigte sich Cochlaeus auch mit dem Tanzen und schickte 1517 aus Bologna an seinen Freund, den Humanisten Willibald Pirckheimer in Nürnberg, handschriftliche Choreographien zu italienischen Tänzen. Die ohne Musik mitgeteilten Anweisungen zur Ausführung von acht Tänzen waren für Pirckheimers Töchter bestimmt. Cochlaeus' 1512 in Nürnberg veröffentlichte *Brevis Germaniae descriptio* enthält auch wertvolle Zeugnisse über das Nürnberger Musikleben seiner Zeit.

*Schriften (zur Musik)*:
*Musica*, Köln 1507 (zwei frühere Versionen erschienen ohne Nennung von Ort, Jahr und Autor); *Cantus choralis exercitium*, o.O.u.J.; *Compendium in praxim atque exercitium cantus figurabilis accommodatissimum*, o.O.u.J.; *Tetrachordum musices*, Nürnberg 1511, ⁵1520.

*Literatur*:
M. Spahn, *Johannes Cochlaeus*, Berlin 1898 (Nachdruck Nieuwkoop 1964) • L. Schrade, *Johannes Cochlaeus, Musiktheoretiker in Köln*, in: *Studien zur Musikgeschichte des Rheinlands. Festschrift zum 80. Geburtstag von Ludwig Schiedermair*, hrsg. von W. Kahl, H. Lemacher, J. Schmidt-Görg, Köln 1956, S. 124–132 • J. Cochlaeus, *Brevis Germaniae descriptio (1512)*, hrsg. von K. Langosch, Darmstadt ³1976 • R. Bäumer, *Johannes Cochlaeus* (Katholisches Leben und Kirchenreform im Zeitalter der Glaubensspaltung 40), Münster 1980 • *Johannes Cochlaeus, Tetrachordum musices. Introduction* (Musicological Studies and Documents 23), hrsg. von C.A. Miller, o.O. 1970 • M. Samuel-Scheyder, *Johannes Cochlaeus, humaniste et adversaire de Luther*, Nancy 1993 • A. Brinzing, *Studien zur instrumentalen Ensemblemusik im deutschsprachigen Raum des 16. Jahrhunderts* (Abhandlungen zur Musikgeschichte 4), Göttingen

1998 • K.W. Niemöller, *Deutsche Musiktheorie im 16. Jahrhundert: Geistes- und institutionsgeschichtliche Grundlagen*, in: Deutsche Musiktheorie des 15. bis 17. Jahrhunderts (Geschichte der Musiktheorie, Bd. 8,1), hrsg. von Th. Göllner, Darmstadt 2003, S. 69–98.

AB

## Colascione

Der Colascione ist eine Art Laute mit kleinem Korpus und langem Hals, der in der italienischen Volksmusik in der Mitte des 16. Jahrhunderts verwendet wurde (das älteste erhaltene Instrument datiert von 1535). Er kann zwischen 56 und 190 cm lang sein. Möglicherweise türkischen Ursprungs erscheint der Colascione zuerst in Neapel und breitet sich danach dank der Reisen der Brüder Colla und Merchi bis in den Norden von Europa aus. Das Instrument hat entweder zwei Saiten, die in Quinten gestimmt sind oder drei Saiten, die in c' – c" – g" gestimmt sind, wie Marin ▸ Mersenne in seiner *Harmonie universelle* (1636–1637) angibt. Nach der dortigen Abbildung ist der Hals nicht chromatisch geteilt (die Anzahl der Bünde variiert von 16 zu 24). Die Saiten aus Darm oder aus Metall werden mit einem Plektrum gespielt und geben eine nasale Klanglichkeit.

Der Colascione wird oft zusammen mit dem ›Colasciontino‹ gespielt, einer kleineren Version des Instruments, die in der oberen Oktave gestimmt ist, oder mit der Gitarre. Ein Werk von Girolamo Kapsberger, das mit *Colascione* betitelt ist und den improvisierten Stil über dem Bordun imitiert, ist in das *Libro IV d'intavolatura di chitarrone* von 1640 integriert.

*Literatur*:
R. Lück, *Zur Geschichte der Basslauten-Instrumente Colascione und Calichon*, in: Deutsches Jahrbuch für Musikwissenschaft 5 (1960), S. 67–75.

CHB

## Color

Das lateinische Wort für ›Farbe‹ wird seit dem 13. Jahrhundert zu einem Begriff in der Musiktheorie, zunächst für Verzierungen jeglicher Art, vor allem aber für (ausgezierte) Wiederholungen eines Melodiesegments verwendet. Obwohl bei den Theoretikern des 14. und 15. Jahrhundert hierüber keineswegs Einigkeit herrscht, hat es sich eingebürgert, nach ▸ Johannes de Muris (*Libellus cantus mensurabilis*, um 1340) in der Beschreibung der ›isorhythmischen‹ Komposition zwischen Color und Talea zu unterscheiden: Color bezeichnet somit die sich wiederholenden melodischen Abschnitte (meist einem Choral entnommen) im Tenor als der untersten Stimme, die die Klanglichkeit der Komposition bestimmen, Talea dagegen die sich wiederholenden rhythmischen Abschnitte, die den strukturellen Verlauf bestimmen.

*Literatur*:
E.H. Sanders, *The Medieval Motet*, in: Gattungen der Musik in Einzeldarstellungen: Gedenkschrift Leo Schrade, hrsg. von W. Arlt u.a., Bern 1973, S. 497–573 • M. Bent, *Isorhythm*, in: Grove, 2001, Bd. 12, S. 618–623.

TSB

## Commissura
(lat. Zusammenfügung, Verbindung)

Commissura bezeichnet in der Lehre von der ▸ Komposition (seit dem 16. Jahrhundert) die satztechnische Erscheinung der Durchgangsdissonanz: Ein dissonierender Ton (meist Sekunde oder Septime) entsteht beim gleichgerichteten stufenweisen Fortschreiten einer Stimme, wenn diese unmittelbar vor und nach dem dissonierenden Ton mit einer anderen Stimme konsoniert. Als dissonante Brücke zwischen zwei konsonierenden Tönen ist Commissura die einfachste und häufigste aller Dissonanzbildungen. Sie wurde aber im

▸ Kontrapunkt seit dem 14. Jahrhundert lange Zeit nur umschrieben, nicht eigens benannt. Erst im 16. Jahrhundert wurden in Abgrenzung gegen andere Dissonanztypen (vor allem der Synkopendissonanz, ▸ Dissonanz) für den Durchgang weithin synonyme Fachwörter wie Commissura, Transitus, Symblema gebräuchlich.

KJS

## Common Prayer Book ▸ Cranmer

## Compagnie di laudesi ▸ Lauda

## Compère, Loyset
\* um 1440/1445 wahrscheinlich in der Diözese Arras (oder im Hennegau), † 16.8.1518 St. Quentin

Loyset Compère zählt gemeinsam mit dem etwa 15 Jahre jüngeren ▸ Josquin Desprez und Pierre de la ▸ Rue zu den Hauptvertretern der dritten frankoflämischen Generation, in deren Œuvre sich eine Abkehr von überkommenen Modellen und ▸ Formes fixes und eine erhebliche Weiterentwicklung der musikalischen Mittel vollzieht. Compères Herkunft sowie seine frühen Jahre harren nach wie vor der Klärung. Die biographischen Stationen sind aus den Werken und ihrer Überlieferung sowie durch die Nennung in verschiedenen Gedichten zumindest lückenhaft rekonstruierbar (Finscher 1964 und 2000).

Der erste Versuch einer konkreten Verortung kann mit Hilfe seiner Motette *Omnium bonarum plenum* vorgenommen werden, in der einige Musiker der Kathedrale von Cambrai genannt werden. Ob das Werk zur Weihe der Kirche im Juli 1472 komponiert oder aufgeführt wurde, lässt sich aber ebenso wenig belegen wie die Anwesenheit des Komponisten. Sicher nachweisbar ist er seit Juli 1474 als ›Cantore di Capella‹ am Hof Galeazzo Maria ▸ Sforzas in Mailand, wo ihn Dokumente bis zur Entlassung im Februar 1477 verzeichnen. Mit ▸ Josquin Desprez und ▸ Gaspar van Weerbeke bildete er nach 1474 die Spitze der Kapelle, die damit ihren künstlerischen Zenit erreichte. Die Vertonung dreier Gedichte Herzog Jeans II. von Bourbon ist das vorerst einzige Indiz für die These, dass Compère sich in der folgenden Dekade an dessen Hof in Moulins aufhielt. Archivalisch greifbar wird er erst 1486 als ›Chantre ordinaire‹ am Hofe König ▸ Karls VIII. von Frankreich. Er wurde 1491 Kanoniker in St. Quentin und 1492 auch Mitglied des Kapitels an Notre-Dame in Paris. Im Verlauf von Karls Italienfeldzug traf Compère im Oktober 1494 mit Ferrante d' ▸Este zusammen, wovon dieser in einem Brief an seinen Vater berichtet. Nach der Rückkehr in seine Heimat war Compère als Priester zunächst von April 1498 bis Mai 1500 an St. Géry in Cambrai, von 1500 bis 1503/1504 dann an St. Pierre in Douai tätig. Trotz bleibender Verbindungen zum französischen Hof dürfte sich Compère nach 1500 weitgehend aus dem musikalischen Leben zurückgezogen haben, um in St. Quentin seine letzten Jahre zu verbringen. Von dort aus assistierte er mit der Spottmotette *Sola caret monstris* Karls Nachfolger ▸ Ludwig XII. bei dessen Auseinandersetzung mit Papst Julius II.

Das mit dem Namen Compères in Verbindung gebrachte Werkcorpus teilt sich in zwei Hälften gesicherter und zweifelhafter Zuschreibung. Die drei bedeutenden, im kompositorischen Diskurs der Zeit stehenden Gattungen ▸ Messe, ▸ Motette und ▸ Chanson sind in seinem Œuvre vertreten, wobei – resultierend aus seiner überwiegenden Beschäftigung am französischen Hof – die weltlichen Werke dominieren. Den drei Messen und verschiedenen Messesätzen, den drei *Motetti missales*, sechs teilweise fragmentarischen ▸ Magnificat-Vertonungen, sechzehn Motetten, fünf Motetten-Chansons und rund 45 Chansons steht ein vergleichsweise großes Corpus an Werken gegenüber, bei denen Compères Autorschaft zweifelhaft ist.

Die drei vollständigen, jeweils vierstimmigen Messen *L'homme armé*, *De tous bien plaine* und *Allez regretz* bezeugen durch die Wahl ihrer thematischen Vorlagen Compères Affinität zu weltlichen Themen. Die Mess-Fragmente Kyrie und Gloria *sine nomine* und Credo *Mon père* erweitern das Bild nur unwesentlich. In der Missa *L'homme armé*, in Quellen ab 1490 präsent, wird durch aufwändige Kanon-Konstruktionen im Sanctus und Agnus Dei eine dramaturgische Entwicklung erzielt, die das Werk offenbar bewusst in die Tradition einer künstlerischen Auseinandersetzung mit dem berühmten Kampflied einreiht. Bemerkenswert ist die Wahl des phrygischen Modus (▸ Kirchentonarten), womit ein auch für sachkundige Zeitgenossen überraschendes Klanggefüge um den ▸ Cantus firmus entsteht und darin eine individualistische Neigung des Komponisten zu Tage tritt. In der Missa *Allez regretz* gerät der zyklische Gesamteindruck etwas in den Hintergrund durch die rhythmisch variierende Präsentation des Cantus firmus (Augmentierung, Kadenzmelismen), die den jeweiligen Längen der Ordinariumstexte folgt, und die wechselnden Kombinationen von sich imitierenden Stimmgruppen. Er wird dann aber durch das Aufgreifen von Motiven des Kyrie im Agnus Dei nachträglich doch wieder bestätigt. Die verschiedentlich in Frage gestellte Authentizität der Missa *De tous bien plaine* kann allein aufgrund quellentechnischer und stilistischer Erwägungen nicht sicher entschieden werden. Compères Reverenz an die Chanson-Vorlage mit der Motette *Omnium bonarum plenum* an anderer Stelle machen auf diesem Weg die Autorschaft, nicht die zeitliche Nähe, dennoch wahrscheinlich.

Die sechzehn Motetten müssen größtenteils individuell gewürdigt werden, da Compère hinsichtlich der Konstruktion verschiedene Wege einschlägt. Die kategorische Einteilung in fünfstimmige Tenor- und vierstimmige freie Motetten, daneben noch solche mit Cantus firmus, ist deswegen rein deskriptiv. In der Preismotette *Omnium bonarum plenum*, die mit Dufay an der Spitze ein enzyklopädisches Tableau der berühmtesten Musiker und Theoretiker vergangener und gegenwärtiger Zeiten präsentiert, darunter Antoine ▸ Busnoys, Johannes ▸ Ockeghem, ▸ Josquin, Jehan ▸ Molinet, Johannes ▸ Tinctoris und am Ende eben der Komponist selbst, begeht Compère einen Akt künstlerischer Selbstlegitimierung. Um 1470 entstanden, markiert sie den Beginn seines Motettenschaffens und ist durch die Kombination des mutmaßlich selbstverfassten Textes mit dem Cantus firmus der Chanson *De tous bien plaine* von ▸ Hayne van Ghizeghem einer der eindrucksvollsten Belege für den elitären Habitus der Zusammengehörigkeit unter den frankoflämischen Komponisten der Renaissance-Zeit. Bezeichnend ist dabei die Sicherheit im Umgang mit den musikalischen Mitteln.

Einige der Motetten sind der vom Entstehungs- und Aufführungskontext geprägten Gattung der Staatsmotette zuzurechnen (Dunning 1970), darunter *Quis numerare queat – Da pacem*, die wohl im Zusammenhang mit dem Bündnis zwischen Karl und Papst Alexander VI. zu sehen ist. In *Ad honorem tuum Christe* zeigt sich Compère in den Wechseln von längeren melismatischen Duetten und vollstimmigen Teilen noch ganz als Vertreter des alten Stils. Das gewiss für die Liturgien des Karfreitags vorgesehene, großangelegte *Officium de Cruce* rekapituliert die Passionsgeschichte, wobei die zahlreichen noëmatischen Abschnitte den polyphonen Fluss immer wieder zugunsten einer Betrachtung des Geschehens unterbrechen. In der vierstimmigen Motette *Ave Ma-*

ria, die sich im weiteren Verlauf als kurzgefasste Anrufung der Heiligen erweist, wird durch das vom Tenor auf einem Ton rezitierte Gebet der litaneiartige Gestus von Beginn an vorbereitet. Von den fünf Tenormotetten nutzt Compère bei zweien, *Quis numerare queat – Da pacem* und *Sola caret monstris – Fera pessima*, die Fünfstimmigkeit, um den Cantus firmus mittels wechselnder Stimmduette in verschiedene kanonische Konstruktionen zu integrieren (▶ Kanon).

In die Mailänder Jahre gehören die drei Motetti missales (*Ave Domine Jesu Christe*, *Hodie nobis de Virgine* und *Missa Galeazescha*), deren acht Motetten anstelle der jeweiligen Ordinariums- und Propriumssätze gesungen wurden. Ohne allen Zweifel tragen Compère und sein Kapellkollege ▶ Gaspar van Weerbeke, der ähnliche Sammlungen verfasste, mit diesem ortsgeschichtlichen Mailänder Unikum dem gesteigerten Kunstbedürfnis ihres Dienstherrn Galeazzo Maria Sforza Rechnung. In syllabischem, der Textverständlichkeit dienendem Duktus zielen sie ganz auf einen liturgischen Aufführungsrahmen, dem sie sich auch im zurückhaltenden Stil einfügen. Hymnische Anrufungen (»Adoramus te Christe«) während der Wandlung oder das mehrerorts wiederholte noëmatische »O Maria« in der *Missa Galeazescha* erinnern wiederholt an die Anlassbezogenheit der Motetti missales.

Compères fünf Beiträge zur hybriden Gattung der ▶ Motettenchanson belegen sein Interesse an aktuellen, teilweise experimentellen Entwicklungen. Während in *Le corps – Corpusque meum* der Bass in langen Tönen die beiden rhythmisch und melodisch dialogisierenden Oberstimmen kontrastiert, zeigt sich in *Male bouche – Circumdederunt me* das Bestreben, alle drei Stimmen am motivischen Geschehen teilhaben zu lassen. Es ist dennoch nicht unproblematisch, hierin eine gattungsgeschichtliche Entwicklung zu sehen, da sich im Vergleich zu anderen Komponisten wie Josquin beide Modelle in ihrer zeitlichen Entwicklung überlappen.

Compère widmete sich mit nachhaltigem Interesse der höfischen Chanson und erkannte offenbar schon früh ihren artifiziellen Charakter und damit das künstlerische Potenzial jenseits profaner Unterhaltung. Obwohl die dreistimmigen Werke musikalisch und textlich noch den ▶ Formes fixes burgundischer Herkunft verhaftet sind, sucht Compère stets nach individuellen Lösungen, indem er hier die Motivik, dort das satztechnische Gerüst in den Vordergrund stellt. Nicht weniger eigen präsentiert er sich mit den späteren vierstimmigen Werken. In *Alons fere nos barbes* wird die im Text angelegte Assonanz von »dondon« und »dedans« durch ein musikalisches Echo verstärkt, mit dem Sopran und Tenor die monodische Linie des Altus beantworten. Im ebenfalls vierstimmigen *Nous sommes de l'ordre* werden der parlierende Gestus der späteren Pariser Stadtchanson (▶ Pariser Chanson), Imitationen auf engstem Raum und eine moderne Kadenzharmonik zu einer nur 41 Mensuren umfassenden Miniatur komprimiert.

Konsequent modern in allen Gattungen ist Compères Textbehandlung, die ihr Augenmerk auf Verständlichkeit wie auch auf korrekte Wortbetonung richtet. Die mittelalterliche, musikalisch-manierierte Vernachlässigung des Textes wird so in ein humanistisch-modernes Miteinander überführt. In diesem Zusammenhang ist auch sein beständiges Interesse an der Symbiose von Weltlichem und Geistlichem zu sehen, das sich nicht nur aus der Mannigfaltigkeit seiner beruflichen Tätigkeiten, sondern eventuell auch aus einer ästhetisch-intellektuellen Perspektive speist. Das wesentliche Charakteristikum Compères ist jedoch ein Stilpluralismus, der sich einer chronologischen Ordnung letztlich nur bedingt fügt. In diesem Sinn hat Ludwig Finscher ihn als den »vermutlich […] experimentierfreudigste[n] Komponist[en] der Josquin-Zeit« bezeichnet (Finscher 2000, Sp. 1450).

*Ausgabe*:
Loyset Compere, *Opera omnia* (Corpus mensurabilis musicae 15), hrsg. von L. Finscher, 5 Bde, o.O. 1958–1972 • *Missa De tous bien plaine*, unvollständig in: *Anonimi messe* (Archivium musices metropolitanum mediolanense 6), hrsg. von F. Fano, Mailand 1966, S. 118–130.

*Literatur*:
L. Finscher, *Loyset Compère (c. 1450–1518). Life and Works*, o.O. 1964 • A. Dunning, *Die Staatsmotette 1480–1555*, Utrecht, 1970 • M.B. Winn Marvin, *The Texts of the Chansons of Loyset Compère*, Diss. Univ. Yale 1974 • J.J. Dean, *The Occasion of Compère's Sola caret monstris: A Case Study in Historical Interpretation*, in: Musica disciplina 40 (1986), S. 99–133 • M. Steib, *Loyset Compère and His Recently Rediscovered Missa De tous biens plaine*, in: The Journal of Musicology 11 (1993), S. 437–454 • G. Lubkin, *A Renaissance Court: Milan under Galeazzo Maria Sforza*, Berkeley 1994 • C. Goldberg, *Was zitiert Compère? Topos, Zitat und Paraphrase in den Regrets-Chansons von Hayne von Ghizeghem und Loyset Compère*, in: *Studien zur Musikgeschichte. Eine Festschrift für Ludwig Finscher*, hrsg. von A. Laubenthal und K.-S. Windweh, Kassel 1995, S. 88–99 • A.Z. Wesner, *The Chansons of Loyset Compère: a Model for a Changing Aesthetic*, in: *Music in Renaissance Cities and Courts. Studies in Honor of Lewis Lockwood*, hrsg. von J.A. Owens und A.M. Cummings, Warren/Michigan 1997, S. 483–501 • D. Fallows, *A Catalogue of Polyphonic Songs, 1415–1480*, Oxford 1999 • L. Finscher, *Compère, Loyset*, in: *MGG²*, Bd. 4 (Personenteil), 2000, Sp. 1446–1454 • J. Rifkin u.a., *Compère, Loyset*, in: *Grove*, Bd. 6, 2001, S. 180–184.

CB

# Concerto delle dame / delle donne / di donne

Das Concerto delle dame war ein Sängerinnen-Ensemble am Hof von Ferrara, das im letzten Jahrzehnt des 16. Jahrhundert weit über seinen Wirkungsort hinaus in ganz Italien gerühmt wurde. Es galt als die »avancierteste Institution höfischer Musikkultur« ihrer Zeit (Döhring) und war Mittelpunkt des musikalischen Lebens am Hof der ▸ Este. Bereits 1560 gegründet, wurde das Ensemble insbesondere ab der Hochzeit Alfonso d'Estes mit Margherita ▸ Gonzaga 1579 berühmt, da es nun aus professionellen Musikerinnen bestand. Waren die Mitglieder zuvor Töchter aus adligen Familien oder Hofdamen (darunter Lucrezia und Isabella Bendidio, Vittoria Bentivoglio), so wurden nun Musikerinnen aufgrund ihrer Fähigkeiten engagiert; mit ihren Namen verbindet sich der Ruhm des Concerto delle dame: Laura ▸ Peverara, Livia D'Arco, Anna Guarini und Tarquinia Molza. Die Musikerinnen spielten ebenfalls verschiedene Instrumente, auf denen sie sich begleiteten. Die Sängerinnen zeichneten sich vor allem durch ihre Virtuosität aus. Das Repertoire bestand aus ein- bis dreistimmigen Solomadrigalen mit ausgeschriebener Begleitung, die – eine ▸ Musica segreta – nicht publiziert werden durften. Das Ensemble war bald so ausgezeichnet, dass es die reguläre Kapelle des Hofes in den Hintergrund stellte. Es bestand allerdings nicht nur aus Frauen, sondern wurde auch vom Bassisten Giulio Cesare Brancaccio sowie von Instrumentalisten unterstützt; Luzzasco ▸ Luzzaschi begleitete auf dem ▸ Clavichord. Vincenzo Giustiniani beschrieb in seinem *Discorso sopra la musica de' suoi tempi* (1628), wenn auch in zeitlicher Entfernung, die Aufführungspraxis des Ensembles: die »Ausschmückung mit eleganten Figuren«, die »nicht übertrieben« angebracht waren, die Dynamik (»Dämpfen und Anwachsenlassen der Stimme, laut oder leise, sie zurücknehmend oder verstärkend«), Abwechslung in der Melodik, unterstreichende Gestik (»besonders durch den Gesichtsausdruck, die Blicke und Gesten, die Musik und Worte treffend untermalen«), genaueste Aussprache (ausführliche Zitate bei Döhring, S. 198). Die Darbietungen, zu denen nur geladene Gäste kommen konnten, fanden in den Privatgemächern der Herzogin statt und konnten bis zu sechs Stunden dauern.

Das Repertoire des Concerto delle dame war in einer heute verschollenen Handschrift notiert, die der Herzog zwar ausgewählten

Zuhörern vorlegte, der er jedoch ein strenges Publikationsverbot erteilte, damit das Repertoire nicht verbreitet werden konnte. Dies führte freilich zum Versuch der Ausspionierung, wie in verschiedenen Fällen belegt ist (siehe dazu Durante / Martellotti / Newcomb / Döhring). Luzzaschi ließ jedoch nach dem Tod des Herzogs einen Teil der Kompositionen als *Madrigali [...] per cantare, et sonare a uno e doi e tre soprani* 1601 in Rom drucken; die dort publizierten Madrigale geben zwar einen Einblick in das Repertoire, durch die zeitliche Distanz des Drucks zur Aufführungspraxis sowie die geringe Auswahl kann er jedoch nur als unvollständig betrachtet werden (zu einer kritischen Untersuchung siehe Döhring).

Das Concerto delle dame fand mit der Gründung virtuoser Gesangsensembles nicht nur viele Nachahmer (in Florenz 1584 am Hof von Franceso de' ▸ Medici in Florenz, in Mantua am ▸ Gonzaga-Hof, in Rom im Orsini-Haushalt u.a.), sondern hat auch, wie in der jüngeren Forschung hervorgehoben wird, zur Konstituierung des neuen monodischen Stils wesentlich beigetragen. Döhring wies darauf hin, dass Komponisten wie Luca ▸ Marenzio, Giaches de ▸ Wert, Orlande de ▸ Lassus, Alessandro ▸ Striggio, Giulio ▸ Caccini, Carlo ▸ Gesualdo da Venosa ihre Kompositionen im neuen Stil gerade nach dem Besuch der Darbietungen des Concerto delle dame in Ferrara publizierten. Dazu zählen auch Drucke von Ferrareser Komponisten selbst, so Luzzaschis drittes Madrigalbuch von 1582 oder die Anthologien für Laura Peverara von Paolo Virchi (1582 und 1583).

*Ausgaben*:
*Madrigali per cantare e sonare a uno, due, e tre soprani (1601)* (Monumenti di musica Italiana 2/2), hrsg. von A. Cavicchi, Brescia und Kassel 1965.

*Literatur*:
E. Durante / A. Martellotti, *Cronistoria del concerto delle dame principalissime di Margherita Gonzaga d'Este* (Archivium musicum. Collana di studi A), Florenz 1979 (mit zwei Abbildungen von Tarquinia Molza, zahlreichen Dokumenten und biographischen Hinweisen zu den Sängerinnen) • A. Newcomb, *The Madrigal at Ferrara 1579–1597* (The Princeton Studies in Music 7), 2 Bde., Princeton / New Jersey 1980 (mit Darstellung der Geschichte und der Nachfolgerensembles des Concerto delle dame und mit Biographien der Sängerinnen) • S. Döhring, *Concerto delle Dame. Die Madrigale Luzzaschis am Hof von Ferrara*, in: *Traditionen – Neuansätze: Für Anna Amalie Abert (1906–1996)*, hrsg. von K. Hortschansky, Tutzing 1996, S. 193–202.

ES

## Confréries ▸ Bruderschaften

## Conrad von Zabern
\* Anfang 15. Jahrhundert, † zwischen 1476 und 1481

Herkunft und Lebensdaten des Musiktheoretikers und Choralreformers Conrad sind unklar. Wahrscheinlich war er Kleriker des Bistums Speyer und ab 1426 an der Universität Heidelberg immatrikuliert, wo er 1428 bzw. 1430 das Baccalaureat bzw. Lizenziat der Künste erwarb. Conrad wirkte als Universitätsprediger in Heidelberg; hierdurch, aber auch durch seine Lehrtätigkeit an den Universitäten Freiburg/Breisgau, Basel und Ingolstadt verbreitete sich rasch sein Ruf als ein von tiefer Frömmigkeit und Bildung geprägter Theologe.

Den Schwerpunkt seiner Arbeit legte Conrad auf die Reform des lateinischen Liturgiegesangs. Sein Hauptwerk *Novellus musicae artis tractatus* (zwischen 1460 und 1470) behandelt alle Teilbereiche der mittelalterlichen Musiktheorie (▸ Intervalle, ▸ Solmisation, ▸ Hexachorde). In vier Kapiteln dieses Traktats stellte Conrad auch die Bedeutung des zu seiner Zeit offensichtlich in Vergessenheit geratenen Monochords für die theoretische Durchdringung der Monodie heraus; später fasste er diese Darlegungen in seinem *Opusculum de monochordo* (Mainz, zwischen 1462 und 1474) neu zusammen. Bei der Reform des ▶ Gregorianischen Chorals hatte Conrad weniger die Melodiefassungen im Blick als die richtige Art des Singens (Vortragstempo und klangliche Qualität sowie die Vermeidung sängerischer Unarten). Conrad nahm die Anliegen der Humanisten vorweg (z.B. ▶ Agrippa von Nettesheim, und ▶ Erasmus von Rotterdam), deren polemische, aber wohl berechtigte Kritik an den musikalischen Unarten ihrer Zeit (z.B. üppige und unnatürliche Verzierungen) gut dokumentiert ist. Die 1474 in Mainz erstmals erschienene Chorallehre *De modo bene cantandi choralem cantum in multitudine personarum* hatte Conrad nachweislich für die Praxis bestimmt und in vielen Klöstern und Stiftskirchen auch persönlich vorgetragen. Über die reine Kenntnis der Tonfolge (das »scire cantare«) hinaus sollte eine höhere Qualität des Choralgesangs erreicht werden. Hierzu stellte Conrad sechs Grundregeln auf, aus denen sowohl die damals aktuellen Missstände als auch die Korrekturversuche zu ersehen sind, mit denen die Humanisten das Verhältnis zwischen Text und Melodie zu verbessern trachteten.

Die erste Regel (»concorditer cantare«) richtet das Augenmerk auf das einträchtige bzw. einstimmige Singen: Alle Stimmen sollen simultan erklingen, keine vorauseilen oder schleppen. Die zweite Regel (»mensuraliter cantare«) postuliert das äqualistische Singen (»quod uni notae non plus vel minus temporis impendatur quam alteri«; für eine Note soll nicht mehr oder weniger Zeit verwendet werden als eine andere), während das mensuralistische Singen bei der Einstimmigkeit als weit verbreiteter Missbrauch getadelt wird. Die dritte Regel (»mediocriter cantare«) zielt auf die Tonhöhe, die so gewählt werden soll, dass die hohen und tiefen Passagen von allen Singenden gut zu bewältigen sind. Hieran schließt sich mit der vierten Regel (»differentialiter cantare«) ein Verweis auf die Relation zwischen Gesang und liturgischem Anlaß an: An hohen Feiertagen sei »valde tractim« (sehr getragen) zu singen, an normalen Sonntagen in einer »mediocris mensura« (mittleres Zeitmaß) und wochentags »brevior« (schneller). Zudem ist die Wahl der Tonlage, die dem Kantor aufgetragen ist, dem liturgischen Anlass entsprechend zu treffen: An freudigen Festen ist höher anzustimmen, bei Totenmessen tiefer. Dem »devotionaliter cantare« (dem andächtigen Singen) ist die fünfte Regel gewidmet. Hierin fasst Conrad drei Aspekte zusammen: Bewahrung des tradierten musikalischen Erbes, äußere Gesten (wie das Entblößen und Neigen des Hauptes) und das Entfernen von »unzüchtigen« und »unreinen« Melodien aus der Liturgie. Die sechste und umfangreichste Regel (»satis urbaniter cantare«) enthält zahlreiche Hinweise zur richtigen Aussprache, zur Kultivierung des Gesangs und zur äußeren Haltung der Sänger.

*Schriften*:
*Novellus musicae artis tractatus*, zwischen 1460 und 1470; *Opusculum de monochordo*, Mainz, zwischen 1462 und 1474; *De modo bene cantandi choralem cantum in multitudine personarum*, Mainz 1474; alle hrsg. von K.-W. Gümpel, siehe Literatur.

*Literatur*:
K.-W. Gümpel, *Die Musiktraktate Conrads von Zabern* (Akademie der Wissenschaften und der Literatur. Abhandlungen der geistes- und sozialwissenschaftlichen Klasse, Jahrgang 1956, Nr. 4), Mainz 1956 • K. Schlager, *Ars cantandi – ars componendi*, in: *Die Lehre vom einstimmigen liturgischen Gesang* (Geschichte der Musiktheorie 4), hrsg. von F. Zaminer und Th. Ertelt, Darmstadt 2000, S. 217–292, besonders S. 286–292.

STK

## Consort

Der englische Begriff Consort hat mehrere Bedeutungen: Er bezeichnet ein Ensemble, bestimmte Kombinationen von Instrumenten, eine Gattung von Kompositionen oder auch ein Konzert als Veranstaltung. Beschreibungen großer Feste (u.a. ▶ Masques) in England erwähnen Consorts als Ensembles, die z.B. in Dekorationen oder in der Natur versteckt sind und mit ihrem Spiel Aufzüge und Theaterszenen (▶ Shakespeare) begleiten, aber auch als Tafel- oder Tanzmusik eingesetzt werden. Consorts wurden auch von bürgerlichen Amateuren/Dillettanten/Liebhabern gebildet. Sie bestanden entweder aus mehreren Instrumenten einer Familie (Gamben, Blockflöten, laute Blasinstrumente) oder mischten verschiedene Instrumente wie ▶ Violen (da Gamba), ▶ Lauten, ▶ Bandora, ▶ Cister, Flöte (▶ Block-/▶ Querflöte), ▶ Virginal und auch ▶ Zink und ▶ Dudelsack. Hierfür bildeten sich die jedoch nicht ganz eindeutigen Zuordnungen *Whole Consort* und *Broken Consort*. (Beide Begriffe haben weitergehende Bedeutung im Sinne eines vollständigen Ensembles, *Whole Consort / Full Consort*, und eventuell einer Brechung von Melodien im Sinne der ▶ Diminution, *Broken Consort*.) Zeitgenössische Quellen benennen als Ensembles u.a. *The Consorte of his Majesty's Musicians* (zu dem u.a. die Lautenisten Robert Johnson und John ▶ Dowland gehörten) oder *Consorts for winde Instruments*.

▶ Instrumente wurden zumeist als Familien gebaut (ein solcher Satz von Instrumenten einer Familie wurde auch als *Set* bezeichnet) und auch als solche in besonders homogen klingenden Ensembles gespielt, die in ›lowde‹ and ›still‹ klassifiziert wurden und zudem jeweils spezifische Konnotationen besaßen: Violen und Gamben standen für Harmonie, ▶ Schalmeien/Pommern wurden in Zusammenhang mit dem Magischen oder Bösen gebracht, Block- und Querflöten repräsentierten die Stille und den Tod. Gemischte Consorts wurden zum Empfang angesehener Besucher bei Hofe eingesetzt, reine Blockflöten- oder Schalmeien-/Pommern-Consorts bei besonders hochgestellten Persönlichkeiten. Lauteninstrumente, Cister und Bandora erzeugten nicht nur durch unterschiedliche Größen und Corpusformen, sondern auch durch verschiedene Besaitungen mit Darm- oder Metallsaiten eine breite Klangvariabilität. Das Virginal wird ausdrücklich als Consortinstrument erwähnt. Bei den Blasinstrumenten wie Blockflöten und Pommern geben die zahlreichen erhaltenen Instrumente bzw. Hinweise auf eine überaus große Bandbreite an unterschiedlichen Grundtönen und damit Größen auch wertvolle Nachweise für Besetzung und Aufführungspraxis. Die Stimme kann zudem zum Instrumentenensemble hinzutreten, ▶ Consortsong.

Sammlungen wie Thomas Simpsons *Taffel-Consort* (Hamburg 1617), Thomas ▶ Morleys *The first Booke of Consort Lessons* (London 1599), Matthew Lockes *The Little Consort, The Flat Consort, The Broken Consort, Consort of Four Parts* (1660 ff.) enthalten Stücke, die mit den gebräuchlichen Titeln wie ▶ Fantasia, ▶ In Nomine, Suite etc. versehen sind.

Die Gattungsbezeichnung ›Consort‹ statt ›Concerto‹ wurde in England sogar noch auf die Musik von Maurizio Cazzati, Giovanni Battista Vitali und Arcangelo Corelli angewandt. – Auch für die Ankündigung von Konzerten als Veranstaltungen wurde der Begriff in England bis zum Beginn des 18. Jahrhunderts verwendet.

*Ausgaben*:
*Music at the court of Henry VIII* (Musica Britannica XVIII), London 1973; *Jacobean Consort Music* (Musica Britannica IX), London 1971; *Elizabethan Consort Music I* (Musica Britannica XLIV), London 1979; *Elizabethan Consort Music II* (Musica Britannica XLV), London 1988; *William Byrd, Consort Music*, (The collected Works of William Byrd 17), London 1971; *John Jenkins, Consort Music*, London 1976; *John Dowland, Complete Consort music*, London 1985; *Thomas Simpson, Taffel-Consort*, London 1988; *Anthony Holborne, Pavans, Galliards, Almains*, London 1980; *William Brade, Pavans, Galliards and Canzonas*, London 1982; *Matthew Locke, Chamber Mu-*

sic I (Musica Britannica XXXI), London 1975; *Matthew Locke, Chamber Music II* (Musica Britannica Bd. XXXII), London 1972.

*Literatur:*
W.L. Woodfill, *Musicians in English society from Elizabeth to Charles I.*, Princeton 1953 • N. Dolmetsch, *The viola da gamba: its origin and history, its technique and musical resources*, London 1962 • A. Ashbee, *Records of English Court Music*, London 1993 • J. Mansfield Thomson / A. Rowland-Jones (Hrsg.), *The Cambridge Companion to the recorder*, Cambridge 1995 • Chr.D.S. Field, *Consort*, in: *MGG²*, Bd. 2 (Sachteil), 1995, Sp. 994–1004 • A. Ashbee, *William Lawes, Essays on his Life, Times and Work*, Ashgate 1998 • D. Poulton, *John Dowland*, Berkely 1998 • P. Holman, *Dowland Lachrimae (1604)*, Cambridge 1999 • M. Spring, *The Lute in Britain*, Oxford 2001 • W. Edwards, Consort, in: *Grove*, Bd. 6, 2001, S. 328–3331 • B. Darmstädter / A. Brown, *Die Renaissanceblockflöten der Sammlung alter Musikinstrumente des Kunsthistorischen Museums*, Wien 2006 • A. Brown / D. Lasocki, *Blockflötenbauer der Renaissance*, in: Tibia 1-3, (2007) • J.T. Kite-Powell, *A performer's guide to Renaissance music*, Bloomington 2007.

UV

# Consort song

Die ganz spezifisch englische Liedgattung, in der eine hohe Gesangsstimme mit einem Gambenconsort (▶ Viola da gamba) kombiniert wird, wurde insbesondere im elisabethanischen Zeitalter gepflegt. Der Terminus erscheint zwar bereits 1614 in einem Liederdruck William Leightons (allerdings im Zusammenhang mit einem gemischten Instrumentarium), doch ist er erst im modernen musikwissenschaftlichen Sprachgebrauch als Gegenbegriff zu ›lute song‹ etabliert worden.

Nachdem das Gambenspiel im Consort of viols um 1540 am englischen Hof Fuß fasste, wurde es auch im Rahmen der musikalischen Erziehung der Chorknaben praktiziert. Andererseits stellten diese Children of the ▶ Chapel Royal sowie die Knaben der St. Paul's Kathedrale in London auch das Personal der (meist tragischen oder moralisierenden) Choirboy plays, die sich bei Hof und in der Stadt ungebrochener Beliebtheit bis in die Shakespeare-Zeit erfreuten. Diese Theaterstücke enthielten einige Lieder, unter denen neben einem allegorischen Liebeslied vor allem ein lamentohafter ›Farewell-‹ oder ›Death-song‹ an Kulminationspunkten der Handlung zum Standard wurde und von einem der Knaben zur Instrumentalbegleitung, vorzugsweise einem Gambenensemble, vorgetragen wurde. Aufgrund von externen Hinweisen ist die Existenz von Consort songs bereits für die 1550er oder spätestens 1560er Jahre anzunehmen, obwohl musikalische Werke erst in vorwiegend handschriftlichen Quellen aus den 1580ern oder später greifbar werden. Zu diesem Zeitpunkt waren die Komponisten (wie Robert ▶ Parsons) bisweilen schon nicht mehr am Leben. Die Überlieferung ist nicht nur wegen der zeitlichen Verzögerung problematisch, sondern auch, weil zahlreiche Lieder nicht in ihrer Originalbesetzung, sondern in bearbeiteter Form als solistisches ▶ Lautenlied oder als vollständig textierter ▶ Part song für Vokalensemble überdauert haben. Letzeres hat William ▶ Byrd selbst in seiner gedruckten Sammlung von 1588 sanktioniert und dabei die ursprüngliche Solostimme als »first singing part« hervorgehoben.

Auch sind nur in sehr vereinzelten Fällen Zuweisungen von Consort songs zu konkreten Schauspielen dokumentiert oder rekonstruierbar, etwa von Byrds über hundert Gattungsbeiträgen nur zwei. Trotz ihrer Verwendung in Schauspielkontexten folgen die Lieder keiner dramatischen, sondern einer rhetorischen Konzeption, in der nach meist stereotyper Folge Invokationen, Sentenzen und Exklamationen kombiniert werden. Die Texte gehören der Kategorie der ›native lyrics‹ an, in denen nicht das subjektive Empfinden gestaltet wird, sondern das Ich seine universelle Welterfahrung artikuliert, wobei der asexuelle Vortragston der Knaben diese nicht aufs Individuelle zielende Haltung verstärkte. Die anfangs meist strophischen Texte, die mit Byrds Wirken seit den 1570ern oft einstrophigen Gedichten weichen, stehen überwiegend in den gängigen Versformen des ›common meter‹ (Doppelzeilen aus Vier- plus Dreihebern) oder ›poulters' measure‹ (wechselnde Doppelzeilen aus zwei Dreihebern und einem Drei- plus Vierheber), jeweils in regelmäßigen Jamben.

Die Vertonungen folgen im Gesangspart ausdrücklich der Gedichtform: Im Prinzip wird der Text syllabisch und – außer bei emphatischen Ausrufen – ohne Wortwiederholungen vorgetragen, Versenden können durch Melismen akzentuiert werden, Sprachreime korrespondieren bisweilen mit musikalischen Reimen, textliche Doppelzeilen münden in der Liedmelodie in unaufdringlichen, aber vernehmlichen Kadenzformulierungen und/oder Zäsurpausen. Dagegen spielt die Umsetzung von Syntax und Prosodie eine gänzlich untergeordnete Rolle. Ein Charakteristikum des vor allem frühen Consort songs ist die deutliche Abgrenzung der Vokalpartie, die stets die höchste oder zweithöchste Position im Satzgefüge einnimmt, vom Instrumentalsatz. Die unprätentiöse Gesangsstimme kann sich klar aussingen und den Text artikulieren, während das üblicherweise aus vier, selten drei oder fünf Instrumenten unterschiedlicher Größe bestehende Gambenconsort die meist feinziselierte Polyphonie gewährleistet und auch nicht an die Umsetzung von (textgezeugten) Einschnitten gebunden ist.

Auf die Faktur der Lieder wirkte sich aus, dass viele Komponisten einerseits als Mitglieder der Chapel Royal im vokalen Kontrapunkt versiert und andererseits mit den polyphon-idiomatischen Instrumentalgattungen für Tasteninstrument oder Gambenensemble (▸ Fantasia, ▸ In nomine) vertraut waren. Der homogene Klang der Gamben verstärkt den zum Ausgeglichenen, Neutralen und Abstrakten neigenden Charakter der meisten Lieder. Dabei machen manche Tonsätze effektiven Gebrauch von frei-imitatorischen Strukturen, indem sowohl instrumentale Vorimitation auf die motivisch entsprechenden Zeilen der Gesangslinie vorbereitet als auch im umgekehrten Fall imitatorische Nachklänge im Ensemblesatz ein übergreifendes Motivgewebe entstehen lassen. Gute Consort songs wie Byrds bekannte Totenklage auf seinen 1585 verstorbenen Kollegen Thomas ▸ Tallis (*Ye sacred muses*) nutzen diese Disposition für eindringliche rhetorische Wirkungen.

Die allmähliche Lösung vom Kontext der Choirboy plays machte den Consort song zu einer auch außerhalb des Hofes im Bürgertum und in der Gentry gepflegten Format, dem die am Ende des 16. Jahrhunderts in diesen Kreisen aufkommende Mode des Gambenspiels entgegenkam. Im gleichen Zuge erweiterte sich das thematische Spektrum (z.B. bei Byrd vereinzelt pastorale, humanistische, satirische und vor allem geistliche Sujets für kontemplative Zwecke, woraus sich dann das Consort ▸ Anthem eines Orlando ▸ Gibbons und Thomas ▸ Tomkins entwickeln konnte, indem der Schluss wiederholt und von allen Mitwirkenden als Chorus gesungen wurde; bei Thomas ▸ Weelkes und Gibbons die Straßenszenen der *Cries of London*).

Immer häufiger adaptierte der Consort song auch Ausdruckshaltung, Gestaltungsmerkmale und Besetzung von ▸ Madrigal, Lute Ayre (▸ Lautenlied) und ▸ Motette bzw. Anthem, bis er um 1620 kaum noch identifizierbar ist.

*Literatur*:
G.E.P. Arkwright, *Elizabethan choirboy plays and their music*, in: Proceedings of the Musical Association 40 (1913/1914), S. 117–138 • Ph. Brett, *The English Consort Song, 1570–1625*, in: Proceedings of the Royal Musical Association 88 (1961/62), S. 73–88 • E. Doughtie, *English Renaissance Song*, Boston 1986, Kap. 4: *William Byrd and the Consort Song*, S. 62–79.

NSCH

# Contenance angloise

Der Begriff (wörtl. übers. engl. Haltung, engl. Art) stammt von dem burgundischen Hofdichter Martin le ▸ Franc (ca. 1410–1461): In seinem Versroman *Le champion des dames* (1438–1442) beschreibt dieser die Musik seiner Zeitgenossen Gilles ▸ Binchois und Guillaume ▸ Dufay, deren »deschanter« (d.h. [improvisiert] mehrstimmig singen) die Kunst der Vorgängergeneration – Jean ▸ Tapissier, Johannes Carmen und Johannes ▸ Cesaris – in ihrer Klangschönheit bei weitem übertreffe. Le Franc fährt fort: »Car ilz ont nouvelle pratique / De faire frisque concordance / En haulte et en basse musique, / En fainte, en pause, et en muance. / Et ont prins de la contenance / Angloise et ensuy Dunstable, / Pour quoy merveilleuse plaisance / Rend leur chant joyeux et notable.« (»Denn sie verwenden Konsonanzen in neuer, sinnfälliger Weise, in lauter wie in leiser Musik, in ›fainte‹, ›pause‹, und ›muance‹. Und sie haben die ›contenance angloise‹ aufgegriffen und sind ▸ Dunstaple gefolgt; deswegen macht ein wunderbares Wohlgefallen ihren Gesang erfreulich und denkwürdig.«)

Aus diesen Zeilen ist in der Musikgeschichtsschreibung oft die Vorstellung abgeleitet worden, dass in der Zeit um 1430 erstens ein neuer, besonders wohlklingender und konsonanter Musikstil auf dem Kontinent Fuß gefasst habe und dass zweitens dieser Musikstil auf Einflüsse aus England zurückgehe. Dies scheint dadurch bestätigt, dass in den kontinentalen Quellen ab den 1430er und 1440er Jahren in der Tat verstärkt insulares Repertoire erscheint. Ferner wird die Idee eines auf die 1430er Jahre zu datierenden »neuen Stils« eine Generation später von Johannes ▸ Tinctoris aufgegriffen, der in den 1470er Jahren die »fons et origo« einer »ars nova« ebenfalls in den Werken Dunstaples und seiner französischen Zeitgenossen Dufay und Binchois sieht; hieraus wurde abgeleitet, dass die 1430er Jahre bereits bei den Zeitgenossen als Beginn einer musikalischen Renaissance galten.

Diese Interpretation ist aber in jüngster Zeit in mehrerlei Hinsicht zur Diskussion gestellt worden. Erstens geht aus dem Text nicht einmal eindeutig hervor, dass die »nouvelle pratique« der »frisque concordance« überhaupt mit der »contenance angloise« gleichzusetzen ist; Le Franc verbindet die beiden Sätze mit »und«, nicht mit »so« oder »dadurch«. Zweitens ist nicht klar, ob Le Franc einen Kompositionsstil oder einen Aufführungsstil meint; da »contenance« eher »Haltung« im Sinne von »Außendarstellung« meint, und da der Autor in der relevanten Passage sonst ausschließlich von Sängern und Instrumentalisten spricht, scheint eher letzteres nahe zu liegen. Auch der Konsonanzenreichtum (angenommen, die beiden Hälften der Gedichtstrophe beziehen sich wirklich aufeinander) ist somit vielleicht eher im Sinne einer Improvisationspraxis (des »deschanter«) zu verstehen – eben am ehesten des englischen Faburden (▸ Fauxbourdon) als terzen- und sextengesättigter Choralharmonisierung, des vom Musiktheoretiker Guilielmus Monachus am Ende des 15. Jahrhunderts so genannten »modus anglicorum«. Ob dagegen die komponierte englische Musik der Zeit wirklich erkennbar konsonanter ist als die der kontinentalen Zeitgenossen, ist fraglich. Drittens ist umstritten, was mit »fainte« (»Vortäuschung«, »Illusion«), »pause« (»Pause«, »Zwischenspiel«) und »muance« (»Änderung«, »Übergang«) gemeint ist. In der Vergangenheit wurden diese drei Wörter oft als musikalische Fachtermini interpretiert – ▸ Musica ficta, Pause (im Sinne von Gliederung der musikalischen Phrase) und (▸ Hexachord-)Mutation. Es könnte sich aber auch um allgemein aufführungspraktische Begriffe oder Begriffe aus der Theaterpraxis handeln; »fainte« könnte wiederum auf den Faburden verweisen. Viertens schließlich ist kritisch zu fragen, ob Le Franc hier wirklich einen neuen Stil im Sinne einer Renaissance (= Wiedergeburt) meint oder nur den Fortschritt in der Musik als solchen, im Kontext des allgemeinen Fortschritts der Künste, der das Thema des Kapitels ist, in dem die Passage erscheint. Man darf bei alledem nicht vergessen, dass Le Franc kein Musiker war und auch keinen musiktheoretischen Traktat verfasste. Er war Dichter und schrieb einen allegorischen Roman in künstlichen, oft bewusst vieldeutigen Versen, die sich mit dem spätmittelalterlichen Frauenbild und mit dem Gang der Weltgeschichte (die aus seiner Sicht kurz vor ihrem Ende stand) befassen. Es bleibt bemerkenswert, dass er die ihn offenbar faszinierende Neuartigkeit der Musik seiner Zeit mit einem englischen Einfluss assoziierte und damit offenbar nicht allein stand. Ob er tiefere Einblicke (allemal Einblicke technischer Natur) in diese Musik hatte, ist dagegen fraglich – und ihn zum Kronzeugen einer kompletten Epoche zu machen, hieße seine Bedeutung überschätzen.

*Literatur:*
D. Fallows, *The contenance angloise: English influence on continental composers of the fifteenth century*, in: Renaissance Studies 1 (1988), S. 189–202 • R. Strohm, *Music, Humanism, and the idea of a ›rebirth‹ of the arts*, in: *Music as concept and practice in the late Middle Ages*, hrsg. von R. Strohm und B. Blackburn, Oxford 2001, S. 346–405 (New Oxford History of Music 3/1) • R. Wegman, *New Music for a World Grown Old: Martin Le Franc and the »Contenance Angloise«*, in: Acta Musicologica 75 (2003), S. 201–241.
TSB

## Contrapunctus ▶ Kontrapunkt

## Contrapunctus simplex / diminutus

Diese seit dem 14./15. Jahrhundert üblichen Bezeichnungen für zwei grundsätzliche Anwendungsarten der Lehre vom ▶ Kontrapunkt beziehen sich auf methodisch zu unterscheidende Fälle: Im Contrapunctus simplex schreiten die Stimmen stets gleichzeitig, also rhythmisch identisch, meist ›(lange) Note gegen (lange) Note‹, fort und müssen ausnahmslos in Konsonanzen (Oktave, Quinte, Einklang, Terz, Sexte) erklingen. Diese einfachste Art lehrte vor allem, aus dem Stegreif eine zweite Stimme zu einer vorhandenen liturgischen Melodie zu singen. Beim Contrapunctus diminutus wird jene Zusatzstimme durch kleinere Notenwerte angereichert, ausgeschmückt, ›diminuiert‹, wodurch nahezu zwangsläufig, im Satztyp ›mehrerer Noten gegen eine Note‹, zwischen den Konsonanzen auch Dissonanzen (vor allem Sekunde und Septime) entstehen, die eigene satztechnische Regeln verlangen. Dadurch nähert sich der Contrapunctus diminutus der Lehre vom Schaffen einer ›freien‹ Zusatzstimme an, die dann auch als ›blühender‹ Kontrapunkt (Contrapunctus floridus) bezeichnet wurde.
KJS

## Contratenor, Contratenor altus, Contratenor bassus ▶ Stimmengattungen

## Copernicus, Nicolaus
\* 19.2.1473 Thorn, † 24.5.1543 Frauenburg (Ostpreußen)

Der Name des wohl bekanntesten Astronomen der Renaissance steht bis heute für die als »Kopernikanische Wende« bezeichnete Neubegründung des heliozentrischen Weltbilds in seinem Hauptwerk *De revolutionibus orbium coelestium libri IV* (Nürnberg 1543). Copernicus entzog damit indirekt auch der mit dem geozentrischen Weltbild nach Ptolemaios verbundenen (neo)platonischen Theorie von der Harmonie der Planetensphären den Boden und bahnte den Weg für den von Johannes ▶ Kepler geschaffenen Neuentwurf einer musikalisch-harmonikalen Kosmologie.

Anregungen für seine neue kosmologische Theorie bezog Copernicus aus den Vorarbeiten antiker und mittelalterlicher Astronomen wie Aristarch von Samos (ca. 320–250 v. Chr.), Herakleides Pontikos (ca. 390-322 v. Chr.), ▸ Nikolaus von Kues und Johannes ▸ Regiomontanus. Während seines Studiums der ▸ Artes liberales in Krakau (1491–1495), der Rechte und der Medizin in Bologna, Ferrara und Padua (1496–1500 und 1501–1505) scheint er offenbar in dieser Hinsicht wichtige Impulse von seinen Lehrern Albert von Brudzewo und Dominicus von Novara erhalten zu haben. Copernicus, der seit 1495 Kanoniker am Kapitel des Ermlandes war, konnte sich wegen seiner verschiedenen Tätigkeiten in der dortigen Kirchenverwaltung erst zwischen 1508 und 1514 wieder intensiv der ▸ Astronomie widmen. Die wesentlichsten Arbeiten zu seinem *De revolutionibus orbium coelestium* schloss er zwischen 1530 und 1535 ab, doch erfolgte die Publikation erst kurz vor seinem Tode. Erste Kritik am heliozentrischen System regte sich unmittelbar danach seitens reformatorischer Theologen, während die Auseinandersetzungen der Astronomen mit der katholischen Kirche um das neue Weltbild nach Copernicus erst zur Zeit von Galileo ▸ Galilei ihren Höhepunkt erreichten.

*Literatur*:
C.F. von Weizsäcker, *Kopernikus, Nikolaus*, in: *Die Religion in Geschichte und Gegenwart*, hrsg. von H. von Campenhausen u.a., Bd. 4, Tübingen ³1960, Sp. 3 • G. Hermanowski, *Nikolaus Kopernikus*, Graz u.a. 1985 • M. Folkerts, *Kopernikus, Nikolaus*, in: *Lexikon des Mittelalters*, hrsg. von N. Angermann, R.-H. Bautier, R. Auty, Bd. 5, München u.a. 1991, Sp. 1435f. • J. Hamel, *Nicolaus Copernicus. Leben, Werk und Wirkung*, Heidelberg 1994.

DG

## Cordier, Baude
\* Reims, fl. um 1400

Cordier war ein französischer Komponist der ▸ Ars subtilior. Allein Wirkungsort und Status des Komponisten sind durch das Rondeau *Tout par compas suy composés* (Hs. Chantilly 564, olim 1047) belegt, in dem die Musik des Maistre (Magister Artium) Cordier von seinem Geburtsort Reims bis nach Rom gepriesen wird. Die These, dass Cordier (= französisch für Harfenist) nur ein Beiname für Baude Fresnel sei, ist in der Forschung umstritten.

Überliefert sind neun ▸ Rondeaux, darunter das in Herzform aufgezeichnete *Belle, bonne, sage*, das sich auf der Eröffnungsdoppelseite des Codex Chantilly befindet, die ▸ Ballade *Dame excellent ou sont bontés* sowie ein Gloria. Die elf überlieferten Werke zeigen sowohl italienischen (zweistimmiger Oberstimmensatz über einem unabhängigen Tenor, Verwendung von Diminuierungen) als auch französischen Einfluss (rhythmische Komplexität, extensiver Einsatz von Mensurzeichen). Das Gloria weist auf die Musik des 15. Jahrhunderts (Gilles ▸ Binchois, Guillaume ▸ Dufay) voraus.

*Ausgaben*:
G.K. Greene (Hrsg.), *French Secular Music. The Manuscript Chantilly 564, Nr. 1–50*, Monaco 1981–1982, Nr. 73, Nr. 77–80(Polyphonic Music of the Fourteenth Century 18); D. Fallows (Hrsg.), *Oxford Bodleian Library, Manuscript Canonici Misc. 213*, Chicago 995 (Late Medieval and Early Renaissance Music in Facsimile 1); Y. Plumley / A. Stone (Hrsg.), *The Manuscript Chantilly, Musée Condé 564. Critical Study and Facsimile Edition*, Turnhout 2006.

*Literatur*:
J. Berg-Sagel, *Cordier's Circular Canon*, in: The Musical Times 113 (1972), S. 1175–1177; 114 (1973), S. 144 ff. • Cr. Wright, *Tapissier and Cordier: New Documents and Conjectures*, in: Musical Quarterly 59 (1973), S. 177–189 • Cr. Wright, *Music at the Court of Burgundy 1364-1419: A Documentary History*, Henryville 1979 (Musicological Studies 28).

AKH

## Cori spezzati

Der Begriff ›spezzato‹ (zerstückelt) geht auf eine notationsspezifische Konsequenz der Kompositionstechnik für zwei oder mehr Chöre zurück. Dadurch, dass es beim Übergang von einer Gruppe zur anderen stets eine musikalische Überlappung gibt, stehen in den Stimmbüchern längere Pausen. Obwohl diese Praxis schon in der ersten Hälfte des 16. Jahrhunderts bei im Veneto tätigen Komponisten wie Francesco Santa Croce, Gasparo ▶ Alberti und Giordano Passetto nachzuweisen ist, erlangte sie erst 1550 mit Adrian ▶ Willaerts Sammlung von Vesperpsalmen Bekanntheit.

Wie wir u.a. Bartolomeo Bonifacios *Rituum ecclesiasticorum ceremoniale* (Venedig 1564) entnehmen können, wurden diese Psalmen in der Basilica di San Marco an wichtigen Festtagen aufgeführt (z.B. als die ›pala d'oro‹ geöffnet war). Obwohl Gioseffo ▶ Zarlino im dritten Buch seiner *Istitutioni harmoniche* (Venedig 1558) explizit von einer räumlichen Trennung der beiden Chöre ausgeht (was ihn u.a. zu der Aussage veranlasst, jeder Chor müsse eine eigenständige vierstimmige Harmonie haben), wurden die Psalmen in Venedig zumeist responsorial aufgeführt, d.h. Solisten und ›ripieno‹ waren gemeinsam – meistens in der Kanzel am Südende der Ikonostase (›pulpitum magnum cantorum‹) – aufgestellt (▶ Mehrchörigkeit).

Literatur:
G. D'Alessi, *Precursors of Adriano Willaert in the Practice of »Coro spezzato«*, in: Journal of the American Musicological Society 5 (1952), S. 187–210 • D. Bryant, *The cori spezzati of St Mark's: Myth and Reality*, in: Early Music History 1 (1981), S. 165–186 • A. Carver, *Cori spezzati*, Cambridge 1988 • L. Moretti, *Architectural Spaces for Music: Jacopo Sansovino and Adrian Willaert at St Mark's*, in: Early Music History 23 (2004), S. 153–184.

KS

## Cornago, Joan
* ca. 1425 in der Nähe von Calahorra (?); † nach 1475 Burgos

Cornago war ein bedeutender spanischer Komponist mit Wirkungsbereich in Neapel. Er galt als der führende Musiker am aragonesischen Hof in Italien. Der vermutlich aus Calahorra stammende Cornago erhielt 1449 den akademischen Grad des Baccalaureus in Theologie an der Universität in Paris. Ab 1453 war er am Hofe in Neapel unter Alfonso I. tätig, wo er sehr hoch geschätzt wurde und daher besondere Privilegien genoss. Wahrscheinlich zwischen 1458 und 1465 ging Cornago aufgrund von Kriegen und Aufruhr nach der Thronbesteigung Ferrantes wahrscheinlich zurück nach Spanien, hatte aber 1466 wieder eine wichtige Stelle unter Ferrante I. inne. Dokumente vom Hofe der Reyes Católicos, nach denen er bis 1475 als Sänger in der königlichen Kapelle in Spanien diente, geben Aufschluss über Cornagos letzten bekannten Verbleib. Sein auf das Ende der 60er Jahre zu datierender Weggang aus Neapel fällt mit der Abnahme der spanischen Einflüsse in der dortigen Musik und der Zuwanderung frankoflämischer Musiker nach Neapel zusammen.

Cornago ist einer der frühesten spanischen Komponisten, von dem sich eine größere Anzahl von Werken erhalten hat. Er gilt als einer der Begründer des spanischen weltlichen Liedes, der ▶ Canción, von denen 11 überliefert sind. Darunter folgen neun nach kastilischen Gedichten dem Schema der Canción (A-B-B-A). Interessant ist die Tatsache, dass die meisten von ihm verwendeten Gedichte in der kastilischen Variante des Spanischen geschrieben wurden, zumal das Galicische als die präferierte Sprache für Poesie am spanischen Hofe galt. Dabei handelte es sich weniger um kompositorisch durchstrukturierte Werke als um Stücke mit improvisatorischem Charakter, die den Bedürfnissen der Musiker angepasst werden konnten. Seine *Missa »Ayo visto lo mapamundi«* (entstanden vor 1458) gehört zu den frühesten zyklischen ▶ Messen mit weltlichem ▶ Cantus firmus.

*Ausgaben:*
J. Cornago: *Complete Works*, hrsg. von R.L. Gerber (Recent Researches in the Music of the Middle Ages and Early Renaissance 15), Madison/Wisconsin 1984.

*Literatur:*
*La música en la corte de los reyes católicos*, Bd. 1: *Polifonía religiosa*, hrsg. von H. Anglés, Barcelona 1960 • I. Pope, *The secular compositions of J. Cornago*, in: *Festschrift H. Anglés*, hrsg. von Querol u.a., Barcelona 1961 • A. Atlas, *Music at the Aragonese Court of Naples*, Cambridge 1985 • R. Gerber, *Cornago*, in: *Grove*, Bd. 6 (2001), S. 471f.

CHD

## Cornamuse
(ital./span. cornamusa, frz. cornamuse)

Die Cornamuse ist ein zylindrisch gebohrtes Windkapselinstrument. Das den Ton erzeugende Doppelrohr wird nicht direkt angeblasen, sondern von einer Holzkapsel umhüllt. Die Cornamuse wird auch ›gerades Krummhorn‹ genannt und ist diesem im Klang verwandt, wenn auch sanfter, da sie am unteren Ende verschlossen (›gedackt‹) ist. Ein Kranz von Resonanzlöchern ermöglicht den Austritt der Luft. Wie bei anderen Windkapselinstrumenten ist der Umfang der Cornamuse auf eine None begrenzt. Michael ▸ Praetorius schreibt in seinem instrumentenkundlichen Werk *Syntagma Musicum* von 1619 (Bd. 2 *De Organographia*, S. 41): »Die CornaMuse sind gleich aus/ und nicht mit doppelten/ sondern mit einer einfachen Roehre/ gleich den Bassanelli, Aber unten zugedaeckt/ und uff der Seiten herumb etliche loecherlein/ dadurch der Resonanz herausser gehet. Am Klang seynd sie gar den Krumbhoernern gleich/ nur dass sie stiller/ lieblicher und gar sanfft klingen: Daher sie billich stille sanffte Krumbhoerner (wie die Cornetti-muti, stille Zincken) koendten genennet werden. Sie haben gar keine Schloesser oder Claves [...].«

Im Gegensatz zu anderen Windkapselinstrumenten lässt sich über die Cornamuse wenig Genaues sagen, da keine Originalinstrumente erhalten und die Abbildungen oft ungenau sind. Die These, dass die Cornamuse möglicherweise identisch mit der in Lodovico ▸ Zacconis *Prattica di musica* (1592) erwähnten »Dolzain« sein könnte (wiederum nicht zu verwechseln mit dem ▸ Dulzian), einem ebenfalls nicht erhaltenen Instrument, scheint widerlegt zu sein, da in Besetzungslisten Cornamuse und Dolzaina gleichzeitig auftauchen. Erwähnt wird die Cornamuse u.a. in dem gemischten ▸ Consort von ▸ Cembalo, ▸ Posaune, ▸ Blockflöte, ▸ Laute, Cornamuse, stillem ▸ Zink, ▸ Gambe und ▸ Piffero zum Bankett anlässlich der Hochzeit ▸ Albrechts V. von Bayern mit Renée von Lothringen. Weitere konkrete Besetzungshinweise gibt es 1494 in Innsbruck (»trombone, cornamuse con piva, liutto cum violla [...]«), 1496 in Mailand (»piffari, cornamuse et altri istromenti occulti«), 1518 in Florenz (»trombe, cornamuse, [...] piffari«), 1529 in Ferrara (»una dolzaina, uno violone, due cornamuse et una cettara«). Eine Basscornamuse wird in den *Selva de varii passaggi* von Francesco Rognoni Mailand 1620 genannt, wobei nicht geklärt ist, ob Rognoni vielleicht den Begriff ›cornamusa‹ als Synonym für das Krummhorn benutzt hat. Eine Inventarliste am Hofe von Madrid weist zwei Kästen mit »cornamusas de madera de Allemania« auf. Sie werden als mit Silber und Messing verziert beschrieben, was darauf schließen lässt, dass sie Klappen und Fontanellen besaßen.

Auch als Orgelregister wird die Cornamuse erwähnt. Eine Beschreibung der 1512/1515 erbauten Orgel in St. Jakob, Innsbruck nennt »molti registri et perfectissimi voce [...] trombe, pifferi, flauti, cornetti, storte, cornamuse, tamburi, sinfonie e vernare die vari uccelli [...]«. Praetorius unterscheidet die Cornamuse ferner vom ▸ Kortholt, das eine Doppelbohrung besitzt und somit viel tiefere Töne erzeugen kann.

Heute werden Cornamusen analog zu den anderen Instrumentenfamilien als SATB mit den Grundtönen c und f gebaut.

*Literatur*:
M. Praetorius, *Syntagma Musicum* Bd. 2: *De Organographia*, Wolfenbüttel 1619, Faksimile Kassel 1958 • D. Munrow, *Musikinstrumente des Mittelalters und der Renaissance*, London 1976 und Celle o.J. • I. Hechler, *Die Windkapselinstrumente: Geschichte, Spielweise, Besetzungsfragen*, in: Tibia 2 (1977) • B. Boydell, *The Crumhorn and other Renaissance Windcap Instruments*, Buren 1982 • H. Mayer Brown, *Windcap instruments*, in: Grove, Bd. 20, 1980, S. 447ff. • J.H. van der Meer, *Musikinstrumente*, München 1983.
UV

**Cornazzano [Corazzano], Antonio**
\* zw. 1430 und 1432 Piacenza, † 1483 oder Dezember 1484 Ferrara

Cornazzano stammt aus einer der bekanntesten Adelsfamilien Piacenzas und erhielt also die damals übliche Erziehung; er erlernte das Handwerk, im Sinn von Theorie und Praxis, von Politik/Diplomatie/Kriegskunst, Sprachen/Literatur und gutem Benehmen/aufrechter Körperhaltung/Tanz. Seine Ausbildung in Siena, 1443 bis 1447/1448?, schloss er mit dem Doktor der Jurisprudenz (›legum doctore‹) ab. Tanzen lernte Cornazzano in Piacenza von dem Tanzmeister ▶ Domenico, dessen theoretische und praktische Lehren er später auch in seinem Traktat *Libro dell'arte danzare* (1455 verschollen, 2. erhaltene Ausgabe 1465) rezipierte.

1454 wurde Cornazzano Ratgeber, Sekretär, Kammerherr von Francesco Sforza, dem Gründer der Sforza-Dynastie, und übernahm auch die Erziehung von dessen Kindern. Besonders mit der Tochter Ippolita Sforza, der er auch seinen Tanztraktat widmete, erhielt sich eine lebenslange Freundschaft. 1465 begleitete er die Prinzessin auf der Reise zu deren Hochzeit mit Alfonso d'Aragona nach Neapel. Und im selben Jahr entstand die zweite Fassung seines Traktats, nun dem Sohn von Franceso gewidmet. Nach dem Tod seines Mäzens 1466 verließ Cornazzano den Mailänder Hof; die nächsten zehn Jahre fungierte er als militärischer Berater des Condottiere Bartolomeo Colleoni (auch Coleone) in Venedig und arbeitete dort auch mit einem der bedeutendsten zeitgenössischen Drucker und Verleger, Nicolas Jenson (dem Entwickler der legendären Jenson-Antiqua) zusammen. Es folgten zwei Jahre politischer Tätigkeit in seiner Heimatstadt Piacenza. 1479 berief ihn der am Hof von Neapel erzogene Ercole d'Este als Hofdichter nach Ferrara. Kurz darauf heiratete er Taddea de Varro (oder de Pisis), die aus einer der ältesten und vornehmsten Familien Ferraras stammte. Cornazzano starb als hochgeschätzter humanistischer Gentiluomo und Dichter. In einer Gesellschaft wie der lombardisch-ferraresischen des 15. Jahrhunderts, in der Tanz selbstverständliches Kulturgut war, tradierte sich die Tanzkunst nicht nur durch gewerbsmäßige Tanzmeister wie Cornazzanos Kollegen ▶ Guglielmo Ebreo da Pesaro, sondern genauso gut durch Dichter und Höflinge.

Nach Domenico da Piacenzas *De arte saltandi & choreas ducendi* ist Cornazzanos *Libro dell'arte danzare* die zweite größere italienische Abhandlung über Tanz in der Renaissance und sie rezipiert ihre Vorgängerin sowohl in Bezug auf Theorie wie in Bezug auf Praxis. Der theoretische Teil ist nahezu identisch aufgebaut wie Domenicos Ausführungen. Er beginnt mit den ›particelle principali‹, die ein guter Tänzer beherrschen muss, nämlich: erstens ›misura‹, Rhythmus, zweitens ›memoria‹, geschultes Gedächtnis, sodann ›aiere‹ und ›maniera‹, Eleganz, und schließlich ›partire de terreno‹, Raumbewusstsein. Es folgt eine graphische Darstellung der proportionalen Verhältnisse zwischen den vier Basis-Mensuren und den ihnen gemäß beschriebenen Tänzen; das sind in der Reihenfolge ihres Tempos, ▶ Bassadanza, der langsamste, ▶ Quaternaria, ▸ Saltarello und ▸ Piva, der schnellste. Das Kapitel schließt mit den Regeln für Tempi-Wechsel in den Mensuren. Die Tänze selbst (acht Balli, drei Bassedanze) stammen – so Cornazzano – ebenso von Domenico. In Bezug auf die Anweisungen für das Tanzen der Damen, das nämlich dem der Herren folgen solle, und in Bezug auf die Variationen geht Cornazzano aber über die Ausführungen seines Lehrers und auch über die Vorschriften seines Kollegen Guglielmo Ebreo hinaus. Beachtenswert erscheint die folgende Darstellung der Melodien dreier Tenores und die kurze Anleitung zur Ausführung, die an die burgundischen Bassedanses Tenores erinnern. Diese Art der Aufzeichnung gibt zumindest einen Hinweis auf eine der Verfahrensweisen, die für die Begleitmusik der italienischen Bassedanze verwendet wurde: Wenn die Länge des Tenors sich auf eine Schrittsequenz bezieht, kann jede beliebige Melodie benutzt werden. Besonders bemerkenswert erscheint schließlich auch Cornazzanos Beschreibung von Balletto (▸ Ballo) als einer Tanzform, die narrative dramatische Passagen enthalten kann.

*Schriften*:
*Libro dell'arte danzare*, o.O 1455–1465, engl. Übersetzung von M. Inglehearn und P. Forsyth, *The Book on the Art of Dancing*, London 1981; Text und engl. Übersetzung von A.W. Smith, in: *Fifteenth Century Dance and Music*, Stuyvesant 1995.

*Literatur*:
I. Brainard, *Cornazzano Antonio*, in: *International encyclopedia of dance*, hrsg. von S.J. Cohen, New York [u.a.] 1989, Bd. 2, S. 204–206 • V. Daniels, *Cornazzano, Corazzano, Antonio*, in: *MGG²*, Bd. 4 (Personenteil), 2000, Sp. 1612f.

GV

# Cornysh, William der Jüngere
† 1523

Der Komponist, Dichter und Dramatiker ist wahrscheinlich Sohn des Sängers William der Ältere Cornysh, dessen Bruder John ebenfalls Musiker war.

Cornish der Jüngere war 1509 bis an sein Lebensende ›Master of the Children of the Chapel Royal‹ und für die musikalische und allgemeine Erziehung der Knaben verantwortlich. Als Dramatiker schrieb er verschiedene Stücke für den Hof, die jedoch nicht erhalten sind, und organisierte Aufführungen zu Festen und Herrscherbesuchen (z.B. für die Hochzeit des Prinzen von Wales Arthur mit Katharina von Aragon 1501 oder für den Besuch Kaiser ▸ Karls V. in London 1522). 1513 begleitete er ▸ Heinrich VIII. nach Frankreich.

Von Cornysh ist nur wenig Musik erhalten. Einige seiner Lieder waren wahrscheinlich Einlagen zu seinen Schauspielen, manche zeigen kontinentale Einflüsse und manche haben Melismen, wie sie für Kompositionen am englischen Königshof zu der Zeit typisch waren.

Zwei Messen, Magnificat-Vertonungen und Sequenzen sind verloren, erhalten ist neben einigen weiteren geistlichen Vokalwerken eine Magnificat-Vertonung, deren subtile kompositorische Verfahren auf die Qualität von Cornyshs Musik verweisen.

Interessant ist zudem sein Gedicht *A treatise between Trouth and Information*, das musiktheoretische Ausführungen enthält; es wurde ursprünglich als Werk John ▸ Skeltons veröffentlicht.

*Ausgaben*:
*Magnificat* in: *Early Tudor Magnificats*, Bd. 1, hrsg. von P. Doe (Early English Church Music 4), London 1964; diverse Lieder in: *Music at the Court of Henry VIII*, hrsg. von J. Steven, London 1962, ²1969 und *Early Tudor Songs and Carols*, hrsg. von dems. (Musica Britannica 18 und 36), London 1975.

*Literatur*:
D. Helms, *Heinrich VIII. und die Musik. Überlieferung, musikalische Bildung des Adels und Kompositionstechniken eines Königs*, Eisenach 1998 • R. Bray, *Cornysh*, in: *MGG²*, Bd. 4 (Personenteil), 2000, Sp. 1635–1638.

## Correggio, Antonio Allegri da
1489 (?) Correggio, † 5.3.1534 Correggio

Antonio Allegri, nach seinem Geburtsort Correggio benannt, zählt zu den bedeutendsten Malern Norditaliens im 16. Jahrhundert. Über seine Person und sein Leben ist nur sehr wenig bekannt. Er lebte in Parma, wo sich auch heute noch seine wichtigsten Kunstwerke befinden. So schuf er neben zahlreichen kleinen Gemälden für private Auftraggeber bedeutende Ausmalungen im dortigen Dom sowie in der Kirche San Giovanni Evangelista (*Vision des Johannes auf Patmos*). Seine Figuren zeichnen sich durch große Sinnlichkeit und Graziosität aus. Correggio verstand es nicht nur, Haut und Haare äußerst realistisch darzustellen, sondern er verfügte insgesamt über eine hervorragende Farbgebung. Mit seinen Kuppeldarstellungen, die den Eindruck erzeugen, der Himmel öffne sich nach oben, so als ob der Betrachter direkt die himmlische Glorie erblicken könne, wird er zu einem Wegbereiter des barocken Illusionismus. Zahlreiche Musizierende säumen die in den Himmel auffahrende Maria der Domkuppel in Parma. Seinen malerischen Stil assoziierte die Kunstliteratur des späten 18. und des 19. Jahrhunderts mit Musik, so dass ihn etwa Friedrich Schlegel als »musikalischen Maler par excellence« bezeichnete.

*Literatur:*
D. Ekserdjian, *Correggio*, New Haven u.a. 1997 • E. Monducci, *Il Correggio. La vita e le opere nelle fonti documentarie*, Mailand 2004 • A. Gottdang, *Vorbild Musik*, München u.a. 2004.

AZ

Correggio, *Mariä Himmelfahrt*, Detail, Kuppelfresko, Parma, Dom.

## Corsi, Jacopo
* 17.7.1561 Florenz, † 29.12.1602 Florenz

Der florentinische Mäzen und Amateurkomponist war der Sohn von Giovanni Corsi und Alessandra della Gherardesca. Als junges Mitglied eines neuen Adels in Florenz – und mit einem Familienvermögen, das aus Bankgeschäften, Woll- und Seidenhandel sowie Investitionen in Ländereien gewonnen wurde – zog Corsi die Aufmerksamkeit des Großherzogs Ferdinando I. de' ▶ Medici auf sich, der nach dem Tod seines unpopulären Bruders, des Großherzogs Francesco I., neue Kreise des Einflusses suchte. Corsi und andere finanzierten die Turniere, die Teil der Festlichkeiten für die Hochzeit des Großherzogs mit Christine von Lothringen 1589 waren, und danach trug er regelmäßig zu florentinischen Aufführungen am Hofe bei, einschließlich der Oper *Euridice* für die Hochzeit von Maria de' Medici und ▶ Heinrich IV. von Frankreich im Jahre 1600. Corsi war auch umfassend in die heiklen diplomatischen und finanziellen Verhandlungen für die Hochzeit von 1600 verwickelt, die einen wichtigen Coup für die Medici und ihre neue Ausrichtung der Außenpolitik darstellten.

Wie die Nachkommenschaft vieler florentinischer Familien der oberen Gesellschaftsschicht erhielt Corsi eine breite Erziehung in den alten Sprachen, in den Künsten, in Arithmetik (zu Zwecken der Buchhaltung) bei einer Reihe von privaten Hauslehrern. Diese schlossen auch eine Anzahl florentinischer Musiker mit ein wie den Lautenisten Vincenzo ▸ Galilei (der Corsi die zweite Edition seines Dialoges über die Lautenintavolierung, *Fronimo*, 1584 widmete), und den Komponisten Luca Bati (Corsi war später der Widmungsträger seines *Il primo libro de madrigali a cinque voci* von 1594).

1584 unternahm Corsi die übliche Italienreise als Teil seiner Vorbereitung des Einstiegs in die Familiengeschäfte, und 1585 besuchte er Ferrara mit Giovanni de' ▸ Bardi und Ottavio ▸ Rinuccini, wo er sich an den Aufführungen und der Musik des ▸ Este-Hofes erfreute. Beide Reisen führten zum exzessiven Kauf von Büchern, Musikalien und Instrumenten aus Venedig. In den Folgejahren besuchte er wenigstens zweimal Ferrara, einmal 1590 und das andere Mal früh im Jahre 1594 zu den Hochzeitsfeierlichkeiten von Fürst Carlo ▸ Gesualdo (dem Madrigalisten) mit Leonora d'Este.

Bardis Weggang nach Rom 1592 und sich verschiebende Machtstrukturen in der florentinischen Gesellschaft erlaubten Corsi, zu einem mächtigen Schutzherrn lokaler Künstler und Musiker aufzusteigen. Er beherbergte auch Intellektuelle und Literaten in seinem Haus im S. Giovanni-Viertel der Stadt, und er bot dem jungen Galileo ▸ Galilei Unterstützung an. All dies samt seiner Gastfreundschaft gegenüber Besuchern in Florenz – eingeschlossen die Poeten Torquato ▸ Tasso (für die Aufführung seines *Aminta*), Battista ▸ Guarini und Gabriello Chiabrera, und die Komponisten Fontanelli und Gesualdo – erlaubte ihm, als Katalysator künstlerischer Erneuerungen zu agieren.

Corsi kannte Giovanni de' Bardi gut und unterstützte Musiker, die mit Bardis sogenannter ▸ Camerata verbunden waren, darunter Vincenzo Galilei und Giulio ▸ Caccini. Er besaß eine Kopie von Galileis *Dialogo della musica antica, et della moderna* (1581) und von anderen musikalischen Traktaten. Seine Interessen fokussierten jedoch mehr die Praxis. 1594 begann er mit dem Dichter Ottavio Rinuccini die Arbeit an einer ›Favola in musica‹ *Dafne* und fing an, die Musik selbst zu komponieren. Bald jedoch gab er das Unterfangen an den florentinischen Sänger und Komponisten Jacopo ▸ Peri weiter, der den neuen rezitativischen Stil erfand, der sich zwischen Sprechen und Singen bewegte. *Dafne* wurde in Corsis Palast früh im Jahre 1598 aufgeführt und dann vor dem Hof 1599, 1600 und 1604 wiederholt. Nur Fragmente der Musik haben überlebt, und einige davon scheinen von Corsi zu sein. Jedoch führte dies zu Rinuccinis und Peris *Euridice*, die am 6. Oktober 1600 aufgeführt wurde und die erste Oper ist, die komplett erhalten ist (sie wurde im Februar 1601 gedruckt). Gemäß Peris Vorwort spielte Corsi bei der Premiere das Cembalo.

Peri stellt *Euridice* in den Kontext der Wiederbelebung der Aufführungspraxis der antiken griechischen Tragödie, obwohl er auch zugestand, dass die Verbindung bestenfalls dürftig war. Corsi selbst nahm zweifellos einen ähnlichen pragmatischen Standpunkt ein, indem er sich zwar auf das Prestige des humanistischen Projekts berief, sich jedoch nicht vollständig auf die praktischen Konsequenzen einließ. Und obwohl es keinen Grund gibt, an der Aufrichtigkeit seiner Interessen für die Künste zu zweifeln, ist es auch wichtig zu bemerken, dass all dies Teil einer breiteren Strategie war, die für viele florentinische Familien der Zeit auf der Suche nach prominenten Positionen in Zirkeln des Medici-Hofes typisch war, um sozial und finanziell voranzukommen.

Corsis unerwarteter Tod durch ›Fieber‹ im Dezember 1602 zog formelle Trauerfeierlichkeiten in der Kirche von S. Maria Novella am 21. Februar 1603 durch verschiedene religiöse Bruderschaften nach sich, mit denen er verbunden gewesen war, eingeschlossen die Compagnia dell'Arcangelo Raffaello. Die Musik enthielt Madrigale zu seinem Angedenken von Marco da Gagliano, Giovanni del Turco und Piero ▸ Strozzi, die später in Gaglianos *Il secondo libro de madrigali a cinque voci* (Venedig 1604) publiziert wurden, sowie eine Reihe von Responsorien von Galgiano, die von einem Sopran zur Begleitung von vier Violen gesungen wurden. Die Zeremonie betonte Corsis Verbindung mit den Musen und verglich ihn mit Apollo, Orpheus und Arion. Die Erinnerung an seine Großzügigkeit gegenüber florentinischen Musikern lebte in Widmungen musikalischer Drucke an seinen Sohn Giovanni (Filippo Vitali, 1617) und Lorenzo (Orazio Traditi, 1639) fort.

Verschiedene Quellen geben für Corsis Palast falsche Orte an, und deshalb auch für die Uraufführung der *Dafne* als entweder in der Via de' Benci (der Residenz von Jacopo di Simone Corsi, eines anderen Zweiges der Familie) oder am Kopf der Via Tornabuoni. Dieser letztere Corsi-Palast trägt eine Plakette, die an *Dafne* erinnert, aber in Wirklichkeit wurde er von Jacopos Bruder, Bardo, 1608 verkauft.

*Literatur*:
W.V. Porter, *Peri and Corsi's Dafne: Some New Discoveries and Observations*, in: Journal of the American Musicological Society 18 (1965), S. 170–196 • T. Carter, *Music and Patronage in Late Sixteenth-Century Florence: the Case of Jacopo Corsi (1561–1602)*, in: I Tatti Studies: Essays in the Renaissance 1 (1985), S. 57–104 • E. Strainchamps, *Music in a Florentine Confraternity: the Memorial Madrigals for Jacopo Corsi in the Company of the Archangel Raphael*, in: Crossing the Boundaries: Christian Piety and the Arts in Italian Medieval and Renaissance Confraternities, hrsg. von K. Eisenbichler, Kalamazoo 1991, S. 161–178.

TC

## Corteccia, Francesco [Pierfrancesco]
\* 27.7.1502 Florenz, † 7.6.1571 ebenda

Corteccia war ein italienischer Komponist und Organist, Sohn von Bernardo und Bartolomea (Baccia) Corteccia. Im Taufregister lautet Corteccias Vorname Pierfrancesco. Sein Werk umfasst mehr als 100 Madrigale, zahlreiche Motetten, zwei Passionen, Responsorien für die Karwoche, 13 Messen, einen Hymnenzyklus u.a.

Am 22. August 1515 wurde Corteccia als Chorknabe in die Kapelle des Baptisteriums aufgenommen, wo er bis 1522 blieb. In den anschließenden Jahren bereitete er sich auf die Priesterweihe vor, und am 22. Oktober 1527 wurde er zum Kaplan am Baptisterium ernannt. Aus einer eigenhändigen Notiz Corteccias geht hervor, dass Bernardo ▸ Pisano, nachweislich von 1512 bis 1520 Kapellmeister am Baptisterium und am Dom, sein »primo maestro di scrivere, e saper musica« war; Corteccia bemerkt außerdem, er habe seine vierstimmige Johannes-Passion 1527 für das Baptisterium »nel modo del Pisanello« geschrieben. Da Mattio ▸ Rampollini 1520 das Amt des Kapellmeisters von Pisano übernahm, dürfte auch er Corteccia unterrichtet haben. Orgelunterricht wird Corteccia bei ▸ Bartolomeo degli Organi erhalten haben, der von 1509 bis 1539 Organist am Baptisterium und am Dom war. Im März 1531 wurde Corteccia Kaplan an San Lorenzo, der Hauskirche der ▸ Medici, im Juni desselben Jahres auch Organist. Von diesem Amt zog er sich jedoch bereits im Januar 1532 wieder zurück. 1539 beteiligte sich Corteccia an der Festmusik zur Hochzeit Cosimos I. de' Medici mit Eleonora von Toledo. Von 1540 bis zu seinem Tode war er Kapellmeister am Dom und am Baptisterium. 1550 wurde er zum Canonico supranumerario an San Lorenzo gewählt, womit der Anspruch auf ein freiwerdendes Kanonikat verbunden war, das er 1563 schließlich auch erhielt. Bereits seit 1554 hatte er eine Pfründe an Santa

Maria in Micciano inne. Er ließ sich hier von seinem Neffen Bernardino Paleotti, einem Sohn seiner Schwester Cleofe und des herzoglichen Generalprokurators Jacopo Paleotti, vertreten. Das alles deutet auf die Unterstützung durch Cosimo I. de' Medici, dem Corteccia seine Hauptwerke widmete.

Corteccia bezeichnete sich seit seiner ersten Publikation im Jahr 1544 als »maestro di capella« Cosimos I., obwohl es solch ein etatisiertes Hofamt zu jener Zeit nicht gab. Im Kapitel von San Lorenzo hatte er immer wieder wichtige Funktionen inne.

Corteccia starb am 7. Juni 1571. Im zwei Tage vor seinem Tode beglaubigten Testament hinterließ er seinem Schüler Michele Federighi unter anderem eine »tavola di pietra da Comporre musica« und seine »spartiti«, seine Sammlung von Partituren (fremder) Kompositionen.

Corteccias weltliches Schaffen ist zu einem nicht unbedeutenden Teil für Festanlässe des Florentiner Hofes entstanden, 1539 ein im Freien aufgeführtes Einzugsstück, Musik zum Bankett und Intermedien, 1544 und 1565 wiederum Intermedien. Einen großen Teil des ▸ Madrigalschaffens fasste Corteccia 1544 bzw. 1547 in drei Drucken zusammen. Erst 1570 und 1571 erschienen die ▸ Responsorien und die ▸ Motetten in Individualdrucken, die Werke sind zum Teil wesentlich früher entstanden.

Unterschiedliche Fassungen und auch Revisionen in Manuskripten zeigen, dass Corteccia immer wieder an Sätzen feilte. Der Schwerpunkt von Musik für die Karwoche, der sich in den ▸ Responsorien, einem nicht erhaltenen ▸ Lamentationenzyklus und den beiden ▸ Passionen abzeichnet, hängt mit institutionellen Gegebenheiten in Florenz zusammen. Die 1527 geschriebene Johannespassion ist ein frühes Beispiel der neu einsetzenden polyphonen Komposition von Passionen in Italien.

*Ausgaben*:
*Corpus mensurabilis musicae* 32/8–12, 1981ff. (Madrigale, Responsorien, Hymnarium); Motetten in McKinley 1962 (siehe Literatur); *Passione di Cristo secondo Giovanni*, hrsg. von M. Fabbri, Florenz 1970; *Eleven Works to Latin Texts* (Recent Researches in the Music of the Renaissance 6), hrsg. von A. McKinley, Madison 1969; A.C. Minor, Bonner Mitchell, *A Renaissance Entertainment. Festivities for the Marriage of Cosimo I, Duke of Florence, in 1539. An Edition of the Music, Poetry, Comedy, and Descriptive Account with Commentary*, Columbia 1968.

*Literatur*:
A. McKinley, *Francesco Corteccias Music to Latin Texts*, 2 Bde. PhD. Diss. Univ. of Michigan 1962 • M. Fabbri, *La vita e la ignota opera-prima di Francesco Corteccia, musicista italiano del rinascimento (Firenze 1502 – Firenze 1572)*, in: Chigiana 22 (1965), S. 185–217 • I. Fenlon / James Haar, *The Italian Madrigal in the Early Sixteenth Century. Sources and Interpretation*, Cambridge 1988 • H.M. Brown, *A Typology of Francesco Corteccia's Madrigals*, in: ›The Well Enchanting Skill‹. *Music, Poetry, and Drama in the Culture of the Renaissance. Essays in Honour of F.W. Sternfeld*, hrsg. von J. Caldwell u.a., Oxford 1990, S. 3–28 • J.A. Owens, *Composers at Work. The Craft of Musical Composition. 1450–1600*, Oxford 1997.

LS

## Cortesi [Cortese], Paolo
\* 1465 Rom, † 1510 San Gimignano

Aus der Familie eines Kurienbeamten stammend, schlug auch Cortesi nach Studien bei den Humanisten Pomponio Leto und Bartolomeo Platina eine Laufbahn in der kurialen Verwaltung ein, die 1498 in dem Amt eines päpstlichen Sekretärs gipfelte. 1503 zog er sich auf den Familiensitz Castel Cortesiano bei San Gimignano zurück. Bereits am Papsthof gelangte er rasch in engsten Kontakt mit den Humanistenzirkeln und pflegte auch nach seinem Rückzug aus Rom mit diesen weiterhin intensiven Austausch. Von seiner schriftstellerischen Produktion ist neben einigen sicherlich zur Vertonung bestimmten ▸ Strambotti insbesondere sein 1510 postum publiziertes Hauptwerk *De cardinalatu libri tres* von musikhistorischem Interesse. Bei dieser Papst Julius II. gewidmeten Schrift handelt es sich um einen Hofmannstraktat, der die Lebensbereiche der als Höflinge verstandenen päpstlichen »Senatoren« genau behandelt und dabei eine ähnlich weitgehende Wirkung zeitigte wie Baldassare ▸ Castigliones *Libro del cortigiano* (entstanden 1508–1516). Anders als dieser jedoch wählt Cortesi nicht die Form eines fiktiven Gesprächs, sondern erteilt in erster Linie Anweisungen und Ratschläge, die durch umfangreiche Exempel illustriert werden. Neben der Empfehlung, der Kardinalspalast solle über ein Musikzimmer verfügen, findet sich ein relativ ausgiebiger Abschnitt zur Musik (publiziert und übersetzt bei Pirrotta 1966, S. 147ff.) im zweiten Buch im Kontext der zu meidenden Passionen, worin sich die umfängliche Orientierung an aristotelischem Gedankengut niederschlägt. Trotz bzw. gerade wegen seiner terminologischen Unschärfe etwa in Bezug auf die Charakterisierung der Modi, auf deren Grundlage er eine recht eigenwillige Gattungssystematik entwirft, und erst in zweiter Linie die naheliegenden Bezüge zur antiken Ethoslehre herstellt, stellt dieser Abschnitt ein wertvolles Zeugnis für die anderweitig nur schlecht dokumentierte Musikauffassung in den kurialen Humanistenkreisen um 1500 dar. Sein Katalog der geschätztesten Musiker, zu denen ▸ Josquin Desprez, Jacob ▸ Obrecht, Heinrich ▸ Isaac, Alexander ▸ Agricola, Antoine ▸ Brumel, Loyset ▸ Compère, Giovanni ▸ Spataro und ▸ Serafino dell'Aquila gezählt werden, ist dabei ebenso aufschlussreich wie die Hinweise auf den musikalischen Sachverstand des Kardinals Giovanni de' ▸ Medici, der wenig später als Musikpapst Leo X. zu großer Bedeutung aufsteigen sollte, und anderweitig nicht dokumentierte Gesangspraktiken in der päpstlichen Kapelle.

*Literatur:*
N. Pirrotta, *Music and Cultural Tendencies in 15th-Century Italy*, in: Journal of the American Musicological Society 19 (1966), S. 127–161 • F. Brancacci, *Una fonte aristotelica della sezione »De musica« del »De cardinalatu« di Paolo Cortese*, in: Studi musicali 20 (1991), S. 69–84 • dies., *Musica classica vs musica moderna nel De cardinalatu di Paolo Cortesi*, in: Il Saggiatore musicale 6 (1999), S. 5–22.

KP

## Corvinus, Matthias I.
* 23.2.1443 Klausenburg, † 6.4.1490 Wien

Der König von Ungarn (seit 1458) und Böhmen (seit 1469) vergrößerte sein Reich durch kriegerische Auseinandersetzungen u.a. mit den böhmischen Königen Georg Podiebrand und Wladislaw Jagiello sowie Kaiser ▸ Friedrich III. (Schlesien, Mähren, Lausitz, Böhmen, Niederösterreich, Steiermark, Wien) und durch Abwehr der Türken (Walachei). Er heiratete 1475 die Tochter des aragonesischen und neapolitanischen Königs ▸ Ferrante I., Beatrix von Aragon, der das Manuskript mit sechs ▸ L'homme armé-Messen geschenkt wurde, das ehemals Karl dem Kühnen (▸ Burgund) gehörte. Von der hochstehenden Kultur Neapels geprägt, beeinflusste Beatrix den kulturellen Ausbau. In seinem zentralistisch aufgebauten Staat förderte Corvinus Kunst, Musik und Wissenschaft und öffnete sich somit der Renaissancekultur, die er zu propagandistischen Zwecken nutzte. Von italienischen Humanisten wurde er für sein Mäzenatentum gegenüber dem französischen Hof und deutschen

Fürsten hervorgehoben (Hoensch, S. 237). Er hatte eine hervorragende, aus frankoflämischen und italienischen Musikern bestehende Kapelle (Mitglied war u.a. Johannes de ▸ Stockem), die laut Berichten besser als die päpstliche gewesen sein muss (Hortschansky, S. 46) und aus 24 Sängern bestand; durch gute Bezahlung war die Kapelle für frankoflämische Musiker attraktiv (Strohm, S. 605). Erhaltene Handschriften beinhalten z.T. internationales Repertoire. Möglicherweise durch Vermittlung Beatrix' (die eine eigene Kapelle von 13 Sängern unterhielt) sowie durch den Besuch von ▸ Pietro Bono de Burzellis 1488 blühte am Hof auch der Gesang mit Instrumentalbegleitung sowie Sangspruchdichtung, die die kriegerischen Auseinandersetzungen und »die Taten der Helden in der Muttersprache mit Lautenbegleitung während des Essens« (Galeotto Marzio, zit. nach Hoensch, S. 249) darbrachten. Corvinus nahm nicht nur die vorgesehenen Bläser, Pfeifer und Trommler auf Kriegszüge mit, sondern auch seine Kapelle, die für Unterhaltung zu sorgen hatte.

*Literatur*:
B. Rajeczky, *Zum Problem der musikalischen Renaissance in Ungarn*, in: Orbis musicae 5 (1975/1976), S. 19–33 • K. Hortschansky, *Musikleben*, in: *Die Musik des 15. und 16. Jahrhunderts*, hrsg. von L. Finscher (Neues Handbuch der Musikwissenschaft 3,1), Laaber 1989, S. 46ff. • R. Strohm, *The Rise of European Music 1380–1500*, Cambridge 1993, S. 315f. • J.K. Hoensch, *Matthias Corvinus. Diplomat, Feldherr und Mäzen*, Graz u.a. 1998.

## Costeley [Costelay, Cautelay], Guillaume
\* um 1530 Fontanges-en-Auvergne? Pont-Audemer?, † 28.1.1606 Evreux

Costeley war französischer Komponist und Organist am Hof ▸ Karls IX. und ▸ Heinrich III. zwischen 1561 und 1587. Gemäß der Bibliographie (1584) von La Croix du Maine wurde er in Fontanges geboren; aber dies kann auch ein Irrtum sein, der aus der Verwechslung mit einem anderen Komponisten hervorgeht, Antoine de ▸ Bertrand. Cauchie fand seinen Familiennamen in der Normandie, wo Costeley während seiner Pensionierung lebte, nachdem er Jehanne Blacquetot im Juni 1570 geheiratet und sich in Evreux niedergelassen hatte. Dort trat er der Bruderschaft von St. Cecilia bei, die 1575 einen jährlichen ▸ Puy oder ›Concertation‹ (Wettbewerb und Konzert) organisierte, auf dem Preise für die besten neuen Motetten und geistlichen Lieder zu Ehren der Heiligen an Komponisten wie Orlande de ▸ Lassus, Eustache ▸ Du Caurroy, Fabrice Marin ▸ Caietain, Jacques ▸ Mauduit, Paschal de ▸ L'Estocart und Jean ▸ Planson verliehen wurden. Er war weiterhin Organist am Hofe von Januar bis März bis 1587 eines jeden Jahres; 1581 wurde er zum königlichen ›esleu‹ (Steuereinschätzer) für Evreux benannt; 1588 zog er sich von musikalischen Pflichten am Hof zurück, aber fuhr fort, als ›Conseiller du Roy‹ (Berater des Königs) bis 1597 zu wirken. In einer Edition des Liedes *Elle craint l'esperon* (RISM 1565[8]) druckte Adrian ▸ Le Roy seinen Namen als ›Cautelay‹, womit vielleicht die korrekte Aussprache angedeutet wird.

Er veröffentlichte keine Orgelmusik, aber 10 ▸ Chansons erschienen in neun Anthologien, die in Paris zwischen 1554 und 1578 gedruckt wurden und 101 Chansons mit drei ▸ Motetten in einem umfangreichen Einzeldruck von 1570, der mit *Musique* betitelt war. Diese monumentale Sammlung enthält zwei Porträts mit Inschriften, die sein Alter mit 39 angeben, wie auch drei Widmungssonette an König Karl, an Albert de Gondi, den Grafen von Retz und an dessen Frau, Catherine de Clermont. Diese Gedichte deuten darauf hin, dass Albert ihm half, seine Stellung als Organist und Valet der königlichen Kammer zu sichern und dass die Lieder dafür gedacht waren, Trost zu spenden angesichts der Angriffe, Qualen und Härten, die Frankreich während der religiösen Kämpfe erlitt. Zwei weitere Sonette, die von Jean Antoine de ▸ Baïf an Costeley gerichtet sind, decken auf, dass er Teil eines kühnen Unternehmens war, um Poesie, Musik und Philosophie zu verbinden: »Soyent tes chants, Costeley, l'avant jeu gratieux Des nombres anciens qu'avec toy j'ay courage Pour un siecle meilleur de remettre en usage […] Si Tibaud Courviloys […] Si le docte Claudin […] ne me sont de leur aide envieus […] Que ces belles chansons naissent hors de saison […] Comme un dous reconfort en un tems de misere«. Diese Gedichte zeigen, dass Baïf auf Costeley, auf den die Lyra spielenden Sänger ▸ Thibaut de Courville und auf Claude ▸ Le Jeune zählte, um die ▸ Musique mesurée für seine neue ▸ Académie de poésie et musique vorzubereiten. Costeleys Vorwort an seine Freunde legt dar, dass seine »Werke, die musikalisch sehr verschieden sind« einige chromatische Lieder einschließen, die die normalen tonalen Begrenzungen überschreiten, insbesondere sein über 12 Jahre zuvor (d.h. vor 1558) geschriebenes *Seigneur Dieu ta pitié*, das auf einem System von Mikrointervallen beruht, indem die Oktave in 19 gleiche Intervalle aufgeteilt wird. In diesem Buch sind zusammen 19 strophische, homophone Lieder gedruckt, die als ›chansons en façon d'air‹ bezeichnet sind; drei von ihnen – *Combien roullent ils d'accidens, Il n'est trespas plus glorieux* und *Heureux qui d'un soc laboureur* – sind Chöre aus Robert Garniers neoklassischer Tragödie *Porcie* (1569) in einem strikten homorhythmischen Stil, der die neue Musique mesurée antizipiert.

Sein erstes Lied, *Le clerc d'un avocat trouva*, das von Nicolas ▸ Du Chemin 1554 publiziert wurde, ist ein lebhafter vierstimmiger Satz eines anekdotischen Epigramms in der syllabischen kontrapunktischen Art von Clement ▸ Janequin; ein ›Dixain‹ (Strophe mit zehn Versen) in klassischer Balladenform zeigt die Ökonomie der Melodie, die auf einem Viertonmotiv f-e-d-cis basiert. Sein zweites, *Flambeau du ciel* (ebenfalls 1554), ein höfischer Dixain in abgerundeter Balladenform (ABABCDEFA/:B:/), ist langsam, lyrisch und homophon im Voix-de-ville-Stil (▸ Vaudeville) Pierre ▸ Sandrins und Jacques ▸ Arcadelts. Janequin war auch das Modell für *Dessous le May* und *Un usurier surpris de maladie*, ebenso wie für die zwei Schlachtenlieder, die das Zurückdrängen der Engländer aus Calais (1558) und Le Havre (1563) feierten. Zwei weitere Lieder schlagen eine Verbindung zu Arcadelt vor: *Nous voyons que les hommes* und *L'an et le mois*, die eine Antwort auf Arcadelts *O le grand bien* sind. Die meisten Lieder zeigen eine Mixtur von homorhythmischem und leichtem imitatorischem Stil, glänzende Melodien, klare tonale Harmonien und einen delikaten Satz, oft kurz die Bass-Stimme auslassend. Einige Stücke wurden große Favoriten mit modernen Sopran-Alt-Tenor-Bass-Stimmlagen – insbesondere seine Sätze auf Pierre de ▸ Ronsards *Mignonne allons voir, La terre les eaux va buvant, Je veux aymer ardantement, D'un gosier mahelaurier* und *Venus est par cent mille noms*, oder die volksliedartigen *Allez mes premieres amours, Allons au vert bocage, Allons gay bergeres, Je vois de glissantes eaux, Quand l'ennuy facheux vous prend, Que de passions et douleurs* und *Venez au son de ma musette*. Ebenfalls beeindruckend ist sein fünfstimmiger Satz von Philippe ▸ Desportes dialogischem Sonett *Arreste un peu mon coeur*. Während einige seiner Liedtexte auf die ältere Generation von Clément ▸ Marot zurückgehen (wie das Rondeau *Toutes les nuits je ne pense qu'en celle* oder das Epigramm *Catin veut espouser Martin*), sind die meisten auf moderne Gedichte gesetzt wie auf Auszüge aus den *Élegies* (1559) von Jean Doublet – *Par ton saint nom & Que vaut Catin*, oder auf die Odeletten von Ronsard (1553–1554) oder die brandneuen Sonette von Desportes (*Arreste un peu & Je ne veus plus penser*), welche der Dichter erst drei Jahre nach Costeleys

Kompositionen veröffentlichte. Ebenso neu waren die drei Chöre von Robert Garniers Tragödie *Porcie*, die am Hof Karls IX. 1569 aufgeführt wurde. Diese, wie zwei biblische Sätze der *Proverbes de Salomon*, *Le viaire serain* und *Le souhait du juste*, *Que des baisers de sa bouche* aus dem *Cantiques des Cantiques*, *O que je suis troublé* und *Comment à l'Eternel* aus den Lamentationen des Jeremias und das Frühlingslied *Voicy la saison plaisante* befanden sich unter den 19 »chansons en façon d'airs« (»Chansons in der Art von Airs«), die mit zusätzlichen Strophen versehen wurden, welche unter der Musik gedruckt wurden.

Sein kontrapunktischer Stil ist nicht gelehrt; rhythmische und tonale Imitationen sind häufiger als strikte Imitationen, die klar zeigen, dass er als Organist eher harmonisch als kontrapunktisch dachte. In der ersten Edition der *Musique* spezifizierte er die Akzidentien, die er wollte, mit ungewöhnlicher Sorgfalt und zeigte klar seine Vorliebe für ungewöhnliche harmonische und melodische Intervalle. Die obszöne Chanson *Grosse garce* gebraucht die verminderte Terz (es-cis) an einer Stelle der Imitation, während die narrative Anekdote *Un usurier enterra son avoir* mit einer verminderten Quarte (f-cis) eröffnet wird und das höfische *Si de beauté* mit einer chromatischen Melodie a-gis-a-b beginnt. Wie er in seinem Vorwort erklärte, notierte er einige Stücke wie *Je plains le temps* und *Adieu monde* mit geteilten Vorzeichen – zwei b in drei Stimmen aber kein b im Tenor. *Le celeste flambeau* hat eine Superius-Stimme in F mit einem b als Vorzeichen, während die anderen Stimmen in G ohne b-Vorzeichnung notiert sind. Aber nicht die Chromatismen, sondern eher die melodische Klarheit, der harmonische Zug, die lebhafte Rhythmik, die luzide Form mit variiertem und feinsinnigem Satz zeichnen Costeleys Chansons als das attraktivste französische Repertoire zwischen Janequin und Lassus aus.

Costeley publizierte nur drei Motetten, einbezogen das Krönungsanthem *Domine salvum fac regem*, das für Karl IX. geschrieben worden sein könnte. Und der einzige Bericht von seiner Karriere als Organist ist ein Fragment einer unspezifischen kontrapunktischen *Fantasie*, die in groben Zügen von Jacques Cellier, dem Organisten der Kathedrale von Reims (Paris, Bibliotheque nationale Ms 9152), kopiert wurde.

*Ausgaben*:
*Guillaume Costeley: Musique*, hrsg. von H. Expert (Maîtres Musiciens de la Renaissance Française 3, 18, 19), Paris 1896–1904); *Guillaume Costeley: Selected Chansons* (Sixteenth-Century Chansons 8), hrsg. J. Bernstein, 1989; *Keyboard: Fantasie sus orgue ou espinete*, in: *Le Concert des voix et des instruments à la Renaissance*, hrsg. von J.-M. Vaccaro, Paris 1995, S. 575.

*Literatur*:
M. Cauchie, *Documents pour servir à une biographie de Guillaume Costeley*, in: Revue de Musicologie 7 (1926), S. 49–68 • K.J. Levy, *Costeley's Chromatic Chanson*, in: Annales Musicologiques 3 (1955), S. 213–263 • C. Dahlhaus, *Zu Costeleys chromatischer Chanson*, in: Die Musikforschung 16 (1963), S. 253–265 • I. Godt, *Guillaume Costeley: Life and Works*, Diss. New York Univ. 1970.

FD

# Courante

Die Courante ist eine Tanz- und Instrumentalform in mäßigem Tempo, zumeist auftaktig und im Tripeltakt notiert. Typisch für die französische Courante ist der ambivalente Rhythmus, der oft zwischen 6/4- und (hemiolisch) 3/2-Takt changiert.

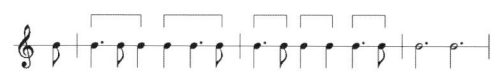

Neben ▶ Allemande, ▶ Sarabande und ▶ Gigue wurde sie im 17. Jahrhundert zu einem festen Bestandteil in der französischen Suite sowie auch in Kammersonaten (Antonio Vivaldi, Arcangelo Corelli u.a.). Sie steht nie an erster Stelle, vielmehr folgt sie oft auf die Allemande und löste in dieser Verbindung das Tanzpaar Pavane-Galliarde ab. Neben einigen wenigen Quellen in Italien ist die früheste Courante in Deutschland im Orgeltabulaturbuch von Bernhard Schmid d.Ä. (1577) überliefert. Zu Beginn des 17. Jahrhunderts finden sich in sämtlichen bedeutenden Tanzsammlungen zahlreiche Couranten, so bei Michael ▸ Praetorius (1612), Johann Staden (1610, 1618), Johann Hermann Schein (1617), Isaak Posch (1621), Christian Roth (*Couranten Lustgärtlein*, 1624), Paul Peuerl (1625) u.a.

Der Tanz ist in Thoinot ▸ Arbeaus *Orchesographie* (1588) beschrieben. Mit ›simple-simple-double‹ weist er eine der ▸ Pavane ähnliche, bei der Courante aber gehüpfte Schrittfolge auf. Weitere Aufzeichnungen bei François de Lauze (1623) und Marin ▸ Mersenne (1636) sind für die Tanzpraxis kaum verwertbar. Cesare ▸ Negri (1602) beschreibt die italienische Variante einer Corrente.

Ihre Blütezeit erreichte die Courante im 17. und beginnenden 18. Jahrhundert. In der zweiten Hälfte des 17. Jahrhunderts ist sie der am weitesten verbreitete Gesellschaftstanz für Paarformationen, wird dann aber in der ersten Hälfte des 18. Jahrhunderts vom Menuett abgelöst. Choreographisch und schritttechnisch hat die jüngere Courante mit ihrer Vorform im 16. Jahrhundert wenig gemein.

*Literatur*:
Fr. Blume, *Studien zur Vorgeschichte der Orchestersuite des 15. und 16. Jahrhunderts*, Leipzig 1925 • F. Feldmann, *Die Courante in der deutschen Orchester- und Klaviermusik des 17. Jh.*, Phil. Diss. Hamburg 1968 • M. Glück, *Courante*, in: *MGG*², Bd. 2 (Sachteil), 1995, Sp. 1029–1035.

MM

**Courville [Courvile], Joachim Thibault de**
† 8.9.1581 Paris

Er war als Sänger, Lautenist, Leier-Spieler und Komponist unter der Regierung von ▸ Karl IX. am französischen Hof aktiv. Er hatte dort die Stelle des ›joueur de lyre‹ inne, ein Instrument mit elf Saiten, das von Antoine Potin nach den griechischen Instrumenten rekonstruiert wurde (▸ Leier).

Gegen 1567 arbeitete er mit Jean-Antoine de ▸ Baïf bei seinen Versuchen zur ▸ Musique mesurée à l'antique zusammen und gründete mit ihm die ▸ Académie de Musique et de Poésie (1570). Baïf bezeichnete ihn als »maître de l'art de bien chanter« (»Meister der Kunst, gut zu singen«). Nur fünf Stücke von Courville sind in Versionen für Stimme und Laute erhalten geblieben, die bei Gabriel Bataille (1614–1615) publiziert wurden.

*Literatur*:
F. Lesure, *Sur Thibault de Courville*, in: Revue de Musicologie 43 (1959), S. 100–101.

FG

**Cousin, Jean [Jean Escatefer]**
* um 1446 ?, † nach 1475 ?

Jean Cousin gehört der Gruppe von sogenannten Kleinmeistern der Renaissance an. Heute sind von ihm nur zwei ▸ Messen bekannt, von denen eine verloren ist.

Die ersten biographischen Kenntnisse gehen auf die Jahre 1446–1448 zurück, in denen Cousin gemeinsam mit seinem Kollegen Johannes ▸ Ockeghem im Dienst von Karl I., dem Herzog von Bourbon am Hof von Moulins steht. Den Rest seines Lebens, soweit es bekannt ist, verbrachte Cousin im Loiretal.

Von 1458 bis 1459 übernimmt er das Amt des ›magister puerorum‹ an der Sainte Chapelle von Bourges, und ab 1461/1462 ist Cousin unter der Leitung von Johannes Ockeghem Teil der königlichen Kapelle von Tours. Er erscheint noch in den Jahren 1474/1475 in den Regesten der Kapelle, im Anschluss daran verliert sich von ihm jede Spur. Cousin war gut integriert in die Stadt Tours, deren Archive einen Jean Cousin, wahrscheinlich einen Komponisten, belegen, der an den Bürgerversammlungen in der Burg der Stadt (wo die königliche Kapelle angesiedelt war) im Oktober des Jahres 1463 und im Oktober des Jahres 1464 teilgenommen hat.

Cousin wird im *Proportionale musices* (1472–1473) von Johannes ▶ Tinctoris gemeinsam mit anderen Komponisten zitiert, die im Loiretal ihre Tätigkeit ausübten (Antoine ▶ Busnoys, Ockeghem, ▶ Eloy d'Amerval etc.). Tinctoris spricht von einer *Missa Nigrarum*, die dem Komponisten zugeschrieben wird. Der Titel dieser heute verlorenen Messe wurde von den Forschern immer mit Skepsis betrachtet. Es könnte sich in der Tat um eine *Missa Nigra sum* handeln, die auf der berühmten Marienantiphon (▶ Antiphon) aufbaut, oder, wie erst kürzlich vorgeschlagen, um eine Messe, die auf der Antiphon *Nisi granum* (*Commune unius martyris*) basiert. Diese von Tinctoris zitierte Komposition könnte die einzige existierende Spur einer kompositorischen Aktivität Cousins während seines Dienstes an der königlichen ▶ Kapelle sein.

Die einzige erhaltene Komposition Cousins, die in den Tridentiner Codices 90 und 93 kopierte *Missa Tubae*, geht wahrscheinlich auf die 40er Jahre zurück und muss vielleicht mit der »Bourbonischen« Periode in Beziehung gesetzt werden. Diese dreistimmige Messe, die in den tiefen Stimmen das den Trompeten eigene Dreiklangsmotiv imitiert, ist Bestandteil einer in den frühen Jahren des 15. Jahrhunderts recht verbreiteten Tradition, von der das *Gloria ad modum tube* Guillaume ▶ Dufays ein weiteres bekanntes Beispiel darstellt.

*Ausgabe:*
Missa Tubae, in: *Trienter Codices. Siebente Auswahl* (Denkmäler der Tonkunst in Österreich 120), hrsg. von R. Flotzinger, Graz und Wein 1970, S. 3–16.

AM

# Cranmer, Thomas
\* 2.7.1489 Aslacton/Nottinham, † 21.3.1556 Oxford

Cranmer hat die Konstituierung der anglikanischen Kirche wesentlich bestimmt; seine Äußerungen über Kirchenmusik haben die Komposition von ▶ Services maßgeblich beeinflusst.

Er besuchte das Jesus College in Cambridge seit 1503, wurde 1520 zum Priester ordiniert, erlangte 1523 die Doktorwürde und wurde 1524 Professor für Theologie am Jesus College in Cambridge. Seit seiner Beteiligung an der Kommission zur Annulierung der Ehe ▶ Heinrichs VIII. 1529 und seinem Deutschlandaufenthalt 1532 vertrat er reformerische Ansichten, darunter die Infragestellung päpstlicher Rechtsprechung.

In seinem Amt als Erzbischof von Canterbury (1533–1556) annullierte er die Ehen des Königs und kollaborierte mit dem königlichen Minister Thomas Cromwell, um die Reformation der englischen Kirche voran zu treiben; dazu gehörte die Forderung nach einer englischen Bibel, die 1540 erschien und die Konstituierung einer landessprachlichen Liturgie, die Cranmer 1539 zu entwerfen begann, die jedoch erst im Druck des ersten und zweiten *Book of Common Prayer* (1549, 1552) unter Edward IV. ihre Vollendung fand zusammen mit den 42 Glaubensartikeln der anglikanischen Kirche.

Unter Maria der Katholischen wurde Cranmer als Ketzer hingerichtet. *The Book of Common Prayer* wurde zu Beginn der Regierungszeit ▶ Elisabeths I. überarbeitet (Fassung von 1559). Die Texte der Bücher bildeten die Grundlage der englischsprachigen Kirchenmusik (▶ Services, das ▶ Anthem wird im 16. Jahrhundert darin noch nicht erwähnt), deren musikalische Ausgestaltung den Vorstellungen Cranmers nach Einfachheit und Textverständlichkeit entsprach.

*Ausgaben*:
The Works of Thomas Cranmer, hrsg. von J.E. Cox, 1844–1846.

*Literatur*:
D. MacCulloch, Thomas Cranmer: A Life, New Haven/Connecticut und London 1996.

## Crecquillon, Thomas
* um 1505–1510, † um 1557 Béthune (?)

Zwischen dem außergewöhnlichen Bekanntheitsgrad, den Crecquillon in seiner Zeit genossen haben muss, und den noch vorhandenen Quellen und Zeugnissen besteht eine bemerkenswerte Diskrepanz. So liegt seine frühe Biographie vollständig im Dunkeln. Dass er den akademischen Grad eines Magister Artium erworben hat, dürfte als gesichert gelten. 1540 wird er als ›maistre de la chapelle‹ in einer Pfründenliste der Hofadministration Kaiser ▸ Karls V. geführt. Vermutlich bereits um 1550, spätestens aber 1555 ist er in den Ruhestand eingetreten, weil er in diesem Jahr als ehemaliger kaiserlicher Sänger erwähnt wird.

Sein Ruhm zeigt sich nicht zuletzt darin, dass er in einem knapp zwanzig Jahre nach seinem Tod (1576) erschienenen Sammeldruck als berühmtester Meister der kaiserlichen Kapelle bezeichnet wird. Sein Schaffen galt in besonderer Weise als repräsentativ für seine Zeit. So wird er in der Auseinandersetzung über ›prima‹ und ›seconda pratica‹ zwischen Claudio ▸ Monteverdi und Giovanni Maria ▸ Artusi zu Beginn des 17. Jahrhunderts als repräsentativer Komponist der prima pratica genannt. Später noch bezeichnet Angelo Berardi ihn in seinen *Miscellanea musicale* (1689) als repräsentativsten Komponisten seiner Zeit.

Trotz seiner ca. 200 Chansons überwiegt quantitativ Crecquillons geistliches Schaffen mit zwölf Messen (elf Parodie-Messen und einer Cantus-firmus-Messe) und mehr als 100 Motetten in abschnitthaft gearbeiteter Durchimitation. Eine Datierung von Crecquillons Gesamtwerk ist wegen der insgesamt ungünstigen Quellenlage kaum möglich. Im Fall seiner Motetten und Chansons lässt die Textwahl zwar Rückschlüsse auf bestimmte Ereignisse bzw. spezifische Anlässe zu, die auf ein Kompositionsjahr zumindest annähernd schließen lassen, doch ist dies letztlich nur in den wenigsten Fällen möglich. Seine überwiegend vier- und fünfstimmigen Chansons schließlich, die, nach Zahl und Erscheinungsorten der Druckausgaben zu schließen, im 17. Jahrhundert die am weitesten verbreiteten ihrer Art waren, sind vielfach noch in ähnlicher Weise wie seine Motetten durchimitiert; mitunter sind homophon-deklamatorische Passagen der Textausdeutung geschuldet. In der Generation franko-flämischer Komponisten zwischen Josquin und Lassus gehört Crecquillon zu den Anerkannten, was sich nicht zuletzt in den zahlreichen Äußerungen von Musikern späterer Generationen zeigt.

*Ausgaben*:
Thomas Crecquillon: Opera omnia (Corpus mensurabilis musicae 63), hrsg. von B. Hudson u.a., Middleton/Wisconsin, ab 1974.

*Literatur*:
R. Trotter, The chansons of Thomas Crecquillon. Texts and forms, in: Revue Belge de Musicologie 14 (1960), S. 56–71 • H. Marshall, The four-voice motets of Thomas Crecquillon, 4 Bde. (Musicological Studies and Documents 21), Brooklyn 1970/1971 • M. Ham, Thomas Crecquillon in context. A reappraisal of his life and of selected works, Phil. Diss. Univ. of Surrey 1998 • M. Ham, Crecquillon, Thomas, in: MGG², Bd. 5 (Personenteil), 2001, Sp. 69–78.

MG

## Crétin, Guillaume
* vermutlich 1460–1470 Paris, † November 1525 Paris

Crétin war ein in Frankreich im 16. Jahrhundert bekannter Dichter der Gruppe der ›grand rhétoriqueurs‹, Sänger und Komponist (nicht überlieferter) Motetten. Er war im wesentlichen im Umkreis des französischen Hofes tätig, 1483–1498 als Sänger in der Hofkapelle des französischen Königs ▶ Karl VIII., und er hatte später (wahrscheinlich seit 1514) das Amt eines Hofgeistlichen inne.

Musikgeschichtlich von Bedeutung sind insbesondere zwei seiner fünf ▶ Déplorations, die eine auf Jean Braconnier, Kapellmeister des Burgundischen Herzogs und später des französischen Königs, und Antoine de ▶ Févin, die andere, berühmtere auf Johannes ▶ Ockeghem. Diese oft erwähnte *Déploration de Guillaume Cretin sur le trespas de feu Okergan trésorier de Sainct-Martin de Tours* ruft mythologische und biblische Figuren auf, zusammen mit Instrumenten (▶ Harfen, ▶ Laute, ▶ Orgel, Psalterion, Musettes, ▶ Hörnern, dem ▶ Clavichord) in die Klage um Ockeghem einzustimmen: Er lässt Tubal, David, ▶ Orpheus und Chiron jeweils ein ▶ Rondeau singen, in denen Ockeghems Person und Schaffen gewürdigt werden. Von besonderer Relevanz ist jedoch die Aufzählung einer ganzen Reihe von bekannten und unbekannten Musikern: Guillaume ▶ Dufay, Antoine ▶ Busnoys, Johannes Fedé, Gilles ▶ Binchois, ▶ Barbingant, John ▶ Dunstaple, Pasquin (unbekannt), Colinet de Lannoy, Philippe ▶ Basiron, Copin (unbekannt), Johannes ▶ Regis, Gilles ▶ Joye, Constans de Langhebroek; sie sollen im Angedenken an Ockeghem seine Werke singen wie die Messen *»Mi mi«*, *Au travail suis* und *Cuiusvis toni*, sein *Requiem* und die Motette *Ut heremita solus*. Gegen Schluss der über 400 Verse umfassenden, ungewöhnlich langen Lamentation, in der auch berühmte Dichter erwähnt werden (u.a. Jean ▶ Molinet, Alain Chartier oder der Übersetzer Homers, Vergils und Ovids Octavien de Saint-Gelays), sind Alexander ▶ Agricola, Johannes Verbonnet (▶ Ghiselin), Johannes ▶ Prioris, ▶ Josquin Desprez, ▶ Gaspar van Werbeeke, Antoine ▶ Brumel und Loyset ▶ Compère aufgefordert, Kompositionen im Gedenken an Ockeghem zu schreiben (Josquins *Nymphes des bois* ist eine solche Komposition). Weitere Musiker (Prevost, Ver Just, Piscis Prospère; unbekannt) sollen in den Gesang von Jean ▶ Fresneau einstimmen. In der vorletzten Strophe wird der Nachfolger Ockeghems als Trésorier, der Sänger und Organist Éverard, erwähnt, der zu »Gottes Gefallen« jeden Tag ▶ Motetten auf das Hinscheiden Ockeghems erklingen lassen soll.

*Ausgaben*:
*Œuvres poétiques*, hrsg. von K. Chesney, Paris 1932, Reprint 1977; *Déploration de Guillaume Cretin sur le trépas de Jean Okeghem ...*, hrsg. von E. Thoinan, Paris 1864, Reprint London 1965.

## Dänemark

In der Zeit der Renaissance umfasste Dänemark auch Norwegen und Schweden; die drei Reiche waren in der Kalmarer Union 1397 vereinigt worden. Die Union mit Schweden zerbrach 1523. – Über eine mehrstimmige Musikpraxis in Dänemark vor 1500 ist kaum etwas bekannt. Am Hof existierte ein Trompetenensemble, das 1448 bei der Krönung Christians I. spielte. Eine Kapelle (›kantori‹) ist erst 1519 in der Regierungszeit Christians II. (reg. 1513–1523 als König von Dänemark und Norwegen, ab 1520 auch von Schweden) bezeugt; sie bestand aus 18 Sängern, wahrscheinlich war Heinrich ▶ Faber 1515–1524 in der Kapelle, ein Instrumentalensemble existierte ebenfalls. Das Repertoire, das für diese Zeit nicht bekannt ist, wird wohl überwiegend aus frankoflämischen Kompositionen bestanden haben; zwei Sammlungen von Hofmusik aus der Zeit Christians III. (reg. 1534–1559) dokumentieren Stücke französischer, niederländischer, italienischer, deutscher und dänischer Komponisten, also ein internationales Repertoire um die Mitte des 16. Jahrhunderts. Unter den dänischen Komponisten findet sich Matz Hack, der auch Dozent an der 1479 gegründeten Universität war. Unter Frederik II. (reg. 1559–1588) und Christian IV. (reg. 1588–1648) blühte die Hofkapelle, internationale Sänger wurden engagiert, unter anderem John ▶ Dowland, der von Christian IV. hochgeschätzt wurde, und später Heinrich Schütz. – Im Bereich der Kirchenmusik fand reformatorisches Gedankengut bereits 1528 während der Regierungszeit Frederiks I. (reg. 1523–1533) mit der Einführung dänischer Hymnen und einer ersten Gottesdienstordnung mit dänischem Text (Malmöer Messe) Eingang. Die Reformation wurde offiziell erst 1536 unter Christian III. unter Beteiligung von Hans Tausen, der 1523/1524 in Wittenberg weilte, und Johann ▶ Bugenhagen, dem Mitarbeiter Martin ▶ Luthers, durchgeführt. Die ersten Kirchengesangbücher mit dänischem Text bestanden aus der Übersetzung von Lutherschen Liedern (Kirchengesangbuch von Malmö 1533, *Hans Tausens Gesangbuch*, erschienen 1533 in Kopenhagen). Melodien sind allerdings erst im Gesangbuch von Hans Thomissøn überliefert, das unter den 268 ▶ Kirchenliedern lutherisches Repertoire enthält. Abgedruckt sind alle gesungenen liturgischen Teile für das gesamte Kirchenjahr, teils nach der römischen Liturgie und teils auf dänisch als Kirchenlieder nach dem Vorbild von Luthers Deutscher Messe, um zwischen beiden Möglichkeiten wählen zu können. Die dänischen Kirchenlieder nahm Niels Jespersøn in sein *Gradual* (1573) auf, das auf Anordnung des Königs in allen Kirchen des Landes vorliegen sollte. Ein weiteres Zeugnis reformatorischer Kirchenmusik war die Sammlung mehrstimmiger Kompositionen *Pratum spirituale* mit 31 Kirchenliedern, drei Kyriepsalmen, der Ostersequenz *Victimae paschali laudes*, den Responsoria Danica, einer ▸ Messe, drei ▸ Motetten und den ▸ Responsoria Latina; die Sammlung wurde allerdings erst 1620 in Kopenhagen publiziert.

*Literatur*:
J. Bergsagel, *Dänemark. III*, in: *MGG²*, Bd. 2 (Sachteil), 1995, Sp. 1062–1064 • S. Sørensen, *Dänemark. IV.*, in: Dass., Sp. 1064–1066.

## Dalla Viola, Familie

Die Familie Dalla Viola war über 100 Jahre, von 1467 bis in die Mitte der 1570er Jahre, im Dienst der ▸ Este in Ferrara tätig. Zwei aus Parma stammende Brüder wurden erstmals als Violaspieler bei Borso d'Este um 1467 angestellt, neben ▸ Viola da gamba spielten sie auch ▸ Lira da braccio. Bekannt wurden vor allem zwei Musiker aus der dritten Generation, die Brüder Alfonso und Francesco, während der dritte Bruder Andrea Dalla Viola (* Ferrara, † September 1575 Ferrara) die Aufsicht über die Instrumente am Ferrara-Hof hatte (von ihm ist nur ein musikalischer Auftritt in Agostino de' Beccaris *Il sacrificio* von 1554 bekannt, wo er sich selbst auf der Lira begleitete).

Alfonso dalla Viola (* um 1508 Ferrara, † 1572 oder 1573 ebenda) war nicht nur Instrumentalist, sondern auch Komponist und gegen Ende seines Lebens Maestro di capella an der Kathedrale in Ferrara. Er war seit 1525 in Diensten des Hofes, leitete ab 1528 das Instrumentalensemble und die kammermusikalischen Veranstaltungen und war seit 1530 offizielles Mitglied der Kapelle von Alfonso I. d'Este. Alfonso dalla Viola nahm eine wichtige Stellung am Hof ein, denn er leitete über viele Jahre die musikalischen Darbietungen repräsentativer Veranstaltungen am Hof: Bei der Hochzeit von Renée von Frankreich mit Ercole II. 1528 wurden bereits Kompositionen von ihm aufgeführt ebenso wie bei zwei Banketten im folgenden Jahr; er schrieb Musik zu Giambattista Girraldi Cinzios Tragödie *Orbecche* (1541, Musik verloren). In den 1540er Jahren beging er wahrscheinlich zusammen mit seinem Bruder Andrea einen Doppelmord, dessen Ursache ungeklärt ist, und wurde wohl deshalb bei Hofe entlassen. 1549 wurde er jedoch wieder in seine ehemaligen Ämter eingestellt, er komponierte u.a. Musik der *Invocazione* (III,3) und die Canzone *O Dei Silvestri* (V,8) zu Agostino de' Beccaris Favola pastorale *Il sacrificio* (1554) sowie zu Alberto Lollios Comedia pastorale *Aretusa* (1563, Musik verloren) und zu Agostino Argentis Favola pastorale *Lo sfortunato* (1567, Musik verloren). 1560 wurde er Mitglied in der im gleichen Jahr gegründeten musikalischen Accademia dei Concordi, der alle Musiker Ferraras angehörten. In seinen letzten Lebensjahren wurde er Kapellmeister an der Kathedrale von Ferrara. – Alfonsos erhaltene Werke bestehen aus zwei Madrigalbüchern, die in Ferrara 1539 und 1540 gedruckt wurden, weiteren Madrigalen in verschiedenen Sammlungen und Musik zu den oben genannten Schauspielen, die jedoch größtenteils verloren ist. An Instrumentalkompositionen ist – wenn auch unsicher zugeschrieben – nur eine Fantasia auf das Hexachord-Soggetto *Ut re mi fa sol la* erhalten, was angesichts der Berühmtheit Alfonsos als Instrumentalvirtuose merkwürdig anmutet – er wird bei Sylvestro di ▸ Ganassi del Fontego und Luigi Dentice erwähnt, die sein virtuoses Spiel hervorhoben. Vielleicht sind

Handschriften mit Kompositionen verloren gegangen – dass Kompositionen nicht gedruckt wurden, könnte im Zusammenhang damit stehen, dass sie möglicherweise eine ▶ Musica segreta waren. Alfonsos solistisches Spiel wird jedoch größtenteils auf Improvisation bzw. Diminution von Vokalkompositionen beruht haben. Dokumentiert ist, dass das Gambistenensemble in Ferrara bei Darbietungen zu festlichen Anlässen die Stimmen von Vokalkompositionen verdoppelte, manchmal mit bis zu 20 Spielern (erwähnt bei Cristoforo di Messisbugo in seinem Kochbuch von 1549 und 1594 in *Il Desiderio over de' concerti di varij strumenti musicali* des Literaten und Musiktheoretikers Ercole Bottrigari; siehe dazu Steinheuer). Alfonsos theoretische Schrift *Il modo de sonar il violon segondo alfonso de la viola* (Manuskript) behandelt die Stimmung der verschiedenen Gambeninstrumente und gibt Anweisungen zur Transposition von Kompositionen. Alfonsos Madrigale sind kunstvolle Kompositionen mit abwechslungsreicher Harmonnik; ein Teil gehört zu den frühen Beispielen der Gattung.

Francesco dalla Viola (* Anfang 1500 Ferrara, † 19.3.1568 ebenda) war ebenfalls Instrumentalist, Komponist und Kapellmeister; er erhielt eine Ausbildung in der Domschule und hatte wahrscheinlich auch Unterricht bei Adrian ▶ Willaert in dessen Zeit als Sänger der Este-Kapelle (1522–1525). Er wurde zu gleicher Zeit wie sein Bruder am Hof angestellt (1525 in den Gehaltslisten verbürgt, 1530 als Mitglied der Kapelle). Er war Gambist im Instrumentalensemble und unterrichtete den Erbprinzen, Ercole II. 1539 wurde er (nach Verbüßung einer Gefängnisstrafe aus unbekannten Gründen) Kapellmeister von Kardinal Ippolito II. d'Este in Rom. Für Ippolito komponierte er Musik zu einem von Benvenuto Cellini konzipierten Triumphzug, der zu Ehren von Papst Paul III. am 17.2.1540 stattfand. Ob Francesco zu Beginn der 1540er Jahre nach Ferrara zurückgekehrt ist, weil er dort als Gambist im Concerto della commedia bei dem Papstbesuch am 17.2.1543 gespielt hat, ist fraglich, denn er könnte auch kurzfristig dort eingesprungen sein. Möglicherweise vertrat er in den späteren 1540er Jahren seinen vorübergehend entlassenen Bruder Alfonso, denn er erhielt 1546 Ländereien von Ercole II. als Lehen (sieben Jahre später noch weitere). 1558 reiste er mit Alfonso II. nach Venedig, wo er die Bekanntschaft Gioseffo ▶ Zarlinos machte (der ihn später in *Dimostrationi harmoniche* erwähnte) und auch Willaert wiedersah. Zur Krönung Alfonsos 1559 komponierte Francesco seine *Missa »Veni sancte spiritus«* über die gleichnamige Motette aus Willaerts Sammlung *Musica nova*; eine Huldigung an Alfonso findet sich im Tenor des Sanctus (»Inclitae Ferrariae Alphonso Duci quinto laeta longa saecula«). Im gleichen Jahr wurde Francesco zum Kapellmeister in Ferrara als Nachfolger von Cipriano de ▶ Rore ernannt. 1560 wurde er Mitglied der Accademia dei Concordi. – Francescos Madrigale, publiziert 1550 in einem ersten und einzigen Madrigalbuch, sind fortschrittlicher als diejenigen seines Bruders durch polyphone Schreibart mit Imitationen und Überlagerung verschiedener Soggetti.

*Ausgaben*:
Francesco dalla Viola: *Il primo libro de madrigali a quattro voci*, Venedig 1550, hrsg. von J.A. Owens, New York 1988; Alfonso dalla Viola: *Primo libro di madrigali*, Ferrara 1539, hrsg. von J.A. Owens, New York 1990.

*Literatur*:
J.A. Owens, *Music in the Early Ferrarese Pastoral: A Study of Beccari's »Il sacrificio«*, in: *Il teatro italiano del Rinascimento*, hrsg. von M. Lorch, Mailand 1980, S. 583–601 • H.M. Brown, *How Alfonso della Viola Tuned His Viols, and How He Transposed*, in: Early Music 14 (1986), S. 520–533 • J. Cohen, *Poetic versus Musical Form: Alfonso della Viola's Petrarch Settings*, in: Musica antiqua 8 (1988), Heft 1, S. 249–256 • J. Steinheuer, Dalla Viola, in: $MGG^2$, Bd. 5 (Personenteil), 2001, Sp. 308–314.

ES

## Danckerts, Ghiselin
* um 1510 Tholen (Zeeland), † um 1565 Rom (?)

Danckerts wurde in Tholen geboren und zweifellos in einer Maîtrise der südlichen Niederlande erzogen. Er ließ sich augenscheinlich sehr früh in seiner Karriere in Italien nieder. Behauptet wird, dass er im Dienst einer aristokratischen neapolitanischen Familie stand, bevor er 1538 in die Sixtinische Kapelle aufgenommen wurde. Er blieb dort 20 Jahre bis zur deren Restrukturierung 1565. Das Zeugnis, das er anlässlich seiner Entlassung bekam, scheint nicht schmeichelhaft gewesen zu sein, denn es wurde behauptet, dass er keine Stimme mehr habe, sehr reich sei und an den Frauen Gefallen gefunden habe. Trotz dieser Wertung war Danckerts' Reputation ausreichend, um unter den in Rom tätigen Komponisten und Theoretikern zur Beurteilung der Meinungsverschiedenheit ausgewählt zu werden, die Nicola ▶ Vicentino und Vicente Lusitano über die Frage der ›genera‹ entzweite, die aber ihren Ursprung in einer Geldwette hatte. Indem Danckerts Partei für Lusitano ergriff, wurde er als reaktionär angesehen und hatte zu gleicher Zeit Vicentino provoziert, der sich in seiner *L'antica musica ridotta alla moderna prattica* verteidigte. Während dieser Text einen dauerhaften Widerhall fand, sind Danckerts Gedanken wenig verbreitet: Sie werden in drei Versionen (zwischen 1551 und 1560 redigiert) in Manuskripten (in der Biblioteca Casanatense in Rom) unter dem Titel *Trattato sopra una differentia musicale* bewahrt. Nur Giovanni Maria ▶ Artusi bezog sich auf Danckerts in seinen *Imperfettioni della musica moderna* (1600).

Die Antwort Danckerts' an Vicentino bietet weder eine neue Theorie noch eine originelle Analyse und deckt auch keine antike Quelle auf, die noch unbekannt gewesen wäre. Seine hauptsächliche Zielscheibe ist Vicentino und sein Werk. Die Beispiele des berühmten Theoretikers dienen Danckerts dazu, die schroffen Chromatismen zu kritisieren, wie sie von den modernen Komponisten häufig angewandt wurden. Dennoch verdient Danckerts durch seine Haltung Aufmerksamkeit. Denn von Beginn seiner Texte an und quer durch ihre Interpretation konnte er eine radikal opponierende Position einnehmen (von gleicher Art wie Giovanni ▶ Spataro in Bologna). Danckerts' Argumentation artikuliert sich in zwei Strängen. Der erste betrifft eine doppelte Opposition: gegen die Präsenz des chromatischen und enharmonischen ›genus‹ in der modernen Musik und gegen deren Wirkungsfähigkeit, trotz der Bedeutung, die ihr die Antiken zuschrieben. Der zweite ist eine Lobrede auf das diatonische ›genus‹. Danckerts bedauerte, dass das Madrigal überall in Europa mehr und mehr von Chromatismen infiziert würde. Er stützte seine Kritik auf die Analyse einer Komposition, über die er jedoch nichts Genaues sagt. Um die ›Genera‹ in diesem Stück zu enthüllen, fühlt sich Danckerts verpflichtet, auf drei Farben zu rekurrieren (schwarz, rot und grün); und dieses sei antimusikalisch, denn »die Farben gehörten eigentlich dem Maler und nicht dem Musiker«.

Danckerts hat auch ein paar Stücke komponiert, von denen einige definitiv verloren sind. Nur eine achtstimmige Motette, *Laetamini in domino*, einige Madrigale und hauptsächlich Rätselkanons (z.B. *Ave maris stella* in Form eines Schachbretts) sind erhalten, von denen zwei in Pietro ▶ Cerones *El Melopeo y maestro* (Neapel 1613) überliefert sind.

*Schriften*:
*Trattato sopra una differentia musicale*, hrsg. von St. Campagnolo, Tesi di laurea, Università di Pavia 1992.

*Literatur*:
P. Boncella, *Denying Ancient Music's Power: Ghiselin Danckerts' Essays in the »Generi Inusitati«*, in: *Tijdschrift van de Vereniging voor Nederlandse Muziekgeschiedenis* 38 (1988), S. 59–80 • A. Moyer,

*Musica Scientia. Musical Scholarship in the Italian Renaissance*, Ithaca 1992 • St. Campagnolo, ›Guastatori e stroppiatori della divina scientia della musica‹: Ghiselin Danckerts ed i compositori ›della nuova maniera‹, in: *Musicam in subtilitate scrutando*, hrsg. von D. Sabaino, M. Barezzani und R. Tibaldi, Lucca 1994, S. 193–242 • T. McKinney, *Point/counterpoint: Vicentino's musical rebuttal to Lusitano*, in: Early Music 33 (2005), S. 393–411.

PHV

D'Arco, Livia ▸ Concerto delle dame

**Daser, Ludwig**
\* 1526 München, † 27.3.1589 Stuttgart

Daser war in den Jahren 1552–1562 Kapellmeister des Bayerischen Hofes und damit unter Herzog ▸ Albrecht V. (1528–1579) Amtsvorgänger von Orlande de ▸ Lassus. Wie zeitgenössische Quellen belegen, stand er zu Lebzeiten in hohem Ansehen, ist heute jedoch zu Unrecht fast völlig vergessen. Entscheidende Beiträge leistete Daser bei der Umwandlung der Münchner Hofkapelle in ein professionelles Ensemble von Berufsmusikern bürgerlichen Standes. Darüber hinaus war er mit den Hofkomponisten Ludwig ▸ Senfl und Mattheus ▸ le Maistre (1505–1577) maßgeblich am Aufbau der bis heute weitestgehend erhaltenen Musikalienbestände der Münchner Hofkapelle beteiligt. Nach seinem Wechsel an den Württembergischen Hof erweiterte Daser die reformierte Stuttgarter Hofkapelle konsequent zu einem leistungsfähigen, dem konkurrierenden Münchner Pendant fast ebenbürtigen Ensemble.

Als Sohn einer wohlhabenden Münchner Fischerfamilie, die zum Gesinde des Hofs der Wittelsbacher gehörte, fand Daser schon als Kapellknabe Aufnahme in die Münchner Kantorei, wo er seine Ausbildung als Sänger (Tenor) und Komponist erhielt. Wahrscheinlich nach dem Tode seines mutmaßlichen Kompositionslehrers Senfl verließ Daser 1543 die Münchner Hofkapelle und begann an der Universität Ingolstadt ein Studium der Theologie. 1551 trat er erneut in die Münchner Kantorei ein und wurde bereits ein Jahr später zu ihrem Leiter ernannt. Von den anfallenden Kompositionsverpflichtungen übernahm er einen Teil der Motetten und die Ordinarienvertonungen. Während der ersten Jahre seiner Kapellmeisterschaft in München wuchs Dasers kompositorisches Œuvre ebenso stetig wie sein Renommee als Musiker, Komponist und Münchner Bürger. Einen tiefgreifenden Einschnitt in seiner Karriere bildete jedoch 1556 die Anstellung Lassus' als Tenorist an der Münchner Hofkapelle mit der wohl von Anfang an verfolgten Absicht der Übernahme ihrer Leitung. Daser scheint dem Druck durch die Konkurrenz Lassus' langfristig nicht gewachsen gewesen zu sein, er demissionierte nach offiziellen Dokumenten um 1562 auf eigenen Wunsch aus Krankheitsgründen als Münchner Hofkapellmeister, blieb aber dem Status nach Diener des Wittelsbachischen Hofs. Bis 1572 lebte er mit seiner Familie ohne feste Stellung in München von einer hohen Pension seiner ehemaligen Dienstherren und von sporadischen Kompositionsaufträgen, zum Beispiel für die Hochzeit des bayerischen Kronprinzen Wilhelm mit Herzogin Renata von Lothringen im Jahre 1568. Erst Anfang 1571 geriet Daser, der Sympathien für den lutherischen Glauben hegte, bedingt durch die in München nun zunehmend intolerante Haltung gegenüber den Anhängern der Reformation in ernsthaftere Schwierigkeiten. Auf Vermittlung der Wittelsbacher konnte er jedoch bereits im Januar 1572 an den lutherisch reformierten Hof des Württembergischen Herzogs Ludwig III. (1554–1593) nach Stuttgart wechseln, wo er in den letzten 17 Jahren seines Lebens wieder mit großem Erfolg als Kapellmeister wirkte.

Dasers Schaffen umfasst ausschließlich Kirchenmusikwerke in den für die Konfessionen seiner jeweiligen Dienstherren im 16. Jahrhundert typischen Gattungen. Während der Münchner Zeit komponierte er mindestens 13 seiner 21 erhaltenen ▸ Motetten für vier bis acht Stimmen und 22 vier- bis sechsstimmige ▸ Messen, davon 14 Parodiemessen, sieben Choralmessen und eine Messe im freien Satz. Nach seinem Wechsel nach Stuttgart standen in seinem Motettenschaffen vor allem mehrchörige Werke für sechs bis zwölf Stimmen im Vordergrund, doch sind diese Kompositionen wegen der nicht unerheblichen Verluste im Bestand der Stuttgarter Chorbücher zu großen Teilen nicht mehr erhalten. Einen vollkommen neuen Aspekt in Dasers kompositorischem Schaffen bildeten während der Stuttgarter Jahre seine 33 deutschen geistlichen Lieder bzw. Choralvertonungen im vier- bis fünfstimmigen Satz. Die Kompositionstätigkeit Dasers stand am Württembergischen Hof also bereits deutlich im Zeichen der moderneren Gattungen der Kirchenmusik aus der zweiten Hälfte des 16. Jahrhunderts. Hier entstanden auch seine beiden ▸ Magnificatvertonungen und die 1578 bei Adam ▸ Berg in München mit finanzieller Unterstützung der Wittelsbacher im Rahmen der Reihe *Patrocinium musices* verlegte Johannespassion. Stilistisch sind die Werke Dasers des Öfteren mit denen von Jacobus ▸ Clemens non Papa verglichen worden, unübersehbar ist in seinen Parodiekompositionen auch die Bevorzugung von Vorlagenmotetten dieses Komponisten neben solchen aus der Feder von ▸ Josquin Desprez und Senfl. In der stilgeschichtlichen Entwicklung der Messkomposition an der Münchner Hofkapelle bildet Daser das Bindeglied zwischen Senfl und Lassus. Satztechnisch steht er mit seiner Bevorzugung homophon-akkordischer gegenüber vertikal-polyphonen Stimmführungen bereits der Generation seines Amtsnachfolgers nahe. Infolgedessen zeichnen sich die Messen Dasers auch durch einen ausgeprägten Sinn für gute Klanglichkeit und klare Textdeklamation aus. Auch die Vorliebe für kurze, prägnante Motive, die Tendenz zur motivischen Verknüpfung einzelner Sätze des Messzyklus, die souveräne Beherrschung variativer Techniken und das ausgeprägte Bewusstsein für geschickte Stimmendispositionen weist besonders in seinen Parodiemessen bereits deutlich in Richtung Lassus. Neben diesen modernen Tendenzen stehen in Dasers Messen- und Motettenschaffen allerdings ebenso viele für seine Zeit konservative Elemente wie virtuose ▸ Kanons und Melismen oder die Anwendung der klassischen ▸ Cantus firmus-Technik. Erwähnenswert ist abschließend noch die wegen eines Fehlers der Quellenüberlieferung in der Forschungsliteratur mehrfach fälschlich vorgenommene Zuschreibung seiner *Missa Per signum crucis* an Senfl.

*Ausgaben*:
*Missa Per signum crucis*, in: L. Senfl, *Sieben Messen zu vier bis sechs Stimmen* (Sämtliche Werke, Bd. 1), hrsg. von O. Ursprung und E. Löhrer, Wolfenbüttel u.a. 1937, S. 92–108; *Motetten* (Das Erbe Deutscher Musik 47), hrsg. von A. Schneiders, Lippstadt 1964.

*Literatur*:
D. Golly-Becker, *Die Stuttgarter Hofkapelle unter Ludwig III. (1554–1593)* (Quellen und Studien zur Musik in Baden-Württemberg 4), Phil. Diss. Tübingen 1992, Stuttgart und Weimar 1999 • F. Körndle, *Daser, Ludwig*, in: MGG², Bd. 5 (Personenteil), 2001, Sp. 458–461 • D. Glowotz, *Ludwig Daser (1526–1589), ein süddeutscher Messenkomponist des 16. Jahrhunderts zwischen Reformation und Gegenreformation* (Druck i. Vorb.).

DG

# Decani und Cantoris

Decani und Cantoris sind Begriffe aus der liturgischen Musikpraxis in England: Sie bezeichnen die beiden Hälften des Chores, die im Wechsel sangen. Sie waren auch örtlich verschieden aufgestellt, die Decani an der südlichen, die Cantoris an der nördlichen Seite. Zurückzuführen sind die Begriffe auf die höchsten Ämter des Kapitels, den ›dean‹ und den ›cantor‹, die die entsprechenden Plätze einnahmen. Das Bezeichnende ist, dass die beiden Chorteile ihre Funktion wochenweise, an den drei großen Festen (Weihnachten, Ostern, Pfingsten) tageweise wechselten: In der einen Woche hatten die Decani die führende Stimme, in der nächsten die Cantoris. Das wechselweise Singen wurde in Psalmen (▸ Psalmvertonungen), Cantica (▸ Magnificat, ▸ Benedictus, Nunc dimittis) und ▸ Hymnen praktiziert. Die Begriffe wurden in der anglikanischen Liturgie beibehalten zur Bezeichnung der beiden Hälften des Chores.

*Literatur*:
N. Temperley, *Decani and Cantoris*, in: *Grove*, Bd. 7, 2001, S. 119.

## Dedekind, Euricius
\* Dezember 1554 Neustadt am Rübenberge, † 30.11.1619 Lüneburg

Euricius Dedekind (dessen Vorname oft fälschlich als Heinrich angegeben wird), der ältere Sohn des lutherischen Geistlichen und Dichters Friedrich Dedekind, erhielt nach abgeschlossenem Studium der Theologie in Wittenberg (1578–1581) eine Stellung als Assistent des Kantors an der Lüneburger Johannisschule, Christoph Praetorius, dessen Nachfolger er 1582 wurde. 1584 erfolgte die Berufung zum dritten Pfarrer an St. Lamberti, ab 1617 wurde ihm die Pfarrstelle übertragen.

Der literarisch-humanistischen Familientradition verpflichtet, vertonte Euricius eine Reihe der Johannes Damascenus zugeschriebenen *Antidota, adversus octo hominum passiones* (Uelzen 1585) in der beliebten lateinischen Übersetzung des Gelehrten Willibald Pirckheimer, die schon zuvor Caspar ▸ Othmayr zur Vorlage gedient hatte. Seine anderen Publikationen (Vertonungen volkssprachiger Bibelparaphrasen und Evangelienperikopen) sind entweder unvollständig überliefert oder ganz verschollen. Erhalten haben sich in Lüneburger Handschriften neben wenigen ▸ Motetten *Cantilenae scholasticae* (1605 und 1606) Sätze von Weihnachtsliedern nach Texten der örtlichen Schulrektoren.

CTL

## Dedekind, Henning
\* 30.12.1562 Neustadt am Rübenberge, † 28.7.1619 Gebesee bei Erfurt

Der lutherische Geistliche, Komponist und Musiktheoretiker Henning war der jüngere Sohn Friedrich Dedekinds. Er trat nach seinem Studium in Erfurt (1582–1586) die Nachfolge von Georg Otto als Kantor in Langensalza an, 1592 erhielt er eine Berufung zum Diakon an St. Bonifatius, später zum Frühprediger. 1615 wechselte er auf die Pfarrstelle in Gebesee, die er bis zu seinem Tod verwaltete.

Von Dededkinds kompositorischen Aktivitäten, die mit seiner Amtszeit als Kantor zusammenfallen, zeugen, da seine sechsstimmige Parodiemesse verschollen ist, im wesentlichen seine Beiträge zum von ihm selbst herausgegeben *Compendium musicae modulativae* (Erfurt 1587), eine nach den zwölf Modi Heinrich ▸ Glareans angelegte Tricinensammlung. Als Herausgeber trat er ferner 1615 mit einer Neuausgabe der zweibändigen *Newen deudschen Lieder* (erstmalig publiziert 1584 und 1586) von Heinrich Lange hervor, deren Texte er kontrafazierte. Sein pädagogisches Wirken fand in den elementaren Musiklehrbüchern *Kinder Music* (Erfurt 1589) und *Praecursor metricus musicae artis* (Erfurt 1590) ihren Niederschlag.

*Literatur*:
H. Walter, *Musikgeschichte der Stadt Lüneburg vom Ende des 16. bis zum Anfang des 18. Jahrhunderts*, Tutzing 1967 • I. Gallwitz, *Die Neuen deutschen Lieder von 1584 und 1586 des Gregorius Langius*

*und deren Bearbeitungen durch Christoph Demantius und Henning Dedekind*, Diss. Wien 1960.

CTL

## Dell'Arpa [Dall'Arpa, Mollica], Giovanni Leonardo [Giovan, Gian, Gianleonardo]
\* um 1530 Neapel, † Januar 1602 Neapel

Dell'Arpa gehörte zu den berühmtesten Harfenisten seiner Zeit und erlangte auch über die Grenzen Italiens hinaus Bekanntheit. Er war zudem Sänger, Komponist und Schauspieler. Sein Name erscheint in mehreren Quellen des 16. und 17. Jahrhunderts. In den 1550er Jahren trat er als Musiker bei Konzerten in Adelskreisen auf. Möglicherweise war er 1559 bei der Hochzeit ▶ Philipps II. in Madrid anwesend. 1584 lud Alfonso II., Herzog von Ferrara, Dell'Arpa an seinen Hof. Dieser lehnte jedoch ab. 1594 bewunderte Graf Alfonso Fontanelli in einem Brief Dell'Arpas Spiel und insbesondere seine Art, die Saiten zu dämpfen. Allerdings empfand er seine Improvisationen als veraltet. – Zwischen 1565 und 1576 veröffentlichte Dell'Arpa zahlreiche *Villanelle alla napolitana*, die jedoch z.T. verloren sind.

*Literatur*:
D. Fabris, *The harp in Naples 1500–1700*, in: *Historische Harfen. Beiträge zur Theorie und Praxis historischer Harfen*, hrsg. von H. Rosenzweig, Basel 1991, S. 43–59 • D.C. Cardamone, *Dell'Arpa, Giovanni Leonardo*, in: *Grove*, Bd. 7, 2001, S. 174.

CV

## Della Robbia, Luca
\* 1399/1400 Florenz, † 20.2.1482 ebenda

Luca della Robbias Bedeutung für die Musikikonographie liegt darin, dass er mit nur zwei seiner Werke weitreichenden Einfluss auf die Musikbilder der Renaissance und der Folgezeit ausübte. Am Einfluss beteiligt ist sicher beides, die überragende künstlerische Qualität und die originelle, humanistischen Handhabung der einschlägigen Themen ▶ Engelsmusik und ▶ Orpheus.

Das erste (und gleichzeitig früheste datierte Opus della Robbias überhaupt) ist die Dekoration der Orgelbalustrade im Florentiner Dom mit zehn Reliefplatten, die den 150. Psalm durch musizierende Engel illustrieren (Firenze, Museo dell'Opera del Duomo, 1431–1438). Auf jeder Platte ist eine Gruppe von meist sieben oder mehr jugendlichen Engeln zu sehen – mit Festons, teilweise fast nackt, teilweise in antikischen Frauengewändern –, die jeweils eine bestimmte Gruppe von Musikinstrumenten spielen, wie sie im Psalm zusammengestellt sind.

1688 entfernte man die steinernen Balustraden und ersetzte sie durch eine größere aus Holz; die Platten gelangten danach in das Dommuseum, und vermutlich entstand in der Folge aus Unwissen über die Herkunft die Bezeichnung als Sängerkanzeln (*Cantorie*). Pope-Hennessy gibt einen vorzüglichen Bericht nicht nur über die Entstehungsumstände, sondern auch über die zeitgenössischen Kunstwerke und antiken Medaillen, Sarkophagreliefs und Vasenbilder, die dem Künstler bekannt gewesen sein könnten.

Wieviel die Balustradenreliefs für die Weiterentwicklung der christlichen Ikonographie insbesondere der Engelsmusik in der Renaissance bedeuten, lässt sich sehr schön an den Werken Donatellos und Di Duccios nachweisen. Unmittelbar im Anschluss an Della Robbia schuf Donatello (1386–1466) für die andere Balustrade eine ebensolche Reliefreihe. Das Thema ist dasselbe und die Ausführung sehr ähnlich – vielleicht zu ähnlich, um mit den Reliefs des Vorgängers in Konkurrenz treten zu können. Obwohl Giorgio ▶ Vasari die Beliebtheit von Della Robbias *Cantoria* hervorhebt (169–1670), zieht er jene Donatellos wegen seines besseren Effekts aus der Ferne der sorgfältigeren Ausführung Della

Luca della Robbia, eine der 10 Reliefplatten der *Cantoria* im Dom von Florenz mit der Darstellung der Musik von Psalm 150: Putten, die große Becken (cymbala) spielen; Florenz, Museo dell'Opera del Duomo.

Robbias vor. Die Forschung ist ihm im Urteil eher nicht gefolgt. Das gleiche gilt für Agostino di Duccio's (1418 – ca. 1490) Flachreliefs mit Musikengeln in der Chiesa dei Santi Andrea e Barnardino in Perugia (1456/1457).

Von ähnlicher Überzeugungskraft war Della Robbias Konzept der Orpheusdarstellung. Das diesbezügliche Reliefs schuf er ebenfalls für den Domkomplex, genauer für die Nordfassade des Campanile. Es gehört zu einer Reihe von fünf Personendarstellungen, die dem Umkreis der Artes-Bilder entstammen zu scheinen, aber nicht genau in die traditionelle Siebenerreihe passen. Ihr Ausgangspunkt war das enzyklopädische Bildprogramm von 21 Reliefs auf allen vier Seiten des Turms, das knapp hundert Jahre früher unter Andrea Pisanos Anleitung geschaffen wurde (siehe Schlosser, S. 53–76). Vasari spricht im Falle der Reliefs Della Robbias von »Scienze ed Arti«. Das erste Relief zeigt einen Unterrichtenden, den man mit Donatus und der Ars Grammatica identifiziert, das zweite Platon und Aristoteles als Vertreter der Philosophia, das dritte (hier zu besprechende) einen Lautenisten, bärtig und im Wald sitzend, das vierte Ptolemaios als Vertreter der Astrologia und das fünfte Euklid für die Geometria.

Aufgrund der den Lautenisten umgebenden Vögel (links) und wilden Tiere (rechts) und des überreichlichen Blätterwaldes kann an der Identifikation mit Orpheus kein Zweifel bestehen. Doch wenn er für die Musica stünde, wäre dies eine Verdoppelung im Bildprogramm des Campaniles, weil an anderem Ort schon eine Vertreterin der Musica in Form einer Psalterspielerin, sowie Jubal und Tubalkain vorkommen. Wie dem auch sei, was das Bild so bedeutsam macht, ist die ▸ Laute. Zu erwarten wäre entweder eine ▸ Harfe, falls man von der mittelalterlichen Orpheusikonographie ausgeht, ein antiken Vorlagen nachempfundenes ▸ Leierinstrument oder eine ▸ Lira da braccio als etymologisch legitimierte, moderne Nachfolgerin der Lyra. Della Robbia

Luca della Robbia, *Orpheusrelief* vom Campanile des Duomo, Florenz, Museo dell'Opera del Duomo.

wählt dagegen die Laute, die als Vertreterin der Cithara zu Apollo gehört. So hat er mit diesem Relief eine Bildtradition von Orpheus mit Laute in Gang gesetzt, die fortan als Alternative zur Lira- oder Viola da braccio zu finden ist und auf die Porträtikonographie und die neuen Bildfantasien mit Musik einwirkt. Prominente Beispiele sind Ikonographien des Virtuosen ▸ Pietro Bono de Burzellis am Hofe der ▸ Este in Ferrara, der auf Münzen und in Huldigungsgedichten als neuer Orpheus gefeiert (▸ Medaillen) wird oder der lautenspielende Edelmann auf dem *Pastorale*-Gemälde ▸ Giorgiones und ▸ Tizians. In allen Fällen ist die Absicht, das eleganteste und schwierigste Virtuoseninstrument der Zeit und seine genialen Spieler mit dem genialsten Musiker der Antike, Orpheus, in Verbindung zu bringen, bzw. in Wettbewerb treten zu lassen.

*Literatur*:
G. Vasari, *Le Vite*, Neuausgabe der 2. Auflage von 1568, hrsg. v. G. Milanesi, Florenz 1878–1885 • J. von Schlosser, *Giusto's Fresken in Padua und die Vorläufer der Stanza dell Segnatura*, in: Jahrbuch der kunsthistorischen Sammlungen des Allerhöchsten Kaiserhauses 17 (1896), S. 13–100 • E. Winternitz, *Lira da braccio*, in: MGG, Bd. 8, 1960, Sp. 935–954 • J. Pope-Hennessy, *Luca della Robbia*, Werkkatalog, Oxford 1980 • R.L. Mode, *Adolscente* Confratelli *and the* Cantoria *of Luca della Robbia*, in: Art Bulletin 68 (1986), S. 67–71 • T. Seebass, *Giorgiones und Tizians* fantasie *mit Musik. Bilder zum künstlerischen Lebensgefühl der Renaissance*, in: Imago Musicae 16/17 (1999/2000), S. 25–60 • F.T. Camiz, *Biblical music and dance through Renaissance eyes* (Originalvortrag Jerusalem 1994/1996), in: *Art and Music in the Early Modern Period. Essays in Honor of Franca Trinchieri Camiz*, hrsg. Katherine A. McIver, Aldershot 2003, S. 367–375.

TS

## Demantius, Christoph
\* 15.12.1567 Reichenberg (heute Tschechien),
† 20.4.1643 Freiberg (Sachsen)

Demantius war Komponist, Musiktheoretiker, Poet und Schullehrer; er gab 1592 die für den Singunterricht an Schulen vorgesehene Schrift *Forma musices* heraus, studierte ab 1593 in Wittenberg und wurde 1597 Kantor und Lehrer in Zittau. Seine zweite Lehrschrift *Isagoge artis musicae* erschien 1602. 1604 wurde er Kantor am Dom zu Freiberg, wo er auch in der Lateinschule lehrte. Demantius' Kompositionen umfassen lutherische Kirchenmusik, weltliche Lieder sowie Tänze und Tanzlieder, seine Schriften sind Lehrwerke für die Schule.

Demantius' erste gedruckte Liedsammlung, *Neue Teutsche Weltliche Lieder* (1595) zu fünf Stimmen sowie seine *Convivalium concentuum, farrago* (1609) enthalten, wie der Untertitel zu letzter Sammlung angibt, *deutsche Madrigalia, Canzonette und Vilanellen* und deuten damit den typischen Einfluss der italienischen Liedgattungen auf das deutsche Lied um die Wende zum 17. Jahrhundert an. Eine Mischung aus deutschen und italienischen Traditionen ist nicht nur durch die Übernahme der italienischen Gattungen, sondern auch in den wohl überwiegend selbstgedichteten Texten, die Demantius nochmals hinter das jeweilige Lied gestellt hat, bezüglich ihrer Metrik und inhaltlichen Modelle ersichtlich. Die Lieder sind abwechslungsreich gestaltet, homophone alternieren mit polyphon imitierenden Sätzen, einteilige mit zwei- und dreiteiligen Formen. In *Convivalium concentuum* werden oft mehrere Lieder zu kleinen Zyklen zusammengefasst (z.B. II–VI zu einem vierteiligen Zyklus). Die madrigalischen Lieder sind von beachtlicher Länge und durch Mensurwechsel gegliedert. Die Sammlung wird mit drei umfangreicheren doppelchörigen Sätzen (XXVI–XXVIII) abgeschlossen, die mit »Dialogus« und »Echo« bezeichnet sind.

Seine drei Sammlungen mit Tanzmusik (1601, 1608, 1613) umfassen deutsche und polnische Tänze, Gagliarden, Intraden sowohl in instrumentaler Form als auch mit Texten; im Vorwort zum ersten Tanzbuch erwähnt er ausdrücklich, dass sie nicht nur »allein auff allerley Instrumenten / sondern auch in Menschlicher Stimme / zu gebrauchen« seien. Die Tänze haben oft einen ›Nachtanz‹ in anderer Mensur oder sind mehrteilig angelegt mit unterschiedlicher Motivik in jedem Teil. Demantius gehört zu den ersten Komponisten, die polnische Tänze veröffentlicht haben. – Zu erwähnen ist noch eine Battaglia mit Titel *Tympanum militare*.

Demantius komponierte sowohl lateinische Kirchenmusik – 29 lateinische ▸ Magnificat-Vertonungen sowie ▸ Psalmvertonungen – als auch deutsche Kirchenmusik – 69 Spruchmotetten für das ganze Kirchenjahr, die in *Corona harmonica. Außerlesene Sprüch aus den Evangelien, auff alle Sonntage und fürnembste Fest durch das gantze Iahr* (1610) publiziert wurden. Wie auch die ▸ Motetten weiterer deutscher protestantischer Komponisten sind sie am lateinischen Motettenstil orientiert, übernehmen jedoch aus dem weltlichen ▸ Madrigal die Möglichkeiten zu intensiverer Textausdeutung.

Demantius' *Deutsche Passion Nach dem Evangelisten S. Iohanne* (1631) gehört der motettischen durchkomponierten deutschen ▸ Passion an, die er durch Sechsstimmigkeit (statt Vierstimmigkeit) und expressive Klanglichkeit italienischer Prägung überhöht. Die *Triades Sioniae* (1619) enthalten Introiten, ▸ Messen, weitere liturgische Gesänge. Im Vorwort richtet er sich gegen italienische konzertante Kirchenmusik und Missbräuche des Generalbasses (in seiner Ausgabe tritt zum Bass noch eine Oberstimme). – Die Vertonung des 116. Psalms, ein Beitrag zu Burckhard Großmanns in Jena 1623 erschienener Sammlung *Angst der Hellen und Friede der Seelen*, in der 16 Komponisten vertreten sind, ist eine große vierteilige fünfstimmige Motette, deren Teile abwechselnd polyphon und homophon gehalten sind. Die polyphonen Teile bestehen aus imitierenden Abschnitten, in denen der Text mehrfach wiederholt wird, die homophonen sind überwiegend gleichrhythmisch mit einigen aufgelockerten imitatorischen Abschnitten. An einigen Stellen sind auffällige Madrigalismen angebracht, z.B. die aufsteigenden Viertel bei »rief« im zweiten Teil nach dem homophonen Beginn.

Demantius' bedeutendste musiktheoretische Schrift *Isagoge artis musicae / Kurtze Anleitung recht unnd leicht singen zu lernen* (lateinisch und deutsch, in Dialogform, 1602 bis 1671 in zehn Auflagen erschienen; *Forma musices* war Vorläufer) ist eine Abhandlung über die theoretischen Grundlagen der Kunst des Singens. Sie ist an der seit Beginn des 16. Jahrhunderts bestehenden deutschen Tradition für den Schulgebrauch bestimmter Traktate orientiert und behandelt zunächst kurz die Musica Choralis und dann ausführlicher in fünf Unterkapiteln die Musica figuralis (▸ Cantus figuratus), wobei er auf die ▸ Schlüsselung, auf das ▸ Hexachordsystem und auf Notenwerte, auf Pausen, Mensuren und Ligaturen (▸ Mensuralnotation) eingeht. Daran schließen sich Notenbeispiele an und ab der achten Auflage ein Anhang mit griechischen, lateinischen und italienischen Begriffen samt Erklärungen, der als umfangreichstes und bedeutendstes Wörterbuch zur Musik des 17. Jahrhunderts gilt.

*Ausgaben*:
*Neue teutsche weltliche Lieder (1595). Convivalium concentuum farrango (1609)* (Erbe deutscher Musik, Sonderreihe 1), hrsg. von K. Stangl, Kassel 1954; *Deutsche Tänze* (Hortus musicus 148), hrsg. von J.D. Degen, Kassel 1957; *Nürnberger Tanzbuch*, hrsg. von H. Mönkemeyer, Mainz 1959; *Conviviorum deliciae (1608)*, Neuausgabe, Zürich 1973; *Isagoge artis musicae (1607)*, Faksimile Buren 1975; diverse Motetten aus *Corona harmonica (1610)* in: Chorwerk 27 (1934) und 39 (1936), *Der 116. Psalm* (aus: *Angst der Hellen und Friede der Seelen*) in: Das Chorwerk 36 (1935), Einzelausgaben, hrsg. von P. Schmidt (1958–1962), Harvard Publications of Music 18 (1994).

*Literatur*:
K.W. Niemöller, *Untersuchungen zu Musikpflege und Musikunterricht an den deutschen Lateinschulen*

*vom ausgehenden Mittelalter bis um 1600* (Kölner Beiträge zur Musikforschung 54), Regensburg 1969 • M. Brzoska, *Die »Schrulle eines alten Mannes«. Zur Notationspraxis in der Jesaja-Weissagung von Christoph Demantius*, in: Musica 40 (1986), S. 229–233 • K.P. Koch, *Christophorus Demantius (1567–1643): Böhmisches, Schlesisches, Lausitzisches, Ungarisches, Polnisches und Deutsches in Leben und Werk*, in: *Die Musik der Deutschen im Osten und ihre Wechselwirkung mit den Nachbarn*, hrsg. von K.W. Niemöller (Die Musik im Osten 6), Bonn 1994, S. 383–392 • Kurt von Fischer, *Die Passion. Musik zwischen Kunst und Kirche*, Kassel u.a. 1997 • Th. Altmeyer, *Demantius*, in: *MGG*², Bd. 5 (Personenteil), 2001, Sp. 789–792.

ES

# Déploration

Mit dem Begriff Déploration werden allgemein Gedichte bezeichnet, die den Tod einer Person betrauern. Hieran anschließend erfolgt die Verwendung des Begriffs Déploration in der Musikwissenschaft insbesondere im Zusammenhang mit Trauermusiken auf den Tod von Komponisten. Neben ihrer Hauptfunktion, einer musikalischen Form von Memoria, deuten die Deplorationen auch auf ein spezifisches Geschichtsbewusstsein und ein generationsübergreifendes Zusammengehörigkeitsgefühl der Komponisten. Der Verstorbene wird in eine musikalische Tradition gestellt, auf die vermittels rhetorischer Prinzipien, wie etwa der ▸ Imitatio, Bezug genommen wird. Eine Zusammenschau des Repertoires zeigt, dass eine auffällige Häufung von derartigen Musikergedenkmotetten im 15. und 16. Jahrhundert existiert. Für den Zeitraum von ungefähr 1420 bis zum Ende des 16. Jahrhunderts hat sich eine Gliederung entsprechend der Abfolge von fünf Generationen frankoflämischer Komponisten gleichermaßen eingebürgert wie bewährt. Dass diese Generationenfolge wie an ihrem von Johannes ▸ Tinctoris postulierten Beginn mit der Musik Guillaume ▸ Dufays und Gilles ▸ Binchois' auch in ihrem weiteren Verlauf kein Konstrukt moderner Musikgeschichtsschreibung ist, sondern Haftpunkte im eigenen Geschichts- und Gruppenverständnis der frankoflämischen Komponisten hat, erhellt sich auch an drei jeweils aufeinander Bezug nehmenden Totenklagen. In seiner Déploration *Mort tu as navré* gedenkt der bedeutendste Komponist der zweiten Generation Johannes ▸ Ockeghem seines Vorgängers aus der ersten Generation Binchois; Ockeghem wiederum wird in der Nänie *Nymphes de Bois* von ▸ Josquin Desprez kommemoriert und dieser schließlich sogar in drei Nänien, unter denen *Musae jovis* von Nicolas ▸ Gombert die herausragendste ist. Zwischen den drei Kompositionen, in denen dem jeweiligen Vorgänger und vermutlichen Lehrer ein musikalisches Grabdenkmal errichtet wird, bestehen intertextuelle Bezüge im engeren Sinne, d.h. musikalische Entlehnungen, vor allem aber grundsätzliche Übereinstimmungen in der Struktur des Textes und der Kompositionstechnik. Im Sinne der Totenmemoria wie der Ruhmeskultur wird der Name des Verstorbenen und seine Verdienste genauso geehrt, wie die Nachfolger ausdrücklich zum Gedächtnis, das Gemeinschaft stiftet, aufgefordert werden.

Gattungsgeschichtlich handelt es sich bei den ersten beiden um ▸ Motettenchansons; d.h. der französische Chansontext bei Ockeghem und Josquin wird mit einem Textabschnitt aus dem lateinischen Requiem kombiniert. Gomberts neulateinische Nänie *Musae jovis* ist keine ▸ Chanson, bezieht aber auch einen Textabschnitt des Requiems ein. Dem Text der Déplorationen Josquins und Gomberts ist das Motiv der beraubten Musen gemeinsam, wie es auch in der zeitgenössischen Grabskulptur, am prominentesten am Grabmal Papst Julius' II. begegnet. Wie in den Grabdenkmälern eine Verbindung von renaissancehaften und mittelalterlichen Topoi bzw. Themen und Techniken zu beobachten ist, so dokumentiert sich eine ebensolche in den hier beispielhaft genannten

Déplorationen. Die moderne volkssprachliche Gattung der Chanson wird mit der älteren ▸ Cantus firmus- und Kanon-Technik der ▸ Motette zusammengeführt. Gombert schreibt sogar eine streng isorhythmische ▸ Tenormotette (▸ Isorhythmie), wie sie nach 1500, mit höchst bedeutenden und signifikanten Ausnahmen, eigentlich gänzlich aus der Übung gekommen war. In Italien beginnt sich die kommemorative Haltung des Grabmahls vom Anfang der Renaissancebewegung, also bereits seit den ersten Jahrzehnten des 14. Jahrhunderts, geltend zu machen, dies gerade im Zusammenhang mit den Grabmälern der Professoren der Universität Bologna. Ein Grund dafür mag in dem Umstand liegen, dass Lehren an sich, die Weitergabe von Wissen von Generation zu Generation, durchaus ein Element des Fortdauerns beinhaltet. Hier liegt denn auch der Vergleichspunkt zu den Déplorations der frankoflämischen Musiker für den Präzeptor und Lehrer der jeweils vorangegangenen Generation. Ein Höchstmaß an posthumer Anerkennung, also an Nachruhm, galt nun auch kompositorischen Leistungen als angemessen. Nicht auf eine Gegenüberstellung von mittelalterlicher und renaissancehafter Auffassung des Ruhmes kommt es an, sondern auf die Tatsache an sich, dass und vor allem wie die Komponisten nach Ruhm streben und in welchen Formen ihnen Ruhm nach ihrem Tode zuteil wird. Die mit dem Begriff der Memoria bezeichnete Fähigkeit des Erinnerns findet ihr direktes kompositionsgeschichtliches Korrelat in den von Ockeghem, Josquin und Gombert verwendeten kompositorischen Techniken, den musikalischen Entlehnungen und der Gattung, in der dieses Erinnern geschieht. Die in den Déplorationen wie auch in anderen zeitgenössischen Motetten zu findende Namensnennung – ein den Juristen wie den Liturgiewissenschaftlern gleichermaßen vertrautes Phänomen – bewirkt die Gegenwart des Abwesenden. Sie macht den Toten zu einem Subjekt von Beziehungen der menschlichen Gesellschaft. Ebenso wie der Name dient auch das Bild im besondern Maße der Memoria; hier sei an die Darstellung des verstorbenen Ockeghem im Kreise seiner Kapelle und das als Epitaph dienende Porträt Josquins erinnert.

Offenbar handelt es sich bei den frankoflämischen Generationen von Komponisten um eine Gruppe, deren Geschichte nicht nur der Musikhistoriker beschreiben kann, sondern die offenbar auch um Erkenntnis und Darstellung ihrer eigenen Geschichte bemüht war. Das Gruppengedächtnis der frankoflämischen Komponisten manifestiert sich in einer konkreten Gattung, die als Trägerin kulturellen Gedächtnisses fungiert.

MZ

# Dering, Richard
* um 1580, beerdigt 22.3.1630 London

Dering war Komponist und Organist. Er studierte in Oxford, durchreiste Europa und war in seinen letzten fünf Lebensjahren in Diensten des englischen Königshauses, insbesondere als Organist. Sein Werk umfasst zum einen geistliche Vokalmusik – ▸ Motetten bzw. Canticae sacrae und ▸ Anthems, darunter zwei Verse Anthems und ein Full Anthem –, zum anderen weltliche Vokalmusik – ▸ Canzonetten mit italienischen Einflüssen, ▸ Quodlibets, *City cries* und *Country cries*, die sehr viel tonmalerischer gestaltet sind als diejenigen von Thomas ▸ Weelkes und Orlando ▸ Gibbons. Hinzu kommt Instrumentalmusik – Fantasien, Pavanen und *In nomine*-Kompositionen. Die wahrscheinlich in den Niederlanden komponierten *Canticae sacrae* von 1618 verweisen mit ihrem Untertitel *Ad melodiam madrigalium / elaborata / senis vocibus / cum Basso Continuo ad Organum* sowohl auf madrigalistischen Stil als auch auf eine Generalbasspraxis. Dering hat im frühen 17. Jahrhundert wie John ▸ Bull und Peter ▸ Philips die englische Musik in den Niederlanden bekannt gemacht.

*Ausgaben*:
*Musica britannica* 9, 22, 25; *Cantica sacra (1618)*, hrsg. von P. Platt (Early English Church Music 15), London 1974.

*Literatur*:
P. Platt, *Dering's Life and Music*, Dissertation Oxford 1952 (masch.) • ders., *Dering*, in: *MGG²*, Bd. 5 (Personenteil), 2001, Sp. 836–837.

# Desportes, Philippe
\* 1546 Chartres, † 5.10.1606 Bonport (Eure)

Der französische Dichter Philippe Desportes begann seine Karriere als Notariatsangestellter, bevor ihn der Bischof des Puy, Antoine de Senecterre, entdeckte, der ihn in seinen Dienst nahm (1562). Desportes begleitete ihn auf seinen Reisen nach Italien, wo er sich mit den Werken von Petrarca (▸ Petrarkismus), ▸ Ariost und ▸ Bembo vertraut machte; nach seiner Rückkehr nach Frankreich begab er sich unter den Schutz von Nicolas de Neufville, Landesherr von Villeroy, der, nachdem er 1567 zum Staatssekretär ernannt wurde, ihn in die königlichen Zirkel einführte.

Das Leben eines Höflings führend, machte er sich beim Publikum mit den *Stances* (1567) und den Imitationen nach Ariost bekannt: *Roland furieux*, *La Mort de Rodomont et Angélique* (1572). Er gewann schnell die Gunst von Henri de Valois, Herzog von Anjou, der ihn in seinen Dienst nahm. Als offizieller Poet des Hofes dichtete er seitdem auf Bestellung zu besonderen Gelegenheiten; seine *Premières Œuvres* (1573) stellen die erste Anthologie seiner Gedichte für den Hof dar. Im selben Jahr, 1573, begleitete er Heinrich von Valois nach Krakau zur Übernahme des Thrones von Polen (1573). Er kam dann, nach dem Tod ▸ Karls IX. (1574), mit seinem Schutzherrn nach Paris zurück, der als ▸ Heinrich III. zum König von Frankreich geweiht wurde. Er lebte anschließend in der unmittelbaren Umgebung der königlichen Macht, als naher Berater des Herrschers, der ihn mit zahlreichen Präbenden in der Normandie ausstattete, darunter die Abteien von Tiron und Josaphat (1582).

In Paris war Desportes in engem Kontakt mit den Musikern, die sich in der Umgebung des Königs befanden. Es ist außerdem sehr wahrscheinlich, dass er an den Sitzungen der ▸ Académie de Poésie et de Musique partizipierte (1570), die von Antoine de ▸ Baïf und Joachim Thibault de ▸ Courville gegründet und geführt wurde. Seine *Premières Œuvres* (¹1573, ⁹1600) und danach seine *Dernières Œuvres* (1583) erhielten die Gunst des Publikums, das ihn zu den größten zeitgenössischen Autoren an der Seite von Pierre de Ronsard (1524–1585) zählte. Indem er sich ganz der Strömung der Pléiade verschrieb, kündigte er schon die Ästhetik von François de Malherbe (1555–1623) mit einer Vorliebe für einfache und strophische Formen an, die von den Italienern beeinflusst war.

Diese formalen Charakteristika, die Einfachheit, Klarheit des Stiles und der Sprache vereinigten, wurden besonders von den Musikern übernommen. Zwischen 1569 und 1650 sind es somit mehr als 40 – unter ihnen Lambert de Beaulieu, Fabrice Marin ▸ Caietain, Eustache ▸ Du Caurroy, Claude ▸ Goudimel, Claude ▸ Le Jeune und Jan Pieterszoon ▸ Sweelinck –, die seine Gedichte in Musik setzten, hauptsächlich Auszüge aus den *Amours de Diane*, den *Amours d'Hippolyte* und den *Elégies*, die in den *Premières Œuvres* (1573) enthalten sind.

Nach der Entlassung von Nicolas de Neufville 1588 ging Desportes auf Distanz zum Hof und der politisch-religiösen Orientierung von Heinrich III. Zwischen 1589 und 1591 verspottete er die Liga, die katholische Partei der Guise, und bekämpfte die Armeen von Heinrich von Navarra. Nachdem er zunächst ganz als Vermittler zwischen den gegnerischen Parteien wirkte, begab er sich schließlich auf die Seite des letzteren und favorisierte die Rückgabe der normannischen Dörfer (1594).

Im selben Jahr reintegrierte er den neuen Hof von ▸ Heinrich IV., zog sich aber in seine Abtei von Bonport zurück, da er durch seine vergangenen politischen Allianzen diskreditiert war. Dort empfing er junge Dichter, die um Rat baten, und widmete sich, die weltliche Poesie hinter sich lassend, ausschließlich der Übersetzung der *Psaumes* (1591, 1598 und 1603), um eine ›katholische‹ Alternative zu den *Pseaumes mis en rime françoise* (1562) von Clément ▸ Marot und Antoine de Baïf vorzuschlagen. In der ersten Hälfte des 17. Jahrhunderts erhielten dieses *Psaumes* starken Beifall in den katholischen Milieus (aber auch in den calvinistischen), bevor sie von der neuen Übersetzung von Antoine Godeau (1648) übertroffen wurden; auch sie wurden vertont. Unter den hervorragendsten können wir die drei Sammlungen von Denis Caignet († 1625) nennen – *Cinquante psaumes de David* (1607) für 4, 5, 6 und 8 Stimmen –, eine weitere Anthologie von 50 Psalmen für Stimme und Laute (1625) ebenso wie eine monodische Version des ganzen Psalters (1624) – und die *Cinquante pseaumes de David* (1630) zu 5 Stimmen, die von Sieur de Signac (fl. 1600–1630) vertont wurden. Robert ▸ Ballard, Eustache ▸ Du Caurroy, Jacques Lefebvre, Jacques ▸ Mauduit und Pierre Guédron, um nur die wichtigsten zu nennen, zelebrierten 1606 seine Beerdigung.

*Schriften*:
A. Michiels (Hrsg.), *Œuvres de Philippe Desportes*, Paris 1858.

*Literatur*:
J. Lavaud, *Un poète de cour au temps des derniers Valois: Philippe Desportes (1546–1606)*, Paris 1936 • A. Verchaly, *Desportes et la musique*, in: Analecta Musicologica 2 (1954), S. 271–345 • D. Launay (Hrsg.), *Anthologie du psaume français polyphonique (1610–1663)*, Paris 1974 • G. Durosoir, *L'air de cour en France (1571–1655)*, Liège 1991 • D. Launay, *La Musique religieuse en France du Concile de Trente au Concordat*, Paris 1993 • M. Desmet, *La paraphrase des psaumes de Philippe Desportes et ses différentes versions musicales*, Diss. Univ. de Tours 1994 • F. Dobbins, *Desportes*, in: Grove, Bd. 4, 2001, S. 844–846.

FG

## Devisenmotette

Die Devisenmotette ist eine Sonderform der ▸ Tenormotette, in der der ▸ Cantus firmus keine durchlaufende Melodie ist, sondern eine kurze, ostinatoartige »Devise« (entweder der Beginn eines präexistenten Choral- bzw. Liedmodells oder eine aus dem ▸ Hexachord konstruierte Tonfolge), die mehrfach wiederholt wird. Diese Devise, fast immer inhaltlich mit dem Text der übrigen Stimmen eng verknüpft, prägt den Abschnittsverlauf der Motette und ist auch ihr ›Thema‹, etwa durch Nennung des Adressaten oder der liturgisch-theologischen Kernaussage.

Zur Erhöhung des kompositorischen Anspruchs erscheint die Devise oft auf verschiedenen Tonhöhen oder verschiedenen rhythmischen Ebenen. Berühmtestes Beispiel ist die Vertonung des 50. Psalms, *Miserere mei Deus*, durch ▸ Josquin Desprez; in dessen Nachfolge stehen Werke u.a. von Ludwig ▸ Senfl, Costanzo ▸ Festa, Adrian ▸ Willaert und Cipriano de ▸ Rore.

*Literatur*:
L. Finscher, *Von der isorhythmischen Motette zur Tenormotette*, in: *Die Musik des 15. und 16. Jahrhunderts* (Neues Handbuch der Musikwissenschaft 3), Laaber 1989, S. 306–324.

TSB

## Devotio moderna ▸ Andachtsmusik

# Dietrich, Sixtus

* um 1494 Augsburg, † 21.10.1548 St. Gallen

Dietrich ist einer der ersten und wichtigsten lutherischen Kirchenmusiker im deutschen Sprachbereich. Er gehört der Generation Ludwig ▸ Senfls an, zu der auch ▸ Arnold von Bruck, Martin ▸ Agricola, Johann ▸ Walter, Johannes ▸ Galliculus, Mathias ▸ Greiter und Georg ▸ Forster zählen.

Dietrich war spätestens seit Anfang 1504 Chorknabe an der Domkantorei in Konstanz. 1509 begann er ein Studium an der Universität Freiburg im Breisgau, wo er den Maler Hans ▸ Baldung Grien, den Musiker Thomas Sporer, den Musiktheoretiker und Gelehrten Gregor Reisch (Verfasser des Musikbandes 5 der *Margarita Philosphica*, Freiburg 1503) und die Humanisten Bonifacius ▸ Amerbach und Jacob Locher kennen lernte; für letzteren verfasste er nach dessen Tod eine Trauermotette. 1517 musste er wegen Verschuldung aus der Stadt fliehen und wurde nach vorübergehendem Aufenthalt in Straßburg am Konstanzer Dom als Lehrer der Chorknaben angestellt. 1519 gab er dieses Amt auf, ließ sich zum Diakon weihen, komponierte aber weiterhin für den Dom und studierte seine Musik auch ein. Wegen seiner Zuneigung zur Konstanzer Reformbewegung (Johannes Zwick, Thomas und Ambrosius Blarer) ging er 1526/1527 nicht mit dem Bischof ins Exil, verlor durch die Reduktion der Gottesdienste auf die Hauptfeste seine Einnahmen und reiste in den folgenden Jahren durch mehrere Städte, wo er Kontakte mit Reformatoren (Matthäus Zell in Straßburg) und Humanisten (Amerbach in Basel) unterhielt. 1540 gab er Vorlesungen über Musik an der Universität in Wittenberg, bekam aber trotz Unterstützung Martin ▸ Luthers keine feste Anstellung. Er kehrte daraufhin nach Konstanz zurück. 1544 war er noch einmal in Wittenberg als Gastdozent und zur Überwachung des Drucks seiner geistlichen Lieder in Georg ▸ Rhaus Sammlung deutscher Lieder.

Die Kompositionen Dietrichs sind von der Aneignung des frankoflämischen Stils der Jahrhundertwende geprägt unter Einbezug imitatorischer Strukturen bei großer Gestaltungsvielfalt. Seine Stücke sind im wesentlichen Choralbearbeitungen, in denen der ▸ Cantus firmus meist in langen Notenwerten in einer Stimme liegt; daneben existieren auch einige freie Kompositionen. Die erhaltenen geistlichen Stücke umfassen ein ▸ Magnificat, ▸ Antiphonen, ▸ Hymnen- und ▸ Psalmvertonungen. Unter den Hymnenvertonungen (*Novum opus musicum tres tomos sacrorum hymnorum contenens*, 1545 gedruckt) befindet sich die so bezeichnete ›Rumpel Mette‹, deren Faktur durch rhythmische Gleichförmigkeit der einzelnen Teile, trompetenartigen Stil, Parallelführung der Stimmen, fehlenden Text und vieles mehr von anderen Kompositionen Dietrichs völlig abweicht. Die Besonderheit ist durch die Funktion des Stücks erklärbar, das in den ›Rumpel‹- oder ›Düstermetten‹ – den am späten Vorabend der letzten drei Karwochentage vor Ostern abgehaltenen Gottesdiensten des Officiums – anstelle des die Gefangennahme Jesus symbolisierenden Lärmens und Rumpelns der Priester vorgesehen war (siehe hierzu ausführlich Staehelin). Acht geistliche Lieder Dietrichs wurden in Georg Rhaus *Newe deudsche geistliche Gesenge* (Wittenberg 1544) publiziert. Dietrich hat zudem eine ganze Anzahl weltlicher Lieder als ▸ Tenorlieder komponiert sowie die Trauermotette *Epicedion Thomae Sporeri* in der Tradition der ▸ Lamentationes ▸ Josquins oder Senfls verfasst. Außerdem sind einige Lautenintavolierungen (in: *Musica teutsch* von Hans Gerle, Nürnberg 1532 und *Ain schone Kunstliche underweisung* von Hans ▸ Judenkünig, Wien 1532) und Orgelintavolierungen im Codex Amerbach (▸ Intavolierung) überliefert.

*Ausgaben*:
*Ausgewählte Werke*, *Novum opus musicum (1545)*, enthält 69 der 122 Hymnen (Erbe deutscher Musik I,23,3), Leipzig 1942; *Georg Rhau, Musikdruck aus den Jahren 1538 bis 1545*, Kassel u.a. 1964ff., Bd. 6: 3 lat. geistl. Sätze, hrsg. von Br. Bellingham, 1980; Bd. 7: *Novum ac insigne opus musicum (1541)*, hrsg. von W.E. Buszin, 1964; Bd. 9: 3 lat. geistl. Sätze, hrsg. von Th. Noblitt, 1989; Bd. 11: *Newe deudsche geistliche Gesenge (1544)*, hrsg. von J. Stalmann, 1992; Bd. 12: 4 lat. gcistl. Sätze, hrsg. von F. Krautwurst, 1999; *Magnificat (1535)*, hrsg. von M. Honegger und Chr. Meyer (Convivium musicum 1), Straßburg und Stuttgart 1992; Orgelintavolierungen in: Schweizerische Musikdenkmäler VI,1 und 2, 1967 und 1970.

*Literatur*:
H. Zenck, *Sixtus Dietrich. Ein Beitrag zur Musik und Musikanschauung im Zeitalter der Reformation* (Publikationen der Abteilung zur Herausgabe älterer Musik bei der deutschen Musikgesellschaft III,2), Leipzig 1928 • M. Staehelin, *Zur Rumpelmette von Sixt Dietrich*, in: *Festschrift Chr.-H. Mahling*, hrsg. von A. Beer, Kr. Pfarr und W. Ruf, Tutzing 1997, S. 1303–1313 • B.A. Földi, *Dietrich*, in: *MGG²*, Bd. 5 (Personenteil), 2001, Sp. 1019–1022.

## Diferencia ▸ Variation

## Dijon ▸ Burgund

## Diminution

Die Diminution ist eine Verzierungstechnik, die eine in der jeweiligen Komposition vorliegende Melodie mit kleinen Notenwerten umspielt und erweitert: Die ursprünglichen Notenwerte werden durch Hinzufügung weiterer Töne verkleinert, also ›diminuiert‹. Hierzu werden vorhandene Intervalle durch Skalen ausgefüllt, Kadenzen durch schnelle Floskeln verziert, Sekundfortschreitungen umspielt. Offensichtlich bereits aus früherer Aufführungspraxis entstanden, werden die hierfür geltenden Regeln und Techniken in diversen Anleitungen festgehalten. Girolamo dalla Casa veröffentlicht 1584 in Venedig *Il vero modo di diminuir con tutte le sorti di stromenti di fiato & corda & di voce humana*, das neben Anleitungen zur Ausfüllung von Intervallen auch verzierte bzw. diminuierte (Diskant-)Stimmen mehrstimmiger Sätze bekannter zeitgenössischer Komponisten enthält.

Sylvestro ▸ Ganassi fügt in seinem Schulwerk *La Fontegara* 1553 einen Teil an, in dem er sehr detailliert für jede denkbare Intervallfortschreitung etliche Möglichkeiten der Diminution notiert. (Ob in diesem Fall alle Varianten wirklich für die Praxis gedacht sind, wird vielfach infrage gestellt. Möglicherweise handelt es sich hier auch um eine angestrebte Vollkommenheit in der Theorie.) Giovanni ▸ Bassanos *Ricercate/passaggi et cadentie* (Venedig 1585) enthalten auskomponierte virtuose Solorecercare für »ogni sorti di stromenti« und im Anhang ebenfalls eine detaillierte Anleitung für die Ausfüllung von Intervallen. Diego ▸ Ortiz' *Trattado de glosas* (Rom 1553) beginnt mit Beschreibungen zur Diminution von Intervallen und Kadenzen und enthält sowohl diminuierte Stimmen bekannter Madrigale als auch ▸ Recercare über Baßschemata (▸ Grounds). Sowohl die Solorecercare von Bassano und Virgiliano und als auch solche über bekannte Bässe entspringen offensichtlich dem Studium der Intervalldiminutionen und waren wohl Vorbild für eine ›gebundene‹ Improvisation, die das Können des Instrumentalisten zeigte.

Quellen sind also zum einen Lehrwerke, die systematisch zum eigenen Auszieren von Intervallen und Kadenzen anleiten, zum anderen von Komponisten angefertigte, vollständige Diminutionen bekannter zeitgenössischer Werke. Letztere sind wohl nicht als Kompositionen zu verstehen, sondern vielmehr als Beispiele perfekter Praxis, wie sie auch der professionelle Musiker selbst ausüben konnte, sofern er die Diminutionsübungen der Lehrwerke souverän befolgte.

Aus: Giovanni Bassano, *Ricercate/passaggi et cadentie*, Venedig 1585

Niedergeschriebene Diminutionen sind vor allem aus dem italienischen Raum überliefert von Komponisten wie Giovanni Bassano, Girolamo dalla Casa, Richardo Rogniono, Giovanni Battista Spadi, Giovanni Battista Bovicelli, aber auch von Diego ▸ Ortiz, Johann Schop (in *'t Uitnement Kabinet*, Amsterdam 1649) u.a. Ein spätes berühmtes Beispiel der Diminution als einer konsequenten Variationspraxis bekannter Liedmelodien ist der *Fluyten Lust-Hof* von Jacob van ▸ Eyck.

Aus: Richardo Rogniono, *Anchor che col partire* (Alfonso d'Avalos), 1591

Neben generellen Diminutionsmustern lassen sich persönliche Stilmerkmale der genannten Bearbeiter ausmachen, die sowohl melodische als auch rhythmische Charakteristika aufweisen und zu mehr oder weniger ausgeprägter Virtuosität führen. Erstaunlich sind die brillianten Auszierungen, die auch für die menschliche Stimme verlangt werden. Die wiederholten Hinweise darauf, dass die Stimme das Vorbild allen Instrumentalspiels sei (z.B. Ganassi), die bis in die barocke Aufführungspraxis von größter Bedeutung sind, beziehen sich also nicht nur auf Artikulation und Tongestaltung, sondern auch auf Beweglichkeit und Leichtigkeit.

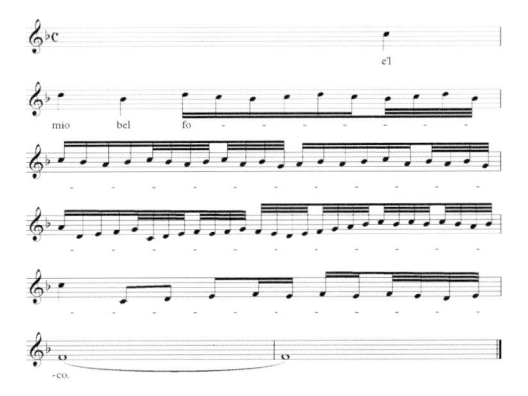

Aus: *Guilio Caccini, Le nuove musiche 1602*. foco = fuoco = Feuer

Darüberhinaus enthalten einige der Lehrwerke (z.B. dalla Casa und Ganassi) detaillierte Anweisungen zur Übersetzung der gesprochenen Sprache in Artikulation für Blasinstrumente. Hierzu das folgende Beispiel:

»Teche [ch=k, Anmerkung der Aautorin] teche teche teche teche. Tacha teche tichi tocho tuchu. Dacha deche dichi docho duchu. Tere tere tere tere tere. Tara tere tiri toro turu. Dara dare dari daro daru. Chara chare chari charo charu. Lere lere lere lere lere. Lara lere liri loro luru. Und es gibt noch weitere Arten, die ich nicht aufschreibe.« *Sylvestro Ganassi dal Fontego, Opera intitulata Fontegara la quale insegna a sonare di flauto con tutta l'arte opportuna aesso instrumento*, Venezia 1535.

*Ausgaben*:
Giovanni Bassano, *Ricercate/passaggi et cadentie 1585*, Zürich 1976; Antonio Brunelli, *Varii esercitii 1614*, Zürich 1976; Sylvestro Ganassi, *La Fontegara, Schule des kunstvollen Flötenspiels und Lehrbuch des Diminuierens 1535*, Berlin-Lichterfelde 1956; Aurelio Virgiliano, *Thirteen Ricercate from Il Dolcimelo*; Diego Ortiz, *Trattato de glosas 1533*, Kassel 2003;

R. Erig (Hrsg.), *Italienische Diminutionen*, Zürich 1979; *Ricercate e Passaggi: improvisation and ornamentation* (diverse Komponisten), REP 1–19, London 1980ff.; *'t Uitnement Kabinet*, Amsterdam 1976; Giulio Caccini, *Le nuove musiche 1602*, Madison 1970.

*Literatur*:
R. Erig (Hrsg.), *Italienische Diminutionen*, Zürich 1979 • H. M. Brown, *Embellishing sixteeth-century music*, Oxford 1976 • L. Welker, *Improvisation, III.3 Diminution*, in: *MGG²*, Bd. 4 (Sachteil), 1996, Sp. 558–560 • G. Garden, *Diminution*, in: *Grove*, Bd. 7, 2001, S. 352 • R.C. Wegman *Improvisation* II.1, in: *Grove*, Bd. 9, 2001, S. 98–102.

UV

## Diruta [Mancini], Girolamo
\* ca. 1554 Deruta (?), † nach 15.5.1610 Rom

Die Biographie des Franziskaners, Organisten, Pädagogen und Musiktheoretikers ist lückenhaft. Er scheint gegen 1572 eine Karriere als Organist begonnen zu haben, bevor er in den Orden der Franziskaner-Minoriten im Kloster von Correggio nahe Reggio nell'Emilia eingetreten ist; er erhielt dort möglicherweise musikalischen Unterricht von Battista Capuani (fl. 1570–1590). Er soll dann Schüler von Gioseffo ▸ Zarlino und Claudio ▸ Merulo gewesen sein – zweifellos in Venedig zwischen 1580 und 1594 – und von Costanzo ▸ Porta – möglicherweise in Ravenna zwischen 1580 und 1589. Sicherer ist, dass er eine Stelle als Organist an der Kathedrale von Chiogga zwischen 1593 und 1602 inne hatte, anschließend wird er als Organist an der Kathedrale von Gubbio zwischen 1604 und 1609 genannt.

Von seinem musikalischen Schaffen kennt man nur eine fragmentarische Sammlung von Motetten zu fünf Stimmen: *Il primo libro de contrapunti sopra il canto fermo delle antifone delle feste principali de tutto l'anno* (Venedig 1580), von dem nur die Superius- und die Alt-Stimmen überliefert sind. Hingegen besitzen wir einige Orgelstücke, die in seinem berühmtesten Werk enthalten sind: *Il transilvano dialogo sopra il vero modo di sonar organi, et istromenti da penna* (Venedig 1593, 1609). Dieser Orgeltraktat wurde im Abstand von 16 Jahren in zwei Teilen als einer der vollständigsten seiner Epoche in Form eines Dialoges zwischen drei Personen abgefasst. Er setzt Diruta selbst in Szene, einen Transilvaner – sehr wahrscheinlich Istvan de Jósika, den Botschafter des transilvanischen Fürsten Zsigmond Báthory beim Großherzog Ferdinand I. von der Toskana – und einen venetianischen Aristokraten, den Cavaliere Melchior Michele. Im Lauf ihrer Diskussionen sprechen die drei Protagonisten die gesamten Fragen an, die mit der Praxis des Instruments verbunden sind: Fingersätze, Kontrapunktregeln, Kirchentonarten, Registration, die Art der Ausführung von ▸ Diminutionen, Verzierungen, Begleitungen, Intonationen oder das Dialogisieren mit dem Chor. Um seine Vorschläge zu veranschaulichen, versammelte Diruta eine wahre Anthologie des zeitgenössischen Orgelrepertoires. Außer seinen eigenen Werken enthält der *Prima parte* (1593) auch Toccaten von Vincenzo Bellavere (1540/1541–1587), Andrea und Giovanni ▸ Gabrieli, Gioseffo Guami (1542–1611), Luzzasco ▸ Luzzaschi, Merulo, Paolo Quagliati (c. 1555–1628) oder auch Antonio Romanini (fl. 1593). Der *Seconda parte* (1609) präsentiert Ricercari von Luzzaschi, Gabriele Fattorini (fl. 1598–1609) und Adriano ▸ Banchieri.

*Schriften*:
*Il transilvano dialogo sopra il vero modo di sonar organi, et istromenti da penna*, Venezia 1593/1609, Faksimile Buren 1983.

*Literatur*:
D.M. Sparacio, *Musicisti Minori Conventuali. Con piu diffusa menzione di coloro che vissero dal 1700 ai giorni nostri*, in: Miscellanea Francescana 25 (1925), S. 13–29, 33–34, 81–112 • E. Haraszti, *Sigismond Bathory, Prince de Transylvanie et la musique ita-*

*lienne d'après un manuscrit de 1595 de la Bibliothèque nationale de Paris*, in: Revue de Musicologie 12 (1931), S. 190–213 • E.J. Soehnlen, *Diruta and his Contemporaries: Tradition and Innovation in the Art of Registration, circa 1610*, in: Organ Yearbook 10 (1979), S. 15–33 • C. L. Palisca, *Diruta [Mancini], Girolamo*, in: Grove, Bd. 7, 2001, S. 363–366.

FG

**Discantus / Diskant** ▸ Stimmengattungen

**Diskantklausel** ▸ Klausel

**Divitis [Rycke], Antonius [Antoine]**
\* ca. 1470/1475 Leuven, † nach 1525

Divitis war ein Komponist und Sänger aus Flandern. Er war Sänger und Chorleiter an der Kathedrale St. Donatian in Brügge (1501–1504) und in Mecheln (1504–1505), bevor er ab Oktober 1505 Mitglied der habsburgischen Hofkapelle wurde (zuerst in Flandern, dann in Spanien). Nach Auflösung der Kapelle in Spanien im Jahr 1508 wechselte er an den französischen Hof, erst an die Kapelle von Anne de Bretagne (wahrscheinlich ab 1510–1514), dann an die königliche Kapelle (bis 1525). Von Divitis ist nur ein schmales Œuvre erhalten (drei ▸ Messen, zwei Messteile, drei ▸ Magnificat, sechs ▸ Motetten, ein ▸ Chanson); historisch bedeutend sind darin vor allem seine Messen, die zur ersten Generation der an der französischen Hofkapelle entwickelten Parodiemessen gehören. Divitis beschränkt sich darin auf kurze Zitate der kompletten mehrstimmigen Vorlage am Anfang der Sätze; danach werden einzelne Segmente als Imitationsmotiv oder in Form eines rekurrierenden ›Mottos‹ verwendet.

*Ausgaben:*
*Collected Works* (Recent Researches in the Music of Renaissance 94), hrsg. von B.A. Nugent, Madison 1993.

*Literatur:*
W.A. Nugent, *The Life and Works of Antonius Divitis*, Diss. North Texas State Univ., Denton 1970 • Ph. Canguilhem, *Aux origines de la messe parodie: Le cas d'Antoine Divitis*, in: Revue de Musicologie 82 (1996), S. 307–314.

TSB

**Domarto, Petrus de**
fl. 15. Jahrhundert

Über das Leben von Domarto ist sehr wenig bekannt und von seinen Werken sind lediglich zwei ▸ Messen und zwei ▸ Rondeaux überliefert. Möglicherweise ist ein gewisser Petrus Domart alias Hamyon, der als Sänger 1443–1444 in Arras tätig war, mit dem Komponisten identisch. Domarto ist 1449 als Sänger der Kathedrale Notre-Dame in Antwerpen nachweisbar; 1451 erscheint er in Tournai. Dieses Datum ist zugleich die letzte bis heute bekannte biographische Notiz.

Die bedeutendste Komposition von Domarto ist die *Missa Spiritus almus*, die als ▸ Cantus firmus einen Ausschnitt des bekannten Marienresponsoriums *Stirps Jesse* von Fulbert de Chartres († 1028) verwendet. Dieses ▸ Responsorium, besonders der Teil auf die Textworte »spiritus almus«, war während des gesamten Mittelalters als Tropus für die Vertonung von *Benedicamus Domino* oder für einzelne Messteile, wie beispielsweise das *Gloria*, weit verbreitet.

Die Messe von Domarto fügt sich daher in eine alte Tradition ein und ist eine der letzten bedeutenden polyphonen Kompositionen, deren Entstehung von diesem Responsorium inspiriert wurde. Die Messe entstand wahrscheinlich nicht viel später als in den frühen 1450er Jahren, und Domarto entwickelt darin eine Technik des Cantus firmus, den er streng mensural umgestaltet (Variationen der originalen Notenwerte durch wechselnde Mensurzeichen).

Ihre Bedeutung besteht darin, dass sie ebenso wie die *Missa Caput* von Johannes ▸ Ockeghem und die *Missa Se la face ay pale* von Guillaume ▸ Dufay eine der ersten vierstimmigen Messen ist, die die in England verbreitete Praxis aufgreifen, den Cantus firmus von einer tieferen Stimme, dem ›contratenor bassus‹, begleiten zu lassen.

*Literatur*:
R.C. Wegman, *Petrus de Domarto's* Missa Spiritus almus *and the Early History of the Four-voice Mass in the Fifteenth Century*, in: Early Music History 10 (1991), S. 235–303.

AM

## Domenico [Domenichino, Domenegino] da Piacenza [da Ferrara]

\* wahrscheinlich vor 1420 Piacenza, † nach 1475?, 1476? Ferrara

Der italienische Tanzmeister und -theoretiker, Begründer des ersten schulischen Zentrums in der Lombardei, genoss hohes Ansehen, besonders auch bei seinen Schülern (u.a. ▸ Guglielmo Ebreo, Antonio ▸ Cornazzano). »Re dell'arte« (König der Kunst) oder »saltatorum princeps« (der erste unter den Tänzern) wurde er genannt. In Anerkennung seiner Leistungen wurde er in den Orden des Goldenen Vlieses aufgenommen. Seine Jugend verbrachte Domenico in Piacenza, und später arbeitete er in Mailand, Modena, Forli, Faenza und Ferrara. Die Informationen zu Leben und Werk stammen vor allem aus der Abhandlung *De arte saltandi & choreas ducendi*. Bei diesem vermutlich vor 1455 entstandenen Manuskript, das Domenico zugeschrieben wird, handelt es sich vermutlich um die erste Schrift aus Italien; ihr Aufbau wurde maßgebend für die nachfolgenden Tanztraktate. Die erste Hälfte erörtert den Tanz oder das Tanzen unter theoretischen Aspekten, in der zweiten Hälfte finden sich Aufzeichnungen von Tänzen, von Balli mit Mensuralnotation und ▸ Bassedanze ohne Notation.

Den ersten Kontakt zu seinem späteren Mäzen, Leonello d'Este, knüpfte Domenico vermutlich 1435, anlässlich der Hochzeit Leonellos mit Margherita Gonzaga in Ferrara. 1439–1472 erscheint er auf den Lohnlisten der Este; danach in Listen von Ferrara bis 1475. Zwischen 1455 und 1462 richtet er vor allem auch die Festlichkeiten der Höfe der Este und der Sforza aus. Zum Beispiel choreographiert er die Tänze anlässlich der Hochzeit von Beatrice d'Este und Tristano Sforza 1457 in Mailand; er trat bei dieser Gelegenheit selbst in einer ›danza‹ als Partner von Bianca Maria Visconti (Sforza), zusammen mit sieben weiteren Damen und Herren des italienischen Adels auf. Und in Forli im Mai 1462 organisierte er, zusammen mit Guglielmo Ebreo, die Tänze zur Hochzeit von Barbara Manfredi mit Pino Ordelaffi. Und wiederum in Zusammenarbeit mit Guglielmo Ebreo arrangierte er 1465 ›moresche e molli balli‹ anlässlich der Verlobung von Ippolita Maria Sforza (der Tochter Bianca Maria Viscontis) mit Alfonso d'Aragona. Zu dieser Zeit hatte sich Domenico wahrscheinlich bereits in Ferrara niedergelassen. Der Tanzmeister war mit Giovanna Trotta verheiratet, deren Familie ebenfalls im Dienst des Hauses Este stand.

Bemerkenswert erscheint der Traktat *De arte saltandi & choreas ducendi* in Bezug auf die Reflexion über den Tanz wie auf den Erfindungsreichtum, den die Tänze zeigen.

Zur Theorie: Domenico bezieht sich auf Aristoteles' *Poetik* und dessen *Nikomachische Ethik* nicht allein um seiner (eigenen) Reputation willen, sondern zur Begründung des Tanzens. Deutlich erscheint, dass er diese Werke wohl zumindest auszugsweise gelesen hat. Tanzen versteht der Autor nicht nur als physische Übung, sondern vor allem auch als kreativen Prozess, als Tanz-Kunst. Und zwar zeichnet diese subtilste der Künste aus: »mexura«,

»memoria«, »agilitade«, »mainera« und »mexura de terreno«, also ein Gefühl für Rhythmus und Maß, geschultes Gedächtnis, Beweglichkeit, Raumbewusstsein und Eleganz. Die für die Kunst notwendigen Schritte und Bewegungen werden anschließend systematisiert gemäß ihres Vorkommens bzw. Nicht-Vorkommens in der Natur: Es gibt also neun »naturalis«, die in der Natur vorgegeben sind, und drei »accidentali«, die eher zufällig entstehen. Anschließend beschreibt Domenico vier spezifische Misure entsprechend den folgenden Tanztypen: ▸ Bassadanza, der langsamste Tanz, Quaternia, Saltarello und die schnelle Piva. Jeden guten Tänzer fordert der Meister allerdings auch nachdrücklich dazu auf, die Tempi der individuellen Ausführung anzupassen, solange sie dem guten Geschmack entsprächen. Anpassungsgabe, individuelle Entfaltungsmöglichkeit und das Vermögen zu variieren und zu kombinieren zeugen von dem Reichtum des zeitgenössischen Stils.

Zur Praxis: Die Tänze im zweiten Teil sind verbal beschrieben. Die meisten sind für ein Tänzerpaar oder für drei Tänzer (zwei Männer und eine Frau) angelegt. Es gibt aber auch elaborierte Kreationen für zwölf oder mehr Tänzer, die häufig genauer durch Bodenmuster dargestellt werden (zum Beispiel *La Tesara*, *La Gelosia*) und die dramatische, narrative Passagen enthalten können. Einige der Titel verweisen darauf, dass es sich wohl um ›Huldigungstänze‹ an die ▸ Este oder ▸ Sforza handelt. Darüber hinaus verzeichnet Domenicos Repertoire sogar zwei kleine Werke mit Handlungscharakter, *La Mercanzia* und *La Sobria*.

Domenicos Stil tradiert sich in weiteren Handschriften bis zum Anfang des 16. Jahrhunderts.

*Schriften*:
*De arte saltandi & choreas ducendj*, um 1455, Handschrift, hrsg. von D. Bianchi, *Un trattato inedito di Domenico da Piacenza*, in: La Bibliofilia 65 (1963), S. 109–149; in engl. Übersetzung von D.R. Wilson, *Domenico da Piacenza*, Cambridge 1995; Text und engl. Übersetzung von A.W. Smith, *Fifteenth Century Dance and Music*, Stuyvesant 1995.

*Literatur*:
I. Brainard, *Domenico da Piacenza*, in: *International Encyclopedia of Dance*, hrsg. von S.J. Cohen, New York u.a. 1989, Bd. 2, S. 427–429 • V. Daniels, *Domenico da Piacenza*, in: *MGG²*, Bd. 5 (Personenteil), 2001, Sp. 1225–1227.

GV

## Donato, Baldassare
* um 1530, † 1603 Venedig

Der Komponist und Sänger Donato war ein wichtiges Mitglied der venezianischen Schule.

Von ca. 1545 an war Donato als ›zago‹ (Sängerlehrling) unter der Leitung Adrian ▸ Willaerts an der venezianischen Basilica di San Marco tätig. 1547 wurde er von den Prokuratoren aufgefordert, dafür zu sorgen, dass sich Willaert ständig mit dem Komponieren beschäftigte. Von 1562 bis 1565 leitete er an San Marco die ›cappella piccola‹, die aus Chorknaben und weniger geübten Sängern zusammengesetzt war und sich an wichtigen Feiertagen mit der ›cappella grande‹ vereinte. Nach dem Tod Gioseffo ▸ Zarlinos folgte Donato ihm 1590 als Kapellmeister nach und hatte dieses Amt bis zu seinem Tod inne.

Donato verfasste eine Sammlung vierstimmiger Villanellen (1550), von deren Popularität (vgl. u.a. *Chi la gagliarda* und *No police*) zahlreiche Neuauflagen zeugen. In den zwei Madrigalbüchern (1553 bzw. 1568) vertonte er neben Sonetten auch Gedichte von Literaten aus dem Kreis Domenico Veniers. Einige seiner Madrigale wurden in die Sammlung *Musica transalpina* (1588) aufgenommen. Der 1599 erschienene *Libro de motetti* weist retrospektive Züge auf: Einige Werke lehnen sich an den Kontrapunktstil Willaerts an, während andere den Einfluss Giovanni und Andrea ▸ Gabrielis zeigen.

*Ausgaben*:
Il primo libro d'i madrigali a cinque & a sei voci (Sixteenth-Century Madrigal 10), hrsg. von M. Feldman, New York und London 1991; *Di Baldassare Donato […] il primo libro de motetti* (Sixteenth-Century Motet 30), hrsg. von R. Sherr, New York und London 1994.

*Literatur*:
G. Ongaro, *The Chapel of St. Mark's at the Time of Adrian Willaert (1527–1562): A Documentary Study*, Diss. University of North Carolina at Chapel Hill 1986 • M. Feldman, *The Academy of Domenico Venier, Music's Literary Muse in Mid-Cinquecento Venice*, in: Renaissance Quarterly 44 (1991), S. 476–512 • Dies., *City Culture and the Madrigal at Venice*, Berkeley und Los Angeles 1995.

KS

## Doni, Antonfrancesco
* 16.5.1513 Florenz, † 1574 Monselice bei Padua

Der Literat Doni ist musikgeschichtlich für seinen *Dialogo della musica* (Venedig 1544) bekannt, der aus einer Reihe von Erzählungen und Gesprächsrunden besteht, innerhalb derer Texte zeitgenössische Kompositionen abgedruckt sind. Sie sind durch den Inhalt des Textes legitimiert, indem die Teilnehmer der Gespräche die Stücke singen und über sie diskutieren.

Die Publikation besteht aus Stimmbüchern, wobei der Text des *Dialogo* im Cantus-Buch abgedruckt ist – eine Form, die einzigartig war und blieb. Der *Dialogo* enthält Kompositionen (▶ Madrigale, ▶ Chansons, ▶ Motetten) u.a. von Vincenzo ▶ Ruffo, Jacques ▶ Arcadelt, Girolamo ▶ Parabosco, Adrian ▶ Willaert; zwei Kompositionen sind wahrscheinlich von Doni selbst. Ob der fiktive Traktat tatsächlich als Quelle geselligen Musizierens und Diskutierens der damaligen Zeit gewertet werden kann, ist allerdings fraglich. In jedem Fall bildet er ein frühes Musterbeispiel unterhaltenden Kommentierens musikalischer Kompositionen. Die beiden weiteren musikalischen Schriften, *La libraria* (Venedig 1550) sowie *La seconda libraria* (ebd. 1551) sind Verzeichnisse der gedruckten Musiksammlungen der Zeit, die Doni bekannt waren. Auch in anderen Erzählungen Donis wie beispielsweise in *I marmi* wird Musik thematisiert.

*Ausgaben*:
*Dialogo della musica*, Venedig 1544 (Collana di musice veneziane inedite et rare 7), hrsg. von G. Malipiero, Wien 1964.

*Literatur*:
J. Haar, *Notes on the »Dialogo della musica« of Antonfrancesco Doni*, in: Ders., *The science and art of Renaissance Music*, hrsg. von P. Cornelison, Princeton/New Jersey 1998 • Ders., *Doni, Antonfrancesco*, in: MGG$^2$, Bd. 5 (Personenteil), 2001, Sp. 1260–1261.

## Dorico, Valerio
* ca. 1500 Ghedi (bei Brescia), † 1565 Rom

Valerio Dorico war ein in Rom tätiger Drucker, der zunächst mit anderen Firmen zusammen arbeitete. 1531 machte er sich selbständig und war einer der produktivsten römischen Musikdrucker um die Jahrhundertmitte. In der ersten Phase, bis 1537, verwendete er ausschließlich das aufwendige Doppeldruckverfahren. In dem *Libro primo de la serena* (1530) scheint erstmal der Begriff ▶ Madrigal auf. Nach einer mehrjährigen Unterbrechung setzte er gemeinsam mit seinem Bruder Luigi die Arbeit im Notendruck fort. 1544 erschien mit der Messensammlung von Cristóbal de ▶ Morales erstmals eine Publikation im einfachen Typendruck. Der Druck von geistlicher Musik Giovanni Pierluigi da ▶ Palestrinas und Giovanni ▶ Animuccias folgte, ebenso weltliche Vokalmusik sowie Instrumentalmusik. Insgesamt veröffentlichte Dorico 26 Musikalien und zwei Musiktraktate, was etwa einem Sechstel seiner Gesamtproduktion entspricht. Seine Erben führten das Geschäft noch bis 1572 weiter.

*Literatur*:
F. Barberi, *I Dorico, tipografi a Roma nel Cinquecento*, in: ders., *Tipografi romani del cinquecento*, Florenz 1983, S. 101–146 • S.G. Cusick, *Valerio Dorico: Music Printer in Sixteenth-Century Rome*, Ann Arbor/Michigan 1981.

ALB

Douai ▸ Frankreich

## Dowland, John
* 1563 Westminster (?), † wahrsch. 21.1.1626 London

Dowland war der bedeutendste englische Lautenist und Komponist des Elisabethanischen Zeitalters. Er komponierte zahlreiche Lautensolostücke sowie Lautenlieder.

Der Geburtsort von Dowland ist nicht überliefert, jedoch auf Grund zahlreicher Hinweise aus seinen Briefen an Sir Robert Cecil lässt sich annehmen, dass Dowland Engländer war, und somit Westminster und nicht Dublin als Geburtsort in Frage kommt. Über seine frühen Jahre ist sehr wenig bekannt, ebenso wie über seine Herkunft, die in einer Handwerkerfamilie einerseits oder in einer aristokratischen Familie andererseits verortet wird. Vermutlich studierte Dowland bereits seit seiner Kindheit Musik. Die gesicherten Lebensdaten beginnen ab 1579, als er sich in den Dienst des Botschafters Sir Henry Cobham sowie dessen Nachfolgers Sir Edward Stafford nach Paris begab. – Dowland blieb bis 1584 in Paris und konvertierte dort zum Katholizismus. Später behauptete er, dass dies eine missliche Entscheidung für seine Laufbahn gewesen sei, da ihm Stellen in England, wohin er zurück kehrte, verwehrt blieben. Aus Dowlands Briefen an Sir Robert Cecil wird deutlich, dass er geheiratet und mehrere Kinder gehabt hatte. Im Juli 1588 erhielt er den Baccalaureus Musicus von der University of Oxford. Die darauf folgenden Versuche, in die ▸ Chapel Royal aufgenommen zu werden, wurden wahrscheinlich durch seine Konvertierung zunichte gemacht. Dennoch hatte Dowland die Gelegenheit, vor königlichem Publikum zu spielen: Am 17. November 1590 begleitete er aus Anlass der alljährlichen Feierlichkeiten zur Thronbesteigung von Königin ▸ Elisabeth I. die Zeremonie musikalisch. Dowland betätigte sich weiterhin in England und bekam 1592 die Möglichkeit, vor Elisabeth I. auf den ihr zu Ehren gegebenen Festen in Sudeley Castle zu spielen, deren Gastgeber Lord Chandos war. 1594 stirbt der königliche Lautenist John Johnson, und Dowland bewirbt sich für diesen Posten, allerdings ohne Erfolg. Daraufhin entschließt er sich, durch Europa zu reisen, u.a. mit dem Ziel, Luca ▸ Marenzio zu treffen, dessen Kompositionen er sehr schätzte.

Dowland bereiste die Residenz des Herzogs Heinrich Julius von Braunschweig und besuchte später den Landgrafen Moritz von Hessen in Kassel. An beiden Höfen wurden ihm Anstellungen unterbreitet, die er aber ablehnte. Dowland wollte sich wahrscheinlich in Italien weiterbilden, wo er in Venedig, Padua und Ferrara weilte, mit dem Ziel, nach Rom weiter zu reisen. Im Juni 1595 nahm Dowland Kontakt zu englischen, im italienischen Exil lebenden Katholiken auf, die erfolglos versuchten, ihn als Spion für einen Anschlag auf die englische Königin anzuwerben. Dowland zeigte sich besorgt und reiste wieder in Richtung England. Aus Briefen an Cecil wird deutlich, dass sich Dowland vom katholischen Glauben wieder abwendete, der »tendeth to nothing but destruction« (»nichts als Zerstörung verursacht«). Im Jahr 1597 veröffentlichte er *The First Booke of Songes* mit einen lobenden Brief von Marenzio als Vorwort. Trotz des Umstands, dass seine Musik in Europa populärer wurde, schien Dowland dennoch unzufrieden, wie im Motto des *First Booke of Songes* durchklingt: »Nec prosunt domino, quae prosunt omnibus artes« (»Die Künste, die allen Menschen nützen, nützen nicht ihrem Herren«). – 1598 erhielt Dowland den Posten des Hoflautenisten beim dänischen König Christian IV., bei dem er ein Gehalt bekam, das demjenigen eines hohen Angestellten gleichkam. Dowland hatte dort auch viele Freiheiten: Er konnte längere Zeit dem Hof fernbleiben, wurde aber dennoch für die gesamte Zeit bezahlt. In Dänemark beendete Dowland *The Second Booke of Songs*. 1606 musste er den Hof Dänemarks verlassen, möglicherweise wegen Ausbleibens seines Gehalts. Er kehrte nach England zurück, um *The Third and Last Booke of Songs* in Druck zu geben. Im selben Jahr, als in London die Pest herrschte, bereiste Dowland wieder den Kontinent und fuhr nach Nürnberg. Im April 1604 veröffentlichte er *Lachrimae or Seven Teares*. Ab dem Zeitpunkt betätigte sich Dowland immer weniger kompositorisch: Betrachtet man in *Lachrimae or Seven Teares* den Anteil der Stücke, die bereits vorher veröffentlicht wurden, dann stellen die neuen Kompositionen nur einen geringen Teil des Buches dar. Drei Monate später ging er wieder zurück nach Dänemark an den Hof Christians IV. und blieb dort bis zu seiner Entlassung im Februar 1606. Nach seiner Rückkehr nach England wurde Dowland als Lautenist von Lord Howard de Walden angestellt, einem dem königlichen Hof sehr nahe stehenden Adligen. 1606 wurde *The First Booke of Songs* in der vierten Edition gedruckt, was für den großen Erfolg seiner Musik in der Zeit spricht. Im Jahre 1609 veröffentlichte er die Übersetzung von Andreas ▸ Ornithoparchus' *Micrologus* und ein Jahr darauf *A Musicall Banquet* sowie *Varietie of Lute-Lessons*. Das vierte und letzte Liederbuch *A Pilgrims Solace* wurde im Jahre 1612 publiziert. Obwohl Dowland im Oktober den Posten des königlichen Lautenisten bekam, war er dennoch nicht vollständig zufrieden, wie aus seinen Briefen hervorgeht. Zu der Zeit herrschte Umbruchsstimmung, denn die Laute wurde allmählich von der Viola verdrängt, neue Spieltechniken wurden propagiert. Darüber hinaus ließ sich eine Tendenz zur ▸ Melancholie beobachten, in die der charakterlich ohnehin schon sehr emotionale Dowland hineingezogen wurde. Zeitgenössische Veröffentlichungen wie *The Anatomy of Melancholy* von Robert Burton oder *Treatise of Melancholy* von Dr. Timothy Bright zeugen für diese zeitgenössische Strömung. Aus Dokumenten geht hervor, dass Dowland sich nicht solche Abwesenheiten leistete wie am Hofe von Christian IV., war doch sein lang ersehnter Wunsch in Erfüllung gegangen, am englischen Hof als Lautenist aufgenommen zu werden. Dowland wurde auch weiterhin in zeitgenössischen Schriften als einer der großen Musiker verehrt. Vermutlich am 21. Januar 1626 starb Dowland in London, er wird aber erst am 20. Februar beerdigt. Genaueres ist über die lange Periode zwischen dem Tod Dowlands und seiner Beerdigung nicht bekannt; man nimmt an, dass entweder Mittel fehlten, um eine Beerdigung zu bezahlen, oder aber, dass der Boden vereist war, so dass kein Grab ausgehoben werden konnte.

Der wichtigste Teil von Dowlands Kompositionen sind die *Ayres*, welche zum größten Teil in den drei Büchern der Ayres und in *A Pilgrims Solace* zu finden sind. Für den Druck der mehrstimmigen Ayres griff Dowland auf das seit den 1540er Jahren in Frankreich für Motetten übliche Tischformat zurück; statt für jede Stimme ein Buch herauszugeben (Stimmbuch), entschied er sich für einen Druck, in dem alle Stimmen so angeordnet waren, dass um einen Tisch sitzende Musiker daraus spielen konnten (siehe die Abbildung in ▸ Lautenlied).

Die Ayres von Dowland sind Stücke, die für zwei bis fünf Stimmen mit Begleitung der ▸ Laute komponiert sind. Die Laute hat die Funktion, die unteren Stimmen in den wichtigen Passagen zu verdoppeln (z.B. *His golden locks time hath to silver turnd*). Die Texte handeln von verschiedenen Themen: Ein sehr oft wiederkehrendes Motiv ist die Liebe und die Trauer. Religiöse Lieder tauchen nur in *A Pilgrims Solace* auf (z.B. *O Lord, turn not away thy face*). Die Lieder aus dem ersten Buch der Ayres sind strophisch angelegt. Die Melodien sind alle fortschrittlich, fallen aber nicht aus dem harmonischen Rahmen der damaligen Zeit heraus. Ein Stück aus dem ersten Buch ist für Dowlands spätere Arbeit richtungsweisend (z.B. *Come heavy Sleepe*), denn hier findet sich die Melancholie, die viele spätere Werke charakterisiert. In den späteren Büchern nimmt der strophische Charakter der Lieder ab, und Dowland passt die Melodie mehr der Bedeutung des Textes sowie dem Rhythmus der Sprache an. Im Lied *In darknesse let me dwell* befreit er sich von fast sämtlichen Konventionen seiner Zeit: Die seltsam schöne Melodie spiegelt den Text sehr gut wieder; die Metrik des Textes gibt den Rhythmus vor und setzt sich somit über metrische Schemata hinweg. Die Tragödie der Worte wird durch ›beißende‹ Harmonien – verminderte und übermäßige Akkorde und Intervalle – ausgedrückt, und das in einer für die damalige Zeit völlig unüblichen Intensität. *Flow my teares* ist eine der bekanntesten Kompositionen Dowlands, die in drei Fassungen überliefert ist: als Lied, als Pavane für Laute und als Pavane für fünf Gamben und Laute (vgl. Sommerrock, S. 132ff.). Sie diente als Vorlage vieler Bearbeitungen anderer Komponisten. Der Text, der wahrscheinlich auf die Melodie der bereits komponierten Fassung für Laute solo abgestimmt wurde, thematisiert exemplarisch die Grundstimmung der Melancholie. Da eine solche Haltung dem Christentum widersprach, galt der Text in religiösen Kreisen als anstößig und wurde deshalb in vielen Quellen abgewandelt. Dowland hat darauf selbst in *A Pilgrims Solace* reagiert, indem er die melancholischen Texte christlichen Vorstellungen anglich sowie Lieder religiösen Inhalts integrierte. Darunter fällt das Lied *Thou mightie God*, das als eine der komplexesten Kompositionen Dowlands bezeichnet wurde (Sommerrock, S. 199–206).

Die Stücke für Laute-Solo, die Dowland nicht selbst drucken ließ, haben oft die Form der ▸ Fantasie, ▸ Variation, ▸ Pavan, ▸ Galliard, ▸ Gigue und ▸ Allemande. Einige von ihnen scheinen Adaptationen von Dowlands Kompositionen für mehrere Instrumente bzw. Gesangsstimmen zu sein. Dowland verwendet hier oft das Imitationsprinzip, chromatische Läufe und die Wiederholung von kurzen melodischen Fragmenten.

Viele von Dowlands Kompositionen wurden populäre Volkslieder (siehe *Now oh now I need must part* und *Flow my teares*). Auf Grund seiner Sensibilität, mit der er Musik und Dichtung zusammenführte, seiner Variabilität der Harmonik mit dem Feingefühl für die Verwendung von Dissonanzen (siehe *Forlorne Hope*) und der Originalität der Harmonik gehört Dowland bis heute zu den vorbildlichen englischen Komponisten. Seine Werke nahmen eine Schlüsselrolle in der Wiederbelebung der Alten Musik zu Beginn des 20. Jahrhunderts ein, und sie dienen auch heute noch neben historischer Aufführungspraxis als Vorlagen zu Bearbeitungen im Bereich der Popularmusik.

*Ausgaben*:
*The collected Lute Music of John Dowland*, hrsg. von D. Poulton und B. Lam, London und Kassel 1974, ²1978, ³1981, Reprint 1993; *The First Book of Airs*, hrsg. von E.H. Fellowes, rev. von T. Dart (The English Lute-Songs, Serie 1, 1–2), London ²1965 • *The Second Book of Airs*, hrsg. von E.H. Fellowes, rev. von T. Dart (The English Lute-Songs, Serie 1, 5–6), London ²1969; *The Third Book of Airs*, hrsg. von E.H. Fellowes, rev. von T. Dart (The English Lute-Songs, Serie 1, 10-11), London ²1970; *A Pilgrimes Solace*, hrsg. von E.H. Fellowes, rev. von T. Dart (The English Lute-Songs, Serie 1,14), London und New York 1969 • *Lachrimae or Saeven Teares*, hrsg. von P. Warlock, London 1927.

*Schriften*:
*Andreas Ornithoparchus. His Micrologus*, London 1609; *Necessarie Observations Belonging to the Lute [...]*, in: Robert Dowland, *Varietie of Lute-lessons*, London 1610.

*Literatur*:
D. Lumsden, *The Sources of English Lute Music*, Cambridge 1959 • D. Poulton, *John Dowland*, London 1972, London und Berkeley 1982 (überarbeitete 2. Auflage) • I. Spink, *English song: From Dowland to Purcell*, London 1974 • M. Pilkington, *Campion, Dowland and the Lutenist Songwriters* (English Solo Song Guides to the Repertoire), London 1989 • U. Sommerrock, *Das englische Lautenlied (1597–1622). Eine literaturwissenschaftlich-musikologische Untersuchung*, Regensburg 1990 • R. Spencer, *Singing English Lute Songs*, in: Lute Society of America Quarterly 28 (1993), Heft 2, S. 15–21, Heft 3, S. 38 • S. Klotz, ›*Music with her silver sound‹. Kommunikationsformen im Goldenen Zeitalter der englischen Musik*, Kassel 1998 • P. Holman, *Dowland: ›Lachrimae‹ (1604)*, Cambridge 1999 • Chr. Kelnberger, *Text und Musik bei John Dowland. Eine Untersuchung zu den Vokalkompositionen des bedeutendsten Lautenvirtuosen der englischen Renaissance*, Passau 1999 • P. Holman, *Dowland*, in: Grove, Bd. 7, 2001, Sp. 531–538.

CHD

## Drehleier

Die Drehleier (auch Radleier, Bauernleier, Orgelleier, lat. Organistrum, frz. vielle, ital. lira tedesca, span. Zanfonfa, engl. hurdy-gurdy) ist ein geigenartiges Instrument, jedoch werden ihre Saiten nicht mit einem Bogen angestrichen, sondern mit einem Kurbelrad. Eine bis sechs Melodiesaiten laufen über den Korpus des Instruments. Seit dem 12. Jahrhundert sind diese in einen Kasten eingeschlossen. Sie werden nicht mit den Fingern, sondern mit Drückern/Tasten verkürzt. Zusätzlich zu den Melodiesaiten gibt es noch zwei bis vier Bordunsaiten, die auch von der Kurbel angesprochen werden. Bei allen Saiten handelt es sich um Darmsaiten. Das Instrument wurde beim Spielen über beide Knie gelegt, wobei bei manchen besonders großen Ausführungen sogar zwei Spieler die Drehleier bedienten. Es gibt überlieferte Aufzeichnungen, wonach die durchschnittliche Größe der Drehleier circa anderthalb Meter beträgt.

Das Aussehen des Instrumentenkorpus veränderte sich im Laufe der Zeit. Im 12. und 13. Jahrhundert hatten die Drehleiern die Form von Fiedeln mit mehr oder weniger aufwendigen Verziehrungen, wohingegen im 14. Jahrhundert ein einfacher Vierkantkasten vorherrscht, seit dem 15. Jahrhundert jedoch wieder ein Fiedelkorpus. Während der gesamten Zeit wurde an nach vorne gerichteten Wirbeln zum Stimmen der Saiten festgehalten.

Im Mittelalter wurde die Drehleier als ein vollwertiges Musikinstrument gesehen. Im 15. Jahrhundert schwand das Ansehen der Drehleier, deren Spielweise (von Bordunen begleitete Melodie) nicht mehr der anspruchsvollen mehrstimmigen Satzweise entsprach. Musiktheoretiker des 16. und 17. Jahrhunderts hielten es oft nicht einmal für nötig, das Instrument zu erwähnen. Michael ▸ Praetorius wies ausdrücklich darauf hin, dass er nicht mehr über die Bauern- oder Weiber-Leyer sprechen wolle. Lediglich im 18. Jahrhundert erlebte die Drehleier eine kurze Nachblüte als Virtuosen- und Dilettanteninstrument, insbesondere in Verbindung mit der Musette.

*Literatur*:
C. Sachs, *Handbuch der Musikinstrumentenkunde*, Wiesbaden 1930, S. 167–170 • M. Bröcker, *Die Drehleier – Ihr Bau und ihre Geschichte*, Bd. 1 (Textband) und Bd. 2 (Bild- und Registerband), Bonn und Bad Godesberg 1977.

TD

## Dresden (Hof)

Musikgeschichtlich ist der Dresdener Hof seit den letzten beiden Dekaden des 15. Jahrhunderts von Bedeutung. Nachdem das Dresdner Schloss 1464 umgebaut wurde, wurde die erste Dresdner Hofkapelle gegründet (nachgewiesen für die Jahre 1482–1485). Kurfürst Ernst (reg. 1464–1486) nahm sie 1485 wahrscheinlich nach Torgau mit, wo sie von Kurfürst Friedrich dem Weisen (reg. 1486–1525) gefördert wurde und bis zu ihrer Auflösung nach dessen Tod großes Renommee erlangte. Er ließ, bedingt durch einen Aufenthalt 1497/1498 am Hof ▸ Maximilians I., einen Teil der Jenaer Chorbücher anlegen, die für mitteldeutsche geistliche Musik von großer Bedeutung sind. Eine zweite Blüte hatte die Hofkapelle unter den Kurfürsten Moritz (reg. 1541–1553) und August (reg. 1553–1586); mit dem Aufbau wurde Johann ▸ Walter 1548 betraut, der seit 1520 bis zu deren Auflösung in der Kapelle Friedrichs des Weisen Sänger war und wahrscheinlich das Repertoire aus dieser Zeit mitbrachte neben eigenen Kompositionen und seinem berühmten *Geystlichen gesangk Buchleyn*. Walter begründete den in Mitteldeutschland bis zum Ende des 17. Jahrhunderts anhaltenden Brauch der Aufführung von Historienvertonungen auf Martin ▸ Luthers deutschen Bibeltext. Die Hofkapelle umfasste 1548 19 Sänger und einen Organisten, Walter baute sie zu einer Kapelle von 38 Personen einschließlich Instrumentalisten aus. Zu Beginn des 17. Jahrhunderts zählte sie 47 Sänger und Instrumentalisten.

Von Bedeutung waren insbesondere die Trompeter, unter denen die Clarin-Bläser bereits 1474 anlässlich der Amberger Hochzeit Berühmtheit erlangten. Während zu dieser Zeit nur ein bis zwei Trompeter angestellt waren, verfügte Kurfürst Moritz über acht bis neun Trompeter, Kurfürst August über neun bis zehn, wobei jeweils ein Paukist hinzukam; gegen Ende des 16. Jahrhunderts gab es 12 Hof- und Feldtrompeter sowie ein bis zwei Paukisten. Die Kapelle verfügte zudem über alle gebräuchlichen Instrumente, darunter ▸ Posaunen, ▸ Gamben, ▸ Zinken, ▸ Krummhörner, ▸ Dulziane, Einhandflöten. Die Kapelle wurde von Michael ▸ Praetorius von ca. 1613 bis 1616 geleitet.

*Literatur:*
J. Heidrich, *Die deutschen Chorbücher aus der Hofkapelle Friedrichs des Weisen. Ein Beitrag zur mitteldeutschen geistlichen Musizierpraxis um 1500*, Baden-Baden 1993 • W. Steude, *Dresden. IV. Höfische Musikpflege*, in: MGG², Bd. 2 (Sachteil), 1995, Sp. 1529–1534.

## Dressler, Gallus
\* 16.10.1533 Nebra (Thüringen), † zw. 1580 und 1589 Zerbst

Dressler war Kantor, Komponist und ein durch drei theoretische Schriften ausgezeichneter Musiktheoretiker, deren Bedeutung erst in den letzten Jahrzehnten erkannt wurde. – Erstmals dokumentiert ist Dressler 1557 als Student der Jenaer Universität, die stark unter dem Einfluss Martin ▸ Luthers und Philipp ▸ Melanchthons stand. Dressler war vor seinem Studium möglicherweise in den Niederlanden, wo er sich musikalisch bildete und bei Jacobus ▸ Clemens non Papa studiert haben könnte, da er sich in seinen theoretischen Schriften oft auf Clemens bezieht. Bereits 1558 oder 1559, also ein Jahr nach Beginn seines Studiums, wurde er in der Magdeburger Lateinschule als Nachfolger von Martin ▸ Agricola angestellt, wo er für 15 Jahre blieb. Sowohl die Mehrzahl seiner Kompositionen als auch seine theoretischen Schriften datieren aus dieser Zeit. Dressler widmete seine Publikationen dem Stadtrat und dem Erzbischof von Magdeburg und betonte in den Vorworten laut humanistischem Vorbild den erzieherischen Charakter seiner Werke – seine deutschen Psalmen beispielsweise eröffnete er mit *Siehe, wie fein und lieblich ists, daß Brüder einträchtig bei einander wohnen* zur Demonstration der Eintracht zwischen Stadt und Bischof (Forgács, S. 9f.). Dressler bezog in der Auseinandersetzung zwischen den Anhängern Melanchthons, den Philippisten, und den orthodoxen Lutheranern Stellung für die Philippisten und erhielt 1570 an der von

Melanchthon-Anhängern dominierten Universität in Wittenberg den Grad des Magisters. Wahrscheinlich infolge des Erstarkens der orthodoxen Kräfte verließ er 1575 Magdeburg und wurde Diakon an St. Nikolai in Zerbst. Aus dieser Zeit sind nur private Umstände bekannt wie der Tod der ersten Ehefrau und die Geburt von drei Kindern nach Wiederverheiratung.

Dressler ist insbesondere durch seine musiktheoretischen Schriften von Bedeutung. *Practica modorum explicatio* (Jena 1561) und *Musicæ practicæ elementa in usum scholæ Magdeburgiensis edita* (Magdeburg 1571) stellen die schulische Vermittlung der musikalischen Elementarlehre in den Vordergrund; letztere ist eng an Heinrich ▸ Fabers *Compendiolum* (1548) orientiert (am Beginn stehen die gleichen didaktischen Fragen), integriert jedoch auch den fortgeschritteneren Stoff von dessen *Ad musicam practicam introductio* (1550). *Præcepta musicæ poëticæ* (1563) ist für den Kompositionsunterricht der älteren Schüler der Lateinschule in Magdeburg gedacht. Der Traktat steht im Kontext der Musiktheorie der Zeit (siehe hierzu detailliert Forgács, S. 13–15): Der einflussreichste Musiktheoretiker, Franchino ▸ Gaffurio, wird namentlich erwähnt, der Titel ist wohl an Fabers *Musica poetica* (ca. 1548) sowie an Nicolaus ▸ Listenius' ›Erfindung‹ des Begriffs in *Rudimenta musicæ planæ* (Wittenberg 1533) angelehnt; von Faber ist der Gebrauch des Begriffs ▸ Musica poetia für Kontrapunkt- bzw. Kompositionslehren übernommen. Sowohl Faber als auch Galliculus zitieren so wie später Dressler den Humanisten Venceslaus Philomathes (ca. 1480–1532). Der Einfluss der *Præcepta musicæ poëticæ* war wohl gering, da der Traktat nur in einer einzigen Kopie existiert; seine Bedeutung wurde in den letzten Jahrzehnten jedoch vermehrt hervorgehoben, insbesondere in Bezug auf seine Thematisierung der Form von Musik und auf die Übertragung von rhetorischen Prinzipien in den Kapiteln XII (»De fingendis exordijs«), XIII (»De medio constituendeo«) und XIV (»De constituendo fine«), an deren Beginn Dressler sich auf Horaz beruft (vgl. Buelow, *Rhetoric*, in: *Grove*, Bd. 15, 1980, S. 794).

Dressler hat auch ein umfangreicheres kompositorisches Schaffen hinterlassen, dessen musikwissenschaftliche Analyse und Interpretation noch aussteht. Neben deutschsprachigen geistlichen Kompositionen wie den *Zehen deudschen Psalmen* (Jena 1562) und *Das schöne Gebet Herr Jesu Christ* (Magdeburg 1569) erschienen eine größere Anzahl an lateinischen ▸ Motetten (*Cantiones sacrae*) und ein ▸ Magnificat im Druck. Dass ▸ Cantus firmus-bestimmte Kompositionen nur noch selten vorkommen, korreliert mit der zurückgehenden Bedeutung des Tenors als Gerüst der Komposition in seiner Theorie (Kapitel VI). Die Anlehnung an frankoflämische Kompositionsweise ist zwar deutlich, ist aber auch durch individuelle Charakteristika bestimmt wie die Hervorhebung einzelner Stimmen aus dem imitatorischen Geflecht, rhythmische Diminution von Stimmpaaren und die Interpolierung melismatischer Passagen, die zum Teil an den englischen ›florid style‹ erinnern. Seine *Außerlesenen teutschen Lieder* (Nürnberg 1575) stehen überwiegend im Kantionalsatz.

*Ausgaben* (Kompositionen):
*Musica sacra*, Bd. 11, hrsg. von G. Rebling, Berlin 1862; Lieder, in: *Geistliche und weltliche Lieder aus dem XVI. und XVII. Jahrhundert*, hrsg. von F. Commer, Berlin 1870; *Cantiones sacrae (1565)*, hrsg. von R. Eitner (Publikationen aelterer praktischer und theoretischer Musikwerke 24), Wien 1900, Reprint New York 1966; *Fünf Motetten zu 4–5 Stimmen*, hrsg. von M. Ruëtz (Das Chorwerk 28), Wolfenbüttel 1934.

*Ausgaben* (Schriften):
*Musicæ practicæ elementa in usum scholæ Magdeburgiensis edita*, Magdeburg 1571; *Practica modorum explicatio*, Jena 1561, hrsg. und übersetzt von O. Trachier, Conflans-Sainte-Honorine 2000; *Præcepta musicæ poëticæ (1563)*, hrsg. und übersetzt von O.

Trachier und S. Chevalier (Centre d'Études Supérieures de la Renaissance, Collection *Épitome musical*), Paris und Tours 2001; *Præcepta musicæ poëticæ. New Critical Text, Translation, Annotations, and Indices*, hrsg. von R. Forgács (Studies in the History of Music Theory and Literature 3), Urbana und Chicago 2007.

*Literatur*:
W.M. Luther, *Gallus Dressler. Ein Beitrag zur Geschichte des Schulkantorats im 16. Jahrhundert* (Göttinger Musikwissenschaftliche Arbeiten 1), Kassel 1942 • D.R. Hamrich, *Cadential Syntax and Mode in the Sixteenth-Century Motet: A Theory of Compositional Process and Structure from Gallus Dressler's Praecepta musicae poeticae*, Diss. Univ. of North Texas 1996 • J. Heidrich, *Dressler, Gallus*, in: MGG², Bd. 5 (Personenteil), 2001, Sp. 1406–1408.

ES

# Druckgraphik in der Musikikonographie

Der erste, der die Druckgraphik als reiche Quelle für die Musikikonographie erschloss, war Walter von Zur Westen mit seinem Folianten *Musiktitel aus vier Jahrhunderten*, erschienen 1921; als zweiter ist Georg Kinsky mit seiner *Geschichte der Musik in Bildern* von 1929 zu nennen. Kinsky räumt den Musikbildern auf Holzschnitten und Kupferstichen breitesten Raum ein (besonders S. 73–97 und 106–110). Durch seine Auswahl und Anordnung macht er auch deutlich, dass die wichtigsten Zentren Italien, die Niederlande und der deutsche Sprachraum waren. Die größte Sammlung war dann der Antiquariatskatalog der Gebrüder Goodfriend von 1993. Trotzdem ist, was sowohl die Katalogisierung als auch die wissenschaftliche Bearbeitung anbelangt, die Druckgraphik bis heute ein Stiefkind in der Musikikonographie geblieben, nicht zuletzt, weil die *Répertoire international des sources musicale*-Kataloge nicht auf die Illustrationen eingehen und die *Répertoire international d'iconographie musicale*-Kataloge die Druckgraphik ausklammern.

*Prinzip der Illustration im Buchdruck*
Viel mehr als die Malerei stand die Druckgraphik in direkter Nachfolge der Handschriftenillustration, denn am Prinzip der Textillustration änderte sich durch das neue Medium nichts Wesentliches. Die wichtigsten Kategorien sind erstens die Roman-, Bibel- und Erbauungsliteratur, in welcher die Musikdarstellung wie bisher eine je nach Thema größere oder kleinere Rolle spielt, zweitens der Buchschmuck in den musikalischen Praktika mit Titelholzschnitt oder Titelkupfer, Dedikationsbild (wie etwa der Titel zu Johannes Antiquus, *Liber XV Missarum* von 1516) und Initialen, sowie drittens die bildlichen Erläuterungen zu wissenschaftlichen Texten und hier insbesondere zur Musiktheorie. Das Buchwesen entwickelte aber schon in den ersten Dezennien, d.h. also zur Inkunabelzeit, Eigenheiten, die dem visuellen Aspekt weiteren Auftrieb gaben. Schöne und teilweise berühmte Beispiele aus der Musiktheorie liefern die Werke des Franchino ▸ Gaffurio, die zwischen 1480 und 1518 gedruckt wurden. Die Holzschnitte erscheinen teils als Titelblatt, teils als Frontispiz, teils im Text und die Sujets vermischen musikalische Aktivität mit musiktheoretischen Erläuterungen, mythischen Szenen und kündigen sogar die Emblematik an. Im ersten Jahrzehnt des 16. Jahrhunderts wird der Buchschmuck systematisch erweitert, was zu folgendem typischen Aufbau führt: Das Buch beginnt mit dem Frontispiz, d.h. der dem Titel gegenüber liegenden Versoseite, dann folgt auf dem ersten Recto das Titelblatt selbst, dessen Text mit einem ein- oder mehrteiligen Bordürenrahmen, einem Titelholzschnitt und einer Druckermarke ergänzt werden kann; danach kommen die weiteren zur ersten Lage (Titelei) gehörenden Blätter, auf denen sich neben Widmungsgedichten und Vorreden Bilder befinden können. Hernach beginnt der eigentliche Text, der je nach Inhalt und Bedarf Illustrationen enthalten kann und dessen Kapitelanfänge in der Nachfolge der

Buchmalerei mit dekorativen und figürlichen Initialen ausgestattet werden. Je nachdem, welchen Aufwand der Verleger sich leisten will, können noch Zierleisten eingestreut sein.

Als besonders instruktives Beispiel aus der fast überschwänglichen Frühzeit des Buchwesens kann man den musiktheoretischen Traktat Sebastian ▶ Virdungs *Musica getutscht* von 1511 anführen. Das Titelblatt besteht aus fünf dekorativen Rahmenleisten und ist mit zwei Buchstabentypen und einer Initiale bereichert; umseitig findet sich ein opulent gestaltetes Wappen des Widmungsträgers, auf dieses folgt nach einer Widmungsvorrede auf fol. a iv recto dann ein ganzseitiger Holzschnitt, der den Autor mit einem etwas kruden Sack voller Musikinstrumente zu seinen Füßen und im Gespräch mit seinem fragenden Partner zeigt. Dann kommt der eigentliche Traktat durchsetzt mit Holzschnitten von Musikinstrumenten und zusätzlich versehen mit dem Bild eines auf einem Baumstumpf sitzenden Lautenspielers, zu dem Urs ▶ Graf die Vorzeichnung geliefert hat, und eine ganz in Holz geschnittene Tabulatur. Der Verleger, Michael Furter, hat also für dieses im Vergleich zur humanistischen wissenschaftlichen Literatur leichtgewichtige Werk ganz ungewöhnlichen Aufwand getrieben, dank dem wir die Buchbebilderung in ihrer ganzen Vielfalt studieren können. Die Kunstgeschichte hat schon früh erkannt, dass die Künstler keineswegs immer ihre Bilder selbst schnitten. Zeitmangel und Auftragsvolumen zwangen oft zur Arbeitsteilung, wobei gemalte Vorlage, Zeichnung auf Papier, Pause auf dem Druckstock und Schneide- oder Gravierarbeit von verschiedenen Mitarbeitern im Atelier oder in der Offizin hergestellt wurden. Musikwissenschaftliche Analysen berücksichtigen diese Umstände selbst heute noch nur ungenügend. Auch hierin ist Virdungs Büchlein ein instruktives Beispiel.

Die Blütezeit für Buchschmuck und Buchillustration sind das späte 15. und die erste Hälfte des 16. Jahrhunderts. Die wichtigste und am aufwendigsten gestaltete Seite ist fast immer das Titelblatt, da es als Schaufenster für das Werk selbst dient. In renaissancistischer Manier wird es meistens architektonisch als Eingangsportal gestaltet und mit allegorischen Figuren, Putten, Musikengeln, Festons und Girlanden geschmückt. Auch für kleinformatige Traktate greift man häufig auf architektonische Titelholzschnitte zurück (z.B. für die Traktate des Martin ▶ Agricola). Bei den querformatigen Stimmbüchern werden vor allem Tenor oder Superius mit einem Titelholzschnitt versehen, auch Tabulaturen erhalten häufig einen Titel mit Holzschnitt. Hervorragend ausgestattet sind die Stimmbücher, zum Beispiel von ▶ Le Roy und Ballard in Frankreich (siehe Abb. 1 mit figürlicher I-Initiale, die den vor der Frau des Potiphar entweichenden Joseph zeigt) und Georg ▶ Rhau in Wittenberg (siehe Abb. 3 mit einem zehnteiligen Rahmenholzschnitt, der das Wappen Wittenbergs, Druckerinitialen ebenfalls in einem Wappen, drei dekorative Bordüren, fünf Medaillons mit Lutherrose, Harfe Davids, Kreuz und Schlange, Jonas ausspeiendem Walfisch und Arche Noah mit Taube enthält).

Die Bildthemen im Buchschmuck sind schon allein bei diesen beiden Drucken außerordentlich vielfältig und beziehen sich auf spe-

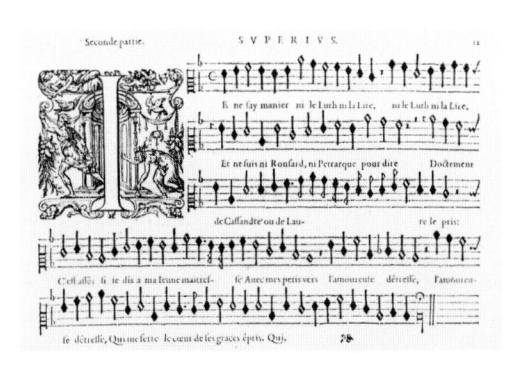

Abb. 1: *Meslanges de la musique de Claude Le Jeune*, Paris: Le Roy & Ballard, 1587

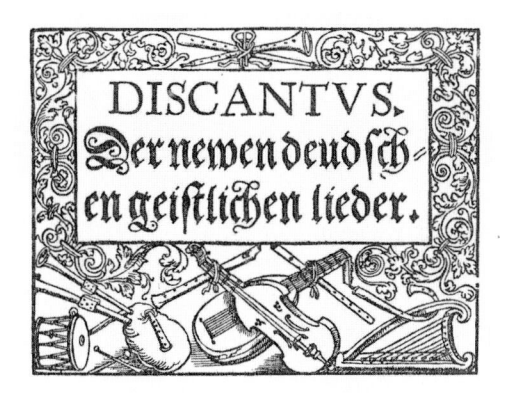

Abb. 2: Discant-Stimmbuch der *Neuen geistlichen Gesänge*, Wittenberg: Georg Rhau, 1544. Einteiliger Titelrahmenholzschnitt von Lucas Cranach dem Jüngeren

Abb. 3: *Neue deutsche geistliche Gesänge*, Wittenberg: Georg Rhau, 1544. Zehnteiliger Titelrahmen für Tenor-Stimmbuch, von Lucas Cranach dem Jüngeren

zielle Inhalte der Vokaltexte oder Gattung und Zweck der Publikation. Ebenso häufig sind mythologische oder biblische Szenen, mit denen moralische Botschaften vermittelt werden, oder einfach dekorative Ornamentik und figürliche Drôlerie.

Außerordentlich beliebt ist auch die Ansammlung von Musikinstrumenten. Sie geben wirksame Dekorationen ab und stellen wegen ihrer komplizierten Körperformen willkommene technische Herausforderungen an Zeichner und Formschneider.

In anderen Fällen kommt eine Neigung zum Genrebild zum Vorschein, etwa indem die Werkstatt des Instrumentenmachers (in musiktheoretischen Traktaten), oder Szenen instrumentalen oder vokalen Musizierens im Ensemble (in Traktaten oder Praktika wie etwa bei Silvestro ▸ Ganassi) dargestellt werden. Überall nützen die Künstler die Freiheit aus, die die Graphik im Unterschied zum Gemälde gewährt. Für die Realienforschung (Instrumentenkunde und Aufführungspraxis) bringen die neuen Bildgegenstände und der spontane und ungehemmte Umgang mit einer fast unbegrenzten thematischen Vielfalt eine reiche Ausbeute. Es kann auch zu halb drolligen, halb lehrhaften Mischungen kommen, wie etwa bei den Titelbildern zum Musikkapitel in den verschiedenen Auflagen von Gregor ▸ Reischs *Margarita philosopharum* (1503 und später). Die italienischen Titelblätter zu den Stimmbüchern der *Canzoni*, *Frottole*, *Moteti de la simia* oder *Motetti del frutto* sind Beispiele für die Vergnügtheit und das Spielen mit Humor und Satire in der Buchgraphik.

Was die neuen Buchgattungen bezüglich der Musikikonographie anbelangt, so wären zu nennen: 1. die *Libri viri illustri*, eigentliche Porträtbücher, in die manchmal Musiker (das heißt in diesem Falle Komponisten) aufgenommen werden (▸ Musikerporträt), 2. die Ständebücher, in welchen Berufe und Stände gezeigt und beschrieben werden und 3. schließlich die Emblembücher (▸ Emblem), die im Anschluss an Alciati und Cesare Ripa im Laufe von 16. und 17. Jahrhundert zahlenmäßig ins fast Unermessliche wachsen. Für alle drei Gattungen ist typisch, dass das Bild als Vermittler von geistigen oder sozialen Inhalten oder technischen Angaben gleichwertig neben den Text tritt, oft sogar so, dass das Bild – etwa eines Draht- und Saitenziehers oder eines Lautenmachers – mehr Auskunft gibt als die wenigen Distichen und Spruchweisheiten, die darunter oder daneben stehen.

*Einblattdrucke und Bilderserien*
Die Möglichkeit der tausendfachen Vervielfältigung von Information führte schon im 15. Jahrhundert zur Entstehung des Einzelblattes oder einer ungebundenen Bilderserie. Die einfachste und politischen Aktivismus verkörpernde Gattung ist das Flugblatt, bei dem sich der Autor zur Erhöhung der Einprägsamkeit und um auch die große Mehrheit der Schriftunkundigen zu erreichen, des Bildes bedient. Im 16. Jahrhundert kann es sogar mehrseitig werden und Musiknotate einschließen. In der Regel bleibt der Künstler unidentifizierbar. Bei hervorragenden Blättern, wie dem Flugblatt zu Kaiser ▸ Maximilians I. Tod, das ihn beim Anhören der Messe in Augsburg zeigt, gelang es, Hans Springinklee (nachgewiesen in Nürnberg 1512–1520) als Autor zu identifizieren; bei der Lutherkarikatur vermutet man Erhard Schön (nach 1490–1542; siehe Abb. 4).

Beim graphische Einzelblatt, das die Erzeugnisse der Malerei jetzt aus der Kammer oder dem Palazzo in die Öffentlichkeit hinausträgt und dem kunstsinnigen Bürger zugänglich macht, geschieht die Umarbeitung ohnehin durch gute Künstler. Hier wird auch schon früh die aufwendigere Technik des Kupferstichs eingesetzt, die eine größere Ähnlichkeit mit den gemalten Originalbildnissen von weiblichen und männlichen Musikern erreicht. Noch eindrücklicher ist das fast unvermittelte Auftauchen des Musik-▸Genrebildes, das wie oben bei der Buchillustration schon erwähnt, lange vor der Malerei in der Druckgraphik Fuß fasst.

In der Frühzeit ist Israel von Meckenem (gegen 1445–1503) der auffallendste Künstler des gestochenen Einzelblattes mit Musikdarstellung (Abb. 5).

Abb. 4: Erhard Schön (?), »*Der Zeiten pfiff ich hin und her...*« *Der Teufel pfeift mit Luthers Kopf Dudelsack*, nach 1530?

Abb. 5: Israel von Meckenem, *Musizierendes Paar (Gesang und Laute)*, um 1500

Im frühen 16. Jahrhundert ragt Lucas van Leyden (ca. 1498–1533) heraus (Abb. 6).

Abb. 6: Lucas van Leyden, *Musikerpaar*, 1524

Fast alles, was Rang und Namen hat, experimentiert mit den Möglichkeiten zum Genre, wobei allerdings die Musik bei einigen (wie etwa Albrecht Dürer, 1471–1528) kaum vorkommt. Abgesehen von biblischen Bilderserien (wie etwa dem *Encomium musices* des Adriaen Collaert [1560–1618] nach Stradanus [1523–1605]) sind die meisten Bilderreihen mit allegorischen Darstellungen verknüpft – eine Verbindung, die auch noch in späteren Jahrhunderten besteht –, so zum Beispiel mit den Allegorien der vier Elemente, der vier Charaktere, der fünf Sinne, und den älteren Themen der vier Jahreszeiten, sieben Planetenkindern, neun Musen oder sieben freien Künsten.

Sie bieten z.B. bei der ›Erde‹ oder dem ›Gehör‹ Anlass für Darstellungen von Musizieren in einem teilweise realistischen Ambiente im Freien oder Hausinneren. Besonders die holländischen Künstler haben sich hierbei hervorgetan.

Schließlich sei eine andere Bildgattung erwähnt: die Darstellungen von Triumphzügen, öffentlichen Großanlässen (Trauerprozessionen, Krönungen etc.) und Bühnenbildern. Meistens auf Zeichnungen, seltener auf Gemälde zurückgehend dienen sie als Memorabilien des Sponsors für die Teilnehmer oder Freunde aus der höheren Gesellschaft bzw. Besucher der Theatervorstellungen. Wir führen hier als Beispiel den Kupferstich Agostino Caraccis (1557–1602) des von Bernardo Buontalenti (1536–1606) entworfenen Bühnenbildes eines ▸ Intermediums an, das anlässlich der Hochzeit des Großherzogs Ferdinand von ▸ Medici und Christine von Lothringen in Florenz gegeben wurde (siehe Abb. 7).

Abb. 7: Agostino Carracci, *Spärenmusik* als Bühnendekoration zum 1. Intermedium von *La Pellegrina*, 1592

Bis ins dritte Viertel des 16. Jahrhundert bestehen Holz und Kupfer als Bearbeitungsmaterial nebeneinander. Dann lösen Kupferstich und Radierung den Holzschnitt ab. Dabei kommt den gestochenen Bilderserien von Jan Sadeler (ca. 1550–1600) aus Antwerpen besondere Bedeutung zu. Er nahm sich die Gemälde des

Marten de Vos (1531–1603) vor, auf denen vollständige mehrstimmige Motetten in den Händen von Sängern in biblischen Szenen zu sehen sind, gravierte sie in Kupfer und entdeckte dabei, dass dieses Medium sich hervorragend dafür eignete, Musiknotate exakt wiederzugeben (▶ Bildmotette). Die getreue Notendarstellung (obwohl sie spiegelbildlich auf die Platte graviert werden musste) war so überzeugend, dass man die Technik auf den Notendruck selbst anwandte. Es zeigte sich, dass die Vorteile gegenüber dem umständlichen Notendruck mit beweglichen Lettern so offensichtlich waren, dass man diesen rasch aufgab.

*Literatur:*
E. Bernoulli, *Volksmusikinstrumente in Zeichnungen und Holzschnitten von Hans Holbein und Urs Graf*, in: Festschrift Hermann Kretzschmar zum 70. Geburtstag, Leipzig 1918, S. 18–21 • M. Seiffert, *Bildzeugnisse des 16. Jahrhunderts für die instrumentale Begleitung des Gesangs und den Ursprung des Kupferstiches*, in: Archiv für Musikwissenschaft 1 (1918/1919), S. 49–67 • W. von Zur Westen, *Musiktitel aus vier Jahrhunderten*, Leipzig 1921 • G. Kinsky, *Geschichte der Musik in Bildern*, Leipzig 1929 • K. Meyer-Baer, *Die Illustrationen in den Musikbüchern des 15.–17. Jahrhunderts*, in: Philobiblon 10 (1938), S. 205–212, 278–292 • A. Quellmalz, *Musikdarstellungen auf Flugblattbildern*, in: Archiv für Musikforschung 3 (1938), S. 215–23 • J. LaRue / J.B. Holland, *Tobias Stimmer's »Women musicians«, a unique series of woodcuts*, in: Hinrichsen's eleventh music book, London 1961, S. 261–268, Taf. 170–179 • I. Otto, *Buchschmuck als instrumentenkundliche Quelle*, in: Hinrichsen's eleventh music book, London 1961, S. 256–261, Taf. 156–169 • L.E. Cuyler, *Music in biographies of Emperor Maximilian*, in: Aspects of medieval and Renaissance music: a birthday offering to Gustave Reese, hrsg. von J. LaRue, New York 1966, S. 111–121, Taf. 4–5 • J. Haar, *The frontispiece of Gafori's Practica Musicae (1496)*, in: Renaissance Quarterly 27 (1974), S. 7–22 • V. Scherliess, *Notizen zur musikalilschen Ikonographie, II. Die Musik-Impresa der Isabella d'Este*, in: Analecta Musicologica 15 (1975), S. 21–28 • M. Corbett / R. Lightbrown, *The comeley frontispiece: emblematic title page in England 1550-1660*, London & Boston 1979 • T. Seebass, *Some remarks about sixteenth-century music illustration*, in: Répertoire international d'iconographie musicale Newsletter 4, no. 2 (1979), S. 2–3 • T. Seebass, *Venus und die Musikwissenschaft oder Von der Universalität eines reformatorischen Buchmachers*, in: Totum me libris dedo, Basel 1979, S. 187–199 • D. Möller, *Untersuchungen zur Symbolik der Musikinstrumente im Narrenschiff des Sebastian Brandt*, Regensburg 1982 • U. Henning, *Musica Maximiliana. Die Musikgraphiken in den bibliophilen Unternehmungen Kaiser Maximilians I*, Neu-Ulm 1987 • S. Sebastian, *Aquimia y emblemática. La fuga de Atalanta de Michael Maier*, Madrid 1989 • N. Guidobaldi, *Images of music in Cesare Ripa's Iconologia*, in: Imago Musicae 7 (1990), S. 41–68 • R. Hammerstein, *Imaginäres Gesamtkunstwerk. Die niederländischen Bildmotetten des 16. Jahrhunderts*, in: Die Motette. Beiträge zu ihrer Gattungsgeschichte, hrsg. v. H. Schneider, Mainz 1992, S. 165–203 • G. Goodfriend / J. Goodfriend, *Prints and drawings of musical interest. [Sales-] Catalogue No. 5*, New York 1993 • W. Braun, *Zur Bildausstattung in Claudius Sebastianis Bellum musicale (1563)*, in: Musikalische Ikonographie, Laaber 1994, S. 31–39 • C. Gallico, *Il laboratorio di Ottavio Petrucci a Venezia: Musica e immagine grafica*, in: Tempi di Giorgione, hrsg. von R. Maschio, Roma 1994, S. 83–84 • R. Hammerstein, *Von gerissenen Saiten und singenden Zikaden. Studien zur Emblematik der Musik*, Tübingen & Basel 1994 • P.P. Raasfeld, *Pictura, poesis, musica: Een onderzoek naar de rol van de muziek in embleemliteratuur*, Diss. Universiteit Utrecht, 1995 • *O Musica du edle Kunst. Musik und Tanz im 16. Jahrhundert / Music for a while: music and dance in 16th-century prints*, Ausstellungskatalog Neue Pinakothek, München, hrsg. von W.T. Vignau, München 1999 • F. Gétreau, *L'image du faiseur d'instruments de musique de la Renaissance*, in: Imago Musicae 16/17 (1999/2000), S. 117–136 • P. Vendrix, *La dialectique de l'image et du texte dans les traités imprimés de la Renaissance*, in: Imago Musicae 16/17 (1999/2000), S. 93–116 • C. Zecher, *Sounding objects: Musical instruments, poetry, and art in Renaissance France*, Toronto u.a. 2007.

TS

## Du Bellay, Joachim
\* Liré (nahe Angers) 1522, † 11.1.1560 Paris

Im Schloss von La Turmeliére in Liré nahe Angers geboren, studierte der Dichter Jura an der Universität von Poitiers (1545–1546), wo er mit Marc Antoine de Muret und Jacques ▶ Peletier zusammentraf; er studierte dann griechisch, lateinisch und italienisch (1547–1549) bei Jean Dorat am Collège de Coqueret in

Paris, wo er Pierre ▸ Ronsard und Jean Antoine de ▸ Baïf begegnete. Du Bellay wurde das führende Mitglied einer Gruppe junger Poeten, die als La Brigade bekannt wurden, der Vorläufer der Gruppe, die später als La ▸ Pléiade berühmt wurde. Sein Traktat *La deffense et illustration de la langue françoise* (1549) war ein Manifest der jungen Poeten, die glaubten, dass sie die französische Dichtung eines erhabenen und lyrischen Ausdrucks befähigen konnten, indem sie die populären ▸ Vaudevilles von Mellin de Saint-Gelais und die ▸ Formes fixes der ›grands rhétoriqueurs‹ verwarfen und die lateinischen Modelle von Horaz, Ovid etc. wie auch die toskanischen Verse von Petrarca assimilierten. Du Bellay starb am 1. Januar 1560 in den Räumen von Claude de Bize, Sänger und Kanoniker an Notre-Dame von Paris.

Sein *L'Olive* (1549) stellt die erste wesentliche Sammlung petrarkistischer Sonette (▸ Petrarkismus) in französischer Sprache dar; aber sie interessierte zeitgenössische Musiker wie Gentian (der einen vierstimmigen Satz von *O foible esprit chargé de tant de peines* 1549 publizierte) weniger als spätere Komponisten wie Orlande de ▸ Lassus (1576), Antoine Bertrand (1578), Jehan de Maletty (1678) und Cornelis Verdonck (vier Vertonungen 1599). Ähnlich zogen die frühen Oden, die in seinen *Vers lyriques* (1549) publiziert wurden, zunächst wenig musikalische Aufmerksamkeit auf sich, obwohl einige Zeilen der *Ode de l'inconstance de choses* später Lassus' am stärksten figurierte und madrigalistische Chanson, *La nuict froide et sombre* (1584), inspirierten. Clement ▸ Janequin wählte den »dialogue d'un amoureux et d'echo« (»Dialog zwischen einem Liebenden und dem Echo«), *Pitieuse echo qui erres en ces bois* (1557), aus einer anderen frühen Sammlung, dem *Recueil de Poésie* (1549). Aber Du Bellay fand größere Gunst bei den Komponisten nach seiner Rückkehr von einem Besuch mit seinem Vetter Kardinal Jean in Rom (1553–1557), als er sich wie Pierre Ronsard, Jean Antoine de Baïf und Rémy ▸ Belleau mit seinen *Divers Jeux Rustiques* (1558) von ernsten Modellen abwandte zu einer leichteren strophischen Dichtung in populärerer Art. Die neapolitanische Villanella inspirierte seinen größten musikalischen Erfolg – *En ce mois délitieux*, der bald von Nicolas, Pierre ▸ Certon und Jacques ▸ Arcadelt vertont wurde. Letzterer, der den Dichter in Rom schon vor seiner Niederlassung in Paris getroffen haben könnte, mochte diese rustikalen Spiele besonders, so dass er unter ihnen mehrere Strophen auswählte, darunter *Du temps que j'estois amoureux, Je ne puis dissimuler, Robin par bois et campagnes, Si le bien qui au plus grand bien, Si vous regardez ma dame* und *Vieille, plus vieille que le monde*. Ähnliche strophische Dichtung erschien später in den *Airs* von Cornelius Blockland, Fabrice Marin ▸ Caietain, Didier Le Blanc (alle 1579) und Guillaume ▸ Tessier (1582).

Der einzige Musiker, der speziell von Du Bellay gepriesen wurde, war der Lautenist Albert de Rippe, und seine einzige bezeugte Zusammenarbeit mit Sängern und Komponisten bezog ein »*Epithalame*« ein, das er 1559 für die Hochzeit von Fürst Emmanuel Philibert von Sovoyen und Prinzessin Marguerite von Frankreich schrieb; dieses wurde von den Brüdern ▸ Ferrabosco gesungen, die dem Kardinal von Lothringen dienten. Eine andere verlorene Partitur waren die geistlichen Lieder *La Lyre Chrestienne* und *La Monomachie de David*, die von Antoine de Hauville vertont wurden in einer Sammlung, die von Simon Gorlier in Lyon 1560 publiziert wurde. Eine »*Hymne Chrestien*«, zum ersten Mal 1552 publiziert, überlebte in einem fünfstimmigen Satz von Nicolas de ▸ La Grotte aus dem Jahre 1583.

*Ausgaben*:
Joachim du Bellay: Œuvres poétiques, hrsg. von H. Chamard, rev. von Y. Bellanger, Paris 1989.

*Literatur*:
F. Dobbins, *Joachim Du Bellay et la musique de son temps*, in: *Du Bellay. Actes du Colloque International d'Angers [...] 1989*, Angers 1990, S. 587–605.

FD

## Du Caurroy, François-Eustache [Eustache]
\* 1549 Gerberoy, † 7.8.1609 Paris

Nichts von der musikalischen Ausbildung des französischen Komponisten ist bekannt, der in einer Gegend geboren wurde, die damals für das exzellente Niveau der ▶ Maîtrisen an den Kathedralen gepriesen wurde – Beauvais ist nur wenige Kilometer von Gerberoy entfernt. Als Sänger in der Kapelle des französischen Königs spätestens seit 1575 (zuerst als Haute contre und anschließend seit 1602 als Taille), war er dort auch einer der ›sous-maître‹ (die ersten diesbezüglichen Erwähnungen stammen von 1578); er erhielt nacheinander die Titel ›compositeur de la chambre du roi‹ (1595) und ›compositeur de la musique de la chapelle du roi‹ (1599). Im Lauf der 1580er Jahre war er auch einer der Haute contre der privaten Kapelle der Königinmutter, Katharina de Medici.

Der Verfasser verschollener theoretischer Schriften hat ein vielseitiges Œuvre (für zwei bis neun Stimmen) hinterlassen, das – mit Ausnahme einiger in Paris und Antwerpen während der 1580er und 1590er Jahre publizierten Chansons – wahrscheinlich im wesentlichen im Jahr seines Todes und zu Beginn der 1610er Jahre gedruckt worden ist: 53 Motetten (1609); 63 Chansons, französische und lateinische Psalmen (1610); 42 Fantasien (1610); wahrscheinlich 4 Messen, von denen nur die fünfstimmige *Missa pro defunctis* in einer Edition von 1636 erhalten blieb (1610–1612?).

Die Untersuchung seines Werks offenbart gleichzeitig konservative Aspekte und innovativere Facetten. In seinen Motetten benutzte er nur am Rand häufig vertonte Texte (*Salve regina*) oder solche, die von ▶ Josquin Desprez oder Adrian ▶ Willaert (*Mane prima sabbati*), die er studiert hatte, vertont wurden; vielmehr wählt Du Caurroy Texte, die scheinbar noch nie die Aufmerksamkeit von Komponisten auf sich zogen (*Protector in te sperantium*) oder die direkt eine Pariser Tradition aufdecken, die mit der französischen Krone verbunden ist (*Alleluya, alleluya, o filii*; *Ave Maria ... per secula Christus vincit, Christus regnat*, vor ihm vertont von Antoine ▶ Brumel, Jean ▶ Mouton, Claudin de ▶ Sermisy oder auch Pierre ▶ Certon). Außerdem war er – zusammen mit Giaches de ▶ Wert – einer der wenigen Komponisten, die sich für die Hymnen von Marc Antoine Muret (*Sanctorum soboles*, auf Johannes den Täufer) interessierten.

Die kompositorischen Prinzipien, auf die er zurückgriff, konnten ältere sein: Der manchmal ununterbrochene Gebrauch imitatorischer Schreibweise (zur motivischen Entwicklung in *Susanne un jour*), ▶ Kanonpraxis (manchmal an ein präexistentes musikalisches melodisches Material gebunden: *Le Seigneur dés qu'on nous offense*) und die gleichzeitige Verwendung von verschiedenen ▶ Mensurzeichen (14. Fantasie über *Ave maris stella*) zeugen von seiner Kenntnis des älteren Repertoires, insbesondere desjenigen von Josquin und Willaert; letzterer beeinflusste auch seine mehrchörige Technik (fünf Motetten; ▶ Mehrchörigkeit). – Hingegen zeigt seine Musik auf die ›vers mesurés à l'antique‹ (▶ Musique mesurée; 5 ▶ Motetten und mehr als 20 ▶ Chansons), dass ihm bestimmte Techniken der zeitgenössischen Kompositionsweise nicht völlig fremd waren. Aber seine Annäherungsweise kann nicht mit derjenigen Claude ▶ Le Jeunes verglichen werden, der eng und dauerhaft mit Jean Antoine de ▶ Baïf zusammenarbeitete: Die Praxis der Musique mesurée Du Caurroys hängt vor allem mit seiner Anwesenheit am Hof von Nicolas Rapin zusammen, der zwischen 1595 und 1603 erfolglos versuchte, eine neue Schule der ›Poésie et Musique mesurée‹ zu gründen.

Du Caurroy scheint einige Schwierigkeiten gehabt zu haben, vorteilhaft die rhythmische Beschränktheit zu nutzen, die er manchmal durch die Einführung imitatorischer Passagen auszufüllen versuchte, um die Monotonie der strengen Vertikalität zu brechen (*Malheureux est, Phosphorae redde diem*).

Wenn seine Motetten, in denen er den größten Erfindungsreichtum bekundete, frei von aller Anleihe aus dem Repertoire der liturgischen gregorianischen Melodien zu sein scheinen, sind neun Stücke – sechs ▸ Fantasien (Nr. 1, 6, 18, 20, 25, 27) und drei in den *Meslanges* erschienenen Psalmen (nach Paraphrasen des Katholiken Philippe ▸ Desportes wie *Le Seigneur dés qu'on nous offense*; ▸ Psalmvertonungen) – auf Melodien des ▸ Hugenottenpsalters komponiert. Außerdem ist Du Caurroy einer der ersten in Frankreich, der Fantasien und polyphone ▸ Noëls komponiert hat und sie drucken ließ; zahlreiche Komponisten im 17. Jahrhundert folgten ihm darin (darunter Louis Couperin mit Fantasien und Artus Auxcousteaux mit Noëls). Schließlich scheinen seine doppelchörigen Motetten (wie *Victimae paschali laudes*) Nicolas Formé (sein Nachfolger an der Spitze der Chapelle royale) zu Stücken inspiriert zu haben, die heute als Ankündigung der Grand motet betrachtet werden.

Wenn er auch seit 1584 von La Croix Du Maine in seiner *Bibliothèque* gepriesen wurde und ihm nach seinem Tod bis ungefähr in die Mitte des 17. Jahrhunderts zahlreiche Huldigungen seitens Theoretikern und Komponisten zuteil wurden (u.a. Marin ▸ Mersenne, Anibal Gantez), muss man doch feststellen, dass seine Werke (mit Ausnahme seines Requiems) nicht wiederaufgelegt wurden; dies beweist, dass sie nicht mehr dem Geschmack eines größeren Publikums entsprachen, das von ▸ Airs de cour unterhalten wurde.

*Ausgaben:*
*Fantaisies à 3, 4, 5 et 6 voix*, hrsg. von B. Pidoux, Brooklyn 1975; *Preces ecclesiasticæ*, hrsg. M.-A. Colin, Paris 2000; *Missa pro defunctis*, hrsg. M.-A. Colin, Turnhout 2004; *Meslanges de la Musique*, hrsg. M.A. Colin, Turnhout (Druck i. Vorb.).

*Literatur:*
M.A. Colin, *Eustache Du Caurroy et le motet en France à la fin du XVI$^e$ siècle*, 2 Bde., Diss. Univ. Tours 2001 • Dies., *Eustache Du Caurroy, un compositeur français aux confins du XVI$^e$ et du XVII$^e$ siècle*, in: Acta Musicologica 73 (2001), S. 189–258.

MAC

# Du Chemin, Nicolas
\* zwischen 1510 und 1520 Sens, † nach dem 15.7.1576 Paris

Nicolas Du Chemin war ein Pariser Drucker und Verleger, der zunächst mit Pierre ▸ Attaingnant, dann mit der Firma ▸ Le Roy & Ballard im Konkurrenzkampf stand. Er begann zunächst als Buchhändler, dann als Verleger allgemeiner Literatur. Erst die Heirat mit einer indirekten Verwandten von Attaingnant dürfte sein Interesse für den Musikdruck geweckt haben.

1548 erhielt Du Chemin ein königliches Privileg für Erstdrucke von Musik, das später mehrfach erneuert wurde. Für redaktionelle Tätigkeiten engagierte er verschiedene französische Musiker, darunter auch Claude ▸ Goudimel. 1549 erschien seine erste Publikation von mehrstimmiger Musik. Er begann zunächst mit dem Druck von Chansonsammlungen, die teilweise dasselbe Repertoire enthielten wie die etwa gleichzeitig erschienenen Anthologien seines Konkurrenten Attaingnant. Ab 1551 begann er auch Motetten zu drucken, ab 1552 Messen, ein Repertoire, auf das er sich aufgrund der Übermacht von Le Roy & Ballard in den Folgejahren konzentrierte. Zwischen 1552 und 1568 erschienen 27 Titel mit Messkompositionen, darunter Werke von Claude ▸ Sermisy. 1556/1557 gingen sechzehn Individualdrucke in Druck, zudem erschienen in seiner Werkstätte über 70 Motetten, Theorietraktate, ein Tabulaturdruck und Sammlungen mit Tanzmusik. Aus Du Chemins aktiver Zeit zwischen 1549 und 1568 sind etwa 100 Musikdrucke erhalten, die in ihrer Druckqualität jene der Konkurrenten deutlich überlegen sind.

*Ausgaben*:
Ausgewählte Faksimiledrucke in der Reihe *Le Verger de musique* (Bände 1, 4, 6–9), Tours 1993–1998.

*Literatur*:
F. Lesure / G. Thibault, *Bibliographie des éditions mus. publiées par Nicolas du Chemin (1546–1576)*, in: Annales musicologiques 1 (1953), S. 269–373, Addenda in dass. 4 (1956) und 6 (1958–1963) • J.H. Alexander, *N. de Chemin's Moduli Undecim Festorum of 1554*, Diss. Cleveland 1967.

ALB

## Du Tertre, E(s)tienne
fl. Mitte 16. Jahrhundert

Du Terte war ein französischer Organist und Komponist. Ein Dokument vom 9. April 1556 nennt ihn als einen Bediensteten des französischen Hofes (»courtisan«); ansonsten existieren keine Dokumente zu seiner Biographie. Gleichwohl sind bei den Pariser Verlegern Pierre ▸ Attaingnant und Nicolas ▸ Du Chemin zwischen 1549 und 1557 insgesamt 71 ▸ Chansons von ihm überliefert, daneben noch 33 Ensembletänze im *Septiesme Livre de Danceries* (Paris 1557). Die Chansons gehören den gängigen Typen der Jahrhundertmitte an: Die syntaktisch-klare, ein kurzes Liebesgedicht vertonende ▸ Pariser Chanson, die obszöne Parlando-Chanson und die ab der Jahrhundertmitte aufkommenden homophon-tanzhafte voix-de-ville-Chanson (▸ Vaudeville). Das Repertoire der Tänze konzentriert sich zeittypisch auf die ▸ Pavane-Gaillarde-Paare und vor allem auf die enorm populäre ▸ Branle. Erstmals erscheint im Du Tertre-Druck der Begriff »suytte«, hier allerdings noch nicht im barocken Sinne einer festen Folge verschiedener Tanztypen.

*Literatur (und Ausgaben)*:
C.M. Cunningham, *E. du Tertre, Scavant Musicien, Jean d'Estree, Joueur de Hautbois du Roy, and the Mid-sixteenth Century Franco-Flemish Chanson and Ensemble Dance*, 3 Bde., Diss. Bryn Mawr College, 1969 • *Septiesme Livre de Danceries* (The Attaingnant Dance Prints 7), hrsg. von B. Thomas, Brighton 1991.

TSB

## Dubrovnik [Ragusa]

Die kroatische Bezeichnung der Stadt ist von dem Wort ›dubrava‹ (von kroat. Hain) hergeleitet. Im 7. Jahrhundert n.Chr. wurde ›Ragusa‹ von Slawen gegründet, die auf der Flucht vor den Awaren ihre etwa 20 km entfernte Heimatstadt ›Epidauros‹ verlassen mussten. Später wurde die ganze Stadt nach einer kroatischen Siedlung namens Dubrovnik benannt. Von der Stadtgründung bis 1205 stand Dubrovnik unter byzantinischer Schirmherrschaft. Daran schloss sich die venezianische Periode der Oberhoheit bis 1358, die kroatisch-ungarische von 1358–1526 und die türkische von 1526–1808 an. Die Schirmherrschaft dieser Staaten war mit Ausnahme der venezianischen Periode lediglich symbolisch, so dass Dubrovnik politisch und wirtschaftlich weitgehend unabhängig agieren konnte.

Dubrovnik zählte durch Jahrhunderte als musikalisches Zentrum auf dem Gebiet der Kirchenmusik. Allem voran waren es die etwa 20 Benediktinerklöster in der Region, die Musikpflege und -förderung betrieben. Viele wichtige Belege für die Musikkultur Dubrovniks wurden von den Benediktinern aufbewahrt, so auch etwa 50 Bücher mit gregorianischen Melodien, deren Entstehungszeit dem 10. bis 12. Jahrhundert zuzuordnen sind. Aber auch an der Domschule wurde Musikpflege und Musikunterricht betrieben. Kirchliche Sänger besuchten hier gemäß der Bulle von Papst Honorius III. (1219) den Musikunterricht. Frühe Musikdokumente sind in beneventanischer

Notation ohne Linien erhalten, spätere Musikschriften weisen bereits die Quadratnotation auf. Die erst einstimmige Gesangspraxis in den Kirchen Dubrovniks änderte sich ab dem 14. Jahrhundert in vokale Mehrstimmigkeit. Einen Beleg für die musikalische Entwicklung der polyphonen Kunst bildet die mehrstimmige Vertonung des Chorals *In medio ecclesiae* aus dem 14. Jahrhundert, die in einem Franziskanerkloster in Dubrovnik aufbewahrt wird.

Die ▸ frankoflämische Musik war im 16. Jahrhundert wie in vielen Zentren auch in Dubrovnik beliebt. Musiker wie beispielsweise Gallus Pifarus waren verpflichtet, jeden Tag im Dom und in anderen Kirchen je nach Bedarf im frankoflämischen Stil zu singen. In der Zeit waren auch Lambert Courtois d.Ä. und Johannes Flamengus (Giovanni Fiamengo) in Dubrovnik tätig. Die flämischen Meister förderten in Dubrovnik sowohl die Instrumentalmusik als auch die Vokalmusik.

Für das Jahr 1384 ist der Bau einer Orgel für die Kathedrale von Dubrovnik belegt. Bedeutende Orgelspieler der Zeit waren u.a. Marin Držić († 1567) und der berühmte Komödienverfasser Benedikt Babić († 1591).

Einen weiteren zentralen Stellenwert im Musikleben Dubrovniks bildet die Rektorskapelle, die im 14. Jahrhundert zu Repräsentationszwecken gegründet und bis 1808 aufrecht erhalten wurde. Die Musiker waren Angestellte des Staates und kamen aus Italien, aus dem frankoflämischen und dem deutschsprachigem Raum, aus Spanien, Griechenland und Albanien.

Die weltliche Musik Dubrovniks ist überwiegend an Volksbräuche angelehnt. Handwerker, die im alten Dubrovnik in ihren speziellen Zünften organisiert waren, wurden verpflichtet, an besonderen Feiertagen zur Unterhaltung des Volkes Musik aufzuführen. Einen besonderen Stellenwert nimmt das Fest des heiligen Blasius ein, welches bis heute nach dem gregorianischen Kalender am 3. Februar gefeiert wird und dessen Ursprung im Jahr 1358 liegt. Dubrovnik befreite sich in diesem Jahr definitiv und vollständig von der venezianischen Obrigkeit und ersetzte sogleich das Herrschaftssymbol des Löwen am Eingangstor der Stadt durch die Gestalt des heiligen Blasius. Diese Dubrovniker Befreiung wird mit Musik, Maskeraden, Ritterspielen etc. gefeiert. Da es für dieses Fest nicht genügend einheimische Musikanten gab, gastierten zahlreiche Musiker aus anderen Gegenden in Dubrovnik und trugen die wunderschönen Melodien ihrer Volkslieder vor. Weitere Anlässe für das Erklingen der Volksmusik war die Weihnachtszeit, in der Gesang unter Begleitung von Musikinstrumenten dargeboten wurde, sowie Hochzeitsfestlichkeiten. Aber auch unangenehme Ereignisse wie Enthauptungen von Verurteilten wurden von spielenden Musikanten begleitet. Der Großteil der Volkslieder behandelt Motive, die an den Jahreskreis der Volksbräuche gebunden sind, so beispielsweise Frühlingslieder, St. Georgs-, St. Johannes-, Oster-, Pfingst-Bräuche, den Weihnachts-Zyklus usw. Daneben gibt es eine große Anzahl von Hochzeitsliedern, außerdem Toten- und Klagelieder.

Bei den Karnevals-Veranstaltungen wurden besonders musikalische Aufführungen von mythologischen Spielen geschätzt. Die Musik für diese Spiele ging verloren, aber die Kostüme in Form von Zeichnungen sind erhalten. Diese Karnevalsspiele trugen entscheidend zur Entwicklung der Theaterkunst Dubrovniks bei.

Die Haupttypen der Volkstänze sind verschiedene ›Kolo‹, die als Frauen-, Männer- und gemischter Reigen getanzt werden sowie Paartänze und auch einige Solo-Tänze. Die Tänze werden gewöhnlich von Volksinstrumenten begleitet. Als Volksinstrumente sind bekannt: ›Gusle‹ (Streichinstrument), ›Mješinci‹ (eine Art Dudelsack), ›Lijerica‹ (3-saitiges Streichinstrument), ›Sopela‹ (oboen- bzw. englischhornartige Instrument), Sackpfeifen: ›diple‹

(Doppelrohr-Blasinstrument), ›mih‹ oder ›misnice, gajde, dude‹ (Kombinationen der diple mit einem Luftbalg als Luftreservoir und Erweiterung zusätzlicher Rohre), ›jedinka‹ (flötenartiges Blasinstrument), ›dvojka‹ oder ›dvojnice‹ (doppelrohriges Flöteninstrument), ›tambura‹ (verschiedene Arten von lautenähnlichen Zupfinstrumenten) sowie diverse Schlaginstrumente, die als Tanzbegleitung dienen. In der Fürstenhofkappelle wurden im 16. Jahrhundert auch Instrumente wie ▸ Posaunen und ▸ Trompeten, ▸ Harfe und ▸ Laute eingesetzt.

*Literatur:*
D. Plamenac, *O hrvatskoj muzici u vrijeme renesanse*, Zagreb 1936, S. 145–146 • M. Demović, *Musik und Musiker in der Republik Dubrovnik (Ragusa) vom Anfang des XI. Jahrhunderts bis zur Mitte des XVII. Jahrhunderts*, hrsg. von H. Hüschen, Regensburg 1981 • V. Zganec, *Jugoslawien*, in: MGG, hrsg. von L. Finscher, Digitale Bibliothek Bd. 7, 1986, S. 348–359 • I. Fisković, *Reljef Renesansnog Dubrovnika*, Dubrovnik 1993 • M. Demovič, *Dubrovnik*, in: MGG², Bd. 2 (Sachteil), 1995, Sp. 1576–1570.

BW

## Dufay, Guillaume [Du Fay und Du Fayt]
\* 5.8.1397 (?) Wodeque im Hennegau, † 27. 11.1474 Cambrai

Die Bedeutung dieses Renaissancekomponisten »für die europäische Musikgeschichte des 15. Jahrhunderts [kann] ohne Übertreibung mit jener Beethovens für das 19. Jahrhundert verglichen werden« (Stenzl, S. 165). Schon von seinen Zeitgenossen hoch geschätzt und geachtet verschmolz der international tätige Komponist die verschiedenen damaligen Musikkulturen Europas – die franko-flämische, die englische und die italienische – zur abendländischen Musik. Mit Dufays Schaffen entstand die Musik des Abendlandes als ein gemeinsames Ganzes, für zwei Jahrhunderte mit dem Zentrum Vokalpolyphonie, die nachfolgende Komponisten weiter entwickelten und ausdifferenzierten.

Dank seines Ruhmes konnte er die Angebote für Anstellungen als Sänger, Komponist und Magister capellae nahezu frei wählen – zu seiner Zeit einmalig –, wie sich mit seinen Reisen auch sein Ruhm verbreitete. So finden sich seine Werke in mehr als siebzig Handschriften über ganz Süd-, West- und Mitteleuropa verbreitet.

Geographischer Ausgangs-, Mittel- und Endpunkt seiner Karriere war die Kathdrale zu Cambrai, berühmt für seine »beaux chants […] riche luminaire […] doulce sonnerie« (»schönen Gesänge […] prächtigen Glasfenster […] wohlklingendes Glockenspiel mit 39 Glocken«) (Gülke, S. 7). Von 1409 bis 1412 war Dufay einer von insgesamt sechs Chorknaben, die von einem Magister puerorum betreut wurden; von 1392 bis 1412 war das Nicolas Malin und ab 1413 Richard Loqueville († 1418), der vermutlich Dufays erster Kompositionslehrer war. An dieser Kathedrale wirkte bis 1409 auch Nicolas ▸ Grenon als Grammatiklehrer († 1456), der später Dufay bei Abwesenheit von Cambrai vertrat. An der Kathedrale wurde Dufay zum Diakon und Priester geweiht.

Sein Wirken außerhalb Cambrais erstreckte sich über Laon an den Hof der ▸ d'Este in Ferrara und den Hof der ▸ Malatesta in Pesaro. Bereits 1434 wird er beim Herzog Ludwig I. von Savoyen als Maestro di capella erwähnt, und er stand in dessen Dienst 1437–1439 und 1451–1458. Davor war er zweiter Sänger an der päpstlichen Kapelle in Rom (1428–1433) und Magister capellae in Florenz (1435–1437).

Neben diesen Anstellungen machten ihn zahlreiche Pfründe, u.a. in und um Cambrai und Laon, und seit 1436 ein Kanonikat und Pfründe an der Kathedrale zu Cambrai zu einem wohlhabenden Mann. Dort lebte er seit 1458, seinem Ausscheiden aus dem Dienst des Herzogs von Savoyen, bis zu seinem Tode.

Bei vielen Werken ist die Autorschaft Dufays auch heute noch umstritten bzw. es tauchen bei einigen neue Zweifel an der Authentizität auf, einige wenige werden auch anderen Komponisten zugeschrieben, und bei einer ganzen Reihe von Werken, die einmal Dufay zugeschrieben worden waren, konnte seine Autorschaft ausgeschlossen werden. Als authentisch gelten sieben Messzyklen (▸ Messe), überwiegend Cantus-firmus-Messen (▸ Cantus firmus); zwei in Dufays Testament erwähnte Messen sind verschollen. Dazu kommen viele einzelne Messensätze sowie Antiphonen, Sequenzen, ▸ Hymnen, Benedicamus, ▸ Magnificats und ein einstimmiger Choral. Vor allem in diesen Stücken verwendet Dufay den damals in der Vokalpolyphonie neuartigen ▸ Fauxbourdon-Satz in unterschiedlicher Weise: als schematisch und streng ›parallelen‹, als ›kontrapunktischen‹ und als ›freistimmigen‹, bei dem die Melodie nicht in der Oberstimme liegen musste. Weiterhin erhalten sind 14 (13?) isorhythmische ▸ Motetten, darunter je zwei drei- und fünfstimmige; zehn sind vierstimmig. Die sieben nicht-isorhythmischen Motetten dagegen haben überwiegend nur drei Stimmen, lediglich zwei sind vierstimmig. Als verschollen gelten zwei ▸ Motettenchansons. Den zahlenmäßig größten Anteil stellen Liedsätze (▸ Chansons) und weltliche Werke mit lateinischen, italienischen und französischen Texten (ca. 80 Stücke), mit wenigen Ausnahmen alle dreistimmig. Alle ▸ Formes fixes sind vertreten: ▸ Ballade, ▸ Rondeau, ▸ Virelai, wobei die Rondeaux überwiegen und nur vier Virelais erhalten sind.

Ein Merkmal der neuen Zeit zeigt sich am deutlichsten in Dufays Chansons. Im Gegensatz zu seinen Vorgängern im 14. Jahrhundert berücksichtigt die Musik nicht nur die Textstruktur, sondern auch den Textinhalt, füllt den Text mit musikalischem Ausdruck. Oder allgemeiner: Bei Dufay ist das Bestreben erkennbar, der im Mittelalter zum ▸ Quadrivium der mathematischen Künste gehörenden Musik ihren Anteil auch am ▸ Trivium der sprachlichen Künste zu verschaffen. Die Liedsätze Dufays waren eine höfische Kunst, wurden zum Teil für eine bestimmte Person komponiert oder für einen bestimmten Anlass und von den höfischen Kapellen vorgetragen. Nicht wenige sind kunstvoll als Kanons gearbeitet. Sie umstandslos als weltliche Musik zu bezeichnen, geht zu dieser Zeit noch nicht an; denn die höfische Welt war noch tief in Religion und Kirche verankert. Das ist auch daran zu erkennen, dass Dufay die Cantus firmi für zwei seiner Messen zweien seiner Balladen entnahm (*Resvelliés vous* und *Se la face ay pale*). Eine weitere Messe verwendet einen Cantus firmus aus der Chanson *L'homme armé*.

In seinen Motetten, die fast ausnahmslos zu kirchlichen und weltlichen Großereignissen entstanden (Krönung, Friedensschluss, Weihe von Kirchen, Hochzeit), knüpft Dufay an eine Gattung aus dem 14. Jahrhundert an: an die altehrwürdige isorhythmische Ars-nova-Motette, wie sie Philippe de Vitry und Guillaume de ▸ Machaut geschaffen hatten. Zugleich aber geht er über sie hinaus: Der vierstimmige Satz überwiegt, wird sogar zur Fünfstimmigkeit erweitert; auch hier stellt die Musik Bezüge zum Textinhalt her, wenn auch nicht so deutlich und häufig wie in den Chansons. Bisweilen steigert Dufay die isorhythmische Anlage dadurch, dass er gleichzeitig zwei verschiedene Tenormelodien (▸ Colores) isorhythmisch in zwei verschiedenen ▸ Taleae strukturiert, so z.B. in der zur Krönung Papst Eugens IV. 1431 komponierten fünfstimmigen Motette *Ecclesie militantis / Sanctorum arbitrio / Bella canunt / Ecce nomen domini / Gabriel*. Dazu kommt in dieser Motette als zentrale Stimme noch ein ebenfalls isorhythmisch strukturierter Contratenor, der zu Tenor I und II im Verhältnis 2:1 proportioniert ist. In beiden Systemen wechselt Dufay mit jedem neuen Durchlauf die ▸ Mensur. Dies zeigt deutlich, dass auch bei Dufay die Musik noch fest im Quadrivium der mathematischen Künste verankert ist. Bezüge zum Text und dessen Bedeutung werden durch die ›numerositas‹ (Zahlhaftigkeit) hergestellt, d.h. durch eine oft ambivalente, in kirchlicher Tradition gründende Zahlensymbolik, die über den konkreten, unmittelbaren Inhalt des Textes hinausgeht. Doch einen direkten Bezug gibt es bisweilen auch. In der Motette *Supremum est mortalibus / Isti sunt due olive* zur Krönung des deutschen Kaisers ▸ Sigismund durch Papst Eugen IV. am 31.5.1433 erklingen in einem syllabisch-homophonen Satz (Noema) kurz vor dem Schluss die Namen der beiden Protagonisten, jede Silbe bzw. jeder Klang versehen mit einer Fermate, auch ›corona‹ (= Krone) genannt. Darüber hinaus hat diese Motette gliedernde Fauxbourdon-Partien. Nach Gülke ist sie in Text und Musik wie eine fünfteilige »Klangrede« nach dem Vorbild antiker ▸ Rhetorik gebaut mit ›exordium‹ – ›narratio‹ – ›propositio‹ – ›confirmatio‹ – ›peroratio‹ (Gülke, S. 164). Darin kann man auf andere Weise Dufays Bestreben erkennen, die Musik auch am Trivium der Sprachkünste teilhaben zu lassen (s.o.).

Dennoch gilt Musik mit ihrer göttlichen bzw. gottbezogenen ›numerositas‹ als Paradigma und als Vorbild für andere Künste, z.B. die Baukunst. Sie findet sich im vermessen waghalsigen Jahrhundertbau Filippo Brunelleschis: dem Dom Santa Maria del Fiore zu Florenz mit seinem zweischaligen riesigen Kuppelbau, zu dessen Weihe am 25.3.1436 Dufay von Papst Eugen IV. den Auftrag erhalten hatte, eine Motette zu komponieren. *Nuper rosarum flores / Terribilis est locus iste* gilt als das am meisten kommentierte und analysierte Werk nicht nur Dufays, sondern des ganzen 15. Jahrhunderts, nicht zuletzt deshalb, weil sich Zahlen, Proportionen und Zahlensymbolik des Baues in Dufays großer Motette spiegeln. Ihr isorhythmischer Unterbau ist insofern etwas Besonderes, als die beiden Tenores als Unterquintkanon geführt werden – »melodisch genau, rhythmisch ungenau […], so dass innerhalb der gleichen Strecke zwei Durchläufe desselben Color [d.h. in jedem Tenor einer] und je ein Durchlauf zweier Taleae unterkommen« (Gülke, S. 200f.). Möglicherweise ist die Parallelität der beiden Tenores als musikalisches Abbild der Doppelschalen des Kuppelbaus erdacht.

Die vierstimmige Vertonung des Ordinarium Missae war Dufays ureigenste Schöpfung. Er betrachtete die Sätze mit ihren verschiedenen Texten und liturgischen Funktionen als Teile eines zusammengehörenden Ganzen, und er setzte das in seiner Musik zyklisch vereinheitlichend um: »durch die Wahl eines einzigen Modus, einheitlicher Satztechnik, analoger Mensurierung und gleich bleibender Stimmenzahl, […] durch die Verwendung ein und derselben Cantus-firmus-Melodie im Tenor eines jeden Messensatzes. Darüber hinaus lässt Dufay einen jeden Satz mit demselben vierstimmigen Kopfmotiv beginnen« (Stenzl, S. 167). Die musikalische Gestaltung verleiht so den lateinischen Texten und ihrer liturgischen Funktion einen »ästhetischen Überschuss« (ebenda). Mit und seit Dufays Messenzyklen wurde die Messe für Jahrhunderte zu einer überaus wichtigen musikalischen Gattung, zur kirchenmusikalisch wichtigsten und bedeutendsten ohnehin.

*Ausgaben*:
*Opera omnia*, hrsg. von H. Besseler (Corpus mensurabilis musicae 1,1–6), Rom 1948–1966 • *Chansons. Forty-five Settings in Original Notation. From Oxford, Bodleian Library MS Canonici 213*, hrsg. von R.W. Duffin (Sources and Repertoires 4), Miami 1983.

*Literatur*:
W. Nitzschke, *Studien zu den Cantus-firmus-Messen Guillaume Dufays*, Berlin 1968 • Cr. Wright, *Dufay at Cambrai: Discoveries and Revisions*, in: Journal of the American Musicological Society 28 (1975), S. 175–229 • D. Fallows, *Dufay*, London 1987 • *Guillaume Dufay* (Musik-Konzepte 60), München 1988 • L. Lütteken, *Guillaume Dufay und die isorhythmische Motette*, Hamburg und Eisenach 1993 • D. Fallows, *The Songs of Guillaume Dufay. Critical Commentary to the Revision of Corpus mensurabilis musicae*, Ser. I,

Bd. 6 (Musicological Studies and Documents 47), Neuhausen und Stuttgart 1995 • L. Lütteken, *Dufay*, in: *MGG²*, Bd. 5 (Personenteil), 1998, Sp. 1510–1550 • D. Fallows, *A Catalogue of Polyphonic Songs, 1415–1480*, Oxford 1999 • P. Gülke, *Guillaume Du Fay. Die Musik des 15. Jahrhunderts*, Stuttgart u.a. 2003 • J. Stenzl, *Dufay*, in: *Komponisten-Lexikon*, hrsg. von H. Weber, Stuttgart und Weimar ²2003, S. 165–168.

CR

# Dulzian

(auch Dulcian, Dolcian, Dulcin, Fagot, Phagotum, engl. curtal oder Dolcian, ital. Dolzone, span. Bajon. Etymologische Wurzeln liegen im lat. dulcis = süß und im ital. Fagotto / frz. Fagot = Bündel.)

Der Dulzian ist ein Instrument mit direkt angeblasenem Doppelrohrblatt, das durch ein S-Rohr mit dem Corpus verbunden ist. Dulziane wurden, wie fast alle anderen Blasinstrumente der Zeit, als Familie in verschiedenen Größen gebaut. Sie ähneln im Klang dem Pommer (▶ Schalmei), dessen Corpus allerdings aus einer einzigen Röhre besteht und deshalb z.B. als Bassinstrument eine enorme Länge, die über der Körpergröße des Spielers liegt, erreicht. Für den Dulzian wird die Röhre gebogen, so dass das Instrument fast halb so lang ist. Anblas- und Austrittsöffnung liegen oben. Letztere kann auch verschlossen (›gedackt‹) werden, so dass der Klang noch sanfter wird, als bereits durch die Krümmung der Röhre verursacht. Michael ▶ Praetorius schreibt in seinem instrumentenkundlichen Werk *Syntagma Musicum* 1619 (Bd. 2, S. 38): »Fagotten und Dolcianen (Italis Fagotto & Dolcesouno) werden mehrertheils indifferenter also genennet. Sonsten wollen etliche/ dass diß die rechten Dolcianen seyn/ die von den Engellaendern Zingel Korthol genennet werden: Und sind an der Tieffe/ so wol auch am Resonanz/ dem Basset in den Pommern gleich/ allein/ das der Dolcian, wie denn auch die Fagotten, stiller und saenffter am Resonanz seyn/ als die Pommern: Daher sie dann/ villeicht wegen ihrer Lieblichkeit/ Dolcianen quasi Dulcisonantes genennet werden. Welches dan daher ruehret/ dieweil die Corpora der Pommern die rechte lenge gleich auß haben/ und unten ganz offen seyn: An den Fagotten aber ist die lenge des Corporis doppelt zusammengelegt/ dass das Loch/ do der Resonanz herausser gehet/ oben ist/ und bißweilen (doch nicht in allen/ dieweil manche ganz offen seyn) zugedaeckt/ und mit kleinen Loecherlein wiederumb eroeffnet […] Daher der Resonanz bey weitem nicht so starck/ sondern etwas stiller und lieblicher sich muß vernehmen lassen […].«

Praetorius bildet sechs verschiedene Größen des Dulzians ab: Sopran, Alt, Tenor, Bass, Quartbass und Quintbass. Er erwähnt ferner ein noch größeres Bassinstrument (siehe Abb. 1). Ein solches ist in Augsburg aus dem Besitz der ▶ Fuggerfamilie, erbaut von Hieronymus Giroldi, erhalten (siehe Abb. 2).

Der Umfang des Dulzians beträgt zumeist zwei Oktaven. Alle Instrumente besitzen für den tiefsten Ton eine schwalbenförmige Klappe, so dass sowohl linke wie rechte Hand die oberen oder unteren Grifflöcher decken können. Der Durchmesser des Instruments ist oval. Die bautechnische Entwicklung verläuft vom Corpus aus einem Stück zu zwei- und dreiteiligen Instrumenten. Das spätere Fagott ist vierteilig. Gebaut wurden Dulziane u.a. in der Werkstatt des Hieronymus Giroldi († 1585) in Venedig, später auch von Bartolomeo de Selma y Salaverde (»Maestro de los Instrumentos de la Capella Real«) in Madrid, der sowohl selbst exzellenter »Fagottist« als auch Komponist virtuoser Instrumentalmusik war, und von Johann Christoph Denner in Nürnberg. Über 50 Dulziane sind in den Museen von Wien, Berlin, Paris, Nürnberg, Prag, Brüssel u.a. erhalten.

Neben Praetorius erwähnen u.a. Lodovico ▶ Zacconi (*Prattica di musica*, Venedig 1592) und selbst noch Marin ▶ Mersenne (*Harmo-*

346  Dulzian

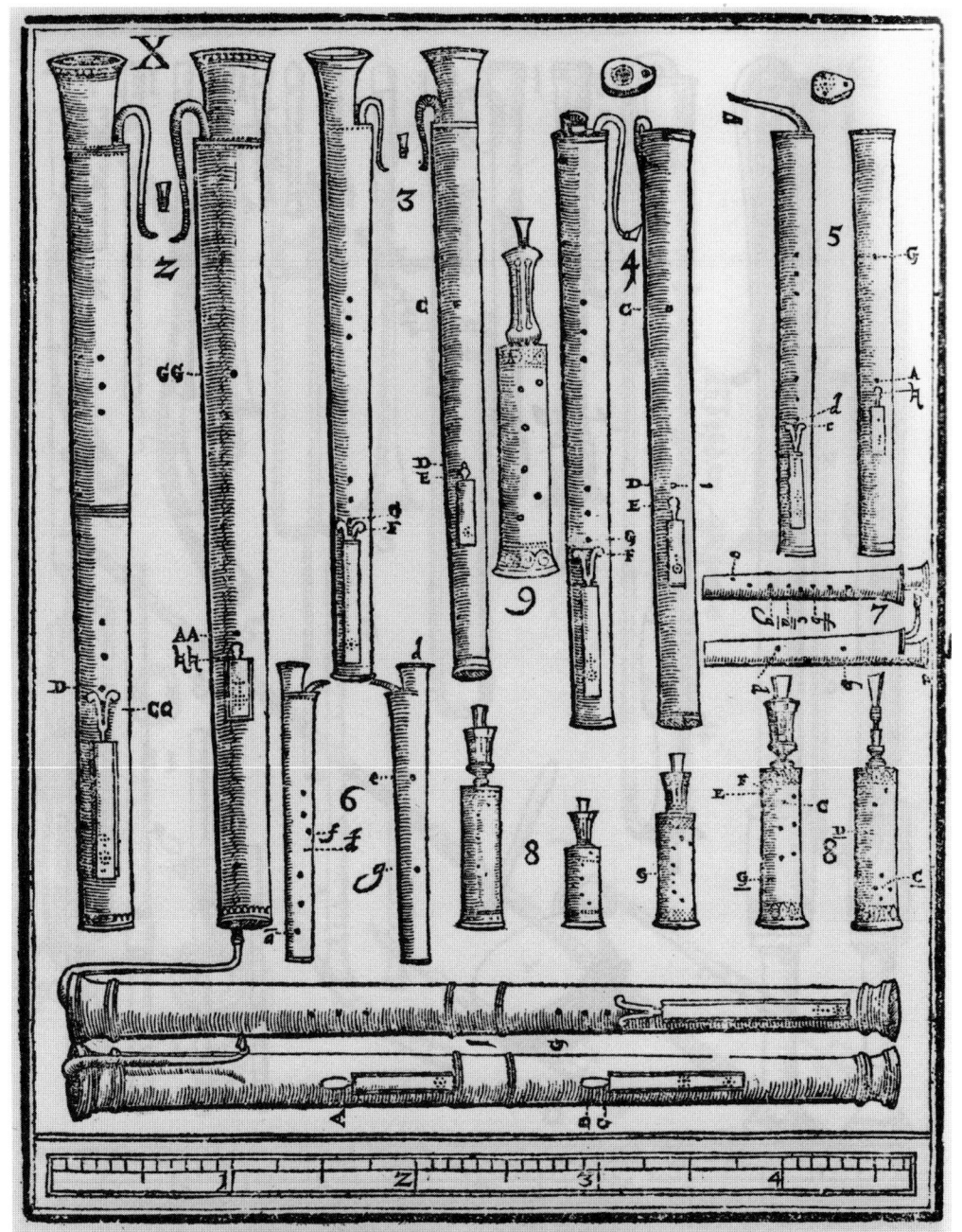

1. Sorduen-Bas auff beyden Seitten. GG.  2. Doppel-Fagott bis ins GG.  3. Offen Chorist-Fagott C.  4. Gedact Chorist-Fagott. C.  5. einige Kolthoit. bar....ter Ter or zun. Chorist-Fagott. C.  6. Alt. D.  7. Discant oder Exilent zum Chor: Fagott. a.  8. Stimwerck Raraten.
9. Groß Rackett, so tieff als der gar Grosse Baß-Bombard, CC, Uff 16. Fuß Thon.
NB. Tuben 1. 2. 3. 4. 5. stehen die Buchstaben des Clavis beym Loch, do es zug machet wird. Im 6. 7. 8. 9. aber stehen die Buchstaben des Clavis, do das Loch offen bleibt.

Abb. 1 (linke Seite): Michael Praetorius, *Syntagma Musicum*, Bd. II: *De Organographia*, Wolfenbüttel 1619, Faksimile Kassel 1958, ²2001, Tafel X.

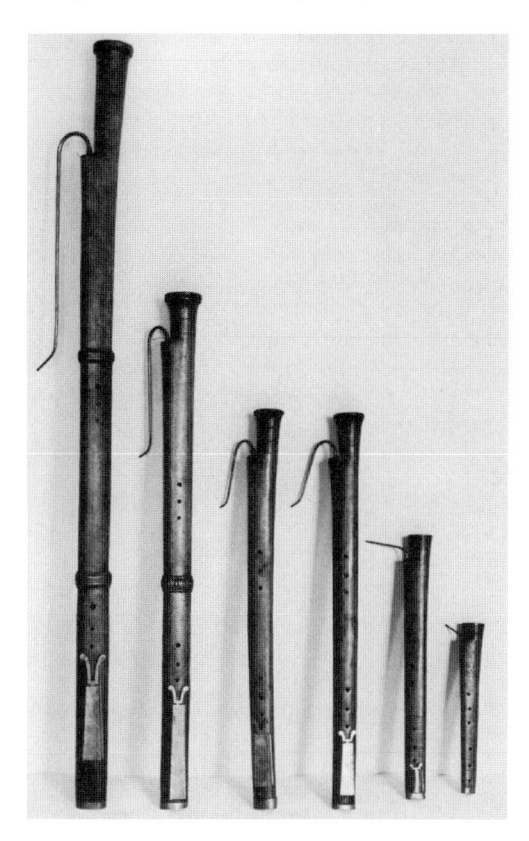

Abb. 2: Dulziane (Augsburg), aus: John Henry van der Meer, *Musikinstrumente*, München 1983.

*nie universelle,* Paris 1636) Dulziane in ihren Traktaten. Zahlreiche Darstellungen liefern zusätzlich zu den Beschreibungen und erhaltenen Instrumenten reiches ikonographisches Material über aufführungspraktische Aspekte bzw. Konnotationen. Eines der frühesten Zeugnisse findet sich in einem Alabasterrelief von Anton van Zerroen von 1563 im Freiberger Dom.

Dulzianspieler waren oft Mitglieder von Rats- und Stadtmusiken bzw. Hofkapellen. Der Bassdulzian erwies sich als das meistbenutzte Instrument der Familie, da er sich neben dem ▸ Consortspiel gut zum Mitspielen der Bass-Stimme, z.B. in Chören, eignete (Choristfagott). So macht er die Entwicklung des ▸ ›Basso seguente‹ zum ▸ ›Basso continuo‹ mit und überlebt im Frühbarock als Continuoinstrument, das allerdings gelegentlich auch solistisch verwendet wird.

*Literatur:*
M. Praetorius, *Syntagma Musicum*, Bd. II: *De Organographia*, Wolfenbüttel 1619, Faksimile Kassel 1958 • D. Munrow, *Musikinstrumente des Mittelalters und der Renaissance*, London 1976 und Celle o.J. • W. Waterhouse, *Bassoon*, in: *Grove*, Bd. 2, 1980, S. 264ff. • J.H. van der Meer, *Musikinstrumente*, München 1983.

UV

## Dunstaple [Dunstable], John [Johannes]
\* um 1395, † 24.12.1453

Dunstaple war Mathematiker, Astronom und zudem der führende englische Komponist in der ersten Hälfte des 15. Jahrhunderts. Er komponierte vorwiegend geistliche Werke, wie Messensätze, Messensatzpaare und Messzyklen (▸ Messe), ▸ Motetten und Vertonungen von Antiphonen.

Über Dunstaples Leben ist nur sehr wenig bekannt. Er war bei verschiedenen Mitgliedern der königlichen Familie angestellt, so bei den Brüdern Heinrichs V., John Herzog von Bedford und Humphrey Herzog von Gloucester, sowie bei Johanna von Navarra, der Witwe Heinrichs IV. Vor 1427 war Dunstaple möglicherweise am Hof des Herzogs von Bedford. Hier waren etwa zur selben Zeit vermutlich Leonel ▸ Power und John Pyamour an der Kapelle tätig. Möglich scheint auch ein Kontakt zu Gilles ▸ Binchois, da Bedford zeitweilig die von England besetzten Teile Frankreichs verwaltete, sein Hof sich längere Zeit in Rouen aufhielt und Binchois nachweislich Verbindungen zu englischen Adeligen in Frankreich hatte. Allerdings sind konkrete Belege für einen Aufenthalt Dunstaples in Frankreich in dieser Zeit nicht vorhanden. 1427 kam Dunstaple an den Hof Johannas. Sie lebte sehr zurückgezogen, nachdem sie des Hochverrats angeklagt, von Heinrich kurz vor seinem Tod aber rehabilitiert worden war. Nach Johannas Tod wechselte Dunstaple in den Dienst ihres Stiefsohns, des Herzogs von Gloucester. Von ihm erhielt er etliche Ländereien in der Normandie, so dass auch in dieser Zeit ein Kontakt nach Frankreich wahrscheinlich, aber nicht zu belegen ist. Gloucester gelangte durch die Machtkämpfe während der Minorität Heinrichs VI. und durch eine Hochverratsanklage gegen seine Frau zusehends ins politische Abseits und widmete sich wissenschaftlichen Interessen. Zu Dunstaples Aufenthalt nach Gloucesters Tod 1445 fehlt jeder Hinweis. Er könnte seine letzten Lebensjahre an der Abtei von St. Albans verbracht haben, denn alle Mitglieder der königlichen Familie, bei denen Dunstaple angestellt war, unterhielten enge Verbindungen zur Abtei: Bedford kehrte oft dort ein, Johanna lebte nach ihrer Rehabilitation auf einem Gut des Abtes John Whethamstede, Gloucester gehörte der Bruderschaft an und wurde in der Abtei beerdigt. Auch in Dunstaples Kompositionen zeigen sich Verbindungen zu St. Albans: Die Motetten *Albanus roseo rutilat* und *Dies dignus decorari* sind den beiden an der Abtei verehrten Heiligen Alban und Germanus gewidmet, der Text der ersteren stammt vermutlich von Whethamstede.

Dunstaples Todesdatum lässt sich aus einem Epitaph erschließen. Da seine einzige Komposition in der Handschrift Old Hall in der jüngeren Schicht notiert ist, war er vermutlich etwas jünger als die englischen Komponisten Power und John Forest. Somit dürfte er etwa gleichen Alters wie Pyamour und John ▸ Benet oder auf dem Kontinent Guillaume ▸ Dufay und Binchois gewesen sein.

Die Höfe, an denen er tätig war, lagen nicht im unmittelbaren Zentrum der Macht, sondern eher am Rande, wenn nicht sogar in der Peripherie, wie der Hof Johannas und später der Gloucesters. Welcher Tätigkeit Dunstaple an ihnen nachging, ist völlig unklar. In den Dokumenten wird er als »esquire« oder »armiger« beschrieben, er hatte demnach eine gehobene Stellung. Davon zeugen auch die Höhe seiner Jahresrente und die wertvollen Geschenke, die er von Johanna erhielt. Die Epitaphe auf seinen Tod bezeichnen ihn zunächst als Mathematiker und Astronom, aber auch als »musicus«, also Musiktheoretiker. Zu keiner Zeit war Dunstaple an einer höfischen Kapelle, einer Kathedrale oder einem Kloster als Musiker angestellt. Er war Laie, vermutlich verheiratet und hatte eine Tochter.

Von Dunstaple sind kaum Werke überliefert, die nach 1420 komponiert wurden. Vermutlich widmete er sich in dieser Zeit seinen anderen Interessen wie der Mathematik und ▸ Astronomie. Verschiedene Traktate zur Astrologie und Astronomie werden ihm zugeschrieben, und in seinen Kompositionen offenbaren sich mathematische Züge in der ▸ Isorhythmie sowie in den Proportionsschemata. Am Hof von Gloucester konnte er zudem die Entwicklungen des ▸ Humanismus verfolgen, da dort Kontakte mit italienischen und englischen Humanistenkreisen gepflegt wurden.

Zusammen mit Dufay und Binchois prägte Dunstaple einen neuen Stil, der sich Anfang des 15. Jahrhunderts über ganz Europa ausbreitete. Musiktheoretiker wie Johannes ▸ Tinctoris und Gelehrte wie Martin ▸ Le Franc schreiben den englischen Komponisten und speziell Dunstaple den Ursprung dieses neuen Stils sowie einen großen Einfluss auf die Komponisten des Kontinents zu: »Quo fit ut hac tempestate facultas nostrae musices tam mirabile susceperit incrementum quod ars nova esse videatur, cuius, ut ita dicam, novae artis fons et origo apud Anglicos quorum caput Dunstaple exstitit, fuisse perhibetur, et huic contemporanei fuerunt in Gallia Dufay et Binchois, quibus immediate successerunt moderni Okegem, Busnois, Regis et Caron, omnium quos audiverim in compositione praestantissimi.« (»Daher kommt es, dass in der Gegenwart die Kraft unserer Musik eine so erstaunliche Steigerung erfahren hat, dass es den Anschein hat, als gäbe es eine neue Kunst; Quelle und Ursprung dieser sozusagen neuen Kunst hätten sich, so wird behauptet, bei den Engländern befunden, als deren führender Kopf Dunstaple hervorgetreten ist; seine Zeitgenossen waren in Frankreich Dufay und Binchois, auf die unmittelbar die jetzt lebenden Ockeghem, Busnois, Regis und Caron folgten, von allen, die ich gehört habe, die herausragendsten, was die Komposition angeht.« Tinctoris: *Proportionale musices*). »Car ilz ont nouvelle pratique / De faire frisque concordance / En haulte et en basse musique, / En fainte, en pause et en muance; / Et on pris de la contenance / Angloise, et ensuy Dompstable; / Pour quoy merveilleuse plaisance / Rend leur chant joieux et notable.« (»Denn sie haben eine neue Art hohe und niedere Musik zu schreiben, die aufgrund der ›musica ficta‹, der Phrasierung und der Melodieführung angenehm konsonant klingt. Sie übernahmen die englische Art und folgten John Dunstaple, und ihre Musik ist so wunderbar angenehm, dass sie fröhlich und berühmt macht.« Le Franc: *Le Champion des Dames*). Welche der Merkmale des neuen Stils allerdings aus England oder sogar aus Dunstaples Werken übernommen wurden, bleibt unklar (vgl. Fallows 1987). Dunstaple steht inmitten der englischen Tradition und seine Verdienste und Neuerungen sind nur schwer von den allgemeinen Entwicklungen in England zu trennen. Zudem sind viele Werke Dunstaple und anderen englischen Komponisten zugeschrieben; oft scheint in kontinentalen Quellen der Name »Dunstaple« synonym mit »englisch« gebraucht worden zu sein. Dunstaples Einfluss kann aber, so schwierig sich der Nachweis in den Kompositionen auch darstellt, aufgrund der großen Verbreitung seiner Werke in kontinentalen Quellen nicht geleugnet werden. In den Hauptquellen des 15. Jahrhunderts – Aosta, Bologna Q15, Modena B und den Trienter Codices – sind die Werke Dunstaples häufig, wenn auch nicht immer mit korrekter Zuschreibung vertreten. Die Handschrift Modena stellt zudem eine Art ›Gesamtausgabe‹ seiner ▸ isorhythmischen Motetten dar, von denen allein 14 dort als Unikate überliefert sind. In englischen Quellen dagegen sind Dunstaples Werke nur spärlich und oft fragmentarisch vertreten.

Die Datierung der Werke und die Chronologie des Stils von Dunstaple herzustellen, gestaltet sich äußerst schwierig: Für zwei Motetten – *Preco preheminencie* und *Veni Sancte Spiritus* – ist eine Aufführung im Jahre 1416 belegt. Vermutlich handelt es sich aber nur bei der ersteren um eine Komposition Dunstaples. Für *Veni Sancte Spiritus* wurden, zusammen mit der Missa *da gaudiorum premia*, als mögliche Kompositionsanlässe die Hochzeit Heinrichs V. mit Katharina von Valois im Jahr 1420 oder die Krönung Heinrichs VI. in Paris im Jahr 1422 vorgeschlagen. *Quam pulchra es* muss aufgrund der Überlieferung vor 1430 entstanden sein. Alle diese Werke stehen demnach relativ früh in Dunstaples kompositorischem Schaffen; eine Entwicklung ist in den anderen, vermutlich später entstandenen Werken in Bezug auf isorhythmische Verfahrensweisen, Dissonanzbehandlung oder Textdeklamation jedoch nicht erkennbar.

Dunstaple schreibt seine Kompositionen nur äußerst selten im englischen Diskant-Stil, in dem der ▸ Cantus firmus in der mittleren der drei Stimmen mit unterschiedlicher Lage geführt wird. Stattdessen entwickelt er den Cantus firmus-freien Cantilena-Stil (▸ Chanson) im homorhythmischen Satz mit vielen imperfekten ▸ Konsonanzen weiter und kombiniert ihn mit dem oberstimmendominierten ▸ Chanson-Stil. So entstehen Kompositionen, in denen die drei Stimmen meist unabhängig von einander verlaufen und selten homorhythmisch gesetzt sind. Imitationen oder sequenzierte Passagen treten allerdings nur selten auf: Oft wird lediglich der Rhythmus imitiert, bei Beteiligung der Tonhöhen sind die Imitationen sehr kurz. Der Text wird meist melismatisch deklamiert. Hier ist die Betonung der Silben nicht immer sinnvoll; in homorhythmischen Abschnitten gelingt dies dagegen besser. Die Kompositionen sind durch Duette und Mensurwechsel strukturiert. Die mittlere Stimme befindet sich in der gleichen Lage wie der Tenor. Sie ergänzt den Satz sowohl rhythmisch als auch harmonisch und ist daher – besonders in den Duetten – unverzichtbar.

John Dunstaple: *Ave regina celorum / Ave decus*, MM 113–128.

Vor allem in den zweistimmigen Abschnitten überwiegen die imperfekten Konsonanzen. Im dreistimmigen Satz ist die Dissonanzbehandlung äußerst kontrolliert und der harmonische Rhythmus im Vergleich zu früheren Kompositionen verlangsamt.

Die isorhythmischen Motetten folgen alle einem ähnlichen Schema: Sie sind mehrtextig, meist panisorhythmisch, dreiteilig mit diminuierender Proportion des Tenors und der Cantus firmus liegt in der untersten Stimme. Bei Werken im freien Satz liegt die Melodie meist in der obersten Stimme, während sich die beiden unteren Stimmen in einer Lage bewegen und eine eher begleitende Funktion haben. Auch in den nicht-isorhythmischen Werken mit Cantus firmus befindet sich die Melodie, hier der paraphrasierte Choral, in der Oberstimme.

John Dunstaple: *Regina Celi Letare*, MM 1-8.

Die beiden vollständig überlieferten Messzyklen werden außer Dunstaple auch Power (»Rex seculorum«) beziehungsweise Power und Benet (»sine nomine«) zugeschrieben. Sie sind durch gleiche Cantus firmi in allen Sätzen zu Zyklen zusammengefügt. Messensatzpaare sind oft auch durch andere Merkmale als den Cantus firmus, wie zum Beispiel die isorhythmische Struktur, miteinander verknüpft.

*Ausgaben*:
*John Dunstable. Complete Works* (Musica Britannica 8), hrsg. von M.F. Bukofzer, London 1957, ²1970.

*Literatur*:
M. Bent / I. Bent, *Dufay, Dunstable, Plummer – A New Source*, in: Journal of the American Musicological Society 22 (1969), S. 394–424 • R.E. Stahura, *A Stylistic Study of the Works of John Dunstable*, Diss. Indiana Univ. 1969 • D. Fallows, *English Song Repertories of the Mid-Fifteenth Century*, in: Procedings of the Royal Musical Association 103 (1976/1977), S. 61–79 • B. Trowell, *Proportion in the Music of Dunstable*, in: dass. 105 (1978/1979), S. 100–141 • S. Burstyn, *Dunstable and Forest. A Chapter in the History of Musical Borrowing*, in: The Music Review 40 (1979), S. 245–256 • M. Bent, *Dunstaple* (Oxford Studies of Composers 17), London 1981 • J. Stell / A. Wathey, *New Light on the Biography of John Dunstable?*, in: Music and Letters 62 (1981), S. 60–63 • K. Hortschansky, *John Dunstables Motette »Veni sancte spiritus – Veni creator«. Zur Frage der Konstruktionsprinzipien*, in: Festschrift Arno Forchert zum 60. Geburtstag, hrsg. von G. Allroggen und D. Altenburg, Kassel 1986, S. 9–26 • A. Wathey, *Dunstable in France*, in: Music and Letters 67 (1986), S. 1–36 • D. Fallows, *The »Contenance angloise«. English Influence on Continental Composers of the Fifteenth Century*, in: Renaissance Studies 1 (1987), S. 189–208 • K. Hortschansky, *Dunstable, Dante und die Zahlensymbolik. Nochmals zur Motette »Veni Sancte Spiritus«*, in: De musica et cantu. Helmut Hucke zum 60. Geburtstag, hrsg. von P. Cahn und A.-K. Heimer, Hildesheim 1993, S. 385–399 • B.G. Smith, *John Dunstable and Leonel Power. A Stylistic Comparison*, Diss. Univ. of Sheffield 1993 • D. Fallows, *Dunstable, Bedyngham and O rosa bella*, in: Journal of Musicology 12 (1994), S. 287–305 • M. Bent, *A New Canonic Gloria and the Changing Profile of Dunstaple*, in: Plainsong and Medieval Music 5 (1996), S. 45–67 • M. Bent, *Dunstaple, John*, in: Grove, Bd. 7, 2001, S. 711–717 • P. M. Lefferts, *Dunstaple, John*, in: MGG², Bd. 5 (Personenteil), 2001, Sp. 1606–1625.

RS

Eberhard von Cersne ▶ Cersne, Eberhard von

## Eccard, Johannes
\* 1553 Mühlhausen, † 1611 Berlin

Johannes Eccard ist – trotz der zu seiner Zeit abseitigen Lage seiner Hauptwirkungsorte Königsberg und Berlin – einer der Hauptvertreter einer dezidiert protestantischen Kirchenmusik im letzten Viertel des 16. Jahrhunderts, die sich stilistisch durch eine Dominanz des Chorals und eine konsequente Mischung homophoner und polyphoner Satztechniken auszeichnet. Eccard besuchte von 1563 an die Lateinschule Mühlhausens, wo er unter anderen von ▶ Joachim a Burck unterrichtet wurde. Bereits 1565 soll er dann – zwölfjährig – an der Erfurter Universität studiert haben. Deren philosophischer Fakultät stand zu dieser Zeit Ludwig Helmbold als Dekan vor, dessen Texte Eccard später häufig vertonte. Wann er Kapellknabe der Weimarer Hofkapelle wurde, 1567 oder 1569, kann aufgrund fehlender Archivalien nicht eindeutig entschieden werden. Mit der Auflösung der Kantorei im April 1571 wandte sich Eccard, anders als der Großteil seiner Kollegen, nach München, wo er Aufnahme in die bayerische Hofkapelle fand, die der Leitung Orlande de ▶ Lassus' unterstand. Dort wurde Eccard 1571 als ›Cantorey Puebe‹, 1572 dann als ›Altist‹ geführt (Böcker, S. 13). Im Winter 1573/1574 nach Mühlhausen zurückgekehrt, publizierte er 1574 auf Texte Helmbolds seinen ersten Individualdruck, die *Zwentzig Newe Christliche Gesäng* (nur Tenor erhalten), in dessen Vorwort er auf die Münchner Jahre abhebt: »daselbst von Orlando di Lassus, [...] under den Musicis dem berumbtesten [...] Composition in preceptis et fundamento [...] gefast und gelernet« (ebenda). 1576 trat Eccard in die Dienste des Hauses ▶ Fugger und kehrte so mittelbar in die Sphäre des Münchner Hofes zurück. Welche Aufgaben er in Augsburg versah, ist dokumentarisch nicht mehr zu erschließen; den Fugger-Brüdern sind einige Werke gewidmet, darunter die *Newen deutschen Lieder* (Mühlhausen 1578).

Mutmaßlich auf politisch-dynastische Bewegungen reagierend, ließ sich Eccard am 3. April 1579 in Mühlhausen ein Geburtsdokument ausstellen, das ihm im Mai 1580 den Eintritt in die herzoglich-preußische Hofkapelle in Königsberg ermöglichte, die der neue Regent Georg Friedrich von Ansbach kurz nach seinem Amtsantritt 1578 anstelle der alten Kapelle eingerichtet hatte. Die dortigen Bücher verzeichnen Eccard von Beginn an als Vizekapellmeister. Als der Markgraf 1586 mit dem größten Teil der Sänger wieder nach Ansbach zurückkehrte, verblieb Eccard in Königsberg mit der Aufgabe, eine neue Kantorei aufzubauen. 1589 wurde Eccards erster Königsberger Individualdruck publiziert; das Vorwort der *Newen Lieder* lässt erkennen, dass es ihm auch um eine Verbesserung seiner finanziellen Verhältnisse ging, die trotz des Vizekapellmeistergehalts und einzelner Sonderzahlungen dauerhaft unbefriedigend blieben. Die seit Kindertagen bestehende Verbindung zu Helmbold und Mühlhausen wurde mit der Vertonung von dessen *XX Odae sacrae* 1596 bekräftigt. Zu dieser Zeit bemühte Eccard sich über die Distanz hinweg mehrfach um eine exakte Definition seines Dienstverhältnisses, das trotz der vollen Verantwortung für die Königsberger Kapelle weder Titel noch Gehalt eines Kapellmeisters vorsah. Weil nach der Publikation der beiden Teile *Geistlicher Lieder* 1597 das von den Widmungsträgern Georg Friedrich und dem Rat der Stadt Königsberg in Aussicht gestellte Honorar ausblieb, sah sich Eccard veranlasst, in einem Brief vom 21. April 1601 an den Herzog darauf hinzuweisen, dass »ichs auf mein eigen Unkosten hab drucken lassen, und dadurch in schuld gerathen« (Böcker, S. 18). Vor dieser biographischen Situation ist auch die Entstehung von etwa 90 Gelegenheitskompositionen anlässlich der Hochzeits- oder anderer Feierlichkeiten von Königsberger Bürgern zu sehen. Eine Unterschrift vom Dezember 1603 mit dem Zusatz »Kapellmeister« (ebenda) dokumentiert erstmalig die nach dem Tod Georg Friedrichs (26. April 1603) vorgenommene Beförderung, mit der allerdings nach wie vor keine Gehaltserhöhung verbunden war. Diese wurde Eccard erst 1608 mit der Ernennung zum Hofkapellmeister und dem Wechsel nach Berlin durch Kurfürst Joachim Friedrich zuteil. Bis zu seinem Tod war Eccard nun für die organisatorische und künstlerische Betreuung der Kapelle verantwortlich, kompositorisch trat er in den letzten Jahren kaum in Erscheinung. Über Eccards familiäre Verhältnisse existieren nur wenige Erkenntnisse, als gesichert gilt die Ehe mit Elisabeth Schubart, aus der offenbar mehrere Kinder hervorgingen, wenn die Nennung der »meinigen« in verschiedenen Briefen in diesem Sinn verstanden wird (Böcker, S. 20).

Eine Würdigung von Eccards Œuvre ist in quantitativer wie auch stilistischer Hinsicht mit gewissen Schwierigkeiten verbunden. Der erhaltene Bestand zählt rund 300 Vokalwerke; die Tatsache, dass Eccard kaum kostspielige Drucke finanzieren konnte, lässt vermuten, dass der weitaus größte Teil nur handschriftlich fixiert wurde und nach seinem Tod verlorenging; nicht zuletzt daraus resultiert auch das Fehlen einer kritischen Gesamtausgabe. Stilistisch gesehen vertritt Eccard eine gewichtige Position in der Geschichte der evangelischen Kirchenmusik des 16. Jahrhunderts, wobei offenbleiben muss, ob die teils innovative, teils nachahmende Gattungsbehandlung auf künstlerischer Intention oder auch auf der Abseitigkeit des Königsberger Wirkungsortes beruht. Sein Schaffen, in dem weltliche Musik einen geringen Anteil einnimmt (*Newe deutzsche Lieder*, Mühlhausen 1578), folgt Maximen, die sich sowohl am Vorbild von Lassus als auch an der Forderung nach einer intensiven Beteiligung der Gottesdienstgemeinde am musikalisch-liturgischen Geschehen ausrichteten, so dass folgerichtig das protestantische Kirchenlied die stets aufs Neue künstlerisch adaptierte Grundsubstanz bildete.

Im Zentrum stehen die fünf zwischen 1578 und 1597 in Mühlhausen und Königsberg publizierten Sammlungen vier- und fünfstimmiger Lieder und Choralmotetten, daneben die von Johann Stobäus postum veröffentlichten *Geistlichen Lieder Auff gewöhnliche Preussische Kirchen Melodeyen (Danzig 1634) sowie die beiden Teile der Preussischen Festlieder (Elbing 1642, Königsberg 1644). Diese Sammlungen erlebten teilweise mehrere Auflagen, einzelne Werke finden sich bis weit ins 17. Jahrhundert hinein in anderen Sammeldrucken, zahlreiche Kompositionen waren noch über viele Jahrzehnte Bestandteil des Kantoreirepertoires in Muhlhausen und Königsberg. Seinem Lehrer Lassus folgte Eccard stilistisch eher in den frühen Werken, wo noch einige Motetten nach klassischen Mustern sowie vereinzelte polyphone deutsche Liedsätze anzutreffen sind. Eccards humanistische Grundhaltung sowie die Anforderungen der Königsberger Liturgie dürften ihn, darin seinen Zeitgenossen und auch Älteren wie Lassus gleich, zu einer Vermischung von homophonem und polyphonem Satz veranlasst haben, was sich in der Form der Kantionalmotette gattungstechnisch niederschlug. Diese wird harmonisch von einem Bass-Diskant-Gerüst getragen, während die Mittelstimmen in unterschiedlichen Graden imitierend verwoben sind. Die oftmals homorhythmische Setzweise garantiert eine klare Textverständlichkeit und gibt auf der anderen Seite, nicht zuletzt durch die konsequente Ausweitung zur Fünfstimmigkeit, Raum für harmonische Innovationen. Darin ähnelt Eccard dem Zeitgenossen und Lassus-Schüler Leonhard ▸ Lechner, ohne jedoch mit dessen formaler wie stilistischer Experimentierfreudigkeit konkurrieren zu können.

Etwas abseits rangieren die rund sieben Dutzend Gelegenheitskompositionen, zumeist Auftragswerke zu Hochzeiten, gelegentlich auch akademische Festmusiken, von denen, teilweise durch nachträgliche Spartierungen, nur 21 vollständig, 19 unvollständig erhalten, die anderen dagegen verschollen sind. Stil und Text wählte Eccard nach Anlass und Adressat, es finden sich an Humanistenkreise gerichtete lateinische Motetten ebenso wie deutsche Liedsätze. Zur Gattung der ▸ Ode trug Eccard zwei Sammlungen bei (XX Odae sacrae, Mühlhausen 1596; gemeinsam mit Joachim a Burck: 4 odae Ludovici Helmboldi, Mühlhausen 1574, RISM 1574[10]), wobei er das Vorbild der streng homorhythmischen, wortdominierten humanistischen Schulode zwar weitgehend respektierte, gelegentlich jedoch Ansätze polyphoner Imitation oder rhetorische Figuren einflocht. Unter den wenigen handschriftlich tradierten Werken ragt die Jakob Fugger gewidmete, auf 1579 datierte fünfstimmige Parodiemesse (▸ Messe) Mon cœur se recommende à vous (D-As) hervor, die als einzige von ursprünglich mindestens drei Ordinariumsvertonungen überliefert ist. Lassus' Chanson-Vorlage erklingt – rhythmisch der Deklamation des Messtextes angepasst – teils wörtlich, teils nur in motivischen Zitaten durch die ganze Messe hindurch. Eccard folgte hier einer gängigen Praxis, wobei das Zitat sowohl auf die Teilhabe an einem intertextuellen Spiel wie auch auf eine künstlerische Selbstlegitimierung mittels des großen Vorbildes hinzielt.

Im Zuge der kirchenmusikalischen Restaurationsbewegung im 19. Jahrhundert unternahm der Berliner Jurist Carl von Winterfeld in seinen musikgeschichtlichen Schriften (Der evangelische Kirchengesang, 2 Bde., Leipzig 1845; Zur Geschichte heiliger Tonkunst, Leipzig 1850) sowie durch die auf eine Gesamtausgabe zielende Sammeltätigkeit den Versuch, Eccard als protestantisches und kompositionsgeschichtlich ebenbürtiges Pendant zu Giovanni Pierluigi da ▸ Palestrina zu etablieren, der zu dieser Zeit von den Caecilianern bereits als Schöpfer des wahren und authentischen Kirchenstils und wiederzuentdeckendes Vorbild legitimiert worden war. Nicht zuletzt im Rekurs auf die Titel der postum veröffentlichten Sammlungen Eccards fasste Winterfeld ihn und die Königsberger Heinrich Albert und Stobäus unter dem bis in die Musikwissenschaft des 20. Jahrhunderts wirkmächtigen Begriff der ›Preußischen Tonschule‹ zusammen. Eccard fungiert dabei als Haupt der Schule und der a-capella-Stil seiner geistlichen Werke als Inbegriff »heiliger Tonkunst«. Von diesem musikgeschichtlich teleologischen Konstrukt dürfte auch Johannes Brahms nicht unberührt geblieben sein, der Eccards Werke in seine Hamburger und Wiener Konzertprogramme aufnahm. Zwar sind Winterfelds Bemühungen, nicht zuletzt durch seinen Status als Staatsbeamter, einem übermäßigen Nationalbewusstsein und in ihrer naiven Bewunderung Eccards einem schwärmerischen Historismus geschuldet, sie legten aber aufgrund der philologischen Verdienste den wichtigsten Grundstein für den Erhalt des Eccardschen Werkes.

*Ausgaben*:
*Preussische Festlieder auf das ganze Jahr*, 2. Bde., hrsg. von G.W. Teschner, Leipzig 1858; *Geistliche Lieder*, hrsg. von G.W. Teschner, Leipzig 1860; *Neue geistliche Lieder mit fünf und vier Stimmen*, hrsg. von R. Eitner, Leipzig 1897; *Geistliche Lieder zu fünf Stimmen*, hrsg. von Fr. von Baußnern, Wolfenbüttel 1928; *Missa a 5 vocibus*, hrsg. von U. Herrmann, Stuttgart 1964; daneben zahlreiche Einzelausgaben.

*Literatur*:
Fr. Blume, *Geschichte der evangelischen Kirchenmusik*, Kassel ²1965 • H. Heckmann, *Johann Eccards Gelegenheitskompositionen*, in: *Festschrift Bruno Stäblein zum 70. Geburtstag*, hrsg. von M. Ruhnke, Kassel u.a. 1967, S. 92–100 • Chr. Böcker, *Johannes Eccard. Leben und Werk* (Berliner musikwissenschaftliche Arbeiten 17), München 1980 • A. Nowak, *Johann Eccards Ernennung zum Preußischen Palestrina durch Obertribunalrat von Winterfeld*, in: *Studien zur Musikgeschichte Berlins im frühen 19. Jahrhundert*, hrsg. von C. Dahlhaus, Regensburg 1980, S. 293–300 • G. Schuhmacher, *Zur Rezeption altklassischer Vokalpolyphonie in der evangelischen Kirchenmusik des 19. Jahrhunderts*, in: *Palestrina und die Idee der klassischen Vokalpolyphonie im 19. Jahrhundert*, hrsg. von W. Kirsch, Regensburg 1989, S. 143–148 • H. Unverricht, *Carl von Winterfelds Einschätzung des Palestrina-Stils*, in: *Festschrift für Winfried Kirsch zum 65. Geburtstag*, hrsg. von P. Ackermann, U. Kienzle und A. Nowak, Tutzing 1996, S. 228–237 • M. Zywietz, *Eccard, Johannes*, in: *MGG²*, Bd. 6 (Personenteil), 2001, Sp. 44–48 • W. Blankenburg / Cl. Gottwald, *Eccard, Johannes*, in: *Grove*, Bd. 8, 2001, S. 854–856.

CB

# Effekt / Wirkung

Als einige Humanisten, hauptsächlich Italiener, unter ihnen Giorgio Valla und Marsilio ▸ Ficino, im Laufe des 15. Jahrhunderts antike Texte über die Musik entdeckten, wurden sie mit einer Reihe von Fragen konfrontiert, die aus den musiktheoretischen Sachverhalten (den Modi, der Teilung der Skalen etc.) erwuchsen, aber auch mit solchen, die über diese spezifischen Gegenstände hinausgingen: Die Humanisten waren insbesondere von der Bedeutung der Effekte beeindruckt, die die antiken Autoren der Musik zuschrieben. Die Beschreibungen über die wunderbaren Wirkungen, die durch die antiken Autoren überliefert wurden und über die sich die Theoretiker und Philosophen des 15. und 16. Jahrhunderts mit Vorliebe ausließen, sind hingegen nicht zahlreich. Die Aussagen entstammen einer begrenzten Anzahl von literarischen und theoretischen Quellen. Die *Vita Pythagoræ* des Iamblichus ist eine der Quellen, die unablässig zitiert wurde, und bildete ein Repertoire, das von wunderbaren Geschichten überquillt. Die Kirchenväter nahmen antike Erzählungen auf, ersetzten ▸ Orpheus durch David (Clément d'Alexandrie in *Protrepticus*). Nicht nur biblische (König David) oder mythische (Orpheus, Apollon) Personen wurden inszeniert, sondern hauptsächlich auch historische: Diese konnten Herrscher sein (Thimotheus, der Alexander den Großen entflammte und beruhigte) oder auch Theoretiker (Pythagoras, der die Wut eines Tauromeniers bezähmte).

In den Reflexionen über die Wirkungen in der Musik drückten sich am deutlichsten die konzeptuellen Schwierigkeiten aus, mit denen die Theoretiker der Renaissance konfrontiert waren. Zunächst entstand ein Konflikt, da einerseits die Verbindung mit der Musik der Antike bewahrt werden sollte, indem ausdrücklich die Definition der Wirkungen der Modi aufgenommen wurde; andererseits war man sich bewusst, dass das, was das Gefühl erregte, nicht so sehr auf die Modi als vielmehr auf die Qualität des Bezugs zwischen Text und Musik zurückzuführen war.

▸ Ramos de Pareja schlug vor, die Musica humana und die Musica mundana (▸ Musica coelestis) auf der Grundlage der Theorie des Ethos der Modi zu studieren. Er verglich die Modi mit den körperlichen Temperamenten: Der dorische Modus oder Protus erzeugt den phlegmatischen, der phrygische oder Deuterus den cholerischen, der lydische oder Tritus den sanguinischen, der mixolydische oder Tetrardus den melancholischen Zustand. Jeder authentische Modus besitzt ein Ethos, das in Relation zu den Temperamenten steht: Der dorische passt zu jeder Musik und ist gemäßigt, der phrygische erregt, der lydische ist angenehm, der mixolydische verweist auf die Melancholie. Was die plagalen Modi betrifft, handeln sie den authentischen Modi entgegengesetzt. In der Nachfolge von Ramos orientierten sich die Konzeptionen des Ethos der Modi im 16. Jahrhundert nach zwei Richtungen hin. Das Ethos der Modi konnte vom Standpunkt der Antiken aus studiert werden im Sinne einer historischen Entdeckung. Diese Annäherung befriedigte insofern, als sie dazu beitrug, die übernatürliche Macht, die die Griechen der Musik zusprachen, zu bestätigen. Das Ethos der Modi diente den Theoretikern jedoch gleichermaßen bei der Suche nach einer aktualisierten Definition der Modi, die hinter den übernatürlichen Wirkungen nicht zurückstand. Die beiden Annäherungsweisen boten den Komponisten des 16. Jahrhunderts die Sicherheit, auf richtigem Wege zu sein, weil sie die gleichen Modi wie in der Antike gebrauchten, auch wenn sie sie auf andere Weise einsetzten. Auf eine solche Aktualisierung verweist der Titel des Traktats von Nicola ▸ Vicentino: *L'antica musica ridotta alla moderna prattica* (1555). Für ihn waren die wunderbaren Effekte an die Novität des Kompositionsprozesses gebunden (dies zeigt, dass die Musik des 16. Jahrhundert nicht die gleichen Effekte hervorbrachte wie die Musik der Griechen). Wenn Vicentino reichlich die Genera diskutiert (diatonisch, chromatisch und enharmonisch), geschieht dies nicht in der Absicht, eine antike Praxis restaurieren zu wollen, die sicherlich keine Wirkung mehr hervorgebracht hätte, sondern um den zeitgenössischen Komponisten zu empfehlen, vergessene Verfahrensweisen zu erforschen oder ausfindig zu machen. Einige Jahre später kritisierte Vincenzo ▸ Galilei diese Konzeption: Das Ethos beruhe auf einem linearen Konzept, das den Sologesang und nicht die modale Organisation betraf. Trotz der Richtigkeit seiner Äußerung gelang es Galilei nicht, die Verbindung zwischen den Modi, den Tonalitäten und den Leidenschaften herzustellen.

Gioseffo ▸ Zarlino widmete einige Seiten seiner *Istitutioni harmoniche* den Leidenschaften. Um Leidenschaften hervorzurufen, präzisierte er, ist es notwendig, dass vier Elemente zusammenkommen: die Harmonie, die Zahl (das heißt das Metrum), das Narrative und das Sujet. Die Harmonie umgreift die internen Dispositionen (die Freude, die Traurigkeit), aber sie kann nicht Lachen oder Weinen machen, was zu den externen Dispositionen gehört. Wenn aber die Harmonie die Leidenschaften hervorrufen kann, dann deshalb, weil sie von den Proportionen Gebrauch macht, die sich im physiologischen Ausdruck dieser Passionen wieder finden (die Proportion der Kälte, der Wärme, des Trockenen, des Feuchten).

Die Anspielungen auf die wunderbaren Wirkungen und die Einfachheit von Zarlinos Schema könnten glauben machen, dass die Diskussionen über die Effekte der Musik sich in den Mythos flüchten oder in technische Fragen ablenken. Die Texte von Johannes ▸ Tinctoris erlauben jedoch, dieses generelle Bild zu nuancieren. Tinctoris versuchte nicht, die Frage der Bedeutung klanglicher Realitäten zu klären. Es gibt zunächst eine epistemologische Unmöglichkeit: Der musikalische Klang ist nicht Objekt, sondern Bewegung, wie Aristoteles bestätigt hatte (▶ Naturphilosophie). Somit versucht Tinctoris von dieser Perspektive aus zu enthüllen, was der Grund der Effekte sei und was sie hervorbringt, und weniger ihre Bedeutung offen zu legen. Er zählt so in seinem *Complexus effectuum musices* zwanzig Wirkungen auf.

Wirkungen der Musik nach Tinctoris

| | | | |
|---|---|---|---|
| 1 | Musica Deum delectat | 11 | Musica terrenam mentem elevat |
| 2 | Musica laudes Dei decorat | 12 | Musica voluntatem malam revocat |
| 3 | Musica gaudia beatorum amplificat | 13 | Musica homines lætificat |
| 4 | Musica ecclesiam militantem triumphanti assimilat | 14 | Musica aegrotos sanat |
| 5 | Musica ad susceptionem benedictionis divinæ præparat | 15 | Musica labores temperat |
| 6 | Musica ad animos ad pietatem excitat | 16 | Musica animos ad praelium incitat |
| 7 | Musica tristitiam depellit | 17 | Musica amorem allicit |
| 8 | Musica duritiam cordis resolvit | 18 | Musica iocunditatem convivii augmentat |
| 9 | Musica diabolum fugat | 19 | Musica peritos in ea glorificat |
| 10 | Musica extasim causat | 20 | Musica animas beatificat |

Für Tinctoris liegt die erste Funktion der Musik nicht in einer außermusikalischen Bedeutung, sondern in der Hervorbringung von Effekten. Die Definition dieser Effekte diente den Theoretikern, die hinsichtlich des Begriffs der Sinnenfreude immer misstrauisch waren, ihre Praktiken zu legitimieren. Der einzige spezifische musikalische Effekt, der von den Tönen hervorgerufen wird, ist transitorischer Natur: Die gefühlvolle Schönheit manifestiert sich im Gefühl der Traurigkeit. Von daher rühren die zahlreichen Assoziationen zwischen Musik und Melancholie (selbst wenn die Musik die Melancholie auch vertreiben kann).

*Literatur:*
P. Kristeller / P.P. Wiener (Hrsg.), *Music in the Culture of the Renaissance*, New York 1968 • L. Zanoncelli, *Complexus effectum musice: Sulla estetica di Johannes Tinctoris*, Bologne 1979 • K. Berger, *Theories of Chromatic and Enharmonic Music in Late 16th Century Italy*, Ann Arbor 1980 • Cl. Palisca, *Humanism in Italian Renaissance Musical Thought*, New Haven 1985 • D.P. Walker, *Spirit and Language in the Renaissance*, London 1985 • D. Harrán, *Word-Tone Relations in Musical Thought from Antiquity to the Seventeenth Century*, Stuttgart 1986 • Th. Schmid, *Der* Complexus effectuum musices *des Johannes Tinctoris*, in: Basler Jahrbuch für historische Musikpraxis 10 (1986), S. 121–160 • R. Wegman, *Sense and sensibility in late-medieval music*, in: Early Music 13 (1995), S. 299–312 • Chr. Page, *Reading and reminiscence: Tinctoris on the beauty of music*, in: Journal of the American Musicological Society, 49/1 (1996), S. 1–31 • J. Haar, *The Science and Art of Renaissance Music*, Princeton 1998 • Ph. Vendrix, *La musique à la Renaissance*, Paris 1999.

PHV

# Egenolff, Christian
\* 26.7.1502 Hadamar (Westerwald), † 9.2.1555 Frankfurt am Main

Christian Egenolff war ein Drucker und Verleger, sein Druckersignet stellte einen Altar mit brennendem Herz dar. Nach einem Studium in Mainz begann Egenolff 1528 in Strassburg ein Druckgewerbe zu eröffnen. 1530 übersiedelte er nach Frankfurt a.M., wo er als erster sesshafter Buchdrucker der Stadt überaus erfolgreich war. Einige Jahre (1538–1543) betrieb er auch die Universitätsdruckerei in Marburg als Filiale.

Egenolff war vor allem technisch und wirtschaftlich ambitioniert, seine ästhetischen Ansprüche waren hingegen gering. Nur ein Bruchteil der umfangreichen und breit gefächerten Produktion war dem Musikdruck gewidmet. Als erster deutscher Drucker verwendete er dafür seit 1532 das Einfachdruckverfahren mit beweglichen Typen (einfacher Typendruck im Gegensatz zum zweistufigen Doppeldruckverfahren, ▶ Notendruck). Das Notenbild war unruhig und weit weniger ansprechend, dafür war die Produktion einfacher und wirtschaftlicher.

Portrait von Christian Egenolff, Ausschnitt aus seinem Partezettel von 1555

Ein nicht geringer Anteil von Egenolffs Druckwerken waren Nachdrucke. So etwa publizierte er 1532 den Odendruck von Petrus ▶ Tritonius, der bereits 1507 bei Erhard ▶ Öglin erschienen war, übernahm einzelne Nummern aus Ottaviano ▶ Petruccis *Canti B* und druckte das *Schöffersche Liederbuch* von 1536 nach. Eine zentrale Rolle in seinem Schaffen spielten volkssprachliche Liederbücher, die zunächst in einem extrem kleinen Format erschienen und sich durch sorgfältige Textunterlegung auszeichnen. Besonders erfolgreich waren die Sammlungen mit den sprechenden Titeln *Gassenhawerlin*, *Reutterliedlin* und *Grazliedlein*, die mehrfach aufgelegt wurden. Zahlreiche Verluste von einzelnen Stimmbüchern oder ganzen Produktionen, vor allem von geistlicher Musik, lassen Egenolffs Werkkatalog unvollständig erscheinen.

*Ausgaben*:
*Gassenhawerlin und Reutterliedlin. Faksimileausgabe*, hrsg. von H. Moser, Ausgburg 1927; *Achtzehn weltliche Lieder aus den Drucken Christian Egenolffs* (Chorwerk 111), hrsg. von H.-Chr. Müller, Wolfenbüttel 1970ff.

*Literatur*:
H.-Chr. Müller, *Die Liederdrucke Christian Egenolffs*, Diss. Kiel 1964 • E.-L. Berz, *Die Notendrucker und ihre Verleger in Frankfurt von den Anfängen bis etwa 1630* (Catalogus musicus 5), Kassel 1970 • J. Benzing, *Christian Egenolff und seine Verlagsproduktion*, in: Aus dem Antiquariat 9 (1973), S. 348–352.

ALB

**Einstimmigkeit** ▶ **Gregorianischer Choral**

## Elisabeth I.
* 7.9.1533 Greenwich (London), † 24.3.1603 Richmond upon Thames

Elisabeth I. führte England nach dem Tod des Vaters ▶ Heinrich VIII. und der kurzen Regierungszeit ihrer beiden Halbgeschwister Eduard VI. und Maria I. ab 1558 zu einem kulturell und wirtschaftlich anerkannten Staat. Dabei brachte sie das Erbe des Humanismus, die Neubelebung höfischer Ideale sowie die Entfachung eines neuen Nationalgefühls mit neuen Impulsen einer protestantisch-moralischen Lebenshaltung und der fortgesetzten Aneignung italienischer Renaissancekultur auf den Gebieten der bildenden Künste, Literatur und Musik zusammen. Vor allem die neuen Möglichkeiten der Seefahrt brachten England wirtschaftlichen Aufschwung, der sich 1588 mit dem Sieg gegen die bis dahin unbestrittene Seemacht Spanien auch militärisch einführte.

In religionspolitischen Fragen setzte Elisabeth nach der Rekonstituierung der anglikanischen Kirche (Wiedereinführung des Book of Common Prayer und Suprematsgesetz) – zumindest in den ersten 14 Jahren ihrer Regierungszeit – eher auf Kompromisse. Nicht nur politisch, sondern auch kirchenmusikalisch akzeptierte sie den Katholizismus, so wurde in der ▶ Chapel Royal, dem königlichen Kollegium, bestehend aus Sängern, Organisten, Komponisten und Kaplänen, weiterhin lateinische Kirchenmusik – auch aus konservativem Festhalten an traditionellen Formen – komponiert und liturgisch neben der Pflege des englischsprachigen ▸ Anthems verwendet.

Dem Erfolg als Regentin ging, trotz Illegitimität, eine traditionelle Erziehung für königliche Kinder voraus. Sie erhielt die übliche humanistische Ausbildung. Da alle Kinder Heinrichs VIII. Musikunterricht genossen und dem Haushalt der Prinzessin der Virginalist Simon Burton angehörte, erlernte sie das Virginal-Spiel. Daneben spielte sie auch die Laute.

Nicht nur die Politik, sondern auch die Musikausübung war von ihrer Rolle als Königin geprägt: Sie spielte, anders als ihr Vater Heinrich VIII., nur in der Kammer, da öffentliches Musizieren von Adligen, und insbesondere von Frauen, als unschicklich galt; öffentliches Auftreten, das nicht den Tugendregeln entsprach, nutzte sie allerdings, die Regeln brechend, als politisches Instrument. Und auch der öffentliche Tanz diente ihr zur Demonstration von Stärke und Macht.

Eine aktive Förderung der Musik, wie sie Heinrich VIII. vorangetrieben hatte, betrieb Elisabeth nicht. Die Hofmusik blieb an Zahl erhalten, nur der Aufbau änderte sich. Es entstanden Ensembles aus gleichen Instrumenten, sogenannte Whole consorts, unter denen sich die Consorts of Viols (▸ Consort) als wichtigste Gruppe etablierten. Aus der Selbstdarstellung Elisabeths heraus entwickelte sich das Bild der »Maiden Queen« (jungfräuliche Königin), welches zunächst in zahlreichen Texten (z.B. Edmund ▸ Spensers *The Faerie Queene* (1590–1599) und Ikonographien dargestellt wurde, später dann in Kompositionen zu Ehren der Königin Verwendung fand (z.B. Thomas ▸ Morleys Madrigalsammlung *The Triumph of Orania*, 1601).

Das Verdienst Elisabeths I. liegt demnach nicht in kompositorischen Vermächtnissen oder instrumentalem Virtuosentum, sie schuf jedoch die Voraussetzungen für eine nationale kulturelle Blütezeit.

*Literatur*:
D. Helms, *Elisabeth I.* in: *MGG²*, Bd. 6 (Personenteil), 2001, Sp. 256–259 • U. Machoczek, *Die regierende Königin – Elisabeth I. von England. Aspekte weiblicher Herrschaft im 16. Jahrhundert*, Pfaffenweiler 1996 • J. Klein, *Elisabeth und ihre Zeit*, München 2004.

AW

# Eloy d'Amerval
fl. 1455–1505/1508

Eloy d'Amerval gehört als Dichter und Musiker zu jenen vielseitig begabten Persönlichkeiten der Renaissance, die fähig waren, sich sowohl mit literarischen als auch mit musikalischen Werken zu beschäftigen. Seine Vita ist fragmentarisch überliefert, folgt jedoch seinem Lebenslauf. Eloy d'Amerval stammt aus Béthune (Pas-de-Calais). Sein Name erscheint erstmals im Mai 1455, als er als Tenor in der Kapelle des Herzogs Ludwig von Savoyen angestellt ist, die zu jener Zeit Guillaume ▸ Dufay untersteht. In diesem Amt bleibt d'Amerval bis August 1457. Ebenfalls als Tenor ist er von 1464–1465 in Blois unter den Sängern in der Kapelle des Herzogs Karl von Orléans tätig. Wie lange er dort bleibt, ist unklar, doch hält er sich 1471 in Orléans auf, wo er nunmehr das Amt des ›maître des enfants‹ an der Kollegiatskirche Saint-Aignan innehat. D'Amerval setzt seine Tätigkeit an wechselnden Orten fort und ist im September 1480 in Poitiers als ›maître de la psalette‹ an der Kollegiatskirche nachweisbar. 1483 kehrt er erneut nach Orléans zurück, diesmal als ›magister puerorum‹ an der Kathedrale Saint-Croix. Im Rechnungsbuch der Kathedrale von 1483 wird eine Motette erwähnt, die d'Amerval zur Gedächtnisfeier der Befreiung von Orléans durch Jeanne d'Arc (8. Mai 1430) komponiert hat. Zu seinen Pflichten an der Kathedrale von Orléans gehörte offensichtlich auch die Redaktion von musikalischen Handschriften, da ein Inventar von 1586 zwei Bücher von »dictz et chansons, faiz pour chanter a la feste de la ville« nennt, die vom Dichter-Komponisten aufgezeichnet sind. D'Amerval hat wahrscheinlich den Rest seines Lebens in der Umgebung von Orléans verbracht. 1504 ist er Kanoniker der Kollegiatskirche von Châteaudun, nahe Orléans. In dieser Zeit muss er gelegentlich in Kontakt zum Königshof ▶ Ludwigs XII. gestanden haben. Der Name von Eloy d'Amerval erscheint zum letzten Mal in einer Amtsnotiz vom 18. Januar 1505. Guillaume d'Amerval, Priester und Vikar in Châteaudun sowie unehelicher Sohn von Eloy, bestimmt seinen Vater zum Testamentsvollstrecker.

Eloy d'Amerval verdankt seinen Ruhm besonders dem *Livre de la Deablerie*, das von Michel le Noir in Paris publiziert wurde. Es erschien 1508, dem Jahr, in dem d'Amerval vermutlich noch lebte. *Le livre de la Deablerie* ist eine umfangreiche Dichtung, ein Dialog zwischen Luzifer und Satan, in den persönliche Betrachtungen des Autors eingeschoben sind. In einer bekannten, von Musikhistorikern häufig zitierten Passage stimmt der Autor eine Lobeshymne auf eine beträchtliche Anzahl von Musikern des 15. Jahrhunderts an, darunter John ▶ Dunstable, Guillaume ▶ Dufay, Gilles ▶ Binchois, Hayne van Ghizeghem, Alexander ▶ Agricola, Johannes ▶ Ockeghem, Antoine ▶ Busnoys, Philippe ▶ Basiron, ▶ Barbingant, Loyset ▶ Compère, Johannes ▶ Prioris, ▶ Josquin Desprez, Antoine ▶ Brumel und den Theoretiker Johannes ▶ Tinctoris.

Angesichts der poetischen Veranlagung von d'Amerval ist man erstaunt über das Fehlen von polyphonen ▶ Chansons im überlieferten musikalischen Œuvre, das lediglich aus einer ▶ Messe besteht: der *Missa Dixerunt discipuli*. Durchgängig fünfstimmig komponiert, basiert sie auf den ersten sieben Tönen einer ▶ Antiphon zu Ehren des Hl. Martin von Tours. Mit der Verwendung des mensural umgestalteten ▶ Cantus firmus werden alle Möglichkeiten genutzt, die das System der Notation jener Epoche bietet. Diese hervorragende Technik sicherte d'Amerval seinen Ruhm bei den Theoretikern der Renaissance. Tinctoris im *Proportionale musices* (1473) und Franchino ▶ Gaffurio im Traktat *Practica musicae* (1496) erklären d'Amerval beide als »*in modis doctissimus*« und noch in der ersten Hälfte des 16. Jahrhunderts ist seine Messe Gegenstand des Studiums italienischer Theoretiker wie Giovanni Del Lago und Pietro ▶ Aaron.

*Ausgaben*:
Eloy d'Amerval, *Missa Dixerunt discipuli* (Coll. *Ricercar* 3 – C.E.S.R., Tours), hrsg. von A. Magro und Ph. Vendrix, Paris 1997; Eloy d'Amerval, *Le livre de la Deablerie*, hrsg. von R. Deschaux und B. Charrier, Paris 1991.

*Literatur*:
B.J. Blackburn / E.E. Lowinsky (Hrsg.), *A Correspondance of Renaissance Musicians*, Oxford 1991, Briefe Nr. 63, 64 und 75.

AM

# Emblem

Der Begriff kommt vom griechischen ›Emblema‹, wörtlich ›das Eingesetzte‹, im Sinne von ›Ausschmückung‹ in rhetorischer und bildkünstlerischer Hinsicht (Intarsie, Mosaik). Begründend und namengebend für diese bedeutende Gattung symbolischen Ausdrucks wurde das 1531 in Augsburg gedruckte *Emblematum liber* des Mailänder Humanisten und Juristen Andrea Alciat(us) (1492–1550), illustriert von Jörg Breu d. Ä. mit 98 kleinen Holzschnitten. In loser Themenfolge werden auf 88 Seiten kurze, mit Bildern versehene, lateinische Gedichte unter knappen Überschriften (lateinisch, auch griechisch) aneinandergereiht – kennzeichnend für die primär literarische Tradition. Alciat übersetzte Epigramme aus der sogenannten *Anthologia graeca*, verfasste dazu die Motti und empfahl sie zusammen mit bildlichen Schilderungen zur Zierde von Wänden, Glasfenstern, allerlei Gerätschaften und Kleidungsstücken etc.: zur schmückenden Hebung von gewöhnlichen Gegenständen, die »gesprächig und für den Anblick erfreulich« sein sollten. Neu war die reguläre Dreiteiligkeit des Emblems aus Bild (Ikon, Imago, Pictura), prägnantem Motto (Lemma) und erläuternder Subscriptio (Epigramm). Zunächst fungierte das Bild als eine Art visuelles Wort, dessen Bedeutungswert mit der damaligen humanistischen Hieroglypheninterpretation als einer geheimen Bilderschrift changierte. Neuplatonische Kreise sahen in der ägyptischen Hieroglyphik eine Bildersprache verborgener Urweisheit, welche man durch die damals entdeckte *Hieroglyphica* des Horapollo (entstanden 2. Hälfte des 5. Jh. n. Chr.) entschlüsseln zu können glaubte. Ein Exemplar dieser alexandrinischen Gelehrsamkeit, aus verschiedensten Quellen kompiliert, rätselhafte Hieroglyphenvorbilder ausdeutend und ins Griechische übersetzt, tauchte 1419 auf der Insel Andros auf und kam 1422 nach Florenz. Es enthält ein Verzeichnis enigmatischer Bildzeichen nebst Erklärung, konnte also (neben Zutreffendem freilich voller Mißverständnisse) als eine Art Lexikon ägyptischer ›Geheimzeichen‹ gelten (z.B. Löwe = Zorn). Bestärkt wurde diese Auffassung durch den bekannten *Physiologus* (2. Jh. n. Chr.), eines der tragenden Elementarbücher für die Substruktionen antik-christlicher Tradition und eine Hauptquelle mittelalterlicher Tiersymbolik, wie der Horapoll ein Produkt der langlebigen synkretistisch-alexandrinischen Kultur. Durch die *Hypnerotomachia Poliphili* von Francesco Colonna (Venedig 1499) wurde solch mythologisch-hieroglyphische Phantastik, vermengt mit pythagoreischer Symbolik und kabbalistischer Spekulation, poetisch sublimiert und verbreitet.

Zugleich wirkte aber noch anderes auf die Genese des Emblems ein: die Anregungen der spätmittelalterlichen Allegorik bzw. Allegorese (Ausdeutungslehre), vor allem aber die Ausformung der höfischen, italienisch-französischen Devise bzw. Imprese. Es wurde bei der ritterlichen Aristokratie des 14./15. Jahrhunderts Mode, neben dem Familienwappen seine individuelle ›Absicht‹ zeichenhaft kundzutun. Dies geschah durch eine Kombination aus Wahlspruch und Bildsymbol, um ein ›Vorhaben‹ anzukündigen (von lateinisch imprendere = etwas unternehmen, etwas vorhaben), das auch geändert werden konnte. Wort und Bild blieben einzeln unverständlich, doch auch deren Zusammenspiel ›erklärte‹ sich nur dem gebildeten Eingeweihten. Diese ›erklärende‹ Funktion übernimmt beim Emblem die Subscriptio. Insofern eignet dem Emblem noch der Hauch rätselhafter Esoterik und lässt eine entschiedene, aber subjektiv-verborgene Absichtlichkeit erahnen. Doch prinzipiell eröffnet und veranschaulicht dieses rhetorisch-sinnbildlich ›ausgeschmückte‹ und ›emblematisch‹ signifikante Argument eine allgemein zu verstehende, moralische Erfahrungs- und Gedankenwelt. Strukturell ist das Emblem ›erklärtermaßen‹ für die Nutzanwendung im weitesten Sinne bestimmt.

Bis 1550 erfolgt die Verbreitung des Alciat insbesondere durch erweiterte französische Publikationen. Bis Ende des 16. Jahrhunderts kommt dann die große gesamteuropäische Strömung der Emblematik in verschiedenen Sprachen. Bis zum ersten Drittel des 17. – also zum Barock – setzt sich ein Strukturwandel per Diversifizierung und Spezialisierung durch. Man diskutiert in Abhandlungen über Anwendungsmodalitäten und fächert die emblematische Szenerie der Alltags- und Liebesmoral weiter auf. Symptomatisch ist die ausgefeilte künstlerische Bildwirkung des Ikon, das nun dramatisch selbständig ›agieren‹ kann. Bürgerlich-patrizische Lebensmoral erweitert den einstigen herrschaftlichen Gelehrtenhumanismus, wobei die emblematische Struktur für Künste und Wissenschaften immer bedeutsamer wird. Schließlich wird die erotische Sphäre durch Herzsymbolik ›verkörpert‹, so wie man nun beim Emblemaufbau (Bild und Schrift) »Körper« und »Seele« unterscheidet.

Exemplarisch illustrieren den Wandel zum sensualistischen Barock zwei gegensätzliche Lauten-Embleme. Bei Alciat zeigt ein lapidarer Holzschnitt eine Laute in der ›hieroglyphischen‹ Abbreviatur eines Innenraums. Das irritierend politische Motto »Foedera Italorvm« wird erst durch die Subscriptio plausibel: Der Vergleichspunkt ist laut Epigramm die Harmonie der Saiten, wobei die Gelehrtenpoesie mit Horapoll, Cicero und Augustinus im Akkord erklingt, anders als des Holzschnitts robuste Linien (Henkel/Schöne Sp. 1297). Gabriel Rollenhagens *Nvclevs Emblematvm* von 1611 (Henkel/Schöne, Sp. 1299) zeigt in einem Stich Amor in kultivierter Landschaft mit den Musen, welcher eine Laute ganz ›nahe‹ vorweist. Das Motto im Rundrahmen besagt, dass die Liebe Musik lehre. Die erotisch hintersinnige Subscriptio bekundet, dass der schmeichelnde Amor mit dem Plektron zwar die Saiten zu schlagen verstehe, doch sein Verhältnis zum Musenzirkel sei rein und keusch, sonst werde er verstoßen. Diese recht ›schlagende‹ Anzüglichkeit erzeugt mehrsinnig zirkulierende Bedeutungsmöglichkeiten, welche dem Witz des Betrachters anheimgestellt bleiben.

*Literatur*:
A. Henkel / A. Schöne (Hrsg.), *Emblemata. Handbuch zur Sinnbildkunst des XVI. und XVII. Jahrhunderts*, Stuttgart 1967 • W.S. Heckscher / K.A. Wirth, *Emblem, Emblembuch*, in: *Reallexikon zur Deutschen Kunstgeschichte*, Bd. 5 (1967), Sp. 85–228.

UN

## Encina [Enzina, Ensina, Fermoselle], Juan de [Juan del]

\* 12.7.1468 Salamanca, † ca. Frühjahr 1530 León

Der spanische Dichter und Komponist war Sohn eines Schuhmachers. In seiner Heimatstadt Salamanca sang er seit 1484 als Chorknabe in der Kathedrale, wo sein Bruder Miguel derzeit Kaplan war. Dort erhielt er im Alter von 22 Jahren die ersten niederen Weihen, wonach er zum ›capellán de coro‹ der Kathedrale ernannt wurde. Er studierte zwischen 1488 und 1492 Jura an der Universität von Salamanca, an der sein anderer Bruder Diego Musik unterrichtete. Es wird angenommen, dass Encina von Diego unterwiesen wurde. Während seines Studiums muss er Antonio de Nebrija getroffen haben, bei dem er ebenfalls Unterricht erhielt. In dieser Zeit wechselte er seinen Namen zu Encina (span. Eiche). Dieser Name leitet sich wahrscheinlich von Jupiters geheiligtem Baum aus Vergils Dichtung ab, von dem man annimmt, sie sei für Encina prägend gewesen. 1492 begab Encina sich in die Dienste des Herzogs von Alba als Hofmusiker, und blieb dort bis 1498. Nach Encinas eigener Aussage entstand in dieser Zeit der Großteil seiner überlieferten Werke.

Encinas Versuch, Ende der 1490er Jahre eine Pfründe in Salamanca zu bekommen, wurde ihm nach einer zunächst erfolglosen Bewerbung durch Papst Alexander VI. gewährt (zuerst in seiner Heimatdiözese, dann an der Kathedrale, in deren Besitz er wegen eines Rechtsstreits jedoch nie kam). Bis zu Alexanders VI. Tod 1503 war Encina wahrscheinlich Mitglied seines Haushalts sowie weiterer Hofhaltungen (1500 bei Cesare Borgia, 1504 beim spanischen Kardinal Franciscus de Loriz). Papst Julius II. spricht ihm im Jahr 1508 das Erzdiakonat der Kathedrale von Málaga zu. Vier Jahre später erbat sich Encina Urlaub für einen Romaufenthalt, wo er vor dem Papst und Adligen sein Stück *Égloga de Plácida y Vitoriano* aufführte. In den folgenden zwei Jahren reiste Encina viel im Auftrag des Kapitels von Málaga. Im Jahr 1518 gab er jedoch die Pfründe in Málaga auf, um eine Pfründe in Morón anzunehmen. Als er 1519 zum Priester geweiht wurde, begab er sich auf eine Pilgerfahrt nach Jerusalem. Im selben Jahr noch wurde er von Leo X. zum Probst der Kathedrale von León ernannt. Encina blieb in León bis zu seinem Tod um 1530, der durch eine schwere Krankheit im Vorjahr ausgelöst wurde.

Encinas schriftstellerisches Schaffen hat eine sehr wichtige Stellung in der spanischen Sprachgeschichte. Aufgrund seiner Kenntnis der Schriften von Vergil verfasste er eine der ersten Übersetzungen der lateinischen Verse in die kastilische Variante des Spanischen. Dies ist insofern interessant, als zur damaligen Zeit eher dem Galicischen für Poesie und Literatur Präferenz gewährt wurde. Hierdurch wird auch seine besondere Stellung bei der Entwicklung des heutigen spanischen Versmaßes deutlich. Durch seine Werke, *Las églogas*, die teilweise durch ▶ Villancicos begleitet wurden, wird er auch als einer der Begründer des spanischen Theaters angesehen. In der musikalischen Sammlung der Reyes Católicos, dem *Cancioniero musical de Palacio* taucht Encina mit 63 Werken auf. Sein musikalisches Schaffen bleibt von seinen Bemühungen um die spanische Sprache nicht unberührt, denn Encinca leistete einen wichtigen Schritt zur Entwicklung der volkssprachigen Gattungen in Spanien, vor allem mit starker Zuwendung zur kastilischen Variante. Somit grenzt er sich von seinen Vorgängern (Juan ▶ Urrede, Enrique und Juan ▶ Cornago) ab, die ihr Augenmerk auf ausländische Liedkultur legten, vor allem auf die französische. Seine meist drei- bis vierstimmigen Villancicos, die er auch in seinen szenischen Werken verwendete, bildeten ebenso einen Teil seiner höfischen Musik. Scheinbar bevorzugte Encina diese Gattung des Liedes, denn nur fünf aller überlieferten Lieder können als Romance klassifiziert werden. Wenige übrige sind nicht klassifizierbar. Das Hauptmerkmal seiner Lieder ist die Sensibilität und das Gespür für die Zusammenfügung von Dichtung mit Musik.

*Ausgaben*:
*La musica en la corte de los reyes católicos*, Teile 2–4: *Polifonia profana. Cancionero musical de Palacia* (Monumentos de la musica española 5, 10 und 14), 3 Bde., hrsg. von H. Anglés, Bd 1, Barcelona 1947, Bd. 2 ebd. 1951, Bd. 3 ebd. 1965; Cancionero *musical de los siglos XV y XVI. Cancioniero musical de Palacio* (Biblioteca filológica hispana 24), hrsg. von J. González Cuenca, Madrid 1996.

*Literatur*:
M. Querol, *La producción musical de J. Del Encina*, in: Anuario musical 24 (1969), S. 121–131 • H.W. Sullivan, *J. del Encina*, Boston 1976 • M. Zywietz, *Juan del Encina*, in: *MGG²*, Bd. 6 (Personenteil) 2001, Sp. 313–317 • M. Zywietz, *J. del Encina und die Bedeutung des Humanismus für die spanische Musik am Ende des 15. Jahrhunderts*, in: Annuario musical 57 (2002), S. 59–75.

CHD

# Engelsmusik

Die Bildtradition akklamierender Engelsscharen, die sich im Hochmittelalter aus den Akklamationsszenen der Offenbarung entwickelt, verläuft ungebrochen durch den ganzen Zeitabschnitt der Renaissance hindurch weiter und setzt sich auch im Barock fort. Freilich gibt es ikonographische Veränderungen, von denen zwei unser Augenmerk verdienen:

1. Beginnend im Spätmittelalter werden die biblischen Anlässe für Engelsakklamationen allmählich auch auf andere Szenen ausgeweitet, vornehmlich auf solche, die in Verbindung mit den marianischen Ereignissen (Verkündigung, Christi Geburt, Mariae Himmelfahrt) und Christus (Christi Taufe, Christus triumphans), oder in der Ikonographie der Heiligen und alttestamentlichen heilsträchtigen Ereignissen stehen.

2. Die Darstellung der Engel spaltet sich durch die Einführung des Kinderengels auf zwei Sparten auf. Der Kinderengel ermöglicht es den Künstlern, die Tradition einer Hierarchie zwischen Hauptszene und Marginalie der Buchmalerei beizubehalten mit groß darge-

stellten Hauptfiguren und den kleiner und niedlicher dargestellten Putten, ohne auf die bildliche Vermittlung des Klangrauschs, den die Akklamation nach wie vor bedeutet, verzichten zu müssen. Ein Einzelengel, der etwa als Verkündigungsengel eine Hauptfigur des Bildes abgibt, kann mit »Gloria in excelsis Deo« singenden Putten im Hintergrund kombiniert werden. Auch dreischichtige Anlagen kommen vor: Auf einem Kupferstich Jan I. Sadelers (nach Peter Candid) sehen wir zum Beispiel in der unteren Bildhälfte einen harfenden König David, der von einem Puttenreigen umtanzt wird, dann oben eine stattliche Ansammlung von großen Musikengeln mit ▶ Orgel, ▶ Laute, krummem ▶ Zink, ▶ Lira da braccio, ▶ Posaune und ▶ Gambe musizierend und schließlich zwei Putten auf der mittleren Bildebene, die zwei Notenblätter mit einer vollständigen vierstimmigen Motette von Orlande de ▶ Lassus halten (Abb. 1).

Abb. 1: Jan I. Sadeler, *König David und die Engelchöre*, Kupferstich, München, Bayrische Staatsbibliothek

## 1. Gruppen

Schon die biblischen Texte in den Büchern der Psalmen und der Offenbarung sprechen bei der musikalischen Akklamation nicht von spezifischen realistischen Instrumentenkombinationen, sondern sie stellen das Enzyklopädische und Metaphysische in den Vordergrund. Die Bilddarstellungen der Engelsakklamation weichen von diesem Prinzip weder im Mittelalter noch in der Renaissance ab. Nach wie vor sind die Totalität des Musikklangs (mit allen denkbaren Schallgeräten oder Stellvertretern aller Kategorien), die Massierung von unzähligen Teilnehmern und die Intensität musikalischen Bemühens das Primäre. (Der Extremfall ist mit El Greco [1541?–1614] erreicht, bei dem alle musikalischen Aspekte dem theatralischen Gestus, der Exaltation und emotionalen Ekstase untergeordnet werden.) Gleichzeitig darf der Künstler die Akklamation, da sie ja allgegenwärtig und nicht ortsgebunden ist, den räumlich-formalen Bedingungen seiner Holztafel, Leinwand oder der Deckenwölbung unterwerfen. Er kann sie als axialsymmetrische Gruppen, mandelförmige Einrahmungen, konzentrische Kreise, Himmelsbögen, Bänder oder Streumaterial anordnen, ohne dabei einen Gedanken an aufführungspraktische Wahrscheinlichkeit verschwenden zu müssen. Schon aus diesem Grunde ist die Bezeichnung von Engelsmusik als Engelkonzert irreführend und abzulehnen.

Besondere Bezüge auf bestimmte Akklamationstexte werden im 15. Jahrhundert durch Textrollen, die die Engel halten, hergestellt. Aus diesen werden dann im Verlauf der Hochrenaissance querformatige Stimmhefte, aus denen gesungen und selten auch gespielt wird. Dadurch wird der für diese Zeit typische Gegenwartsbezug hergestellt und angedeutet, dass man sich Engelsmusik als gelehrteste Form von Musik, d.h. komponierte, notierte, liturgische, mehrstimmige Kompositionen vorstellen soll. Meistens begnügt sich der Maler nur gerade mit so vielen Indizien, damit der Betrachter versteht, dass es sich um notierte Musik handelt. Doch dem Trend der Zeit folgend, der dahin geht, in Ölgemälden mit weltlichen Themen, wenn gefordert, auch minutiöse Zitate aus notierten Kompositionen (Kanons, Chansons) wiederzugeben, streben die Maler auch bei musizierenden Engeln einen ähnlichen Naturalismus an, so dass es im späteren 16. Jahrhundert zur gemalten Wiedergabe von ganzen Motetten auf Gemälden, den sogenannten ▸ Bildmotetten, kommen kann. In Kupfer gestochene Kopien dieser Gemälde führen dann zur Erfindung des Notenstichs (siehe oben das Beispiel Sadelers).

Da die Engelsmusik die bei weitem größte Anzahl von Instrumentendarstellungen in der bildenden Kunst liefert, ist sie für die Instrumentenkunde des 15. Jahrhunderts zentral und für das folgende Jahrhundert immer noch eine unverzichtbare Quelle. Ohne sie wären wir bei den meisten europäischen Musikinstrumenten nicht imstande, bauliche Entwicklungen und die langsame Ausbildung von Instrumententypen zu verstehen und nachzuzeichnen. Das erkannte man schon am Beginn unserer Fachgeschichte vor hundert Jahren; wissenschaftlichen Diskussionen um ihre Aussagekraft für die Geschichte der Aufführungspraxis und der Instrumentenkunde dauern also schon seit mehreren Generationen. Sie halten auch heute noch an (siehe dazu die Bibliographien von Crane und Gratl und die Jahresbibliographien in Imago Musicae). Angesichts der Liebe zum organologischen Detail, die wir bei Jan van ▸ Eycks oder Hans ▸ Memlings Musikbildern finden, ist der Versuch vollkommen berechtigt, über die bildliche Darstellung zur Rekonstruktion von Instrumenten zu gelangen.

Man sollte durchaus von der Faszination am Handwerklichen und an der virtuos naturalistischen Darstellung von Einzelheiten im Material und Bau von Gegenständen, die diese Maler an den Tag legen, schließen, dass dieselbe Meisterschaft auch für die Instrumentenbauer und die Instrumentalvirtuosen der Zeit gilt – allerdings mit dem Caveat, dass es dem Maler um ein Verisimile geht, d.h. um den Anschein von Wahrheit, eine bildliche Wirklichkeit, nicht eine natürliche. Exemplarisch hat dies Edward Ripin mit seiner Analyse der Orgeldarstellung auf Jan van Eycks *Genter Altar* klargestellt, in der er anhand von Widersprüchen zeigen konnte, dass die Genauigkeit des Malers eine vorgetäuschte ist. Angesichts des Naturalismus und der Detailverliebtheit der Maler der zweiten Hälfte des 15. und frühen 16. Jahrhundert sind Rückschlüsse auf die Chronologie nicht allzu gewagt. So kann etwa heute die aus den Bildquellen erschlossene rapide Entwicklung der Instrumententypen um 1500 als gesichert gelten.

## 2. Engelpaare, einzelne Engel

Im späten 15. Jahrhundert entwickelt sich aus den neuen marianischen Bildtypen der Spätgotik, die eine intime Szenerie gestalten (siehe Abb. 2), ein neues Nebenthema von ganz wenigen musizierenden Engeln (meistens zwei), die Maria, den Hirten, oder anderen thematischen Hauptträgern beigegeben werden. Dies bedeutet dann sehr oft, dass das Thema der Akklamation aufgegeben wird und an seine Stelle die Vorstellung von Musik als ›delicium animae‹, als emotioneller Begleiter, der Demut, Sanftheit, Süße, Zartheit vermittelt. Insbesondere in den neuen Gattungen der Sacra Conversazione (die die thronende Maria flankiert von wenigen Heiligen und teilweise auch den Stiftern zeigt), Madonna del Umiltà und der Maria im Rosenhag, aber auch den Verkündigungs-, Visitations- und Nativitasbildern schwingen diese Stimmungselemente mit.

Abb. 2: Jan van Coninxloo II zugeschrieben, *Geburt Christi*, Aachen, Suermondt-Ludwig-Museum, Inv. Nr. GK 579

Angesichts der auch heute noch nicht abbrechenden Versuche, die Abbildung von konkreten kammermusikalischen Konzerten in dieser Art Engelsmusik zu sehen, ist es weiterhin notwendig zu insistieren, dass diese Bilder eine direkte Weiterführung von mittelalterlichen Vorstellungen sind und nicht konkrete Kammermusik imitieren wollen, sondern durchaus noch an die traditionellen von der Praxis abgezogenen Ideen, also an die Macht oder den Zauber der Musik an sich, die sich in dem Dargestellten konkretisieren, anknüpfen. Dementsprechend wiegen bei der Auswahl der Instrumente selbst um die Mitte des 16. Jahrhunderts noch andere Kriterien als die Aufführungspraxis schwerer – man bedenke zum Vergleich etwa, wie das übergeordnete Thema der neun Musen nach neun Instrumenten verschiedenster Kategorien verlangt. Auch an der Verbindung von realistisch wiedergegebenen Instrumenten mit verquerer Spielhaltung oder umgekehrt kann man ablesen, wie nebensächlich aufführungspraktischer Naturalismus für die Maler ist. Das bekannteste Beispiel dafür ist der gambenspielende Engel (▸ Gambe) auf Matthias ▸ Grünewalds Isenheimer Altar, der den Bogen falsch hält; ein anderes ist die natürlich gespielte, aber ganz der Fantasie entnommene ▸ Gitarre bei Cima da Coneglianos *Der heilige Petrus Märtyrer zwischen den Heiligen Nikolaus und Augustin* (Milano, Pinacoteca di Brera).

Abb. 3: Matthias Grünewald, *Isenheimer Altar*, Colmar, Museum Unterlinden. Ausschnitt aus dem linken Teil des Zentralgemäldes im Weihnachtsbild.

Besonders konsequent wird die Idee von zwei musizierenden Engeln (halbwüchsig oder als Putti) in Begleitung der Madonna von Giovanni ▸ Bellini verwirklicht.

Faszinierende Fortführungen der thematischen Möglichkeiten bieten sich, wenn ein einzelner Putto oder Engel zu Füßen der Hauptfigur ein Instrument stimmt – in Veroneses Tafelbild *Christus und Heilige* (Venedig, Galleria dell'Academia), ist es eine ▸ Laute, bei

Francesco Zaganelli da Cotignolas *Sacra Conversazione* (Parma, SS. Annunziata, 1518) eine ▶ Lira da braccio. Vielleicht ist es etwas voreilig, aus den Stimmvorgängen in den beiden erstgenannten Fällen Hinweise auf den Konkordanz- oder Harmoniegedanken zu sehen, weil es dazu eines Musikgelehrten bedürfte, und ebenso ist die Wahl eines bestimmten Instruments aufgrund von persönlichen Umständen des Auftraggebers nicht schlüssig beweisbar. An erster Stelle dürfte für den Maler allemal stehen, mit dieser Art von Musikdarstellung Intimität, ein idyllisches Moment, oder auch das Vergängliche im Ewigen hervorzuheben.

*Literatur:*
R. Hammerstein, *Die Musik der Engel*, Bern und München 1962 • E. Kirschbaum, *Engel*, in: *Lexikon der christlichen Ikonographie*, hrsg. von dems., Freiburg 1968–1972, Bd. 1 (1968), S. 626–642 • E. Winternitz, *On angel concerts in the 15th century: a critical approach to realism and symbolism in sacred painting*, in: Musical Quarterly 44 (1963), S. 150–163 • F. Crane, *A Bibliography of the Iconography of Music*, New York 1971 • E.M. Ripin, *The Norrlanda Organ and the Ghent Altarpiece*, in: *Studia Instrumentorum Musicae Popularis III. Festschrift to Ernst Emsheimer on the Occasion of His 70th Birthday January 15th 1974*, Stockholm 1974, S. 193–196, S. 286–288 • J. Ballester i Gibert, *Retablos marianos tardomedievales con ángeles músicos procedentes del antiquo reino de Aragón. Catálogo*, in: Revista de Musicolgía 8 (1990), S. 123–201 • N. Staiti, *Angeli e pastori. L'immagine musicale della Natività e le musiche pastorali natalizie*, Bologna 1997 • F. Gratl, *Iconography of Music 1976–1995* (Imago Musicae, hrsg. von T. Seebass, 14/15), Lucca 1997–1998 • *O Musica du edle Kunst. Musik und Tanz im 16. Jahrhundert*, hrsg. von Thea Vignau-Wilberg, Ausstellungskatalog, Staatliche Graphische Sammlung, 7. Juli – 12. September 1999, München 1999 • P.M. Della Porta / E. Genovesi, *The musical images of Agostino di Duccio from the Tempio Malatestiano and the Oratorio di San Bernardino in Perugia*, in: Imago Musicae 16/17 (1999–2000), S. 139–169 • *Dipingere la musica. Musik in der Malerei des 16. und 17. Jahrhunderts*, hrsg. von S. Ferino-Pagden, Ausstellungskatalog Wien, Palais Harrach, veranstaltet vom Kunsthistorischen Museum Wien 2001, Mailand und Wien 2001.

TS

# England

*Historischer Überblick*
1337 bekräftigte König Eduard III. (1312–1377) den aus der Zeit der normannischen Eroberung Englands stammenden Anspruch auf Besitzungen in Frankreich und forderte den französischen Thron. Er löste hiermit den Hundertjährigen Krieg aus. Einen Höhepunkt erreichten die Auseinandersetzungen während der Regierungszeit Heinrichs V. (1387–1422). Die größte Ausdehnung erreichte das englische Einflussgebiet in Frankreich um 1429 unter der Verwaltung von Humphrey, Herzog von Gloucester und John, Herzog von Bedford, die als Protektoren für den minderjährigen König Heinrich VI. (1421–1471) regierten. Zu dieser Zeit gehörten große Teile Nordfrankreichs zwischen Bretagne und Champagne sowie die Gascogne zu England. Schon bald nach der Krönung Heinrichs VI. 1431 in Paris zum König von Frankreich – mit der Einigung der zerstrittenen französischen Parteien und dem Abfall der verbündeten Burgunder – verlor England diese Besitzungen wieder. 1453 endete der Hundertjährige Krieg mit dem Verlust aller Territorien bis auf die Stadt Calais. Den Anspruch auf französisches Gebiet gaben die englischen Könige jedoch nicht auf, so dass das Verhältnis weiterhin durch politische Konkurrenz und Kriege geprägt blieb.

Die schwache Regierung Heinrichs VI. führte zu einem Aufstand der Anhänger des Hauses York, das die Usurpation der Krone Richards II. (1367–1400) durch Heinrich von Lancaster (Heinrich IV., 1367–1413) im Jahr 1399 nicht vergessen hatte. 1461 ernannten die Yorkisten Edward IV. (1442–1483) zum König. Die so genannten Rosenkriege zwischen den Parteien der weißen (York) und der roten (Lancaster) Wappenrose endeten mit dem Sieg der Lancasterpartei unter Heinrich Tudor (Heinrich VII., 1457–1509) über

Richard III. (1452–1485) im Jahre 1485 und seiner Heirat mit Elisabeth von York, die die Häuser einte. Heinrich VII. gelang es, das Land innenpolitisch zu stabilisieren und die Staatsfinanzen zu sanieren. Diese Ausgangslage nutzte ▸ Heinrich VIII. (1491–1547) dazu, England auch wieder in der Außenpolitik zu einem Einflussfaktor zu machen. Besonders das erste Jahrzehnt seiner Regierung war geprägt durch eine ungeheure Prachtentfaltung mit spektakulären Turnieren und höfischen Festen.

Die um 1533 einsetzende Reformation bewirkte wieder eine Destabilisierung des Landes. Um sich von Katharina von Aragon scheiden lassen und Anna Boleyn heiraten zu können, sagte sich der König vom Papst los, der einen Dispens für eine Scheidung verweigerte, und machte sich 1534 im ›Act of Supremacy‹ selbst zum Oberhaupt der englischen Kirche. Politische Gründe führten ab 1536 zu einer Auflösung von Klöstern, Stiftungen und Kollegiatskirchen. Die eher vorsichtigen Schritte zu einer Reformation unter Heinrich VIII. beschleunigten sich während der kurzen Regierungszeit seines minderjährigen Sohnes Edward VI. (1537–1553). Sein früher Tod brachte eine radikale Gegenreformation unter Maria I. (1516–1558) und die Annäherung Englands an Spanien durch ihre Heirat mit dem spanischen König ▸ Philipp II. Während eines Krieges gegen Frankreich an der Seite Spaniens ging 1558 Calais verloren. Erst der Politik ▸ Elisabeths I. (1533–1603) und ihres eher toleranten Protestantismus gelang es, wieder innenpolitische Stabilität herzustellen.

Die Schwächung des Adels während der Rosenkriege hatte dazu geführt, dass zunehmend Bürgerliche und gebildete Angehörige der Gentry wichtige Regierungsposten übernahmen. Englands Bedeutung im internationalen Handel war durch die Umstellung der Wirtschaft von Wollproduktion und -export zu einer eigenen Tuchproduktion stark gewachsen. Das feudale System des Landbesitzes wich einem protokapitalistischen Großgrundbesitz, der viele freie Bauern zu abhängigen Landarbeitern machte. Die wachsende Bedeutung Englands im internationalen Handel wurde durch den Ausbau einer Flotte seit der Regierungszeit Heinrichs VIII. gefestigt. Die Seeschlacht gegen die spanische Invasionsflotte, die Armada, im Jahre 1588 bestätigte Englands Position als Seemacht.

*Kultur der Renaissance in England*
Eine ausgesprochene Renaissancekultur entwickelte sich in England erst im 16. Jahrhundert. In der Literatur hatte Geoffrey Chaucer bereits am Ende des 14. Jahrhunderts Themen und Anregungen von Giovanni Boccaccio aufgegriffen und Boethius ins Englische übersetzt. Die Dichter des 15. Jahrhunderts, vor allem John Lydgate, Thomas Hoccleve oder Thomas Malory, dagegen griffen wieder auf traditionell englische und französische Formen der Epik und Lyrik zurück. Am Werk der englischen Dichter um 1500 wie z.B. Stephen Hawes (?1474/1475–?1523) und John ▸ Skelton lässt sich ein Endstadium mittelalterlicher Traditionen konstatieren, während zur gleichen Zeit bereits französische und italienische Autoren als Sekretäre und Bibliothekare am Königshof tätig waren. Der Einfluss der italienischen Renaissanceliteratur macht sich voll erst im Werk von Thomas ▸ Wyatt und Henry ▸ Howard bemerkbar. Ähnlich lange bleibt England mittelalterlichen Traditionen in der Architektur (dem spätgotischen perpendicular style) und der Malerei verhaftet. Erst mit der Regierung Heinrichs VIII. beginnt eine verstärkte Anwerbung kontinentaler Baumeister, Buchillustratoren und Künstler (wie z.B. Hans ▸ Holbein, d.J.), die nachhaltig die englische Kultur beeinflussen. Bereits Humphrey, Duke of Gloucester, hatte in großem Stil gelehrte Bücher in ganz Europa und vor allem in Italien aufgekauft und mit seiner Sammlung die Bibliothek der Universität Oxford gegründet.

Die ersten humanistischen Gelehrten traten jedoch erst um 1500 auf: William Grocyn (1446–1519), John Colet (1466/67–1519), Thomas Linacre (ca. 1460–1524), Thomas ▶ More u.a. bildeten einen Kreis mit guten Kontakten zu Humanisten auf dem Kontinent, besonders zu ▶ Erasmus von Rotterdam und Juan Luis ▶ Vives.

*Das 15. Jahrhundert*
Bis heute dient der Musikgeschichtsschreibung der Einfluss der englischen auf die kontinentale Musik als Hinweis auf eine vermeintliche Epochengrenze um 1430. Untersucht man den Wortlaut der Quellen genauer, die hierfür als Beleg herangezogen werden – Martin ▶ Le Francs *Le champion des dames* (um 1440) und Johannes ▶ Tinctoris' *Proportionale musices* (nach 1470) sowie *Liber de arte contrapuncti* (1477) –, ist unklar, worin die von Le Franc erwähnte »contenance Angloise« tatsächlich bestand (vgl. Fallows 1987). Terzschichtungen und besonders Terzsextklänge, Homorhythmik und das Fehlen unvorbereiteter Dissonanzen, die als typisch englische Merkmale beschrieben worden sind, finden sich ähnlich auch in der italienischen und französischen Musik um und vor 1400.

Es fällt allerdings auf, dass Le Franc, der im Gegensatz zu Tinctoris Zeitgenosse des Wandels gewesen sein muss, in seinem Text keine Hinweise auf das schriftliche Verfassen von Musik gibt, sondern ausdrücklich vom unübertroffenen Singen und Diskantieren Guillaume ▶ Dufays und Gilles ▶ Binchois' schreibt, die mit ihrer neuen Praxis die englische Art aufgegriffen hätten und John ▶ Dunstaple gefolgt seien. In der Tat könnten der sogenannte ▶ Englische Diskant und seine Sonderform der ▶ Faburden als Improvisationstechniken das kompositorische Denken beeinflusst haben, da sie es im Gegensatz zum Kontrapunkt ermöglichen, einen drei- und mehrstimmigen Satz zu kontrollieren, in dem alle Stimmen untereinander konsonant sind.

Die Quellenlage macht konkrete Aussagen über gegenseitige Einflüsse englischer und kontinentaler Musik problematisch. Zwischen dem so genannten Old Hall Manuskript (GB-Lbl Add. 57950), das in zwei Schichten um 1420 kompiliert wurde, und dem Eton-Choirbook (GB-WRec Ms.178), das 1502 weitgehend abgeschlossen wurde, existieren keine größeren Repertoires geistlicher Musik in englischen Bibliotheken abgesehen von einigen provinziellen Quellen (GB-Lbl Ms Egerton 3307, Lbl Add. 5665, Cmc MS Pepys 1236, u.a.). Das Fehlen von Quellen ist nicht nur auf die Zerstörungen der Bibliotheken während der Rosenkriege und v.a. der Reformation zurückzuführen, sondern auch auf ein mangelndes Interesse potentieller Mäzene an der Produktion von Prachtkodizes, die die Zeit eher überdauert hätten als einfache Gebrauchskopien. Ein Großteil des Wissens um englische Mess- und Motettenkompositionen geht auf Stücke zurück, die in einigen, oft inhaltlich verbundenen Quellen zwischen 1430 und der Mitte des Jahrhunderts auf dem Kontinent gesammelt wurden (bes. I-Bc Q15, I-AO; I-TRbc 1374–1379 [= Tr 87–92], I-TRac 93 [= Tr 93], I-MOe 471 u.a.). Die Wege, auf denen dieses Repertoire auf den Kontinent kam, sind kaum bekannt. Die englischen Eroberungen in Frankreich können kaum unmittelbar damit in Verbindung gebracht werden, da sich England bereits wieder weitgehend vom Kontinent zurückgezogen hatte, als die überwiegende Zahl der Manuskripte entstand.

Das Repertoire des Old Hall Manuskripts wird grob in zwei Stilrichtungen geteilt: den Englischen Diskant-Stil mit dem ▶ Cantus firmus in der Mittelstimme und zwei eher homorhythmischen Außenstimmen in klar abgegrenzten Stimmräumen sowie den Kantilenenstil, der auf zwei Gerüststimmen basierte, einem lebhaft rhythmisierten Superius und einem eher ruhigeren Tenor, die jeweils, gegebenenfalls verziert oder paraphrasiert, den Cantus firmus enthalten konnten, sowie einem Contratenor als Füllstimme. Das Manuskript enthält auch die ersten überlieferten Satzpaare des Ordinariums der ▸ Messe, die ihre Einheit nicht durch liturgische, sondern durch musikalische Faktoren wie gemeinsame Cantus firmi und Anfangsmotti erhalten. Leonel ▸ Power schuf um 1430 mit seiner Messe *Alma redemptoris mater* einen der ersten Ordinariumszyklen über einen in allen Sätzen vorkommenden Cantus firmus. Der Englische Diskantstil findet sich in englischen provinziellen Quellen bis in die zweite Hälfte des 15. Jahrhunderts, während die Sammler englischer Musik auf dem Kontinent überwiegend Messensätze und ▸ Motetten im Kantilenenstil zusammentrugen.

Die Marienantiphone und ▸ Magnificats des Eton-Choirbook sowie der in den 1520er Jahren angefertigten Prachtkodizes GB-Llp 1 und GB-Cgc 667 belegen eine hoch entwickelte Kunst, die kaum Anknüpfungspunkte an die Entwicklung auf dem Kontinent aufweist. Gründe für diesen englischen Sonderweg könnten in der kulturellen Isolierung des Landes durch die Rosenkriege, aber auch in der nur in England gebrauchten Liturgie von ▸ Sarum (Salisbury) liegen (neben der in Nordengland verbreiteten Liturgie von York). Die Stücke entwickeln sich versweise von einem eher syllabischen Anfang hin zu langen Melismen auf der vorletzten Silbe (›florid style‹). Der volle Chor wird nur an wichtigen Textabschnitten eingesetzt, während der restliche Satz durch vers- oder phrasenweise wechselnde Stimmkombinationen mit solistischer Besetzung gekennzeichnet ist. Der Cantus firmus befindet sich meist nur in den vollchörigen Abschnitten. Imitationen sind selten, dann aber meist sehr kurz und selten zwischen mehr als zwei Stimmen.

Der Verlust von Quellen macht Aussagen über die Entwicklung der weltlichen Musik im 15. Jahrhundert problematisch. In englischen Quellen des 15. Jahrhunderts haben sich kaum 20 Songs erhalten, die an die Tradition der ▸ Chanson anknüpfen. Ganz offenbar hat es einen Austausch von Chansons in der Form der ▸ Ballade und des ▸ Rondeau zwischen dem Kontinent und England gegeben. Das Lied *O rosa bella*, das sowohl John ▸ Bedyngham als auch Dunstaple zugeschrieben wird, ist das am häufigsten kopierte Lied seiner Zeit – es ist jedoch ausschließlich in kontinentalen Quellen überliefert. Wie auf dem Kontinent gehen auch in England um 1500 die strophischen Formen weltlicher Musik zunächst zurück zugunsten durchkomponierter Stücke oder Vertonungen einzelner Strofen (meist in der Form der ›ballade‹ oder des ›rhyme royal‹). Typisch ist das ›reimende Melisma‹, das in der Mitte und am Ende einer Strophe wiederholt wird, sowie der weitgehende Verzicht auf Imitationen.

Am besten für das 15. Jahrhundert dokumentiert ist die Form des ▸ Carol mit ca. 150 Stücken. Carols bestehen aus einem meist mehrzeiligen Refrain (›burden‹) der ähnlich dem virelai zu Beginn und nach jeder Strofe wiederholt wird. Carols der zweiten Hälfte des 15. Jahrhunderts haben oft auch noch einen Refrain als letzte Zeile der Strophe. Die oft makkaronischen Texte behandeln überwiegend religiöse Themen wie z.B. die Marienklage oder Aufforderungen zur Buße. Höhepunkte der Gattungen sind die in den Strophen durchkomponierten Carols des sogenannten Fayrfax Manuscript (GB-Lbl Add. 5465), die um 1500 entstanden.

*Das 16. Jahrhundert*
Auch wenn sich die Quellenlage im 16. Jahrhundert nur langsam bessert, lässt sich doch für die Regierungszeit Heinrichs VIII. ein zunehmender Einfluss vom Kontinent feststellen. Der Musik liebende König besaß französische Chansonniers (GB-Cp 1760 und GB-

Lbl Royal 20.A.xvi.) sowie Chorbücher und Stimmbuchsätze aus niederländischer und italienischer Produktion. Bereits Heinrich VII. hatte für seine Kinder Instrumentallehrer vom Kontinent, vermutlich aus dem französischen Teil der Niederlande, engagiert. Musiker vom Kontinent strömten vor allem an den englischen Königshof mit seiner großen Prachtentfaltung. Nach England kamen allerdings keine Kleriker und Kapellsänger, sondern Instrumentalisten. Bedeutung und Einfluss erlangten vor allem die Virtuosen, die Zugang zur Kammer des Königs fanden: die Organisten Benedictus de Opitiis und Dionysio Memo sowie vor allem der Lautenist Philip van Wilder, der die weltliche Musik im Zentrum der Macht bis über den Tod Heinrichs VIII. (1547) hinaus dominierte. Um 1540 wurde die königliche Kammermusik verstärkt durch zwei neuartige Mischklangensembles: Eine Gruppe von sechs Gambisten aus Norditalien sowie die Blockflötisten der ebenfalls aus Italien kommenden ▸ Bassano-Familie.

Die Komposition von Messen und Motetten verharrte in England länger in der Tradition des Eton-Choirbooks, die Robert ▸ Fayrfax Anfang des 16. Jahrhunderts zu einem gewissen spekulativen Akademismus weiterentwickelte. Erst in den Werken Thomas Ashwells und John ▸ Taverners beginnt die kontinentale Imitationstechnik eine größere Rolle zu spielen. In seiner Cantus firmus-freien *Meane Mass* greift Taverner den imitatorischen Stil ▸ Josquin Desprez' auf. In die Zukunft der Musik nach der Reformation weisen dagegen seine einfachen, eher syllabisch gesetzten Messen *Mater Christi* und *Small Devotion*, die später auch für den reformatorischen Gottesdienst mit einer englischen Übersetzung der Texte unterlegt wurden. Mit der Generation von Fayrfax beginnt auch die Praxis, Messen als Parodien besonders über Motetten und Antiphone zu komponieren oder durch Übernahme desselben Cantus firmus in Beziehung und Konkurrenz zu anderen Komponisten zu treten (vgl. z.B. die sogenannte *Western Wind* Messe Taverners, deren Cantus firmus auch in Messen von John ▸ Sheppard und Christopher ▸ Tye erscheint). Die Komposition von Messen und Motetten wurde ab den 1530er Jahren durch die Diskussion um Textverständlichkeit und Funktion der Musik im reformierten Gottesdienst zunehmend schwieriger. Liturgieteile und Hymnen wurden in einfacher vierstimmiger Homophonie gesetzt. Erst die Gegenreformation unter Maria I. führte wieder zu einer verstärkten Komposition aufwendiger lateinischer Werke durch Komponisten wie Tye, Tallis und Sheppard. Mit der endgültigen Etablierung der Reformation unter Elisabeth I. verschwand die ▸ Marienantiphon. Lateinische Texte wurden jedoch nach wie vor komponiert, wie der 1575 zu Ehren von Elisabeth erschienene Druck *Cantiones [...] Sacrae* von Thomas ▸ Tallis und William ▸ Byrd belegt, der u.a. die 40stimmige Motette *Spem in alium* von Tallis enthält. Vor allem der Katholik Byrd, der trotz seines Glaubens Mitglied der ▸ Chapel Royal blieb, entwickelte die Tradition der lateinischen Motette weiter, schrieb jedoch auch zahlreiche Werke für den anglikanischen Gottesdienst. Mit der Einführung des *First Book of Common Prayer* im Jahre 1549 begann sich die Diskussion um eine englische Liturgie zu stabilisieren. Was fehlte, war nach wie vor eine entsprechende Kirchenmusik. Viele Melodien englischer Hymnen wurden Gesangbüchern vom Kontinent entnommen. Ein großer Teil der frühen ▸ Anthems sind tatsächlich ▸ Kontrafacta besonders von Motetten Tallis' und Byrds. Die ersten vier- bis sechsstimmigen Full Anthems von Robert ▸ Parsons, Sheppard, Tye, Tallis oder William ▸ Mundy zeichnen sich durch das Fehlen der hohen Knabenstimmen aus und den Versuch, einen Kompromiß zwischen dem Gebot von Textverständlichkeit und einem künstlerischen Anspruch zu finden.

Die bedeutendste Entwicklung der anglikanischen Kirchenmusik ist das Verse Anthem, in dem Passagen mit vollem Chor durch solistische Abschnitte unterbrochen werden, die allerdings – anders als die Antiphone des Eton-Choirbook und wie der zur gleichen Zeit aufblühende ▶ Consort Song – eine eigenständige Instrumentalbegleitung hatten.

Die sogenannte Handschrift Heinrichs VIII. (GB-Lbl Add. 31922), entstanden 1522 oder kurz danach, dokumentiert Kompositionsübungen und (auch kontinentale) Exempla aus dem Unterricht des Königs. Sie ist gleichzeitig auch die umfangreichste Quelle weltlicher Musik der ersten Hälfte des 16. Jahrhunderts. In ihr überwiegen einfache homorhythmische Lieder mit kurzen, meist kadenzbasierten Phrasen über Texte im vierzeiligen ›common metre‹. Mit der Wiederholung der letzten Textphrase haben sie eine typische Eigenschaft der ▶ Pariser Chanson übernommen. Auch das ▶ Carol erscheint in dieser Handschrift wieder als anspruchsloses Refrainlied. Typisch vor allem für die Kompositionen Heinrichs VIII. sind die Kadenzschemata, an denen sich der Satz orientiert, die zur gleichen Zeit die Entwicklung einer eigenständigen Instrumentalmusik befördern (Heinrichs *Pastime with good company* ist ein früher Beleg für das Passamezzo antico-Schema). Fragmentarische Quellen aus der gleichen Zeit (GB-Lbl Royal App. 58, RISM 1530[6]) belegen, dass die großen Formen weltlicher Musik zu besonderen Anlässen weiter gepflegt wurden.

Komponisten wie Thomas Whythorne, der sich selbst als Angehöriger einer neuen Schicht von Gentlemen-Musikern verstand, bereisten Italien und komponierten unter dem Eindruck italienischer Musik. Whythorne, der seine Lieder 1571 im ersten englischen Personaldruck selbst herausgab, schreibt, dass seine Stücke ursprünglich für Solostimme und Laute gedacht waren. Sie stellen damit eine Vorstufe auf dem Weg zu Lautenayre (▶ Lautenlied) und Consort Song dar. Consort Songs erscheinen zuerst in Manuskripten aus den 1580er Jahren. Eine Singstimme wird hier von vier Violenstimmen begleitet.

Zwischen 1562 und 1578 wirkte Alfonso ▶ Ferrabosco d.Ä. am Hof Elisabeths I. Als einziger italienischer Madrigalist, der in England arbeitete, kommt ihm eine wichtige Rolle bei der Etablierung des englischen ▶ Madrigals zu. 14 seiner Madrigale wurden nach seiner Rückkehr nach Italien in den ersten englischen Madrigaldruck, Nicholas Yonges *Musica Transalpina* (1588), aufgenommen. Der erfolgreiche Druck enthielt italienische Stücke in englischer Übersetzung. Englische Komponisten wie Thomas ▶ Morley, Byrd, Thomas ▶ Weelkes, John ▶ Wilbye und andere reagierten auf die Entwicklung mit eigenen Kompositionen. Sie vollzogen das enge Verhältnis zwischen Text und Musik der italienischen Vorbilder jedoch nicht nach. Ihre Madrigale bleiben mit ihrer gemäßigten Wortmalerei eher Lieder als musikalische Interpretationen expressiver Texte.

Das Ayre für Laute, das um 1600 aufblühte, wandte sich bewußt von der Komplexität und der als unnatürlich empfundenen Wortmalerei des Madrigals ab und verstand sich als Vertreter einer englischen Tradition (allerdings auf der Basis des französischen ▶ Air de cour). Die Ayres von Dichtern und Lautenisten wie Thomas ▶ Campion und John ▶ Dowland waren bald erfolgreicher als die Madrigalpublikationen.

Die Handschrift Heinrichs VIII. bildet den Ausgangspunkt auch für eine selbständige Instrumentalmusik in England. Sie enthält mit William ▶ Cornyshs *Fa la sol* die erste Fancy (▶ Fantasie), als textlose Komposition über ein Motiv aus Solmisationssilben und damit einen Ursprung der Consort Music. Das Manuskript umfasst auch kleine untextierte Stücke, die im Satz den ersten Stücken für Virginal und Laute ähneln, die in GB-Lbl Royal App. 58 (um 1530) überliefert sind – Vorboten der reichen Instrumentalrepertoires im Mulliner Book (GB-Lbl

Add. 30513), im *Fitzwilliam Virginal Book* (GB-Cfm Mu.Ms. 168) und in *My Ladye Nevells Booke* (Privatbesitz), in denen die Entwicklung der Choralbearbeitung, der Variation und der solistischen Tanzmusik dokumentiert ist. Eine eigenständige englische Form der Instrumentalmusik ist das ▸ In nomine.

Wie der Anfang, so ist auch das Ende der Epoche der Renaissance in England weniger eindeutig festzulegen. Der Generalbaß setzte sich erst langsam im Verlauf des 17. Jahrhunderts durch. Die Oper als Leitgenre des Barock konnte bis zum Beginn des 18. Jahrhunderts die Renaissanceform der ▸ Masque nicht verdrängen. Noch Henry Purcell gründet in seinen Kompositionen tief in der Musik der englischen Renaissance.

*Literatur:*
F.Ll. Harrison, *Music in Medieval Britain*, London 1958 • J. Stevens, *Music & Poetry in the Early Tudor Court*, London 1961 • J. Kerman, *The Elizabethan Madrigal. A Comparative Study*, New York 1962 • Ch. Hamm, *A Catalogue of Anonymous English Music in Fifteenth-Century Continental Manuscripts*, in: Musica Disciplina 22 (1968), S. 47–76 • D. Fallows, *English Song Repertories of the Mid-fifteenth Century*, in: Proceedings of the Royal Musical Association 103 (1976/1977), S. 61–79 • H. Benham, *Latin Church Music in England c. 1460–1575*, London 1977 • P. Le Huray, *Music and the Reformation in England, 1549–1660*, Cambridge u.a. 1978 • D. Fallows, *The Contenance Angloise: English Influence on Continental Composers of the Fifteenth Century*, in: Renaissance Studies 1 (1987), S. 189–207 • R. Strohm, *The Rise of European Music, 1380–1500*, Cambridge 1993 • R. Bray (Hrsg.), *Musik in Britain. The Sixteenth Century*, Oxford 1995 • D. Helms, *Heinrich VIII. und die Musik*, Eisenach 1998.

DH

## Ensalada ▸ Quodlibet

## Entrée

Die Entrée ist ein Teil eines ▸ Ballet de cour, der in sich eine thematische Einheit bildet. Die einzelnen Entrées eines Ballet de cour können durch ein übergeordnetes Thema zusammengefasst sein. – Als historischer Terminus bezeichnet Entrée den Einzug eines Herrschers in eine Stadt, der prachtvoll mit künstlerischen Darbietungen gefeiert wurde. Die Musik nahm darin im Laufe des 15. und 16. Jahrhunderts eine immer bedeutendere Rolle ein.

## Enzyklopädien / Lexika

Die Tradition, in enzyklopädische Werke einen oder mehrere Abschnitte über die Musik einzufügen, die theoretisches Wissen präsentieren oder die Praxis verständlich zu machen versuchen, ist in den wissenschaftlichen Gepflogenheiten des Abendlandes verankert. Zu unterscheiden sind enzyklopädische Werke, die Musik innerhalb alles anderen Wissens behandeln, und solche, die nur die Musik thematisieren. Letztere erfuhren gegen Ende des 13. und zu Beginn des 14. Jahrhunderts einen Aufschwung mit Werken, die Ambitionen wie die Verbreitung des Wissens in seiner ganzen Verschiedenheit verfolgten mit dem Anspruch zur Darstellung der Wahrheit und mit einer gewissen Feindseligkeit gegenüber Novitäten in einer als entschieden zu modern beurteilten Zeit. Wenn sich solche enzyklopädischen Werke auch einer gewissen Modernität verweigerten, so schlossen sie sich hingegen einer anderen Form der Modernität an, nämlich derjenigen, die an der aristotelischen Erneuerung und den Verfahren der Scholastik partizipierte. Zu dieser Kategorie gehörten Werke wie *Summa de speculatione musicae* von Walter Odington oder *Speculum musicae* von Jacobus von Lüttich.

Vor dem Ende des 15. Jahrhunderts ereignete sich keine tiefgreifende Umwälzung in der Art des wissenschaftlichen Diskurses über die Musik. Die Autoren bewiesen ihre Zugehörigkeit zu einer Tradition, die von Philippe de Vitry (1291–1361) und ▸ Johannes de Muris über ▸ Ugolino d'Orvieto, Marchettus de Padua und ▸ Prosdocimus de Beldemandis († 1428) bis zu Giorgio Anselmi (ca. 1386 – ca. 1440) reichte. Als Werktypus blieb der von Boethius inspirierte Traktat, in dem Äußerungen zur spekulativen Ordnung neben Erklärungen über die Notation, den Kontrapunkt und die Grundlagen standen. Der Diskurs bewahrte gleichermaßen die Charakteristiken des 14. Jahrhunderts: Die Ausführungen waren klar, konzise und in einer zweckgebundenen Prosa abgefasst, in der das konventionelle Fachvokabular gebraucht wurde. Innerhalb dieses Modells gab es im Lauf des 15. Jahrhunderts Schritt für Schritt Modifikationen, die sowohl die Ordnung als auch die Formulierung des Diskurses berührten. Sei es bei Nicolas Burtius oder bei Bartolomeo ▸ Ramos de Pareja, bei Johannes ▸ Tinctoris oder bei Jacques Lefèvre d'Étaples (Jacobus ▸ Faber Stapulensis): Die Texte, ausgeschlossen Lehrbücher und andere Grundlagenwerke, sind das Echo der neuen Entdeckungen, die durch die Humanisten Eingang fanden.

Ein Konzeptionswechsel kam von den Theoretikern, die Musik an den Universitäten unterrichteten. Hier kamen zwei allgemeine Tendenzen zusammen. Erstens entdeckten sie antike griechische Traktate, die sie ins Lateinische und dann in die Volkssprache übersetzten und somit das Terrain der kanonischen Texte ausweiteten. Dann integrierten sie in ihre Studien über die Musik antike Texte, deren hauptsächlicher Gegenstand nicht die Musik war; darunter befanden sich literarische Werke, die bei den Humanisten hoch angesehen waren. Obwohl diese Texte in fachlicher Hinsicht nichts Neues beitrugen, sprachen sie die Bedeutung der Musik und damit ein Thema an, das in musiktheoretischen Texten oft ausgelassen wurde. Diese Welle der Wiederentdeckung war mehr als nur eine Bereicherung des kanonischen Textcorpus. Sie stachelte alle Theoretiker an, ihre Referenzen auf die Tradition und ihre Verschreibung in ihr zu revidieren, so wie gleichzeitig die Komponisten neue Praktiken einführten, was auch eine Revision der Relationen zwischen Theorie und Praxis hervorrief. Als Konsequenz dieser Bewegung war die Musik in der Regel in allen Werken präsent, wenn auch manchmal nur in kurzen Artikeln in Enzyklopädien, die alle Disziplinen behandelten wie in *De rerum inventoribus libri VIII* (1499) von Polydor Vergil, in *Polyanthea* (1503) von Nani Mirabelli oder noch in *Margarita philosophica* (1503) von Gregor Reisch.

Während der zweiten Hälfte des 15. Jahrhunderts tendierten die Traktate dazu, immer umfangreicher zu werden, denn sie sollten vor allem detaillierte Ausführungen enthalten, die den Terminus »musica« oder einen speziellen Sachverhalt der »ars musica« abdeckten. So widmete Johannes Tinctoris einen Traktat der Notation (*Tractatus de regulari valore notarum*, c. 1474–1475), einen anderen dem Kontrapunkt (*Liber de arte contrapuncti*, 1476), einen weiteren der Geschichte der Musik (*De inventione et usu musicæ*, c. 1487) und selbst einen der Terminologie (*Terminorum musicæ diffinitorium*, 1495) und schuf damit einen Stamm an Lexika. Wörterbücher und Lexika aller Arten waren im 15. Jahrhundert im Überfluss vorhanden, seien sie vollständig neu in ihrer Konzeption oder seien sie Aktualisierungen mittelalterlicher Lexika. Hingegen erscheint das Bemühen, Texte für den praktischen Gebrauch zu liefern, in denen die Terminologie für einen präzis bestimmten Sektor in systematischer Weise dargeboten wird, als besondere Errungenschaft des 15. Jahrhunderts. Andere kommen aus der Praxis der Enzyklopädie. Das *Terminorum musicæ diffinitorium* von Johannes Tinctoris gehört einer doppelten Kategorie an: Es ist einerseits für die praktische Konsultation gedacht und erstand andererseits aus der Absicht, eine systematische Organisation des Wissens gemäß der enzyklopädischen Tradition zu schaffen.

Das Lexikon von Tinctoris hatte keinen direkten Nachfolger. Nur Giovanni del Lago verfolgte in seinem *Sequitano alquante definitioni di musica*, das gegen 1530 verfasst wurde und Manuskript blieb, ein musikalisches lexikographisches Unternehmen. Definitionen musikalischer Termini kamen auch in allgemeinen Lexika vor: im *Dictionarium* (1502) von Calepino und in *Lectionum antiquarum* (1516), das von Rhodiginus (Richerius) herausgegeben wurde. Während des 16. Jahrhunderts erschienen auch bio-bibliographische Lexika: *Bibliotheca universalis* (1545) von Conrad Gesner, *Bibliotheca instituta et collecta* (1574), *Dictionarium historicum ac poeticum* (1554) von Charles Stephanus (Estienne), *Bibliothecae* (1610–1611) von Draudius.

Seit dem Ende des 15. und bis ins 17. Jahrhundert begrenzten umfangreiche Enzyklopädien ihre Abhandlungen nicht mehr auf Zusammenfassungen und sind selten das Werk eines Musiktheoretikers im strengen Sinn des Terminus. Von Giorgio Valla zu Marin ▶ Mersenne wurden diese »harmonies universelles« von Wissenschaftlern konzipiert, die sowohl in der Musik als auch in der Theologie, der Mathematik oder der Astronomie kundig waren. Diese enzyklopädischen Unternehmen waren dem System der ▶ Artes liberales eingeschrieben. Dieses besaß eine doppelte Charakteristik, indem einerseits eine Unabhängigkeit der Künste betont, andererseits aber deren Abhängigkeit bestätigt wurde. Die Verhältnisse zwischen den Artes liberales berührten sowohl die grundlegenden als auch die höchsten Prinzipien: Die Künste teilten das gleiche Ziel, die Ergründung des Verständnisses von Gott (klar erkennbar bei Mersenne und noch bei Athanasius Kircher in der *Musurgia Universalis*). Die Künste des ▶ Trivium (Artes liberales) schufen die Grundprinzipien, welche die Künste des ▶ Quadrivium (Artes liberales) objektiv maßen. Die Position der Musik hatte als Besonderheit, dass sie exemplarisch für alle Künste des Quadriviums stand. Aber trotz dieser Einheit des Gegenstands, trotz der identischen Natur der ›Artes‹ des Quadriviums, konnte ein Traktat nicht alle Artes liberales umfassen, da das Risiko bestand, dass die Kompetenz jeder Disziplin nicht ausreichend gezeigt werden konnte. Es war ein einheitliches Wissen, das eine Teilung der Information vorgab.

*Literatur*:
W. Seidel / B. Cooper, *Entstehung der nationaler Traditionen: Frankreich – England* (Geschichte der Musiktheorie 9), Darmstadt 1986 • A.E. Moyer, *Musica Scientia. Musical Scholarship in the Italian Renaissance*, Ithaca 1992 • Ph. Vendrix, *La musique à la Renaissance*, Paris 1999 • Ch. Meyer, *Les traités de musique*, Turnhout 2001 • Th. Göllner / Kl.W. Niemöller / H. von Loesch, *Deutsche Musiktheorie des 15. bis 17. Jahrhunderts* (Geschichte der Musiktheorie 8/I), Darmstadt 2003 • C. Panti (Hrsg.), *Iohannes Tinctoris. Diffinitorium musice. Un dizionario di musica per Beatrice d'Aragona*, Florence 2004.

PHV

# Epos

Epische Dichtung genießt im poetologischen Diskurs des 16. Jahrhunderts, der durch die humanistische Neuübersetzung von Aristoteles' *Poetik* (1498 u. 1536) und die darauf fußende Epentheorie des Julius Caesar Scaliger (gedr. 1561) entscheidende Impulse empfängt, höchstes Ansehen. Formal bestimmt durch die gattungstypischen Merkmale einer fortlaufenden, zumeist ausgedehnten Erzählweise in stichischen oder strophisch angelegten Versen, knüpft das kunstvolle Renaissance-Epos (griech. epos: ›Wort, Vers, Rede, Erzählung‹) zum einen unmittelbar an die antiken Musterautoren Homer und Vergil an (wegweisend etwa Francesco Petrarcas *Africa* [1338–1342]); zum anderen gewinnt es unter Einfluss von Elementen des höfischen Romans, mittelalterlicher Heroentexte sowie volkstümlicher Sagen und Stoffe ein eigenes Profil mit nationalspezifischer Prägung (Matteo Maria Boiardo: *Orlando innamorato* [1483], Ludovico ▶ Ariosto: *Orlando furioso* [zuerst ed. 1516; vollstdg. 1532], Edmund ▶ Spenser: *The Fairie Queene* [1590]) oder christlicher Ausrichtung (Torquato ▶ Tasso: *Gerusalemme liberata* [1575]). Mit der zunehmenden literarischen Etablierung volkssprachiger Epen, in Italien seit Giovanni ▶ Boccaccio charakteristischerweise im Versmaß der achtzeiligen Stanze aus reimgebundenen Elfsilblern (ottavarima), geht ab dem späten 15. Jahrhundert ein enormer Aufschwung an Popularität und Verbreitung einher. So rühmen zeitgenössische Kritiker, Musiker und Theoretiker des 16. Jahrhunderts wie Giovanni de' ▶ Bardi, Girolamo Ruscelli und Gioseffo ▶ Zarlino die epische Verskunst des Ariosto nicht nur aufgrund ihrer herausragenden Schönheit und Musikalität, sondern betonen zugleich ihren großen Bekanntheitsgrad bei weiten Bevölkerungsschichten und berichten von öffentlichen Gesangsdarbietungen. Demgegenüber bleibt das antikisierende lateinische Epos, das besonders im historisch-panegyrischen Bereich auftritt, einem kleineren Kreis gelehrter Humanisten vorbehalten.

Der gesangliche Vortrag epischer Textvorlagen hat in der Musikgeschichte eine bedeutende Tradition. Neben den schriftlich überlieferten Zeugnissen, die in der Regel die Musikpraxis einer musikalischen Elite widerspiegeln, ist die Frequenz eines populären, primär schriftlos funktionierenden Epengesangs, wie er im Italien des 14. bis 16. Jahrhunderts vor allem mit den sich selbst zur ▶ Laute oder ▶ Viola da braccio begleitenden ›improvvisatori‹ oder ›cantastorie‹ assoziiert wird, kaum zu überschätzen. Als Textvorlagen kursierten nachweislich ab den 1520er Jahren kleine Büchlein mit zum Teil vulgarisierten oder paraphrasierten Auszügen aus den Epen Boiardos und Ariostos; modifizierte Versionen von Episoden aus dem *Orlando furioso* sind, wie etwa von Giandominico Martoretta, auch madrigalistischen Kompositionen zugrunde gelegt worden (*Primo libro del Martoretta* [Venedig 1548]).

Die Musik epischer Stegreifvorträge lässt sich – wenn überhaupt – nur noch ansatzweise rekonstruieren, doch ist von vielfältigen Berührungspunkten und wechselseitigen Einflussnahmen zwischen schriftgebundenen/komponierten und schriftlosen/improvisierten Vortragsformen auszugehen. So dürften einfache, aber auch komplexere ein- wie mehrstimmige Melodieformeln, auf deren Basis sich beliebige bzw. beliebig viele Epenverse gleicher Bauart nach leicht zu adaptierenden ›Spielregeln‹ vortragen ließen, weit verbreitet gewesen und auch in die komponierte Musik eingegangen sein. Spuren solcher improvisatorischen Praktiken – etwa die ostinaten Bassformeln ▶ Ruggiero und ▶ Romanesca – sind in ottavarima-Vertonungen bis ins 17. Jahrhundert hinein zu greifen. Dass auch Ausschnitte antiker Epen nach beständig wiederholten Melodieformeln vorgetragen wurden, legt eine anonyme dreistimmige Aufzeichnung zu den Anfangsversen von Didos berühmter Sterbeklage aus Vergils *Aeneis* in einer neapolitanischen Frottolen-Sammlung (gedr. 1519) nahe. Sie könnte einer Vortragsweise entsprochen haben, wie sie Baldassare ▶ Castiglione in seinem Gedicht *De Elisabetta canente* dokumentiert, indem er beschreibt, wie Elisabetta Gonzaga Vergils Dido-Klage singt und sich dabei selbst auf einem Tasteninstrument begleitet. Einstimmige Melodiemodelle u.a. zum gesanglichen Vortrag spanischer Romanzen teilt Francisco ▶ Salinas in seinem Traktat *De Musica* (1577) mit. In Frankreich ist die Epenrezitation mittels formelhafter Zeilenmelodien (chanson de geste) nur bis ins 13. Jahrhundert nachzuweisen; vergleichbare Vortragsmodi sind auch für das 15. und 16. Jahrhundert vorstellbar, durch Quellenzeugnisse aber nicht belegt. Im deutschen Sprachbereich versiegen die schriftlichen Aufzeichnungen eines Epenvortrags nach Rezitationsmodellen im 15. Jahrhundert mit späten Adaptierungen von Strophenmelodien des mittelhochdeutschen Epos (Titurelstrophe) und der zu Michael ▸ Beheims episch-chronikalischem *Buch von den Wienern* (1465) erhaltenen Angstweise.

Allen Beispielen modellhafter Epenrezitation gemeinsam ist ein prinzipiell von formalen Aspekten geprägtes Verhältnis zwischen Musik und Text. Dies gilt im weiteren auch für die ab der zweiten Hälfte des 16. Jahrhunderts von verschiedenen Komponisten überlieferten ▸ Arie, die mit Zusatz ›per cantar ottave‹ eine Auswechselbarkeit von ottavarima-Texten explizit festschreiben. Ganz anders verhält es sich indes bei den ›durchkomponierten‹ Vertonungen ausgewählter Epenpassagen als in sich abgeschlossene Gesangsstücke, die selbst dann, wenn formale Textvorgaben wie Zäsuren oder Versgrenzen in der Komposition berücksichtigt sind, den individuell vertonten Text jeweils spezifisch aufnehmen. In diesem Zusammenhang ist zum einen auf die zahlreichen, meist motettischen Vergil-Vertonungen des 16. Jahrhunderts – u.a. von ▸ Josquin Desprez, Jean ▸ Mouton, Johannes ▸ Ghiselin, Mabrianus de ▸ Orto, Cipriano de ▸ Rore, Jacobus ▸ Vaet, Orlande de ▸ Lassus, Adrian ▸ Willaert und Jacques ▸ Arcadelt – zu verweisen, deren Schwerpunkt wiederum auf der Dido-Episode liegt, zum anderen auf Madrigale, die Verse von Petrarca (Giaches de ▸ Wert, Luca ▸ Marenzio), Tasso (Claudio ▸ Monteverdi, de Wert) oder Ariosto (Stefano Rossetto) verwenden.

Einen Sonderfall bildet die Vertonung antiker Epenverse im Bereich der deutschen Humanistenode (Ludwig ▸ Senfl, Paul ▸ Hofhaimer), bei der die musikalische Umsetzung des hexametrischen Versmaßes im Vordergrund steht. Vertont werden hier vor allem die Anfangsverse der *Aeneis*. Sie sind in der Regel zwar ›durchkomponiert‹, doch schließt die Einfachheit des zugrunde liegenden Kompositionsprinzips einen Einbezug weiterer Verse im Vortrag nicht grundsätzlich aus.

*Literatur*:
H. Osthoff, *Vergils Aeneis in der Musik von Josquin des Prez bis Orlando di Lasso*, in: Archiv für Musikwissenschaft 11 (1954), S. 85–102 • L. Lockwood, *Pietrobono and the Instrumental Tradition at Ferrara in the Fifteenth Century*, in: Rivista Italiana di Musicologia 10 (1975), S. 115–133 • J. Haar, *Arie per cantar stanze ariostesche*, in: L'Ariosto, la musica e i musicisti (Quaderni della Rivista italiana di musicologia 5), hrsg. von M.A. Balsano, Florenz 1981, S. 31–46 • E.E. Lowinsky, *Humanism in the Music of the Renaissance*, in: ders., Music in the Culture of the Renaissance and Other Essays, hrsg. von B.J. Blackburn, Chicago 1989, S. 154–218 • J. Haar, *Improvisatori and Their Relationship to Sixteenth-Century Music*, in: ders., Essays on Italian Poetry and Music, 1350–1600 (The Ernest Bloch lectures in music), Berkeley u.a. 1986, S. 76–99 • Chr. Petzsch, *Gesangsvortrag von Reimpaaren*, in: Die Musikforschung 39 (1986) S. 2–13 • R. Schönhaar, *Epos*, in: Historisches Wörterbuch der Rhetorik, Bd. 2, Tübingen 1994, Sp. 1327–1347 • W. Suppan, *Epos*, in: MGG², Bd. 3 (Sachteil), 1995, Sp. 127–138 • J. Steinheuer, *Zur musikdramatischen Umsetzung epischer Texte bei Monteverdi und seinen italienischen Zeitgenossen*, in: Monteverdi und die Folgen, hrsg. von S. Leopold und J. Steinheuer, Kassel u.a. 1998, S. 191–214.

GB

# Erasmus von Rotterdam, Desiderius
\* vermutlich 28.10.1467 Rotterdam oder Gouda, † 12.7.1536 Basel

Der bedeutende Humanist und Theologe hat sich in seinen philosophischen und theologischen Schriften auch vielfach zur Musik geäußert; er plädierte für Textverständlichkeit und lehnte zu kunstvolle Polyphonie ab. – Ob er in seiner Jugendzeit eine musikalische Ausbildung erhielt, ist umstritten. Er studierte ab 1487 Theologie und wurde 1492 zum Priester geweiht. Ab 1495 reiste er, bis 1499 weilte er in Paris, befand sich 1499/1500 in England, war 1500/1501 zurück in Paris, 1501–1509 in den Niederlanden, 1509–1514 wieder in England. Ab 1514 ließ er sich in Basel nieder, wo er mit Humanisten wie Johannes ▶ Reuchlin, Bonifacius ▶ Amerbach und dem Musiktheoretiker Heinrich ▶ Glarean Kontakte unterhielt; 1529 musste er die Stadt wegen reformatorischer Unruhen verlassen und kehrte erst 1435 zurück.

Erasmus Äußerungen zur Musik, die sich über zahlreiche Stellen seines Schrifttums verstreut finden (Belege siehe Fleinghaus, S. 6–10), zeugen von umfassender Kenntnis des Gegenstands, wenn auch nicht immer der fachlichen Begriffe der Musiktheorie. Ausgehend von der Musikauffassung der Antike erscheint seine Anschauung vor dem Hintergrund des kunstvollen Komponierens im 15. und 16. Jahrhundert konservativ, sie trifft sich jedoch mit den reformerischen Ideen sowohl der protestantischen Bewegungen (Johannes ▶ Calvin, Ulrich ▶ Zwingli, weniger Martin ▶ Luther) als auch der anglikanischen Kirche (Thomas ▶ Cranmer) und hatte Einfluss auf das ▶ Konzil von Trient (wenngleich seine Schriften in der ▶ Katholischen Erneuerungsbewegung auf den Index gesetzt wurden). Zum einen betrifft dies die Forderung nach Textverständlichkeit, wie sie in den einstimmigen, syllabisch geprägten Choralgattungen (Psalmen, Hymnen, Vaterunser) zur Geltung komme; abgelehnt wird Melismatik (negatives Beispiel waren möglicherweise die stark melismatischen englischen Messen im frühen 16. Jahrhundert) und eine mehrstimmige Musik, deren polyphone Gestaltung zur Textunverständlichkeit führen würde. Die Musik darf nicht zum Selbstzweck werden – wie es in kunstvollen polyphonen Kompositionen geschehe – sondern sie soll im Dienst der christlichen Lehre stehen. In den *Annotationes* (1535) kritisierte er die verschwenderische musikalische Ausstattung, die sich die englischen Benediktiner im frühen 16. Jahrhundert

leisteten; ebenso lehnte er den Gebrauch von Instrumenten in der Kirche mit Ausnahme der Orgel ab. Zum anderen wendete er sich gegen unsittliche weltliche Musik, insbesondere gegen deren Verwendung in sakralen Kompositionen; in der Antike habe man Gesetze gegen eine Musik erlassen, die der Moral der Menschen abträglich war, heute sei die Ausübung und Kenntnis solch frivoler Musik jedoch Teil der Bildung (*Christiani matrimonii Institutio*, Basel 1526; siehe Helms, S. 331). So hat Erasmus denn in seiner Abhandlung über die Erziehung des christlichen Fürsten (*Institutio principis christiani*) die Musik nur am Rande erwähnt, obgleich er sie als Notwendigkeit des menschlichen Daseins und als »divina res« (Ausgabe Allen, Bd. 1, 1222 C) betrachtete. – Neben diesen für die Erasmus-Rezeption im 16. Jahrhundert wichtigsten Aspekten finden sich differenzierte Betrachtungen über »Wesen, Wirkung und Wert« (Fleinghaus S. 20–132) der Musik, die bspw. auch die Musik als Repräsentationskunst einbegreifen, die Affektenlehre ausführlich besprechen, auf Qualität und Beurteilungskriterien von Musik eingehen, eine Wertung von Instrumenten oder eine kritische Betrachtung der Person des Musikers vornehmen. Musik ist zwar eine »divina res«, aber die Art ihrer Gestaltung, Ausführung und Rezeption Sache des Musikers und Hörers, die kritisch beurteilt werden kann und auf die Einfluss genommen werden sollte. Dabei steht Musik für Erasmus nahezu immer im Zusammenhang mit der Praxis und der Verbreitung der christlichen Lehre, was leitgebend für seine Beurteilung musikalischer Phänomene ist (Fleinghaus S. 37ff.).

Aufschlussreich für die Aufführungspraxis von Messen des 16. Jahrhunderts ist, dass Erasmus das Mitsingen von Texten weltlicher Cantus firmi in Messen erwähnt: Die Texte der ▶ Cantus firmi standen also nicht nur als Hinweis auf die Vorlage im Notentext, sondern wurden auch sängerisch praktiziert, d.h. in der Stimme des Cantus firmus gesungen, während die anderen Stimmen den Messentext darboten (Ausgabe Allen, Bd. 5, Sp. 718; siehe Schmidt-Beste, Sp. 398).

*Ausgaben*:
Opus epistolarum Des. Erasmi Roterodami, hrsg. von P.S. Allen, 12 Bände, Oxford 1904–1958.

*Literatur*:
H. Fleinghaus, *Die Musikanschauung des Erasmus von Rotterdam*, Regensburg 1984 • D. Helms, *Die Rezeption der antiken Ethoslehre in staatstheoretischen und pädagogischen Schriften und die Beurteilung der zeitgenössischen Musik im Humanismus*, in: *Festschrift für Martin Geck zum 65. Geburtstag*, hrsg. von U. Tadday und R. Ares, Dortmund 2001, S. 325–351 • Th. Schmidt-Beste, *Erasmus*, in: *MGG*², Bd. 6 (Personenteil), 2001, Sp. 396–399.

ES

## Erbach, Christian (der Ältere)

\* zwischen 1568 und 1573 Algesheim, bestattet 14.6.1636 Augsburg

Der aus dem Kurmainzischen stammende Musiker wird biographisch erstmals fassbar, als Georg Victorinus 1596 eine fünfstimmige Litanei seiner Feder im zweiten Band des *Thesaurus litaniarum* (RISM 1596²) veröffentlichte. Zu dieser Zeit wirkte er vielleicht bereits als Organist in Diensten von Marcus II. ▶ Fugger, dessen Hofkapelle er bis zum Tod seines Dienstherrn im Jahre 1614 treu blieb.

Als Hans Leo ▶ Haßler Augsburg 1602 verließ, folgte Erbach in die Fußstapfen des älteren Kollegen nach: Im selben Jahr wurde er zum Stiftsorganisten an St. Moritz und Organisten der Reichsstadt Augsburg bestallt (in dieser Funktion auch formeller Leiter der Stadtpfeifer). Trotz einer schweren Krankheit um das Jahr 1603 blieb er in Amt und Würden. Nachdem er den Augsburger Domorganisten Erasmus Mayr seit 1614 krankheitshalber vertreten hatte, wurde er 1625 dessen offizieller Nachfolger und quittierte seinen Dienst an St. Moritz. Die schwedische Besetzung Augsburgs während des Dreißigjährigen Kriegs zwang das Domkapitel am 9. Juni 1635 zur Entlassung des langgedienten Organisten; kurz darauf verstarb er. Nachfolger als Domorganist wurde sein Sohn Christian († 1645).

Neben seiner kompositorischen Tätigkeit erwarb sich Erbach vor allem als Orgelsachverständiger und als Pädagoge Ruhm. Dank seines großen Schülerkreises wurde er zur prägenden Gestalt des Orgelspiels in Süddeutschland, die einen Vergleich mit dem im Norden tätigen Jan Pieterszon ▶ Sweelinck nicht zu scheuen braucht. Seine Orgelwerke, insgesamt um die 150 ▶ Toccaten, ▶ Canzonen und ▶ Ricercare, stehen im Zeichen der venezianischen Tradition, die auch in seinen Vokalkompositionen spürbar wird (vielleicht angeregt und verstärkt durch die Zusammenarbeit mit seinem Augsburger Kapellkollegen Gregor ▶ Aichinger). Bereits seine frühen Werke bedienen sich eines mehrchörigen Idioms in der direkten Nachahmung Andrea ▶ Gabrielis. Seiner Funktion als Kirchenmusiker gemäß galt sein kompositorisches Hauptinteresse der Ausgestaltung der Gottesdienste mit kunstvoller Orgelmusik und Chorwerken liturgischen Zuschnitts.

*Ausgaben*:
*Christian Erbach: Ausgewählte Werke*, hrsg. von E. von Werra (Denkmäler der Tonkunst in Bayern 47²), Leipzig 1903; *Ausgewählte geistliche Chöre*, hrsg. von A. Gottron, Mainz 1943; *Collected Keyboard Compositions*, 5 Bde., hrsg. von C.G. Rayner (Corpus of Early Keyboard Music 36/1-5), Rom 1971–1977.

*Literatur*:
W.K. Haldeman, *The Vocal Compositions of Christian Erbach (c 1570–1635)*, Diss. Bloomington/Indiana 1962 • R. Busch, *Christian Erbach*, in: Musica sacra 90 (1970), S. 254–263 • D.L. Brattain, *The Organ Ricercars of Hans Leo Hassler and Christian Erbach*, Diss. Columbos/Ohio 1979 • A. Beer, *Die Annahme des »stile nuovo« in der katholischen Musik Süddeutschlands*, Tutzing 1989 • A. Edler, *Gattungen der Musik für Tasteninstrumente*, Teil 1 (Handbuch der musikalischen Gattungen), Laaber 1997.

CTL

## Escobar, Pedro de [Pedro do Porto, Pedro del Puerto]
* um 1465–1470 Oporto, † nach 1535, aber vor 1554 in Évora (?)

Escobar gehört zu den herausragenden Komponisten in Spanien um die Wende vom 15. zum 16. Jahrhundert; insbesondere seine Hymnen sind von hoher Qualität.

Möglicherweise gelangte Pedro de Porto im Gefolge des portugiesischen Botschafters in Kastilien, João de Azevedo, Bischof von Oporto, an den Hof Isabellas von Kastilien. Ein Pedro del Puerto – ausdrücklich als Portugiese in einem Dokument in Simancas bezeichnet (Monumentos de la música española I, 1941, S. 57) – sang von 1489–1499 in der Kapelle Isabellas. Dort bot sich ihm dann vermutlich die Möglichkeit zur Zusammenarbeit mit anderen Sängern des Hofes, als deren Ergebnis wohl die beiden Marien-Messen im Chorbuch III der Kathedrale von Tarazona anzusehen sind, die zudem Juan de Anchieta und Francisco de ▶ Peñalosa als Komponisten nennen. Auf dokumentarisch sicherem Grund stehen die Jahre zwischen 1507 und 1514, in denen Escobar Präzeptor der Chorknaben an der Kathedrale von Sevilla war. Welche Gründe seine Ablösung durch Pedro Fernández bewirkten und wie sein weiterer Lebensweg sich genau gestaltete, ist nicht mit Gewissheit zu sagen. Vor 1535, dem Jahr, in dem er in Evora als in ärmlichen Umständen lebend nachgewiesen ist, war Pedro de Porto 1521 Kapellmeister im Dienst Kardinal Alfonsos in Portugal, einem Sohn König Manuels I.

Seine 18 (7 vierstimmige, 11 dreistimmige) im Cancionero Musical de Palacio überlieferten Werke mit spanischem Text (▶ Villancicos), gehören zum Besten der ganzen Handschrift. Unter seinen lateinischen Werken (sieben ▶ Motetten, vier ▶ Antiphonen, zwei ▶ Allelujas und acht ▶ Hymnen) erlangte insbesondere die Motette *Clamabat autem mulier Chananea* (vierstimmig) weite Verbreitung und wurde noch 1546 durch Alonso ▶ Mudarra für Vihuela intavoliert (▶ Intavolierung). Jede Zurschaustellung von Gelehrtheit vermeidend, prägt sie sich dem Gedächtnis eines jeden Hörers sofort ein. Während die Motetten im freien Stil komponiert sind, handelt es sich bei den acht Hymnen und zwei Alleluja von Escobar im wesentlichen um Bearbeitungen des gregorianischen ▶ Cantus firmus; unter den Hymnen sticht insbesondere *Ave Maris stella* hervor, die von exquisiter Qualität ist. Bei der zusammengesetzten Messe, die in Tarazona (E-TZ 2/3) überliefert ist, handelt es sich möglicherweise um die Zusammenarbeit verschiedener Komponisten.

*Ausgabe*:
8 Hymnen, in: R. Gerber, *Spanisches Hymnar um 1500* (Das Chorwerk 60), Wolfenbüttel 1957.

*Literatur*:
R. Stevenson, *Spanish Music in the Age of Columbus*, Den Haag 1960 • A. Marquis, *The Motets of Escobar*, MPhil. Diss. Indiana Univ. 1976 • T. Knighton, *Music and Musicians at the Court of Fernando of Aragon, 1474–1516*, Diss. Univ. of Cambridge 1983.

MZ

## Esquivel Barahona, Juan de
* um 1562 in Ciudad Rodrigo, † zwischen 1613 und 1624 ebenda

Der spanische Komponist Esquivel wurde 1574 als Chorknabe an der Kathedrale in seiner Heimatstadt aufgenommen, und erhielt Unterricht bei Juan Navarro bis 1578. 1582, also noch vor Beendigung seines 20. Lebensjahres, wurde Esquivel als ›maestro de capilla‹ in Asturien an der Kathedrale von Oviedo eingestellt, wo er auch die Priesterweihe bekam. 1585 wechselte er in das gleiche Amt an die Kathedrale von Calahorra, das er in der Zeit zwischen 1591 und 1595 verließ. Danach kehrte er wieder in seine Heimatstadt zurück, um dort die Anstellung des Kapellmeisters zu übernehmen. Diese Entscheidung wurde wahrscheinlich durch den damaligen Bischof von Ciudad Rodrigo, Pedro Ponce de León, beeinflusst, da dieser die Kosten für drei umfangreiche Individualdrucke Esquivels übernahm.

Das Schaffen Esquivels wird verschieden gewertet: Zum einen gilt es im Vergleich zu seinen Zeitgenossen als traditionell (Urchueguía); zum anderen wird die Kombination älterer Techniken mit neueren Mitteln wie farbiger Harmonik und Gebrauch von Akzidentien hervorgehoben (Stevenson). Seine Kompositionen, überwiegend ▸ Motetten wie auch ▸ Messen, sind Gebrauchsmusik für die Liturgie. Esquivels Praxisorientiertheit zeigt sich vor allem in seinem Druck *Liber secundus* von 1613, in dem er Werke chronologisch im liturgischen Jahreszyklus anordnete. Seine Kompositionen waren in seiner Zeit sehr populär, nicht nur in Spanien, sondern sie waren auch in Portugal und in Amerika, dem neuen Kolonialgebiet beider Länder, verbreitet.

*Ausgaben*:
Motetten in: *Antología polifónica sacra* (Autores españoles siglo XVI), hrsg. von S. Rubio, 2 Bde., Madrid 1954 • Weihnachtsmotetten in: *Hodie Christus natus est: an Anthology of 9 Motets for Advent & Christmas*, hrsg. von M. Imrie und B. Turner, Isle of Lewis 1986.

*Literatur*:
R.J. Snow, *The 1613 Print of J. Esquivel Barahona*, Detroit 1978 • R. Stevens, *Spanish Composers in the Age of the Armada*, in: Inter-American Music Review 12 (1992), S. 17–114 • C. Uruchueguía, *Esquivel Barahona*, in: *MGG²*, Bd. 6 (Personenteil), 2001, Sp. 509–510. R. Stevenson, *Esquivel Barahona*, in: *Grove*, Bd. 8, 2001, S. 325–326.

CHD

# Estampie

Die Estampie ist in erster Linie ein Instrumentalstück, zumeist von Fideln vorgetragen, welches aber auch in Verbindung mit verschiedenen Formen vokaler Aufführungspraxis wie Laich und Chanson steht. Die etymologische Herleitung von gotisch ›stampjan‹ (»stampfen«) weist nur bedingt auf dessen Funktion als Tanzmusik hin. Die erste Erwähnung findet sich um 1165 bei Gautier d'Arras. Formal besteht sie aus mehreren Strophen unterschiedlicher Länge, die in je zwei Halbstrophen, letztere mit clos/ouvert-Schluss zerfallen. – Als Theoretiker widmete sich Johannes de Grocheo intensiv der Estampie. Demnach würde sich deren vokale Ausprägung aufgrund ihrer komplexen Struktur nicht zum Tanz eignen.

Neben acht aus Italien überlieferten »Istanpitte« (um 1400) und ebenso vielen französischen »Estampies« (um 1300), gehört die aus dem Provenzalischen stammende textierte »estampida« *Kalenda maya* von Raimbaut de Vaqueiras (um 1200) zu den wenigen überlieferten Quellen dieser Gattung. Schließlich beschreibt Michael ▸ Praetorius (1619) die »stampita« als untextierte Tanzmusik. Als Beleg für die früheste überlieferte Instrumentalmusik bzw. auch Tanzmusik ist die Estampie für die Musikforschung von besonderem Interesse.

*Literatur*:
J. Handschin: *Über Estampie und Sequenz*, in: Zeitschrift für Musikwissenschaft 12 (1929/1930), S. 1–20 und 13 (1930/1931), S. 113–132 • Chr. Schima, *Estampie*, in: *Handbuch der musikalischen Terminologie*, 22. Auslieferung, 1994 • L. Welker, *Estampie*, in: *MGG²*, Bd. 3 (Sachteil), 1995, Sp. 161–171.

MM

# Este, Familie

Die in ▸ Ferrara herrschende Familie der Este war für die Musikgeschichte des 15. und 16. Jahrhunderts von außerordentlicher Bedeutung. Insbesondere Ercole I., Ercole II. und dessen Bruder, Kardinal Ippolito II. (1509–1572), zählen zu den bedeutendsten Musikmäzenen Italiens. – Die adlige Lehnsfamilie gewann im 13. Jahrhundert die Vorherrschaft in Ferrara;

sie sind seit 1264 Signori und seit 1329 päpstliche Vikare; ihr Gebiet umfasste zu Beginn des 15. Jahrhunderts außer Ferrara (päpstliches Vikariat) Rovigo und die Markgrafschaften Modena und Reggio (Reichslehen). Borso wurde 1452 von ▸ Friedrich III. zum Herzog von Modena und Reggio sowie zum Grafen von Rovigo, 1571 von Papst Paul II. zum Herzog von Ferrara ernannt. Das Herzogtum wurde 1598 von Papst Clemens VIII. in den Kirchenstaat zurückgeführt, nachdem Alfonso II. ohne legitimen Erben starb; die Familie zog sich nach Modena zurück und regierte von dort aus die Reichslehen. – Die Este waren darauf bedacht, kriegerische Auseinandersetzungen zu vermeiden, und betrieben eine kluge Heiratspolitik: Die Töchter von Ercole I., Isabella und Beatrice, heirateten die Herrscher von Mantua, Francesco ▸ Gonzaga, und Mailand, Lodovico ▸ Sforza, er selbst nahm Eleonora, die Tochter des Königs von Neapel, zur Gemahlin; Alfonso heiratete die Tochter von Rodrigo Borgia (später Papst Alexander VI.), Lucrezia ▸ Borgia. Die wenigen Kriege (Krieg mit Venedig 1482–1484, Konflikt mit dem Papst 1510–1513) haben die Entfaltung der reichhaltigen musikalischen Kultur kaum beeinträchtigt. – Herrscher im 15. und 16. Jahrhundert waren Niccolò III. d'Este (reg. 1393–1441), Leonello (reg. 1441–1450), Borso (reg. 1450–1471), Ercole I. (reg. 1471–1505), Alfonso I. (reg. 1505–1534), Ercole II. (reg. 1534–1559), Alfonso II. (reg. 1559–1598).

Die Hofkapelle entstand unter Leonello und umfasste zunächst vier, dann zehn überwiegend französische Sänger. Der Ausbau zu einer »cappella celeberrima« erfolgte im letzten Drittel des 15. Jahrhunderts unter Ercole I., der als einer der berühmtesten Musikmäzene gilt; er warb Musiker aus ganz Europa an, darunter Johannes ▸ Martini, Johannes ▸ Ghiselin, Johannes ▸ Obrecht (1504/1505) und ▸ Josquin Desprez (1503/1504), der u.a. seine Missa *Hercules Dux Ferrariae* für ihn schrieb; der Kapelle gehörten sowohl erwachsene Sänger als auch Knaben an. Unter Alfonso I. wurde die Kapelle im ersten Drittel des 16. Jahrhunderts zwar primär aus finanziellen, jedoch auch aus Gründen des veränderten Geschmacks wieder reduziert, wies jedoch immer noch berühmte Musiker wie Antoine ▸ Brumel, Adrian ▸ Willaert, Maistre Jhan und die ▸ Dalla Viola-Familie auf. Gegen Mitte des 16. Jahrhundert erhielt die Komposition von ▸ Messen in der Nachfolge Josquins ihren Aufschwung mit Cipriano de ▸ Rore, Maistre Jhan und Giovanni Pierluigi da ▸ Palestrina, der im Dienst des Kardinals Ippolito II., des Bruders von Ercole II., stand. – Auch die Instrumentalensembles wurden ständig erweitert: Unter Niccolo III. waren nur wenige ▸ Trompeter, ▸ Pifferi und ein Lautenist angestellt; bis 1484 gab es elf Trompeter, zwei Lautenisten (Pietro Bono und Rinaldo), Violen (aus der Familie Della Viola), vier Schalmeien sowie Posaunen. In der zweiten Hälfte des 16. Jahrhunderts wirkte unter Alfonso II. das ›Gran Concerto‹, ein größeres Instrumentalensemble unter der Leitung von Luzzasco ▸ Luzzaschi. – Zudem wurde Ferrara in der zweiten Hälfte des 16. Jahrhunderts zum Zentrum der ▸ Madrigalkomposition (mit Komponisten wie Luzzaschi, de Rore und Carlo ▸ Gesualdo) sowie des virtuosen Gesangs, verwirklicht vor allem im ▸ Concerto delle donne mit den Sängerinnen Lucrezia Bendidio, Tarquinia Molza und Laura Peverara.

Erwähnenswert ist die Entstehung des improvisierten Gesangs zur Laute im frühen 15. Jahrhundert: Die Rezitation von Gedichten zur Laute gehörte zur Erziehung und Bildung der Adligen, wie sie Leonello genossen hatte und von seinem Lehrer, dem Humanisten Guarino Veronese, empfohlen wurde; am Hof waren zudem die Lautenisten ▸ Pietro Bono de Burzellis sowie Leonardo Tedesco.

Ferrara war auch wegweisend auf theatralischem Gebiet: Unter Ercole I. fanden erste volkssprachige Aufführungen klassischer Bühnenwerke und die Aufführung von religiösen Dramen mit hohem musikalischem Anteil statt. Einen Aufschwung erhielten auch die ▸ Intermedien, insbesondere unter Ercole II., die für die Entstehung der Oper von Bedeutung waren.

*Literatur*:
V. Reinhardt, *Die großen Familien Italiens*, Stuttgart 1992 • siehe ▸ Ferrara.

**Estocart, Paschal de L'**
* um 1537–1538 Noyon, † nach (wahrsch. 20.)6.1587

Über die Ausbildung des französischen Komponisten ist nichts bekannt. Seine protestantische Überzeugung führte ihn nach Lyon (spätestens ab 1559). Anschließend findet man ihn in Italien (Datum unbekannt), dann in Basel, wo er sich 1581 an der Universität immatrikulierte. 1584 jedoch, nachdem er allerdings seinem Glauben abgeschworen hatte, erhielt er die silberne Harfe im ▸ Puy von Evreux für seine Motette *Ecce quam bonum*; danach findet man ihn unter den Musikern von Nicolas de Bréban, dem Abt von Valmont (Diözese von Rouen). Die letzte ihn betreffende Erwähnung datiert vom 20. Juni 1587, als Heinrich III. ihm einen Platz in der Abtei von Fremont verweigerte.

1581 erhielt er vom französischen König ein zehnjähriges Privileg für die Veröffentlichung seiner Werke (gedruckt in Genf): 126 *Quatrains du Sieur de Pibrac* (zwei- bis sechsstimmig, 1582); *Premier livre* und *Second livre* der *Octonaires de la vanité du monde* (drei- bis sechsstimmig, 1582); *Sacrae cantiones* (vier- bis siebenstimmig, 1582); 150 *Pseaumes de David* (vier- bis achtstimmig, 1583). – In Basel war er, ähnlich wie in Genf, in Kontakt mit einer Anzahl von Dichtern, die er vertonte: Antoine de Chandieu, Joseph Du Chesne (Autor der Texte der *Octonaires*), Simon Goulart (*Quelle est ta loy*), Théodore de ▸ Bèze (viele Psalmparaphrasen).

Abgesehen von den Psalmen (die auf Hugenotten-Melodien komponiert sind; ▸ Psalmvertonungen), und den berühmten Sentenzen von Pibrac (deren moralisierende Bestimmung umso mehr bestätigt scheint als gelegentlich die gleiche Musik für verschiedene Vierzeiler gebraucht wird), bestehen seine originellsten Kompositionen sicherlich in den *Octonaires* und den *Sacrae cantiones*, in denen er nicht zögerte, oft zugunsten der Expressivität, eine gewisse Kühnheit zu erproben, insbesondere in der Behandlung der Motive (*Quand je viens à penser*) ebenso wie in der Harmonik (*Non vos relinquam*).

*Ausgaben*:
*150 pseaumes de David*, Faksimile, hrsg. von P. Pidoux (Documenta Musicologica 7), Kassel 1954; *Premier livre des octonaires de la vanité du monde*, hrsg. von H. Expert, Paris 1929, New York 1960 und *Second livre des octonaires* [...], hrsg. J. Chailley und M. Honegger (Monuments de la Musique Française au Temps de la Renaissance 10-11), Paris 1958; *Sacrae Cantiones*, hrsg. von A. Cœurdevey und V. Besson, Turnhout 2004.

*Literatur*:
P. Pidoux, *Le psautier huguenot du XVIe siècle*, Bd. 1, Basel 1962, S. 166 • A.S. Meine, Estocart, in: *MGG*², Bd. 6 (Personenteil), 2001, Sp. 536–539.

MAC

**Evreux** ▸ **Frankreich**

**Eyck, Jacob van**
* 1589 oder 1590 Heusden? † 26.3.1657 Utrecht

Joncker Jacob van Eyck war ein niederländischer Glockenspieler, Glockensachverständiger und Blockflötist. Zunächst wurde van Eyck in seiner Heimatstadt Heusden, nahe

Utrecht, aktiv: Er verbesserte das örtliche Glockenspiel in Bezug auf die Tastatur, die Stimmung der ▸ Glocken, die Erweiterung durch neue Glocken und die Installation eines automatischen Glockenspiels. Blind geboren verfügte van Eyck über besondere Fähigkeiten und erkannte als Erster die Zusammenhänge zwischen Obertönen, Glockenform und sauberer Intonierung einer Glocke. Seine Kenntnisse waren überregional geschätzt, sodass er neben seiner Tätigkeit als Carillonneur des Utrechter Doms und anderer großer Utrechter Kirchen als Orgelsachverständiger in den gesamten Niederlanden fungierte. Gemeinsam mit den Glockengießern François und Pieter Hemony entwickelte er neue Glocken (u.a. für Zutphen), die mit Begeisterung aufgenommen wurden und deutliche Fortschritte im Glockenguss bewirkten. Er traf auch René Descartes, mit dem er seine Theorien erörterte.

Neben der Ausübung des Amtes als Glockenspieler wurde van Eyck verpflichtet, auf dem Kirchhof von St. Jan in Utrecht für die Spaziergänger Flöte zu spielen. Er tat dies, indem er bekannte Melodien der Zeit virtuos diminuierte. Diese ▸ Diminutionen sind überliefert in der zweiteiligen Sammlung *Der Fluyten Lust-Hof, vol Psalmen, Paduanen, Allemanden, Couranten, Balletten, Airs &c. Konstigh en lieflyk gefigureert, met veel veranderingen [...] Dienstigh voor alle Konstlievers tot de Fluit, Blaes-en allerley Speel-tuigh*. Amsterdam 1649/1654 (Constantin Huygen gewidmet).

Inhalt sind neben einzelnen Praeludien und einer ▸ Fantasie Psalmen und geistliche Lieder, Volkslieder, Tänze sowie berühmte zeitgenössische Kompositionen wie John ▸ Dowlands *Pavan Lachrimae* und *Come again* und Giulio ▸ Caccinis *Amaralli mia bella*, einige mehrmals variiert. Dem *Fluyten Lust-Hof* ist eine ausführliche *Onderwyzinge op de Hand-Fluit* und eine kurze auf der *Dwarsfluit* vorangestellt. Im Wesentlichen enthalten sie Hinwei-

Jacob van Eyck, *Der Fluyten Lust-Hof, vol Psalmen, Paduanen, Allemanden, Couranten, Balletten, Airs &c. Konstigh en lieflyk gefigureert, met veel veranderingen [...] Dienstigh voor alle Konstlievers tot de Fluit, Blaes-en allerley Speel-tuigh*. Amsterdam 1649/1654.

> **Vertoninge en Onderwyzinge op de Hand=fluit.**
>
> Om alle Toonen zuiver te blazen: Zoo ist, dat men spreekt, van ondren op; dat is: van *c* na boven toe, op-gaende.
>
> [Abbildung einer Blockflöte mit Notenbeispielen]
>
> Om *c.* te blazen: moet men alle de vingeren, met de pink en de duim toe doen.
> Om *d.* te blazen: moet men de pink op doen, de andere vingren, met de duim toe.
> Om *e.* te blazen: moet men de pink, en de vinger naest de pink op doen, voorts alle

Jacob van Eyck, *Onderwyzinge op de Hand-Fluit*, dem *Fluyten Lust-Hof* vorangestellt.

se zu Griffen, sind aber in Bezug auf den dargestellten Umfang der ▸ Flöten und die Zeichnungen des Äußeren bautechnisch interessant. Originale Elfenbeinblockflöten der van Eyck-Zeit sind u.a. in der Rozenborg in Kopenhagen erhalten.

In jüngster Zeit wurden noch vereinzelte weitere Diminutionen van Eyck zugeordnet.

*Ausgaben*:
Jacob van Eyck, *Der Fluyten Lust-Hof*, Facsimile Saul B. Groen, Amsterdam o.J.; W. Michel / H. Teske (Hrsg.), *Der Fluyten Lust-Hof*, 3 Bde., Winterthur 1984.

*Literatur*:
R. van Baak Griffioen, *Jacob van Eycks Der Fluyten Lust-Hof*, Utrecht 1991 • T. Wind, Die Psalm-Variationen Jacob van Eycks: Geschichte, Analyse, Interpretation, in: Tibia 1 (1990), S. 22–32 • Ders., ›Stemme nova‹ – eine neuentdeckte Komposition Jacob van Eycks, in: Tibia 2 (1993), S. 466–469 • D. Lasocki (Hrsg.), The recorder in the seventeenth century, in: Proceedings of the International Recorder Symposium Utrecht 1993, Utrecht 1995 • R. Rasch, *Eyck*, in: MGG², Bd. 6 (Personenteil), 2001, Sp. 605f. • T. Wind, *Eyck*, in: Grove, Bd. 8, 2001, S. 482f.

UV

## Eyck, Jan van
* um 1390 Maaseyck (?), 1441 Brügge

Jan van Eyck gilt nicht nur in der allgemeinen Kunstgeschichte als einer der bedeutendsten Maler des 15. Jahrhunderts, er hat auch in der Musikikonographie eine herausragende Stellung gespielt, weil er für das ▸ Musikerporträt und die Darstellung von ▸ Engelsmusik Unübertreffliches geleistet hat. Er lebte und arbeitete in der reichsten und kunstsinnigsten Region Nordeuropas im 15. Jahrhundert und war den burgundischen Herzögen, deren Mäzenatentum auch die Buchmalerei und die Musik einschloss, verbunden.

Mit dem auf eine Holztafel gemalten Ölporträt mit dem Titel *Leal Souvenir* hat van Eyck einem Freund am Burgunderhof ein Denkmal setzen wollen, den Namen des Freundes aber nur indirekt durch den Hinweis auf einen »Tymotheos« angedeutet. Die Identifikation mit dem Musiker Gilles ▸ Binchois, der am Burgunderhof tätig war, liegt außerordentlich nahe. Van Eyck setzte mit dem Musikerbildnis einen Markstein: Es ist das erste Beispiel in der

Tafelmalerei und zeugt vom neuen humanistischen Selbstgefühl des Künstlerstandes. Bei der Verbindung des Porträtierten mit einem klassischen Vorbild würde man zunächst ▸ Orpheus erwarten, der durch das ganze Mittelalter hindurch als mythische Figur lebendig geblieben war und auch Aktualisierungen erfuhr. Dass dagegen van Eyck einen Timotheos wählt, erstaunt einigermaßen und Erwin Panofsky (1953, S. 199f.) hat dafür eine Fusion von zwei Bedeutungen vorgeschlagen: Gemeint sein könnte einerseits der historische, miletische Avantgarde-Musiker Timotheos (ca. 450 – ca. 360 v.Chr.), andererseits der im Spätmittelalter durch den Alexanderroman bekannte Begleiter Alexanders des Großen. Falls man nur an ersteren dachte, wäre die Berufung auf einen tatsächlichen Musiker ein ganz renaissancistischer Zug und der Vergleich des Mileters mit dem an vorderster Front der Liedkomposition stehenden Binchois besonders angebracht; sagenhafte Bezüge etwa auf Orpheus oder den Hofmusiker Alexanders wären dagegen typisch spätmittelalterlich.

Das Porträt ist außerdem von einer Tiefe, die bis in die Gegenwart hinein seinesgleichen sucht; denn van Eyck gelingt es, ganz ohne auf Musik verweisende Attribute auszukommen und die innere musikalische Vision des schöpferischen Künstlers rein umzusetzen.

Ebenso vorbildlich war van Eycks Darstellung singender und musizierender Engel in dem kosmisch angelegten Altarbild in St. Bavo in Ghent (▸ Fidel, Abb. 2). Gegenüber früheren Zeugnissen sind hier neu die realistische Vermittlung der Intensität der Singenden und die Liebe zum naturalistischen Detail in Gesichtszügen und Musikinstrumenten. Die berühmten Engelsbilder von Hans Memling (um 1433–1494) – um nur den wichtigsten musikikonographischen Nachfolger zu nennen – sind in ihrer organologischen Genauigkeit und Komposition ohne van Eycks Modell kaum denkbar.

*Literatur:*
E. Panofsky, *Early Netherlandish Painting*, Cambridge/Mass. 1953 • E.M. Ripin, *The Norrlanda organ and the Ghent altarpiece*, in: Studia instrumentorum musicae popularis 3 (1974), S. 193–195 • T. Seebass, *Prospettive dell'iconografia musicale. Considerazioni di un medievalista*, in: Rivista italiana di musicologia 18 (1983), S. 67–86, Taf. • E.E. Lowinsky, *Jan van Eyck's Tymotheos: Sculptor or musician. With an investigation of the autobiographic strain in French poetry from Ruteboeuf to Villon*, in: Studi medievali 13 (1984), S. 33–105 • A. Goulaki-Voutira, *Die musizierenden Engel des Genter Altars*, in: Imago Musicae 5 (1988), S. 65–74.

TS

## Faber, Heinrich
* vor 1500 Lichtenfels, † 26.2.1552 Ölsnitz (Vogtland)

Faber war einer der am meisten rezepierten Musiktheoretiker, dessen Schriften insgesamt ungefähr 50 Auflagen erfuhren. – Er ist wahrscheinlich identisch mit einem »Hainrich Lichtenfels«, der 1515–1524 der Hofkapelle König Christians II. (reg. 1513–1523) von Dänemark angehörte, die dieser nach der Heirat mit Isabelle von Burgund gegründet hatte. Er war von 1542 bis 1545 an der Universität Wittenberg immatrikuliert und erlangte dort den Magistergrad. Gleichzeitig hatte er Stellen im Schuldienst inne: 1538 als Rektor an der Sankt-Georgen-Schule in Naumburg, ab 1544 an der Naumburger Stiftsschule (wo er wegen seiner lutherischen Überzeugung Schwierigkeiten bekam), ab 1547 oder 1548 als Rektor des Martineums in Braunschweig (mit Hilfe des Reformators Nicolaus Medler), wo er seine drei musiktheoretischen Traktate verfasste, 1549 an der städtischen Lateinschule in Naumburg. Wegen Vertonung von Spottgedichten über den Papst wurde er 1551 dieser Stellung enthoben. Diese Verbannung brachte ihm wahrscheinlich den Auftrag ein, eine Vorlesung über Musik an der Universität Wittenberg zu halten, die wohl in Anlehnung an Martin ▸ Luthers Musikanschauung konzipiert war (Stroux, S. 32 und 41). Danach war er Rektor der Stadtschule Ölsnitz.

Fabers Bedeutung ist vor allem in seinen musiktheoretischen Traktaten begründet; an Kompositionen, die frankoflämischen Einfluss zeigen und sein kompositorischen Können demonstrieren, sind nur wenige handschriftlich erhalten bzw. in seinen theoretischen Schriften gedruckt. Dass sein *Compendiolum* vielfach aufgelegt und übersetzt wurde (erste deutsche Übersetzung von Magister Christoff Rid *Musica. Kurtzer Innhalt der Singkunst…*, Nürnberg 1572, 1586), mag weniger an seinem möglichen Renommee auch als Komponist gelegen haben (Trachier, S. 15) als in der didaktischen Konzeption der für den Anfänger (erste Klasse der Unterstufe) gedachten Schrift begründet sein: Sie ist ein kurz zusammengefasstes Kompendium der Grundkenntnisse über Musik, dessen Stringenz Faber im Vorwort mit Verweis auf Horaz begründet (man solle beim Unterrichten knappe Sätze verwenden, damit der Geist es leicht auffasst und behalten kann; siehe Ausgabe S. 42). *Ad musicam practicam introductio* war für die zwölfbis fünfzehnjährigen bestimmt (Stroux, S. 55) und thematisiert zusätzlich zu den gegenüber dem *Compendiolum* hier ausführlicher behandelten Gegenständen (Tonbuchstaben, Solmisationssilben, Hexachorde, Mutation, Grundlagen der Mensuralmusik) Intervalle, Kirchentonarten, Solmisation und im zweiten Teil Mensuren und Proportionen. Auch die *Introductio* erfuhr 1571 die fünfte Auflage, wurde im Schulunterricht aber aufgrund ihres höheren Anspruchs nicht so häufig verwendet (Stroux, S. 56). Die *Musica poetica* ist eine Kompositionslehre für die älteren Schüler, an deren Beginn der Begriff ▸ Musica poetica im Unterschied zum weiter gehaltenen Begriff bei Nicolaus ▸ Listenius lediglich das Abfassen von Kompositionen und theoretischen Schriften bezeichnet; Faber nahm die Definition in die später verfasste *Introductio* auf. Die somit begründete Verwendung des Begriffs als Titel für eine Kontrapunkt- und Kompositionslehre wurde in der Folgezeit aufgegriffen, u.a. von Gallus ▸ Dressler. Faber hat am Beginn der *Musica poetica* auch den Begriff der ▸ Sortisatio als uselle Improvisationspraxis definiert und vor satztechnischen Fehlern wie Parallelführungen von Einklang, Quint und Oktav gewarnt. Ansonsten ist die *Musica poetica* Fabers eng am vierten Buch des *Musicae activae micrologus* von Andreas ▸ Ornithoparchus (1517) orientiert (siehe Loesch, Sp. 618). Fabers Schriften waren an ca. 25 Schulen vorgeschrieben (Niemöller, S. 91).

*Ausgaben*:
*Compendiolvm mvsicæ pro incipientibvs* (vollendet 1548, gedruckt 1551), hrsg. und übersetzt von O. Trachier, Baden-Baden & Bouxwiller 2005; *Ad musicam practicam introductio*, Nürnberg 1550; *Musica poetica* (1548), teilübersetzt in: E. Apfel, *Geschichte der Kompositionslehre von den Anfängen bis gegen 1700*, Saarbrücken ³1989, S. 611–626.

*Literatur*:
Chr. Stroux, *Die musica poetica des Magisters Heinrich Faber*, Port Elizabeth 1976 • H. von Loesch, *Der Werkbegriff in der protestantischen Musiktheorie des 16. und 17. Jahrhunderts: ein Mißverständnis* (Studien zur Geschichte der Musiktheorie 1), Hildesheim 2001 • H. von Loesch, *Faber*, in: *MGG²*, Bd. 6 (Personenteil), 2001, Sp. 617–619 • Th. Göllner / K.W. Niemöller / H. von Loesch, *Deutsche Musiktheorie des 15. bis 17. Jahrhunderts* (Geschichte der Musiktheorie 8/1), Darmstadt 2003.

ES

## Faber Stapulensis [Lefèvre d'Étaples], Jacobus [Jacques]
\* um 1460 Étapes, † 1536 Nérac

Der Philosoph und Theologe studierte in Paris und lehrte anschließend ebendort am Collège du Cardinal Lemoine. Auf seinen Italienreisen kontaktierte er Humanisten wie u.a. Marsilio ▸ Ficino und Giovanni ▸ Pico della Mirandola und vertiefte seine Kenntnis antiker Autoren. In Frankreich war er als Herausgeber, Übersetzer und Kommentator tätig. 1525 musste er fliehen, weil er wegen seiner bibelexegetischen Texte der Häresie verdächtigt wurde, nach seiner Rückkehr 1526 kam er unter den Schutz des Hofes.

Musikgeschichtlich ist Faber Stapulensis durch seine *Elementa musica* von Bedeutung (erstpubliziert 1496 zusammen mit *Arithmetica decem libris demonstrata*, dann im *Cursus quattuor mathematicarum artium* des Petrus Cirvelus 1516, und als selbständige Publikation *Musica libris quattuor demonstrata*, 1551). Sie beruhen auf Boethius' *De Institutione musica*, und Faber erörtert somit die Lehrinhalte auf den herkömmlichen mathematischen zahlenorientierten Grundlagen. Die vier Bücher der *Elementa musica* sind aber nicht nur eine Wiederaufbereitung von Boethius, sondern ordnen dessen Inhalt neu und bereiten ihn in übersichtlicher Weise auf (Sachs). Das I. Buch behandelt den Zusammenhang von Intervallen und Zahlenproportionen. Im II. Buch geht es um die Berechungen von kleineren Intervalle sowie um das pythagoreische Komma, im

III. Buch um größere Intervalle. Buch IV behandelt das Monochord, die Genera (diatonisch, chromatisch, enharmonisch), Tonsystem und Tonarten.

*Literatur*:
Ph. Vendrix, *La diffusion de textes rhétoriques français à la Renaissance*, in: *Festschrift Chr.H. Mahling*, hrsg. von A. Beer Dr. Pfarr und W. Ruf, Tutzing 1997, S. 1453–1462 • Kl.-J. Sachs, *Faber Stapulensis*, in: *MGG²*, Bd. 6 (Personenteil), 2001, Sp. 623–624 • A. Heilmann, *Boethius' Musiktheorie und das Quadrivium. Eine Einführung in den neuplatonischen Hintergrund von »De institutione musica«*, Göttingen 2007.

Faburden ▸ Fauxbourdon

Fagott ▸ Dulzian

Falso bordone ▸ Fauxbourdon

Fancy ▸ Fantasia

## Fantasia

(deutsch, italienisch spanisch, englisch), auch deutsch/französisch/englisch Fantasie; deutsch/französisch Phantasie; französisch Fantaisie, Fantasye, Phantaisie; englisch/deutsch Phantasia; deutsch Fantasey; englisch Fancy, Fancie, Fansye, Fantasy, Fantazia, Fantazie, Fantazy, Phansie, Phantasy, Phantazia; italienisch/spanisch Fantesia)

Fantasia bezeichnet eine Instrumentalkomposition, die der freien Vorstellungskraft (Phantasie) des Komponisten entspringt und lediglich den für dieses einzelne Stück entwickelten Regeln gehorcht, also keine bereits bekannte Form benutzt. Neben konkreten Kompositionen wird auch der Prozess des Komponierens bzw. die schöpferische Voraussetzung hierzu als ›Fantasia‹ des Komponisten benannt. Einen dritten Aspekt findet man in Improvisationsanweisungen für Spieler, die ebenfalls ›Fantasia‹ heißen.

Bedingung für das Erfinden individueller Kompositionsformen ist die Phantasie des Komponisten. So spricht Hermann ▸ Finck in seiner *Practica musica* 1556 von den »Meistern Tactus, Tonus« und »Mensura« und dem »Meister Bona fantasia«. In dieser Bedeutung als unerlässlicher Voraussetzung für den Prozess des Komponierens findet sich der Begriff Fantasia bereits in diversen frühen Traktaten. Der Bezug zu konkreten Kompositionen zeigt sich z.B. in einem Brief von 1492 an Francesco ▸ Gonzaga, in dem eine »magna fantasia« des Komponisten Filippo Lapacino erwähnt wird. In einem anderen Brief von 1502 an Ercole d'▸ Este wird ein Instrumentalstück von Heinrich ▸ Isaac über ›La mi la sol la sol la mi‹ »un moteto sopra una fantasia« genannt.

Fantasien finden sich in Italien, Spanien, Deutschland, den Niederlanden und Frankreich für Tasteninstrumente, ▸ Laute, ▸ Vihuela, ▸ Bandora und Ensembles verschiedener Größe und Zusammensetzung (vom ▸ Bicinium bis zur großen ▸ Consortbesetzung). Hierbei werden verschiedene Typen von Fantasien unterschieden. Ausgangspunkt ist die Freiheit in der Erfindung, wie sie z.B. Luis de ▸ Milán 1536 formulierte: »se intitula fantasia: a respecto que solo procede dela fantasia y industria del auctor que la hizo«. Freie Fantasien sind fast ausschließlich für Soloinstrumente zu finden und entstehen oft aus instrumentenspezifischen Spieltechniken. Erste Beispiele sind dokumentiert in Orgeltabulaturen von Hans Kotter (um 1513) und Leonhard Kleber (um 1524) und Lautentabulaturen von Milán (Valencia) und Hans ▸ Neusiedler (Nürnberg). Zu größter Blüte wurden sie u.a. gebracht von Girolamo Frescobaldi in Italien, Jan Pieterszoon ▸ Sweelinck in den Niederlanden, John

▸ Bull in England und Samuel Scheidt in Deutschland für Tasteninstrumente und von Francesco ▸ Canova da Milano, ▸ Luis de Nárvez, Alonso ▸ Mudarra, Luis ▸ Venegas de Henestrosa, John ▸ Dowland und Bálint Bakfark für Laute. Diese freien Fantasien können auch folgende Titel tragen: ▸ Praeludium, Preambel, ▸ Tiento, ▸ Voluntary, ▸ Capriccio, ▸ Ricercar.

Ein anderer Typus der Fantasie basiert auf der konsequenten Anwendung der Regeln des Kontrapunkts ohne konkreten inhaltlichen Bezug. Bestimmte rhythmisch-melodische Motive oder auch Kirchentonarten können Ausgangspunkt sein (»Fantasia del primo tuono«). Das Bicinium dient zur Übung in Komposition und Spiel und ist zu didaktischen Zwecken weit verbreitet. Hiervon heben sich zumeist vier- bis siebenstimmige Werke großer Komponisten wie Frescobaldi oder aber der Engländer am elisabethanischen Hof ab.

Die Parodiefantasie war besonders beliebt: Hier nahm man z.B. ein bekanntes ▸ Madrigal, eine ▸ Motette oder ähnliches als Vorlage. Auch geistliche und weltliche Lieder wurden als ▸ Cantus firmus in Fantasien eingearbeitet. Besonders zahlreich sind die englischen Instrumentalfantasien über ▸ In nomine. Sehr verbreitet war auch die Verwendung einer abstrakten Tonfolge als Cantus firmus, der dann in den anderen Stimmen mit großer »Phantasie« umspielt wurde: z.B. Fantasien über den Hexachord von Sweelinck, Frescobaldi, William ▸ Byrd, Bull, Scheidt u.a., englische Consortwerke über Ut, re, mi, fa, sol, la etc.

Auch aus der Improvisation konnten Fantasien entstehen, wie diverse didaktische Werke belegen. So beschreibt Diego ▸ Ortiz in seinem *Tratado de glosas* 1553 drei Arten des Spielens des ▸ Violone mit dem ▸ Cembalo, von denen eine die Fantasia sei (S. 73 in der deutschen modernen Edition, S. 26 im Faksimile): »Die Fantasia kann man nicht demonstrieren, da jeder gute Spieler sie aus dem Kopfe und nach dem Stand seines Könnens und seiner Übung spielt. Aber ich werde doch sagen, was zum Spielen nötig ist. Die Fantasia, die das Cembalo spielt, soll aus recht gewöhnlichen Konsonanzen bestehen, in welche sodann der Violone spielend eintritt mit einigen anmutigen Passagen...« Michael ▸ Praetorius schreibt in seinem *Syntagma Musicum* Bd. 3, S. 21): »Capriccio seu Phantasia subitanea: Wenn einer nach seinem eignem plesir und gefallen eine Fugam zu tractiren vor sich nimpt / darinnen aber nicht lang immoriret, sondern bald in eine andere fugam, wie es ihme in Sinn koempt / einfaellet: Denn weil ebener massen / wie in den rechten Fugen kein Text darunter geleget werden darff / so ist man auch nicht an die Woerter gebunden / man mache viel oder wenig / man digredire, addire, detrahire, kehre und wende es wie man wolle […].« Über die didaktischen Anweisungen hinaus gibt es Berichte darüber, dass hervorragende Instrumentalisten, die zugleich auch Komponisten waren, diese Improvisationskunst meisterlich beherrschten. So berichtet Pontus de ▸ Tyard von einem Bankett in Mailand, wo Francesco Canova da Milano sein Auditorium durch eine im Augenblick erfundene »Fantaisie« zu fesseln wusste. Grundlage für improvisierte wie auskomponierte Fantasien waren oft auch Bassgerüste wie etwa die ▸ Romanesca.

Die Gattung der Fantasia-suite war in England verbreitet. Matthew ▸ Locke, John Coprario, William Lawes und John Jenkins komponierten Suiten mit kleinen Tanzsätzen, die jeweils durch eine umfangreiche und interessante ›Fantazie‹ eingeleitet wurden.

*Literatur*:
D. Ortiz, *Trattado de Glosas*, Rom 1553, hrsg. von A. Otterstedt, Kassel 2003 • M. Praetorius, *Syntagma Musicum*, Bd. III: *Termini Musici*, Wolfenbüttel 1619, Faksimile Kassel 1958 • R.M. Murphy, *Fantasie and Ricercare in the 16th Century*, Diss. Yale Univ. 1954 • Chr.D.S. Field, *Fantasia* und *Fantasia-suite*, in: *Grove*, Bd. 6, 1980, S. 380ff.• Th. Schipperges, *Fantasie*, in: *MGG²*, Bd. 3 (Sachteil), 1995, Sp. 316–335.

UV

Fantasia (Bildende Kunst) ▸ Poesia und Fantasia

# Farnaby, Giles
* (?) London, beerdigt 25.11.1640 London

Farnaby war englischer Komponist, Musiklehrer und wahrscheinlich auch Virginalbauer. 1592 erhielt er den Bachelor of Music an der Oxford-Universität, wurde 1602 Küster an St. Peter in Aisthorpe (Lincolnshire) und erteilte im Nachbardorf Musikunterricht, wofür er 1608 ein Anwesen zur Pacht erhielt. Seit 1634 lebte er wieder in London. – Neben einigen ▸ Psalmvertonungen, Prayers und einem Buch *Canzonets* (1598), die zum Teil madrigalische Gestaltungsmerkmale aufweisen, sind insbesondere seine Stücke für Tasteninstrumente von Bedeutung: 52 Werke sind im Fitzwilliam Virginal Book (zusammengestellt zu Beginn des 17. Jahrhunderts) überliefert und gehören von daher auch heute noch zum Repertoire der Cembalisten. Farnaby hat alle gängigen Gattungen für Tasteninstrumente bedient: ▸ Variationen, Tanzsätze, ▸ Fantasien und ▸ Charakterstücke, die programmatische Überschriften tragen, darunter einige mit kühner Harmonik (*Gilles Farnabys Dreams*), ein anderes mit der wahrscheinlich von der ▸ Pariser Chanson inspirierten Jagdthematik (*The Kings Hunt*), rhythmisch abwechslungsreiche *Maskes* und die auch für andere Komponisten der Zeit typischen auf ihn selbst bezogenen Stücke (*Gilles Farnabys Dreams, His Rest, His Humour, Farnabye's Conceit*). Die längeren Variationen über Liedmelodien (z.B. *Up T[ails] all* oder *Put up the Dagger, Jenny*) zeigen eine Vielfalt an Variationsmöglichkeiten.

Literatur:
J. Harley, *British Harpsichord Music*, 2 Bde., Aldershot 1992–1994 • R. Fritz, Farnaby, in: *MGG²*, Bd. 6 (Personenteil), 2001, Sp. 744–745.

ES

# Farnese, Familie

Die aus Umbrien und dem nördlichen Latium stammende Familie begann ihren Aufstieg im 15. Jahrhundert und erlangte ihre größte Macht in der zweiten Hälfte des 16. Jahrhunderts mit der Regentschaft Alessandros (1545–1592) in den Niederlanden. – Ranuccio III. (gest. 1449?) legte den Grundstein für das Ansehen der Familie: Er kämpfte auf Seiten der Päpste Martin V. und Eugen IV. und erhielt dafür wichtige Lehen. Sein Sohn Pier Luigi I. (um 1430–1488) heiratete in den römischen Hochadel ein, welches die Voraussetzung für die Karriere seines Sohnes Alessandro Farnese (1468–1549) wurde, die 1534 in seiner Wahl zum Papst (Paul III.) gipfelte; Alessandro hatte durch Beziehungen seiner Schwester zu den ▸ Borgia kirchliche Ämter erhalten, 1509 wurde er Bischof von Parma, jedoch erst 1534 im Alter von 66 zum Papst gewählt; er hatte das längste Pontifikat des 16. Jahrhunderts (15 Jahre) und gab den Anstoß zur Durchführung von Reformen der katholischen Kirche (▸ Konzil von Trient). Aus seiner Beziehung zu Silvia Ruffini gingen mehrere, von Julius II. legitimierte Kinder hervor; sie sowie deren Enkel stattete er reichlich mit Ämtern und Besitz aus. Sein Sohn Pier Luigi II. (1503–1547) erhielt Parma und Piacenza als erbliches Lehen, die damit vom Kirchenstaat abgetrennt wurden, um die Stellung der Familie in diesen Territorien zu festigen; Pier Luigi wurde 1547 ermordet, dessen Sohn Ottavio (1524–1586) rettete die Städte vor ▸ Karl V., ▸ Philipp II. von Spanien bestätigte den Besitz der Farnese 1556 unter Anerkennung der spanischen Vorherrschaft in Italien. Der Enkel Alessandro (1520–1589) erhielt die Kardinalswürde, strebte danach, Papst zu werden, wurde jedoch nie gewählt. Als ›Il gran Cardinale‹ förderte er die ▸ Katholische Erneuerungsbewegung, war aber gleichzeitig ein großer Mäzen. – Der älteste Sohn von Ottavio aus seiner Ehe mit Margarethe von Österreich, Alessandro (1545–1592), machte als Heerführer Karriere (Eroberung von Antwerpen 1585, Versöhnung der südlichen Niederlande mit Spanien, Rückeroberung von Geldern und Groningen) und wurde 1577 Regent in den Niederlanden, wo schon seine Mutter 1559–1567 Statthalterin für Philipp II. war; 1586 wurde er in der Nachfolge seines Vaters auch Herzog von Parma. Ihm folgte sein Sohn Ranuccio (1569–1622) als letzter »energisch und zielbewußt handelnder Farnese« (Markus Völkel, in: Reinhardt, S. 271).

Das Mäzenatentum der Farnese im Bereich der Bildenden Kunst und Architektur ist qualitativ und quantitativ demjenigen der ▶ Medici gleichbedeutend (u.a. Fresken Michelangelos in der Capella Sistina, Palazzo Farnese an der Via Giulia); musikwissenschaftlich ist es – mit Ausnahme des Mäzenatentums Papst ▶ Pauls III. – bislang wenig erforscht. Pier Luigi II. gründete 1545 in Parma eine Hofkapelle, die sein Sohn Ottavio ausbaute. Unter anderen waren der Lautenist Fabrizio Dentice (um 1530–1581) seit 1568 und insbesondere Cipriano de ▶ Rore 1561–1563 und 1564–1565 am Hof in Parma, als dessen Nachfolger Ottavio erfolglos Giaches de ▶ Wert anwarb. 1586 war Claudio ▶ Merulo Organist unter Herzog Alessandro. Die Kapelle des Hofes bestand im Gegensatz zur generellen Tendenz italienischer Kapellen, mehr und mehr Italiener einzustellen (so unter Paul III.), überwiegend aus Musikern aus den Niederlanden, bedingt durch die Regentschaft Alessandros. Bereits an Margaretes Hof in den Niederlanden, dann auch an demjenigen Alessandros, wurden ▶ Madrigale gepflegt; Jean de Turnhout, der Kapellmeister Alessandros seit 1586 und bis über dessen Tod hinaus, publizierte als erster niederländischer Komponist eine Madrigalsammlung in Antwerpen. Alessandro förderte auch Chorknaben und ermöglichte ihnen weiterführende Studien. Zu erwähnen ist zudem die ▶ Entrée für Alessandro 1581, die musikalische Darbietungen umfasste.

*Literatur*:
V. Reinhardt, *Die großen Familien Italiens*, Stuttgart 1992 • K. Pietschmann, *A Renaissance composer writes to his patrons. Newly discovered letters from Cristóbal de Morales to Cosimo I de' Medici and Cardinal Alessandro Farnese*, in: Early Music 28 (2000), S. 383–400.

# Faugues, Guillaume
fl. 15. Jahrhundert

Guillaume Faugues ist einer der anspruchsvollsten Komponisten der Generation von Johannes ▶ Ockeghem. Johannes ▶ Tinctoris, der das musikalische Panorama der Epoche gut kannte, ordnet ihn nämlich in die Gruppe der großen, zu ihm zeitgenössischen Kontrapunktisten ein, gemeinsam mit Ockeghem, Antoine ▶ Busnoys, Johannes ▶ Regis und Firminus ▶ Caron. Wenngleich er seine *Missa Vinus vina vinum* als ein Beispiel anführt, welches das Prinzip der Varietas (▶ Variation) darstellt, der achten und letzten Regel seines *Liber de arte contrapuncti* (1477), ordnet Tinctoris Faugues, Regis, Caron und wenige andere Komponisten in die Gruppe der »minime litteratos« ein. Von der Biographie dieses hervorragenden Komponisten ist leider sehr wenig bekannt. Die wenigen Bestandteile, die uns zur Verfügung stehen, zeigen, dass er einen Teil seines Lebens im Loiretal verbracht haben muss, nicht weit vom königlichen Hof und vom großen Meister Jean de Ockeghem. Das erste Mal erscheint der Name Faugues 1462/1463: Er ist Kaplan und ›maître des enfants‹ an der Sainte-Chapelle in Bourges, einer wichtigen kirchlichen Institution mit großer musikalischer Bedeutung seit den Zeiten von Herzog Jean de Berry. Die Sainte-Chapelle von Bourges war sehr an die Institutionen der Stadt Tours, der königlichen Residenz, gebunden. Im Jahr 1462 besucht der Kapellmeister der königlichen Kapelle, Ockeghem, die Sainte-Chapelle; auch wenn über die Gelegenheit nichts Genaueres bekannt ist, so lässt sich leicht vorstellen, dass sich die beiden Komponisten begegnet sind. Ob Faugues schon längere Zeit in Bourges gewesen ist (vielleicht schon seit 1460), lässt sich nicht herausfinden, da die Regesten der Sainte-Chapelle sehr bruchstückhaft sind. Der Name Faugues erscheint 1471 wieder, als ihm vom Kapitel von Bourges angeboten wurde, den Platz des verstorbenen Kaplans einzunehmen. Ob Faugues angenommen hat oder nicht, ist nicht bekannt, sicher ist jedenfalls, dass er die Stadt etwas zuvor verlassen haben muss, andernfalls hätte das Kapitel überhaupt keinen Grund gehabt, ihn zurückzurufen. Der Name Faugues erscheint gemeinsam mit demjenigen vieler anderer seiner Zeitgenossen im Text der berühmten Motette *Omnium bonorum plena* von Loyset ▸ Compère, die wahrscheinlich 1472 für die Weihe der Kathedrale von Cambrai komponiert worden ist.

Von Faugues sind heute nur fünf ▸ Messen bekannt; auch wenn es wenige sind, so zählen diese zu den schönsten Kompositionen der Musik des 15. Jahrhunderts. Die Sprache von Faugues ist originell, es gelingt ihm, melodische Linien von kurvenreicher Schönheit zu schaffen, begleitet von einem ▸ Cantus firmus beispielhafter Geschmeidigkeit. Seine *Missa L'homme armé* gehört wohl zur Haupttradition von Messen über dieses Thema. Sie ist vollständig auf einem doppelten, kanonischen Cantus firmus aufgebaut. Die *Missa Le serviteur* auf eine ▸ Chanson, wahrscheinlich von Guillaume ▸ Dufay, zeigt das ganze Können von Faugues in der Behandlung des gesamten Kontrapunkts der Vorlage und in der Erweiterung der Imitatorik, gemäß Fortschreitungen, die von den Komponisten der späteren Generationen entwickelt werden. In dieser und in anderen Messen macht Faugues weiten Gebrauch vom Intervall der verminderten Quinte zwischen den Stimmen (›fa contra mi‹), einer von Tinctoris missbilligten Praxis, für die er genau diese Messe im bereits zitierten *Liber de arte contrapuncti* als Beispiel anführt. Eine weitere Besonderheit von Faugues ist die strukturelle Wiederholung von ganzen Teilen der Messe, wie es zum Beispiel in der *Missa La basse danse* vorkommt, in der das Kyrie II identisch ist mit dem Hosanna und das Gloria (»Cum Sancto Spiritu«) und das Credo (»Confiteor«) mit demselben Kontrapunkt enden.

*Ausgaben*:
*Collected Works*, hrsg. von G.C. Schuetze, Jr., Institute of Mediaeval Music, Brooklyn 1960.

AM

# Fauxbourdon / Faburden / Falsobordone

Der seit dem Ende der 1420er Jahre belegte Terminus Fauxbourdon bezeichnet einen dreistimmigen Satz, dessen nicht notierte Mittelstimme als Unterquart-Parallele zur Cantusfirmus-tragenden Oberstimme verläuft; die notierte Unterstimme wiederum liegt eine Oktave oder meist eine Sexte unter der Oberstimme, so dass sich insgesamt eine durch einige Quint-Oktav-Klänge unterbrochene Kette von Terz-Sext-Klängen ergibt. Aus dem 15. Jahrhundert sind nur etwa 170 gesicherte Fauxbourdon-Sätze erhalten. Da bislang kein älteres Beispiel als die Postcommunio *Vos qui secuti estis me* aus Guillaume ▸ Dufays *Missa Sancti Jacobi* bekannt ist, gilt dieser als Erfinder der Satzform. In der Forschung umstritten bleibt der englische Einfluss auf die Entstehung dieser Technik. In klanglicher Hinsicht ist die englische Form des Faburden kaum vom Fauxbourdon zu unterscheiden. Faburden bezeichnet eine dreistimmige vokale Improvisationspraxis oder auch nur deren Unterstimme. Der ▸ Cantus firmus (Plainsong) liegt hier als einzige gegebene Stimme in der Mitte; darüber verläuft der Treble als Verdopplung in der oberen Quarte, während der Faburdener darunter eine Folge von Terzen oder die Quinte singt. Eine Beschreibung dieser Technik findet sich in dem zwischen 1430 und 1450 entstandenen Abschnitt *The sight of faburdon* der Handschrift Lansdowne 763. Dort heißt es auch, dass sich der Faburden zu dieser Zeit bereits großer Beliebtheit erfreute. In England wurde die Satzform jedoch – im Unterschied zum Kontinent – nicht in die komponierte Musik übernommen, sondern galt vielmehr als technisch eher anspruchsloses Improvisationsverfahren. Die Tatsache, dass die beiden Formen schriftlich etwa zur selben Zeit greifbar werden, stellt eine Übernahme durch frankoflämische Komponisten zumindest in Frage. Umgekehrt wäre aber denkbar, dass der Terminus Faburden von den Engländern erst im Nachhinein für eine bereits vorhandene Praxis vom Kontinent übernommen wurde. In musikalischer Hinsicht scheint der Fauxbourdon den Einfluss der ▶ Contenance angloise auf die kontinentale Musik der ersten Hälfte des 15. Jahrhunderts zu repräsentieren. Ausdruck dieser neuen Klanglichkeit war u.a. die häufige Verwendung imperfekter Konsonanzen und voller Dreiklänge. Mit dem Verschwinden des dreistimmigen Fauxbourdon-Satzes ab der zweiten Hälfte des 15. Jahrhunderts, die zum Teil mit dem Übergang zur Vierstimmigkeit als neue Norm zusammenhängt, entwickelt sich der Falsobordone als eine Satzform, welche etwa ab 1480 in Italien und Spanien (Fabordón) vor allem in den stark durch Klangdeklamation gekennzeichneten Psalmvertonungen Anwendung fand.

*Literatur*:
D. Hoffmann-Axthelm, *Faburdon / fauxbourdon / falso bordone*, in: *Handwörterbuch der musikalischen Terminologie*, Wiesbaden 1973 • H. Besseler, *Bourdon und Fauxbourdon. Studien zum Ursprung der niederländischen Musik*, Leipzig ²1974 • H.O. Korth, *Fauxbourdon*, in: MGG², Bd. 3 (Sachteil), 1995, Sp. 379–392 • B. Trowell, *Faburden*, in: *Grove*, Bd. 8, 2001, S. 496–502 • Ders., *Fauxbourdon*, in: *Grove*, Bd. 8, 2001, S. 614–620.

RKF

## Fayrfax [Fayrefax, Fairfax], Robert
\* 23.4.1464 Deeping Gate, † 24.(?)10. 1521 St. Albans (?)

Fayrfax war Sänger an der königlichen Kapelle und komponierte Messen, Motetten und Lieder.

Über Fayrfax' frühe Ausbildung ist nichts bekannt. 1501 erhielt er einen Bachelor der Musik von der Universität Cambridge, 1504 den Doktor der Musik von derselben Universität und 1511 einen Doktor der Musik von der Universität Oxford. 1497 wird Fayrfax erstmals als Sänger an der königlichen Kapelle erwähnt. Unter Heinrich VII. und ▶ Heinrich VIII. stieg er in der Rangfolge der Kapelle stetig auf. Ab 1509 wurde ihm eine Jahresrente gewährt, 1514 wurde er zum *Knight of the Kings Alms of Windsor* ernannt. Zudem erhielt er vom König regelmäßig Honorare für seine Kompositionen. Vermutlich hielt Fayrfax neben seiner Tätigkeit an der königlichen Kapelle auch eine inoffizielle Position am Kloster von St. Albans. Er hielt sich öfter dort auf, schrieb Kompositionen für das Kloster und wurde dort beerdigt. Sein Todesdatum lässt sich aus einer Zeichnung (17. Jahrhundert) der Grabinschrift rekonstruieren.

Fayrfax' Kompositionen stehen in der Tradition von Leonel ▶ Power und John ▶ Dunstaple. Die ▶ Motetten sind durch Kontraste in Mensur, Satz und Besetzung sowie durch Symmetrien und Proportionen strukturiert. Sie sind selten kunstvoll, dafür aber rhythmisch komplex gearbeitet. Imitatorische Abschnitte sind meist kurz und nicht durch alle Stimmen geführt, aber gut hörbar. In den ▶ Messzyklen verwendet Fayrfax meist Kopfmotive und Cantus firmi. Seltener finden sich frühe Formen der Parodiemesse ohne ▶ Cantus firmus (Missa *O bone Jesu*). Das ▶ Magnificat ist, wie üblich, als Wechsel zwischen polyphonen und einstimmigen Versen komponiert. Einige Abschnitte setzt Fayrfax im Faburden (▶ Fauxbourdon) wie auch einige ▸ Hymnen. Die ▸ Antiphone sind zumeist frei komponiert. In seinen Liedern kommen ▸ Imitationen häufiger vor als in den geistlichen Kompositionen.

*Ausgaben*:
*Collected Works* (Corpus mensurabilis musicae 17), hrsg. von E.B. Warren, 3 Bde., o.O. 1959–1966.

*Literatur*:
A. Hughes, *The Works of Robert Fayrfax*, in: Music & Letters 30 (1949), S. 118–120 • E.B. Warren, *Life and Works of Robert Fayrfax*, in: Musica Disciplina 11 (1957), S. 134–152 • Ders., *The Masses of Robert Fayrfax*, in Musica Disciplina 12 (1958), S. 145–176 • Ders., *Robert Fayrfax. Motets and Settings of the Magnificat*, in: Musica Disciplina 15 (1961), S. 113–143 • R. Bowers, *Early Tudor courtly song: An evaluation of the Fayrfax Book (BL, Additional MS 5465)*, in: *The Reign of Henry VII*, hrsg. von B. Thompson, Stamford 1995, S. 188–212 • D. Mateer / E. New, *»In nomine Jesu«: Robert Fayrfax and the Guild of the Holy Name in St Paul's Cathedral*, in: Music & Letters 81 (2000), S. 507–519 • N. Sandon, *Fayrfax*, in: Grove, Bd. 8, 2001, S. 229ff.

RS

## Felis, Stefano [genannt Gatto]
\* 20.1.1538 Bari, † nach dem 25.9.1603 ebenda

Über die Herkunft und Ausbildung des italienischen Komponisten Felis ist nichts bekannt, jedoch wird er 1569 von Luigi Contarino als einer der herausragenden Musiker Neapels bezeichnet. In seinem ersten bekannten Individualdruck (*Primo libro de madrigali a sei voci*, 1579) wird er als Maestro di cappella des Erzbischofs von Bari, Antonio Puteo, bezeichnet. Als Kapellmeister des Doms von Bari ist er zwischen 1583 und 1585 nachgewiesen. Nachfolgend begab sich Felis nach Prag, wo sich sein Dienstherr Puteo als päpstlicher Nuntius am Kaiserhof aufhielt. Dort geriet er rasch in den Musikerzirkel um Philippe de ▸ Monte und den Hofkapellmeister Jacob Chimarrhaeus, wovon die Widmung zu seinem sechsten Madrigalbuch sowie ein heute in Köln verwahrtes Chorbuch aus dem Nachlass von Chimarrhaeus zeugt, das ausschließlich Messen von Felis enthält (D-KN, Diözesanarchiv, A.II.556). Nach seiner Rückkehr nach Italien übernahm er 1591 die Leitung der Kathedralkapelle von Neapel, bevor er 1596 als Kanonikus in seine Heimatstadt Bari zurückkehrte.

Das schlecht aufgearbeitete kompositorische Schaffen von Felis kennzeichnet ihn als vielseitigen Komponisten, der die zeittypischen weltlichen und geistlichen Musikgattungen ▸ Madrigal, ▸ Villanella, ▸ Motette und ▸ Messe auf hohem Niveau bediente. Seine Neigung zu einer auf kurzer, melismatischer Phrasenbildung basierenden Expressivität in weltlichen Kompositionen übertrug er auch auf sein Motettenschaffen und vollzog damit den gegenreformatorisch beeinflussten Stilwandel in der geistlichen Musik mit.

*Literatur*:
B.D. Hoagland, *A Study of Selected Motets of Stephano Felis*, 2 Bde., D.M.A. Univ. of Missouri at Kansas City, 1967 • Chr. Stadelmann, *Italienische Komponisten am Kaiserhof Rudolfs II. in Prag*, in: *Mitteleuropäische Aspekte des Orgelbaus und der geistlichen Musik in Prag und den böhmischen Ländern*, hrsg. von J. Cerny und Kl.-P. Koch, Sinzig 2002, S. 223–233 • G. Weinzierl, *L'effeto in der musica sacra – ein Widerspruch? Zum Motettenschaffen von Stefano Felis, einem Komponisten im Umfeld von Carlo Gesualdo di Venosa*, in: *Signatur und Phantastik in den schönen Künsten und in den Kulturwissenschaften der frühen Neuzeit*, hrsg. von M. Zenck, Paderborn 2007, München u.a. 2008, S. 243–254.

KP

## Ferdinand I.
\* 10.3.1503 Alcalá de Henares, † 25.7.1564 Wien

Der deutsche Kaiser Ferdinand I. war Enkel ▸ Maximilians I. und Bruder ▸ Karls V.; er herrschte ab 1521 über die österreichischen

Herzogtümer, wurde König von Böhmen und Ungarn und 1531 zum Römischen König gewählt. Er trug zum Augsburger Religionsfrieden bei und wurde nach Abdankung Karls V. 1556 Kaiser des Heiligen Römischen Reiches. Er förderte das ▸ Konzil von Trient und war um Überwindung der Glaubensspaltung bemüht; ein musikalischer Reflex darauf findet sich in zwei vom Verleger Hans ▸ Ott herausgegebenen und ihm gewidmeten Motettensammlungen, deren Texte Ott im Sinne einer Aussöhnung auf beide Konfessionen zuschnitt.

Ferdinand unterhielt schon als Erzherzog in Wien eine stattliche Kapelle mit renommierten Sängern; Heinrich ▸ Finck wurde kurz vor seinem Tod 1527 in die Hofkapelle berufen (Ferdinand ließ eine Gedächtnismedaille für ihn anfertigen); danach war wahrscheinlich Hermann ▸ Finck am Hofe. Der Kapelle stand ▸ Arnold von Bruck als Kapellmeister von 1527 bis 1545 vor; weitere Kapellmeister waren Pieter Maessins (der für eine wachsende Anzahl flämischer Musiker sorgte) und Jean ▸ Guyot de Châtelet; Vizekapellmeister waren zeitweilig der Posaunist Stephan Mahu, der 1528 bis 1541 in der Kapelle war, sowie Jacobus Buus; der berühmte Harfenist ▸ Ludovico war um 1555 am Hof. Johann de Cleve befand sich ab 1553 in der Hofkapelle, komponierte die monumentale Trauermotette *Austria Danubii rapido prosperrima fluxu* für Ferdinand und wurde zusammen mit anderen Musikern 1564 nach Auflösung der Kapelle von Ferdinands Sohn Karl II. als erster Hofkapellmeister in die Grazer Hofkapelle übernommen.

1526 hatte Ferdinand I. den Fundus für die spätere Österreichische Nationalbibliothek gelegt; der Musikalienbestand des Hofes bildete den Grundstock für die Musikbibliothek.

Literatur:
O. Wessely, *Hofkapellmitglieder und andere Musiker in den Preces-Registern Ferdinands I.*, in: *Speculum musicae artis. Festgabe für Heinrich Husmann zum 60. Geburtstag*, hrsg. von H. Becker, München 1970, S. 313–324.

### Ferrabosco, Familie

Aus Bologna stammende Musiker- und Komponistenfamilie, die seit der zweiten Hälfte des 16. und insbesondere im 17. Jahrhundert in England wirkte.

### Ferrabosco, Domenico Maria

* 14.2.1513 Bologna, † Februar 1574 ebenda

Der Kapellmeister, Sänger und Komponist war Sohn von Annibale Ferrabosco (* 1487), der in Bologna ein hohes Ansehen genoß, als Musiker jedoch nicht weiter in Erscheinung trat. Die öffentlichen Auftritte, die von Domenico Maria Ferrabosco geleitet wurden und mit ›concerto palatino della Signora‹ betitelt waren, führten zu einer lebenslangen Vergütung Ferraboscos durch den Bologneser Senat. Parallel zu dieser Tätigkeit war Ferrabosco Sänger an S. Petronio. Nach der Heirat mit seiner Frau Giulia ging Ferrabosco zunächst nach Rom, wo er ab März 1546 sein Amt als ›Magister puerorum‹ an der Capella Giulia ausübte. Am 29.8.1547 wurde er zum ›Regulator et scriba campionis creditorum montis portarum‹ ernannt, nachdem er nach Bologna zurückgekehrt war. 1548 wurde er ›Maestro di capella‹ an S. Petronio. Seine spätere Anstellung an der päpstlichen Kappelle, bei der er auch Giovanni Pierluigi da ▸ Palestrina kennen lernte, musste Ferrabosco am 30.7.1555 aufgeben, da Papst Paul IV. keine verheirateten Sänger in der Kapelle duldete; er war danach als Maestro di capella an S. Lorenzo e Damaso in Rom tätig. Ferraboscos Amt als ›Regulator et scriba‹ in Bologna wurde am 23.12.1570 auf seinen Sohn Alfonso übertragen.

Domenico Maria Ferraboscos wohl erfolgreichste Komposition ist das ▸ Madrigal *Io mi son giovinetta*, dessen Text aus Giovanni Boccaccios *Decamerone* stammt und das in zahlreichen Handschriften und Drucken bis ins 17. Jahrhundert überliefert wurde, Palestrina als Vorlage für zwei seiner ▸ Messen diente, mehrfach für Laute oder Tasteninstrumente intavoliert wurde sowie als englische und deutsche Kontrafaktur besteht. Neben drei ▶ Motetten ist von Ferrabosco ein Madrigalbuch (Venedig 1542) überliefert; die Kompositionen sind überwiegend homophon mit polyphonen Abschnitten, noch wenig textausdeutend und entsprechen so den Merkmalen der ersten Madrigal-Komponistengeneration, der Ferrabosco angehört.

*Ausgaben:*
Domenico Maria Ferrabosco, *Opera omnia*, hrsg. von R. Charteris (Corpus mensurabilis musicae 102), Neuhausen-Stuttgart 1992.

*Literatur:*
G.E.P. Arkwright, *Notes on the Ferrabosco Family*, in: Musical Antiquary 3 (1911/1912), S. 220–228 sowie 4 (1912/1913), S. 42–54, 119–120, 260 • *Ferrabosco*, in: *Enciclopedia della Musica*, Bd. 2, hrsg. von C. Sartori, Mailand 1964 • M.C. Dippon, *Ferrabosco, Domenico Maria*, in: MGG², Bd. 6 (Personenteil), 2001, Sp. 1005f.

## Ferrabosco, Alfonso (I. oder der Ältere)
getauft 18.1.1543 Bologna, † 12.8.1588 ebenda

Der Sohn von Domenico Maria Ferrabosco war ein erfolgreicher Komponist, der musikgeschichtlich insbesondere durch seinen Einfluss auf die englische Musik bedeutend ist. Nach verschiedenen Anstellungen in Bologna und beim Kardinal von Lothringen, Charles de Guise (wo er 1559 an einer Aufführung von Joachim ▶ Du Bellays *Épithalame* anlässlich der Hochzeit Margaretes von Frankreich mit dem Herzog von Savoyen, Emanuel Philibert II., beteiligt war), war er 1562–1564 am Hof ▶ Elisabeths I. Nach einem kurzen Aufenthalt im Dienst Kardinal ▶ Farneses in Rom ging er noch 1564 nach England zurück, wo er mit Unterbrechung durch einige Reisen bis 1578 blieb. Nach einer Lohnkürzung und der Beschuldigung des Diebstahls und Mordes verließ er England und begab sich im gleichen Jahr in den Dienst des Kardinals von Lothringen. Zuvor heiratete er noch in England am 2. Mai des Jahres die Flämin Susanna Symons, mit der er bereits einen Sohn hatte – Alfonso II., der in England unter der Obhut eines Flötisten zurück gelassen wurde. Spekulativ bleibt, ob Ferrabosco möglicherweise Protestant war. Die Inquisition hatte ihn im Auge und erneute Beschuldigungen führten zu seiner Verhaftung; Katharina von Medici setze sich jedoch erfolgreich für seine Freilassung ein. Danach diente er seit 1582 dem Herzog Karl Emanuel von Savoyen, dem er 1585 nach Spanien folgte, wo er zwei Jahre später zum ›gentiluomo ordinario‹ ernannt und mit dem Druck seiner beiden Madrigalbücher belohnt wurde. In seinem letzten Lebensjahr beteiligte sich der Komponist an dem Sammeldruck *L'amerosa Ero*, der Vertonungen desselben Textes von verschiedenen Komponisten enthielt.

Alfonso Ferrabosco komponierte ▶ Motetten, ▶ Lamentationen, ▶ Madrigale, ▶ Chansons, ▶ Consort Songs und diverse ▶ Instrumentalmusik. Seine geistlichen lateinischen Werke umfassen Motetten und einige Lamentationen, jedoch keine Messen. Sie wurden wahrscheinlich nicht zu liturgischen Zwecken, sondern zur kammermusikalischen Aufführung in katholischen wie auch nicht katholischen Häusern komponiert. Die Motetten bestehen zum größten Teil aus ▶ Psalmvertonungen und zeigen deutlichen Einfluss von Orlande de ▶ Lassus. Sie beeinflussten wiederum die Musik von William ▶ Byrd, mit dem Ferrabosco befreundet war. Beide zusammen komponierten 80 ▶ Kanons (jeder 40) auf den *Miserere*-▶Cantus firmus (nicht überliefert). Zur englischen Gattung des ▶ Anthem hat Ferrabosco nur mit einer Komposition beigetragen. Madrigalkompositionen auf italienische Texte überwiegen in seinem Schaffen. Seinen früh komponierten fünf- und sechsstimmigen Madrigalen liegen meistens Texte in Form von Sonetten zugrunde, sein musikalischer Stil in dieser ersten Phase ist von Imitationen und vom Verzicht auf Chromatik und Melismen geprägt. In seiner zweiten Kompositionsphase von Madrigalen, als Ferrabosco dem Herzog von Savoyen diente, werden aktuellere poetische Vorlagen gewählt, z.B. Texte von Torquato ▸ Tasso. Musikalisch bleibt Ferrabosco eher konservativ und schreibt seine Madrigale im motettischen Stil. Als einziger italienischer Madrigalist am englischen Hof trug er jedoch wesentlich dazu bei, das italienische Madrigal in England einzuführen. Dass seine Madrigale größtenteils in englischen Quellen überliefert sind, weist darauf hin, dass er dort als Madrigalkomponist geschätzt wurde; 14 seiner Madrigale wurden in den ersten englischen Madrigaldruck, Nicholas Yonges *Musica Transalpina* (1588) aufgenommen. Auch nach seinem Tod blieb sein Einfluss bei englischen Madrigalisten wie bspw. John ▸ Wilbye geltend.

Weniger relevant sind Ferraboscos fünf überlieferte französischsprachige Chansons. Bedeutend ist jedoch seine Instrumentalmusik, insbesondere für ▸ Laute, welche zur Entwicklung der Lautenmusik in England beitrug, und für die neu erfundene ▸ Bandora. Die Ähnlichkeit zu Byrd bei den *In nomine*-Kompositionen verweist wiederum auf die Wechselwirkung mit der englischen Musik (Field, S. 696). Ferrabosco hinterließ Bücher, Noten und eine alte Lira, die auf seine Fähigkeiten als Instrumentalkomponist schließen lassen könnte.

*Ausgaben:*
*A. Ferrabosco the Elder (1543–1588): Opera omnia*, hrsg. von R. Charteris (Corpus mensurabilis musicae 96), 9 Bde., Neuhausen-Stuttgart 1984–1988.

*Literatur:*
*Ferrabosco*, in: *Enciclopedia della Musica*, Bd. 2, hrsg. von C. Sartori, Mailand 1964 • R. Charteris (Hrsg.), *A. Ferrabosco the Elder (1543–1588) – A Thematic Catalogue of his Music with a Biographical Calendar*, New York 1984 • Ders., *The Motets of A. Ferrabosco the Elder* sowie *New Light on Ferrabosco's Chansons*, in: The Consort 38 (1982), S. 445–460 sowie S. 461–462 • Ders., *The English Songs of A. Ferrabosco the Elder*; in: Studies in Music 17 (1983), S. 79–86 • J. Kerman, *An Italian Musician in England 1562–1578*, in: Revista de musicología 16 (1993), S. 561–573 • M. Mangani, *Ferrabosco, Alfonso I.*, in: $MGG^2$, Bd. 6 (Personenteil), 2001, Sp. 1006-1014 • C.D.S. Field, *Ferrabosco*, in: Grove, Bd. 8, 2001, S. 693–699.

### Ferrabosco, Alfonso (II. oder der Jüngere)
\* Zwischen 1575 und 1578 Greenwich oder London, begraben 11.3.1628 Greenwich

Alfonso II. war der Sohn Alfonsos I. mit Susanna Symons, der nach Alfonsos Weggang aus England dort unter der Obhut des flämischen Flötisten Gomer van Oosterwijk zurück gelassen wurde und in England blieb, da der Versuch, ihn 1584 zurückzuholen, scheiterte. 1601 erhielt er eine Anstellung am Hof, wo er mit Ben Jonson und Inigo Jones bei den höfischen ▸ Masques zusammenarbeitete und Lieder für die Aufführungen komponierte. Neben seiner Tätigkeit als Gambist war Alfonso Ferrabosco Musiklehrer des Kronprinzen und besaß darüber hinaus noch eine Kompositionsstelle. Diese Häufung von Anstellungen war einzigartig, und er gelangte so an die Spitze des englischen Musiklebens. Trotz dieser vielen Tätigkeiten war Alfonso in finanzieller Not. Eine 1626 geplante Auslandsreise konnte er nicht mehr wahrnehmen, er starb 1628 und hinterließ drei Söhne, Alfonso, Henry und John, die seine Nachfolge antraten.

Neben einer Vielzahl von Vokalmusik, darunter ▸ Motetten, ▸ Lautenlieder, die wohl die ersten englischen Monodien – Sololieder mit Basso continuo (▸ Generalbass) – waren, und ▸ Madrigale, liegt Alfonsos Renommee hauptsächlich in Instrumentalwerken für Streicherconsort begründet, denen häufig ein dramatisches Konzept zugrunde lag (die Komposition gipfelt in einem Höhepunkt auf einem langen Orgelpunkt, der danach folgende Teil ist durch eine zunehmende Steigerung geprägt). Die ▸ Consorts bestehen aus den gängigen instrumentalen Gattungen: Tänze (hauptsächlich ▸ Allemanden und ▸ Pavanen), ▸ In nomine-Kompositionen und viele ▸ Fantasien, darunter Hexachordfantasien über ut-re-mi-fa-sol-la, die durch ihre Chromatik zu den kompositorischen Höhepunkten von Ferraboscos Schaffen zählten, wenn sie – was aber wahrscheinlich ist – tatsächlich von seiner Hand stammen. Trotz Unklarheit über eine mögliche Gambistenausbildung war Alfonso Ferrabosco, dessen Vorname zu einem Modename in englischen Musikerfamilien wurde, auch als Gambist berühmt. Man kann ihn wohl als einzigen Komponisten der Gambenmusik bezeichnen, der polyphone Werke für sein Instrument komponiert hat und gleichzeitig auf äußere Virtuosität verzichtet hat.

*Literatur:*
J. Duffy, *The Songs and Motets of Alfonso Ferrabosco the Younger (1575–1628)*, in: Studies in Musicology 10 (1980) • A. Otterstedt, *Die Englische Lyra-Viol – Instrument und Technik*, Kassel 1989 • Dies., *Die Gambe*, Kassel 1994, S. 38–42 • M.Chr. Dippon, *Ferrabosco*, in: MGG², Bd. 6 (Personenteil), 1996, Sp. 1015-1019.

JB

### Ferrante (Ferdinand) I.
\* 2.6.1423, † 25.1.1494 Genua

Der Sohn ▸ Alfonsos V. von Aragon wurde 1458 König von Aragon, Sizilien und Neapel, musste aber seinen Herrschaftsanspruch in Neapel gegenüber dem Haus Anjou kriegerisch behaupten. Sein Hof entwickelte sich zu einem Zentrum der Renaissancekultur, insbesondere auch auf dem Gebiet der Musik. Er internationalisierte die Hofkapelle Alfonsos, indem er frankoflämische bzw. burgundische Musiker engagierte (darunter Bernardus Ycar und Johannes Vincenet) und die frankoflämischen Chanson-Gattungen pflegte: An seinem Hof entstanden seit seinem Regierungsantritt die ersten französischen Chansonniers auf italienischem Boden. Die bereits unter Alfonso begonnene musiktheoretische Tradition (Giacomo Borbo) wurde von den berühmtesten Musiktheoretikern der Zeit, Johannes ▸ Tinctoris (ca. 1472–1486 am Hof) und Franchino ▸ Gaffurio (1478–1480 am Hof), fortgesetzt. Auch der Tanz spielt eine gewichtige Rolle, am Hof weilte von 1478 bis 1480 der Tanzmeister Guglielmo ▸ Ebreo da Pesaro. In der Accademia Pontaniana, der Nachfolgerin der Accademia Alfonsina, wurde Neapel zu einem Zentrum des antikisierenden italienischsprachigen Gesangs zur Laute (u.a. Benedetto Gareth, ▸ Serafino de' Ciminelli dall'Aquila). Aufgrund der reichen Kultur wurden viele Angehörige italienischer Adelsfamilien dort erzogen (u.a.. Ercole d'▸ Este).

*Literatur:*
L. Finscher und S. Leopold, *Volkssprachige Gattungen und Instrumentalmusik*, in: *Die Musik des 15. und 16. Jahrhunderts*, Teil 2 (Neues Handbuch der Musikwissenschaft 3/2), Laaber 1990, S. 438.

### Ferrara

Ferrara ist Provinz und Provinzhauptstadt in der östlichen Emilia-Romagna, Erzbischofssitz und Universitätsstadt. Sie ist bedeutend für die Seiden-, Glas-, und Lederwarenproduktion. – Am linken Nordufer des Po, wo die Gabelung des Deltas der Seitenarme Primaro und Volano beginnt, entsteht Ferrara zu Beginn des 7. Jahrhunderts als byzantinisches ›castrum‹, nahe der Nordwestgrenze des Exarchats von Ravenna. Zwischen dem Ende des 12. und der Mitte des 13. Jahrhunderts kämpfen die ▸ Este und die Salinguerra-Torelli – zwei adelige Lehnsfamilien – um die Vorherrschaft der Stadt, die schließlich die Este erlangen.

*Musik am Hof*
Im Gegensatz zu anderen italienischen Städten spielt sich die musikgeschichtliche Entwick-

lung Ferraras zunächst hauptsächlich am Hof ab. Ab dem 13. Jahrhundert und somit ab der Herrschaft von Azzo VI. (dem ersten Estenser, der die politische Kontrolle in Ferrara ab 1208 innehat), findet man erste Anzeichen für ein außerliturgisches Musikleben in Ferrara im Auftreten der Troubadours. Die estensische Familie präsentiert sich selbst als Abkömmling des französischen Hofes und dieses Sujet dient als Vorlage zahlreicher Gedichte, die ein Solosänger mit seiner Laute vorträgt. Unter der Herrschaft Alberto d'Estes (reg. 1388–1393) wandelt sich die Festung Ferrara in den letzten Jahrzehnten des 14. Jahrhundert in eine reiche und pulsierende Renaissancestadt auch durch die Eröffnung des ›studios‹ 1391.

Nach Alberto folgt Niccolo III. (reg. 1393–1441), der mit seiner Politik als Friedensstifter in die Geschichte eingeht. In dieser Rolle wird er in zahlreichen Gedichten sowie in der anlässlich des Friedensvertrages von Ferrara 1433 (Ende des Krieges zwischen Mailand und Venedig) geschriebenen Ballade *C'est bien raison* von Guillaume ▸ Dufay gepriesen, der von Bologna aus mehrfach den estensischen Hof besucht. Auch in musikalischer Sicht knüpft Niccolo III. wichtige Verbindungen. So erhält er 1426 von Philipp dem Guten, Herzog von Burgund, als Geschenk vier Schalmaien, Krummhörner und Flöten. Der ab 1424 tätige Leonardo dal Chitarino kann als erster Musiker am Hof von Ferrara betrachtet werden, der explizit als »liutista-cantore« bezeichnet und besoldet wird. Niccolo III. stellt ab 1425 immer wieder den zunächst am Mailänder Dom als Maestro di cappella tätigen Betrandus Ferragut in seine Dienste ein, dessen Tätigkeit auch an der Kathedrale von Ferrara bis 1438 nachgewiesen werden kann.

In den 30er Jahren des 15. Jahrhundert hält der Humanismus mit wichtigen Persönlichkeiten, z.B. Veronese ▸ Guarino und Leon Battista ▸ Alberti Einzug am Hofe von Ferrara. Durch die Heirat von Niccolò III. mit Ricciarda di Saluzzo 1431 und die Heirat von Leonello I. mit Margherita Gonzaga und 1444 mit Eleonora d'Aragona werden weitere Verbindungen zu anderen Höfen Italiens geknüpft, die schließlich noch einen größeren Austausch von Musikern und Instrumenten ermöglichen werden. Überhaupt zieht die wachsende politische Bedeutung Ferraras in den Jahren 1435–1438 zunehmend feste Musiker an, die regelmäßig besoldet werden. So werden auch Kopisten und Miniaturzeichner fest am Hofe angestellt.

Die Hofkapelle wird wahrscheinlich in den ersten Regierungsjahren von Leonello I. (reg. 1441–1450 nun als Marchese) errichtet. Hierfür werden eigens Sänger zur Mitwirkung an den meist polyphonen Gesängen im Rahmen der täglichen, liturgischen Veranstaltungen rekrutiert. Das polyphone Repertoire der Hofkapelle findet sich im wahrscheinlich um 1448 in Ferrara zusammengestellten und 1472 vervollständigten Codex I-MOe, α 1.11. Leonello I. bildet zusätzlich aus jungen Falsettisten die Accademia Estense Terza, die bei den Zeremonien in der Hofkapelle sowie in der Kathedrale mitzuwirken hatte.

Unter Borso (reg. 1450–1471) wird in Anlehnung an den Cantastorie popolari (▸ Cantastorie) in Florenz die vokale Improvisationspraxis zur Mode. Borso löst jedoch schon 1450/1454 Leonellos Ensembles, die polyphone Kompositionen aufführten, auf.

Ercole I. (reg. 1471–1505) kann als Freund der Baumeister und Dichter, als Liebhaber von Festlichkeiten, Jagden und theatralischen Darbietungen charakterisiert werden. Seine Jugend verbringt er bis 1463 am Hofe Alfonsos V. von Aragon in Neapel. Die Musik spielt eine ganz entscheidende Rolle in seinem Leben. So unterhält er am Palast eine Gruppe von Knaben adliger Familien, die er Benehmen, Literatur und Musik lehrt. Kurze Zeit nach Beginn seiner Herrschaft (etwa 1476) errichtet er eine neue Hofkapelle ›Santa Maria di Corte‹ im

Rahmen der Renovierungsmaßnahmen am Hofe, die Ausdruck seiner starken Religiösität ist. Für seine Kapelle rekrutiert Ercole I. erneut die besten Sänger aus ganz Europa. Zur Gestaltung der Messfeiern bezieht er zunächst unter anderem die ›libri de canto‹ aus Florenz. Die meist polyphone Musik, die bei Hymnen und Psalmen eingesetzt wurde und den zugrundeliegenden sakralen Text nur schwer verständlich macht, weicht jedoch dem ▸ Cantus planus. Die Einrichtung seiner Hofkapelle vertraut Ercole I. dem zunächst an der Constanzer Kathedrale tätigen Johannes ▸ Martini (auch Martinus di Alemannia) für etwa 25 Jahre an. Der starke Austausch von Sängern zwischen Ferrara und beispielsweise Mailand lässt auf einen direkten Rivalitätskampf zwischen Ercole I. und Galeazzo Maria ▸ Sforza um ihre Sänger schließen, der jedoch nach dem gewaltsamen Tod des Mailänder Herrschers 1476 abbricht. Eines der Mittel zur Rekrutierung von Musikern am Hofe war die Zusicherung von Pfründen, die Ercole I. durch einen Erlass des Papstes erhalten hat.

Die Kapelle Ercoles ist hierarchisch aufgebaut. Geführt wird sie vom Marchese selbst. An seiner Seite steht ein Sänger als Maestro di cappella, der als ›primus inter pares‹ fungiert. Weiterhin können die Sänger in 5 Kategorien eingeteilt werden: 1. ›cantadore compositore‹, 2. ›cantori‹, 3. ›maestro di cappella‹, 4. ›cappellani‹, die auch sakrale Aufgaben wahrnehmen und 5. ›visitatori‹. Der aus Frankreich stammende Johannes ▸ Brebis nimmt beispielsweise 1472 die Funktion des Maestro di capella ein und wirkt neben Martini auch als ›cantadore compositore‹. Der Chor Ercoles I. besteht um 1481 aus 27 Mitgliedern. Zu dem großen Kern der Sänger stoßen noch zwei weitere Gruppen von Musikern am Hofe: die ›trombetti‹ (Trompeter) und die ›strumentisti‹ (Instrumentalisten). Die durchschnittliche Besoldung der trombetti beträgt (1503) 183 LM, die Besoldung der Sänger liegt bei nur 145 LM pro Jahr. Mit Andrea ▸ dalla Viola 1467 erhalten auch Musiker von Saiteninstrumenten Einzug am Hofe. Auch die Manufaktur von Tasteninstrumenten entwickelt sich stark in Ferrara während der Regierungszeit Ercoles I. Dokumente berichten seit 1481 von einem Raum im Palast, der speziell zur Aufbewahrung der Instrumente dient.

Ercole I. veranstaltet häufig Feste und Bälle in der ›sala grande‹, in deren Rahmen auch Theaterstücke, meist volkssprachig, aufgeführt werden. Große Aufführungen von Dramen finden im Palasthof statt. So zieht beispielsweise die Aufführung des *I Menecmi* von Plautus 10.000 Zuschauer an. Eine wichtige Rolle spielen hierbei die eingeschobenen ▸ Intermedien, die durch Pantomime, Gesang, Instrumentalspiel und phantasievollen Darstellungen aufwendig kostümierter Schauspieler auf der Bühne sowie den Moresche (▸ Moresca) genannten Tänzen gefüllt werden. Ebenso wichtig wird die Aufführung religiöser Stücke in der Regierungszeit Ercoles I., die in der Hofkapelle und im Palast gegeben werden. Hierzu gehört beispielsweise die Passion Christi ab 1481, an der das ganze musikalische Korpus Ercoles I. involviert ist.

Zwischen 1490 und 1493 gehen drei von Ercoles I. Kindern wichtige Verbindungen ein, die nochmals musikalische Austauschmöglichkeiten jeglicher Art erlauben: Isabelle mit den ▸ Gonzaga und Beatrice mit den ▸ Sforza. Zudem wird Ippolito I. 1493 Kardinal. In dem letzten Jahrzehnt vor seinem Tode 1505 kräftigt Ercole I. nochmals das Prestige und die Qualität seiner musikalischen Ensembles. Im April 1503 wird ▸ Josquin Desprez als Maestro di cappella am Hofe von Ferrara rekrutiert und ist dort etwa ein Jahr lang tätig. Er geht als bestbezahltester Sänger in die Geschichte der Hofkapelle ein. Die beiden Kantaten *Miserere mei, Deus* und *Virgo salutiferi* stammen aus dieser Periode. Erwähnenswert ist ebenfalls die für Ercole I. geschriebene Messe *Her-*

cules *Dux Ferrariae*, die liturgische und politische Funktion einnimmt. Nach Josquin nimmt Jacob ▸ Obrecht eine entscheidende Rolle in der Kapelle Ercoles I. ein und ist hier 1504 und 1505 tätig.

Nach Ercoles I. Tod 1505 folgt sein Sohn Alfonso I. (reg. 1505–1535). Aus Geldmangel muss er 1510 zunächst die Kapelle auflösen. Die Musiker werden als Gäste am Hofe von Mantua untergebracht. Schon bald aber nimmt Alfonso I. einige Musiker wieder auf, wie 1513 Bartolomeo ▸ Tromboncino. 1522–1525 lebt Adrian ▸ Willaert am Hofe Alfonsos I. und lobt die Liebenswürdigkeit der Este. Die Hochzeit von Alfonsos I. Sohn, Ercole II., mit Renata von Frankreich und ihre Ankunft in Ferrara gibt zu einer festlichen Zeremonie mit reicher musikalischer Gestaltung am 24. Januar 1529 Anlass. Zur Hochzeit komponiert Lupus von Aquilea eigens die Messe *Hercules dux Ferrariae*.

1535 folgt Ercole II. (reg. 1535–1559) seinem Vater Alfonso I. auf dem Thron. Bei der Neubegründung der Kapelle beruft er Alfonso ▸ dalla Viola. Dalla Violas Name ist verknüpft mit theatralischen Ereignissen am Hofe Ferraras wie auch mit Aufführungen von Tragödien, Komödien und Schäferdramen. So steuert er die Musik zu *Orbecche* von Giraldi Cinzio (1541), zu *Sacrificio* von Agostini Argenti (1567) und zu *Artusa* von Alberto Lollio (1563) bei. Die Kompositionen bestehen aus Madrigalen ohne Bezug zur dramatischen Handlung. Überhaupt wird Ferrara zu dieser Zeit Zentrum der Madrigalkomposition. Zu deren Komponisten gehört Cyprian de ▸ Rore, der ab 1547 eine weitere wichtige Stellung als Komponist geistlicher und weltlicher Musik einnimmt. Er leitet ebenfalls den Chor und erhält ab 1556 Pfründen. Ab 1558 begibt er sich wieder zurück in seine Heimat, kehrt jedoch noch ein- oder zweimal an den Hof von Ferrara zurück. Als Lobgesang auf das Geschlecht der Este kann man die Komposition der ersten Strophe des 19. Gesanges und der 62. Strophe des 43. Gesanges aus dem *Orlando Furioso* von ▸ Ariosto verstehen.

Alfonso II. (reg. 1559–1597) ist der letzte Herzog Ferraras, denn er hat keinerlei Nachfahren. Er widmet sich zunächst anderen Formen der Repräsentation als der Musik, förderte Ritterturniere, die Commedia dell'arte und das Schauspiel, insbesondere Torquato ▸ Tasso, dessen Pastorale *Aminta* 1773 aufgeführt wurde; die Pastorale wurde zu einem beliebten dramatischen Genre insbesondere in Ferrara, wo auch Giovanni Battista ▸ Guarini, der Dichter der um die Jahrhundertwende sehr populären Pastorale *Il pastor fido*, als Hofdichter und Diplomat tätig war. Auf musikalischer Ebene hatte Alfonsos dritte Frau, Margherita Gonzaga, insbesondere Musikerinnen engagiert, aus deren Kreis das ▸ Concerto delle dame erwuchs, das außerordentlich berühmt wurde und das Musikleben Ferraras dominierte.

Nach dem Tod Alfonsos II. im Oktober nimmt Papst Clemens VIII. das Herzogtum Ferrara nun zunächst in Besitz.

*Weltliche Musik und Musik in der Stadt*
Profane Musik wird von den Trompetern, Pfeifern und Musikern der ›istrumenti dolci‹ wie etwa den ›liutisti-cantori‹ ausgeführt. Teilweise führen die Trompeter nicht nur am Hofe allein, sondern auch in der Stadt selbst ihren Dienst aus. Sie rufen die Bürger zu Versammlungen und dienen auch als Übermittler von Botschaften. Bei den Pfeifern tritt besonders der 40 Jahre im Dienst stehende (1441–1481) Corrado de Alemania hervor. In der Rolle des Lautenisten ist ▸ Pietro Bono dal Chitarino weitaus bekannter als sein Vorgänger Leonardo dal Chitarino, der sich wohl ab 1441 am Hofe befindet. Pietro Bono wird von den zeitgenössischen Poeten und Schriftstellern hoch gelobt. Berühmt ist er durch die gängig gewordene Improvisation auf Zupfinstrumen-

ten. Er ist aber auch Mitglied polyphoner Ensembles. Im Verlauf der zweiten Hälfte des 15. Jahrhundert entwickelt sich Ferrara zunehmend zu einem wichtigen Zentrum des Tanzes in Italien. Die Sänger Ercoles I. waren sehr wahrscheinlich nicht nur an der Hofkapelle, sondern auch ›in chamara‹ tätig. Musikalische Quellen mit Text sind jedoch nicht erhalten. Die Hofbibliothek zählt 1495 jedoch vier Manuskripte, die offensichtlich ›musica profana‹ enthalten: 1. *Cantiones a la pifarescha* (›musica profana‹ für Blasinstrumente); hierbei handelt es sich warscheinlich um das MS Casanatense; 2. *Tenori todeschi et altre cantiones* 3. *Cantiones francese*, enthält ▶ Chansons; 4. *Cantiones (i)taliane*, enthält ▶ Frottole.

Ercole I. besitzt noch weitere, ›musica profana‹ enthaltende Quellen, beispielsweise eine verschollene Sammlung von drei Büchern *in carta di capretto da canto figurato per Sua Excellentia da portare in villa*. Das hier angeführte MS Casanatense ist der einzige erhaltene ›chansonnier ferrarese‹ aus der Zeit Ercoles I. und enthält u.a. Werke von Antoine ▶ Busnoys, Martini, Obrecht und Josquin.

*Musik in der Kathedrale*
Erwähnenswert ist der Prior des Benediktinerklosters S. Niccolo, ▶ Bartolomeo da Bologna, der auch an der Kathedrale als Organist (1405–1427) tätig ist. Von ihm sind noch erste Vertonungen des Ordinariums erhalten. In den Jahren 1438 und 1439 findet das Konzil von Ferrara als Fortsetzung des Konzils von Basel (▶ Konzilien) statt, das auch bedeutende Musiker wie Dufay beispielsweise schon 1437 nach Ferrara lockt. In den 40er Jahren des 15. Jahrhundert beginnt der Bischof Avelli (1386–1446, ab 1431 in Ferrara) mit der Ausbildung von Klerikern und Sängern, im Stile der Kathedralschulen in Florenz, Treviso, Padua und Verona. Ab 1431 fungiert ▶ Ugolino di Orvieto als Erzpriester an der Kathedrale und ab 1442 als Vikar von Tavelli. Ugolino setzt sich stark für die Musiklehre an der Kathedrale ein. Darunter gehört auch der Aufbau einer Schola cantorum, die die Qualität der religiösen Zeremonien in der Kathedrale erhöhen soll. Außerordentlich wichtig im Rahmen der musikalischen Ausbildung wird sein Werk *Declaratio musicae disciplinae*. Am Ende der 40er Jahre des 15. Jahrhundert verstärken sich die Bindungen zwischen der Hofkapelle und der Kathedrale enorm und führen zu einem regelmäßigen Austausch. So sind hier später als Maestri di canto tätig: Antonioni Arrigoni (1534–1562), Alfonso dalla Viola (1565–1572), Paolo ▶ Isnardi (1576–1584) und ab 1572 Luzzasco ▶ Luzzaschi als Organist.

*Literatur*:
L. Lockwood, *Music at Ferrara in the Period of Ercole I d'Este*, in: Studi musicali 1 (1972), S. 101–131 • Ders., *Music in Renaissance Ferrara. The creation of a musical center in the fifteenth century*, Oxford 1984 • P. Starr, *The »Ferrara Connection«: A case study of musical recruitment in the renaissance*, in: Studi musicali 18 (1989), S. 3–16 • E. Peverada, *La vita musicale nella chiesa ferrarese del Quattrocento*, Ferrara 1991 • P. Fabbri, *Ferrara, Musica e università*, in: *La rinascità del sapere. Libri e maestri dello studio ferrarese*, hrsg. von P. Castelli, Venedig 1991 • L. Lockwood, *Music at Florence and Ferrara in the late fifteenth century: Rivalry and interdependence*, in: *La musica a Firenze al tempo di Lorenzo Magnifico*, hrsg. von P. Gargiulio, Firenze 1993 • A. Roccatagliati, *Ferrara*, in: *MGG²*, Bd. 3 (Sachteil), 1995, Sp. 396–411 • L. Lockwood / M. Steibt, *Ferrara*, in: *Grove*, Bd. 8, 2001, S.706–711 • L. Stras, *Musical portraits of female musicians at the northern Italian courts in the 1570s*, in: *Art and music in the early modern period*, hrsg. von K.A. McIver, Aldershot 2003, S. 145–171.

CS

# Festa, Costanzo
* ca. 1480–1490, wahrscheinlich in der Diözese Saluzzo (Piemont), † 10.4.1545 Rom

Festa war ein italienischer Komponist und Sänger. Sein überliefertes Schaffen umfasst neben zahlreichen geistlichen Werken (Messen, Hymnenzyklus, Magnificatzyklus, Lamentationen, eine Litanei und etwa 60 Motetten) mehr als 150 italienische Madrigale und einen 125-teiligen Zyklus kontrapunktischer Studien.

Über Festas Jugend und Erziehung ist nichts sicher bekannt. Er war einer zeitgenössischen Notiz zufolge Musiklehrer der Brüder Alfonso und Rodrigo d'Avalos auf Ischia, wohl irgendwann im Zeitraum zwischen 1510 bzw. 1515 und 1517. Um den 5. März 1514 hielt er sich in Ferrara auf und wurde für einige Motetten bezahlt, die er Sigismondo d' ▸Este überließ. Spätestens 1517 wurde er in die päpstliche Kapelle aufgenommen, in der er – zumindest ohne längere Unterbrechungen – bis zu seinem Tode blieb. Er diente somit vier Päpsten: Leo X. (bis 1521), Hadrian VI. (1522/1523), Clemens VII. (1523–1534) und Paul III. (ab 1534). Festa prägte über fast drei Jahrzehnte das Repertoire der päpstlichen Kapelle, und einzelne seiner Werke wurden dort noch im 19. Jahrhundert gesungen. In einem Breve Leos X. vom November 1517, das zugleich der früheste Beleg für die Mitgliedschaft in der päpstlichen Kapelle ist, wurde Festa ein Kanonikat in Turin in Aussicht gestellt. Da die Pfründe jedoch nicht frei wurde, erhielt er 1519 ein Kanonikat in Worms, wofür ein Dispens erteilt werden musste, da er (bezeichnet als »nationale Italus«) nicht deutsch sprach. Wie sehr Festa von Leo X. geschätzt wurde, zeigt der Umstand, dass vier seiner Motetten in den Medici-Kodex aufgenommen wurden, den der Papst als Geschenk zur Hochzeit Lorenzos de' Medici mit Madeleine de la Tour d'Auvergne (2. Mai 1518) anfertigen ließ. Von 1528 bis 1536 führte Festa einen Briefwechsel mit dem Florentiner Patrizier Filippo ▸Strozzi, der auch Pate seines im August 1528 geborenen Sohnes wurde. Festa übersandte mehrfach Madrigale, deren Texte Strozzi ausgewählt, vielleicht auch selbst geschrieben hatte. Aus dem Briefwechsel geht auch hervor, dass Festa spätestens seit 1528 an der Gicht litt – er konnte also zu diesem Zeitpunkt kaum mehr jungen Alters gewesen sein – und dass ihn zumindest zeitweilig Geldnot bedrängte. Am 5. September 1536 bat er Strozzi, der nach der Rückkehr der ▸Medici nach Florenz ins Exil nach Venedig gegangen war, um Vermittlung bei einem ungenannten venezianischen Verleger, dem Festa einen Hymnen- und einen Magnificatzyklus für die nicht unbeträchtliche Summe von 150 Scudi bzw. einschließlich der kontrapunktischen Studien für 200 Scudi anbieten wollte. Festa erhielt zwar 1538 auf eigene Nachfrage ein venezianisches Druckprivileg für die Dauer von zehn Jahren, soweit bekannt erschien jedoch der Magnificatzyklus erst 1554, der Hymnenzyklus und die *Contraponti* wurden – abgesehen von modernen Ausgaben – überhaupt nicht gedruckt, sie waren aber handschriftlich verbreitet. Einem Eintrag im Diarium der Sixtinischen Kapelle zufolge wurde Festa (»musicus eccellentissimus, et cantor egregrius«) in der römischen Kirche Santa Maria in Traspontina, im Vorgängerbau der seit 1564 neu errichteten Kirche, begraben.

Festa genoss schon früh große Anerkennung, und er ist der erste italienische Komponist, der in den internationalen Gattungen der ▸Messe und der ▸Motette u.a. Bedeutung erlangte. Zeitgenossen wie Teofilo Folengo und François ▸Rabelais nannten ihn unter den hervorragenden Komponisten seiner Zeit. Mit ▸Josquin Desprez' Kompositionen würden diejenigen Festas, so schreibt Folengo 1521 in seinem *Opus macaronicorum*, oft verwechselt. Die Sonderstellung Festas gilt insofern auch für das italienische ▸Madrigal, als diese Gattung noch mindestens bis zur Mitte des 16. Jahrhunderts, abgesehen allenfalls von Francesco ▸Corteccia, gleichfalls von in Italien wirkenden Komponisten ▸frankoflämischer Herkunft – Philippe ▸Verdelot, Adrian ▸Willaert, Jacques ▸Arcadelt, Cipriano de ▸Rore usf. – dominiert wurde. Alles dies hat zu Vermutungen geführt, Festa habe seine musikalische Ausbildung in Frankreich bei Jean ▸ Mouton genossen oder in Italien bei frankoflämischen Musikern wie Heinrich ▸ Isaac oder Josquin. Nichts dergleichen lässt sich derzeit belegen, manches spricht dagegen. Außer Zweifel steht allerdings, dass Festa mit den in Italien verbreiteten Werken Moutons und Josquins vertraut war. Die Bindung an die Sixtinische Kapelle unter Leo X. mag für die Anknüpfung an Josquin ebenso wie für die an Mouton von Bedeutung gewesen sein. Einen kompositorischen Beleg dafür stellt die Motette *Inviolata, integra et casta es Maria* dar. Sie entstand wahrscheinlich 1518/1519. Die kompositorischen Bezugspunkte sind die fünfstimmige Motette gleichen Textes von Josquin und Moutons *Nesciens mater* zu acht Stimmen, die beide auch im Medici-Kodex enthalten sind. An Josquin knüpft Festa mit der Dreiteiligkeit der Motette an, bei der der ▸ Cantus firmus in einem ▸ Kanon geführt ist, dessen Einsatzabstände von Teil zu Teil verringert werden. Mit Moutons Motette teilt die Festas die ungewöhnliche Anlage als vierfacher Kanon, die zudem zu einer virtuellen Doppelchörigkeit führt.

Einige Motetten Festas lassen sich aufgrund ihrer Texte Anlässen zuordnen. *Quis dabit oculis meis* bezieht sich auf den Tod der Anne de Bretagne, der Frau ▸ Ludwigs XII. von Frankreich, am 12. Januar 1514; es existiert zu diesem Anlass eine Parallelvertonung von Mouton, der selbst der Kapelle der Königin von Frankreich angehörte. Isaac hatte den Haupttext, der von Angelo ▸ Poliziano stammt, bereits 1492 als Trauermotette auf Lorenzo (il Magnifico) de' Medici vertont. Eine weitere Trauermotette, *Super flumina Babylonis* mit dem Tenor »Pie Jesu Domine dona ei requiem sempiternam«, muss, da sie im Medici-Kodex enthalten ist, vor dem Mai 1518 entstanden sein; der Name des Verstorbenen wird im Text nicht genannt. Um die Jahreswende 1529/1530 begleitete die päpstliche Kapelle Clemens VII. nach Bologna, wo ▸ Karl V. nach längeren Verhandlungen im Januar 1530 zum Kaiser gekrönt wurde. Festa schrieb für diese Zeremonie die Motette *Ecce adveniat dominator* mit dem Tenormotto »Christus vincit, Christus regnat, Christus imperat«, das den mittelalterlichen *Laudes regiae* entnommen ist. Eine Motette auf das Motto »Plus ultra« Karls V. ist verschollen. Dass *Venerunt gentes* den ▸ Sacco di Roma durch kaiserliche Truppen im Jahr 1527 zum Anlass hat, wird vermutet. *Florentia, tempus est poenitentie* könnte aus den Jahren 1527–1529 stammen und sich auf die zweite Vertreibung der Medici beziehen.

Auch einige Madrigale Festas sind auf Florentiner Anlässe bezogen. Die Verbindung zu Florenz war einerseits durch Leo X. und Clemens VII. gegeben, andererseits durch den Kontakt mit Filippo Strozzi. Welcher Konflikt sich für Festa ergab, als sich Strozzi zunehmend gegen die Medici stellte, lässt sich kaum ermessen. 1539 beteiligte sich Festa mit zwei Madrigalen an der Tafelmusik zur Hochzeit Cosimos I. de' Medici mit Eleonora von Toledo. Im Unterschied zu seinen geistlichen Werken, die abgesehen von Stücken in Sammeldrucken und dem posthum gedruckten ▸ Magnificatzyklus handschriftlich überliefert sind, wurde ein beträchtlicher Teil von Festas Madrigalen in den Jahren 1538–1543 in drei Individualdrucken zusammengefasst; hinzu kommen viele Stücke in Sammeldrucken, beginnend mit dem ersten Druck (RISM 1530²), der den Terminus Madrigal im Titel trägt. Aus dem Briefwechsel mit Strozzi ist bekannt, dass sich Festa spätestens seit 1528 mit dieser Gattung beschäftigte. Er gehört damit zu ihren Pionieren.

Mit dem Magnificat-, dem ▸ Hymnen- und dem ▸ Lamentationenzyklus für die Karwoche, die im Brief an Strozzi von 1536 erwähnt werden, bediente Festa früh liturgische Gattungen, die in polyphoner Satzweise ab den 30er Jahren des 16. Jahrhunderts innerhalb und außerhalb der päpstlichen Kapelle (wieder) aktuell wurden. Die von Festa im Brief an

Strozzi vom 5. September 1536 erwähnten *Contraponti* sind ein Zyklus von 125 kontrapunktischen Studien in Gruppen zu zwei bis acht bzw. elf Stimmen. Allen Sätzen liegt die seit der Mitte des 15. Jahrhunderts überlieferte Melodie *La Spagna* als Cantus firmus zugrunde. Festa selbst schrieb, die Studien seien »bone per Imparare a cantar a contraponto a componere et a sonar de tuttj li strumentj« (Agee 1985, S. 234).

*Ausgaben*:
Corpus mensurabilis musicae 25/1–8, 1962–1979; *The Medici Codex of 1518. A Choirbook of Motets Dedicated to Lorendo de' Medici, Duke of Urbino* (Monuments of Renaissance Music 3–5), hrsg. von E.E. Lowinsky, 3 Bde., Chicago und London 1968; C. Festa, *Counterpoints on a Cantus Firmus* (Recent Researches in the Music of the Renaissance 107), hrsg. von R.J. Agee, Madison 1997.

*Literatur*:
E.E. Lowinsky, *Historical Introduction and Commentary* = *The Medici Codex*, Bd. 1 (siehe Ausgaben) • D. Crawford, *A Review of Costanzo Festa's Life*, in: Journal of the American Musicological Society 28 (1975), S. 102–111 • L. Lockwood, *Jean Mouton and Jean Michel. New Evidence on French Music and Musicians in Italy, 1505–1520*, in: Dass. 32 (1979), S. 191–246 • R.J. Agee, *Filippo Strozzi and the Early Madrigal*, in: Dass. 38 (1985), S. 227–237 • I. Fenlon / J. Haar, *The Italian Madrigal in the Early Sixteenth Century. Sources and Interpretation*, Cambridge 1988 • R.J. Agee, *Costanzo Festa's ›Gradus ad Parnassum‹*, in: Early Music History 15 (1996), S. 1–58 • M.P. Brauner, *Costanzo Festa's ›Inviolata, integra et casta es Maria‹. A Double Homage Motet*, in: Critica musica. Essays in Honour of Paul Brainard, hrsg. von J. Knowles, Amsterdam 1996, S. 57–64 • Kl. Pietschmann, *A Motet by Costanzo Festa for the Coronation of Charles V*, in: Journal of Musicological Research 21 (2002), S. 319–354.

LS

## Févin [Fevyn], Antoine de
\* um 1470 (?) Arras, † Ende 1511 oder Anfang 1512 Blois

Févin, wahrscheinlich aus dem nordfranzösischen Arras stammend, diente Anfang des 16. Jahrhunderts als Sänger in der Hofkapelle des französischen Königs ▶ Ludwig XII. (in Paris, Orléans oder Blois). Da Guillaume ▶ Crétin 1512 in seinem *Plainte sur le trespas de feu maistre Jehan Braconnier* seinen Tod beklagt, muss Févin kurz zuvor verstorben sein. Févin ist vor allem als Meister der französischen Chanson berühmt; seine 18 erhaltenen, fast durchweg dreistimmigen ▶ Chansons stehen am Übergang zur ▶ Pariser Chanson des 16. Jahrhunderts, mit streng syntaktischer Versdeklamation und Tendenz zur Homophonie. *Fors seulement* und *Petite camusette* wurden zu Hits der Epoche. Seine ▶ Motetten vertreten ebenfalls einen klaren, syntaktisch-textdeklamatorischen Stil. Févin ist ferner Mitbegründer der Parodiemesse, und Ottaviano ▶ Petrucci widmete ihm 1515 einen Messendruck. Bei Robert de Févin, von dem drei Messen, ein Credo und eine Motette erhalten sind, handelt es sich möglicherweise um Antoines Bruder.

*Ausgaben*:
Les Œuvres complètes d'Antoine de Févin (Gesamtausgaben / Collected Works 11), hrsg. von E. Clinkscale, 4 Bde., Henryville/Ottawa/Binningen 1980–1996.

*Literatur*:
B. Kahmann, *Antoine de Fevin. A Bio–bibliographical Contribution*, in: Musica disciplina 4 (1950), S. 153–162 und 5 (1951), S. 143–155 • H.M. Brown, *The Genesis of a Style: The Parisian Chanson, 1500–1530*, in: Chanson & Madrigal 1480–1530, hrsg. von J. Haar, Cambridge und Massachusetts 1964, S. 1–50, 151–172 • E.H. Clinkscale, *The Complete Works of Antoine de Févin*, Diss. New York 1965.

TSB

## Ficino, Marsilio
\* 19.10.1433 Figline (Valdarno), † 1.10.1499 Careggi (Florenz)

Der herausragende platonische Philosoph und Humanist der italienischen Renaissance hat die spekulative und praxisorientierte Musiklehre des späten 15. bis frühen 17. Jahrhunderts in den Bereichen der Intervalltheorie, der musikalischen Kosmologie und der Affektenlehre bzw. der Musiktherapie entscheidend beeinflusst. Ficino verfasste nicht nur die erste lateinische Übersetzung des Corpus der platonischen und hermetischen Schriften, der Orphischen Hymnen und der *Enneaden* Plotins, sondern auch eine Reihe von umfangreichen Kommentaren zu musiktheoretisch relevanten Dialogen Platons wie dem *Symposion* (1469–1474) oder dem *Timaeus* (1484). Darüber hinaus nahm er in einigen seiner philosophischen Schriften wie *De divino furore* (1457), der berühmten *Theologia platonica* (1469–1474) und *De vita* (1484) explizit zu Fragen der Musiktheorie und Musiktherapie Stellung. Auch aus Ficinos Korrespondenz mit Repräsentanten des italienischen Geisteslebens seiner Zeit wie dem Mathematiker Paul von Middelburg (1455–1533) haben sich fünf Briefe zu musiktheoretischen Spezialfragen erhalten. Unter den von seinen Schriften und Vorstellungen beeinflussten Musiktheoretikern befinden sich so prominente Vertreter wie Franchino ▸ Gaffurio, Gioseffo ▸ Zarlino und Athanasius Kircher (1601–1680).

Als Sohn des Leibarztes von Cosimo de' ▸ Medici genoss Ficino die Patronage der Medici-Familie. Wie viele andere Exponenten des Florentiner Geisteslebens aus dem 15. Jahrhundert bewegte sich seine Bildungsbiographie im Spannungsfeld von ▸ Scholastik und ▸ Humanismus. Nach propädeutischer Ausbildung in den ▸ Artes liberales und den ▸ Studia humanitatis (1445–1451) studierte Ficino an der Florentiner Universität 1451–1458 bei Niccolò Tignosi (1402–1474) aristotelische Logik und Naturphilosophie sowie Medizin; bis 1466 scheint er dort auch sporadisch die Vorlesungen des byzantinischen Scholastikers Johannes Argyropoulos (1393–1487) gehört zu haben. Bereits seit 1459 betrieb Ficino auf Anregung von Cosimo de' Medici und Cristoforo ▸ Landino intensive Studien der griechischen Philologie mit dem Ziel einer Übersetzung aller Dialoge Platons ins Lateinische, die 1464 von ihm begonnen wurde. Das Zentrum der geistigen Aktivitäten Ficinos bildete schon seit 1463 der in seinem Landhaus in Careggi mit Unterstützung von Cosimo de' Medici nach dem Vorbild der Athener Akademie ins Leben gerufene Gelehrtenkreis der Florentiner Accademia Platonica, der erst 1522 in der dortigen Accademia della Crusca aufgegangen ist. Bei den regelmäßigen Zusammenkünften der Platonischen Akademie Ficinos, der Mitglieder wie Leon Battista ▸ Alberti, ▸ Landino, Lorenzo de' ▸ Medici, ▸ Pico della Mirandola und Angelo ▸ Poliziano angehört haben, standen unter anderem auch die Diskussion musikalischer Fragen und der Vortrag von Lyrik nach Modellen antiker Dichtung mit Gesang und Instrumentalbegleitung im Mittelpunkt. Nach dem Abschluss seiner Platon-Übersetzung im Jahre 1469 beschäftigte sich Ficino verstärkt mit theologischen Fragen, vor allem mit dem Problem der Vereinbarkeit von Platonismus und Christentum, dem seine vierzehnbändige *Theologia platonica* gewidmet ist. Auch Ficinos 1473 erfolgte Priesterweihe und Ernennung zum Kanoniker von S. Maria del Fiore in ▸ Florenz lassen sich als Konsequenz dieser Entwicklung und der weiterhin anhaltenden Förderung seiner Person durch die Medici verstehen. Die zwischenzeitliche Abkühlung dieses Verhältnisses nach dem Regierungsantritt von Lorenzo de' Medici im Jahre 1469 war nur von kurzer Dauer, ebenso Ficinos zwischenzeitliche Begeisterung für die Florentiner Theokratie des Dominikaners Savonarola (1452–1498), durch die sein literarisches Schaffen nach 1494 weitestgehend zum Erliegen kam.

Den Ausgangspunkt für das musikalische Denken Ficinos bilden die Theorien der ▸ Scholastik zur Akustik, Kosmologie und Intervalllehre, die er während seines Studiums an der

Florentiner Universität kennengelernt hat. Diese haben zwischen 1454 und 1463 Eingang in seinen Kommentar *De sono* zur Schallehre nach Aristoteles (*De anima* II,8) gefunden, erscheinen aber selbst nach seiner Wendung zum Platonismus noch in seinem Kommentar zum *Timaeus* und in seiner an den Theologen Domenico Benivieni gerichteten *Epistola de rationibus musicae* (1484). Auch die für die Entwicklung der Lehre von den musikalischen Affekten bis ins 17. Jahrhundert wichtigen Theorien Ficinos zum Wirkungsmechanismus der Musik auf den Menschen aus dem *Timaeus*-Kommentar sowie den philosophischen Schriften *De divino furore* und *De vita* beziehen sich teilweise auf bereits der Scholastik bekannte, antike Konzepte wie die ▶ Sphärenharmonie, die Weltseele oder das Ethos der Tonarten. Diesen Ideen verlieh Ficino durch ihre Verbindung mit eigenen Theorien wie der Lehre vom Spiritus und vom Furor poeticus jedoch eine neue Dimension. Wie das gesamte philosophische Denken Ficinos zeichnet sich aber auch seine Musikauffassung, der als eigentliches Novum die Integration medizinischer und musiktherapeutischer Elemente zu eignen ist, durch einen ausgesprochenen synkretistischen Charakter aus.

*Schriften*:
*De sono*, hrsg. von P.O. Kristeller, in: Ders., *Studies in Renaissance Thought and Letters* (Storia e Letteratura 54), Roma 1956, S. 79–95; *Opera omnia*, Basel 1561, ²1576, Faksimile, hrsg. von Dems., 2 Bde., Torino 1959, 1962 und 1983; *Supplementum Ficinianum, Marsilii Ficini Florentini Philosophi Opuscula inedita et dispersa*, hrsg. von Dems., 2 Bde., Firenze 1937, Reprint 1973.

*Literatur*:
S. Ehrmann, *Marsilio Ficino und sein Einfluss auf die Musiktheorie, zu den Voraussetzungen der musiktheoretischen Diskussion in Italien um 1600*, in: Archiv für Musikwissenschaft 48 (1991), S. 234–249 • A. Voss, *Marsilio Ficino, the Second Orpheus*, in: *Music as Medicine, the History of Music Therapy Since Antiquity*, hrsg. von P. Horden, Aldershot 2000, S. 154–172 • S. Ehrmann-Herfort, *Ficino, Marsilio*, in: *MGG*², Bd. 6 (Personenteil), 2001, Sp. 1128–1130 • D. Glowotz, *Die scholastische Seite der musiktheoretischen Konzeption Marsilio Ficinos (1433–1499)*, in: Kongreßbericht Weimar 2004 (Druck i. Vorb.).

DG

# Fidel

Der Begriff stammt vermutlich von dem germanischen ›fidula‹, der im provenzalischen Bereich zu ›viola‹ ablautete (nicht umgekehrt, wie zuweilen vermutet wird), von dort nach Spanien driftete, wo er sich zu ›vihuela‹ wandelte, und nach Italien, wo es beim Wort ›viola‹ blieb.

Die Fidel ist das einzige größere Streichinstrument aus dem Mittelalter, einer Epoche, in der man an Streichinstrumenten eher marginal interessiert war. Die beiden Instrumente ▶ Rebec und Fidel blieben über Jahrhunderte praktisch unverändert, während bei den Blasinstrumenten vor allem seit Beginn des 15. Jahrhunderts große Veränderungen stattfanden. Diese langsame Entwicklung spiegelt die Entstehung der Streichinstrumente mit ihrem Hauptaccessoire: dem Streichbogen. Diese relativ späte Erfindung aus Zentralasien erreichte Europa um das Jahr 1000 auf zwei verschiedenen Wegen: über die Ostroute nach Byzanz und von dort nach Mitteleuropa und über den arabischen Raum und Spanien nach Westeuropa. In der Folge entwickelten sich die Streichinstrumente entsprechend dieser unterschiedlichen Herkunft. Während die Instrumente aus dem arabischen Raum bis zum heutigen Tag in Kniehaltung gespielt werden, nahm man sie in Byzanz und dem Rest Europas schon früh in Schulterhaltung. Das galt auch für die relativ große Fidel. Größere Formate verboten sich bei diesen Instrumenten; die Gründe dafür liegen im nicht-sesshaften Status der Musiker. Sie bauten ihre Instrumente selber, und diese mussten leicht transportierbar sein. Da man keine festen Werkstätten hatte, konnte man kein Holz auf Vorrat lagern und Erfindungen nicht kontinuierlich weiterentwickeln, so dass diese soziologischen Voraussetzungen direkte Auswirkungen auf die Bauweise der Instrumente – und damit auf die Stimmtonhöhe – hatten. Das änderte sich erst, als das Instrumentenbauhandwerk sesshaft und professionell wurde. Auch dann blieb eine Personalunion von Erbauer und Spieler oder eine Aufteilung von Bauen und Spielen innerhalb der Musikerfamilien oder -dynastien noch lange die Regel.

Ihre Hochblüte erlebte die Fidel im 14. Jahrhundert, wo sie – z.B. in der Manessischen Handschrift oder den dieser nahe stehenden Handschriften des Sachsenspiegels – als unverzichtbares Attribut der Musiker erscheint. Sehr gute und detaillierte Darstellungen finden wir gegen Ende des 15. Jahrhunderts bei Hans Memling (Abb. 1), aber um 1500 erscheint sie ausgestorben und wird im aufkommenden Humanismus von der antikisierenden ▶ Lira da braccio ersetzt.

Abb. 1b: Hans Memling, Madonna der Uffizien, ca. 1480: Fidel des späten 15. Jahrhunderts, Detail.

Musikalisch war die Fidel ein Akkord- und Bordeninstrument, das entweder allein oder im Verbund mit einer Singstimme oder oft auch einer Flöte auftrat. In ihren Größenverhältnissen war sie nicht abhängig von einer Norm, sondern wurde entsprechend den Körpergrößen ihrer jeweiligen Spieler gebaut. So sind Instrumente unterschiedlicher Größen durchaus möglich – man vergleiche das große, relativ krude Instrument der musizierenden Engel aus dem Genter Altar der Brüder van ▶ Eyck (Abb. 2) mit den kleinen, ausgefeilt wirkenden Instrumenten bei Memling – aber diese Größen stehen nicht in Bezug zu anderen Instrumenten wie später die aufeinander bezogenen ▶ Instrumentenfamilien (▶ Viola da gamba), sondern unterschiedliche Größen existierten nebeneinander.

Mit einiger Sicherheit war das entweder elliptische oder achtförmige Corpus der Fidel ursprünglich aus einem massiven Stück Holz gestochen und wurde an einem Band hängend an der Schulter gespielt. Wann der Übergang zur Kastenbauweise stattfand, ist nicht bekannt, aber es ist möglich, dass mit zunehmender Professionalisierung des Instrumentenbau-Handwerks eine Verfeinerung der Bauweise und

Abb. 1a: Hans Memling, Madonna der Uffizien, ca. 1480: Fidel des späten 15. Jahrhunderts.

Abb. 2: Jan van Eyck, *Genter Altar*: Große Fidel um 1430.

sparsamere Verwendung des Materials erfolgte, als dies bei der materialaufwendigen Bauweise des massiven Blocks der Fall ist. Auf einigen Darstellungen sieht man Bünde. Das Instrument hatte fünf Saiten an einem Wirbelkasten mit vorderständigen Wirbeln, davon zuweilen eine Bordunsaite, die an der Bass-Seite des Instruments lateral über den Steg geführt und entweder mit dem Bogen mitgestrichen oder auch mit dem Daumen der linken Hand gezupft wurde. Bereits diese Ausstattung lässt das Instrument erkennen als vorwiegend ein Medium zur akkordischen oder bordunierenden Lied- und Tanzbegleitung, was es zum direkten Vorläufer der ▶ Lira da braccio machte. Dieser Technik entsprach der Steg, der entweder plan oder leicht gewölbt war, so dass man stets mehrere oder alle Saiten anstreichen musste. Auf einigen Bildern sieht man am Steg sogar kammförmig eingeschnittene Kerben bei planer Oberkante. Möglicherweise dienten diese dazu, einzelne Saiten abzusondern.

Die Stimmungen werden bereits von Hieronymus de Moravia (gest. nach 1271) beschrieben:

– Stimmung 1: D (neben dem Griffbrett fixierter Bordun) Γ G d d
– Stimmung 2: (in Laienzirkeln, für weltliche Musik, enthält keine Bordunsaite, sondern alle Saiten sind mit der linken Hand zu greifen) D Γ G d g
– Stimmung 3: Γ Γ D c c

Dabei kann es sich kaum um absolute Tonhöhen handeln – Γ ut als tiefster definierter Ton der menschlichen Stimme ist auf einem kleinen Instrument mit Darmsaiten nicht erreichbar –, sondern um eine nominelle Angabe, die den Modus bzw. die Positionen der Halbtöne festlegt. Die Gleich- und Oktavklänge zeigen, dass dieses Instrument mit Bordunen oder Parallelbewegung begleitete und allenfalls auf einer oder zwei Saiten melodische Figuren spielte. Die Ausnahme davon bildet die von Hieronymus mitgeteilte zweite Stimmung, die keine Bordunsaite besaß, und deren Intervalle der leeren Saiten auf Melodiespiel deuten. Dazu aber ist auch ein gekrümmter Steg Voraussetzung, damit man die Saiten einzeln anstreichen kann, womit bereits im Hochmittelalter ein Abweichen vom Akkordspiel bei Streichinstrumenten dokumentiert ist. Diese Abweichung aber scheint sich laut Hieronymus vorwiegend auf die weltliche Musik bezogen zu haben. In der Ikonographie ist sie bis ins späte 15. Jahrhundert möglicherweise deshalb nicht zu finden, weil die dargestellten Sujets in der Überzahl geistlich sind.

*Literatur*:
Hieronymus de Moravia, *Tractatus de musica*, hrsg. von S.M. Cserba (Freiburger Studien zur Musikwissenschaft 2), Regensburg 1935, S. 179–189, 289–290 • P. Paulirinus, *Tractatus de musica* hrsg. von J. Reiss, in: Zeitschrift für Musikwissenschaft 7 (1925), S. 259–264 • J. Tinctoris, *De inventione et usu musicae*, um 1487, hrsg. von W. Fischer, Tutzing 1961.

AO

**Figuren** ▸ Madrigalismen, ▸ Rhetorik, ▸ Burmeister

**Finalis** ▸ Klausel

## Finck, Heinrich
* 1444 oder 1445 möglicherweise Bamberg, † 9.6.1527 Wien

Über das Leben des Komponisten Heinrich Finck ist nur wenig bekannt. Als wichtigste Quelle dient der Musiktraktat *Practica musica* seines Großneffen ▸ Hermann Finck. Allerdings ist diese Quelle, trotz des verwandtschaftlichen Verhältnisses, in dem die beiden Musiker zueinander standen, nicht sehr zuverlässig, da Hermann seinen Onkel nicht persönlich kannte und somit auf Informationen aus dritter Hand angewiesen war.

Fincks ungefähres Geburtsjahr ist aus einer Medaille zu erschließen (▸ Musikporträt), die König Ferdinand I. von Böhmen und Ungarn zu seinem Gedächtnis schlagen ließ und deren Inschrift den Tod Fincks beklagt, der im Alter von 83 Jahren verstorben sei (»Henricus Finck musicus excellentissi[mus] Eta[te] Sua 83 obijt 1527«).

Fincks Herkunft und Ausbildung sind in der Forschung kontrovers diskutiert worden, und es scheint, dass zahlreiche biographische Daten, die bisher als sicher galten, nun wieder in Frage zu stellen sind. So wurde vermutet, dass Finck als Sohn eines Bamberger Ratsherrn geboren wurde, jedoch stützt sich diese Annahme auf einen Eintrag in der Leipziger Universitätsmatrikel von 1482, die einen »Henricus Finck de Bamberga Bav., bonus cantor« erwähnt. Allerdings weist Jürgen Heidrich darauf hin, dass es sich bei »bonus cantor« um einen Zusatz von späterer Hand handelt. Hinzu kommt, dass Finck zu dieser Zeit bereits 37 oder 38 Jahre gewesen sein müsste. Zwar sind ältere Studenten zu dieser Zeit keine Seltenheit, jedoch sind an der bisherigen Identifikation Fincks mit dem Bamberger gleichen Namens zumindest Zweifel angebracht. Ähnlich steht es um eine Reise nach Polen, die Finck als Knabe unternommen haben und dabei nach 1454 Chorknabe in der Kapelle des polnischen Königs gewesen sein könnte. Auch hier fehlen archivalische Belege. Allerdings sind später durchaus Kontakte nach Polen nachzuweisen. So muss Finck den deutschen Humanisten Conrad ▸ Celtis kennengelernt haben, der an der Krakauer Universität von 1489–1491 lehrte. Möglicherweise hat sich Finck zu dieser Zeit ebenfalls in Krakau aufgehalten. In einem Brief an Celtis vom 7.4.1492 (oder 1494), der frühesten schriftlichen Quelle, die wir von dem Komponisten besitzen, klagt er ihm, wie er Polen als armer Mann verlassen habe und seine Bemühungen, eine Anstellung an einem Hof zu finden vergeblich gewesen seien. Spätestens 1498 war Finck in Wilna ansässig und wirkte als Kapellmeister Prinz Alexanders von Litauen. 1501 wurde Alexander schließlich König von Polen, und Finck ging mit dessen Hofkapelle nach Krakau. Sein Name erscheint in den königlichen Rechnungsbüchern von 1498 bis 1505, bevor sich seine Spur abermals für mehrere Jahre verliert.

1510 tritt er eine Stellung als ›Singemeister‹ an der Fürstlichen Kapelle in Stuttgart am Hof Herzogs Ulrich von Württemberg an, die ihm ein jährliches Einkommen von 60 Florin sichert. In seiner neuen Funktion komponiert er die Musik für die Hochzeit Ulrichs und Sabina von Bayern am 22.3.1511. Umstritten ist allerdings, um welche Komposition(en) es sich gehandelt haben könnte. Nach zeitgenössischen Berichten dürfte es sich bei der Komposition um eine Alternatimmesse gehandelt haben (Heidrich). Die *Missa in summis*, von der die Forschung lange Zeit angenommen hatte, dass sie für die Hochzeit komponiert worden sei, ist jedoch durchkomponiert. Andererseits enthält das Credo dieser Messe ein Zitat des Hochzeitsliedes *O Venus bant*, welches als Anspielung auf die Hochzeit verstanden werden kann. Es ist nicht auszuschließen, dass das Credo tatsächlich zu diesem Anlass komponiert worden ist, die übrigen Messteile aber erst später ergänzt worden sind. Heidrich hält es überdies für wahrscheinlich, dass die Antiphon *Veni sancte spiritus: Reple tuorum* bei der Hochzeit aufgeführt wurde.

Es ist nicht bekannt, wann Finck den Württemberger Hof wieder verlassen hat, jedoch wohl vor 1515, da die Hofkapelle 1514 aufgelöst wurde. Finck war danach vermutlich wieder ohne Beschäftigung. Aus den folgenden Jahren sind nur zwei Briefe an den Humanisten Joachim Viadan erhalten, die einige biographische Informationen enthalten. Der eine Brief ist undatiert und dürfte zwischen 1514 und 1516 geschrieben worden sein. Ein zweiter Brief datiert von März 1517 und wurde von dem Humanisten Caspar Ursinus übermittelt. In ihm sendet Finck Viadan Grüße aus Mühldorf (Bayern). Fincks dortiger Aufenthalt könnte damit erklärt werden, dass er möglicherweise Mitglied der Hofkapelle Kardinals Matthaeus Lang in Mühldorf war. Doch auf hierfür fehlen bislang archivalische Belege.

Allerdings ist Finck später in Salzburg nachweisbar, und da Kardinal Lang 1519 Erzbischof von Salzburg geworden war, wäre es wahrscheinlich, dass Finck mit ihm dorthin gegangen ist. Seine Funktion ist jedoch unbekannt, da auch für eine Beschäftigung in Salzburg jegliche Quellen fehlen. Erst ein weiterer Brief an Viadan (datiert auf den 10.5.1524 und verfasst in Salzburg) lässt vermuten, dass Finck am Hof des Erzbischofs angestellt war. In dem Brief beklagt sich Finck über das unruhige Leben am Salzburger Hof und deutet an, dass er gern eine andere Stellung hätte. Der Brief macht ebenfalls deutlich, dass Finck nicht, wie in der älteren Forschung vermutet, Priester war.

Die letzten Jahre seines Lebens verbrachte Finck in Wien, wo er möglicherweise gemeinsam mit Erasmus Lapicida im dortigen Schottenkloster eine Kantorei gründete. Am 1.1.1527 berief ihn König Ferdinand I. zum Hofkapellmeister, damit er, so die Urkunde, der »knaben Preceptor sein und sy lernen« solle. Finck starb jedoch bereits fünf Monate später.

Fincks umfangreiches Schaffen wurde von seinen Zeitgenossen hoch geschätzt. So zählt ihn Hermann Finck zu den führenden Komponisten seiner Zeit, der bereits um 1480 ein etablierter Komponist gewesen sei, und Andreas ▶ Ornithoparchus nennt ihn in seinem *Musicae active micrologus* (Leipzig 1517) in einer Reihe mit den frankoflämischen Komponisten Johannes ▶ Ockeghem, Jacob ▶ Obrecht und ▶ Josquin Desprez. Martin ▶ Luther erwähnt ihn mehrfach in seinen Tischreden (u.a. WA TR, Nr. 3516) sowie in den Vorreden zu *Sacrorum hymnorum liber primus* (Wittenberg 1542[12]) und zu *Schöne auszerlesene Lieder* (Nürnberg 1536[9]). Allerdings war die Anerkennung nicht uneingeschränkt. Viele Zeitgenossen beschrieben seinen Stil als ungewöhnlich, so etwa Ulrich Brätel in seinem ▶ Tenorlied *So ich betracht und acht der alten gesangk* (abgedruckt in *Fünff und sechzig teut-*

*sche Lieder*, Straßburg 1536), und selbst sein Großneffe Hermann Finck empfand seine Kompositionen als »Durus vero in stylo«. Ein ähnliches Urteil fällt auch Martin Luther, wenn er einerseits Josquins Musik für ihre melodische Flexibilität lobt, »des Finken Gesang« aber für seinen verkrampften Stil tadelt (WA TR, Nr. 1258). Aber es war wohl gerade der z.T. sehr ungewöhnliche und harte Charakter der Werke Fincks, der seine Zeitgenossen so fasziniert hat.

Die Überlieferung der Werke Fincks ist – ebenso wie seine Biographie – problematisch. Sein Schaffen erstreckt sich über einen ungewöhnlich langen Zeitraum von der Mitte der 1460er Jahre bis in das dritte Jahrzehnt des 16. Jahrhunderts und umspannt so gleich mehrere Generationen der frankoflämischen Schule (▶ frankoflämische Musik). Zudem sind seine Werke stark verstreut überliefert und zum Teil erst posthum gedruckt worden, so dass eine exakte Chronologie, die zu einer Bestimmung seiner stilistischen Entwicklung notwendig wäre, nicht möglich ist. Außerdem scheinen die meisten der vor 1500 komponierten Werke verloren zu sein. Die wichtigsten Quellen für die Werke Finks sind folgende:

Handschriften:
    Bartfelder Hss. H-Bn 6, 22 und 23
    D-B 40021
    D-LEu 1494
    D-Dl 1/D/505

    *posthum:*
    D-Rp B 211-215
    D-Z 81,2
    D-ROu XVI-49

Drucke:  *Sacrorum hymnorum liber primus* (Wittenberg 1542[12])
    *Schöne auszerlesene Lieder* (Nürnberg 1536[9])

Vereinzelte Frühwerke finden sich außerdem in den Manuskripten D-Mbs Mus.ms. 3154, D-LEu 1494 und D-Bsb Mus. 40021.

Wie groß der Verlust an Werken Fincks ist lässt sich anhand eines Inventars der Neuburger Hofkapelle aus dem Jahre 1544 ermessen, die 26 Kompositionen von ihm auflistet, darunter drei Messen und 18 Motetten. Von diesen Werken sind heute nur noch drei, die *Missa super Ave praeclara* sowie zwei der Motetten erhalten.

Insgesamt konnte die Forschung 119 authentische Werke Fincks nachweisen. Es sind dies sieben ▶ Messen oder Teile des Messordinariums, 43 ▶ Motetten oder Motettenzyklen, 28 ▶ Hymnen und 38 Lieder und Instrumentalwerke. Dabei ist auffällig, dass Finck relativ wenige Messen komponiert zu haben scheint, während Propriumsmotetten überproportional häufig in seinem Œuvre zu finden sind. Als weitere wichtige Werkgruppen sind die signifikant große Anzahl an Werken für das Offizium (wie ▶ Responsorien, ▶ Antiphonen und ▶ Hymnen) sowie deutsche ▶ Tenorlieder zu nennen.

Fincks Messen basieren zum größten Teil auf liturgischen ▶ Cantus firmi. Eine Ausnahme davon stellt eine frühe dreistimmige Messe dar. Der kontrapunktische Stil des Werks ist äußerst komplex und geprägt durch ▶ Kanons und weiträumige Sequenztechniken. Die *Missa Dominicales*, auf der anderen Seite, die in Fincks letzten Lebensjahren entstanden sein dürfte, basiert auf einem liturgischen Cantus firmus und bedient sich der imitativen Techniken der frankoflämischen Zeitgenossen. Die Messe belegt, dass Finck noch in hohem Alter bemüht war, sich neuere kompositorische Entwicklungen anzueignen und mit seinem Personalstil zu amalgamieren. Ebenfalls zu den späteren Messen dürfte die erst in den 1970er Jahren wieder entdeckte 5-6stimmige *Missa super Ave praeclara* gehören, die ähnliche stilistische Eigenheiten aufweist. Bemerkenswert ist in diesem Werk überdies die zyklische Verknüpfung der Messensätze, die jeweils durch Zitate charakteristischer Melodiefragmente verbunden sind, die der ersten Strophe der zugrunde liegenden Sequenz *Ave praeclara* entnommen sind.

Die meisten der Motetten dürften aus Fincks mittlerer Periode stammen. Jedoch bedient sich der Komponist in ein und demselben Stück oft unterschiedlicher Techniken, die häufig aus unterschiedlichen musikhistorischen Epochen stammen, wie etwa die Präsentation eines Cantus firmus in Pfundnoten und frei imitierende Techniken, so dass eine Datierung der Stücke aufgrund dieser stilistischen Eigenarten problematisch ist. Charakteristisch für Fincks Stil ist die Mischung unterschiedlicher Cantus-firmus-Techniken in einem Satz, wobei er musikhistorische Unterschiede mehr verdeckt als sie reflektiert.

Die 28 Tenorlieder, die erst 1536 gedruckt wurden, sind vermutlich in den letzten 20 Lebensjahren Fincks entstanden. Mit wenigen Ausnahmen sind die Melodien der Lieder nicht durch Konkordanzen belegt, so dass zu vermuten ist, dass viele der Weisen von Finck selbst geschrieben wurden. Während sich die beiden geistlichen Werke *Christ ist erstanden* und *In Gottes Namen fahren wir* stilistisch der Motette nähern, sind die übrigen weltlichen Stücke vorwiegend syllabisch gesetzt und reflektieren damit deutlich ein humanistisches Musik- und Sprachverständnis.

Zu Finks Schülern zählten Johann Zanger, Stephan Mahu und Robert Unterholzer sowie vermutlich Thomas ▸ Stoltzer.

*Ausgaben*:
*Heinrich Finck: Ausgewählte Werke* (Erbe deutscher Musik I/LVII und LXX), hrsg. von L. Hoffmann-Erbrecht, 1962 und 1981.

*Literatur*:
W. Steude, *Untersuchungen zur mitteldeutschen Musiküberlieferung und Musikpflege im 16. Jahrhundert*, Leipzig 1978 • L. Hoffmann-Erbrecht, *Henricus Finck, musicus excellentissimus (1445–1527)*, Köln 1982 • Ders., *Zwei bisher unbekannte Kompositionen von Heinrich Finck*, in: Neues Musikwissenschaftliches Jahrbuch 10 (2001), S. 9–14 • J. Heidrich, *Finck, Heinrich*, in: MGG², Bd. 6 (Personenteil), 2001, Sp. 1172–1178.
MR

# Finck, Hermann
* 21.3.1527 Pirna, † um den 28.12.1558 Wittenberg

Der Großneffe des Komponisten Heinrich Finck, als dessen wichtigster Biograph er gilt, erhielt seine früheste musikalische Ausbildung wohl in Pirna. Danach war er vermutlich Mitglied der Kapelle König Ferdinands I. von Ungarn und Böhmen. Das erste nachweisbare Datum ist seine Immatrikulation im September 1545 an der Universität Wittenberg, wo er ab 1554 Unterricht in Gesang und Instrumentalmusik erteilte. Ab 1557 war er Organist in Wittenberg, jedoch starb er bereits im folgenden Jahr.

Finck komponierte vor allem Gelegenheitswerke sowie eine kleine Anzahl geistlicher Motetten und einige weltliche Werke. Seine musikhistorische Bedeutung liegt vor allem in seiner musiktheoretischen Schrift *Practica musica* von 1556, die als Kompendium für den schulischen Musikunterricht die Grundlagen der zeitgenössischen Musik zusammenfasst.

Während er zumeist, den Anforderungen an ein Schulbuch entsprechend, Bekanntes kumuliert, sind seine Anmerkungen zur Modusbestimmung in polyphonen Werken interessant. Statt den Modus nach dem Anfang des Stückes oder der finalen Kadenz zu bestimmen schlägt Finck vor, jede Imitation separat zu betrachten und dann jenen Modus, der am prägendsten für das Stück ist, als Hauptmodus zu benennen.

Wichtig ist auch seine Einschätzung der Musikgeschichte. Er hebt die Unterschiede zwischen den älteren Komponisten wie Franchino ▸ Gaffurio, Johannes ▸ Tinctoris und Guillaume ▸ Dufay auf der einen Seite und den neueren Meistern wie ▸ Josquin Desprez und Nicolas ▸ Gombert hervor. Erstere hätten die grundlegenden Prinzipien der Kunst entwickelt. Letztere hätten jedoch entscheidendes zum Wohlklang, zur korrekten Textdeklamation sowie zum imitativen Kontrapunkt beigetragen. Mit seiner Betonung von Wort und Klang steht er damit deutlich in der Tradition reformatorischer Musikanschauung, die zu dieser Zeit in Wittenberg, als dem Zentrum lutherischer Reformation, allgegenwärtig war.

Fincks Abhandlung schließt mit Anmerkungen zur Aufführungspraxis. Er hebt hervor, dass die Sänger im mehrstimmig polyphonen Satz die rechte Balance zwischen den Stimmen zu wahren hätten, jedoch solle der Eintritt einer neuen Stimme dynamisch hervorgehoben werden. Überdies gibt er einen Überblick über die Ausführung von ▸ Verzierungen (›coloraturae‹) im Gesang und bietet mit seiner Motette *Te maneat semper* ein Beispiel, in dem die Verzierungen ausgeschrieben sind.

*Ausgaben* (Schriften):
*Practica musica [...] exempla variorum signorum, proportionum et canonum, iudicium de tonis, ac quaedam de arte suaviter et artificiose cantandi continens*, Wittenberg, 1556, erweiterte 2. Auflage Wittenberg 1556, Reprint Hildesheim 1971; dt. Übersetzung des 5. Buches durch R. Schlecht in: Monatshefte für Musikgeschichte 11 (1879), S. 130–133, 135–141, 151–164.

*Ausgaben* (Kompositionen):
Auswahledition in: *Heinrich Finck und Hermann Finck: ausgewählte Kompositionen* (Publikationen älterer praktischer und theoretischer Musikwerke VIII) hrsg. von R. Eitner, 1879; *Carmina germanica et gallica* (Hortus musicus 137), hrsg. von W. Brennecke, Kassel 1965.

*Literatur*:
P. Matzdorf, *Die Practica musica Hermann Fincks*, Frankfurt 1957 • F. Kirby, *Hermann Finck's Practica musica. A Comparative Study in 16th Century German Musical Theory*, Diss. Yale University 1957 • B. Meier, *Hermann Fincks Practica musica als Quelle zur musikalischen Dynamik*, in: Die Musikforschung 30 (1977), S. 43–46 • W. Werbeck, *Studien zur deutschen Tonartenlehre in der ersten Hälfte des 16. Jahrhunderts*, Kassel 1987 • R. Lorenz, *Pedagogical implications of musica practica in sixteenth-century Wittenberg*, Diss. Indiana Univ. 1995.

MR

# Florenz

Die beiderseits des Arno gelegene Hauptstadt der Toskana zählte vom 14. bis 17. Jahrhundert zu den wichtigsten geistigen Zentren Europas. Sie ist auf das engste mit der Entwicklung einer spezifisch italienischen Kultur der Renaissance in Kunst, Sprache, Literatur, Philosophie und Musik verbunden. Bedingt durch die zahllosen Dokumente achitektonischer, künstlerischer, literarischer und musikalischer Art, die sich bis heute in Florenz selbst, in ihren Museen und Bibliotheken befinden, hat diese Stadt ihre Position als wichtigste Metropole der Renaissance in Italien, wenn nicht in ganz Europa, bis zur Gegenwart behauptet. Als beispielhaft für die bedeutendsten Florentiner Institutionen, die Sammlungen von Dokumenten der Renaissancekultur jedweder Art aufbewahren, seien nur die Uffizien genannt, ferner Bibliotheken wie die Medicea-Laurenziana (I-Fl), die Riccardiana e Moreniana (I-Fr) und die Staatsbibliothek Biblioteca Nazionale Centrale di Firenze (I-Fn), insbesondere deren Fondo Magliabecchiano.

Florenz verdankt seinen wirtschaftlichen und politischen Aufstieg im 11. Jahrhundert, der die Basis für seine spätere kulturelle Hochblüte seit dem Trecento bildete, seiner günstigen Lage am Kreuzungspunkt der wichtigsten Handelswege der italienischen Halbinsel in Nord-Süd- und West-Ost-Achse. Entscheidend für diesen Aufschwung war ohne Zweifel auch der sprichwörtliche Geschäftssinn der Florentiner Bankiers und Kaufleute, die europaweit im Finanzgeschäft und im Vertrieb von Waren insbesondere aus den Branchen der Textilindustrie, der Waffenproduktion und des Kunstgewerbes äußerst erfolgreich waren. Im politischen Handeln zeichneten sich die Florentiner während des Mittelalters und der Renaissance durch einen ausgeprägten Hang zum Pragmatismus aus, der ein erfolgreiches Taktieren zwischen verfeindeten Parteien wie

Kaiser und Papst sowie innerhalb der Stadtgrenzen Adel und Bürgertum nach sich zog. Mit der Entmachtung des Florentiner Stadtadels zugunsten des wohlhabenden Bürgertums und der Konsolidierung der Staatsform der Florentiner Kommune als oligarchischer Signoria nach norditalienischem Vorbild in den *Ordinamenti della giustizia* (1295) wurde die Grundlage für die wirtschaftliche und kulturelle Prosperität der Stadt in der Renaissance gelegt.

Wesentlichen Anteil an den ersten dokumentierten Formen der Musikpflege in Florenz, die aus dem sakralen Bereich stammen, hatten während des 13. und frühen 14. Jahrhunderts die Sänger an der Kathedrale San Lorenzo und am Baptisterium der Kirche San Giovanni, die einfache, in der Regel improvisierte Formen der zweistimmigen Vokalpolyphonie wie den sogenannten ›cantus binatim‹ praktizierten, ferner die Florentiner Dominikanermönche an ihrer Ordenskirche Santa Maria Novella, wo 1244 auch die erste der Florentiner Laudenbruderschaften (italienisch Laudesi) ins Leben gerufen wurde. Diese teilweise bis ins 16. Jahrhundert fortbestehenden religiösen Laienvereinigungen rekrutierten sich weitgehend aus den Zünften der Florentiner Handwerker und Kaufleute; sie beschäftigten seit 1312 aber nachweislich auch professionelle Sänger. Die Laudesi konzentrierten sich auf die Pflege der einstimmigen ▶ Lauda spirituale zu Ehren der Gottesmutter Maria.

Eine besonders exponierte Stellung im Florentiner Kirchenmusikleben genossen traditionell auch die Organisten, unter denen im 14. und 15. Jahrhundert insbesondere Francesco Landini (1332–1497), der Großonkel des Humanisten Cristoforo ▶ Landino, und der auch als Besitzer der wichtigsten retrospektiven Handschrift der Trecento-Musik Italiens bekannt gewordene Virtuose Antonio ▶ Squarcialupi hervorzuheben sind. Quellen wie der Squarcialupi-Codex (I-Fl 87) legen Zeugnis über die Florentiner Musikkultur des 14. Jahrhunderts ab, die ähnlich wie in anderen Gegenden Italiens im profanen Bereich vor allem durch die Pflege des Trecento-Madrigals (▶ Madrigal) geprägt war, welche sich in Florenz jedoch wegen der ausgesprochenen Fülle prominenter Literaten als Textdichter wie Giovanni Boccaccio, Franco Sacchetti (1332–1400) oder Niccolò Soldanieri († 1285) durch eine besonders hohe Qualität auszeichnete.

Seine zweite musikalische Blütezeit nach dem Trecento erlebte Florenz in der Renaissance während der ersten Phase der Regentschaft der Bankiersfamilie ▶ Medici (1434–1494). Cosimo »il Vecchio« de' Medici (1389–1464), der Sohn des Stammvaters der Familie, Giovanni di Bicci de' Medici (1360–1429), betrieb nach seiner Rückkehr aus dem venezianischen Exil im Jahre 1434 zielstrebig den Ausbau seiner Position als faktischer Machthaber der weiterhin formal als Republik regierten Stadt. Cosimo, seine Söhne Piero (1416–1469) und Giovanni (1421–1463) sowie vor allem sein Enkel Lorenzo »il Magnifico« (1449–1492) waren nicht nur bedeutende Mäzene der Wissenschaften, der Bildenden Kunst und der Literatur, sondern sie förderten in Florenz vor allem auch die Übernahme und Pflege der neuen polyphonen Musik im frankoflämischen Stil: Auf die Medici geht wesentlich der Ausbau der Sängerkapellen am Baptisterium von San Giovanni und am Dom nach dem Vorbild der Päpstlichen Kapelle Eugens IV. zurück, der von 1434 bis 1443 in Florenz residierte. In dieser Zeit bestanden ebenfalls enge Kontakte der Medici zu Guillaume ▶ Dufay, der 1436 die ▶ Motette *Nuper rosarum flores* für die Weihe der Kuppel des neuen Doms Santa Maria del Fiore komponierte und darüber hinaus noch weitere geistliche Werke für die Florentiner Domkantorei schrieb, ferner zu Heinrich ▶ Isaak und zu Alexander ▶ Agricola, die 1484 bzw. 1491 Mitglieder der Kantorei am Baptisterium von San Giovanni wurden. Isaac war außerdem Hauskomponist und Musiklehrer der Medici; er verbrachte seit 1514 die letzten Jahre seines Lebens in Florenz. Als musikalisch relevant erwies sich indirekt auch die besondere Berücksichtigung der Wissenschaften im Rahmen der Kulturförderung durch die Medici. So wurde in Florenz nicht nur 1455 die seit 1321 bestehende Hochschule, das Studium Florentinum (italienisch Studio fiorentino), um den Lehrstuhl des in den musikrelevanten Schriften des Corpus Aristotelicum und in quadrivialer Musiktheorie (▸ Quadrivium) ausgebildeten Scholastikers Johannes Argyropoulos (1393–1487) aus ▸ Konstantinopel erweitert, sondern es konnten auch Humanisten und Textdichter wie Cristoforo ▸ Landino und besonders Angelo ▸ Poliziano an das Florentiner Studium verpflichtet werden. Bedeutsam ist in diesem Zusammenhang die Einrichtung des als Akademie bezeichneten Gelehrtenkreises des Philosophen Marsilio ▸ Ficino in Careggi, wo seit 1463 der einstimmige Gesang zur ▸ Laute nach antikem Vorbild gepflegt und platonisch orientierte Konzepte zur Musikästhetik entwickelt wurden. Nicht zuletzt hatte auch das auf Initiative der Medici nach Florenz verlegte Unionskonzil von Ferrara-Florenz (▸ Konzil von Ferrara / ▸ Konzil von Florenz) bereits im Jahre 1439 kurzfristige Kontakte der Florentiner Oberschicht zu Gelehrten und Musikern der Konzilsdelegation aus Konstantinopel ermöglicht, die in Florenz vieldiskutierte Eindrücke der griechisch-byzantinischen Kultur hinterließen.

Nur relativ wenig ist dagegen über die Pflege der weltlichen Musik in Florenz zur Zeit der ersten sechzig Jahre der Medici-Herrschaft bekannt. Angenommen wird im Allgemeinen eine Fortsetzung der Traditionen des Trecento-Madrigals, insbesondere der ▸ Ballata. Seit etwa 1480 ist zusätzlich von der Pflege der Florentiner Karnevalsgesänge ▸ Canti carnascialeschi, einer Art Vorform von ▸ Frottola und ▸ Madrigal des 16. Jahrhunderts auszugehen, wie das Palimpsest I-Fl 211 aus den Beständen der Biblioteca Laurenziana suggeriert. Wesentlich besser dokumentiert ist im Bereich der weltlichen Musikpflege dagegen die Beschäftigung von Instrumentalmusikern, insbesondere Bläsern (Piffari, Tromboni und Trombadori) für die Zeremonialmusik der Kommune bzw. Signoria von Florenz, die offenbar während des gesamten 15. Jahrhunderts üblich war. Mit dem Ende der Medici-Herrschaft nach der Eroberung der Stadt durch den französischen König Karl VIII. im Jahre 1494 und dem Übergang zur Theokratie unter dem Dominikanermönch Girolamo ▸ Savonarola kam es bis 1498 zu einer empfindlichen Schwächung der geistlichen wie weltlichen Musikpflege, von der sich Florenz erst zu Beginn des 16. Jahrhunderts und nur langsam wieder erholen konnte. Ende 1501 wurde erneut eine Domkapelle eingerichtet und nach der Rückkehr der Söhne von Lorenzo »il Magnifico«, Giovanni (Leo X., Papst) und Giuliano, sowie seines Neffen Lorenzo an die Macht im September 1512 stabilisierte sich das kulturelle Leben in Florenz für kurze Zeit wieder. Die zehn Jahre nach dem Sacco di Roma (1527) brachten jedoch erneut die Vertreibung der Medici von der Herrschaft und die Einrichtung der letzten Stadtrepublik in Florenz, die im Jahre 1530 von Papst Clemens VII. (Giulio de' Medici, 1478–1534) mit der Armee des Kaisers ▸ Karl V. gewaltsam beseitigt wurde. In den unruhigen Jahren zwischen 1530 und 1540 verhinderten innerfamiliäre Fehden der Medici eine dauerhafte Stabilisierung der politischen und kulturellen Lage in Florenz; die Musikpflege lag vollkommen brach, und es gab keine weiteren Versuche, die zwischenzeitlich aufgelösten Kapellen an den Florentiner Kirchen wieder neu zu beleben.

Dies änderte sich grundlegend mit der Konsolidierung der machtpolitischen und wirtschaftlichen Verhältnisse unter Cosimo I. »il Principe« de' Medici (1519–1574), der einer

Seitenlinie der Medici-Familie entstammte und 1537 zum Florentiner Erbherzog (italienisch Principe) ernannt worden war; 1569 setzte er die Erhebung von Florenz zur Hauptstadt des Großherzogtums Toskana durch. Unter der Herrschaft Cosimos I. erlebte Florenz seine dritte und letzte kulturelle Blüte im Zeitalter der Renaissance. Politisch wie kulturell prägend war für Florenz in den ersten Jahren unter Cosimo I. vor allem die enge politische Bindung der Medici an den päpstlichen Hof in Rom und an das französische Königshaus. Ihren musikalischen Niederschlag haben diese Kontakte zu Beginn des 16. Jahrhunderts im Übergang von den älteren Formen der weltlichen Musikpflege in Florenz, die noch der Frottola nahestanden, zum modernen Madrigal im Stile von Costanzo ▸ Festa, Jacques ▸ Arcadelt und Philippe ▸ Verdelot gefunden. Letzterer war 1523–1527 Kapellmeister am Baptisterium von San Giovanni und am Dom. Unter den Florentiner Komponisten, die sich dem neuen Madrigalstil anschlossen, befanden sich unter anderem Alessandro ▸ Striggio, Francesco ▸ Corteccia und Vincenzo ▸ Galilei, die teilweise Angehörige des Hofgesindes und Mitglieder der unter der Ägide von Cosimo I. neu eingerichteten Florentiner Akademien waren. Diese Institutionen waren ursprünglich politisch intendiert und sollten der Legitimation des Herrschaftsanspruchs der Medici durch historische Forschungen dienen. Als musikgeschichtlich bedeutsam hat sich jenseits der offiziellen Akademien in Florenz jedoch vor allem die informell organisierte ▸ Florentiner Camerata des Höflings Giovanni ▸ Bardi erwiesen, in der aus dem Bestreben nach einer modernisierten Rekonstruktion der Musik des antiken Griechenlands und ihrer psychologisch-pädagogischen Wirkungen die entscheidenden Schritte zur Entwicklung des rezitativischen Stils und damit der Oper vollzogen wurden. Während der Regierungszeit von Cosimos Söhnen Francesco I. (1541–1587) und Ferdinando I. (1549–1609) in den Jahren 1587–1609 verdrängten groß angelegte Inszenierungen von Maskenspielen, Balletten und Intermedien, den vertonten Zwischenaktspielen von Bühnenwerken sowie der ersten Pastoralopern schließlich mehr und mehr die traditionellen Formen musikbegleiteter Bühnenwerke wie etwa die ▸ Sacra rappresentazione aus dem kulturellen Leben von Florenz. Mit der Schöpfung der Oper als wichtigster Gattung der italienischen Musik des 17. und 18. Jahrhunderts lebten die musikgeschichtlichen Impulse der Florentiner Renaissance jedoch bis ins Barockzeitalter weiter.

*Literatur:*
A. della Torre, *Storia dell'Accademia Platonica di Firenze*, Florenz 1902 • G. Garfagnigni (Hrsg.), *Firenze e la Toscana dei Medici del '500* (Biblioteca di Storia Toscana moderna e contemporanea, studi e documenti 26), 3 Bde., Florenz 1983 • S. Žak, *Der Quellenwert von Giannozzo Manettis Oratio über die Domweihe von Florenz 1436 für die Musikgeschichte*, in: Die Musikforschung 40 (1987), S. 2–32 • Ch.L. Stinger, *Humanism in Florence*, in: *Renaissance Humanism: Foundations, Forms, and Legacy*, hrsg. von A. Rabil (Jr.), Philadelphia/Pennsylvania 1988, Bd. 1: *Humanism in Italy*, S. 175–209 • A. Field, *The Origins of the Platonic Academy of Florence*, Princeton/New Yersey 1988 • F. Cardini / M. Luzzati / W. Rüegg, *Florenz*, in: *Lexikon des Mittelalters*, hrsg. von N. Angermann, R.-H. Bautier und R. Auty, Bd. 4, München und Zürich 1989, Sp. 554–564 • A. Cummings, *The Politicized Muse, Music for Medici Festivals, 1512–1537*, Princeton/New Jersey 1992 • P. Viti (Hrsg.), *Firenze e il concilio del 1439, convegno di studi (Firenze, 29 novembre–2 dicembre 1989)*, 2 Bde., Florenz 1994 • J.W. Hill / A. Tomasello, *Florenz, A. Stadt, I.–III.*, in: MGG², Bd. 3 (Sachteil), 1995, Sp. 521–528 • T.J. McGee, *In the Service of the Commune, the Changing Roles of Florentine Civic Musicians, 1450–1532*, in: Sixteenth Century Journal, an Interdisciplinary Journal for Renaissance and Reformation Students and Scholars 30 (1999), S. 727–743 • A. Cummings, *The Sacred Academy of the Medici and Florentine Musical Life of the Early Cinquecento*, in: »Musica franca«, Essays in Honor of Frank A. D'Accone, hrsg. von I. Alm, Stuyvesant/New York 1996, S. 45–77 • F.A. D'Accone, *Florence, 1. To 1600*, in: Grove, Bd. 9, 2001, S. 1–3 • D. Glowotz, *Byzantinische Gelehrte in Italien zur Zeit des*

*Renaissance-Humanismus, Musikauffassung – Vermittlung antiker Musiktheorie – Exil und Integration* (Schriften zur Musikwissenschaft aus Münster 22), Schneverdingen 2006.

DG

Flöte ▸ Blockflöte

## Fludd, Robert [Robertus de Fluctibus, Joachim Frizius]
getauft 17.1.1574 Kent, † 8.9.1637 London

Fludd war Arzt und einer der einflussreichsten Universalgelehrten seiner Zeit. Er studierte Philosophie und Medizin und befasste sich, unter besonderem Einflu der Lehren des ▸ Paracelsus, intensiv mit Alchemie (▸ Magie), ▸ Kabbalah und Hermetischer Philosophie, die auch in seine zahlreichen Traktate etwa über Kosmologie, Theologie, Musik oder Medizin einfließen.

Fludd bemühte sich durch die Verbindung von naturwissenschaftlichen, philosophisch-theologischen, zahlensymbolischen und hermetischen Gedanken um eine universelle Sicht der Welt als Einheit von Schöpfer (Gott) und Geschaffenem, was ihn auch in Konflikt mit dem empirisch-mathematisch ausgerichteten Zeitgeist (▸ Kepler, ▸ Mersenne) brachte. In Anlehnung an überlieferte Anschauungen sind musikalische Zahlenverhältnisse für ihn Sinnbilder kosmischer Weltgesetze. Die Musik erhält damit eine Schlüsselrolle in seinem Streben, den vermeintlichen Widersprüchen in der Erscheinungswelt ein einendes Prinzip zugrunde zu legen (▸ Musica coelestis – humana – instrumentalis).

*Schriften*:
*Utriusque cosmi maioris scilicet et minoris metaphysica, physica atque technica histories...*, Oppenheim 1617–1624; *Medicina catholica*, Frankfurt 1629–1631; *Philosophia Mosaica*, Gouda 1638 (posthum).

*Literatur*:
F. Blume, *Fludd, Robert*, in: *MGG²*, Bd. 4 (Personenteil), 1955, Sp. 438–442 • J. Goldwyn, *Robert Fludd. Hermetic philosopher and surveyor of two worlds*, London 1979.

DS

## Fogliano, Lodovico
* ca. 1470–1480 Modena, † vor 7.5.1542 Venedig

Fogliano war der erste Musiktheoretiker, der vollständig mit dem aus Antike und Mittelalter überkommenen Verfahren der pythagoreischen Intervallbestimmung und dem daraus resultierenden Verständnis von Konsonanz und Dissonanz brach. An die Stelle der pythagoreischen Stimmung mit ihren kosmologischen und metaphysischen Implikationen setzte er in seiner *Musica theorica* (1529) die erste systematische und wissenschaftlich fundierte Darstellung des Systems der reinen oder ptolemäischen Stimmung mit sauberen perfekten (Quinten, Oktaven) und imperfekten Konsonanzen (Terzen, Sexten), die später von Gioseffo ▸ Zarlino in den *Istitutioni harmoniche* (1558) als syntonisch-diatonische Stimmung bekannt gemacht wurde. Foglianos Bruch mit der pythagoreischen Tradition markiert den Abschluss der stimmungstheoretischen Diskussion in der italienischen Musiktheorie der Renaissance, die von Bartolomé ▸ Ramos de Pareja begonnen und von dessen Schüler Giovanni ▸ Spataro mit verschiedenen konservativen Musiktheoretikern fortgesetzt worden war. Besonders gewürdigt wurden Foglianos musiktheoretische Leistungen von Francisco de ▸ Salinas, Zarlino und Vincenzo ▸ Galilei, die sämtlich seine *Musica theorica* rezipiert haben.

Von Foglianos Lebensweg ist wenig mehr bekannt als die wichtigsten Stationen. Er war der Bruder des Modeneser Organisten und Komponisten Giacomo Fogliano (1467–1548).

Sicher ist, dass er neben seiner musikalischen Ausbildung auch eine humanistische besessen haben muss, denn er gehörte zu den ersten Musiktheoretikern der Renaissance, die über gründliche Kenntnisse der griechischen Philologie und der aristotelischen Philosophie verfügten. Als Sänger-Komponist war er 1499–1504 an den Hofkapellen von Modena und Ferrara beschäftigt, teilweise unter ▶ Josquin Desprez und während der Herrschaft von Ercole I. d'▶Este. 1513–1514 war er Mitglied der Capella Giulia von St. Peter in Rom, danach scheint er nach Venedig übersiedelt zu sein, wo er auch sein Hauptwerk, die *Musica theorica*, publizierte. Die vier letzten Jahre seines Lebens verbrachte er wahrscheinlich wieder in Modena.

Fogliano war ohne Zweifel von allen Theoretikern des 16. Jahrhunderts mit den Schriften des Corpus Aristotelicum am besten vertraut. Als Grundlage seiner *Musica theorica* griff er aus diesem Fundus auf die *Analytica posteriora* für die methodische Seite, auf die *Physica* für die naturwissenschaftliche und auf die Schrift *De anima* für die Theorien der Klangmechanik und Tonwahrnehmung zurück. Mit der Übernahme des aristotelischen Verständnisses der Konsonanz aus *De anima* II, 8 als einer für das Gehör angenehmen Mischung zweier Töne verschiedener Höhe erklärt sich Foglianos für seine Zeit neue Ansicht, dass das Gehör die letzte Instanz für die Entscheidung über den konsonanten oder dissonanten Charakter eines Intervalls bilde und nicht dessen Zahlproportion. Auch Foglianos Verwendung der C-Oktave (c–c') als Grundlage seiner Überlegungen zum Ton- und Stimmungssystem erklärt sich mit praktischen Erwägungen. Die mathematische Grundlage von Foglianos System bildete nicht mehr die arithmetische, sondern die harmonische Teilung der großen Intervalle Terz, Quint und Oktav. Dieses Verfahren der Intervallbestimmung setzte allerdings in einigen Fällen eine Temperatur voraus, die Fogliano mit der Anwendung von geometrischen Verfahren aus den Kapiteln VI, 9 und VI, 13 der *Elementa* Euklids auf neuartige Weise realisierte.

*Ausgaben*:
F. Torrefranca, *Il segreto del Quattrocento*, Mailand 1939; *Italia sacra musica*, hrsg. v. K. Jeppesen, Bd. 2, Kopenhagen 1962.

*Schriften*:
*Musica theorica Lodovici Foliani Mutinenis*, Venedig 1529, Faksimile New York 1969, Nachdruck Bologna 1970; *Musica theorica*, Bloomington/Indiana 1998.

*Literatur*:
C.V. Palisca, *The Impact of the Revival of Ancient Learning on Music Theory*, in: IMS Report Berkeley 1977, hrsg. von D. Heartz und B. Wade, Kassel u.a. 1981, S. 870–878 • Ders., *Humanism in Italian Renaissance Musical Thought*, New Haven/London 1985 • Ders., *Die Jahrzehnte um 1600 in Italien*, in: *Italienische Musiktheorie im 16. und 17. Jahrhundert, Antikenrezeption und Satzlehre*, hrsg. von F.A. Gallo und F. Zaminer (Geschichte der Musiktheorie Bd. 7), Darmstadt 1989, S. 221–306 • F. Rempp, *Elementar- und Satzlehre von Tinctoris bis Zarlino*, in: Dass., S. 39–220 • Ders., *Fogliano, Lodovico*, in: MGG[2], Bd. 6 (Personenteil), 2001, Sp. 1397–1399.

DG

# Folia

Die Folia ist ein musikalisches Satzmodell (Gerüstsatz der Außenstimmen), das demjenigen des ▶ Passamezzo und der ▶ Romanesca ähnlich ist, und auf das Tänze, Lieder und Instrumentalstücke komponiert wurden. Das Modell kann variiert und diminuiert werden. Die harmonische Grundstruktur der Folia im 16. Jahrhundert besteht aus i–V–i–VII–III / III–VII–i–V–i; die melodische Linie steigt bis zur Quinte auf und fällt dann wieder ab. Die Folia wird in Diego ▶ Ortiz' *Trattado de glosas* (1553) beschrieben und mit einem Beispiel belegt. Sie findet sich bereits im Cancionero musical de Palacío (Repertoire spätes 15. Jahrhundert). – Daneben ist Folia die Bezeichnung für einen iberischen Tanz, der um 1500 in Portugal entstand, von dessen Musik jedoch keine Quellen erhalten sind.

*Literatur*:
J. Griffith, *Folia*, in: *MGG²*, Bd. 3 (Sachteil), 1995, Sp. 600–607.

### Fontaine, Pierre
* um 1390/1395 in der Diözese Rouen, † nicht vor 1447

Der Sänger und Komponist erhielt seine musikalische Ausbildung vermutlich in Rouen. Ab dem 25.5.1403 war er nachweislich Mitglied der Kapelle Philipps des Kühnen, des Herzogs von ▸ Burgund. Er war zu diesem Zeitpunkt offenbar noch recht jung, da er auch als »le petit Perrinet« bezeichnet wird. Von 1405 bis 1407 wirkte er u.a. zusammen mit Johannes ▸ Cesaris und Guillaume Legrant, dem der ›contratenor‹ zu Fontaines Rondeau *A son plaisir* zugeschrieben ist, an der neu gegründeten Sainte Chapelle in Bourges. Ab 1415 war er am burgundischen Hof – nun unter Johann ohne Furcht – ›chaplain‹. Nach der Ermordung Herzog Johanns am 10.9.1419 reiste Fontaine nach Italien, wo er von 1420 bis 1428 der päpstlichen Kapelle Martins V. angehörte. Zwischen 1428 und 1430 kehrte er an den burgundischen Hof ▸ Philipps des Guten zurück und blieb dort vermutlich für den Rest seines Lebens. Neben Fontaine stand zu dieser Zeit auch Gilles ▸ Binchois im Dienst des Herzogs. 1447 wird Fontaine dort letztmalig genannt. Mit Nicolas de Graincourt wird noch im selben Jahr ein neuer Musiker als chaplain geführt, doch wird dieser erst 1451 ausdrücklich als Ersatz für Fontaine bezeichnet.

Obgleich von ihm nur wenige Werke erhalten sind (eine ▸ Ballade und sechs ▸ Rondeaux), war Fontaine unter seinen Zeitgenossen offensichtlich eine bekannte Persönlichkeit. Hierfür spricht sein Lebenslauf mit wiederholten Anstellungen am burgundischen Hof (unter drei verschiedenen Herzögen), einem Zentrum des kulturellen Lebens seiner Zeit. Auch fanden seine Stücke (mit Ausnahme der Ballade) recht weite Verbreitung. Besonders bemerkenswert ist die in Relation zum erhaltenen Gesamtwerk erstaunliche Masse an Bearbeitungen, die seine Werke durch andere Komponisten erfuhren. Maßgeblich mit Fontaines Werk verknüpft ist die Bearbeitung durch das Auswechseln von Zusatzstimmen. Namentliche Erwähnung findet Fontaine in Binchois' Motette *Nove cantum melodie*, ferner ist er wohl der angesprochene »Fontaine« in der anonymen Chanson *Fontaine, a vous dire le voir*.

Das von Fontaine überlieferte Œuvre ist auf weltliche ▸ Chansons in französischer Sprache beschränkt. Zwei früher Fontaine zugeschriebene geistliche Werke entstammen sicher nicht derselben Hand. Die meisten der sieben Chansons Fontaines zeichnen sich durch einen für die nordfranzösische Chanson des frühen 15. Jahrhunderts typischen, schlichten Stil in knapper formaler Anlage aus. Allen Stücken liegt das ›tempus imperfectum cum prolatione maiori‹ (▸ Mensuralnotation) zugrunde. Bevorzugte Gattung ist das Rondeau. Züge von Individualität zeigen sich an kleinen ▸ Imitationen, ungewöhnlichen Disponierungen der Sätze wie auch an der für seine Zeit mitunter recht freien Anlage von Kadenzen.

*Ausgaben*:
*Oxford Bodleian Library, MS. Canon. Misc. 213*, hrsg. von D. Fallows, Chicago/L. 1995 (Late Medieval and Early Renaissance Music in Facsimile 1); J. Marix, *Les Musiciens de la cour de Bourgogne au XVe siècle*, Paris 1937; *Guglielmi Dufay opera omnia VI*, hrsg. von H. Besseler, Rom 1964, neu bearb. von D. Fallows, Neuhausen-Stuttgart 1995 (Corpus mensurabilis musicae 1/VI); *A 15th-Century Repertory from the Codex Reina*, hrsg. von N.E. Wilkins, Rom 1966 (Corpus mensurabilis musicae 38); H.-O. Korth 1986 (s. Lit.).

*Literatur*:
C. Wright, *Music at the Court of Burgundy, 1364–1419: a Documentary History*, Henryville/Pennsylva-

nia 1979 • H.-O. Korth, *Studien zum Kantilenensatz im frühen 15. Jahrhundert. Kantilenensätze mit auswechselbaren Contratenores*, München/Salzburg 1986 (Berliner musikwissenschaftliche Arbeiten 29) • L. Welker, *New Light on Oswald von Wolkenstein: Central European Traditions and Burgundian Polyphony*, in: Early Music History 7 (1987), S. 187–226 • P. Higgins, *Music and Musicians at the Sainte-Chapelle of the Bourges Palace, 1405–1515*, in: Kongreßbericht IMS Bologna 1987, Turin 1990, Bd. 3, S. 689–701 • R. Strohm, *The Rise of European Music, 1380–1500*, Cambridge 1993 • D. Fallows, *A Catalogue of Polyphonic Songs, 1415–1480*, Oxford 1999 • H.-O. Korth, *Fontaine*, in: *MGG²*, Bd. 6 (Personenteil), 2001, Sp. 1422–1425.

SF

## Forme fixe

Gedichte, die in einer ›festen Form‹ hinsichtlich Versstruktur, Reimbindung und Strophenbau stehen, dabei meist komplexe Refrainarchitekturen aufweisen und deren musikalische Umsetzung in Analogie dazu gestaltet ist, dominierten die Liedproduktion von der Mitte des 14. bis zum frühen 16. Jahrhundert, insbesondere im französischsprachigen Bereich.

Théodore de Banville (*Petit traité de poésie française*, Paris 1872) hat den Terminus Forme fixe geschaffen und damit ausdrücklich eine ästhetische Wertung verbunden, indem er in diesen Gedichten ein rhythmisches Ganzes sah, das die Anmut einer ursprünglichen Dichtungsweise in sich fasse. Während der Begriff in der aktuellen Literaturwissenschaft kritisch gesehen wird, da die Bandbreite der variablen Erscheinungsweisen von Gedichten einer Vorstellung von fixierter Form entgegenstehe, wird er in der Musikwissenschaft seit Nigel E. Wilkins (1969) gebraucht, um ein Charakteristikum der Gattung Chanson zwischen Guillaume de ▶ Machaut und der um 1500 aktiven Komponistengeneration zu benennen.

Machaut hat als Dichter und Komponist in Personalunion ein differenziertes ▶ Chanson-System etabliert und autorisiert, bei dem sich textlicher und musikalischer Anspruch gegenseitig bedingen. Die Chansons folgen den älteren, im Hochmittelalter noch dem Typus des ›kleinen Liedes‹ zugehörigen strengen Refrainformen ▶ Virelai (bzw. später ▶ Bergerette), ▶ Rondeau und ▶ Ballade und ersetzten damit fast vollständig die umfangreicheren, meist lockerer gefügten und ohne Refrain gestalteten Gedichtformen des kleinen wie des ›großen Liedes‹ (›grand chant‹). Die Aufwertung des formalen gegenüber dem inhaltlichen Element war integraler Bestandteil der Poetik und Ästhetik der so genannten ›Seconde rhétorique‹, der nun auch theoretisch reflektierten Dichtung in der Landessprache. Bei den im späten 14. und im 15. Jahrhundert dichtenden namentlich bekannten und anonymen Rhétoriqueurs, als deren erster Machaut galt, dienten alle formalen Mittel der Lyrik der Absicht einer gesteigerten Rede und waren deshalb mit höchstmöglicher Kunstfertigkeit anzuwenden. Dabei korrespondieren die festen Rahmenbildungen der drei stereotypen Ablaufsformen mit einer erhöhten Raffinesse der internen Ausarbeitung, insbesondere bei der subtilen Gestaltung der Reime. Der Refrain wandelte dabei seine Funktion: Ursprünglich Element des anspruchsloseren Liedvortrags in einer Gruppe, wurde er nun Teil der rhetorischen Strategie des Gedichts.

Noch konsequenter als in der Leselyrik wurde in der Chansonkomposition bis in die zweite Hälfte des 15. Jahrhunderts das Arsenal der Liedformen größtenteils auf die drei Formes fixes reduziert. Durch die genaue Befolgung der sprachlichen Disposition entstanden entsprechende musikalische Formen, die gegebenenfalls auch bei textloser Überlieferung der Komposition erkennbar waren, etwa die Mittelzäsur beim Rondeau, der ›offene‹ (›apertum‹/›ouvert‹) und ›geschlossene‹ (›clausum‹/›clos‹) Schluss bei den stolligen Teilen von Ballade und Virelai bzw. Bergerette. Musikalische Wiederholungen ganzer Formteile ergaben sich in besonderem Maße durch die strikte Analogisierung von Text und Musik in formaler Hinsicht, da gleiche Bauteile der Strophen, z.B. die Tierce, die im Gedicht zwar neuen Text und somit neuen Inhalt, aber gleiche Vers- und Reimstruktur aufweist, musikalisch identisch erklingt. Diese zentrale Funktion der musikalischen Wiederholung, die Bauweise des Textes abzubilden, schloss interne Wiederholungen von musikalischen Passagen, etwa zur emphatischen Hervorhebung wichtiger Textstellen, weitgehend aus; dort wo Komponisten diese Konvention durchbrachen, verband sich zumeist eine bestimmte Absicht damit, etwa eine punktuelle Textausdeutung. Der Nachvollzug der Forme fixe bestimmte die Art des musikalischen Voranschreitens, das primär an der Verseinheit, viel seltener am Halbvers oder am Verspaar orientiert war. Eine solche Einheit wurde in die ganz spezifische Gestalt eines geschlossenen melodischen Bogens der Cantus-Stimme gefasst, was für die polyphone Chanson des 14. und 15. Jahrhunderts eine essentielle Qualität darstellt. Weiträumigere Beziehungen konnten über musikalische Reime in Form von gleicher Kadenzformulierung oder Ähnlichem hergestellt werden. Auch hier bedeutete das Negieren oder Modifizieren der jeweils als Norm mitgedachten formalen Basis eine bewusste Entscheidung des Komponisten, der beispielsweise durch Übergehen von Kadenzen an Verseinschnitten syntaktische oder Sinnzusammenhänge akzentuieren konnte.

Eintextige Chansons bis zur Generation Antoine ▸ Busnoys' und Johannes ▸ Ockeghems folgen fast ausnahmslos einer Forme fixe. Während das Rondeau die unumschränkt wichtigste Form für das gesamte 15. Jahrhundert darstellt und Virelai und Ballade bereits zur Zeit von Guillaume ▸ Dufay und Gilles ▸ Binchois in der ersten Jahrhunderthälfte sehr stark zurücktraten, erlebte das Virelai in der Spielart der Bergerette nach 1450 eine beträchtliche, die Ballade nach 1460/1470 eine kleinere Wiederbelebung. Dennoch sind Auflösungstendenzen unverkennbar: Nicht nur, dass Rondeau und Bergerette als Varianten statt als unterschiedliche Formkonzepte verstanden wurden, auch wurden die Gedichte vermehrt unter Verzicht auf die komplizierten Wiederholungsmuster realisiert. Vor allem das Rondeau wurde als einfacher, durchkomponierter Vier- bzw. Fünfzeiler, eventuell ohne Mittelzäsur, die Ballade als linearer Achtzeiler angesehen. Der andere Zugang hängt neben dem neuen Bedürfnis nach flexibleren Verlaufsmöglichkeiten auch mit der zunehmenden Erweiterung des Chansonumfangs zusammen, so dass ein mit allen Wiederholungen ausgeführtes Rondeau um 1500 die vierfache Länge eines Rondeaus von Binchois annehmen kann und somit auch ein einfacher Vortrag des Refrains bereits musikalisch sinnvoll ist. Während Loyset ▸ Compère, Alexander ▸ Agricola, Johannes ▸ Prioris und Pierre de la ▸ Rue noch durchaus an den Formes fixes festhielten, wenngleich nicht selten in irregulärer Form, wurden sie von Jacob ▸ Obrecht, Heinrich ▸ Isaac, Jean ▸ Mouton, Antoine ▸ Brumel, Antoine de ▸ Févin und ▸ Josquin Desprez kaum noch berücksichtigt.

Die Dichtungslehre im Umfeld der ▸ Pléiade, namentlich diejenige Joachim ▸ Du Bellays (*La deffence et illustration de la langue françoyse*, 1549), die die tatsächliche Bedeutung der Formes fixes für die zeitgenössische Gedichtproduktion des 16. Jahrhunderts völlig überschätzte, verwarf sie als formalistisch und artistisch. Diese Einschätzung hielt sich auch noch in der Forschungsliteratur teils bis in die 1970er Jahre, die in der Lösung von den formalen Fesseln und der Möglichkeit zu direkterem semantischem Textausdruck der Josquin-Generation einen Fortschritt sah.

Im Prinzip handelt es sich bei den meisten Gedichtformen, die während der Renaissance in anderen Sprachbereichen vertont wurden, ebenfalls um Formes fixes. ▸ Canción, ▸ Villancico, ▸ Ballata und ▸ Barzelletta weisen sogar Refrains oder Refrainelemente auf, kennen ebenfalls die formale Korrespondenz von Text- und Musikeinheit und setzen sie bisweilen noch schematischer um. In diesen spanischen und italienischen Gattungen wird das Forme-fixe-Prinzip auch noch zu einer Zeit praktiziert, als der französischsprachige Zweig dies bereits weitgehend aufgegeben hat. Dass die Bezeichnung dort dennoch nie größere Bedeutung erhalten hat, mag darauf zurückgehen, dass sich mit ›Forme fixe‹ im musikwissenschaftlichen Sprachgebrauch die spezifische Poetik der französisch-burgundischen Chanson im Kantilenensatz verbindet.

*Literatur*:
D. Poirion, *Le poète et le prince. L'évolution du lyrisme courtois de Guillaume de Machaut à Charles d'Orléans*, Paris 1965 • Th. Elwert, *Traité de versification française des origines à nos jours*, Paris 1965 (§ 194, 209, 211–213, 215) • N.E. Wilkins, *One hundred ballades, rondeaux and virelais*, Cambridge 1969 • N.E. Wilkins, *The Structure of Ballades, Rondeaux and Virelais in Froissart and in Christine de Pisan*, in: French Studies 3 (1969), S. 337–348 • M. Tietz, *Die französische Lyrik des 14. und 15. Jahrhunderts*, in: *Die französische Lyrik*, hrsg. von D. Janik, Darmstadt 1987, S. 109–177.

NSCH

## Formschneider [Grapheus, Enderlin], Hieronymus
\* (?) Bad Mergentheim, † 7.5.1556 Nürnberg

Hieronymus Formschneider war ein Drucker, der sich als Block- und Typenschneider einen Namen gemacht hat. Er ist ab 1515 in Nürnberg nachweisbar, ab 1523 Bürger dieser Stadt. Als streitbarer Zeitgenosse kam er mehrmals mit dem Gesetz in Konflikt. Er arbeitete sowohl im Auftrag des Kaisers als auch für Albrecht Dürer. Von den 73 Titeln, die Formschneider im Laufe von 30 Jahren gedruckt hat, sind etwa die Hälfte Musikdrucke. Sie waren allesamt als Auftragswerke entstanden. Sein bevorzugter Herausgeber und Verleger war Hans ▸ Ott.

Formschneider verwendete zunächst Holzblöcke zum Notendruck, ab 1534 aber schon das moderne Verfahren des einfachen Typendrucks (▸ Notendruck). Den Noten- und den Schriftsatz schnitt er selbst. In einer nüchternen, gut lesbaren Gestaltungsweise entstanden Sammlungen mit Instrumentalmusik (Lautenbücher von Hans Gerle), ein Odendruck von Ludwig ▸ Senfl (1534), zahlreiche Sammlungen mit Vokalmusik, insbesondere die drei Bände des *Choralis constantinus* (1550, 1555) von Heinrich ▸ Isaac. Formschneider hatte hohe technische Fähigkeiten sowie ein starkes ästhetisches Empfinden, aber keine musikalischen Kenntnisse und war rein technisch am Notendruck interessiert.

*Ausgaben*:
Heinrich Isaac: *Choralis Constantinus I–III* (Facsimile Editions III,14–16), hrsg. von E. Lerner, Peer 1990–1994; *Novum et insigne opus musicum* und *Secundus tomus novi operis musici* (Faksimile. Heilbronner Musikschatz 9–10), hrsg. von C. Schrenk, Stuttgart 1996; H. Gerle: *Ein Newes sehr künstlichs Lautenbuch* (Fakismile-Edition Schermar-Bibliothek Ulm 18), Stuttgart 1997.

*Literatur*:
R. Gustavson, *Hans Ott, Hieronymus Formschneider, and the Novum et insigne opus musicum*, Diss. Melbourne 1998 • M. Diefenbacher / W. Fischer-Pache (Hrsg.), *Das Nürnberger Buchgewerbe* (Quellen und Forschungen zur Geschichte und Kultur der Stadt Nürnberg 31), Nürnberg 2003.

ALB

## Forster, Georg
\* 1514 Amberg, † 12.11.1568 Nürnberg

Georg Forster war Arzt, Musikeditor und Komponist. Seine musikalische Ausbildung erfuhr er in der Heidelberger Kantorei als Schüler des Kapellmeisters Lorenz Lemlin. Vorrangig studierte Forster jedoch klassische Philologie sowie Medizin in Ingolstadt und Wittenberg, wo er mit Martin ▸ Luther in persönlichen Kontakt kam und sich für die Neue Lehre engagierte. Ab 1539 praktizierte er in Amberg, dann in Würzburg und Heidelberg als Arzt. 1544 promovierte Forster in Tübingen in Medizin, als Stadtarzt kehrte er wieder in seine Heimatstadt Amberg zurück. Ab 1547 lebte Forster in Nürnberg, wo er als Leibarzt und Gelehrter bekannt und geschätzt war. Seine musikalischen Tätigkeiten betrieb er nur nebenher. Sein kompositorisches Schaffen, von dem sich insgesamt 52 Kompositionen in konservativem Stil erhalten haben, umfasst ▸ Psalmvertonungen, ▸ Magnificat-Antiphone und deutsche ▸ Kirchenlieder. Als Herausgeber zeichnet er für zwei Mottensammlungen (1540, 1542) verantwortlich.

Seine musikgeschichtliche Bedeutung kommt Forster vor allem durch seine Sammel- und Publikationstätigkeit im Bereich des Deutschen Liedes zu. Bereits in seiner Heidelberger Zeit begann er einen Grundstock aufzubauen, der in einem mehrteiligen Sammeldruck publiziert wurde. Die fünf Bände mit ihren insgesamt 382 Liedern, die im Zeitraum von 1539 bis 1556 als *Frische teutsche Liedlein* im Druck erschienen sind, dokumentieren die Geschichte des deutschen ▸ Tenorlieds in der ersten Hälfte des 16. Jahrhunderts. Zudem sind sie in vielen Fällen die einzige erhaltene Quelle eines Werkes und bieten durch die große Anzahl der namentlichen Zuschreibungen eine wertvolle Hilfe zur Identifizierung des jeweiligen Komponisten. Forster bemühte sich außerdem um eine gute Textgrundlage und unterlegte alle Stimmen, wobei er gegenüber den Vorlagen auch korrigierend und ergänzend eingriff. Als Komponisten treten zum einen bedeutende Namen wie Heinrich ▸ Isaac, Ludwig ▸ Senfl, Heinrich ▸ Finck sowie Paul ▸ Hofhaimer auf, zum anderen aber auch eher lokale Größen wie etwa die Studienkollegen aus der Heidelberger Zeit, Caspar ▸ Othmayr,

Jobst vom Brandt und Stephan Zirler. Die Sammlung war überaus beliebt und musste mehrmals aufgelegt werden. In ihrer stilistischen Bandbreite vom ▸ Volkslied zur ▸ Hofweise stellt sie sowohl für die Volksliedforschung als auch für das bürgerliche Musikleben der deutschen Renaissance eine wesentliche, überaus bedeutende Quelle dar.

*Ausgaben*:
*Frische teutsche Liedlein*, 5 Teile (Erbe deutscher Musik 20, 60–63), hrsg. von K. Gudewill u.a., Wolfenbüttel 1942–1997.

*Literatur*:
K. Gudewill, *Bemerkungen zur Herausgebertätigkeit Georg Forsters*, in: *Musik und Verlag. Festschrift Karl Vötterle*, hrsg. von R. Baum und W. Rehm, Kassel 1968, S. 299–305 • W. Dupont, *Werkausgaben Nürnberger Komponisten in Vergangenheit und Gegenwart*, Nürnberg 1971 • E. Kraus, *Die weltlichen gedruckten Notenliederbücher von Erhard Öglin (1512) bis zu Georg Forsters fünftem Liederbuch*, Frankfurt 1980.

ALB

## Fossa, Johannes de
† um Pfingsten 1603 München

Der Komponist und Sänger war seit 1569 Mitglied der Münchner Hofkapelle, wahrscheinlich auch Vizekapellmeister und nach Orlande de ▸ Lassus' Tod 1594 Kapellmeister. Im selben Jahr wurde er geadelt. Er entstammte wahrscheinlich einer niederländischen Musikerfamilie und erhielt seine Ausbildung wohl in Lüttich in den 1540er oder 1550er Jahren. – Der Wirkungskreis von Fossa beschränkte sich im wesentlichen auf die Münchner Hofkapelle. Erhalten sind vor allem geistliche Werke, sechs ▸ Messen und eine Reihe von liturgischen Werken, eine mehrstimmige ▸ Antiphon, ▸ Motetten und geistliche Lieder. Dass er auch weltliche ▸ Madrigale komponiert hat, beweist sein einzig erhaltenes und gedrucktes Madrigal *Ardo si*, das jedoch ebenfalls in einem regionalen Druck, Giuglio Giglis da Imola in München 1585 publizierten *Sdegnosi amori*, herauskam. Fossas erste drei Messen scheinen an den Forderungen des ▸ Konzils von Trient orientiert: Die textreichen Sätze Gloria und Credo der *Missa »Era di mayo«*, *Missa »Ich segge â dieu«* und *Missa» Si du malheur«* sind überwiegend homophon, die Messen sind durch die Auslassung von Textwiederholungen recht kurz. Die drei weiteren Messen (*Missa »Super ripam Jordanis«*, *Missa »Quo puerum ediderat«*, *»Missa Amor ecco colei«*) sind durchgängig imitatorisch gestaltet und durch Textwiederholungen sehr viel länger. Die Messen basieren auf Vorlagen, auf die die Titel verweisen; dass es zum Teil weltliche sind, relativiert wiederum eine Orientierung an den Grundsätzen des Konzils von Trient. In einigen Kompositionen Fossas wie dem *Stabat mater*, *Adiuro vos*, *Veni dilecte mi*, *Petrus Apostolus* oder dem *Missus est angelus*, das auf dem Wechsel von dreistimmigem Chor und virtuoser Solostimme beruht und somit ein frühes geistliches Konzert darstellt, kündigt sich mit einem ▸ Basso seguente die Generalbasstechnik an. – *Maria zart* ist ein fünfstimmiges Tenorlied, das Madrigal *Ardo si* enthält typische Madrigalismen.

*Ausgaben*:
The Collected Works (Recent Researches of the Music of the Renaissance 28 und 29), hrsg. von E.B. Ennulat, Madison/Wisconsin 1978.

*Literatur*:
Chr.Th. Leitmeier, *Fossa*, in: *MGG²*, Bd. 6 (Personenteil), 2001, Sp. 1529–1531.

ES

## Franck, Melchior
* um 1579 Zittau, † 1.6.1639 Coburg

Melchior Franck ist mit fast 1500 bekannten Werken nach Michael ▸ Praetorius der produktivste deutsche Komponist seiner Zeit und zählte schon zu Lebzeiten zu den beliebtesten Komponisten. Er schrieb Vokal- sowie Instrumentalkompositionen geistlicher und weltlicher Art. Seine zentrale Gattung ist die Motette. So veröffentlichte er zwischen 1601 und 1636 mehr als 40 Motettensammlungen. Es besteht kompositorische Nähe zu Hans Leo ▸ Haßler, die vielleicht seinen häufig konservativen Satzstil erklären kann. Er beginnt erst 1627 Kompositionen mit Generalbass zu schreiben.

Aufgewachsen ist Franck in Zittau (er bezeichnete sich manchmal selbst als *Zittanus Silesius*) und war dort höchstwahrscheinlich Schüler von Christoph ▸ Demantius, der von 1597 bis 1604 Kantor in Zittau war. Um 1600 trat er in den Chor von St. Anna in Augsburg ein und wurde möglicherweise dort von Haßler musikalisch geprägt. 1601 siedelte er fast zeitgleich mit Haßler nach Nürnberg über. Im selben Jahr veröffentlichte er *Sacrae melodiae I* und erhielt daraufhin vom Rat der Stadt eine Schulstelle an der St. Egidienkirche. Ein bis zwei Jahre später zog er nach Coburg und wurde Kapellmeister am Hof von Herzog Johann Casimir von Sachsen-Coburg. Der Fürst war musikalisch interessiert und gründete wahrscheinlich unter Beteiligung von Franck 1605 das Gymnasium Casimiri und erließ 1626 eine Kantoreiordnung. Am 17.11.1607 heiratete Franck die Tochter des Stadtpfeifers Hack. Heute sind uns aus dieser Verbindung drei Kinder bekannt.

Um 1630 verschlechterte sich die Situation in Coburg durch Kriegsereignisse. Am 16.7. 1633 starb der Fürst, und auch Franck selbst hatte große persönliche Verluste zu beklagen: Sein Sohn Valentin starb 1624, seine Tochter Margaretha 1632 und seine Frau 1634. Hinzu kam, dass Johann Ernst, der Nachfolger des Fürsten, durch die hohen Kriegsausgaben den Etat der Hofkapelle kürzen musste. Franck behielt zwar seine Position – ihm wurde zusätzlich noch die Inspektion der Kantorei der

Stadtkirche aufgetragen –, allerdings wurden seine Bezüge gekürzt. Erstaunlicherweise lehnte er 1636 das Angebot zur Rückkehr nach Nürnberg ab, denn schon zwei Jahre später bat er den Geheimen Rat Johann Lattermann um Hilfe. In seinem Schreiben beklagte er seine große Not und dass er »in sonsten keines Hellers einkommen« habe. 1636 scheiterte sein Auftrag zur Reorganisation der Kapelle in Eisenach kriegsbedingt. Er kehrte nach Coburg zurück und starb dort bald nach seiner Pensionierung.

Francks Satzstil ist als eher konservativ zu bezeichnen. Dennoch kommt er zu einer eindrucksvollen Textdarstellung und auch musikalischen Gestaltung. Die *Contrapuncti compositi* (1602) weisen deutliche Anleihen von Haßler auf und zeigen den typischen Motettenstil des frühen Franck. Er ist einer der ersten Komponisten, der mit seinen *Laudes Dei vespertinae* (1622) deutschsprachige ▸ Magnificatzyklen vorlegt. Francks Kompositionen mit Generalbass umfassen hauptsächlich das Geistliche Konzert und das Solokonzert mit Generalbassbegleitung. Innerhalb seiner 13 Sammlungen mit weltlichen Kompositionen finden sich sowohl vokale als auch instrumentale Sätze. Bemerkenswert ist, dass Franck sich sehr häufig der Technik des ▸ Quodlibets bedient. Eine seiner vier separaten Tanzsammlungen weist erste suitenartige Gruppierungen der Sätze auf.

*Ausgaben:*
*22 altdeutsche Tänze von V. Haussmann, M. Franck und J. Staden*, hrsg. von R. Steglich, Hannover 1932 (7 Sätze aus *Deutsche Weltliche Gesäng unnd Täntze*, 1604); *Acht lateinische Motetten* (Das Chorwerk 140), hrsg. von K. Gramß, Wolfenbüttel 1993; *Geistliche Gesäng und Melodeyen (1608)* (Recent Researches in the Music of the Baroque Era 70), hrsg. von W.J. Weinert, Madison/Wisconsin 1993; *Dulces mundani exilij deliciae* (Recent Researches in the Music of the Baroque Era 80), hrsg. von R.C. Sheets, Madison/Wisconsin 1996; *Paradisus Musicus* (Recent Researches in the Music of the Baroque Era 106), hrsg. von M.P. Setchell, Madison/Wisconsin 2000.

*Literatur:*
C.T. Aufdemberge, *Melchior Franck and his two Chorale Collections ›Contrapunci compositi‹ (1602) and ›Psalmodia sacra‹ (1631)*, Diss. Univ. of Kansas 1970 • Ders., Vollständiges Werk-Verzeichnis der Kompositionen von Melchior Franck, in: Jahrbuch der Coburger Landesstiftung 1975, S. 187–240 • M. Krummbiegel, *Die geistlichen Konzerte Melchior Francks*, Diss. Leipzig 1994, 2 Bde. (Untersuchung und Notenband) • M. Rathey, Franck, Melchior, in: MGG² , Bd. 6 (Personenteil), 2002, Sp. 1623–1633.

AP

# Frankoflämische Musik

Die Vorstellung von den ›Franko-Flamen‹ als Volksgruppe, die die Musik des 15. und 16. Jahrhunderts so sehr bestimmte, dass sie oft fast als Synonym für die gesamte Epoche verstanden wird, nimmt ihren Ausgang in der Vorstellung der Renaissance als der Epoche der »Musik der Niederländer«, die wiederum ihre Wurzeln in der Musikgeschichtsschreibung des 19. Jahrhunderts hat. Schon Johann Nikolaus Forkel konstatiert in seiner *Musikgeschichte* (1801), dass »die Niederlande im sechzehnten Jahrhunderte eine allgemeine Pflanzschule für Europa waren«, und im Jahr 1824 schrieb die Königlich-Niederländische Akademie der Wissenschaften und der Künste die Preisfrage aus: »Welche Verdienste haben sich die Niederländer vor allem im 14., 15. und 16. Jahrhundert im Fach der Tonkunst erworben?« Die beiden Gewinner dieses Wettbewerbs – der Deutsche Raphael Georg Kiesewetter (*Die Verdienste der Niederländer um die Tonkunst*, 1826) und der Belgier François-Joseph Fétis (1829) – prägten das Bild der »alten Niederländer«, die »noch nach dem zweiten Weltkrieg in der Musikhistoriographie […] ihr Unwesen trieben« (Finscher 1989, S. 5). Der neutralere und umfassendere Terminus »Franko-Flamen« wurde zuerst von Paul Henry Lang (1939) vorgeschlagen angesichts der Tatsache, dass sehr viele der zur Debatte stehenden Komponisten gar nicht aus den heutigen Niederlanden stammten, sondern aus dem burgundischen (später habsburgischen) Herrschaftsgebiet im weiteren Sinne, d.h. Brabant, Flandern, Hennegau (Hainault), dem Bistum Cambrai und der nördlichen Picardie, d.h. dem heutigen Belgien bzw. Nordfrankreich. Zwar gehören auch diese Territorien zu den ›17 Provinzen der Niederlande‹, die bis ins 19. Jahrhundert nationale Wunschvorstellung einer sprachlich wie ethnisch ebenso uneinheitlichen wie politisch instabilen Region blieben (und sich von 1815 bis 1830 auch kurzfristig wieder zum Königreich der Vereinigten Niederlande zusammenfanden – nicht von ungefähr fällt das Preisausschreiben in diesen Zeitraum); im heutigen Sprachgebrauch ist der Begriff jedoch mehr als irreführend.

Problematisch bleibt aber auch in der politisch etwas korrekteren Formulierung, dass alle nicht-frankoflämischen Komponisten aus dieser Sicht als für die musikalischen Entwicklungen der Epoche ›marginal‹ gelten müssten: John ▸ Dunstaple und William ▸ Byrd aus England, Francisco ▸ Peñalosa und Cristóbal de Morales aus Spanien, Costanzo ▸ Festa und Giovanni Pierluigi da Palestrina aus Italien, Clement ▸ Janequin und Elzéar ▸ Carpentras aus Zentral- bzw. Südfrankreich, Ludwig ▸ Senfl aus der Schweiz, Thomas ▸ Stoltzer aus Schlesien. Gleichwohl ist unbestreitbar, dass die Mehrheit der bedeutenderen Komponisten und überhaupt Musiker des 15. und 16. Jahrhunderts tatsächlich aus einem geographisch relativ eng umgrenzten Gebiet stammten. Dies ist wohl vor allem auf das ab dem späten 14. Jahrhundert immer dichter werdende Netz von Chorschulen (▸ Maîtrisen) an den dortigen Kirchen zurückzuführen, denen das restliche Europa lange Zeit quantitativ wie qualitativ nichts entgegenzusetzen hatte, vor allem was die Praxis mehrstimmiger Musik betraf. Viele der im Norden ausgebildeten Musiker verließen ihre Heimat, da der wachsende Bedarf an (in Mensuralpolyphonie ausgebildeten) Sängern für ausgezeichnete Beschäftigungs- bzw. Verdienstmöglichkeiten im Ausland sorgte; mit wachsender Reputation wurde es vor allem für ambitioniertere italienische und deutsche Institutionen zur Regel, ganz gezielt aus den ›Niederlanden‹ zu rekrutieren. Erst ab dem frühen bis mittleren 16. Jahrhundert verfügten diese Institutionen über Chorknabenschulen von hinreichender Qualität und Quantität, um ihren Bedarf an aus den eigenen Reihen zu decken, was bis zum Jahrhundertende (vor allem in Italien) zu einer fast vollständigen ›Nationalisierung‹ der Kapellen – und damit auch der dort tätigen Komponisten – führte.

Kiesewetter beschrieb 1826 vier »Schulen« der Niederländer, um Johannes ▸ Ockeghem, ▸ Josquin Desprez, Adrian ▸ Willaert und Orlande de ▸ Lassus. Aus diesen »Schulen« wurden in der Literatur des 20. Jahrhunderts »Generationen«, da angesichts der unzureichenden Quellenlage und der weit verstreut tätigen Protagonisten echte Schulbildungen – im Sinne persönlicher Lehrer-Schüler-Verhältnisse – ebensowenig zu konstruieren waren wie eine ›Gruppenidentität‹ oder gar ein ›Nationalbewusstsein‹. Für die Mitte des 15. Jahrhunderts wurde später noch eine weitere Generation hinzugeschrieben – ein Zeitraum, der für Kiesewetter noch weitestgehend im Dunkeln lag. Die eigentlich erste Generation international tätiger Komponisten aus dem ›franko-flämischen‹ Raum, mit Johannes ▸ Ciconia, Johannes Carmen, Nicholas ▸ Grenon u.a., bleibt dagegen auch in diesem neueren Modell ausgespart, unter implizitem oder auch explizitem Bezug auf die umstrittene Behauptung von Johannes ▸ Tinctoris (*Liber de Arte contrapuncti*, 1477), die ›ars nova‹ (sprich: die Renaissance) beginne erst mit der Generation um Guillaume ▸ Dufay, Gilles ▸ Binchois und Dunstaple.

Die nunmehr fünf Generationen lassen sich etwa wie folgt resümieren (alle genannten Musiker und Begriffe finden sich im Lexikon):

1. Ca. 1430–1460. Wichtigste Komponisten: Guillaume Dufay, Gilles Binchois, Johannes Brassart, Arnold de Lantins. Wichtigste Gattungen: Späte isorhythmische Motette, Etablierung der zyklischen Vertonung des Messordinariums, französische Chanson.
2. Ca. 1460–1490. Wichtigste Komponisten: Johannes Ockeghem, Antoine Busnoys, Johannes Regis, Johannes Martini, Jean Pullois, Jacobus Barbireau. Wichtigste Gattungen: Tenormotette, Tenormesse, späte burgundische Chanson.
3. Ca. 1490–1520. Wichtigste Komponisten: Josquin Desprez, Jacob Obrecht, Heinrich Isaac, Jean Mouton, Pierre de La Rue, Alexander Agricola, Johannes Ghiselin, Antoine Brumel, Antoine de Févin. Wichtigste Gattungen: Psalmmotette, Tenormesse, Anfänge der Parodiemesse, Chanson, Tenorlied.
4. Ca. 1520–1550. Wichtigste Komponisten: Philippe Verdelot, Adrian Willaert, Nicolas Gombert, Jacobus Clemens non Papa, Thomas Crecquillon, Jacques Arcadelt, Benedictus Appenzeller, Mattheus Le Maistre, Johannes Lupi, Lupus Hellinck, Pierre de Manchicourt, Cipriano de Rore. Wichtigste Gattungen: Parodiemesse, Madrigal, ›Pariser‹ und ›Niederländer‹ Chanson, paraliturgische Motette.
5. Ca. 1550–1580. Wichtigste Komponisten: Orlande de Lassus, Philippe de Monte, Jacobus de Kerle, Giaches de Wert, Jacob Regnart. Wichtigste Gattungen: Parodiemesse, Madrigal, Chanson, paraliturgische Motette, deutsches Lied.

Durch dieses Raster der Generationen hindurch fallen allerdings Komponisten, die entweder sehr lange lebten oder um einen der ›Übergänge‹ herum wirkten. Dies wird besonders auffällig am Übergang zwischen der zweiten und dritten Generation: Sowohl Obrecht als auch Josquin etwa begannen schon lange vor dem Beginn der ›3. Generation‹, der sie gewöhnlich zugeschlagen werden, mit dem Komponieren. Dasselbe gilt in noch höherem Maße für Loyset ▸ Compère und ▸ Gaspar van Weerbeke mit ihrem ›modernen‹ Mailänder Motettenstil der 1470er Jahre. Hier steht das Generationenraster entweder gegen die musikhistorische Realität oder es muss so großzügig ausgelegt werden, dass es bedeutungslos wird.

Noch schwerer als die Chronologie ist die Idee eines ›franko-flämischen‹ Stils zu fassen. Einerseits wird oft ein ›niederländischer‹ Stil postuliert, der komplex, kontrapunktisch dicht und ›mathematisch‹ sei, geprägt von den »intricacies of architectural polyphony and steeped in Germanic mysticism« (Lang 1939, S. 56) – dies vor allem in Abgrenzung gegen einen ebenso hypothetischen, klaren, deklamatorischen und ›rhetorischen‹ ›italienischen‹ Stil (in ähnlicher Weise auch die ›niederländische‹ gegen die ›Pariser‹ Chanson). Dieses Modell steht jedoch quer zu der anerkannten Fähigkeit der franko-flämischen Komponisten, die (vor allem weltlichen bzw. populären) Stile, die sie an ihren europäischen Wirkungsstätten vorfanden, zu assimilieren und kreativ fortzuentwickeln – bis zu dem Punkt, dass sie diese regionalen Stile prägten oder überhaupt erst definierten. Dies gilt für Ciconia und die ›italienische‹ Motette um 1400; für Weerbeke und Compère und den ›Mailänder Motettenstil‹; für Isaac und das deutsche Tenorlied; für Philippe de ▸ Verdelot, Arcadelt, Willaert und das italienische Madrigal. In Bereich der geistlichen Musik schreibt Willaert in Italien genauso selbstverständlich komplex-kontrapunktische Motetten wie klar-deklamatorische Psalmen. Andererseits wird der Italiener Festa an der päpstlichen Kapelle zum späten Meister der ›architektonischen‹ Tenormotette – und selbst Josquins *Ave Maria*, das gemeinhin als Gründungsurkunde des klaren, textorientierten ›italienischen‹ Renaissance-Stils angesehen wird, wurde möglicherweise nicht in Mailand, sondern im Norden komponiert. Dasselbe gilt für entsprechend klar-deklamatorische Stücke von Obrecht, Compère und Brumel. Sowohl in personeller wie in stilistischer Hinsicht ist der Begriff ›frankoflämische Musik‹ somit irreführend, da er eine Einheitlichkeit suggeriert, die im krassen Gegensatz steht zu dem, was die von dort stammenden Musiker im 15. und 16. Jahrhundert überhaupt ausmacht: ihren musikalischen Kosmopolitismus.

*Literatur*:
E. vander Straeten, *La musique aux Pays-Bas avant le XIXe siècle*, Brüssel 1867–1888, Reprint 1969 • P.H. Lang, *The So-Called Netherlands Schools*, in: The Musical Quarterly 25 (1939), S. 48–59 • L. Finscher, *Die Musik des 15. und 16. Jahrhunderts* (Neues Handbuch der Musikwissenschaft 3), Laaber 1989, S. 1–22 • K. Hortschansky, *Frankoflämische Musik*, in: MGG², Bd. 3 (Sachteil), 1995, Sp. 673–688 • I. Bossuyt, *Die Kunst der Polyphonie. Die flämische Musik von Guillaume Dufay bis Orlando di Lasso*, Zürich und Mainz 1997 • T. Schmidt-Beste, *Über »Nationalstile« in der Motette des 16. Jahrhunderts*, in: »Recevez ce mien petit labeur«. *Studies on Renaissance Music in honour of Ignace Bossuyt*, hrsg. von P. Bergé und M. Delaere, Leuven 2008, S. 239–252.

TSB

# Frankreich

Zwischen 1400 und 1500 wurde Französisch zur dominierenden europäischen Sprache in der Musik ebenso wie im Handel und in der Kommunikation. Die Bemerkungen Martin Le Francs in *Le Champion des dames* (um 1440) weisen darauf hin, dass Guillaume ▶ Dufays und Gilles ▶ Binchois' neue Praxis der ▶ Konkordanz der englischen Gewohnheit von John ▶ Dunstaple (»*ont prins de la contenance angloise […] et ensuy Dunstable*«) folgen; aber es waren frankophone Sänger-Komponisten, die diese neue musikalische Sprache in ihren Chansons und ihrer geistlichen Musik entwickelten, die die musikalische Szene in ganz Europa dominierte. Während des Hundertjährigen Krieges (1337–1453) war Frankreich sehr groß und bevölkerungsreich (schätzungsweise 15.000.000 im Jahre 1400), obwohl es politisch durch territoriale Dispute zwischen den Valois und den Plantagenet-Nachfolgern der Dynastie der Capetinger geteilt war; die englischen Könige beanspruchten Guyenne, Calais und Ponthieu, Anjou, die Normandie und oft mehr, während die burgundischen Fürsten Lothringen zu erhalten versuchten, indem sie ihre Länder von Dijon bis zu den Niederlanden ausdehnten. Aus persönlichen und Prestige-Gründen beschäftigten alle drei Königsfamilien in ihren Kapellen und Kammern zahlreiche Sänger (die oft in den Chorschulen ausgebildet wurde, die an die Kathedralen und Kollegiatkirchen der nördlichen Provinzen von Artois, Hainaut, Picardie, Flandern und Wallonien in Städten wie Arras, Saint-Quentin, Mons, Amiens, Cambrai, Lüttich etc. gebunden waren). Sänger und Organisten wurden in der Regel in den Chorschulen (Psalettes, Maîtrises oder Scholi cantorum) der Kathedralen und der ›Collégiales‹ der Städte als Chorknaben im Lesen, Gesang und Improvisieren des ▶ Fauxbourdon und sogar im polyphonen Komponieren unterrichtet. Instrumentalisten (Ménétriers) lernten durch das Gehör von ihren Meistern, die in Guilden anerkannt und organisiert waren (›Confréries‹), und die sich gelegentlich zur Auffrischung ihres Unterrichts in Technik und Repertoire in ›Escolles‹ verschiedener Städte trafen. Einige Chorknaben setzten ihre Ausbildung an der Universität fort, wo Musiktheorie als ein kleinerer Zweig des wissenschaftlichen ▶ Quadriviums (mit Arithmetik, Astronomie und Geometrie) unterrichtet wurde; aber viele traten in den geistlichen Stand ein, um ihren Lebensunterhalt durch die Kirche zu sichern (Hilfspfarrämter, Präbenden oder Kanonate). Einige Instrumentalisten – meist Trompeter oder Pfeifer – wurden von großen Städten als Wachen angestellt; die meisten fanden sich in Ensembles oder privaten Engagements für Hochzeiten, Bälle oder Bankette zusammen. Chorknaben, singende Laienkleriker und Minstrels boten ihren Dienst reisenden oder regulären Theatertruppen an, die meist Passionsspiele, Mysterienspiele, Moralitäten oder Farcen aufführten. Überwiegend waren die königlichen, fürstlichen oder aristokratischen Haushalte oder Kapellen der Kathedralen oder Kollegiatkirchen, die Chöre und damit verbundene Schulen unterhielten, Arbeitgeber für Musiker.

*Die französische Chapelle Royale und die königlichen Haushalte*
In der Chapelle von Karl VI. (reg. 1380–1422) in Paris waren elf Sänger beschäftigt, die überwiegend von Notre-Dame oder der Sainte-Chapelle kamen und von Jean du Moulin, dann von Adam Maigret geleitet wurden. Karl VII. (reg. 1422–1461) befreite die gallikanische Kirche von der päpstlichen Kontrolle durch die Pragmatische Sanktion von Bourges (1438), schloss 1435 Frieden mit Burgund und 1444 mit England und erreichte einen gewissen Grad an nationaler Einheit. Aber wie ▸ Ludwig XI., ▸ Karl VIII. und ▸ Ludwig XII. residierte er meist in den Schlössern des Loire-Tales. Er hörte täglich die Messe, die einstimmig oder polyphon gesungen wurde von einer kleinen Kapelle in Tours, mit einem Organisten und 15 ›chapelains‹, einschließlich Johannes ▸ Ockeghem. ▸ Ludwig XI. (1461–1483) erhob Ockeghem in Plessis-lès-Tours zum ›premier chapelain de chant‹, der 12 ›cantores-capellani‹ leitete, darunter Jehan Sohier (Fedé), Jehan Cousin und Jehan ▸ Fresneau. ▸ Karl VIII. (1483–1498) unterhielt in Amboise ein Duzend erwachsener Sänger, darunter Ockeghem, Loyset ▸ Compère, Guillaume ▸ Crétin und Alexander ▸ Agricola. ▸ Ludwig XII. (1498–1515) blieb, wenn er nicht gegen Italien kämpfte, in Blois; er unterhielt eine größere Gruppe Instrumentalisten (Posaunen, Zinken, Oboen und Lauten), von denen viele aus Italien stammten, und eine große Kapelle von Sängern, die von Denis Prioris (1503–1507), dann von Hilaire Bernonneau (1509) mit Michel Allart, von Antoine ▸ Brumel, Antoine de ▸ Févin, Matthieu ▸ Gascongne, Antoine de ▸ Longueval, Elzéar ▸ Carpentras (Genet), Lourdault (Braconnier) und Johannes ▸ Ghiselin (Verbonnet) geleitet wurde. Königinnen und Prinzen unterhielten ebenfalls Musiker, die ihrem Prestige und ihrem Interesse entsprachen. Ludwigs Frau, Anne von Britannien, hatte ihre eigene Kapelle mit 16 Sängern, darunter Antonius ▸ Divitis (Le Riche), Claudin de ▸ Sermisy und Jean ▸ Mouton, der mehrere Motetten zur Zelebrierung königlicher Ereignisse wie Geburtstage, Todesfälle, Hochzeiten und militärische Triumphe lieferte.

Obwohl ▸ Franz I. (reg. 1515–1547) Paläste in Chambord und Fontainebleau bauen ließ, residierte er meist im Louvre in Paris nach 1526 und setzte seinen Hof als zentrales Machtinstrument ein. Als Dichter und generöser Schutzherr der Künste baute er seine Kapelle unter Maître Cardinal François de Tournon und den Sous-maîtres Antoine de ▸ Longueval, Sermisy und Herault de Servissas aus, eingeschlossen einen Organisten (Pierre Mouton), einen Komponisten (Pierre ▸ Sandrin), zwei Schreiber (Pierre Blondeau und Simon Girault) und ungefähr 25 Sänger-Kleriker wie Allart, Guillaume Belin, Conrad (Remiger?), Jean ▸ Cousin, Divitis, Gascongne, ▸ Jacotin, Pierre de Manicourt, Mouton, Guillaume (?) Nicolas, Rogier ▸ Pathie und Pernot Vermont. Für seine Kammer beschäftigte er Jean de Bouchefort, Simon de Fougères und einige wenige Sänger samt einigen Lautenisten (Giovanni Paolo Paladino, Hubert Despalt, Albert de Rippe etc.), zwei Flötisten oder Blockflötisten (Nicolas Pironet, Simon Le Vacher), zwei Violenspieler (Jean Bellac, Pierre d'Auxerre) und zwei Spieler von Tasteninstrumenten (Rogier Pathie und Antoine Delahaye); seine Militärkapelle (›écurie‹) bestand aus einigen Pfeifern und Trommlern (›fifres et tambourins‹), Trompetern, Oboisten (einige spielten auch Posaune und Zink) und sogar einige Violinisten, viele davon Italiener. Die königlichen Musiker reisten mit dem Hof und spielten bei Ereignissen wie diplomatischen Treffen mit Papst Leo X. in Bologna 1515 und mit Heinrich VIII. von England 1520 und 1532; sie nahmen auch an festlichen Ereignissen in Paris teil, wobei sie sich mit den Chören der Kathedrale von Notre Dame und der Sainte-Chapelle vereinigten. Viele der Gedichte Franz' I. wurden vierstimmig von Sandrin, Sermisy und anderen vertont und wurden von dem königlichen Drucker Pierre ▸ Attaingnant veröffentlicht.

Heinrich II. (reg. 1547–1559) führte als neue Kapellsänger Jacques ▸ Arcadelt, Clement ▸ Janequin (›compositeur‹), Lambert de Beaulieu und Jean Rousée ein und als Kammermusiker die Organisten Jacques Du Buisson, Thomas Champion (genannt Mithou) und Jean Dugué und den Flötisten Jean David. Es wurde von ihm berichtet, dass er Marots Psalmen gesungen und seine eigenen Melodien für seinen beliebtesten Psalm, *Bienheureux est quiconques* (Psalm 128), komponiert habe. Seine Frau, Katharina de' Medici, förderte das Ballett und musikalischen Prunk, wie er in ihrer Geburtsstadt Florenz üblich war (so das *Ballet des Polonais* 1573 und Beaujoyeux' *Balet comique* 1581); sie behielt ihre große Kapelle, sogar nach Heinrichs Tod, mit vier Chorknaben und zwölf erwachsenen Sängern unter der Superintendanz von Nicolas Millot und De la Bessée (1585–1587). Sie erhielt Widmungen in Psalmbüchern von Janequin (gedruckt 1559) und Motetten von Jean Maillard (1565). Franz II. (reg. 1559–1560) war der Widmungsträger einer monumentalen Sammlung von 120 alten und neuen Chansons von ▸ Josquin Desprez, Adrian ▸ Willaert, Orlande de ▸ Lassus und weiteren, die von den königlichen Druckern ▸ Le Roy & ▸ Ballard 1560 herausgegeben wurden.

Karl IX. (reg. 1560–1574) sang mit seinen acht Kammersängern, unter denen sich der Kastrat Estienne Le Roy befand. Er beschäftigte einige fähige Instrumentalisten wie die Tasteninstrumentenspieler Guillaume ▸ Costeley, Dugué, Nicolas de ▸ La Grotte und Mithou (Thomas Champion), die Lautenisten Vaumesnil und Edinton, den Lyra-Spieler Courville, den italienischen Violinisten Baltazarini (Balthasar de ▸ Beaujoyeux); und er hob den Status des (hauptsächlich italienischen) Violinensembles, indem er es aus der ›écurie‹ in die Kammer verlagerte. Er betrachtete Musik als eine besänftigende und vereinigende Kraft für den Staat, wie es auch in seinen Statuten für Jean Antoine de ▸ Baïfs *Académie de Musique et Poésie* 1570 nachzuvollziehen war. Er unterstützte die königlichen Drucker Adrian ▸ Le Roy und Robert ▸ Ballard und versuchte, Lassus von München wegzulocken.

Heinrich III. (reg. 1574–1589) vergrößerte seine Kapelle mit Didier Leschenet als ›compositeur‹, Nicolas Millot und Eustache ▸ Du Caurroy als ›sous-maîtres‹ mit sechs Chorknaben, vier erwachsenen ›dessus muez‹, sieben hautes-contre, sieben ›tailles‹ und 10 ›bassescontre‹. Seine Kammermusiker schlossen die Sänger Jacques Salmon, Pierre ▸ Bonnet, Girard de Beaulieu und seine Frau Violante Doria ein, den Kastraten Estienne Le Roy, die Spinett-Spieler La Grotte und Mithou, die Gambenspieler La Chapelle und Portet, die Flötisten und Zinkenisten Jacques le Vacher und Delinet, die Lautenisten Edinton und Estienne Dugué, die Harfenisten Monnier und La Chappelle. Der Bruder des Königs, Herzog François von Anjou und Alençon (1555–1584), war ebenfalls ein großzügiger Förderer der Musik, der Widmungen in gedruckten Sammlungen von Philippe de ▸ Monte (1575), Lassus (1577) und Guillaume ▸ Boni (1582) erhielt und sich mit ausgezeichneten Musikern umgab, unter ihnen der Violinist Beaujoyeux, der Komponist Claude ▸ Le Jeune, der Kastrat Estienne

Le Roy, der Lautenist Vaumesnil und der Organist Loys Cramoisy.

Heinrich IV. (reg. 1589–1610), ein Protestant, zeigte wenig Interesse an der Chapelle Royale; aber er hielt Du Caurroy als ›compositeur de la chapelle‹ und beschäftigte viele Kammermusiker wie den Lautenisten Charles ▸ Tessier. Seine erste Heirat mit Marguerite de Valois 1572 wurde mit einem Maskenspiel gefeiert – *Le Paradis d'Amour* (mit Dichtungen von Baïf und Pierre de ▸ Ronsard und Musik von Joachim Thibault de ▸ Courville und Claude ▸ Le Jeune); seine zweite Hochzeit mit Maria de Medici wurde im Palazzo Pitti in Florenz gefeiert, mit der Oper *Euridice* von Ottavio Rinuccini und der Musik von Iacopo ▸ Peri und Giulio ▸ Caccini.

*Fürstliche Kapellen und Haushalte*
In Bourges gründete Jean de Berry 1405 die Sainte-Chapelle und baute seine eigene persönliche Kapelle auf, in der er Komponisten wie Solage beschäftigte. In Moulins hatte Karl I. von Bourbon eine Kapelle von 12 Musikern (einschließlich Johannes ▸ Ockeghem zwischen 1446 und 1448). In Chambéry spielte Amédée VIII. von Savoyen (1391–1451) Orgel, beschäftigte Guillaume ▸ Dufay als Kapellmeister und veranstaltete luxuriöse Turniere, Bankette und Feste wie dasjenige von 1434 für die Hochzeit seines Sohnes mit Anne von Lusignan, der Königin von Zypern; nach seiner Wahl zum Antipapst als Felix V. durch das Konzil in Basel im Jahre 1439 wurden eine Auswahl geistlicher Motetten und Messen von Dufay, Gilles ▸ Binchois und anderen wie Johannes ▸ Brassart und Nicolas Merques im Manuskript Aosta 15 und Trient 87 und 92 bewahrt. Sein Sohn Ludwig (1413–1465) und Anne hielten eine große Kapelle mit sechs bis acht Chorknaben und 10 bis 23 erwachsenen Sängern, einschließlich Dufay (1450–1456) und ▸ Eloy d'Amerval (1455–1457). Das Chansonnier Cordiforme (Paris BNF ms. 2973), das möglicherweise in den späten 1470er Jahren in Savoyen kopiert wurde, enthält zahlreiche Lieder von führenden französischen, burgundischen und italienischen Komponisten. Karl I. (1468–1490) führte die musikalischen Traditionen fort und beschäftigte Pietrequin Bonnel (1488–1489). Philibert II. (1480–1504) und seine Frau, Margarete von Österreich, brachten Antoine ▸ Brumel, Antoine de ▸ Févin, Pierrequin de Therache, Antoine de ▸ Longueval und Lodovico ▸ Fogliano an den Hof. In Angers, Saumur und Aix-en-Provence unterhielt König René von Anjou (1409–1480), ein großer Schutzherr der Künste, acht Sänger (einschließlich Beltrame Feragut und ▸ Josquin Desprez). Bei seinem Tod traten viele der Sainte-Chapelle Ludwigs XI. bei. Fürst Charles d'Orléans (1394–1465), dessen Dichtung von den größten Sänger-Komponisten seines Zeitalters vertont wurden (John ▸ Bedyngham, Binchois, Dufay) beschäftigte Eloy d'Amerval; seine Frau, Marie de Cleves, engagierte ihre eigenen vier Sänger und Instrumentalisten, die sie aus England und der Lombardei mitbrachte.

Der Herzog von Lothringen, Karl II. (1391–1431), stattete die Kollegiatkirche von St. Georges in Nancy mit einem mehrstimmigen Chor und einer Chorschule aus. Seine Nachfolger waren verschwenderische Musikmäzene. Der musikliebende Herzog René I. (1431–1453) engagierte 12 Sänger und organisierte kostspielige musikalische Feste, die Gesang, Tanz und Pantomime einschlossen, wie für den Besuch Karls VII. von Frankreich und auch für die Hochzeit von Marguerite d'Anjou und Henry VI. von England in den Jahren 1444–1445. René II. (1473–1508) richtete 1477 eine Schule für Spielmänner in Pont-à-Masson ein, ließ 1487 eine Orgel an St. Georges bauen, verstärkte den Chor, holte 1481 Lourdault (Jean Braconnier) und ernannte Pierrequin de Therache 1492 als Chormeister. Sein Nachfolger Antoine I. (1508–1544) beschäftigte den Musiktheoretiker und Historiographen Nicolas

▸ Wollick als Sekretär 1513, ersetzte Therache gegen Matthieu Lasson 1527 und trennte die Musiker seiner Kammer von denjenigen der Chapelle, in der er Sänger (›les petits chantres de Monseigneur‹) und Instrumentalisten (Violen, Rebecs, Violinen, Orgeln, Spinette, Lauten [einschließlich Paladino], Schalmeien, Trompeten, Pfeifen und Trommeln) für seine Levées und Mahlzeiten sowie für Mysterienspiele und Moralitäten einsetzte, die von Pierre Gringore organisiert wurden. Er hat möglicherweise das Chansonnier Paris Bibl. Nat. Ms fr 1597 in Auftrag gegeben, das 67 Stücke von ▸ Hayne van Ghizeghem, Loyset ▸ Compère, ▸ Josquin Desprez, Alexander ▸ Agricola, Denis Prioris und anderen enthält. Karl III. (1545–1608) beschäftigte, nachdem er an den französischen Hof erhoben wurde, viele Musiker einschließlich des Komponisten Fabrice Marin ▸ Caietan, der Chorleiter an der Kathedrale von Toul war, und den Zinkenisten Philippe Windelin; Paschal de ▸ L'Estocart widmete ihm seine *Quatrains du Sieur de Pibrac* (1582). Karl setzte sein Ensemble von sechs Violinen und sieben Oboen für Maskeraden, Ballette, Konzerte und Zeremonien ein. Der Kardinal Charles de Lorraine (gest. 1574) hatte eine persönliche Kapelle mit Sängern, die polyphon sangen, und die für kurze Zeit von Jacques ▸ Arcadelt geleitet wurde, der ihm 1557 ein Buch mit Messen widmete.

Graf Laval Guy XII. (1327–1412) begann eine Familientradition der Montmorency mit dem Engagement von vielen »guten Sängern und Musikern«; Guy XVI. (1476–1531) beschäftige in seinem Haushalt eine Anzahl an Trompetern, Oboisten, Posaunen, Lauten, Organisten und andere Musiker, wie den Organisten aus Angevin Jean Daniel, der ein Buch mit ▸ Noëls publizierte. Der Protestant Guy XVII. (1522–1547) setzte die musikalische Tradition fort, indem er seine Hochzeit mit Claude de Foix 1535 mit »Violinen, Pfeifen und Flöten, die harmonisch Airs und Chansons spielten«, feierte und engagierte als Kammerdiener und Kapellmeister Antoine Mornable, der für ihn 1546 vierstimmige Motetten und Psalmen publizierte. Jean ▸ Servin diente François de Coligny und widmete 1578 ein Buch mit vier- bis achtstimmigen Chansons dessen Sohn Paul (1555–1586), der 1567 Graf Guy XIX. wurde.

Kardinal François de Tournon (1489–1562), der Erzbischof von Bourges und Lyon, war nominell der Kopf der Kapelle Franz' I.; er schrieb auch Gedichte, die von Claudin de ▸ Sermisy, Pierre Cadéac und Pierre ▸ Colin vertont wurden. Kardinal Jean de Lorraine (1489–1550) war ein großer Musikmäzen; er unterstützte den Drucker Pierre ▸ Attaingnant und beschäftigte ein Orchester von Violinen, Oboen und Flöten, die für seine Tänze und Maskeraden spielten.

*Städte – Kirchen, Universitäten und Stadtmusikanten*

Aix-en-Provence: Bevor die Stadt 1480 mit Frankreich vereinigt wurde, war sie unter der Kontrolle von König René d'Anjou (1409–1480), der einige Musiker einschließlich Beltrame Feragut (1449) und Josquin (1475–1478) beschäftigte. Die Lieder der Studenten der Basoche, die an die 1409 gegründete Universität angebunden war, sind in den 1520 gedruckten *Chansons nouvelles en lengage provensal* repräsentiert, die 1520 gedruckt wurden.

Amiens: Seit 1465 hatte sich eine Guilde von Spielmännern an der Kathedrale gebildet, die sich dort auch trafen, und zu deren Chorschule die Meister Firmin Caron (1422, Jean ▸ Mouton (1500), François Dulot (1514), Laurent Bonnard (1547–1553) und Vulfran Samin gehörten; letzterer war auch ›chantre extraordinaire‹ in der Confrérie Notre Dame du Puy d'Amiens in den Jahren 1543–1544. 1500 bat Jean Mouton den städtischen Rat, eine Mysterien-Passion präsentieren zu dürfen; 1559 boten eine Truppe mit Schauspielern und Musikern, die von Roland Guinet angeführt wurden, zehn Tage lang Moralitäten und Farcen mit ›jeux de viole et de musique‹.

Angers: Bevor die Stadt mit der französischen Krone 1480 vereinigt wurde, war sie Sitz des Königs von Anjou. König René hatte 1449 seine eigenen Musiker mit 12 Sängern. Eine Chorschule, die an der Kathedrale 1369 eingerichtet wurde, sang in den Gottesdiensten, bei Prozessionen und in Mysterienspielen wie Grébans *Passion* von 1485. Zu den Musikern gehörte der Organist Jean Daniel, der um 1524 Dichtungen für Schauspiele und Noëls verfasste, und Janequin, Leiter der Chorknaben zwischen 1534 und 1537 und Student an der Universität 1548.

Arras: Mit dem Niedergang der weltlichen Monophonie im 14. Jahrhundert verstärkte sich die musikalische Aktivität in den Kirchen und Chorschulen, aus denen während des 15. und 16. Jahrhunderts viele Komponisten hervorgingen wie Antoine de ▸ Févin, Philippe Rogier und Valérian Gonet; einige Chorknaben wurden aus der Sainte-Chapelle in Paris und anderen großen Kapellen rekrutiert.

Autun: Die Kathedrale von Saint-Lazare hatte seit 1434 einen Chor, der polyphone Kompositionen sang. Sein Chorleiter von 1542 bis 1564 war Pierre Colin, der Bücher von Messen, Motetten und französischen Psalmen in Lyon veröffentlichte.

▸ Avignon

Beauvais: Die Kathedrale und die Chorschule beschäftigten unter anderen die Komponisten Nicolle des Celliers, genannt Hesdin (gest. 1538), als ›maître des enfants‹, Jean Doublet (1532), Robert Godard (1540), Jean Le Roux oder Ruffi (1560 und Jean Mollet (1575) als Organisten. Eustache ▸ Du Caurroy (1549–1609), der in Gerberoy (nahe von Beauvais) geboren wurde, sang wahrscheinlich in der Chorschule der Kathedrale.

Bordeaux: Die Hauptstadt von Aquitanien wurde zeitweise, bis 1453, von den Engländern regiert. 1457 wurde der französische König ▸ Karl VII. mit einer fünfstimmigen Motette – *Adoreatur beata trinitas* – empfangen. 1463 hatte die Kathedrale einen großen Chor mit acht Chorknaben, die auch in Theateraufführungen sangen. Clement ▸ Janequin arbeitete dort 1505 bis 1523, hielt ein Kanonikat in der Nähe in Saint-Emilion, sang Chansons mit dem Dichter-Musiker Eustorg de Beaulieu im Hause des Advokaten Bernard de Lahet und schrieb für den Besuch Franz I. 1530 *Chantons, sonnons, trompettes*.

Bourges: 1405 baute Herzog Jean de Berry eine Sainte-Chapelle und stiftete den großen Chor, unter dessen späteren Leitern oder Sängern sich Johannes ▸ Cesaris, Nicolas ▸ Grenon, Jean ▸ Cousin, Guillaume ▸ Faugues, Philippe ▸ Basiron und Johannes Fedé befanden. Karl VII. residierte dort von 1418 bis 1436. Spätere Mitglieder waren die Komponisten Pierre ▸ Passereau, Jean Le Bouteiller (1530), Jean Bastard (1536) und Clément Morel (1552). Die Kathedrale hatte auch eine Chorschule, deren Chorknaben auch in Passionen und Mysterienspielen wie den *Actes des apôtres* 1536 sangen, die Hymnen und Cantiques enthielten und von zwei kleinen Engeln aufgeführt wurden, begleitet von Flöten, Harfen, Lauten, Rebecs und Violen sowie von Bühnenmusik mit acht Oboen, vierzehn Trompeten und Trommeln.

Cambrai: In der Stadt wurden zwischen 1427 und 1437 jährliche Stadtmusikanten-Schulen abgehalten. Von den burgundischen Fürsten gestiftet, rühmte sich die gewaltige Kathedrale eines großen, berühmten Chores mit Kanonikern, ›grands‹ und ›petits vicaires‹, Chorsängern und ihrem ›maître de chant‹; Dufay war dort Chorsänger von 1410 bis 1414 unter Nicolas Malin und Richard Loqueville und kehrte 1439 und 1452–1458 als Kanoniker wieder. Andere große Sänger-Komponisten waren Nicolas ▸ Grenon, Reginaldus (Libert?), Jean Du Sart, Simon le Breton, Johannes ▶ Ockeghem, Johannes ▶ Tinctoris, Alexander ▶ Agricola, Louis van Pullaer, Jean Courtois, Crispin van Stappen, Matthieu Lasson, Johannes ▶ Lupi, Philippe de ▶ Monte und Jacobus de ▶ Kerle. Die Kollegiatkirche von St. Géry hatte ebenfalls einen Chor und eine Schule, die polyphone Musik aufführten.

Chambéry: Die Stadt war zwischen 1418 und 1562 die Hauptstadt und der Sitz des Herzogtums von Savoyen, das die Grafschaften von Nizza und Genf umfasste. Polyphone Musik blühte an der Sainte Chapelle, die auch als private Kapelle der Fürsten bis 1467 diente, als sie in eine Kollegiatkirche umstrukturiert wurde.

Chartres: An der Kathedrale wurde täglich die hohe Messe einstimmig und polyphon gesungen, und an Festtagen Vespern mit dem Magnificat und seinen Antiphonen. Zu den Chorleitern gehörten Jean ▶ Fresneau (1494–1506), Jérôme de Clibano (1497–1499), Jean Guyon (1523–1556) und Nicolas Grouzy (1563–1568).

Dijon ▶ Burgund

Douai: Die Universitätsstadt in Flandern stand unter Kontrolle der burgundischen Herzöge und ihrer Nachfolger, bevor sie 1713 zu Frankreich kam. Loyset ▶ Compère war Vorsteher der Kollegiatkirche von Saint-Géry (1494–1504) und studierte Jura an der Universität. Bemerkenswerte Musiker, die in der Stadt geboren wurden, waren Fedé (um 1415–1477), Attaingnant, Jean Bonmarché (um 1520–1570) und die Brüder ▶ Regnart, Jacob, François, Charles und Pascasio (um 1450–um 1599). Zwischen 1575 und 1633 publizierten Jean und Pierre Bogart dort 20 Bücher mit Messen, Motetten oder Chansons, darunter einige von ansässigen Musikern wie den Brüdern Regnart (RISM 1590[10]), François Gallet und Jean Machielz.

Evreux: 1570 gründeten 21 Bürger und Mitglieder des Kathedral-Kapitels die Confrérie Sainte-Cécile – eine Musiziergesellschaft, die von 1575 an einen ›Puy ou concertation de musique‹ (▶ Puy) etablierte und Preise an Komponisten für polyphone Motetten, Chansons und Airs spirituels vergab. Als musikalischer Organisator der Confrérie vergab Costeley Preise an Lassus, Du Caurroy, Caietain, Jacques Mauduit, L'Estocart, Jean ▶ Planson, Georges De la Hèle und andere.

Grenoble: Die Kathedrale und die mit ihr verbundene Kollegiatkirche Saint-André beschäftigte als Chorleiter Jean ▶ Mouton (1501) und Henry Chandor (1568).

Langres: Die Kathedrale Saint-Mammès hatte seit 1485 einen großen Chor, der polyphone Musik sang, mit Chorleitern wie Antoine ▶ Bruhier (1504), Ninot ▶ Le Petit (1506–1510), Jean Pignet (1505), Jean Barra dit Hottinet (1512–1514), Vulfran Samin (1558–1564), Didier Leschenet (1584–1586) und Adrien Allou (1597–1603). Der Kanoniker Jean Tabourot publizierte seine Tanzschrift *Orchesographie* 1588 in Langres.

Laval: Die Kathedrale Saint-Tugal hatte seit 1485 eine Chorschule mit vier Chorknaben. Die Grafen von Guy XII. (1327–1412) bis zu Guy XIX. (1555–1586) beschäftigen zahlreiche Sänger und Musiker, darunter die Komponisten Guillaume Mornable und Jean ▶ Servin.

Le Mans: Die Kathedrale Saint-Julien hatte eine Chorschule mit acht Chorknaben; 1469 arbeitete sein Chorleiter Thomas Thomasset mit dem Kanoniker Arnoul Gréban zusammen, einst Organist an Notre Dame in Paris und Autor einer Passion und anderer Dramen, um diese aufzuführen. Thomas Gendrot, der 1584 Chorleiter war, schrieb vier Bücher polyphoner Chansons (verloren). Das ›collégiale‹ Saint-Pierre-de-la Cour hatte einen kleineren Chor mit vier Chorknaben. François Briand, ›maistre des escolles de Saint-Benoist‹, publizierte dort 1512 ein Buch mit *Nouelz nouvaulx* für eine oder zwei Stimmen (verloren). Andere lokale Komponisten waren Robert Meigret

(30 Chansons zu vier Stimmen, die in Paris zwischen 1543 und 1557 gedruckt wurden) und Julien Belin (Lautenbuch, gedruckt in Paris 1556).

▸ Lyon

Marseille: 1481 wurde Marseille, wie die ganze Provence, von Ludwig XI. von Frankreich annektiert. Musik schmückte die Festlichkeiten, die zu den königlichen Besuchen von Franz I. 1517 und 1533 sowie Heinrich II. 1548 gefeiert wurden. 1546 etablierte Barthélemy de la Crous eine Schule, in der Violen und andere Instrumente unterrichtet wurden. Motetten und Chansons von dem Wunderkind Barthelemy Beaulaigue, von dem berichtet wird, dass er ein Chorknabe der Kathedrale war, wurden in Lyon 1558–1559 gedruckt.

Metz: Die Stadt wurde 1559 von Frankreich annektiert. Die Chorschule an der Kathedrale wurde von Nicolaus ▸ Wollick 1507 und von Claude Petit Jean 1571 geleitet. Goudimel lebte dort von 1557 bis 1565, arbeitete mit dem Dichter Louis Des Masures zusammen und schrieb Psalmen für die protestantische Gemeinschaft.

Montpellier: Musik blühte an der Universität (die 1289 gegründet wurde) und in der Stadt, die seit 1353, als den Stadtmusikanten besondere Statuten gegeben wurden, ein reguläres Ensemble von Oboisten hielt.

Nancy: Die Stadt war die hauptsächliche Residenz der Herzöge von Lothringen (siehe oben). Seit 1424 unterstützte sie einen Chor an der Kollegiatkirche von Saint-Georges und unterhielt später eine private Kapelle mit vielen Musikern.

Nantes: Bis 1491, als die Bretagne mit Frankreich verbunden wurde, war Nantes der Sitz des Herzogtums. Im 15. Jahrhundert hielt die Kathedrale und die Kollegiatkirche von Notre Dame Chöre. Das musikalische Leben der Stadt erreichte seine Höhe während der Regierungszeit von Königin Anne (1488–1514), die sang und Mandora spielte und viele Sänger, Organisten und städtische Trompeter anwarb.

Narbonne: Die Kathedrale Saint-Just hatte einen großen Chor mit acht Chorknaben seit 1330. 1404 wurde den örtlichen Kirchen Vorhaltungen gemacht, da sie attraktiven Frauen erlaubte, polyphone Virelais während der Messe zu singen, und 1551 verbot ein Kirchenrat das Feiern des Tänze umfassenden ›fête des fous‹ (›Fest der Verrückten‹).

Noyon: Attaingnant publizierte liturgische Gesangbücher für die Kathedrale, die eine berühmte Chorschule hatte und 1568 von Nicolas de Marle geleitet wurde. Firmin Le Bel († 1573), Matthieu Sohier (um 1520 – um 1560) und Paschal de ▸ L'Estocart stammten aus Noyon.

Orléans: Eine Chorschule an der Kathedrale Saint-Croix wurde 1460 von Tinctoris und 1573 von Pierre Cerveau geleitet. Eine weitere an der Collegiale Saint-Aignan hatte 1471 ▸ Eloy d'Amerval als Chorleiter und 1572 Richard Crassot. Protestanten kontrollierten die Stadt von 1561 bis 1565, die dort hugenottische Psalmen publizierten, die von Hugues Sureau, Jean ▸ Servin und Richard Crassot vierstimmig gesetzt wurden.

▸ Paris

Poitiers: Seit dem 15. Jahrhundert hatten die Kathedrale und die Kollegiatkirchen Saint-Hilaire und Sainte-Radegonde Chorschulen. Franz I. wurde bei seinem Besuch 1520 mit »vaudevires et chansons à plaisir« begrüßt, die von Chorknaben gesungen wurde, die auch Farcen und Moralitäten spielten. 1555 veröffentlichte Jambe de Fer Melodien für Psalmen, die von Jean Poictevin übersetzt wurden, der Kanoniker an Sainte-Radegonde war. 1555 publizierte Pierre Santerre, der Organist an der Kathedrale, Sätze des Marot-Bèze-Psalters wie auch Chansons in lokalem Dialekt.

Rouen: Bezüglich des Chors der Kathedrale von Notre Dame ist seit dem Mittelalter überliefert, dass er auswendig sang. Unter den

Chorleitern befanden sich François Dulot (1522–1579), Guillaume Leroy (1530–1536) und Pierre Caron (1565–1579), unter den Organisten Simon Magdelain (1524) und Jean Titelouze (1588).

Toulouse: In der Universität (gegründet 1229 von Papst Gregor IX.) wurde Musik als Teil des ▸ Quadriviums gelehrt. 1323 etablierte die Guilde Sobregaya Companhia dels VII Troubadors de Tolosa, die später als Collège de l'Art et Science de Rhétorique oder Académie des Jeux Floraux bekannt wurde, einen Wettbewerb in ›gaya sciensa‹ (amouröser Dichtung); Preise wurden für lyrische Dichtung in provenzalisch und später, ab dem frühen 16. Jahrhundert, in französisch verliehen. Die Bewerber rezitierten ihre Dichtung ohne die Hilfe von Musikern (›joglar‹). 1492 erkannte der Stadtrat (capitouls) die Statuten der Musiker an, die sich im Karmeliterkloster etabliert hatten. Seit dem 13. Jahrhundert gab es an der römischen Basilika von St. Sernin, an der gotischen Kathedrale von St. Etienne, an der Dominikanerkirche (Église des Jacobins) und im 14. Jahrhundert am Augustinerkloster Chöre und Singschulen (›maîtrises‹). Eine polyphone Vertonung des Ordinariums, als *Messe von Toulouse* bekannt, überlebte in einem Manuskript des 14. Jahrhunderts an der städtischen Bibliothek. Das musikalische Leben florierte während der zweiten Hälfte des 16. Jahrhunderts unter der Schutzherrschaft von Kardinal Georges d'Armagnac, der den Dichter Pierre de ▸ Ronsard enthusiastisch verehrte, der vom Collège 1554 geehrt wurde. An St. Etienne befanden sich Jean Bonnefond und Guillaume ▸ Boni unter den Chorleitern; Boni hat die Motetten (inklusive einer ›symphonia‹ in neun Teilen) und Sonette auf Gedichte von Ronsard für den Besuch König Karls IX. 1565 geschrieben; Boni vertonte zudem Quatrains (Vierzeiler) des in Toulouse ansässigen Dichters Guy du Faur de Pybrac (1582). Gedichte anderer residierender Dichter wie Jacques Grévin, Robert Garnier und Pierre de Brach wurden von Antoine de ▸ Bertrand in seinem dritten Buch der *Chansons* vertont, das Charles de Bourbon, dem Bischof von Lectoure, gewidmet war (1578).

Tours: Die Musik blühte an der Kathedrale von St. Gatien und an der Kollegiatskirche St. Martin, die im 14. Jahrhundert einen Chor mit zehn Chorknaben und acht erwachsenen Sängern hatte. Zwischen 1456 und 1459 ernannte König Karl VII. Ockeghem als ›premier chapelain‹ und ›trésorier‹ an St. Martin, eine Stellung, die der Komponist bis zu seinem Tod innehatte. Ludwig XI. und Karl VIII. wohnten über lange Zeit in den Schlössern Plessisles-Tours und Amboise, und so verweilte der französische Hof in der zweiten Hälfte des 15. Jahrhunderts oft in der Region. Antoine ▸ Busnoys, Johannes ▸ Regis und Jean ▸ Fresneau verbrachten einige Zeit in der Stadt, und im 16. Jahrhundert waren Jean le Saintier (1513), Guillaume Le Heurteur (1545) und Richard Crassot (1581) an St. Martin aktiv, sowie Pierre de Manchicourt an St. Gatien (1539). Die Orgel der Kathedrale, die von François des Oliviers um 1550 gebaut wurde, wurde von Protestanten 1562 demoliert und von André Delahaye und Guillaume Lefebvre 1585 restauriert. Nicolas de ▸ La Grotte war 1585 dort mit anderen Musikern aus der Kammer Heinrich III angestellt.

Troyes: An der Chorschule, die 1407 an der Kathedrale Saint-Pierre gegründet wurde, wurden Knaben im Komponieren und Singen des Fauxbourdon unterrichtet. Unter den späteren Chorleitern befanden sich Michel Hugier (1547) und Richard Crassot (1556–1560).

*Die Hegemonie der französischen Musik – Quellen und Verbreitung*
Nach Beurteilung der erhaltenen schriftlichen Quellen, archivalischen Aufzeichnungen und zeitgenössischen Berichte umschloss das hauptsächliche Repertoire französischer Kunst-

musik geistliche lateinische und weltliche französische vokale Polyphonie – Messen, Motetten, Hymnen, Magnificat-Vertonungen und Chansons, die drei- und vierstimmig vertont wurden. Die gleichen Komponisten – Busnois, Hayne, Ockeghem, Josquin, Compère, Agricola, Brumel, Févin etc. (alle frankophon) und die gleichen Stücke dominieren in den meisten Manuskripten, die in Italien, Frankreich, Deutschland oder den Niederlanden zwischen 1460 und 1530 kopiert wurden. Das gleiche gilt für die ersten gedruckten Bücher von Ottaviano ▸ Petrucci und Andrea ▸ Antico (1501–1530). Eher nationalere oder lokalere Tendenzen haben spätere Manuskripte und gedruckte Quellen wie die Publikationen von Attaingnant, Jacques ▸ Moderne, Tylman ▸ Susato, Antonio ▸ Gardano, ▸ Scotto, Pierre ▸ Phalèse, Nicolas ▸ Du Chemin und ▸ Le Roy & Ballard, obwohl frankoflämische Sänger-Komponisten wie Sermisy, Janequin, Willaert, Philippe ▸ Verdelot, Arcadelt und Lassus weiterhin die europäische Vokalmusik für viele Jahre dominierten.

Die erste in Frankreich gedruckte Musik erschien in Missalien und anderen liturgischen Büchern mit einstimmigem Gesang in Paris, Lyon, Avignon und Rouen zwischen 1480 und 1500. Die Produktion polyphoner Lieder, Messen und Motetten von Petrucci und Antico in Italien fanden keinen französischen Gegenpart bis 1528, als Etienne Gueynard in Lyon ein großes Chorbuch mit Messproprien publizierte, die in vierstimmigem Fauxbourdon oder in einfacher Polyphonie von Layolle und anderen nicht namentlich genannten Komponisten komponiert wurden. Ebenfalls in Paris führte ▸ Attaingnant 1528 mit seinen *Chansons nouvelles* von Sermisy und *Motetz et Chansons en canon* von Mouton, Willaert und anderen eine neue Methode ein, mit der Notenlinien und Noten gleichzeitig gedruckt werden konnten. Diese neue Methode reduzierte die Produktionskosten und machte die Musik einer mittleren Klasse zugänglich. Die einfacheren Lieder und Psalmen von Clément Marot wurden überwiegend homophon von Sermisy, Janequin, Jacotin, Pierre ▸ Certon, Antoine Mornable, Pierre ▸ Sandrin und anderen komponiert und erlangten bald die Gunst der Pariser Aristokratie und Bourgeoisie. Die gleiche Methode und das gleiche Repertoire fünfstimmiger französischer Chansons und Psalmen, lateinischer Motetten und Messen folgte in Lyon mit Jacques ▸ Moderne (1532–1560), den Beringen-Brüdern (1547–1559) und Robert ▸ Granjon (1557–1559), in Paris mit Nicolas ▸ Du Chemin (1549–1576) und Adrien Le Roy & Robert Ballard (1551–1598), in Antwerpen mit Tylman Susato (1544–1564) und in Louvain mit Pierre Phalèse I (1545–1578). Seltener wurde Musik gedruckt in Avignon bei Jean de Channey (1532–1537, ▸ Carpentras), La Rochelle mit Pierre Haultin (1576–1578) und in Caen mit Simon Mangeant (Psalmmelodien 1562 und Jacques Mangeant (Airs und Tänze, 1593–1615).

Die hauptsächliche Aktivität von Musikern bei dramatischen Aufführungen wie liturgischen Spielen, Passionen, Mysterienspielen, Moralitäten, Farcen, Tragödien, Komödien, Maskeraden, Balletten und Pastoralen ist gut dokumentiert, aber selten in schriftlichen Quellen vertreten. Unter den Ausnahmen befinden sich La Grottes Airs für Divertissements von Ronsard (1564), Costeleys Chöre für Robert Garniers Tragödie *Porcie* (1569) und die Airs und Tänze von Beaulieu und Salmon für Balthasar ▸ Beaujoyeulx' *Balet comique de la Royne* (1581). In ähnlicher Weise ist die Instrumentalmusik der Spielmänner wegen ihrer ephemeren und funktionalen Natur und der mündlichen statt der schriftlichen Überlieferung nur marginal in schriftlichen Quellen repräsentiert. Viele Chansons wurden von Instrumenten gespielt, wie einige untextierte italienische Manuskripte und frühe gedruckte Quellen nahe legen (wie Petruccis Liederbücher). Einige Lieder wurden als Tänze arrangiert und überlebten als Melodien (▶ Basse danse, ▶ Arbeau); andere wurden in Sammlungen für nicht näher bestimmte instrumentale Ensembles von Attaingant, Moderne, Susato und Phalèse gedruckt, zweifellos eher für Amateure gedacht als für die Minstrels selbst, unter denen sich einige Komponisten wie Charles Cordeilles in Lyon, Charles Chevalier und Jehan d'Estrée in Paris und Susato in Antwerpen befanden. Chansons und strophische Airs für Solostimme und Laute oder Gitarre wurden von Attaingnant 1529, von Le Roy in 1552–1570 und von Phalèse 1553–1584 gedruckt. Viele Chansons, Fantasien und Tänze für Laute wurden intavoliert (▶ Lautentabulatur) von Attaingnant (1530), von Moderne (Bakfark und Paladino um 1545–1560), von Du Chemin (Julien Belin 1556), von Michel Fezandat in Paris (Albert de Rippe und Guillaume Morlaye 1550–1558), Le Roy (1551–1574), Simon Gorlier (1551–1562) und Phalèse I und II (1545–1592); einige wenige Bücher in Gitarren- oder Zitterntabulatur erschienen bei Gregoire Brayssing, Guillaume Morlaye, Pierre Phalèse I and Adrian Le Roy (Paris 1550–1558); und Attaingnant druckte 1531 sieben Bücher mit Chansons, Préludes, Tänzen, Messen und Motetten in Partitur für Spinett, Clavichord oder Orgel und 1533 drei Bücher mit vierstimmigen Chansons, die auch von Flöten oder Blockflöten gespielt werden konnten. Susato kündigte an, dass seine Chansons- und Motetten-Bücher für Stimmen und Instrumente benutzt werden könnten, wobei er einmal Violen als Instrumente benannte. Einige Bücher an Instrumentalmusik von Simon Gorlier und Claude Gervaise, die, wie überliefert ist, während der 1560er Jahre publiziert wurden, sind verloren. Einige wenige Quellen oder Tabulaturen von französischen Chansons und Tänzen für Laute, Violinen oder Tasteninstrumente überlebten in Manuskripten, die in Italien, Österreich, Deutschland und der Schweiz kopiert wurden. Aber das instrumentale Repertoire ist gering im Vergleich zu den Hunderten von französischen Chansons und Motetten, die im Ausland publiziert wurden. Die meisten der Stücke sind zudem strenge oder freie Arrangements polyphoner Lieder oder Motetten (manchmal als Canzone alla francese, Fantasia oder Ricercare bezeichnet).

Die Art des französischen Liedes änderte sich sehr zwischen 1450 und 1600. In den dreistimmigen Liedern von Binchois, Dufay, Hayne und Busnoys wurden meist höfische Texte in den ▶ Formes fixes des ▶ Rondeau, ▶ Virelai oder (seltener) der ▶ Ballade vertont mit einer Oberstimme, die über einem verschlungenen melismatischen Kontrapunkt gesungen oder von Instrumenten gespielt wurde. Dreistimmige Lieder von Févin, Josquin und anderen Komponisten am Hof Ludwig XII. bevorzugten populärere und strophischere Dichtung mit einfacherer, motivischer und von den Worten geprägter Melodie im Tenor (selten im Superius), die in den anderen Stimmen, die auch gesungen wurden, imitiert wurden.

Mit Petruccis *Odhecaton*, *Canti B* und *Canti C* erschienen vermehrt vierstimmige Chansons, wenn auch der Altus manchmal hinzugefügt wurde. Attaingnants *Chansons nouvelles* (1528) führen die neue ▶ Pariser Chanson ein, wie sie von Sermisy und seinen Kollegen am Hof Franz' I. komponiert wurde; dieser Typus setzte die vierstimmige Norm fest, mit dominierendem Superius und homophoner Textur, die die Dichtung von König Franz, von Marot und dessen Nachahmern vertonten in neuen kürzeren ›Mikroformen‹ für einzelne Strophen oder Epigramme (ABC/:A:/ für Quatrains, ABCD/:A:/ für Cinquains, ABABCD/:AB:/ für Huitains). Janequin führte einen neuen, lebhaften syllabischen Kontrapunkt für seine narrativen und deskriptiven Chansons ein. Marots jüngst übersetzte *Psaumes* wurden in Strophen vertont, mit einfacheren und regulären Melodien, die von Jean ▸ Calvin in Genf anerkannt und in großer Menge publiziert wurden; von 1541 an findet man vierstimmige Psalmvertonungen von Abel, Benedictus und von 1546 an von Mornable, Certon und Loys ▸ Bourgeois. Zu gleicher Zeit fügte Attaingnant weitere Strophen des neuen ›voix-de-villes‹ (▸ Vaudeville) auf Texte von Mellin de Saint-Gelais und anderen hinzu, die in einfachem vierstimmigen Satz von Mornable, Certon, Arcadelt und anderen vertont wurden. 1552 erschienen Pierre de ▸ Ronsards *Amours* mit einem Anhang von vierstimmigen Vertonungen von Certon, Janequin, Goudimel und Muret, die als Timbres zu jedem Sonett mit dem gleichen Reimschema gesungen werden konnten. Dieselbe grundlegende Struktur (AAB/:C:/ mit passenden Quatrains und durchkomponierten Tercets) behauptete sich in den meisten späteren Sonnett-Vertonungen von Pierre Clereau, Guillaume ▸ Boni, Bertrand, Monte, Jean de Maletty und Regnard, sogar wenn eine verbal sensitivere, madrigaleske Annäherung mit Lassus und Castro Eingang findet.

Während der 1560er Jahre führten Le Roy, La Grotte und Costeley einen deklamatorischeren, rezitativischeren Rhythmus in ihre strophischen Stücke ein, die nach 1570 oft als Airs bezeichnet wurden. Der Lyra-Spieler König Karls IX., Courville, adoptierte den gleichen Stil, indem er die neuen französischen Verse von Jean Antoine de ▸ Baïf vertonte, die in der Art der antiken (griechischen und lateinischen) Poeten ›mensuriert‹ war und in Konzerten an der ▸ Académie de Poésie et de Musique aufgeführt wurden, die sich im Hause Baïfs seit 1570 traf. Caietain, Beaulieu, Lassus, Le Jeune, Guillaume Tessier, Le Blanc, Mauduit und Du Caurroy publizierten später mehr ▸ Musique mesurée.

Französische geistliche Musik zeigte die gleichen Formen über die ganze Zeit hinweg. Aber die Messordinarien wurden gewöhnlich vereinheitlicht durch das Paraphrasieren desselben Tenors als ▸ Cantus firmus, ein einstimmiger Gesang oder eine weltliche Melodie wie ▸ L'homme armé. Nach 1500 wurden die meisten Messen in einer neuen Methode des Parodierens vertont, indem polyphone Modelle aus Motteten oder Chansons übernommen wurden. Die Textur veränderte sich durch Übernahme des imitierenden Kontrapunkts in alle Stimmen. Diese Vorgehensweise mit auf motivische Phrasen reduzierten Melodien, die der verbalen Betonung und Syntax angemessen waren, sowie mit klar gegliederten hierarchisch angeordneten Kadenzen wie in der Pariser Chanson wurde auch in Motetten von Mouton, Févin, Gascongne, Sermisy, Jacotin und anderen in der Kapelle Franz I. übernommen. Nach 1570 ersetzten fünf oder mehr Stimmen in den Motetten von Boni und Lassus die frühere vierstimmige Norm, während durch variiertere rhytmische, melodische und harmonische Figuren ein größerer Textausdruck gesucht wurde, der aus dem zeitgenössischen italienischen Madrigal kam.

*Literatur*:
F. Lesure, *Musique et musiciens francais du XVIe siècle*, Genf 1976 • *Dictionnaire musical des villes de province*, Paris 1999 • F. Dobbins, *Frankreich, Teil III: 16. Jahrhundert*, in: MGG², Bd. 3 (Sachteil), 1995, Sp. 697–711.

FD und MAC

## Franz I.
* 12.9.1494 Cognac, † 31.3.1547 Rambouillet

Der französische König (seit 1515), der außenpolitisch wenig erfolgreich mit Kaiser ▸ Karl V. um die Vorherrschaft in Italien, das burgundische Erbe und die Nachfolge Kaiser ▸ Maximilians I. im Reich kämpfte, betrieb innenpolitisch die Tendenz zum Absolutismus weiter. Er förderte die französische Sprache und Dichtung (Gründung des Collège de France), der Bildenden Kunst (Leonardo da Vinci am Hof) und Architektur, die – auch bedingt durch die Italienfeldzüge – von der italienischen Renaissance beeinflusst wurde (u.a. Louvre, Fontainebleau, Château de Blois). Seit Franz I. 1546 den Louvre als königlichen Palast errichten ließ, residierten die französischen Könige wieder in Paris. – Trat im 15. Jahrhundert die musikalische Kultur am französischen Hof gegenüber der frankoflämischen noch zurück, wenngleich einige wenige große Namen wie Johannes ▶ Ockeghem hervorragten, so erhielt sie im 16. Jahrhundert mit der Förderung durch Franz I. und die nachfolgenden Könige einen großen Aufschwung. Insbesondere wurden die Ensembles vergrößert, die Zahl der Sänger der Hofkapelle stieg von zwölf auf 32 an, Chorknaben kamen hinzu. Die Sänger der Chapelle Royale waren unterteilt in die ›chapelle de musique‹, die die mehrstimmige Musik sangen, und die ›chapelle de plainchant‹ für die einstimmige Musik, die vom König neu gegründet worden war. Hinzu kamen die Instrumentalisten, die ›Écurie‹, die laufend vergrößert wurde, und gegen Ende der Regierungszeit, die ›Musique de la Chambre‹, die sich aus den besten Sängern und Instrumentalisten rekrutierte. Gepflegt wurde der Gesang zur Laute (▶ Cantare al liuto), am Hof weilte der Dichtersänger Mellin de Saint-Gelais, der von Pierre de ▶ Ronsard und Pontus de ▶ Tyard gelobt und beispielhaft für das an der Antike orientierte monodische Singen betrachtet wurde; auch Franz I. wurde als Lautensänger dargestellt. Des weiteren kam eine spezifische Variante des französischen Liedes auf, die ▶ Pariser Chanson, die am Hof, aber auch anderweitig von Komponisten wie Pierre ▶ Sandrin, der seit den 1530er Jahre bis 1560 in der königlichen Kapelle blieb und vier Gedichte von Franz I. vertonte, Clement Janequin und Claudin de ▶ Sermisy gepflegt wurde. In den ersten beiden Jahrzehnten waren Matthieu ▶ Gascongne, François ▶ Layolle und Jean ▶ Mouton am Hofe, die einen typischen Stil ausprägten (bereits unter Ludwig XII.). – Wechselhaft gestaltete sich das Verhältnis des Dichters Clément ▶ Marot zum Hofe, der mehrere Male des Calvinismus verdächtigt eingesperrt wurde, seit der verstärkten Verfolgung der Calvinisten durch Franz I. nach der ›Affaire des Placards‹ 1534 fliehen musste (▶ Hugenotten), jedoch immer wieder die Gunst des Hofes 1537 zurück gewann und erst 1542 endgültig nach Genf übersiedelte. Seine Texte wurden auch noch von ▶ Heinrich II. geschätzt. ▶ Frankreich, ▶ Paris

*Literatur*:
C. Cazaux, *La musique à la cour de François Ier*, Paris 2002.

## Frauen in der Musikkultur

Die Rolle der Frau in der frühneuzeitlichen Gesellschaft wird seit einigen Jahrzehnten in den Geschichtswissenschaften zunehmend erforscht. Die Ergebnisse zeigen, dass Alltag, Berufsleben, privater Bereich und auch das kirchliche Leben weit mehr von Frauen geprägt waren, als es in der traditionellen historischen Forschung bislang schien. In der deutschen Musikwissenschaft wurde die Frage nach der Teilhabe von Frauen am Musikleben der Vergangenheit erst seit den 1980er Jahren aufgeworfen. Während insbesondere dem 19., aber auch dem 18. Jahrhundert zahlreiche Studien gewidmet sind, geraten die Jahrhunderte davor erst allmählich ins Blickfeld. Zu Italien und Frankreich im 16. und 17. Jahrhundert existieren immerhin einige ausführlichere Arbeiten zum Wirken bestimmter Frauen; zum deutschen Sprachgebiet ist ein umfangreiches Handbuch erschienen, das eine Grundlage für die notwendigen Forschungen in den Bereichen Adel, Bürgertum und Ordensleben bietet. Für die Niederlande, England, Spanien und weitere europäische Länder dagegen gibt es nur wenige und meist knappe Einzelstudien – der Forschungsbedarf ist weiterhin groß.

Die grundsätzliche Problematik liegt darin, dass das musikalische Wirken von Frauen in den Quellen wenn überhaupt, nur schlaglichtartig und durchweg fragmentarisch belegt ist. Traditionelle musikwissenschaftliche Quellen wie höfische Rechnungsbücher, Musikerverzeichnisse, handschriftlich und im Druck überlieferte Noten, Musiktraktate und aufführungspraktische Zeugnisse decken lediglich die offizielle Musikkultur ab. Diese ist durchweg männlich geprägt, da, abgesehen von Ausnahmen in Italien und Frankreich, Frauen der Zugang zu einer professionellen Tätigkeit als Musikerin bis weit ins 17. Jahrhundert verwehrt war. Die Frage nach der Teilhabe von Frauen an der Musikkultur der Renaissance und des Frühbarock erfordert daher einen kulturgeschichtlichen Ansatz, der die verschiedenen Lebensbereiche der frühneuzeitlichen Gesellschaft auf Belege hin untersucht und aus dem Mosaik an Hinweisen ein möglichst schlüssiges Bild formt. Tatsächlich stimmt dieses Bild mit den Ergebnissen der allgemeinen Geschichtswissenschaft überein: Frauen hatten an der Musikkultur der Renaissance und des Frühbarock einen weit größeren Anteil als das traditionelle musikgeschichtliche Bild scheinen lässt.

Die Problematik der Ikonographie sei hier nur am Rande erwähnt: Obwohl Bilder des 16. und 17. Jahrhunderts scheinbar von einer sehr reichen Musizierpraxis von Frauen zeugen, können solche Darstellungen nur in seltenen Fällen als Belege gewertet werden, da sie häufig allegorische Funktion haben und keine reale Situation wiedergeben (vgl. Moens, 2005).

*Adelsdame*
Spätestens seit Baldassare ▸ Castigliones höfischem Etikettebuch *Il Cortegiano* (1526), das im 16. und 17. Jahrhundert in ganz Europa gelesen wurde, gehört die Musikübung zu den unverzichtbaren Fertigkeiten einer hoffähigen Adelsdame. Typische Instrumente, die sich nach der höfischen Etikette für Frauen geziemten, sind Tasteninstrumente – bevorzugt Clavichord und Virginal, selten Cembalo und fast nie Orgel –, Laute und andere Zupfinstrumente, in seltenere Fällen auch Streichinstrumente, außerdem Gesang. Blasinstrumente dagegen waren verpönt, weil sie nach Ansicht männlicher Autoren die Gesichtszüge der Damen unziemlich verzerrten. So setzte sich die Flöte für Frauen erst im Laufe des 18. Jahrhunderts durch, andere Blasinstrumente blieben dagegen, mit Ausnahme des klösterlichen Kontextes, allein Männern vorbehalten. Freilich konnten in der geschlechtlichen Zuordnung von Instrumentengruppen auch erhebliche lokale Unterschiede bestehen. So galten im deutschen Sprachgebiet Gambe und Cello aufgrund der gespreizten Beinstellung bis weit ins 19. Jahrhundert als unschicklich für Frauen, bei französischen und englischen Frauen war die Gambe dagegen im 17. und 18. Jahrhundert ein beliebtes und allgemein akzeptiertes Instrument.

Der Musikunterricht für Fürstentöchter ist an zahllosen Höfen des 16. und 17. Jahrhunderts, in manchen Fällen auch schon im 15. Jahrhundert belegt. In der Regel war der Hoforganist für die musikalische Unterweisung zuständig, für bestimmte Instrumente wurden jedoch auch andere Hofmusiker verpflichtet. Grundsätzlich blieb die Musikübung der höfischen Frauen auf einen engen Rahmen beschränkt: Castiglione selbst hebt mehrfach hervor, dass Adelige sich als musikalische Liebhaber und Liebhaberinnen, keinesfalls aber als professionelle Musiker betätigen sollten. Ein öffentliches Auftreten von Adeligen als Sänger, Instrumentalisten oder Komponisten verstieß gegen die Etikette. Insofern musizierten Frauen meist nur in Privatgemächern oder bei geschlossenen musikalischen Aufführungen, die einem erlesenen Publikum vorbehalten waren.

Wo Frauen jedoch als Herrscherinnen wirkten, standen sie auch in musikalischer Hinsicht stärker im Licht der Öffentlichkeit. Berühmt ist die Musikliebe der englischen Königin ▸ Elisabeth I. (1533–1603), die von ihren Zeitgenossen als Virginalspielerin gerühmt wurde. ▸ Margarete von Österreich (1480–1530) herrschte von 1507 bis zu ihrem Tod als habsburgische Statthalterin über die Niederlande und baute in dieser Zeit ihren Hof ▸ zu Mecheln zu einem kulturellen Zentrum aus, wo ihr neben zahlreichen führenden Künstlern und Musikern der Zeit auch ▸ Erasmus von Rotterdam und Adrian von Utrecht (der spätere Papst Hadrian VI.) dienten. Margarete und ihre Nachfolgerin Maria von Ungarn (1505–1558, reg. 1531–1555 mit Hofhaltung in ▸ Brüssel) musizierten selbst, wirkten aber vor allem als einflussreiche Mäzeninnen, die eine reiche Musikproduktion und einen internationalen musikalischen Austausch anregten. Doch auch Fürstenfrauen ohne Regierungsbefugnisse konnten als Mäzeninnen musikalische Entwicklungen entscheidend befördern, etwa Isabella d'▸Este am Hof von ▸ Mantua und Maria von Bayern in Graz.

Die Frage nach Kompositionen von Adelsfrauen wirft ähnliche Schwierigkeiten auf wie eine Erforschung ihrer Musikübung: Für adelige Damen geziemte es sich nicht, öffentlich als Komponistin hervorzutreten oder Werke unter ihrem Namen drucken zu lassen. Grundsätzlich hatten Adelsfrauen durch ihre musikalische Ausbildung zwar Zugang zur Kompositionslehre, ein systematisches Studium lässt sich jedoch bislang in keinem Fall nachweisen. Die Einführung des ▸ Generalbass-Spiels im 17. Jahrhundert führe notwendig dazu, dass auch Frauen kompositorische Grundregeln erlernten und von hier aus zu eigenen Kompositionen weiter schritten. So ist von einigen Fürstenfrauen des 17. Jahrhunderts bekannt, dass sie komponierten (u.a. die Kaiserinnen Claudia Felicitas und Eleonore Magdalena Theresia sowie die Kurfürstin Sophie Charlotte von Brandenburg), doch sind ihre Werke nicht erhalten. Im deutschen Sprachgebiet ist Sophie Elisabeth von Braunschweig-Lüneburg die einzige Frau des 15. bis 17. Jahrhunderts, der sich eindeutig Kompositionen zuweisen lassen. Die italienischen und französischen Komponistinnen, die namentlich bekannt sind, entstammen dagegen eher dem Bereich des professionellen Musiklebens, obwohl auch in diesen Ländern sowie in anderen europäischen Staaten davon auszugehen ist, dass Adelsdamen eigene Werke komponierten.

*Bürgerliche Frauen*

Da sich das gehobene Bürgertum in vielerlei Hinsicht an den Adelshöfen orientierte, war es auch für Töchter aus wohlhabenden Bürgerfamilien üblich, ein Instrument zu lernen, in der Regel Clavichord oder Laute. Die charakteristische Musizierpraxis von Bürgerfrauen lag jedoch in einem anderen Bereich: Spätestens seit der Reformation war die Rolle der Frau als Hausmutter festgeschrieben, die u.a. die Kinder und das Gesinde in den Grundlagen der lutherischen Christenlehre zu unterweisen hatte. Dabei bedienten sich viele Frauen des geistlichen Liedes. In den Elementarschulen, die auf Martin ▸ Luthers Forderung auch für Mädchen eingerichtet wurden, damit die Kinder von klein auf in der Heiligen Schrift unterwiesen wurden, gehörte der Gesang von Psalmen und geistlichen Liedern zum täglichen Unterricht. In manchen Schulordnungen werden die Mädchen explizit aufgefordert, die Lieder nach außen zu tragen; die Vorrede von Nikolaus Hermans Liederbuch *Sontags Evangelia über das gantze Jar in Gesenge verfasset* (Wittenberg 1560) fordert von den »tugentsame[n] Frawen und Jungfrawen«, sie mögen die Evangelienlieder den »Kindern, Brüderlein und Schwesterlein sampt dem andern hausgesind fürlegen [und] vorsingen, also das sie alle Wochen des vorgangenen Sonntags oder Fests Lied aus dem buch singen lernen«, auf dass »die Jungen leut und das einfeltig Gesind den Text der Evangelien desto besser verstehen« und für Zeiten der Not im Herzen bewahren können. Frauen und jungen Mädchen wird demnach die Rolle von Laienpredigerinnen und Liedmissionarinnen übertragen, eine Aufgabe, die die Straßburger Reformatorin Katharina ▸ Zell in ihrem »Leer: Gebett und danckbuoch« (1534–1536) mit Liedern, die speziell für Laien zusammengestellt und kommentiert sind, differenziert darlegt. Ein besonderes Geschick in der Verbindung katechetisch-pädagogischer und musikalischer Belange bewies die Mädchenschullehrerin Magdalena ▸ Heymair (fl. 1560–1590), die im Zeitraum 1566–1580 fünf Bücher mit Evangelien und Bibeltexten in Liedform veröffentlichte. Auf diese Weise erleichterte sie den Mädchen das Auswendiglernen umfangreicher Bibelpassagen, das in den protestantischen Schulen allwöchentlich vorgeschrieben war. Magdalena Heymairs Bibelliederbücher – neu sind ihre Texte, die Melodien entstammen dagegen dem gängigen geistlichen und weltlichen Liedgut – erlebten innerhalb weniger Jahre bis zu sechs Auflagen und machten die Lehrerin im gesamten süddeutsch-österreichischen Raum bekannt.

In Musikerfamilien hatten Mädchen häufig die Möglichkeit, verschiedene Instrumente bis zu einem professionellen Standard zu lernen. In Italien und Frankreich war es durchaus üblich, dass Musiker ihre Töchter schon früh zu Lautenspielerinnen, Cembalistinnen oder Gesangsvirtuosinnen ausbildeten und diese Mädchen sich später ihren Lebensunterhalt als professionelle Musikerinnen verdienten. Das berühmteste Beispiel dürfte das ▸ Concerto delle dame am Hof von ▸ Ferrara sein, das, zunächst aus Adelsdamen bestehend, seit den 1580er Jahren mit bürgerlichen Sängerinnen besetzt war und Bewunderer und Nachahmer von weither anzog. Tatsächlich lassen verschiedene Indizien vermuten, dass sich Erzherzog Ferdinand II. von Tirol seit seinem Besuch in ▸ Ferrara im Jahr 1579 darum bemühte, ein eigenes Concerto delle dame am Hof zu ▸ Innsbruck zu etablieren. Dies erscheint umso spektakulärer, als eine professionelle Tätigkeit von Frauen im deutschen Sprachgebiet bis ins ausgehende 17. Jahrhundert nur in seltenen Ausnahmefällen vorkam, da es keine Infrastruktur für ein derartiges professionelles Wirken von musikalisch begabten Frauen gab. Wie in Innsbruck lassen sich an verschiedenen Höfen im 15. und 16. Jahrhundert einzelne Musikerinnen nachweisen, die jedoch meist in den Hofstaat der Fürstin eingegliedert waren und demnach nicht unter den Musikern der Hofkapelle geführt wurden. Dass Ferdinand II. nach dem frühen Tod der italienischen Musikerin Isabella Istrana dem Vater 300 Goldkronen anwies, um der »fürstlich Durchlaucht Schimpfs und Nachred« zu verhüten, lässt vermuten, dass auch im deutschen Sprachgebiet die Institution der musikalisch gebildeten Kurtisane (Cortigiana) nicht ganz unbekannt war. In Italien hatte diese Form der in Adelskreisen angesiedelten, gesellschaftlich anerkannten Prostitution in den Jahrzehnten um 1500 ihre Blütezeit, doch finden sich in Rom und Venedig auch später Kurtisanen, die ihre körperlichen Reize durch musikalische und künstlerische Fertigkeiten, höfisches Benehmen und Bildung sowie Kontakte zu Dichtern, Künstlern und Gelehrten ergänzten.

Dank der günstigeren Bedingungen für eine professionelle Musikübung von Frauen in Italien und Frankreich haben sich mehrere Drucke mit Kompositionen von Musikerinnen aus diesen Ländern erhalten. Tatsächlich stammt der erste bekannte Musikdruck einer Frau bereits aus dem Jahr 1568: Das *Primo libro de madrigali a quattro voci* von Madalena ▸ Casulana erscheint geradezu als weibliche Kampfansage an die zeitgenössischen Komponisten, konstatiert doch die Sängerin und Komponistin in der Widmungsrede an ihre Mäzenin Isabella de' Medici-Orsini mit frappierendem Selbstbewußtsein, diese Kompositionen mögen »der Welt den eitlen Irrtum der Männer beweisen [...], die sich so sehr für die Herren der hohen Gaben des Verstandes halten, dass ihnen scheint, diese können den Frauen nicht gleichermaßen zustehen« (Casulana, S. 7, Übersetzung durch die Verfasserin). Casulana bleibt jedoch ein Einzelfall; erst im 17. Jahrhundert erscheinen gelegentlich Musikdrucke von Frauen, die freilich nur einen winzigen Prozentsatz im Gesamt der Musikproduktion ausmachen. In der Regel konnten Kompositionen von Frauen nur unter besonders günstigen Bedingungen erscheinen, etwa durch die gesellschaftlich herausragende – gleichwohl durchaus auch als anrüchig betrachtete – Position der Musikertöchter Barbara Strozzi und Francesca Caccini, durch den besonderen Status der Musikerinnen Elisabeth Claude Jacquet de la Guerre und Antonia Bembo am Hof des Sonnenkönigs oder durch die günstigen musikalischen Bedingungen in den italienischen Frauenklöstern des 17. Jahrhunderts.

*Frauenklöster und religiöse Frauengemeinschaften*
Im Bereich der Frauenklöster war eine reguläre musikalische Tätigkeit von jeher notwendig, um die Erfordernisse der täglichen gesungenen Liturgie zu erfüllen. In den meisten Orden wurde das Stundengebet singend vollzogen, der Anteil des liturgischen Gesangs konnte dabei bis zu sechs Stunden am Tag ausmachen. Für dessen Einübung war die ▶ Cantrix zuständig: Sie führte ihre Mitschwestern in die liturgischen Gesänge ein, lehrte sie die nötigen musikalischen Grundlagen, übte mit ihnen das Repertoire für jeden Gottesdienst, stimmte die solistischen Gesänge an und sorgte für den ordnungsgemäßen Ablauf der Liturgie. Darüber hinaus war sie für die Pflege und Bereitstellung der liturgischen Bücher zuständig. Grundsätzlich boten Klöster Frauen in Spätmittelalter und Früher Neuzeit einen gewissen Freiraum zum Bildungserwerb und zur Entwicklung ihrer Begabungen. Freilich lassen die Musiklehren, die sich aus einigen Frauenklöstern erhalten haben, erkennen, dass die musiktheoretischen Grundlagen, die in Klöstern vermittelt wurden, vereinfacht und auf den praktischen Gebrauch zugeschnitten waren (vgl. Abb.).

Neben der liturgischen Musik spielte die Pflege volkssprachlichen Liedguts in den Frauenklöstern eine wichtige Rolle. Auffälligerweise haben sich umfassende Liederhandschriften aus Klöstern des 15. Jahrhunderts allein aus Frauengemeinschaften erhalten (etwa die Liederbücher aus Ebstorf und Wienhausen sowie der Anna von Köln und der Catharina Tirs, die Deventer Liederhandschrift, der Pfullinger Liederanhang), während Codices, die eindeutig Männergemeinschaften zuzuordnen sind, oft nur vereinzelte Lieder enthalten. In der Regel enthalten die Handschriften aus Frauengemeinschaften volkssprachliche geistliche Lieder (häufig Kontrafakturen weltlicher Lieder), doch sind auch lateinische Gesänge, in manchen Fällen außerdem weltliche Lieder vertreten. Ein großer Teil der Lieder stammt aus dem Umfeld der ▶ Devotio moderna, der wichtigsten spirituellen Bewegung im frühen 15. Jahrhundert, die wiederum stark durch Frauen verbreitet wurde (Schwestern vom Gemeinsamen Leben).

Abbildung rechte Seite: Musiklehre aus dem Kloster Ebstorf (spätes 15. Jahrhundert): Abgebildet ist die Guidonische Hand, sie wird durch erläuternde Texte ergänzt. Rechts unten sieht man eine Benediktinerin, die eine Klosterschülerin im Notenlesen unterrichtet; links unten spielt eine Nonne einen zweistimmigen Orgelsatz – Handschrift Ebstorf V,3, fol. 200v (Abdruck mit freundlicher Genehmigung des Klosters Ebstorf).

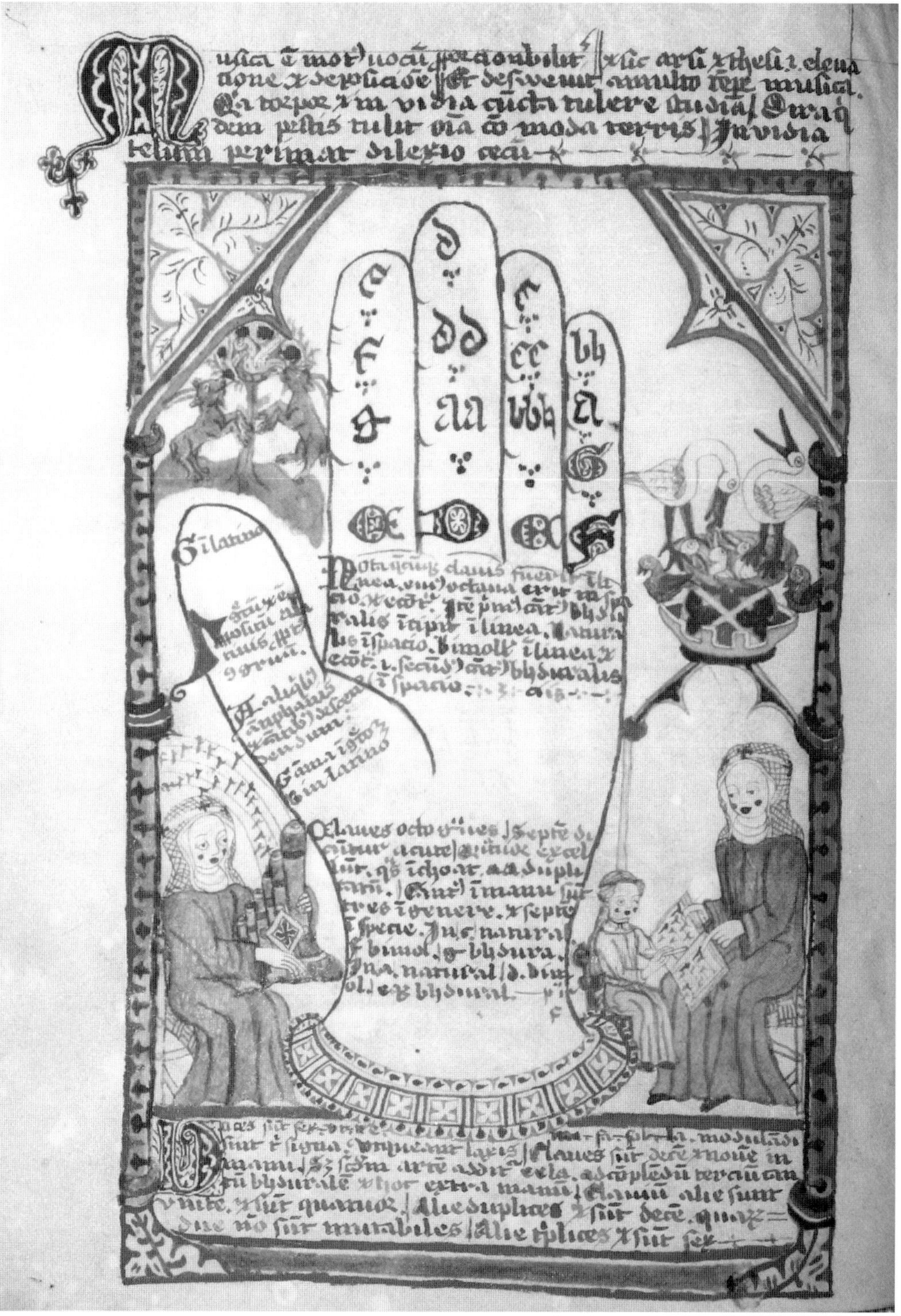

Die Musikpflege in Frauenklöstern vom 15. Jahrhundert bis zur Säkularisation wurde entscheidend durch kirchengeschichtliche Entwicklungen beeinflusst. Wichtige Impulse für eine intensivierte Beschäftigung mit den liturgischen Gesängen gab die Klosterreformbewegung im 15. Jahrhundert, die u.a. die radikale Rückkehr zu den ursprünglichen approbierten Gesängen forderte. Die geistliche Blütezeit, die die Klosterreform mit sich brachte, wurde wenige Jahrzehnte später vielerorts durch die Reformation zerstört; häufig nahmen die Ordensfrauen in Zeiten der Bedrängung Zuflucht zu den ihnen vertrauten Gesängen der Liturgie. Gleichzeitig gab die Umwandlung von Frauenklöstern in evangelische Damenstifte jedoch Impulse für eine musikalische Neuorientierung. Lokale Gebet- und Gesangbücher wurden angefertigt, die den Frauen das notwendige reformatorische Liedgut für den Gottesdienst boten. In katholischen Territorien dagegen führten ausgerechnet die verschärften Klausurbestimmungen, die auf dem Tridentinum (▸ Konzil von Trient) beschlossen wurden, zu einem einschneidenden Wandel in der Musikpflege von Frauenklöstern. Männliche Musiker durften fortan nicht mehr den Klausurbereich betreten; dadurch waren die Ordensfrauen gezwungen, selbst für eine angemessene musikalische Gestaltung festlicher Gottesdienste zu sorgen. Mit der Durchsetzung des konzertierenden Stils seit dem frühen 17. Jahrhundert bürgerte sich die systematische musikalische Ausbildung von Ordensfrauen ein. In vielen Klöstern wurden musikalische Fertigkeiten zur Aufnahmevoraussetzung; insbesondere in Italien und Süddeutschland bildete sich eine anspruchsvolle musikalische Infrastruktur mit virtuosen Sängerinnen, Instrumentalistinnen und Komponistinnen aus.

Einen eigenen Bereich stellen die Damenstifte dar, die eine offenere Struktur besaßen als die Klöster und vielen adeligen Mädchen als eine Art Ausbildungs- und Sozialisierungsstätte dienten. Abgesehen von der Äbtissin stand es den Konventualinnen frei, das Stift zu verlassen und zu heiraten. Dadurch gestaltete sich auch der Kontakt zur Außenwelt viel freier (was den Frauen u.a. die Wahrnehmung aktueller kultureller und musikalischer Entwicklungen ermöglichte); lange Abwesenheiten vom Stift waren durchaus üblich. Zur Musikübung der Konventualinnen lassen sich keine allgemeinen Aussagen treffen, da jedes Stift seine eigene Struktur besaß. In manchen Stiften ist das Amt der Cantrix nachgewiesen, in anderen Fällen lässt sich eine Musikübung der Konventualinnen kaum belegen. Bislang ist die jüngere Geschichte der Hochadelsstifte kaum erforscht; die vorliegenden Studien zum Stift Essen in der Frühen Neuzeit lassen zumindest vermuten, dass die Stiftsdamen seit dem Spätmittelalter die Ausübung der liturgischen Gesänge und vor allem die festliche Gestaltung von kirchlichen Hochfesten männlichen Fachkräften übertrugen. Bezeichnend ist das Beispiel des Damenstifts Hall, das im 16. Jahrhundert von der tirolischen Erzherzogin Magdalena (1532–1590) gegründet wurde. Die musikalisch ausgebildete und anspruchsvolle Erzherzogin sorgte mit einer eigenen, vom Papst persönlich genehmigten Stiftung und ausführlichen Statuten dafür, dass die Musik im Damenstift von einer professionellen männlichen Kapelle besorgt wurde. Mit hochrangigen Musikern, Kapellmeistern und Komponisten zählte die Kapelle des Damenstifts zu den bedeutendsten musikalischen Institutionen im 17. und 18. Jahrhundert – über die Musikübung der hochadeligen Konventualinnen ist bislang jedoch nichts bekannt.

Insgesamt scheint allein Italien Frauen in der Renaissance einen offenen Zugang zur Teilhabe am Musikleben ermöglicht zu haben. Wendet man aber den Blick von der traditionellen Institutionengeschichte hin zu einer offenen, kulturgeschichtlichen Perspektive, die sich nicht allein auf die musikalische Hochkultur konzentriert, so zeigt sich, dass Frauen auch in anderen europäischen Ländern die Musikkultur ihrer Zeit auf vielfältige Weise mitgestalteten.

*Literatur*:
M. Casulana, *Il primo libro de madrigali a quattro voci*, Venedig 1568, mit einem Kommentar ediert als *I madrigali di Madalena Casulana* (Studi e testi per la storia della musica 1), hrsg. von B. Pescerelli, Florenz 1979 • J. Bowers / J. Tick (Hrsg.), *Women Making Music: The Western Art Tradition 1150–1950*, Champaign/Illinois 1986 • E. Rieger, *Frau, Musik und Männerherrschaft. Zum Ausschluß der Frau aus der deutschen Musikpädagogik, Musikwissenschaft und Musikausübung*, Frankfurt a.M. u.a. 1981, Kassel ²1988 • *New Grove Dictionary of Women Composers*, hrsg. J.A. Sadie und R. Samuel, London 1994 • E.A. McKee, *Reforming Popular Piety in Sixteenth-Century Strasbourg. Katharina Schütz Zell and Her Hymnbook*, in: Studies in Reformed Theology and History 2 (1994), S. 1–82 • J. Brooks, *La comtesse de Retz et l'air de cour des années 1570*, in: *Le concert des voix et des instruments à la Renaissance*, hrsg. von J.-M. Vaccaro, Paris 1995, S. 299–316 • C. Monson, *Disembodied Voices: Music and Culture in an Early Modern Convent*, Berkeley 1995 • R.L. Kendrick, *Celestial Sirens. Nuns and their Music in Early Modern Milan*, Oxford 1996 • L.M. Koldau, *Frauen – Musik – Kultur. Ein Handbuch zum deutschen Sprachgebiet der Frühen Neuzeit*, Köln, Weimar und Wien 2005 • N. Schwindt (Hrsg.), *Frauen und Musik im Europa des 16. Jahrhunderts: Infrastrukturen – Aktivitäten – Motivationen* (Trossinger Jahrbuch für Renaissancemusik 4), Kassel u.a. 2005: Beiträge zu Frauen und Musik in Deutschland (M. Kaufmann; L.M. Koldau), England (D. Helms), Frankreich (J. Brooks), Italien (I. Fenlon; S. Meine) und Spanien (C. Urchueguía) sowie zur bildlichen Darstellung musizierender Frauen (K. Moens).

LMK

## Fresneau, Henry
Fl. 1538–1554

Fresneau war ein französischer Komponist, der zwischen 1538 und 1544 in Jacques ▶ Modernes Anthologien in Lyon 20 vierstimmige Chansons veröffentlichte; 13 erschienen in dem zweiten Buch *Le difficile des chansons*, das noch zwei anekdotische Stücke enthielt (*Ung Cordelier* und *Ung Jacobin*), die sich möglicherweise auf sexuelle Abenteuer der Franziskaner- und Dominikanermönche in Lyon bezogen. Eine andere Chanson, *Montez soubdain*, könnte auf die ›chevauchée de l'âne‹ (›Eselsritt‹) verweisen, ein heiteres traditionelles Fest, das jährlich in Lyon abgehalten wurde. Ein unbeholfener Text, *Mignons qui suives la route*, eine Art Werbung für eine reisende Theatergruppe, legt nahe, dass Fresneau wie Pierre ▶ Sandrin möglicherweise dem populären Theater verbunden war. Seine Vertrautheit mit populärem Repertoire ist in einem Rabelaischen Fricassée (▶ Quodlibet) bezeugt, das aus über 100 zeitgenössischen Liedern zitiert, verbunden durch eine Bass-Stimme, die Text und Melodie von Clement ▶ Janequins *Or vien, ca vien* intoniert. Wie Janequin spezialisierte er sich auf erzählende Stücke, die in einem gefälligen Stil mit raschen syllabischen Motiven komponiert sind, und es ist verständlich, dass sein *Le jeu m'ennuye* von Pierre ▶ Attaingnant Janequin zugeschrieben wurde. Der Pariser Drucker scheint sich über Fresneaus Identität unsicher gewesen zu sein, denn er druckte zwei seiner Stücke – *Ung laboureur* und *Thenot estoit en son cloz resjouy* – zuerst mit Zuschreibung an »Sanserre«; Attaingnant schrieb *Par ton Amour hélas* in seinem 18. Buch »Fresneau« und in seinem 19. »Guyon« zu. Er publizierte jedoch drei neue Chansons von Fresneau zwischen 1545 und 1547 (*Peine et travail*; *Oeil importun*; *Trac, trac, trac*). Du Chemin fügte eine weitere hinzu (*Le cruel Mars*, 1554). Moderne publizierte auch eine vierstimmige Motette, *Miser ubi parebo* (1539).

*Ausgaben*:
*A bien compter, J'ay la promesse, La fricassée, Le jeu m'ennuye, Oeil importun, Souspir d'amours*, in: *Sixteenth Century Chanson*, Bd. 24–26, hrsg. von J. Bernstein, New York 1993.

*Literatur*:
F. Lesure, *Eléments populaires dans la chanson française au début du XVIe siècle*, in: *Musique et poésie*

*au XVIe siècle*, Paris 1953, S. 169–84 • F. Dobbins, *The Chanson at Lyons in the Sixteenth Century*, Diss. Univ. of Oxford 1972 • F. Dobbins, *Music in Renaissance Lyons*, Oxford 1992.

FD

## Fresneau, Jean
fl. 1468–1505/(?)1513

Jean Fresneau ist einer der seltenen Komponisten des 15. Jahrhunderts mit wahrscheinlich französischer Herkunft (verschiedene Ortschaften Frankreichs tragen den Namen Fresnes o Le Fresne). Sein gesamter beruflicher Werdegang vollzieht sich am französischen Königshof mit Ausnahme eines kurzen Aufenthaltes in Mailand in den 1470er Jahren. Die erste biographische Notiz geht auf das Jahr 1468 zurück, in dem Fresneau an der Kathedrale von Cambrai als »petit vicaire« erscheint. Es ist möglich, dass er bereits eine gewisse Zeit zuvor dort tätig war und in der renommierten kirchlichen Institution seine musikalische Ausbildung erhielt. Ab 1469 wird Fresneau in den Verzeichnissen der königlichen Kapelle in der Funktion eines ›chapelain ordinaire‹ aufgeführt. Denkbar ist, dass der erste Kontakt mit dem Hof nicht erst in diese Zeit fällt, denn schon 1454 wird ein gewisser »Jehan de Frosnes« (Jean Fresneau?) als Mitglied der Kapelle der Königin Marie d'Anjou genannt. 1476 verlässt Fresneau Frankreich und wird in die Kapelle des Mailänder Herzogs Galeazzo Maria Sforza aufgenommen. Bereits 1472 hatte der Herzog an den königlichen Kapellmeister Johannes ▶ Ockeghem geschrieben und ihn gebeten, ihm gute Sänger für seine Kapelle zu schicken. Möglicherweise wandte sich Fresneau aufgrund dieser Anfrage nach Italien. Zur gleichen Zeit erhielt Fresneau verschiedene Pfründen in der Diözese von Como, unweit von Mailand gelegen. Eines dieser Dokumente bescheinigt, dass Fresneau als »chierico cameracense« in Cambrai die sakralen Weihen erhalten hat. Die Mailänder Erfahrung war nicht von langer Dauer, denn kurz nach dem Tod des Herzogs, der am 26. Dezember 1476 ermordet wurde, verlässt er im Februar 1477 Mailand wahrscheinlich in Richtung Tours, dem Sitz der königlichen Kapelle. Das erste Dokument, das mit Sicherheit Auskunft von seiner Rückkehr nach Frankreich gibt, datiert auf den 28. Februar 1480. Fresneau, der als Bevollmächtigter bei der Aufgabe einer Pfründe in der Diözese von Cambrai auftritt, wird darin als »capellanum et cantorem serenissimi et christianissimi regis Franchorum« bezeichnet. In einer Aktennotiz vom 28. Juli 1486 fordert Karl VIII. verschiedene Pfründe für seine ›cantores-capellani‹ ein, darunter eine an der Kathedrale Rouen für Jean Fresneau, der diesmal auch als Kanoniker von Saint-Martin von Tours verzeichnet ist. Fresneau bleibt wahrscheinlich Zeit seines Lebens Sänger der königlichen Kapelle und Kanoniker an dieser hervorragenden Basilika, deren Kapitel ihm schon 1494 die Propstei von Mayet anvertraute. Die letzten bekannten Daten, der 10. Juni 1494, der 9. Februar 1500 sowie der 10. Februar 1505, bestätigen die Anwesenheit von Fresneau in Chartres in der Funktion eines Repräsentanten des Kapitels von Saint-Martin von Tours. Ein Dokument des Vatikan vom 9. Mai 1513 erwähnt einen gewissen »Johannes de Fresne, clericus Cameracensis diocesis, capellanus et cantor cappelle devote vestre francorum regine«. Wenn es sich bei der Notiz um unseren Komponisten handelt, lässt sich daraus schließen, dass er auch in den Diensten der Kapelle der Königin Anne von Bretagne stand und so erst in einem ehrwürdigen Alter verstarb.

Von Fresneau sind nur wenige Werke überliefert: eine ▶ Messe zu vier Stimmen und fünf ▶ Chansons zu drei Stimmen. Seine *Missa Quarti toni* verdankt viel der musikalischen Sprache von Ockeghem, den Fresneau gut gekannt haben muss. Tatsächlich ist er in der

Deploration, die Guillaume ▸ Crétin auf den Tod Ockeghems schrieb, aufgefordert, den verstorbenen großen Meister gemeinsam mit anderen bedeutenden Komponisten seiner Generation zu beklagen.

*Ausgaben*:
Messe et chansons, hrsg. von O. Carillo und A. Magro, Paris 2002.

AM

## Fricassée ▸ Quodlibet

## Friedrich III.
\* 21.9.1415 Innsbruck, † 19.8.1493 Linz

Friedrich III. wurde 1440 zum König gewählt und 1452 zum Kaiser des Heiligen Römischen Reiches gekrönt (als letzter Kaiser in Rom). Er agierte auf Seiten des Papstes (zuerst Eugen IV., dann ▸ Nikolaus V.), mit dem er 1448 das Wiener Konkordat abschloss (Rechte des Papstes bei der Pfründenbesetzung entgegen den Reformen des ▸ Konzils von Basel). In kriegerischen Auseinandersetzungen verlor er 1458 Ungarn an Matthias ▸ Corvinus und Böhmen an Georg Podiebrad sowie anschließend weitere Gebiete, 1485 sogar Wien. Durch Heirat seines Sohnes Maximilian (▸ Maximilian I.) mit Maria von Burgund sicherte sich das Haus Habsburg das burgundische Erbe.

Wie vielerorts in Europa profilierte sich die Hofkapelle Friedrichs III. in den 1440er Jahren durch Aufnahme flämischer Musiker. Zur Hofkapelle gehörten wohl neben Friedrichs Privatkapelle mit 10 bis 14 Sängern und einer gleichen Anzahl an Instrumentalisten auch die Kapellen von Sigismund von Tirol, von seinem Bruder Albrecht IV., Musiker der ehemaligen burgundischen Kapelle und Musiker von Wiener Institutionen (Lütteken, Sp. 137). Erster Kapellmeister war anfangs Johannes ▸ Brassart, der bereits Sigismund und Albrecht II. diente und verschiedene Gelegenheitsmotetten für Friedrich III. komponierte. An berühmten Persönlichkeiten befand sich zwischen 1459 und 1465/1466 Michel ▸ Beheim am Hof, der dem Kaiser als Sprecher diente, und Conrad ▸ Celtis wurde 1487 vom Kaiser zum ›poeta laureatus‹ gekrönt. Als Handschrift ist das Orationale Friedrichs überliefert (A-Wn 4494). Zudem sind die von Johannes ▸ Lupi geschriebenen Teile der Trienter Handschriften 87 und 92 zwischen 1439 und 1443 am Hof Friedrichs entstanden.

*Literatur*:
R. Lindell, *Music at the Imperial Court after Charles V.*, in: *Le Concert des voix et des instruments à la Renaissance*, hrsg. von J.-M. Vaccaro, Paris 1995, S. 273–286 • L. Lütteken, *Friedrich III.*, in: *MGG²*, Bd. 7 (Personenteil), 2002, Sp. 136–137.

## Friedrich der Weise ▸ Wittenberg

## Frottola

Unter diesem Begriff fasst man eine Gruppe von italienischen Dichtungsformen zusammen, die zwischen etwa 1490 und 1525 in großer Zahl an vorwiegend norditalienischen Höfen mehrstimmig vertont wurden und sich zu einer charakteristischen Musikgattung verdichteten.

Dass die Frottola als musikalische Gattung greifbar wurde, verdankt sich besonders der serienmäßigen Publikation der Musikdrucker Ottaviano ▸ Petrucci (elf Bücher 1504–1514) und Andrea ▸ Antico (sechs Bücher bis ca. 1520). Diese schriftliche Fixierung, gerade auch in Form von Drucken, steht eigentlich quer zur Kultur der Frottola, die aus einem ausgesprochen flüchtigen Aufführungskontext erwachsen ist: der Kunst der an Höfen im Trecento und Quattrocento hoch angesehenen ›improvvisatori‹ (▸ Cantastorie). Als Dichter-Musiker trugen sie neben epischen Stoffen auch Liebeslyrik in teils refrainhaltigen, teils refrainlosen Strophenformen vor, unter denen die ▶ Barzelletta und der ▶ Strambotto quantitativ hervortreten, die aber auch die – teilweise humanistisch aufgewerteten – Formen ▶ Oda (bzw. ital. Moto confetto), Capitolo (bzw. ital. Sirventese), ▶ Sonetto, ▶ Villotta, ▶ Ballata, ▶ Canzonetta und Canzone umfassen. Mehrstrophigkeit, schematische Anlagen der Einzelstrophen und musikalische Vortragsmodelle gehören zu den essentiellen Strategien der schriftlosen Kultur, aus denen die Frottola hervorging. Diese Ästhetik des Nicht-Individuellen blieb für die Frottola auch dann bestimmend, als sie in den Bereich der schriftlich komponierten Musik eindrang.

Als Musikart, die sich in der Muttersprache (und damit jenseits der ›offiziellen‹ Musiksprachen Latein für den geistlichen und Französisch für den weltlichen Bereich) entfaltete und in der es in erster Linie darum ging, dass in musikalischer Form gesellschaftlich kommuniziert, und erst in zweiter Linie darum, was in Worten und Tönen mitgeteilt wurde, war die Frottola eine unangefochtene Domäne weiblicher Musikpatronage und Musikausübung. Ihre Hauptpflegestätten und aktiven Protagonistinnen waren daher die Höfe in Mantua mit Markgräfin Isabella d'▶ Este, Ferrara mit Herzogin Lucrezia ▶ Borgia sowie Urbino mit Herzogin Elisabetta ▶ Gonzaga. Dort wurden zwar hochkarätige männliche Dichter und Musiker (nicht zuletzt in der Person des Mantuaner, später Ferrareser Komponisten Bartolomeo ▶ Tromboncino und seines Nachfolgers in Mantua Marchetto ▶ Cara) in tragenden Rollen in das musikalische Gesellschaftsspiel miteinbezogen, aber Dokumente auch aus Florenz, Rom und Venedig belegen, dass die Frottola in besonderem Maße ein Medium singender Frauen war, so auch der gebildeten Kurtisanen. Die Sujets der traditionellen Liebesthematik, ernsthaft oder ironisch verbrämt und vermehrt im Fahrwasser des ▶ Petrarkismus, stellten die Plattform für den Diskurs und das Handeln der italienischen Hofgesellschaft um 1500 dar, in der Frauen eine wachsende Rolle spielten.

Das Moment des ›Vielen‹, Zahlreichen, auch Wortreichen, das schon im althergebrachten Wortinhalt mitschwang (im Sinne von »ein Korb voller verschiedener Früchte«), der verschwenderischen, mehr oder weniger einfallsreichen Variation von Stereotypen und der erklärte Verzicht auf Tiefgang und Originalität, die Priorität des Tuns vor der Konstruktion haftet den einzelnen Frottole ebenso an wie dem massenhaft produzierten Repertoire als Ganzem. Der spezifische kulturelle Kontext förderte die Beibehaltung eines formalistischen Ansatzes, etwa bei den festen Strophenanlagen und den musikalischen Wiederholungsstrukturen, als die Chansonkomponisten (auch in Italien) diesen gerade zu überwinden suchten.

Die ursprüngliche Aufführungsform als begleiteter Sologesang ist für konstitutive Merkmale der Frottola verantwortlich: Der Text wird von der gewöhnlich im Sechstonrahmen in Schritten sich bewegenden Oberstimme syllabisch oder – wie gerne beim Strambotto – in kleinen Tongruppen und in prosodisch korrekter, aber wenig profilierter Rhythmik vorgetragen. Dabei münden die fast grundsätzlich weiblich endenden Verszeilen auf primären Stufen des Modus in den für die Frottola typischen Tonwiederholungen, von denen die Pänultima sich zur freien Ausschmückung anbietet und so die zäsurierende Wirkung am Zeilenende verstärkt. Die Bass-Stimme schreitet in quarten- und quintenhaltigen Progressionen fort, wie sie vom Lautensatz herrühren. Die Herkunft von der Lautenbegleitung macht auch manche für einen Vokalsatz unübliche dissonante Schärfung und die Vorliebe für volle Klänge mit Terz und Quinte erklärbar. Das Außenstimmengerüst wird in diesem Sinn durch einen in der Sache homophonen, nur an der Oberfläche kontrapunktisch belebt wirkenden Innenstimmensatz ergänzt, der vor allem ein Produkt der Aufzeichnungsform in vier separaten Stimmen nach Art polyphoner Musik war. Ohne der Frottola ganz adäquat zu sein, war dies aber das Einfallstor für unsystematisch gehandhabte imitatorische Bildungen, besonders bei Cara, der einen insgesamt etwas ausgearbeiteteren Tonsatz favorisierte.

Tendenziell entspricht dies einem durchaus nicht entwicklungsgeschichtlich stringent verlaufenden, aber erkennbaren kompositionstechnischen Wandel, der die Entfernung von der schriftlosen Genese der Gattung nachvollzieht. Im Jahrzehnt vor 1520 führt dies dann auch zu volltextierten vierstimmigen Sätzen (Cara, Michele Pesenti) und in Verbindung mit vermehrter Berücksichtigung von formal und inhaltlich differenzierten Gedichten Francesco Petrarcas bzw. petrarkistischer Dichter sowie gelegentlich klassischer oder neulateinischer Vorlagen zu durchkomponierten Sätzen wie insgesamt anwachsendem Umfang der Lieder, ein Prozess, der seit Petruccis siebtem Buch (1507) greifbar wird.

Auch die Wahl der Aufführungsarten reagierte darauf. Sologesang zur Begleitung auf der Laute oder einem Tasteninstrument blieb zwar Standard, nicht zuletzt deshalb, weil es in der aristokratischen Salonkultur eine hochwillkommene Plattform für die künstlerische und rhetorische Wirkung des oder der Vortragenden war; daneben ist die vierstimmig vokale Darbietung verbürgt und sogar die rein instrumentale Ausführung, etwa im Gambenquartett, nicht ausgeschlossen. Immer bleibt die Frottola an einen Aufführungsapparat gebunden, der für einen Fürstinnenhof realisierbar war.

Die Tatsache, dass es praktisch keine personellen Überschneidungen zwischen den frankoflämischen Komponisten (etwa in Ferrara), aber auch denen des frühen Madrigals (in Florenz und Rom) mit den Frottolisten gibt, demonstriert den Charakter einer musikalisch-literarischen Parallelkultur.

*Literatur*:
W.F. Prizer, *Courtly Pastimes: the Frottole of Marchetto Cara* (Studies in musicology 33), Ann Arbor 1980 • Ders., *The Frottola and the Unwritten Tradition*, in: Studi musicali 15 (1986), S. 3–37 • S. Meine, *Die Frottola: Musik als Diskurs an italienischen Höfen 1500–1530*, Habilitationsschrift Hannover 2007 (Druck i. Vorb.).

NSCH

## Frye [Ffry, Ffrye, Frew, Fry], Walter
fl. 1445–1475

Frye komponierte ▶ Messen, Werke mit lateinischem Text und Lieder.

Über Fryes Leben ist so gut wie nichts bekannt. In den Jahren 1456/1457 wurde er als Mitglied der Londoner *Guild of Parish Clerks* geführt, einer Vereinigung von Musikern. Zudem erhielt er eine jährliche Bezahlung von Anne, Herzogin von Exeter, der Schwester Edwards IV. Sein Testament wurde am 5.6.1475 in Canterbury bestätigt.

Die meisten von Fryes Werken mit lateinischem Text sind wahrscheinlich ▶ Kontrafakte von ▶ Chansons, ▶ Balladen oder ▶ Rondeaux. Für diese Vermutung spricht, dass auch viele von Fryes Liedern mit alternativem lateinischem Text überliefert sind. Bei den Liedern ist die Autorschaft Fryes allerdings nicht immer eindeutig zu belegen. Entgegen früherer Annahmen sind die Motette *Sospitati dedit* und die Antiphon *Ave regina celorum* keine Kontrafakte. Die Antiphon ist die am häufigsten kopierte polyphone Komposition der 1460er Jahre. Sie ist nicht nur in kontinentalen Musikhandschriften überliefert, sondern erscheint auch auf vielen Abbildungen.

Fryes Messzyklen stehen in der Tradition von John ▶ Dunstaple und Leonel ▶ Power, doch sind die Tenorstimmen freier gestaltet und der Choralausschnitt liegt zumeist in der mittleren Stimme. Zusammen mit einer unvollständig überlieferten Messe und der Frye zugeschriebenen Missa *Sine nomine* sind von Frye fünf ▶ Messzyklen erhalten. Er war in dieser Hinsicht der produktivste der englischen Komponisten seiner Zeit. Einer der Messzyklen ist in einer Prachthandschrift zusammen mit vier weiteren englischen Messzyklen überliefert, die zur Hochzeit des Herzogs von Burgund, Karl des Kühnen, mit Margarete von York 1468 komponiert wurden.

Fryes Kompositionen sind oft und weit verbreitet überliefert, jedoch fast ausschließlich in Musikhandschriften des Kontinents. Seine Werke werden zudem in den Kompositionen der nachfolgenden Komponistengeneration, unter anderen bei Jacob ▶ Obrecht, Alexander ▶ Agricola, ▶ Josquin des Prez, rezipiert und verarbeitet. Auch in der Literatur werden Fryes Kompositionen erwähnt: bei Jehan ▶ Molinet, einem Dichter am burgundischen Hof, und in den musiktheoretischen Schriften von Johannes ▶ Tinctoris.

*Ausgaben*:
Walter Frye. Collected Works, hrsg. von S.W. Kenney, [Rom] 1960 (Corpus mensurabilis musicae 19).

*Literatur*:
S.W. Kenney, *Walter Frye and the Contenance Angloise*, New Haven 1964 • D. Fallows, *English Song Repertories of the Mid-Fifteenth Century*, in: Proceedings of the Royal Musical Association 103 (1976/1977), S. 61–79 • A. Kirkman, *The Style of Walter Frye and an Anonymous Mass in Brussel, Koninklijke Bibliotheek, Manuscript 5557*, in: Early Music History 11 (1992), S. 191–221 • B. Trowell, *Frye, Walter* in: New Grove Dictionary, Bd. 9, hrsg. von S. Sadie, London 2001, S. 303-306 • P. Wright, *Frye, Walter*, in: MGG², Bd. 7 (Personenteil), 2002, Sp. 214–218 • D. Fallows, *Walter Frye's »Ave regina celorum« and the Latin Song Style*, in: »Et facciam dolçi canti«. Studi in onore di Agostino Ziino in occasion del suo 65o compleanno, hrsg. von B.M. Antolini, T.M. Gialdroni und A. Pugliese, Lucca 2004, S. 331–345.

RS

# Fugger, Familie

Die in Augsburg ansässigen Fugger waren im 16. Jahrhundert die bedeutendsten süddeutschen Musikmäzene. Sie stellten zahlreiche Musiker in ihre Dienste, stifteten Orgeln, bezahlten Organisten und sammelten Musikalien und Musikinstrumente. Ungefähr 50 Musikdrucke wurden ihnen für ihr Mäzenatentum gewidmet.

Unter den Brüdern Ulrich (1441–1510), Georg (1453–1506) und insbesondere Jakob Fugger dem Reichen (1459–1525), der gegen Kreditgebung an ▶ Maximilian I. kaiserliche Bergbauprivilegien erwarb und ein europäisches Kupfermonopol errichtete, konstituierte sich die Macht der Familie durch Einrichtung eines Handelsnetzes und des bald größten Bankhauses in Europa. Jakob spielte eine wichtige Rolle in der Wahl Kaiser ▶ Karls V. 1519, indem er Geld bereitstellte, um die Kurfürsten gefügig zu machen; er erhielt dafür Privilegien in Spanien wie die Kontrolle über die Silberminen. Jakob und seine Neffen (die Söhne Georgs, er selbst hatte keine Kinder), Raymund (1489–1535) und Anton (1493–1560) wurden von den Kaisern in den Reichsgrafenstand erhoben. In der zweiten Hälfte des 16. Jahrhunderts gründeten die Enkel Raymunds (1518–1569), Philipp Eduard (1546–1618) und Octavian II. Fugger (1549–1600), ihr eigenes Unternehmen (hauptsächlich portugiesischer Gewürzhandel). Die Fugger bekleideten auch politische Ämter: Ein weiterer Sohn Raymunds, Johann Jakob Fugger (1516–1575), war um die Jahrhundertmitte Bürgermeister, sein Vetter Marcus I. Fugger (1529–1597) von 1576–1584 Stadtpfleger, Jakob II. Fugger (1567–1604), ein Urenkel Georgs, war Fürstbischof von Konstanz. 1580 wurde die Errichtung eines Jesuitenkollegs in Augsburg unterstützt.

Die Förderung der Kultur diente den durch ihre Finanzkraft wirtschaftlich mächtigen und politischen einflussreichen Fuggern zu noch höherem sozialen Ansehen. Die Fugger stifteten viele Orgeln in Augsburger Kirchen: 1512 die Orgel der Karmeliterkirche St. Anna (Orgelbauer Maximilians I., Behaim von Dubrau), 1580 die Orgel in der Kapelle St. Michael von St. Ulrich und Afra, 1587 die Orgel am Kollegiatsstift St. Moritz, 1612 die Orgel in der Dominikanerkirche, zudem 1607 die Orgel im Kloster Mittelzell; auch die Jesuiten erhielten eine Orgel. Zudem wurden die jeweiligen Organisten, unter denen sich die berühmtesten Musiker der Zeit befanden, von den Fuggern bezahlt: an der Karmeliterkirche St. Anna Hans Rehm und Paul ▸ Hofhaimer, später Pierre de Paix; an St. Ulrich und Afra Erasmus Mayr, Gregor ▸ Aichinger, Kaspar Flurschütz und Elias Fabricius; an St. Moritz Christian ▸ Erbach d.Ä.

Bedeutende Komponisten befanden sich ebenfalls unter den zahlreichen, in den Haushalten der Fugger beschäftigten Musikern. Johann ▸ Eccard diente dem Sohn Antons, Jakob I. Fugger (1542–1598); unter Jakob I. war neben Martin Boets von Brüssel und Narcissus Zängel auch Gregor ▸ Aichinger beschäftigt, dem er 1584 das Organistenamt an St. Ulrich und Afra verlieh und den er durch einen Italienaufenthalt mit Studium bei Giovanni ▸ Gabrieli förderte. Aichinger war vielen Mitgliedern der Fugger-Familie eng verbunden und widmete ihnen mehrere Kompositionen u.a. auch Jakobs Neffen Jakob II. (1567–1626). Dessen Bruder Marcus II. (1564–1614) beschäftigte Christian ▸ Erbach d.Ä., dem er 1602 das Organistenamt an St. Moritz verschaffte. Hans Leo ▸ Haßler, der von 1586 bis 1601 als Organist bei Octavian II. Fugger angestellt war, war zeitweise auch bei Jacobs II. Bruder Christoph (1566–1615) tätig, dem er eine Komposition widmete. Octavian II. beschäftigte auch Zängel, Mayr sowie Melchior Neusiedler, der ein *Fuggerin Dantz* (*Teütsch Lautenbuch*, Straßburg 1574) komponierte. –

Auch bedeutende Musiker, die nicht bei den Fuggern angestellt waren, waren diesen zugetan und widmeten ihnen mehrere Komposition, darunter Orlande de ▸ Lassus, der seine Vermittlung an den Hof Albrechts V. von Bayern 1556 den Fuggern verdankte, Philippe de Monte, Andrea und Giovanni ▸ Gabrieli, Costantino ▸ Ferrabosco, Jacob ▸ Regnart, Blasius ▸ Amon, Orazio ▸ Vecchi.

Die reichen Instrumenten- und Musikaliensammlungen der Fugger dienten später als Grundstock von Bibliotheken (u.a. der Bayerischen Staatsbibliothek, der Wiener Nationalbibliothek, der Vatikanischen Bibliothek) und Museen. Raymund Fugger begann mit der Sammlung von Musikdrucken und Handschriften (er ließ u.a. auch Musikhandschriften von Petrus ▸ Alamire anfertigen, sein Sohn Hans Jakob vereinte sie mit der Sammlung von Hartmann Schedel, wodurch u.a. das *Schedelsche Liederbuch* und die *Melopoeiae sive harmoniae* (Augsburg 1507), der erste deutsche Druck mit Mensuralmusik, in Besitz der Fugger kam. Raymund II. (1526–1584), ein Sohn Raymunds, besaß eine umfangreiche, ca. 225 Musikinstrumente umfassende Sammlung und erbte von seinem Vater zahlreiche Musikdrucke, darunter die Manessische Liederhandschrift, die durch den Bruder Raymunds II., Ulrich (1526–1584) mitsamt der Bibliothek nach Heidelberg kam (die Sammlung ging 1622 an den Papst, die Manessische Liederhandschrift kam zurück nach Heidelberg). Eine weitere Bibliothek wurde an Kaiser Ferdinand III. verkauft, die später in die Wiener Nationalbibliothek überging (zur Literatur über die einzelnen Sammlungen siehe das Literaturverzeichnis bei Fisher). Viele Instrumente, die sich im Besitz von Fugger-Mitgliedern befanden, waren auch für den eigenen Gebrauch gedacht, denn die Erziehung enthielt – gleich wie in adligen Familien – auch eine intensive musikalische Ausbildung. – Die Fugger förderten zudem Literatur, Kunst und Architektur durch

Sammlung von Büchern, durch Aufträge von Porträts an Künstler wie Hans ▶ Burgkmair, Hans Holbein d.Ä. und Albrecht Dürer sowie durch den Bau ihrer Residenzen im Renaissance-Stil.

*Literatur*:
G. Freiherr von Pölnitz, *Die Fugger*, Frankfurt 1959, Tübingen ³1970 (durchgesehen), ⁵1990 • R. Rufener, *Musik im Hause Fugger, einst und heute*, Zürich 1963 • R. Eikelmann (Hrsg.), *Die Fugger und die Musik: »lautenschlagen lernen und lieben«: Anton Fugger zum 500. Geburtstag*, Ausstellungskatalog Augsburg 1993 • A.J. Fisher, *Fugger*, in: *MGG²*, Bd. 7 (Personenteil), 2002, Sp. 246–252 • M. Häberline, *Die Fugger. Geschichte einer Augsburger Familie (1367–1650)*, Stuttgart 2006 (mit Genealogie).

ES

# Fundamentbuch

Fundamentbuch bezeichnet im 15. und 16. Jahrhundert eine Sammlung methodischer Übungsstücke für Orgel oder Tasteninstrument, die griff- und satztechnische Grundlagen aufbereiten. Das *Fundamentum organisandi* (1452) von Conrad ▶ Paumann ist die erste bedeutende Quelle, weitere bekannte Fundamentbücher sind diejenigen Hans ▶ Kotters (1513) und Hans ▶ Buchners (um 1520). Als Fundamentbuch werden um 1500 dann nur noch die Teile der Orgeltabulaturen genannt, die der Vermittlung der musikalischen Grundbegriffe dienten. Das Fundamentbuch war auf den deutschen Raum beschränkt.

*Literatur*:
M. Fink, *Fundamentbuch*, in: *MGG²*, Bd. 3 (Sachteil) 1995, Sp. 961–964.

**Gabrieli [urspr. Di Fais], Andrea**
\* 1532/1533 Venedig, † 30.8.1585 Venedig

Andrea Gabrieli, der Onkel von Giovanni ▶ Gabrieli, war Organist und Komponist. Er wirkte viele Jahre als erster Organist an San Marco in Venedig. Nachdem niederländische Komponisten lange eine vorherrschende Bedeutung hatten, machte er die venezianische Schule in ganz Europa bekannt. Seine großbesetzten Festmusiken ließen ihn zu einer der wichtigsten Musikerpersönlichkeiten seiner Zeit werden. Er komponierte alle damals in Venedig gängigen Gattungen: ▶ Messe, ▶ Motette, ▶ Madrigal, Mascerate, ▶ Giustiniane, Tastenmusik und Werke für Instrumentalensemble. Seine bekanntesten Kompositionen sind großformatige mehrchörige Werke (▶ Mehrchörigkeit). Einige wurden schon zu seinen Lebzeiten veröffentlicht, andere wurden von seinem Neffen aus verschiedenen Schaffensphasen zu Sammlungen zusammengefasst.

Andrea Gabrieli wurde in Cannareggio, einem ›sestiere‹ im Norden von Venedig, geboren und darum häufig auch als »Andrea da Cannareggio« bezeichnet. Von Juni 1555 bis mindestens Juli 1557 war er Organist an San Geremia, der Pfarrkirche der Gemeinde. Zwischenzeitlich hielt er sich vermutlich vorübergehend in Verona auf und hatte dort mit Vincenzo ▶ Ruffo (Maestro di capella an der dortigen Kathedrale) zu tun. 1557 bewarb er sich als Nachfolger von Girolamo ▶ Parabosco um die Stelle des zweiten Organisten an San Marco in Venedig, man zog ihm jedoch Claudio ▶ Merulo vor. Im Oktober 1562 reiste er im Gefolge des bayerischen Herzogs ▶ Albrecht V. zur Krönung von Kaiser ▶ Maximilian II. nach Frankfurt. Auf dieser Reise machte er die Bekanntschaft von Orlande de ▶ Lassus, der ihn kompositorisch beeinflusste und ihm freundschaftlich verbunden blieb. Unsicher ist, ob sich Gabrieli 1554 nördlich der Alpen aufhielt oder bereits im Oktober und November 1564 an San Marco tätig war, bevor er Anfang 1566 die Stelle des ersten Organisten an San Marco erhielt. Diese Stellung behielt Gabrieli bis zu seinem Lebensende. Während seiner Dienstzeit wuchs die Zahl der angestellten Instrumentalisten, und die Kapelle unter der Leitung von Gioseffo ▶ Zarlino konnte sich einen ausgezeichneten Ruf erwerben. Gabrieli leistete durch die Entwicklung der zeremoniellen Mehrchörigkeit einen wesentlichen Beitrag zur kirchenmusikalischen Entwicklung an San Marco. Die mehrchörigen Kompositionen wurden später von seinem Neffen Giovanni weiterentwickelt.

Gabrieli wendete Adrian ▸ Willaerts ▸ Corispezzati-Technik an (▸ Mehrchörigkeit). Die Stimmen wurden in zwei oder mehr feste Stimmgruppen eingeteilt, die alternierend vortrugen. Abschließend wurden sie im rhythmisch freieren Teil, häufig im Dreiertakt, zum Tutti zusammengeführt. Die vielen Emporen in San Marco ermöglichten für die großformatigen Werke erstaunliche Wirkungen durch räumliche Trennung. Gabrieli komponierte Staats- und Festmusiken für zwei oder mehr Chöre mit Singstimmen und Instrumenten. Während seine Kontrapunktik einfacher wurde, gewannen akkordische Struktur und homophoner Klang an Bedeutung. Gabrieli entwickelte mit der Zeit lebendige Dialoge zwischen den Chören und stellte Abschnitte unterschiedlicher Länge einander gegenüber. Seine Musik gewann an Beweglichkeit und klanglicher Differenziertheit.

Auch das Madrigalschaffen Gabrielis entwickelte sich vom Konventionellen zu immer einfallsreicheren Kompositionen. So bediente er sich des akkordisch-deklamativen Stils und setzte strukturelle Kontraste und Phrasentranspositionen zur Gliederung der Dichtung ein. Einzelne Nuancen des Textes hob er durch Chromatismen hervor. 1574 erschien sein erstes Buch sechsstimmiger Madrigale. Die Hinzufügung der sechsten Stimme ermöglichte einerseits eine Ausweitung der harmonischen Mittel und andererseits die Verfeinerung der Klangfarben. Einige Madrigale wurden wahrscheinlich für Bühnenaufführungen geschrieben. Gabrieli komponierte auch komische und parodistische Musik für den Venezianischen Karneval.

Gabrieli hat die in seiner Zeit üblichen Gattungen an Tastenmusik komponiert: ▸ Toccaten, ▸ Ricercare, ▸ Canzonen und Intonationen. Die Intonationen sind Präludien in improvisatorischem Stil: Eine Hand hält Akkorde, die andere spielt Figurationen. Die Ricercare sind im traditionellen Stil gehalten und die Canzonen meist Arrangements populärer französischer Chansons. Als Organist stand Gabrieli immer im Schatten seines renommierteren Kollegen Claudio ▸ Merulo. Gabrieli hatte erfolgreiche Schüler, u.a. Hans Leo ▸ Haßler, Gregor ▸ Aichinger und seinen Neffen Giovanni Gabrieli. Seine Musik war auch nach seinem Tode über die Grenzen Venedigs hinaus sehr populär, und seine Werke wurden in großer Zahl nachgedruckt.

*Ausgaben*:
*Intonationen für Orgel*, hrsg. von P. Pidoux, Kassel ²1967; *Canzonen und Ricercari*, hrsg. von Dems., Kassel ²1961; *Canzoni alla francese*, hrsg. von Dems., Kassel 1953; *Ten Madrigals*, hrsg. von D. Arnold, London 1970; *Edizione nazionale delle opere*, hrsg. von Dems. und D. Bryant, Mailand 1988ff.

*Literatur*:
C. von Winterfeld, *Johannes Gabrieli und sein Zeitalter*, Berlin 1834 • D. Arnold, *Andrea Gabrieli und die Entwicklung der »cori spezzati«-Technik*, in: Die Musikforschung 12 (1959), S. 258–274 • D. Bryant, *The cori spezzati of S. Marco: Myth and Reality*, in: Early Music History 1 (1981), S. 165–186 • M. Morell, *New evidence for the biographies of A. und G. Gabrieli*, in: Early Music History 3 (1983), S. 101–122 • *A. Gabrieli e il suo tempo*, in: *Kongreßbericht Venedig 1985*, hrsg. von F. Degrada, Florenz 1987 • D. Bryant, *Gabrieli, Andrea*, in: Grove, Bd. 9, 2001, S. 384–390 • I. Fenlon, *Gabrieli, Andrea*, in: MGG², Bd. 7 (Personenteil), 2002, Sp. 329–349 • S. Schmalzriedt, *Gabrieli, Andrea*, in: Komponisten-Lexikon, hrsg. von H. Weber, Stuttgart ²2003, S. 201–202.

AP

## Gabrieli, Giovanni
\* um 1554–1557 Venedig (?), † 12.8.1612 Venedig

Giovanni Gabrieli ist der Neffe von Andrea ▸ Gabrieli. Er war lange Jahre als Organist und Komponist an San Marco in Venedig tätig. Es ist anzunehmen, dass er Schüler seines Onkels war. Er übernahm zwar dessen Kompositionsstil, konzentrierte sich jedoch auf weniger Gattungen und entwickelte diese weiter. So komponierte er hauptsächlich Vokal- und Instrumentalmusik für die Kirche, von denen die großformatigen mehrchörigen Kompositionen heute besonders bekannt sind. Seine zwei- und dreichörigen Motetten bilden den Höhepunkt der venezianischen Schule. Dem Umstand, dass es an San Marco viele ausgezeichnete Instrumentalisten gab, haben wir eine ungewöhnlich große Zahl an Instrumentalkompositionen Gabrielis zu verdanken.

Gabrieli war eines von fünf Kindern und wuchs wie sein Onkel Andrea in der venezianischen Pfarrgemeinde S. Geremia auf. Sein Vater hieß Piero di Fais und nannte sich später Gabrieli. Ebenso wie sein Onkel spielte Gabrieli am Hofe Albrecht V. in München in der Hofkappelle unter Orlande de ▸ Lassus. Für 1578 sind Gehalt und Dienstkleidung nachgewiesen. Sein Aufenthalt in München dauerte jedoch vermutlich mehrere Jahre und endete wohl 1579 nach dem Tod Albrechts V. 1584 vertrat er in Venedig an San Marco die Organistenstelle, die durch den Wechsel von Claudio ▸ Merulo nach Parma vakant geworden war. Den Wettbewerb um diese Position gewann er am 1.1.1585. In den ersten Monaten dieses Jahres waren beide Gabrielis an San Marco tätig, bis Andreas Gesundheit es ihm nicht mehr erlaubte, seinen Beruf auszuüben. Nach Andreas Tod übernahm Giovanni dessen Rolle als erster Komponist von zeremonieller Musik an San Marco. Am 13. Februar desselben Jahres trat Gabrieli eine weitere Organistenstelle an: Er wurde Nachfolger von Vincenzo Bell'Haver an der Scuola Grande di S. Rocco, eine der sechs wohltätigen Brüderschaften Venedigs. Die Aufgaben dort überschnitten sich häufig mit seinen Diensten in San Marco, so dass er sich zu vielen Anlässen vertreten ließ. Beide Stellen behielt Gabrieli bis zu seinem Lebensende. Er führte an beiden Wirkungsstätten und auch an anderen venezianischen Kirchen Musik in großen Besetzungen auf und war an der Gestaltung größerer Feste beteiligt.

Die ▸ Cori-spezzati-Technik (▸ Mehrchörigkeit) übernahm er von seinem Onkel und stellte in seinen doppelchörigen Kompositionen einem ›coro superiore‹ einen ›coro grave‹ gegenüber. Diese Satzweise und ihre Klangfülle sollte die Macht des venezianischen Staates widerspiegeln. Wie die Spätwerke seines Onkels sind Gabrielis Kompositionen zunächst hauptsächlich akkordisch und die Textvertonung syllabisch. Er entwickelte die Kompositionsweise seines Onkels insofern weiter, indem er die kontrapunktischen Strukturen zugunsten einer kunstvolleren Dialogtechnik weiter reduzierte. Der Einsatz von Instrumenten diente der klanglichen Kontrastierung der Chöre. Von den beiden Instrumentalisten und Komponisten Giovanni ▸ Bassano und Girolamo Dalla Casa, zu denen er enge Beziehungen pflegte, liegen Abhandlungen zu Ornamenten und ▸ Diminutionen vor. Möglicherweise sind Gabrielis ausgeschriebene Ornamentierungen daraus abgeleitet. Bei der zu seiner Zeit noch jungen ▸ Instrumentalmusik pflegte Gabrieli einen von Sprache und Affekt geprägten Stil und konnte ihr beispielsweise durch seine Ritornell-Rondo-Idee Gestalt verleihen. In seinem Spätwerk benutzte er erstmals einen ▸ Basso continuo an Stelle des ▸ Basso seguente. Hier erst verwendete er auch Chromatik und komplexe Harmonien zur Vertonung affektiver Schlüsselwörter.

Er engagierte sich außerdem in der Drucklegung der Werke Andrea Gabrielis und fügte den ersten Ausgaben auch eigene Kompositionen hinzu. 1557 publizierte er beispielsweise *Concerti di Andrea et di Giovanni Gabrieli*. Der Band enthält weitgehend zwei- und mehrchörige Motetten in der Tradition der ›cori-spezzati‹-Technik. Es steht zu vermuten, dass Giovanni Gabrieli auch die weiteren postum veröffentlichten Werke seines Onkels für den Druck vorbereitete, da einige Sammlungen ebenfalls Stücke von ihm enthalten. Sein Engagement im Editionswesen hatte wohl finanzielle Gründe: Er musste eine große Familie versorgen und ist zumindest einmal in finanzielle Schwierigkeiten geraten. So beantragte er 1586 bei den Prokuratoren von San Marco die Vorauszahlung eines Jahresgehaltes, um seinen Verpflichtungen nachzukommen. Dem Antrag wurde am 30.12.1586 stattgegeben. Seine letzten Lebensjahre verbrachte er in der Pfarrgemeinde S. Vidal. Im Alter von 58 (oder 56) Jahren verstarb Gabrieli an einem Nierenstein und wurde in der Klosterkirche S. Stefano beigesetzt.

Gabrieli genoss im Ausland so großes Ansehen, dass viele seiner Werke nachgedruckt oder kopiert wurden. Im Laufe seines Lebens erwarb er sich den Ruf eines berühmten Lehrers: Musiker reisten nach Venedig, um bei ihm Unterricht zu erhalten. Sein bekanntester Schüler war Heinrich Schütz. Sein Ansehen verblasste jedoch schon nach einer Generation, wobei sein Einfluss nördlich der Alpen stärker war als in Venedig.

*Ausgaben*:
G. Gabrieli, *Opera omnia* (Corpus mensurabilis musicae 12,1–12 hrsg. von D. Arnold und R. Charteris, 12 Bde., Rom 1956–1996.

*Literatur*:
C. von Winterfeld, *Johannes Gabrieli und sein Zeitalter*, Berlin 1834 • S. Kunze: *Die Instrumentalmusik Giovanni Gabrielis*, Tutzing 1963 • D. Arnold, *G. Gabrieli and the music of the Venetian High Renaissance*, London 1979 • M. Morell, *New evidence for the biographies of A. and G. Gabrieli*, in: Early Music History 3 (1983), S. 101–122 • R. Charteris, *G. Gabrieli (ca. 1555–1612): a Thematic Catalogue of his Music with a Guide to the Source Materials and Translations of His Vokal Texts*, New York 1996 • H.-K. Metzger / R. Riehn (Hrsg.), *Giovanni Gabrieli. Quantus vir* (Musik-Konzepte 105), Landshut 1999 • H. Eichhorn, *Gabrieli: Opera ultima & problematica: Zur Überlieferungsproblematik im Spätwerk von Giovanni Gabrieli*, in: *Musik und Szene: Festschrift für Werner Braun zum 75. Geburtstag*, hrsg. von B.R. Appel, K.-W. Geck und H. Schneider, Saarbrücken 2001, S. 455–477 • D. Bryant, *Gabrieli, Giovanni*, in: *Grove*, Bd. 9, 2001, S. 390–396 • I. Fenlon, *Gabrieli, Giovanni*, in: *MGG²*, Bd. 7 (Personenteil), 2002, Sp. 349–364 • S. Schmalzriedt, *Gabrieli, Giovanni*, in: *Komponisten-Lexikon*, hrsg. von H. Weber, Stuttgart ²2003, S. 202–203.

AP

## Gaffurio, Franchino
\* 14.1.1451 Lodi, † 25.6.1522 Mailand

Der Mailänder Domkapellmeister der Jahre 1484–1522 war der bedeutendste Musiktheoretiker an der Schwelle zum 16. Jahrhundert und zugleich der erste Vertreter seines Fachs, der mit seinem *Theoricum opus musice discipline* (1480) einen Musiktraktat im Druck publiziert hat. Darüber hinaus galt Gaffurio zu Lebzeiten als fähiger Komponist von Sakralwerken, als disziplinierter Chorleiter und herausragender Musikpädagoge. Unter den Musikern seiner Generation war er nicht nur einer der vielseitigsten, sondern verfügte in Theorie und Praxis der Musik auch über eine so umfassende Bildung wie kaum ein anderer seiner Zeitgenossen. Er zählt zu den wichtigsten Persönlichkeiten des musikalischen ▸ Humanismus und war daher auch wesentlich an den Diskussionen um die Rezeption antiker griechischer Quellen in der italienischen Musiktheorie der ersten drei Jahrzehnte des 16. Jahrhunderts beteiligt.

Durch die Überlieferung einer ausführlichen Biographie im Anhang von Gaffurios Traktat *De harmonia musicorum instrumentorum opus* (1518) sind wir recht genau über seine Lebensumstände informiert. Gaffurio war der Sohn eines Söldnerführers, der aus der Gegend von Bergamo stammte und in Lodi in den Diensten des Condottiere und späteren Mailänder Herzogs Francesco Sforza (1401–1466) stand. Für Gaffurios Ausbildung zum Kleriker sorgte die in Lodi ansässige Familie seiner Mutter, von deren Onkel Taddeo Fissigara er im dortigen Benediktinerkloster San Pietro erzogen wurde. Dort erhielt er auch eine fundierte Musikausbildung bei dem flämischen Karmelitermönch Johannes Bonadies. Um die Jahreswende 1473 auf 1474 wurde Gaffurio zum Priester geweiht; zu dieser Zeit war er bereits Sänger am Dom von Lodi. Noch im selben Jahr wechselte er als Lehrer für Musiktheorie an den Hof der Gonzaga nach ▸ Mantua, wo er seine Musikstudien fortsetzte und zwei erste Musiktraktate, den *Extractus parvus musicae* zur mehrstimmigen Kompositionslehre und Stimmungstheorie, sowie den *Tractatus brevis cantus plani* zur Gregorianik schrieb. Seit 1476 lehrte er in Verona öffentlich Musiktheorie und verfasste zwei weitere, heute verlorene Theorieschriften, die *Musice institutionis collocutiones* und die *Flos musice*. Sein bald auch überregional bekannter Ruf als Musiktheoretiker verschaffte ihm 1477 eine Stellung am Hof des Dogen Prospero Adorno (1428–1498) in ▸ Genua, wo er wiederum öffentlich Theorieunterricht erteilte und sich wohl auch erstmals als Komponist versucht hat. Nach der gewaltsamen Vertreibung Adornos aus Genua im Jahre 1478 folgte ihm Gaffurio nach ▸ Neapel ins Exil. Dort war er als Kapellmeister an der Nuntiata-Kirche tätig und fand mit den am neapolitanischen Aragon-Hof beschäftigten Musikern, Komponisten und Theoretikern wie Johannes ▸ Tinctoris oder Bernard Ycart ein anregendes Umfeld für die Fortsetzung seiner musiktheoretischen Studien. Das Ergebnis dieses fachlichen Austauschs bildete 1480 das *Theoricum opus musice discipline*. Noch im gleichen Jahr folgte Gaffurio, wohl um einer damals in Neapel grassierenden Pestepidemie zu entgehen, der Einladung des Bischofs von Lodi, Carlo Pallavicino, auf dessen Schloss Monticelli d'Ongina bei Cremona. Hier unterrichtete er die Nachwuchssänger der bischöflichen Kapelle und konzipierte drei weitere Musiktraktate, nämlich die unveröffentlicht gebliebenen Schriften *Musices practabilis libellum* und *Tractatus practicabilium proportionum* sowie die berühmte *Practica musicae*. Von Mai bis Oktober 1483 übernahm Gaffurio auf der Basis eines Stipendiums die Leitung der Kapelle von Santa Maria Maggiore in Bergamo; während dieser Zeit schloss er die *Practica musicae* ab. Kriegswirren im nahegelegenen ▸ Ferrara motivierten ihn erneut zur Rückkehr in seine Heimatstadt Lodi, bevor er am 22. Januar 1484 auf Einladung des Mailänder Erzbischofs und früheren Vikars von Lodi, Romanus Barnus, als Kapellmeister an den Ambrosiusdom wechselte.

Während seiner 38 Jahre währenden Dienstzeit als Domkapellmeister publizierte Gaffurio in ▸ Mailand nicht nur seine drei berühmtesten Musiktraktate *Theorica musice* (1492), *Practica musicae* (1496) und *De harmonia musicorum instrumentorum opus* (1518), sondern unterzog auch die ihm unterstellte Kantorei einer umfassenden Reform. Neben seiner praktischen Unterrichtstätigkeit als Phonascus und Grammatiklehrer der Domkantorei hatte Gaffurio seit 1492 oder 1497 als einziger nachgewiesener Professor für Musiktheorie der italienischen Renaissance einen Lehrstuhl der Universität Pavia inne, der an dem von der Herzogsfamilie Sforza in Mailand eingerichteten Gymnasium angesiedelt war. Obwohl Gaffurio enge Beziehungen zur Hofkapelle und zum Gelehrtenkreis des Mailänder Herzogs Lodovico »il Moro« Sforza (1452–1508) unterhielt, bewahrte er sich als Domkapellmeister eine gewisse Unabhängigkeit gegenüber den Sforza. Diese Haltung ließ ihn nicht nur die Eroberung Mailands durch die Franzosen im Jahre 1500 unbeschadet in seinem Amt überstehen, sondern brachte ihm sogar den Titel eines königlich französischen Musikgelehrten (musicus regius) ein. Gaffurios Ruf zu Lebzeiten und sein Nachruhm wurde lediglich durch den seit 1489 über drei Jahrzehnte bis zu seinem Tod schwelenden Theoretikerstreit mit Bartolomé ▸ Ramos de

Pareja und dessen Schüler Giovanni ▶ Spataro beschädigt, der ihm das Ansehen eines konservativen Verteidigers der mathematischen Musikauffassung des Mittelalters mit ihrem pythagoreischen Stimmungssystem eintrug. Im Zusammenhang mit dieser Fehde, die sich vor allem an der Frage nach der Intervallgröße und dem konsonanten Charakter von Terzen in pythagoreischer oder ptolemäischer bzw. reiner Stimmung entzündet hatte, verfasste Gaffurio als Invektive gegen Spataro den Musiktraktat *Apologia adversus Ioannem Spatarium* (Turin 1520). Seine reichhaltige Bibliothek, die Gaffurio als Ressource für seine musiktheoretischen Arbeiten gedient hatte und auch von seinem Freund ▶ Leonardo da Vinci genutzt worden ist, kam nach seinem Tode an die Chiesa dell' Incoronata in Lodi.

Obwohl Gaffurios Musiktraktate die für ihre Zeit üblichen Fehler, Missverständnisse und quellenphilologischen Unzulänglichkeiten in der Interpretation des Systems der antiken griechischen Musik und ihrer Tonarten aufweisen, sind seine Leistungen und sein lang anhaltender Einfluss als enzyklopädisch gebildeter Musiktheoretiker und Mitinitiator des musikalischen Humanismus im 16. Jahrhundert unbestritten. Vor Gioseffo ▶ Zarlino hat kein anderer Theoretiker eine ähnlich umfassende Gesamtdarstellung der Musik seiner Zeit auf den Gebieten der spekulativen Musiktheorie des ▶ Quadriviums, der Kompositionslehre und der Antikenrezeption vorgelegt wie Gaffurio. Seine drei großen Musiktraktate *Theorica musice*, *Practica musicae* (▶ Sphärenharmonie) und *De harmonia musicorum instrumentorum opus* wurden von ihm offenbar ganz bewusst als Triptychon bzw. Kompendium des musiktheoretischen Wissens seiner Zeit einschließlich einer umfassenden Kompositionslehre konzipiert und behandeln jeweils einen der drei genannten Themenbereiche. Dabei stellt die als erweiterte Fassung des *Theoricum opus musice discipline* entstandene *Theorica musice* den Bereich der spekulativen Musiktheorie vor, und zwar auf der Grundlage der pythagoreischen *De institutione musica* des Boethius, der Paraphrasen des Themistios zur Akustik aus *De anima* des Aristoteles und der Übersetzungen und Kommentare von Marsilio ▶ Ficino zu den *Leges*, der *Epinomis* und zum *Timaios* Platons für die Sphärenharmonie.

Demgegenüber ist die *Practica musicae* als Pendant zur *Theorica* ein Lehrbuch der praktischen Musik. In ihren vier Büchern werden alle für spätere Musiktraktate aus dem 16. Jahrhundert typischen Elemente dargestellt: Das erste Buch behandelt die Gregorianik (▶ Musica plana) und ihre ▶ Moduslehre nach dem pseudoklassischen System, das zweite die mehrstimmige Figuralmusik, das dritte bietet eine für lange Zeit maßstabsetzende Kontrapunkt- bzw. Kompositionslehre und das vierte die bis dahin umfassendste ▶ Proportionenlehre der ▶ Mensuralnotation mit Verweisen auf die Anwendung der Proportionen in der Mathematik, der Architektur und in der bildenden Kunst. Die *Practica musicae* ist zugleich Gaffurios bekanntester und einflussreichster Musiktraktat: Sie erlebte bis 1522 insgesamt sechs Neuauflagen, teilweise unter modifiziertem Titel. 1508 publizierte Gaffurio nochmals eine Zusammenfassung des Schlussteils der Proportionenlehre aus dem vierten Buch der *Practica* in italienischer Sprache unter dem Titel *Angelicum ac divinum opus musice* im Druck.

Als dritter und abschließender Teil des von Gaffurio hinterlassenen musiktheoretischen Kompendiums bildet das bereits 1500 abgeschlossene, aber erst 18 Jahre später publizierte *De harmonia musicorum instrumentorum opus* eine Art Summe der beiden vorhergegangenen Traktate, die besonders gründlich ausgearbeitet und um die Rezeption grundlegender Elemente der antiken Musiktheorie ergänzt wurde. Gaffurios *De harmonia* ist neben dem auf seinem Frontispiz abgebildeten Motto »Harmonia est discordia concors«, das eigentlich von Giovanni ▸ Pico della Mirandola stammt, vor allem insofern vom Humanismus geprägt, als dieser Schrift intensive Studien Gaffurios an altgriechischen und byzantinischen Musiktraktaten wie den Schriften von Aristides Quintilianus, Bakcheios Geron, Manuel Bryennios und Klaudios Ptolemaios vorausgegangen sind. Lateinische Übersetzungen dieser Traktate hatte Gaffurio, der selbst nur über unzureichende Griechischkenntnisse verfügte, als erster Theoretiker Italiens überhaupt von den mit ihm bekannten Humanisten Giovanni Francesco Burana und Niccolò Leoniceno (1428–1524) anfertigen lassen. Anders als sein Titel suggerieren könnte, handelt es sich bei *De harmonia* um einen der *Theorica musice* vergleichbaren Traktat zur spekulativen Musiktheorie, der allerdings mit seiner erheblich breiteren Quellenbasis weit über das in der älteren Schrift Dargestellte hinausgeht. In seinen vier Büchern behandelt *De harmonia* 1. die Tonsysteme und Tetrachordteilungen der Antike, 2. die antiken Tongeschlechter und ihre Intervallproportionen mit der Darstellung des genus permixtum, eines von Gaffurio entwickelten Modells zur chromatischen Skalenteilung, 3. die Lehre der Intervallproportionen bzw. -teilungen, 4. die antike Modallehre und die Sphärenharmonie mit einem allegorischen Holzschnitt, der bereits zuvor als Frontispiz der *Practica musicae* erschienen war. Ähnlich wie Heinrich ▸ Glarean, der sein System der antiken Modallehre von Gaffurio übernommen hat, missverstand auch dieser das Wesen der antiken Tonarten, indem er diese mit den acht Modi der mittelalterlichen Musiktheorie in Verbindung brachte, allerdings ohne sie gleichzusetzen.

Die musiktheoretischen Schriften Gaffurios galten noch lange nach seinem Tode als autoritativ und erfreuten sich bis ins 17. Jahrhundert einer intensiven Rezeption. Weit weniger bekannt und erforscht als der Theoretiker ist jedoch der Komponist Gaffurio. Nach ersten, satztechnisch noch recht ungeschickten Versuchen in der Komposition von ▸ Frottole und Chansonsätzen (▸ Chanson), die wahrscheinlich noch in den 1470er Jahren entstanden und in einer Handschrift der Staatsbibliothek Padua (I-PAc 1158) erhalten sind, scheint er sich unter dem Einfluss der Begegnung mit Tinctoris in Neapel und der während seiner Wanderjahre in Norditalien gesammelten Erfahrungen bis zum Antritt seiner Stellung in Mailand jedoch künstlerisch vervollkommnet zu haben. Die dort entstandenen Werke stehen mit seinen kompositorischen Verpflichtungen als Domkapellmeister in Verbindung und sind daher sämtlich sakraler Natur. Überliefert sind sie fast ausnahmslos in den vier teilweise von ihm selbst geschriebenen *Codices Gaffurienses* bzw. *Libroni* des Archivs der Mailänder Fabbrica del Duomo (I-Mfd 2266–2269) aus den Jahren 1490–1527, die neben den Kompositionen Gaffurios vor allem von ihm gesammelte Stücke aus der Blütezeit der Mailänder Hofkapelle während der Regentschaft von Galeazzo Maria Sforza (1444–1476) in den 1470er Jahren unter Loyset ▸ Compère und ▸ Gaspar van Weerbeke enthalten. Teilweise sind Gaffurios eigene Kompositionen durch Anlehnungen an die Stilistik dieser Werke mit ihrem interessanten Gegensatz zwischen raschen Abschnitten in triolischen Mensuren mit tänzerischer oder liedhafter Melodik und langsamen Passagen in akkordisch-syllabischer Textdeklamation geprägt. Andererseits zeichnen sich Gaffurios Kirchenmusikwerke neben ihrer erkennbaren stilistischen Differenzierung nach den kirchenmusikalischen Gattungen ▸ Messe, ▸ Magnificat und ▸ Motette durch eine offenbar bewusst gewählte Vermeidung jeglicher Kontraste und Extreme aus: Sie sind, mit Ausnahme der abwechslungsreicher gestalteten Motetten, ohne scharfe Zäsuren in überwiegend syllabischer Deklamation in einem ausgeglichenen Kontrapunkt gesetzt. Dieser verzichtet trotz des profunden Wissens des

Theoretikers Gaffurio um satztechnische Finessen fast vollständig auf prägnante ▶ Imitationen und ▶ Kanons, notationstechnische bzw. metrische ▶ Proportionen, besondere Stimmendispositionen und artifizielle ▶ Cantus firmus-Techniken. Entsprechend den Verhältnissen der Mailänder Liturgie folgt ein Teil der von Gaffurio hinterlassenen 18 Messen, 11 Magnificatvertonungen und 51 Motetten dem ambrosianischen Ritus: Sechs seiner Ordinarienzyklen sind Missae breves ohne Kyrie und Agnus Dei, während einige der Motetten als Motetti missales Propriumsteile der Messe vertreten können und eines der Magnificats einen vom römischen Ritus abweichenden Text aufweist.

*Ausgaben*:
*Collected Musical Works*, hrsg. von L. Finscher (Corpus mensurabilis musicae 10), 2 Bde., Rom 1955–1960; *Messe I–III*, hrsg. von A. Bortone (Archivium Musices Metropolitanum Mediolanense 1–3), 3 Bde., Mailand 1958–1960; *Magnificat*, hrsg. von F. Fano (Dass. 4), ebd. 1959; *Motetti*, hrsg. von L. Magliavacca (Dass. 5), ebd. 1959; *Anonimi, Messe*, hrsg. von F. Fano (Dass. 6), ebd. 1966; *Liber capelle ecclesie maioris, quarto codice di Gaffurio*, hrsg. von A. Ciceri und L. Migliavacca (Dass. 16), ebd. 1968; *Illustrissimo marchese*, in: Jeppesen (s. Literatur), S. 311–315; *Christe redemptor omnium ex patre* und *Hostis Herodes impie*, in: *The Musical Manuscript Montecassino 871, a Neapolitan Repertoty of Sacred and Secular Music of the late Fifteenth Century*, hrsg. von I. Pope und M. Kanazawa, Oxford 1978; *Milan, Archivio della Veneranda Fabbrica del Duomo, Sezione Musicale, Librone 1 (olim 2269), Librone 2 (olim 2268), Librone 3 (olim 2267)* (Renaissance Music in Facsimile, Sources Central to the Music of the Late Fifteenth and Sixteenth Centuries 12a, 12b, 12 c), Faksimile, New York 1987.

*Schriften (soweit in modernen Ausgaben publiziert)*:
*Extractus parvus musicae* (1474), hrsg. von F. A. Gallo (Antiquae musicae italianae scriptores 4), Bologna 1969; *Theoricum opus musice discipline*, Neapel 1480, Faksimile hrsg. von C. Ruini (Musurgiana 15), Lucca 1996; *Teorica musice*, Mailand 1492, Faksimile Rom 1934, New York 1967 (Monuments of Music and Music Literature in Facsimile, Second Series, Music Literature 21), Bologna 1969 (Bibliotheca musica Bononiensis 2/5), englische Übersetzung von W.K. Kreyszig (Music Theory Translation Series), New Haven/Connecticut und London 1993; *Tractato vulgare del canto figurato*, Mailand 1492, deutsche Übersetzung von J. Wolf, Berlin 1922; *Practica musicae*, Mailand 1496, Faksimile Farnborough 1967, Bologna 1969 (Bibliotheca musica Bononiensis 2/6), New York 1979 (Monuments of Music and Music Literature in Facsimile, Second Series, Music Literature 49), englische Übersetzungen von C.A. Miller (Musicological Studies and Documents 20), American Institute of Musicology, o.O. 1968 und von I. Young, Madison/Wisconsin 1969; *De harmonia musicorum instrumentorum opus*, Mailand 1518, Faksimile Bologna 1972 (Bibliotheca musica Bononiensis 2/7), New York 1979, englische Übersetzung von C.A. Miller, Neuhausen-Stuttgart 1977 (Musicological Studies and Documents 33); *Apologia adversus Ioannem Spatarium*, Turin 1520, Faksimile New York 1967 (Monuments of Music and Music Literature in Facsimile, Second Series, Music Literature 96).

*Literatur*:
E. Praetorius, *Die Mensuraltheorie des Franchinus Gafurius und der folgenden Zeit bis zur Mitte des 16. Jahrhunderts* (Publikationen der internationalen Musikgesellschaft 2), Leipzig 1905, Reprint Wiesbaden 1970 • C.A. Miller, *Gaffurius's »Practica Musicae«. Origin and Contents*, in: Musica Disciplina 22 (1968), S. 105–128 • K. Jeppesen, *Zur Bibliographie der handschriftlichen musikalischen Überlieferung des weltlichen italienischen Lieds um 1500* (La frottola 2), Kopenhagen 1969 • C.A. Miller, *Early Gaffuriana, New Answers to Old Questions*, in: The Musical Quarterly 56 (1970), S. 367–388 • J. Haar, *The Frontispiece of Gafori's »Practica musicae« (1496)*, in: Renaissance Quarterly 27 (1974), S. 7–22 • D. Bonge, *Gaffurius on Pulse and Tempo, a Reinterpretation*, in: Musica Disciplina 36 (1982), S. 167–174 • C.V. Palisca, *Humanism in Italian Renaissance Musical Thought*, New Haven/Connecticut 1985 • F.A. Gallo / F. Zaminer (Hrsg.), *Italienische Musiktheorie im 16. und 17. Jahrhundert, Antikenrezeption und Satzlehre* (Geschichte der Musiktheorie 7), Darmstadt 1989 • W.K. Kreyszig, *Franchino Gaffurio's »Theorica musice« (1492). Edition, Translation, and Study of Sources*, Diss. Yale Univ. 1989, Ann Arbor/Michigan 1990 • M. Kanazawa, *Franchino Gafori and Polyphonic Hymns*, in: Tradition and its Future in Music, hrsg. von M. Ohmiya u.a., Osaka 1991, S. 95–101 • W.K. Kreyszig, *Franchino Gaffurio als Vermittler der Musiklehre des Altertums und des Mittelalters, zur Identifizierung griechischer und lateinischer Quellen in der »Theorica musice« (1492)*, in: Acta Musicologica 65 (1993), S. 134–150 • Ders., *Preparing Editions and Translations of Humanist Treatises on Music, Franchino Gaffurio's »Theorica musice« (1492)*, in: Music Discourse from Classical to Early Modern Times, Editing and Translating Texts, hrsg. von M.R. Ma-

niates (Conference on Editorial Problems 26), Toronto 1997, S. 71–96 • Ders., *Franchino Gaffurio und seine Übersetzer der griechischen Musiktheorie in der »Theorica musice« (1492), Ermolao Barbaro, Giovanni Francesco Burana und Marsilio Ficino*, in: *Musik als Text*, hrsg. von T. Plebuch und H. Danuser, Kassel u.a. 1998, Bd. 1, S. 164–171 • B. Blackburn, *Leonardo and Gaffurio on Harmony and the Pulse of Music*, in: *Essays on Music and Culture in Honor of Herbert Kellman*, hrsg. von B.H. Haggh (Collection »Epitome musical« 8), Paris 2001, S. 128–149 • Dies., *Gaffurius, Franchinus*, in: *Grove*, Bd. 9, 2001, S. 410–414 • L. Finscher / W. Kreyszig, *Gaffurio, Franchino*, in: *MGG*², Bd. 7 (Personenteil), 2002, Sp. 393–403.

DG

## Galilei, Galileo
* 15.2.1564 Pisa, † 8.1.1642 Arcetri

Der berühmte Mathematiker, Physiker und Astronom gilt mit Johannes ▸ Regiomontanus, Nicolaus ▸ Copernicus und Johannes ▸ Kepler als der wohl wichtigste Wegbereiter des heliozentrischen Weltbildes und als Begründer der neuzeitlichen Himmelsmechanik. Darüber hinaus entdeckte er die Gravitationsgesetze und die Bewegungsgesetze der Mechanik, trug entscheidend zur Verbesserung des Teleskops und seiner Durchsetzung als wichtigstes Beobachtungsinstrument der ▸ Astronomie bei und zählt zu den Gründervätern der Experimentalphysik. Auch zur modernen Akustik leistete Galilei mit der Entdeckung des Zusammenhangs zwischen Frequenz und Tonhöhe einen wichtigen Beitrag.

Galileis Interesse an musikalisch-akustischen Zusammenhängen wurde schon in seinem Elternhaus geweckt. Als ältester Sohn des Lautenisten und Musiktheoretikers Vincenzo ▸ Galilei erfuhr er beim Vater eine seiner musikalischen Begabung entsprechende Ausbildung auf mehreren Instrumenten und wurde noch als Student Zeuge dessen akustischer Experimente zum Verhältnis von Saitenlängen und Intervallproportionen. 1581 nahm Galilei an der Universität Pisa ein Medizinstudium auf, das er 1585 zugunsten eines einjährigen Studiums der Mathematik an der Florentiner Accademia del Disegno bei Ostilio Ricci abbrach. Seine weitere akademische Karriere als Mathematiker führte ihn über ein Lektorat (1589) in Pisa zur Berufung als Professor nach Padua (1592). Erst die erfolgreiche Anwendung des Teleskops als Instrument zur Beobachtung der Himmelskörper brachte ihn 1609 endgültig von Mathematik und experimenteller Mechanik zur Astronomie. 1610 wurde Galilei Hofastronom des Herzogs Cosimo II. de' Medici in Florenz, ein Jahr später Mitglied der Accademia de' Lincei in Rom. Die letzten drei Jahrzehnte seines Lebens waren von seiner Verteidigung des heliozentrischen Weltbilds nach Copernicus gegen die Römische Kirche geprägt, die ihm trotz freundschaftlicher Kontakte zu Kurienmitgliedern und seines umsichtigen Verhaltens im Jahre 1633 die Verurteilung zu öffentlichem Abschwur von der kopernikanischen Lehre, Publikationsverbot und lebenslänglichem Hausarrest einbrachte. Galilei nutzte die Jahre des Arrests in seiner Villa in Arcetri jedoch zur Rückbesinnung auf seine Forschungen zur Mechanik, deren Ergebnisse er in den *Discorsi e dimostrazioni matematiche intorno a due nuove scienze* (1638) niedergelegt hat. Dort sind neben seinen Untersuchungen zum Pendel, die sich für die spätere Schwingungstheorie des 17. Jahrhunderts noch als bedeutsam erweisen sollten, auch zwei Anordnungen von Gedankenexperimenten beschrieben, die zur Darstellung von unterschiedlichen Tonhöhen bzw. Frequenzen an Wassergläsern und zu ihrer Aufzeichnung mittels schwingender Stichel auf Metallplatten dienten.

*Schriften*:
*Discorsi e dimostrazioni matematiche intorno a due nuove scienze attenti alla mecanica et i movimenti locali*, Leiden 1638, hrsg. von E. Giusti, Torino 1990 (Nuova raccolta di classici italiani annotati 12); *Unterredungen und mathematische Demonstrationen*

*über zwei neue Wissenszweige, die Mechanik und die Fallgesetze betreffend (Auszüge)*, in: *Galileo Galilei, Schriften, Briefe Dokumente*, hrsg. von A. Mudry, Wiesbaden 2005, S. 329–406.

*Literatur*:
D.P. Walker, *Some Aspects of the Musical Theory of Vincenzo Galilei and Galileo Galilei*, in: Proceedings of the Royal Musical Association 100 (1973–1974), S. 33–47 • S. Dostrovsky / J.T. Cannon, *Entstehung der musikalischen Akustik (1600–1750)*, in: *Hören, Messen und Rechnen in der Frühen Neuzeit*, hrsg. von F. Zaminer und C. Dahlhaus, Darmstadt 1987 (Geschichte der Musiktheorie 6), S. 7–79 • H.F. Cohen, *Galileo Galilei*, in: *Number to Sound, the Musical Way to the Scientific Revolution*, hrsg. von P. Gozza, Boston/Massachusetts 2000, S. 219–232 • V.A. Coelho (Hrsg.), *Music and Science in the Age of Galileo*, Dordrecht 1992 • A. Mudry (Hrsg.), *Galileo Galilei, Schriften, Briefe Dokumente*, Wiesbaden 2005.

DG

## Galilei, Vincenzo
\* ca. 1520 Santa Maria a Monte (Provinz Pisa), begraben 2.7.1591 Florenz

Vincenzo Galilei zählt mit Lodovico ▸ Fogliano, Franchino ▸ Gaffurio, ▸ Vicentino und Gioseffo ▸ Zarlino zu den wohl bedeutendsten italienischen Musiktheoretikern der Renaissance. Dennoch erfreut sich der Vater von Galileo ▸ Galilei heute nur noch in Fachkreisen einer vergleichbaren Bekanntheit wie sein berühmter Sohn, obwohl er auf dem Gebiet der Musiktheorie ähnlich Bahnbrechendes geleistet hat wie Galileo im Bereich der Naturwissenschaften: Zusammen mit Girolamo ▸ Mei gilt er als Vordenker der Diskussionen um die Wiederbelebung der antiken griechischen Musik und ihrer ethisch-psychologischen Wirkungen in der ▸ Camerata fiorentina und als wichtigster Kritiker der Kompositionsweise der klassischen Vokalpolyphonie im ausgehenden 16. Jahrhundert. Vincenzo Galilei hatte maßgeblichen Anteil an der Entwicklung des monodischen Stils, der Dissonanzenlehre und des homophon-akkordischen Generalbaßsatzes der ▸ Seconda prattica. Darüber hinaus war er einer der ersten Theoretiker der Musikgeschichte, der in systematischer Weise mit naturwissenschaftlichen Methoden Experimente zur Akustik und Stimmungstheorie durchgeführt hat. Als Lautenist, Sänger und Madrigalkomponist ist er dagegen heute fast vollkommen vergessen.

Galilei stammte aus einer toskanischen Adelsfamilie. Über seinen Bildungsgang und seine Musikausbildung in jungen Jahren ist wenig bekannt. Um 1540 scheint er nach Florenz gekommen zu sein, wo er sich bald in Patrizierkreisen als Virtuose auf Laute und Gambe einen so hervorragenden Ruf erwarb, dass er die Patronage von Giovanni ▸ Bardi, dem späteren Leiter der Camerata fiorentina, gewinnen konnte.

Die Unterstützung Bardis und seines Gelehrtenkreises ermöglichte Galilei zwischen 1563 und 1565 ein Studium der Musiktheorie bei Zarlino in Venedig. Zu diesem Zeitpunkt hatte er sich bereits als Lautenlehrer in Pisa etabliert, wo er Studenten der Universität und Mitglieder der Pisaner Aristokratie unterrichtete, der er seit seiner Heirat mit Giulia Ammannati im Jahre 1562 selbst angehörte. Aus seiner Ehe ging neben Galileo mit dem Lautenisten Michelagnolo (1575–1631) noch ein weiteres musikalisch hochbegabtes Mitglied der Familie Galilei hervor. In den Jahren 1568–1572 hielt sich Vincenzo Galilei in Venedig auf, wo er die Drucklegung seines Lautenlehrbuchs *Fronimo* (1568, ²1584) besorgte und erneut Zarlino konsultierte. Nach seiner endgültigen Niederlassung in Florenz und der Ernennung zum musikalischen Leiter der Camerata fiorentina begann Galilei einen regen Briefwechsel mit dem römischen Philologen und Musikgelehrten Girolamo Mei, den er schon 1562 in Pisa kennengelernt hatte. Die 1572–1581 anhaltende Korrespondenz der beiden Männer hat in mehr als 30 Briefen zu

Fragen der antiken Musiktheorie und zur Kritik der zeitgenössischen Vokalpolyphonie ihren Niederschlag gefunden. Sie bildete die Grundlage für die Entstehung von Galileis Traktat *Dialogo della musica antica et della moderna* (1581).

Über sein zu dieser Zeit bereits sehr hohes fachliches Renommee gibt die Förderung durch wechselnde Patrone Aufschluss, zu denen neben Mitgliedern toskanischer Adelsfamilien auch der bayerische Herzog ▸ Albrecht V. gehörte, an dessen Hof Galilei in den Jahren 1578–1579 lebte.

Die letzten zehn Lebensjahre Galileis waren von seiner musiktheoretischen Fehde mit Zarlino geprägt, in deren Kontext zwischen 1588 und 1591 die beiden Kontrapunktlehrbücher *Il primo libro della prattica del contrappunto intorno all' uso delle consonanze* und *Discorso intorno all' uso delle dissonanze* sowie die Invektiven *Discorso intorno all'opere di Messer Gioseffo Zarlino* und *Critica intorno ai Supplimenti musicali di Gioseffo Zarlino* entstanden. In dieser Zeit widmete sich Galilei auch verstärkt akustischen Experimenten und deren Dokumentation in kürzeren Traktaten wie dem *Discorso particolare intorno alla diversità delle forme del diapason* oder dem *Discorso particolare intorno all'unisono* (beide 1590).

Für Galilei bildete der klassische linear-polyphone Kontrapunkt der ▸ Prima prattica nach den Regeln der *Istitutioni harmoniche* Zarlinos den Ausgangspunkt seines Theoretisierens, bevor er auf der Grundlage eigener Erfahrungen und Überlegungen die Wandlungen der Kompositionstechnik und Stilistik zur Seconda prattica aufzeichnete, die sich in der zweiten Hälfte des 16. Jahrhunderts vollzogen. Noch die erste Auflage seines *Fronimo* (1568) stellt nicht nur ein Lehrbuch der Intavolierungstechnik für die Laute dar, sondern auch eine der bedeutsamsten Kompositionslehren ihrer Zeit, da ein korrektes Absetzen von Vokalstücken für die Laute die genaue Kenntnis der Stimmführungsregeln des strengen Kontrapunkts erforderte. Aus diesem Blickwinkel erklärt sich auch die Erweiterung der zweiten Auflage des *Fronimo* (1584) um ein Kapitel über die zwölf Modi nach Heinrich ▸ Glarean mit einer zugehörigen Sammlung von 24 Ricercaren verschiedener Komponisten und Beispielen zum Gebrauch der Dissonanzen im vierstimmigen Satz.

Den entscheidenden Anstoß zu seiner Fundamentalkritik der zeitgenössischen Musik, ihrer Kompositionstechnik und ihres Stimmungs- und Tonartensystems in seinem *Dialogo* (1581) erfuhr Galilei durch seine intensive Beschäftigung mit der Musiktheorie der Antike in den Jahren 1567–1573. Gestützt auf die Korrespondenz mit Mei, dessen Vorarbeiten zur Rekonstruktion der Musik der Antike und auf neue italienische Übersetzungen der antiken Musiktraktate von Aristoxenos, Pseudo-Plutarch und Ptolemaios forderte Galilei im *Dialogo* einen grundlegenden Wandel der Musik seiner Zeit zu einer größeren Affekt- und Ausdrucksqualität nach dem Vorbild der Musenkunst der Antike. Dies sah er auf ideale Weise in den drei von ihm erstmals publizierten Hymnen des Medomedes und im einstimmigen Gesang mit mehrstimmiger Instrumentalbegleitung verwirklicht. In diesem Zusammenhang kritisierte Galilei an der polyphonen Vokalmusik seiner Zeit insbesondere das ausdrucksmäßig zu indifferente Modalsystem, die mangelhafte Textverständlichkeit und das Fehlen einer spezifischen Wirkung des melodischen und rhythmischen Duktus der Einzelstimmen. Primär gegen Zarlino und seine Theorie der Naturgesetzlichkeit der reinen Stimmung richtete sich dagegen seine Diskussion verschiedener Stimmungssysteme und Temperaturen im *Dialogo* und in seinem *Discorso intorno all'opere di messer Gioseffo Zarlino da Chioggia* (1589). Als Ergebnis seiner Beschäftigung mit den Tetrachord- und Intervallteilungen nach Arixtoxenos und Ptolemaios favorisierte Galilei für Saiteninstrumente mit Bünden wie Laute und Gambe eine der gleichschwebenden Temperatur ähnliche Stimmung, für Tasteninstrumente dagegen eine mitteltönige Temperatur und für die Vokalmusik ein Stimmungssystem mit beweglichen Tonstufen (▶ Stimmung und Temperatur).

Nicht nur im Bereich der Stimmungs- und Intervalltheorie, sondern auch der Satztechnik galten Galilei im Anschluss an Aristoxenos Gehör und Klangeindruck als alleinige Entscheidungsinstanzen für Konsonanz oder Dissonanz. Die Kontrapunktlehre in Galileis Lehrbuch des strengen Satzes der Prima prattica, dem *Primo libro della prattica del contrapunto intorno all'uso delle consonanze*, ist dann auch bereits stärker klanglich-akkordisch als linear orientiert. Ähnliches gilt für Galileis Theorie der Dissonanzbehandlung aus dem *Discorso intorno all'uso delle dissonanze*, die entsprechend den Vorstellungen der Seconda prattica vor allem für die Vokalmusik erhebliche klanglich-ausdrucksmäßig begründete Freiheiten gestatte, ohne die Dissonanzregeln des strengen Kontrapunkts vollständig aufzugeben. Eine ähnlich ambivalente Haltung zwischen Traditionsverhaftung und Modernität zeigte Galilei mit Blick auf das von ihm bevorzugte Satzmodell. Er erkannte den zeitgenössischen Außenstimmensatz zwar an, verstand dabei aber bereits im Sinne des monodischen Stils den Bass als die wichtigste Fundamentalstimme.

Auf Experimente Galileis mit dem monodischen Stil in den frühen 1580er Jahren gingen auch die in seinem *Discorso intorno all'uso dell'enharmonio* mit den angehängten *Dubbi intorno a quanto io ho detto dell'uso dell'enharmonio, con la solutione di essi* niedergelegten Erfahrungen zurück. Diese beiden um 1590 entstandenen Abhandlungen waren von Galilei als Ergänzung seiner beiden Kontrapunkttraktate um die Aspekte der Entstehungsgeschichte des chromatischen und des enharmonischen Tongeschlechts sowie ihrer Anwendung als Formen der Alteration intendiert, leisteten letztlich aber nichts Anderes als die Darstellung von Galileis Theorien zu den Grundzügen monodischer Musik. Galilei vermochte die von ihm dort theoretisch vertretenen Ideen jedoch nur begrenzt in seine eigene Kompositionstätigkeit umzusetzen. Während seine Madrigale noch dem Stilideal der entsprechenden Werke von Cipriano de ▶ Rore und Adrian ▶ Willaert folgen, konnte er seine Vorstellungen einer neuen musikalischen Poetik wie Einfachheit der Mittel, volksliedhafter Charakter, schlichter sprachlicher und melodischer Duktus, solistischer Gesang mit einfacher akkordischer Begleitung und hohem Affektgehalt lediglich in seinen Arien für eine Singstimme mit Lautenbegleitung über ein Bassmodell wie die ▶ Romanesca oder den ▶ Passamezzo verwirklichen.

*Ausgaben*:
*La camerata fiorentina, Vincenzo Galilei 1520?–1591, la sua opera d'artista, e di teorico come espressione di nuove idealità musicali*, hrsg. von F. Fano, Mailand 1934; *Libro d'intavolatura di liuto*, hrsg. von M. Fritzen, München 1982, Faksimile Florenz 1992; *Contrapunti a due voci*, hrsg. von M. Gabbrielli, Bologna 1994; *Le gagliarde dal »Libro d'intavolatura di liuto«, edizione critica con intavolature per liuto e con trascrizioni in notazione moderna*, hrsg. von G. Perni, Pisa 2000.

*Schriften*:
*Fronimo*, Venedig 1568, ²1584 als Faks.-Ausg. mit engl. Übers. hrsg. von Carol McClintock, Neuhausen-Stuttgart 1985 (Musicological Studies and Documents 39); *Dialogo della musica antica et della moderna*, Florenz 1581, mit engl. Übers. hrsg. von C.V. Palisca, New Haven (Connecticut) 2003; *Discorso intorno all'opere di messer Gioseffo Zarlino da Chioggia*, Florenz 1589, Faksimile Mailand 1933; *Il primo libro della prattica del contrappunto intorno all' uso delle consonanze; Discorso intorno all' uso delle dissonanze; Discorso intorno all' uso dell enharmonio et di chi fusse l' autore del cromatico; Dubbi intorno a quanto io ho detto dell' uso dell' enharmonio, con la solutione di essi*, 1588–1591, hrsg. von F. Rempp, in: Ders., *Die Kontrapunkttraktate Vincenzo Gali-*

*leis*, Phil. Diss. Tübingen 1975, Köln 1980; *Discorso intorno a diversi pareri che hebbero le tre sette più famose degli antichi musici; Discorso particolare intorno alla diversità delle forme del diapason; Discoso particolare intorno all' unisono*, 1590–1591, mit engl. Übers. hrsg. von C.V. Palisca, *The Florentine Camerata, Documentary Studies and Translations*, New Haven/Connecticut 1989.

*Literatur*:
F. Rempp, *Der Musiktheoretiker Vincenzo Galilei und das Ende des »klassischen« Kontrapunkts*, in: Jahrbuch des Staatlichen Instituts für Musikforschung Preussischer Kulturbesitz 1979, S. 19–34 • C. V. Palisca, *Humanism in Italian Renaissance Musical Thought*, New Haven/Connecticut 1985 • Ders., *Die Jahrzehnte um 1600 in Italien*, in: Italienische Musiktheorie im 16. und 17. Jahrhundert, Antikenrezeption und Satzlehre, hrsg. von F. Zaminer und F.A. Gallo, Darmstadt 1989 (Geschichte der Musiktheorie 7), S. 221–306 • Ders., *Studies in the History of Italian Music and Music Theory*, Oxford 1994 • P. Canguilhem, *Tel pere, tel fils? Les opinions esthetiques de la famille Galilei*, in: The International Review of the Aesthetics and Sociology of Music 23 (1992), S. 27–42 • A. Watty, *Claudio Monteverdi und Galileo Galilei*, in: Beiträge zur musikalischen Quellenforschung III, hrsg. von I. Stein und G. Böttcher, Köstritz 1995, S. 126–134 • S.L. Pistolesi, *Fra modalità e tonalità, alcune riflessioni sul »Dialogo della musica antica e della moderna« di Vincenzo Galilei*, in: Psallitur per voces istas, scritti in onore di Clemente Terni in occasione del suo ottantesimo compleanno, hrsg. von D. Righini, Firenze 1999, S. 253–258 • C.V. Palisca, *Galilei, Vincenzo*, in: Grove, Bd. 9, 2001, S. 437–439 • Ders., *Galilei, Vincenzo*, in: MGG², Bd. 7 (Personenteil), 2002, Sp. 434–439 • G. Montanari, *Ricostruire la prassi antica per rinnovare quella moderna, il »Dialogo« di Vincenzo Galilei*, in: Hortus musicus 6 (2005), S. 242–245.

DG

## Galliarde

Die Galliarde erscheint um 1500 zuerst in Frankreich, kurz darauf in Italien und steht zumeist im Tripeltakt. Antonio de Arena (*Ad suos compagnones*, Avignon 1519) erwähnt sie als einen neuen Tanz. Die erste detaillierte Beschreibung der französischen Galliarde gibt Thoinot ▸ Arbeau in seiner *Orchesographie* (1588). Sie ist charakterisiert durch den gehüpften Grundschritt »cinq pas«, dessen Ausführung dem typischen Galliarde-Rhythmus in der Musik entspricht (Halbe-Halbe-Halbe | punktierte Halbe-Viertel-Halbe).

Die Galliarde steht oft im Anschluss an eine ▸ Pavane (frühestes Beispiel für das Tanzpaar Pavane-Gaillarde bei Pierre ▸ Attaingnant, *Quatorze Gaillardes neuf pavennes*, Paris 1531) und wird solistisch, als Paartanz oder auch von mehreren Personen improvisierend getanzt. Sie zeichnet sich vor allem bei den Herren durch virtuose Schrittkombinationen, hohe Sprünge, Capriolen u.ä. aus. Lutio Compasso (*Ballo della Gagliarda*, Florenz 1560) beschreibt über 130 Schritt-Variationen allein zur Galliarde. Bei Michael ▸ Praetorius (*Syntagma Musicum* 3, Kap. 11) sowie in Italien (Fabritio ▸ Caroso 1581, 1600) ist die Galliarde auch im Zweiertakt bekannt.

Die frühesten musikalischen Quellen zur Galliarde befinden sich in den *Dixhuit Basses danses* sowie *Six Gaillardes et six pavanes*, beide 1529 von Attaingnant gedruckt. Die Galliarde ist wohl der am weitesten verbreitete Tanz im 16. und 17. Jahrhundert. Ihr Rhythmus taucht in vielen Werken der Instrumentalmusik sowie in der geistlichen und weltlichen Vokalmusik auf, wenngleich sie nicht immer als solche bezeichnet ist. Späte Beispiele finden sich noch bis Ende des 17. Jahrhunderts, etwa bei Giovanni Battista Vitali (1685), Salvatore Mazzella (1689) u.a. Die im 18. Jahrhundert auftauchende Bezeichnung für den »Pas de Gaillarde« (zuletzt bei Gennaro Magri, *Trattato teorico-prattico di ballo*, Neapel 1779 beschrieben) steht in keiner direkten Verbindung zur Renaissance-Galliarde.

*Literatur*:
B. Delli, *Pavane und Galliarde. Zur Geschichte der Instrumentalmusik im 16. und 17. Jahrhundert*, Diss. Berlin 1957 • M. Lutz, *Galliarde*, in: MGG², Bd. 3 (Sachteil), 1995, Sp. 989–998.

MM

## Galliculus [Hähnel, Hennel], Johannes
\* um 1490 wahrsch. Dresden, † nach 1520 Leipzig (?)

Galliculus gehört zusammen mit Sixtus ▸ Dietrich u.a. zu den bedeutenden Komponisten von Kirchenmusik der frühen lutherischen Zeit und hat einen vielrezipierten Kontrapunkt-Traktat verfasst. Über die Vita ist fast nichts bekannt. Wahrscheinlich war er 1505 an der Universität Leipzig immatrikuliert und wirkte um 1520 auch in dieser Stadt. Da eine ganze Anzahl seiner lateinischen Kirchenmusik in Sammeldrucken von Georg ▸ Rhau erschienen ist, wird vermutet, dass er mit dem Verleger enger verbunden war.

Galliculus' erhaltenes kompositorisches Schaffen umfasst drei für die lutherische Liturgie vorgesehene Plenarmessen (zwei Oster- und eine Weihnachtsmesse), eine ▸ Passion, drei ▸ Magnificat-Vertonungen, mehrere ▸ Motetten und ▸ Psalmvertonungen. In den Plenarmessen (▸ Messe), die zu den bedeutendsten überlieferten Zeugnissen der frühen lutherischen Kirchenmusik gehören, fehlt gemäß lutherischer Liturgie das Offertorium, *Christ ist erstanden* wurde in Sequenz und Agnus Dei der gleichnamigen Ostermesse verarbeitet, und im Ordinarium missae wechseln – nach regionalem Gebrauch – Choralpartien mit mehrstimmigen Abschnitten; das Kyrie der Weihnachtsmesse ist, wie in vielen lutherischen Messkompositionen des 16. Jahrhunderts, tropiert (▸ Tropus). Die vielfältigen, auf der frankoflämischen Musik basierenden und in der deutschen Tradition der Zeit stehenden kompositorischen Verfahrensweisen wurden von Moorefield (1969) detailliert analysiert.

Galliculus' theoretische Schrift *Isagoge de compositione cantus* (Leipzig 1520; Wittenberg 1538, 1546, 1551, 1553) ist eine Einführung in den Kontrapunkt, d.h. in die musikalische Komposition. Auch sie folgt wie viele Kontrapunkttraktate der Zeit dem 4. Buch des *Musicae activae micrologus* von Andreas ▸ Ornithoparchus und gilt als frühester Musiktraktat, der speziell für einen lutherischen Kontext bestimmt war (Forgács, S. 13).

*Ausgaben*:
Ostermesse *Christ ist erstanden* (Das Chorwerk 44), Wolfenbüttel und Zürich 1936; *Magnificat Quinti toni* (Das Chorwerk 85), Wolfenbüttel und Zürich 1961; *Selectae harmoniae de passione Domini, 1538*, hrsg. von W. Reich (Musikdrucke aus den Jahren 1538–1545 10), Kassel 1990; *Isagoge de compositione cantus, 1520*, hrsg. und übersetzt von A.A. Moorefield, Ottawa 1992.

*Literatur*:
A.A. Moorefield, *An introduction to Johannes Galliculus* (Musicological studies 18), New York 1969 • G. Massenkeil, *Oratorium und Passion*, Laaber 1998 • H. von Loesch, *Galliculus*, in: MGG², Bd. 7 (Personenteil), 2002, Sp. 457–459.

## Gallicus, Johannes [Johannes Cartusiensis, Johannes Mantuanus]
\* um 1415 Namur, † 1473/(?)1474 Padua

Gallicus erhielt eine musikalische Grundausbildung in Namur, ging dann zum Studium nach Italien, verfasste an der Universität Pavia eine Dissertation und hörte in Mantua bei ▸ Vittorino da Feltre Vorlesungen über Boethius, dessen Einfluss sich in den musiktheoretischen Reflexionen seiner Schrift *Libellus musicalis* niederschlug. In seinen letzten Lebensjahren lehrte er in Parma; dort gehörte Nicolò ▸ Burzio zu seinen Schülern, der den *Libellus* kopierte und dessen Gedanken in seiner eigenen Schrift fortschrieb und erweiterte.

Die Schriften von Gallicus sind unter dem Aspekt der Wiederherstellung älterer theoretischer Grundlagen zu verstehen; sie sind zum einen von Boethius inspiriert und lehnen sich zum anderen an Guido von Arezzo und weitere ältere Tonartenlehren an. Seine Hauptschrift behandelt somit in einem ersten Teil die Entstehung des Tonsystems, das Monochord, antike Genera, Quart-, Quint- und Oktav-Species, antike Tonarten und Buchstabennotation; im zweiten Teil wird der ▸ Contrapunctus simplex behandelt. Die Schrift entstand als Kritik an Marchettus von Padua, dem er vorwarf, von den Lehren Guidos und Boethius' abgewichen zu sein.

*Schriften*:
*Libellus musicalis de ritu canendi vetustissimo et novo* (zw. 1458 und 1464, geschrieben von Nicolò Burzio; enthält *Vera quamquam facilis*) in: Corpus Scriptorum 4, S. 298–396.

*Literatur*:
W. Frobenius, *Gallicus*, in: *MGG*², Bd. 7 (Personenteil), 2002, Sp. 461–462.

## Gallus, Jacobus [eigentlich Iacob(us) Handl, Händl, Hándl, Hàndl]

\* wenige Tage vor dem 26.(?)7.1550 Herzogtum Krain (heute Slowenien), † 18.7.1591 Prag

Jacobus Gallus gilt als einer der bedeutendsten und produktivsten Komponisten des 16. Jahrhunderts. Sein Œuvre umfasst vier Messbücher (▸ Messe), die alle 1580 erschienen, und 374 ▸ Motetten zu vier bis 24 Stimmen, die zwischen den Jahren 1586 und 1590 gedruckt wurden. Einen weiteren Schwerpunkt seines Schaffens bilden neben den geistlichen Werken die weltlichen, lateinischen Spruchkompositionen, die unter dem Titel *Harmoniarum moralium* herausgegeben wurden.

Über das kurze, aber äußerst produktive Leben des Komponisten ist nur wenig bekannt. Genauere Informationen liefern in erster Linie die Titel oder Widmungsvorreden seiner Werke. Auch hinsichtlich seines Namens besteht Uneinigkeit. In seinen Publikationen wird er abwechselnd »Iacobus Händl, Hándl, Handl« oder, in latinisierter Fassung, auch »Gallus vocatus« genannt. Einige Ausgaben des vierten Mottenbandes sind mit einem Holzschnitt versehen, der ein Portrait des Komponisten zeigt. Durch den rahmenden Schriftzug: »Iacobus Händl Gallus Dictus Carniolus: Aetatis suae XL Anno: M.D.XC« kann seine Geburt auf das Jahr 1550 datiert werden. Dem »Carniolus« ist überdies zu entnehmen, dass Gallus aus dem Herzogtum Krain stammte, das damals noch zum österreichischen Herrschaftsgebiet gehörte.

Es entzieht sich der Kenntnis, wo Gallus seine erste musikalische Ausbildung erhielt. Da es in der Gegend von Krain jedoch nur einen Ort gab, nämlich das Zisterzienserkloster Sittich, an dem eine umfassendere Schulausbildung möglich war, kann Gallus nur dort seine ersten Lehrjahre verbracht haben. Als gesichert gilt, dass er sich anschließend für längere Zeit in der niederösterreichischen Benediktinerabtei Melk aufgehalten hat. Den entscheidenden Hinweis hierfür liefert die Widmung seines vierten Messbandes, die an Abt Johannes Rueff gerichtet ist, der in den 1570er Jahren seine ›Profess‹ in Melk abgelegt hatte. Im Widmungstext erinnert sich Gallus dieser offenkundig gemeinsam mit Rueff im Kloster von Melk verbrachten Zeit. Unbekannt ist, wann genau er Melk wieder verließ. Ein Dokument von 1574 bezeugt zwar die Anwesenheit zweier Kapellknaben mit dem Namen »Hahn« am kaiserlichen Hof in Wien. Daher wurde in der Literatur wiederholt angenommen, hiermit seien Jacobus Gallus und sein jüngerer Bruder Georg gemeint. Mit Blick aber auf das Alter des Komponisten, der zu diesem Zeitpunkt wohl schon 24 Jahre zählte, kann es sich nur um eine jüngere Person gehandelt haben.

Etwa um 1575 verweilte Gallus in Obrowitz und war wahrscheinlich an dem dortigen Prämonstratenserstift beschäftigt. Dessen Abt Caspar Schönauer widmete er 1580 seinen vierten Messband. 1579 oder Anfang 1580 gelangte Gallus in die bischöfliche Residenzstadt Olmütz und wurde dort wohl kurze Zeit später auch zum Kapellmeister ernannt. Dem 1580 zum Bischof von Ollmütz geweihten Stanislaus Pavlovsky widmete er seinen ersten Messband, der im gleichen Jahr auch im Druck erschien. Nach seiner Entlassung in Olmütz übernahm Gallus im März 1585 das Amt des Kantors an der Kirche St. Johannes de Vado in Prag, der damaligen Residenzstadt des Kaisers ▸ Rudolf II. In den letzten Jahren seines Lebens entwickelte Gallus eine kaum zu übertreffende Produktivität. Er veröffentlichte vier Motettenbücher und drei Bände mit den Vertonungen lateinischer Sprüche, deren vierter lediglich posthum herausgegeben wurde. Jacobus Gallus starb am 18.6.1591 und wurde auf dem heute nicht mehr erhaltenen Friedhof von St. Johannes beigesetzt.

Die Satztechnik der Kompositionen Gallus' ist an der Vokalpolyphonie der Niederländer orientiert. Obwohl er sich nie in Italien aufgehalten hat, sind auch Einflüsse der venezianischen ▸ Mehrchörigkeit feststellbar, wie seine vielstimmigen Vokalsätze anschaulich dokumentieren, die sich aus zwei oder mehreren Chorblöcken zusammensetzen. Der Bezug zum ▸ Madrigal, einem weiteren wichtigen Genre des ausklingenden 16. Jahrhunderts, ist bei den Spruchvertonungen Gallus' unverkennbar, indem sie sich durch eine intensive und lautmalerische Textausdeutung auszeichnen.

*Ausgaben*:
*Jacob Handl. Opus musicum*, Bde. 1–5, hrsg. von J. Mantuani und E. Bezecny (Denkmäler der Tonkunst in Österreich 6, 12, 15, 20, 24, 26), Wien 1899, 1905, 1908, 1917, 1919; *Sechs Messen*, hrsg. von P.A. Pisk (dass. 42), ebd. 1935; *Fünf Messen* (dass. 94/95), ebd. 1966; *Drei Messen zu sechs Stimmen*, hrsg. von Dems. (dass. 117), Graz und Wien 1967; *Fünf Messen zu vier bis fünf Stimmen*, hrsg. von Dems. (dass. 119), Graz/Wien 1969; *Harmoniae morales*, hrsg. von D. Cvetko, Ljubljana 1966; *Drei Messen zu sechs Stimmen*, hrsg. von P.A. Pisk, Graz und Wien 1967 (Denkmäler der Tonkunst in Österreich 117); *Iacobus Gallus, Opus musicum*, Bde. 1–4, hrsg. von E. Skulj, (Monumenta artis musicae Sloveniae 5–17), Ljubljana 1985–1990; *Moralia*, hrsg. von E. Skulj (Monumenta artis musicae Sloveniae 27), Ljubljana 1996.

*Literatur*:
P.A. Pisk, *Die Messen von Iacobus Gallus*, Diss. Wien 1917 • H. Schnürl, *Musikalische Figurenlehre in den vierstimmigen Harmoniae morales des Iacobus Gallus*, in: Th. Antonicek (Hrsg.), *Festschrift E. Schenk*, Kassel 1975, S. 50–62 • L.E. Egbert, *The opus musicum of Iacobus Gallus and Performance Problems of selected Motets*, Diss. Kentucky • S. Pontz, *Die Motetten von Iacobus Gallus, Untersuchungen zu den Tonarten der klassischen Vokalpolyphonie*, München 1996 • S. Ehrmann-Herfort, *Beobachtungen zur Musik von Iacobus Gallus am Beispiel seiner »Lamentationes Ieremiae Prophetae«*, in: *Kunst-Gespräche*, hrsg. von P. Andraschke und E. Spaude, Freiburg im Breisgau 1998, S. 85–98 • E. Skulj / H. Krones, *Gallus*, in: *MGG²*, Bd. 7 (Personenteil), 2002, Sp. 472–480.

TRI

## Gambe ▸ Viola da gamba

## Ganassi dal Fontego, Sylvestro [di]
* 1.1. (?) 1492 Venedig (?), † um 1550

Ganassi war Blockflötist und Gambist. Sein Beiname »dal Fontego« bezieht sich auf den gleichnamigen, der Rialtobrücke benachbarten venezianischen Palazzo, in dem deutsche Händler lebten. In dessen Nähe soll Ganassi gelebt haben. Seine Bedeutung beruht auf seiner Blockflöten- und Diminutionsschule *Opera intitulata Fontegara* und seiner Violenschule *Regola rubertina*, die er im Selbstverlag herausbrachte. Ganassis Traktate unterscheiden sich von denen anderer Autoren (wie Sebastian ▸ Virdung, Martin ▸ Agricola, Conrad Gerle, Adrian ▸ Le Roy) durch besondere Detailgenauigkeit. Die beiden Schulen sind ausgesprochen praxisbezogen und lassen erkennen, dass Ganassi in erster Linie ausübender Musiker und kein Theoretiker war.

Ganassis Lebensweg ist erst ab 1517 belegt. In diesem Jahr trat er als ›contralto‹ der Bläser (›pifferi‹) in den Dienst der venezianischen Regierung. Später dann wurde er ›piffero del Doge‹ (Hofmusiker des Dogen). Bis 1535 war er zugleich Instrumentalist an San Marco. 1535 veröffentlichte er im Selbstverlag seine *Opera intitulata Fontegara* sowie 1542 seine *Regola rubertina*. 1543 folgte *Lettione seconda*. Ganassi kündigte noch ein drittes Traktat an, welches allerdings nicht nachweisbar ist. Ungeklärt ist ebenfalls, ob er mit Silvestro del Cornetto identisch ist, der noch 1561 erwähnt wird.

Ganassis *Opera intitulata Fontegara* kommt sowohl als Lehrbuch des Blockflötenspiels als auch als Diminutionsschule eine große Bedeutung zu. Sie besteht aus 25 Kapiteln, von denen sich Kapitel eins bis acht mit der Technik des Blockflötenspiels beschäftigen; die übrigen enthalten Anweisungen zum ▸ Diminuieren. Die Kapitel zum Blockflötenspiel zeigen die hohe Kultur des Blockflötenspiels zu Ganassis Lebzeiten. So stellt Ganassi in Kapitel vier eine Grifftechnik vor, die es ermöglicht, den Ambitus des Instruments über den gebräuchlichen Tonumfang hinaus um sieben Töne nach oben zu erweitern. Dadurch beträgt der Umfang der Blockflöte dann über zwei Oktaven. Außerdem gibt er Anweisungen zu Atemführung und Intonation. Er hält zum dynamisch differenzierten Spiel an und nennt als Vorbild die menschliche Stimme. Auch seine Artikulationslehre orientiert sich am Gesang. Ganassi schlägt die Benutzung von verschiedenen Silben vor und lehrt auch die Doppelzunge. Die Diminutionsbeispiele ›passaggi‹ innerhalb der folgenden Kapitel sind aufgegliedert in vier Teile, die sich jeweils auf verschiedene Mensuralproportionen beziehen. In jedem Teil werden zunächst Beispiele zum Diminuieren bestimmter Intervallfortschreitungen gegeben (›Moto de seconda assendente‹ – aufsteigende Sekunde, ›Moto de seconda dessendente‹ – ab-

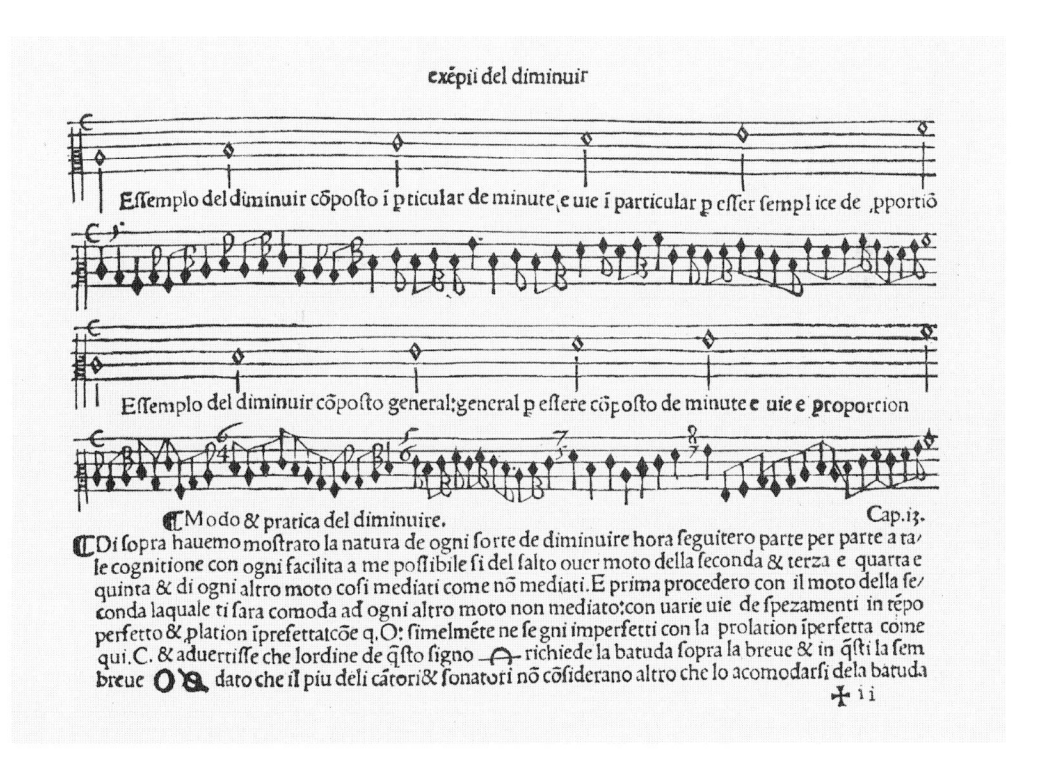

Diminutions-Beispiel aus Sylvestro Ganassi, *Fontegara*, 1535.

steigende Sekunde, ›Moto de terza assendente‹ usw.). Es folgen ›Chadenzie‹ – Kadenzen. In seiner Vorbemerkung zu den Diminutionsbeispielen (Kapitel 13) macht Ganassi zunächst auf einige grundsätzliche Erfordernisse aufmerksam: Beispielsweise muss bei jeder Diminution Anfang und Ende der entsprechenden unverzierten Grundform entsprechen. Später als Lehrer besteht er sogar darauf, dass jede Diminution auf der zu verzierenden Hauptnote beginnen und enden solle, um die Gefahr verbotener Parallelen zu vermeiden. Jedoch gestattet er auch einige Ausnahmen wie beispielsweise bei der stufenweisen Verzierung als Verbindung zweier Hauptnoten, um dadurch eine eingängige melodische Linie zu ermöglichen. Die verbotenen Fortschreitungen entschuldigt er damit, dass sie zu schnell erfolgen, um bemerkt zu werden. Den Schluss des Werkes bilden die Trillertabellen für Halbton-, Ganzton- und Terztriller. Er bevorzugt Halbton- und Ganzontriller für liebliches, anmutiges Spiel, die Terztriller hingegen für lebhaftes und munteres Spiel. Die *Fontegara* ist in sechs Exemplaren überliefert (Bologna, Florenz, Mailand, Wolfenbüttel, Jena, Berlin). Das Exemplar in Wolfenbüttel enthält zwei Autographe Ganassis, eine Widmung und einen Anhang von 175 Diminutionen über eine sechstönige Melodieformel.

Die *Regola rubertina* besitzt als Traktat großen Wert, da sie eine detaillierte Anweisung zur Spieltechnik der ▶ Viola da gamba bietet. Zu Beginn beschreibt Ganassi die Viola da gamba und einige ihrer damaligen Stimmungen. Dann folgt die genaue ausführliche Beschreibung der Spieltechnik wie beispielsweise der Haltung der Gambe, die er für alle Instrumentengrößen gleich beschreibt. Sein individuell angelegtes Griffsystem enthält auch Fingersätze, die über die Bünde hinaus bis zum äußersten Rand des Griffbretts reichen. Außerdem erläutert er die Kunst der Bogenführung, das Vibratospiel, das Einrichten der Bünde, die Übertragung von Vokalmusik in ▶ Tabulatur, die ▶ Improvisation unbegleiteter ▶ Ricercare, das polyphone Spiel etc. Weiter enthält die *Regola rubertina* Übungsstücke und Solo-Ricercare. Offensichtlich richtete Ganassi sein Lehrwerk nicht nur an Anfänger, sondern vor allem auch an Virtuosen.

Beide Traktate lassen vermuten, dass Ganassi ein außergewöhnlich guter Instrumentalist gewesen sein muss. Darüber hinaus entfaltete er großen Einfluss auf seine Zeitgenossen und spätere Theoretiker wie Marin ▶ Mersenne. Besonders bedeutsam sind in diesem Zusammenhang seine Diminutionsbeispiele. Die ›passaggi‹ der *Fontegara* sind nicht nur für Blockflötisten interessant. Andere Instrumentalisten und Sänger können die vielfältigen Beispiele ebenfalls nutzen, um sich mit der Diminutionspraxis Ganassis und seiner Zeit vertraut zu machen.

*Ausgaben:*
*Regola rubertina*, Tl. 1 und 2, Faksimile, hrsg. von M. Schneider, in: *Veröffentlichung des Fürstlichen Instituts für muwikwissenschaftliche Forschung zu Bückeburg II/3*, Leipzig 1924; S. Ganassi, *Opera intitulata Fontegara*, Faksimile Mailand 1934; W. Eggert, *Die Regola rubertina des Silvestro Ganassi*, Venedig 1542/1553, 2 Bde., Kassel 1974; S. Ganassi, *La Fontegara. Schule des kunstvollen Flötenspiels und Lehrbuch des Diminuierens*, Venedig 1535, hrsg. von H. Peter, Berlin 1956.

*Literatur:*
H. Krones, *Die Einheit von Vokal- und Instrumentalmusik in der Musikpädagogik des 17. und 18. Jahrhunderts*, in: *Alte Musik und Musikpädagogik*, hrsg. von Dems., Wien 1997, S. 51–68 • J.-A. Bates, *The music for the viola da gamba in Italy, 1540–1640: Its repertoire and performance practice*, Diss. 2002 • H. Mayer Brown / G. Ongaro, *Ganassi dal Fontego*, in: *Grove*, Bd. 9, 2001, S. 508 • M. Arnone, *Ganassi dal Fontego*, in: *MGG²*, Bd. 7 (Personenteil), 2002, Sp. 491–493.

AP

# Gardano, Antonio
\* 1509 Südfrankreich, † 28.10.1569 Venedig

Antonio Gardano war ein Drucker und Verleger, der sich vermutlich in den 1530er Jahren in Venedig niedergelassen hatte. 1538 eröffnete er eine Druckerei mit angeschlossener Buchhandlung und widmete sich fast ausschließlich der Produktion von Musikdrucken. Gardano war der erste, der in Venedig den einfachen Typendruck verwendete, den er vermutlich in Frankreich kennen gelernt hatte. Auch seine ersten Publikationen zeigen noch französische Wurzeln. Bald verkehrte er jedoch im Kreis um Adrian ▸ Willaert, später publizierte er vermehrt Komponisten außerhalb Venedigs. Von seinem reichen Schaffen ist etwa die Hälfte dem ▸ Madrigal gewidmet, darunter auch viele Nachdrucke. Ein Viertel der Gesamtproduktion fällt auf Werke von Orlande de ▸ Lassus, Cipriano de ▸ Rore, Willaert und Jacques ▸ Arcadelt. Gardano bevorzugte Individualdrucke, zumal viele Komponisten selbst Auftraggeber waren und ihre Musikdrucke von Gönnern finanzieren ließen. Nur für besondere Publikationen beanspruchte er ein Druckprivileg. Ein heftiger Streit mit einem Buchhändler aus Ferrara schlug sich in Titelholzschnitten nieder, die die Figuren von Gardanos Druckersignet (Löwe und Bär) satirisch darstellen. Die Zusammenarbeit mit der venezianischen Druckerfamilie ▸ Scotto verlief weniger turbulent. Gardano war auch kompositorisch tätig. Chansonbearbeitungen von seiner Hand erschienen u.a. im eigenen Verlag, Messen und Motetten gab er bei französischen Verlegern in Druck.

Nach Andrea Gardanos Tod übernahmen dessen Söhne Alessandro († 1591?) und Angelo († 1611) den Betrieb. Sie legten bis 1575 noch über hundert Musiktitel vor. Dann trennten sich ihre Wege: Alessandro ging nach Rom und konzentrierte sich auf außermusikalische Drucke, Angelo produzierte zusammen mit anderen Geschwistern noch insgesamt mehr als 1000 Titel, darunter Choralbücher und erste Drucke in umfangreicheren Partituren. In ihrem Verlagsprogramm fanden sich fast alle bedeutenden Komponisten der Zeit.

*Ausgaben*:
The Gardane Motet Anthologies (Sixteenth-Century Chansons 13 und 14), hrsg. von M.S. Lewis, New York 1993 bzw. 1995.

*Literatur*:
M.S. Lewis, *Antonio Gardano, Venetian Music Printer 1538–1569: A Descriptive Bibliography and Historical Study*, 3 Bde, New York 1988–1997 • R.J. Agee, *The Gardano Music Printing Firms. 1569–1611*, Rochester/New York 1998.

ALB

## Gareth, Benedetto [genannt Il Cariteo]
\* um 1450 Barcelona, † 1514 Neapel

Gareth machte seine Karriere am aragonesischen Hof in Neapel, wo er von 1482 bis an sein Lebensende blieb. Er floh während der französischen Besetzungen, kehrte aber nach deren Vertreibung immer wieder nach Neapel zurück. Seinen Beinamen ›Il Cariteo‹ erhielt er als Mitglied der Accademia Pontaniana (▸ Akademie). – Musikgeschichtlich ist Gareth insbesondere als Improvisator von Bedeutung; zusammen mit ▸ Serafino de' Ciminelli dall'Aquila und Aurelio Brandolini prägte er die von Humanisten so geschätzte improvisatorische Tradition am Hof von Neapel, wie sie auch Paolo ▸ Cortesi in seinem Buch *De cardinalatu libri tres* (1510) hervorhebt. Zur Hochzeit ▸ Ferdinands II. 1496 soll Gareth eine große Anzahl an ▸ Frottole vorgetragen haben. Seine Strambotti dienten als Orientierung sowohl für Vorlagen des improvisatorischen Vortrags als auch für die Komposition von ▸ Villaneschen. Überliefert ist in Ottaviano ▸ Petruccis *Frottole Libro nono* (1508) die (wohl einzig erhaltene) Komposition Gareths, *Amando e desiando io vivo*, deren Oberstimme sehr einfach ist, um den Ton a kreist und erst am Schluss bei »morire« in den tieferen Tonraum sinkt; die drei tieferen Stimmen (darunter ein lebhafter Tenor) sind möglicherweise für eine instrumentale Ausführung gedacht (eine weitere Bearbeitung für Gesang und Laute findet sich in Bossinensis, S. 478).

*Ausgaben*:
Le rime di Benedetto Gareth detto il Chariteo, 2 Bde. (Biblioteca napoletana di storia e letteratura 1,1 und 1,2), Neapel 1892; Le frottole per canto e liuto intabulate da Franciscus Bossinensis, hrsg. von B. Disertori, Mailand 1964; Frottole libro nono, 1508 (Le Frottole Petrucci 3), hrsg. von F. Facchin, Padua 1999.

*Literatur*:
A.W. Atlas, Music at the Aragonese court of Naples, Cambridge 1985 • G. Parenti, Benet Garret detto Il Cariteo. Profilo di un poeta (Quaderni di rinascimento 18), Florenz 1993 • L. Schmidt, Gareth, in: MGG², Bd. 7 (Personenteil), 2002, Sp. 1546–1547.

## Gascongne, Mathieu
fl. 1512–1518

Zur Vita des Komponisten und Sängers Gascongne sind nur wenige Dokumente überliefert; aus ihnen geht hervor, dass er mindestens 1517–1518 am französischen Hof unter ▶ Franz I. als ›maître‹ oder ›chantre‹ angestellt war. Wahrscheinlich hatte er bereits zuvor Kontakt zum französischen Hof bzw. war in dessen Umkreis tätig, worauf nicht nur diverse Motettentexte, sondern auch die Faktur seiner Kompositionen verweisen. Sie tragen Merkmale der in den ersten beiden Jahrzehnten am Königshof üblichen Musik, wie sie auch die Kompositionen von Antoine de ▶ Févin und Jean ▶ Mouton prägen. Gascongne ist – wie auch Févin – in seinen frühen Chansons Vertreter der ▶ Chanson rustique, seine ▶ Messen (8 überlieferte) verwenden Partien aus weltlichen polyphonen Kompositionen und sind somit frühe Beispiele für die Parodiemesse.

*Ausgaben* (Auswahl):
Diverse Motetten in: A. Smijers / A.T. Merritt (Hrsg.), Treize livres de motets parus chez Pierre Attaingnant en 1534 et 1535, 13 Bde., Monaco 1933–1963 • Diverse Chansons in: J. Bernstein (Hrsg.), Sixteenth Century Chanson, 30 Bde., New York/London 1987–1995, Bd. 10, S. 145–162 • 5 Messen in: P. Swing, Parody and Form in Five Polyphonic Masses by Mathieu Gascongne, Diss. University of Chicago, Chicago 1996 • H.M. Brown (Hrsg.), Theatrical Chansons of the Fifteenth and Early Sixteenth Centuries, Cambridge/Massachusets 1963, S. 22f., 92ff., 128f.

*Literatur*:
J.T. Brobeck, The Motet at the Court of Francis I, Diss. University of Pennsylvania, 1991 • ders., Musical Patronage in the Royal Chapel of France under Francis I. (r. 1515–1547), in: Journal of the American Musicological Society 48 (1995), S. 187–239 • P.G. Swing, Gascongne, in: Grove, Bd. 9, 2001, S. 553–555.

## Gaspar van Weerbeke
\* um 1445 Oudenaarde, † nach 1517

Die musikalische Laufbahn des flämischen Komponisten Gaspar van Weerbeke ist sozusagen eine vollkommen italienische. 1471 erscheint er am Hof des Mailänder Herzogs Galeazzo Maria ▶ Sforza. Im April 1472 und im Januar 1473 reist er nach Flandern, um für die herzogliche Kapelle Sänger anzuwerben. Die Mailänder Kapelle dieser Jahre war eine der hervorragendsten musikalischen Institutionen Italiens, die nach der Ermordung des Herzogs am 26. Dezember 1476 leider eine gewisse Krisenperiode durchlitt. Gaspar, wie er zum großen Teil in den Quellen einfach genannt wird, bleibt nach dem Tod des Herzogs einige Zeit in Mailand, bevor er sich nach Rom wendet, wo er von 1480 bis 1489 der päpstlichen ▶ Kapelle angehört. Im April 1489 kehrt er nach Mailand zurück, an den Hof des Ludovico il Moro. 1493 reist er aus unbekannten Gründen kurzzeitig nach Florenz. Von 1495 bis 1498 entfernt er sich aus Mailand, um in seine Heimat zurückzukehren (in einigen Dokumenten dieser Zeit wird er als Kanoniker von Saint-Donatien in Brügge erwähnt), wo er auch die Möglichkeit hatte, mit der hervorragenden Musikkapelle des Herzogs Philipp des Schönen Kontakt aufzunehmen. Zurück in Mailand ist Gaspar mit einer politischen Situation der Halbinsel konfrontiert, die sich verschlechtert hat; die Auflagen des französischen Königs für die Stadt wiegen schwer (▶ Ludwig XII. hält im Oktober 1499 das erste Mal feierlich Einzug in Mailand). Angesichts der Ereignisse und des erbärmlichen Ausganges der Familie Sforza in den ersten Monaten des Jahres 1500 verlässt Gaspar die Stadt, um sich erneut nach Rom zu begeben. Er gehört der päpstlichen Kapelle, vielleicht sogar ununterbrochen, bis 1514 an. 1515 hält er sich in Erwartung einiger Pfründen in den Diözesen von Cambrai und Tournai auf und verbringt wahrscheinlich seine letzten Lebensjahre in seinem Vaterland. 1520–1521 wird ein gewisser »*Gasparo fiamengo*« unter den ›cantores secreti‹ des Papstes Leo X. erwähnt. Es ist schwer zu sagen, ob es sich dabei um den Komponisten oder einen Namensvetter handelt.

Von Gaspar van Weerbeke sind acht ▶ Messen überliefert, zwei Credo, etwa 50 ▶ Motetten und lediglich sieben weltliche Stücke. Die Messen von Weerbeke sind sehr interessant, und Ottaviano ▶ Petrucci widmete ihnen 1507 einen ganzen Band, doch warten sie noch heute darauf, eingehend erforscht zu werden. – Ein guter Teil der sakralen Werke ist in die Tradition der ▶ Motetti missales einzuordnen, im allgemeinen Zyklen von acht Motetten, die dazu bestimmt sind, Teile des Propriums und Ordinariums der Messe zu ersetzen. Diese liturgische Praxis wurde gerade in Mailand von den Komponisten gepflegt, die in höfischen Diensten der Familie Sforza standen (unter ihnen auch Loyset ▶ Compère). Die Motetten sind in der Regel sehr kurz, in deklamatorischem Stil gehalten und einfach strukturiert. Von den anderen liturgischen Kompositionen sind insbesondere ein ▶ Stabat Mater zu fünf Stimmen, ein ▶ Magnificat und die *Lamentationes Jeremiae* (▶ Lamentatio) für die Karwoche hervorzuheben.

*Ausgaben*:
*Gaspar van Weerbeke, Collected Works*, hrsg. von G. Croll, E.F. Fiedler und A. Lindmayr-Brandl, American Institute of Musicology, 1998ff. (CMM 106).

*Literatur*:
E.F. Fiedler, *Die Messen des Gaspar van Weerbeke (ca. 1445 – nach 1517)* (Frankfurter Beiträge zur Musikwissenschaft 26), Tutzing 1997 • P.A. / L.L.M. Merkley, *Music and Patronage in the Sforza Court* (Studi sulla storia della musica in Lombardia collana di testi musicologici 3), Turnhout 1999 • H.J. Winkler, *Gaspar van Weerbeke*, in: *MGG*², Bd. 7 (Personenteil), 2002, Sp. 569–574.

AM

# Gastoldi, Giovanni Giacomo
\* um 1533 Caravaggio, † 4.1.1609 Mantua

Der Sänger und Komponist Gastoldi ist heute vor allem durch seine vokalen Balletti bekannt; weitere weltliche Lieder (Madrigale und Canzonetten) sowie geistliche Kompositionen (Messen, Psalmkompositionen, Motetten) nehmen jedoch in seinem Schaffen einen breiten Platz ein.

Gastoldi kam in seiner Kindheit mit seinem Vater nach Mantua, erhielt seine Ausbildung am Kapitel der Hofkirche S. Barbara und war dort zunächst ›chierico‹, dann Subdiakon (1572/1573), Diakon (1574) und Priester (1575) mit einer Pfründe, die zum Unterricht der Chorknaben verpflichtete. Als Sänger der Kapelle trug er wesentlich zum kompositorischen Repertoire bei, wie es von Herzog Guglielmo ▶ Gonzaga gefordert wurde. 1588 trat er die Nachfolge von Giaches de ▶ Wert als Kapellmeister an S. Barbara an und blieb auf dieser Stelle bis zu seinem Lebensende.

Für den liturgischen Gebrauch schrieb Gastoldi ▶ Messen, ein ▶ Magnificat, ▶ Psalmvertonungen und einige wenige ▶ Motetten. Unter den Messvertonungen folgen die ▶ Alternatim-Messen der besonderen Liturgie an S. Barbara, die von Herzog Guglielmo ▶ Gonzaga festgelegt wurde; eine weitere Parodiemesse über eine Motette von Giaches de ▶ Wert und eine mit Merkmalen konzertierender Praxis sind wohl für den Gebrauch an anderen Kirchen bestimmt. Gastoldi publizierte drei Bücher mit Psalmenzyklen (1601, 1602, 1607) und trug zu der Giovanni Pierluigi da ▸ Palestrina gewidmeten Sammlung von Vesperpsalmen (1592) bei.

Die fünfstimmigen *Sacre lodi a diversi sancti con una canzona al glorioso serafico S. Francesco*, geistliche Madrigale, die in Venedig 1587 gedruckt wurden, sind auf die in S. Barbara verehrten Heiligen komponiert, deren Kapellen sich an den Längsseiten der Kirche befinden: die Heilige Barbara, Johannes der Täufer, Petrus, Silvester, Adrianus, Maria Magdalena, Margareta. Voraus gehen die Madrigale *Ad DIO*, *Alla Croce* und *Alla Beata Vergine*, das Madrigal *A tutti i Santi* folgt nach; den Abschluss bildet eine zusätzliche große ▸ Canzone in neun Teilen für den Heiligen Franziskus. Die wohl von Gastoldi stammenden Texte sind an Petrarca angelehnt (Patuzzi, S. 33/34), die Musik ist in kunstvoll imitatorischer Struktur gehalten mit subtil angebrachten Madrigalismen, obgleich Guglielmo Gonzaga solche für die Kirchenmusik ausgeschlossen hatte (z.B. im Madrigal auf S. Barbara auszierende Melismen auf »freggi«/»verziert« am Beginn, die Verlangsamung des Tempos und die Betonung der kleinen Sekund auf »crudo ferro«/»grausames Eisen« mit Erhöhung des c zum cis oder der tänzerische Dreierrhythmus auf »sei di gioia perpetua coronata«/»du bist von ewiger Freude gekrönt«). Der Abschluss mit einer ›monumentalen‹ Komposition, hier nicht, wie sonst üblich, durch Vermehrung der Stimmenzahl, sondern durch Längung als mehrteilige Komposition, war in Sammlungen der Zeit üblich. Die Madrigale waren zur Aufführung für die Festtage der Heiligen gedacht.

Weitere weltliche Madrigale wurden in verschiedenen gedruckten Madrigalbüchern überliefert; sie sind meist anlassbedingt für Zeremonien der Gonzaga komponiert wie bspw. *Vien, Himeneo, deh vieni* wohl für die Hochzeit von Vincenzo ▸ Gonzaga mit Leonora de' ▸ Medici 1584; das Madrigal zeigt eine ähnlich kunstvoll polyphone Gestaltung wie die *Sacre lodi*, allerdings mit interpolierten deklamatorischen Passagen, die die Faktur der späteren Balletti vorwegnehmen. Am bekanntesten sind die vier in *Il quarto libro di madrigali a cinque voci (1602)* publizierten Madrigale, die mit *Il Gioco de la cieca rapresentato alla Regina di Spagna nel Pastor fido* betitelt sind und wahrscheinlich 1598 als Intermedien zur Aufführung von Giovanni Battista ▸ Guarinis Schauspiel erklangen.

Die heute und schon zu Gastoldis Zeit bekanntesten Kompositionen, seine ▸ Balletti, tragen dem an leichteren weltlichen Formen orientierten Geschmack des späten 16. Jahrhunderts Rechnung. Die 1591 publizierten *Balletti a cinque voci* fanden durch ihre 30 weiteren Auflagen bis 1657 europaweite Verbreitung und wurden z.T. in die Landessprachen übersetzt; insbesondere in England (Thomas ▸ Morley) und im deutschsprachigen Bereich (Hans Leo ▸ Haßler) fanden sie auch rege kompositorische Rezeption. Drei Balletti wurden zu deutschen Kirchenliedern kontrafaziert.

Schon auf die Zeitgenossen wie auch auf die Rezipienten seit dem 19. Jahrhundert wirkte die Kombination aus Simplizität, rhythmischem Schwung und subtiler motivischer Gestaltung faszinierend. *A lieta vita / An hellen Tagen*, das in die Chorliteratur seit dem 19. Jahrhundert Eingang gefunden hat, gehört zu seinen bekanntesten Balletti, die Komposition wurde als *La Mantovana* in Ludovico ▸ Viadanas Instrumentalkanzonen von 1610 zum Emblem der Stadt Mantua (Morche, Sp. 599). Die fünfstimmige Komposition ist im tänzerischen Dreiertakt gehalten mit ständig wiederholtem Rhythmus von drei Vierteln und Halbe – Viertel während der Textteile und variiertem Rhythmus während der »Falala«-

Teile; die Melodik schreitet stufenweise oder in Terzen fort. Der erste Teil besteht aus zwei auch melodisch wiederholten (»an hellen Tagen / Herz welch ein Schlagen«) plus vier »Falala«-Takten, die insgesamt wiederholt werden (im zeitgenössischen Druck ist die Wiederholung ausgeschrieben). Danach folgt ein zweiter Teil mit acht (»Himmel dann blauet, Auge dann schauet, Herz wohl den Beiden manches vertrauet«) plus vier »Falala«-Takten, wobei die ersten beiden Takte in gleichem Rhythmus mit variierter und sequenzierter Melodik fortgeschrieben werden. »Falala« ist nur textlich ein Refrain, der Schluss erfolgt auf andere Musik als im ersten Teil. Das Balletto hat im Original vier Strophen im Unterschied zu den drei Strophen der modernen Version, deren ›Übersetzung‹ von Peter Cornelius nur vage an den ursprünglichen Text erinnert (das Balletto ist mit »L'innamorato« / »Der Verliebte« überschrieben, der Text entsprechend gestaltet). Durchgehend homophon wie *A lieta vita* sind allerdings nicht alle Balletti – einige interpolieren auch polyphone Passagen mit imitatorischer Gestaltung. Die Publikation beginnt zudem mit einem einführenden Madrigal, das nicht den üblichen Prinzipien von Balletti folgt – es hat keine »Falala«-Abschnitte, wiederholt wird nur der Schlussteil, der in den letzten fünf Takten zum Singen von Balletti aufruft. Ebenso weichen die letzten drei Nummern ab, die sechsstimmigen *Mascherate de Cacciatori* und *Canzonetta* sowie das doppelchörige achtstimmige *Concerto de Pastori*, die polyphon gestaltet sind.

*Ausgaben*:
*Sacre lodi*, 1584 (s. Literatur); *Balletti a cinque voci con li suoi versi per cantare, sonare, & ballare*, 1591 (Le Pupitre 10), Paris 1968; *Sei missae dominicales a cinque voci […]*, 1592, hrsg. von S. Cisilino, Padua 1981; *Canzonette a tre voci libro secondo*, 1595, hrsg. von G. Vecchi, Bologna 1959; *Sedici salmi a cinque voci […]*, hrsg. von S. Cisilino, Padua 1978; *Magnificat per omnes tonos*, hrsg. von D. Fratelli und F. Rampi, Mailand 1997.

*Literatur*:
I. Fenlon, *Music and Patronage in Sixteenth Century Mantua*, 2 Bde., Cambridge 1980 • O. Berretta, *G.G. Gastoldi: Profilo biografico*, in: Rivista internazionale di musica sacra 16 (1995), S. 121–141 • S. Patuzzi, *Madrigali in Basilica. Le »Sacre lodi a diversi santi« (1587) di G.G. Gastoldi: un emblema controriformistico* (Historiae musicae cultores 84), Florenz 1999 (mit Ausgabe) • G. Morche, *Gastoldi*, in: MGG², Bd. 7 (Personenteil), 2002, Sp. 596–599.

ES

# Gavotte

Die Gavotte ist ein Tanz französischer Herkunft. Er ist ab dem 16. Jahrhundert in diversen Quellen überliefert und wird in der volkstümlichen Form auch heute noch bzw. wieder getanzt. Die Bezeichnung kommt möglicherweise von dem französischen Dialektwort »gavaud«, welches ein Überkreuzen der Beine bezeichnet. Nach Thoinot ▸ Arbeau in seiner *Orchesographie* (1588, fol. 93) ist die Gavotte eine Folge von Branles doubles, die durch virtuosere Schrittelemente aller Tänzer bzw. auch durch solistische Einlagen der mitwirkenden Paare erweitert wird. Diese Form der Branles-Suite fand auch Eingang in den höfischen Tanz, wo dann nur der letzte Tanz als die eigentliche Gavotte bezeichnet wurde.

Unabhängig von der Renaissance-Gavotte entwickelte sich später am französischen Hof die Gavotte für solistische Tänzer bzw. Tanzpaare (erstmals bei Jean Baptiste Lully 1655), deren Musik (typisch sind je zwei auftaktige Viertelnoten im Alla breve-Takt) zu den Kernsätzen der Instrumentalsuite gehört. Hier ist der Tanz durch den »Pas de Gavotte« charakterisiert. Abgesehen von unzähligen Beispielen aus der Instrumentalmusik eignete sich die Gavotte auch als rhythmisches Modell für die Vokalmusik. Marin ▸ Mersenne (*Harmonie Universelle*, Bd. II, Paris 1636) bezeichnete sie sogar als »dance aux chansons«.

*Literatur*:
D. Vestris, *Les Danses d'autrefois – de la pavane a la gavotte*, Paris 1889 • K.H. Taubert, *Höfische Tänze. Ihre Geschichte und Choreographie*, Mainz 1968, S. 140–162 • C.G. Marsh / St. Schrödter, *Gavotte*, in: *MGG*², Bd. 3 (Sachteil), 1995, Sp. 1069–1076.

MM

## Geigenwerk

Das auch Bogenflügel genannte Instrument war ein Tasteninstrument, bei dem die Saiten wie bei der Drehleier angestrichen wurden. Die frühesten Entwürfe stammen von Leonardo da ▸ Vinci und Vincenzo ▸ Galilei, das bekannteste gebaute Instrument (1575) ist von Hans Heyden (1536–1613), der auch einen Traktat dazu verfasste (*Musicale Instrumentum reformatum*, um 1600, erweitert 1610). Michael ▸ Praetorius beschreibt das Instrument im zweiten Band seines *Syntagma musicum* (1618).

## Geistliches Drama

Wie die Zeit des Mittelalters kennt auch die Renaissance eine Vielzahl von geistlichen Dramen. Selbstverständlich blieben die seit der Karolingerzeit gepflegten Liturgischen Dramen weit über das Mittelalter hinaus Bestandteil von Gottesdienstfeiern. Allerdings lassen sich für diesen vom Begriff her recht eng gefassten Bereich des einfachen Dramas nach der Reformation kaum andere Stoffe nachweisen als der mehr oder weniger erweiterte Dialog des Engels mit den Frauen am Grab des auferstandenen Jesus Christus, der jährlich an den Tagen des Osterfests aufgeführt wurde. Die Quellen weisen freilich aus, dass die Tradition noch bis ins 18. Jahrhundert hinein in großer Verbreitung gepflegt wurde.

Während dieser Osterdialog vielfach als Bestandteil der Liturgie weiterlebte, konnten sich andere Geistliche Dramen unabhängig davon, aber nicht selten noch im Kirchenraum als Aufführungsort etablieren. Inhaltlich und aufführungspraktisch ist eine präzise Abgrenzung von Dramen, die heute weitgehend als Mysterienspiele (von lat. ›ministerium‹ = Gottesdienst bzw. griechisch ›mysterion‹ = Wunder oder Geheimnis) eingebürgert sind, nicht möglich, obwohl gelegentlich versucht worden ist, Mysterienspiel ausschließlich auf Themen aus der Bibel oder den Apokryphen anzuwenden. Die in der Überlieferung des Mittelalters und der Renaissance gebräuchlichen Termini sind ›ordo‹, ›officium‹, ›ludus‹ und vor allem ›representatio‹. Wie ›officium‹ weist auch das immer wieder vorkommende ›ministerium‹ auf die Entstehung im Kontext des Gottesdienstes hin. Mit dem Aufkommen der Landessprachen bei den Dramen wurden auch die Titel einschlägig verändert (dt. Spiel, engl. Play, frz. Sotties, it. Funzione, span. Auto/s etc.), ohne dass sich einer davon als konsistent hätte durchsetzen können. Als im späten 15. und im 16. Jahrhundert die Tradition der geistlichen Spiele von den Schuldramen aufgegriffen wurde, trugen sie in den Manuskripten und später auch Drucken Bezeichnungen wie ›Dialogus‹ oder ›Drama‹ sowie ›Comoedia‹ oder ›Tragoedia‹.

Obwohl die überwiegende Zahl der geistlichen Spiele in der Renaissance-Zeit außerhalb des Kirchenraums aufgeführt wurde, behielten doch die alten – und nicht bzw. kaum erweiterten – Osterspiele ihren traditionellen Platz am Rande der Liturgie bei. Dies lässt sich an den überliefernden Quellen, liturgischen Büchern wie Missalien oder Antiphonarien über einen langen Zeitraum mit Gewissheit ablesen. Sogar ein früher Druck wie das *Antiphonale Pataviense* enthält noch ein solches Drama. Die darin verwendeten Gesänge sind selbstverständlich der liturgischen Einstimmigkeit entnommen. Um den in der Auferstehung Jesu verwirklichten Erlösungsakt zu verdeutlichen, wurde oft das *Canticum triumphale* mit dem Text »Christus resurgens« hinzugefügt (so im Redentiner Osterspiel von 1464). Diese erst im Spätmittelalter entstandene Antiphon beschreibt das Hinabsteigen Christi in die Hölle und die Errettung der im Tode Gefangenen. Deren Freudengesang ist in dem Abschnitt »Advenisti desiderabilis« enthalten und bot als direkte Rede Gelegenheit zu Abwechslung. Da zu diesem Text nicht wenige mehrstimmige Sätze des 15. und 16. Jahrhundert erhalten sind, ist ihr Einsatz innerhalb dieses liturgischen Spiels denkbar.

Im Lauf der Jahrhunderte erweiterten zusätzliche Szenen den eigentlichen dialogischen Kern des Osterspiels. Dazu gehörten der Wettlauf der Apostel Petrus und Johannes auf dem Weg zum Grab ebenso wie die Begegnung der Maria Magdalena mit dem Auferstandenen Jesus, den sie für den Gärtner hält. Die inhaltlichen Ergänzungen, der größere Personalbedarf und der zunehmende Einsatz der Landessprachen machten es nötig, die Dramen weitgehend im Freien darzubieten.

In der Zeit von etwa 1400 bis 1550 wuchs die Zahl der großen Spiele überall in Europa massiv an und auch ihr Umfang nahm teilweise deutlich zu. Das längste deutsche Drama, das Rheinhessische (Mainzer) Osterspiel zählt 2285 Verse und benötigt immerhin 60 Darsteller. Es wird von den englischen und französischen Schauspielen aber bei weitem übertroffen. So erreichte die *Passion* des Arnoul Greban in Le Mans nicht weniger als 35.000 Verse. Das von Greban zusammen mit seinem Bruder Simon verfasste Drama aus der Apostelgeschichte bestand sogar aus annähernd 62.000 Versen. Die Zahl der agierenden Personen konnte dann auch mehrere hundert betragen.

*Reformationszeit*
Gerade in Deutschland machten sich die konfessionellen Parteien das geistliche Theater für Zwecke der Propaganda dienlich. Dafür entstanden schon in den frühen Jahren der Reformation Schauspiele, die das kirchenpolitische Tagesgeschehen auf die Bühne brachten. Freilich gibt es über die musikalische Gestaltung dieser neu abgefassten Stücke bisher kaum verwertbare Anhaltspunkte. Die Protestanten standen den aus dem Mittelalter kommenden, jetzt stark erweiterten geistlichen Spielen wegen des Durcheinanders von biblischen Texten und freier Erfindung sowie der Einbeziehung von Elementen aus der Komödie zurückhaltend und teilweise offen ablehnend gegenüber, was mehr und mehr Konsequenzen für die Schauspiele nach sich zog. Teilweise verschwanden sie ganz, teilweise behielt man einzelne Gesänge für den Gebrauch im Rahmen von Gottesdiensten. – Nicht nur in Deutschland brachte das 16. Jahrhundert Einschränkungen mit sich. 1548 untersagte der Stadtrat von Paris die weitere Aufführung von Dramen, da Einwände von protestantischer Seite erhoben worden waren. Wie in Paris bedeutete ein solcher obrigkeitlicher Eingriff in vielen anderen Orten Frankreichs während der Zeit der konfessionellen Auseinandersetzungen das Ende der alten Spiel-Traditionen. In England konnten ebenfalls nur wenige Spiele, vor allem im Norden, nach der Trennung von der katholischen Kirche 1532 die Tradition bewahren.

*Kontinuität*
Trotz des Rückganges während der Reformationszeit blieben in den katholischen Ländern Italien und Spanien die Traditionen des geistlichen Dramas noch über das 16. Jahrhundert hinaus lebendig. Aber auch in Deutschland lassen sich Spuren der Kontinuität finden. In Städten übernahmen gelegentlich die Lateinschulen die Aufführung geistlicher Spiele. Zunehmend wurden sie freilich unter didaktisch-moralisierenden Aspekten umgeformt. Als seit der Mitte des 16. Jahrhunderts die Jesuiten an diese Pflege des geistlichen Spieles anknüpf-

ten, entstanden über die schulinternen Aufführungen hinaus etliche höchst umfangreiche Dramen, die in München, Graz, Wien oder Prag auch an öffentlichen Plätzen gegeben wurden. Zum Spektakel über das jüngste Gericht (Stefano Tucci), das man 1589 in Graz und später in München sowie auf dem Reichstag in Regensburg (in Neuversifizierung) auf die Bühne brachte, lieferte kein Geringerer als der Münchner Hofkapellmeister Orlande de ▶ Lassus die Kompositionen für die Chöre am Schluss der Akte. – In Augsburg, wo die Meistersingerzunft für die Pflege der Schauspiele zuständig war, schuf Sebastian Wild im 16. Jahrhundert unter Einbeziehung der alten liturgischen Gesänge ein größeres Passionsspiel. Als sich während der Pestzeit des 30jährigen Krieges das Dorf Oberammergau in einem Gelübde zur regelmäßigen Aufführung eines Passionsspiels verpflichtete, zog man als Grundlage dieses Drama Wilds heran, das dann bis ins 18. Jahrhundert hinein gespielt wurde.

*Aufführung*
Um die Aufführungen kümmerten sich in der Regel Zusammenschlüsse von Laien, die oft langfristig in Zünften oder Bruderschaften organisiert waren, in Paris etwa der Confrerie de la Passion, die sich 1402 die alleinige Zuständigkeit für die Schauspiele in der französischen Metropole gesichert hatte; in Florenz waren es die Disciplinati di Giustizia. Es galt als eine große Ehre, als Darsteller teilnehmen zu dürfen, auch wenn deren Anzahl in die Hunderte gehen konnte. Dafür nahmen Bürger (seit dem 15. Jahrhundert in Südtirol auch Frauen), Handwerker sowie Kleriker die mitunter enormen Anforderungen auf sich, schon um die gewaltige Anzahl von Versen auswendig zu lernen. Für die Kostüme mussten sie teilweise selbst sorgen. – Passionsspiele, die sich gelegentlich über mehrere Tage erstrecken konnten, kamen auf öffentlichen Plätzen, wie in Luzern auf dem Weinmarkt zur Darstellung (Aufzeichnungen von 1583). Für die englischen Spiele wurde lange Zeit eine Präsentation auf Karren (›waggon plays‹) angenommen, sie seien normalerweise in einer Art Prozession für jede Szene weiter gefahren worden. Aus den Regieanweisungen und Plänen zu einigen Spiele weiß man aber, dass sie oft auch in einer kreisförmigen Anordnung aufgeführt wurden.

*Musik*
Für die meisten geistlichen Spiele in den verschiedenen Ländern gewann man den Grundbestand an Melodien aus dem Repertoire des Chorals. ▶ Antiphonen, ▶ Responsorien und ▶ Hymnen wurden aus ihrem liturgischen Kontext (etwa Palmsonntag sowie Gründonnerstag und Karfreitag für die Passion oder diverse Heiligenfeste) herausgelöst und an die relevanten Stellen eines Dramas – gegebenenfalls angepasst – übertragen. Allerdings stehen diese Gesänge schon wegen der lateinischen Sprache ziemlich isoliert inmitten des dramatischen Geschehens und sind kaum in Form von Dialogen direkt in den Ablauf eingebunden. Meist finden sich in den Handschriften lediglich Hinweise in Form von Incipits. Nur selten kam Notenschrift zum Einsatz, vor allem wenn es sich um wenig gängige oder neu geschaffene Melodien handelte. Die Mitwirkung von Instrumenten wird mit einer gewissen Regelmäßigkeit in den Textbüchern erwähnt oder lässt sich über Abrechnungen nachweisen, mit zunehmender Tendenz im 16. Jahrhundert. Wir erfahren von Trompetern und Fidlern, Lautenspiel und wohl auch dem Einsatz von Orgeln, Regal, Schalmeien und Schlagwerk. Oft sollte Instrumentalmusik einen Eindruck von der himmlischen Herrlichkeit vermitteln. Die im 16. Jahrhundert in Italien beliebten Rappresentazioni sacre waren dagegen in jeder Hinsicht elaboriert. Neben den alten liturgischen Stücken, der Psalmodie oder dem ▶ Te Deum wurden hier geistliche ▶ Laude in Lan-

dessprache ebenso eingesetzt wie weltliche Jagdlieder. Fast überall sind musikalische Aufzeichnungen der Musik selten, mehrstimmige Kompositionen sind in England und Frankreich in geringem Umfang erhalten.

*Deutschland*

In kaum einem anderen Land erreichte das geistliche Drama seit dem späten Mittelalter eine derartige Vielfalt wie im deutschsprachigen Bereich. Dennoch lassen sich hier noch die alten Traditionslinien klar erkennen, die als Osterspiele, Passionsspiele, Fronleichnamsspiele und Weihnachtsspiele sich in unübersichtlich gewordenen Erweiterungen regional sehr unterschiedlich entwickelten. Zu den herkömmlichen Szenen auf biblischer Grundlage traten nun Einschübe, die nur noch assoziativ mit dem Hergang der alten Dramen verbunden waren, etwa der Salbenkauf der Marien auf dem Weg zum Grab. Neben dem Salbenkrämer (Medicus) werden dann noch weitere Personen (Knecht, Frau des Krämers) eingeführt, die in recht burlesken Darstellungen Einblicke in das Geschäftsgebaren des 15. Jahrhunderts gewähren, nicht aber den eigentlich religiösen Inhalt vertiefen. Als eine andere typische Ausprägung des spätmittelalterlichen Dramas entstanden im deutschsprachigen Bereich die Marienklagen. – In der Gegend des Mittelrheins (mit den Zentren Frankfurt und Mainz) sowie in Tirol und Südtirol (Sterzing, Neustift, Brixen) bildeten sich regelrechte Spiellandschaften heraus, deren reiche Produktion noch in einer Vielzahl von Handschriften dokumentiert ist. Daneben pflegten zahlreiche Städte ihre eigenen Schauspiele, etwa Augsburg, Donaueschingen, Redentin, Breslau oder Luzern. Trotz der großen Anzahl an erhaltenem Material ist Musik nur in wenigen Fällen vertreten, etwa in der Alsfelder Passion, dem Admonter Passionsspiel und der Bordesholmer Marienklage. Neben den üblichen Notenzeilen in Hufnagelschrift finden sich gelegentlich mensurale Zusatzzeichen. Im Trierer Theophilus-Spiel ist das traditionell eröffnende *Silete* als einfaches Gegenbewegungsorganum abgefasst. Ausgearbeitete Mehrstimmigkeit bleibt die Ausnahme. Mit dem teilweise noch in lateinischer Sprache abgefassten Planctus (Klagegesang) brachten die Spiele im deutschen Bereich eine eigene musikalische Gattung hervor. Hervorzuheben ist auch der Einsatz von (Kirchen-) Liedern mit teilweise deutschem Text. So nennt das Hessische Weihnachtsspiel *In dulci iubilo* und *Eyn Kint geborn zu Bethleem*.

*England*

Obwohl es bereits seit normannischer Zeit Osterspiele und später an verschiedenen Stellen auch Dramen mit anderen biblischen Stoffen gegeben hatte, bedeutete das 1264 kanonisierte und 1311 allgemein eingeführte Fest Fronleichnam (Corpus Christi) in England einen wichtigen Impuls für die weitere Entwicklung der geistlichen Schauspiele, die üblicherweise an Ostern oder Weihnachten gegeben wurden. Dabei kamen in umfangreichen Zyklen biblische Szenen zur Aufführung, die von Adam und Eva bis zum jüngsten Gericht reichten. Vier Zyklen sind in Manuskripten erhalten geblieben (alle GB-Lbl), von denen drei auf den Ort ihrer einstigen Präsentation verweisen, Chester, York und Coventry. Eine weitere Handschrift trägt den Namen der vormals besitzenden Familie Towneley, entstand aber für die Spiele in Wakefield oder Umgebung. Der früher sogenannte Ludus Coventriae stammt aus dem Grenzbereich Norfolk-Suffolk. Jeder der in den Handschriften enthaltenen Zyklen zählt mehr als 20 (York sogar 48) einzelne Spiele. Im Digby-Codex in Oxford sind nochmals vier Dramen niedergeschrieben, die in der späten Nachfolge der alten Mysterienspiele stehen. Die Themen der einstmals weit verbreiteten Einzel-Dramen, von den sich kaum etwas erhalten hat, umfassen Heiligenlegenden, Mariae Verkündigung, ein Magdalenenspiel und eines von der Bekehrung des Hl. Paulus. – Von der Musik hat sich in englischen Spielen kaum etwas erhalten, darunter zwei englische Lieder (Coventry), zwei zweistimmige lateinische Gesänge (York) und ein kurzes mensurales Gloria (Chester). Darüber hinaus geben die Textbücher zahlreiche Hinweise auf die einst verwendete Art der Musik, über die Verwendung von Instrumenten ist nur über Regieanweisungen und Rechnungsbücher etwas zu erfahren. Die engagierten Minestrels wurden für Fanfaren oder bei Szenen mit Tanz eingesetzt.

*Frankreich*
Die seit dem 14. Jahrhundert in Frankreich entstandenen großen Zyklen geistlicher Dramen versuchen weniger, eine dramatische Art der bebilderten Bibel (Biblia Pauperum) mit einem Überblick zu den wichtigsten Begebenheiten zu bieten, sondern konzentrieren sich auf die Erlösung des Menschen. Daher beziehen sich die vorkommenden Stoffe vor allem auf die Passion und das jüngste Gericht. Aus diesen ragen *Le passion de Semur* und *La nativité, la passion et la résurrection de nostre Saulveur Jhesu-Crist* (Arnoul Greban) heraus. Obwohl auch in diesen mehrtägigen Dramen hauptsächlich noch Choral (darunter *Stabat Mater* und *Regina celi*) gesungen wurde, kam auch Mehrstimmigkeit zum Einsatz, wobei die Angaben bei Greban auf ein bemerkenswertes Verständnis der Motettenkunst hindeuten: Der Tenor soll von Satan, der ›Contre‹ von Lucifer, der ›haulte double‹ von Berich und der ›Trouble‹ von Cerberus gesungen werden. – Seit dem 14. Jahrhundert kam es in Frankreich in verschiedenen Orten zu echten Wettbewerben (▶ Puy), die von Zünften und Bruderschaften veranstaltet wurden. Darin eingeschlossen war auch das Fertigen von kurzen Gedichten bis hin zu kompletten Dramen, wobei der gesungene Vortrag mit beurteilt wurde. Allerdings ist davon wenig überliefert, noch kümmerlicher sieht es mit der Instrumentalmusik aus. 1501 erwähnt die Passion aus Mons die Mitwirkung »d'orghues« und einen »Menestraux«.

*Italien*
Schon früh zeichnete sich das geistliche Drama in Italien durch seinen Hang zu szenischen Effekten aus. Das dramatische Spiel von der Verkündigung Mariae aus Padua vom Anfang des 14. Jahrhundert war zwar in keiner Weise mehr in die Liturgie eingegliedert, fand aber immer noch im Kirchenraum statt. Solche Verkündigungsspiele waren vor allem in der Toskana sehr beliebt. Sie nutzten dabei die Gegebenheit des Raumes und arbeiteten mit spektakulären Techniken. So konnte ein junger Kleriker als Erzengel Gabriel an einem Seil vom Himmel herabschweben und zu Maria, die ihren Platz im Chor der Kirche gefunden hatte, eintreten. Einige Gemälde des 15. Jahrhunderts, die die Szene der Verkündigung in einem Kirchenraum zeigen, scheinen auf diese Art der Darstellung Bezug zu nehmen. Selbstverständlich kannte man in Italien auch zahlreiche andere Themen aus dem Alten und Neuen Testament sowie den Heiligenlegenden. Zyklische Dramen wurden nicht gepflegt, große Passionsspiele blieben die Ausnahme. – Die aus den reichhaltigen Regieanweisungen hervorgehende musikalische Gestaltung dieser Rappresentazioni sacre bezog spätmittelalterliche Traditionen mit der Lauda, aber auch mit weltlichen Formen wie der Caccia unter Verwendung von Instrumenten und Tanz (›ballo‹) mit ein.

*Literatur*:
K. Young, Karl, *The Drama of the Medieval Church*, Oxford 1933 • W. Lipphardt, *Studien zu den Marienklagen*, in: Beiträge zur Geschichte der deutschen Sprache und Literatur 58 (1934), S. 390–444 • E.A. Schuler, *Die Musik der Osterfeiern, Osterspiele und Passionen des Mittelalters*, Kassel 1951 • W. Lipphardt (Hrsg.), *Lateinische Osterfeiern und Osterspie-*

le, 6 Bde., Berlin 1975–1981 • W. Smoldon, *The Music of the Medieval Church Dramas*, London 1980 • K. Falvey, *Italian Vernacular Religious Drama of the Fourteenth through the Sixteenth Centuries: a Selected Bibliography on the »Lauda drammatica« and the »Sacra rappresentazione«*, in: Research Opportunities in Renaissance Drama 26 (1983), S. 125–44 • R. Bergmann, *Katalog der deutschsprachigen geistlichen Spiele und Marienklagen des Mittelalters*, München 1986 • B. Neumann, *Geistliches Schauspiel im Zeugnis der Zeit. Zur Aufführung mittelalterlicher religiöser Dramen im deutschen Sprachgebiet* (Münchener Texte und Untersuchungen zur deutschen Literatur des Mittelalters 84/85), München und Zürich 1987 • M. Siller (Hrsg.), *Osterspiele. Texte und Musik. Akten des 2. Symposiums der Sterzinger Osterspiele, 12.–16.4.1992* (Schlern-Schriften 293), Innsbruck 1994 • R. Rastall, *The Heaven Singing: Music in Early English Religious Drama*, Cambridge 1996 • N. Henrard, *Le théâtre religieux médiéval en langue d'oc*, Genf 1998 • J.-D. Müller, *Mimesis und Ritual. Zum geistlichen Spiel des Mittelalters*, in: Mimesis und Simulation (Rombach Wissenschaften, Reihe Litterae 52), hrsg. von A. Kablitz und G. Neumann, Freiburg i. Br. 1998 • Ch. Mazouer, *Le théâtre français du Moyen Age*, Paris 1998 • L. Jacobus, *Giotto's Annunciation in the Arena Chapel, Padua*, in: The Art Bulletin 81 (1999), S. 93–107 • G. Runnalls, *Les mystères dans les provinces françaises (en Savoie et en Poitou, à Amiens et à Reims)*, Champion 2003 • Ders., *Bibliographie des miracles et mystères français*, http://toisondor.byu.edu/fmddp/bmmf.html • Ders., *Le Corpus du Théâtre religieux français du Moyen Âge*, http://toisondor.byu.edu/fmddp/corpus.html.

FK

# Generalbass

Generalbass (basso continuo, continuo, frz. basse continue, engl. thoroughbass, throughbass) gilt als Bezeichnung für einen bezifferten oder unbezifferten Bass, der als Basis für die vom Spieler auszuführende Harmonisierung fungiert. Neben der Musizierpraxis wird er auch als Einstieg in die Kompositionslehre als musiktheoretisches System genutzt. Der Generalbass nahm eine so wichtige Position ein, dass die Zeit des Barock auch als Generalbasszeitalter benannt wurde. In der Frühzeit wurde er unterschiedlich bezeichnet (siehe Bötticher/Christensen, Sp. 1194 und Synofzik).

Die ersten Spielanweisungen zum Generalbass findet man bei Ludovico ▸ Viadana 1602 in den *Concerti ecclesiastici* op. 12. Viadana wurde somit meist als Erfinder angesehen, die Ursprünge gehen jedoch ins 16. Jahrhunderts zurück und stehen in Zusammenhang mit zweierlei Arten der Begleitung von Singstimmen, zum einen die freie akkordische Begleitung und zum anderen die ▸ Intavolierung eines polyphonen Satzes, wie sie bei Diego ▸ Ortiz 1553 (*Tratado de glosas sobre clausulas*) beschrieben wurde (wobei die Praxis schon seit Ende des 15. Jahrhunderts üblich war). 1595 und 1598 erschienen die ersten gedruckten Orgelstücke (Banchieris *Concerti ecclesiastici* und Giuseppe Gallis *Sacri operis musici*), die polyphone Werke auf zwei oder drei Stimmen reduzieren. Das Zusammenschreiben der jeweils tiefsten Stimmen bringt mit sich, dass eine neue durchgehende Bass-Stimme entsteht, der ▸ Basso seguente, auch Basso cavato oder, da er für den Organisten bestimmt war, auch Basso pro organo genannt wird und als Frühform des Basso continuo gilt. Die Bass-Stimme von Giovanni Pierluigi da ▸ Palestrinas Motette *Dum complerentur* (1569) und von Alessandro Striggios *Bassone cavato dalla parte piu basse del 40 [...]* sind wohl die ältesten Beispiele aus der Basso-seguente-Praxis. Seit Anfang des 17. Jahrhundert wurden Werke aus dem 16. Jahrhundert mit einer beigefügten Basso seguente-Stimme neu veröffentlicht. Durch die entstehende Monodie (solistischer Gesang, der durch ein Begleitinstrument unterstützt wird) gewann der Generalbass an Bedeutung; die Bass-Stimmen in den Kompositionen Emilio de' ▸ Cavalieris, Jacopo ▸ Peris und Giulio ▸ Caccinis um 1600 haben bereits eine ausführliche Bezifferung. – Eine weitere Vorform findet man in der Orgelbegleitung im Verse ▸ Anthem, in dem nur Bass und Oberstimme notiert sind und die Mittelstimmen vom Organisten selbst hinzuerfunden werden mussten.

Generell funktioniert das Prinzip der Generalbass-Schrift mit Zeichen und Zahlen, die über oder unter die Bassnoten geschrieben werden und die Harmonik andeuten. Häufig werden auch nur Abweichungen von der Normalform mit zusätzlichen Zeichen verdeutlicht. Dies führte, neben der uneinheitlichen Bezifferung, zu Mehrdeutigkeiten, was ebenso immer wieder gerügt wurde wie die Tatsache, dass man sich nicht auf die Vollständigkeit der Bezifferung verlassen konnte. Auch Beschwerden über einen gar nicht oder unzureichend bezifferten Generalbass begleiteten die Praxis fortwährend. Der leitereigene Dreiklang blieb grundsätzlich unbeziffert.

Die ersten Zeichen aus dem Jahre 1594 waren # und b, die nur die Alterierungen der Terzen der Grundakkorde anzeigt haben. Zusätzlich zu diesen beiden Zeichen wurden Ziffern von 2 bis 18 verwandt, um die Stimmführung, insbesondere bei Dissonanzen, und die zu spielende Lage zu verdeutlichen (insbesondere bei Emilio de' ▶ Cavalieri). Bald beschränkte man sich jedoch auf die Zahlen von 1 bis 9 (Michael ▶ Praetorius und Caspar Vincentius), die die Intervalle über dem Grundton ohne Berücksichtigung der Oktavlage anzeigen. In der frühen Generalbasszeit fand man sehr selten übereinander geschriebene Zahlen, wie bspw. 6 über 4 für einen Quartsextakkord.

Die Generalbassinstrumente waren in der frühen Zeit im Gegensatz zu später vielfältiger, was aus Besetzungsangaben der Zeit um 1600 hervorgeht. Üblich waren Orgel, Cembalo, Laute, Theorbe, Chitarrone oder Gitarre als Akkordinstrumente und Viola da gamba, Violoncello, Violone, Fagott oder Posaune als Melodieinstrumente. Agostino Agazzari (*Del sonare sopra 'l basso*, 1607) unterschied zudem zwischen Fundamentinstrumenten und Ornamentinstrumenten.

*Literatur*:
M. Schneider, *Die Anfänge des Basso Continuo und seine Bezifferung*, Leipzig 1918 • W. Kolneder, *Schule des Generalbaß-Spiels*, Wilhelmshaven 1983/1984 • W. Braun, *Deutsche Musiktheorie des 15. bis 17. Jahrhunderts* (Geschichte der Musiktheorie 8/2), Darmstadt 1994 • J.-A. Bötticher / J.B. Christensen, *Generalbass*, in: MGG², Bd. 3 (Sachteil), 1995, Sp. 1194–1256 • Th. Synofzik, *Basso continuo*, in: *Handwörterbuch der musikalischen Terminologie*, 36. Auslieferung 2003/2004.

## Genet, Elzéar ▶ Carpentras

## Genf ▶ Schweiz

## Genrebild

Das Genrebild, auch Sittenbild genannt, ist eine neue im Zeitalter des Humanismus geborene Bildkategorie. Diese beginnt einerseits mit den Bildern, die den Berufsstolz feiern und den sozialen Aufstieg des Gewerbes und Handwerks im 16. Jahrhundert belegen, andererseits mit Gruppenbildern, welche das Alltagsleben, das Gegenständliche in einer sozialen Wirklichkeit und den Zeitvertreib zum Thema haben.

Bei den typischen Vertretern sind daher mythische Themen, Allegorien und Darstellungen des Hoflebens abwesend. Der Inhalt ist profan, und es fehlen biblische oder mythische Motive. Bezüglich der Gemälde steht die Genremalerei auf einer ähnlichen Stufe wie Landschafts- und Tiermalerei und das Stillleben; das bedeutet, dass sie gegenüber den vornehmeren Bildgattungen, d.h. den programmatischen Bildkategorien (Historienbilder etc.) und dem Porträt als minderwertig gilt. In der Renaissance, da die Gattung sich erst zu formieren und abzugrenzen beginnt, kommen besonders viele Überschneidungen vor. Diese machen den Reiz und die Schwierigkeit der Bilddeutung aus, weil die Künstler die Humanisierung der Götter und die Vergöttlichung des Alltagsmenschen stark beschäftigen. Ein schönes Beispiel liefert das Thema des Hirten mit der Flöte, in welchem das Alltägliche und Ländliche mit dem antiken Idyllischen verbunden wird. Aus dem ersten Viertel des 16. Jahrhundert könnte man z.B. ▸ Giorgiones *Hirte mit Blockflöte* (1508, Hampton Court) anführen (weitere Beispiele bei Frings Abb. 27–33).

Eigenartigerweise übergeht die Kunsthistorie das Thema Musik in der Genremalerei vollständig, und umgekehrt nehmen die Musikhistoriker den kunstgeschichtlichen, insbesondere ästhetischen Gattungscharakter des Genrebildes überhaupt nicht wahr. Dementsprechend kann dieser Artikel nur als Versuch gelten.

*1. Bilder von Einzelfiguren*

Man sieht einen Meister bei der Ausübung seiner Tätigkeit am Arbeitsplatz (d.h. im Hausinneren oder draußen) und mit seinen spezifischen Geräten – dabei kommt als Anregung etwa die Genreszene von Joseph, dem Verlobten Marias, in Betracht, der in seiner Werkstattecke mit Tischlerarbeiten beschäftigt ist. Sie ist eine Einzelheit in den spätmittelalterlichen Marienbildern. Dementsprechend sind im Musikbereich die Instrumentenmacher mit ihren Werkzeugen (Lautenmacher, Drahtzieher, Glockengießer, Drechsler) und den gebauten Erzeugnissen zu nennen oder Instrumentalisten, welche die Handhabung und Klangerzeugung demonstrieren. Ein seltenes, frühes Beispiel haben wir in dem Gemälde *Alter Mann eine Laute besaitend* von Giovanni Girolamo Savoldo (vor 1480?–1548) vor uns (Abb. 1).

Abb. 1: Giovanni Girolamo Savoldo (vor 1480?–1548), *Alter Mann eine Laute besaitend*, Öl auf Leinwand. Leipzig, Musikinstrumente-Museum der Universität, Dauerleihgabe des Lehmbruck Museums Duisburg

Auch wenn Savoldo dem Manne porträtartige Gesichtszüge verleiht und der Inhalt durch die den vornehmeren Bildgattungen entnommenen Topoi des dramatischen Himmels als Hintergrund, des kostbaren Vorhangs und des steinernen Sims, überhöht ist, sind doch die hauptsächlichen Gegenstände, die Lauten, der einfache Tisch, die Beschäftigung mit dem Aufziehen der Saite und das konzentrierte bebrillte Gesicht Elemente aus Werkstatt und Alltag.

Aus der ▶ Druckgraphik gibt es sehr viel mehr Quellen. Sie setzen schon im 15. Jahrhundert mit Israel von Meckenem ein, und danach steigt das Genrebild bei deutschen und flämischen Künstlern zu einer der beliebtesten Themen auf. Fast alles, was Rang und Namen hat, einschließlich Albrecht Dürer und Lucas van Leyden, interessiert sich für diese neue Gattung. Einen Höhepunkt stellt das populäre Ständebuch von Jost Ammann (1568) dar, zu dem der überaus beliebte Hans ▶ Sachs die gereimten Beischriften lieferte. Auch die zehn Einzelblätter von Tobias Stimmer, die Straßburger Bürgermädchen beim Musizieren zeigen und von Johann Fischart mit Zwölfzeilern versehen wurden, könnte man anführen, obzwar sie als eine Serie von neun Musen und einer Närrin gedacht sind (ca. 1575, Stimmer Nr. 160). Bei Ammann sind die Musiker bald männlich, bald weiblich, und die achtzeiligen Beischriften bringen Einzelheiten über die Herstellungstechnik, den Klang und den sozialen Kontext, trachten auch durch Verbindungen mit antiken Mythen die Ehrwürdigkeit des Gegenstandes hervorzustreichen. Dies erklärt vielleicht, weshalb die Kleidung der Handwerker und Musiker eher vornehm als alltäglich ist.

2. *Gruppen von Musizierenden*
Ensembles von Musizierenden (Laien oder Berufsmusiker, im Kreise von Zuhörern oder für sich) gehören zur zweiten, größeren Untergruppe. Die Wurzeln liegen in den detailreichen und hübschen Szenen der mittelalterlichen Monats- und Planetenbilder und den Illustrationen des ›roman‹. Der Übergang zwischen diesen älteren Genreszenen und dem selbständigen Genrebild findet dort statt, wo die dargestellte Genreszene nicht mehr eine akzidentielle Funktion im Bild einnimmt, sondern ins Zentrum rückt und zur Hauptsache, zum Genrebild wird. Das ist zunächst im späteren 15. Jahrhundert in der ▶ Druckgraphik, d.h. den Kupferstichen und Holzschnitten, die einzeln und in Serien erschienen, der Fall. Auch für das 16. Jahrhundert bleibt das Genrebild noch weitgehend ein Gegenstand dieses Mediums einschließlich der Zeichnungen und Stammbuchmalereien. Als eigentliche Begründer des Genregemäldes gelten Pieter Aertsen und Pieter Breugel d.Ä. Südlich der Alpen macht sich das Genrehafte vorerst nur als Tendenz im Porträt (▶ Musikerporträt), der Allegorie und der ▶ Poesia und Fantasia bemerkbar.

Selbstverständlich leben aber die Genreszenen als sekundäre Bildelemente in ungebrochener Vielfalt weiter als entzückende und amüsante Details in Gemälden mit historischen, biblischen und allegorischen Inhalten, beim Landschaftsgemälde, auf der Wappenscheibe usw.

Es entspricht ganz der Funktion des Genrebildes, dass man in ihm mühelos die musikalischen Gattungen (Genres!) erkennen kann: Musik im Arbeitszimmer, der höfischen Kammer und der bürgerlichen Stube, Musik in der Taverne, im Garten, im Zusammenhang mit dem Tanz in den verschiedenen Schichten, auf dem Dorfe, auf dem Boot, im Bade. Im 16. Jahrhundert sind die Übergänge zu den oben erwähnten ›höheren‹ Bildgattungen (Historienbild, Fest-, Jagd- und Bankettbilder) eher fließend, im 17. Jahrhundert werden die Grenzen etwas schärfer.

Für die auf die musikalische Realienforschung ausgerichtete Forschung steht naturgemäß das Genrebild an vorderster Stelle, und daher schenkt auch die diesbezügliche, monumentale Beispielsammlung der *Musikgeschichte in Bildern* (von Heinrich Besseler und Max Schneider begründet und von Werner Bachmann herausgegeben) diesem die größte Aufmerksamkeit. Die einschlägigen Bände ordnen das Material nach den musikalischen Anlässen und bieten eine Fülle von Beispielen, so dass wir hier uns mit einem Verweis auf die einschlägigen Bände von Edmund A. Bowles und Walter Salmen begnügen können. Allerdings kann bei einer allzu einseitig auf Instrumentenbau und Aufführungspraxis ausgerichteten Bildanalyse die kunstgeschichtliche Perspektive, das heißt die Analyse des Dargestellten als Genre-Bild, verlorengehen. Tendenziell lässt daher die Musikforschung eher außer Acht, dass die Genremalerei mehr als nur Futter für die Realienforschung ist und in ihr die Bildästhetik und der Bildsymbolismus eine nicht zu unterschätzende Rolle spielen.

Kein anderes Bildthema ist so sehr Opfer dieses Problems geworden wie das sogenannte ›Concerto‹/›Concert‹/›Konzert‹. Teilweise sind daran schon die Konservatoren der Bildersammlungen und Buchhalter früherer Jahrhunderte schuld, die sich mit diesem Begriff als Bildtitel für ihre Inventare begnügten. Perpetuiert wurde aber der Brauch durch die Forschung in der Neuzeit. Dabei handelt es sich beim Dargestellten nur in den wenigsten Fällen um das, was man heute oder im Sprachgebrauch der Renaissance als Konzert bezeichnen würde. Die Bilder fallen erstens unter die Kategorie der ▸ Poesia und Fantasia, je nach dem ob sie ein mythisches Thema neu formulieren oder eine Bildfantasie darstellen, in der sich Mythos, Idee und Allegorie und Elemente der Wirklichkeit mischen, oder zweitens unter das Gruppenporträt; oder sie stellen, drittens, tatsächlich eine Genreszene dar, d.h. ein realistisches Ensemble von Musizierenden.

Aus der Frühzeit stellen wir ein Gruppenbild vor, Lorenzo Costas *Konzert*, das wie Savoldos *Lautenist* zeigt, dass der Gattungsanspruch noch nicht ganz eingelöst ist. Genrehaft sind das Unprätentiöse und die Natürlichkeit der drei Musizierenden, nicht überzeugend dagegen die fehlerhaften Proportionen bei den Personen und Gegenständen (Abb. 2).

Abb. 2: Lorenzo Costa (1459/60–1535), *Konzert*, Öl auf Holz. London, National Gallery.

Welchen der Kategorien man ein bestimmtes Bild zuordnet, hängt davon ab, was man als seinen primären Gehalt ansieht. Bei den italienischen Malern zwischen dem späten 15. Jahrhundert und dem späten 16. Jahrhundert (von Giovanni ▸ Bellini, ▸ Giorgione, Dosso Dossi, bis zum späten ▸ Tizian also) handelt es sich meistens nicht um Konzerte.

Im Norden ist dies anders, wie ein Blick auf *Die drei musizierenden Damen* des Meisters der weiblichen Halbfiguren aus der Zeit um 1525 zeigt (Abb. 3). Man stellt auch hier noch die typisch humanistische Suche nach dem Neuen und das Fehlen einer durchformulierten Gattungskonzeption fest, aber die Musikszene ist echter. Zwar spricht Max J. Friedländer (1975, 12, S. 18–21) von einer Pseudo-Genremalerei, und Alexander Wied (Kat. Dipingere Nr. V.1) übernimmt diese Kennzeichnung unter Hinweis auf die fehlende Individualisierung der Gesichter und das Vorherrschen von »Musikallegorie und Liebessymbolik«. Aber man kann auch umgekehrt argumentieren, dass es dem unbekannten flämischen Maler darum ging, die musikalische Unterhaltung in einer reichen städtischen oder höfischen Familie mit drei musikalisch gebildeten Töchtern darzustellen, wobei er sich bei diesem Versuch des Topos der Engelsmusik erinnert haben könnte. Die drei Fräulein spielen eine mehrstimmig überlieferte Liebes-Chanson *Jouissance vous*

Abb. 3: Meister der weiblichen Halbfiguren, *Musizierende junge Frauen*, Öl auf Holz. Schloß Rohrau, Graf Harrachsche Familiensammlung

Abb. 4: Hans Bock d.Ä (um 1550-1624), *Das Bad zu Leuk*, 1597, Öl auf Leinwand. Basel, Kunstmuseum

*donneray*, zwei der drei nach Notenvorlagen. Die geöffneten Futterale für die Laute und die Querflöte an der Wand bzw. auf dem Tisch vermitteln ein Element der Wirklichkeit, der tatsächlichen Musikpraxis. Der Betrachter möge selbst entscheiden.

Unser letztes Beispiel setzt schon die intensive Beschäftigung mit den unteren Ständen als Gegenstand der Malerei voraus, die, wie oben erwähnt, mit den Leistungen Breugels d.Ä. und Aertsens verbunden wird. Es handelt sich um Hans Bocks d.Ä. köstliches Genrebild *Das Bad zu Leuk*. Das Thema der Badeunterhaltung mit Musik geht auf die Buchkunst des 15. Jahrhunderts zurück und manifestiert sich jetzt am Ende der Renaissance in einem großformatigen Genregemälde. Auch hier kann man in einzelnen Bildelementen Beziehungen zu Topoi aus anderen Gattungen erkennen (den Planetenkindern der Venus z.B.); aber das Verhältnis ist umgekehrt: Sie sind akzidentiell geworden, und das lustige Treiben der Kurgäste im Bad, die teilweise anspruchsvollem musikalischem Zeitvertreib frönen und dabei von einer weniger vornehmen Lokalbevölkerung betrachtet werden können, sind das zentrale Thema.

*Literatur*:
J. Ammann, *Eygentlichen Beschreibung Aller Stände auff Erden [...] durch den weitberümpten Hans Sachsen Ganz fliessig beschrieben [...]*, Frankfurt am Main 1568, Faksimile München 1884 • J. Leymarie, *Genre e profane figurazioni*, in: Enciclopedia universale dell'arte 5, 1958, S. 652–669 • P. Egan, *»Concert« scenes in musical paintings of the Italian Renaissance*, in: Journal of the American Musicological Society 14 (1961), S. 181–195 • M.J. Friedländer, *Early Netherlandish Painting*, Leiden und Brüssel 1975 • W. Salmen, *Musikleben im 16. Jahrhundert* (Musikgeschichte in Bildern III/9), Leipzig 1976 • E.A. Bowles, *Musikleben im 15. Jahrhundert* (Musikgeschichte in Bildern III/8), Leipzig 1977 • T. Stimmer, *1539–1584. Spätrenaissance am Oberrhein*, Ausstellungskatalog Kunstmuseum Basel, Basel 1984 • G. Frings, *Giorgiones Ländliches Konzert*, Berlin 1999 • N. Schneider, *Geschichte der Genremalerei. Die Entdeckung des Alltags in der Kunst der Frühen Neuzeit*, [Berlin] 2004.
TS

# Genua

Die Stadt und Republik Genua erlebte im 16. und 17. Jahrhundert eine künstlerische Blütezeit, die auch die Musik einschloß. Sie wurde am Dom und in weiteren Kirchen, im Palazzo Ducale sowie in akademischen Zirkeln praktiziert. Am Dom San Lorenzo wurden im 15. und 16. Jahrhundert mehrfach neue Orgeln gebaut (die erste datiert aus dem 13. Jahrhundert). 1494 wurde ein Vokalensemble aus vier ›pueri‹ und einem ›cantor‹ mit Lehrverpflichtungen gegründet (die Beschäftigung eines ›magister scholarum‹, der auch Gesangslehrer war, ist schon für das 12. Jahrhundert dokumentiert). 1515 wurde eine neue Cappella aufgebaut mit sechs bis acht Priestern und der gleichen Anzahl an Chorknaben, denen ein ›magister‹ bzw. Maestro di cappella vorstand. Die Cappella wurde von Lorenzo Fieschi, der Bischof von Ascoli und später von Mondoví sowie ›scholasticus‹ am Dom von Genua war, ins Leben gerufen, dessen Familie die Kapelle bis ins 20. Jahrhundert förderte. 1544 wurde Vincenzo ▶ Ruffo zum Maestro di cappella ernannt. Zu Beginn des 17. Jahrhunderts waren ein Maestro di cappella, sechs Sänger, zwei Posaunen und ein Organist angestellt. Die Cappella des Doms wirkte im 16. Jahrhundert gemeinsam mit der Cappella des Palazzos an religiösen und wahrscheinlich auch weltlichen Zeremonien, bei denen auch Bläser eingesetzt wurden. Der Senat beschloß Ordnungen zur Organisation der Cappella des Palazzo, 1590 zur Einsetzung eines Maestro di cappella. Diese Cappella war instrumental besetzt, mit Posaunen und Zinken, und wurde erst im 17. Jahrhundert um Sänger und Spieler von Saiteninstrumenten erweitert. An Festtagen wurden in den Kirchen Genuas Motetten und Messen mit Instrumentalbegleitung aufgeführt.

1587 wurde die Accademia degli addormentati gegründet, der bedeutendste literarische Zirkel Genuas; ihr gehörte auch der Dichter Gabriello Chiabrera an, der eine Versreform einführte (*Le maniere dei versi toscani* 1599), die als Voraussetzung für die Komposition der neuen Sologesänge um und nach 1600 gilt. Bei den Zusammenkünften des Zirkels wurde auch Musik aufgeführt.

*Literatur:*
R. Giazotto, *La musica a Genova nella vita pubblica e privata dal XIII al XVIII secolo*, Genua 1951 • D. Calcagno / G. E. Cortese / G. Tanasini, *La scuola musicale genovese tra XVI e XVII secolo. Musica e musicisti d'ambiente culturale ligure*, Genua 1992 • C. Bongiovanni, *Genua*, in: MGG², Bd. 3 (Sachteil), 1995, Sp. 1263–1270.

**Gerlach [geb. Bischoff, verh. Schmid, verh. Berg], Katharina**
* unbekannt, † vor dem 12.8.1592 Nürnberg

Katharina Gerlach war eine Nürnberger Druckerin und Verlegerin, die mit den Druckern Johannes ▸ Montanus († 1563) und Dietrich Gerlach († 17.8.1575) verheiratet war. Nach dem Tod ihres letzten Mannes trat Katharina Gerlach unter ihrem eigenen Namen auf und entwickelte das Nürnberger Unternehmen zur führenden Musikdruckerei im deutschen Sprachraum. In dem 1582 publizierten Verlagskatalog sind von den 187 angeführten Titeln 72 Notendrucke. Ein großer Anteil der Produktion bestand aus Nachdrucken von Publikationen der Vorgängerfirmen. Gerlachs besonderes Verdienst lag in der Verbreitung der italienischen Musik in Deutschland. Bei neuen Druckwerken wurde ein Schwerpunkt auf ▸ Individualdrucke gelegt, insbesondere fünf Ausgaben mit Musik von Orlande de ▸ Lassus. Als Herausgeber zeichneten u.a. Friedrich ▸ Lindner und Leonhard ▸ Lechner, dessen kompositorisches Schaffen fast ausschließlich in dieser Druckerei erschien. Größter Konkurrent am süddeutschen Markt war die Münchner Druckerei von Adam ▸ Berg, mit dem Gerlach einen für sie erfolgreichen Rechtsstreit über Druckerprivilegien führte.

*Literatur:*
S. Jackson, *Who is Katherine? The women of the Berg & Neuber-Gerlach-Kaufmann Printing Dynastie*, in: Yearbook of the Alamire Foundation 2 (1995), S. 451–463.

ALB

**Gesualdo, Don Carlo [Graf von Consa, Fürst von Venosa]**
* 8.3.1566 Neapel oder Umgebung, † 8.9.1613 Gesualdo

Bereits unter seinen Zeitgenossen wurde Gesualdo vielfach zum Gegenstand literarischer Rezeption wie beispielsweise in Dichtungen Torquato ▸ Tassos. Der Fokus lag dabei auf der Persönlichkeit Gesualdos und auf dessen spektakulärer Vita und somit weitaus weniger auf seinem musikalischen Schaffen. Erst seit einigen Jahrzehnten erkennen Musikwissenschaftler sein bedeutendes musikhistorisches Verdienst an, das vornehmlich im reichen Madrigalschaffen des Komponisten der Spätrenaissance liegt. Nicht selten wird Gesualdo dem sogenannten Manierismus – einer nicht unkritischen wissenschaftlichen Begriffskonstruktion – zugeordnet, da besonders das weltliche Œuvre des Musikers für eine auffällig freie, unkonventionelle Auseinandersetzung mit den ästhetischen Normen seiner Zeit steht.

Gesualdo wuchs als Sohn des Fürsten Fabrizio Gesualdo an dessen Hof in Neapel auf. Dort beschäftigte der musikinteressierte Vater eine Gruppe namhafter Musiker und Komponisten, von denen Carlo eine umfangreiche musikalische Ausbildung auf der Laute, im Gesang sowie im Komponieren erhielt. Leider existieren keine frühen Zeugnisse seiner Kompositionen, und somit kann über die potenziellen Lehrer Gesualdos nur spekuliert werden. Einen Anhaltspunkt bietet die Kompositionsarbeit Giovanni de Maques, der in der zweiten Hälfte der 1580er Jahre am Hofe Fabrizio Gesualdos tätig war und in dessen verschollenen *Ricercate et canzoni* (1586) möglicherweise erste Kompositionsbelege Gesualdos enthalten sein könnten. Auch zählten Scipione Stella, der besonders in späteren Jahren eine sehr enge, freundschaftliche Beziehung zu Gesualdo pflegte, Stefano ▸ Felis und Pomponio Nenna zum höfischen Musikerkreis. Wahrscheinlich haben jedoch nicht diese Musiker auf Gesualdo Einfluss ausgeübt, sondern es haben umgekehrt Gesualdos Kompositionen als lehrreiche Modelle gedient (Niedermüller, S. 202–203).

Mit dem Tod seines älteren Bruders Luigi wurde Carlo zum einzigen männlichen Erben für das Lehen Venosa. 1586 heiratete er seine Cousine Maria d'Avalos – zu diesem Zeitpunkt bereits zweifache Witwe – aus Gründen der neuen herrschaftlichen Verantwortung, die eine Ehe aus politischen Gründen forderte. Diese Zwangsehe zog bereits im Jahr 1590 eine Katastrophe nach sich, die in den darauffolgenden Jahrhunderten immer wieder aufs Neue literarischen Stoff zur Auseinandersetzung mit Gesualdo bot. Jedenfalls stellt ein vollständiger Untersuchungsbericht in den Prozessakten des Hofes der Vicaria den Schlüssel für die Überlieferung des unglücklichen Ereignisses dar. Der Bericht enthält die Aussage eines Untersuchungsbeamten sowie zwei weitere Zeugenaussagen, denen zu entnehmen ist, dass Gesualdo am 26.10.1590 seine Frau mit ihrem Liebhaber Fabrizio Carafa, Herzog von Andria, in flagranti erwischte. In Folge dieser bösen Überraschung soll Gesualdo nicht nur für den plötzlichen Tod seiner Frau und ihres Liebhabers, sondern angeblich auch für den Mord an einem dieser heimlichen Liebschaft entsprungenen Kind verantwortlich sein. Zwar kann aus heutiger Sicht nicht mehr nachvollzogen werden, ob Gesualdo den Mord in Auftrag gegeben hat oder ihn eigenhändig ausführte. Dennoch war dieser entscheidende Umstand in seinem Leben der Auslöser für eine deutliche Schieflage und Fehlgewichtung seines künstlerischen Wirkens, von dem sein kompositorisches Schaffen nicht nur während der zeitgenössischen, sondern auch in der späteren Rezeption überlagert wurde.

Die musikwissenschaftliche Forschung entzog sich dieser Zwangslage, die sich in der unverhältnismäßig starken Gewichtung der Biographie im Gegensatz zum kaum beachteten musikalischen Schaffen Gesualdos ausdrückte, indem der Fokus auf die späteren Lebensjahre des Komponisten in Ferrara verlagert wurde. Nach dem geschichtsträchtigen Attentat floh Gesualdo von Neapel nach Gesualdo, gleichwohl er trotz dreifachen Mordes zu damaliger Zeit mit keiner ernstzunehmenden Strafe zu rechnen hatte. Drei Jahre später verhalf ihm die ungünstige politische Situation am Hof der Este in Ferrara zur ehelichen Verbindung mit Leonora d' ▸ Este – Tochter Herzog Alfonsos II. in Ferrara, weil dort ein direkter Erbe für das Lehen Ferrara fehlte und infolgedessen die geistliche Besitzübernahme Ferraras durch den Papst drohte. Durch die Hochzeit sollte die geistliche Obrigkeit, vertreten durch den Heiratsvermittler Alfonso Gesualdo – Carlos Onkel und zudem ein einflussreicher Kardinal – milde gestimmt werden.

Die sich dem Heiratsvertrag anschließende Reise nach Ferrara mit der Ankunft Anfang des Jahres 1594 stellte in musikalischer Hinsicht einen entscheidenden Wendepunkt in Gesualdos Leben dar. Ende des 16. Jahrhunderts galt Ferrara als reichste Stadt im Süden Italiens, seit mehr als einem Jahrhundert war sie das europaweit renommierte Musikzentrum Italiens nicht nur für weltliche, sondern auch für geistliche Musik. Von der herzoglichen Druckerei Vittorio Baldinis wurden von Scipione Stella, der vielleicht schon während Gesualdos Ausbildung eine entscheidende Rolle gespielt hatte, bereits im Jahr der Hochzeit mit Leonora 1594 zwei fünfstimmige Madrigalbücher des Fürsten von Venosa herausgegeben. Diese ersten beiden Bände hatten unter einem Pseudonym bereits vor 1594 in Neapel im Druck von Gioseppe Pilonij Verbreitung gefunden. Die Anonymität der Ausgabe war zu damaliger Zeit ein klares Indiz für die offensichtliche Absicht adeliger Komponisten, mit der Veröffentlichung ihrer Werke in keiner Weise den Eindruck einer finanziellen Notlage zu erwecken und sich somit vehement gegen den Status des abhängigen Berufsmusikers zu wehren (Arnold, S. 12). Baldini veröffentlichte des weiteren 1595/1596 unter dem Namen Ettore Gesualdo die Madrigalbücher III und IV. Erst das vierte Madrigalbuch aus dem Jahr 1596 trägt mit der Bezeichnung *Libro Quarto* eine Nummerierung, in deren Folge in den Nachdrucken der Bücher I bis III die Zählung stets ergänzt wurde. Nach einer ungewöhnlich langen Veröffentlichungspause weiterer weltlicher Kompositionen Gesualdos gingen 1611 die Madrigalbücher V und VI am Hofe Gesualdos unter dem Namen Giovanni Pietro Cappucio in Druck; diese Werke sind aber noch in die Ferrareser Zeit datiert. Im selben Jahr erschienen auch die sechsstimmigen *Responsoria et alia ad Officium Hebdomadae Sanctae spectantia*, der Tenebrae-Zyklus für die Nokturnen von Gründonnerstag bis Karsamstag. Zusammen mit den zweibändigen *Sacrae Cantiones*, die 1603 gedruckt wurden, steht der Zyklus für das gesamte überlieferte und damit sehr überschaubare geistliche Schaffen Gesualdos. Aus heutiger Sicht kann – mit Blick auf die Kompositionsmerkmale der Madrigale und auch auf die zunehmend schwierigen Lebensumstände des Musikers – angenommen werden, dass die Arbeit an den sechs Madrigalbüchern, die den zentralen Kern von Gesualdos musikalischem Schaffen bilden, bereits 1596 mit der Rückkehr an den Hof in Gesualdo abgeschlossen war. Die räumliche Abkehr von Ferrara zusammen mit seiner Frau Leonora und Sohn Alfonsino (* um 1594–1596), die beide im darauffolgenden Jahr nach Gesualdo folgten, war nachweislich durch den Beginn einer zunehmend problematischen Beziehung des fürstlichen Paares untereinander geprägt, hatte aber auch individuelle gesundheitliche Verschlechterungen beider Personen zur Folge.

Nach dem Tod Herzog Alfonsos II. im Jahr 1597 verlor das italienische Zentrum Ferrara deutlich an Attraktivität und Ruhm (Watkins, S. 101–102). Dem Tod von Alfonso folgte im Jahr 1600 der unerwartete Kindstod von Alfonsino, der eine Verstärkung der psychischen und physischen Leiden Leonoras hervorrief. Nach Zuspitzung der Korrespondenzen zwischen Kardinal Alessandro aus Modena, in dessen Diensten Gesualdos Sohn aus erster Ehe – Don Emmanuele – zu gleicher Zeit stand, und nach mehreren dortigen Aufenthalten leitete Gesualdos Frau 1609 ein Scheidungsverfahren unter der Zustimmung Papst Pauls V. ein, das jedoch mit Leonoras Rückkehr nach Gesualdo 1610 zurückgezogen wurde. Zahlreiche Gerüchte um Misshandlungen, Erniedrigungen und andere Verletzungen Leonoras durch Gesualdo verklären den letzten Lebensabschnitt des Komponisten bis zu seinem Tod im Jahr 1613. Nur wenige Wochen nach dem Tod seines ältesten Sohnes starb Gesualdo aus heute nicht mehr nachvollziehbarer Ursache. In der Überlieferung existieren viele unhaltbare Theorien über das Ableben des Komponisten. Das unmittelbar vor dem Tod aufgesetzte Testament berichtet überraschenderweise von einem weiteren Sohn des Komponisten mit dem Namen Don Antonio Gesualdo. Die mit Hilfe des Testaments auf Leonora übertragenen Ansprüche im Fürstentum mussten aufgrund des Druckes von Donna Polisena, Don Emmanueles Frau, teils zurückgezogen werden. Noch zwei Jahre nach dem Tod von Gesualdo verharrte Leonora am Hofe, bis sie 1615 endgültig nach Modena zog und dort bis zu ihrem Tod, der für das Jahr 1637 bestätigt ist, blieb.

Mit dem Tod Gesualdos erschien 1613 ein Partiturdruck der gesammelten Madrigalbücher in Genua unter dem Herausgeber Simone Molinaro. Unklar ist, ob Gesualdo selbst oder auch seine Frau Leonora Auftraggeber dieses für damalige Verhältnisse äußerst seltenen und erheblich kostspieligen Druckes war. Die Funktion dieses aufwendigen Druckes wird weniger als Gegenpol in Zusammenhang mit der parallel veröffentlichten Partiturausgabe vierstimmiger Madrigale Cypriano de ▸ Rores gebracht. Wahrscheinlicher ist die Hypothese Niedermüllers, Gesualdos Partitur sei als ›Lesemusik‹ Medium einer alternativen Form der Auseinandersetzung mit musikalischen Regeln (Niedermüller, S. 38–39). Jedenfalls trifft die Aussage zu, dass dieser Druck einen »Markstein in der Frühgeschichte der Gesamtausgabe« darstellt (Hortschansky in Finscher, Bd. 1, S. 101). In klarer Anlehnung an die einzelnen Madrigalbücher sind im Partiturdruck die fünfstimmigen Madrigale streng nach ihren Kirchentonarten (Modi, ▸ Tonsysteme) geordnet. Dieser Umstand spricht dafür, dass Gesualdo die Wahl für einen Modus als eine vorkompositorische Entscheidung verstand, welche die Entwicklung des jeweiligen Werkes vorab in eine Richtung lenkte.

Trotz der strengen Bindung an das allgemein gebräuchliche Modussystem der späten Madrigalkomponisten bildet die Gattung des Madrigals in ganz besonderem Maße für den Komponisten Gesualdo einen fruchtbaren Nährboden für stilistische Neuerungen und einen exzessiven Umgang mit Chromatik. Mit seinen weitverbreiteten Ausführungen zu den chromatischen Techniken in Gesualdos Madrigalen setzte sich Carl Dahlhaus an die Spitze der musikwissenschaftliche Debatte um die Bedeutung der außergewöhnlichen Kompositionsweise Gesualdos. Giulio Cesare Monteverdi, der Bruder des bekannteren Komponisten ▸ Claudio Monteverdi, zählte Gesualdo bereits zu dessen Lebzeiten zu der von ihm selbst so bezeichneten Seconda pratica. Charakteristisches Merkmal dieses heute oft als Epocheneingrenzung verwendeten musikhistorischen Begriffs ist innerhalb der Vokalgattungen die am einzelnen Wort orientierte melodische Phrasierung mit dem Ziel der Ausdrucksintensivierung des vertonten Textinhalts. Die Erweiterung der musikalischen Ausdrucksmittel kann dabei unter anderem durch eine Belebung des Rhythmus erfolgen, findet bei Gesualdo aber vornehmlich in Form einer ausdrucksorientierten Chromatik statt (Schönecker, S. 44). Wichtig für das Verständnis der Kompositionen ist die begriffliche Unterscheidung von Kontrapunkt und Harmonik, denn der Kontrapunkt wird als Inbegriff von musikalischen Satzregeln im 16. Jahrhundert streng von der Harmonik unterschieden und ist bestimmt durch den linearen Verlauf von Tonrelationen im Gegensatz zur Kategorie der vertikalen Akkordverbindungen. Die oftmals exotisch anmutenden chromatischen Klangfortschreitungen resultieren damit bei Gesualdo stets aus den intervallischen Progressionen. Infolgedessen kommt Dahlhaus zu der Aussage, dass die Alterationen innerhalb der Kompositionen den kontrapunktischen Sinn eines Intervalls bei Gesualdo unangetastet lassen, und fordert die Unterscheidung zwischen »abstraktem Kontrapunkt und kolorierenden Alterationen« als Voraussetzung zum Verständnis von Gesualdos Musik (Dahlhaus, S. 81). Nach Rückschlägen in ihrer Akzeptanz wird die kompositorische Praxis Gesualdos im 20. und 21. Jahrhundert bei Komponisten wie Igor Strawinsky oder Salvatore Sciarrino immer wieder kritisch aufgegriffen. Durch seine chromatischen Experimente befrachtete Gesualdo »das traditionelle Madrigal in seiner Ausgeglichenheit der Gefühle […] mit einer schweren Bürde«, so formuliert Strawinsky seine radikale Anschauung im Vorwort zu Watkins' großer Gesualdo-Biographie (Watkins, S. 12). Der Musiktheoretiker Markus Roth stellt mit seinen Ausführungen über Strategien der Bearbeitung Alter Musik bei Sciarrino die

These unter Beweis, dass Sciarrino durch seinen missverständlichen Blick auf Gesualdo nicht zur »Entmystifizierung der Kompositionsweise Gesualdos« beitrage (Roth, S. 457).

Es ist bezeichnend, dass die Mehrzahl von Gesualdos Kompositionen aus der Gattung des ▸ Madrigals stammt, die für die Spätrenaissance bereits als eher überkommene Vokalform gilt und sich gegenüber dem moderneren monodischen Gesangstil zu behaupten hat. Allerdings ist zu vermuten, dass viele Werke auch anderer Kompositionsgattungen von Gesualdo nicht überliefert sind. So bleibt die Frage offen, welche Kompositionen Gesualdo während seiner Ferrareser Zeit für das bekannte ▸ Concerto delle donne in Ferrara schrieb. Die berühmten drei Gesangsvirtuosinnen und die reiche Theaterkultur in Ferrara stellte einen wesentlichen Anstoß zur Entwicklung des neuen Solostils dar, und es wäre verwunderlich, wenn nicht auch Gesualdo gleich seinem Vorbild Luzzasco ▸ Luzzaschi oder auch Orazio ▸ Vecchi Arien, Intermezzi oder Madrigale mit Begleitung für eine, zwei oder drei Solostimmen geschrieben hätte (Watkins, S. 97). Einen kleinen Ansatzpunkt in diese Richtung liefern die Reiseberichte des Grafen Alfonso Fontanelli – eines Gesandten des Ferrareser Herzogs und Komponisten –, der Gesualdo neben dem Lautenisten Fabrizio Filomarino und dem Komponisten Scipione Stella 1593/1594 auf der Reise nach Ferrara und auch zwei Jahre später zurück nach Gesualdo begleitete. Dieser berichtete nach der Ankunft in Gesualdo im Zusammenhang mit der Arbeit des Fürsten von fünf oder sechs höchst kunstvollen Madrigalen, einer ▸ Motette, einer ▸ Aria und einem nicht mehr nachweisbaren Dialog für drei Stimmen. Bei der Aria dagegen handelt es sich laut Watkins um eine der als ▸ Canzonetten bezeichneten Kompositionen Gesualdos (Watkins, S. 91).

Claudio Monteverdi gilt als einer der wichtigsten und frühesten Vertreter des monodischen Stils, und trotz seines exzentrischen, wenig vergleichbaren Kompositionsstils lassen sich bei Gesualdo durchaus Bezüge zur Arbeit Monteverdis feststellen. Beide Komponisten folgen je nach Art des zu vertonenden Textes einer individuellen Grammatologie des musikalischen Satzes, die sich der orthodoxen Grammatik des Kontrapunktes entzieht (Niedermüller, S. 178). Während Gesualdo aber an der Zeilenstruktur bzw. den -umbrüchen festhält, gelegentlich Gedichte auseinander zieht und auf zwei Madrigale verteilt oder unerwartete Kürzungen vornimmt, setzt Monteverdi einen stärkeren Fokus auf die Deklamation, nach welcher der Text seiner parataktischen Gliederung gemäß zusammengefasst wird.

Bereits die ersten vier Madrigalbücher zeigen den für Gesualdo charakteristischen negativen Zugang zu genuin positiven Lebenseigenschaften wie Glück, Liebe und Zufriedenheit, die häufig in den zu vertonenden Texten angesprochen werden. Dies drückt sich musikalisch in dem Anschein von Inkonsequenz durch kürzeste Segmente, fehlenden Höhepunkt und die Unvorhersehbarkeit aus, obwohl die früheren Madrigale noch wenig von dem späteren unkonventionellen Umgang mit chromatischen Färbungen gekennzeichnet sind. Auf inhaltlicher Textebene zeigt sich in den späteren Madrigalbüchern eine größere Vielfalt durch die Gegensätzlichkeiten der vertonten Gedichte (Arnold, S. 36). Anhand dieser Madrigale lässt sich eine deutliche Verbindungslinie zu Giulio ▸ Caccinis Traktat *Le Nuove Musiche* (1601/1602) ziehen wie auch zu Monteverdis fünftem Madrigalbuch, da hier melodische Verzierungen erstmals ausgeschrieben auftauchen oder behandelt werden. Diese nun wesentlich genauere Notation lässt Dissonanzen sichtbarer werden und verlangt nach Rechtfertigung für die nun verstärkt ersichtlichen ungewöhnlichen Melodieführungen Gesualdos. An diesem Punkt der harmonischen Extravaganz, die besonders den späteren Werken nicht abgesprochen werden kann, setzt die problematische Rezeption des Kompositionsschaffens von Gesualdo an. Obwohl Gesualdos Musik in mehreren Gedichtsammlungen zu seinen Lebzeiten sowie in den Folgejahren seines Todes auftaucht und sich mitunter Textkonkordanzen beispielsweise zu Madrigalvertonungen Luzzaschis oder Fontanellis auffinden lassen, gerät sein Werk bereits unmittelbar nach seinem Tod aus dem Sichtfeld. Die vielen Fehlinterpretationen und Fehlbezüge zwischen Leben und Œuvre Gesualdos, wie beispielsweise die äußerst fragwürdige Verbindungslinie zwischen dem nachweislich neurotischen Wankelmut Gesualdos und den vielen, durch chromatische Wendungen durchbrochenen Melodielinien in den Werken, tragen bis in die Gegenwart zu einem verzerrten Bild des Komponisten bei. Während Gesualdo jedoch im 18. Jahrhundert noch als Dilettant in der negativen Bedeutung des Begriffes gilt, kommt die gegenwärtige Musikwissenschaft zu der Erkenntnis, dass »[…] Gesualdos Kompositionen ihrerseits als Modelle nachgewirkt [haben], und […] die ›Sackgasse‹, in die Gesualdos Werk vermeintlich mündet, im 17. Jahrhundert weiterverfolgt [wurde]« (Niedermüller, S. 202–203). Gesualdo war in der Spätrenaissance einer der Komponisten in Ferrara, die das Ende der Madrigalkomposition einläuteten und dessen Werke – auch auf dem Gebiet der geistlichen Musik – nicht zum Mainstream der Musikpraxis gehörten.

*Ausgaben*:
Gesualdo di Venosa, *Sämtliche Werke*, hrsg. von W. Weismann und G. Watkins, 10 Bände, Hamburg und Leipzig 1957–1966; *Partitura delli sei libri di madrigali a cinque voci, Genua 1613*, Faksimile in zwei Bänden (Archivum musicum. Collana di testi rari 68), Florenz 1987.

*Literatur*:
C. Dahlhaus, Zur *chromatischen Technik Carlo Gesualdos*, in: Studien zur italienisch-deutschen Musikgeschichte (Analecta Musicologica 4), hrsg. von F. Lippmann, Köln und Graz 1967, S. 77–96 • D. Arnold, *Gesualdo*, London 1984 • S. Leopold, *Musik in Italien und italienische Musik. Von der Chanson zum Madrigal*, in: *Die Musik des 15. und 16. Jahrhunderts* (Neues Handbuch der Musikwissenschaft 3,2), hrsg. von L. Finscher, Laaber 1990, S. 437–497 • G. Watkins, *Gesualdo. The Man and His Music*, Oxford ²1991 • P. Niedermüller, *Gesualdo*, in: *MGG²*, Bd. 7 (Personenteil), 2000, Sp. 833–846 • H. Schönecker, *Das ästhetische Dilemma der italienischen Komponisten in den 1590er Jahren. Die Chromatik in den späten Madrigalen von Luca Marenzio und Carlo Gesualdo* (Karlsruher Beiträge zur Musikwissenschaft 3), Frankfurt am Main 2000 • P. Niedermüller, *»Contrapunto« und »effetto«. Studien zu den Madrigalen Carlo Gesualdos* (Abhandlungen zur Musikgeschichte 9), Göttingen 2001 • J. Kosman, *Gesualdo*, in: *Grove*, Bd. 9, 2001, S. 775–786 • R. Strohm, *Hofkapellen: Die Institutionalisierung der Musikpflege im Zusammenwirken von Hof und Kirche*, in: *Institutionalisierung als Prozess-Organisationsformen musikalischer Eliten im Europa des 15. und 16. Jahrhunderts* (Analecta Musicologica 43), hrsg. von B. Lodes und L. Lütteken, Laaber 2009 • M. Roth, *Implizite Analyse. Strategien der Bearbeitung Alter Musik bei Salvatore Sciarrino*, in: *Festschrift für Horst Weber*, hrsg. von S. Drees, A. Jacob u.a., Hildesheim 2009, S. 447–458.

MB

## Gerson, Jean Charlier de [Johannes Carlerius de]

\* 14.12.1363 Gerson-lès-Barby (Flandern), † 12.7.1429 Lyon

Gerson war maßgebender Theologe des 15. Jahrhunderts, Autor zahlreicher Pastoral- und Streitschriften sowie Predigten und Gedichte. Nach einem Studium in Paris war er ebendort Lehrer der Artes und Theologie und 1395 Kanzler der Pariser Universität; er trat auch auf den ▸ Konzilien zu Reims (1408) und Konstanz (1414—1418) hervor, war überaus einflussreich, aber politisch umstritten und wurde (1418) zeitweilig zum Exil in Bayern gezwungen; ab 1419 lebte er zurückgezogen im Cölestinerkloster Lyon, wo viele seiner wichtigen Spätschriften entstanden.

Gerson vertrat eine von der Mystik geprägte Theologie der Tröstung, daher auch Doctor consolatorius genannt, und bot mancherlei Reform-Ansätze – Martin ▸ Luther bezog sich oft auf ihn. In vielen seiner meist lateinischen, zuweilen französischen Schriften begegnen musikalische Lehrinhalte und Fachwörter zwar nur im metaphorischen Sinn oder als Symbole, sie zeigen aber Gersons musikalische Kennerschaft und sind für den hohen Rang bezeichnend, den die Musik in theologischen und philosophischen Vorstellungen der Ära einnahm.

Den traditionellen, seit Patristik und ▸ Neupythagoreismus vertrauten Abbild-Charakter des Musikalischen für Überirdisches und Kosmologisches schöpft Gerson vielfältig und zuweilen tiefgründig aus, besonders im *Tractatus de canticis* (Œuvres complètes IX, S. 524–602). Beim Gesang (»canticum«), der seinen Wirkungen nach unterschieden wird in sinnlich (»sensuale vel animale«), geistig (»rationale vel morale«) und geistlich (»mentale vel divinale«), stellt Gerson einem bloßen Singen mit den Lippen (»canticum oris«) den wahren Gesang des Herzens (»canticum cordis«) gegenüber und erhebt diesen in der Wortprägung »canticordum« zum Inbegriff mystischer Hingabe an Gott. Dabei benutzt Gerson, »cor« (Herz) und »c[h]orda« (Saite) gleichsetzend, auch den Anklang an das Wort »monoc[h]ordum«, Monochord. Dieses antike ›einsaitige‹ Gerät zur Darstellung mathematisch reiner, d.h. längenproportional ausgezeichneter Tonabstände und seit alters als Schlüssel zum Verständnis der Ordnung des Weltalls aufgefasst, wird in Gersons Symbolik zum Instrument der göttlichen Weisheit (»monochordum divinae sapientiae«), die auf der nur einen Saite spiele, welche die Liebe (»amor«) sei. In einer kurzen, lehrhaften Zusammenstellung mit dem Titel *Monocordum Jesu Christ seu Solatium peregrini* (ebenda, S. 704f.) verknüpft er die an dieser Saite abzugreifenden Tonstufen (»claves«) mit Glaubenstugenden und mit Vaterunser-Teilen, wobei er die Anrufungen und das Amen den vier Stimmen (▸ Stimmengattungen) des musikalischen Satzes (Tenor, Contratenor, Discantus, Subtenor) gleichsetzt.

Die musikalischen Einzelelemente in Gestalt der sechs Solmisationssilben des Guido von Arezzo (ut, re, mi, fa, sol, la) repräsentieren für Gerson eine mystische Tonleiter (»gamma mysticum«), indem sie die fünf Vokale enthalten, denen er fünf menschliche Grundaffekte zuordnet (A: amor, E: spes, I: compassio, O: timor; U: odium). Daher lasse sich jedes »canticum« auf diese mystische Skala zurückführen (ebenda, S. 542).

Auch in einigen seiner Gedichte (Carmina) benutzt Gerson, offenbar mit breiter Wirkung, Musik als Medium mystischer Versenkung in christliche Glaubensinhalte, indem er musikalische Begriffe zu Metaphern für theologische Aussagen erhebt. Im *Canon pro psalterio mystico* (Œuvres complètes IV, S. 1f.) dient z.B. das »psalterium decacordum« (in der *Musica* des Szydlovite Bezeichnung des im Zehnliniensystem darstellbaren musikalischen Tonraums) als Bild für die Zehn Gebote; auch soll dieses Gedicht dazu anregen, Jesus als die ›neue Musik‹ zu verinnerlichen (»ut nova musica sit Jhesus«), ein Vergleich, dem jener des Johannes ▸ Tinctoris im Vorwort des *Proportionale musices* nahekommt: »summus ille musicus Jhesus«. Gersons *Carmen de laude musicae* (ebenda IV, S. 135–137) wird auszugsweise in der *Musica* des ▸ Adam von Fulda (1490) zitiert, um mit der hohen Autorität Gersons das Lob der Musik, vor allem aber ihre vielfältigen Wirkungen zu preisen (GS III, S. 335, 339); und deren bekannte Darstellungen in Tinctoris' *Complexus effectuum musices* (um 1472–1475) wie auch in dessen Vorbild, dem *Tractatus de duplici ritu cantus* (vielleicht um 1470) des Egidius Carlerius, eines Neffen Gersons (vgl. Cullington / Strohm), könnten durch Gersons *Carmen de laude musicae* inspiriert worden sein. Eigens bezeugt ist der Einfluss Gersonscher Lehren für den Kreis um Johannes ▸ Ockeghem in Tours (vgl. G. Kirkwood).

*Ausgaben*:
Œuvres complètes, 10 Bde, hrsg. von P. Glorieux, Paris 1960–1973.

*Literatur*:
J.B. Schwab, *Johannes Gerson, Prof. der Theologie und Kanzler der Universität Paris*, 2 Bde., Würzburg 1858, Nachdruck New York o.J. • A. Machabey, *Remarques sur le lexique du* De Canticis *de Gerson*, in: Romania 79 (1958), S. 175–236 • Chr. Page, *Early 15th-century Instruments in Jean Gerson's »Tractatus de canticis«*, in: Early Music 6 (1978), S. 339–349 • J.L. Irvin, *The Mystical Music of Jean Gerson*, in: Early Music History 1 (1981), S. 187–201 • G.M. Roccati, *Recherches sur les poèmes contenus dans le »Tractatus de canticis« de Gerson*, in: Le Moyen Français 8/9 (1981), S. 149–182 • Chr. Burger, *Aedificatio, Fructus, Utilitas. Jean Gerson als Professor der Theologie und Kanzler der Universität Paris*, Tübingen 1986 • M.St. Burrows, *Jean Gerson and »De Consolatione Theologiae« (1418). The Consolation of a Biblical and Reforming Theology for a Disordered Age*, Tübingen 1991 • R. Strohm / J.D. Cullington, *On the Dignity and the Effects of Music*, London 1996 • G. Kirkwood, *Kings, Confessors, Cantors an Archipellano: Ockeghem and the Gerson Circle at St. Martin of Tours*, in: Johannes Ockeghem: Actes du XLe Colloque international d'études humanistes, Tours 1997, hrsg. von Ph. Vendrix, o.O. 1998, S. 101–137 • G.H.M. Posthumus Meyjes, *Jean Gerson, Apostle of Unity. His Church Politics and Ecclesiology*, Leiden / Boston / Köln 1999 • Kl.-J. Sachs, *Gerson*, in: MGG², Bd. 7 (Personenteil), 2002, Sp. 811–813.

KJS

# Gesangbuch, liturgisches

Als liturgische Gesangbücher werden Sammlungen von Gesängen (meist mit Notation) für unterschiedliche Formen des Gottesdienstes der christlichen Kirchen im Abendland bezeichnet.

Die liturgischen Bücher unterscheiden sich allgemein nach ihrer Verwendung für die Messfeier oder das Offizium (Stundengebet). Alle gelesenen, gesprochenen und gesungenen Texte einer Messfeier enthält das Missale, diejenigen des Offiziums versammelt das Brevier. Beide Buchtypen etablieren sich ab dem 11. Jahrhundert durch zunehmende Zusammenfassung ursprünglich getrennter Bücher und können die Gesänge mit oder ohne Notation überliefern.

Die Form der Notation variiert dabei von Quadratnotation über die im deutschsprachigen Gebiet verbreitete ▸ Hufnagelnotation bis hin zu der im selben Raum noch vereinzelt anzutreffenden adiastematischen Neumierung (Notation ohne exakte Tonhöhenangabe). Die im Jahreskreis veränderlichen Texte werden in der Anordnung in drei Abschnitte unterteilt: Der erste gibt den Zyklus der einfachen Werk- und Sonntage an (Proprium de tempore), der zweite den der Heiligenfeste (Proprium sanctorum), und der dritte Teil enthält mehrfach verwendbare Formulare für Gruppen von Heiligen (Commune sanctorum).

Neben diesen umfassenden Aufzeichnungen existieren auch Bücher, die ausschließlich Gesänge aufweisen: Graduale (für die Messfeier) und Antiphonar (für das Offizium). Das Graduale enthält die wechselnden (Proprium missae), sowie in einem Kyriale die unveränderlichen Gesänge der ▸ Messe (Ordinarium missae), daneben auch Tropen und Sequenzen (textliche und melodische Erweiterungen zu den festgelegten Gesängen des römischen Ritus). Seit dem späten Mittelalter entstehen häufig großformatige Gradualhandschriften, um mehreren Sängern das Singen aus einem Buch zu ermöglichen. Die Gesänge zur Ausführung der täglichen acht Horen des Offiziums finden sich im Antiphonar. Es enthält allerdings nicht immer ▸ Psalmen und ▸ Hymnen (Lobgesänge in Versform oder Prosa), so dass diese auch separat in Psalter und Hymnar auftreten.

Für außergewöhnliche Anlässe existieren außerdem auf das jeweilige Geschehen abgestimmte Gesangbücher wie das Prozessionale mit Prozessionsgesängen, das Rituale für die Spende der Sakramente sowie Begräbnisfeiern und das Pontificale für die dem Bischof vorbehaltenen liturgischen Handlungen.

Bereits während des 12. und 13. Jahrhunderts gingen von verschiedenen Ordensgemeinschaften Bestrebungen aus, die Liturgie des jeweiligen Ordens durch exemplarische Handschriften zu vereinheitlichen. Es wurden jedoch erst im Zuge der Reformen des ▶ Konzils von Trient (1545–1563) für die gesamte römisch-katholische Kirche (mit Ausnahme einiger anerkannter Lokalliturgien; zu deren Büchern s. Huglo, 1996) verbindliche liturgische Bücher herausgegeben; u.a. ein Brevier (1568), ein Missale (1570) und ein Pontificale (1595).

Mehrstimmige Gesänge für den Gottesdienst sind meist in eigenen Quellen überliefert. Da vor allem die unveränderlichen Teile der Messe mehrstimmig vertont werden, entfällt in diesen Büchern die Anordnung im Zyklus des Kirchenjahres; es werden mehrere Messensätze oder Messzyklen aneinandergereiht. Eine Ausnahme bilden die selteneren Beispiele mehrstimmiger Propriumsvertonungen.

In der reformierten Kirche finden sich übernommene Stücke des gregorianischen Gesangs, wenn sie nicht weiterhin aus Graduale und Antiphonar gesungen werden, in Kantionalien. Die volkssprachlichen Gesänge des Priesters sind in der Kirchenordnung, die der Gemeinde oder des Chores in Gesangbüchern (▶ Kirchenlied), aufgezeichnet.

*Literatur*:
M. Huglo, *Les Livres de chant liturgique* (Typologie des sources du moyen âge occidental 52), Turnhout 1988 • D. Hiley, *Western Plainchant. A Handbook*, Oxford ²1995 • A. Hughes, *Medieval Manuscripts for Mass and Office. A Guide to Their Organization and Terminology*, Toronto ²1995 • C. Folsom, *Liturgical Books of the Roman Rite*, in: *Introduction to the Liturgy* (Handbook of Liturgical Studies 1), hrsg. von A.J. Chupungco, Collegeville/Minnesota 1997 • M. Huglo, *Liturgische Gesangbücher*, in: *MGG*², Bd. 5 (Sachteil), 1996, Sp. 1412–1437 • D. Hiley (Hrsg.), *Die Erschließung der Quellen des mittelalterlichen liturgischen Gesangs* (Wolfenbütteler Mittelalter-Studien 18), Wiesbaden 2004.

ST

# Geschichte im 15. und 16. Jahrhundert

Zu Beginn des 15. Jahrhunderts war der Hundertjährige Krieg zwischen England und Frankreich der wichtigste europäische Konfliktherd. Er erstreckte sich – mit großen Unterbrechungen – von 1339 bis 1453; Gegenstand der Auseinandersetzungen waren englischer Festlandsbesitz in Frankreich, Ausgangspunkt der Anspruch des englischen Königs Eduard III. auf den französischen Thron, nachdem das dortige Geschlecht der Kapetinger in direkter Linie ausgestorben war. Der französische Thron wurde von Philipp IV. verteidigt, der dem Haus der Valois entstammte. Nach anfänglichen Erfolgen der Engländer (Eroberung von Calais 1347), dem zwischenzeitlichen Frieden zu Brétigny 1360 und dem erneuten Aufflammen des Konfliktes nur wenige Jahre später sowie wiederum dem englischen Sieg nach der Schlacht bei Azincourt 1415 (englische Besetzung der Normandie und von Paris) bewirkte Jeanne d'Arc, die ›Jungfrau von Orléans‹ die kriegsentscheidende Wende zugunsten der Franzosen, indem sie die demoralisierten französischen Truppen ermutigte, gegen die Engländer aufzubegehren, die daraufhin 1429 ihre Belagerung von Orléans tatsächlich einstellten. Außerdem begleitete sie im selben Jahr den französischen Thronfolger nach Reims, wo er zum König Karl VII. gekrönt wurde. Nach ihrer letztendlich unverständlichen und bis heute in ihren Gründen nicht geklärten Gefangennahme wurde sie in Rouen der Zauberei angeklagt und 1431 verbrannt. Bis zur Mitte des 15. Jahrhunderts räumten die Engländer alle französischen Territorien; einzige Ausnahme war – neben den Kanalinseln – Calais, das bis 1558 englisch bleiben sollte. Das Ende des Hundertjährigen Krieges markierte 1453 die Schlacht bei Castillon, mit der Frankreich seine Gebiete zurückerobert hatte.

Kirchengeschichtlich bedeutsam ist das von 1378 bis 1417 sich erstreckende Abendländische ▸ Schisma, in dem – ausgelöst durch den Vorwurf der Unfähigkeit des Papstes Urban VI. sowie den Verdacht auf Ungültigkeit des Konklaves – zwei, seit 1409 sogar drei Päpste mit Residenzen in Rom, Avignon und Pisa im Anspruch auf die rechtmäßige Nachfolge Petri konkurrierten.

Die weiteren geschichtlichen Ereignisse in Europa haben fast stets auch eine Verbindung zur sich allmählich ausbreitenden Kultur der Renaissance, wenngleich in sehr unterschiedlichem Maße. Hier wäre gleichermaßen die ab den 1430er Jahren zu verzeichnende führende Rolle des Florentiner Geschlechts der ▸ Medici zu nennen, dem – aus jeweils unterschiedlichen Gründen – die Rolle Florenz' als Wiege der italienischen Renaissance zu verdanken ist. Und um das Jahr 1450 bedeutete die Erfindung des Buchdrucks mit beweglichen Lettern aus Metall durch Johannes ▸ Gutenberg eine Revolution in der Verbreitung wissenschaftlicher und künstlerischer Texte, deren Folgen sich in der Zeit wohl kaum abschätzen ließen. Anfang des 16. Jahrhunderts begann Ottaviano ▸ Petrucci in Venedig mit der Herausgabe von Notendrucken, die gleichfalls auf dem Prinzip beweglicher Lettern beruhten. Petruccis Drucke, die sich schnell auf dem Markt behaupteten, begründeten eine gänzlich neue Form der Verbreitung von Musik (wie auch dem theoretischen Schrifttum, das nun mit Notenbeispielen ausgestattet werden konnte), deren kulturgeschichtliche Folgen schwer abschätzbar sind. Andere kulturgeschichtliche Ereignisse waren in erster Linie politisch motiviert: Als etwa das Herzogtum ▸ Burgund 1477 nach der Schlacht von Nancy (und dem Tod Karls des Kühnen) seine Macht verlor und schließlich 1493 als französisches Lehen an Frankreich zurückfiel, hatte dies nur geringe Folgen für die Musik einer eher historiographisch postulierten denn tatsächlich vorhandenen ›Burgundischen Schule‹, zu der zwar Komponisten wie Guillaume ▸ Dufay und Gilles ▸ Binchois zu rechnen waren, deren Status als genuin französische Komponisten aber nicht durch die temporäre politische Zugehörigkeit zum Burgundischen Hof beeinflusst worden ist.

Insgesamt war es die Zeit des Transzendierens auch der geographischen Horizonte: 1488 gelang dem portugiesischen Seefahrer Bartolomeu Dias die Umsegelung des Kaps der Guten Hoffnung; vier Jahre später (1492) entdeckte Christoph Columbus Amerika. Im selben Jahr endete die Maurenherrschaft in Spanien durch den Fall Granadas, der letzten arabischen Bastion auf der Iberischen Halbinsel (711 war Granada von den Mauren erobert worden und seit 1238 die Hauptstadt des selbständigen Maurischen Königreichs). 1498 schließlich umsegelte Vasco da Gama die Südspitze Afrikas und erreichte Indien. Allerdings sollte erst in den Jahren 1577–1580 Francis Drake die erste Weltumsegelung gelingen.

Das 16. Jahrhundert zeigt sich insgesamt zwiespältiger, was die politischen wie kulturgeschichtlichen Ereignisse betrifft. Einerseits lassen sich um 1500 die Höhepunkte der Renaissance in Kunst und Architektur verzeichnen (Raffael, Michelangelo, Leonardo da Vinci, Albrecht Dürer, Tilman Riemenschneider, Hieronymus Bosch), andererseits ist es eine Zeit religiöser Konflikte, die gänzlich anders geartet sind als das Schisma des vorangegangenen Jahrhunderts. ▸ Heinrich VIII., König von England und gläubiger Katholik, vollzog Anfang des Jahrhunderts die Trennung seines Reichs von der römischen Kirche, weil er seine Ehe mit Katharina von Aragonien annullieren und seine Beziehung zu Anna Boleyn legitimieren lassen wollte (dass Heinrich VIII. sich seiner Ehefrauen später in wesentlich skrupelloserer Weise zu entledigen wusste, tut der Bedeutsamkeit dieses Schrittes nachgerade keinen Abbruch). – 1517 veröffentlichte Martin ▸ Luther seine 95 Thesen gegen den Missbrauch des Ablass-Handels der katholischen Kirche: In zunehmender Weise war der Ablass der Sünden gegen Geldzahlungen gewährt worden – Luthers Thesen bedeuteten den faktischen Beginn der Reformation. 1521 verweigerte Luther vor dem Wormser Reichstag den Widerruf seiner Thesen, woraufhin der als ›vogelfrei‹ Erklärte zu seinem Schutz von Friedrich III. auf der Wartburg gefangen genommen wurde, wo er das Neue Testament übersetzte. Eine weitere Reformierung der Kirche durch Johannes ▶ Calvin schloss sich 1541 an, als er in Genf eine reformierte Kirchenordnung einführte – fünf Jahre zuvor hatte er bereits seine Glaubenslehre veröffentlicht.

Es ist kein zeitlich zufälliges Aufeinandertreffen, dass Reformbestrebungen, Revolutionen, Politikentwürfe, naturwissenschaftliche und kulturelle Neuentwürfe im 16. Jahrhundert in besonderer Weise einander begegnen. In ihrer Gesamtheit weisen sie den Weg zur neuzeitlichen Gesellschaft und machen diese historisch verstehbar. Einige schlaglichtartige Details seien hier erwähnt: 1513 erschien Niccolò ▶ Machiavellis Schrift *Il principe* (in deutscher Übersetzung 1532 unter dem Titel *Der Fürst* erschienen). Als ›Handbuch für Tyrannen‹ missverstanden, war ihr Thema die Möglichkeit erfolgreicher Politik im Fürstentum. Bemerkenswert war hier nicht etwa die Protektion des Fürstentums (die niemanden in der Zeit hätte überraschen können), als vielmehr die Abkehr von der Tradition christlich-metaphysischer Staatstheorie: Statt jenseitsgerichteter Ethik war es nun der staatliche Zusammenschluss zum Wohle des Individuums, der propagiert wurde. Passend hierzu ließe sich die progressive naturwissenschaftliche Erkenntnis betrachten, dass es nicht die Welt ist, die im Zentrum des Universums steht, sondern die Sonne, als deren Trabant auch die Erde gilt, eine Rolle, die sie sich mit den anderen Planeten teilen muss. Der von Nicolaus ▶ Copernicus in seiner 1543 erschienenen Schrift *De revolutionibus orbium coelestium libri VI* (*Über die Kreisbewegungen der Weltkörper*) vollzogene Wechsel vom geozentrischen zum heliozentrischen Weltbild lässt sich in seiner Nachhaltigkeit gerade für die christliche Glaubenslehre heute nur noch schwer nachvollziehen. – Doch wird es 1582 ein Papst sein, Gregor XIII., der eine auf astronomischer Forschung beruhende Kalenderreform durchsetzen wird: Der ›Gregorianische Kalender‹ mit seiner speziellen Schaltjahrsequenz löste den auf Julius Caesar zurückgehenden ›Julianischen Kalender‹ ab und hat bis heute Gültigkeit.

1545 nahm das ▶ Trienter Konzil seine Arbeit auf, die es erst nach fast zwanzig Jahren 1563 abschließen sollte. Die Länge der konziliaren Arbeitsphasen entspricht der Schlüsselstellung, in der sich die katholische Kirche in der Zeit sehen musste. Eine allgemeine Reform von Glaubenslehre und Kirche war zu verabschieden, die Grundlagen der ›Gegenreformation‹ (▶ Katholische Erneuerungsbewegung) wurden hier geschaffen. In der Schlussphase seiner Arbeit, gewissermaßen als Appendix, befasste sich das Konzil auch mit der Kirchenmusik, die nach Auffassung der päpstlichen Ratgeber die Andacht der Gemeinde gefährdete: Auf Simplizität des Satzes wurde ebenso viel Wert gelegt wie auf Verständlichkeit des Textes. Das Repertoire des ▶ Gregorianischen Chorals schließlich war von weltlichen Neudichtungen überwuchert worden: Tausende von Sequenzen, mittelalterlichen Neudichtungen und -kompositionen, hatten Eingang in das Repertoire gefunden – und wurden bis auf wenige entfernt.

Dass sich die Schwerpunkte innerhalb der europäischen Staaten weiterhin bzw. erneut verschoben, zeigt sich einerseits am Beispiel Englands, das in der zweiten Jahrhunderthälfte mit der Regierungszeit Königin ▶ Elisabeths I. (1558–1603) einen beispiellosen Aufschwung in Seefahrt und Handel erlebte, der zur Grundlage seines späteren weltweiten Kolonialreichs werden sollte und mit dem eine ebenso einzigartige Blüte in Literatur und Philosophie (William ▸ Shakespeare, John Donne, Francis Bacon) einherging. Auf der anderen Seite wurden in der so genannten ›Bartholomäusnacht‹ 1572 in ganz Frankreich aus Anlass der Hochzeit des protestantischen Heinrich von Navarra (des späteren ▸ Heinrich IV. von Frankreich) mit Margarete von Valois, der Schwester ▸ Karls IX., auf Befehl Katharinas von Medici Tausende von Hugenotten umgebracht, und erst das Edikt von Nantes 1598 räumte den Hugenotten weitgehende Rechte im Abhalten von Gottesdiensten und innerer Organisation ein.

So präsentiert sich das 16. Jahrhundert auf der Schwelle zu einer (wie auch immer gearteten) ›Neuzeit‹ in ambivalenter Weise: Sieht man in der Musikgeschichte die kaum zu unterschätzende Stilwende um 1600 mit der von Claudio ▸ Monteverdi ausdrücklich als ›seconda prattica‹ bezeichneten, ausdrucksbestimmten Monodie (im Gegensatz zur ›prima prattica‹, die den nach wie vor an erster Stelle eingeordneten polyphonen Stil kennzeichnete) und allen daraus folgenden Ereignissen (Entstehung von konzertantem Stil, Generalbass und schließlich der Oper) als Ergebnis einer in jeder Hinsicht konstruktiven Rezeption der griechischen Antike, so erweist sich das politische ›Tagesgeschehen‹ als in besonderer und neuartiger Weise von macht-, individual- und geopolitischen Abhängigkeiten bestimmt und entsprechend skrupellos. Es ist diese weitgehende Disparation von kulturellen, politischen und gesellschaftlichen Ereignissen, die allen Bereichen ihre jeweils neuen Orte im neuzeitlichen Gesellschaftsbild zuweisen wird.

*Literatur*:
X.V. Ertzdorff, *Romane und Novellen des 15. und 16. Jahrhunderts in Deutschland*, Darmstadt 1989 • P. Murray, *Renaissance*, Stuttgart 1989 (Weltgeschichte der Architektur) • L. Finscher (Hrsg.), *Die Musik des 15. und 16. Jahrhunderts*, 2 Bde., Laaber 1989/1990 (Neues Handbuch der Musikwissenschaft 3) • Th. Hetzer, *Italienische Architektur*, Stuttgart 1990 • H. Boockmann (Hrsg.), *Kirche und Gesellschaft im Heiligen Römischen Reich des 15. und 16. Jahrhunderts*, Göttingen 1994 • I. Bossuyt, *Die Kunst der Polyphonie. Die flämische Musik von Guillaume Dufay bis Orlando di Lasso*, Zürich, Mainz 1997 • B. Jussen (Hrsg.), *Kulturelle Reformation. Sinnformationen im Umbruch 1400–1600*, Göttingen 1999 • A. Langer (Hrsg.), *Metropolen und Kulturtransfer im 15./16. Jahrhundert. Prag – Krakau – Danzig – Wien*, Stuttgart 2001 • R. Leng, *Ars belli. Deutsche taktische und kriegstechnische Bilderhandschriften und Traktate im 15. und 16. Jahrhundert*, 2 Bde., Wiesbaden 2002 (Imagines medii aevi 12).

MG

## Ghiselin [alias Verbonnet], Johannes
\* vor 1460 (?) in der Picardie, † nach 1507 Bergen op Zoom

Ghiselins Musik wurde in verschiedenen Theoretica des 16. Jahrhunderts rezipiert, die Qualität seiner Kompositionen jedoch nicht durchweg positiv bewertet.

Neben weltlichen Werken (darunter einige *Regretz*-Chansons für Margarete von Österreich) und Motetten, in denen die dreistimmige Besetzung bevorzugt wird, stehen vor allem die bei Ottaviano ▸ Petrucci als Einzeldruck erschienenen Messen (*Missa La belle se siet, Missa de les armes, Missa Gratieuse, Missa Narayge, Missa Je nay dueul*) über Vorlagen von Guillaume ▸ Dufay, Antoine ▸ Busnoys oder Robert ▸ Morton im Zentrum des musikalischen Schaffens. Dabei bedient sich Ghiselin sowohl der Cantus firmus- als auch der parodieartigen Verarbeitung von Chansons; auch eine Vorliebe für die Lösung technischer Probleme (sukzessive Verwendung aller gebräuchlichen Mensurzeichen im Tenor der *Missa Gratieuse*) wird deutlich.

Die Herkunft des Komponisten darf – durch den Zusatz »da Piccardia« – im Gebiet des heutigen Nordfrankreich vermutet werden. Ghiselin, der sich selbst auch mit »Verbonnet« bezeichnet (eine Anzahl von Werken ist unter diesem Namen überliefert), gehörte im Unterschied zu zahlreichen seiner Kollegen nicht dem Klerikerstand an. Gesichert sind sowohl seine Anstellung am Hof des Herzogs von Ferrara, Ercole I d'▸Este (1491), als auch die Zeit seines Lebens währende intensive Bindung und das gute Verhältnis zu diesem Hof (so wurde etwa Ghiselins Sohn auf den Namen Herkules getauft und *L'Alfonsina*, eine von drei erhaltenen Instrumentalkompositionen, dürfte Alfonso, dem Sohn seines Brotherren, gewidmet sein). Darüber hinaus sind ein Posten in Florenz (1491–1493, als Sängerkollege Heinrich ▸ Isaacs am Baptisterium S. Giovanni), am französischen Königshof (1501) und in der Gilde Von Onze Lieve Vrouwe in Bergen op Zoom belegt (1507). Da sein Name dort in der nächsten erhaltenen Gehaltsliste nicht mehr erwähnt wird, ist sein Tod zwischen 1507 und 1511 anzunehmen.

Obwohl er in Guillaume ▸ Crétins *Déploration* auf den Tod Johannes ▸ Ockeghems (1497) als zweiter nach Alexander ▸ Agricola erwähnt wird, muss eine Schülerschaft zu Ockeghem ebenso Vermutung bleiben wie eine Mitgliedschaft in der burgundischen Kapelle Karls des Kühnen, obwohl er dessen Devise *Je l'ay empris* in zwei Kompositionen verarbeitete.

*Ausgaben*:
Johannes Ghiselin – Verbonnet, *Opera omnia* (Corpus mensurabilis musicae 23), hrsg. von C. Gottwald, o.O. 1961–1968 (ohne die Messenfragmente Missa *Joye me fuyt* und Missa *Le renvoye*) • Faksimile in *Missarum Liber Agricole, Ghiselin, de La Rue, Josquin*, Rom 1973.

*Literatur*:
C. Gottwald, *Johannes Ghiselin – Johannes Verbonnet: stilkritische Untersuchung zum Problem ihrer Identität*, Wiesbaden 1962 • M. Staehelin, *Quellenkundliche Beiträge zum Werk von Johannes Ghiselin-Verbonnet*, in: Archiv für Musikwissenschaft 24 (1967), S. 120–132 • M. Picker, *More ›regret‹-Chansons for Marguerite d'Autriche*, in: *Musique naturelle et Musique artificielle: In memoriam Gustave Reese*. New Jersey 1979, S. 81–101 • L. Lockwood, *Music in Renaissance Ferrara*, Cambridge/Massachusetts 1984 • K. Hortschansky, *Eine Devisenkomposition für Karl den Kühnen*, in: *Festschrift Martin Ruhnke*, Neuhausen-Stuttgart 1986, S. 144–157 • A. Cummings / A. Atlas, *Agricola, Ghiselin and Alfonso II of Naples*, in: The Journal of Musicology 7 (1989), S. 540–548.

SG

## Gibbons, Orlando

Getauft 25.12.1583 Oxford, † 5.6.1625 Canterbury

Der englische Komponist Gibbons, bekannt vor allem durch seine *Cries of London*, war 1596 bis 1599 Chorknabe am King's College in Cambridge (unter seinem Bruder Edward), ab 1598 als Student. Bereits 1603, im Alter von 19 Jahren, wurde er Mitglied der Chapel Royal. 1606 erwarb er den Bachelor of Music in Cambridge. 1616 wurde er als Spezialist für Tasteninstrumente an den Hof von Prinz Charles of Wales berufen, 1619 dort zum Kammer-Virginalisten ernannt. 1623 wurde er Organist in Westminster Abbey und 1625 bekam er den Titel ›senior organist‹ der Chapel Royal. Im gleichen Jahr starb er im Alter von 41 Jahren überraschend auf einer Reise im Gefolge Karls I. in Canterbury.

Gemessen an seiner kurzen Lebenszeit hat Gibbons eine große Anzahl an Kompositionen verfasst, deren erhaltene bis auf die fehlenden Lautenkompositionen ein Bild der englischen Musik des ersten Drittels des 17. Jahrhunderts wiedergeben. Seine Kompositionen umfassen alle wesentlichen Gattungen der Zeit und sind für höfisch-repräsentative Anlässe, für Staatsbesuche, für besondere Gottesdienste, für Hochzeiten und für Promotionen an Universitäten entstanden. – Hinsichtlich seines besonderen Renommees als Organist und Virginalist sind seine 45 erhaltenen Kompositionen für Tasteninstrumente zwar nicht so zahlreich wie diejenigen William ▸ Byrds und John ▸ Bulls (alle drei haben einige Stücke in dem berühmten Druck *Parthenia* von 1513 publiziert). An Qualität und Bedeutung für die

Entwicklung einer eigenständigen ▶ Instrumentalmusik stehen sie seinen Zeitgenossen jedoch nicht nach, und es ist zudem davon auszugehen, dass neben verlorenen Kompositionen auch Improvisationen eine Rolle gespielt haben. Gibbons komponierte in den üblichen Gattungen der Instrumentalmusik. Zu kürzeren homophonen und längeren virtuosen Preludes kommen die Tanztypen Alman (▶ Allemande), Pavan (▶ Pavane), Galliard (▶ Galliarde), Coranto (▶ Courante), die zum Teil französischen Einfluss zeigen; imitatorisch geprägte ▶ Fantasien, für Orgel, Virginal (▶ Cembalo) oder in verschiedenen Versionen auch für beide Instrumente, zum Teil mit beachtlicher Länge, nehmen einen breiten Platz ein. ▶ Grounds mit und ohne Nennung der ›tunes‹ sind vertreten wie bspw. *The Queen's Command, The Woods so Wild, Peascod Time* or *The Hunt's Up*, letzteres ein ziemlich langes Stück mit 14 Variationen über das beliebte Jagdthema, das auch von Byrd (*The Hunts up*) und Bull (*The King's Hunt*) vertont wurde. Tänze, die auf die Jacobinische ▶ Masque bezogen oder für sie komponiert sind, kommen hinzu. – Seine Consort Music besteht aus Kompositionen für zwei bis sechs Stimmen, im wesentlichen Fantasien, daneben vier ▶ In Nomine-Kompositionen, je zwei Galliarden und Pavanen sowie Variationen über das Volkslied *Go from my Window*, das eine beliebte Vorlage war (u.a. auch bei Byrd und Bull). Anders als früher angenommen sind sie wohl nicht nur speziell für Gambenensemble geschrieben, sondern können auch von anderen Instrumenten gespielt werden; einige der dreistimmigen Fantasien sind für Violinen oder auch für Blasinstrumente geeignet (Harper, S. 834).

Gibbons überlieferte weltliche Vokalkompositionen sind im wesentlichen in der Publikation der *Madrigals and Mottets, apt for Viols and Voyces* (1612) enthalten, die 12 fünfstimmige Stücke umfasst, einige von beachtlicher Länge von zwei (*How art You Thralled*), drei (*Nay Let Me Weep*) oder vier (*I Weigh not Fortune's Frown*) Teilen. Die Texte sind von der für die Zeit typischen Melancholie geprägt, *Nay Let Me Weep* ist wahrscheinlich auf den Tod von Prince Henry geschrieben. Alle Stücke sind weniger Madrigale und Motetten als ▶ Consort Songs, denen sich noch zwei weitere erhaltene anschließen, *Do not Repine*, komponiert für den Besuch des Königs in Schottland 1617, und der bekannte Song *The Cryes of London*, der zur kleinen Gruppe der ›city and country cries‹ gehört (u.a. auch Thomas ▶ Weelkes und Richard ▶ Dering), programmatische Züge aufweist und möglicherweise auf Clement ▶ Janequins *Les Cris de Paris* rekurriert. Die enge Textbezogenheit dieser Komposition ist jedoch eher eine Ausnahme, denn Gibbons Vokalkompositionen basieren, englischer Tradition entsprechend, weniger auf Madrigalismen italienischer Prägung, sondern sind an der Stimmung des Gesamten ausgerichtet.

Gibbons war einer der ersten Komponisten, die nur für den anglikanischen Ritus komponierten. Seine Beiträge zur Kirchenmusik bestehen zum einen aus liturgischen Kompositionen: einem vollständigen *Short (First) Service* und einem *Second Service*, sowie einigen Preces- und Psalmvertonungen für den Evening Prayer. Letztere sowie der Short Service sind im Unterschied zu den am Beginn der anglikanischen Liturgie entstandenen ▶ Services der Regierungszeit Edwards VI. (1547–1553) zwar durchgearbeiteter, jedoch – den Prinzipien Thomas ▶ Cranmers folgend – immer noch ziemlich einfach, überwiegend homophon und fast durchgängig syllabisch gehalten. Kompositorisch anspruchsvoll ist hingegen der in ›Verse‹-Form gehaltene *Second Service*, der allerdings ohne Communio überliefert ist (*Te Deum, Jubilate, Magnificat, Nunc dimittis*). Zum anderen sind seine zahlreichen ▶ Anthems hervorzuheben, darunter vor allem die Verse Anthems (16 vollständig und 9 fragmentarisch erhaltene), die in der Alternation von solistischen und chorischen Partien sehr vielfältig komponiert sind und in deren Verse-Abschnitte er als einer der ersten eine deklamatorische Struktur entwickelte, die wegweisend wurde. Neben Orgelbegleitung konnten alternativ Consort-Begleitung, zudem auch Bläser gebraucht werden (Wulston, Early English Church Music 3, S. VII). Gibbons Full Anthems (9 erhaltene) stehen kompositorisch in keiner Weise hinter den Verse Anthems zurück, sie sind ebenso in anspruchsvoller Polyphonie mit kaum homophonen Partien gehalten; in *O clap your hands* wird im zweiten Teil das antiphonale Singen im Wechsel der Chöre von ›Decani‹ und ›Cantoris‹ verdeutlicht. – Zu erwähnen ist zudem die Sammlung *The Hymns and Songs of the Church*, die 1623 von George Wither zusammengestellt wurde (siehe dazu ausführlich Wulston, Early English Church Music, S. X). Wie zahlreiche Abschriften dokumentieren, wurde Gibbons *Short Service* im 17. Jahrhundert vielerorts gesungen und seine Anthems, insbesondere das Verse Anthem *Almighty God, who by Thy Son* und das Full Anthem *Hosanna* blieben ununterbrochen bis heute im Repertoire englischer Chöre an Kathedralen.

*Ausgaben*:
Services and Anthems, hrsg. von P.C. Buck (Tudor Church Music 4), London 1925; Keyboard Music, hrsg. von G. Hendrie (Musica britannica 20), London 1962; Verse Anthems und Full Anthems, Hymns and Fragmentary Verse Anthems, hrsg. von D. Wulstan (Early English Church Music 3 und 21), London 1964 und 1978; The First Set of Madrigals and Motets (1612), hrsg. von E.H. Fellowes, rev. von T. Dart (The English Madrigal School 5), 1914/1964; The Cries of London, in: Consort Songs, hrsg. von P. Brett, London 1967 (Musica Britannica 22), ²1974; Consort Music, hrsg. von J. Harper (Musica britannica 48), London 1982.

*Literatur*:
P. Phillips, *English Sacred Music, 1549–1649*, Oxford 1991 • J. Harley, *Orlando Gibbons and the Gibbons Family of Musicians*, Aldershot 1999 • J. Harper, *Orlando Gibbons*, in: *Grove*, Bd. 9, 2001, S. 832–836 • A. Spohr, *Gibbons, Familie*, in: *MGG²*, Bd. 7, Personenteil (2002), Sp. 905–913.

ES

# Gigue

Die Gigue (›jig‹, ›giga‹) ist ein lebhafter Tanz, der ab der Mitte des 17. Jahrhunderts als rascher Schluss-Satz fixer Bestandteil der Suite wurde. Die Etymologie ist unklar. Neben der Herleitung von der Bezeichnung eines Streichinstruments ›giga‹ (ital.) kommt auch altfranzösisch ›giguer‹ (springen, herumtollen) in Frage.

Bereits im 15. Jahrhundert gibt es auf den britischen Inseln als ›jig‹ bezeichnete Tänze. Im elisabethianischen England erklangen in den possenhafte Komödien (›Jigg‹) zahlreiche vokale und instrumentale ›jigs‹, zu denen auch getanzt wurde. – Im höfischen Tanz des 16. Jahrhunderts spielt die Gigue keine Rolle, sie gilt als derb und bleibt dem ländlichen Milieu vorbehalten. Die wichtigsten choreographischen Quellen für die frühe Jig stammen aus England. Sie befinden sich in John Playfords Tanzsammlung *The Dancing Master* (ab 1651 zahlreiche Ausgaben). Hier sind Gesellschaftstänze (Country-Dances) beschrieben, die mitunter auch in den höfischen Bereich aufgenommen wurden.

Im 18. Jahrhundert bildet sich in der Musik zur Gigue, ähnlich wie bei der ▶ Courante, eine französische (6/4- bzw. 6/8-Takt, punktierte Notenwerte) sowie eine italienische Version (12/8-Takt, regelmäßige Achtelnoten) dieses Tanzes aus. In Frankreich unterscheidet man zudem die lebhaftere ›Gigue gaye‹ von einer gemäßigten ›Gigue grave‹. Die zwölf bei Little/Marsh aufgelisteten Giguen (Raoul-Auger Feuillet 1700, Louis Pécour 1713, Edward Pemberton 1711 u.a.) wurden jeweils zum französischen Typus choreographiert.

*Literatur*:
W. Danckert, *Geschichte der Gigue*, Leipzig 1924 • M.E. Little / C. G. Marsh, *La Danse Noble. An Inventory of Dances and Sources*, New York 1992 • C.G. Marsh, *Gigue*, in: MGG², Bd. 3 (Sachteil), Sp. 1324–1329.

MM

## Giorgione [Giorgio] da Castelfranco
* um 1478 Castelfranco, † 1510 Venedig

Giorgione wuchs in Venedig auf und lernte bei Giovanni ▸ Bellini. Der wichtigste Kunsttheoretiker des 16. Jahrhunderts, Giorgio ▸ Vasari (1511–1574) zählt ihn in seinen *Lebensläufen* zu den bedeutendsten Künstlern seiner Zeit und weiß von ihm zu berichten, dass er das Lautenspiel liebte und »göttlich schön« sang. Er ist unter allen Renaissance-Malern in der Erfindung wohl der ungewöhnlichste und intellektuellste. Wenn schon Vasari gesteht, dass er den Sinn seiner Bilder (er erwähnt in diesem Zusammenhang die heute verschwundenen Fresken für den Fondaco dei Tedeschi in Venedig) nicht verstanden habe, gilt dies erst recht für die Kunstbetrachtung späterer Generationen. Giorgiones früher und überraschender Tod durch die Pest hatte zur Folge, dass mehrere Werke von anderen Malern vollendet werden mussten, und erklärt sein kleines Œuvre (32 Gemälde, Fresken und Zeichnungen sind erhalten und über 100 verschollen, vgl. Pignatti). Dadurch wird uns manchmal die Zuschreibung von Gemälden, an denen er beteiligt gewesen sein dürfte, erschwert. Seine Schaffenszeit umfasste nicht einmal 15 Jahre, was uns fast unmöglich macht, eine Entwicklung der Bildthemen zu erkennen und ein kohärentes Bild seiner künstlerischen Absichten zu entwickeln. Schließlich kommt hinzu, dass die heute gebräuchlichen Titel von Gemälden dieser Zeit nicht original sind und oft ganz in die Irre führen. Drei der vier hier zu besprechenden Musikbilder haben den Interpreten besonders viele Rätsel aufgegeben.

Das im 17. Jahrhundert noch mit *Pastorale* betitelte Gemälde hat wohl nicht zuletzt wegen seines seit dem Anfang des 19. Jahrhunderts eingebürgerten Titels *Ländliches Konzert* (Öl auf Leinwand; Paris, Musée du Louvre. Pignatti Nr. 53) zu den unterschiedlichsten Deutungen der Forscher geführt (Frings, S. 25–37). Es wird wechselweise Giorgione und ▸ Tizian oder einer Gemeinschaftsproduktion beider zugeschrieben. Wir treten für das letztere ein und sehen in Giorgione den Erfinder und in Tizian den Vollender des Gemäldes. Die Bildelemente, bestehend aus italienischen Hirten, einem venezianischen, Laute spielenden Edelmann, Nymphen und der sommerlichen italienischen Hügellandschaft, sind heterogen, und die Bezeichnung als Konzert/Concerto, egal ob im heutigen oder damaligen Sinne verstanden, ist ganz irreführend. Die Teile formieren sich erst zu einem sinnvollen Ganzen, wenn wir die Szene als eine musikalische Demonstration oder Unterrichtsstunde deuten mit dem Edelmann als Lehrer und dem Hirten und einer Nymphe als seinen Schülern. Antike und Gegenwart verbinden sich schlüssig, wenn man den Lautenisten (▸ Laute) als modernen ▸ Orpheus versteht, der Nymphen und Hirten, die in einem italienischen Arkadien angesiedelt sind, vordemonstriert, wie gut es die Künstler der Gegenwart mit dem antiken Orpheus aufnehmen können. Damit verwandelt Giorgione den Bildtypus der italienischen Poesia, in welchem ein literarischer Stoff bildlich gestaltet wird, in eine Eigenschöpfung, eine Fantasia, die das Reale mit dem Fiktiven frei verbindet (▸ Poesia und Fantasia). Der ältere Titel *Pastorale* kommt der Sache viel näher und sollte unbedingt wieder offiziell werden (Abb. 1).

Wie man an den Lobesgedichten und Giovanni Boldùs Medaille (1546), die dem Virtuosen ▸ Pietro Bono de Burzellis in Ferrara gewidmet waren, ablesen kann, zirkuliert dieses Thema des ›Neuen Orpheus‹ in Italien schon

Abb. 1: Giorgione da Castelfranco, *Pastorale*, Öl auf Leinwand, Paris, Musée du Louvre.

seit Jahrzehnten. Giorgione war nur knapp über dreißig, als er das Gemälde begann. Der Röntgenaufnahme nach zu schließen, realisierte er das Thema in einer etwas abstrakten, demonstrativen Form, indem er die linke Frauenfigur mit dem Wasserkrug frontal vor dem Betrachter stehend gestaltete. Tizian ließ bei der Vollendung des Gemäldes die Frau sich nach links zum Marmorbecken wenden und das Wasser dichterischer Inspiration in das Quellbecken schütten. Mit dieser Änderung verwandelt er das Demonstrative in eine lebendige Aktion, nimmt allerdings der bildlichen Botschaft etwas von seiner Stoßkraft, da der Betrachter vom zentralen Soggetto im Zentrum abgelenkt wird. Boldùs Münze und Giorgiones Gemälde sind für die Musikhistorie deshalb so wichtig, weil sich aus den wenigen überlieferten Noten zur Instrumentalmusik nicht ablesen lässt, auf welchem hohen Niveau sich die damaligen Virtuosen befanden und wie bezaubernd ihre Musik gewesen sein muss. Das erfahren wir nur durch die Malerei und die Textquellen.

Das zweite berühmte Musikbild *Die drei Lebensalter* (Öl auf Holz; Firenze, Galleria Pitti. Pignatti Nr. 2), das auch Morto da Feltre zugeschrieben wird (Fenlon S. 203), gibt nicht weniger Rätsel auf. Wir haben drei männliche Figuren vor uns. Rechts sehen wir einen etwa Dreißigjährigen – vielleicht war es derselbe Mann, der auch für einen kreuztragenden Christus (Öl auf Holz; Boston (MA), Isabella Stewart Gardner Museum. Pignatti Nr. 1)

Modell gestanden hat –, der das Blatt, das der junge Knabe im Zentrum in der Hand hält, erklärt. Links ist ein Greis platziert, bärtig und glatzköpfig. Er begegnet uns auch in drei Zeichnungen Giorgiones aus der Zeit um 1508, von denen die dritte eine sitzende Figur in Philosophenpose zeigt (Öl auf Holz; Boston (MA), Isabella Stewart Gardner Museum. Pignatti Nr. 1). Bildervergleiche lassen vermuten, dass es sich bei dem Blatt, das der Knabe in den Händen hält, um ein Notenblatt handeln könnte. Wenn das der Fall ist, hätte Giorgione hier ein in seiner Epoche gängiges Thema aufgegriffen, allerdings in einer Abwandlung, die wiederum in Richtung der Fantasia weist; denn die Person des Alten steht in einer seltsamen, spannungsvollen Beziehung zu den anderen. Warum nimmt er nicht an dem Teil, was sich zwischen den beiden anderen Figuren abspielt? Die Beziehungslosigkeit kann man nur als eine gewollte, interne erklären; sie bedeutet, dass der Alte nichts von den Bemühungen hält, Musik mit Worten zu erklären. Dem in der Musikpraxis nicht unerfahrenen Maler muss es mehr als uns heutigen Betrachtern bewusst gewesen sein, dass Musik ein averbales Medium ist. Zu seiner Zeit gehörte die Instrumentalmusik in fast allen ihren Formen immer noch in den Bereich mündlich überlieferter oder improvisierter Praxis. Das demonstrative Schweigen des Alten verweist uns expresso silentio statt expressis verbis auf die Andersartigkeit der Musik. Noten zu erklären, wie es in der rechten Bildhälfte geschieht, ist höchstens ein armseliger Behelf. Von allen Malern der italienischen Renaissance wäre eine solche Botschaft Giorgione – und vielleicht nur ihm – zuzutrauen. Von musikwissenschaftlicher Seite wurde versucht, die Personen mit Philippe ▸ Verdelot und Jacob ▸ Obrecht zu identifizieren – doch ohne schlüssige Beweise (Abb. 2). Ein weiteres Musikbild zeigt einen Jüngling mit gelocktem Haar und einer Blockflöte in der Rechten (Öl auf Leinwand; Hampton Court, Königliche Sammlungen. Pignatti Nr. 27). Es wird wenig angemessen mit *Apollo* oder *Hirt mit Blockflöte* betitelt. Vor allem letzterer Titel kommt häufig als Bezeichnung für Gemälde mit einem Jüngling in nicht-formeller Kleidung mit einer Blockflöte in der Hand vor. Indessen finden sich in Giorgiones Fassung keine pastoralen Elemente; es steht der Gattung der Porträtstudien näher.

Besonders inhaltsreich und schwierig zu deuten ist der sogenannte *Widener Orpheus* (Öl auf Leinwand; Washington D.C., National Gallery. Nicht bei Pignatti), der meistens der ▸ Bellini-Werkstatt zugeschrieben wird. In der Folge von George Martinichter und Antonio Morassi hat aber Wendy Sheard mit Recht darauf hingewiesen, dass als Spiritus rector des sehr komplexen, neuplatonischen Gemäldes nur Giorgione in Frage kommen kann und dass das Gemälde nach seinem Tod in der Werkstatt Bellinis fertiggestellt wurde (Sheard, S. 190). Zwei Paare beherrschen eine Szene auf einer Waldlichtung: im Mittelgrund eine nackte Frauenfigur, die mit einem Zauberstab einen nackten Mann rechts in ein Tier zu verwandeln im Begriff steht und die man daher als Zauberin Kirke deuten muss, und rechts von ihr am Boden sitzend Orpheus mit der ▸ Lira da braccio, im Vordergrund Pan einen

Abb. 2: Giorgione da Castelfranco, Die *drei Lebensalter*, Öl auf Holz, Firenze, Galleria Pitti.

Abb. 3: *Widener Orpheus*, Öl auf Leinwand, Washington DC National Gallery.

Schwamm einer Nymphe vorhaltend. Kirkes Opfer in Form von drei Hirschen, einem Tiger und einem Schwein befinden sich im Gehölz im Hintergrund; weiter vorne finden sich über die Lichtung verteilt verschiedene Vögel.

Der eine Gegenstand des Gemäldes, so schließen wir, ist also die Zauberkraft die von halbgöttlichen Figuren ausgeht und die die beseelte Welt wie bei Orpheus entweder zivilisiert oder wie im Falle Kirkes zur Verwilderung bringt. Während beim zentralen aber entfernteren Paar Kirke für das Unziemliche und die Lust steht und Orpheus dazu das Kontrastprinzip abgibt, sind beim vorderen Paar die Akzente ganz anders gesetzt: Die beiden Figuren haben beide etwas Gezähmtes, Friedliches und harmonieren. Shapiro sieht im gezähmten Pan den Hauptagenten des Bildes, der in neoplatonischer Tradition mit dem Ausdrücken des Schwamms sich von irdischer Fleischlichkeit befreit und geläutert und erleuchtet wird, um mit der Nymphe eine mystische Vereinigung einzugehen (S. 25–27). Orpheus wird im Bild im Sinne Horaz' und der Neuplatoniker als der Erzeuger von Harmonie und Zivilisationsbringer eingesetzt, als jener, der die Seelen aufwärts zu lenken und zu läutern vermag. Seine Realisierung als junger Edelmann mit einem modernen Streichinstrument weist wie im *Pastorale* wiederum auf den mythisch überhöhten Status hin, den die Humanisten und Künstler Venedigs dem Musiker zugestehen (Abb. 3).

Bei einem weiteren Musikbild, das unter den Titeln *Musizierende* und *Concerto a quattro* (Öl auf Leinwand, Hampton Court, Royal Collection. Pignatti Nr. 44) läuft, wird, wie beim *Widener Orpheus*, an den Umkreis Giorgiones oder die Bellini-Werkstatt als Urheber gedacht. Uns scheint die inhaltliche Nähe zu Giorgiones Denkweise nicht gegeben (▶ Bellini).

*Literatur:*
G. Vasari, *Lebensläufe der berühmtesten Maler, Bildhauer und Architekten*, Zürich 1974 • M.L. Shapiro, The Widener Orpheus, in: Studies in the History of Art 6 (1974), S. 23–36. • W.S. Sheard, *The Widener*

Orpheus: *Attribution, type, invention*, in: *Collaboration in Italian Renaissance Art*, hrsg. von W.S. Sheard und J.T. Paoletti, New Haven and London 1978, S. 189–231 • T. Pignatti, *Giorgione*, Milano 1980 • I. Fenlon, *Music in Italian Renaissance paintings*, in: *Companion to Medieval and Renaissance Music*, hrsg. von T. Knighton und D. Fallows, London 1992 • G. Frings, *Giorgiones Ländliches Konzert. Darstellung der Musik als künstlerisches Programm in der venezianischen Malerei der Renaissance*, Berlin 1999 • T. Seebass, *Giorgiones und Tizians* fantasie *mit Musik. Bilder zum künstlerischen Lebensgefühl der Renaissance*, in: Imago Musicae 16/17 (1999/2000), S. 25–60.

TS

# Gitarre

(ital. Chitarra; span. guitarra bzw. vihuela; frz. guiterne, guitare; engl. gittern, guitar)

Seit dem 16. Jahrhundert ist Gitarre die Bezeichnung für ein bereits im Mittelalter namentlich erwähntes Zupfinstrument der Lautenfamilie mit achtförmig tailliertem Korpus, Zargen, flachem Boden, flacher Decke und einem großen, oft mit einer Rosette verzierten Schalloch, das zumeist mit Bünden auf einem in vielen Fällen griffbrettlosen Hals und entweder hinterständigen oder seitenständigen Wirbeln versehen ist.

Achtförmige Zupfinstrumente sind in mehreren ikonographischen Quellen aus der Zeitspanne zwischen dem 4. Jahrhundert v. Chr. und dem 2. Jahrhundert n. Chr. in Mittelasien sowie dem 2. und 3. Jahrhundert n. Chr. in Zentralasien und Nordindien belegt. Auch in byzantinischen Abbildungen aus dem 10. und 11. Jahrhundert begegnen Instrumente mit achtförmigem Korpus, die jedoch nicht gezupft, sondern gestrichen wurden. Westeuropäische Quellen nennen ab dem 13. Jahrhundert Instrumente, deren Bezeichnungen (dt. Quinterne; engl. gyterne, gittern; frz. guiterne, quitaire; span. guitarra; ital. chitarra) etymologisch auf die antike griechische Leier (Kithara) zurückgehen, zu der jedoch keine bautechnischen Beziehungen bestehen. Mehrere französische und spanische Belege, hierunter das *Libro de buen amor* (1. Hälfte des 14. Jahrhunderts) des Arcipreste de Hita, Juan Ruiz (um 1283 – etwa 1350), verweisen zudem auf die Existenz einer bautechnisch nicht weiter bekannten *guitarra latina* (*guiterne latine*), die gemeinsam mit der maurischen *guitarra moresca* (*guiterne morsche*) genannt wird; beide Instrumente sind möglicherweise in einigen Miniaturen der *Cantigas da Santa María*, einer unter dem Namen des Königs Alfons X. von Kastilien (reg. 1252–1284) überlieferten und unter Mitwirkung seiner Hofdichter verfassten Sammlung von Marienliedern (vor 1257 bis nach 1279), dargestellt.

Bei der möglicherweise aus dem Orient stammenden Quinterne handelt es sich um ein lautenartiges Instrument mit birnenförmigem Korpus, das jedoch bedeutend kleiner ausgeführt ist als diese (Abbildungen bei Sebastian ▸ Virdung und Martin ▸ Agricola) und zumeist über drei bis vier Saiten oder Chöre im Intervallverhältnis Quinte – Quarte – Quinte (Michael ▸ Praetorius) oder der Stimmung der vierchörigen Laute mit den Intervallen Quarte – Terz – Quarte (Johannes ▸ Tinctoris) verfügt. Das Instrument kommt am Ende des 15. Jahrhunderts zunehmend außer Gebrauch. Nach 1500 wird die Bezeichnung auf ein in Spanien und Italien gebräuchliches Saiteninstrument mit achtförmig tailliertem Korpus übertragen (fr. ›guiterre‹, ›guiterne‹; it. ›chitarrino‹, ›chitarra da sette corde‹, ›chitarra Napolitana‹; sp. ›guitarra de quatro ordines‹), das in der Mitte des 16. Jahrhunderts vier Chöre in der Intervallrelation Quinte – große Terz – Quarte (alte Stimmung) oder Quarte – große Terz – Quarte (neue Stimmung) aufweist und in spanischen Quellen (Miguel de Fuenllana, 1554; Juan ▸ Bermudo, 1555) als verkleinerte, um die beiden äußeren Chöre reduzierte ▸ Vihuela beschrieben wird. Bereits kurz nach 1550 sind in Spanien Bestrebungen nachzuweisen, die Gitarre um eine zusätzliche Saite im Quartabstand über dem höchsten Chor zu erweitern (Intervallrelation Quarte – große Terz – Quarte – Quarte). Durchsetzen konnte sich am Ende des 16. Jahrhunderts jedoch ein erstmalig als ›guitarra española‹ bezeichnetes Instrument (span. auch ›guitarra‹, it. ›chitarra spagnuola‹), dessen fünfter Chor eine Quarte unterhalb des vierten angebracht ist (Intervallrelation Quarte – Quarte – große Terz – Quarte). Für diese Form der Gitarre nennt Joan Carlos Amat in seinem Traktat ›Guitarra española de cinco órdenes‹ (Barcelona 1596) die Stimmung A/a–d/d'–g/g–h/h–e'.

Noch Praetorius verweist im 2. Band seines *Syntagma musicum* (*De organographia*, Wolfenbüttel 1618, ²1619) auf den breiten Einsatzbereich der Gitarre: »[...] brauchens in Itala die *Ziarlatini* und *Salt'in banjo* [...] nur zum schrumpen; darein sie *Vianellen* und andere närrische Lumpenlieder singen. Es können aber nichts desto weniger auch andere feine anmutige *Cantiunculæ*, und liebliche Lieder von einem guten Senger und *Musico Vocali* darein *musicirt* werden«. Darüber hinaus wurde die Gitarre, wie das reichhaltige Repertoire belegt, auch in der Instrumentalmusik verwendet. Kunstmusik für das Instrument wurde mittels ▶ Tabulaturen aufgezeichnet. Bei der vierchörigen Gitarre repräsentiert je eine Linie einen Chor; die abzugreifenden Bünde werden in spanischen und italienischen Tabulaturen durch Ziffern, in französischen durch Buchstaben gekennzeichnet. Den rhythmischen Verlauf markieren in beiden Varianten Notenwerte oberhalb des Liniensystems.

Die älteste erhaltene Musik für die vierchörige Gitarre, vier Fantasien, eine Pavane und Variationen über die Romanesca *O guardame las vacat*, ist in Alfonso ▶ Mudarras *Tres liberos de musica en cifras para vihuela* (Sevilla 1546) überliefert. Ebenfalls vier Fantasien für Gitarre, bei denen es sich um Tanzstücke handelt, die nicht die Qualität der spanischen Werke erreichen, enthält die früheste italienische Quelle, Melchiore de Barberiis' Lautenbuch *Opera intitolata contina* [...] *libero decimo* (Venedig 1549). Besonderer Beliebtheit erfreute sich die Gitarre in Frankreich, wie eine Vielzahl von Drucken belegt. 1550 erschien dort das erste, heute verschollene Buch des Guillaume Morlaye, dem nach 1551 eine von Robert ▶ Granjon und Michel Fezandat in Paris herausgegebene Publikationsreihe folgte, die mit den gleichzeitig von Adrian ▶ Le Roy und Robert Ballard in fünf Bänden verlegten *Tabulature de guiterre* (Paris 1551–1555) konkurrierten. Das in die Tabulaturdrucke aufgenommene Repertoire repräsentiert das für die Gitarre in dieser Zeit charakteristische musikalische Material und umfasst neben einfachen Tanzsätzen auch technisch anspruchsvolle Fantasien sowie Intavolierungen französischer Chansons und lateinischer Psalmen; der zweite und fünfte Band Le Roys enthalten Werke für Sologesang und Gitarre. In Spanien ist Musik für Gitarre enthalten in Miguel de Fuenllanas Sammlung *Libro de música para vihuela, intiulado Orphenica lyra* (Sevilla 1554). Englische Quellen lassen den Schluss zu, dass die Gitarre dort nur für einen kurzen Zeitraum nach 1550 eine gewisse Verbreitung fand und erst im 17. Jahrhundert als fünfchöriges Instrument wieder eine stärkere Rezeption erfuhr. Neben der fragmentarisch erhaltenen *The Breffe and Playne Instruction* von James Rowbotham (London 1569) ist das englische Repertoire für Gitarre durch einige Handschriften dokumentiert, deren umfangreichste das etwa 20 Werke umfassende *Osborn Collection Commonplace-book* (ca. 1560) ist.

*Literatur*:
H. Turnbull, *The Guitar from the Renaissance to the Present Day*, London und New York 1974 • J. Tylor, *The Early Guitar. A History and Handbook*, London 1980 • H. Heyde, *Musikinstrumentenbau, 15.–19. Jahrhundert. Kunst – Handwerk – Entwurf*, Wiesbaden 1986 • P. Päffgen, *Die Gitarre: Grundzüge ihrer Entwicklung*, Mainz 1988 • A. Corona-Alcalde, *The Vihuela and the Guitar in Sixteenth-Century Spain: A Critical Ap-

*praisal of Some of the Existing Evidence*, in: *The Lute* 30 (1990), S. 3–24 • G.-M. Dausend, *Die Gitarre im 16. bis 18. Jahrhundert* (Schriftenreihe Gitarre 1), Düsseldorf 1992 • R. Nowotny, *Vil Lute hörte ich erschallen: die frühe Geschichte der Fiedeln, Lauten- und Gitarreninstrumente*, Essen 1992 • J.M. Ward, *Music for Elizabethan Lutes*, Oxford 1992 • M. Burzik, *Quellenstudien zu europäischen Zupfinstrumentenformen: Methodenprobleme kunsthistorische Aspekte und Fragen der Namenszuordnung*, Kassel 1995 • M. Burzik / D. Klöckner / J. Meyer / G. Kubik / T. de Oliveira Pinto: Gitarre, in: *MGG*², Sachteil, Bd. 3 (1995), Sp. 1329–1394 • H. Turnbull / P. Sparks / J. Tyler / T. Bacon / O.V. Timofeyev / G. Kubik / T.F. Heck: Guitar, in: Grove, Bd. 10 (2001), S. 551–578.

RMJ

## Giunta

Die italienische Drucker- Verleger- und Buchhandelsfamilie Giunta war durch ein weit verzweigtes familiäres Netz in Florenz, Venedig, Rom, Lyon und Spanien vertreten. Mit Wurzeln in Florenz kam der Firma Giunta ihre musikhistorische Bedeutung durch die Produktion von liturgischen Büchern zu. Besonders hervorzuheben ist der venezianische Zweig der Familie, der unter Luc' Antonio Giunta (1454–1538) spätestens 1477 seine erste Buchhandlung eröffnete. In Zusammenarbeit mit anderen Druckern, ab 1499 mit eigener Druckerei, entstanden Choraldrucke auf höchstem technischem und ästhetischem Niveau. Um 1520 verlegte man auch Drucke von Andrea ▶ Antico. 1557 zerstörte ein Brand die Firma, die erst 1566 wieder betriebsbereit war und von den Erben in mehreren Generationen fortgeführt wurde.

Der florentinische Zweig der Familie geht auf Filippo de Giunta (1456–1517) zurück. Er war auf den Druck humanistischer Texte spezialisiert, umfangreiche Notendrucke waren nur Handelsware. Einige liturgische Bücher aus seinem Verlag enthalten gedruckte Choralnoten. Ähnliches gilt für den spanischen Zweig, der in Burgos, Salamanca und Madrid tätig war, sowie für Jacopo (Jaques) di Francesco Giunta in Lyon. Die in Rom ansässigen Giuntas waren hingegen stärker an mehrstimmiger Musik interessiert. Antonio Giunta beteiligte sich an der Produktion von Anticos Messendruck von 1516, in Zusammenarbeit mit anderen Druckern wurden in späteren Jahren auch Publikationen von Ottaviano ▶ Petrucci nachgedruckt.

*Literatur*:
P. Kast, *Die Musikdrucke des Kataloges Giunta von 1604*, in: Anuario musical 2 (1965), S. 41–71 • L.S. Camerini, *I Giunti tipografi editori di Firenze. 1571–1625*, Florenz 1978 • W.A. Pettas, *The Giunti of Florence; Merchant Publisher of the Sixteenth Century*, San Francisco 1980.

ALB

## Giustiniana / Justiniana

Die weltliche Vokalgattung, die eng mit der Stadt Venedig verbunden ist, erhielt ihren Namen von Pietro ▶ Bembo (*Prose della volgar lingua*, Venedig 1525), nachdem der Terminus bereits im Titel von Ottaviano ▶ Petruccis sechstem Frottolenbuch *Frottole Sonetti Stramboti Ode Iustiniane* (Venedig 1506) aufgeschienen war. Bembo hob damit auf einen mutmaßlichen Vortragstypus des einflussreichen venezianischen Dichters und Patriziers Leonardo Giustinian (ca. 1383–1446) ab, der seine Lyrik aus dem Stegreif selbst gesungen und dafür wohl auf standardisierte musikalische Vortragsmodelle wie die »aere venetiane« (▶ Aria) zurückgegriffen hat. In der ersten Hälfte des 15. Jahrhunderts wurden zwar mehrere seiner in Ballata- sowie Strambotto-Form stehenden Gedichte vertont (u.a. von Johannes ▶ Ciconia, Guillaume ▶ Dufay und zahlreichen Anonymi), doch reagierten diese teils auch kunstvoll-polyphonen Sätze mit Merkmalen wie Textwiederholungen, sequenzierten und imitativen kurzen, aber ungleich bemessenen Phrasen, Wechsel von Deklamation und ornamentalem Melodieduktus oder starken Einschnitten am Zeilenende erkennbar auf die ursprünglich schriftlose Vortragspraxis, die im Untergrund weiterexistierte und – wie Petruccis Publikation bestätigt – manche Archaismen wie Dissonanzen, Melismatik und Dreistimmigkeit stolz fortschrieb. Im frühen 16. Jahrhundert bedeutete Giustiniana soviel wie venezianisches Lied und wurde von den gebildeten Kurtisanen als extemporierte Singweise adaptiert und als ernsthafte Darbietung gepflegt. Als improvisierte Musikart wurde sie andererseits auch in der neuen venezianischen Commedia dell'arte heimisch und erhielt weitere, ins Komisch-Parodistische zielende Elemente wie stotternde Silbenrepetitionen. Die Bedeutungsschicht des Venezianischen war dann auch dafür ausschlaggebend, dass im allgemein patriotischen Fahrwasser nach 1560 der Kreis um Andrea ▶ Gabrieli und Antonio Molino (Manoli Blessi) die Justiniana als dreistimmige Gattung wiederbelebte und im Druck präsentierte, nun aber unter neuen Vorzeichen, die sie textlich (als tendenziell leichte, auch witzige Lieder im Dialekt) und musikalisch (mit Dreiklangsparallelen, Homorhythmik und Tripeltaktpassagen) der aktuellen ▶ Villanella alla napolitana annäherten.

Literatur:
W. Rubsamen, *The Giustiniane or Viniziane of the 15th Century*, in: Acta musicologica 29 (1957), S. 172–183 • D. Fallows, *Leonardo Giustinian and Quattrocento Polyphonic Song*, in: L'edizione critica tra testo musicale e testo letterario, hrsg. von R. Borghi u. Pietro Zappalà, Lucca 1995, S. 247–260 • J. Haar, *Petrucci's ›Justiniane‹ Revisited*, in: Journal of the American Musicological Society 52 (1999), S. 1–38.

NSCH

## Glarean(us), Heinrich [eigentlich Heinrich Loriti]

* Juni 1488 Mollis bei Glarus, † 28.3.1563 Freiburg im Breisgau

Der Humanist und Musiktheoretiker Glarean entstammt einer wohlhabenden Bauernfamilie; sein Vater war langjähriger Ratsherr zu Glarus. 1499/1500–1507 lernte er bei Michael Rubellus (Rötlin) in Bern (bis 1502) und Rottweil/Neckar Latein, Dichtkunst und Musik. 1507 studierte er an der Kölner Universität Philosophie und Theologie sowie, bei Johannes ▶ Cochlaeus, Mathematik und Musik; er schloss seine Studien 1510 mit dem Magisterexamen ab. 1512 krönte ihn Kaiser ▶ Maximilian I. auf dem Kölner Reichstag zum ›poeta laureatus‹; Glarean trug einen lautenbegleiteten Panegyrikus auf den Kaiser in dorischer Tonart vor. 1514 ging Glarean nach Basel, wo er die Erlaubnis zum Unterhalt einer Burse erhielt und im dortigen Humanistenzirkel um ▶ Erasmus Aufnahme fand. 1516 brachte er, nicht zuletzt für den eigenen Unterricht, die *Isagoge in musicen* heraus. 1517–1522 verlegte Glarean seinen Unterrichtsbetrieb nach Paris. Nach seiner Rückkehr lehrte er an der Basler Universität; 1524 wurde er Dekan der Artistenfakultät. Mit der Einführung der Reformation in Basel 1529 wandte er sich nach Freiburg im Breisgau, wo er an der dortigen Universität eine Professur für Poetik erhielt; wie zuvor in Basel betrieb Glarean auch hier eine Burse. In Freiburg entstanden die meisten seiner Publikationen: Kommentare zu lateinischen Autoren, Lehrbücher zu Grammatik, Geographie und Mathematik, eine Boethius-Ausgabe (1546) sowie sein musiktheoretisches Hauptwerk *Dodekachordon* (1547) und dessen Auszüge (1557, 1559). Seine Bibliothek verkaufte Glarean am Ende seines Lebens an seinen Schüler, den späteren Augsburger Bischof Johann Egolph von Knöringen, der sie der Universität Ingolstadt schenkte (Teile davon befinden sich heute im Bestand der Universitätsbibliothek München). Glarean war zweimal verheiratet; beide Ehen blieben kinderlos. Noch heute ist sein Epitaph im Freiburger Münster zu sehen.

Schon in seinem ersten Musiktraktat, der *Isagoge*, gibt sich Glarean als ein Autor zu erkennen, der mit einem am humanistisch-freien Zugriff auf die antiken Quellen geschulten Ansatz den traditionellen Lehrstoff der Musica plana neu zu formulieren sucht. Gelegentlich eingestreute Polemik zeugt vom Selbstbewusstsein des Neuerers. Glareans Ziele sind begriffliche Klarheit, Nobilitierung der Sinneswahrnehmung sowie die Rückbindung an die Antike, worauf allein schon die von Franchino ▸ Gaffurio übernommene Darstellung der Tonarten als Ensemble harmonisch beziehungsweise arithmetisch geteilter Oktavspezies hinweist.

Über 20 Jahre arbeitete Glarean am *Dodekachordon*; das Manuskript war um 1539 weitgehend fertiggestellt. In diesem Werk, das über den Charakter eines Lehrbuchs weit hinausgeht, versucht Glarean, anhand des Choralrepertoires und, vor allem, der mehrstimmigen Kompositionspraxis der Josquin-Zeit eine wirkungsästhetische Kontinuität zu konstruieren, die bis in die Antike zurückreicht, und damit der mehrstimmigen Musik eine ihr zustehende, humanistisch-christlich gründete Würde zu verleihen. Die für Glarean leitende methodische Idee hierzu ist, anhand von 80 einstimmigen und 120 mehrstimmigen, vollständig wiedergegebenen Musikbeispielen die Rückbindung der Musik an die seiner Meinung nach wiedergefundene Ordnung der 12 antiken Tonarten (Modi) aufzuzeigen (daher auch der Buchtitel: wörtlich »Zwölfsaitiges, -stufiges«). Die Darstellung der 12 Modi nimmt das zentrale 2. Buch ein; ihm geht voraus das knappe 1. Buch, das der traditionellen Elementarlehre gewidmet ist. Glarean gewinnt seine Tonarten aus den sieben Oktavgattungen des diatonischen Systems, die er doppelt, nämlich harmonisch und arithmetisch, teilt. Hiermit erweitert er den Bestand der traditionellen acht Modi (Kirchentonarten) um vier weitere mit den Finaltönen a (Aeolius, Hypoaeolius) und c (Iastius bzw. Ionicus, Hypoionicus). Die beiden Modi auf h (Hyperaeolius, Hyperphrygius) verwirft er. Die griechischen Bezeichnungen der Tonarten führt er zwar hauptsächlich auf Aristoxenos zurück, doch schöpft er dabei durchweg aus sekundären Quellen (Lorenzo Valla, Gaffurio), da die Überlieferung der griechischen Musiktheorie zu Glareans Zeit so gut wie nicht allgemein zugänglich war.

Die einzelnen Modi werden mit gregorianischen Choralmelodien illustriert und kommentiert. Den weitaus größten Umfang hat das 3. Buch, was vor allem von den eingerückten Beispielen herrührt, die allesamt aus dem Bereich des »varius cantus«, der mehrstimmigen Musik, stammen. Die in der Art eines Chorbuchs eingerichteten vollständigen Tonsätze sind unmittelbar auf die dazu gehörigen beschreibenden und wertenden Ausführungen bezogen und fordern eigentlich eine multimediale Lektüre; hin und wieder leitet Glarean das der Erläuterung folgende Beispiel mit einem »audiamus« ein. Die zur Lektüre oder Aufführung notwendigen Kenntnisse des Mensuralsystems werden zu Beginn des 3. Buchs vermittelt; eine Kontrapunktlehre im engeren Sinn fehlt.

Glarean weist auf die besonderen Bedingungen der modalen Tonalität im Zusammenhang mit mehrstimmiger Musik hin und beobachtet, dass die verschiedenen Einzelstimmen häufig verschiedenen Modi zuzuordnen sind, doch lehrt er noch nicht die spätere Doktrin der »kollateralen« Modi (hohe – Diskant, Tenor – und tiefe Stimmen repräsentieren, einander ergänzend, eine Tonart in authentischer und plagaler Ausprägung). Überdies scheint Glareans Betrachtungsweise auf die Einzelstimme fixiert zu sein; eine durchaus mögliche Analyse nach modalen Kadenzstufen liegt ihm fern. Viele der Beispiele sind aufgrund ästhetischer Qualitäten gewählt; hierbei toleriert der Autor durchaus eine gewisse Offenheit der Zuordnung einer Komposition zu seiner Moduslehre. Für einige seltenere Tonarten gab er bezeichnenderweise Kompositionen in Auftrag, vor allem bei dem Solothurner Organisten Gregor Meyer. Fast ein Drittel der Sätze entstammen Sebald ▶ Heydens *Musica* (1537), zahlreiche weitere aus Ottaviano ▶ Petruccis Drucken. ▶ Josquin Desprez gilt ihm mit Vorbehalten (»lascivius«) als Gipfel der musikalischen Kunst; daneben rezipierte Glarean Arbeiten der franko-flämischen Komponisten bis zurück zu Johannes ▶ Ockeghem.

Glareans Dodekachordon ist an auffallend zahlreichen Fundorten überliefert. Der Autor sandte offenbar viele Widmungsexemplare an befreundete Gelehrte und Kleriker. Die Ausstrahlung des Werks, das seinen Nimbus nicht zuletzt dem Ansehen des Humanisten Glarean verdankt, war indessen wohl nicht allzu groß; dies ist nicht zuletzt in seiner Unzeitgemäßheit zu begründen. Bislang ist allerdings nicht widerlegt, dass Gioseffo ▶ Zarlino zu seiner Lehre von den 12 Modi von Glarean inspiriert wurde.

*Ausgaben*:
*Isagoge in musicen*, Basel 1516, Mikrofiche-Ausgabe Zug 1988, engl. Übersetzung (Fr.B. Turrel) in: Journal of Music Theory 3/1 (1959), S. 97–139; *Dodecachordon*, Basel 1547, Faksimile New York 1967 und Hildesheim 1969, dt. Übersetzung (P. Bohn, Publikationen älterer praktischer und theoretischer Musikwerke 16), Berlin und Leipzig 1888, engl. Übersetzung (Cl.A. Miller, Musicological Studies and Documents 6), 1965; *Musicae epitome sive compendium ex Glareani Dodecachordo*, Basel 1557, 1559; *Uss Glareani Musick ein Usszug*, Basel 1557, Faksimile Leipzig 1975.

*Literatur*:
O. Fritzsche, *Glarean, sein Leben und seine Schriften*, Frauenfeld 1890 • B. Meier, *Heinrich Loriti Glareanus als Musiktheoretiker*, in: J. Vincke (Hrsg.), in: *Aufsätze zur Freiburger Wissenschafts- und Universitätsgeschichte*, Freiburg im Breisgau 1960, S. 65–112 • E. Lichtenhahn, ›Ars perfecta‹ – zu Glareans Auffassung der Musikgeschichte, in: Festschrift A. Geering, hrsg. von V. Ravizza, Bern und Stuttgart 1972, S. 129–138 • W. Werbeck, *Studien zur deutschen Tonartenlehre in der ersten Hälfte des 16. Jahrhunderts*, Kassel 1989 • I. Fenlon, *Heinrich Glarean's Books*, in: *Music in the German Renaissance*, hrsg. von J. Kmetz, Cambridge 1994, S. 74–102 • S.A. Fuller, *Defending the ›Dodecachordon‹: Ideological Currents in Glarean's Modal Theory*, in: Journal of the American Musicological Society 49 (1996), S. 191–224 • S. Gissel, *Glareans Tonarten Lydius und Hypolydius und ihre Berücksichtigung durch die Theoretiker/Komponisten bis etwa 1650*, in: Musica Disciplina 51 (1997), S. 73–102 • St. Mengozzi, *Between Rational Theory and Historical Change in Glareanus's Dodekachordon*, Diss. Univ. of Chicago 1998 • Chr. C. Judd, *Reading Renaissance Music Theory: hearing with the Eyes*, Cambridge 2002 • Kl.-W. Niemöller, *Deutsche Musiktheorie im 16. Jahrhundert: Geistes- und institutionsgeschichtliche Grundlagen*, in: Geschichte der Musiktheorie 8/1, Darmstadt 2003, S. 69–98 • N. Schwindt (Hrsg.), *Heinrich Glarean oder: Die Rettung der Musik aus dem Geist der Antike?*, Kassel 2006.

TRÖ

# Glocken
(frz. cloche, niederl. klok, ital. Campana; mittellateinisch clocca)

Die Glocke, ursprünglich aus verschiedensten Materialien wie Holz, Fruchtschalen, Ton und diversen Metallen gefertigt, wird in der Renaissance überwiegend aus Bronze gegossen. Sie wird entweder durch ein Hämmerchen von außen oder durch einen Klöppel im Innern zum Klingen gebracht, wobei sie auf unterschiedliche Weise hängend oder als Handglocke verwendet wird.

Die Bedeutung der Glocke in der Renaissance fußt auf gesellschaftlichen, technischen und musiktheoretischen wie -praktischen Entwicklungen des Mittelalters. Läuteglocken strukturierten das gemeinschaftliche Leben: Sie verkündeten, oft im Glockenstuhl auf einem Turm an ein Uhrwerk gekoppelt (entsprechende Uhrwerke wurden im 14. Jahrhundert erfunden), die Stunden, riefen zum Morgengebet, läuteten den Feierabend ein, warnten bei Brand, riefen zur Verkündung offizieller Verlautbarungen und Verurteilungen von Verbrechern etc. Dies geschah jeweils mit gesonderten Glocken (Bannglocke, Arbeitsglocke, Brandglocke u.a.), die nur von autorisierten Personen betätigt werden durften. Die Kirche verwendete die Glocken sowohl nach außen hörbar, um zum Gebet zu rufen und die Handlungen im Gottesdienst nach außen zu tragen, als auch im Innern in der katholischen Kirche in Form kleiner Handglocken im Rahmen der Liturgie. Schließlich spielte die Glocke eine wichtige Rolle in der Musikerziehung, wo man die Musiktheorie des Pythagoras u.a. anhand mehrerer zu einem eine Oktave umfassenden Glockenspiel zusammengestellter Einzelglocken erläuterte. Eine mit den zahlreichen diesbezüglichen bildlichen Darstellungen des Mittelalters korrespondierende Illustration in einem musiktheoretischen Werk von 1492 lässt vermuten, dass diese Praxis fortgesetzt wurde.

Auch in Sebastian ▸ Virdungs *Musica getutscht* findet sich lediglich eine Abbildung.

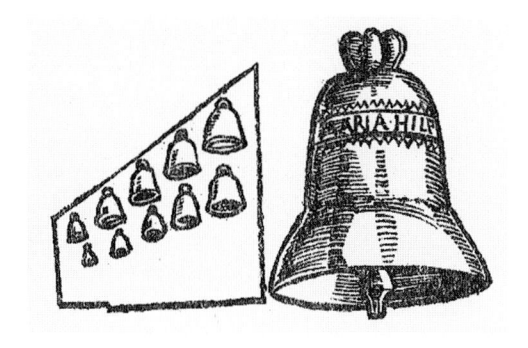

Sebastian Virdung, *Musica getutscht*, Basel 1511, Faksimile Kassel 1970.

Unklar ist die Relevanz der Erfurter Darstellung für die Aufführungspraxis:

Franchino Gaffurio, *Theorica musicae*, Mailand 1492.

Über den Gebrauch von Glocken im Ensemblespiel gibt es keine sicheren Erkenntnisse. Zwar bildet Michael ▸ Praetorius in seinem *Syntagma Musicum* Glocken ab, widmet ihnen aber im Gegensatz zu den meisten anderen Instrumenten keine Beschreibung von Bau oder Verwendung.

Ausschnitt aus *Die Musizierenden 24 Alten des Otto von Passau*, Erfurt 1448.

Das klösterliche Monopol des Glockengießens wurde bereits im 12. Jahrhundert aufgehoben, so dass sich der Beruf des Glockengießers, der oft zugleich »Rot- und Gelbgießer« war (also auch andere Artefakte aus Kupfer und Bronze goss), entwickeln konnte. Im 15. Jahrhundert vergrößerte sich die Bedeutung dieses zumeist von Ort zu Ort ziehend ausgeübten Handwerks dadurch, dass die Glockengießer auch Kanonen gossen. Dies erlaubte den Familien, die dieses Handwerk meist über mehrere Generationen hinweg ausübten, sesshaft zu werden.

Der Klang großer Glocken wurde zunächst nicht über eine exakte Tonhöhe bestimmt und wahrgenommen. Erst im Verlaufe des 15. und 16. Jahrhunderts präzisierten sich die akustischen Erkenntnisse. Jacob van Eyck ▶ (um 1590–1657), Carillon- und Blockflötenspieler in Utrecht (auch berühmt durch seine Kompositionen in *Der Fluyten Lust-Hof*), erkannte als erster die Abhängigkeit der genauen Tonhöhe einer Glocke vom Obertonspektrum. In Zusammenarbeit mit Glockengießern entwickelte er präzise stimmbare Glocken. Dies war vor allem für die in den Niederlanden bereits um 1580 aufkommenden Glockenspiele bzw. Carillons von Bedeutung: In Kirchtürmen und Türmen der Rathäuser wurden Sätze von 12 bis 35 Glocken installiert, die entweder mechanisch über eine mit variablen Stiften versehene Trommel oder durch eine Art Tastatur manuell zum Klingen gebracht werden konnten. Die Städte und Gemeinden stellten Glockenspieler an, die nach örtlich verschiedenen Regeln für den mechanischen Ablauf wie für das individuelle Spiel eines genau festgelegten Repertoires (Psalmen, Hymnen, bekannte ›freie‹ Stücke) zu sorgen hatten. Neben der Umsetzung seiner akustischen Erkenntnisse in Bezug auf die Stimmung der Glocken entwickelte van Eyck eine verbesserte automatische Trommel für das mechanische Spiel, auf der u.a. durch Umstecken der Stifte Kompositionen variiert werden konnten. (Die Kompositionen wurden in ›Steckbüchern‹ festgehalten.) In seiner Funktion als »Directeur vande Klokwerken tot Uitrecht« erneuerte van Eyck viele Carillons in Utrecht und Umgebung und war in den gesamten Niederlanden als eine Art Orgelrevisor tätig. Die beiden ursprünglich lothringischen Glockengießer François und Pieter Hemony setzten van Eycks Erkenntnisse perfekt um. In vielen holländischen und belgischen Städten sind bis heute Glockenspiele erhalten, die sowohl mechanisch kleine Melodien zur Viertel-, halben und vollen Stunde spielen, als auch für Carillonkonzerte genutzt werden (Gent, Belfort und Universität, Hemony; Antwerpen, Dom, Hemony; Doornyk, S. Brice und Glockenturm, Waghevens; Arnhem, Hemony; Delft, Nieuwe Kerk, Hemony; Deventer, Groote Kerk, Hemony; Edam, v. d. Gheyn; Nijmegen, Groote Kerk, v. d. Gheyn). Glockenspielerschulen bilden Spieler aus.

Neben den Glockenspielen waren einzelne große Glocken, besonders für die Läutwerke von Kirchen, von Bedeutung. Sie erhielten zumeist Namen, und auch ihre Gießer wurden namentlich festgehalten. Berühmte Glocken sind u.a. die ›kl. Pummerin‹, Dom St. Stephan, Wien, 1558, U. Weiß; ›Charlotte‹, Kathedrale, Reims, 1575, P. Déschamps; ›Gloriosa‹, Dom St. Veit, Erfurt, 1497, Gerdt van Wou; Große Glocke, St. Elisabeth, Breslau, 1507, Th. G. Milde; Große Glocke, Münster, Straßburg, 1427, J. Gremp; ›Speciosa‹, Dom, Köln, 1449, Joh. de Vechel; Tagmeßglocke, St. Lorenz, Nürnberg, 1552, Meister Hans. Oft tragen die großen Glocken Sprüche: »Christus vincit, Christus regnat, Christus imperat. Christus ab omni malo nos defendat.« (1528), »Den waren Gott lob ich, Die Priesterschaft versamle ich, Das Volckh prufe ich, Die abgestorbenen peklag ich, Das Ungewitter beschreie ich, mit meiner Stim die Deifel im Luft erschrek ich.« (1609). Häufig sind die großen Glocken kunstvoll verziert.

Detail der ›Gloriosa‹ im Dom St. Veit, Erfurt, Gerdt van Wou, 1497.

Eine Besonderheit im Aufbringen von Kleinplastiken auf Glocken war die Abbildung von Pilgerzeichen großer Wallfahrtskirchen.

*Literatur*:
S. Virdung: *Musica getutscht*, Basel 1511, Faksimile Kassel 1970 • M. Praetorius, *Syntagma Musicum*, Bd. III: *Termini Musici*, Wolfenbüttel 1619, Faksimile Kassel 1958 • W. Ellerhorst, *Handbuch der Glockenkunde*, Weingarten 1957 • J. Smits van Waesberghe, *Musikerziehung*, Leipzig 1969 (Musikgeschichte in Bildern III/3) • Beratungsausschuß für das Deutsche Glockenwesen, *Glocken in Geschichte und Gegenwart*, Karlsruhe 1986 • R. van Baak Griffioen, *Jacob van Eyck's Der Fluyten Lust-Hof*, Utrecht 1991 • A. Lehr, *Glocken und Glockenspiele*, in: MGG², Bd. 3 (Sachteil), 1995, Sp. 1420–1481.

UV

## Glosa ▸ Variation

## Gombert, Nicolas
\* um 1495, † um 1560

Gombert ist neben Cristóbal ▸ Morales, Adrian ▸ Willaert und Jacobus ▸ Clemens non Papa der bedeutendste frankoflämische Komponist der ersten Generation nach ▸ Josquin Desprez.

Vielleicht wurde Gombert im Dorf La Gorgue, im französischsprachigen Teil Flanderns, geboren. Die räumliche Nähe von Gomberts präsumtiven Geburtsort zu Josquins letztem Aufenthaltsort könnte zu einer Schülerschaft geführt haben. Von 1526–1537 war Gombert Mitglied der Kapelle ▸ Karls V. (reg. 1516–1556); für die Zeit davor existieren keine gesicherten Erkenntnisse. Da Gombert kirchliche Pfründen in Béthune, Courtrai, Lens, Metz und Tournai, dem Usus der Zeit entsprechend in seiner Heimatregion, innehatte, ist davon auszugehen, dass er Kleriker war. Zunächst als Sänger in der Kapelle Karls V. tätig, führte er ab 1529 den Titel ›maitre des enfants‹. Kapellmeister waren in diesen Jahren Adrien Thibault und später Thomas ▸ Crecquillon. Mit der Kapelle begleitete Gombert den Kaiser wohl auf nahezu allen Reisen durch ganz Europa. Offenbar wegen sexueller Vergehen an einem Kapellknaben zur Galeerenstrafe verurteilt und sodann begnadigt, hatte Gombert späterhin sein 1534 erlangtes Kanonikat an Notre Dame in Tournai erneut inne. Aus dem Jahre 1547 ist ein Brief an Ferrante Gonzaga erhalten, den er mit »Kanonikus in Tournai« unterzeichnete.

Auf den Humanisten Hieronymus Cardanus (1501–1576) geht die Annahme zurück, dass ein als ›Schwanengesang‹ nicht näher bezeichnetes Werk Gomberts das Pardon des Kaisers erwirkt habe. In diesem Zusammenhang wird das auf 1552 datierte Ms E-Mn 2433, Gomberts acht Magnificat-Zyklen enthaltend, genannt. Vielmehr ist jedoch das erste Buch der vierstimmigen Motetten (Venedig 1539) nach Widmung und gezielter Anordnung der

Motetten als Gnadengesuch des Komponisten interpretierbar. Heinrich ▸ Finck spricht 1556 von Gombert noch wie von einem Lebenden; hingegen rechnet ihn Cardanus (1561) zu den Verstorbenen.

Der Gegensatz zwischen der Musik Josquins und Gomberts ist nicht einer der kompositorischen Qualität, sondern der musikalischen Ästhetik. Die Einheitlichkeit von Gomberts Stil wurde, im Verein mit der sich wandelnden Relation von Text und Musik, in der Forschung lange Zeit als Negativum und einseitige Weiterentwicklung der von Josquin prägnant formulierten Imitationstechnik interpretiert (▸ Imitation). Ohne Zweifel ist Gombert einer der größten Kontrapunktisten des 16. Jahrhunderts; er schreibt weitausgreifende melodische Linien, die auf prägnante rhythmische Gliederung verzichten und so im Gegensatz zu den Formulierungen Josquins stehen. Die Vernachlässigung von textbezogener metrischer Akzentuierung und Gliederung lässt einen vor allem klangbezogenen Ansatz erkennen; dies zeigt sich auch in oft harschen Dissonanzen. Die ingeniöse Entfaltung des Satzes besitzt für Gombert Priorität gegenüber Regelverstößen. Das Imitationsprinzip findet bei ihm seine klassische Formulierung, der zum jeweiligen Textabschnitt gehörige ▸ Soggetto setzt nacheinander in allen Stimmen ein. Für Gombert typisch ist sowohl die enge Verzahnung der Soggetti innerhalb der einzelnen Abschnitte als auch die der Abschnitte untereinander. Die asymmetrische Melodiebildung scheint an Johannes ▸ Ockeghem zu erinnern und die Prägnanz der Linie tritt hinter einem Höchstmaß an Variabilität zurück. Die Freizügigkeit, mit der Zeitgenossen die Imitation handhaben, sucht man bei Gombert vergeblich. Der Gegensatz von Haupt- und Nebenstimmen, von prägnanten Anfangsmotiven und bloß kontrapunktierender Fortspinnung ist auf ein Mindestmaß beschränkt, und damit ist zugleich auch der ▸ Cantus firmus- und ▸ Kanontechnik die Grundlage entzogen. Die einheitliche Anlage der Motetten Gomberts repräsentiert eine Gegentendenz, die der formalen Auflösung entgegenwirkte, der die Motette infolge der gesteigerten Textausdeutung bei und seit Josquin unterlag. Ein Zugeständnis an die Symmetrie besteht darin, dass die größeren zweiteiligen ▸ Motetten mit der gleichen Schlusspartie beendet werden (▸ Reprisenmotette).

Der sich aufdrängende Vergleich zwischen dem Stil Gomberts und Giovanni Pierluigi da ▸ Palestrinas fällt hinsichtlich des Aspekts humanistisch korrekter Textdeklamation und Ebenmaß der harmonischen Fortschreitungen zu Ungunsten Gomberts aus, doch übertrifft er Palestrina weit in der rhythmischen und melodischen Vielgestaltigkeit.

Unter Gomberts Namen sind zwölf ▸ Messen überliefert. Für die Handhabung des Parodieverfahrens bei Gombert wie auch bei seinen Zeitgenossen ist charakteristisch, dass die gesamte musikalische Substanz der Vorlage und nicht nur einzelne Stimmen oder Abschnitte übernommen werden. Aus dieser Vorlage heraus werden dann ganze Abschnitte oder auch nur melodische Linien herausgegriffen und entwickelt. Die Bandbreite der Möglichkeiten reicht von notengleichen Übernahmen über die partielle Veränderung der ▸ Soggetti bis zur völligen Neuzusammenstellung und Erweiterung des Stimmengefüges. In der Mehrzahl der Fälle beendet die Schlusskadenz der Vorlage die einzelnen Sätze des Messordinariums. In einigen Messen ist das Bemühen erkennbar, das musikalische Material der Vorlage an solchen Textstellen der Messe zu verwenden, wo ein literarischer oder auch allegorischer Bezug vorhanden ist. Auf diese Weise wird der durch das Parodieverfahren gegebene musikalische Bezug auch auf der Ebene des Textes realisiert. Die Messe *Sur tous regretz* trägt im Gardano-Druck von 1547 den Zusatz »A la Incoronation« und mag zur Krönung Karls V. in Bologna 1530 erklungen sein. Die Messe *Quam pulchra es* könnte für einen Papst (Clemens VII.) komponiert worden sein (Aufenthalt Karls V. in Rom), da die Antiphon *Ecce saccerdos magnus* im Agnus Dei in Gestalt eines Kanons ad longum hinzutritt.

Die Messe steht als gleichberechtigte Gattung schon zahlenmäßig hinter der ▸ Motette zurück. So bedeutsam die von den volkssprachlichen Gattungen ausgehenden Neuerungen auch ab dem dritten Jahrzehnt des 16. Jahrhunderts wurden, blieb doch die Motette die wichtigste Gattung der Jahre zwischen 1520 und 1560. Von den über 160 Gombert zuzuschreibenden Motetten verwenden mehr als ein Viertel marianische Vorlagen. Im engeren Sinne liturgische Texte sind nur in geringem Maße vertreten, stattdessen herrschen allgemein biblische und aus den Psalmen zusammengestellte Texte vor. Die noch in der Josquin-Generation ausgeprägten Gattungsgegensätze zwischen sogenannter ▸ Staatsmotette, ▸ Liedmotette, Falsobordone und freier polyphoner Vertonung geistlicher Texte verschwinden nahezu völlig. Die von Josquin formulierte Intensität der Textdarstellung nimmt Gombert zurück und verzichtet weitgehend auf die affekthafte Strukturierung des Tonsatzes. Die Textausdeutung geschieht kaum über die bildhaft-rhetorische musikalische Sprache der Josquin-Generation und ist vielmehr auf die weniger direkte Ebene der modalen Organisation zurückgenommen.

Bei den acht ▸ Magnificat-Vertonungen handelt es sich um einen anspruchsvollen Zyklus, in dem sich liturgische Gattungskonventionen mit höchstem künstlerischen Anspruch verbinden. Die Kontrapunktik nimmt ihren Ausgangspunkt vom melodischen des jeweiligen Psalmtones.

Obwohl Gombert im Gefolge Karls V. weit gereist und mit den stilistischen Tendenzen aller Regionen vertraut war, fehlen andere volkssprachliche Gattungen jenseits der ▸ Chanson nahezu völlig (1 ▸ Villancico, 1 ▸ Madrigal).

Stilistisch besteht zwischen den über 70 Chansons und seinen Motetten kaum ein Unterschied. Hier wie dort entsteht durch konsequente Imitation die kontrapunktische Einheit des Satzes. Ebenso wie in diesen, folgt die Melodiebildung in der Mehrzahl der Chansons vor allem dem Prinzip der Varietas (▸ Variation) und nicht dem der thematischen Konsistenz und Stabilität. Bei den Texten bevorzugt Gombert den älteren, populären Typus. Außer Jean ▸ Molinet und Clément ▸ Marot lassen sich keine Autoren namhaft machen. Nahezu ausschließlich handelt es sich bei Gomberts Chansons um Liebeslieder, in denen Klagen um Abschied und Fernsein vorherrschen. Einige wenige Chansons sind dem Pariser Typus (▸ Pariser Chanson) verpflichtet, was sich in einer akkordischen, mit wenigen imitatorischen Einsprengseln versehenen Faktur manifestiert. So ist *Reveillez vous cueurs endormis* (*Le chant des oyseaux*) eine Bearbeitung der gleichnamigen Chanson von Clement ▸ Janequin. Die Chanson *Mille regretz* bezeichnet Luis Narvaez in *Los seys libros del delphin de música* (Valladolid 1538) als »Cancion I del Emperador«. Gomberts Chanson ist eine sechsstimmige Bearbeitung der unter Josquins Namen überlieferten vierstimmigen Chanson. Er übernimmt sowohl die Soggetti und den ▸ Modus (3. Modus) der Vorlage, doch während Josquin imitatorische Techniken auf nur wenige Stellen beschränkt, schreibt Gombert alle sechs Stimmen umfassende Imitationsabschnitte. In der Diskussion um die Zuschreibung von *Mille regretz* an Josquin sollte diese bearbeitende Neuschöpfung Gomberts ein wichtiges Argument für die Autorschaft Josquins darstellen.

*Ausgabe*:
*Opera omnia* (Corpus mensurabilis musicae 6,1–

11), hrsg. von J. Schmidt-Görg, Rom / o. O. 1951–1975.

*Literatur:*
H. Eppstein, *Nicolas Gombert als Motettenkomponist*, Würzburg 1935 • J. Schmidt-Görg, *Nicolas Gombert. Kapellmeister Kaiser Karls V. Leben und Werk*, Bonn 1938 • L. Lockwood, *Monteverdi and Gombert: the Missa »In illo tempore« of 1610*, in: *Festschrift H. Hucke*, hrsg. von Peter Cahn u.a., Hildesheim 1993, S. 457–469 • A.J. Lewis, *»Un certo che di grandezza«: Nicolas Gombert's First Book of Four-Part Motets (1539)*, Diss. Univ. of California Berkeley 1994 • M. Zywietz, *Musik in der Hofkultur Karls V.* (Druck i. Vorb.).

MZ

## Gonzaga, Familie

Die Familie Gonzaga regierte die Stadt ▸ Mantua von 1328 bis 1708, seit 1530 als Herzöge. 1536 wurde durch Zugewinn von Casale Monferrato das Gebiet des Herzogtums verdoppelt. Die Gonzaga förderten Musik und Musiker und veranlaßten in der ersten Hälfte des 15. Jahrhunderts die Gründung einer frühhumanistischen Schule durch ▸ Vittorino da Feltre. Die Herrscher im 15. und 16. Jahrhundert waren Gianfrancesco Gonzaga (reg. 1407–1444), Lodovico II. Gonzaga (reg. 1444–1478), Federico I. Gonzaga (reg. 1478–1484), Francesco II. Gonzaga (reg. 1484–1519) mit Isabella d'Este als Gemahlin, Federico II (reg. 1519–1540), Ercole Gonzaga (reg. 1540–1563), Guglielmo Gonzaga (1563–1587, Vincenzo I. Gonzaga (1587–1612) mit Eleonara de' Medici als Gemahlin, Ferdinando I. (reg. 1612–1626).

Hervorzuheben ist der selbst als Komponist tätige Guglielmo Gonzaga, der – mit Erlaubnis des Papstes – für die Hofkirche S. Barbara eine besondere Liturgie schuf, die vom ▸ Konzil von Trient unabhängig war, sich jedoch an reformerischen Vorstellungen orientierte. Die an S. Barbara angestellten oder für sie tätigen Komponisten, insbesondere Giaches de ▸ Wert (Hymnarium für das ganze Kirchenjahr, sieben Messen sowie weitere geistliche Kompositionen), Giovanni Pierluigi da ▸ Palestrina (neun Alternatim-Messen), aber auch begrenzt noch Giovanni Giacomo ▸ Gastoldi (zwei Messen) hatten sich an ihr zu orientieren. Der Herzog schrieb für die musikalische Gestaltung ▸ Alternatimpraxis vor und einen streng polyphonen imitatorischen Satz mit Verzicht auf ▸ Madrigalismen, wobei als ▸ Cantus firmus der an S. Barbara reformierte, textlich und musikalisch bearbeitete melismenarme Choral diente.

*Literatur:*
V. Reinhardt (Hrsg.), *Die großen Familien Italiens*, Stuttgart 1992; ▸ Mantua.

## Gosswin, Antonius

* um 1545 Lüttich (?), † zwischen 2.6.1597 und 28.10.1598 Freising, Lüttich oder Bonn

Der Sänger und Komponist Gosswin war vielleicht unter Orlande de ▸ Lassus in München Kapellknabe, erstmals wird er 1558 in den Akten als Altist genannt. Massimo Troiano rühmte Gosswin unter den Mitgliedern der Kapelle nicht nur als Komponisten, sondern auch als hervorragenden Sänger; ebenso wurde Gosswin auch die besondere Wertschätzung Lassus' zuteil. Zu unterschiedlichen Zeitpunkten war Gosswin am Hofe angestellt, doch wohl nicht kontinuierlich. So war er 1569/1570 Kapellmeister der Landshuter Hofkapelle und erhielt ein Jahr später eine finanzielle Unterstützung, um in seine Heimat zu reisen und hielt sich 1574 erneut in Bayern auf. Zwischenzeitlich in Wien und Regensburg, war er Organist der Peterskirche in München und bekam 1577 die Kosten für den Unterhalt von neun Chorknaben erstattet, für die er verantwortlich war. Nach dem Tode Herzog ▸ Albrechts V. am 24. Oktober 1579 wurde das Personal am Hof reduziert und auch Gosswin entlassen.

Kurze Zeit später wurde er Mitglied der Hofkapelle von Prinz Ernst, Bischof von Freising, der ein Sohn Albrechts war. Anfang 1580 zog Gosswin nach Freising, doch bereits kurz danach wurde Prinz Ernst zum Bischof von Lüttich berufen; ob Gosswin ihm dorthin folgte, ist nicht belegt, doch wahrscheinlich. Denn Gosswins erste Druckpublikation *Newe teutsche Lieder* (1581) ist dem Bischof gewidmet, der 1584 nach Bonn zog. Ebenso leitete Gosswin noch 1594 die Kapelle des Bischofs auf dem Reichstag in Regensburg.

Offenbar fanden die Messen Gosswins die Wertschätzung Lassus', denn sie wurden des öfteren in der bayerischen Hofkapelle aufgeführt; zudem verwenden fast alle seine Messen Parodievorlagen von Lassus. Gosswin bearbeitete Lassus' erstes Buch mit fünfstimmigen deutschen Liedern aus dem Jahr 1567, indem er es um zwei Stimmen reduzierte. Die Soggetti der Vorlage werden frei aufgegriffen und im Sinne des Parodieverfahrens bearbeitet. Gosswins Sätze stehen nicht in der deutschen Tricinien-Tradition, sondern sind vielmehr hochvirtuose Experimente im dreistimmigen Satz.

*Literatur:*
H. Osthoff, *Die Niederländer und das deutsche Lied, 1400-1640*, Berlin 1938 • N. Schwindt, »*Philonellae*« – Die Anfänge der deutschen Villanella zwischen Tricinium und Napolitana, in: *Gattungen und Formen des europäischen Liedes vom 14. bis zum 16. Jahrhundert*, hrsg. von M. Zywietz u.a., Münster u.a. 2005, S. 243–283.

MZ

## Goudimel, Claude
\* um 1514 Besançon, † 28.(?)8.1572 Lyon

Nachdem er sich an der Universität von Paris eingeschrieben hatte, wurde Goudimel bald Korrektor (1551), dann Teilhaber (1553) des Pariser Druckers Nicolas ▸ Du Chemin; er brachte die Druckerei auf ein Niveau, das sie eine zeitlang mit zwei anderen renommierten Druckern der Hauptstadt rivalisieren ließ – Adrian ▸ Le Roy und Robert ▸ Ballard, bei denen Goudimel seine Musik seit 1556, kurz nach seinem Bruch mit Du Chemin am 17. August 1555, drucken ließ. In Metz, wo er ein Jahrzehnt, spätestens seit 1557, wohnte, knüpfte er enge Kontakte mit Mitgliedern der reformierten Kirche, besonders mit dem Dichter und Dramaturgen Louis Des Masures (damals Pfarrer einer protestantischen Gemeinde in der Nähe von Nancy), dessen *Vingtsix Cantiques* (Lyon 1564) und Cantiques der *Tragédies saintes* (Lyon 1566) er wahrscheinlich vertonte. Nachdem er sich seit ungefähr 1569 in Lyon niedergesetzt hatte, starb er dort als Opfer eines zwischen dem 28. und 31. August 1572 gegen die Protestanten verübten Massakers, ein trauriges Echo auf die blutigen Ereignisse der Pariser Bartholomäusnacht am 24. August.

Goudimel interessierte sich für alle Gattungen der Vokalmusik mit einer Präferenz für vierstimmige Kompositionen: Messen (5), Magnificat (3), Motetten (10), Chansons (beinahe 70, wovon die Hälfte zwischen 1549 und 1555 gedruckt wurde), Chansons spirituelles (6); aber die Vorliebe, die er für die französischen Psalmen hegte, charakterisiert sein Œuvre (fast 400 musikalische Versionen, teilweise mehrfach aufgelegt in Frankreich und im Ausland). Dem sind 19 Chansons spirituelles auf Texte des Humanisten und Komponisten Marc Antoine Muret und Oden von Horaz (1555, verloren) hinzuzufügen. Allgemein ist die Karriere von Goudimel stark mit den humanistischen Strömungen der Epoche verbunden: seine Musik wurde im Repertoire der biblischen Dramen gebraucht (wie die *Musique de David* von Des Masures, 1566; *Aiglogue sibylline* du *Genethliac noel musical et historial* de Barthélemy ▸ Aneau, 1559); er vertonte Epigramme und Embleme (verloren) von Paul Schede (genannt Melissus) sowie die Ode für vier Stimmen *Voyant tous les faits* am Schluss des *Opuscules poétiques* von Pierre Enoch (Genève 1572), eines Dichters, den er wahrscheinlich während seines Aufenthalts in Genf kennen gelernt hatte. Diese humanistische Haltung ist seit 1552 wahrnehmbar: Seine vier Modellsätze sind unter den Kompositionen zum *Supplément Musical* der *Amours* von Pierre de ▶ Ronsard (RISM 1552[6]), die Sätze von Clement ▶ Janequin, Pierre ▶ Certon und Muret enthalten, der bedeutendste Beitrag. Außerdem hat er 1572, kurz vor seinem Tod, in Lyon 44 Kontrafakturen von Chansons Jacques ▶ Arcadelts publizieren lassen (*L'Excellence des Chansons*).

Während Goudimel seine ▶ Messen nach dem Prinzip der Parodie eines zeitgenössischen polyphonen Œuvres verfertigte (die vierstimmige Chanson *Le bien que j'ay* von Arcadelt), zeugen seine Motetten (auch die am Beginn seiner Karriere, manchmal auf Psalmtexte komponierten) – bei einer oft imitatorischen Schreibweise – von seinem Bemühen um eine sorgfältige Textdeklamation. – In seinen ▶ Chansons, insbesondere den erstpublizierten am Ende der 1540er und am Beginn der 1550er Jahre, mischte er imitatorischen Kontrapunkt und homorhythmische Schreibweise ohne die Stimmenanzahl groß zu variieren (*Se disoit une jeune dame*, vierstimmig, 1550). Andere Chansons zeigen hingegen einen Stil, der demjenigen von Pierre ▶ Sandrin vergleichbar ist durch eine im wesentlichen homorhythmische Schreibweise und zuweilen einen Wechsel von binären und ternären Metren (*Bon jour mon cueur*, vierstimmig, 1559, auf einen Text von Ronsard).

Die musikalischen Versionen der französischen Psalmen weisen drei verschiedene Stile auf. In den 150 Psalmen, die zwischen 1562 und 1564 publiziert wurden, harmonisierte er die im Tenor oder im Superius liegende Melodie des Hugenottenpsalters Note gegen Note. Eine weitere Serie der 150 Psalmen (1568) zeigt eine weniger homophone, manchmal imitatorische Behandlung der Melodie. Schließlich präsentieren die 67 Psalmen »en forme de motetz« (»in der Form von Motetten«), die er zwischen 1551 und 1566 publizierte, die Texte in ihrer ganzen Länge mit einem oft imitatorischen oder freien Kontrapunkt.

*Ausgabe*:
Les Pseaumes [...] à quatre parties, héritiers de François Jaqui, 1565, Faksimile, hrsg. von P. Pidoux und K. Ameln, Kassel 1935; Œuvres complètes, hrsg. von L.A. Dittmer und P. Pidoux, 14 Bde., New York und Basel 1967–1983.

*Literatur*:
M. Honegger, *Les chansons spirituelles de Didier Lupi*, Diss. Paris 1970 • J.-M. Noailly, *Claude Goudimel, Adrian Le Roy et les CL psaumes: Paris, 1562–1567*, Diss. Univ. St Etienne 1988 • J.-P. Ouvrard, *Le sonnet ronsardien en musique: du Supplément de 1552 à 1580*, in: Revue de Musicologie 74 (1988), S. 149–164 • L. Guillo, *Les éditions musicales de la Renaissance lyonnaise (1525-1615)*, Paris 1991 • U. Asper, *Goudimel*, in: MGG[2], Bd. 7 (Personenteil), 2002, Sp. 1413–1415.

MAC

# Goulart, Simon
\* 20.10.1543 Senlis, † 3.2.1628 Genf

Simon Goulart war Geistlicher und Musikverleger, der in Paris studiert hat. Nach der Zuwendung zur Reformationsbewegung siedelte er sich 1566 als evangelischer Pfarrer in Genf an und wurde 1605 zum Oberhaupt der Genfer Kirche ernannt. Zwischen 1576 und 1597 erschienen in seinem Verlag zahlreiche Publikationen mit Werken bekannter Komponisten wie Orlande de ▶ Lassus, Jacques ▶ Arcadelt oder Thomas ▶ Crecquillon, bei denen die weltlichen Texte durch geistliche ersetzt wurden (Kontrafaktur). Die Vorworte thematisieren die Beziehung zwischen Theologie und Musik, in der äußeren Gestaltung ahmte man die Druckwerke von ▶ Le Roy & Ballard nach. Goulart war der einflussreichste Verleger in Genf.

*Literatur*:
C.S. Adams, *S. Goulart (1543-1628), Editor of Music, Scholar and Moralist*, in: *Festschrift O.E. Albrecht*, hrsg. von J.W. Hill, Kassel 1980, S. 125–141.
ALB

## Graduale ▸ Gesangbuch, liturgisches

## Graf, Urs
\* um 1485 Solothurn, † 1527/1528 Basel

Urs Graf war Maler, Goldschmied, Zeichner und Entwerfer von Holzschnitten und Münzeisen; er verbrachte aber einen guten Teil seines Lebens als Reisläufer und wurde in Basel einmal wegen einer Rauferei aufgegriffen. Sein Werk ist thematisch von diesen Erfahrungen gekennzeichnet, und schreckt nicht vor Darstellungen von Kriegsgreueln, Tod und Verwesung und Erotik zurück. Zwar weniger universell als die etwa gleichzeitig in Basel arbeitenden Albrecht Dürer und Hans ▸ Holbein steht er diesen an zeichnerischen Qualitäten nicht nach.

In der Musikwissenschaft und Musikikonographie ist Graf höchstens dadurch bekannt geworden, dass man ihm die Holzschnittillustrationen von Sebastian ▸ Virdungs *Musica getutscht und ausgezogen* (Basel: Michael Furter, 1511) zuschreibt (▸ Buchillustration). Dies beruht darauf, dass sich dort auf fol. J ii$^v$ der Holzschnitt eines Lautenisten befindet, der mit Grafs Monogramm (G in V) versehen ist, aber ganz gewiss nicht von ihm geschnitten, sondern höchstens als Skizze geliefert wurde. Der Lautenist sitzt in der Stellung des Schmerzensmannes auf einem Baumstrunk. Furter hat drei Bordüren als Rahmen dazugepasst, von denen die linke (Vögel und Blattwerk) vorzüglich geschnitten und sicher eine Originalarbeit Grafs ist. Auch bei den anderen Illustrationen ist eine Mitwirkung Grafs wenn überhaupt nur in vereinzelten Skizzen denkbar; auch einer der berühmten Formschneider, wie Hans Lützelburger, mit dem Graf zusammenarbeitete, kommt nicht in Frage.

Von großartiger Qualität – und deshalb der schlagendste Beweis für die unmögliche Autorschaft an den Virdungschen Holzschnitten – ist Grafs Werk als Zeichner und Formschneider für selbst entworfene Holzschnitte, oft signiert mit VG und Jahrzahl auf einer aufgehängten Steinplatte. Dazu einige Beispiele:

Wir haben von ihm Entwürfe zu zwei Dolchscheiden, die auf dem engen Raum virtuos Pflanzenwerk und Figürliches kombinieren. Auf der einen sehen wir vorn zwei Kriegsknechte mit Trommel und Querpfeife und rückseitig einen Puppenspieler, barhäuptig mit Schellenzipfeln am Gewand und einem mit verschiedenen Kantonswappen gezierten Überwurf, mit der Linken die Einhandflöte blasend und mit der Rechten eine trommelförmige Puppenbühne manipulierend, auf der winzige Fi-

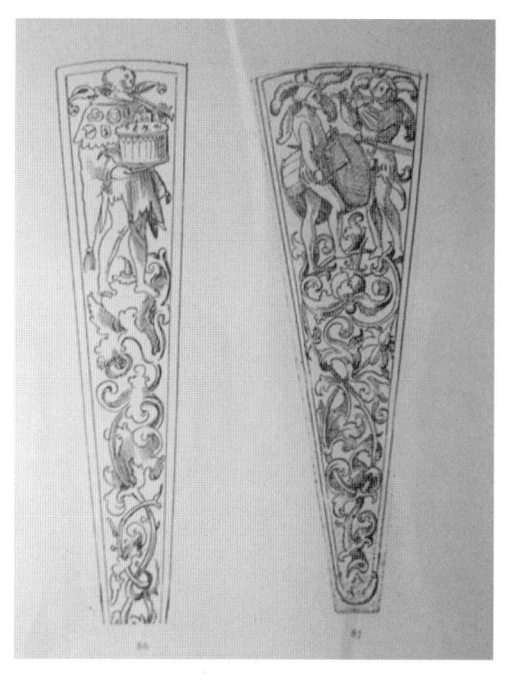

Abb. 1: Urs Graf, Entwürfe für Dolchscheiden, Federzeichnung Basel, Kupferstichkabinett.

gürchen tanzen (Abb. 1; Basel, Kupferstichkabinett; Müller 2001, Nr. 009/010).

Nicht minder souverän ist der Entwurf für die andere Messerscheide. Sie zeigt die Allegorie der Voluptas als nackte Frau, die sich auf einer ▸ Laute stehend die Haare bürstet (Basel, Kupferstichkabinett; Müller 2001, Nr. 036).

Für den Basler Goldschmied Jörg Schweiger schuf Graf eine Federzeichnung als Neujahrsgruß, oben mit dem gratulierenden Schriftband um einen Baumast gewickelt und darunter zwei Eidgenossen und zwei Landsknechte, die zu viert auf Querpfeifen musizieren, mit Schwertern gegürtet und den Flötenfutteralen behängt (Basel, Kupferstichkabinett; Müller 2001, Nr. 117). Exemplarisch für Grafs Originalität ist die drastische Federzeichnung einer nackten Satyrfrau, die in eine riesige Blatttrompete bläst (Basel, Kupferstichkabinett; Müller 2001, 014). Sie hat ihre Parallele in einem Weißlinienholzschnitt mit dem in dieser Zeit allenthalben beliebten Thema des Wilden Mannes (oder Satyrs) mit Familie. Auf diesem ist es der phallische Satyr, der in die riesige ▸ Trompete bläst und einen Rauchschall produziert, während zu seinen Füßen sich seine Frau um das Kind kümmert (Abb. 2; Basel, Kupferstichkabinett; Müller 2001, Holzschnitt 12).

Zwei ausgeführte Zeichnungen gelten dem Topos des ungleichen Liebespaares. Auf der einen tanzen die beiden, wobei die Frau, decolletiert, mit einem Kleinkind im Arm und entblößtem linken Bein nur einen kleinen Schritt tut, während der Mann, durch den Kuckuck auf der rechten Schulter als Hahnrei und durch die Schellen als Narr gekennzeichnet, springt und sein Geschlecht entblößt (Basel, Kupferstichkabinett; Müller 2001, Nr. 123). Ein Hündchen sieht Männchen machend zu; am Boden liegt eine stark eingebuchtete ▸ Fidel mit gekrümmtem Wirbelkasten und kurzem Bogen. Die Forschung hat auf das aufrechte Hündchen, und auch die Fidel als Elemente von Sexualsymbolik, die den Bildinhalt unterstützen, hingewiesen.

Im andern Falle sitzt der unten unbekleidete Narr am Boden neben einem blattlosen Baum, während eine Nackte sich von ihm abwendet, eine flache schmale Fidel mit geschwungenem Hals spielend (Abb. 3; Darmstadt, Hessisches Landesmuseum. Abb. Müller 2001, S. 257).

Schließlich ist noch eine Serie von zehn Blättern von tanzenden Bauernpaaren zu besprechen, teilweise grotesk verrenkt und daher an Moriskentänze (▸ Moresca) erinnernd (verschiedene Standorte. Müller 2001, S. 236–241). Auch hier springt der Mann, während die Frau die Füße am Boden behält. Paar- und Gruppentänze von Bauern, Bürgern und Fah-

Abb. 2: Urs Graf, *Satyr mit Familie*, Weißlinienholzschnitt, Basel, Kupferstichkabinett.

und dem Gejohle der Tanzenden oder dem Geschrei auf dem Schlachtfeld.

*Literatur*:
J.K. Rowlands, *Urs Graf* (Hollstein German Engravings, Etchings, and Woodcuts vol. XI), Amsterdam 1977 (mit Fehlern) • T. Seebass, *Some remarks about 16th century music book illustration* (summary), in: Répertoire international d'iconographie musicale Newsletter IV, no. 2 (1979), S. 2–3 • C. Müller, *Urs Graf. Die Zeichnungen im Kupferstichkabinett Basel*, Basel 2001.

TS

Abb. 3: Urs Graf, *Narr und Dirne*, Federzeichnung, Darmstadt, Hessisches Landesmuseum.

renden sind ein Thema, das gerade in dieser Zeit an Beliebtheit zunimmt, wofür wir nur auf zwei prominente Beispiele hinweisen: 1520 schuf Hans ▸ Holbein der Jüngere die figürliche Dekoration des Tanzhauses in Basel – von der wir die Entwürfe besitzen –, und an der Balkonbrüstung des Hauses zum goldenen Dachl in Innsbruck ließ Kaiser ▸ Maximilian von Niklas Türing und Jörg Kölderer 18 Reliefplatten mit der Darstellung eines Moriskentanzes und der Wappen seiner Ländereien anbringen.

In all diesen Blättern fehlt Graf jeglicher Bezug zum städtisch Bürgerlichen und Gesicherten, Gesitteten. Sein ausgelassener, wilder graphischer Stil kongruiert mit der Thematik der Bilder und evoziert eine entsprechend exzessive Klangwelt von schrillen Querpfeifen, unheimlich übermächtigem Trompetenschall

## Granjon, Robert
\* um 1513 Paris, † 1589 Rom

Granjon war der Erfinder von Drucktypen, die in ganz Europa verbreitet waren, Drucker von literarischen und musikalischen Sammlungen sowie Verleger.

Nachdem er im Februar 1550 ein zehnjähriges Privileg für den Druck von »Chansons, Messes, Mottetz en Musicque, tabulatures de Lutz, Guiternes, et autres Instrumens« (»▸ Chansons, ▸ Messen, ▸ Motetten, ▸ Tabulaturen für ▸ Laute, ▸ Gitarre und andere Instrumente«) erhalten hatte, schloss er sich im Dezember desselben Jahres dem Pariser Drucker Michel Fezandat für die Dauer von zehn Jahren an; am 27. Dezember 1551 wurde die Vereinigung jedoch aufgelöst. Der im Dezember 1557 in Lyon erfolgte Zusammenschluss mit dem Drucker Guillaume Guéroult und dem aus der Normandie stammenden Jean Hiesse wurde im April 1558 im Zuge eines Prozesses beendet, den Granjon gegen Guéroult unter der Anklage führte, dieser habe sein Engagement nicht honoriert.

Granjon ist jedoch auch der Erfinder einer Druckschrift, die berühmt blieb, da sie die Handschrift nachahmte: 1557, noch in Lyon, stach er die als »civilité« bezeichneten Schriftzeichen. Die Noten, die er gegen 1558 gravierte (ebenfalls in Lyon), unterscheiden sich gegenüber anderen durch Tropfenform des Notenkopfes. Nach 1562 findet man Granjon in Antwerpen, wo er für Christophe Plantin und andere als Graveur arbeitete. Er kam um 1570 nach Paris zurück, war dann um 1575 und 1577 in Lyon und begab sich 1578 nach Rom, wo er starb. Dort publizierte er unter seinem eigenen Namen Choralbücher, aber gravierte auch besondere Zeichen (armenische, arabische, syrische und kyrillische) im Rahmen der Propaganda der katholischen Religion in der mohammedanischen und slawischen Welt.

Die beiden musikalischen Editionen, die aus der Vereinigung mit Fezandat bestehen blieben, sind Gitarrentabulaturen von Guillaume Morlaye und Simon Gorlier und befinden sich unter den ersten Publikationen, die diesem Instrument gewidmet sind. Hingegen enthalten die fünf Sammlungen, die er 1559 in Lyon publizierte, vokales Repertoire. Unter den drei Einzeldrucken findet man zwei Bücher (13 Chansons und 14 Motetten) des rätselhaften Barthélemy Beaulaigue ebenso wie die einzige Komposition von Michel Ferrier (dessen Karriere ebenfalls vollkommen unbekannt ist) sowie die *Quarante et neuf psalmes de David* (im literarischen und musikalischen Inhalt archaisierend, mit Psalmparaphrasen von Clément ▶ Marot und einem dreistimmigen Satz der Melodie des Hugenottenpsalters). – Die 46 ▶ Chansons, die in zwei Anthologien mit dem Titel *Trophée de Musique* präsentiert wurden, sind die am häufigsten zuvor publizierten; sie stammen hauptsächlich aus dem Pariser Repertoire (Claudin de ▶ Sermisy, Pierre ▶ Certon) sowie aus der Provinz, insbesondere Lyon, mit Stücken von Pierre de Villiers, Philibert Jambe de Fer und François Roussel.

*Literatur*:
M.A Colin, *Granjon, Robert* in: *MGG²*, Bd. 7 (Personenteil), 2002, Sp. 1498–1499.

MAC

## Greghesca

Der Begriff bezeichnet ein Subgenre des Madrigals, das in Venedig zwischen 1564 und 1571 existierte. Es ist an die Person des Schauspielers und Musikers Manoli Blessi (Pseudonym für Antonio Molino genannt Burchiella) gebunden, der die Texte verfasste und verschiedene Sammeldrucke mit Vertonungen ortsansässiger Komponisten herausgab. Charakteristisch ist die künstliche Mischsprache aus venezianischem Dialekt und dem Griechisch der dortigen Kaufleute sowie eine nicht immer komische, aber burleske Grundhaltung. Wichtige Beiträge lieferte Andrea ▶ Gabrieli.

*Literatur*:
K. Schiltz, »*Mi ho scritto e sembre scrivo greghe rime galande*«: *Sprachwitz und Musik in der venezianischen* »*Greghesca*«, in: *Wiener Quellen der älteren Musikgeschichte zum Sprechen gebracht*, hrsg. von B. Lodes, Tutzing 2007, S. 361–379.

NSCH

## Gregorianischer Choral / Einstimmigkeit

Das Repertoire des lateinischen Liturgiegesangs wurde vom 12. bis zum 15./16. Jahrhundert nachhaltig durch drei Faktoren beeinflusst:

a. neue Kompositionen (besonders Sequenzen, Tropen und Reimoffizien, also metrisch-strophische Neuschöpfungen – oft mit außerbiblischen Texten),
b. das Anwachsen diözesaner und klösterlicher Eigengesänge mit zumeist nur regionaler Bedeutung,
c. das sukzessive Eindringen volkssprachlicher Gesänge (wie Leisen und Cantiones), die sehr beliebt waren und sich rasch verbreiteten; diese Gesänge wurden zwar geduldet, waren jedoch niemals Bestandteil der offiziellen Liturgie. So wiesen z.B. die Reformkonzilien von Basel (1435 und 1503)

sowie die Synode von Schwerin (1492) darauf hin, dass Gloria und Credo zur Gänze und auf Latein zu singen seien (▸ Konzil). Die ›goldene Zeit‹ des in seinem Kernbestand zwischen 790 und 850 entstandenen lateinischen Liturgiegesangs hatte um das Jahr 1100 mit dem Eindringen der improvisierten und der artifiziellen Mehrstimmigkeit in die Liturgie geendet. War die Ausführung der Gesänge zuerst metrisch frei und vom Wortrhythmus bestimmt, so entfernte sich der Gregorianische Choral nun zunehmend von diesen Wurzeln, was sich an der Notationsgeschichte gut absehen lässt: Die ab dem Ende des 11. Jahrhunderts entstehenden Handschriften verlagerten sich von der Fixierung der rhythmischen Nuancen auf die Abbildung des melodischen Verlaufs. Im Laufe der Zeit wurde der Rhythmus äqualistisch; die Einteilung der Choralnotation in metrische Einheiten durch Franco von Köln (13. Jh.) für die Musica mensurabilis (▸ Mensuralnotation) legt nahe, dass spätestens zu dieser Zeit die Einstimmigkeit (der ▸ Cantus planus) in gleich langen Noten vorgetragen wurde. Zudem weisen die nun entstehenden Handschriften zunehmend deutliche Veränderungen auf: Töne fielen weg, Tonrepetitionen wurden verändert und die Melodien tonartlich den Bedingungen der Mehrstimmigkeit angepasst; im 16. Jahrhundert hatte sich die melodische Gestalt des Gregorianischen Chorals bis zur Unkenntlichkeit von seinen ersten handschriftlichen Quellen entfernt.

Das ab dem 13. Jahrhundert feststellbare und religionsgeschichtlich einzigartige Auseinandertreten von Liturgie und Musik, das aus dem Entstehen der Plenarmissalien zu ersehen ist (sie enthalten alle Elemente des Gottesdienstes – auch die Gesänge – und waren nur für den Priester bestimmt, der die Gültigkeit der Liturgie allein dadurch gewährleistete, dass er parallel zum Singen den Text des Gesangs leise sprach), verschaffte der Musik einen bis dahin nicht gekannten Freiraum, den vor allem mehrstimmige Kompositionen ausfüllten. Sie prägten nun das ästhetische Ideal; der Gregorianische Choral trat hingegen fast vollkommen dahinter zurück und existierte fast nur noch als melodische Grundlage bzw. Zitatenquelle (▸ Cantus prius factus).

Nicht selten haben kirchliche Reformversuche auch den Bereich der Musik zu erfassen versucht: Die *Docta Sanctorum Patrum* von Papst Johannes XXII. (1324/1325) wandte sich gegen die Musik der Ars nova, deren Melodik und Satztechniken als weltlich und dem liturgischen Sinn entfremdet empfunden wurden. Dieses erste päpstliche Dokument zur Musik stellte (wenn auch weitgehend erfolg- und wirkungslos) die zentrale Rolle des Gregorianischen Chorals erstmals heraus: Dessen Tonalität und Deklamation des Textes sollten als Modell für alle Mehrstimmigkeit dienen. Durch richtige mehrstimmige (!) Ausführung des Gregorianischen Chorals war eine Steigerung der Feierlichkeit zu erzielen (»aliquae consonantiae, quae melodiam sapiunt [...] super cantum ecclesiasticum simplicem proferantur«); jedoch muss die melodische Vorlage des Cantus prius factus ›unversehrt‹ hörbar bleiben (»[...] ut ipsius cantus integritas illibata permaneat«). In jedem Fall war durch die im Gottesdienst erklingende Musik die Andacht der Gläubigen dadurch zu fördern (»devotionem pervocent«), dass der Gregorianische Choral als Grundlage stets erkennbar sein sollte.

Parallele Mehrtextigkeit (darunter auch Mischungen geistlicher und profaner Texte) und die musikalische Faktur (wie Diminutionen und Hoquetus) vieler mehrstimmiger Kompositionen führten zu heftiger Kritik auch durch die Humanisten des 15./16. Jahrhunderts, deren zum Teil drastische Schilderungen der offensichtlich als unhaltbar empfundenen Zustände zugleich immer wieder mit Appellen verbunden wurden, sich dem Gregorianischen Choral neu zuzuwenden. So stellte ▸ Conrad von Zabern in seiner 1474 in Mainz erstmals erschienenen Chorallehre *De modo bene cantandi choralem cantum in multitudine personarum* sechs Regeln für das richtige Singen des Gregorianischen Chorals auf, die sich nicht nur mit der inneren Haltung des Singenden (›devotio‹) befassten, sondern auch konkrete praktische Hinweise für die Vermeidung musikalischer Unarten bzw. Fehler gaben. Basis für die Sichtweise der Humanisten war eine neue Rückbesinnung auf die antike ›ars oratoria‹ (▸ Rhetorik), derzufolge bei der Vertonung eines Textes Wortakzent, syntaktisch-grammatikalische Gliederung und Wortaffekt (Ausdruck) musikalisch angemessen umgesetzt werden müssen. Als Modell für diese neue Sichtweise war die homophone Humanistenode anzusehen, in der die Wortstruktur in klarer Metrik gezeichnet war. Derartige Wortbehandlungen führten zu einer Neubesinnung auf die Qualität der Monodie und zu einem Ausgleich zwischen harmonisch-vertikalem und kontrapunktisch-horizontalem musikalischem Satz.

Erst durch die Reformation und ihre politischen Konsequenzen geriet die katholische Kirche unter den apologetischen Druck, der sie zu einer grundsätzlichen Neubestimmung aller theologischen und auch liturgisch-musikalischen Vollzüge veranlasste. Dies geschah maßgeblich auf dem ▸ Konzil von Trient (1545–1563), das sich mit Blick auf die Liturgie vor allem der Vereinheitlichung widmete und mit dem Abstellen der weit verbreiteten Missbräuche befasste. Mit der Übersetzung der Heiligen Schrift und der gottesdienstlichen Bücher in die Muttersprache und der Schaffung bzw. Förderung des muttersprachlichen ▸ Kirchenliedes, das zudem für katechetische Zwecke eingesetzt werden konnte, hatten die Reformatoren (besonders Martin ▸ Luther) hinsichtlich der Nachvollziehbarkeit und Verständlichkeit des Textes Fakten geschaffen, die auch für die katholische Reform maßgeblich wurden. Das Trienter Konzil (oder auch Tridentinum, ▸ Konzil von Trient) beschäftigte sich erst sehr spät mit Liturgie und Kirchenmusik; vorrangig war hierbei die Vereinheitlichung der Liturgie des Stundengebetes und der ▸ Messe. Ein Entwurf für die Behandlung der »abusus in sacrificio missae« bei der Sitzung am 10.09.1562 sah die Vorschrift vor, bei Messkompositionen (ein- wie mehrstimmig) habe der Text so klar zu erklingen, dass er Ohr und Herz der Zuhörer tief erfasse. Zudem solle sich in die geistliche Musik nichts Profanes mischen, das nur zur Ergötzung der Ohren geeignet sei. Im endgültig verabschiedeten Dekret wurde dieser Entwurf noch verschärft: Die Ablehnung des »lascivum aut impurum« in der Musik wurde hervorgehoben und durch ein Verbot weichlicher Musik (»musica troppo molle«) ergänzt. In liturgischen Gesängen durften nun keine Tropierungen mehr zu finden sein (Verbot der Mehrtextigkeit eines Gesanges). Auch die Reimoffizien wurden verboten; die zahlreichen Sequenzen (im Basler Graduale von 1504 standen 44 und in einem Münsteraner Druck des Alopecius von 1536 69 Sequenzen) wurden auf vier verbindliche reduziert.

Nach dem Ende des Konzils setzte eine Kommission aus Kardinälen 1564/1565 die Beschlüsse der Versammlung um: 1568 wurde das Stundengebet im *Breviarium Romanum* vereinheitlicht, 1570 erschien das erste *Missale Romanum*, das den Ritus der Messe im gesamten ›orbis catholicus‹ einheitlich vorschrieb und bis 1970 Geltung hatte. Hinsichtlich des Gregorianischen Chorals hatte die Kommission vor allem das Anliegen, das Repertoire nach den Vorstellungen der humanistischen Aussprache- und Grammatikregeln sowie im Sinne klar erkennbarer Tonalität neu zu gestalten. 1577 erging hierzu der Auftrag Papst Gregors XIII. an Giovanni Pierluigi da ▸ Palestrina und Annibale ▸ Zoilo, die Melodien entsprechend zu bereinigen, zu korrigieren und umzugestalten (»purgare, corrigere et reformare«).

Dieses Werk wurde von zwei Schülern bzw. Nachfolgern Palestrinas, Felice ▶ Anerio und Francesco ▶ Soriano beendet und mündete in die Ausgabe der *Editio Medicaea* (1614 / Graduale de tempore und 1615 / Graduale de Sanctis, erstellt im Druckhaus der Medici in Florenz), die in vielen Auflagen gedruckt wurde und bis 1903 als offizielles Choralbuch der katholischen Kirche galt.

*Literatur*:
K.G. Fellerer, *Das Tridentinum und die Kirchenmusik*, in: *Das Weltkonzil von Trient*, hrsg. von G. Schreiber, Bd. 1, Freiburg 1951, S. 447–462 • K.G. Fellerer, *Die Geschichte der katholischen Kirchenmusik*, Bd. 1, Kassel u.a. 1972.

STK

## Greiter, Mathias [Greitter, Gryter]
\* um 1495 Aichach, † vermutlich 20.12.1550 Straßburg

Der Kantor und Komponist Greiter studierte ab 1510 in Freiburg und ging zu Beginn der 1520er Jahre nach Straßburg, wo er bis zu seinem Tod blieb. Er heiratete dort 1524 eine Straßburgerin und gewann damit das Bürgerrecht; er war zuvor Mönch und Priester und schloß sich mit seiner Heirat den Gepflogenheiten unter den Einflüssen der Reformation in Straßburg an (Schmid, S. 37–41). Im gleichen Jahr wurde er wahrscheinlich Sänger am Münster. Greiter hatte verschiedene Stellen in Straßburg inne, bemühte sich um Pfründe und unterrichtete seit 1538 Musik an dem in Straßburg neu gegründeten Gymnasium, mit Unterbrechung durch eine Anklage wegen Ehebruchs 1546 bis zu seinem Tod. Nachdem in Straßburg 1549 der katholische Glaube wieder eingeführt wurde, paßte er sich an und versah die Musik zu den katholischen Messen.

Greiter komponierte für den reformierten Gottesdienst einstimmige Kirchenlieder (zehn ihm sicher zugeschriebene sowie 13 wahrscheinlich von ihm stammende) und spielte somit für die Umgestaltung des Gottesdienstes in ▶ Straßburg eine bedeutende Rolle. Sein Lied *Es sind doch selig alle* war in Straßburg außerordentlich beliebt, die Melodie wurde für weitere Texte verwendet, u.a. von Paul ▶ Gerhardt und Johannes ▶ Calvin, in dessen Genfer Psalter sie als einzige Straßburger Melodie erhalten blieb. Zudem schrieb er eine Anzahl mehrstimmiger Diskant- und Tenorlieder sowie ein Quodlibet. Unter den mehrstimmigen Kompositionen ragt insbesondere die Motette *Passibus ambiguis* auf einen Text Ovids heraus, in der die beliebte *Fortuna desperata*-Melodie verwendet wird und deren Satz ungewöhnliche Alterationen aufweist (siehe dazu die Analyse bei Schmid, S. 133–154).

Greiters Traktat *Elementale musicum, iuventuti accommodum*, das zwei Auflagen erfuhr, befasst sich mit dem Musikunterricht in der Unter- und Mittelstufe des Gymnasiums. Der Teil für die Oberstufe ist nicht publiziert; da das Buch eine Anweisung für den Musiklehrer war und Greiter die Oberstufe selbst unterrichtete, erschienen ihm Ausführungen darüber möglicherweise nicht notwendig (Schmid, S. 92). Die Abhandlung diente als richtungsweisend für den 1545 geschaffenen Lehrplan des nun eigenständigen Fachs Musik am 1538 gegründeten Gymnasium in Straßburg.

*Schriften*:
*Elementale musicum, inventuti accommodum*, Straßburg 1544 (Faksimile-Abdruck und Übersetzung in Schmid).

*Ausgaben*:
*Das deutsche Kirchenlied*, Abteilung III: *Die Melodien aus gedruckten Quellen bis 1680*, hrsg. von der Gesellschaft zur wissenschaftlichen Edition des deutschen Kirchenliedes, Kassel u.a. 1983–1997.

*Literatur*:
M.H. Schmid, *Mathias Greiter. Das Schicksal eines deutschen Musikers zur Reformationszeit*, Aichach

1976 • B.A. Földi, *Greiter*, in: *MGG²*, Bd. 7 (Personenteil), 2002, Sp. 1575–1578.

**Grenoble** ▸ **Frankreich**

**Grenon, Nicholas**
\* um 1385, † 17.10.1456 in Cambrai

Grenon war Sänger und Komponist. Nach Anstellungen u.a. an der Sainte Chapelle in Bourges, am burgundischen Hof und an der päpstlichen Kapelle in Rom war Grenon während der letzten Jahrzehnte seines Lebens in Cambrai tätig. Seit den 1420er Jahren pflegte er intensiven Kontakt zu Guillaume ▸ Dufay. Grenons Werk schließt alle drei Gattungen vokaler Mehrstimmigkeit seiner Zeit ein, ▸ Chanson, ▸ Motette und ▸ Messe.

1399 ist Grenon erstmals dokumentarisch in Paris als Kleriker an der Kathedrale von Notre Dame nachweisbar. Ferner wird er als Nachfolger für das Kanonikat seines verstorbenen Bruders an Saint Sepulchre in Paris bezeichnet, wo er 1401 zum Diakon aufstieg. Spätestens 1403 war er an die Kathedrale von Laon gewechselt, wo er bis 1408 die Chorknaben unterrichtete. Nach einem kurzen Aufenthalt in Cambrai übernahm er 1409 von Johannes ▸ Cesaris an der Sainte Chapelle in Bourges wiederum die Stelle des ›Magister puerorum‹. Spätestens ab August 1412 war er in gleicher Funktion am burgundischen Hof unter Johann ohne Furcht angestellt. Nach dessen Ermordung am 10.9.1419 kehrte Grenon zunächst nach Cambrai zurück. Von 1425–1427 war er an der päpstlichen Kapelle Martins V. Magister puerorum. Danach ließ er sich endgültig in Cambrai nieder, wo er an der Kathedrale bis zu seinem Tod in unterschiedlichen Funktionen tätig war.

Unter den fünf je dreistimmigen erhaltenen französischen Chansons befinden sich drei ▸ Rondeaux, eine ▸ Ballade und ein ▸ Virelai. Im Rondeau *Je suys defait* und im Virelai *La plus belle* wird die klangvolle Oberstimme von einem eher schlichten, begleitenden Contratenor/Tenor-Gerüst getragen. Das Rondeau *La plus jolie* ist weitgehend homophon. Das Rondeau *Se je vous* und die Ballade *Je ne requier* sind komplexer gestaltet. Sowohl der Messensatz (ein Gloria), von dem nur zwei Stimmen erhalten sind, als auch seine Motetten verwenden die Kompositionstechnik der ▸ Isorhythmie. Die vier von Grenon erhaltenen Motetten, von denen drei deutlich italienischen Einfluss widerspiegeln, sind in der strikten Anwendung dieser Technik herausragende Beispiele ihrer Gattung. Grenons Urheberschaft für eine weitere Motette, *Argi vices Polyphemus*, ist umstritten (vgl. Allsen), wenn auch stilistische Gemeinsamkeiten mit seinen übrigen Motetten, insbesondere mit *Nova vobis gaudia*, diese nahe legen.

*Ausgaben*:
Early Fifteenth-Century Music VII, hrsg. von G. Reaney, Neuhausen-Stuttgart 1983 (Corpus mensurabilis musicae 11/VII); *Italian Sacred and Ceremonial Music*, hrsg. von K. von Fischer und F.A. Gallo, Monaco 1987.

*Literatur*:
M.W. Cobin, *The Aosta Manuscript: a Central Source of Early-Fifteenth-Century Sacred Polyphony*, 2 Bde., Diss. Univ. of New York 1978 • C. Wright, *Music at the Court of Burgundy, 1364–1419: a Documentary History*, Henryville/Pennsylvania 1979 • P. Higgins, *Music and Musicians at the Sainte-Chapelle of the Bourges Palace, 1405–1515*, in: Kongreßbericht IMS Bologna 1987, Turin 1990, Bd. 3, S. 689–701 • R. Strohm, *The Rise of European Music, 1380–1500*, Cambridge 1993 • D. Fallows, *A Catalogue of Polyphonic Songs, 1415–1480*, Oxford 1999 • C. Wright, *Grenon*, in: Grove, Bd. 10, 2001, S. 382 • J.M. Allsen, *Grenon*, in: *MGG²*, Bd. 7 (Personenteil), 2002, Sp. 1583f.

SF

**Grimm & Wirsung**
fl. 1517–1526

Grimm & Wirsung waren ein Verlag und eine Druckerei in Augsburg, die von Sigismund

Grimm († Mitte 1531) und Marx Wirsung († 1521) betrieben wurden. Grimm war humanistisch gebildet, führte ab 1496 eine eigene Apotheke und wurde 1507 zum Augsburger Stadtarzt ernannt. Spätestens ab 1502 war Grimm auch im Buchhandel aktiv, ab 1517 auch als Drucker. Wirsung beteiligte sich nur finanziell an dem Unternehmen, das neben religiöser und humanistischer Literatur einen einzigen, dafür umso bemerkenswerten Musikdruck publizierte. Der *Liber selectarum cantionum* (1520) ist eine umfangreiche Sammlung von Motetten im Chorbuchformat, im doppelten Typendruck mit höchstem technischen und ästhetischen Anspruch ausgeführt. Das Repertoire umfasst u.a. Kompositionen von ▸ Josquin Desprez, Heinrich ▸ Isaac und Ludwig ▸ Senfl, der auch als Herausgeber zeichnet. Widmungsträger ist der damalige Erzbischof von Salzburg, Kardinal Matthäus Lang. Das Nachwort stammt von dem Augsburger Stadtschreiber Conrad Peutinger.

*Literatur*:
M. Picker, *Liber selectarum cantionum*, in: *Gestalt und Entstehung musikalischer Quellen im 15. und 16. Jahrhundert* (Wolfenbütteler Forschungen 83), hrsg. von M. Staehelin, Wolfenbüttel 1987, S. 129–167 • St. P. Schlagel, *The ›Liber selectarum cantionum‹ and the »German Josquin Renaissance«*, in: *The Journal of Musicology* 19 (2002), S. 564–615.

ALB

## Grossin, Etienne
fl. 1418–ca. 1430

Der französische Komponist Grossin wurde 1418 unter den Kaplänen von St. Merri in Paris genannt. In einer Quelle vom 16.5.1421 wird er als Sänger an der Kathedrale von Notre Dame bezeichnet und als Priester aus der Diözese Lens beschrieben. Aus diesen Daten sowie aus der Datierung der Handschriften mit Werken Grossins auf Mitte des 15. Jahrhunderts lässt sich seine Wirkungszeit bis etwa 1430 annehmen.

Der überwiegende Teil der von Grossin erhaltenen Kompositionen ist geistlich. Aus den insgesamt immerhin elf ▸ Messensätzen sticht eine Gruppe von vier Sätzen (Kyrie, Gloria, Credo, Sanctus) durch die Verwendung einer vermutlich vokal ausgeführten ›trompetta‹-Stimme als ›contratenor‹ heraus, eine Technik, die sich offensichtlich um 1420 einiger Beliebtheit erfreute. Duo-Partien über jener posaunenartigen Unterstimme wechseln sich in diesen Sätzen mit ›chorus‹-Abschnitten im Chansonstil ab. Diese gemeinsamen Charakteristika legen eine Konzeption als Zyklus nahe. Die beiden von Grossin erhaltenen französischen ▸ Chansons, das ▸ Rondeau *Va t'ent, souspier* und das durchkomponierte Lied *Tres douchement et soutiement* sind vorwiegend homophon. Ähnlich schlicht wie die Chansons ist auch die einzige vollständig erhaltene ▸ Motette Grenons *Imera dat hodierno* angelegt, deren mehrfache Überlieferung ihre offensichtliche Beliebtheit bezeugt.

*Ausgaben*:
*Early Fifteenth-Century Music III* (Corpus mensurabilis musicae 11,III), hrsg. von G. Reaney, o.O. 1966.

*Literatur*:
R.D. Reynolds, *Tres douchement by Grossin*, in: *Musica disciplina* 35 (1981), S. 199–202 • S. Meyer-Eller, *Musikalischer Satz und Überlieferung von Messensätzen des 15. Jahrhunderts: Die Ordinariumsvertonungen der Handschriften Aosta 15 und Trient 87–92* (Studien zur Musik 8), München 1989 • C. Wright, *Music and Ceremony at Notre Dame of Paris*, Cambridge 1989 • R. Strohm, *The Rise of European Music, 1380-1500*, Cambridge 1993 • R.J. Wheat, *The Tuba/Trompetta Repertoire of the Fifteenth Century (France)*, Diss. Univ. of Wisconsin/Madison 1994 • D. Fallows, *A Catalogue of Polyphonic Songs, 1415-1480*, Oxford 1999 • C. Wright, *Grossin*, in: *Grove*, Bd. 10, 2001, S. 441 • M. Calella, *Grossin*, in: *MGG²*, Bd. 8 (Personenteil), 2002, Sp. 87f.

SF

## Ground

Der Terminus tritt am Ende des 16. Jahrhunderts zur Bezeichnung einer ▸ Variationsform in der englischen Virginalmusik auf (meist nur Ground, seltener Variations on a Ground), wird aber auch als Prinzip oder Praxis gebraucht: Über einer sich mehrfach wiederholenden Bassmelodie werden die Oberstimmen verändert. Die Oberstimmen werden entweder nach Art späterer Variationenfolgen von Abschnitt zu Abschnitt variiert, oft unter Beibehaltung des harmonischen Gerüsts, oder das Oberstimmenmaterial wird frei verändert. Die Praxis kann auch in anders bezeichneten Kompositionen auftreten, sie gehört zu den im 16. und 17. Jahrhundert in ganz Europa verbreiteten Ostinato-Techniken. Oft basieren Grounds auf ›tunes‹, d.h. bestehenden Volksliedern, die in der Oberstimme hinzukommen, ebenfalls variiert werden, und deren Titel in der Überschrift angegeben ist. Grounds waren beliebt und finden sich in der Musik für Tasteninstrumente im Œuvre fast aller englischer Komponisten.

## Guami, Gioseffo [Giuseppe I, Gioseffo da Lucca, Josepho]
* 27.1.1542 Lucca, † 1611 ebenda

Gioseffo Guami war ein vornehmlich in Lucca, Venedig und München wirkender Organist und Komponist, dessen Fertigkeiten und Bedeutung durch die Zeugnisse mehrerer zeitgenössischer Musiker und Musiktheoretiker (z.B. Giovanni ▶ Gabrieli, Gioseffo ▶ Zarlino, Vincenzo ▶ Galilei) unterstrichen werden. Außer Gioseffo Guami waren zahlreiche andere Mitglieder der Familie als Musiker aktiv, erlangten aber nicht seine Berühmtheit.

Guami studierte in Venedig im Kreis rund um Adrian ▶ Willaert und ▶ Annibale Padovano. Eine bis heute vermutete Anstellung in der Musikkapelle von S. Marco oder an anderen venezianischen Kirchen ist nicht nachgewiesen – finanzielle Unterstützung erfuhr er durch Luccheser Mäzene, die Händler Gioseffo Bonvisi und Ludovico Penitesi, denen er 1565 sein erstes Madrigalbuch widmete. Nach einer Empfehlung durch Kardinal Otto Truchsess von Waldburg und auf Vermittlung Orlande de ▶ Lassus' wurde Guami spätestens 1568 am Münchner Hof ▶ Albrechts V. angestellt. Er wirkte dort, von Lassus sehr geschätzt, bis 1579 hauptsächlich als Organist und ›capo delli concerti‹.

Nach dem Tod Albrechts kehrte Guami in seine Heimatstadt Lucca zurück (Organist in S. Michele dal Foro). Ab 1585 stand er als ›maestro di capella‹ in Diensten Gian Andrea Dorias in Genua. Im Jahr 1588 ging Guami erneut für längere Zeit nach Venedig: Als erster Organist an S. Marco erfüllte er ein bedeutendes und gut besoldetes Amt. Nichtsdestotrotz trat er im Jahr 1591 ohne die Erlaubnis seiner Dienstgeber zurück, möglicherweise weil ihm nach dem Tod Zarlinos (1590) für den dortigen Kapellmeisterposten Baldassare ▶ Donato vorgezogen worden war. Heimgekehrt in seinen Geburtsort, wirkte er noch 20 Jahre lang als Domorganist und gab sein musikalisches Wissen u.a. an seinen Schüler Adriano ▶ Banchieri weiter.

Guami genoss als Komponist wie auch ausführender Musiker hohes Ansehen. In seinem Dialogo della musica antica e moderna (Florenz 1581) nennt ihn Vincenzo Galilei als einen von lediglich vier Musikern seiner Zeit, die sowohl »gut zu komponieren als auch zu spielen gelernt haben«, wobei er als Organist und Sänger genauso wie als Spieler von Streichinstrumenten hohe Anerkennung fand.

Auch in seinem Schaffen kommt Guamis Vielseitigkeit zum Ausdruck. Es ist durch Experimentierfreudigkeit und Aufgeschlossenheit gegenüber neuen Ideen gekennzeichnet. Das Vokalwerk erfährt im Laufe seines Lebens eine spürbare Weiterentwicklung: Orientieren sich frühe Vokalkompositionen noch an Cipriano de ▶ Rore und Willaert, so zeichnen sich die ab den 1580er Jahren entstandenen Werke u.a. durch eine charakteristische Verbindung Münchner und venezianischer Einflüsse aus (vgl. Schiltz). Ebenfalls eine bedeutsame Stellung nimmt in Guamis Werk die Instrumentalmusik ein, zu deren Verselbständigung er durch den Einsatz neuer Techniken (▶ Basso seguente und ▶ Basso continuo) wesentlich beitrug – ein Weg, der in der Arbeit Banchieris eine Fortsetzung fand.

*Ausgaben*:
Ausgaben von Einzelwerken u.a. in: S. Cisilino (Hrsg.), *Musica sacra*, Bde. 17 und 18, Berlin 1896 (7 Motetten und 1 Messe); *Celebre raccolte musicali venete del cinquecento*, Bd. 1, Padua 1974.

*Literatur*:
A. Bonaccorsi, *Maestri di Lucca: I Guami e altri musicisti*, Firenze 1966. • P. Crabtree, *The vocal works of Gioseffo and Francesco Guami*, Diss. Univ. of Cincinnati 1971 • K. Schiltz, »... ut in somnis istuc advolem«: Gioseffo Guamis Sacrae cantiones (Venedig, 1585) als Rückblick auf seine Münchner Dienstzeit, in: *Die Münchner Hofkapelle des 16. Jahrhunderts im europäischen Kontext*, hrsg. von Th. Göllner, München 2006, S. 274–296.

BEH

## Guarini, Anna ▶ Concerto delle dame

## Guarini, Giovanni Battista
\* 10.12.1538 Ferrara, † 7.10.1612 Venedig

Guarini war seit 1567 Diplomat und Hofdichter (nach 1579 als Nachfolger von Torquato ▶ Tasso) im Dienst des Herzogs Alfonso II. d'▶ Este von ▶ Ferrara. Nach dem Tod Alfonsos II. 1597 ging er an den Toskanischen Hof, 1602–1604 lebte er am Hof von ▶ Urbino. Guarini ist insbesondere durch die sehr erfolgreiche, in zahlreiche Sprachen übersetzte und von ihm so benannte »Tragicommedia« *Il pastor fido* (entst. 1581–1590, gedruckt 1590, aufgeführt Crema und Roncoglione 1596) bekannt. Sie machte die Gattung des Schäferspiels bzw. der ▶ Pastorale, die bereits mit ▶ Tassos *Aminta* (1773) einen Höhepunkt erreicht hatte, in ganz Europa populär. Guarini kritisierte mit seinem Schauspiel die in der zweiten Hälfte des 16. Jahrhunderts dominierende Interpretation der Aristotelischen Poetik, gegen die er auch in dem *Compendio della poesia tragicomica* (Venedig 1601) Stellung nahm. Musikgeschichtlich spielt *Il pastor fido* nicht nur durch viele Opernvertonungen im 17. und 18. Jahrhundert eine Rolle, sondern insbesondere auch durch seine Bedeutung für die Entstehung der Oper um 1600: Wie es bei Pastoralen üblich war, wurde ein hoher Anteil des Textes in Madrigalen vertont, in *Pastor fido* 1640 Verse, d.h. ein Fünftel des Stückes; für die Szene III/2 *Giuoco della cieca* ist es von Guarini selbst bezeugt (Osthoff, S. 317; die Musik ist nicht erhalten). Aus dem pastoralen Genre gingen auch die ersten Opern um 1600 hervor. – Guarini schrieb viele Gedichte im Sinne des Petrarkismus, die für die Vertonung gedacht waren, und vielfach von bedeutenden Komponisten (u.a. Philippe de ▶ Monte, Giaches de ▶ Wert, Giovanni Giacomo ▶ Gastoldi, Carlo ▶ Gesualdo, Adriano ▶ Banchieri, Claudio ▶ Monteverdi) in Musik gesetzt wurden (u.a. *Tirsi morir volea, Parto o non parto*).

*Literatur*:
W. Osthoff, *Theatergesang und darstellende Musik in der italienischen Renaissance*, 2 Bde., Tutzing 1969 • P. Müller, Guarini, in: *Kindlers Neues Literatur Lexikon*, Bd. 7, hrsg. von W. Jens, München 1988, S. 10–11 • A. Pompilio (Hrsg.), *Guarini: la musica, i musicisti*, Lucca 1997.

ES

## Guarino Veronese [Guarini, Guarino]
\* 1374 Verona, † 1460 Ferrara

Guarino war einer der Humanisten und Lehrmeister der ersten italienischen Humanistengeneration. Er weilte von 1403 bis 1408 in Konstantinopel, wo er sich die griechische Sprache aneignete. 1414 gründete er zunächst in ▶ Venedig, dann 1419 mit großem Erfolg in

Verona eine humanistische Privatschule, und war zudem an der Kommune von Verona als Rhetorik-Lehrer angestellt. 1429 trat er in den Dienst der ▸ Este, führte seine Schule in ▸ Ferrara weiter und lehrte seit 1442 an der dortigen Universität. Guarino setzte sich vom mittelalterlichen System des ▸ Quadrivium und ▸ Trivium ab und führte ein dreistufiges Studium ein: Einführung in die Grammatik, Anwendung der Grammatik, Interpretation der Klassiker. Als Pädagoge hatte er Plutarch zum Vorbild.

In Ferrara war Guarino seit 1429 Hauslehrer von Leonello d'Este. Er wirkte darauf hin, dass die Erziehung Adliger auch das ▸ Cantare al liuto als wichtige Aufgabe umfasste, wie es nicht nur Leonello, sondern mehrere Generationen von Adligen nach ihm praktizierten.

*Literatur*:
R. Sabbadini, *Vita di Guarino Veronese*, Genua 1891, Reprint Turin 1964 • P.F. Grendler, *Schooling in Renaissance Italy: Literacy and Learning, 1300–1600*, Baltimore 1989.

## Guerrero, Francisco
\* 4.11.1528 Sevilla,† 8.11.1599 ebenda

Guerrero war ein bedeutender spanischer Komponist des 16. Jahrhunderts. – In früher Jugend wurde Guerrero als Chorknabe an der Kathedrale von Sevilla aufgenommen und erzogen. Seine musikalische Erziehung erhielt er von seinem Bruder Pedro und Cristóbal de Morales. Das Instrumentalspiel der Harfe, des Kornetts, der Orgel, sowie der Vihuela erlernte er als Autodidakt. In Sevilla erlangte er im Alter von 14 Jahren eine Anstellung als *Cantor tiple*.

Vier Jahre später wurde Guerrero in das Amt des *Maestro de Capilla* von Jaén gewählt. Im August 1549 verbrachte Guerrero seinen Urlaub in Sevilla. Von diesem kehrte er jedoch nach Jaén nicht mehr zurück, da ihm in Sevilla eine Stelle als Sängerpräbende in der damals vollendeten Kathedrale angeboten wurde mit Aussichten auf die Stelle des Kapellmeisters. Dort blieb Guerrero bis zu seinem Lebensende angestellt und genoss die besondere Patronage des Kapitels. Während seines Dienstes in Sevilla reiste Guerrero mehrmals nach Italien und im Jahre 1588 sogar nach Jerusalem.

Guerrero war im Gegensatz zu anderen zeitgenössischen spanischen Komponisten nur in Spanien beruflich tätig; dennoch erlangte er schon zu Lebenszeiten internationale Anerkennung. Die Popularität seiner Werke spiegelt sich vor allem in den Orten ihrer Drucke wieder: Löwen, Paris, Rom und Venedig. Sein Schaffen ist vom Umfang her im Prinzip mit Zeitgenossen vergleichbar, mit dem Unterschied, dass Guerrero auch weltliche Vokalwerke komponiert hat, die Texte von bekannten Autoren wie Lope de Vega vertonte.

*Ausgaben*:
Francisco Guerrero: *Opera omnia*, hrsg. von M. Querol Gavaldá u.a., 10 Bde. (Monumentos de la música espanola 16, 19, 36, 38, 43, 48, 51, 52, 56), Barcelona 1955ff.

*Literatur*:
H. Anglés, *Cristóbal de Morales y Francisco Guerrero. Su obra musical*, in: Anuario muscial 9 (1954), S. 56–74 • S.L.R. Rumery, *Music at Seville under a Renaissance Master*, in: American Choral Review 23 (1981), S. 11–17 • R. Stevenson, *Francisco Guerrero (1528–1599): Seville's Sixteenth-Century Cynosure*, in: Inter-American Review 12 (1992), S. 21–98 • M. Zywietz, *Francisco Guerrero*, in: MGG², Bd. 8 (Personenteil), 2002, Sp. 190–196 • Ders., *Musik in der Hofkultur Karls V.* (Druck i. Vorb.).

CHD

## Guglielmo Ebreo da Pesaro [Giovanni Ambrosio]
\* um 1420 Pesaro, † nach 21.4.1484

Guglielmo Ebreo stammt vermutlich aus einer Tänzerfamilie; er ist wahrscheinlich der Sohn des jüdischen Tanzmeisters Moses von Sizilien, und den Beruf des Tanzmeisters übten auch sein Bruder Giuseppe und sein Pierpaolo aus. Wie Antonio ▸ Cornazzano war auch Guglielmo Schüler von ▸ Domenico da Piacenza. Nach seiner Konvertierung zum Christentum (zwischen Oktober 1463 und Mai 1465) nannte er sich auch Giovanni Ambrosio.

Guglielmos Karriere als ›gewerblicher‹ Tanzmeister beginnt 1433. Er dient ausschließlich der Aristokratie seiner Zeit, erhielt höchste Auszeichnungen und Ehrentitel und beeinflusste auch die Aufnahme in den Hofdienst. 1445 bis 1473 stand er im Dienste der Sforza. Seine federführenden Aktivitäten sind belegt für Bologna, Faenza, Forli, Mantua, Mailand, Urbino und vor allem Städte in Norditalien. In dieser Zeit übernahm Guglielmo die Ausrichtung von Tänzen und Festen bei Verlobungen, Hochzeiten, Reisen, Besuchen von Angehörigen oder Abgesandten anderer Häuser. Die Einrichtungen von Festen waren integraler Bestandteil der politischen Intentionen der Höfe und trotzdem oder gerade deshalb auch tänzerische und ästhetische Experimente. Nach dem Tod von Alessandro Sforza (1473) trat der Tanzmeister in den Dienst von Federico da Montefeltro und arbeitete gleichzeitig für Lorenzo de' Medici. Guglielmo starb vermutlich verarmt.

Guglielmos Werke (*De pratica seu arte tripudii*) sind in neun Manuskripten überliefert, die auch die Beschreibungen von Tänzen anderer Tanzmeister enthalten. Im ersten Buch stellt Guglielmo die Theorie des Tanzes vor: Wichtig für die Ausführung eines graziösen, maßvollen Tanzes sind die ästhetischen Prinzipien von ›misura‹, ›memoria‹, ›partire di terreno‹, ›aire‹ oder ›moviemento corpereo‹, also von Rhythmus, geschultem Gedächtnis, Raumbewusstsein und Eleganz. Das zweite Buch, der tanzpraktische Teil, beginnt mit einem Gespräch zwischen Meister und Schüler über die Notwendigkeit, Theorie und Praxis gleichermaßen zu beherrschen. Im Anschluss werden die Tänze verbal beschrieben. Von den ungefähr 200 überlieferten Tänzen aus dem italienischen Repertoire um 1600 sind Guglielmo lediglich neun ▸ Bassedanze, vier Balli und ein Balletto sicher zuzuschreiben.

*Schriften*:
*De pratica Seu arte Tripudii*, hrsg. von B. Sparti, New York 1993; I. Francalangi, *The ›copia di N° Giorgo e del Giudeo di ballare basse danze e balletti‹ as found in the New York Public Libraray*, in: Baseler Jahrbuch für Historische Musikpraxis 14 (1990), S. 87–180.

*Literatur*:
M. Lutz-Malkiewicz, *Guglielmo Ebreo da Pesaro*, in: MGG², Bd. 6 (Personenteil), 2001, S. 212f. • W.A. Smith, *Fifteenth Century Dance and Music*, New York 1995 • W. Salmen, *Der Tanzmeister*, Hildesheim u.a. 1997.

GV

# Gumpelzhaimer, Adam
\* 1559 Trostberg (Oberbayern), † 3.11.1625 Augsburg

Der Musiklehrer, Komponist und Musiktheoretiker war in seiner Zeit insbesondere durch sein *Compendium musicae*, eine musiktheoretische Elementarlehre, berühmt. Heute sind einige seiner deutschen geistlichen Lieder und seiner Motetten in Chormusiksammlungen enthalten.

Gumpelzhaimer besuchte die Klosterschule St. Afra und Ulrich in Augsburg, 1582 immatrikulierte er sich an der Universität Ingolstadt, Daten von Universitätsabschlüssen (er bezeichnete sich 1619 als Magister) und weitere Ausbildungsstätten sind nicht eruierbar. 1581, also bereits vor seinem Studium in Ingolstadt, wurde er Praeceptor und Kantor am evangelischen Gymnasium des ehemaligen Klosters St. Anna, wo er bis zu seinem Tod blieb und sogar den Ruf auf eine renommiertere Stelle, die Nachfolge von Leonhard ▸ Lechner als Kapellmeister am württembergischen Hof, ablehnte. Die Kantorei St. Anna hob er auf ein außerordentliches Niveau, welches das Augsburger Musikleben prägte und von großer Bedeutung für die evangelische Musikkultur in Süddeutschland war. Insbesondere trug er zu einer umfassenden institutionellen Reorganisation der Kantorei bei.

Gumpelzhaimers *Compendium musicae* von 1591 war eine der erfolgreichsten musikalischen Elementarlehren des 17. Jahrhunderts, die bis 1681 13 Auflagen erfuhr. Sie beruht auf Heinrich ▸ Fabers *Compendiolum musicae* (1548) und damit auf der Tradition der musikalischen Elementarlehren, wie sie seit dem ersten Drittel des 16. Jahrhunderts insbesondere im norddeutschen Bereich aufkamen (Nicolaus ▸ Listenius). Gumpelzhaimer vereinigte Fabers lateinisch geschriebene Lehre und deren in Nürnberg 1572 erschienene deutsche Übersetzung (Christoff Rid) und ergänzte sie durch weitere Kapitel sowie einen umfangreichen Anhang mit Musikbeispielen vorwiegend aus eigenen Kompositionen. Die erste Auflage enthält seine vier- und fünfstimmigen *Neuen Teutschen Geistlichen Lieder*.

Gumpelzhaimers Kompositionen bestehen aus mehrstimmigen geistlichen Liedern, ▸ Motetten und ▸ Kanons (z.B. der bekannte, im zeitgenössischen Druck als Kreuz dargestellte Kanon). Er hat wohl als einer der ersten in seinen beiden Liedsammlungen, den dreistimmigen *Neuen Teutschen Geistlichen Liedern [...] nach art der welschen Villanellen* (1591) und seinen oben genannten *Neuen Teutschen Geistlichen Liedern, nach art der Welschen Canzonen* (separat erschienen 1594) die weltlichen italienischen Liedformen ▸ Villanella und ▸ Canzonetta auf die geistliche Gattung übertragen. Beide Sammlungen wurden 1602 wiederaufgelegt, die erste in einer dritten Auflage als *Lustgärtlins Teutsch und Lateinischer Lieder erster Theil* (1611 und 1619), die zweite als *Wirtzgärtlins Teutsch und Lateinischer Geistlicher Lieder, Erster Teil* (1619); beiden Sammlungen ist noch ein *Ander Theil* mit neuen Kompositionen beigefügt. Dazu kommen eine Anzahl weiterer kleinerer Liedsammlungen, darunter *Zwai schöne Weihnachtslieder [...] Gelobet seistu Jesu Christ [...] Vom Himmel hoch da komm ich her*, deren vierstimmige Sätze die in langen Notenwerten in der Oberstimme stehenden Melodien bei polyphonem Gewebe der drei Unterstimmen bringen. Gumpelzhaimers Lieder sind ansonsten überwiegend ohne Cantus firmus komponiert.

Seine Motetten, erschienen in den Sammlungen *Sacrorum concentuum* von 1601 und 1614 sowie *Psalmus Libri* von 1604 ($^2$1619), stehen in der venezianischen Tradition der ▸ Doppelchörigkeit (zwei Chöre zu jeweils vier Stimmen) und basieren überwiegend auf Psalmtexten. Das Motettenbuch von 1614 mit dem Untertitel *cum duplici basso ad organorum usum* ist ein relativ frühes Zeugnis für den auf der ▸ Basso seguente-Praxis beruhenden ▸ Generalbass im deutschen Sprachbereich. – Von Gumpelzhaimers Hand stammen auch zwei Handschriften mit Kompositionen u.a anderem von Christian ▸ Erbach, Hans Leo ▸ Haßler und Philippe de ▸ Verdelot, die jüngst analysiert wurden (R. Charteris, *Adam Gumpelzhaimer's little-known score-books in Berlin and Kraków*, 1996).

Gumpelzhaimer wurde bereits im frühen 19. Jahrhundert im Zuge der Wiederbelebung älterer Musik wiederentdeckt, worauf der Abdruck dreier Kompositionen in der Allgemeinen musikalischen Zeitung von 1812 sowie weitere Publikationen seiner Musik in der ersten Hälfte des 19. Jahrhunderts verweisen. Die Rezeption seiner Musik fand eine Fortsetzung in der Jugendmusikbewegung des 20. Jahrhunderts (34 Stücke in: *Der Kanon* von Fritz Jöde, 1929).

*Ausgaben*:
*Ausgewählte Werke*, hrsg. von O. Mayr mit ausführlicher Einleitung (Denkmäler der Tonkunst in Bayern

10/2), Leipzig 1909; *Neue Teutsche Geistliche Lieder (1591)*, hrsg. von M. Rösler (Geistliche Chormusik 19), Neuhausen-Stuttgart 1973 sowie Faksimile (Schermar-Bibliothek Ulm 39), Stuttgart 1998; *Compendium musicae latino-germanicum (1611)*, Faksimile (Schermar-Bibliothek Ulm 23), Stuttgart 1997.

*Literatur*:
O. Mayr (s. Ausgaben) • T. Altmeyer, *Gumpelzhaimer*, in: *MGG²*, Bd. 8 (Personenteil), 2002, Sp. 274–278.

ES

## Gutenberg, Johannes [Gensfleisch zur Laden]

\* um 1400 Mainz (?), † 3.2.1468 Mainz

Johannes Gutenberg ist der Erfinder des Buchdrucks mit beweglichen Lettern. Seine Biographie ist nur lückenhaft bekannt. Er stammt aus einer Patrizierfamilie, sein Vater Friele Gensfleisch war Handelsherr und Bürger von Mainz. Möglicherweise hat Gutenberg in Erfurt studiert. 1428 verließ der seine Heimatstadt, seit 1434 ist er in Straßburg nachweisbar. Dort war er als Goldschmiedemeister tätig und dürfte aufgrund seiner Kenntnisse von Gußtechniken bereits damals mit dem Buchdruck experimentiert haben. Mehrmals kam er in Straßburg mit dem Gesetz in Konflikt, aus privaten wie auch aus geschäftlichen Gründen. 1448 war Gutenberg wieder in Mainz ansässig. Nachdem er Geld aufgenommen hatte, gründete er eine erste Druckwerkstätte im Hof ›zum Gutenberg‹. Um die weitere Finanzierung und den Aufbau einer größeren Druckerei für das ›Werk der Bücher‹ zu gewährleisten, schloss er 1449 einen Gesellschaftsvertrag mit dem Kaufmann und Advokaten Johann Fust ab, der ihm insgesamt 1.600 Gulden zur Verfügung stellte. Gutenberg begann zunächst mit der Produktion kleinerer Druckwerke wie Kalender und Flugblätter. Erst dann wagte er sich an den Druck der 42-zeiligen *Gutenberg-Bibel*, die den Beginn des Buchdrucks in Europa markiert. Von einer Auflage von ca. 180 Exemplaren haben sich bis heute 49 erhalten, davon 12 Bibeln in Pergament. Die 1.282 Seiten starken Bücher bestechen durch ihre elegante Typenformen, die harmonische Geschlossenheit des Druckbildes sowie durch den hohen handwerklichen Anspruch. Zwölf Drucker, die bis zu sechs Pressen bedienten, arbeiteten etwa drei Jahre lang an dieser erfolgreichen Produktion, die um 1454 abgeschlossen war.

Gleichzeitig entspann sich mit Fust ein Rechtsstreit über die widmungsgerechte Verwendung des gewährten Kredits, der vor Gericht endete und Gutenberg als Verlierer hervorgehen ließ. Das Urteil, das im *Helmaspergersche[n] Notariatsinstrument* dokumentiert ist, verpflichtete Gutenberg nicht nur zur Rückerstattung des Geldes sowie der Abgabe der halben Produktion, sondern auch zur Überlassung der gesamten Werkstatt und ihrer Geräte an seinen Partner. Während Fust zusammen mit dem ehemaligen Gesellen Peter ▸ Schöffer (Vater des gleichnamigen Notendruckers) die Druckerei erfolgreich weiterführte, setzte Gutenberg in seiner ersten Werkstätte seine Tätigkeit im Kleinen einige Zeit fort. Allerdings produzierte er dort nur mehr Gebrauchsdrucke.

Sein restliches Leben verlief turbulent. 1461 aufgrund ausständiger Kreditzahlungen vom kaiserlichen Hofgericht Rottweil geächtet, aus Mainz vertrieben und in Eltville Zuflucht gefunden, fand er erst drei Jahre vor seinem Tod Ruhe. 1465 wurde er aufgrund seiner drucktechnischen Verdienste vom Mainzer Erzbischof zum Hofmann ernannt, wodurch ihm finanzielle Einkünfte und eine sozial gehobenere Stellung zugesichert waren. Sein Grab in Mainz ist nicht erhalten, ebenso wenig eine authentische Abbildung seiner Person. Neuerdings ist seine Totenmaske in der Marktkirche von Halle an der Saale ausgestellt.

Gutenbergs ›Erfindung‹ bestand in der systematischen Nutzung und Weiterentwicklung

Druckerwerkstatt aus der Zeit Gutenbergs, Holzschnitt von Jobst Amman (1568)

damals bereits weitgehend bekannter Techniken, die er für den Druck von Schrift in einen mehrstufigen Arbeitsprozess miteinander kombinierte. Seine eigenständige technische Neuerung betraf die Auflösung des Textes in einzelne Lettern, die er mit einem selbst entwickelten Handgießgerät in beliebig großer Zahl und identischer Gestalt in druck- und formstabilem Metall produzieren konnte. Der seitenweise immer wieder neu zusammengestellte Satzspiegel wurde eingefärbt und mit Hilfe einer Spindelpresse auf angefeuchtetes Papier übertragen. Trotz der neuen technischen Mittel und der damit verbundenen Effizienz und Wirtschaftlichkeit behielt Gutenberg das hohe ästhetische Ideal der Handschriften bei.

Die relativ hohe Auflage und die kostengünstige Erzeugung von Druckwerken ermöglichte den Zugang zum Wissen der Zeit für weitaus breitere Gesellschaftsschichten, als es bislang möglich war, und führte zu einer kulturellen Revolution. Die Buchdruckkunst verbreitete sich in ganz Europa explosionsartig. Bald wurde das neue Medium auch für propagandistische Zwecke genützt und insbesondere für die rasche Zirkulation des reformatorischen Gedankenguts eingesetzt. Für den erst 50 Jahre später in Italien entwickelten ▸ Notendruck war Gutenbergs Technik grundlegend.

Seine Verdienste an der Entwicklung des Buchdrucks wurden nach dessen Tod von einem niederländischen Konkurrenten und der Familie Schöffer zunächst in Frage gestellt und konnten erst im 18. Jahrhundert, insbesondere durch Forschungen des Göttinger Geschichtsprofessors Johann David Köhler, dokumentarisch abgesichert werden. Im 19. Jahrhundert war die Gutenberg-Forschung stark nationalistisch eingefärbt. Mit der Gründung des Gutenberg-Museums in Mainz (1901), dem Gutenberg-Jahrbuch und der Gutenberg-Gesellschaft hat der ›Mann des Jahrtausends‹ seine Institutionalisierung und öffentliche Repräsentation im 20. und 21. Jahrhundert gefunden.

*Ausgaben*:
Faksimile des ›Helmaspergersche[n] Notariatsinstrument[s]‹ und der Göttinger Gutenberg-Bibel: www.gutenbergdigital.de.

*Literatur*:
A. Ruppel, *Johannes Gutenberg: sein Leben und sein Werk*, Berlin 1939, Nieuwkoop ⁴1967 • M. McLuhan, *Die Gutenberg-Galaxis: das Ende des Buchzeitalters*, Düsseldorf und Wien 1968, Bonn 1995 • S. Füssel: *Gutenberg-Forschung. Neunzehnhundert – Zweitausend*, in: Gutenberg-Jahrbuch 2000, S. 9–26 • *Gutenberg, aventur und kunst: vom Geheimunternehmen zur ersten Medienrevolution*, Katalog zur Ausstellung der Stadt Mainz anläßlich des 600. Geburtstages von Johannes Gutenberg, Mainz 2000 • S. Füssel, *Johannes Gutenberg* (Rowohlts Monographien 50610), Reinbek bei Hamburg 2000 • H. Wenzel (Hrsg.), *Audiovisualität vor und nach Gutenberg: zur Kulturgeschichte der medialen Umbrüche* (Schriften des Kunsthistorischen Museums 6), Wien 2001.

ALB

# Guyot de Châtelet, Jean [Castileti]

* um 1515 Châtelet, † 1588 Lüttich

Jean Guyot wurde in einer wohlhabenden Familie in Châtelet geboren. Seine Name ist 1534 in den Matrikeln der Artistenfakultät der Universität von Louvain verzeichnet. Als Mitglied des Collège du Lys erhielt er am 22. März 1537 den Bachelor der Künste. Bis 1546, dem Jahr der Publikation seiner ersten Motetten bei Tylman ▶ Susato in Antwerpen, sind seine Aktivitäten als Musiker, der sich später Castileti nannte, nicht genauer zu bestimmen. 1546 wurde Guyot ›succentor‹ in der Kollegiatkirche Saint-Paul in Lüttich und blieb dort bis 1555. Während dieser Jahre war er sehr produktiv. Er schickte regelmäßig ▶ Motetten und ▶ Chansons an Susato. 1554 bot er dem Publikum ein erzählendes Werk an: die *Minervalia*. Dieses Stück in sieben Akten, das dem Fürstbischof Georg von Österreich gewidmet war, zeigt den mit eleganter Feder schreibenden Gelehrten, der für die Erziehung der Jugend eintritt. Seine vielfältigen Qualitäten, auch seine Verbindungen, zeugen von Guyots exzellenter Stellung, so dass er Dominus Zacharias Gransyre in der musikalischen Kapelle der Kathedrale Saint-Lambert folgen konnte. Am 27. April 1558 wurde Guyot definitiv zum Leiter der Messen für die Herrscher in Saint-Lambert ernannt. In diesen Jahren stand seine Produktion von Musikdrucken zurück. Zweifellos widmete sich Guyot seinen Aufgaben als ›maître de musique‹, umso mehr, als er auch die Stelle des Vorsängers einnahm (von 1559 bis 1561). Trotzdem verließ er Lüttich. 1563 bat er das Kapitel um Erlaubnis, an den Hof Kaiser ▶ Ferdinands nach Wien gehen zu dürfen. Er nahm zwei Musiker mit sich, Jean de Chaynée und Adamus de Ponta, dessen Werke zusammen in den *Novi thesauri musici* von Petrus Joannellus erschienen (1568). Die Aufnahme Guyots bei Ferdinand wurde wahrscheinlich durch die Beziehungen des Herrschers mit Georg von Österreich befördert. Nachdem Guyot im November in Wien angekommen war, wurde er Nachfolger von Pieter Maessens (der ein Jahr zuvor gestorben war). Der Bestand an Kompositionen, über den der Komponist nun verfügte, war bedeutend. Davon zeugen die 12 Motetten zu sechs bis zwölf Stimmen, die in den Büchern der *Novi thesauri musici* publiziert wurden. Guyot hatte 17 bis 18 ›choraux‹ und ›chantres‹ unter seiner Leitung, unter denen sich die Lütticher Musiker Johann von ▶ Cleve, Adamus de Ponta, Jean de Chaynée sowie der flämische Organist Jachet Buus befanden. Aus dieser Zeit datiert auch die Messe auf »Amour au cueur« von Jacobus ▶ Clemens non Papa. Nach dem Tod von Ferdinand installierte sich Maximilian II. in Wien mit seiner eigenen Kapelle, die von Jacobus ▶ Vaet geleitet wurde. Jean Guyot ging nach Lüttich zurück, wo er seine Benefizien trotz seiner Abwesenheit in Wien behalten hatte, da Ferdinand beim Kapitel dies bewirkt hatte. Welche Funktion Jean Guyot nach seiner Rückkehr nach Liège einnahm, ist schwer zu bestimmen. Sicher ist, dass er den Posten als ›succentor‹ an der Kathedrale nicht mehr aufnahm. Zweifellos nahm er eine Stelle als Lehrender an. Diese Hypothese legt die Hommage nahe, die ihm Gerard Hayne und Johannes de ▶ Fossa in seinem Epitaph gaben, und gleichermaßen sein Testament, in dem er die ›duodeni‹ von Saint-Paul begünstigte. Er starb 1588.

Das Werk von Guyot war ziemlich verbreitet. So erschienen seine ▶ Motetten nicht nur in den Sammlungen, die bei Susato und bei Antonio ▶ Gardano gedruckt wurden, sondern sie wurden auch in Form von handschriftlichen Kopien weitergegeben. Seine Chansons verdienen nicht nur deshalb Aufmerksamkeit, weil sie zu den seltenen Beispielen des französischen Liedes im Lütticher Fürstentum gehören (mit denjenigen von Petit Jean de Latre), sondern auch, weil sie gleichermaßen einen

Komponisten zeigen, dessen sorgfältig und mit außerordentlicher Raffinesse komponierte Werke große Wirkung hervorriefen. Der musikalische Stil der Chansons ist durch den Rekurs auf flämische Tradition charakterisiert. Guyot stellte sich deutlich in die Reihe von Nicolas ▸ Gombert und verweigerte sich absolut der Klarheit des homorhythmischen Kontrapunkts, der bei den Franzosen geschätzt wurde. Hingegen wurde die Strenge der polyphonen Dichte durch eine Schreibweise kompensiert, die luftiger als diejenige Gomberts war, in der zahlreiche Stimmverdopplungen die Lebhaftigkeit der Prosodie hervorkehren, durch kraftvollen Ausdruck, mit sehr starker rhythmischer Charakterisierung der Motive, die jedem Vers eine Individualität geben und die trotz der fortwährenden Verwicklung in Imitationen gut wahrnehmbar sind. Diese gelehrte Schreibweise hat ihre Grenzen in den achtstimmigen Chansons, deren kontrapunktische Schwere die kompakten und uniformen Harmonien bestimmt. Seine Motetten haben die gleichen Charakteristika.

*Ausgaben*:
Jean Guyot de Châtelet: *Chansons*, hrsg. von A. Coeurdevey und Ph. Vendrix, Paris 2000.

*Literatur*:
B. Even-Lassmann, *Les musiciens liégeois au service des Habsbourd'Autriche au XVIème siècle*, Tutzing 2006.

PHV

# Gymel
(von lat. ›gemellus‹, zwillingshaft)

Der Begriff dient besonders in englischen Quellen des 15./16. Jahrhunderts zum Bezeichnen der Spaltung einer Stimme des Satzes (die oft Sopran oder Tenor ist) in zwei lagengleiche Stimmen. Ein solcher Gymel-Vermerk war erforderlich, wenn innerhalb einer umfangreicheren Komposition (▸ Messe, ▸ Magnificat o.ä.) eine der in separaten Stimmbüchern (z.B. für Sopran oder Tenor) aufgezeichneten Stimmen sich zu einem ›Duo‹-Abschnitt aufspaltet und die demzufolge gleichzeitig hinzutretende (›Zwillings‹-)Stimme im betreffenden ▸ Stimmbuch erst hinter der weiterlaufenden Stimme aufgezeichnet steht.

Dieser lesetechnisch begründete Notationsvermerk aus den Stimmbüchern wurde dann unvermittelt auch zum Namen jener hinzutretenden Stimme. Allerdings lassen viele dieser Belege keine präzise semantische Unterscheidung zwischen bloßem Hilfshinweis für die ausführenden Sänger und tatsächlicher Stimmenbezeichnung zu.

In einer nächsten Bedeutungsübertragung konnte sich Gymel schließlich auf den durch jene Spaltung entstandenen zweistimmigen Satz zumal in einer satztechnischen Besonderheit beziehen, die ihm oft eigen ist: nämlich die Parallelführung der beiden Stimmen in Terzen oder Sexten (so im Traktat des Guilielmus Monachus, *Corpus scriptorum de musica*, Bd. 11, S. 30, 38f.). Das Ausweiten dieser Wortbedeutung auf einen »Gymel-Stil«, wie ihn die Forschung zuweilen bei Sätzen mit Bevorzugung solcher Intervalle konstatierte, begünstigt jedoch Mißverständnisse.

*Literatur*:
Kl.-J. Sachs, *Gymel*, in: $MGG^2$, Bd. 3 (Sachteil), 1995, Sp. 1731–1734 • Ders., Gymel, in: *Handwörterbuch der musikalischen Terminologie*, hrsg. von H.H. Eggebrecht (2001).

KJS

## Harfe

So wie die Musik sich im Laufe des 15. und 16. Jahrhunderts wandelte und die Ausweitung des Tonumfangs und der chromatischen Möglichkeiten eines Instruments forderte, veränderten sich auch die Harfen, um sich dieser Entwicklung anzupassen. Am Ende der Renaissancezeit existierte eine Vielzahl von Harfentypen nebeneinander, die zum Teil große regionale Unterschiede aufwiesen.

Die Harfe des Mittelalters war ein diatonisches Instrument von kompakter Gestalt. Um 1400 wurde es notwendig, die Form der mittelalterlichen Harfe zu überarbeiten, um längere und damit tiefere Saiten aufziehen zu können und so den Tonumfang zu vergrößern. Die Harfe wirkte nun insgesamt schmaler und länger. Die Säule bzw. Vorderstange ist gerade oder nur noch leicht geschwungen, der Resonator bleibt flach und schmal. Am unteren Ende der Saiten sind im Resonanzkörper Holzstifte, so genannte Schnarrhaken, angebracht, die einen längeren und lauteren Ton erzeugen. Der Umfang beträgt ca. 24 Saiten, die meist aus Darm hergestellt sind, und die Höhe der Harfe liegt bei ungefähr einem Meter. Der Harfenhals (die obere Verbindung zwischen Säule und Resonanzkörper) entspricht einem liegenden Halbkreis und läuft an beiden Seiten in spitzen oder gebogenen Enden aus. In Anlehnung an die zeitgenössischen Bauformen wird dieser Typus als gotische Harfe bezeichnet.

Es sind einige Renaissanceinstrumente erhalten: In Eisenach befindet sich eine reich verzierte gotische Harfe aus Tirol, die in das 15. Jahrhundert datiert wird. Zwei weitere Exemplare aus dem 16. Jahrhundert werden an der Universität Leipzig und im Germanischen Nationalmuseum in Nürnberg aufbewahrt. Abbildungen gotischer Harfen sind in den Schriften der Theoretiker Sebastian ▶ Virdung (1511), Martin ▶ Agricola (1532) und Heinrich ▶ Glarean (1547) enthalten. Als Zeugnisse dienen außerdem zahlreiche ikonographische Quellen (z.B. der Genter Altar der van ▶ Eyck-Brüder, ein Stich von Israel van Meckenem, Tafelbilder von Stephan Lochner und Hans Memling). Diese zeigen die Harfe häufig in biblischem Kontext als Instrument des Königs David oder in den Händen von musizierenden Engeln an der Seite der Jungfrau Maria mit dem Jesuskind. Die Harfe zählte ihres zarten, unaufdringlichen Klanges wegen zu der Gruppe der ›bas‹-Instrumente und wurde deshalb als besonders passend für die Huldigung der Jungfrau angesehen. Im alltäglichen Leben der Renaissance hatte die Harfe ihren Platz bei höfischen und kirchlichen Feiern. Harfenisten waren bei vielen Anlässen gefragt, wie z.B. bei Maskenzügen, Prozessionen, Tanzfesten und Tafelmusik; sie beherrschten oft mehrere Instrumente. Seit dem 15. Jahrhundert sind etliche von ihnen namentlich belegt (vgl. Zingel, 1932, S. 228–231).

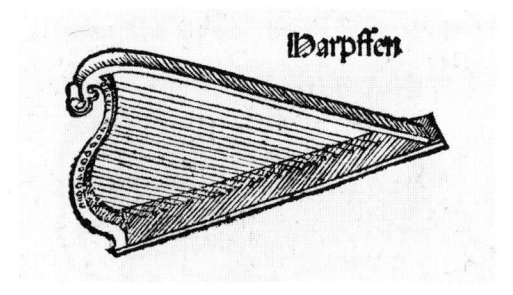

Gotische Harfe, aus: Sebastian Virdung, *Musica getutscht*, Basel 1511, Faksimile Kassel 1970.

Eine Sonderstellung in der Harfengeschichte nimmt die Harfe auf den britischen Inseln ein. Sie unterscheidet sich in ihrer Bauweise deutlich von den kontinentaleuropäischen Instrumenten. Es haben sich zwei regionale Gruppen herausgebildet – die walisische sowie die schottisch-irische. Die Harfen aus Wales besitzen Schnarrhaken, sind mit Saiten aus Pferdehaar bespannt und haben eine Decke aus Pferdehaut über dem Resonator. Bis weit ins 17. Jahrhundert hinein wurden diese Harfen gespielt, für die schon im 14. und 15. Jahrhundert Barden und Wanderharfner ihre Musik komponierten. Einige dieser Lieder sind im *Robert ap huw*-Manuskript (GB-Lbl Add. 14905) überliefert, aufgezeichnet in Tabulatur und versehen mit Spielanweisungen und Fingersätzen. In Irland und Schottland hieß die Harfe ›Cláirseach‹ bzw. ›Clàrsach‹. Ihre Form war gedrungener und stabiler als die der auf dem Festland verbreiteten gotischen Harfen.

Aus dem 15. Jahrhundert sind zwei Instrumente erhalten: die ›Queen Mary harp‹ und die ›Lamont harp‹, die beide im Royal Museum of Scotland in Edinburgh aufbewahrt werden. Auffallend sind der große, flache Resonanzkasten, der als Ganzes aus einem Stück Holz ausgehöhlt wurde, die Metallbesaitung (die eine Spielweise mit den Nägeln erforderte), Verstärkungen aus Metall am Hals sowie eine stark nach außen geschwungene Säule. Dadurch erreichten diese Harfen eine große Lautstärke und einen glockenartigen Ton.

Im Laufe des 16. Jahrhunderts stellte sich den Harfenisten vermehrt das Problem, dass sie chromatische Töne für Kadenzen nutzen wollten, was auf den bislang diatonischen Harfen nur begrenzt möglich war. Der spanische Theoretiker Juan ▸ Bermudo beschrieb 1555 in der *Declaración de instrumentos musicales* diesbezüglich die Technik des damals berühmten Harfenisten ▸ Ludovico. Demnach konnten Halbtöne erzeugt werden durch das so genannte Abgreifen, d.h. durch das Verkürzen der Saite mit dem Daumen nahe am Hals oder nahe am Resonanzkörper. Möglich war auch das Umstimmen einzelner Saiten zu den benötigten Akzidentien sowie das von Bermudo vorgeschlagene Hinzufügen von sechs chromatischen Saiten für die Oktavklauseln. Die Unzulänglichkeit der diatonischen Harfen führte ab Mitte des 16. Jahrhunderts zu weitgehenden baulichen Veränderungen, an deren Ende die vollchromatischen mehrreihigen Harfen standen, allerdings mit regional unterschiedlichen Lösungen betreffs der Anordnung der Saiten.

In Spanien entwickelte sich die ›arpa de dos órdenes‹, deren Name seit Mitte des 17. Jahrhunderts belegt ist, die jedoch den schriftlichen und musikalischen Quellen nach zu schließen schon im 16. Jahrhundert entstanden sein muss (vgl. Bordas in: Rosenzweig). Es sind allerdings keine Instrumente aus dieser Zeit erhalten geblieben. Als ein Erfinder dieser Harfenform wird der Instrumentenbauer Juan de

Carrión (gest. 1606) genannt. Charakteristisch für die ›arpa de dos órdenes‹ sind ihre zwei gekreuzten Saitenreihen, wobei die chromatische Reihe die diatonische von rechts unten nach links oben kreuzt (vom Spieler aus gesehen) und wie bei den Tasteninstrumenten in Gruppen von 2 – 3 – 2 usw. Saiten angeordnet ist. Die rechte Hand spielt nahe am Hals und erreicht die chromatischen Saiten, indem sie durch die diatonische Reihe hindurchgreift. Die Harfe wird im Stehen gespielt und hat einen großen, zusammengeleimten Resonanzkörper mit Schalllöchern in der Decke.

Aus dem 16. Jahrhundert sind eine Reihe an spanischen Kompositionen überliefert. Das erste bekannte, ausdrücklich für Harfe komponierte Stück ist das *Tiento IX, Cifras para harpa y órgano* von Alonso ▸ Mudarra, veröffentlicht 1546 in den *Tres libros de música en cifras*. Weitere Musik für Harfe ist zu finden in den Sammlungen von ▸ Venegas de Henestrosa (*Libro de cifra nueva para tecla, arpa y vihuela*, 1557) und von Antonio de ▸ Cabezón (*Obras de música para tecla, arpa y vihuela*, 1578). Die Harfe wird hier den Tasteninstrumenten und der ▸ Vihuela (der damaligen sechssaitigen spanischen Gitarre) gleichgestellt, d.h. diese drei Instrumente erfüllten die gleichen Funktionen und waren untereinander austauschbar. Die Einsatzmöglichkeiten für die Harfe waren zahlreich, sowohl als Teil des Continuo wie auch als Soloinstrument zur Begleitung von Tänzen, in kirchlichem wie in höfischem Rahmen.

Während die ›arpa de dos órdenes‹ sich auf die iberische Halbinsel beschränkte, breitete sich ein anderer Typus über ganz Europa von Italien bis England aus: Harfen mit zwei oder drei parallelen Saitenreihen, genannt ›arpa doppia‹. Erste schriftliche Hinweise auf mehrreihige Instrumente finden sich bei Johannes ▸ Cochlaeus (*Tetrachordum musices*, 1511), der von einer dreireihigen Harfe in England berichtet, und bei Vincenzo ▸ Galilei. Dieser beschreibt 1581 im *Dialogo della musica antica e della moderna* eine zweireihige Harfe. Dort sind die chromatischen Töne so angeordnet, dass sie sich im Diskant links und im Bass rechts der diatonischen Reihe befinden. So hatte zwar jede Hand die diatonischen Saiten frei zugänglich zur Verfügung, aber es gab Probleme an der Bruchstelle. Ein Beispiel ist die prächtig verzierte ›L'arpa di Laura‹ (Galleria e Museo Estense, Modena), die 1581 in Rom für die am Hof des Herzogs von Ferrara tätige Harfenistin Laura ▸ Peverara gebaut wurde. Eine weitere ›arpa doppia‹ wird im Museo Civico in Bologna aufbewahrt und auf das Ende des 16. Jahrhunderts datiert.

Das Problem der Bruchstelle wurde mit der dreireihigen Harfe gelöst, bei der zwei diatonische Reihen eine chromatische Reihe umschließen. Diese ist wahrscheinlich um 1600 in Neapel entstanden und im frühen 17. Jahrhundert erstmals ikonographisch belegt in den Gemälden von Domenichino. Neapel war ein wichtiges Harfenzentrum dieser Zeit. Es stand unter spanischer Herrschaft, was den Austausch von Musikern begünstigte. So kam Ludovico (s.o.) wahrscheinlich aus Neapel, bevor er in Spanien als Harfenist tätig wurde. In Neapel selbst war Gian Leonardo Mollica, genannt ▸ Dell'Arpa (gest. 1602), der führende Harfenspieler. Er wird in vielen Quellen lobend erwähnt, wobei besonders seine Technik hervorgehoben wird, mit der er schwingende Saiten abdämpfte, um Dissonanzen zu vermeiden. Auch viele seiner Schüler und Nachfolger wurden bekannte Harfenisten. Gedruckte Harfenliteratur ist seit dem Beginn des 17. Jahrhunderst erhalten. Dazu zählt unter anderem der Harfenpart in Monteverdis *L'Orfeo*.

Chromatische Harfen waren in Europa bis ins 18. Jahrhundert in Gebrauch, verschwanden dann jedoch allmählich, während sich mit der Erfindung von Haken- und Pedalharfen neue Möglichkeiten ergaben, Halbtöne zu erzeugen. Heute erleben die Renaissanceharfen ein wachsendes Interesse im Zuge der historischen Aufführungspraxis. Einige Harfenbauer haben sich auf den Nachbau der alten Instrumente spezialisiert.

*Literatur*:
H.J. Zingel, *Harfe und Harfenspiel vom Beginn des 16. bis ins zweite Drittel des 18. Jahrhunderts*, Halle 1932 • R. Rensch, *Harps and Harpists*, Bloomington 1989 • H. Rosenzweig (Hrsg.), *Historische Harfen. Beiträge zur Theorie und Praxis historischer Harfen*, Basel 1991 • S. Sowa-Winter (H.J. Zingel), *Harfen*, in: *MGG*², Bd. 4 (Sachteil), 1996, Sp. 39–116 • J. Rimmer u.a., *Harp*, in: *Grove*, Bd. 10, 2001, S. 881–929.

CV

**Haßler [Hasler, Hassler, Haslerus], Hans [eigentl. Johann] Leo und Familie**
getauft 26.10.1564 Nürnberg, † 8.6.1612 Frankfurt

Die Mitglieder der deutschen Musikerfamilie Haßler zählten nicht nur zu den wichtigsten Musikern ihrer Zeit im süddeutschen Raum, sondern die Familie verstand es auch, ihre wirtschaftliche Macht durch Handel und den Verleih von Geld in politischen Einfluss umzusetzen. Stammvater war der um 1530 in Böhmen geborene Isaak Haßler († 1591). Seine Eltern stammten aus Nürnberg und hatten sich 1526 im böhmischen Joachimsthal niedergelassen, wo der Vater als Edelsteinschleifer tätig war. Einer der Lehrer Isaaks an der Schule in Joachimsthal war der dortige Rektor Johann Matthesius, der als der erste Biograph Martin ▸ Luthers gilt. Ein weiterer Lehrer war der Kantor Nicolaus Hermann, der vor allem als Kirchenliedichter von musikhistorischer Bedeutung ist. Mit Matthesius und Hermann wuchs Isaak Haßler in einer vom Luthertum geprägten theologischen wie auch musikalischen Tradition auf. Anfang 1554 zog er nach Nürnberg zurück und erwarb dort im Juni 1555 das Bürgerrecht. Er arbeitete als Edelsteinschleifer und erlangte auch bald eine Reputation als Musiker. Von 1558 bis zu seinem Tod im Jahre 1591 wirkte er als Nachfolger Georg Selneckers an der Spitalkirche. Es sind keine Kompositionen von ihm erhalten. Von seinen 9 Kindern (5 Söhne und 3 Töchter) wurden drei Musiker.

Der älteste von ihnen ist Kaspar Haßler (1562–1618), der als Organist und Musikherausgeber von Bedeutung ist. Er erhielt seine musikalische Ausbildung wohl durch seinen Vater und trat 1586 eine Stellung als Organist an der Nürnberger Egidienkirche an, die er von Hans Haiden übernahm, der wenig später sein Schwiegervater werden sollte. Im Mai 1588 heiratete Kaspar Haßler dessen Tochter Hester Haiden. Mit ihr hatte er 13 Kinder, von denen ein Sohn (Johann Benedikt, 1594 – nach 1646) ebenfalls musikalisch tätig war und als Organist an der Liebfrauenkirche belegt ist.

Kaspars Tätigkeit an St. Egidien dauerte nur ein Jahr. Bereits 1587 wurde er zum Organisten an der St. Lorenzkirche berufen und wurde schließlich 1616 zum Organisten an St. Sebaldus bestallt. Dies ist ein kontinuierlicher Aufstieg, der ihm letztendlich die renommierteste unter den Nürnberger Organistenstellen einbrachte. Nicht unwichtig dürften dabei sein Ansehen in seiner Heimatstadt sowie insbesondere seine Wertschätzung durch die ▸ Fugger-Familie in Augsburg gewesen sein, die ihn beständig förderte. Kaspar verbrachte längere Zeit in Augsburg (1587–1588, 1614, 1616), was ihm einigen Ärger mit dem Nürnberger Stadtrat einbrachte, und er konnte nur mit Mühe dem Gefängnis entgehen.

1595 wurde er gemeinsam mit seinen Brüdern durch Kaiser ▸ Rudolf II. in den Adelsstand aufgenommen; 1604 erhielt er überdies das Privileg zum Waffentragen, eine Auszeichnung, die weniger auf seine musikalische Tätigkeit als auf seine kaufmännischen Transaktionen zurückzuführen sind. Gemeinsam mit seinen Brüdern machte er Geschäfte im Silberhandel und Bergwerkswesen, außerdem betätigte er sich als Geldverleiher. Zudem unterhielt er, vermittelt durch seinen Bruder Jakob, wirtschaftliche wie musikalische Verbindungen zur Familie der Hohenzollern in Hechingen.

Neben seinen organistischen Verpflichtungen war Kaspar Haßler auch ein angesehener Orgelgutachter. 1595 wurde er gemeinsam mit seinem Bruder Hans Leo und weiteren führenden Organisten seiner Zeit, wie Michael ▶ Praetorius, Thomas Mancinius und ▶ Joachim a Burck zur Orgelweihe nach Gröningen eingeladen. Außerdem konsultierte man ihn 1607 beim Neubau der Orgel in St. Egidien (Nürnberg) und 1617 beim Bau der Domorgel in Würzburg. Überdies überwachte er 1617 auch die Renovierung seiner eigenen Orgel in St. Sebaldus.

Während von seinen Kompositionen nur eine vierstimmige Orgelfantasie in deutscher ▶ Orgeltabulatur überliefert ist (ediert in Denkmäler der Tonkunst in Bayern VII, 1903), liegt Haßlers musikhistorische Bedeutung vor allem im Bereich seiner Editionen von Werken italienischer wie deutscher Zeitgenossen. Seine Sammeldrucke (RISM 1598[2], 1600[1], 1600[2], 1613[1]) enthalten u.a. Werke von Giovanni und Andrea ▶ Gabrieli, Luca ▶ Marenzio, Claudio ▶ Merulo, Orazio ▶ Vecchi und deutschen Komponisten wie Gregor ▶ Aichinger und seinem Bruder Hans Leo Haßler. Er war damit maßgeblich an der Verbreitung italienischer und vor allem venezianischer Musik und venezianischer Techniken wie der ▶ Mehrchörigkeit im deutschen Raum beteiligt (vgl. zusammenfassend Beer). Ein wichtiges Vorbild für Haßler waren dabei wohl Friedrich ▶ Lindner, der bereits vor ihm ähnliche Anthologien mit italienischer Musik ediert hatte, sowie sein Bruder Hans Leo, der selbst eine Weile in Venedig gelebt und studiert hatte. Jüngster Vertreter der Familie Haßler ist der 1569 geborene Jakob († 1622). Nach seiner musikalischen Ausbildung durch den Vater wurde er Stadtpfeifferlehrling in Augsburg. 1590 erhielt er ein Stipendium von Christoph Fugger zum Studium in Italien. Er studierte vermutlich, wie zuvor schon sein älterer Bruder, in Venedig. Nach seiner Rückkehr wurde er zum Kammerorganisten Christoph Fuggers berufen und 1595, zusammen mit seinen Brüdern durch Kaiser Rudolf II. in den Adelsstand erhoben.

Wie seine Brüder verfolgte auch Jakob neben seinen musikalischen Diensten eine Karriere als Händler und Unternehmer. Sein geregeltes Leben wurde allerdings jäh unterbrochen, als er einen unehelichen Sohn zeugte und sich zunächst weigerte, die Mutter zu heiraten. Nachdem man ihn auch eines Abtreibungsversuchs bezichtigt hatte, wurde er zunächst inhaftiert, jedoch konnte das Einschreiten seines Bruder Hans Leo (und dessen gesellschaftlicher Einfluss) eine längere Inhaftierung verhindern.

1597 trat er einen Posten als Hoforganist bei Graf Eitelfriedrich IV. von Hohenzollern in Hechingen an, wohl auch, um sich der immer noch schwelenden juristischen Konflikte zu entziehen. Nachdem er sich erfolglos um den Posten als Stadtmusiker in Augsburg beworben hatte (er hatte gehofft, dort die Nachfolge seines Bruders antreten zu können), wurde er schließlich 1606 kaiserlicher Kammerorganist in Prag.

Nach dem Tod Kaiser Rudolfs II. im Jahre 1612 verringerten sich seine Dienstpflichten und er setzte sich schließlich 1614 in Eger nieder, wo er sich an einem Minenunternehmen beteiligte. Um den beginnenden Tumulten des 30jährigen Krieges in Böhmen zu entkommen bewarb er sich 1620 um einen Posten in Augsburg, blieb aber erfolglos.

Jakob Haßler veröffentlichte zahlreiche Vokalwerke, die jedoch qualitativ wie quantitativ hinter denen seines Bruders Hans Leo zurückbleiben. Daneben sind einige Werke für Tasteninstrumente erhalten, die, wie die Hans Leos, nur in Manuskripten überliefert sind.

Hans Leo Haßler war zweifellos das prominenteste Mitglied der Musikerfamilie Haßler. Er war Isaaks Sohn und Kaspars um zwei Jahre jüngerer Bruder. Auch er erhielt seine erste musikalische Ausbildung bei seinem Vater in Nürnberg, dem er, wie er im Vorwort zu den *Cantiones Sacrae* (1591) hervorhebt, die Gewandtheit seiner Finger verdankt. Während seiner Zeit in Nürnberg dürfte er auch in Kontakt zu dem Komponisten Leonhard ▸ Lechner gekommen sein. Er brach jedoch bald zum Studium nach Italien auf und hielt sich 1584/1585 in Venedig auf. Dieser Entschluss könnte ebenfalls von dem bereits erwähnten Friedrich Lindner, Kantor an St. Egidien, gefördert worden sein, da er selbst in engem Kontakt zu Musikern in Italien stand.

In Venedig wurde Haßler Schüler von Andrea Gabrieli, bei dem er Orgel und Komposition studierte. Während seines Aufenthalts wird er auch in Kontakt zu anderen Musikern wie Gioseffo ▸ Zarlino, Merulo und Giovanni ▸ Gastoldi gekommen sein. Außerdem machte er die Bekanntschaft mit dem Neffen seines Lehrers, Giovanni Gabrieli, mit dem er in den folgenden Jahren engeren Kontakt hielt. Haßlers Reputation als exzellenter Musiker verbreitete sich schnell, so dass er 1585 nach Augsburg eingeladen wurde, um bei der Hochzeit von Ursula Fugger und Kaspar von Megau die Orgel zu spielen.

1600 komponierte Haßler gemeinsam mit seinem venezianischen Studienfreund Giovanni Gabrieli eine Hochzeitsmotette für den in Venedig ansässigen Nürnberger Händler Georg Gruber. Im Gegenzug veröffentlichte Gruber nach dem Tod der beiden Komponisten eine Sammlung mit 62 sechs- und mehrstimmigen Motetten unter dem Titel *Reliquiae sacrorum concentum* (Nürnberg 1615[2]), die u.a. 20 Motetten von Hans Leo Haßler, 19 von Giovanni Gabrieli sowie eine von Jakob Haßler enthielt.

Nach dem Tod Andrea Gabrielis verließ Haßler gegen Ende 1585 Italien und übernahm Anfang Januar 1586 die Position eines Kammerorganisten bei Octavian Fugger II. Er behielt diese Stellung für 15 Jahre und komponierte in dieser Zeit einen Großteil seiner wichtigsten Vokalwerke.

1596 wurde er gemeinsam mit seinem Bruder Kaspar (und 51 weiteren Organisten) zur Orgelprobe nach Gröningen eingeladen (s.o.). Hans Leo Haßler hatte nicht nur ein großes Interesse am Orgelbau, sondern er konstruierte auch selbst mechanische Musikinstrumente, die er erfolgreich verkaufte. Eine dieser mechanischen Orgeln erwarb Kaiser Rudolf II.

1597 versuchte Landgraf Moritz von Hessen, der selbst komponierte und der erste Förderer des jungen Heinrich Schütz war, Haßler abzuwerben, was ihm jedoch ebenso misslang wie ein weiterer Abwerbeversuch durch den dänischen Hof. Erst nach dem Tod Octavians II. verließ Haßler Augsburg. Nach dem Tod seines Dienstherrn hatte er kurzzeitig die Leitung der Stadtmusik in Augsburg übernommen, gab den Posten aber bald wieder auf und kehrte in seine Geburtsstadt Nürnberg zurück, wo er 1601 zum städtischen Musikdirektor berufen wurde. 1602 ernannte ihn Kaiser Rudolf II. zum ›kaiserlichen Hofdiener‹. In Nürnberg übernahm Haßler zusätzlich das Amt des Organisten an der Frauenkirche. Dieses Amt versah er jedoch nur für vergleichsweise kurze Zeit. Bereits 1604 ließ er sich für ein Jahr beurlauben und heiratete in Ulm Cordula Kraus, die Tochter einer angesehenen Händlerfamilie. Nach Ende seiner Freistellung in Nürnberg kehrte er nicht zurück, sondern ließ sich in Ulm als Händler nieder, erhielt 1607 das dortige Bürgerrecht, und trat im folgenden Jahr der Kaufmannszunft bei.

Wenngleich Haßler auch weiterhin musikalisch tätig war (jedoch ohne ein offizielles Amt zu versehen), so wird doch deutlich, dass durch die Heirat in eine angesehene Kaufmannsfamilie und Mitgliedschaft in der Kaufmannszunft nun vor allem die merkantilen Interessen Haßlers im Vordergrund standen.

Das Blatt wendete sich ein letztes Mal, und in der zweiten Hälfte des Jahres 1608 trat er die Stellung eines kurfürstlichen Kammerorganisten am Dresdner Hof unter Christian II. an; hier war er zudem verantwortlich für die Instrumentensammlung und die Verwaltung der Musikbibliothek. Nur für kurze Zeit übernahm er auch die Aufgaben eines Kapellmeisters. Jedoch starb er im Jahre 1612, als er sich im Gefolge des sächsischen Kurfürsten Johann Georg I., des Nachfolgers Christians, bei der Krönung Kaiser Matthias' I. in Frankfurt aufhielt. Ein Orgelentwurf, den er noch kurz vor seinem Tod für die Dresdner Schlosskapelle angefertigt hatte, wurde später durch den Orgelbauer Georg Fritzsche umgesetzt.

Haßlers stilistische Entwicklung ist von mehreren Einfluss-Sphären geprägt. Die früheste Phase steht noch ganz in der protestantischen Tradition des Vaters und dem damit eng verbundenen lutherischen Choral. Durch die Bekanntschaft mit Lechner und Lindner kam Haßler in Kontakt mit dem spätfrankoflämischen Stil (▸ frankoflämische Musik) sowie mit neueren italienischen Techniken wie der Mehrchörigkeit, die er dann bei seinem Studium in Italien vertiefen konnte. Jedoch lösten sich die Phasen von Haßlers Entwicklung nicht ab, sondern er bemühte sich zeitlebens, die verschiedenen stilistischen Einflüsse zu einem Personalstil zu amalgamieren.

Dies zeigt sich etwa in den lateinischen Messkompositionen (▸ Messe), die wohl zunächst für die katholische Fuggerfamilie komponiert, dann aber auch in den protestantischen Gegenden Deutschlands rezipiert wurden. In den Messen verbindet Haßler Einflüsse der spätfrankoflämischen Polyphonie (charakterisiert durch eine konsequente Durchimitation der Stimmen und die meisterhafte Beherrschung polyphoner Techniken) mit ausgeprägt homophonen Passagen mit deutlicher Textdeklamation. Haßlers Stil ist hier vor allem an dem Vorbild der Messen und Motetten Orlande de ▸ Lassus' geschult. Die Phrasen in den Messensätzen sind relativ kurz und durch deutliche Kadenzierung abgeriegelt. Drei der Messen sind Parodiemessen, die auf eigenen Motetten Haßlers beruhen. Aber auch die übrigen zeigen Tendenzen der zyklischen Vereinheitlichung, indem der Komponist die einzelnen Mess-Sätze durch motivisch verwandte Anfänge miteinander verknüpft.

In technischer wie stilistischer Hinsicht den Messen verwandt sind die lateinischen ▸ Motetten. Auch hier findet sich die charakteristische Verknüpfung von polyphoner Durchkomposition und sprachgezeugter homophoner Deklamation. Insgesamt sind seine Motetten durch eine eher zurückhaltende Form der Textinterpretation charakterisiert. Er vermeidet zumeist plakative Effekte und vertraut mehr auf eine deutliche Textdeklamation. Dennoch finden sich einige Motetten, wie etwa das *Ad Dominum, cum tribularer*, in denen er durch chromatische Fortschreitungen und eine geschärfte Harmonik den zugrunde liegenden Text eindrücklich nachzeichnet.

Die protestantischen Liedkompositionen Haßlers, die er 1607 in der Sammlung *Psalmen und Christliche Gesäng* für den Gebrauch im lutherischen Gottesdienst veröffentlicht hat, basieren auf Chorälen der lutherischen Tradition, die imitierend (»fugweis«) gesetzt sind. Hervorgehoben seien etwa die mehrteiligen Motetten zu Chorälen wie *Vater unser in Himmelreich* oder *Ach Gott, vom Himmel*, in denen, ähnlich einer vokalen Choralpartita, jede einzelne Strophe mit einer unterschiedlichen Satztechnik verarbeitet wird. Der Charakter der Sammlung ist konservativ und spiegelt in seiner streng durchimitierten Form und der Verwendung kanonischer Techniken weniger Haßlers eigene Erfahrungen in Italien als vielmehr etablierte Satzweisen protestantischer Kirchenmusik aus der zweiten Hälfte des 16. Jahrhunderts. Erst Michael Praetorius gelang später es in seinen Veröffentlichungen, italienische Mehrchörigkeit mit den Traditionen lutherischer Choralsätze zu vereinen. Andererseits hat die ›klassische‹ Form der Sätze Haßlers, die in ihrer Abgeklärtheit durchaus als protestantisches Pendant zum Palestrinastil verstanden werden können, dazu geführt, dass Johann Philipp Kirnberger die Sammlung 1777 in einer Neuausgabe als Modell für den Satz von Chorälen vorlegte.

1608 publizierte Haßler mit seiner Sammlung *Kirchengesäng* ein umfangreiches Kompendium von einfachen Kantionalsätzen zu protestantischen Kirchenliedern, die in der Tradition von Lucas ▶ Osianders *Fünffzig geistliche Lieder und Psalmen* (1586) stehen. Die Melodie liegt jeweils in der Oberstimme und wird von einem zumeist homorhythmischen Satz begleitet.

So konservativ Haßlers Choralsätze sind, so modern und ›italienisch‹ geben sich seine weltlichen Kompositionen. Er komponierte ▶ Canzonetten, italienische ▶ Madrigale, durchkomponierte Lieder und homophone Tanzlieder, wie das Lied *Tanzen und Springen*, das noch heute in zahlreichen Liederbüchern abgedruckt ist.

Neben den italienischen Vorbildern lassen sich auch Einflüsse deutscher Liedtraditionen festmachen, jedoch ist der italienische Einfluss durchweg stärker. Dies zeigt sich auch in den von Haßler verwendeten Texten, bei denen es sich zum Teil um vom Komponisten wohl selbst angefertigte Übersetzungen italienischer Texte (u.a. von Torquato ▶ Tasso und Giovanni Battista ▶ Guarini) handelt, zum Teil aber auch um Neudichtungen, die auf diese Vorbilder rekurrieren (so etwa in *Neüe teütsche Gesang* [1596] und *Lustgarten* [1601]). Der überaus populäre und weit verbreitete *Lustgarten* enthält überdies achtstimmige Lieder für zwei Chöre und instrumentale Intraden, die deutlich Haßlers kompositorische Erfahrungen in Venedig widerspiegeln.

Die meisten Werke Haßlers sind Vokalmusik, was jedoch vor allem den Mechanismen des deutschen Musikalienmarktes um 1600 geschuldet ist, auf dem sich Vokalwerke besser absetzen ließen. Obgleich er als Organist berühmt war, ist kein einziges Orgelwerk zu Lebzeiten gedruckt worden. Jedoch ist eine große Anzahl von Werken für Tasteninstrumente in zeitgenössischen Handschriften überliefert. Eine wichtige Quelle sind dabei die Turiner Tabulaturen, die zahlreiche Werke Haßlers enthalten. Die von ihm gepflegten Genres spiegeln seine Ausbildung in Venedig. Er komponierte u.a. ▶ Toccaten, ▶ Introiten, ▶ Ricercare, ▶ Fantasien und ▶ Canzonen sowie Variationsreihen über Lieder (z.B. 31 Variationen über *Ich gien einmal spatieren*). Zahlreiche dieser Werke sind technisch einfach und primär für pädagogische Zwecke bestimmt.

Haßlers Werke wurden sowohl zu Lebzeiten als auch noch weit bis in das 17. Jahrhundert hinein stark rezipiert. Eine besondere Form der Rezeption war die geistliche Parodie eines seiner weltlichen Lieder. Das 1601 veröffentlichte *Mein Gemüth ist mir verwirret* (1601) erschien 1613 in den *Harmoniae sacrae* (RISM B/VIII/1 1613[06a]) mit dem geistlichen Text *Herzlich thut mich verlangen*, und wurde später durch Johann Crüger mit Paul Gerhardts Text *O Haupt voll Blut und Wunden* unterlegt, das bald zu einem der populärsten Passionslieder wurde.

*Ausgaben*:
*Sämtliche Werke*, hrsg. von C.R. Crosby (Wiesbaden, 1961ff.); *Ausgewählte Werke für Orgel* (Cembalo), hrsg. von G. Kiss, Mainz 1971; *Magnificat Versetten*, hrsg. von R. Walter, Wolfenbüttel 1983.

*Literatur*:
A.A. Abert, *Die stilistischen Voraussetzungen der ›Cantiones sacrae‹ von Heinrich Schütz*, Wolfenbüttel 1935, Reprint Kassel 1986 • M.E. Jarvis, *The Latin Motets of Hans Leo Hassler*, Diss. Rochester 1959 • B. Terschluse, *Das Verhältnis der Musik zum Text in den textgleichen Motetten des XVI. Jahrhunderts mit*

*besonderer Berücksichtigung der ›Cantiones sacrae‹ von Hans Leo Hassler*, Diss. Hamburg 1963 • D.L. Brattain, *The Organ Ricercars of Hans Leo Hassler and Christian Erbach*, Diss. Ohio State University 1979 • A. Beer, *Die Annahme des ›stile nuovo‹ in der katholischen Kirchenmusik Süddeutschlands*, Tutzing 1989 • K. Snyder, *Text and Tone in Hassler's German Songs and their Sacred Parodies*, in: *Musical Humanism and its Legacy: Essays in Honor of Claude V. Palisca*, Stuyvesant/New York 1992, S. 253–77 • E. Seidel, *Hans Leo Hasslers Mein gemüth ist mir verwirret und Paul Gerhardts O Haupt voll Blut und Wunden in Bachs Werk*, in: Archiv für Musikwissenschaft 58 (2001), S. 61–89 • A.J. Fisher, *Music and religious identity in Counter-Reformation Augsburg, 1580–1630*, Aldershot 2004.

MR

# Hausmusik

Hausmusik ist Musikausübung im privaten, primär bürgerlichen Rahmen unter Ausschluss der Öffentlichkeit. Der Terminus ›Hausmusik‹ ist seit 1605 belegt.

Dem Vorbild adeliger Kreise folgend wurde seit dem 16. Jahrhundert auch in wohlhabenden Bürgerfamilien in privatem Rahmen Musik gepflegt, die der geistlich-musikalischen Erbauung und Unterhaltung von Familie und Freunden diente. Hausmusik erklang beispielsweise in Verbindung mit festlichen Mahlzeiten, zur christlichen Andachtsübung oder im Rahmen der christlich-bürgerlichen Kindererziehung.

In häuslichem Kreis wurde vor allem vokale Musik mit und ohne Beteiligung von Musikinstrumenten dargeboten. Das konnten in gebildeten Kreisen polyphone Chansons aus höfischen Kreisen sein, in weniger gebildeten Häusern einstimmige geistliche und weltliche Lieder. Für das Musikleben calvinistischer Kreise spielte die Hausmusik eine zentrale Rolle. Im calvinistischen Gottesdienst war nur einstimmiger Psalmengesang ohne instrumentale Begleitung erlaubt, für die häusliche Andacht dagegen wurden zahlreiche mehrstimmige Bearbeitungen des Genfer Psalters (berühmt geworden sind drei mehrstimmige Psalmzyklen des französischen Komponisten Claude ▸ Goudimel) sowie einstimmige und mehrstimmige geistliche Lieder geschrieben. In lutherschen Kreisen spielte die Hausmusik eine wichtige Rolle bei der christlichen Kindererziehung. Zu diesem Zweck wurden umfangreiche geistliche Liedersammlungen wie z.B. die *Sonntags-Evangelia* des Joachimsthaler Kantors Nicolaus Herman (ca. 1500–1561) geschrieben.

Weltliche Liedersammlungen für den Hausgebrauch wurden oft thematisch gebündelt und umfassen Liebeslieder, Studentenlieder oder Frühlingslieder. Charakteristisch ist die Kombination altbekannter und neuer Lieder. Eine der im 16. Jahrhundert populärsten Sammlungen ist das *Antwerpener Liederbuch* (Erstdruck zwischen 1537 und 1543), die erste gedruckte weltliche Liedersammlung mit 221 Liedern ohne Notation. Um die Jugend von solchen unsittlichen Liedtexten fernzuhalten, wurden in Kreisen der ▸ Devotio moderna gerne Melodien weltlicher Lieder, unter anderem aus dem Antwerpener Liederbuch, mit neuen geistlichen Texten für den Hausgebrauch verbunden.

Die musikalische Ausführung von Liedern war nicht auf Gesang beschränkt. Auch wenn keine Instrumentalpartien aufgeschrieben wurden, konnten sie beliebig vokal-instrumental gemischt oder rein instrumental ausgeführt werden.

Seit der zweiten Hälfte des 16. Jahrhunderts wurden für den häuslichen Kreis private Sammlungen instrumentaler Solomusik angelegt für beliebte Musikinstrumente wie das ▸ Virginal und die ▸ Laute. Für diesen Rahmen wurde die älteste niederländische Musiksammlung für Tasteninstrument geschrieben, das *Clavierbuch der Susanna van Soldt* (1599), das der damals ungefähr zwölfjährigen Tochter eines reichen Antwerpener Kaufmanns gehörte. Das Buch enthält sowohl Bearbeitungen einiger Genfer Psalmmelodien als auch Variationen über weltliche Lieder.

Die Laute war ein beliebtes höfisches Musikinstrument, dessen Repertoire seit dem 16. Jahrhundert zunehmend auch in bürgerliche Kreise Eingang fand. Das *Tabulaturbuch uff die Lutten* (Zürich 1550) des Zürcher Druckers Rudolf Wyssenbach, eine Kompilation verschiedener Lautenstücke unter anderem aus einem 1546 in Venedig gedruckten Lautenbuch Pietro Paolo Borronos, eines Komponisten und Lautenisten am Mailänder Hof, bezeugt die Rezeption italienischer höfischer Lautenmusik in bürgerlichen Kreisen Zürichs.

Weibliche Musikausübung des Bürgertums war weitgehend auf private Hausmusik beschränkt. Zahlreiche vorwiegend einstimmige von Frauenhand geschriebene und gesammelte Lieder gehören in diesen Kontext. Eine musikalische Ausbildung im häuslichen Kreis gehörte im 16. Jahrhundert zu einer guten Erziehung von Mädchen und Jungen. ▸ Erasmus von Rotterdam riet bürgerlichen Eltern, ihre Töchter neben Seidenweberei und Gobelinstickerei auch das Spiel auf einem Saiteninstrument lernen zu lassen. Damit Bürger das Spiel eines Musikinstruments leichter erlernen konnten, entstanden im ausgehenden 16. Jahrhundert die ersten in Musiksammlungen integrierten, pädagogischen Spielanleitungen.

*Ausgaben*:
*Claude Goudimel, Œuvres complètes*, hrsg. von L.A. Dittmer und P. Pidoux, Bd. I–X, New York und Basel 1967ff. (Institute of Mediaeval Music New York und Schweizerische Musikforschende Gesellschaft); *Die Sonntags-Evangelia von Nicolaus Herman* (Bibliothek Deutscher Schriftsteller aus Böhmen 2), hrsg. von R. Wolkan, Wien 1895; *Het Antwerps liedboek*, hrsg. von D. van der Poel u.a, 2 Bde., Tielt 2004; *Nederlandse klaviermuziek uit de 16e en 17e eeuw/ Dutch keybord music of the 16th and 17th centuries* (Monumenta Musica Neerlandica III), hrsg. von A. Curtis, Amsterdam 1961.

*Literatur*:
Chr.B. Brown, *Singing the Gospel. Lutheran Hymns and the Success of the Reformation*, Cambridge/Massachusetts und London 2005 • P. Leemann-van Elck, *Zürcher Drucker um die Mitte des 16. Jahrhunderts*, Bern 1937 • L.M. Koldau, *Frauen-Musik-Kultur. Ein Handbuch zum deutschen Sprachgebiet der Frühen Neuzeit*, Köln u.a. 2005 • E. Reimer, *Hausmusik*, in: *Handwörterbuch der musikalischen Terminologie*, hrsg. von H.H. Eggebrecht, 5. Auslieferung Stuttgart 1977 • E. Schreurs, *Huismuziek in de zestiende eeuw*, in: *Een muziekgeschiedenis der Nederlanden*, hrsg. von L.P. Grijp u.a., Amsterdam 2001, S. 129–135.

UHB

**Haußmann, Valentin [Haussman, Hausmannus, Husmannus, Husmanus, Haußman]**
* um 1560 Gerbstedt bei Eisleben, † vor 11. 11.1613, wahrscheinlich in Gerbstedt

Über die frühen Jahre Haußmanns ist nur wenig bekannt. Aus seiner Selbstbezeichnung als »Valentinus Haussmannus Gerbipolensis« oder abgekürzt »V.H.G.« ist geschlossen worden, dass er aus Gerbstadt stammte. Quellen aus seiner Zeit dort sind nicht überliefert, jedoch enthalten seine Vorreden einige biographische Informationen. Haußmanns Vorfahren waren Immigranten aus Nürnberg, und er besuchte zwischen 1570 und 1580 Schulen in Quedlinburg und Wernigerode, bevor er sich schließlich am Gymnasium Poeticum in Regensburg immatrikulierte (ca. 1585–1590). Zu dieser Zeit wirkte dort Andreas Raselius als Kantor; es ist zu vermuten, dass er Haußmann musikalisch beeinflusst hat. – Im Anschluss an seine Schulzeit arbeitete Haußmann als Hauslehrer bei einem Edelmann in Steyr. Überdies unternahm er in den 1580er und 1590er Jahren zahlreiche Reisen in Süddeutschland und Österreich, die ihn u.a. nach Regensburg, Eger, Ulm, Tübingen und Straßburg führten. Wichtigstes Ziel war jedoch die Stadt Nürnberg, in der er sich mehrfach (u.a. 1591, 1592, 1594, 1597) aufhielt und wo er auch zahlreiche seiner Werke veröffentlichte. Als Verleger fungierte sein dortiger Freund Paul Kauffmann.

Trotz seiner ausgedehnten Reisen und längeren Aufenthalte im Süden blieb zeitlebens Gerbstedt sein Heimatort, und er behielt dort eine feste Adresse. Nach Auskunft Johann Matthesons (1740) war er dort Organist und Ratsherr. – Um 1598 war in Gerbstedt der Komponist und Musiktheoretiker Daniel Friderici (1584–1638) sein Schüler. Jedoch dürfte der Unterricht nur sehr sporadisch stattgefunden haben, denn Haußmann setzte seine Reisen fort, die ihn u.a. in nahe gelegene Städte wie Delitzsch, Magdeburg, Leipzig, Hannover, Wolfenbüttel und Dresden führten, aber auch bis nach Polen. So hielt er sich beispielsweise 1598/1599 längere Zeit in Preussen und im nördlichen Polen auf. – 1610 erschien der letzte von Haußmanns Drucken; danach liegen keine Belege mehr über ihn vor. In Johann Jeeps *Studentengärtlein* von 1614 ist ein Gedenklied auf ihn mit dem Titel *Martinus Hausmannus viviet in aede poli* abgedruckt. Da das Vorwort der Sammlung vom 11.11.1613 datiert, muss er vor diesem Datum gestorben sein.

Haußmann war weniger ein Innovator, als dass er es verstand, die populäre italienische Musik der Zeit nach Deutschland zu bringen und dort bekannt zu machen. Die meisten seiner Kompositionen sind weltlich. Die von ihm gepflegten Gattungen umfassen deutsche Lieder, Tänze, ▶ Canzonetten und ▶ Madrigale. Neben eigenen Kompositionen veröffentlichte er auch deutsche ▶ Kontrafakturen von Werken Luca ▶ Marenzios, Orazio ▶ Vecchis und Giovanni ▶ Gastoldis. Stilistisch lehnte er sich in seinen eigenen Werken eng an diese Vorbilder an.

Wie in der zweiten Hälfte des 16. Jahrhunderts üblich, konnten seine Lieder und Tänze sowohl vokal, vokal-instrumental als auch rein instrumental aufgeführt werden; dies wurde meist in Untertiteln wie »*lieblich zu singen, und auff Instrumenten wol zu gebrauchen*« vermerkt. Daneben komponierte er auch genuine ▶ Instrumentalmusik wie Tänze, ▶ Fantasien, ▶ Fugen und ▶ Variationen. Während seiner Reisen in Preußen und Polen sammelte er überdies polnische Tänze mit und ohne Text, die er im *Venusgarten* von 1602 und im *Rest von polnischen und andern Täntzen* von 1603 veröffentlichte. – Die geistliche Musik nimmt nur einen geringen Raum in Haußmanns Schaffen ein. Er komponierte zwei achtstimmige ▶ Messen, ein ▶ Magnificat, einige ▶ Motetten und geistliche Lieder. Seine zeitgenössische Popularität gründet auf seiner weltlichen Musik, die häufig nachgedruckt und für interschiedliche Besetzungen transkribiert wurde.

*Ausgaben*:
*Neue teutsche weltliche Lieder […] lieblich zu singen, und auff Instrumenten wol zu gebrauchen*, 1592; *Neue liebliche Melodien […]*, 1598, 5. Auflage 1606; *Neue artige und liebliche Täntze […]*, 1598, 6. Auflage 1606; *Venusgarten […]*, 1602; *Neue Intrade […] fürnemlich auff Fiolen lieblich zugebrauchen*, 1604; *Musicalische teutsche weltliche Gesänge, nach art der italienischen Canzonen unnd Madrigalien*, 1608 (alle Nürnberg); *Ausgewählte Instrumentalwerke* (Denkmäler deutscher Tonkunst XVI), hrsg. von F. Boelsche, 1904.

*Literatur*:
R. Velten, *Das ältere deutsche Gesellschaftslied unter dem Einfluss der italienischen Musik*, Heidelberg 1914 • K.-P. Koch, *Valentin Haussmann – Leben und Verzeichnis der Werke*, in: Beiträge zur Musikwissenschaft 29 (1987), S. 13–36 • R.B. Lynn, *Valentin Haussmann: A Thematic-Documentary Catalogue of His Work*, Stuyvesant/New York 1997.

MR

# Hayne van Ghizeghem
\* um 1445, † vor 1497

Der Sänger und Komponist Hayne van Ghizeghem war wahrscheinlich spätestens seit 1457 am burgundischen Hof, wo er bis in die 1470er Jahre blieb: Das erste Dokument von 1457 über ihn stammt aus der Kanzlei Karls des Kühnen und erwähnt eine Geldüberweisung für Kleidung und Unterhalt eines Jungen seines Namens, die an einen für ihn verantwortlichen

Sänger ausgezahlt werden sollte. In den 1460er Jahren war er ›chantre et valet de chambre‹ am Hof. 1468 begleitete er ▸ Karl den Kühnen (Burgund) auf seinem Feldzug gegen Lüttich, 1468 oder 1472 zur Belagerung von Beauvais, 1476 zur Belagerung von Nancy. Über sein weiteres Leben ist nichts dokumentiert, es kann aber geschlossen werden, dass er noch bis in die 1490er Jahre tätig war, auf jeden Fall jedoch vor Johannes ▸ Ockeghem gestorben sein muss, denn der Dichter Guillaume ▸ Crétin plaziert ihn in *Déploration sur la mort d'Ockeghem* im himmlischen Chor.

Wie literarische (Jean ▸ Molinet, Teofilo Folengo, ▸ Eloy d'Amerval, François ▸ Rabelais u.a.), musiktheoretische (Pietro ▸ Aaron) und musikalische Quellen (Pierre ▸ Moulu in der Motette *Mater floreat florescat*, siehe ausführlich Borghetti, Sp. 1125) bezeugen, war Hayne zu seiner Zeit und noch im frühen 16. Jahrhundert ein renommierter Musiker. Er hat vor allem ▸ Rondeaux komponiert, die seit Ende der 1460er Jahre bekannt gewesen sein müssen und weite Verbreitung erfuhren, darunter insbesondere *De tous bien plaine*, das auch vielfach von den renommierten Komponisten der Zeit als Vorlage benutzt wurde. Die Texte zu seinen ▸ Chansons hat er wohl überwiegend selbst gedichtet, außer zu dem weit verbreiteten und oft vertonten *Allez regrets*, das Johannes II. Herzog von Bourbon zugeschrieben wird. Von den 20 überlieferten Kompositionen ist seine Autorschaft nur bei 15 gesichert. Hayne führt die Tradition der burgundischen bzw. frankoflämischen Chanson (▸ Burgund, ▸ frankoflämische Musik) in der ▸ Forme fixe vor allem des Rondeau fort, wobei die früheren eher von homogenem rhythmischem Verlauf und motivischer Verschiedenheit der Stimmen, die späteren gemäß der generellen kompositorischen Entwicklung zunehmend von imitatorischen Strukturen und in den 1490er Jahren auch vom ▸ Tempus imperfectum geprägt sind.

*Ausgaben*:
*Opera omnia*, hrsg. von B. Hudson (Corpus mensurabilis musicae 74), o.O. 1977; *Amours, amours* und *Allez regrets* in: *Harmonice musices odhecaton A*, Venedig 1501, Faksimile der Ausgabe von Ottaviano Petrucci (Bibliotheca musica Bononiensis Abt. 4, 95), Bologna 2003.

*Literatur*:
J. Marix, *Hayne van Ghizeghem, Musician at the Court of the 15th-Century Burgundian Dukes*, in: Musical Quarterly 28 (1942), S. 276–287 • H.M. Brown, *The transformation of the Chanson at the End of the Fifteenth Century*, in: Kongreßbericht IMS Ljubljana 1967, Kassel und Ljubljana 1970, S. 78–96 • Cl. Goldberg, *Was zitiert Compère? Topos, Zitat und Paraphrase in den Regrets-Chansons von Hayne van Ghizeghem und Loyset Compère*, in: Festschrift Finscher, hrsg. von A. Laubenthal, Kassel 1995, S. 88–99 • V. Borghetti, *Hayne van Ghizeghem*, in: MGG², Bd. 8 (Personenteil), 2002, Sp. 1123–1129.

# Heidelberg

Dem Kurfürstentum Heidelberg kommt seit der zweiten Hälfte des 15. Jahrhunderts in der Musikgeschichte der deutschsprachigen Länder eine hervorgehobene Rolle zu, da der Hof bereits in dieser Zeit – im Unterschied zu anderen deutschen Fürstentümern – über eine Hofkapelle verfügte.

Dass schon im 14. Jahrhundert unter Ruprecht I. (reg. 1353–1390), der 1356 das Erztruchsessenamt und das Reichsvikariat zugesprochen bekam und 1386 die Universität gründete, eine Hofkapelle existiert haben soll, wie in der älteren Forschung behauptet wurde (Pietzsch), ist vor dem Hintergrund der europäischen Entwicklung dieser Institution (▸ Kapelle) unwahrscheinlich, und wurde inzwischen von neueren Forschungen widerlegt (siehe Žak; die diesbezüglichen Äußerungen bezogen sich auf die Weihe des neu errichteten Schlosskapellengebäudes). Unter Ruprecht III. (1400–1410 als deutscher König Ruprecht I.) waren dann nachweislich Sänger angestellt, die bei verschiedenen Anlässen sangen; das

Sängerensemble wurde jedoch nach Ruprechts III. Tod aus finanziellen Gründen aufgelöst: Sein Nachfolger Ludwig III. hatte als Pfalzgraf nicht mehr die Rechte der Pfründenvergabe, die sein Vater als König hatte, um die Musiker zu entlohnen.

Seit spätestens 1418 (nach Gründung des Heiliggeiststifts durch Ludwig III.) gab es an der Heiliggeistkirche Chorschüler, ›chorales‹, an der Universität sind solche schon zuvor (1416) bezeugt, die wahrscheinlich an der Heiliggeistkirche sangen. Auf die ›chorales‹ wie auch auf Studenten der Universität konnte auch am Hof zurückgegriffen werden, wenn zu besonderen Anlässen mehrstimmige Kompositionen aufgeführt wurden. Eine institutionalisierte Hofkapelle entstand dann unter Kurfürst Friedrich I. dem Siegreichen (1449–1476), der musikalisch äußerst interessiert und gebildet war, sich in Musiktheorie auskannte, Saiteninstrumente spielte und sang. Er holte hervorragende Instrumentalisten und Sänger an seinen Hof und ließ in der Schloßkapelle eine Orgel bauen (fertiggestellt 1467).

1472/1473 wird eine Hofkapelle (»senngery«, Sängerei) gegründet, die eine Satzung erhielt und einen Sängermeister, der auch für die Erziehung der Sängerknaben zuständig war; der erste Sängermeister war ▶ Johannes von Soest, der mit der frankoflämischen Musik vertraut war und der zudem in seiner Schrift *Die Kinder von Limburg* (wahrsch. 1479) den Stand der Sänger vor Anfeindungen der Hofgesellschaft verteidigte (Žak, S. 157/158).

Friedrich I. bekam auf seine an Papst Sixtus IV. gerichtete Bitte hin das Recht, den Sängern Pfründen zu verleihen, wie es auch andernorts üblich war. Die Kapelle umfasste wahrscheinlich etwas mehr als 12 Sänger, sie sang zusammen mit den Chorknaben; Johannes von Soest wollte gerne 24 erwachsene Sänger, die einen sechsstimmigen Satz, jede Stimme jeweils besetzt mit vier erwachsenen Sängern, und ohne Orgel singen konnten, wie es in der päpstlichen Kapelle Praxis war.

Der Nachfolger von Friedrich I., Kurfürst Philipp I. (reg. 1476–1508), zog bedeutende Humanisten an seinen Hof wie Rudolphus ▶ Agricola, Johannes Reuchlin, Conrad ▶ Celtis und Johann von Dalberg. Er baute die Kapelle weiter aus, die nach ▶ Johannes von Soest 1495 von Sebastian ▶ Virdung geleitet wurde, der dessen Schüler war und schon 1483 während seines Studiums an der Heidelberger Universität der Kapelle angehörte (Studenten, insbesondere der Theologie, waren häufig auch Sänger am Hofe). Über den Bedarf an Hoftrompetern für zeremonielle Anlässe hinaus wurde auch weitere Instrumentalmusik begünstigt. Als Organist an der Schlosskapelle, die seit 1467 eine Orgel hatte, war Arnolt ▶ Schlick spätestens seit 1486 angestellt, der insbesondere mit seiner Schrift über den Orgelbau sowie mit seinem Tabulaturdruck *Etlicher lobgesang und lidlein uff di orgeln und lauten* (1512) berühmt wurde.

Unter Ludwig V. (1508–1544) wurde Heidelberg Zentrum der Pflege des deutschen ▶ Tenorliedes, Komponisten sind der Kapellmeister Laurentius Lemlin und dessen Schüler Jobst vom Brandt, Caspar ▶ Othmayr, Georg ▶ Forster und Stephan Zirler; dokumentiert ist das Schaffen in den zwischen 1539 und 1556 in Nürnberg von Georg Forster herausgegebenen Liedersammlungen, deren Vorworte auch viele Informationen über die Sänger am Heidelberger Hof geben. Einer der Sänger war Erasmus Lapicida, den Andreas ▶ Ornithoparchus in seiner *Musice active* (1517) erwähnt. Ausführlich dokumentiert (von dem Chronisten Peter Harer) ist das musikalische Programm zur Hochzeit Friedrichs II. von 1535, das sechs- bis zwölfstimmige Festmotetten des wenig später dem hessischen Kurfürsten in Kassel dienenden Johannes Heugel enthielt.

Am Beginn der Regierungszeit Friedrich II. (reg. 1544–1556) kamen die Bestände des sogenannten ›Heidelberger Kapellinventars‹ nach Heidelberg: Pfalzgraf Ottheinrich, nach Friedrich II. pfälzischer Kurfürst (1556–1559), musste aus wirtschaftlichen Gründen sein Herzogtum Neuburg an der Donau verlassen und nahm Teile seiner umfangreichen Musikaliensammlung mit nach Heidelberg, die er wahrscheinlich 1544 inventarisierte (die Sammlung existierte nachweislich noch 1581, später kamen die Teile an verschiedene Orte, die Chorbücher wurden verkauft, der Verbleib der übrigen Bestände ist unbekannt). Während seiner Regierungszeit komplettierte er seine Bibliothek, die eine der bedeutendsten seiner Zeit war. 1557 führte er die calvinistische Lehre ein, welche seine Nachfolger übernahmen. Das bisherige musikalische Repertoire war damit zum großen Teil obsolet geworden, die Kapelle bestand bei den Nachfolgern Ottheinrichs dennoch weiter – wenn auch nicht in der von ihm gewünschten Größe. Gesungen wurde der Genfer Psalter (▶ Calvin, ▶ Marot), zunächst in der Übersetzung von Melissus Schede, dann insbesondere der Lobwasser-Psalter, der 1574 in Heidelberg erschien. 1573 wurde das erste kurpfälzische Gesangbuch gedruckt.

Über die Kapelle in der zweiten Hälfte des 16. Jahrhunderts ist wenig bekannt, möglicherweise war Johann ▶ Knöfel eine zeitlang Kapellmeister – wohl unter dem lutherischen Ludwig VI. (reg. 1576–1583), als den er sich selbst in seiner Sammlung *Newe teutsche Liedlein* (1581) bezeichnete. Für die Musikgeschichte wichtig war wieder Friedrich IV. (Regent 1592, Kurfürst 1594–1610), der sehr viele Musikdrucke besaß und auch vielfach Widmungsträger von Musikdrucken war. Um 1600 war Andreas Raselius Kapellmeister in Heidelberg, danach wurden die Ausgaben für die Kapelle stark gekürzt. – Heidelberg war jedoch als Stadt attraktiv genug geworden, so dass Gotthardt Voegelin Ende des 16. Jahrhunderts mit seinem Verlagshaus von Leipzig nach Heidelberg übersiedelte.

*Literatur*:
A. Layer, *Pfalzgraf Ottheinrich und die Musik*, in: Archiv für Musikwissenschaft 15 (1958), S. 258–275 • G. Pietzsch, *Quellen und Forschungen zur Geschichte der Musik am kurpfälzischen Hof zu Heidelberg bis 1622*, Wiesbaden 1963 • E. Mittler / E. Werner, *Mit der Zeit. Die Kurfürsten von der Pfalz und die Heidelberger Handschriften der Biblioteca Palatina*, Wiesbaden 1986 • J. Lambrecht, *Das »Heidelberger Kapellinventar« von 1544 (Cod. Pal. Germ. 318). Edition und Kommentar*, 2 Bde., Heidelberg 1987 • H. von Montfort, *Gedichte und Lieder. Faksimile des Codex Palatinus Germanicus 329 der Universitätsbibliothek Heidelberg*, Textband von Fr. Victor u.a., Wiesbaden 1988 und 1989 • S. Žak, *Die Gründung der Hofkapelle in Heidelberg*, in: Archiv für Musikwissenschaft 50 (1993), S. 145–163 • G. Morche, *Heidelberg*, in: MGG², Bd. 4 (Sachteil), 1996, Sp. 234–243.

ES

# Heinrich II.
\* 31.3.1519 Saint-Germain-en-Laye, † 10.7.1559 Paris

Heinrich II., Sohn von ▶ Franz I., trat 1547 die Regierung an. Er war mit Katharina de' ▶ Medici verheiratet und politisch beeinflusst von seiner Mätresse Diane de Poitiers sowie von seinem Freund Anne de Montmorency. Die unter Franz I. begonnenen Kämpfe gegen ▶ Karl V. brachen erneut aus, nach Karls Thronverzicht gegen ▶ Philipp II. von Spanien mit dem Resultat des Verzichts auf Artois, Flandern, Franche-Comté, Savoyen und Piemont (Frieden von Cateau-Cambrésis 1559). Innenpolitisch verschärfte er die Verfolgung der Hugenotten. Er verunglückte tödlich bei einem Turnier. – Heinrich II. führte die Institutionen der Hofkapelle Franz' I. fort; in seinem Dienst standen u.a. Jacques ▶ Arcadelt und Clement ▶ Janequin (ab 1554), der Katharina de' ▶ Medici seine *82 Pseaumes* (1559) widmete. Heinrich trug Entscheidendes zur Liberalisierung des Musikdrucks bei, indem er das Monopol Pierre ▸ Attaingnants aufhob und anderen Druckern Privilegien gewährte (u.a. Nicolas ▸ Du Chemin, Robert ▸ Grandjon, Adrian ▸ Le Roy und Robert ▸ Ballard). Der König musizierte auch selbst, schätzte – trotz der Hugenottenverfolgungen – die französischen Psalmenbearbeitungen Clément ▸ Marots und soll selbst Melodien dazu erfunden und musiziert haben.

*Literatur*:
F. Dobbins, *Frankreich*, in: *MGG²*, Bd. 3 (Sachteil), 1994, Sp. 697–711 • ▸ Frankreich, ▸ Paris.

## Heinrich III.
* 19.9.1551 Fontainebleau, † 2.8.1589 Saint-Cloud

Heinrich III. wurde 1574 zum polnischen König gekrönt, trat aber im gleichen Jahr nach dem Tod seines Bruders die französische Thronfolge an.

Unter seiner Regierung erreichten die Hugenottenkriege mit dem Krieg der drei Heinriche (Heinrich III.; der Calvinist Heinrich von Navarra, der spätere ▸ Heinrich IV., der den Anspruch auf den Thron hatte, und Führer der Hugenotten; der Katholik Heinrich von Guise, Führer der Heiligen Liga) einen Höhepunkt (▸ Hugenotten), bei der Belagerung von Paris wurde er ermordet.

Unter Heinrich wurde die Kapelle erweitert, Euchstache ▸ du Caurroy war Kapellmeister; Lieder entstanden auf Gedichte insbesondere Jean ▸ Ronsards und Philippe ▸ Desportes, der Lieblingsdichter des Königs. Das Genre der Tanzdarbietungen kulminierte in dem von Balthasar de ▸ Beaujoyeulx entworfenen *Ballet Comique de la Royne* 1581, das anlässlich der Hochzeit des Herzogs Anne de Joyeuse mit Marguerite von Lothringen aufgeführt wurde.

*Literatur*:
▸ Frankreich, ▸ Paris.

## Heinrich IV.
* 13.12.1553 Pau, 14.5.1610 Paris

Heinrich IV. (Haus Bourbon) beanspruchte nach dem Tod ▸ Heinrichs III. 1589 die französische Krone, wurde jedoch erst nach seinem Übertritt zum Katholizismus (»Paris vaut une messe«) 1594 gekrönt. Heinrich IV. war ab 1562 König von Navarra, versuchte als Calvinist 1572 durch eine Heirat mit der Schwester ▸ Karls IX., Margarete von Valois, eine Aussöhnung mit der katholischen Partei zu erreichen, die aber durch die Bartholomäusnacht verhindert wurde; 1581 wurde er Hugenottenführer. Als König gelang es ihm, die religiösen Streitigkeiten weitgehend beizulegen (Edikt von Nantes 1598) und die königliche Zentralgewalt zu stärken. Außenpolitisch schloss er im gleichen Jahr den Krieg gegen Spanien erfolgreich ab, ein erneuter Krieg gegen Spanien 1610 wurde durch seine Ermordung verhindert. Heinrich IV. berief Eustache ▸ du Caurroy bei der Neuorganisation des königlichen Haushalts 1595 zum ›Surintendant de la musique‹, der auch das Requiem für die Trauerfeier komponierte. Mehr Aufmerksamkeit als der Sängerkapelle widmete Heinrich jedoch den Instrumentalisten, deren Ensembles erweitert wurden, sowie, bedingt durch seine Ehegattin Maria de' Medici, dem ▸ Ballet de cour, das in der ersten Hälfte des 17. Jahrhunderts eine Blüte erlebte. Heinrichs Hochzeit mit Maria de' Medici wurde 1600 in Florenz mit einer Aufführung von Ottavio ▸ Rinuccinis *Euridice* in der Vertonung Jacopo ▸ Peris gefeiert.

*Literatur*:
U. Schultz, *Henri IV. Machtmensch und Libertin*, Berlin 2010.
▸ Frankreich, ▸ Paris.

## Heinrich VIII.
* 28.6.1491 Greenwich (London), † 28.1.1547 London

Heinrich VIII. kann als neue Lichtfigur im England des 16. Jahrhunderts gesehen werden. Das Werk seines Vaters Heinrich VII. fortführend, entwickelte sich das Land zu einer politischen und militärischen Macht in Europa, die vor allem durch die Englische Reformation (1532–1559) profitierte. Dass dieser Erfolg zahlreiche Opfer jeglicher Couleur beinhaltete, sei nur angemerkt. Das Goldene Zeitalter Englands sollte dann die Regierungszeit ▶ Elisabeths I. (1558–1602), Tochter Heinrichs VIII., sein.

Als drittes Kind von Heinrich VII. und Elisabeth von York erhielt Heinrich die traditionelle Ausbildung eines zweitgeborenen Sohnes: Er wurde in ritterlichen Fähigkeiten und Umgangsformen (Reiten, Turnier- und Waffenkunde) sowie höfischem Benehmen unterwiesen und bekam zudem eine umfassende humanistische und musische Ausbildung (Instrumental- und Kompositionsunterricht).

1503 erfolgte die Ernennung zum Prince of Wales, 1509 die Inthronisierung und die Heirat mit der spanischen Prinzessin Katharina von Aragon (1485–1536), der Witwe seines verstorbenen Bruders.

Schon bei dieser Eheschließung zeichneten sich Konflikte mit der katholischen Kirche ab, die in der weiteren Regierungszeit Heinrichs zum Bruch mit Rom führten. Der Traktat *Asseritio septem sacramentorum adversus Martinum Lutherum* von 1521, in dem Heinrich die sieben Sakramente gegen Martin ▶ Luthers *Von der babylonischen Gefangenschaft der Kirche* verteidigte, zeigten noch den gläubigen Katholiken.

Der Lohn für diese Schrift war der vom Papst verliehene Titel *Fidei defensor* (Verteidiger des Glaubens). 1531 sagte sich Heinrich schließlich von der katholischen Kirche los und ernannte sich in der Folge zum Oberhaupt der englischen Kirche und Thomas ▶ Cranmer zum Erzbischof von Canterbury. 1533 heiratete er Anna Boleyn (ca. 1501–1536); im selben Jahr wird Prinzessin Elisabeth, die spätere Elisabeth I., geboren.

Der päpstlichen Bannandrohungsbulle folgte 1534 der Bann. Heinrich reagierte mit der Gründung der englischen Kirche: Im Parlament setzte er das Suprematsgesetz durch, das ihn als »supreme head in earth of the Church of England« anerkannte. Gleichzeitig ließ er alle Klöster und Konvente sowie die meisten Kollegiatskirchen auflösen und finanzierte mit dem eingezogenen Kirchengut den Ausbau der englischen Flotte.

In Lehre und Ritus sollte die Staatskirche katholisch bleiben, die Heilige Schrift galt weiterhin als Glaubensnorm, nur die Sakramente wurden auf Taufe, Buße und Abendmahl beschränkt. Nicht nur die Katholiken, die das Suprematsgesetz nicht anerkannten, sondern auch Protestanten, die eine weitgreifendere Reformation forderten, fielen denn dieser Politik Heinrichs zum Opfer.

Heinrich VIII. hinterließ bei seinem Tod 1547 ein weiterhin im Aufbruch befindliches Land, das erst durch ▶ Elisabeth I. die nächste Blütezeit erfuhr.

Doch nicht nur politisch-militärisch war Heinrich VIII. wegweisend, auch auf dem Gebiet der Musik zeigt sich seine Bedeutung.

Bis zur Mitte des 16. Jahrhunderts war der König der Komponist Englands mit den meisten weltlichen Werken, die in der um 1522 entstandenen, sogenannten *Handschrift Heinrichs VIII.*, zusammengefasst sind. Es handelt sich dabei vor allem um drei- bis vierstimmige Vertonungen weltlichen Charakters. Dazu kommen noch einige anonyme Lieder, die jedoch eindeutig Heinrichs VIII. zugeordnet werden können. Die Handschrift muss aus dem engsten Umkreis der ›privy chamber‹ zusammengestellt worden sein: Teilweise sind die Stücke Kompositionsübungen, die mit Sicherheit nicht für die Öffentlichkeit bestimmt waren. Der Kompositionsstil lehnt sich an zeitgenössische Formen an, etwa der Chanson.

Neben der Komposition, die die frühen Jahre seines Lebens bestimmte, widmete er sich später, vor allem in den ersten Jahren seiner Regierung, verstärkt der Musikausübung, die er nicht nur zur Ergötzung, sondern auch propagandistisch einsetzte. Öffentliche Auftritte mit Flöte, Laute und Cembalo waren im Regierungsprogramm eingeplant, und die Texte seiner Lieder zeichneten indirekt Konflikte nach. Erst im hohen Alter musizierte Heinrich wieder in privater Atmosphäre, die einem König beim Musizieren nach zeitgenössischen Regeln ziemte.

Zu dem musizierenden Herrscher gesellte sich während dessen Regierungszeit ein ständig wachsender Kreis von beschäftigten Musikern. Vor allem die in Mode kommenden Gamben-Consorts, Ensembles von Flöten und weiteren gleichartigen Instrumenten wurden gefördert, während die traditionellen Musiker (Gentlemen of the Chapel Royal und die Trompeter) keine Verstärkung verzeichneten. In der Kammer dominierten zunächst französische, später italienische Musiker; der Chapel Royal gehörten einheimische Sänger an. Den größten Einfluss hatten die Organisten und Lautenisten, die dem König am nächsten standen.

*Ausgaben*:
J. Stevens (Hrsg.), *Music at the court of Henry VIII*, korrigierte Ausgabe (Musica Britannica 18), London 1969; J. Ward (Hrsg.), *Music for Elizabethan Lutes*, 2 Bde., Oxford 1992.

*Literatur*:
D. Helms, *Heinrich VIII. und die Musik. Überlieferung, musikalische Bildung des Adels und Kompositionstechniken eines Königs* (Schriften zur Musikwissenschaft aus Münster 11), Eisenach 1998.

AW

## Hellinck, Lupus [Wulfaert]
\* 1493 oder 1494 Axel (nördlich von Gent) (?), † vor dem 14.1.1541 Brügge

Der flämische Komponist und Sänger Hellinck wurde als Chorknabe an St. Donatian in Brügge erzogen; wahrscheinlich von ca. 1515 bis 1519 lebte er in Italien (an der Kurie in Rom bzw. 1518/1519 am Hof der ▸ Este in Ferrara). 1519 kehrte er nach Brügge zurück; 1521 wurde er dort ▸ Succentor (Kapellmeister) an der Kirche Notre-Dame, 1523 an der Hauptkirche St. Donatian, eine Position, die er bis zu seinem Tod Anfang 1541 bekleidete. Hellinck ist (anders als lange Zeit angenommen) wahrscheinlich der Komponist einer Reihe von Werken, die in italienischen Quellen der Jahre vor 1520 einem »Lupus« zugeschrieben sind; er ist allerdings nicht zu verwechseln mit dem jüngeren Johannes ▸ Lupi. Von Hellinck sind 12 Parodiemessen, 16 ▸ Motetten, 5 französische ▸ Chansons, 4 niederländische Lieder und 11 Vertonungen deutscher Kirchenlieder überliefert. Sein wichtigster Beitrag zu Musikgeschichte sind die Parodiemessen (▸ Messe), frühe Beispiele der Gattung, in denen Hellinck die Vorlage nicht blockhaft zitiert, sondern als thematische Grundlage eines neuen kontrapunktischen Satzes verwendet.

*Literatur*:
B.J. Blackburn, *The Lupus Problem*, Diss. Univ. of Chicago 1970 • B.J. Blackburn, *Johannes Lupi and Lupus Hellinck: A Double Portrait*, in: Musical Quarterly 59 (1973), S. 547–583 • P. Macey, *Italian Connections for Lupus Hellinck and Claude Le Jeune*, in: Yearbook of the Alamire Foundation 3 (1999), S. 151–163.

TSB

## Hexachord

Unter einem Hexachord versteht man eine Reihe von sechs verschiedenen, stufenweise aufeinanderfolgenden Tönen. In der Musiktheorie des Mittelalters und der Renaissance teilt die Mitte dieses Tonraums ein Halbtonschritt, darüber und darunter liegen jeweils zwei Ganztonschritte. Das System der Hexachorde wurde zuerst von Guido von Arezzo in seinem *Micrologus* (1023) beschrieben; er entwickelte es – analog zum Tetrachord des altgriechischen Tonsystems – als pädagogisches Konzept zur Bestimmung der Lage von Ganz- und Halbtonschritten. Im Denken der Zeit ist die Lage eines Halbtonschrittes fest mit einem bestimmten Hexachord verbunden; da alle Hexachorde dieselbe Halbtondisposition aufweisen, können deren Töne unabhängig von der tatsächlichen Tonhöhe immer mit den Silben ut-re-mi-fa-sol-la solmisiert werden, wobei der Halbtonschritt zwischen mi und fa zu liegen kommt (▸ Solmisation). Überschreitet eine Melodie diesen Sechstonraum, muss in ein anderes Hexachord gewechselt (›mutiert‹) werden. Im guidonischen Tonsystem existieren streng genommen nur die drei Halbtonschritte e-f, a-b und h-c; diese sind jeweils mit einem Hexachord verknüpft: dem Hexachordum naturale (c-a), molle (f-d mit b) und durum (g-e mit h). Es können jedoch auch implizite oder durch ▸ Akzidentien gekennzeichnete Tonalterationen, die eigentlich nicht im System vorhanden sind, vorkommen. Diese fallen in den Bereich der ▸ Musica ficta und befinden sich deshalb in fiktiven Hexachorden. Das Hexachordsystem wurde auch in der Kompositionspraxis thematisiert: So gab es u.a. ›Hexachordmessen‹, wie die 1503 bei Petrucci erschienene *Missa Ut re mi fa sol la* von Antoine ▸ Brumel.

Literatur:
J.J. Dean, *Hexachord*, in: *MGG²*, Bd. 4 (Sachteil), 1996, Sp. 279–292 • J. Hirshberg, *Hexachord*, in: Grove, Bd. 11, 2001, S. 472–474 • H. von Loesch, *Musica – Musica practica – Musica poetica*, in: *Deutsche Musiktheorie des 15. bis 17. Jahrhunderts 1. Von Paumann bis Calvisius* (Geschichte der Musiktheorie 8/1), Darmstadt 2003, S. 99–264.

RKF

# Heyden, Sebald
* 8.12.1499 Bruck bei Erlangen, † 9.7.1561 Nürnberg

Nach seiner Schulzeit in Nürnberg studierte Heyden seit 1513 in Ingolstadt und erwarb die Magisterwürde. Nach Tätigkeiten in der Steiermark und in Regensburg wurde er 1519 in Nürnberg Kantor an der Spitalschule zum Heiligen Geist und 1521 deren Rektor. Von 1525 bis zu seinem Tod wirkte er als Rektor der Sebaldusschule in Nürnberg. Heyden gehörte zu den wichtigsten Vorkämpfern des Luthertums in Nürnberg und er verfasste auch acht deutsche evangelische Kirchenlieder. Während des Nürnberger Reichstags 1523 ließ er in der Heiliggeistkirche statt der Marien-Antiphon *Salve regina* seine auf Christus bezogene Umdichtung *Salve Jesu Christe, rex misericordiae* singen, was ihm heftige Kritik von altgläubiger Seite einbrachte.

Neben theologischen, pädagogischen und anderen wissenschaftlichen Werken veröffentlichte Heyden wichtige musiktheoretische Schriften. Diese befassen sich in erster Linie mit der Lehre der modernen mehrstimmigen Musik und zeichnen sich besonders durch zahlreiche Musikbeispiele aus, die Werken anerkannter Autoritäten wie Jacob ▸ Obrecht, ▸ Josquin Desprez oder Heinrich ▸ Isaac entnommen sind.

Heyden war offenbar mit dem Münchner Hofkomponisten Ludwig ▸ Senfl bekannt, der für Heydens Schul-Katechismus (*Catechistica summula fidei christianæ*, Nürnberg 1538) zwei Kompositionen beisteuerte.

Schriften (nur musiktheoretische):
*Musicae στοιχείωσις*, Nürnberg 1532; *Musicae, id est Artis canendi, libri duo*, Nürnberg 1537; Überarbeitung unter dem Titel *De arte canendi*, Nürnberg 1540, Faksimile-Ausgabe: *De arte canendi. A Facsimile of the 1540 Nuremberg Edition* (Monuments of Music and Music Literature in Facsimile. Second Series – Music Literature CXXXIX), New York 1969.

*Literatur:*
Ph. Wackernagel, *Das deutsche Kirchenlied von der ältesten Zeit bis zu Anfang des 17. Jahrhunderts*, Leipzig 1864–1877 • A. Kosel, *Sebald Heyden (1499–1561). Ein Beitrag zur Geschichte der Nürnberger Schulmusik in der Reformationszeit* (Literarhistorisch-musikwissenschaftliche Abhandlungen 7), Würzburg 1940 • C.A. Miller, *Sebald Heydens De arte canendi. Background and Contents*, in: Musica Disciplina 24 (1970), S. 79–99 • Sebald Heyden, *De arte canendi* (Musicological Studies and Documents 26), hrsg. von C.A. Miller, o.O. 1972 • M. Teramoto / A. Brinzing, *Katalog der Musikdrucke des Johannes Petreius in Nürnberg* (Catalogus Musicus XIV), Kassel 1993 • *Das deutsche Kirchenlied. Kritische Gesamtausgabe der Melodien. Abteilung III, Band 1: Die Melodien bis 1570*, Kassel und Basel 1993–1999.

AB

# Heymair [Haymerin, Haymarin], Magdalena

fl. 1560–1590 in Süddeutschland und der heutigen Slowakei

Magdalena Heymair wirkte als Hauslehrerin und Mädchenschulmeisterin in Straubing, Cham und Regensburg; um 1585 erhielt sie die Stelle der Hofmeisterin und Erzieherin im Haushalt der adeligen Witwe Judith Reuber in Kaschau (heute Košice, Ostslowakei). Vom Katholizismus zum Luthertum übergetreten, fasste Magdalena Heymair die wichtigsten biblischen Lehrtexte für den Schulunterricht in Reimform und unterlegte sie mit eingängigen Melodien. Im Zeitraum 1566–1578 entstanden so mehrere Bücher mit Episteln und anderen Bibeltexten in Liedform, die innerhalb weniger Jahre bis zu sechs Auflagen erlebten. Den Vorreden zufolge waren diese Lieder nicht nur für Schülerinnen gedacht, sondern auch für erwachsene Frauen aller Schichten und Altersgruppen, um ihnen Trost und innere Stärkung zu vermitteln.

*Literatur:*
C. Niekus Moore, *Biblische Weisheiten für die Jugend. Die Schulmeisterin Magdalena Heymair*, in: *Deutsche Literatur von Frauen*, Bd. 1: *Vom Mittelalter bis zum Ende des 18. Jahrhunderts*, hrsg. von G. Brinker-Gabler, München 1988, S. 172–184 • L.M. Koldau, *Frauen – Musik – Kultur. Ein Handbuch zum deutschen Sprachgebiet der Frühen Neuzeit*, Köln, Weimar und Wien 2005, S. 369–375.

LMK

# Hofhaimer, Paul

\* 25.1.1459 Radstadt (Land Salzburg), † 1537 Salzburg

Neben Arnolt ▸ Schlick war Paul Hofhaimer wohl der bedeutendste Orgelkünstler des späten 15. bzw. frühen 16. Jahrhunderts. Als kaiserlicher Organist im Dienste ▸ Maximilians I. trat er insbesondere als Improvisator hervor und übte als gesuchter Lehrer großen Einfluss auf die Weiterentwicklung der Orgelmusik aus.

Die auffällig genaue Datierung von Hofhaimers Geburtsstunde geht auf das vom Astrologen Johannes Garcaeus gestellte Horoskop zurück, das gewisse Parallelen zu jenem des im gleichen Jahr geborenen Maximilian I. aufweist. Auch wenn bereits von den Zeitgenossen verschiedentlich behauptet wurde, Hofhaimer sei Autodidakt gewesen (was wahrscheinlich als Stilisierung aus dem Geiste des Humanismus heraus zu erklären ist), dürfte er seine musikalische Ausbildung am Hof von Kaiser ▸ Friedrich III. erhalten haben. Dieser verlieh Hofhaimer 1485 auch ein Familienwappen, was neben zeitgenössischen Lobgedichten sowie dem Ritterschlag und der Verleihung eines eigenen Wappens 1515 durch Maximilian I. als Ausdruck der steten Hochschätzung des Künstlers durch Herrscherautoritäten wie Öffentlichkeit zu sehen ist.

Hofhaimers Laufbahn als prominenter Musiker beginnt mit einer Anstellung am Hof des Erzherzogs Sigmund von Tirol im Jahr 1480 (Kontakte nach Innsbruck hat es offenbar bereits ab 1478 gegeben), wo ihm mit einem Jahresgehalt von 70 Gulden eine lebenslängliche

Anstellung gewährt wurde. Anlässlich des Reichstags in Nürnberg ergaben sich 1481 auch Beziehungen zum sächsischen Hof, so dass Hofhaimer eine Zeitlang in Dresden sein Können hören ließ. Den späteren Kaiser Maximilian lernte Hofhaimer spätestens 1486 anlässlich von dessen Wahl zum römischen König in Frankfurt kennen, wohin er sich auf Geheiß Sigmunds begeben hatte. Maximilian (der 1493 zum Kaiser gekrönt werden sollte) übernahm 1490 auch den Hof von Innsbruck. Hofhaimer, den ein Jahr zuvor noch Beatrix von Aragón, die Königin von Ungarn, versucht hatte anzuwerben, wurde nun in seiner Position mit lebenslanger Anstellung bestätigt. Gleichzeitig gehörte es zu seinen neuen Dienstaufgaben, Maximilian zu offiziellen Anlässen wie Reichstagen zu begleiten, was in den kommenden Jahren eine ausgedehnte und durchaus anstrengende Reisetätigkeit nach sich ziehen sollte – Stationen waren unter anderem Linz, Wels, Wien, Augsburg, Ulm, Konstanz, Füssen und Freiburg. Hofhaimer selbst beklagte in einem Brief vom 14. Mai 1525, dass er »wie ein Zigeuner habe durchs Land ziehen müssen« (zitiert nach Moser ²1966, S. 60).

Weitere Reisen führten Hofhaimer wiederholt an den Hof des sächsischen Kurfürsten Friedrich III. nach Torgau (so 1515 bei einer Einladung zu einer Art »Orgeltag«, der auch Arnolt ▸ Schlick und der Orgelbauer Burkhard Dinstlinger folgten); dieser sandte ihm auch verschiedentlich Orgelschüler zur Ausbildung. Die Vita Hofhaimers, der im Laufe seines Lebens vier Mal heiraten sollte, blieb unstet, da er nach Passau (vor 1504) und weiterhin in die Fuggerstadt Augsburg (1507) umsiedeln musste.

Bereits vor seiner Augsburger Zeit war er als Orgelsachverständiger gefragt gewesen – derartige Tätigkeiten betrafen Werke in Schwaz (1478–1483), Bozen (1486/1487), Sterzing (1490), Innsbruck (1491/1492) und Salzburg (1505). In Augsburg arbeitete er nun mit dem Orgelbauer Jan Beheim von Dubrau an verschiedenen gemeinsamen Orgelprojekten zusammen, so vermutlich auch bei der Orgel der Fugger-Kapelle der Kirche St. Anna in Augsburg 1512. Als Maximilian I. 1519 starb, wurde die Hofkapelle aufgelöst. Hofhaimer ging (wohl 1519 oder 1520) zunächst nach Passau, um ab 1522 in Salzburg im Dienste von Erzbischof Kardinal Matthaeus Lang (einem langjährigen Berater Maximilians) als Domorganist tätig zu werden.

Stilbildend wirkte Kaiser Maximilians »obrigster organist« (so eine Formulierung in einem Brief vom 6. November 1515, zitiert nach Moser ²1966, S. 37) nicht allein durch seine Improvisationskunst, sondern vor allem auch durch seine nachhaltige Vorbildfunktion für seinen weit verzweigten Schülerkreis. Zu den auch als »Paulomimen« bezeichneten Orgelkomponisten mit deutlicher Orientierung auf Hofhaimer (auch wenn ihre Schülerschaft nicht definitiv verbürgt ist) zählen etwa Hans ▸ Buchner, Hans ▸ Kotter, Hans Schachinger, Conrad Bruman, Wolfgang Grefinger oder Dionisio Memmo.

Von seinen Kompositionen für Orgel sind jedoch nur wenige überliefert. Dem Vorbild des Buxheimer Orgelbuchs verhaftet, welches dem Münchener Umfeld von Conrad ▸ Paumann zugeordnet wird, dient ein einfaches akkordisches Gerüst als Fundament für die stark kolorierte Diskant-Stimme. Bei den Originalsätzen für Orgel – *Recordare*, *Salve regina*, *Tandernaken* – ist im Sinne dieser Traditionslinie die Dreistimmigkeit noch das kompositorische Modell (im Falle von *Tandernaken* wird noch eine zusätzliche vierte Stimme überliefert, die aber eventuell von einem zweiten Spieler übernommen werden soll). Im direkten Vergleich zu seinem Zeitgenossen Arnolt Schlick verzichtet Hofhaimer dabei weitgehend auf die Anlage von ausgedehnten imitatorischen Abschnitten, lediglich im Mittelteil von *Recordare* wird ein aus dem Choral gewonnenes Soggetto imitierend durchgeführt. Stattdessen interessiert sich Hofhaimer in seinen Orgelwerken für harmonischen Vollklang, was am Beispiel des terzbezogenen Satzes von *Salve Regina* gut nachvollzogen werden kann.

In seinen Vokalkompositionen nähert sich Hofhaimer dagegen dem kontrapunktischen Ideal der Renaissance weiter an. Dies betrifft etwa das kanonisch gesetzte Lied (*In*) *Gottes Namen fahren wir*. Unter den deutschen Liedern dominiert die Anlage als Tenorliedsatz (▸ Tenorlied). Dies betrifft auch die in der Sammlung von Georg ▸ Forster (*Ein Auszug guter alter und newer teuscher Liedlein*, Nürnberg 1539) überlieferten Sätze (darunter *Ach Lieb mit Leid*, *Tröstlicher Lieb* sowie *Zucht, Ehr und Lob*). In dieser Sammlung wird weiterhin der gezielte Einsatz von homophonen Zwischenteilen vorgeführt. Ein Wechsel der Lage des ▸ Cantus firmus findet sich in den drei unterschiedlichen Vertonungen von *Froh bin ich dein*, ähnlich wie die Cantus-firmus-Position in *Greiner, zanner* strophenweise changiert. Als Beispiel für einen Diskantliedsatz sei *Ohn' Freud verzehr ich«* genannt. So kann also insgesamt von einer Vielzahl unterschiedlicher Satztypen gesprochen werden, die Hofhaimer in seinen Liedsätzen vorstellt.

Nicht nur angesichts der ▸ Intavolierungen verschiedener Lieder fällt es oftmals schwer, die Grenze zwischen vokal und instrumental aufzuführenden Werken zu ziehen. Dies betrifft insbesondere die beiden ohne Text überlieferten *Carmina*, deren unterschiedliche Faktur unter Umständen auf verschiedene besetzungsmäßige Bestimmung hindeuten könnte.

Die vierstimmig gesetzten lateinischen Oden Hofhaimers stellen sich in eine pädagogisch motivierte Traditionslinie des deutschen Humanismus, die mit dem entsprechenden Modell der Zusammenarbeit von Conrad ▸ Celtis und Peter ▸ Tritonius einsetzt. Hofhaimer, der auch Kontakt zu den beiden genannten Protagonisten hatte, ließ sich 1537 wohl von dem Salzburger Humanisten Johannes ▸ Stomius zur Komposition der Oden anregen. Diese sind homophon gehalten und verarbeiten klassische Textvorlagen (Horaz). Hofhaimers Tod verhinderte die Vollendung der Odensammlung, die von Ludwig ▸ Senfl (der gleichfalls der Hofkapelle von Maximilian I. angehört hatte) ergänzt, mit einer Widmung an den Kardinal Lang versehen und bei Johann ▸ Petreius in Nürnberg zum Druck gegeben wurde. Durch verschiedene, den *Harmonicae poeticae* beigefügte Dokumente dient diese Sammlung gleichermaßen als Quelle zur zeitgenössischen Rezeption Hofhaimers wie als Zeugnis seiner humanistischen Grundhaltung.

*Ausgaben*:
Paul Hofhaimer. *Gesamtausgabe* (Denkmäler der Musik in Salzburg 15), hrsg. vom Institut für Salzburger Musikgeschichte an der Universität Salzburg (Druck i. Vorb.).

*Literatur*:
J. Garcaeus, *Astrologiae Methodus*, Basel 1576 • H.-J. Moser, *Paul Hofhaimer*, Stuttgart 1929, verbesserte und ergänzte Auflage Heidenheim ²1966 • L. Cuyler, *The Emperor Maximilian I and music*, London 1973 • R. Pirker, *Beiträge zur Wirkungsgeschichte der vierstimmigen Humanistenode*, in: Musicologica austriaca 1 (1977), S. 136–153 • M. Schuler, *Zur Orgelkunst am Hof Kaiser Maximilian I.*, in: *Musik und Tanz zur Zeit Maximilian I.* (Innsbrucker Beiträge zur Musikwissenschaft 15), hrsg. von W. Salmen, Innsbruck 1992, S. 123–130 • A. Edler, *Gattungen der Musik für Tasteninstrumente, Teil 1: Von den Anfängen bis 1750* (Handbuch der musikalischen Gattungen 7), Laaber 1997 • W. Salmen (Hrsg.), *Heinrich Isaac und Paul Hofhaimer im Umfeld von Kaiser Maximilian I.* (Innsbrucker Beiträge zur Musikwissenschaft 16), Innsbruck 1997 • A. Lindmayr-Brandl, *Paul Hofhaimer, Kaiser Maximilians »obrigster organist« als Komponist geistlicher und weltlicher Lieder*, in: *Die Wiener Hofmusikkapelle. I. Georg von Slatkonia und die Wiener Hofmusikkapelle*, hrsg. von Th. Antonicek u.a., Wien 1999, S. 227–243 • Dies., *Hofhaimer*, in: *MGG²*, Bd. 9 (Personenteil), 2003, Sp. 140–143.

AJ

**Hofkapelle** ▸ **Kapelle**

# Hofweise

Der Begriff wird im Schrifttum seit dem 20. Jahrhundert im Zusammenhang mit dem deutschen Lied der Jahrzehne um 1500 verwandt, um damit ein musikalisch-literarisches Gegenstück zum ▶ Volkslied zu benennen.

Noch im 16. Jahrhundert wurde Hofweise allgemein im Sinne von höfischen Umgangsformen gebraucht (so etwa im Lied *Ich armer knab* in Georg ▶ Forsters dritter Liedsammlung von 1549), aber auch schon als liedspezifischer Ausdruck angewendet (Ludwig ▶ Senfls Kopist Lucas Wagenrieder bezieht sich 1537 in einem Brief auf die »dreyerley hofweis mit 6. 5. und 4« Stimmen). Nachdem aus literarhistorischer Sicht Lieder, die nicht zur Textklasse der Volkslieder gerechnet werden sollten, von August Heinrich Hoffmann von Fallersleben 1844 ›Gesellschaftslieder‹ und von Rochus von Liliencron 1884 ›Hoflieder‹ genannt wurden, arbeitete Hans Joachim Moser für die Musikwissenschaft seit 1926/1927 die dichotomische Typologie Volkslied – Hofweise sachlich aus. Er bezog sich dabei hauptsächlich auf Lieder der Zeit zwischen dem Ende des 15. Jahrhunderts und Forsters erster Liedanthologie 1539 und markierte als Höhepunkt der Hofweisenproduktion die Lieddrucke von Erhard ▶ Öglin, Peter ▶ Schöffer d.J. und Arnt von ▶ Aich in den 1510er Jahren. In der Nachfolge wurden hofweisentypische Merkmale auch im Repertoire der handschriftlichen Liederbücher des 15. Jahrhunderts und in Liedern des späteren 16. Jahrhunderts geortet. Mit der jüngeren Kritik am Volkslied-Begriff wurde auch das Pendant Hofweise entwertet. Beide Termini dienen lediglich noch als klassifikatorisches Gegensatzpaar, mit dem Stilregister aufgerufen werden, ohne dass damit eine soziologische Schichtung der Produktion und Rezeption von Liedern umschrieben werden soll. Im Liedbestand bilden die beiden Typen zudem häufig Mischformen und Seitenzweige aus.

Ausgangspunkt für die Identifizierung eines eigenen Hofweisentyps war die Häufung von Liedtexten um 1500 mit ähnlichen Merkmalen: Die grundsätzlich anonym und ausschließlich in musikalischen Quellen überlieferten Gedichte handeln meistens von Glücks- und Unglücksfällen der Liebe, seltener von moralischen Sachverhalten in reflexiver und logischer Gedankenführung und abstrakter Begrifflichkeit, teils mit humanistischem Einschlag durch Antikenbezüge; Konkreta wie die Natur haben metaphorische Funktion. Stilmittel wie Anaphern, Akrosticha und verklausulierte Namen verweisen auf den literarischen Anspruch. Drei Strophen bilden die Norm, wobei die Kanzonenstrophe (▶ Barform / Bar) als Grundmodell favorisiert wird. Konstruktivistische Züge in Strophenbau, Reimbildung und Syntax sind konstitutiv. Elaborierte Ein-Reim-Gedichte, asymmetrische Wirkungen erzeugende Schlagreime, Kurzzeilen oder Schachtelsätze sind dabei aufgefangen in einer im Hintergrund waltenden genau regulierten Metrik, die vom Modell des auftaktigen, aus acht Silben bestehenden vierhebigen Verses ausgeht, bei dem tendenziell auf korrekte alternierende Deklamation geachtet ist.

In Analogie zu den auf diese Weise stark ausgearbeiteten Gedichtgrundlagen entfalten sich die Tonsätze. Da die Hofweise mit der Blütezeit des satztechnischen Gattungstyps des ▶ Tenorlieds zusammenfällt, ist in den allermeisten Fällen eine in ihrem melodischen Profil sehr bewusst und oft in engem Anschluss an den Text gestaltete Liedmelodie die Basis des Satzes. Sie entfaltet sich in ähnlichen Notenwerten wie die anderen Stimmen, geht sparsam und kontrolliert mit Melismen um (▶ Syllabik / Melismatk) und verzichtet weitgehend auf Textwiederholungen, so dass im Falle eines vokalen Vortrags der Liedmelodie sich auch das Gedicht kontinuierlich und verständlich entrollt. Obwohl der Hofweisentypus zur Ausbildung von melodisch-rhythmischen Formeln neigt, reagieren ambitionierte Lieder in Melodiebildung und Satzstruktur differenziert auf formale Ansprüche der Textvorgabe, etwa durch subtile modale Verläufe oder sorgsame Gliederung mittels Kadenzstufen und -arten. Diese bisweilen enge, keinesfalls beliebige Korrelation zwischen Text, Melodie und mehrstimmigem Satz ist auch dafür verantwortlich, dass es bei Liedern des Hofweisentypus im Vergleich zum Volksliedtypus wesentlich seltener zu Mehrfachvertonungen kam.

Von zahlreichen Hofweisen ist der Komponist bis heute unbekannt geblieben. An Autornamen überliefert sind u.a. Erasmus Lapicida, Heinrich ▸ Finck, ▸ Adam von Fulda, Heinrich ▸ Isaac, Georg Brack, Paul ▸ Hofhaimer, Wolfgang Grefinger, Thomas ▸ Stoltzer, Adam ▸ Rener, Ludwig ▸ Senfl, Paul Wüst, Martin Wolff, Ulrich Brätel, ▸ Arnold von Bruck.

*Literatur*:
H.J. Moser, *Das deutsche monodische Kunstlied um 1500*, in: *Festschrift Peter Wagner zum 60. Geburtstag*, hrsg. von Karl Weinmann, Leipzig 1926, S. 146–169 • H.J. Moser, *Renaissancelyrik deutscher Musiker um 1500*, in: *Deutsche Vierteljahrsschrift für Literaturwissenschaft und Geistesgeschichte* 5 (1927), S. 381–412 • K. Gudewill, *Zur Frage der Formstrukturen deutscher Liedtenores*, in: *Die Musikforschung* 1 (1948), S. 112–121 • Chr. Petzsch, *Hofweisen. Ein Beitrag zur Geschichte des deutschen Liederjahrunderts*, in: *Deutsche Vierteljahrsschrift für Literaturwissenschaft und Geistesgeschichte* 33 (1959), S. 414–445 • W. Seidel, *Die Lieder Ludwig Senfls* (Neue Heidelberger Studien zur Musikwissenschaft 2), Bern 1969.

NSCH

## Holbein, Hans, der Jüngere
\* 1497/1498 Augsburg, † 1543

Hans Holbein der Jüngere ist der wichtigste Spross einer Augsburger Familie von Malern und Holzschneidern. Von 1515–1532 hielt er sich vornehmlich in Basel auf, wo er das Bürgerrecht erwarb, danach in London. Typisch für den ersten Lebensabschnitt ist die Vielfalt von Medien, in denen der Künstler arbeitete: Tafelbilder, Wandmalereien, Scheibenrisse, Festdekorationen und Orgelflügel, Entwürfe für Schmuck- und kunsthandwerkliche Gegenstände, Zeichnungen und ein reiches Korpus von Holzschnittarbeiten (Einblattdrucken, Titeleinfassungen, Bordüren, Illustrationen, Druckermarken und Initialen) sowie Metallschnitte. Während im frühen 16. Jahrhundert viele der besten Künstler nur ausnahmsweise dem neuen Medium des Holzschnitts ihre Aufmerksamkeit zuwandten, gehörte Holbein zu jenen, die von Albrecht Dürers Leidenschaft und Virtuosität im Umgang mit dem neuen Medium angesteckt wurden und entsprechend viel in die Technik und die thematischen Möglichkeiten investierten. Dabei ist für ihn die Umsicht charakteristisch, mit der er sich die vorzüglichsten Holz- und Metallschneider wie Hans Hermann, Hans Frank Lützelburger und Jacob Faber zur Zusammenarbeit aussuchte. Dies etwa im Gegensatz zu Urs ▸ Graf, der sich oft nicht die Zeit nahm, die Schneidearbeit selbst durchzuführen oder die Herstellung der Druckstöcke zu überwachen.

In Holbeins erhaltener Malerei spielt die Musik selten eine Rolle. Immerhin haben wir zwei faszinierende Bildnisse des Musikliebhabers *Jean de Dintevilles*. Sie waren Auftragswerke und entstanden zur Zeit, als Dintevilles Gesandter in London war. Bei einem von ihnen handelt es sich um das vieldiskutierte Doppelporträt, das den Gesandten mit einem zweiten, Georges de Selve, Bischof von Lavaud, der ebenfalls im Auftrag des französischen Hofes in England weilte, zusammenstellt und die beiden an einem hohen Tisch stehend abbildet (Abb. 1). Die Gesandten sind als Würdenträger dargestellt – wobei diese Würde sich auch aus der humanistischen Gelehrtheit im Umgang mit den freien Künsten herleitet. Diesbehufs sind verschiedene Gegenstände auf der oberen Fläche und dem Zwischenregal plat-

Abb. 1: Hans Holbein der Jüngere, *Doppelporträt Jean de Dinteville und Georges de Selve*, Öl auf Leinwand, London, National Gallery.

ziert. Die Neigung für die Musik wird durch eine in der Perspektive vorzüglich getroffene vielchörige ▸ Laute und das Futteral für einen Satz ▸ Blockflöten markiert sowie ein Tenorstimmbuch, dessen Notation perfekt zu lesen ist, so dass man zwei lutherische Choräle aus dem Druck von Johann ▸ Walters *Geystliches gesanck Buchleyn* (2. Auflage 1525 bei Peter Schöffer in Worms gedruckt) identifizieren kann (Jenny 1963). Sehr programmatisch ist jene Doppelseite aufgeschlagen, auf der Luthers *Komm heilger Geist, Herr Gott* und der Anfang seines Zehn-Gebote-Liedes *Mensch willst du leben seliglich* stehen (beide wurden erstmals 1524 gedruckt). Das Gemälde enthält also auch die Botschaft, dass die Porträtierten um Versöhnung zwischen alter und neuer Kirche bemüht sind. Wie zerbrechlich und gefährdet Friede ist, wird uns symbolisch durch die gerissene Saite der 11-chörigen Laute mitgeteilt. Wenn man abwägt, ob diese und andere Bildelemente auf die Anregung der Auftraggeber oder Holbein selbst zurückgehen, so dürfte die Integrierung der Choräle angesichts von Holbeins deutschsprachiger Herkunft und des reformatorischen Milieus in Basel eher diesem als den beiden Franzosen zu zutrauen sein. Er wird aber nicht ohne die Zustimmung der Auftraggeber gehandelt haben.

Auf dem New Yorker Bildnis (Abb. 2) zeigt Holbein Dinteville allein und auf eine ganz andere Art, nämlich als nachdenklichen Musikliebhaber mit einer Papierrolle in der Rechten, einem aufgeschlagenen Stimmbuch vor sich und einer Laute in der Linken, die er senkrecht unter dem Sattel des Griffbretts hält. Sein Blick geht nach rechts in die Ferne, seine Kleidung ist häuslich schlicht und enthält als Schmuckelemente nur einen Goldring und eine edelsteinbesetzte Spange, die seine Jacke vorne zusammen hält. Auch der einfache Hintergrund mit dem einfarbigen Vorhang trägt zur Charakterisierung des Ambientes bei. Man wird durch die Abwesenheit von Notenschrift, die Schlichtheit insgesamt und das Halbprofil mit dem Blick in die Ferne an das Binchois-Porträt (▸ Binchois) von Jan van ▸ Eyck erinnert. Der Gegensatz zum Doppelporträt ist jedenfalls ein bewusster und betrifft den Kontrast zwischen repräsentativ und schlicht, gelehrt artistisch und künstlerisch inspiriert. Die Hypothese ist wohl nicht zu gewagt, dass Holbein absichtlich das in kostbares Leder gebundene Stimmbuch blank und die Schriftrolle unbeschrieben ließ, weil er in van Eycks Nachfolge andeuten wollte, dass Klang und Musik nicht der sichtbaren Welt angehören. Aber es kursiert auch die äußerliche Erklärung, dass das Gemälde unvollendet geblieben sei.

Ikonographisch konventioneller und vom Zeitgeschehen stärker abgelöst sind die bemalten Flügel der Basler Münsterorgel (Öl auf Leinwand, Basel, Öffentliche Kunstsammlung), welche damals an der Nordseite des Hauptschiffs zehn Meter über dem Boden platziert war. Die Flügel sind nur außen bemalt und vereinen die Stifterfiguren des Münsters Kaiserin Kunigunde und Kaiser Heinrich II. (links) mit Maria und Kind sowie Basels erstem Bischof, Pantalus (rechts). Im linken Zwickel zwischen den Stifterfiguren sehen wir eine Ansicht des Münsters, rechts zwischen den Patronen musizierende Putten, die aus einem unleserlichen Notenblatt singen und auf Tuben akklamieren. Reiches Blatt- und Rankenwerk füllt die Spatien zwischen den Figuren und dem vorgegebenen Rahmen aus. Das Bildprogramm ist herkömmlich, indem es wesentliche Elemente des gotischen Skulpturenprogramms an der Westfassade (der Kaiser mit einem Kirchenmodell im Arm, die Kaiserin und eine Marienfigur) wieder aufnimmt. Amüsant ist allerdings, dass Holbein die ziemlich tanzenden Engel in den Portalarchivolten durch singende und blasende Renaissanceputten ersetzt.

Auch in der Druckgraphik hat Holbein hervorragende musikikonographische Beiträge geleistet. In vielen Auflagen verbreitet und

Abb. 2: Hans Holbein der Jüngere, *Bildnis des Jean de Dinteville*, Öl auf Leinwand, New York, Goldman Collection.

daher besonders einflussreich war die Totentanzreihe (▶ Totentanz) und das Initialalphabet mit demselben Thema. Holbein ist mit den Totentanztraditionen des 15. Jahrhunderts (in Frankreich, Deutschland und im unmittelbaren Umfeld Basels) sehr gut vertraut und hält eine mittlere Stellung zwischen den stark auf Musik konzentrierten Serien wie etwa dem Knoblochzerdruck einerseits und solchen, die wenige Musik- oder Tanzelemente aufweisen, ein. Das direkte Vorbild ist der Basler Totentanz an der Friedhofsmauer der Predigerkirche: Dort sind es 42 Szenen, von denen 9 Musik enthalten, bei Holbein 40, davon ebenfalls 9 mit Musik. Von jenem und anderen früheren Totentänzen unterscheidet er sich aber deutlich dadurch, dass er echte, oft das Eitle herausstellende Genreszenen schafft und es nicht mit einer simplen Gegenüberstellung von tanzendem Gerippe und widerstrebendem Gegenüber im Freien bewenden lässt. So hört z.B. die Herzogin in ihrem Himmelbett aufsitzend dem ▶ Fidel spielenden Gerippe zu, der Alten Frau geht ein aufs hölzerne Gelächter (Xylophon) einschlagendes Skelett voraus; die Verderbtheit der Kirche wird kritisiert in der Szene mit einer Nonne, die vom Tod geholt wird, im Augenblick, da sie sich vom Altar weg einem lautespielenden jungen Mann zuwendet (Abb. 3).

Ebenfalls von hervorragender Qualität sind die Titelholz- und -metallschnitte, die Musikalisches in bald ernsthafter, bald ausgelassener Form ins Bildprogramm integrieren. Nach italienischem Vorbild bildet die Grundlage meistens eine Portalarchitektur mit Säulen auf den Seiten und einer Archivolte, Gesims oder einer Fensterreihe als oberem Abschluss. Als Dekoration dienen Festons, Füllhörner, Blatt- und Rankenwerk. Der figürliche Schmuck besteht in ›Porträts‹ von antiken wissenschaftlichen und literarischen Autoritäten, mythischen Figuren und Allegorien. Neben den Musen begegnen Apollon, Orpheus, musizierende Putten, dann aber auch Musikinstrumente allein, die wie Trophäen zusammengestellt sind. In einer reizenden Abwandlung der Engelsmusik zur Krönung Mariens stellt Holbein in einem ganzseitigen Titelholzschnitt die Erschaffung Evas im Zentralmedaillon dar und umgibt es konzentrisch angeordnet mit einem Meer mit Fischen, besternten Wolken und musizierenden Engeln; den Abschluss in den Außenecken bilden vier blasende Winde (*Das Alte Testament Deutsch*, Basel 1524; Müller 1997, Nr. 95).

Von den anderen Arbeiten Holbeins könnte man als Kuriosum noch die inzwischen zerstörte Fassadenmalerei am Haus »Zum Tanz« in Basel erwähnen, von der es einen großformatigen Entwurf als Federzeichnung gibt (Basel, Kupferstichkabinett; Müller 1996, Nr. 25.7). Sie zeigt eine komplizierte Architektonik mit Säulen, Pilastern, Tonnengewölben,

Abb. 3: Hans Holbein der Jüngere, *Der Tod und die Nonne*, Holzschnitt. Probedruck von 1526.

Portraitmedaillons, Spitzbogenfenstern auf mehreren Etagen und als einzigen figürlichen Schmuck auf der fingierten Balustrade des ersten Stocks merkwürdigerweise nicht eine bürgerlich gesittet tanzende Gesellschaft, sondern eine ausgelassene, deftig bäurische, die von einem ▶ Krummhornbläser angefeuert wird. Holbein selbst soll sie nicht zu seinen besten Arbeiten gezählt haben – möglicherweise, weil sie in mehrfacher Hinsicht zu wenig der Funktion des Gebäudes entsprach.

*Literatur*:
M.F.S.H. Hervey, *Holbein's ambassadors: the picture and the men*, London 1900 • P.-H. Berlin, *Die Orgelflügel-Entwürfe von Hans Holbein d. Ä.*, in: Jahresberichte der Öffentlichen Kunstsammlung Basel (1959–1960), S. 141–64 • M. Jenny, *Ein frühes Zeugnis für die kirchenverbindnde Bedeutung des evangelischen Kirchenliedes*, in: Jahrbuch für Liturgik und Hymnologie (1963), S. 123ff • R. Hammerstein, *Musik und Tanz des Todes. Die mittelalterlichen Totentänze und ihr Nachleben*, Bern and München 1980 • S. Foister / A. Roy / M. Wyld, *Holbein's Ambassadors*, London 1997 • C. Müller, *Die Zeichnungen von Hans Holbein dem Jüngeren und Ambrosius Holbein*, Basel 1996 • Ders., *Hans Holbein: Die Druckgraphik im Kupferstichkabinett Basel*, Basel 1997 • A. Edel, *»Unbegrenzte Möglichkeiten?« Betrachtungen zum Doppelporträt der französischen Gesandten Jean de Dinteville und Georges de Selve von Hans Holbein dem Jüngeren*, in: Archiv für Kulturgeschichte 82 (2000), S. 37–66.

TS

## Holborne, Antony [Anthony]

\* um 1545, † Ende November oder Anfang Dezember 1602

Holborne ist vor allem als Komponist von Instrumentalmusik bekannt. Über seine Vita ist nur wenig überliefert; wahrscheinlich diente er im Bereich des Hofes, erwähnt wird er insbesondere im Zusammenhang mit der Countess of Pembrook (der Schwester von Philip Sidney); er war wahrscheinlich mit John und Richard ▶ Dowland sowie mit Thomas ▶ Morley und Gilles ▶ Farnaby freundschaftlich verbunden. – Musikgeschichtlich bedeutsam ist Holborne vor allem durch zwei gedruckte Sammlungen, *The Cittharn Schoole* (London 1597) und *Pavans, Galliards, Almains and Other Short Aeirs both Grave, and Light, in five Parts, for Viols, Violins, or Other Musicall Winde Instruments* (London 1599). Letztere gehört nicht nur zu den frühesten gedruckten Sammlungen für Consort-Musik in England, sondern ist mit 65 Kompositionen auch der umfangreichste diesbezügliche Individualdruck. Die Mehrzahl der Kompositionen sind Pavane-Galliarde-Paare, die meist durch gleiche Tonart verbunden sind und variativ aufeinander bezogen sein können (▶ Variation). Die Kompositionen haben ein aufgelockert polyphones Satzbild oft mit gleichzeitigem Beginn der Stimmen oder einer später einsetzenden und sind zwei- bis dreiteilig mit Wiederholung der Teile. Einige der Stücke wurden in andere Sammlungen aufgenommen, so in diejenige von Zacharias Füllsack und *Christian Hildebrand Außerlesener Paduanen und Galliarden Erster Theil* (1607). Seine Schule für Cister ist die erste gedruckte von insgesamt drei englischen Sammlungen. Der erste Teil umfasst 33 im Schwierigkeitsgrad steigende, auf didaktische Zwecke ausgerichtete Kompositionen; sie bestehen aus sechs kurzen ▶ Präludien, einem in Tonart und Textincipit aufeinander bezogenen Pavane-Galliarde-Paar, weiteren Pavanen, einem Jyg und einer Mehrzahl an Stücken mit programmatischen Titeln, Bearbeitungen von Vokalkompositionen gleichen Titels (z.B. die bekannten *Go from my window* oder *As I Went to Walsingham*); die virtuosesten Stücke sind die *Pavane La Vecchio* und die letzte *Pavane quadro* (Nr. 31 und 32). Der zweite Teil besteht aus Spielstücken mit hinzugefügter Bass-Stimme: Pavanen, Galliarden, Almaynes und einem Lullaby, die zum Teil auf vokalen Vorlagen basieren, die von zwei Fantasien in dreistimmiger Notation und einem *Farewell* abgeschlossen werden.

Ein dritter Teil besteht aus sechs dreistimmigen vokalen ▸ Canzonetten. – Holbornes mehr als 50 erhaltene Kompositionen umfassende Lautenmusik sowie eine Reihe von Stücken für Bandora sind in verschiedenen Quellen überliefert und bestehen wie seine bereits erwähnte Instrumentalmusik überwiegend aus Pavanen und Galliarden, z.T. mit programmatischen Titeln (z.B. Pavan No. 7 *Last will and Testament* oder No. 8 *Countess of Pembrook's Funeral*; Galliard No. 19 *The Teares of the Muses*) oder auf Vokalvorlagen basierend (z.B. Walsingham).

*Ausgaben*:
*The Complete Works of Anthony Holborne*, 2 Bde. (Harvard Publications in Music 1 und 5), hrsg. von M. Kanazawa, Cambridge/Massachusetts 1976 und 1973; *Pavans, Galliards, Almans 1599* (London Pro Musica Edition), hrsg. von B. Thomas, London 1980; *Pavans, Galliards, Almains and short Aeirs (1599 und 1607): Ausgabe für Blockflöten zu fünf Stimmen*, hrsg. von H. Mönkemeyer, Moeck 1986; *The Cittharn Schoole (London 1597)*, Reprint Amsterdam und New York 1973.

*Literatur*:
B.K. Jeffery, *The Life and Music of Anthony Holborne*, Oxford 1964/1965 • S. Klotz, *Holborne*, in: MGG², Bd. 9 (Personenteil), 2003, Sp. 195–196.

ES

## Hollander, Christian [evtl. identisch mit oder Sohn von Jean de Hollande]

\* 1510/1515 Dordrecht (?), † zwischen Juli 1568 und Juli 1569 Innsbruck

Christian Hollander, Sänger und Komponist, war seit 1549 ›sangmeester‹ an St. Walburga in Oudenaarde, von ca. 1558 bis 1564 Sänger an der Kapelle Kaiser ▸ Ferdinands I. und seit 1565 an der Kapelle Erzherzog Ferdinands II. in Prag und Innsbruck. Überliefert sind die Individualdrucke *Newe teutsche, geistliche und weltliche Liedlein* (München 1570) und *Triciniorum* (ebenda 1573) sowie neun Magnificat-Vertonungen, fünf Messen, die *Lamentationes Hieremiae Prophetae*, über 50 vier- bis neunstimmige (gelegentlich unvollständige) Motetten und 6 Chansons. Hollanders Stil, auf Techniken der niederländischen Schule basierend, wird besonders in den gattungsgeschichtlich fortschrittlichen *Liedlein* durch moderne Elemente wie ▸ Doppelchörigkeit, dialogische Form und Wortausdeutung zugleich angereichert wie aufgelockert.

*Literatur*:
W. Senn, *Musik und Theater am Hof zu Innsbruck*, Innsbruck 1954 • E. Jas, *Hollander, Christian*, in: MGG², Bd. 9 (Personenteil), 2003, Sp. 218–221.

CB

## Horn

Horntypen der Renaissance waren wenig entwickelt und spielten in der Musik kaum eine Rolle. In frühchristlicher Zeit war die Kunst, längere konische Röhren aus Metall herzustellen, verlorengegangen, deshalb griff man auf das Tierhorn zurück oder beschränkte sich auf kurze, stark konische Metallröhren. Die aus dem Mittelalter bekannten Horntypen waren als Signalinstrumente im Kampf oder für Wächter, Hirten und Türmer in Gebrauch. Vor allem bei der Jagd dienten Hörner der Verständigung. Im Jagdbuch *La Vénerie* von Jacques Du Fouilloux aus dem Jahre 1573 werden Hörner mit hohen und tiefen Tönen unterschieden, auf einem Holzschnitt aus diesem Buch bläst ein Jäger ein einwindiges Metallhorn (Janetzky / Brüchle S. 18–19). Auf Du Fouilloux nimmt auch Marin ▸ Mersenne Bezug, wenn er über die verschiedenen Jagdsignale spricht (Köhler, S. 139).

Zwei Instrumententypen, die für die Weiterentwicklung von Bedeutung sind, lassen sich unterscheiden (Ahrens, Sp. 375): zunächst seit dem 15. Jahrhundert ein kleines, spiralförmig gewundenes Horn mit weit mensurierter, durchgehend konischer Röhre und kaum ausladendem Schalltrichter, das Sebastian ▸ Virdung (1511) als »jeger horn« bezeichnet und ihm jede musikalische Leistungsfähigkeit abspricht; Michael ▸ Praetorius (1619) nennt ein solches Instrument auf einer Abbildung »Jäger Trommet« (Tafel VIII), ohne es im Text im Rahmen der Blasinstrumente zu erwähnen, nach Marin Mersenne ist ein solches mehrwindiges Instrument wenig gebräuchlich (Köhler, S. 138) und ließ sich vermutlich kaum melodisch nutzen. Der zweite Horntypus war ein größeres, häufig nur einwindiges Instrument mit dem Namen »cornet (bzw. trompe) de chasse« mit einer engeren, teilweise zylindrisch verlaufenden Mensur und einem weit ausladenden Schallstück, das bei der Jagd verwendet und über die Schulter gelegt wurde. Aufgrund der Mensur dürfte ein solches Instrument einen schmetternden, weittragenden Ton erzeugt haben. Ein mehrwindiges Horn findet sich auf einem Holzschnitt der Straßburger Vergil-Ausgabe aus dem Jahre 1502 (abgedruckt bei Karstädt, Sp. 747). Als weiterer Horntypus ist bei den genannten Theoretikern ein schlankes, halbmondförmiges Horn (Posthorn), auch mit einer Windung, abgebildet. Die Befestigungen (Ösen bzw. Gurt) weisen es als ein Signalinstrument aus, das umgehängt getragen wurde. Marin Mersenne erwähnt mehrstimmiges Spiel und nennt notwendige Größen für ein Hörnerconsort (Köhler S. 140).

*Literatur*:
S. Virdung, *Musica getutscht*, Basel 1511, Faksimile, hrsg. von W. Niemöller (Documenta Musicologica XXXI), Kassel u.a. 1970 • M. Praetorius, *Syntagma Musicum II, De Organographia*, Wolfenbüttel 1619, Faksimile hrsg. von W. Gurlitt (Documenta Musicologica XVI), Kassel u.a. 1958 • G. Karstädt, *Horninstrumente*, in: MGG, Bd. 6, 1957, Sp. 744–756 • W. Köhler, *Die Blasinstrumente aus der »Harmonie Universelle« des Marin Mersenne*, Celle 1987 • K. Janetzky / B. Brüchle, *Das Horn*, Bern 1977 • Chr. Ahrens, *Hörner*, in: MGG², Bd. 4 (Sachteil), 1996, Sp. 368–379.

US

## Howard, Henry [Earl of Surrey]
* 1517 Hertfordshire, † 19.1.1547 London

Der englische Dichter hatte am Hofe Heinrichs VIII. verschiedene Ämter inne, wurde aber des Hochverrats verdächtigt und 1547 vom König hingerichtet. Er war Vertreter des Petrarkismus in England, gehörte zu den ersten englischen Sonettdichtern und führte den Blankvers in die englische Literatur ein. Seine Gedichte wurden, zusammen mit denjenigen Thomas ▸ Wyatts und anderer Dichter, in *Totells Miscellany* publiziert.

*Literatur*:
H.W. Chapman, *Two Tudor Portraits: Henry Howard, Earl of Surrey, and Lady Catherine Grey*, Jonathan Cape 1960 • J. Childs, *Henry VIII's Last Victims: the Life and Times of Henry Howard, Earl of Surrey*, London 2006.

## Hufnagel-Notation

Die Hufnagel-Notation ist eine Art der Notation, die vor allem für deutsche und böhmische Choralhandschriften und -drucke verwendet wurde. Sie entstand, als deutsche Neumen auf Notenlinien notiert wurden, wobei die ›virga‹, das Neumenzeichen für einen hohen Einzelton, eine hufnagelförmige Gestalt annahm, die der Schrift ihren Namen gab. Wenn mit breiter Federspitze geschrieben wurde, spricht man auch von ›Gotischer Notation‹.

*1* Virga aus dem Fragment eines Graduale aus der Universitätsbibliothek Salzburg (15. Jh.)

*Literatur*:
D. Hiley, *Western Plainchant*, Oxford 1993; Bruno Stäblein, *Schriftbild der einstimmigen Musik*, Leipzig 1975.

SW

## Hugenotten

Hugenotten ist die historische Bezeichnung (ab 1557 »Huguenots«) der französischen

Anhänger der von der Schweiz ausgehenden reformatorischen Lehre Jean ▸ Calvins. Der Ursprung des Namens ist ungeklärt. Der in Frankreich ab 1550 verbreitete Calvinismus mit presbyterial-synodaler Kirchenorganisation zeichnete sich durch Disziplin, Nüchternheit, strenge Prüfung des Lebens aus. Einfache schwarze Kleidung, die Abschaffung von Feiertagen, der Liturgie und des Heiligenkults waren die Hauptmerkmale.

Besonders seit der ›Affaire des Placards‹ 1534 unter ▸ Franz I. wurden die Reformierten von den französischen Königen verfolgt und Besitzer der volkssprachlichen Bibel der Inquisition preisgegeben. Die Verfolgung gipfelte in einem Massenblutbad in der Bartholomäusnacht am 24. August 1572. Die acht Hugenottenkriege 1562–1598 bewirkten eine Flucht der Hugenotten, die sich als Refugiés besonders in den Niederlanden, im Elsaß, in Preußen, in der Schweiz und in England niederließen. Durch Heinrich IV. wurde ihnen freie Glaubensausübung 1598 mit dem Edikt von Nantes bestätigt und ihre vollen Bürgerrechte, Gewissensfreiheit und eine örtlich begrenzte Kultusfreiheit anerkannt.

Die bedeutendste auf die Hugenotten zurückgehende Kulturpraxis ist der Psalmengesang. Der französischen Übersetzung der gesamten Bibel (Antwerpener Bibel) 1530 von Jacques Lefèvre d'Étaples (▸ Faber Stapulensis) folgten weitere Übersetzungen von Bibeltexten, u.a. der Psalmen. Der Psalter ist die alttestamentliche Sammlung von 150 religiösen Liedern und Gebeten, die Lob und Klage zum Inhalt haben und dessen Wurzeln auf das 9. Jahrhundert zurückgehen. Nach einem anfänglichen Verbot Calvins jeglicher Musik im Gottesdienst mit der Befürchtung, diese lenke von Gottes Wort ab, förderte er den einstimmigen unbegleiteten Gemeindegesang. Im Unterschied zur katholischen Liturgie wird der Psalm von allen Teilnehmern des Gottesdienstes gesungen, weshalb er einfach gehalten werden sollte (z.B. auch großzügige Atempausen). Kompositorisch waren Einstimmigkeit, Ambitus nicht über einer Oktave, aus zwei Notenwerten bestehende Rhythmik (▸ Semibrevis, ▸ Minima, Schlusslonga unter dem Mensurzeichen [alla breve] des ▸ tempus imperfectum diminutum), Verbot von Dreiertakt und von ▸ Ligaturen die Regel. Der *Genfer Psalter* (1562) wurde laut Quellen aus dem 18. Jahrhundert mit Unterstützung eines Vorsängers und Vorlesers zweimal jährlich vollständig in den Gottesdiensten (montags und mittwochs) in Folge gesungen. Calvins *La Forme des prières et chantz ecclesiastiques* (Genf 1542) enthält die Ordnung und die Gebete für den Gottesdienst und u.a. einige Psalmen. In der Verbreitung der reformierten Kirchen fungierte der Psalter als Bindeglied zwischen den unterschiedlichen kirchlichen Abspaltungen (zu Text und Musik des Hugenottenpsalters ▸ Calvin).

*Literatur:*
F. Bovet, *Histoire du Psautier des églises réformées*, Paris 1872 • H. Reimann, *Die Einführung des Kirchengesangs in der Zürcher Kirche nach der Reformation*, Zürich 1957 • A. Marti / J.R. Luth, *Calvinistische Musik*, in: *MGG²*, Bd. 2 (Sachteil), 1995, Sp. 333–344.

NIS

**Hugenottenpsalter** ▸ Calvin, ▸ Calvinistische Musik, ▸ Hugenotten

## Humanismus

In der Renaissance wurden die Bezüge zwischen Musik, Musiktheorie und Humanismus durch ihre gemeinsame Basis im System der sieben Freien Künste (▸ Artes liberales) ebenso begünstigt wie eingeschränkt. Begünstigt insofern, als in dieser Zeit eine beachtliche Zahl von Musiktraktaten entstanden ist, die das Schrifttum zu den handwerklichen Künsten der Renaissance wie etwa der Architektur, Malerei oder Bildhauerei bei Weitem übersteigt. Gleichzeitig hat diese Basis sie eingeschränkt, da die Zuordnung der Musik und ihrer Theorie zu den Artes liberales ein festes methodisches Konzept mit klar gezogenen Grenzen nach sich zog.

Diese methodische Vorgabe manifestierte sich ebenso im Fachvokabular wie im Aufbau von Musiktraktaten. Zudem verdrängte die Wiederentdeckung und Neuinterpretation der klassischen griechischen Texte und Lehrmeinungen zur Musik, insbesondere aus den Schriften Platons und seiner Kommentatoren, schon während des 14. und 15. Jahrhunderts zunehmend die Auffassungen der ▸ Scholastik zur Musik und zu den mit ihr verbundenen mathematisch-naturwissenschaftlichen Fächern. Nun setzte sich zunehmend ein neues Prinzip zur thematischen Organisation von Musiktraktaten durch: So verstand sich im 16. Jahrhundert die Musiktheorie selbst als im idealen Sinne allumfassend. Alles Wissen, das die Musik betraf, nahm ein oder mehrere Plätze innerhalb eines ganzen Corpus des theoretischen Wissens ein. Anders ausgedrückt erstrebte die Musiktheorie des 16. Jahrhunderts eine organische Einheit, in der die unterschiedlichen Elemente eine universale transzendierende Ordnung erkennbar werden ließen, wie ▸ Metaphysik, ▸ Naturphilosophie oder ▸ Enzyklopädik.

Trotz dieser wenn auch nicht fest umrissenen Präsenz der Musiktheorie in umfassenderen wissenschaftlichen Werken bleibt es schwierig, das Verhältnis zwischen Musik und Humanismus zu beschreiben. Als noch problematischer erweist sich in dieser Hinsicht der Nachweis eines Bezugs zwischen klingender Musik und einer Wiedergeburt der Antike im 15. und 16. Jahrhundert – angesichts des weitgehenden Fehlens einer Überlieferung auch nur von Spuren antiker Musik oder ihrer Quellen. Nichtsdestoweniger ist es möglich – ohne das Aufkommen einer humanistischen Konzeption der Musik datieren oder lokalisieren zu wollen – einige große Richtungen des Diskurses über die Musik in der Renaissance in ihrer Beziehung zu Themen aufzudecken, die den Humanismus als kulturelle Bewegung kennzeichnen:

1. die Bedeutung der Geschichte bzw. der quellenkritischen Historiographie als neues humanistisches Fach für die Musik und ihre Theorie,
2. der Bezug der Musik zur Sprache, der von der Theorie der Grammatik als Teilbereich der Artes liberales oder der ▸ Studia humanitatis abhing,
3. die Verbindungen zwischen Musik und den Entdeckungen der empirischen Naturwissenschaften, die das Denken über die physikalischen Grundlagen der Musik in der Moderne geprägt haben.

Diese Parameter bezogen sich im Renaissance-Humanismus ausschließlich auf die intellektuelle Wahrnehmung der Musik, nicht aber auf ihre Praxis. Das Problem, eine dezidiert humanistische Musik wegen des weitgehenden Fehlens einer Überlieferung von Musik aus der Antike nicht genauso wie ein humanistisches Gemälde oder humanistische Architektur auf der Grundlage der Rezeption antiker Vorbilder definieren und kompositorisch realisieren zu können, führte dazu, dass sich die Rezeption antiker Quellen und damit der Humanismus in der Musikkultur der Renaissance auf die Theorie beschränken musste.

Künstler, Architekten und Philosophen beanspruchten seit dem 15. Jahrhundert ihre Zugehörigkeit zu einem neuen Zeitalter. Sie taten dies auf verschiedene Weise, hauptsächlich im Rekurs auf die Geschichte ihrer Kunst oder Wissenschaft. Sie lobten die Arbeit älterer Generationen, die den Wissenschaften und den Künsten nach langen Jahrhunderten der Dunkelheit im Mittelalter ihre antike Pracht wiederzugeben wussten. Die Haltung der Musiktheoretiker war aber nicht unmittelbar die gleiche wie diejenige der Theoretiker und Historiker der Malerei wie beispielsweise Leon Battista ▶ Alberti oder Giorgio ▶ Vasari. Denn die musikalische Kunst folgte noch lange Zeit dem Prinzip der Orientierung am zeitgenössischen Geschmack. Johannes ▶ Tinctoris brachte dies am deutlichsten in seinem *Liber de arte contrapuncti* (1477) zum Ausdruck: »Es existiert nicht ein Musikstück, das während der vierzig vergangenen Jahre komponiert wurde, das die Gelehrten nicht als hörenswert gewürdigt hätten« (»Neque quod satis admirari nequeo quippiam compositum nisi citra annos quadraginta extat quod auditu dignum ab eruditis existimetur«). Nur das Neue verdiente Aufmerksamkeit, und die Vorstellung eines Repertoires war den Praktiken des 15. und 16. Jahrhunderts noch weitgehend fremd. Die Komponisten, die sich nicht der Zukunft zuwenden wollten, würden Schande auf sich laden, wie Othmar Luscinus in seiner *Musurgia seu praxis musicæ* (1536) erklärte. Auch die Theoretiker, wie zum Beispiel Sebald ▶ Heyden in seinem Traktat *De arte canendi* (1540), waren sich der Besonderheit der Musik bewusst, die sich ja nur wenige antike Beispiele zunutze machen konnte. Dennoch erklärten einige Theoretiker bestimmte Komponisten zu Heroen der Musikgeschichte, aber dies waren stets solche Vertreter, die noch der unmittelbar vorangehenden Generation angehörten. Ein bekanntes Beispiel bildet Heinrich ▶ Glarean mit seinem *Dodecachordon*, das auf keine Komponisten aus der Generation vor Johannes ▶ Ockeghem rekurrierte, ähnlich wie Tinctoris in seinem *Proportionale musices* (ca. 1473), der nicht weiter als bis zu John ▶ Dunstaple zurückgehen wollte. In der ersten Hälfte des 16. Jahrhunderts wurde ▶ Josquin Desprez als stilistischer Maßstab zum »pater musicorum« (Hermann ▶ Finck, *Practica musica*, 1556), bevor er in dieser Rolle durch andere Musiker verdrängt wurde – durch Adrian ▶ Willaert, den »nuovo Pithagora« (Gioseffo Zarlino, *Istitutione harmoniche*), durch Cipriano de ▶ Rore, »il divino« (Giulio Cesare Monteverdi, *Dichiaratione della lettera*, 1607), und schließlich durch Orlande de ▶ Lassus »le plus que divin Orlande« (Pierre de ▶ Ronsard, *Mellange de Chansons*, 1572).

Trotz ihrer Kritik an den vorangegangenen Generationen, die sie nur unzureichend oder indirekt kannten, stimmten die Theoretiker des 16. Jahrhunderts darin überein, dass die Erfindung der Polyphonie nach den modernen Regeln des ▶ Kontrapunkts in dieser Generation neu gewesen war. Ob es sich um Heyden, um Glarean, um Vincenzo ▶ Galilei oder um Thomas ▶ Morley handelte – sie waren sämtlich der Meinung, dass der Beginn dieser »neuen Kunst« der Polyphonie um die Mitte des 15. Jahrhunderts zu datieren sei. Die Idee, einem neuen Zeitalter anzugehören, durchlief somit das 15. und 16. Jahrhundert, wobei sie unter dem Begriff des Fortschritts artikuliert wurde – und der Verachtung für alles, was eben nicht zeitgenössisch war. Die Musiktheoretiker teilten somit nicht das Gefühl, an einer Renaissance der Antike oder einer anderen, weit zurückliegenden Zeit mitzuarbeiten. Für sie nahm die Musik an der Modernität teil, ohne sie verlor sie ihre Basis. Daraus resultiert auch das Paradox der Experimente, die von der ▶ Camerata fiorentina Giovanni de' ▶ Bardis in den späten Dezennien des 16. Jahrhunderts vorgenommen wurden, und die in die Schöpfung eines neuen Genres, der Oper, mündeten, das eigentlich beanspruchte, eine Renaissance des antiken Theaters zu sein.

In Leipzig erschien im Jahre 1600 mit Sethus ▶ Calvisius' *De initio et progressu musices* die erste eigentliche Musikgeschichte, hier als zweiter Teil seines umfassenderen Werks *Exercitationes musicæ duæ*. Calvisius blieb in seiner Grundhaltung den bekanntesten seiner Vorgänger, ▶ Adam von Fulda, Piero Gaetano (Mitte des 16. Jahrhunderts) und Hermann

▸ Finck treu: Er gab sich lediglich damit zufrieden, das Kapitel, das die Musiktheoretiker des 15. und 16. Jahrhunderts gewöhnlich den »inovatores musicae« widmeten, zu einem ganzen Band auszuarbeiten. In ihrem Sinn für Chronologie, den Calvisius von Giulio Cesare Scaliger (1484–1558) entlehnt hatte, unterschied sich seine Abhandlung von dem, was bislang meist nur eine Aufzählung von Namen gewesen war. Calvisius gelang es jedoch nicht, das Fehlen einer historisch diskursiven Darstellung in seinem Werk zu kompensieren. In seiner umfänglichen Aufzählung setzte er nur einen größeren Informationsgehalt an deren Platz.

Seit dem Beginn des 15. Jahrhunderts schlugen einige italienische und französische Humanisten eine neue Organisation des gesamten Wissens vor, woraus der Fächerkanon der ▸ Studia humanitatis entstand. Darin ist die Musik in ein Netz von sprachlichen Disziplinen integriert, die nicht zu den mathematischen Fächern des ▸ Quadriviums gehören. Nach Auffassung der Humanisten mussten nämlich die Grammatik und die Poetik der Musik als Modelle dienen und somit deren Zugehörigkeit zur Fächergruppe der Mathematik ersetzen. Anders ausgedrückt bestand das Problem, wie man Musik und Poetik in ein System kommunikativer Künste aufnehmen konnte, das bis dahin ein Erbe des mittelalterlichen ▸ Triviums war.

Gegen Ende des 14. Jahrhunderts wurde von einigen Humanisten wie beispielsweise Eustache Deschamps (*Art de dictier*, ca. 1392) oder Coluccio Salutati (1331–1406) angeregt, wieder auf die Wissenschaftssystematik zurückzugreifen, die von den spätantiken Polyhistoren Martianus Capella und Isidor von Sevilla in ihren Schriften *De nuptiis Philologiae et Mercurii* und *Etymologia*e schon im 5.–6. Jahrhundert entwickelt worden war und die sich in Form der Artes liberales bis zum Hochmittelalter behauptet hatte. Nach Martianus Capella und Isidor stellte in diesem Fächerkanon die Grammatik das erforderliche Fundament allen Wissens dar. Der Rückgriff auf die Grammatik als theoretisches Modell auch für die Musik und Kompositionspraxis provozierte in der Renaissance zwar mannigfache Reaktionen, die Theoretiker dieser Epoche verwendeten aber nicht die Grammatik als Modell, um Erklärungen für musikalische Phänomene zu liefern. Sie gaben sich damit zufrieden, die beiden Künste und ihre wechselseitigen Qualitäten parallel zu setzen.

Die Debatte um die Anwendbarkeit von Grammatik und Poetik als Modelle und Modelldisziplinen für Musik und Musiktheorie blieb jedoch für das musikalische Denken in der Renaissance nicht ohne Konsequenzen. Aus dem neuen Bildungsideal der Studia humanitatis trat nämlich die Assoziation zwischen Musik und Poetik sehr deutlich hervor. Pietro ▸ Bembo etwa nahm in seinen *Prose della volgar lingua* (1525) häufig auf musikalische Termini Bezug und achtete auf die klanglichen Affekte der Musik. Für Bembo waren das, was den Vers charakterisierte, seine »gravità« und seine »piacevolezza«, zwei Qualitäten, die von drei musikalischen Elementen abhingen: erstens dem Klang (suono), zweitens der Zahl (numero) und drittens dem Abwechslungsreichtum (variazione).

Poetik und Musik schien damit ein unverbrüchliches Band zu vereinen. Diese Idee weckte auch das Interesse von bekannteren Musiktheoretikern, insbesondere aus Norditalien, wie etwa Giovanni del Lago oder Gioseffo ▸ Zarlino. Die Behandlung, die Zarlino den Vorgängen der Komposition wie den Kadenzen, den Pausen, den Wiederholungen und der Textierung angedeihen ließ, beruhte auf einem neuen Konzept des musikalischen Diskurses, der auf der detaillieren Analyse der Beziehungen zwischen Text und Musik in einigen Werken seines Vorgängers im Kapellmeisteramt an San Marco zu Venedig, Adrian Willaert, aufbaute. Anders ausgedrückt bestand die Intention der Theoretiker seinerzeit darin, die

Vokalpolyphonie von Willaert gemäß den Kriterien der zeitgenössischen ▸ Rhetorik für die Musik zu kodifizieren. Die Rhetorik, ursprünglich eine Disziplin des Triviums, deren vornehmste Vertreter, allen voran Cicero und Quintilianus, sämtlich aus der Antike stammten, wurde somit im musikalischen Humanismus ein Werkzeug für das Denken über Musik, für ihr analytisches Verständnis und letztlich auch für ihre Kompositionspraxis.

Im Laufe des 15. und 16. Jahrhunderts entwickelte sich insbesondere die einstmals quadriviale Musiktheorie des Mittelalters zu einem Arbeitsfeld weiter, auf dem sich zum Teil mathematisch-naturwissenschaftliche Grundlagenforschungen und grundlegende Umwälzungen des Weltbilds und seiner wissenschaftlichen Durchdringung vollzogen. Die neuen Untersuchungen zur Kosmologie in der Astronomie, zur Erweiterung des Zahlraums um die Menge der reellen Zahlen in der Mathematik, zur Schwingungstheorie in der Physik und teilweise selbst zur Physiologie in der Medizin boten die Gelegenheit, die Erforschung musikalischer Phänomene mit anderen wissenschaftlichen Entdeckungen zu verbinden. Dies brachte insbesondere die mathematisch-naturwissenschaftliche, sprich akustische Seite der Musiktheorie in ihre exponierte Rolle als Schlüssel zum Verständnis des Kosmos zurück, die ihr als Teil des Quadriviums in Antike und Mittelalter zugekommen war.

Seit Euklid und der antiken Schule der Platoniker und Pythagoreer verstand man die in Form von Brüchen darstellbaren, einfachen Zahlenverhältnisse der musikalischen Intervalle als verallgemeinerbare Modelle für den Aufbau des Kosmos und aller seiner Phänomene. Gegen Ende des 15. Jahrhunderts änderte sich diese Haltung der Theorie jedoch deutlich, und die Musik wurde nun zunehmend im Sinne der antiken Theoretiker Aristoxenos von Tarent (▸ Aristoxenismus) und Ptolemaios nicht mehr als diejenige Kunst oder Wissenschaft verstanden, die zur musikalischen Abbildung der Gesetze des Kosmos diente, sondern in der sich Intellekt und Sinne des Menschen begegnen: Die Sinne entdecken die Klänge, der Intellekt klassifiziert sie mittels ihrer mathematischen Intervallproportionen und die Sinne überprüfen schließlich erneut das Resultat dieser intellektuellen Klassifikation auf empirische Weise. Diese methodische Auffassung setzte sich jedoch erst im Verlauf der Renaissance mit dem von den Musiktheoretikern unternommenen Versuch durch, das rein auf den sinnlichen Klangeindruck setzende Vorgehen der Theorie nach Aristoteles und dessen Schüler Aristoxenos mit dem ausschließlich intellektuell, nämlich mathematisch-spekulativ fundierten Theoretisieren nach Euklid und Pythagoras zu verbinden. Musiktheoretiker wie Jacobus ▸ Faber Stapulensis (Jacques Lefèvre d'Etaples) oder Lodovico ▸ Fogliano erkannten gleichzeitig die mathematischen Beschränkungen der Arithmetik für die kohärente Lösung von Problemen aus dem Bereich der Stimmungstheorie und regten daher an, zunehmend arithmetische Verfahren zur Intervallbestimmung durch solche aus der Euklidischen Geometrie zu ersetzen. Damit geriet die Arithmetik in der Musiktheorie zunehmend in die Rolle einer Hilfswissenschaft zur Berechnung metrischer und rhythmischer Proportionen in der ▸ Mensuralnotation, wo tatsächlich einfache numerische Proportionen vorherrschten, wie man sie zuvor auch in der Stimmungstheorie für die Berechnung der Intervalle angenommen und verwendet hatte. Den Akzent arithmetischer Berechnungen in der Musiktheorie auf Rhythmus und Mensur zu legen, erlaubte gleichzeitig, dem sprachlichen, poetischen Musikverständnis der Humanisten nicht zu widersprechen, das sich seit dem 16. Jahrhundert zunehmend durchgesetzt hatte – sowohl in der Musikgeschichtsschreibung, als auch in der Theorie und Praxis der Komposition.

*Literatur:*
L. Zanoncelli, *Sulla estetica di Johannes Tinctoris*, Bologna 1979 • C.V. Palisca, *Humanism in Italian Renaissance Musical Thought*, New Haven/Connecticut 1985 • F.A. Gallo / R. Groth / C. V. Palisca / F. Rempp (Hrsg.), *Italienische Musiktheorie im 16. und 17. Jahrhundert. Antikenrezeption und Satzlehre* (Geschichte der Musiktheorie 7), Darmstadt 1989 • A.E. Moyer, *Musica scientia. Musical Scholarship in the Italian Renaissance*, Ithaca 1992 • C.V. Palisca, *Humanism and Music*, in: *Renaissance humanism: Foundations, Forms and Legacy*, hrsg. von Albert Rabil (Jr.), Vol. 3: *Humanism and the Disciplines*, Philadelphia 1988, S. 450–485 • B.A. Föllmi, *Das Weiterwirken der Musikanschauung Augustins im 16. Jahrhundert*, Bern 1994 • M. Feldman, *City Culture and the Madrigal at Venice*, Berkeley 1995 • K.W. Niemöller, *Zum Paradigmenwechsel in der Musik der Renaissance: Vom ›numerus sonorus‹ zur ›musica poetica‹*, in: *Abhandlungen der Akademie der Wissenschaften in Göttingen, Phil.-Hist. Klasse*, 3. Folge, Göttingen 1995, S. 187–215 • T. Reiss, *Knowledge, Discovery and Imagination in Early Modern Europe. The Rise of Aesthetic Rationalism*, Cambridge 1997 • Ph. Vendrix, *La musique à la Renaissance*, Paris 1999 • P. Gozza (Hrsg.), *Number to sound*, Amsterdam 2000 • R. Strohm / B.J. Blackburn (Hrsg.), *Music as concept and practice in the late middle ages*, Oxford 2001 • H. von Loesch, *Der Werkbegriff in der protestantischen Musiktheorie des 16. und 17. Jahrhunderts*, Hildesheim 2001 • R. Strohm, *Neue Aspekte von Musik und Humanismus im 15. Jahrhundert*, in: Acta Musicologica 76 (2004), S. 135–158 • C.V. Palisca, *Music and Ideas in the Sixteenth and Seventeenth Centuries*, Urbana/Illinois 2006 • D. Glowotz, *Byzantinische Gelehrte in Italien zur Zeit des Renaissance-Humanismus. Musikauffassung – Vermittlung antiker Musiktheorie – Exil und Integration* (Schriften zur Musiktheorie aus Münster 22), Schneverdingen 2006 • Ph. Vendrix (Hrsg.), *Music and Mathematics. From late medieval to early modern Europe*, Turnhout 2007.

PHV

## Hymnar ▸ Gesangbuch, liturgisches

## Hymnus

Die mehrstimmigen Hymnen des 15. und 16. Jahrhunderts basieren auf den einstimmigen Offiziumshymnen – mehrstrophige liturgische Gesänge mit nicht-biblischem geistlichem Text, als deren Begründer Ambrosius von Mailand (ca. 339–397) gilt. Die Melodien werden in einer oder mehreren Stimmen gebracht, meist mit Verzierungen, wobei im Vortrag mehrstimmige Strophen mit einstimmigen wechseln. Während vor ca. 1430 mehrstimmige Hymnenvertonungen eher selten sind, gewinnen sie vor allem mit Guillaume ▸ Dufays Zyklus an Bedeutung: Er enthält die Hymnen für die Festtage des Jahres und diente als Modell für weitere Hymnenzyklen. Dufays Kompositionen bestehen aus einem meist dreistimmigen Satz mit der Hymnenmelodie im Superius (Oberstimme) und hinzugefügtem Tenor und Contratenor unter Einbezug des ▸ Fauxbourdon-Satzes. Mehrstimmig gesetzt wurde nur eine Strophe, auf welche alle geradzahligen Strophen vorgetragen wurden, die ungeradzahligen wurden einstimmig gesungen. Hymnenzyklen wurden auch für bestimmte Kapellen für den örtlichen Bedarf aus Kompositionen bekannter Komponisten zusammengestellt und um Stücke von regional ansässigen Komponisten ergänzt. – In der zweiten Hälfte des 15. Jahrhunderts glichen sich Hymnenkompositionen der fortgeschrittenen Kompositionstechnik an: Sie sind vierstimmig, verwenden keinen Fauxbourdon-Satz mehr und alle geradzahligen Strophen werden unterschiedlich vertont (erstmals im Doppel-Chorbuch aus Ferrara mit Stücken von Johannes ▸ Martini und Giovanni ▸ Brebis). In weiteren Handschriften der zweiten Hälfte des 15. Jahrhunderts (Trienter Codices 88–91, Glogauer Liederbuch, Handschrift des Klosters Strahov) wird die Hymnenmelodie hervorgehoben, indem sie in gleichen Werten (Semibreven oder Breven), manchmal in Choralnotation gebracht wird. – Hymnenkompositionen des 16. Jahrhunderts basieren auf den Charakteristika der zweiten Hälfte des 15. Jahrhunderts, wobei ein stringenter Text-Musik-Bezug unter Einfluss humanistischer Ideen hinzukam, die

Kompositionstechnik zunehmend differenziert wurde und sich der ▸ Messen- und ▸ Motettenkomposition anglich; so konnte die Stimmenzahl für einzelne Abschnitte wechseln (letzte Strophe bis zu sechs Stimmen), imitatorische Gestaltung (mit Motiven der Hymnenmelodie) wurde üblich, die Hymnenmelodie trat als Ganzes nur im Superius oder Tenor auf, manchmal in längeren Notenwerten. Eine erste, nicht erhaltene Hymnensammlung stammt von Johannes Martini (*Hymnorum liber primus*, Venedig 1507), weitere Hymnensammlungen mit kompletten Zyklen für das ganze Jahr erschienen ab den 1530er Jahren von Elzéar ▸ Carpentras, Francesco ▸ Corteccia und Costanzo ▸ Festa, der 1539 sein Hymnar für die päpstliche Kapelle komponierte. In der zweiten Hälfte entstanden zahlreiche Hymnenzyklen, u.a. von Jacobus de ▸ Kerle (1558–1560), Tomás Luis de ▸ Victoria (1581), Diego ▸ Ortiz (1565), Giaches de ▸ Wert, Pietro ▸ Pontio (1596), Costanzo ▸ Porta (1602), Orazio ▸ Vecchi (1604). Die Hymnen Giovanni Pierluigi da ▸ Palestrinas (1589), die den Zyklus Festas für die päpstliche Kapelle ersetzten, weichen – bei generellen kompositorischen Merkmalen der großangelegten Hymnen des 16. Jahrhunderts – von der Tradition ab, indem nicht die geradzahligen, sondern die ungeradzahligen Strophen mehrstimmig vertont werden und die Vertonung jeder Strophe erst mit der zweiten Strophenzeile beginnt, da die erste einstimmig mit der Hymnenmelodie intoniert wird.

*Literatur*:
T.R. Ward, *Hymnus. IV. Mehrstimmigen Hymnen*, in: *MGG*², Bd. 4 (Sachteil), 1996, Sp. 490–500.

## Imitation

Der Begriff Imitation (›Nachahmung‹) wird im Blick auf die Geschichte der Renaissancemusik in drei unterschiedlichen Bedeutungen gebraucht:
1. als philosophisch-theologisch begründetes ästhetisches Prinzip;
2. als Verfahren des Komponierens in Anlehnung an einen bereits vorhandenen musikalischen Satz;
3. als Technik gezielten Motiv-Austauschens (›Imitierens‹, ›Nachahmens‹) zwischen mehreren Stimmen.

1. Das ästhetische Prinzip ist Kern der kunsttheoretischen Erörterungen im Zusammenhang mit dem bereits antiken Diktum »ars imitatur naturam«, genauer: der jahrhundertelang diskutierten Frage, wie – und ob – ›Kunst‹ die ›Natur‹ nachahme, und diente dort als wesentliches Argument des Begründens oder auch des Begrenzens von Kunst.

Für das Wesen der Musik wurden in der Renaissance vor allem drei Aspekte ihres Nachahmens von ›Natur‹ ins Feld geführt:
a) Indem die Musik menschliche ▶ Affekte, Gefühle, Leidenschaften, die im gesungenen Wort berührt werden, in einer ihr eigenen Weise ›auszudrücken‹ sucht, ahmt sie die Natur des Menschen nach; Fälle realistischer ›Naturnachahmung‹ in Musikstücken, wie aus Epochen jüngerer Zeit bekannt, sind in der Renaissance eher selten und beschränken sich auf das Abbilden typischer Szenen (▶ Battaglia, Caccia, Chasse).
b) Indem Musik im geistlich-kirchlichen Bereich die Gläubigen zum Lobe Gottes anregt, macht sie, wie Johannes ▶ Tinctoris (*Complexus effectuum musices*, um 1475; CSM 22/II, S. 169) formuliert, die irdische Kirche (»ecclesiam militantem«), im eschatologischen Vorgriff, der himmlischen Kirche (»triumphanti«) und deren Lobgesang ähnlich (»assimilat«).
c) Indem Musik seit alters einerseits im zahlen-proportionalen Wesen ihrer Intervalle als Modell des antiken Kosmos, andererseits als Medium biblisch gebotenen Gotteslobes mit extremer Symbolkraft ausgestattet ist, lässt sic sich als Ab oder Nachbild der ›Natur‹ von Universum und Schöpfung verstehen. Aus dem Zusammenfließen solcher philosophischen, theologischen, anthropologischen, partiell auch akusti-

schen Begründungen wuchs der Musik eine Dignität zu, die das im modernen Sinn ›Ästhetische‹ weit überstieg.

2. Das Komponieren in Anlehnung an bereits vorhandene (meist fremde) Sätze ist ein Sonderfall des Verfahrens, übernommene Bestandteile, zumal Melodien aus dem Choral- oder Liedrepertoire, einem neuen Musikstück als Bearbeitungsgrundlage (meist als ▶ Cantus firmus) zugrunde zu legen. Dieser Sonderfall, erinnernd an das in der Literatur vielfältig erkennbare Bestreben der Nachahmung klassischer Autoren, begegnet vor allem in den Gattungen ▶ Messe und ▶ Motette des 15. bis 17. Jahrhunderts, wobei entlehnte Satzpartikel oder Einzelmotive zu vollkommen neuem Zusammenhang und eigener anspruchsvoller Gestalt gefügt werden. Werke dieser Art weisen in der Regel ausdrücklich auf die Vorlage hin, nennen sie im Titel, geben sich somit als Kompositionen ›in Nachahmung von […]‹ zu erkennen. Aus der Fülle von Beispielen für den im 16. und 17. Jahrhundert wichtigsten Typ, die Messe über eine fremde Vorlage, sind erwähnenswert die Drucktitel der beiden Messen des Jacob ▶ Paix, denn sie benutzen in völlig analoger Weise die Termini *Imitatio* und *Parodia*: *Missa ad imitationem motettae* »*In illo tempore*« *Ioan. Moutonis* (Lauingen 1584) und *Parodia motettae* »*Domine da nobis auxilium*« *Thomae Crequilonis* (ebenda 1587). Daher bezeichnet die Forschung diesen sehr verbreiteten Typ (zuweilen) als Imitations- oder (überwiegend) als Parodiemesse (▶ Messe). Ihm gehört beispielsweise gut die Hälfte der über hundert Messen des Giovanni Pierluigi da ▶ Palestrina an wie auch Claudio ▶ Monteverdis *Missa […] fatta sopra il motetto* »*In illo tempore*« *del Gombert* (Venedig 1610).

3. Der Technik des Motiv-Austauschens zwischen mehreren Stimmen eines Satzes kommt die zweifellos häufigste der musikalischen Wortbedeutungen von ›Imitation‹ zu. Das Verfahren, Stimmen einander deutlich erkennbar ›nachahmen‹ zu lassen, wurde im 15. Jahrhundert mehr und mehr gebräuchlich, differenzierte sich aber auch als freie, nur partielle Nachahmung über kürzere Strecken hinweg gegenüber den strengen Imitationsformen von ▶ Kanon oder (früher) Fuge. Und dabei boten sich verschiedenste Möglichkeiten in der Anwendung von Imitation: Denn

a) es können entweder nur einige Stimmen des Satzes einander nachahmen oder aber sämtliche, sodass es zur sogenannten ›Durchimitation‹ kommt, die zuweilen als genaue Staffelung aller Stimmen angelegt ist;
b) die Imitation kann auf gleichen Stufen (in Einklang oder Oktaven) oder in anderen Intervallen erfolgen;
c) bei der Nachahmung können Techniken der melodischen Abwandlung (▶ Inversio, ▶ Krebsgang) oder der rhythmischen Veränderung (Augmentation, Diminution) einbezogen werden.

Im Neben- oder sogar Miteinander solcher Möglichkeiten stand für längere Kompositionen eine Fülle satztechnischer Konzepte zur Verfügung. Als eine eigene Gattung mit nichtkanonischer Imitation entwickelte sich im 16. Jahrhundert die (jüngere) Fuge, die das Imitieren in Stimmenpaaren mit Quint- oder Quartabständen zu einem im Barock weit verbreiteten musikalischen Satztypus ausprägte. In der Vokalpolyphonie des 15./16. Jahrhunderts ist die Imitation nicht nur eines der häufigsten, sondern auch eines der sinnfälligsten und stilprägendsten Kompositionsverfahren, weil sie musikalische Motive in der Regel fest mit bestimmten textlichen Einheiten verknüpft, unverwechselbar macht und auf diese Weise das ›Einander-Nachahmen‹ der Stimmen im Gefüge des Satzes besonders verdeutlicht. Imitationstechniken, wie hier skizziert, haben durch die unübersehbar reiche Verwendung in Kompositionen, aber auch als Gegenstand kompositorischer Lehrschriften seit dem 16. Jahrhundert das musikalische Denken in wesentlichem Grade geprägt.

*Literatur*:
Kl.-J. Sachs, *Imitation*, in: Riemann Musik Lexikon, Sachteil, hrsg. von H.H. Eggebrecht, Mainz ¹²1967 • M. Beiche, *Imitatio / Nachahmung*, in: *Handwörterbuch der musikalischen Terminologie*, hrsg. von H.H. Eggebrecht (1988) • Kl.-J. Sachs, *Imitation*, in: *MGG²*, Bd. 4 (Sachteil), 1996, Sp. 511–526.
KJS

## Imperfectio

Imperfectio, lat. Unvollkommenheit, ist ein Begriff aus der ▸ Mensuralnotation, mit dem die Zweiteiligkeit eines Notenzeichens oder einer ▸ Mensur bezeichnet wird. Der Gegenbegriff dazu ist die ▸ Perfectio, die in der zeitgenössischen Musiktheorie auf das Ideal der göttlichen Trinität bezogen wird. In dreiwertigen Mensuren können perfekte (dreiwertige) Noten unter bestimmten Bedingungen ›imperfiziert‹ werden und verlieren dabei ein Drittel eines Wertes.
ALB

## Improvisation

Improvisation im Sinne des Entstehens von Musik im Augenblick des Musizierens – also im idealen Sinne ohne vorhergehende Notation – nimmt in der Musikpraxis der Renaissance einen breiten Raum ein. Nicht zu verstehen ist darunter die orale Praxis der Weitergabe von Musik, die insbesondere den weltlichen Bereich der ▸ Spielleute bestimmt, oder das auswendige Musizieren erlernter Kompositionen. Improvisation als gänzlich freies Spiel ohne vorgegebenes Material ist im 15. und 16. Jahrhundert allerdings vermutlich selten – es ist anzunehmen, dass auch bei ›freiem‹ Spiel (z.B. von Instrumentalsolisten, Organisten) melodische Modelle dahinter standen (die Vorgänge sind kaum mehr rekonstruierbar). Die wesentlichen Improvisationsformen, die heute aufgrund der Beschreibung in musiktheoretischen Quellen noch nachvollziehbar sind, beruhen auf vorgegebenem Material: erstens die Improvisation auf der Grundlage einer Melodie nach vorgegebenen Regeln, zweitens die ▸ Diminution als Auszierung von Melodien, drittens die Begleitung von Liedern und viertens das Rezitieren von Epen und Liedern auf der Basis von Modellen (vgl. hierzu Welker, der die freie Improvisation als weitere Möglichkeit hinzuzieht).

Die erste Kategorie betrifft die Begleitung von Diskantmelodien, zum einen die auf die früheste Mehrstimmigkeit zurückgehende Art mit Quinten sowie Oktav- bzw. Einklängen an Beginn, Schluss und Abschnittsbildungen (auch noch bis um 1500 üblich), zum anderen das seit dem 15. Jahrhundert praktizierte Mitgehen in Terzen oder Dezimen sowie Quinten, Einklang und Oktave an Anfang, Schluss und Abschnittsbildungen. Dazu gehören ▸ Sight und ▸ Fauxbourdon. Eine weitere Möglichkeit war die Improvisation im Rahmen der Contrapunctus-Lehre (▸ Kontrapunkt) im Note-gegen-Note-Satz nach deren Regeln (siehe dazu Sachs). Eine Unterscheidung von komponiertem und improvisiertem Satz findet sich bei Johannes ▸ Tinctoris (Cantare super librum; zur Diskussion des Sachverhalts siehe Welker, Sp. 555f.). Die Problematik der Improvisation im Rahmen der Kontrapunktregeln – d.h. die Schwierigkeit, ad hoc einen guten Satz zustande zu bringen – wird bei zeitgenössischen Theoretikern angesprochen: Lodovico ▸ Zacconi berichtet in *Prattica di musica* (1592), dass Adrian ▸ Willaert eine gute Improvisation erst nach mehrmaligem Anlauf gelungen sei, und Nicola ▸ Vicentino fordert die schriftliche Fixierung der ›al mente‹ gesungenen Stimmen (Welker, Sp. 557). – Auch instrumental wurden mehrstimmige Sätze über Melodien improvisiert, und auch hier besteht die Frage, inwieweit nicht doch eine schriftliche Fixierung vorausging. Verschieden ausgelegt wurde die Bedeutung von Bassedanse-Tenores (überliefert in der Brüsseler Bassedanse-Handschrift, im Druck von Michel Toulouze sowie bei einigen Tanztheoretikern; ▸ Bassedanse): Zum einen wird für eine einstimmige Ausführung mit Flöte und Trommel plädiert, zum anderen für eine mehrstimmige Ausführung; die Tatsache, dass sich im 16. Jahrhundert mehrstimmige Sätze zu den Bassedanse-Melodien finden, lässt darauf schließen, dass solche Sätze auch schon im 15. Jahrhundert in der oralen Praxis existierten (das Phänomen, dass schriftlich überlieferten Kompositionen eine improvisatorische oder generell orale Praxis vorausging, begegnet im 15. und 16. Jahrhundert häufig).

Die dritte Form der Improvisation (zur zweiten siehe den Artikel ▸ Diminution) ist die Begleitung von einstimmigen Liedern, zu der es nur wenige zeitgenössische Hinweise gibt. In einigen Quellen ist das Hinzutreten einer Bordunstimme vermerkt, aber auch sämtliche Verfahren der genannten ersten Kategorie dürften üblich gewesen sein samt einer Begleitung, die die Melodiestimme diminuiert. Begleitinstrumente waren wahrscheinlich neben Harfe und Laute die mit Bordunsaiten ausgestattete Fidel, ferner auch Lira da braccio und Psalterium sowie weitere Zupfinstrumente. Möglicherweise haben auch mehrere Instrumente begleitet. Der Kategorie zuzurechnen ist das ▸ Cantare al liuto, wie es bei Baldassare ▸ Castiglione beschrieben wird, das zumindest wie eine Improvisation klingen sollte.

In den Bereich der Improvisation gehört auch die Rezitation von Epen oder anderer Dichtung auf musikalische einstimmige Modelle. Zum *Jüngeren Titurel* (Wolfram von Eschenbach zugeschrieben) beispielsweise existiert eines der bekanntesten Modelle, die Titurelstrophe, die in mehreren Handschriften überliefert ist (im 15. Jahrhundert in der Kolmarer Liederhandschrift) und dem Epos beim Rezitieren unterlegt wurde. In Frankreich wurde die Chanson de geste auf eine einzige Liedzeile rezitiert. In Italien sind dem wahrscheinlich einige anonyme Melodien im Codex Reina vergleichbar. Dem Traditionsstrang gehörten wahrscheinlich auch die ▸ Cantastorie an, die humanistische Texte rezitierten. – Zu fragen ist, ob eine solche Praxis nicht auch den *Orfeo* Angelo ▸ Polizianos bestimmt hat, was seine Bedeutung für die Vorgeschichte der Oper relativieren würde.

*Literatur:*
K.-J. Sachs, *Arten improvisierter Mehrstimmigkeit nach Lehrtexten des 14. bis 16. Jahrhunderts*, in: Basler Jahrbuch für historische Musikpraxis 7 (1983), S. 166–183 • D. Fallows, *Embellishment and Urtext in the Fifteenth Century Song Repertories*, in: Basler Jahrbuch für historische Musikpraxis 14 (1990), S. 59–89 • L. Welker, *Die Musik der Renaissance*, in: *Musikalische Interpretation* (Neues Handbuch der Musikwissenschaft 11), hrsg. von H. Danuser, Laaber 1992, S. 139–215 • L. Welker, *Improvisation. III. 14. bis 16. Jahrhundert*, in: $MGG^2$, Bd. 4 (Sachteil), 1996, Sp. 553–565.

ES

# In nomine

In nomine ist eine Kompositionsgattung in England. Sie basiert auf der Antiphon *Gloria tibi Trinitas*, die nach dem Ritus von Salesbury im zweiten Vespergottesdienst zu Trinitatis gesungen wurde (Beispiel 1).

John ▸ Taverner verwendete im *Benedictus* seiner sechsstimmigen Messe *Gloria tibi Trinitas* das Tonmaterial der Antiphon als ▸ Cantus firmus, den er erstmals vollständig mit dem Textteil »in nomine Domine« einsetzen lässt. Auch das »Osanna« basiert auf dem gleichen Cantus firmus, jedoch in doppeltem Tempo und unterlegt mit dem Text »Osanna in excelsis« (Beispiel 2).

Beispiel 1: Antiphon *Gloria tibi Trinitas*, aus: *Norton Anthology of Western Music* I, hrsg. von C.V. Palisca, New York und London 1980

Beispiel 2: John Taverner, *Benedictus* aus der *Messe Gloria tibi Trinitas*, aus: *Norton Anthology of Western Music* I, hrsg. von C.V. Palisca, New York und London 1980

Dieser Teil der Messe Taverners verselbständigte sich und fand als reines Instrumentalstück sowohl in der originalen sechsstimmigen Version als auch als Bearbeitung für Singstimme und Laute sowie für Tasteninstrument bzw. Laute solo Verbreitung. Sich hierauf beziehend entstand eine enorm große Anzahl von zumeist Instrumentalkompositionen dieses Titels, von denen mehr als 150 erhalten sind. Die größte Anzahl hiervon ist für fünfstimmiges ▸ Consort geschrieben worden. Hierbei wird es sich zumeist um das durch die Anwesenheit italienischer Musiker am Hofe dominierende Gambenconsort gehandelt haben. Auch vier-, sechs- und siebenstimmige Sätze existieren, die fünfstimmige Consortbesetzung ist jedoch am häufigsten vertreten. U.a. im Mulliner Book sind eine Transkription des ursprünglichen sechsstimmigen Satzes und etliche In nomine-Kompositionen für Tasteninstrumente erhalten. Der Laute ist einzig eine Farewell-Fantasie John ▶ Dowlands explizit gewidmet. Diverse Quellen belegen, dass auch untextierte In nomine-Sätze zumindest in einzelnen Stimmen offensichtlich gesungen wurden. Der Titel einer in der British Library erhaltenen Sammlung lautet: »A booke of In nomines & other solfaigne songes [...] for voyces or Instrumentes«. Zu einem Cantus firmus eines In nomine ist angemerkt: »this must be songe 4 notes lower«.

Mehrstimmige Consortsätze mit dem In nomine-Cantus firmus sind erhalten von Christopher ▶ Tye, Robert ▶ Parsons, Osbert Parsley, John ▶ Bull, Thomas ▶ Weelkes, Alfonso ▶ Ferrabosco I und II, John ▶ Ward, John ▶ Wilbye, Orlando ▶ Gibbons, Thomas ▶ Tallis, Robert ▶ White, William Mundy, Picforth, Henry

Beispiel 3: Picforth, In nomine, aus: *Elizabethan Consort Music I*, hrsg. von P. Doe (Musica Britannica XLIV), London 1979

Stonings, Clement Woodcock, John ▶ Baldwin, William Lawes u.a. Abgesehen von einigen Ausnahmen findet sich der Cantus firmus fast immer in der zweiten Stimme in großen Notenwerten (zumeist als ▶ Breves). Rhythmisch besonders interessante Varianten zeigen John Baldwin (ohnehin durch seine im Baldwin Manuscript enthaltenen, der ▶ Musica speculativa zuzurechnenden streng mathematisch konzipierten Werke bekannt) und auch Picforth, in dessen fünfstimmigem In nomine jede Stimme konsequent und ausschließlich einen Notenwert spielt (Beispiel 3).

Außergewöhnlich ist auch Christopher Tyes In nomine *Crye*: Ähnlich den *Cryes of London* von Orlando ▶ Gibbons ranken sich um den ruhigen (geistlichen) Cantus firmus schnelle Repetitionen und Signalrufe, die zudem rhythmisch subtil kombiniert sind und virtuoses Spiel erfordern. Der Aspekt virtuosen Instrumentalspiels dominiert vor allem auch die In nomines der Ferraboscos und John Wards.

Ein anderer Aspekt ist die Zuordnung von Untertiteln (vor allem bei Tye), die verschiedenste inhaltliche Verknüpfungen mit dem ursprünglichen Cantus firmus hervorbringen. In nomines von Tye tragen folgende Titel: *Rachells weepinge*, *Weepe no more Rachell*, *Howld fast*, *Surrexit non est hic*, *Re la re*, *Farewell my good I. for ever*, *Believe me*, *Trust*, *Follow me*, *Free from* all etc.

Für Tasteninstrumente wurden etliche Consort-In nomines transkribiert. Hierneben existiert jedoch eine eigene Kompositionstradition, die sich eng an die liturgische Verwendung des Cantus firmus bzw. andere Sätze liturgischer Elemente für Tasteninstrumente anlehnt. Der Cantus firmus ist meist als ▶ Semibrevis, nicht als ▶ Brevis wie in der Consortmusik, notiert, was z.B. dem schneller verklingenden Klang des ▶ Virginals entgegenkommt. Die Stücke sind oft mit dem Originaltext *Gloria tibi trinitas* überschrieben. Besonders gehaltvolle Kompositionen sind von William ▶ Byrd und John Bull (12 In nomines für Tasteninstrumente) erhalten. Sie unterscheiden sich von den Werken für Consort natürlich auch durch für die Tasteninstrumente spezifische Wendungen und spieltechnisch bedingte Motivik. Späte Dokumente der In nomine-Tradition sind zwei Kompositionen Henry Purcells. Hier verzichtet er auf instrumentales Virtuosentum und bezieht sich ganz auf den vokalen Ausgangspunkt der Antiphon bzw. der Messe Taverners.

Zwar entsprechen die instrumentale Darstellung vokaler Musik bzw. das Aufgreifen vokaler Vorlagen als Basis von Instrumentalkompositionen zeitgenössischer Praxis (es finden sich als Überschrift von Instrumentalkompositionen oft nur Liedanfänge und diese zudem nicht selten ›verballhornt‹), dennoch sei noch ein weiterer, spezifisch englischer Aspekt erwähnt: Die Zugehörigkeit Englands zur protestantischen bzw. zur katholischen Kirche wechselte in relativ kurzen Zeiträumen, so dass sich auch die Komponisten sakraler Musik den Gegebenheiten anzupassen hatten. Es liegt nahe, die ungewöhnlich große Menge von Instrumentalkompositionen, besonders für umfangreiche Consortbesetzungen, mit sakralen Titeln u.a. auch auf diesen Umstand zurückzuführen. Es könnte sich um Musik ›ohne Worte‹ gehandelt haben, die sich der direkten Zuordnung zu einer Konfession entzogen und ihren Komponisten so den Verbleib an ihrer Wirkungsstätte ermöglichten. Sakrale Titel von Instrumentalkompositionen lauten z.B.: *In manus tuas Domine*, *Amavit eum Dominus*, *Laudes Deo*, *Christus resurgens*, *Dum transisset Sabbatum*, *O lux beata trinitas*, *Salvator mundi*, *O mater mundi*, *Miserere*.

Im 20. Jahrhundert griff u.a. Richard Strauss in seiner Oper *Die schweigsame Frau* das In nomine auf. Einer der Sätze von John Bull für Tasteninstrument ist hier mit Posaunen, Hörnern und Fagotten instrumentiert. Peter Maxwell Davies schrieb *Seven In Nomines* und eine Oper *Taverner*, in denen er sich auf Werke von Taverner, Bull und Blitheman bezog.

*Ausgaben*:
*Jacobean Consort Music* (Musica Britannica IX), hrsg. von Th. Dart und W. Coates, London 1971; *Elizabethan Consort Music I+II* (Musica Britannica XLIV und XLV), hrsg. von P. Doe, o.O. 1979 und 1988; *Norton Anthology of Western Music* I, hrsg. von C.V. Palisca, New York und London 1980.

*Literatur*:
R. Donington / Th. Dart, *The Origin of the In Nomine*, in: Music and Letters 30 (1949), S. 101–106 • W. Edwards, *In Nomine*, in: Grove, Bd. 9 (1980), S. 230ff. • J. Bloxam, *In nomine*, in: MGG², Bd. 4 (Sachteil), 1996, Sp. 852–861.

UV

# Individualdruck

Individualdruck oder Einzeldruck (engl. single print) ist die Bezeichnung für einen Notendruck, der ausschließlich Werke von ein und demselben Komponisten vereint. Der Gegenbegriff dazu lautet Sammeldruck. Erste Individualdrucke findet man bereits bei Ottaviano ▸ Petrucci, der ab 1502 serienmäßig Messkompositionen von ▸ Josquin Desprez, Jacob ▸ Obrecht, Heinrich ▸ Isaac und anderen großen Komponisten seiner Zeit publizierte. Die wissenschaftliche Erschließung ist durch das *Internationale Quellenlexikon der Musik RISM* gewährleistet, das in seinen Katalogen der Serie A/I die Individualdrucke von den Sammeldrucken separiert. Erstere sind dort alphabetisch nach dem Eigennamen des Komponisten, letztere chronologisch nach dem Erscheinungsjahr angeordnet.

*Literatur*:
*Internationale Quellenlexikon der Musik (RISM). Einzeldrucke vor 1800*, 9 Bände (A/I/1–9), Kassel u.a. 1971–1981. *Addenda et Corrigenda*, 4 Bände (A/I/11–14), Kassel u.a. 1986–1999. *Register der Verleger, Drucker und Stecher und Register der Orte zu den Bänden 1–9 und 11–14* (A/I/15), Kassel u.a. 2003.

ALB

## Individualismus

Individualismus ist ein ab 1825 in Frankreich nachweisbarer Begriff einer Sozialtheorie, die den Menschen nicht als dem Zwang der Gesellschaft unterworfen ansieht, sondern ihn als autonomes Individuum definiert, das unveräußerliche Freiheitsrechte besitzt. Im Anschluss an Jacob Burckhardts Geschichtsphilosophie wird dieser Begriff zur Charakterisierung der Renaissance verwendet, wonach sich in dieser Epoche ein Bewusstsein des Menschen als selbstbestimmtes Individuum gegenüber der früher vorherrschenden Gruppenidentität ausprägt hat.

Burckhardt sieht in seinem einflussreichen Werk *Die Kultur der Renaissance in Italien* den mittelalterlichen Menschen befangen unter einem »Schleier [...] aus Glauben, Kindesbefangenheit und Wahn«, wodurch sich der Mensch »nur als Rasse, Volk, Partei, Korporation, Familie oder sonst in irgendeiner Form des Allgemeinen« erkannte. Nach Burckhardt war es das Italien der Renaissance, in dem dieser Schleier zuerst aufklarte und das den modernen Menschen hervorbrachte. Den Prototypen der neuen Epoche – welcher in voller Ausprägung aber nur in Italien in Erscheinung trat – erkennt er in dem »allseitigen Menschen«. Dieser vereinte die «höchste Ausbildung der Persönlichkeit» mit einer »mächtigen und vielseitigen Natur« und schuf Vollendetes auf allen Gebieten des Wissens und der Künste.

Burckhardts einprägsame Deutung, deren Wirkung bis in die Gegenwart spürbar ist, wird heute u.a. dahingehend korrigiert, dass sich auch bei herausragenden Einzelpersonen des Mittelalters Zeugnisse charakteristischer Merkmale der Renaissance wie Naturforschung, Wiederentdeckung des Altertums und nicht zuletzt Individualität nachweisen lassen. Auf der anderen Seite ist der Individualismus als Epochenmerkmal der Renaissance nicht repräsentativ für die Mehrzahl der Bevölkerung – die niederen Schichten der Städte und noch mehr die Bauern, weisen mentalitätsgeschichtlich im Gegenteil bewahrende Züge auf.

Unter den mittelalterlichen Gelehrten, die in ihrem Werk bereits Elemente eines Individualismus zeigen, gehören im 12. Jahrhundert u.a. Pierre Abelard und Bernard de Clairvaux, im 14. Jahrhundert Duns Scotus und William von Ockham. Entscheidenden Einfluss auf den Individualismus der Renaissance übten aber Francesco Petrarcas Werke des letzten Viertels des 14. Jahrhunderts aus. Sie entwerfen im Rückgriff auf Augustinus und andere herausragende Persönlichkeiten der Antike ein Konzept der moralischen und charakterlichen Entfaltung und Vollendung der Persönlichkeit als zentrale Lebensmaxime, das für den neuzeitlichen Humanismus modellhafte Bedeutung gewinnen sollte.

Im Hinblick auf die Auseinandersetzung der Renaissance mit dem tradierten theistischen Weltbild, ist für den Individualismus das Verhältnis von göttlichem und menschlichem Willen von grundlegender Bedeutung. Der menschliche Wille, der bei Petrarcas direktem Nachfolger Coluccio Salutati auf Grund der Freiheit des Handelns betont wird, erfährt im 15. Jahrhundert bei Autoren wie Lorenzo Valla und insbesondere ▶ Pico della Mirandola emphatische Hervorhebung: Nach Valla existiert Gottes Schöpfung um des individuellen menschlichen Wohlbefindens willen. Mirandola sieht den Menschen im Gegensatz zum Tier ohne ein bestimmtes Wesen erschaffen und frei »jeden beliebigen Wohnsitz, jedes beliebige Gesicht und alle Gaben« seines Willens zu erwerben. Mit dieser Maximierung menschlicher Möglichkeiten findet in Mirandolas einflussreicher Lehre zugleich der Individualismus seine stärkste Ausprägung.

Der Übertragung des Individualismus-Begriffs auf die Musik – nicht auf die Musikerpersönlichkeit – ist bislang noch wenig nachgegangen worden.

*Schriften*:
F. Petrarca, *Secretum meum – Mein Geheimnis*, lateinisch – deutsch, hrsg. und übersetzt von G. Regn und B. Huss, Mainz 2004; C. Salutati, *De Fato et fortuna*, lateinisch – italienisch, hrsg. und übersetzt von B. Concetta, Firenze 1985; L. Valla, *De voluptate*, lateinisch – deutsch, hrsg. und übers. von P.M. Schenkel, München 2004; G.P. della Mirandola, *Oratio de hominis dignitate*, lateinisch – deutsch, hrsg. und übersetzt von G. von der Gönna, Stuttgart 2005.

*Literatur*:
J. Burckhardt, *Die Kultur der Renaissance in Italien*, hrsg. von W. Rehm, Hamburg 2004 • C. Morris, *The Discovery of the Individual 1050–1200*, Toronto 1987 • E. Cassirer, *Individuum und Kosmos in der Philosophie der Renaissance*, Darmstadt 1994 (Reprint der Ausgabe 1927) • A. Gurjewitsch, *Das Individuum im europäischen Mittelalter*, München 1995 • J.J. Martin, *Myths of Renaissance Individualism*, Basingstoke 2004.

AGR

**Ingegneri [Ingegneri, Ingigneri, Ingignero, Inzegneri, Inzigneri], Marc'Antonio**
\* 1535/1536 Verona, † 1.7.1592 Cremona

Ingegneri gehört zu den bedeutendsten Komponisten Norditaliens sowie Vertretern der vom Tridentiner ▶ Konzil beeinflussten Kirchenmusik. Während seiner Amtszeit in Cremona war Claudio ▶ Monteverdi sein Schüler.

Seine musikalische Ausbildung erhielt Ingegneri eigenen Angaben zufolge in der Scuola degli accoliti am Dom zu Verona. Es wird angenommen, dass neben Jacquet de ▶ Berchem und Giovanni Brevio auch Vincenzo ▶ Ruffo zu seinen Lehrern zählte, als dieser seinen Dienst als Kapellmeister am Veroneser Dom versah. Nach verschiedenen Anstellungen als Violinist in Venedig, Padua und Parma, wo er unter anderem auf Cipriano de ▶ Rore traf, übersiedelte Ingegneri um 1566 nach Cremona und wurde am Kloster Sant' Abbondio tätig. Wann genau er seinen Dienst an der Kathedrale aufnahm und ihm das Amt des Kapellmeisters übertragen wurde, ist nicht bekannt. Während sich Ingegneri bereits 1576 auf dem Frontispiz seiner *Sacrarum cantionum* als »musicis ecclesiae praefectus« betitelte, wurde er in den Gehaltsbüchern von 1578 noch als »cantor« geführt. Erst 1580 erhielt er offiziell den Titel des »maestro di cappella«. Seinem Freund und Gönner Nicolò Sfondrati, dem Bischof von Cremona und späteren Papst Gregor XIV., widmete Ingegneri insgesamt vier Bände mit ▶ Motetten und ▶ Messen. Als sein bedeutendster Schüler gilt Claudio ▶ Monteverdi. In den Frontispizen seiner ersten fünf Publikationen nannte sich Monteverdi stets einen Schüler Ingegneris (»discepolo del sign. Marc' Antonio Ingegneri«) und in der Vorrede zu den *Scherzi musicali* von 1607 rechnete er ihn gar zu den Wegbereitern der ›seconda pratica‹.

Ingegneris hohes kompositorisches Können stieß bereits bei seinen Zeitgenossen auf allgemeine Wertschätzung. Pietro ▶ Cerone rühmte in seinem 1613 erschienen Traktat *El melopeo y maestro* die kontrapunktischen Fähigkeiten Ingegneris. Sein Œuvre umfasst mit Ausnahme von Instrumentalwerken alle bedeutenden musikalischen Gattungen des 16. Jahrhunderts – geistlicher wie weltlicher Provenienz. Zwischen 1572 und 1591 veröffentlichte Ingegneri acht Madrigalbücher sowie zwei Messbände neben einer Vielzahl von Motetten und weiterer Kompositionen für den liturgischen Gebrauch. Das Spektrum der Besetzung variiert zwischen 4 bis 16 Stimmen unter gelegentlichem Einsatz doppelchöriger Abschnitte. Die Kompositionen des ersten Messbandes sind ausschließlich der Parodietechnik verpflichtet – darunter Bearbeitungen der Chanson *Susanne un jour* von Orlande de ▸ Lassus oder der achtstimmigen Motette *Laudate pueri* von Giovanni Pierluigi da ▸ Palestrina. Den fünf Messen des *Liber secundus missarum* von 1587 liegen hingegen einstimmige Choralvorlagen, drei ▸ Antiphone und zwei Kyrie, zugrunde. Rückgriffe auf die archaische ▸ Cantus firmus-Technik sind hier keine Seltenheit. Sowohl die Präferenz der Homorhythmie als auch die ausschließliche Paraphrasierung gregorianischer Choralvorlagen im zweiten Messband tragen dem tridentinischen Ideal, wie der Forderung nach Textverständlichkeit und dem Verdikt gegen weltliche Cantus firmi Rechnung. Eine Ausnahme bildet darin lediglich das *Credo* der *Missa da Pacem*, das polytextuale Abschnitte aufweist: Der Messtext wird unterbrochen, und es erklingt stattdessen die Intonation der Antiphon »Da pacem Domine« in langen Notenwerten. Desgleichen sind Ingegneris Kompositionen für die Karwochenliturgie von Stilmerkmalen der postridentinischen Kirchenmusik geprägt. Mit einem unter seinen Zeitgenossen seltenen Willen zur Vollständigkeit vertonte Ingegneri nicht nur alle für das »Triduum sacrum« relevanten Lektionen mit den Klageliedern des Jeremia, sondern auch sämtliche 27 dazugehörigen ▸ Responsorien. Beide zwar als Einzelbände erschienen, aber zusammengehörigen Kompositionen sind vierstimmig disponiert und als Zyklen angelegt. Außerdem verwendete Ingegneri in seinen *Lamentationes* die von Pietro ▸ Pontio (*Ragionamento di musica*, Parma 1588) empfohlene, tiefe Lage für alle Register und disponierte sie »a voci pari«.

*Ausgaben*:
*Lamentationes Hieremiae a 4 voci pari*, hrsg. von G. Acciai, Mailand 1993; *Opera Omnia*, hrsg. von M. Caraci Vela, A. Delfino und M.T.R. Barezzani, Lucca 1994 ff. (davon erschienen: I,1: *Liber primus missarum*, hrsg. von R. Tibaldi; I,5: *Sacrae cantiones*, hrsg. von D. Sabaino; I,8: *Liber secundus hymnorum*, hrsg. von M. Toffetti; II,2: *Il secondo libro de' madrigali*, hrsg. von M.T. Rosa Barezzani und M. De Santis; II,3: *Il terzo libro de' madrigali*, hrsg. von M. Mangani, II,5: *Quinto libro di madrigali*, hrsg. von G. Joriini und M. Mangani).

*Literatur*:
A. Newcomb, *The Madrigal at Ferrara 1579–1597*, 2 Bde., Princeton/New York 1980 • S. Ledbetter / L. Stras, *Ingegneri*, in: Grove, Bd. 12, 1980, S. 380–382 • D. Arnold, *Monteverdi and His Teachers*, in: *The New Monteverdi Companion*, hrsg. von D. Arnold und N. Fortune, London 1985 • A. Delfino / M.T. Rosa Barezzani (Hrsg.), *Marc' Antonio Ingegneri e la musica a Cremona nel secondo Cinquecento* (Studi e Testi Musicali. Nuova Serie 8), Lucca 1995 • P. Ackermann, *Ingegneri*, in: MGG², Bd. 9 (Personenteil), 2003, Sp. 642–645.

TRI

# Innsbruck

Innsbruck wurde im 15. Jahrhundert Hauptstadt Tirols, 1420 wurde dort von Friedrich mit der leeren Tasche ein Schlossbau begonnen. Am Hof waren ab den 1430er Jahren Trompeter, Pfeifer und Pauker angestellt. Eine allerdings nur kleine Kantorei existierte nachgewiesenermaßen seit 1463 unter Siegmund; unter ▸ Ferdinand I. (dem späteren Kaiser) hatte Innsbruck keine eigene Kapelle, da dieser in

Wien eine große Hofkapelle unterhielt. Musik wurde eher von außerhalb nach Innsbruck gebracht; so weilten 1483 und 1484 Arnolt ▶ Schlick und 1484 Heinrich ▶ Isaac am Hofe, der das berühmte Lied *Innsbruck, ich muß dich lassen* komponierte. Auch die kaiserliche Hofkapelle, so diejenige ▶ Maximilians I. unter ihrem Kapellmeister Georg Slatkonia, weilte des öfteren in Innsbruck, und die Kapelle ▶ Karls V. unter Leitung von Nicolas ▶ Gombert kam 1530 in die Stadt. Eine eigenständige höfische Musikkultur entwickelte sich erst unter Erzherzog Ferdinand II. nach seinem Regierungsantritt 1564 und der Verlegung seines Hofs von Prag nach Innsbruck. Er schuf eine Hofkapelle, die zwischen 1566 und 1596 24 bis 30 Mitglieder samt Organist und Lautenist verzeichnete, sowie ein weiteres Ensemble mit Instrumentalisten (die ›Hofmusik‹). Die Sänger stammten vornehmlich aus dem niederländischen, frankoflämischen oder süddeutschen Bereich und nur selten aus Italien, während die Instrumentalisten meist Italiener waren. Kapellmeister war u.a. Jacob ▶ Regnart (1582–1595), als Komponisten wirkten u.a. Alexander ▶ Utendal (1564–1581) und Christian ▶ Hollander (1565–1569). Auch Theateraufführungen fanden statt, zum Teil mit musikalischen ▶ Intermedien, so diejenigen von Regnart zu der von Ferdinand II. verfassten Komödie *Speculum vitae humanae, auf Teusch: Ein Spiegel des menschlichen lebens genandt* (1584). Für Hoffeste wurden auch Sänger und Theatergruppen aus Italien geholt, so beispielsweise die berühmte Truppe *Comici Gelosi*.

An der Pfarrkirche St. Jakob und an Kloster Wilten gab es Schulen, in denen die Knaben im Singen unterrichtet wurden. An beiden Stätten wurden von Jesuiten Gymnasien errichtet, in Wilten 1572, an St. Jakob später. Im weltlichen Bereich waren musikalische Aktivitäten insbesondere den Instrumentalisten (▶ Spielleuten) überlassen; seit dem 14. Jahrhundert gab es die aus einer Stiftung bezahlten Stadttürmer, die im späten 16. Jahrhundert das alleinige Recht hatten, bei bürgerlichen Festen und Hochzeiten zu spielen. Sie wirkten auch in der Kirche mit und wurden gelegentlich zur Hofkapelle herangezogen. Orgeln sind in den Innsbrucker Kirchen seit dem 15. Jahrhundert bezeugt. Im 16. Jahrhundert gründete der Hofbuchdrucker Johann Baur ein Unternehmen, in dem einige Werke herauskamen, darunter das *Innsbrucker Gesangbuch* (1586–1589) sowie Sammlungen von Kirchenmusik von Regnart und Gregor ▶ Aichinger.

*Literatur*:
M. Fink, *Innsbruck*, in: *MGG²*, Bd. 4 (Sachteil), 1996, Sp. 861–872.

## Instrumentalmusik

Die moderne Auffassung, Instrumentalmusik stelle eine spezifische Form der Artikulation dar, die von der sprachlichen Sinnebene losgelöst und nur durch Instrumente vermittelt ist, korrespondiert mit ästhetisch und soziologisch bestimmten Konnotationen des Begriffs und erweist sich damit als historisch variant. Die musikgeschichtliche Annäherung an die Instrumentalmusik der Renaissance muss deshalb unter der Prämisse erfolgen, dass diese Musik von einem Selbstverständnis getragen wurde, zu dem wir keinen unmittelbaren Zugang mehr haben.

Die Tatsache, dass die attributive Benennung ›instrumental‹ oder sinnverwandte Begriffe in der Terminologie des damaligen Musikschrifttums nahezu nicht vorkommen, veranschaulicht das der Renaissance eigentümliche ästhetische Bewusstsein gegenüber ihrer Instrumentalmusik, die sich als Ganzes bei weitem noch nicht von der Vokaltradition emanzipiert hatte, wenn auch einzelne Formen aus dem 16. Jahrhundert den paradigmatischen Wechsel zu einem genuin instrumental bestimmten Verständnis von Musik schon zu antizipieren scheinen.

Während das musikalische Schaffen im Bereich der Vokalpolyphonie zwischen dem zweiten Drittel des 15. Jahrhunderts und dem ausgehenden 16. Jahrhundert musikgeschichtlich als geschlossene Einheit betrachtet werden kann, ergibt sich für die instrumentale Praxis dieser Zeit in der Gesamtschau ein ausgesprochen disparates Bild. Die aus verschiedenen Gründen problematische Übertragung der Epochenbezeichnung ›Renaissance‹ von der Kulturgeschichte auf die Musikgeschichtsschreibung lässt sich also ausschließlich über die Vokaltradition rechtfertigen. Für die Instrumentalmusik des 15. und 16. Jahrhunderts gibt es dagegen kein einheitsstiftendes Kriterium, das darauf hindeuten könnte, die mannigfaltige Instrumentalpraxis dieser Zeit basiere auf epochentypischen Grundlagen oder wäre zumindest mit einer spezifischen Geisteshaltung der Renaissance in Verbindung zu bringen.

Die undifferenzierte Bezeichnung ›Instrumentalmusik der Renaissance‹ bedeutet deshalb für die musikhistorische Betrachtung zunächst einmal nichts weiter als die quantitative Erfassung von Musik, die im 15. und 16. Jahrhundert von Instrumenten ausgeführt wurde. Dieser Ansatz reflektiert gewissermaßen die unbefangene Instrumentalpraxis der Zeit, die offenbar kein Bedürfnis verspürte, sich ihrer selbst zu vergewissern. In einem zweiten Schritt sollte der Begriff ›instrumental‹ dann aber dahingehend hinterfragt werden, ob er nur die bloße Ausführung durch Instrumente meint, oder ob er auch satztechnische Grundlagen berücksichtigt, die eine andere Denkweise als die der damaligen Vokalkomposition offenbaren.

Die verhältnismäßig geringe Zahl von Überlieferungen instrumental aufgeführter Musik durch schriftliche Quellen, die auf das 15. oder 16. Jahrhundert datierbar sind, ist lediglich ein Indiz dafür, dass Instrumentalmusik zumeist von nicht gelehrten ›musici practici‹ gespielt wurde, die sich bei ihren funktional bestimmten Darbietungen selten der Schriftlichkeit bedienten. Instrumentalmusik war also weitgehend nicht schriftlich fixierte Gebrauchsmusik und unterschied sich damit wesentlich von der in der Komposition durch die ›scientia‹ sanktionierte Vokalpolyphonie. Dies zeigt deutlich, dass die Musik der Renaissance bis weit in das 16. Jahrhundert hinein keinesfalls frei von Einflüssen der mittelalterlichen Tradition war, so dass sich wiederum die Frage stellt, ob es überhaupt gerechtfertigt ist, schlechthin von Instrumentalmusik der Renaissance zu sprechen.

Der quantitative Befund zur Quellenlage lässt jedoch keinesfalls den Schluss zu, Instrumentalmusik habe im Musikleben dieser Zeit nur eine marginale Rolle gespielt: Zahlreiche Abbildungen sowohl aus dem 15. als auch aus dem 16. Jahrhundert belegen das umgangsmäßige Musizieren durch Laieninstrumentalisten und nicht zuletzt auch die repräsentative Funktion von Instrumenten in bürgerlichen Haushalten. Auch die beliebten Musendarstellungen, auf denen stets Frauen mit unterschiedlichen Instrumenten abgebildet sind, deuten auf die Popularität der Instrumentalmusik in der Renaissance-Gesellschaft hin. Zum anderen zeigen die Holzschnitte von Hans ▶ Burgkmair, mit Kaiser ▶ Maximilian I. inmitten von Instrumentalisten, sowie die Darstellung des orgelspielenden Paul ▶ Hofhaimer, nebst einer Bläsergruppe und einem gemischten Instrumentalensemble auf verschiedenen Festwagen im Zyklus *Triumphzug Kaiser Maximilians*, welche Bedeutung der professionellen instrumentalen Darbietung am Hof des Kaisers beigemessen wurde. Der durch seine Abbildungen von Instrumenten ausgesprochen aufwändige Druck einer Lehrschrift zum Instrumentenbau von Sebastian ▶ Virdung aus dem Jahr 1511 mit dem Titel *Musica getutscht* ist ein weiteres Indiz für das Interesse der Zeit an Instrumentalmusik, das aber keinesfalls auf den deutschsprachigen Raum beschränkt war, sondern eine vielgestaltige europäische Instrumentalpraxis hervorbrachte.

Innerhalb ihrer Vielfalt an Gattungen, Besetzungen und Funktionen erweist sich die Instrumentalmusik des 15. und 16. Jahrhunderts auch bezüglich ihrer Satztechnik als heterogen. Im Wesentlichen lassen sich drei Formen der instrumental ausgeübten Musik mit jeweils unterschiedlich ausgeprägten genuin instrumentalen Strukturen voneinander unterscheiden:

– Musik wie beispielsweise die französische ▸ Chanson oder die italienische ▸ Frottola, von der wir wissen, dass ihre Unterstimmen zum Teil auch instrumental ausgeführt wurden, kann nur dahingehend instrumentales Bewusstsein zugesprochen werden, dass die im Vergleich zum Cantus weniger entwickelte vokale Expressivität in diesen Stimmen als eine Tendenz zur Instrumentalisierung des vokalen Satzes zu deuten wäre.

– Dem gegenüber steht die Musik, die ausschließlich für die Ausführung durch Instrumente bestimmt war und in deren Satz sich dementsprechend instrumentengemäße Merkmale aufzeigen lassen, worunter beispielsweise Tonumspielungen, Läufe und sequenzierende, rhythmisch prägnante Spielfiguren zu verstehen sind. Man findet diesen Satztypus in eigenständigen Instrumentalkompositionen, etwa im 15. Jahrhundert bei den als ▸ Praeambula bezeichneten kurzen, einleitenden Sätzen für die Orgel (im 16. Jahrhundert sind sie auch für die Laute nachweisbar und erscheinen dann ebenso unter der Bezeichnung Praeludium, Prooemium oder Anabole), desgleichen bei ▸ Toccaten und Tanzsätzen für Tasteninstrumente oder Laute, die uns aus dem 16. Jahrhundert überliefert sind.

– Neben dem quantitativ eher geringen Bestand dieser für Instrumente konzipierten Kompositionen finden sich die selben spielerischen Figurationen häufig auch in den Oberstimmen von Bearbeitungen vokaler Vorlagen für Tasteninstrumente (▸ Intavolierungen), ohne dabei deren genuin vokal ausgerichtete Satzkonzeption eines kontrapunktisch organisierten Komplexes aus Einzelstimmverläufen zu verändern.

Erst im 16. Jahrhundert lassen sich in der Instrumentalkomposition Ansätze einer eigenständigen, von vokalen Mustern unabhängigen, instrumentalen Satzkonzeption erkennen: Hier nimmt der Satz nicht mehr in der linearen Melodik seinen Ausgang, die dann über kontrapunktische Beziehungen zu einem mehrstimmigen Klangbild geführt wird, sondern geht von Zusammenklängen aus, die eine sekundäre, d.h. dem Klang nachgeordnete, lineare Gestaltung erfahren. Naturgemäß wurde diese Entwicklung nicht von Ensemblebesetzungen aus Melodieinstrumenten getragen, sondern in erster Linie von der Lautenmusik und von der Musik für Tasteninstrumente, weil diese Instrumente eine spezifische Haltung des Spielers bedingen, die der Vokalmusik fremd ist:

Der Spieler greift vor allem bei den Tasteninstrumenten, aber auch bei der mit Bünden versehenen Laute auf einen vorgegebenen Tonvorrat zurück, und das Instrument ist im eigentlichen Sinn Werkzeug, weil sich das klangliche Geschehen von der subjektiven Leiblichkeit des gesungenen, geblasenen oder auf Saiten gestrichenen Tons weitgehend unabhängig macht. Damit befördert vor allem das Tasteninstrument in weit stärkerem Maß die Objektivierung des Klangs als dies bei Streich- oder Blasinstrumenten der Fall ist. Bezeichnenderweise hat sich mit der Tabulaturschrift im 15. Jahrhundert eine spezifisch instrumentale Notationsform zunächst nur für die Orgel- und etwas später dann auch für die Lautenmusik durchgesetzt (▶ Tabulatur), während für die Ensemblebesetzungen aus Melodieinstrumenten die Stimmbuchnotation der Vokalmusik durchaus praktikabel war.

Im Hinblick auf die Genese eigenständiger instrumentaler Satzkonzeptionen ist demnach der ausgeprägte Werkzeugcharakter des Tasteninstruments von größerer Bedeutung als die Tatsache, dass hier ein Mensch allein zu dem in der Lage ist, wofür die vokale Realisation mehrere Individuen benötigt, weil die strukturelle Disposition eines kontrapunktisch organisierten Gewebes aus mehreren Einzelstimmen davon unberührt bleibt, ob sie durch ein Gesangs- oder Instrumentalensemble oder durch einen einzelnen Organisten zum Klingen gebracht wird.

Kontrapunktisch organisierte Formen der Mehrstimmigkeit sind freilich an die Komposition gebunden, während das umgangsmäßige Musizieren der Spielleute gewiss auch noch in der Renaissance von einer archaischen Klanglichkeit geprägt wurde. Die Überlieferung zweistimmiger Estampien aus dem 13. Jahrhundert (London, BM Harley 978) belegt zwar, dass es schon im Mittelalter Tänze mit durchdacht kontrapunktischer Faktur gab, dieser Satztypus dürfte jedoch beim umgangsmäßigen Musizieren der Spielleute eher die Ausnahme dargestellt haben und so scheint es nicht fraglich, dass die formale Gliederung von Tänzen auch z.B. durch schlichte Wechselbordune unterstrichen werden konnte.

Obwohl beispielsweise das Portativ für die spielerische Gestaltung derartiger Musik geradezu prädestiniert scheint, ist uns aus dem 15. Jahrhundert keine Tabulaturschrift mit Tänzen überliefert. Dafür prägen sowohl die Praeambula in der Orgeltabulatur des Adam Ileborgh von Stendal (1448) als auch die Lehrbeispiele zum zweistimmigen Orgelspiel in Konrad ▶ Paumanns *Fundamentum organisandi* (1452) und die zahlreichen Vokalsatzbearbeitungen im *Buxheimer Orgelbuch* (ca. 1470) ein recht spielerisches Erscheinungsbild aus.

Diese frühesten Quellen deutscher Orgelmusik stellen zugleich auch die ältesten Zeugnisse eigenständiger Instrumentalmusik in der Renaissance dar, denn abgesehen von den freien Instrumentalkompositionen, führt die bewegte Oberstimmengestaltung der Intavolierungen manchmal zu strukturellen Veränderungen gegenüber dem Original, wogegen die Cantus firmus-Orgelbearbeitungen aus dem Codex Faenza (ca. 1420) derartige Satzmerkmale, die auf ein instrumentales kompositorisches Bewusstsein des Bearbeiters schließen lassen, nicht aufweisen.

Die figurativ-spielerische Oberstimmengestaltung in den Intavolierungen deutscher ▶ Tenorlieder lenkt überdies die Aufmerksamkeit des Hörers von der ursprünglichen Melodiestimme ab, wobei solche Verfremdungen in der Geschichte der vokalen Mehrstimmigkeit recht häufig auftreten. Man kann darin einen Beleg für die zunehmende Instrumentalisierung der europäischen Vokaltradition sehen, was aber die grundlegende vokale Konzeption der Musik nicht in Frage stellt.

Was die Musik für Instrumentalensembles betrifft, muss man im 15. Jahrhundert stets von gemischten Besetzungen ausgehen. Die Vereinheitlichung des Klangs durch ein Ensemble aus gleichen Instrumenten in unterschiedlichen Tonlagen setzte sich erst im 16. Jahrhundert durch, so dass in diesem Bereich der Instrumentalmusik eine Entwicklung zu beobachten ist, die eher an der Vokalmusik orientiert war, als dass sie sich von ihr emanzipierte: Der Instrumentalklang wurde vereinheitlicht und der Ambitus der einzelnen Instrumente an die menschlichen Stimmlagen angepasst (▶ Instrumente: Familienbildung). So konnte die Tendenz der Vokalmusik, durch Motivimitation in allen Stimmen Homogenität zu schaffen, ungebrochen von der Orgel und von Ensembles aus gleichen Instrumenten übernommen werden, was am deutlichsten beim ▸ Ricercar neueren Typus nachvollziehbar ist, das die abschnittsweise motivische Imitation der Motette kopierte.

Neben dem polyphonen Ricercar gab es auch von ▸ Canzonen, ▸ Capriccien und ▸ Fantasien gleichermaßen Orgel- wie Ensemblebeispiele, und trotz der teilweise konservativen Satztechnik stellten diese Gattungen, die nicht immer klar zu trennen sind, ein Novum dar, weil an ihnen deutlich wird, dass die Instrumentalmusik in der zweiten Hälfte des 16. Jahrhunderts so viel Souveränität erlangt hatte, dass sie sich nicht mehr funktional rechtfertigen musste und ihre Strukturen ausschließlich der innermusikalischen Logik verpflichtet waren.

Eine Ausnahmestellung in der instrumentalen Ensemblemusik nehmen dagegen die 1615 erschienenen *Canzoni e sonate per sonar con ogni sorte de instrumenti* für 3–22 Stimmen von Giovanni ▸ Gabrieli ein, mit denen das Klangbewusstsein der venezianischen Schule geradewegs in die Funktionsharmonik des neuen Zeitalters übergeht.

Für die weitere Entwicklung der Musik für Tasteninstrumente in Deutschland scheint der Impuls der frühesten Orgelsätze bis zum Ende des 16. Jahrhunderts nachgewirkt zu haben. Lediglich die Tänze in den Tabulaturbüchern deuten auf eine instrumentale Konzeption im eigentlichen Sinne hin, während das instrumentale Moment der quantitativ dominierenden Intavolierungen sich nach wie vor auf ausufernde ▸ Diminuierungen beschränkte.

Auch in der italienischen und französischen Lautenmusik des 16. Jahrhunderts lassen vor allem Tänze instrumental-klangliches Selbstverständnis erkennen, wogegen in Spanien hochentwickelte kontrapunktische Vihuela- und Orgelvariationen das Selbstbewusstsein der Instrumentalmusik beförderten, wenn diese Musik auch dem vokalen Satz stets sehr nahe blieb.

Ganz im Gegensatz dazu hatte Marco Antonio Cavazzoni schon 1523 mit Ricercari des älteren Typus in Italien Musik für Tasteninstrumente veröffentlicht, deren akkordisch-klangliche Konzeption fernab der vokalen Tradition liegt. Der etwas spröde Klang dieser instrumental konzipierten Musik ist darauf zurückzuführen, dass zu Beginn des 16. Jahrhunderts die Setzung von Klangräumen noch unbeeinflusst von funktionsharmonisch bedingten Gravitationskräften erfolgte, was die klangliche Geschmeidigkeit, die der vokale Satz durch bewusst gestaltete intervallische Beziehungen zwischen den Einzelstimmen zu erzeugen vermag, verhinderte.

Die englische Virginalmusik, die sich mit William ▸ Byrd im letzten Drittel des 16. Jahrhunderts etablierte, hebt sich sowohl von den hier umrissenen festländischen Instrumentaltraditionen, als auch von der gleichzeitig in England populären kontrapunktischen Violenmusik und den liturgischen Cantus firmus-Orgelsätzen der sogenannten Tudor Organisten aus der Jahrhundertmitte deutlich ab.

Das Repertoire der Virginalmusik besteht zum großen Teil aus variierenden Bearbeitungen von Tanzsätzen und Variationsreihen über Volksliedmelodien und sogenannten ▸ Grounds. Dabei wirkt die teils motivisch vereinheitlichte Variationstechnik (▸ Variation) mit flexiblen Passagen bei John ▸ Bull, Orlando ▸ Gibbons und anderen Vertretern der zweiten Virginalistengeneration durchaus modern und stellt zweifellos einen wesentlichen Aspekt des instrumentalen Satzes dar, hinsichtlich der genuin instrumentalen Konzeption von Musik ist die variative Gestaltung aber lediglich von nachgeordneter Bedeutung.

Gerade Byrds Virginalschaffen besticht nicht in erster Linie durch die konzeptionell sekundäre melodische Gestaltung, sondern durch den vorwiegend klang-räumlich angelegten Entwurf der Sätze, der diese Musik nach unserem ästhetischen Empfinden weit moderner erscheinen lässt als beispielsweise die ähnlich konzipierten Sätze Cavazzonis.

Byrd vollzog mit dieser Konzeption, die noch keinesfalls in der Dur-Moll-Tonalität gründet und ausschließlich in seinem Virginalschaffen zum Tragen kommt, einen radikalen Umbruch in der Instrumentalmusik und prägte damit nachhaltig das Zeitalter der Virginalisten, das dann in der ersten Hälfte des 17. Jahrhunderts unvermittelt abbrach, ohne dass man dieser Tradition einen wesentlichen Einfluss auf den mit dem Generalbasszeitalter einsetzenden paradigmatischen Umschwung zum instrumentalen Selbstbewusstsein der Musik zusprechen könnte.

Literatur:
R. von Ficker, *Primäre Klangformen*, in: Jahrbuch der Musikbibliothek Peters für 1922, S. 21–34. • W. Merian, *Der Tanz in den deutschen Tabulaturbüchern*, Leipzig 1927 • K. Jeppesen (Hrsg.), *Die italienische Orgelmusik am Anfang des Cinquecento. Die ›Recerchari, Motetti, Canzoni, Libro primo‹ des Marco Antonio (Cavazzoni) da Bologna*, Kopenhagen 1943 • G. Reese, *Music of the Renaissance*, New York 1954 • H. Besseler, *Umgangsmusik und Darbietungsmusik im 16. Jahrhundert*, in: Archiv für Musikwissenschaft 16 (1959), S. 21–43 • W. Apel, *Geschichte der Orgel- und Klaviermusik*, Kassel u.a. 1960 • H.H. Eggebrecht, *Musik als Tonsprache*, in: Archiv für Musikwissenschaft 18 (1961), S. 71–100 • St. Kunze, *Die Instrumentalmusik Gabrielis*, Tutzing 1963 • G. Nitz, *Die Klanglichkeit der englischen Virginalmusik des 16. Jahrhunderts*, Tutzing 1979 • S. Leopold, *Die Instrumentalmusik*, in: *Die Musik des 15. und 16. Jahrhunderts* (Neues Handbuch der Musikwissenschaft 3,2), hrsg. von L. Finscher, Laaber 1990, S. 565–587 • A. Brinzing, *Studien zur instrumentalen Ensemblemusik im deutschsprachigen Raum des 16. Jahrhunderts*, 2 Bde., Göttingen 1998 • M. Klotz, *Instrumentale Konzeptionen in der Virginalmusik von William Byrd*, Tutzing 2005.

MK

## Instrumente: Familienbildung

Die heute so natürlich erscheinende europäische Familienbildung von Instrumenten ist keineswegs selbstverständlich, sondern ein weltweit einzig dastehendes Phänomen. Sie erfordert unverzichtbare musikalische und handwerkliche Grundvoraussetzungen: Mehrstimmigkeit, Bedürfnis nach homogenem Klang – der oft in Verkennung der tatsächlichen Schwierigkeiten für das auslösende Moment gehalten und im polyphonen Ensemble der menschlichen Stimme gesucht wird –, aber vor allem Professionalität im Instrumentenbau und generationenlangen Vorlauf. Denn ausgerechnet Instrumente mit bemerkenswert komplexer Physik standen am Anfang dieser Familienbildung: ▸ Schalmeien, ▸ Krummhörner und ▸ Blockflöten, was einen außerordentlich hochstehenden Blasinstrumentenbau erkennen lässt. Die Möglichkeit, dass die Kenntnis von Orgelpfeifen hier Pate gestanden hat, liegt nahe, lässt sich aber bisher anhand historischer Zeugnisse nicht erhärten, etwa indem z.B. ein Orgelbauer gleichzeitig Blockflöten gebaut hätte. Vielmehr scheinen die Erbauer sich aus den Kreisen ausübender Musiker rekrutiert zu haben, die lange Erfahrungswerte zugrunde legen konnten. Vorläufer zusammenstimmiger Instrumente dürften zu suchen sein in einer Paarbildung unterschiedlicher Größen, z.B. im Oktav- und Quintabstand. Nach dem Meistern des Quintabstandes stand einer Weiterentwicklung nichts mehr im Weg.

Die Ableitung homogener Instrumentenfamilien vom Vokalchor ist schon deswegen nicht einleuchtend, weil Instrumentalisten und Sänger aus verschiedenen gesellschaftlichen Richtungen stammten: Sänger aus dem geistlichen Bereich der Kathedral- und höfischen Kapellen, und Instrumentalisten aus weltlichen, wahrscheinlich auch maurischen und jüdischen Traditionen. Sing- und Instrumentalensembles funktionierten unterschiedlich, was schon daraus erkennbar ist, dass man bei der Konstruktion von Instrumenten auf Tonhöhe und Umfang der Singstimmen keinerlei Rücksicht walten ließ. Sogar die Orgeln standen oft in einem für Sänger zu hohen Stimmton und mussten zur Begleitung transponiert werden. Bei anderen Instrumenten ist das Missverhältnis noch auffallender: Flöten stehen bis heute im 4-Fuß. Die Posaunen- und die Gambengruppe befanden sich unter dem Vokalchor in einer annähernden 10-Fuß-Lage, und damit standen sie der 8-Fuß-Lage des Vokalchors fern. Damit nicht genug, baut sich das frühe Ensemble in Quintabständen auf mit den nominellen Grundtönen f-c-g, analog zu den musikalischen Schlüsseln. Der tiefste Ton des Vokalensembles wurde nominell als Γ ut (= G) festgesetzt, aber bereits im 15. Jahrhundert erreichte die Skala das D unter dem Γ ut, und zwar ausdrücklich als instrumentalen Wert (›Contratenor Trompette‹ bei Pierre Fontaine, Kompositionen von Guillaume ▶ Dufay). Bereits drei Instrumente im Quintabstand mit einem individuellen Umfang einer Oktave und einer Sexte wie die Blockflöten umfassen knapp drei Oktaven; wenn – was schon recht früh geschah – noch ein Hochdiskant hinzutrat (Exilent-Krummhorn bereits bei Jörg Wier um 1520), übertraf der Umfang des Instrumentalensembles den des Vokalchores erheblich. Bald scheinen sich die Instrumentenfamilien allerdings an den Umfang – nicht zu verwechseln mit der absoluten Tonhöhe – von Vokalkompositionen angepasst zu haben, die ihnen zur Repertoiregrundlage dienten, und das Ensemble auf der Schwelle zum 16. Jahrhundert ist vierteilig in drei verschiedenen Größen, wobei die mittleren Instrumente verdoppelt wurden. Aber die wenigen auf uns gekommenen Handschriften der Musik, wie sie tatsächlich gespielt wurde, zeigen, dass Musiker tiefere und höhere Stimmen unbedenklich hinzu improvisieren konnten, so dass im Endeffekt der große Umfang des Instrumentalensembles als Tatsache festgestellt werden muss.

Die unterschiedlichen Tonhöhenlagen erschweren nicht nur die Kompatibilität mit den Sängern, sondern auch die gemischter Ensembles. Transposition war folglich für Berufsmusiker eine selbstverständliche Grundvoraussetzung, die nirgends diskutiert wurde. Wir erfahren nur deswegen davon, weil sie bis in die für Laien geschriebenen Lehrbücher (Martin ▶ Agricola 1528, Hans ▶ Gerle 1532, Philibert Jambe de Fer 1555) ihre Auswirkungen haben. Dabei ist der Begriff ›Transposition‹ irreführend, denn eine Vorstellung von absoluter Tonhöhe existierte nicht. Vielmehr wurde ein Instrument von verschiedenen nominellen Ausgangstönen her ›gedacht‹. Michael ▶ Praetorius (1619) formulierte es als ›etwas rechnen und halten‹, und es ging dabei um die Position der Halbtöne, nicht um die Tonhöhe. Die Quintabstände der Instrumente machten Transposition einfach, denn man konnte in Quintschritten auf und abwärts rechnen:

| Diskant | $c^1$ | g | $d^1$ | a |
|---|---|---|---|---|
| Alt/Tenor | f | c | g | d |
| Bass | $B^b$ | F | c | G |
| Transposition | Quinte abwärts = Quarte aufwärts | **Grundstimmung** | Quinte aufwärts = Quarte abwärts | Ganzton aufwärts |

Schon immer hatten Laien musiziert, aber – wie uns die gesellschaftlichen Anlässe z.B. im *Decamerone* Giovanni Boccaccios zeigen – meist mit Gesang und einem Begleitinstrument. Die reine Instrumentalmusik, wie man sie etwa zum Tanz brauchte, wurde von Professionellen geboten (Pfeife und Trommel, die Alta Capella), und umfasste nicht nur eine beachtliche instrumentaltechnische Virtuosität, sondern auch die Fähigkeit, sich mit dem Instrument (die meisten Musiker beherrschten mehrere) an jede Situation anzupassen. Laien waren naturgemäß nicht so beweglich. Die Familienbildung kam zunächst den Amateuren zugute, die sich zunehmend für Musikausübung interessierten. Am signifikantesten ist das ablesbar aus der Praxis der italienischen musikalischen ▶ Akademien, denen in der Regel ein bezahlter Berufsmusiker vorstand, der oft zusätzlich verpflichtet wurde, der Akademie eigene Kompositionen zur Verfügung zu stellen, bzw. sogar ausschließlich für sie zu komponieren.

Diese musikalischen Akademien nahmen einen Aufschwung seit dem Beginn des 16. Jahrhunderts – zeitgleich mit der Entwicklung der Instrumentenfamilien und dem Erscheinen der ersten Handbücher (Sebastian ▸ Virdung 1511, Agricola 1528, Gerle 1532, Giovanni Maria ▸ Lanfranco 1533, Sylvestro di ▸ Ganassi 1532 und 1542, Jambe de Fer 1555). Die frühen Autoren erwähnen keinerlei Zusammenspiel verschiedenartiger Instrumentenfamilien. Mischensembles waren die Domäne der Berufsmusiker, nachweisbar in musikalischen Umrahmungen von Festivitäten. Gerade dieses scheint der entscheidende Punkt zu sein: Das Zusammenspiel von Laien wurde durch gleichartige Familien überhaupt erst möglich, und die Handbücher sind nicht für Berufsmusiker geschrieben, sondern für Amateure. Charakteristischerweise betreffen sie meist diejenigen Instrumente, die von Laien bevorzugt wurden: Streichinstrumente und Flöten, mit einem jeweils bedeutenden Abschnitt für die allgegenwärtige ▸ Laute. Repräsentative Blasinstrumente – Posaunen, Schalmeien, Windkapselinstrumente, Schwegel und Trommel in der Tanzmusik – blieben stets in der Hand der Berufsmusiker. Ebenfalls den Professionellen verblieben die ▸ Violinen/ Viole da braccio, die einen Sonderfall der Familienbildung darstellen, da sie niemals einen nahtlosen Tonbereich umschlossen.

Im Lauf des 16. Jahrhunderts wurde es im Verbund eines Ensembles möglich, sich mit dem Verbund eines anderen Ensembles zu verbinden. Ein klassisches Beispiel ist die Entwicklung der Accademia filarmonica in Verona. Hier gibt es mehrere Inventare mit Familien von Gamben und Blockflöten (einige Blasinstrumente sind erhalten), die allem Anschein nach gezielt als zueinander passende Gruppierungen ausgesucht wurden. Interessanterweise galt die Bassgambe dabei als Tonreferenz, nach der auch das Cembalo gestimmt wurde.

Die Trennlinie zwischen Amateuren und Berufsmusikern verlief anders als heute. Oft waren Laien musiktheoretisch gebildeter als schreibunkundige Instrumentalisten, die wiederum den Amateuren in der Beherrschung ihrer Instrumente und in der Improvisation überlegen waren. Diego ▸ Ortiz (1553) verweist auf die mangelnde Kontrapunktschulung der Instrumentalisten, denen er mit seinem Nachschlagewerk eine Hilfestellung bieten will. Im fortschreitenden 16. Jahrhundert sehen wir eine zunehmende Emanzipation der Instrumentalmusiker, sowohl im Zivilen wie im Musikalischen. Während es heute der Stolz eines guten Amateurs sein mag, professionelles Niveau zu erreichen, war es im 16. Jahrhundert umgekehrt, und zum ersten Mal fingen Instrumentalisten an, sich schriftlich zu äußern. Damit ergab sich eine paradox erscheinende Entwicklung: Aus dem Laienensemble gleicher Instrumente entwickelte sich das professionelle ▸ Consort gebildeter Instrumentalisten, die selber für ihre Gruppierung in den alten Regeln des Kontrapunktes komponieren konnten. Aus sozialen Gründen geschah das meist im Verband einer (biologischen) Familie, in die auch zuweilen fremde Lehrlinge aufgenommen werden konnten, aber deren Stärke der innere Zusammenhalt wurde. Eine solche Gruppe war musikalisch autark und beweglich. Meist ausgehend von Italien – aber auch deutsche und flämische Beispiele kommen vor – finden wir sie in Madrid, München, Paris, London und den italienischen Höfen und Städten, in der Regel mit Mitgliedern, die sich neben ihrem Spiel auf den Instrumentenbau spezialisieren konnten als einer Domäne, die die Instrumentalmusiker immer besessen hatten, aber die nunmehr die Chance zur Weiterentwicklung erhielt. Mit dieser Mischung aus altem Können und neuer Bildung erreichten diese Gruppen ein sehr hohes Niveau, deren Ergebnis die ersten historisch belegbaren Diskussionen über Artikulation und Lautstärke-

Dynamik wurden. Ein besonders markantes Beispiel ist der englische Hof mit aus Italien und Frankreich eingewanderten Musikerfamilien und gefördert von sechs musikenthusiastischen Monarchen. Generationenlang gab es Ensembles von Violinen, Blockflöten, Querflöten, Gamben und Posaunen nebeneinander ohne Querverbindung, getragen von den jeweiligen Mitgliedern einer Familie. Diese Verbände lösten sich nach 1600 auf und machten Mischbesetzungen Platz, die von Lauteninstrumenten dominiert wurden.

Die Begeisterung für die Instrumentenfamilien verlor sich charakteristischerweise in dem Maße, wie sich eine Stimmtonreferenz herausbildete. Das begann in der zweiten Hälfte des 16. Jahrhunderts durch die zunehmende Dominanz der Orgel, auf die die Instrumente bezogen wurden. Das bedeutete zunächst nicht, dass sich alle Ensembles auf diese neue Referenz ausrichteten, sondern die abweichenden Tonhöhen kamen erstmals ins Bewusstsein (Adriano ▸ Banchieri 1611, Praetorius 1619). Die Tafeln des *Syntagma musicum* zeigen noch zu Beginn des 17. Jahrhunderts die alten Transponiermuster, und Praetorius sah dafür einen reichen Bestand an Instrumentengrößen vor. Aber gerade bei Praetorius zeigt sich auch die neue barocke Auffassung, denn er verwirft die alten Quintabstände zugunsten der Abstände Grundton / Quarte bzw. Quinte / Oktave mit derselben Applikatur für die Außeninstrumente. Der nächste Schritt war die Auflösung der Familienverbände und die Allgegenwart des ▸ Basso continuo. Familienabhängige Instrumente wie die Windkapselinstrumente oder einzelne Mitglieder wie die Diskantquerflöte oder kleine ▸ Dulciane werden obsolet, und nur dasjenige Instrument bleibt übrig, das bereits vorher innerhalb der Familie die Virtuosenrolle spielte, wie die Tenorgambe (die zur Bassgambe mutiert), die Altposaune, der Bassdulcian, der Zink oder die Altquerflöte.

Das moderne Orchester, dessen Nucleus sich im 17. Jahrhundert herauszubilden begann, ist ein Orchester aus Einzelinstrumenten mit einer Ausnahme in seinem Zentrum: dem Violinenensemble, ausgerechnet jener Gattung, die in der Renaissance als Familie niemals komplett gewesen war.

*Literatur*:
S. Virdung, *Musica getutscht und außgezogen*, Basel 1511, Faksimile hrsg. K.W. Niemöller, Kassel 1970 • H. Judenkünig, *Ain schone kunstliche underweisung […] zu lernen auff der Lautten / und Geygen*, Wien 1523 • M. Agricola, *Musica instrumentalis deudsch*, Wittenberg 1528, 1529 und 1545 • H. Gerle, *Musica Teusch / auf die Instrument der grosen vnnd kleinen Geygen / auch Lautten […]*, Nürnberg 1532 und 1546 • H. Gerle, *Musica und Tablatur, auff die Instrument der klainen und grossen Geygen, auch Lautten […]*, Nürnberg 1546, Faksimile Genf 1977 • S. Ganassi del Fontego, *Opera intitulata Fontegara*, Venedig 1535, Faksimile von G. Vecchi, Bologna 1980 • S. Ganassi del Fontego, *Regola Rubertina. Lettione seconda*, Venedig 1542 und 1543, Faksimile hrsg. von G. Vecchi, Bologna 1970 • G.M. Lanfranco, *Scintille di musica*, Brescia 1533, Faksimile hrsg. von G. Massera, Bologna 1970 • P. Jambe de Fer, *Epitome musical*, Lyon 1556, Faksimile hrsg. von Lesure, in: Annales musicologiques 6 (1958–1963), S. 341–386 • J. Bermudo, *Declaracion de instrumentos musicales*, Ossuna 1555 • M. Troiano, *Discorsi delli trionfi […]*, München 1568 • L. Zacconi, *Prattica di musica*, Venedig 1592, Faksimile Bologna 1967 • A. Banchieri, *Conclvsioni nel svono dell'organo*, Bologna 1609, Faksimile Bologna [1969] • A. Banchieri, *L'organo suonarino musicali*, Venedig 1605, Faksimile [1953] • M. Praetorius, *Syntagma musicum* Bd. II (*De Organographia*) und III (*Termini musici*), Wolfenbüttel 1619, Faksimile hrsg. von W. Gurlitt, Kassel 1958.

AO

## Instrumentenstimmung ▸ Stimmung und Temperatur

## Intavolierung

Unter Intavolierung (auch Intabulierung, von ital. intavolare, dt. absetzen) versteht man die

Niederschrift eines Musikstücks in der Form der ▸ Tabulatur, im speziellen die (ursprünglich improvisierte) Übertragung eines mehrstimmigen Satzes der Vokalmusik für Zupf- oder Tasteninstrumente. Die Spannweite der Möglichkeiten (und der damit angesprochenen Ausführenden) reicht von fast wörtlichen Übernahmen bis zu Neufassungen, die in freierer Weise mit der Vorlage umgehen. Für das Verfahren sind Auslassungen (etwa einzelner Stimmen) ebenso charakteristisch wie Hinzufügungen (vor allem von instrumentalem Passagenwerk). Die Intavolierung bildet vom 14. bis in das 16. Jahrhundert neben der freien Improvisation, der Bearbeitung eines ▸ Cantus firmus und den Tänzen eine Hauptkategorie im Gattungssystem solistisch ausgeführter mehrstimmiger Instrumentalmusik. Theoretische Anweisungen zur Technik des Intavolierens enthalten u.a. die Schriften von Martin ▸ Agricola (*Musica instrumentalis deudsch*, Wittenberg 1529), Juan ▸ Bermudo (*Declaración de instrumentos musicales*, Ossuna 1555), Vincenzo ▸ Galilei (*Fronimo*, Venedig 1568) und Adrian ▸ Le Roy (*Instruction [...] de luth*, Paris 1557(?), *Instructions pour le luth*, Paris 1574).

*Literatur*:
H. Mayer Brown, *Intabulation*, in: Grove, Bd. 12, 2001, S. 473–474 • A. Edler, *Gattungen der Musik für Tasteninstrumente. Teil 1: Von den Anfängen bis 1750* (Handbuch der musikalischen Gattungen 7,1), Laaber 1997, S. 18–29.

KA

## Intermedium

Als Intermedien wurden im 15., 16. und 17. Jahrhundert Musikstücke, Tänze, gesprochene oder stumme Szenen bezeichnet, die zwischen den Akten von Schauspielen, meist von Komödien, aufgeführt wurden. Die Intermedien entstanden in der zweiten Hälfte des 15. Jahrhunderts im Zusammenhang mit dem Aufstieg des weltlichen italienischen Theaters, zwischen dessen Akte, die mit einheitlichem ▸ Bühnenbild versehen waren, instrumentale oder vokale, meist an einem für das Publikum unsichtbaren Ort vorgetragene Musikstücke interpoliert wurden (Intermedi non apparenti, d.h. rein musikalische Intermedien). Der Vortrag vokaler Kompositionen auch auf der Bühne, oft in pantomimischer Ausführung, führte zu den Intermedi apparenti, den szenischen Intermedien, die im 16. Jahrhundert immer ausgedehnter wurden und eine eigene Szenerie und Handlung entwickelten, so dass demgegenüber die Komödie fast in den Hintergrund trat. Zu den die fünf Akte trennenden vier Intermedien kamen zwei weitere hinzu, die das Schauspiel einrahmten; sechs Intermedien waren somit im 16. Jahrhundert üblich. Im höfischen Bereich entwickelten die Intermedien außerordentliche szenische, musikalische und tänzerische Pracht (Intermedi aulici); sie wurden zu besonderen Festen, meist zu Hochzeiten, auch Taufen oder Besuchen hochstehender Persönlichkeiten gegeben und dienten der Repräsentation des Herrschers. Intermedien gab es in allen kulturellen Zentren Europas, sie sind jedoch für die italienischen Städte und insbesondere für ▸ Florenz am besten dokumentiert.

Personen und Stoff der szenischen Intermedien gehörten nicht zur Handlung des Schauspiels: Oft traten den Bürgern der Komödie mythologische Figuren, Fabelwesen, Hirten oder auch Possenreißer (Vorgänger der ▸ Commedia dell'arte), Hanswurste, Gaukler, dressierte Tiere und Akrobaten in den Intermedien gegenüber. Die einzelnen Intermedien hatten meist voneinander unabhängige Sujets, konnten aber auch durch eine übergreifende Idee miteinander verbunden sein (z.B. die Intermedien von 1589, s.u.); seltener war die Handlung einheitlich, wie bspw. die Intermedien *Amor und Psyche* (Musik von Francesco

▸ Corteccia und Alessandro ▸ Striggio, nicht erhalten) zur Komödie *La Confonaria* von Francesco d'Ambra anlässlich der Hochzeit Francesco de' Medicis mit Johanna von Österreich. Szenische Intermedien konnten auch ohne Musik gehalten sein.

Die anlässlich der Hochzeit des Großherzogs Ferdinand de' Medici mit Christine von Lothringen in Florenz 1589 dargebotenen Intermedien zählen zu den berühmtesten höfischen, nicht nur durch ihren außerordentlichen Erfolg, sondern auch durch die hervorragende Dokumentation: Neben den üblichen gedruckten Berichten über die Aufführung hat der Großherzog den Druck der Musik veranlasst, der von Cristofano ▸ Malvezzi, dem Komponisten des größten Teils der Musik, vorbereitet wurde (*Intermedi et Concerti*, 1591; s. Walker). Die darin enthaltenen Listen der Stimmen und Instrumente zeugen von der Pracht der Musik. Zudem sind Kupferstiche der Bühnenbilder erhalten, die Bernardo ▸ Buontalenti schuf: Die auf den neuesten Bühnentechniken beruhenden szenischen Effekte – das Einherschweben von Sängern auf Wolken, feuerspeiende Drachen, Fahren eines Schiffes etc. – zählten zu den herausragendsten Attraktionen der Intermedien. Komponisten waren außer Malvezzi Luca ▸ Marenzio, der die Musik zum zweiten und dritten Intermedium schuf, sowie die späteren Opernkomponisten Jacopo ▸ Peri, Giulio ▸ Caccini und Emilio de' ▸ Cavalieri, die jeweils ein bis zwei Sologesänge beisteuerten. Den größten Teil des Textes verfasste der spätere Opernlibrettist Ottavio ▸ Rinuccini, weitere schrieben Giambattista Strozzi, Laura Lucchesini und Giovanni de' ▸ Bardi, der auch die Musik zur letzten Nummer des vierten Intermediums komponierte sowie die Intermedien konzipierte. Sie haben zwar jeweils eigene Handlungen, jedoch als übergreifendes Thema die ›Macht der Musik‹, wobei insbesondere im ersten, vierten und sechsten Intermedium das Herrscherlob im Vordergrund steht. Die Musik bestand aus kunstvollen fünf- und sechsstimmigen Madrigalen, mehrchörigen Stücken, Sologesängen und Instrumentalkompositionen (Sinfonie); sie erforderte bis zu 60 Sängern und 24 Instrumenten. Girolamo Bargaglis Komödie *La pellegrina* (1564), mit der die Intermedien meist in Verbindung gebracht werden, bestritt erst die zweite von mehreren Aufführungen, die zu drei während der Hochzeitsfeierlichkeiten dargebotenen Komödien stattfanden.

Intermedien und insbesondere diejenigen von 1589 werden oft als Vorläufer der ▸ Oper interpretiert. Sie bilden jedoch eine eigene Gattung, die sich wesentlich von den ersten Opern unterschied und zudem im 17. Jahrhundert weiterhin existierte, auch als Einlagen zu Opern.

*Literatur*:
D.P. Walker (Hrsg.) mit F. Ghisi und J. Jacquot, *Musique des intermèdes de »La pellegrina«. Les Fêtes de Florence – 1589*, Paris 1963, 1986 • W. Osthoff, *Theatergesang und darstellende Musik in der italienischen Renaissance*, 2 Bde., Tutzing 1969 • F. Dangel-Hoffmann (N. Pirrotta), *Intermedium*, in: $MGG^2$, Bd. 4 (Sachteil), 1996, Sp. 1011—1026 • J.M. Saslaw, *The Medici Wedding of 1589: Florentine Festival as Theatrum Mundi*, New Haven/Connecticut und London 1996.

ES

# Inversio / Umkehrung

Inversio bezeichnet in der Musik zwei im Kern verschiedene Verfahren:
1. die Versetzung zweier Stimmen im sogenannten doppelten ▸ Kontrapunkt,
2. die ›Umkehrung‹ einer melodischen Gestalt in der Weise, dass Aufwärts-Intervalle in abwärtsgerichtete und Abwärts-Intervalle in aufwärtsgerichtete verwandelt werden.

1. Beim doppelten Kontrapunkt handelt es sich um den Lagen-Austausch zweier Stimmen – aus Oberstimme wird Unterstimme und umgekehrt – bei Wahrung ihrer melodischen Ver-

läufe. Dabei, und dies ist entscheidend, verändern sich die Zusammenklangsintervalle, sodass die kontrapunktische Korrektheit des Satzes bei Lagenaustausch nur erhalten bleibt, wenn bereits der Satz als solcher lediglich versetzungstaugliche Zusammenklänge verwendet. Im einfachsten und häufigsten Fall werden die Stimmen durch Oktavtransposition versetzt; dabei bleiben die wichtigsten Konsonanzen mit ihren (Oktav-)Ergänzungsintervallen (Oktave-Einklang, Terz-Sext) konsonant, die wichtigsten Dissonanzen (Sekunde-Septime) dissonant, und nur die Quinte (die zur Quarte wird) verlangt Einschränkungen. Zur Veranschaulichung solcher Zusammenhänge dienen einfache Ziffernreihen wie (für die Oktave):

```
aus   1 2 3 4 5 6 7 8
wird  8 7 6 5 4 3 2 1
```

Neben diesem seit dem 14. Jahrhundert überaus häufigen doppelten Kontrapunkt der Oktave begegnen zuweilen auch restriktivere Versetzungsverfahren wie in Dezime oder Duodezime, für die Gioseffo ▶ Zarlino (*Istituzioni harmoniche* III, Kap. 56) Beispiele bietet.

2. Auch den Fall der melodischen Umkehrung demonstriert Zarlino im genannten Kapitel (am gleichen zweistimmigen Satz). Hier ist zu entscheiden, welcher Melodieton als ›Achse‹ gelten soll, die in Ausgangs- wie Umkehrungsform identisch bleibt und von der aus die anderen Intervalle gleichsam gespiegelt werden. Zarlino benutzt als Achse den Ton d'; häufig, zumal in jüngerer Zeit, wird als Achse die Terz über dem jeweiligen Grundton gewählt, sodass bei der Umkehrung die wichtigen Stufen von Grundton und Oberquinte miteinander tauschen.

*Literatur*:
M. Beiche, *Inversio / Umkehrung*, in: *Handwörterbuch der musikalischen Terminologie*, hrsg. von H.H. Eggebrecht (1986).

KJS

## Ioculatores

Das Wort Ioculator (von lat. ioculator, -oris = Spaßmacher) fand seine Verbreitung fast über ganz Europa hinweg und ist bereits seit Ciceros Briefen an Atticus bekannt. Der Terminus beinhaltet in seinem Ursprung sehr viele Arten beruflich agierender Künstler, die vorwiegend umherreisten und die weltliche Kunst präsentierten. Die Zeitepoche der Renaissance beinhaltete den entscheidenden Entwicklungsprozess von den Anfängen der Seßhaftwerdung gegen Ende des 13. Jahrhunderts und den Abschluss dieser Entwicklung um 1600. Die Ioculatores bildeten sich sowohl aus dem niederen Adel und Klerus als auch aus dem Bürgertum heraus. Sie waren vielseitig als Jongleure, Sänger, Spieler, Gaukler, Akrobaten und Artisten aktiv und agierten situationsbedingt, deshalb oft improvisiert und im Rückbezug zum Publikum. Da sie von Ort zu Ort wanderten, dienten sie somit auch der persönlichen Vermittlung von Neuigkeiten, Moden oder Musikstücken. Das Ansehen schwankte zwischen dem eines hoch geehrten Gastes und dem eines verachteten Tagediebes, das Repertoire umfasste Geistliches und Profanes in bunter Mischung. Die Weitergabe ihres Musikguts vollzog sich weitgehend oral. Als musikalische Mittel der Gestaltung waren Dopplung der Gesangslinie und variierte Wiederholungen prägend. Während einige Autodidakten waren, die nach bekannten Modellen und Regeln improvisierten, genossen andere im 14. und 15. Jahrhundert eine Ausbildung durch die Scholae mimorum. An Instrumenten nutzten sie meist Flöten und Trommeln. Ab dem 13. Jahrhundert bekam der Terminus eine betont (instrumental-)musikalische Bedeutung und ab dem 14. Jahrhundert fand der Terminus seine Anwendung auf immer mehr sozial tiefer gestellte Musiker, bis er dann ab dem 16. Jahrhundert zunehmend nur noch für die nicht vom Adel oder Rat angestellten Musiker der unteren Volksschichten verstanden wurde. Die heute bekannte Berufsbezeichnung Musikant kam erst ab 1750 auf und wurde dann einheitlich verwandt. Die Bedeutungsfülle der Ioculatores wurde immer mehr auf das ausschließlich Akrobatische eingeengt, wovon heute noch das Wort Jongleur zeugt.

Seitens der Kirche wurden ihnen bis ins 16. Jahrhundert hinein die heilige Kommunion und die Teilnahme am heiligen Abendmahl verwehrt. Sie wurden oft anstelle des Teufels gesetzt. Das Bild vom Tod als betörendem Spielmann, das sich seit dem 14. Jahrhundert in der Dichtung und Bildkunst in Sage und Volkslied entwickelt hat (▶ Totentanz), trägt diesem Rechnung. Erst durch die zunehmende Seßhaftwerdung vieler Fahrender und deren kirchlich überwachte Organisierung erfolgte eine Annäherung zur Kirche.

Die fahrenden Ioculatores legten sich häufig Künstlernamen zu. Der angenommene oder selbst erdachte Name konnte entweder dazu dienen, gleichsam wie durch eine Maskierung die bürgerliche Herkunft vergessen zu machen oder aber durch außergewöhnliche Namen Interesse beim Publikum zu erwecken. Einige Namen wurden von der Umwelt als Spott- und Kosewörter geprägt, wie z.B. der in Basel im Jahre 1363 aufspielende Pfeifer »Meyenfogel«, dessen Name auf das Entfliegen, aber auch auf das Amt des Liebesboten im Wonnemonat Mai hinweist. Die Kleidung der fahrenden Spielleute war von bunten Farben geprägt. Nicht selten wurde ihnen getragene Kleidung geschenkt, so dass sich eine bunte Mischung bis hin zu reich geschmückter Kleidung ergab. Einige Ioculatores wurden fürstlich beschenkt und sie sind auch als Land- und Hausbesitzer belegt. Nuancenreiche Übergänge zu Wander- und Dichtersängern wie z.B. Walther von der Vogelweide oder ▶ Oswald von Wolkenstein waren nicht selten.

Das Aufkommen des ▶ Notendrucks und auch die Zunahme des um 1530 von der Reformation geförderten Lesens in der Unterhaltung verengten das Tätigkeitsfeld der Ioculatores. Sing- und Spielmusik wurden als Werke mehr und mehr niedergeschrieben und so auch dem Liebhaber zum Erlernen in allen Ländern, wo in Schulen das Lesen gelehrt wurde, zugänglich gemacht. Man bedurfte nicht mehr allen Orts des fahrenden Musikanten.

*Literatur:*
W. Salmen, *Der Spielmann im Mittelalter*, hrsg. von dems., Innsbruck 1983 • D. Krickeberg, *Spielmann*, in: *MGG*², Bd. 8 (Sachteil), 1998, Sp. 1684–1692 • W. Hartung, *Die Spielleute im Mittelalter*, Düsseldorf und Zürich 2003.

BW

## Isaac [Ysaac, Ysach], Heinrich [Henrich, Henricus], [Arrigo di Fiandra / de Alemania, Arrigo d'Ugo, Arrgio Tedesco]
\* um 1450 Flandern, in der Nähe von Brügge (?), † 26.3.1517 Florenz

Heinrich Isaac zählt zu den prominentesten frankoflämischen Komponisten der Generation von ▶ Josquin de Prez, Pierre de la ▶ Rue und Alexander ▶ Agricola (▶ frankoflämische Musik). Außergewöhnlich ist an seiner Biographie, dass er nicht nur in Italien, sondern auch als einer der ersten Komponisten frankoflämischer Abstammung im deutschsprachigen Raum tätig war, nämlich am habsburgischen Hof in Wien. Er kehrte auch nicht, wie es bisher unter seinen Landsleuten Gewohnheit gewesen war, in seine Heimat zurück, sondern verbrachte seine letzten Lebensjahre in Italien. Ebenso exzeptionell ist ein bis heute erhaltenes Autograph Isaacs, das zu den frühesten Dokumenten dieser Art gehört. In seinem als monumental zu bezeichnenden Werk sind alle wichtigen Gattungen geistlicher sowie weltlicher Musik vertreten. Mit 36 kompletten Zyklen des Messordinariums und noch 15 Vertonungen einzelner Ordinariumssätze überragt Isaac alle seine Zeitgenossen. Der Bestand seiner mehrstimmigen Messproprien ist noch umfangreicher. Etwa 100 Propriumssätze umfasst das erst posthum in den Jahren 1550 und 1555 in drei Bänden herausgegebene *Choralis Constantinus*, das nur in Teilen vom Domkapitel zu Konstanz in Auftrag gegeben worden war. Im Vergleich dazu fällt Isaacs Motettenschaffen mit 50 Vertonungen geistlicher sowie weltlicher Texte klein aus. Außerdem befinden sich unter den Kompositionen Isaacs mehrere Liedsätze in italienischer und deutscher Sprache und einzelne Instrumentalstücke.

Heinrich Isaac wurde um 1450 in Flandern, wie er selber angab, geboren. Wo und bei wem er seine fundierte Ausbildung absolvierte, ist nicht bekannt. Der erste für gesichert geltende biographische Nachweis datiert auf das Jahr 1484 in Form eines Zahlungsbelegs, den er für seine kompositorischen Dienste am Hof Herzog Sigismunds in Innsbruck erhalten hatte. Offenbar verweilte er dort aber nur vorübergehend. Schon ein Jahr später war Isaac als Sänger bei den ›Cantori di S. Giovanni‹ in Florenz angestellt, wie aus den Zahlungsakten hervorgeht. Der intensive Kontakt zwischen Isaac und Mitgliedern der ▸ Medici-Familie wird auf diese Zeit zurückgehen, der bis zu seinem Lebensende auch erhalten bleiben sollte. Möglicherweise unterrichtete er auch die beiden Söhne Lorenzos, Piero und Giovanni, den späteren Papst Leo X. Lorenzo soll sogar die Hochzeit des Komponisten mit Bartolomea Bello in die Wege geleitet haben. Anlässlich des Todes seines langjährigen Gönners Lorenzo, der auch ›Il Magnifico‹ genannt wurde, am 8.4.1492, komponierte er die beiden Trauermotetten *Quis dabit capiti meo aquam?* und *Quis dabit pacem populo?*. 1493 wurden die ›Cantori di S. Giovanni‹ aufgelöst, eventuell auf Bestreben des zu dieser Zeit in Florenz aktiven Bußpredigers Girolamo ▸ Savonarola. Ein Jahr später waren die Medici selbst, Gönner und Arbeitgeber Isaacs, gezwungen, die Stadt zu verlassen. Wien sollte die neue Wirkungsstätte des Komponisten werden. Mit seiner Ehefrau begab er sich 1596 auf Wunsch Maximilians I. in die Stadt an der Donau und wurde dort in das Amt des kaiserlichen Hofkomponisten erhoben. Somit war es Maximilian I. gelungen, nunmehr auch einen Vertreter der Komponisten in seinem Gefolge zu haben, deren Werke zu dieser Zeit auf künstlerischer und technischer Ebene das musikalische Geschehen in Europa dominierten.

Mit der offenbar sehr mobilen Hofkapelle hielt Isaac sich aber nur selten an ihrem Standort in Wien auf, sondern verweilte mit dieser für unterschiedlich lange Zeitintervalle in Innsbruck, Augsburg, Wels und Nürnberg. Die zahlreichen Reisen ermöglichten es Isaac, mit den verschiedensten Persönlichkeiten in Kontakt zu treten. Dabei wird er den in Innsbruck wirkenden Hoforganisten Paul ▸ Hofhaimer kennen gelernt und mit ihm auch zusammengearbeitet haben. Isaac mag dort den entscheidenden Impuls erhalten haben, sich verstärkt dem Komponieren von ▸ Alternatim-Messen zuzuwenden. Während eines seiner Aufenthalte in Innsbruck ergab sich eventuell auch die Verbindung zu Friedrich dem Weisen, Kurfürst von Sachsen, als dieser 1497/1498 die Stadt am Inn mit seiner Kapelle besuchte. Jedoch reiste Isaac mit ihm nicht nach Torgau, wie früher angenommen wurde. Ein weiterer wichtiger Gönner auf dem Lebensweg Isaacs war der in Augsburg tätige Kardinal Matthaeus Lang.

Im August 1502 war er für kurze Zeit wieder in Florenz und besuchte von dort aus Ferrara, wo er darauf spekuliert haben mag, in die Dienste der Familie ▸ d'Este aufgenommen zu werden. Jedoch gelang es Josquin Desprez, sich gegen ihn und mögliche weitere Mitbewerber durchzusetzen. Schon ein Jahr später, 1503, reiste er nach Innsbruck zurück und hielt sich darauf, zwischen 1507 und 1508, in

Konstanz auf, wo er anlässlich des 1507 von Maximilian I. einberufenen Reichstages die beiden Motteten *Sancti spiritus* und *Virgo prudentissima* verfasste. Zu dieser Zeit erteilte ihm auch das Konstanzer Domkapitel den Auftrag für die Komposition der »etlich officia In summis festivitatibus« (zit. nach Staehelin, Sp. 684). Es handelt sich um jene Messproprien, die später im zweiten Band des *Choralis Constantinus* aufgenommen werden sollten. 1510 wurde Isaac von Maximilian mit Landgütern in der Nähe von Verona beschenkt. Ab diesem Zeitpunkt hielt er sich wieder für längere Perioden in Italien auf. Nachdem Isaac den Dokumenten zufolge im Jahre 1512 ein Haus in Florenz erworben hatte, wird er von da an wieder permanent in der Stadt am Arno gelebt haben, der er trotz der häufigen Ortswechsel eng verbunden geblieben war. In der Zwischenzeit hatten die Medici ihre Macht wieder in Florenz zurückerhalten und Papst Leo X., Sohn Lorenzos de' Medici, bemühte sich persönlich um eine Pension des inzwischen in die Jahre gekommenen Komponisten. Am 25.3. 1517 starb Heinrich Isaac in Florenz. Zu seinen Schülern zählen Ludwig ▶ Senfl, Adam ▶ Rener, Balthasar Resinarius und Petrus ▶ Tritonius.

Die in den Messen Isaacs angewandten Satztechniken umfassen das gesamte Spektrum der kompositorischen Möglichkeiten seiner Zeit (▶ Messe). Das Werk seiner mit anscheinend systematischer Intention angelegten Messordinarien kann in zwei Bereiche gegliedert werden. Der erste beinhaltet Messkompositionen, denen als ▶ Cantus firmus fremde, einstimmige Vorlagen zugrunde gelegt wurden, die nicht den zugehörigen Chorälen des Ordinariums entsprachen. Als sakrale Fremdvorlage dienten überwiegend antiphonale Melodien. Ebenso integrierte Isaac seinen Messzyklen Melodien weltlicher Provenienz wie Chansons oder etwa die bekannte ▶ Bassedanse *La spagna*, die auch von seinen Zeitgenossen häufig rezipiert wurde. In seinen Messen mit einstimmiger Vorlage ist, wie es im ausklingenden 15. Jahrhundert mehr und mehr zur Gewohnheit wurde, der Bewegungsraum des Cantus firmus nicht mehr auf eine einzelne Stimme fixiert, wie auf den Tenor oder Diskant, sondern jener konnte nahezu ungehindert durch alle Stimmregister wandern. Es finden sich jedoch Messen, in denen Isaac noch nach dem Prinzip der Tenormesse verfuhr und die Melodie der Vorlage z.B. in langen Notenwerten im Tenor vom Anfang bis zum Ende durchlaufen ließ. Isaac verwendete neben den einstimmigen auch mehrstimmige Vorlagen, indem er sich aus dem reichhaltigen Fundus der niederländischen oder französischen Chansons und Motetten bediente. In diesen, zum Genre der ▶ Parodiemesse zu zählenden Kompositionen Isaacs wurde die Melodie des Tenor aus dem Modell entweder komplett oder in Teilen in den Messtenor übernommen. An der Parodie ist jedoch wesentlich, dass sie nicht nur auf eine Stimme beschränkt war, sondern das gesamte Stimmenmaterial der polyphonen Vorlage zur Disposition stand. Isaac zog es jedoch vor, nur die äußeren Register zu verwenden und seinen Messkompositionen zu integrieren. Jene Messen sind auch mit Titeln versehen, wie *Missa E trop penser*, *Missa Argentum et Aureum* oder *Missa La spagna*, die auf ihre ein- bzw. mehrstimmigen Vorbilder verweisen. Unter den sonst durchgehend vierstimmig gesetzten Ordinarien mit Fremdvorlage bildet lediglich die sechsstimmige *Missa Prudentissma* eine Ausnahme. Bei den unter der zweiten Rubrik versammelten Messordinarien handelt es sich um vier- bis sechsstimmige Kompositionen mit eigener Vorlage. Jene finden somit ihre Entsprechung in den Festen des liturgischen Jahres und können z.B. den Marienfeiertagen oder den Festen des ›Commune Sanctorum‹ zugeordnet werden. Dazu zählen etwa die vier *Missae Beatae virgines*, drei *Missae De apostolis*, zwei *Missae De mar-*

*tyribus*, zwei *Missae De confessoribus* oder die *Missa Ferialis*. Mit Ausnahme dieser letzten sind alle anderen 19 mit Eigenvorlage versehenen Messordinarien für die Alternatimpraxis konzipiert, indem die Komposition in einander abwechselnde ein- und mehrstimmige Passagen unterteilt ist. Im Falle der mit dem Zusatz ›ad organum‹ versehenen Messen tritt die Orgel an die Stelle der einstimmig rezitierten Abschnitte. Unter den insgesamt 36 Ordinariumskompositionen Isaacs liegt mit 19 das Hauptgewicht auf dem Gebiet der Alternatim-Messe, wodurch sich der Komponist von seinen Zeitgenossen deutlich unterscheidet. Im Gegensatz zu den chronologisch schwer bestimmbaren Messordinarien mit Fremdvorlage kann bei den letztgenannten Alternatim-Messen eine zeitliche Eingrenzung im Schaffen Isaacs vorgenommen werden. Zumindest bei den mit ›ad organum‹ gekennzeichneten Kompositionen ist anzunehmen, dass sie erst in der ›zweiten‹ Schaffensphase Isaacs nach dessen frühem Aufenthalt in Florenz angefertigt wurden, als er bereits in die Dienste des Habsburgischen Hofes getreten war. Denn dort hatte er die Möglichkeit, einen so versierten Organisten wie den in Innsbruck tätigen Paul Hofhaimer in die Aufführungen jener Messen einzubeziehen. Die genannte zweite Gruppe der Ordinariumsvertonungen mit eigener Choralvorlage kann nur bedingt zur Kategorie des Messzyklus gezählt werden. Während in der ersten Gruppe der von Isaac vertonten Messordinarien die als Vorlage dienende fremde Melodie in allen Sätzen wiederkehrt und der Komposition somit die einheitliche Gestalt eines Zyklus verleiht, ist der Choral in den Ordinarien mit Eigenvorlage einem ständigen Wandel ausgesetzt. Jedem einzelnen Teil der Messe wird dabei im Grunde ein Choral von anderer melodischer Gestalt zugeordnet. Auch bei Isaacs Vertonungen für das Messproprium handelt es nicht um eigentliche Zyklen, sondern um Kompositionen, die aufgrund ihrer Textgrundlage zwar unter bestimmten liturgischen Rubriken zusammengefasst sind, aber daher im musikalischen Sinne höchstens als ›zyklusähnlich‹ zu bezeichnen wären. Dennoch wird hier der Einfachheit willen an dem Begriff Zyklus festgehalten.

Die knapp 100 Propriumszyklen (▸ Messe) Isaacs nehmen den größten Raum in seinem Schaffen ein. Deren gewaltiger Umfang ist im Vergleich zu seinen Zeitgenossen singulär. Die Messproprien hatten gegenüber den meist gleichbleibenden Ordinariumsteilen den Nachteil, dass sie wegen ihres spezifischen Textes auf einen bestimmten Tag im liturgischen Jahr fixiert waren und sich ihre mehrstimmige Verarbeitung daher oft als zu aufwendig erwies. So erklärt sich auch die relative Seltenheit der Propriumszyklen sowie der Plenarmesse (▸ Messe), die sowohl Messordinarium als auch -proprium umfasst. Möglicherweise erhielten die Kompositionen des Messpropriums aber gerade wegen ihrer offensichtlichen Aufwendigkeit einen gesteigerten repräsentativen Wert am kaiserlichen Hof ▸ Maximilians I. Sowohl die Ordinarien Isaacs mit Eigenvorlage, die die Komposition an einmalige Termine im Jahr band, als auch seine Messproprien konnten somit, zudem auf hohem künstlerischen Niveau rangierend, als Ausdrucksmittel für das finanzielle sowie kulturelle Potential des römischen Kaisers dienen.

Die Komposition der vom Domkapitel in Konstanz georderten Messproprien war um 1509 beendet. Wie sich herausgestellt hat, handelte es sich bei diesen nicht um das gesamte *Choralis Constantinus*, das erst in den 1550er Jahren bei ▸ Formschneider gedruckt wurde, sondern nur um den zweiten Band der Trilogie. Die hingegen in Band I und III enthaltenen Kompositionen waren wahrscheinlich für die kaiserliche Kapelle bestimmt. Das vermutlich auch in Wien verwendete *Graduale pataviense* von 1511 scheint diese These zu bestätigen, indem zumindest eine partielle

Übereinstimmung feststellbar ist zwischen den Choralmelodien bzw. -texten hier und den mehrstimmigen Propriumsvertonungen dort. Die von Isaac angewandten Techniken, den zugrundeliegenden Choral in die polyphone Struktur seiner Kompositionen einzubetten, sind vielfältig. Der Cantus firmus kann in langen Notenwerten durch eine Stimme laufen oder er durchzieht in Form charakteristischer ›Motive‹, wie größeren Sprüngen oder Tonwiederholungen, das polyphone Gewebe. Wie auch in seinen Messordinarien verfährt Isaac hier mit der Anzahl der Stimmen flexibel und lässt zwischen vollstimmigem und ausgedünntem zwei- bis dreistimmigem Satz wechseln. Auch 20 Jahre nach dem Erscheinen des *Choralis Constantinus* scheinen die Proprienzyklen Isaacs kaum an Attraktivität verloren zu haben. So bilden überwiegend Messeproprien Isaacs den Inhalt der zwischen 1575 und 1576 geschriebenen Chorbücher der Benediktinerabtei St. Ulrich und Afra zu Augsburg.

Der Umfang des Mottenschaffens Isaacs wirkt im Vergleich zu dem der Messvertonungen nahezu gering (▶ Motette). Etwa 50 Motetten sind aus unterschiedlichen Quellen überliefert. Isaacs Motetten liegen zumeist weltliche oder geistliche Cantus firmi zugrunde. Für letztere konnten Antiphone, Responsorien oder Psalmen als Vorlage dienen. Der dabei in der Motette verarbeitete Choral liegt entweder im Tenor oder im Diskant, selten auch im Bass.

Die letzte größere Sektion im kompositorischen Œuvre Isaacs bilden seine Liedsätze. Auch hier kann eine gewisse chronologische Ordnung vorgenommen werden, indem zwischen den französisch und italienisch textierten Liedern einerseits und deutschsprachig textierten Liedern andererseits unterschieden wird. Während jene dem Zeitraum zuzuordnen sind, als Isaac sich in seinen jungen Jahren noch in den Diensten am Hof der Medici in Florenz befand, fallen diese mit einem gewissen Grad an Wahrscheinlichkeit erst in die Habsburger Schaffensphase des Komponisten. Letztere können großenteils zur Gattung ▶ Tenorlied gezählt werden. Eine Ausnahme bildet jedoch durch seine eigenwillige Struktur das berühmte *Innsbruck ich muß dich lassen*, auf das den Komponisten zu reduzieren die Isaac-Rezeption gerne geneigt ist. Stilistisch sind durch seine homophon-syllabische Anlage gewisse Ähnlichkeiten mit den in Italien gepflegten ▶ Lauden-Kompositionen feststellbar.

*Ausgaben*:
*Henrici Isaac Opera omnia* (Corpus mensurabilis musicae 65/1–8) hrsg. von E.R. Lerner, Neuhausen/Stuttgart 1974–1998.

*Literatur*:
M. Staehelin, *Die Messen Heinrich Isaacs*, Bern 1977 • W. Salmen/R. Gstrein (Hrsg.), *Heinrich Isaac und Paul Hofhaimer im Umfeld von Kaiser Maximilian I.*, Innsbruck 1997 • J. Heidrich, *Die deutschen Chorbücher aus der Hofkapelle Friedrichs des Weisen*, Baden-Baden 1993 • E. Kempson, *The Motets of Henricus Isaac (c. 1450–1517)*, Diss. London 1998 • M. Staehelin, *Eine musikalische Danksagung von Heinrich Isaac. Zur Diskussion einer Echtheitsfrage*, in: Festschrift Martin Just, hrsg. von P. Niedermüller, Cr. Urchueguía und O. Wiener, Würzburg 2001, S. 23–32 • M. Staehelin, *Isaaciana in der Messen-Motettenhandschrift des Kantors Matthias Krüger*, in: Jahrbuch des Staatlichen Instituts für Musikforschung Preußischer Kulturbesitz 2002, S. 120–141 • D.J. Burn, *The Mass-Proper Cycles of Henricus Isaac. Genesis, Transmission, and Authenticity*, Diss. Oxford 2002 • M. Staeheling, *Isaac*, in: *MGG*², Bd. 9 (Personenteil), 2003, Sp. 672–691 • G. Zanovello, *Heinrich Isaac: The Mass* Misericordias Domini, *and Music in Late-Fifteenth-Century Florence*, Diss. Princeton 2005.

TRI

## Isnardi [Isinardi, Isnardo, Isnardus], Paolo [Paulo, Paulus] [genannt Ferrarese]
\* um 1536 Ferrara, † 7.5.1596 ebenda

Paolo Isnardi zählt zu den prominenten norditalienischen Komponisten der nachtridentinischen Ära im 16. Jahrhundert.

Da Isnardis Alter auf seinem Epitaph mit 60 angegeben wurde, lässt sich das Jahr seiner Geburt auf 1536 datieren. Seine musikalische Ausbildung erhielt er bei Francesco Manara, der bis 1548 in Ferrara tätig war. Zwischen 1560 und 1570 scheint sich Isnardi für längere Zeit in Venedig und Mantua aufgehalten zu haben. Der Versuch, einen Posten an Santa Barbara in Mantua zu erhalten, blieb erfolglos, wie dem an Guglielmo ▸ Gonzaga gerichteten Widmungstext seiner *Lamentationes Hieremiae Prophetae* von 1572 zu entnehmen ist. Wann genau Isnardi das Amt des *maestro di cappella* am Dom zu Ferrara übernahm, ist unbekannt – wahrscheinlich aber nicht vor 1573. Erst in seinem zweiten Messband von 1573 betitelte er sich als »Chori Magister«. Wenn auch eine offizielle Anstellung am herzoglichen Hof in Ferrara nicht belegt werden kann, so sind Isnardis enge Kontakte zum herzoglichen Hof in Ferrara unbestreitbar. Während er seinen ersten Messband Alfonso II. d'▸Este widmete, war es kein geringerer als dessen Bruder, Kardinal Luigi d'Este, der dem Domkapitel Isnardi als Kapellmeister empfahl. Außerdem findet sich ab 1584 in den Publikationen Isnardis neben der Nennung seines Amtstitels noch der Zusatz »Serenissimi Ducis Ferrariae musicus«.

Isnardis kompositorisches Schaffen umfasst nahezu alle zeittypischen Gattungen geistlicher und weltlicher Vokalmusik. Bedingt durch seine Tätigkeit als Domkapellmeister liegt der Schwerpunkt seines Œuvres im sakralen Bereich. Zwischen 1568 und 1594 veröffentlichte er vier Bände mit vier- bis sechsstimmigen ▸ Messen, die, abgesehen von den beiden ▸ Requien, ausschließlich der Parodietechnik verpflichtet sind. Zu überregionaler Bekanntheit gelangte Isnardi nicht zuletzt durch seine Vesperpsalmen, die zum Teil mehrfach neu aufgelegt wurden und durch die vorherrschende homophone Satzweise dem kirchenmusikalischen Ideal des Tridentinums (▸ Konzil) Rechnung tragen. Seine Werke wurden auch jenseits der Alpen rezipiert, wie die ehemaligen Bestände z.B. des Benediktinerklosters St. Ulrich und Afra in Augsburg, in St. Egidien zu Nürnberg oder der Kaufmannkirche in Erfurt belegen. Isnardis zyklische Lamentationen von 1572 zählen zu den ersten Drucken aus der zweiten Hälfte des 16. Jahrhunderts mit den Vertonungen sämtlicher neun Lektionen für das »Triduum sacrum«.

*Ausgaben*:
Messen *Adjuva nos*, *Ave gratia plena*, *Ego clamavi* und *Salvum fac regem* aus: *Missae cum quinque vocibus*, 1568 und *Missae quattuor vocum*, 1573, in: B.K. Ansbacher, *The Masses of Paolo Isnardi, ca. 1536–1596*, 2 Bde., Phil. Diss. Univ. Cincinnati 1972 • *Paolo Isnardi Lamentations* (Recent Researches in the Music of the Renaissance 152), hrsg. von T. Rimek, Madison 2009.

*Literatur*:
A. Newcomb, *The Madrigal at Ferrara. 1579–1597*, 1. Bd., Princeton 1980 • Ders., *Isnardi*, in: *Grove*, Bd. 12, 2001, S. 615 • D. Glowotz, *Isnardi*, in: *MGG²*, Bd. 9 (Personenteil), 2003, Sp. 704–706 • T. Rimek, *Introduction* zu *Paolo Isnardi Lamentations* (s. Ausgaben).

TRI

# Isomelie

Der Begriff (griech. »isos« = gleich und »melos« = Melodie) wurde von Heinrich Besseler 1931 analog zu ▸ Isorhythmie geprägt. Er bezeichnet Passagen, in denen im Kontext der isorhythmischen Komposition die Oberstimmen an strukturellen Parallelstellen (meist am Anfang der ▸ Talea-Abschnitte) identisch oder ähnlich verlaufen. Reine Isomelie ist selten (z.B. in Guillaume ▸ Dufays *Rite maiorem* oder *Fulgens iubar*); sie erfolgt meist in variierter, transponierter oder diminuierter Form. Sie dient offenbar ähnlich wie die ▸ Panisorhythmie dazu, den ›strophisch‹-rekurrierenden Charakter der isorhythmischen Konstruktion akustisch hervorzuheben. Sie steht damit in offenbar bewusstem Gegensatz zur Tenorkonstruktion, in der der Color (also die Tenormelodie) meist gerade nicht parallel zur Talea verläuft.

*Literatur*:
H. Besseler, *Die Musik des Mittelalters und der Renaissance*, Potsdam 1931 • G. Reichert, *Das Verhältnis zwischen musikalischer und textlicher Struktur in den Motetten Machauts*, in: Archiv für Musikwissenschaft 13 (1956), S. 197–216 • E.H. Sanders, *The Medieval Motet*, in: *Gattungen der Musik in Einzeldarstellungen: Gedenkschrift Leo Schrade*, hrsg. von W. Arlt u.a., Bern 1973, S. 497–573 • L. Finscher, *Die Spätblüte der isorhythmischen Motette*, in: *Die Musik des 15. und 16. Jahrhunderts* (Neues Handbuch der Musikwissenschaft 3), Laaber 1989, S. 284–306.

TSB

# Isorhythmie

Der wörtlich mit ›Gleich-Rhythmus‹ zu übersetzende Begriff wurde 1904 von Friedrich Ludwig geprägt, der damit die Strukturierung von Kompositionen des 13. bis 15. Jahrhunderts durch periodische Wiederholung rhythmischer (und gegebenenfalls auch damit korrespondierender oder überlappender melodischer) Verläufe im Tenor (als der tiefsten Stimme) bezeichnete. Die rhythmischen Segmente werden gemeinhin als ▸ Taleae bezeichnet, die melodischen als ▸ Colores. Umstritten ist, ob auch Stücke, in denen allein der Tenor entsprechend gestaltet ist, als isorhythmisch definiert werden können oder nur solche, in denen alle Stimmen davon betroffen sind (›Panisorhythmie‹); oft erscheint die Talea im Verlauf der Komposition auch in ihren rhythmischen Werten proportional diminuiert, augmentiert oder anders mensuriert, also im strengen Sinne nicht »gleich-rhythmisch«. Im 15. Jahrhundert erscheint Isorhythmie fast nur noch in der Motette, wo sie (vor allem in den ▸ Staatsmotetten Guillaume ▸ Dufays) die Grundlage der umfangreichsten und anspruchsvollsten Kompositionen der Zeit bildet. In der gängigen Musikgeschichtsschreibung gilt die Isorhythmie nach wie vor als die Errungenschaft schlechthin der in mathematischen Strukturen denkenden spätmittelalterlichen Musik. In jüngster Zeit ist der Begriff aufgrund seiner Unschärfe und mangelnden Historizität verstärkt in Frage gestellt worden.

*Literatur*:
L. Finscher, *Die Spätblüte der isorhythmischen Motette*, in: *Die Musik des 15. und 16. Jahrhunderts* (Neues Handbuch der Musikwissenschaft 3), Laaber 1989, S. 284–306 • Th. Brothers, *Vestiges of the Isorhythmic Tradition in Mass and Motet, ca. 1450–1475*, in: Journal of the American Musicological Society 44 (1991), S. 1–56 • J.M. Allsen, *Style and Intertextuality in the Isorhythmic Motet, 1400–1440*, Diss. Univ. of Wisconsin, Madison 1992 • M. Bent, *Isorhythm*, in: *Grove*, 2001, Bd. 12, S. 618–623.

TSB

**Jacotin** [Jacotino Frontino; Jacotinus Level; Jacotin Le bel; Jacobo Level; Jacques Lebel, Le beel]
\* um 1495 Normandie, † 1555 oder nach 1555 (?)

Der französische Sänger und Komponist machte in Frankreich und Italien Karriere. Nachdem er sich dauerhaften Ruhm als Sänger in Rom im Dienst von Luigi d'Aragona (1514–1516) erworben hatte, war er anschließend Mitglied der privaten Kapelle von Papst Leo X. (Juni 1516 bis September 1520); zu gleicher Zeit leitete er vom 1. Oktober 1519 bis 31. März 1521 den Chor von San Luigi dei Francese. In Frankreich war er um 1500 bis 1505 ›clerc‹ in der Diözese von Amiens und erhielt 1525 kirchliche Benefizien an Notre Dame du Puy (Diözese von Poitiers). In einem Gedicht wird er um 1525–1530 an der Seite von Sängern und Komponisten der Kapelle von König ▸ Franz I. erwähnt (zusammen mit Claudin de ▸ Sermisy, Pernot Vermont u.a.), in den Rechnungen der Kapelle ist er 1532 bis 1533 als Hautecontre geführt; am 17. Februar 1555 ist er immer noch als Sänger und Kanoniker der königlichen Kapelle (nun ▸ Heinrichs II.) vergütet. Im folgenden Jahr veröffentlichten Adrian ▸ Le Roy et Robert ▸ Ballard die letzte noch unpublizierte Chanson des Komponisten.

Sein Werk, das während der ersten Hälfte des Jahrhunderts in Frankreich, Italien und Deutschland sowohl in gedruckter als auch in handschriftlicher Form verbreitet war, umfasst 43 Chansons und 8 Motetten zu zwei bis vier Stimmen, 4 vierstimmige Magnificat-Vertonungen und eine Messe (von der zwei Stimmen erhalten blieben).

Seine ▸ Chansons zu vier Stimmen, die hauptsächlich von dem Pariser Drucker Pierre ▸ Attaingnant zwischen 1528 und 1540 veröffentlicht wurden und meist auf lyrische Dichtung komponiert sind (*D'ung coup mortel*), sind den zeitgenössischen Stücken von Sermisy verwandt durch kurze Texte (hauptsächlich Vierzeiler, Fünfzeiler und Achtzeiler), ein melodisches Schema, das dem Reimschema entspricht, musikalische Wiederholungsform (z.B. ABCAA wie in *De trop penser*), musikalische Teilung durch Halbverse und den Gebrauch von hierarchisierenden Kadenzen. *Auprès de vous*, das diesem Stil vollkommen entspricht, hatte außerordentlichen Erfolg: Davon zeugen die Wiederauflagen (insbesondere 1529, 1536, 1551, 1555, 1571) in Folge der Erstpublikation von 1528, die vokalen Bearbeitungen zu zwei und drei Stimmen, die instrumentalen Intavolierungen (u.a. Orgel, Laute, Cister) und ein Gemälde des ›Fils prodigue‹, das dem ›Meister der Halbfiguren‹ zugeschrieben wird (Musée Carnavalet, Paris und Correr, Venedig). – Die fünf Chansons zu drei Stimmen, die von Andrea ▸ Antico 1536 in Venedig publiziert wurden, bieten eine tiefe Stimmlage und einen entwickelten, manchmal verzierten und imitatorischen Kontrapunkt (wie in *A tout jamais* auf einen Text von Jean ▸ Marot) um eine im Tenor plazierte und häufig aus alten und einstimmigen Chansonniers stammende Melodie (*Hellas pourquoy*, deren Tenor der Melodie gleichen Namens ähnelt, die im Manuskript Bayeux von Paris, BnF, Ms. Fr. 9346, erhalten ist). – Die anderen Stücke für drei hohe Stimmen sind wahrscheinlich wie die beiden Duos für den didaktischen Gebrauch bestimmt (gedruckt in Venedig 1542, an der Seite von Stücken gleichen Typus von ▸ Josquins Desprez, Jean ▸ Richafort, Adrian ▸ Willaert und Jacques ▸ Arcadelt). Diese Stücke bestehen zum größten Teil aus Parodien von Chansons zu vier Stimmen, die in Paris gedruckt wurden, wie *Je suis Desheritée*, von denen uns Jacotin zwei Versionen anbietet (bzw. zu zwei und drei Stimmen).

In seinen überwiegend vierstimmigen ▸ Motetten bevorzugt Jacotin Antiphonen und Psalmtexte. Auf jeden Fall sind Texte wie *Interveniat pro rege nostro*, die sich an Ludwig XII. richten, von zeitgenössischen Dichtern verfasst. Seine Motetten sind im wesentlichen durch eine freie oder imitatorische kontrapunktische Textur charakterisiert und präsentieren breitgefächerte Kompositionstechniken, die auf Josquin zurückgehen: Kontraste in der Textur (Duos, Trios, alle Stimmen) und der Metrik (binär/ternär), imitatorische Duos, melodische Sequenzen und Ostinatos. Im übrigen sind sie in einigen Aspekten den Motetten von Sermisy ähnlich (auftaktige Abschnitte am Beginn, Wiederholungen des Schlussabschnitts).

Seine Sensibilität in Bezug auf die Modi, die in seiner Wahl der kadenziellen Abstufungen hervorscheint, erklärt wahrscheinlich, dass manche Motetten (*Rogamus te virgo Maria, Michael arcangele* unter anderen) von Pietro ▸ Aaron in seinem *Trattato della natura* als Beispiele benutzt wurden (Kap. 4, S. 13; Kap. 5, S. 16). – In seinen ▸ Magnificat-Kompositionen, die die gleichen Kompositionstechniken wie seine Motetten aufweisen, benutzt Jacotin, der nur eine Gesangszeile von zweien mehrstimmig setzt, sehr häufig die liturgische Melodie als Material für Imitationen.

*Ausgaben*:
Jacotin. *Chansons*, hrsg. von F. Dobbins, Turnhout 2004.

*Literatur*:
G. Nugent, *Jacotin*, in: *Grove*, Bd. 12, 2001, S. 740–741 • J.T. Brobeck, *Jacotin*, in: *MGG²*, Bd. 9 (Personenteil), 2003, Sp. 830–833 • P. Nicolas, *Les motets et les Magnificat de Jacotin (c.1495 – c.1556): Transcription critique et analyse*, Diss. Univ. de Montréal (Druck i. Vorb.).

MAC und PN

## Janequin, Clement
* um 1485 Châtellerault bei Poitiers, † Anfang 1558 Paris

Janequin zählt zu den bedeutendsten Chansonkomponisten seiner Zeit in Frankreich. Insbesondere durch seine imitativen ▸ Chansons, die an rhythmischen und tonmalerischen Effekten weit über die Werke seiner Zeitgenossen hinausgingen, erlangte er europaweite Anerkennung.

Zum Priester geweiht stand er ab 1505 im Dienst des Humanisten Lancelot Du Fau, der u.a. Bischof von Luçon war. Nach dessen Tod 1523 diente Janequin dem Erzbischof von Bordeaux Jean de Foix, der ihm mehrere Pfründen bewilligte. In der Region von Bordeaux bekleidete er in den folgenden Jahren verschiedene kirchliche Ämter. Erste Veröffentlichungen seiner Chansons um 1528 brachten ihm Anerkennung und Ruhm. 1531 wurde Janequin in diversen notariellen Urkunden ›chantre du Roy‹ tituliert. Der Ehrentitel wurde ihm wahrscheinlich für seine vierstimmige Chanson *Chantons, sonnons trompetes* verliehen, die anlässlich der Durchreise ▶ Franz I. (reg. 1515–1547) 1530 in Bordeaux aufgeführt wurde. Da mit dem Tod von Jean de Foix 1529 die wichtigste finanzielle Unterstützung Janequins endete, zog er 1531 ins Anjou, wo er in den nächsten 18 Jahren die schaffensreichste Zeit seines Lebens verbrachte. Er wurde 1533 Priester von Avrillé und 1534–1537 ›maître de chapelle‹ an der Kathedrale von Angers. Mit der Absicht, in der Jugend versäumte Zertifikate zu erlangen, die einträglichere Pfründen ermöglicht hätten, schrieb er sich 1548 an der Universität in Angers ein. Ein Jahr später ließ sich Janequin endgültig in Paris nieder. Auch hier immatrikulierte er sich aus den gleichen Gründen an der Universität, da er in ärmlichsten Verhältnissen lebte, was sich bis zu seinem Tod nicht ändern sollte. Aufgrund der Veröffentlichung einiger seiner bedeutendsten Werke, erst gegen Ende seines Lebens, wurde Janequin 1554 als ›chantre ordinaire‹ in die Chapelle du Roi aufgenommen und erhielt später den Ehrentitel ›compositeur ordinaire du roi‹. Als Musiker König Heinrichs II. (reg. 1547–1559) bemühte er sich um die Gunst des mächtigen Herzogs François de Guise mit den Chansons *La Guerre, La réduction de Bologne* und *La guerre de Renty*, die dessen militärische Erfolge lobpreisen und sehr beliebt wurden. Vor seinem Tod entstanden die *Octante deux pseaumes de David*, die er als sein musikalisches Testament verstand.

Obgleich Janequin Zeit seines Lebens im Dienst der Kirche stand, sind vorwiegend seine weltlichen Chansons von Bedeutung. Seine wesentlichsten Werke sind die imitativen Chansons, die hauptsächlich in den frühen Jahren entstanden sind und nur einen kleinen Teil seines Œuvres ausmachen. Charakteristisch daran sind die onomatopoetischen Effekte, wie die Nachahmung von Vogelrufen *(Le chant des oyseaux)*, das Geschrei von Marktfrauen *(Les cris de Paris)* und Jagd- und Schlachtenlärm *(La chasse, La bataille)*. Janequin ging sowohl an Ausdehnung wie an Gestaltung weit über bisherige tonmalerische Illustrationen hinaus. Durch Kombination verschiedenster Laute, Abspaltung von Silben und Wörtern aus Zusammenhängen und deren teilweise zeitlich versetztes Übereinanderschichten erhalten seine klanglich vielfältigen Werke mitunter parodistische Züge. Sie sind meist für vier gleichberechtigte Stimmen gedacht. Janequin erzielt durch rhythmische Effekte (z.B. den Wechsel von zwei- und dreiteiligen Rhythmen), treffende Prosodie und deklamatorischen Parlandoton bei eher schlichter Harmonik außergewöhnlich textillustrierenden Charakter. Von kunstvoller Kontrapunktik durchsetzt, sind Janequins programmatische Chansons satztechnisch sehr vielfältig. Sie sind häufig als durchimitierter Satz angelegt. Dabei verwendet er sowohl die strenge Kanonform wie polyphone Strukturen ohne imitatorische Elemente oder ganz homophone Sätze. Auch innerhalb einer Chanson wechselt er die Satztechnik. Manche bestehen aus mehreren Teilen unterschiedlicher Länge und Mensur (Taktart), mitunter durch eine Refrainform strukturiert. *Le chant des oyseaux* (1528) zum Beispiel ist fünfteilig. Der erste Teil stellt den Refrain vor, welcher in den Anfangs- und Schlusstakten der anderen Teile wiederkehrt. Die Abschnitte dazwischen sind onomatopoetisch gestaltet. Janequins lyrische Chansons sind durch melismatische Melodik geprägt. Ihr Schlussteil wird häufig wiederholt.

Die größere Anzahl seiner etwa 250 erhaltenen weltlichen Chansons wird der ▶ Pariser Chanson zugesprochen. Dieser Begriff bezeichnet stilistisch sehr diverse Chansons, die der erste Pariser Musikverleger Pierre ▸ Attaingnant zwischen 1528 und 1553 druckte. Bei Janequin bestehen sie häufig aus zwei kontrastierenden Teilen mit vorwiegend volkstümlicher Melodik, von denen der erste Teil am Schluss manchmal wiederholt wird. Als Zeilenkomposition angelegt, werden nur Zeilenpaare – oft die Schlusszeilen – als Einheit repetiert. Seine späten Werke *(Vivons folastre, En la prison, Non feray, Le faux amour)* scheinen vom italienischen Madrigal beeinflusst und weisen Chromatik, Querstände und Dissonanzen auf. – Die sowohl lyrischen wie auch erzählenden, sogar erotischen und derben Textvorlagen wählte Janequin von Zeitgenossen wie Clement ▸ Marot, Mellin de Saint Gelais, Franz I., Claude Chappuys und von Dichtern der ▸ Pleiade: Joachim Du Bellay, Jean Antoine de ▸ Baïf und Pierre ▸ Ronsard. Anonyme Texte stammen möglicherweise von ihm selbst.

Von seinen geistlichen Werken kennen wir heute mehr als 150 meist unvollendete Psalmensätze und einige Chansons, die zwischen 1549 und 1559 entstanden sind. Die Verwendung von Melodien calvinistischer Gemeinden zeugt von Janequins Sympathie für den Protestantismus. Stark chromatisch geprägt, weisen sie meist homophone Satzweise auf. Von seinen Motetten blieb nur eine erhalten: *Congregati sunt inimici nostri* ist ein imitierender Satz mit zahlreichen Motiven. Zwei Parodiemessen über Chansons von Janequin sind vermutlich auch ihm zuzuschreiben, jedoch eher als Chansonparaphrasen zu verstehen.

Janequins schon zu Lebzeiten erfolgreiche Chansons wurden vor allem im 16. Jahrhundert gerne bearbeitet und instrumentiert. Im 19. Jahrhundert wiederentdeckt, fanden sie u.a. das Interesse von Claude Debussy.

*Ausgaben*:
*Clément Janequin. Chansons polyphoniques*, hrsg. von A.T. Merritt und Fr. Lesure, 6 Bde., Monaco 1965–1971, ²1983.

*Literatur*:
Fr. Lesure, *Clément Janequin: recherches sur sa vie et sur son œuvre*, in: Musica disciplina 5 (1951), S. 157–193 • Ders., *Janequin*, in: *MGG*, Bd. 6, 1957, Sp. 1695–1701 • Ders., *Les chansons à trois voix de Clément Janequin*, in: Revue de musicologie 43 (1959), S. 193–198 • N. Desgranges, *La Chanson polyphonique au XVIe siecle: Criteres d'interpretation – Le point de vue d'un chanteur-Dominique Visse*, in: Analyse musicale Heft 36 (2000), S. 22–35 • M.-A. Colin, *Janequin*, in: *MGG*², Bd. 9 (Personenteil) 2003, Sp. 903–911 • R. Schmusch, *Der anamnetische Rhythmus – »Le Chant des Oyseaulx« in Clement Janequins Triptychon von 1528*, in: *L'esprit français und die Musik Europas, Festschrift Herbert Schneider*, Hildesheim 2007, S. 246–268.

EK

## Jean de Hollande ▸ Hollander, Christian

## Jesuitenschulen

Mit dem Begriff werden die schulischen Einrichtungen bezeichnet, die von der Compagnie de Jésus (Jesuitenorden) geleitet werden, einem geistlichen Orden, der 1540 von Ignatius von ▸ Loyola gegründet wurde. Nachdem sie anfangs ausschließlich für die Ausbildung von Mitgliedern des Jesuitenordens bestimmt waren, öffneten sich die Schulen ab 1548 fortschreitend der externen Öffentlichkeit, oft unter dem Druck der städtischen Kommunen, die dort einen qualitätvollen Unterricht für die Erziehung und die intellektuelle Ausbildung der Jugend fanden. Der Jesuitenorden machte daraus schnell eine seiner bevorzugten Waffen, um wirkungsvoll die römische katholische Reform bei den führenden Klassen zu verbreiten und zu verwurzeln. Der Erfolg war beträchtlich: Um 1556 waren 100 Kollegien quer durch Europa eingeführt, 1600 zählte man bereits mehr als 400.

Mit der Gründung des Collegio Germanico in Rom (1552) – des Modells für alle anderen Einrichtungen – erschienen die ersten

Spuren musikalischer Aktivitäten. 1555 autorisierte Ignatius von Loyola dort den Gesang zur Vesper, und gegen Ende der Leitung von Diego Laynez (1558–1565), dem Nachfolger von Loyola, beweisen zahlreiche Hinweise, dass das Singen in der Liturgie in der Mehrzahl der Kollegien des Jesuitenordens, hauptsächlich in den deutschen Ländern, grundlegend verwurzelt war. Paradoxerweise verboten die Statuten (1540) des Jesuitenordens seinen Mitgliedern das Instrumentalspiel; sie entbanden sie auch von den Chorpflichten. Die Einführung der musikalischen Praktiken muss somit als eine Toleranz angesehen werden, die an die pädagogischen und kultischen Aktivitäten der Kollegien gebunden war. 1564 bemerkte Jérôme Nadal, der die Schulen von Wien, Prag, München und Dillingen besuchte, dass die Musik einen immer bedeutenderen Teil im liturgischen und paraliturgischen Rahmen einnahm (besonders bei Marienkongregationen, die in jeder Einrichtung eingeführt wurden), wie zum Anlass von dramatischen Aufführungen und akademischen Sitzungen. 1566 verordnete Nadal dem Kolleg von Wien die ersten Anweisungen für eine musikalische Praxis: Nach dem Grad der liturgischen Feierlichkeiten ließ er die Polyphonie für das Ordinarium der Messe und das Magnificat zu Vespern zu. Die anderen Psalmen wurden im ▸ Fauxbourdon gesungen, der Rest des Offiziums im einstimmigen Gesang. Die Eröffnung des Collegio Romano (1573) veranlasste eine Reorganisation der Studien, die sich bald auf die gesamten weiteren Kollegien ausbreitete: Die Musik wurde von jetzt ab voll in die Aktivitäten einer jeden Einrichtung integriert und unter die Verantwortung eines ›maestro di capella‹ gestellt; der erste, der auf den Posten im Collegio Romano benannt wurde, war Tómas Luis de ▸ Victoria. Die Jesuiten waren seitdem bestrebt, hervorragende Musiker in ihre Dienste zu nehmen. Beispielsweise arbeiteten allein in den römischen Kollegien (Collegio Romano, Collegio Germanico, Seminario Romano und Collegio Inglese) Giovanni Pierluigi da ▸ Palestrina, Agostino Agazzari, Giovanni Francesco Anerio, Domenico Massenzio, Johann Hieronymus Kapsberger und Giacomo Carissimi.

Am Rande des liturgischen Rahmens boten die Andachtsübungen zahlreiche Gelegenheiten, Musik auszuüben, zum Beispiel Motetten, Lauden oder geistliche Madrigale. Aber vor allem im Rahmen von dramatischen Aufführungen fand die Musik beachtliche und originelle Entwicklungen. Diese szenischen Schauspiele bestanden hauptsächlich aus biblischen und hagiographischen Tragödien auf Latein, die zu Gelegenheiten des Kirchenjahres (des geistlichen Kalenders) oder temporärer Ereignisse, oder öfters im Zuge von akademischen Zeremonien wie der jährlichen Preisverteilung oder dem Abschluss von Promotionen gegeben wurden. Gemäß der Tradition des humanistischen Schultheaters wurden die Chöre dieser Tragödien oft vertont; das Phänomen ist erstmals im Kolleg von Lissabon 1556 bezeugt. *Eumelio* von Agostino Agazzari, ein ›dramma pastorale‹, das im römischen Seminar zu Karneval 1606 gespielt wurde, dokumentiert die fortschreitende Entwicklung des Genres zu vollständigen musikalischen Formen, ein wirkliches religiöses Pendant zum Dramma per musica. Die Festlichkeiten zum Anlass der Kanonisation Ignatius von Loyolas und François-Xaviers (1622) bestätigten diese Entwicklung und öffneten den Weg zur Oper der Kollegien im 17. und 18. Jahrhundert. Man gab dort unter anderem die *Apotheosis sive Consecratio SS Ignatii et Francisci Xaverii*, Tragödie in fünf Akten von Orazio Grassi auf die Musik von Kapsberger, die Rezitative, Chöre und Arien enthielt, sowie *Ignatius in Monte Serrato arma mutans* von Vincenzo Guiniggi und *Pirimalo* von Alessandro Donati, die auch Ballettszenen integrierten.

*Literatur*:
T.D. Culley / C.J. McNaspy, *Music and the Early Jesuits (1540–1565)*, in: *Archivum historicum Societatis Jesu* 40 (1971), S. 213–245 • M.F. Johnson, *Agazzari's* Eumelio, *a »Dramma Pastorale«*, in: *Musical Quarterly* 57 (1971), S. 491–505 • T.D. Culley, *Musical Activity in some Sixteenth Century Jesuit Colleges with Special Reference to the Venerable English College in Rome from 1579 to 1589*, in: *Analecta Musicologica* 19 (1979), S. 1–29 • T.F. Kennedy, *Jesuits and Music: the European Tradition, 1547–1622*, Diss. Univ. of California 1982 • Ders., *The Musical Tradition at the Roman Seminary during the First Sixty Years (1564–1621)*, in: *Bellarmino e la controriforma*, hrsg. von R. de Maio, Sora 1990, S. 631–660 • P. Guillot, *Les Jésuites et la musique. Le Collège de la Trinité à Lyon, 1565–1762*, Liège 1991 • T.F. Kennedy, *Jesuit Colleges and Chapels. Motet Function in the Late Sixteenth and Early Seventeenth Centuries*, in: *Archivum historicum Societatis Jesu* 65 (1996), S. 197–213 • T.F. Kennedy, *Jesuit*, in: *Grove*, Bd. 13, 2001, S. 19–21.

FG

## Joachim a Burck [von Burck, Burgk, Moller von Burck]

\* zwischen 3.7.1545 und 2.7.1546 Burg bei Magdeburg, † 24.5.1610 Mühlhausen/Thüringen

Über Joachim a Burcks Herkunft ist nur wenig bekannt. Er dürfte aus Burg bei Magdeburg stammen, und es ist erwogen worden, dass er der Sohn des späteren Magdeburger Predigers und ehemaligen Augustinermönchs Joachim Moller d.Ä. (1500–1554) gewesen sein könnte; jedoch spricht dafür kaum mehr als die Namensähnlichkeit.

Joachim a Burck verbrachte seine Schulzeit vermutlich in Magdeburg und wuchs dort in einem musikalischen Umfeld auf, das durch Musiker wie Martin ▸ Agricola und Gallus ▸ Dressler geprägt worden war. Burcks weitere stilistische Entwicklung lässt vermuten, dass der junge Musiker in Magdeburg, vermittelt durch Dressler, auch mit der neuen ▸ Musica reservata in Kontakt kam. In Magdeburg dürfte Burgk die für ihn prägende Musik Orlande de ▸ Lassus' kennen gelernt haben, den er später in der Vorrede zu seinen *Sacrae Cantiones* von 1573 als »princeps artis musicae« bezeichnete. Weitere Informationen über Joachim a Burcks musikalische Ausbildung liegen nicht vor. Es wird vor allem der praktische Umgang mit Musik als Chorsänger (und möglicherweise als Notenkopist) gewesen sein, durch den er sein musikalisches Wissen bezog, das er dann in autodidaktischen Studien ausbaute.

Nachdem er Magdeburg verlassen hatte, verbrachte er einige Zeit im thüringischen und sächsischen Raum (Leipzig, Dresden, Jena, Erfurt und Schwarzburg), bevor er sich 1563 im thüringischen Mühlhausen niederließ, wo er sich 1566 als »Organist und Musicus Mulhusinus« bezeichnete. Er übernahm das Kantorat der erst 1563 gegründeten Lateinschule in Mühlhausen und versah ab 1566 auch das Organistenamt an der Hauptkirche Divi Blasii. Burck leistete grundlegende Aufbauarbeit im Rahmen der Kirchenmusik in der Freien Reichsstadt, und legte damit die Basis für ein florierendes Musikleben im späten 16. und 17. Jahrhundert.

1566 veröffentlichte Burck seine erste Motettensammlung *Harmoniae Sacrae* und bereits im folgenden Jahr die Sammlung *Decades*. Aufgrund eines wirtschaftlichen Engpasses suchte er nach weiteren Einkommensquellen und versah ab 1568 zusätzlich das Amt des Gerichtsschreibers in der Vogtei; ab 1570 übernahm er weitere Schreibarbeiten für das Konsistorium. 1588 schließlich bewarb er sich um das Amt des städtischen Gerichtsschreibers. Während der ganzen Zeit blieb er jedoch weiterhin an Schule und Kirche als Musiker angestellt. Wenngleich die Verquickung von musikalischen und administrativen Aufgaben und die Ämterhäufung unserem modernen Bild eines Musikers widersprechen, so waren sie doch im 16. und 17. Jahrhundert nicht ungewöhnlich, und es finden sich gerade in der Musikgeschichte Mühlhausens noch weitere Beispiele dafür im späteren 17. Jahrhundert (Rathey 1999). Überdies vergrößerten die Ämter auch Burcks politischen Einfluss, so dass er schließlich 1583 in den Ratsstand erhoben wurde.

Nachdem seine erste Ehefrau, über die nichts weiter bekannt ist, verstorben war, heiratete er 1583 die Senatorentochter Anna Faber (oder Schmidt, vgl. Birtner 1924). Die Heirat sicherte ihm sowohl den Zugang zur Patrizierschicht der Stadt als auch einen Zugewinn an Grundbesitz, der zur Aussteuer gehörte.

Wichtig für die künstlerische Entwicklung Burcks war die Freundschaft mit dem Mühlhausener Superintendenten und Kirchenlieddichter Ludwig Helmbold. Die beiden hatten sich bereits während Helmbolds Erfurter Lehrtätigkeit kennen gelernt, und die Freundschaft wurde nach Helmbolds Berufung im Jahre 1571 nach Mühlhausen vertieft. Zu ihrem Kreis gesellte sich auch Johann ▶ Eccard, der später Schüler von Lassus wurde. Gemeinsam vertonten Burck und Eccard u.a. Helmbolds *IIII Odae Ludovici Helmboldi* (1574) und dessen *Crepundia Sacra* (1578, unter weiterer Mitwirkung von Johann Hermann Noricus).

Die Begegnung mit Helmbold schlägt sich auch in der stilistischen Entwicklung Burcks nieder. Seine frühen Kompositionen sind noch stark von den Vorbildern der älteren frankoflämischen Vokalpolyphonie beeinflusst (▶ frankoflämische Musik). Die frühen Motetten aus den Jahren zwischen 1566 und 1574 folgen fast ausschließlich deren Vorbild. Nur langsam, etwa in den *Sacrae Cantiones*, verschiebt sich sein Stil in Richtung der neueren Musica reservata und weist vermehrt madrigalische Einflüsse (▶ Madrigal) wie eine bewusstere Verwendung von Dissonanzen und Chromatik auf. Als Vorbilder nennt Burck in der Vorrede zu dem Druck Cipriano de ▶ Rore, Alexander ▶ Utendal, Lassus, Giaches de ▶ Wert.

Durch den Einfluss Helmbolds wandelt sich Burcks Stil jedoch signifikant. Er wendet sich nun ausschließlich der homorhythmischen ▶ Ode zu, wobei er vor allem Texte Helmbolds vertont. Von Bedeutung ist Burck überdies für die Geschichte der ▶ Passion. Seine vierstimmige Johannes-Passion gilt als die erste durchkomponierte Passion in deutscher Sprache (Wittenberg 1568).

Neben seiner kompositorischen und administrativen Tätigkeit war Burck auch als Organist und Orgelgutachter geschätzt. 1596 wurde er zur Orgelprobe in Gröningen eingeladen, an der unter anderem auch Thomas Mancinius, Hans Leo ▶ Haßler und Michael ▶ Prastorius teilnahmen. Später ist er als Orgelgutachter in Sondershausen (1603) und Hersfeld (1604) belegt.

*Ausgaben*:
*Joachim von Burck: 30 geistliche Lieder auf die Feste durch's Jahr* (Schatz des liturgischen Chor- und Gemeindegesangs, II–III), hrsg. von L. Schoeberlein, Göttingen 1868–1872; *20 deutsche Liedlein*, Erfurt 1575 (Publikation älterer praktischer und theoretischer Musikwerke XXII), 1898; *Die deutsche Passion [...] nach dem Evangelisten Sancte Johanne in Figural-Gesang bracht*, Wittenberg 1568 (Dass. XXII) 1898, Neuedition von H.L. Berger, Stuttgart 1967.

*Literatur*:
C. von Winterfeld, *Der evangelische Kirchengesang und sein Verhältnis zur Kunst des Tonsatzes*, Leipzig 1843–1847, Reprint Hildesheim 1966 • H. Birtner, *Joachim a Burck als Motettenkomponist*, Diss. Leipzig 1924 • T. Radecke, *450: Meister Joachim. Eine gemeinsame Veröffentlichung der Städte Burg und Mühlhausen zum 450 Geburtstag von Joachim a Burck (1546–1610)*, Burg/Mühlhausen 1996 • M. Rathey, *Ein unbekanntes Mühlhäuser Musikalienverzeichnis*, in: Die Musikforschung 51 (1998), S. 63–69 • M. Rathey, *Johann Rudolph Ahle*, Eisenach 1999.

MR

# Jodelle, Étienne
* 1532 Paris, † Juli 1573 Paris

Bereits früh war Étienne Jodelle, Sieur de Lymodin, Mitglied der ▶ Pléiade geworden, der Dichtergruppe um Pierre de ▸ Ronsard, den er stets bewunderte. Bereits mit siebzehn Jahren als Dichter bekannt, erlebte er als Zwanzigjähriger die Erstaufführung seiner bürgerlichen Komödie *Eugène*, in deren Prolog er die mittelalterliche, durch Mysterien bestimmte Literatur ablehnte; gleichzeitig forderte er im selben Prolog eine Erneuerung des Theaters und insbesondere der Komödie, eine Forderung, die er mit dem an antiken Vorbildern (Plautus, Terenz) orientierten *Eugène* zumindest teilweise eingelöst hatte (auch findet sich hier keine Verbindung zur zeitgenössischen französischen Farce oder der auch in Frankreich zunehmend bekannter werdenden italienischen Stegreifkomödie Commedia dell'arte. Ein Jahr später (1553) hatte er mit *Cléopâtre captive* (*Die gefangene Cleopatra*), aufgeführt in Gegenwart König Heinrichs II., einen nachhaltigen Erfolg, war Jodelle hier doch mit der ersten Renaissance-Tragödie in französischer Sprache einer langen, beinahe überfälligen Forderung von Literaten und Intellektuellen nachgekommen und hatte damit den Urtypus für die klassische französische Tragödie in Form eines Regelwerks bereitgestellt, das in der Folgezeit kaum modifiziert werden sollte (Verwendung eines ›klassischen‹ Stoffes aus der antiken Mythologie, evtl. aus dem Mittelalter, Einhaltung der Regeln der aristotelischen Poetik, insbesondere der drei Einheiten von Ort, Zeit und Handlung, Fünfaktigkeit, Verwendung paarweise gereimter Alexandriner etc.). Die Handlung zeigt die besiegte ägyptische Königin Cleopatra, die sich durch Selbstmord der Demütigung durch ihren siegreichen Feind, den römischen Kaiser Augustus, entzieht. Bis auf eine weitere Tragödie, *Didon se sacrifiant* (*Der sich opfernde Dido*, ca. 1565), sind keine weiteren dramatischen Werke von Jodelle mehr erhalten.

Durch den Erfolg seiner Werke, besonders aber von *Cléopâtre captive*, gehörte Jodelle seit der Mitte des 16. Jahrhunderts zusammen mit Jean-Antoine de ▸ Baïf, einem der Gründer der Pariser ▸ Académie de poésie et de musique, und dem ›Dichter-König‹ Ronsard zum engsten Kreis der Hofdichter. An der Realisierung die Ziele der erst später gegründeten Académie, einem beinahe geheimbündlerischen Kreis am Königshof, bei dem die ▸ Musique mesurée à l'antique entwickelt und erprobt wurde, dürfte Jodelle kaum beteiligt gewesen sein, da er – anders als viele der Pléiade-Dichter – für die Musik und insbesondere die angestrebte Restitution der Wirkungen der antiken Musik kaum Interesse hegte und sich nach zeitweiligen Rückschlägen auf satirische und amouröse Verse verlegt hatte. Jodelle starb überdies bereits 1573, zwei Jahre also nach der offiziellen Bestätigung der Académie durch königliches Patent, vereinsamt und desillusioniert.

*Literatur*:
H. Chamard, *Histoire de la Pléiade*, 4 Bde., Paris 1961–1963 • H.W. Wittschier, *Die Lyrik der Pléiade* (Schwerpunkte Romanistik 11), Frankfurt a.M. 1971 • E. Forsyth, *La tragédie française de Jodelle à Corneille (1533–1640). Le thème de la vengeance* (Etudes et essais sur la Renaissance 5), Paris 1994.

MG

## Johannes de Lymburgia
fl. 1420er und frühe 1430er Jahre Padua und Vicenza

Die Biographie von Johannes de Lymburgia wurde unterschiedlich dargestellt; während frühere Forschungen seine Wirkungsstätte nach Lüttich verlegten, haben jüngste Forschungen ergeben, dass er bzw. zumindest der Komponist, der wesentlich an der Handschrift I-Bc Q15 beteiligt war, seit 1424 am Hof des Bischofs Pietro Emiliani in Padua tätig war, in dessen Umfeld die Handschrift kopiert wurde. – Johannes de Lymburgia schrieb überwiegend geistliche Kompositionen: eine als Zyklus angelegte Vertonung des Ordinarium Missae sowie weitere miteinander verbundene Gloria-Credo-Paare (▶ Messe), einen ▶ Magnificat-Zyklus, anspruchsvollere ▶ Hymnenkompositionen (bspw. Ave Mater) sowie eine Vielzahl an eher anspruchslosen liturgischen Stücken in einfacher dreistimmiger Faktur. Seine ▶ Motetten sind meist Huldigungskompositionen, seine großangelegte *Tu nephanda prodigi* (um 1434) basiert auf drei gleichzeitig erklingenden Texten mit Diminutionen in den Oberstimmen; sie ist wahrscheinlich eine Reaktion auf die den Juden auferlegten Restriktionen (▶ Jüdische Musik), die vom ▶ Konzil von Basel ausgingen (Lewis, 1994), und weist somit in die Tradition der politisch geprägten Motetten der zweiten Hälfte des 16. Jahrhunderts.

*Ausgaben*:
J.H. Etheridge, *The Works of Johannes de Lymburgia*, Diss. Indiana Univ. 1972.

*Literatur*:
A. Lewis, *Anti-Semitism in an Early Fifteenth-Century Motet. »Tu, nephanda«*, in: Plainsong and Medieval Music 3 (1994), S. 45–56 • J.M. Allsen, *Johannes de Lymburgia*, in: MGG², Bd. 9 (Personenteil), 2002, Sp. 1099–1102.

# Johannes de Muris
* vor 1295 in der Diözese Lisieux, † nach 1347

Der Astronom, Mathematiker und Musiktheoretiker Johannes de Muris war nach Johannes de Garlandia und Franco von Köln der dritte große Theoretiker der Musica mensurabilis des Mittelalters. Neben ▶ Philippe de Vitry stellt er die zentrale Persönlichkeit der Pariser Theoretikerschule der ▶ Ars nova dar. Beide standen in persönlichem Kontakt und haben wahrscheinlich in musiktheoretischen Fragen zusammengearbeitet, gingen aber methodisch verschiedene Wege. Während der auch als Komponist tätige Vitry einen praxisorientierten Zugang zur Musiktheorie wählte, verkörperte de Muris den Typus des spekulativen Musiktheoretikers, der sich Problemen der Musikpraxis vom Standpunkt der mathematischen Musiktheorie des ▶ Quadriviums näherte. Wegen der noch lange nach dem Tod von de Muris anhaltenden Rezeption seiner Schriften zur ▶ Mensuralnotation und zur musikalischen ▶ Proportionenlehre blieb er in der Musiktheorie bis ins 15. und 16. Jahrhundert einflussreich.

Für eine Persönlichkeit der Musikgeschichte des 14. Jahrhunderts ist die Biographie von de Muris gut dokumentiert. Die wichtigste Quelle zu seiner Vita stellen autobiographische Notizen dar, die in einigen seiner Werke und in einem Autograph der Bibliothek des Escorial (E-E O.II.10) überliefert sind. Demnach stammte de Muris aus der Normandie, nämlich aus der Diözese Lisieux im Département Calvados, wo er große Teile seines Lebens verbracht und wahrscheinlich seine Weihe als Kleriker empfangen hat. Noch 1317 ist er in Evreux nachweisbar. Ein Jahr später hielt er sich in Paris am Collège de Sorbonne auf, wo er die ▶ Artes liberales studierte und von 1321–1325 als Magister regens lehrte. In das Jahr 1321 fiel wieder ein kurzer Aufenthalt in der Normandie, als de Muris zur Beobachtung einer Sonnenfinsternis nach Bernay reiste. 1337–1338 ist er ein zweites Mal Mitglied des Collège der Sorbonne in Paris gewesen, danach bis 1342 Kleriker am Hofe König Philipps II. von Navarra in Evreux und schließlich bis 1344 Kanoniker an der Kollegiatskirche von Mezières-en-Brenne in der Diözese von Bourges. Noch im selben Jahr wurde er mit seinem Kollegen Firminus de Bellavalle von Papst Clemens VI. (1342–1352) zur Teilnahme an einer Kalenderreform an den Papsthof in Avignon eingeladen. Das zugehörige Antwortschreiben mit einem Traktat der beiden Astronomen zur Kalenderberechnung aus dem Folgejahr (1345) ist das letzte gesicherte

Dokument zur Vita von de Muris. Ob die versifizierte Widmung seines Sammelwerks *Quadripartitum numerorum* zu den vier mathematischen Fächern des Quadriviums an Vitry aus dem Jahre 1351 noch von ihm selbst stammt, ist unbekannt.

Der größte Teil der musiktheoretischen Schriften von de Muris ist aus der ersten Phase seiner Lehrtätigkeit an der Sorbonne hervorgegangen. Aus dieser Zeit stammen seine auch als *Ars novae musicae* bekannte *Notitia artis musicae* (1319–1321), das zentrale Theoriewerk der ▸ Mensuralnotation aus der Epoche der Ars nova und die *Musica speculativa* (1323–1325), eine Kurzfassung der *De institutione musica* des Boethius zur mathematisch-spekulativen Musiktheorie des Quadriviums. Als Mathematiker verband de Muris die beiden Bereiche der Mensuraltheorie und der spekulativen Musiktheorie wegen ihrer zeitmessenden und damit numerisch-rationalen Natur zu einer neuen Einheit. In besonderer Weise zeigt sich dies an seiner *Notitia*. Ihr erstes Buch diskutiert Elemente der spekulativen Musiktheorie wie die zeitgenössischen Theorien zur Akustik, zur musikalischen Proportionenlehre und zur Erfindung des Fachs Musiktheorie. Im zweiten findet sich als praktische Anwendung der Theoreme des ersten die bekannte Abhandlung zur Theorie und Revision des Notationssystems der Musica mensurabilis nach den Neuerungen Vitrys. Dabei verwendete de Muris im Gegensatz zu anderen zeitgenössischen Musiktheoretikern ohne mathematischen Bildungshintergrund die Proportionenlehre nicht nur zur Definition von Intervallgrößen und Stimmungssystemen, sondern auch zur Berechnung von Notenwerten.

Aus dem letzten Kapitel der *Notitia* geht hervor, dass de Muris mit diesem Traktat ein allgemeinverbindliches Regelsystem für die Notation der Mensuralmusik seiner Zeit schaffen wollte. Diese bedurfte seiner Ansicht nach wegen der zahlreichen Innovationen in der zeitgenössischen Musikpraxis wie der Einführung des tempus imperfectum oder der Minima als neuem Notenwert mit der Prolatio als zugehöriger Ebene des Mensurniveaus einer Neuregulierung. Ausgangspunkt aller Überlegungen war für ihn die Annahme einer infinitesimalen Teilbarkeit der musikalischen Zeit, die er aus der damals neuen Zeittheorie der Nominalisten an der Sorbonne entlehnt hatte. Daher hielt er die zwei- und dreizeitigen Mensuren des ▸ tempus perfectum und imperfectum nicht für grundsätzlich verschieden, sondern ging davon aus, dass es einem erfahrenen Musiker prinzipiell möglich sei, Notenwerte von der Brevis bis zur Maxima in 2–9 Teile von gleicher Dauer zu teilen. Das ästhetische Ideal blieb aber auch bei ihm die Perfectio oder der numerus ternarius, also die dreifache Teilung der Notenwerte von der Semibrevis bis zur Maxima. Anders als vielfach dargestellt wurde, ist er kein ausdrücklicher Verfechter der zweizeitigen oder imperfekten Mensur gewesen. Er erkannte diese zwar an, bezweifelte aber wie Jacobus von Lüttich ihre Rechtmäßigkeit. Ähnlich argumentierte de Muris mit Blick auf die Einführung der Minima als kürzestem in der Praxis seiner Zeit verbreitetem Notenwert.

De Muris unterscheidet bei seiner Organisation des Systems der schwarzen Mensuralnotation in der *Notitia* insgesamt vier Stufen (lat. gradus). Entsprechend gibt es in seinem System vier verschiedene Klassen von Notenzeichen mit unterschiedlichen geometrischen Eigenschaften wie quadratischer und rhombischer Form der Notenköpfe oder Caudierung. Nach den methodischen Prinzipien der Hochscholastik werden dabei die geometrischen Eigenschaften, die Namen und die Werte der Notenzeichen exakt definiert. Letztere bilden Dreiervielfache der Grundzahlen 1, 2 und 3 von 1 bis 81 (= $3^4$). De Muris erkannte dabei bereits das zentrale Problem der Mensuralnotation auf allen ihren Entwicklungsstufen, nämlich die äußerliche Gleichheit der Notenzeichen für die dreizeitigen (perfekten) und die zweizeitigen (imperfekten) Mensuren.

Nach Ansicht von de Muris galt nur die Musica mensurabilis als theoriewürdige Musik. Diese verstand er als erster Theoretiker der Musikgeschichte nicht mehr als Teilgebiet oder Erweiterung der Musica plana (Gregorianik), sondern der Musica speculativa. Damit löste er die Theorie der mehrstimmigen Musik endgültig aus dem engeren Bereich der Kirchenmusik und erhob sie zu einem eigenständigen Fach neben der spekulativen Musiktheorie. Seine wichtigste Schrift zu letzterem Fachgebiet ist die *Musica speculativa*. Ihr Inhalt stellt sich als Vertiefung und methodische Verfeinerung der Lehre von den Intervallproportionen und der Monochordteilung aus dem ersten Buch der *Notitia* dar. Mit seinem *Compendium musicae practicae* schrieb de Muris um 1322 auch noch einmal eine Kurzfassung des zweiten Buchs der *Notitia* in Dialogform mit einem neuen Kapitel über die Pausen und Ligaturen des Mensuralsystems. Wahrscheinlich hat de Muris die *Musica speculativa* und das *Compendium* als Bearbeitungen seiner *Notitia* verfasst, weil er mit deren Konzeption als Gesamtwerk zu Theorie und Praxis der Musik in einem Band langfristig nicht zufrieden war. Mit einem ähnlichen Erfahrungs- und Revisionsprozess könnte die Entstehung des *Libellus cantus mensurabilis* zusammenhängen, der gut 30 Jahre nach der *Notitia* verfasst wurde und als eine der besten Darstellungen der kompositionsgeschichtlichen Neuerungen der Ars nova überhaupt gilt. Allerdings steht in dieser Schrift, die auch als *Ars practica mensurabilis cantus* bekannt ist und de Muris nicht sicher zugeordnet werden kann, weniger das Notationssystem der Ars nova selbst als die Rhythmik und Melodik isorhythmischer Motetten im Vordergrund.

Die Theorieschriften von de Muris erfreuten sich schon während des 14. Jahrhunderts eines hohen Ansehens und wurden dementsprechend oft kommentiert oder als Grundlage neuer Musiktraktate herangezogen. Nach den überlieferten Handschriften waren die *Notitia* und das *Compendium* besonders in Frankreich, England und Italien beliebt. Noch weitere Verbreitung, vor allem in Osteuropa, fand die *Musica speculativa*, da sie an fast allen europäischen Universitäten des Spätmittelalters und der Renaissance den Standardtext für das Studium der quadrivialen Musiktheorie bildete. Und gerade der de Muris nur unsicher zuzuordnende *Libellus* entwickelte sich wegen seiner Darstellungsweise, thematischen Disposition und Praktikabilität rasch zu einem der beliebtesten und einflussreichsten Musiktraktate in ganz Europa. Besonders in Italien wurde er zum Inbegriff der französischen Ars nova und ihrer Notation. Unter den Theoretikern, die während des 15. Jahrhunderts Kopien von diesem Werk angefertigt haben, waren John ▸ Hothby (1465) und Johannes Bonadies (1473) mit seinem Schüler Franchino ▸ Gaffurio (1499). Besonders typisch für die Rezeption des *Libellus* in Italien ist auch seine fortlaufende Kommentierungstradition. So verfasste ▸ Prosdocimus de Beldemandis mit seinen *Expositiones* (1404/1412) einen Kommentar zu dieser Schrift, der als Kurzfassung mit dem Titel *Tractatus practice cantus mensurabilis* in mehreren Fassungen aus den Jahren 1408–1428 überliefert ist. Auch von ▸ Ugolino da Orvieto stammt ein Kommentar zum *Libellus* aus den Jahren 1425–1452, den er als drittes Buch in seine *Declaratio musicae disciplinae* aufnahm. Selbst im 16. Jahrhundert war der *Libellus* noch bei italienischen Theoretikern in Gebrauch, wie seine Verwendung in der Korrespondenz von Giovanni del Lago 1521–1541 belegt. Das hohe Ansehen von de Muris – Johannes ▸ Tinctoris bezeichnete ihn in seinem *Proportionale musices* als Autorität unter den älteren Musiktheoretikern – führte allerdings auch zur Zuschreibung einer Reihe von nicht authentischen Werken: So stammen die meisten der von Coussemaker (siehe CS III, S. 68–273) unter seinem Namen genannten Traktate mit Sicherheit nicht von ihm.

*Schriften (nur Musiktheorie)*:
*Libellus cantus mensurabilis secundum Johannem de Muris*, in: *Scriptorum de musica medii aevi nova series a Gerbertina alteram*, hrsg. von Ch.E.H. de Coussemaker, Bd. 3, Paris 1869, Reprint Hildesheim 1963, S. 46–58; *Notitia artis musicae et Compendium musicae practicae* (Corpus scriptorum de musica 17), hrsg. von U. Michels, Roma 1972; *Die Musica speculativa des Johannes de Muris* (Beihefte zum Archiv für Musikwissenschaft 34), hrsg. von Ch. Falkenroth, Stuttgart 1992; *Ars practica mensurabilis cantus secundum Iohannem de Muris*, hrsg. von Ch. Berktold, München 1999; *Jean de Murs, écrits sur la musique*, hrsg. von Ch. Meyer, Paris 2000.

*Literatur*:
L. Gushee, *New Sources for the Biography of Johannes de Muris*, in: Journal of the American Musicological Society 22 (1969), S. 3–26 • U. Michels, *Die Musiktraktate des Johannes de Muris* (Beihefte zum Archiv für Musikwissenschaft 22), Wiesbaden 1970 • M. Haas, *Musik zwischen Mathematik und Physik, zur Bedeutung der Notation in den Notitia artis musicae des Johannes de Muris (1321)*, in: Festschrift für Arno Volk, hrsg. von C. Dahlhaus und H. Oesch, Köln 1974, S. 31–46 • F. Della Seta, *Scienza e filosofia della teoria musicale dell' Ars nova in Francia*, in: Nuova rivista musicale italiana 10 (1976), S. 357–383 • F.A. Gallo, *Die Notationslehre im 14. und 15. Jahrhundert*, in: *Die mittelalterliche Lehre von der Mehrstimmigkeit* (Geschichte der Musiktheorie 5), hrsg. von H.H. Eggebrecht und F. Zaminer, Darmstadt 1984, S. 257–356 • E. Witkowska-Zaremba, *I commentari universitari del Quattrocento al trattato »Musica speculativa« di Johannes de Muris*, in: *Studi in onore di Giuseppe Vecchi*, hrsg. von I. Cavallini, Modena 1989, S. 179–186 • Dies., *Music between »Quadrivium« and »ars canendi«, »Musica speculativa« by Johannes de Muris and its Reception in Central and East-Central Europe*, in: *Cantus Planus*, hrsg. von Ferenc Sebo u.a., Budapest 1992, S. 119–126 • F. Hentschel, *Sinnlichkeit und Vernunft in der mittelalterlichen Musiktheorie, Strategien der Konsonanzwertung und der Gegenstand der musica sonora um 1300*, Stuttgart 2000 • L. Gushee, C.M. Balensuela, J. Dean, *Musis, Johannes de*, in: Grove, Bd. 17, 2001, S. 409–412 • F. Hentschel, *Johannes de Muris*, in: MGG², Bd. 9 (Personenteil), 2003, Sp. 1102–1107.

DG

# Johannes von Lublin
Geburts- und Todesdatum unbekannt, fl. 1. Hälfte 16. Jahrhundert

Der weitgehend anonym gebliebene Johannes von Lublin wirkte als Organist im polnischen Krasnik und hinterließ mit seiner *Tabulatura Ioannis de Lubliyn 1540* auf 520 Seiten die umfangreichste ▸ Orgeltabulatur des 16. Jahrhunderts.

Ungeklärt ist die Frage, ob Johannes von Lublin in dieser Sammlung nur vorhandene Sätze zusammentrug oder selbst komponierend für ihre Entstehung mitverantwortlich war. Vermutlich war er der Verfasser der theoretischen Einleitung zur Tabulatur, die eine Einführung in die Orgelkomposition liefert. Die in deutscher Orgel-Tabulaturschrift geschriebene Handschrift entstand wohl 1537–1548 (das in der Schrift mitgeteilte Datum 1540 bezieht sich wohl auf die Entstehungszeit der Einleitung).

Die Tabulatur enthält Sätze von Autoren ganz unterschiedlicher Nationalität (so von Heinrich ▸ Finck, Ludwig ▸ Senfl, Clement ▸ Janequin, ▸ Josquin Desprez, Adrian ▸ Willaert, Marco Antonio Cavazzoni u.a.) sowie dem sonst nicht dokumentierten Nikolaus von Krakau. Von letzterem stammen verschiedene Tanzlieder bzw. Tänze. Neben intavolierten Motetten und geistlichen Liedern finden sich auch Präludien und liturgisch gebundene, polyphon gesetzte Musik zu Messe und Stundengebet. Damit dokumentiert die Tabulatur nicht allein die Verbreitung fremder Musik in Polen, sondern stellt einen zentralen Beitrag zur Geschichte der polnischen Musik im frühen 16. Jahrhundert dar.

*Ausgaben*:
*Tabulatura organowa Jana z Lublina* (Monumenta Musicae in Polonia B 1), hrsg. von K. Wilkowska-Chomińska, Krakau 1964 • *Johannes of Lublin, Tablature of Keyboard Music* (Corpus of Early Keyboard Music 6,I–VI), hrsg. von J.R. White, 1964–1967.

*Literatur*:
A. Chybinski, *Polnische Musik und Musikkultur des 16. Jahrhunderts in ihren Beziehungen zu Deutschland*, in: *Sammelbände der Internationalen Musikgesellschaft* 13 (1912), S. 463–505 • Z. Lissa / J.M. Chomiński, *Muzyka polskiego Odrozenia*, Krakau 1953.

AJ

**Johann(es) von Soest** [latinisiert: de Susato; nach 1500: Johannes Steinwert von Soest; der Familienname Grum(m)elkut blieb ungebräuchlich]
\* 1448 Unna, † 2.5.1506 Frankfurt am Main

Johannes von Soest war Sänger, Sängermeister der Heidelberger Hofkantorei (ab 1472), Komponist und Verfasser eines (verschollenen) Musiktraktates. Seinen wechselvollen Werdegang als Chorschüler, der in die Hofkapelle des Herzogs von Kleve abgeworben, dann von fahrenden Sängern nach Holland entführt wurde und dort tätig war, bis ihn Kenner um 1469 auf dem Weg nach Rom in Deutschland aufhielten und, statt einer angestrebten Position in der päpstlichen Kapelle, lockende Stellen an Höfen zuerst in Kassel, dann in Heidelberg vermittelten, beschrieb Johannes in seiner historisch bedeutsamen Autobiographie. Sein in Heidelberg (ab 1476) nebenher betriebenes Medizinstudium führte dazu, dass er später (ab 1495) als Stadtarzt in Worms, Oppenheim, Frankfurt am Main wirkte. Seit 1480 trat er auch als Gelegenheits- bzw. Hofdichter hervor.

Die Vielseitigkeit des Johannes ist nur in seiner literarischen Hinterlassenschaft greifbar: Übertragungen in deutsche Prosa (*Die Kinder von Limburg*, 1480) oder Verse (Beichtbuch *Dy gemeyn bicht*, 1483), Werke moralischen, huldigenden oder geistlichen Inhalts (*Libellus salutatis*, 1494; *Spruchgedicht* auf Frankfurt, 1501; über die Jungfrau Maria, 1502; Sonn- und Festtagsgedichte, 1503/1504), besonders die historisch bedeutsame Lebensbeschreibung (1504/1505) mit Notizen zum eigenen musikalischen Werdegang. Vom Wirken und Ansehen als Sängermeister zeugen sein Schüler Sebastian ▸ Virdung sowie Arnolt ▸ Schlick und Rudolphus ▸ Agricola (der Kompositionen des Johannes erwähnt, die aber verschollen sind).

*Ausgaben und Schriften*:
Zu den teils autographisch erhaltenen, teils vor ihrer Vernichtung (1944) kopierten oder edierten Schriften, ihren Originaltiteln und vorliegenden Ausgaben vgl. G. Bonath 1983; Kl.-J. Sachs 1995 und 2003.

*Literatur*:
G. Bonath, *Johann von Soest*, in: *Die deutsche Literatur des Mittelalters. Verfasserlexikon. Zweite völlig neu bearbeitete Auflage*, Bd. 4, hrsg. von K. Ruh u.a., Berlin u.a. 1983, S. 744–755 • M. Schumacher, *Ein »geistliches Jahr« um 1500. Die Sonn- und Festtagsgedichte des Johann von Soest*, in: Zeitschrift für deutsches Altertum und deutsche Literatur 122 (1993), S. 425–452 • Kl.-J. Sachs, *Das Kryptogramm des Johannes von Soest. Versuch einer Deutung durch musikalische Symbolik*, in: *Festschrift Klaus Hortschansky*, hrsg. von A. Beer und L. Lütteken, Tutzing 1995, S. 9–19 • Ders., *Johannes von Soest*, in: $MGG^2$, Bd. 9 (Personenteil), 2003, Sp. 1119–1121.

KJS

**Josquin Desprez**
\* ca. 1450 (möglicherweise erst 1455), möglicherweise in oder nahe St-Sauveur, † 27.8.1521 Condé-sur-l'Escaut

Eine Reihe neuerer Entdeckungen hat wesentliche Revisionen in der Biographie Josquins herbeigeführt. Gemäß dem jetzigen Bild findet man die ersten Spuren des Komponisten 1466 in einem Dokument aus der Kirche von St-Géry zu Cambrai, das den Altarknaben »Gossequin de Condé« am Ende seines Dienstes mit einem Geldgeschenk verabschiedet. Von 1475 bis möglicherweise 1480 war Josquin Sänger am Hof von René d'Anjou in Aix-en-Provence. Seine Aufenthaltsorte im folgenden Jahrzehnt sind weithin unbekannt, außer dass er 1483 nach Condé-sur-l'Escaut reiste, um eine Erbschaft zu beanspruchen, und schließlich einen Teil der Zeit zwischen 1484 und 1485 (und vielleicht auch länger) im Dienst des Kardinals Ascanio ▸ Sforza in Mailand und Rom verbrachte. Verschiedene Theorien wurden für die verbleibenden Jahre aufgestellt, einschließlich eines möglichen Dienstes an den Höfen von König ▸ Ludwig XI. von Frankreich und Mathias ▸ Corvinus von Ungarn.

Im Juni 1489 trat Josquin der päpstlichen Kapelle bei, wo er mindestens bis April 1494 blieb. Man weiß nicht, ob er nach einem Besuch in Cambrai im August 1495 im Norden blieb oder nach Rom zurückkehrte. Josquin besuchte Troyes 1499 und 1501, war wahrscheinlich 1501 in Blois und hat möglicherweise Philipp den Schönen 1502 nach Spanien begleitet. Er könnte auch seinen Dienst am französischen königlichen Hof wiederaufgenommen haben, nun bei ▸ Ludwig XII. Aber neben diesen vereinzelten Nachweisen und die sie begleitenden Hypothesen sind Josquins Aufenthaltsorte bis April 1503 ungewiss, als er ›maestro di capella‹ von Herzog Ercole I. d' ▸Este in Ferrara wurde. Nach genau einem Jahr in Ferrara kehrte Josquin in den Norden nach Condé-sur-l'Escaut zurück, wo er den Rest seines Lebens als Kanoniker und Provost in der Kollegiatkirche von Notre Dame verbrachte.

Josquin ist der erste Komponist, dessen Reputation seine eigene Lebenszeit weit überdauerte. Dennoch ist es schwierig, den zeitgenössischen Ruhm des Komponisten abzuschätzen, besonders für die Jahre vor 1500. Seine Musik erreichte vor der Wende zum 16. Jahrhundert noch keine weite Verbreitung (zum Teil vielleicht aus dem Grund, weil sie noch nicht in größerem Ausmaß existierte), und bis dahin gibt es wenig Grund zu glauben, dass Josquin höher als seine Zeitgenossen eingeschätzt wurde. Der erste unweigerliche Beleg für Josquins herausragende Stellung ist der Druck von Ottaviano ▸ Petruccis *Misse Josquin* im Jahre 1502. Dieser Band, der fünf zweifellos authentische Messen enthält, ist der allererste Notendruck, der einem einzigen Autor gewidmet ist. Petrucci hat auch jedes seiner ersten drei Motettenbücher (1502, 1503 und 1504) mit einem Stück von Josquin eröffnet und druckte im folgenden zwei zusätzliche Bände mit seinen Messen (1505 und 1514). Im Allgemeinen zeugen die frühen Jahrzehnte des 16. Jahrhunderts von einer Explosion der Verbreitung von Josquins Musik und von einer gleichzeitigen Zunahme der Hinweise auf Josquins Größe. Unter den frühesten und bekanntesten befindet sich ein Brief vom August 1502, in dem Girolamo da Sestola (»il Coglia«), ein Agent für Herzog Ercole I. d'Este, schreibt: »Dadurch, dass wir Josquin [eher als ▸ Isaac] in unserer Kapelle haben, möchte ich dieser unserer Kapelle eine Krone aufsetzen.«

Erst nach 1521 jedoch erreichte der Ruf des Komponisten seinen Höhepunkt. Die folgenden Jahrzehnte zeugen von zahlreichen neuen Kompositionen, die auf Josquins Liedern und Motetten basierten, darunter eine Handvoll von ›si placet‹-Partien, die man noch bis ins 17. Jahrhundert verfasste. Ähnlich beeindruckend ist das Ausmaß, in dem Josquins bekannteste Werke fortwährend kopiert, gedruckt und von Theoretikern zitiert wurden. Extrembeispiel ist die *Missa De beata virgine*, die ganz oder teilweise in nicht weniger als 71 Quellen überliefert ist. Ähnlich populär waren *Benedicta es coelorum regina*, *Stabat mater*, *Praeter rerum seriem* und die *Missa L'homme armé super voces musicales*, die besonders oft in theoretischen Traktaten zitiert wurde. (Keines von Josquins Liedern war augenscheinlich so weit verbreitet, obwohl *Plus nulz regretz*, *Adieu mes amours* und das in seiner Autorschaft bezweifelte *Mille regretz* [Fallows 2001, Rifkin 2008] in jeweils 29, 26 und 25 Quellen erhalten sind.) Anekdoten, die Josquins Talent bezeugten, waren während des ganzen 16. Jahrhunderts häufig, insbesondere in Heinrich ▶ Glareans *Dodecachordon* von 1547. Wie aber Rob Wegman vermerkte, können wenig davon für bare Münze genommen werden (Wegman 1999). Tatsächlich ist das Bild des Komponisten, das aus der Rezeption des 16. Jahrhunderts hervorgeht, ziemlich schräg, sowohl wegen der stilisierten Berichte über sein Genie als auch wegen der besonderen Werkauswahl, die als kennzeichnend für sein Schaffen und seinen Stil angesehen werden sollte. Nicht nur waren einige von Josquins bezeichnendsten Kompositionen weitgehend vergessen, sondern viele Stücke, die seinen Namen tragen, gelten nunmehr als Werke anderer Komponisten.

Die Geschichte, die man heute über Josquins Musik schreibt, ist also weitgehend von den Stücken abhängig, die man ihm zuschreibt. Bei großzügigster Schätzung lassen sich 160 Motetten, 115 weltliche Stücke, mehr als zwei Dutzend Messen und vierzehn Messenteile zählen – eine Gesamtanzahl von mehr als 300 Kompositionen. Aber wie bekannt ist, ist die Quellenlage vieler dieser Stücke nicht über jeden Zweifel erhaben. Nehmen wir als Ausgangspunkt nur jene Kompositionen, die durch Quellen sicher oder nahezu sicher bezeugt sind, kommen wir auf folgende Zahlen: ungefähr 25 Motetten, 16 Lieder, zwölf Messen und zwei Messensätze. Diese äußerst begrenzte Liste enthält gerade 55 Stücke, weniger als 20% der Musik, die Josquin in irgend einer Quelle zugeschrieben wurde.

Obwohl die eigentliche Anzahl der authentischen Werke natürlich nicht bestimmt werden kann, muss sie irgendwo zwischen diesen Extremen liegen; denn kann man einerseits nicht erwarten, dass sich jedes Stück, das Josquin geschrieben hat, mit Zuschreibungen an ihn in vielen, stemmatisch unabhängigen Quellen erhalten hat, so müssen andererseits solche Stücke, deren Überlieferung allenfalls bedingt für Josquin spricht, mit Vorsicht angegangen werden – nicht zuletzt wegen der Neigung von Verlegern des 16. Jahrhunderts, Werke anderer Komponisten unter Josquins Namen zu drucken. Letztlich ist es nur möglich, Grade der Unsicherheit mit Blick sowohl auf die Quellen als auch auf die stilistische Evidenz zu beurteilen; jeder Wissenschaftler wird seine eigene Liste von als wahrscheinlich, möglich oder unwahrscheinlich echt eingestuften Werken haben. Wegman hat sogar argumentiert, dass man sich statt der vergeblichen Suche nach dem historischen Josquin eher auf das Bild Josquins im 16. Jahrhundert konzentrieren solle (Wegmann 2000). Aber wenn auch der Josquin-Kanon für die kommenden Generationen im Fluss ist und bleiben wird, existieren schließlich 55 fraglos authentische Stücke, aus denen man ein stilistisches Profil entwickeln kann. Dieser reduzierte Kanon wird hier benutzt, um eine unvermeidbar ebenfalls reduzierte Geschichte zu erzählen. Dieser erstmals von Joshua Rifkin vertretene Ansatz (Rifkin 1991), wenn auch in einiger Weise unvollkommen, hat den Vorteil, dass man Josquin nicht stilistische Züge zuschreiben kann, die in Wirklichkeit Charakteristika anderer Komponisten sind – eine wirkliche Gefahr, wenn man bedenkt, wie viel noch zu tun bleibt, um festzustellen, was Josquin von seinen Zeitgenossen unterscheidet.

Sogar in diesem schmalen Werkbestand ist es nahezu unmöglich, eine auch annähernd feste Chronologie zu erstellen. Nur eine handvoll Stücke können mit Sicherheit datiert werden: *Miserere mei Deus* (fünfstimmig) wie auch, aller Wahrscheinlichkeit nach, *Virgo salutiferi* (fünfstimmig) und die *Missa Hercules dux Ferrarie* datieren aus Josquins Amtszeit in Ferrara (1503–1504); und *Plus nulz regretz* kann mit den Feierlichkeiten für den Vertrag von Calais 1508 verbunden werden. Darüber hinaus zu erwähnen wären das *Ave Maria ... virgo serena*, dessen früheste erhaltene Quelle eine Entstehung vor 1485 festlegt; der Motettenzyklus *Vultuum tuum deprecabuntur*, der wahrscheinlich in oder für Mailand komponiert wurde; acht geistliche Stücke, die mit Josquins Jahren in der päpstlichen Kapelle verbunden werden können; und das *Pater noster* (sechsstimmig), das als Josquins eigenes musikalisches Denkmal wohl aus den allerletzten Lebensjahren datiert. An Hand der handschriftlichen und gedruckten Quellen lassen sich einige weitere Lücken füllen, aber die geringe Anzahl an insbesondere französischen Quellen des 15. Jahrhunderts macht es schwierig zu beurteilen, ob selbst die Erscheinung eines Stückes in vielen Quellen, die alle auf die ungefähr gleiche Zeit datiert werden können, für das Kompositionsdatum als wahrscheinlich in Anspruch genommen werden kann. David Fallows hat neulich eine neue, vorläufige Chronologie vorgeschlagen, die dem aktuellen biographischen Bild Rechnung trägt (Fallows 1999, 2009); aber jüngere Quellenforschungen haben bereits einige der Grundlagen dieses Versuchs in Frage gestellt (Rifkin 2003), und auf jeden Fall wird das Problem auch noch in Zukunft Josquin-Forscher beschäftigen.

Musikwissenschaftler seit Wilhelm Ambros haben zwei Züge von Josquins Stil hervorgehoben: die Entwicklung, im Laufe seiner Karriere, von einer eng an Bedeutung und Struktur des Textes gebundenen musikalischen Sprache, in der zunehmend syllabische Motive die Worte klar und ausdrucksvoll wiedergeben; und der Gebrauch einer durchimitierenden Schreibweise, wobei alle Stimmen gleiche Bedeutung erlangen. Während keiner dieser Züge für den Komponisten uncharakteristisch ist, wurde ihre Signifikanz vielleicht in der wissenschaftlichen Literatur überbetont, nicht zuletzt deshalb, weil viele der Stücke, aus denen diese Sicht abgeleitet ist, seitdem zurückdatiert oder als unecht erklärt wurden.

Die Motette *Ave Maria ... virgo* veranschaulicht das Problem: Obwohl sie einst als reifes Werk angesehen wurde, wurde neuerdings gezeigt, dass sie nicht später als aus der Mitte der 1480er Jahre stammt und somit Josquins frühestes datierbares Stück ist (Rifkin 2003). Durch den häufigen Gebrauch von Imitation und paarigen homorhythmischen Duos, Vollkadenzen und Texturwechseln sowie weithin syllabischer Deklamation weist die Motette Züge auf, die ehemals mit Josquins reifem Stil verbunden wurden; so kann berechtigter Weise geschlossen werden, dass diese Techniken Teil von Josquins kompositorischem Werkzeug von Beginn an waren. Jedoch sind gerade diese Züge tatsächlich relativ ungewöhnlich in dem Schaffen, das Josquin sicher zugeschrieben werden kann, besonders in den Stücken, die wahrscheinlich aus den 1480er und 1490er Jahren stammen. Ab der Wende zum 16. Jahrhundert werden diese Techniken auch bei anderen Komponisten zunehmend prominenter, was zur Folge hat, dass sie keinen idealen Maßstab bieten, um das Einzigartige an Josquins Stil zu ermessen.

Was Josquin von seinen Zeitgenossen zu unterscheiden scheint, ist seine »obsessive kompositorische Persönlichkeit« (Rodin 2007) – eine Tendenz zu einer hoch verfeinerten, oft unerbittlichen Repetition des kontrapunktischen und melodischen Materials. Rifkin hat den Begriff »motivicity« geprägt, um zu beschreiben, wie Josquin »den gesamten polyphonen Satz einer begrenzten Menge linearer Nenner« unterstellt (Rifkin 1991, 1997). John Milsom diskutierte eine der zentralen Vorgehensweisen unter der Rubrik des »Ineinandergreifens«: das polyphone Übereinanderschichten und Kombinieren von Motiven, oft in vielfachen rhythmischen Konfigurationen und in verschiedenen Transpositionen (Milsom 2005 und Druck i. Vorb.). In ähnlicher Tendenz hat Rodin Josquins Interesse an »auffallender Repetition« betont: Auf kontrapunktischer Ebene involviert die Technik die Sättigung der Textur durch ein hervorgehobenes Motiv; in melodischem Kontext bedeutet der Begriff Linien, die wiederholt und in dichter Folge bis zu einem einzigen Ton, gewöhnlich der höchste einer Phrase, wiederkehren (Rodin 2008). Zusammengenommen treffen diese qualitativen Merkmale auf viele von Josquins Werken zu, indem sie sowohl in frei komponierten Stücken als auch in solchen erscheinen, in denen verschiedene strukturelle Kunstgriffe angewandt sind.

Der letztere Typus dominiert das Œuvre des Komponisten. Mehr als jeder seiner Zeitgenossen suchte Josquin kompositorische Schranken wie Ostinato- oder Kanontechniken, die seinen Entscheidungsraum einengen; und dennoch gelang es ihm meistens, gerade solche Schranken weniger als auferlegte Vorschrift, sondern als Folge seiner weiteren kompositorischen Ziele erscheinen zu lassen. In dieser Hinsicht ist die oft zitierte Bemerkung Martin ▸ Luthers, bei aller offensichtlichen Übertreibung, tatsächlich sehr angemessen: »Josquin, sagt er, ist der noten meister, die habens müssen machen, wie er wolt; die anderen Sangmeister müssens machen, wie es die noten haben wöllen« (J. Mathesius, *Zwelffte predigt von Doctor Luthers historien, vom vierzigsten jare*). Ähnlich berichtet Glarean in seiner Bemerkung, dass Josquin »seine Werke erst nach sehr viel Überlegung und mit vielen Korrekturen herausgab«. Wie oben festgestellt wurde, kann Glarean nicht immer beim Wort genommen werden. Aber gerade in diesem Fall klingt die Behauptung glaubhaft: Viele von Josquins reifen Kompositionen zeigen eine sorgfältig geformte musikalische Oberfläche, in der unwesentliches oder überflüssiges Material entfernt wurde.

Ein Musterbeispiel ist das Agnus Dei III aus Josquins *Missa Faisant regretz*. Die Ostinato-Messe beruht auf dem vier Noten umfassenden Motiv fa–re–mi–re, das aus Walter ▸ Fryes *Tout a par moy* übernommen wurde. (Josquins wirkliche Inspirationsquelle für die Messe war wahrscheinlich eher Alexander ▸ Agricolas Bearbeitung von Fryes Lied, in der fa–re–mi–re als Ostinato während des B-Teils gebraucht wird.) Das Motto ist im Tenor in der ganzen Messe fast omnipräsent, aber Josquin versteckt es auf raffinierte Weise durch dynamisches melodisches Material in den anderen Stimmen und geschickte Transpositionen des Tenormotivs. Im als Höhepunkt konzipierten Agnus Dei III singt der Tenor weiterhin nur fa–re–mi–re, während der Superius die entsprechende Stimme aus Fryes Lied exakt zitiert und der Altus auf ein weiteres viertöniges Ostinato, das Motiv mi–mi–fa–mi, beschränkt ist. Am außergewöhnlichsten ist vielleicht die Melodie im Bass. Man könnte eine unbeholfene Füllstimme erwarten, aber die Basslinie ist sowohl fließend als auch elegant. Kurz vor Schluss fesselt Josquin sogar diese Stimme, indem er sie ständig zum a zurückkehren lässt (T. 88–95) als ein Mittel, die Energie in Vorahnung der schließenden Kadenz zu intensivieren. Der Messensatz ist somit nicht nur für seine außergewöhnlichen kombinatorischen Verfahrensweisen bemerkenswert, sondern auch für Josquins Fähigkeit, ein kohärentes musikalisches Argument aus rigidem präexistentem Material heraus zu entwickeln. Obwohl der Satz beim Hören vielleicht nicht so stark auffallend wirkt als einige andere Beispiele, ist er eine technische ›tour de force‹ ohne ihresgleichen in dieser Zeit.

Das gleiche zugrunde liegende Interesse in repetitiven Strukturen und kombinatorischen Verfahrensweisen kann, wenn auch weniger rigoros, in hunderten anderer Abschnitte quer durch Josquins Werk nachvollzogen werden. Einige wenige, besonders eindringliche Beispiele können als repräsentativ genommen werden: Auf den Text »Zorobabel« in *Liber generationis* (T. 289–301) wird ein kurzes, markantes Duo, das in umgekehrtem Kontrapunkt komponiert ist, im Wechsel zwischen den höheren und tieferen Stimmen viermal vorgestellt; am Beginn des kanonischen *Inviolata, integra et casta est Maria* (fünfstimmig) singt der Superius eine schwungvoll durch eine Dezime absteigende Linie, um dann unmittelbar die gleiche Geste, nunmehr durch Dezimenparallelen im Bass verstärkt, zweimal zu wiederholen (T. 4–13); ein einfaches Kadenzmotiv ist für fast jede Note des heiteren (wenn auch zielstrebigen) *Une musque de Biscaye* verantwortlich, das auf einem Quartkanon zwischen den Oberstimmen basiert; auf den Text »procedit« im Credo der *Missa Gaudeamus* (T. 195–200) schafft Josquin eine Musik von erstaunlicher Eloquenz, indem er eine aus dem ▶ Cantus firmus abgeleitete Drehfigur durch einen reduzierten Satz von Superius, Altus und Tenor, alle an der obersten Grenze ihres jeweiligen Umfangs, strömen lässt; und das Agnus Dei III der *Missa L'homme armé super voces musicales* beinhaltet eine Reihe von ostinato-artigen Figuren in den tieferen Stimmen unterhalb der ausgehaltenen Töne der *L'homme armé*-Melodie im Superius. Diese kontrapunktisch virtuose Messe zeigt Josquins Tendenz, sich einer Herausforderung nach der anderen zu stellen: Sie enthält nicht weniger als sieben Mensur-Kanons und basiert auf einem Cantus firmus, der fortwährend im ›falschen‹ Modus gesungen wird.

Obwohl das so gezeichnete stilistische Bild generell auf die Mehrzahl von Josquins Kompositionen angewandt werden kann, steht eine Anzahl hoch vollendeter Stücke in einiger Entfernung von dem, was als zentraler Stil bezeichnet werden kann, und enthüllt dadurch die ganze Reichweite seiner Ausdruckskraft. Ein eloquentes Beispiel ist *Nymphes des bois/Requiem* (fünfstimmig), eine Vertonung von Jean ▶ Molinets *Déploration* auf den Tod von Johannes ▶ Ockeghem. Wie in Ockeghems eigener Requiems-Komposition gebrauchte Josquin hier längere Notenwerte als gewöhnlich, um den Ernst des Themas darzustellen, was gleichzeitig den Gebrauch von schwarzer Notation ermöglicht – ein unmissverständlicher visueller Hinweis auf die Trauer. Der Satz, besondere im ersten Teil, ist uncharakteristisch dicht, indem der Text weitgehend in deklamatorischen Breven und Semibreven vorgetragen ist. Obwohl die Behauptung, das Stück stelle ein direktes Nacheifern von Ockeghems Stil dar, im Hinblick auf den Gebrauch von Homorhythmus und vereinzelt auftretenden Imitationen wenig glaubhaft erscheint, ist das relative Fehlen von repetitivem Material im ersten Teil ungewöhnlich. In den Takten 1–35 beispielsweise gestaltet Josquin eine kontinuierliche Textur, in der heterogene, vom Superius dominierte Phrasen durch kurze Zwischenpassagen in den tieferen Stimmen (T. 10–15 und 21–25) miteinander verbunden werden. Einige Stellen im weiteren Verlauf des Stückes sind besonders wirkungsvoll. Der plötzliche harmonische Wechsel auf »grand dommage« (T. 87), der durch die Einführung eines (zwar nicht explizit vorgeschriebenen) es' im Tenor-Cantus-firmus unmittelbar nach einem prominenten e' im ersten Kontratenor verwirklicht wird, gehört zu den schmerzvollsten Stellen in Josquins Musik. Ähnlich auffallend ist die berühmte Passage im zweiten Teil (T. 111ff.), in der Josquin Molinets Anrufe an ihn und seine Zeitgenossen zu trauern (»Accoutrez-vous d'habits de deuil / Josquin, Brumel, Pierchon, Compère«) dramatisiert. Josquin vertont diesen und den darauf folgenden Text auf identische Musik: Alle Stimmen präsentieren ein einfaches Motiv (ein Paar Breven, die eine Terz absteigen) in enger Imitation und absteigender Sequenz. Von fast unheimlicher Schönheit ist der abschließende Absatz (T. 143–157), in dem alle Stimmen den Schluss des Requiem-Textes des Tenors aufnehmen und in einer Reihe von absteigenden Terzen – ein wahrhaftiger Fingerabdruck Josquins – zögernd zum letzten »Amen« fallen.

*Ausgaben*:
*Werken*, hrsg. von A. Smijers u.a., Amsterdam 1921–1969; *New Edition of the Collected Works*, hrsg. von W. Elders u.a., Utrecht, 1988ff.

*Literatur*:
H. Osthoff, *Josquin Desprez*, Tutzing 1962–1965 • E.H. Sparks, *Cantus Firmus in Mass and Motet, 1420–1520*, Berkeley 1963 • *Josquin des Prez: Proceedings of the International Josquin Festival-Conference held at the Juilliard School at Lincoln Center in New York City, 21–25 June 1971*, hrsg. von E.E. Lowinsky in collaboration with B.J. Blackburn, London 1976 • *Proceedings of the International Josquin Symposium, Utrecht 1986*, hrsg. von W. Elders in collaboration with F. de Haen, Utrecht 1991 • J. Rifkin, *Problems of Authorship in Josquin: some Impolitic Observations, with a Postscript on* Absalon, fili mi, in: ebenda, S. 45–52 • R. Sherr, *Illibata Dei virgo nutrix and Josquin's Roman Style*, in: Journal of the American Musicological Society 41 (1988), S. 434–464 • J. Rifkin, *Motivik – Konstruktion – Humanismus: zu Josquins Motette* Huc me sydereo, in: *Die Motette: Beiträge zu ihrer Gattungsgeschichte*, hrsg. von H. Schneider, Mainz 1991, S. 105–134 • J. Rifkin, *Miracles, Motivicity, and Mannerism: Adrian Willaert's* Videns Dominus flentes sorores Lazari *and Some Aspects of Motet Composition in the 1520s*, in: ebenda, S. 243–264 • D. Fallows, *Approaching a New Chronology for Josquin: an Interim Report*, in: Schweizer Jahrbuch für Musikwissenschaft 19 (1999), S. 131–150 • R.C. Wegman, ›*And Josquin and Laughed…*‹*: Josquin and the Composer's Anecdote in the Sixteenth Century*, in: Journal of Musicology 17 (1999), S. 319–357 • R. Sherr (Hrsg.), *The Josquin Companion*, Oxford 2000 • R.C. Wegman, *Who Was Josquin?*, in: ebenda, S. 21–50 • D. Fallows, *Who Composed* Mille regretz?, in: *Essays on Music and Culture in Honor of Herbert Kellman*, hrsg. von B. Haggh, Épitome musical 8, Paris 2001, S. 241–252 • J. Rifkin, *Munich, Milan, and a Marian Motet: Dating Josquin's* Ave Maria … virgo serena, in: Journal of the American Musicological Society 56 (2003), S. 239–350 • J. Milsom, *Crecquillon, Clemens, and Four-Voice Fuga*, in: *Beyond Contemporary Fame. Reassessing the Art of Clemens non Papa and Thomas Crecquillon. Colloquium Proceedings, Utrecht, April 24–26, 2003*, hrsg. von E. Jas, Turnhout 2005, S. 293–345 • J. Rodin, *Josquin and the Polyphonic Mass in the Sistine Chapel*, PhD Diss. Harvard Univ. 2007 • J. Rodin, ›*When in Rome…*‹*: What Josquin Learned in the Sistine Chapel*, in: Journal of the American Musicological Society 61 (2008), S. 307–372 • J. Rifkin, *Who Really Composed* Mille regretz?, in: *Quomodo cantabimus canticum? Studies in Honor of Edward H. Roesner*, hrsg. von D.B. Cannata, G.I. Currie, R.C. Mueller und J.L. Nádas, Middleton, WI, 2008, S. 187–208 • R.C. Wegman, *Ockeghem, Brumel, Josquin: New Documents in Troyes*, in: Early Music 36 (2008), S. 213–217 • D. Fallows, *Josquin Desprez*, Turnhout 2009 • J. Rodin, *When Josquin Became Josquin*, in: Acta Musicologica 81 (2009), S. 23–38 • M. Zywietz (Hrsg.), *Josquin Desprez und seine Zeit*, Laaber 2012 • J. Milsom, *Josquin des Prez and the Combinative Impulse* (Druck i. Vorb.) • J. Rifkin, *A Black Hole? Problems in the Motet Around 1500* (Druck i. Vorb.) • J. Rodin, *Josquin's Rome: Hearing and Composing in the Sistine Chapel* (Druck i. Vorb.).

JR

## Joye, Gilles
* 1424/1425 (?), † 31.12.1483 Brügge

Von Gilles Joye besitzen wir eines der wenigen Komponistenporträts des 16. Jahrhunderts. (ein weiteres berühmtes ist jenes von Jacob ▸ Obrecht); es wird Hans Memling zugeschrieben, auf das Jahr 1472 datiert und zeigt Joye im Alter von 47 Jahren (»etatis sue 47«). Daraus lässt sich schließen, dass der Komponist 1424/1425 geboren wurde und somit der Generation von Johannes ▸ Ockeghem und Antoine ▸ Busnoys angehört. Die ersten dokumentarischen Belege gehen auf das Jahr 1449 zurück, in dem Joye Sänger an Saint-Donatien in Brügge war. 1453 kommt der Komponist, der Priester an der Diözese von Tournai war, in den Besitz eines Kanonikats in Clèves, einer Pfründe, die er wahrscheinlich dank seiner Beziehungen zum Hof von Burgund erhalten hat. 1459 kommt er an ein Kanonikat in Saint-Donatien, und ab September 1462 steht er offiziell als Sänger und Kaplan im Dienst des Hofes von Burgund. Gilles Joye musste die angesehene burgundische Kapelle 1468 aus gesundheitlichen Gründen verlassen, auch wenn er »de grace especiale« weiterhin bis 1471 bezahlt wurde. Er zog sich nach Brügge (an das Kapitel von Saint-Donatien) zurück, wo Ende des Jahres 1483 im Alter von 58 Jahren verstarb. Das Leben Gilles Joyes muss sehr bewegt gewesen sein, da wir wissen, dass er in Schlägereien verwickelt war, Bordelle aufsuchte und eine Konkubine namens Rosabelle hatte. Was seine kompositorische Tätigkeit betrifft, so sind vier ▸ Rondeaux und eine italienische ▸ Ballata auf einen Text von Rosello Roselli (1399–1452), *Poy ché crudel Fortuna*, bekannt. Das Rondeau *Ce qu'on fait a catimini* vertont einen obszönen Text, der mit verschiedenen lateinischen Assonanzen spielt.

*Ausgaben*:
Ce qu'on fait, in: H.M. Brown, *A Florentine Chansonnier from the Time of Lorenzo the Magnificent: Florence, Biblioteca Nazionale Centrale MS Banco Rari 229* (Monuments of Renaissance Music 7), 2 Bde., Chicago und London 1983, Nr. 261.

*Literatur*:
K. Hortschansky, *Joye*, in: *MGG²*, Bd. 9 (Personenteil), 2003, Sp. 1291–1293.

AM

## Judenkünig [Judenkunig], Hans
\* ca. 1450 Schwäbisch Gmünd, † 1526 Wien.

Judenkünig wurde als Lautenspieler und -lehrer bekannt, vermutlich hat er auch Lauteninstrumente (▸ Laute) gebaut. Ausbildung und Lebensweg sind weitgehend unbekannt, 1518 wird er im Gedenkbuch der Wiener Gottsleichnam-Zeche am Dom St. Stephan als »lutenist« erwähnt. Vermutlich hat er sich bereits vor seiner Aufnahme in diese Bruderschaft als Musiker in Wien betätigt. Ob er Beziehungen zur Hofkapelle Kaiser ▸ Maximilians I. hatte, ist fraglich. Seine Bearbeitungen der Oden des Petrus ▸ Tritonius, die er in seinem in lateinischer Sprache abgefassten Traktat veröffentlichte, lassen Verbindungen zu Wiener Humanistenkreisen vermuten. Das Todesdatum geht aus einer zeitgenössischen Notiz hervor, die vermutlich Judenkünigs Schüler Stephan Crauß von Ebenfurt auf dem Titelblatt der *Underweisung* eingetragen hat.

Nach Sebastian ▸ Virdung (1511) ist Hans Judenkünig ein bedeutender Verfasser eines Lautenlehrwerks im deutschsprachigen Raum in der ersten Hälfte des 16. Jahrhunderts. Die *Introductio* dürfte ca. 1515–1519 entstanden sein, evtl. auch später. Dreistimmige Horazische Oden nach Vorlagen von Petrus Tritonius dienen als elementare Übungen. Deutsche Sätze für zwei und drei Stimmen nach Vokalvorlagen, u.a. von Paul ▸ Hofhaimer, lassen Rückschlüsse auf Fingersatz, auf Umschrift des Vokalmodells und des Transpositionsverfahrens zu. Die Vokalvorlagen (*Woll kumbt der may*, *Elslein* u.a.) der zwei- und dreistimmigen Stücke der *Underweisung* weisen eher auf eine Beziehung zur kaiserlichen Hofkapelle oder auf das Oberrheingebiet hin (u.a. mit Kompositionen von Ludwig ▸ Senfl, Pierre de la ▸ Rue, Paul ▸ Hofhaimer und Sixtus ▸ Dietrich). Vorangestellte Präambeln bilden einen spezifischen Lautenstil aus und sind in Deutschland erstmalig gedruckte freie Lautenwerke und -tänze. An den in deutscher ▸ Tabulatur aufgeschriebenen Kompositionen wird das Spiel in fünf Lagen demonstriert, es werden Fingersätze, Fragen der ▸ Mensur, des ▸ Tempus und ▸ Modus erörtert. In der *Introductio* und *Underweisung* finden sich zahlreiche spieltechnische Anweisungen. Judenkünigs Bericht über die »rechte kunstliche Applicatz« hat noch Hans ▸ Neusiedler und Hans Gerle beeinflusst, hierzu zählt der Wechsel von Daumen- und Zeigefingeranschlag in Bassgängen.

*Ausgaben*:
Österreichische Lautenmusik im 16. Jahrhundert, bearb. von A. Koczirz, Wien 1911; Neudruck Graz 1959 (Denkmäler der Tonkunst in Österreich 37); *Ain schone kunstliche vnderweisung auff der Lautten vnd Geygen*, Hofheim am Taunus, ca. 1969 (Die Tabulatur 10); dass. bearbeitet von E. Plagge, [Utrecht] o. J. (Nederlands Luit Vereniging 4); einzelne Sätze in praktischen Ausgaben.

*Schriften*:
Utilis & compendiaria introductio, qua ut fundamento iacto quam facillime musicum exercitum, instru-

*mentorum & Lutine & quod uulgo Geygen nominant, addiscitur labore studio et impensis Joannis Judenkunig de Schbebischen Gmundt in communem omnium usum & utilitatem typis excudendum primum exhibitum*, Wien [o.J.]; 1.5.2.3. *Ain schone kunstliche vnderweisung in disem büechlein leychtlich zu begreyffen den rechten grund zu lernen auff der Lautten vnd Geygen, mit vleiß gemacht dürch Hans Judekünig, pirtig von Schwebischen Gmünd Lutenist, yetz zu Wienn in Osterreich*, Wien 1523.

*Literatur*:
K. Dorfmüller, *Studien zur Lautenmusik in der ersten Hälfte des 16. Jahrhunderts*, Tutzing 1967 • R. und U. Henning, *Hans Judekünig's* Ain schone kunstliche underweisung *(1523)*, in: Lute Society Journal 16, 1974, S. 70–71 • W. Boetticher, *Zum Problem der ältesten handschriftlichen überlieferten Lautentabulaturen*, in: Festschrift H. Hüschen, hrsg. von D. Altenburg, Köln 1980, S. 61–65 • H. Radke, *Judenkünig*, in: Grove, Bd. 13 (2001), S. 277 • A. Brinzing, *Studien zur instrumentalen Ensemblemusik im deutschsprachigen Raum des 16. Jahrhunderts*, 2 Bde., Göttingen 1998 • R. Birkendorf (W. Boetticher), *Judenkünig*, in: MGG², Bd. 9 (Personenteil), 2003, Sp. 1296–1298.

US

# Jüdische Musik

›Renaissance‹ – die Epochenbezeichnung muss der Judenheit wie Hohn klingen, markiert doch der Zenith der ›Renaissance‹ den Untergang der höchstentwickelten Symbiose, welche die jüdische Kultur auf der iberischen Halbinsel mit der muslimischen und christlichen eingegangen war, als die Juden 1492 aus Spanien und 1497 aus Portugal vertrieben wurden. Flohen bereits ein Jahrhundert zuvor, nach der Großen Pest von 1348, die Juden aus Deutschland vor den Pogromen ins Königreich Polen, das damals bis in die heutige Ukraine reichte, so werden am Beginn der Neuzeit die iberischen Juden über die Mittelmeerländer verstreut, von Marokko bis ins osmanische Reich, zu dem auch weite Teile des Balkan gehören; in einem zweiten Exodus fliehen zwangschristianisierte ›Marańos‹ vor der Inquisition, entlang der atlantischen Küste, in die Niederlande und angrenzende Regionen. So entstehen in Europa zwei Traditionen jüdischer Kultur, die aschkenasische im Osten, deren Träger ursprünglich aus dem Westen, vor allem aus dem Rheinland kamen, und die sephardische im Mittelmeerraum, auf dem Balkan sowie an den Küsten der Nordsee, deren Träger ursprünglich auf der iberischen Halbinsel zuhause waren. Beide Traditionen, damals die eine eher ländlich, die andere eher urban geprägt, unterscheiden sich bis heute im synagogalen Ritus, folglich auch – unter anderem – im musikalischen Repertoire und dessen Aufführungspraxis, hier vor allem durch den Gebrauch von Instrumenten in der Synagoge, der ebenfalls bis heute unter Juden umstritten ist. Im mittleren Europa leben Gemeinden beider Traditionen nebeneinander, so zum Beispiel in Venedig mit je eigener Synagoge.

Wenn auch der Renaissance-Begriff der Geschichte der jüdischen Kultur kaum gerecht werden kann, so lösten die Verfolgungen in der von ihm angesprochenen Zeit, sofern man sie großzügig bemisst, Entwicklungen aus, durch die sich die Frage nach der kulturellen Identität der Juden neu stellte. Für die historischen Subjekte – nicht für den rückblickenden Historiker – stellte sich die Frage nach ihrer kulturellen Identität so lange nicht, wie Juden in einem geschlossenen kulturellen Handlungsraum lebten, und sei er für jede einzelne Gemeinde auch noch so verschieden gewesen; sie wurde erst aktuell, als sich dieser Handlungsraum öffnete, indem beide Seiten es – mehr oder weniger – zuließen. Was ist jüdische Musik? Seit Abraham Zvi Idelsohn (1929) ist diese Frage immer wieder aufs Neue erörtert worden. Nähme man nur die liturgische Musik in der Synagoge in den Blick, bliebe die Antwort von Curt Sachs »made by Jews, for Jews, as Jews« (vgl. Seroussi, S. 24) zumindest ›selfevident‹, wenn nicht tautologisch; nimmt man aber die Musik außerhalb der Synagoge hinzu, dann erweist sich der Definitionsversuch als problematisch, weil er – für Sachs merkwürdig genug – den kulturellen Kontext nicht anspricht. Für die Zeit der sogenannten ›Renaissance‹ gilt, dass es neben der Musik von Juden für Juden eine Fülle von Musik gab, die von Juden für andere – Christen und Muslime – gemacht wurde. Erst nach dieser Epoche haben auch Christen für Juden Musik gemacht, beispielsweise komponierte der Jesuit Christian Joseph Lidarti für die sephardische Synagoge in Amsterdam, Franz Schubert für Salomon Sulzer, den Kantor der Wiener Synagoge. Musik »als Jude« zu machen, d.h. im Bewusstsein des Konflikts zwischen der eigenen Herkunft und der »assimilierten« Kultur, stellte sich als Aufgabe erst nach der »Haskala«, der jüdischen Aufklärung des 19. Jahrhunderts.

Musik von Juden für Juden umfasst selbstverständlich den Gesang in der Synagoge mit Psalmodie, Thora-Kantillation (›Lesung‹ aus den fünf Büchern Moses) und weiteren Bibelstellen (z.B. »shema' yisrael«, dem israelischen ›Glaubensbekenntnis‹) sowie dem Vortrag von Gesängen, deren Texte nicht dem Alten Testament entstammen, darunter das berühmte »Kol nidrei«, und für die sich daher der Begriff ›paraliturgisch‹ eingebürgert hat; Texte werden schriftlich festgehalten, Melodien mündlich überliefert. Die Grenze zwischen paraliturgischem Gesang, in den bereits seit dem 6. Jahrhundert strophische Strukturen eindringen (»pijjutim«), und weltlichen Liedern ist durchlässig, da beide keinen hebräischen, sondern volkssprachlichen Text haben; Text und Musik werden mündlich tradiert. Die Unterscheidung zwischen geistlichem und weltlichem Repertoire ist in der jüdischen Musik noch zur Zeit der ›Renaissance‹ problematisch, weil mangels eines eigenen ›Landes‹ und einer weltlichen Herrschaft die Religion die einzige identitätsbildende Institution war und daher auch alle weltlichen Lebensbereiche durchdrang. Ebenso wie der Epochenzuschnitt ist auch das Gattungsgefüge christlicher Musik für die jüdische Tradition problematisch. Ein Prozess der Säkularisierung in dem Ausmaß, wie er für die Geschichte der Christenheit unlösbar mit dem Begriff der ›Renaissance‹ verbunden ist, kommt in der jüdischen Kultur erst um Jahrhunderte später in Gang.

In Osteuropa, weit ab von den Zentren klerikaler und höfischer Kunstmusik im Süden und Westen, entfaltet sich seit dem 14. Jahrhundert ein eigenständiges liturgisches Repertoire von großem Reichtum und lokaler Vielfalt (»minhag«), in das auch Elemente des ▸ gregorianischen Chorals und des deutschen Minnesangs eingingen. Die Lehre vom »Minhag« soll um 1400 durch den Rabbi Jakob ha-Levi Möln (auch Mahari Molin) kodifiziert worden sein; sie erscheint postum 1556 als *Sefer Maharil* erstmals im Druck und ist Grundlage der hohen Gesangskunst (»Chasanut«) der Aschkenasim, die für den Gottesdienst neben dem Rabbi auch einen Kantor bzw. Vorsänger (»chasan«) notwendig macht. Die immer virtuosere Ausgestaltung des Gottesdienstes führt spätestens seit dem 16. Jh. auch zu mehrstimmigen Überformungen des prinzipiell einstimmigen Gesangs in der Synagoge, indem der »chasan« durch je einen Begleitsänger mit hoher und tiefer Stimme (»meshorerim«) unterstützt wurde. Die Aschkenasim bewahren, wahrscheinlich aufgrund ihrer stärkeren Isolation, den modalen Charakter ihrer Melodik in ausgeprägter Form als die Sephardim und systematisieren ihr Repertoire, wohl in Anlehnung an die gregorianischen ▸ Modi, vielleicht aber auch in Nachahmung humanistischen Eifers, nach den antiken ›tonoi‹ und ihrem Ethos in synagogalen ›Weisen‹; sie heißen im Yiddischen – der Sprache der Aschkenasim, in dem das Mittelhochdeutsch ihrer Vorväter vom Rhein fortlebt – »shteyger« (also eigentlich ›Tonleiter‹) und werden nach bekannten Gebeten benannt. Der Humanist Johannes Reuchlin druckt 1518 erstmals einen Steiger, die aschkenasische Pentateuch-Weise, in modaler Notation.

Die Sephardim, die mit der islamischen Invasion im 7. Jahrhundert aus dem Kaliphat von Bagdad nach Spanien kamen und den synagogalen Gesang in einer nahöstlichen Ausprägung mitbrachten, übernahmen im Laufe des Hochmittelalters von den Muslimen neue musikalische und dichterische Techniken wie die Verwendung quantitativer Metren und strophischer Anlagen. Damit wird die weltliche Musik der Sephardim zum ›Einfallstor‹ für Einflüsse von außen. Seit der frühen Renaissance beginnen sephardische Juden, Romanceros und Cantigas nach spanischen Vorbildern für sich zu adaptieren. Nicht nur der Text, bei Romanceros in der Regel 16-Silber mit Reimassonanzen, auch die Melodie ist häufig entlehnt, worauf spanische Text-Incipits in späten Aufzeichnungen aus der Zeit nach der Vertreibung verweisen. Unter dem Einfluss der Kabbala-Schule von Safed, die aus theologischen Gründen die Unterlegung geistlicher Texte unter weltliche Melodien propagierte, kommt seit dem 16. Jahrhundert auch Kontrafaktur in Gebrauch, so dass weltliche Melodien, neu mit religiösem Text versehen, die Funktion paraliturgischer Gesänge übernehmen können. Die Rekonstruktion solcher Vorgänge aus vergleichsweise späten Quellen ist einerseits aus philologischer Sicht heikel, andererseits ist bei oral tradierten Kulturen mit großem Beharrungsvermögen zu rechnen, da die Gefahr des Verfälschens, gar des Vergessens unmittelbar vor Augen steht und nicht durch Verschriftlichung gebannt scheint. Insofern ist zwar eine Rekonstruktion der weltlichen Gesänge der Sephardim aus iberischer Zeit nicht mehr möglich, aber immerhin lässt sich nachvollziehen, dass sie durch interkulturellen Austausch zwischen Juden, Muslimen und Christen entstanden sind.

Der Einzug europäischer Kunstmusik in die Synagoge liegt auf dem Weg dieser Entwicklung, ohne dass dafür ein kausaler Zusammenhang mit den Romancero- und Cantiga-Adaptionen plausibel gemacht werden könnte. Aus Italien, wohin sephardische Juden in großer Zahl geflohen waren, berichten Sekundärquellen im 16. Jahrhundert über Aufführungen von Kunstmusik in den Synagogen der Städte Padua, Ferrara, Mantua und Venedig, also außerhalb des Kirchenstaates und des spanischen ›Königreiches beider Sizilien‹; Primärquellen, also Musik, sind mit einer Ausnahme nicht erhalten. Abgesehen von einem Manuskript mutmaßlich venezianischer Provenienz, das eine Stimme einer wohl achtstimmigen Komposition überliefert, sind Salamone Rossis Kompositionen für den sephardischen Ritus »Ha-shirim asher li Shlomo« (Die Gesänge König Salomons) das einzige und wohl auch einzigartige Denkmal einer erneuten Symbiose, die sich vor allem in Mantua entfaltet, aber 1629 durch den Einmarsch päpstlicher Truppen abermals abrupt unterbrochen wird und deren Spuren in anderen oberitalienischen Städten sich im Laufe des 17. Jahrhunderts verliert.

Rossis Werk erschien 1622/1623 in Venedig im Druck. Es enthält 33 Sätze zu 3 bis 8 Stimmen, mehrheitlich über Psalmen neben einigen ›paraliturgischen‹ Texten. Laut Vorwort des Komponisten sind sie das Ergebnis eines langen Arbeitsprozesses, konnte Rossi doch auf keine Vorbilder zurückgreifen, wie die hebräische Prosodie in die Mensuralrhythmik (▸ Mensuralnotation) zu überführen sei. Wohl mit Rücksicht auf größere Textverständlichkeit ist die Satzanlage homophon ohne Imitation zwischen den Stimmen, zum Teil dem ▸ Canzonetta-Satz ähnlich; ▸ Madrigalismen sind auf ein Minimum beschränkt.

Gedruckt wurde Rossis Werk mit Unterstützung des Rabbi Leone di Modena, der 1628 in Venedig eine ›Accademia di musica‹ gründete mit dem Ziel, die polyphone Ausgestaltung der jüdischen Sakralmusik voranzutreiben. Modena verteidigt in einem Vorwort (»responsum«), das er zu dem Druck beisteuerte, polyphone Musik in der Synagoge gegen die Lehrmeinung anderer Rabbis, die befürchteten, der Schmuck der Mehrstimmigkeit gehe zu Lasten der Textverständlichkeit. Es gibt eine lange Tradition rabbinischer Gelehrsamkeit, die Textverständlichkeit jeweils gegen musikalische Neuerungen anmahnt, unter den Sephardim ebenso wie unter den Aschkenasi, bei denen der Konflikt zwischen Wort und Musik durch das Nebeneinander von »Chasan« und Rabbi geradezu institutionalisiert war. Auffallend ist die Aufgeschlossenheit, mit der sich viele Rabbis im Italien des 16./17. Jahrhunderts für die Adaption der modernen christlichen Mehrstimmigkeit aussprachen, entweder a cappella oder von Instrumenten begleitet. Rabbi Abraham ben David Portaleone (siehe Adler 1975, S. 246–283) bezog sich in dieser Diskussion auf die Beschreibung der Tempelmusik im Alten Testament, sein – obsoleter – Rekonstruktionsversuch biblischer Instrumente war seinerzeit hochgeschätzt und hat Eingang in Michael ▸ Praetorius' *Syntagma musicum* und Athanasius Kirchers *Musurgia universalis* gefunden. Die jüdischen Musiker und Gelehrten nahmen damit teil an einem europäischen Diskurs von epochenübergreifender Bedeutung und geradezu anthropologischer Relevanz, der mit dem Dictum »prima la musica, poi la parola« umrissen ist und dessen Inversion – zuerst das Wort, dann die Musik – letztlich auf eine Stelle in Platos *Staat* zurückgeht.

Musik von Juden für Nichtjuden gibt es in Europa, seit jüdische Spielleute in der Diaspora auf Wanderschaft gehen. Für das Spätmittelalter ist eine gewisse Liberalität bezeugt, da jüdischen Musikern ein höherer gesellschaftlicher Rang zugestanden wurde. Juden waren um die Mitte des 13. Jahrhunderts an Aufführungen der *Cantigas de Santa Maria* am Hofe Alfonso X. von Kastilien, des »Weisen«, beteiligt, später wurden sie als Musiker an den Höfen muslimischer und christlicher Herrscher in Spanien fest angestellt, wurden sogar als Trouvère (Mahieu le Juif, 13. Jh.) oder Minnesänger akzeptiert (»Süßkind, der Jude von Trimberg«, Manessische Liederhandschrift). Sephardische Musiker liefern Beiträge zur Musiktheorie des Mittelalters, so setzt sich Mosche Ibn Esra mit dem musiktheoretischen Denken sephardischer Philosophen auseinander, Kalonymos ben Kalonymos übersetzt Al Farabis *Großes Buch der Musik* aus dem Arabischen ins Hebräische, Levi ben Gerson verfasst auf Anregung Philippe de Vitrys die Schrift *De numeris harmonicis*. All dies kam mit den Pogromen des 14. Jahrhunderts und dann mit der Vertreibung der Juden durch die Inquisition zum Erliegen. Immerhin zogen weiterhin jüdische Musiker als ▸ Joculatores durch die Lande – in der Kairoer Genisa wurde das Liederbuch eines jüdischen Spielmanns von 1382 gefunden, der Deutsch in hebräischen Buchstaben schrieb –, aber als Fahrende waren sie vogelfrei und hatten nicht den Status wie Musiker bei Hofe.

Die Partizipation jüdischer Musiker an der christlichen Musik gewinnt erst wieder an Bedeutung mit einer gewissen Verbürgerlichung jüdischer Musiker in den norditalienischen Stadtstaaten und führt zu Beginn des 17. Jahrhunderts, als die Renaissance mit dem Einsatz der Gegenreformation (▸ Katholische Erneuerungsbewegung) eigentlich schon zu Ende ist, zu einer kurzen Blütezeit, die erstmals von Eduard Birnbaum erforscht wurde. Gleichwohl hatte auch diese Blütezeit ihre Vorgeschichte, die aber für das 16. Jahrhundert nur spärlich dokumentiert ist. So erwähnt der Tanzmeister ▸ Guglielmo Ebreo da Pesaro eine Bassadanza von Giuseppe Ebreo (Birnbaum S. 11), die jüdische Sängerin Deborah Ascarelli übersetzt in ihrem *Abitacolo degli oranti* liturgische Gedichte ins Italienische. Rabbi Yehuda ben Yosef Moscato (1520–1590) in Mantua scheint als Befürworter polyphoner Musik (Adler 1975, S. 223–239) außerordentlichen Einfluss gehabt zu haben, denn Mantua entwickelt sich im frühen 17. Jahrhundert zum Zentrum musikalischer Aktivitäten von Juden im Rahmen eines christlich geprägten Handlungsraumes, wenngleich Venedig Druckort der Kompositionen ist. Mantuas Ausstrahlung reicht bis Südfrankreich und bis nach Amsterdam, der sephardischen Metropole Nordwesteuropas.

Die jüdischen Komponisten Davide Sacerdote, Davit da Civita (Hebreo) und Allegro Porto (Hebreo) veröffentlichen ▸ Madrigale und ▸ Canzonetten, allerdings ist von keinem der Drucke, die ab 1616 in Venedig erscheinen, der Stimmensatz vollständig erhalten. Einzig von Salamone Rossi sind acht Sammlungen von Vokalmusik ohne Lücken überliefert, Canzonette (1589), 6 Madrigalbücher (1600–1622) und dreistimmige *Madrigaletti* (1628). Die Wortausdeutung ist nicht sehr stark ausgeprägt – immerhin erstaunlich für einen Kollegen von Giaches de ▸ Wert und Claudio ▸ Monteverdi am Hofe zu Mantua. Ob dies einer konservativen Haltung im Rahmen des ›christlichen‹ Stils entsprang, oder ob Rossi aufgrund seiner kulturellen jüdischen Prägung dazu neigte, den Text eher singend zu sagen als ihn ›auszudrücken‹, harrt der Erörterung.

Auch als Instrumentalisten waren Juden tätig. Von dem Lautenisten und Tänzer Jacchino Massarano ist wenigstens der Name überliefert, von Gianmaria di Cornetto, der in Florenz, Venedig, Mantua wirkte, wurde eine Reihe von Kompositionen in Conrad ▸ Gerles Lautenbuch (1545) übernommen. Abraham ▸ dall'Arpa und sein Neffe Abramino dall'Arpa waren am Hof zu Mantua angestellt. In Mantua existierten zeitweilig drei jüdische Theater, die besonders zur Karnevalszeit der Christen die Bevölkerung unterhielten; einer der Impresarios, Leone de Sommi, ist mit einem Traktat über das Theater hervorgetreten. Viele Musiker und Sänger wirkten sowohl an diesen Theatern als auch bei Hofe, allen voran die Schwester Rossis, Madame Europa de Rossi, die offensichtlich eine der ersten Gesangsvirtuosinnen im modernen Sinne war (Harrán 1995).

Neben seiner Vokalmusik hat Rossi vier Sammlungen Instrumentalmusik veröffentlicht. Die ersten beiden Bücher *Sinfonie, gagliarde* etc. von 1607 bzw. 1608 gehören zu den frühesten gedruckten Beispielen des ›modernen‹ Triosatzes, die späteren *Sonate, Sinfonie, gagliarde* etc. (1613 bzw. 1622) sind in Umfang und Besetzung größer angelegt, bei gleich bleibender Eleganz des Tonsatzes lösen sie sich – u.a. durch Variationsbildung – von den engen Grenzen, welche die Tanzsätze der Zeit setzten. Rossi ist einer der großen Meister des Frühbarock.

Rossis Tod 1628 und die Einverleibung des Herzogtums Mantua in den Kirchenstaat ein Jahr danach, welche die Vertreibung der Juden aus der Stadt nach sich zog, markieren für die jüdische Musik eine ›Epochenschwelle‹ eigener Art.

*Literatur*:
J. Reuchlin, *De accentibus et orthographia linguae hebraicae*, Hagenau 1518 • E. Birnbaum, *Jüdische Musiker am Hofe zu Mantua von 1542–1628*, Wien 1893, engl. Tel Aviv 1978 • A.Z. Idelsohn, *Hebräisch-orientalischer Melodienschatz*, Leipzig 1914–1932 • Ders., *Jewish Music in its Historical Development*, New York 1929 • J. Eisenstein, *The Liturgical Chant of Provençal and West Sephardi Jews in Comparison with the Song of the Troubadours and the Cantigas*, New York 1966 • I. Adler, *The Rise of Art Music in the Italian Ghetto*, in: Jewish Medieval and Renaissance Studies, hrsg. von A. Altmann, Cambridge 1967 • Ders., *Hebrew Writings Concerning Music in Printed Books […]*, München 1975 (RISM BIX,2) • Ders., *Hebrew Notated Manuscript Sources up to ca. 1840 […]* (RISM BIX,1), München 1989 • S. Simonsohn, *A History of the Jews in the Duchess of Mantua*, Jerusalem 1977 • I.J. Katz, *Contrafacta and the Judeo-Spanish Romancero […]*, in: Hispanic Studies in Honor of Joseph H. Silverstein, hrsg. von J.V. Ricapito, Newark 1988 • W. Salmen, *»[…] denn die Fiedel*

macht das Fest«. *Jüdische Musikanten und Tänzer vom 13. bis 20. Jahrhundert*, Innsbruck 1991 • D. Harrán, *Allegro Porto, an Early Jewish Composer on the Verge of Christianity*, in: Italia: studi e ricerche sulla storia, la cultura e la letteratura degli ebrei d'Italia 10 (1993), S. 19–57 • B. Bonfil, *Jewish Life in Renaissance Italy*, Berkeley 1994 • D. Harrán, *Madama Europa, Jewish Singer in Late Renaissance Mantua*, in: *Festa Musicologica. Essays in Honor of George J. Buelow*, hrsg. von Th.L. Mathiesen & B. V. Rivera, Stuyvesant/New York 1995, S. 177–231 • Ders. (Hrsg.): *Salamone Rossi, Complete Works* (Corpus mensurabilis musicae 100, 1–12), Stuttgart 1995ff. • Ders., *»Dum recordaremur Sion«. Music in the Life and Thought of the Venetian Rabbi Leone da Modena (1571–1648)*, in: Association for Jewish Studies Review 23 (1998), S. 17–61 • Ders., *Salamone Rossi. Jewish Musician in Late Renaissance Mantua*, Oxford 1999 • E. Seroussi, *Jewish Music: I. Introduction*, in: Grove, 2001, Bd. 13, S. 24–29 • D. Harrán, (Hrsg.), *Fragmenta polyphonica judaica* (Druck i. Vorb.).

HW

**Justiniana** ▸ **Giustiniana**

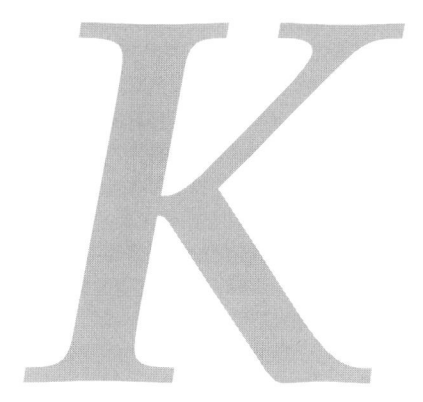

## Kabbalistik

Die christlichen Kabbalisten äußerten sich auch zur Musik. Denn die Musik stimmte insbesondere mit ihren Vorstellungen überein: Sie wurde als eine Sprache entdeckt, die alle Sprachen transzendiert, um zu einer Einheit der Doktrinen zu gelangen. Bereits die Gründer der Kabbala stellten Analogien zwischen Musik und einer bestimmten Art der Meditation fest. Parallel dazu wurde dem Klang eine bedeutende Rolle zugesprochen, der in allen seinen Abstufungen den Kreislauf des göttlichen Atems wieder herstellen sollte. Der Gesang konnte gleichermaßen wie die Worte dem Kabbalisten helfen, ein Wunder hervorzurufen. Johann Reuchlin (1455–1522) erinnerte diesbezüglich in seiner *De Arte Cabbalistica* (1517) an den privilegierten Status der Stimme, an gewisse Genres (Hymnen und Cantiques) und an einige Instrumente (Tympanon, Zimbel, Orgel etc.). In der Folge von Reuchlin und von ▶ Pico de la Mirandola nahmen sich die christlichen Kabbalisten des 16. Jahrhunderts zur Aufgabe, die biblische Musik aufzudecken und sie wieder gebräuchlich zu machen, um ihre Wirkungen in politisch-religiösem Sinn verfügbar zu machen.

Die Schrift *De harmonia mundi totius cantica tria* von Francesco Giorgio (Francesco Zorzi, 1466–1540), die 1525 auf italienisch und 1578 in einer französischen Übersetzung von Guy Le Fèvre de La Boderie erschien, ist sicherlich das eloquenteste Zeugnis der kabbalistischen christlichen Bewegung. Das Werk verschrieb sich schon durch seine Struktur einer musikalischen Sichtweise: Es ist in drei Cantiques aufgeteilt, die in acht Töne gliedert sind, denen 20 Moduli (Motetten) folgen, die in mehrere Concentus (Akkorde) unterteilt sind. Im Gegensatz zu dem, was der Titel des Werks und die philosophische Orientierung seines Autors vorschlagen, ist *L'Harmonie du monde* eine Verteidigung der zeitgenössischen musikalischen Praktiken. Aber trotz seiner betonten Vorliebe für die Polyphonie gelang es Giorgio nicht, traditionelle Themen aus der theoretischen Schrift zu eliminieren. Dazu gehört auch die ▶ Sphärenmusik. Bei den Kabbalisten jedenfalls wurde angenommen, dass die Währnehmung der Sphärenmusik eine ungewohnte, ekstatische Erfahrung benötigte, die den Gebrauch besserer Sinne erforderte als diejenigen, mit denen ein Lebewesen versehen war. Dasselbe prekäre Gleichgewicht einer Beförderung moderner Praktiken und einer Vorliebe zur Spekulation prägt das Werk des Dichters und Gelehrten Le Fèvre de la Boderie.

*Literatur:*
J.-Fr. Maillard, *Aspects musicaux du* De Harmonia mundi *de Georges de Venise*, in: Revue de Musicologie 58/2 (1972), S. 162–175.

PHV

**Kadenz** ▸ **Klausel**

**Kanon**
(griech. Κανόν, lat. canon: Maßstab, Regel)

Als satztechnischer Terminus bezog sich ›Canon‹ in der mehrstimmigen Musik ursprünglich auf eine Anweisung, eine nicht notierte Stimme (oder mehrere) aus einer notierten (gewöhnlich dem Tenor) abzuleiten. Häufig gab der beigefügte Schlüsselspruch (Beischrift, ›subscriptio‹ oder ›praeceptio‹) jedoch nur andeutungsweise oder in Form eines Rätsels Auskunft darüber, auf welche Weise die Ausführung der hinzutretenden Stimme(n) erfolgen sollte.

Die vom Komponisten gegebene Regel zu erschließen, forderte Phantasie und satztechnische Kenntnis der Ausführenden heraus. Auf das paradoxe Nebeneinander von Offenlegung und Verhüllung, das aus manch einer Kanon-Anweisung spricht, spielt auch die berühmte, ihrerseits auf Bartolomé ▸ Ramos de Pareja Bezug nehmende Kanon-Definition bei Johannes ▸ Tinctoris (*Terminorum musicæ diffinitorium*, 1477) an: »Canon est regula voluntatem compositoris sub obscuritate quadam ostendens« (»Canon ist eine Vorschrift, die den Willen des Komponisten in verhüllter Weise offenbart«). Und noch 80 Jahre später charakterisiert Hermann ▸ Finck (*Practica musica*, Wittenberg 1556) eine Kanon-Anweisung als Vorschrift für ein Musikstück, die »[...] verborgene Geheimnisse auf scharfsinnige Weise enthüllt« (»Canon est [...] regula argute revelans secreta cantus«).

Vor diesem Hintergrund konnte eine Kanon-Vorschrift höchst vielfältige Formen der imitierenden Bezugnahme einschließen – bis hin zum relativ einfachen Fall einer parallel geführten hinzutretenden Stimme. So verweist eine in Hexametern verfasste Beischrift in der Postcommunio der *Missa Sancti Jacobi* von Guillaume ▸ Dufay (vor 1440) auf eine ▸ Fauxbourdon-Stimme, die als simultaner Unterquartkanon zum Diskant erklärt wird. (Später bürgert sich für derartige ›Simultankanons‹ der Terminus ›canon sine pausis‹ ein.) Die systematische Erschließung der Vielfalt möglicher Kanon-Typen – und mit ihr die Entdeckung des Kanons als Strukturprinzip für größere Zusammenhänge – begann im Schaffen der frankoflämischen Meister (▸ Frankoflämische Musik). In einem Proportionskanon, einem der kompliziertesten Kanon-Formen, werden die nicht notierten Stimmen durch Berücksichtigung unterschiedlicher Mensurzeichen gewonnen, so z.B. im vierstimmigen *Agnus Dei II* der *Missa L'Homme armé I* von Pierre de la ▸ Rue (siehe Abbildung). Im überwiegenden Falle liegt jedoch die strenge Nachahmung einer notierten Stimme (›guida‹) durch eine zeitlich versetzt einsetzende weitere Stimme (›conseguente‹) im Einklang oder anderen Intervallen vor. (Dies erscheint im heutigen populären Sprachgebrauch als ›Norm‹.) Kanons in der Quarte respektive Quinte sind seit Ende des 14. Jahrhunderts nachweisbar. In Kanonzyklen wie Johannes ▸ Ockeghems *Missa prolationum* begegnen außerdem Kanons in den imperfekten Intervallen Sekunde und Septime. Der kleinstmögliche zeitliche Einsatzabstand – abgesehen vom ›canon sine pausis‹ – war im 15. und 16. Jahrhundert eine Minima; im *Agnus Dei* der *Missa »Malheur me bat«* von ▸ Josquin Desprez beruhen sowohl Bassus als auch Altus auf einer solchen ›fuga ad minimam‹. Spezielle Formen der Nachahmung be-

# Petri Platensis IIII uocum fuga
### ex unica ad Hypodorium.

Pierre de la Rue (»Petrus Platensis«), *Missa L'Homme armé I, Agnus Dei II*, in: Glareanus, *Dodekachordon*, Basel 1547, S. 445. (Die vier Mensurzeichen deuten zugleich die Einsatztöne der simultan beginnenden Stimmen an.)

ruhen auf umgekehrter oder rückläufiger Bewegung (Umkehrungs- bzw. Krebskanon). Zwischen den Begriffen ›canon‹ und ›fuga‹ – letzterer ein Oberbegriff für Spielarten der Imitation, die auf Formen wie ›Caccia‹, ›Chasse‹ oder ›Rondellus‹ zurückgehen – ist zuweilen schwer zu trennen.

Bis Mitte des 16. Jahrhunderts galt die Erfindung von Kanons nicht nur als Ausdruck besonderer ›subtilitas‹, sondern auch als Probe herausragender kompositorischer Kunstfertigkeit. Die kontrapunktische Artistik eines Kanons ließ sich beispielsweise durch Vervielfältigung der Stimmenzahl auf imposante Weise steigern: So kombinierte Josquin in seiner Psalmmotette *Qui habitat in adiutorio Altissimi* (Echtheit ungesichert) vier sechsstimmige Kanons. Schon von Ockeghem ist ein kanonisch organisiertes *Deo gratias* zu gar 36 (4x9) Stimmen überliefert. Kompositionsgeschichtlich folgenreicher war die Erfindung der Kanon-Messe in all ihren differenzierten Ausprägungen. Josquins komplett kanonisch organisierte Messen, die *Missa ad fugam* sowie die *Missa sine nomine*, boten bewunderte und oft nachgeahmte Muster.

Im letzten Drittel des 16. Jahrhunderts verliert der Kanon als tragendes Kompositionsprinzip an Bedeutung. Zugleich sind durch das Aufkommen des konkurrierenden Ausdrucks ›fuga‹ bei vielen Autoren Bedeutungsverschiebungen und Unschärfen im Sprachgebrauch zu beobachten. Das ursprüngliche Verständnis (›canon‹ als ›regola‹) lebt fort, doch fortan kann der Terminus auch die Technik der strengen Nachahmung als solche bedeuten oder als Werktitel auftreten. Die Unterscheidung vielfältiger Formen von ›fuga‹ und ›imitatione‹ durch Zarlino (*Le Istitutioni harmoniche*, 1558/1576) spiegelt den Versuch wider, der Vielfalt der kompositorischen Praxis und der neuen Flexibilität im Umgang mit Imitation gerecht zu werden. Dem alten ›canon‹ entspricht bei Zarlino die ›fuga legata‹.

Schließlich erwiesen sich Kanon-Prinzipien auch für die pädagogische Praxis als fruchtbar. So beruhte die Unterweisung in der mehrstimmigen Vokalimprovisation (›contrapunto alla mente‹) im 16. Jahrhundert in weiten Teilen auf kanonischen Gegenschritt-Modellen (Froebe), die sich sequenzierend fortspinnen ließen. Spuren dieser Klangfortschreitungsmodelle, die auf griffigen kontrapunktischen Grundformeln gründen, sind in der Literatur des 16. Jahrhunderts allenthalben anzutreffen.

*Ausgaben*:
Hermann Finck, *Practica musica*, Wittenberg 1556, Reprint Hildesheim/New York 1971; Johannes Tinctoris, *Terminorum musicæ diffinitorium*, 1477, Reprint Kassel u.a. 1983; Gioseffo Zarlino, *Le Istitutioni harmoniche*, 1558/1576 (Reprint ▸ Zarlino).

*Literatur*:
F. Froebe, *Satzmodelle des ›Contrapunto alla mente‹ und ihre Bedeutung für den Stilwandel um 1600*, in: Zeitschrift der Gesellschaft für Musiktheorie 4/1–2 (2007) • Kl.-J. Sachs, *Canon/Kanon*, in: *Handwörterbuch der musikalischen Terminologie*, 28. Auslieferung, 1999 • P.M. Walker, *Theories of Fugue from the Age of Josquin to the Age of Bach*, Rochester 2000.

MRO

# Kantionalsatz

Kantionalsatz bezeichnet einen vierstimmigen homophonen Note-gegen-Note-Satz mit der Choralmelodie in der Oberstimme. Als ›Erfinder‹ des Kantionalsatzes gilt Lucas ▸ Osiander, der forderte, die Melodie in die Oberstimme zu legen (und nicht, wie üblich, in den Tenor), damit der »gemeine Mann« begreift, »was es für ein Psalm ist«; im Tenor sei der Choral »unkenntlich« (*Fünfftzig Geistliche Lieder und Psalmen*, 1586). Der Kantionalsatz ersetzte den einstimmigen Gemeindegesang der evangelischen Kirche. Der Begriff wurde erst nachträglich von Friedrich Blume geprägt.

# Kantorei / Cantoria

Kantorei ist zu einen eine andere Bezeichnung für Kapelle, die insbesondere in deutschsprachigen und skandinavischen Regionen gebraucht wurde; zum anderen wurden darunter die im protestantischen Bereich entstandenen Sängerensembles an Kirchen benannt. – Im 15. Jahrhundert bestanden im Umkreis von Kirchen und Höfen Gruppen von Sängern, Chorknaben, erwachsenen Sängern und einem Leiter, die für bestimmte kirchenmusikalische Zwecke an Kirchen oder Fürstenhöfen engagiert wurden (Kalandwesen). Aus solchen Vereinigungen sowie aus den Schulchören der Latein- und Stadtschulen entwickelten sich im protestantischen Bereich die Kantoreien. Die Sänger sollten nach der Auffassung Martin ▸ Luthers für den Gottesdienst singen, ohne dafür bezahlt zu werden – im Unterschied zu den ▸ Kapellen, die aus Berufssängern bestanden und mit ihrer Anstellung in der Kapelle ihren Lebensunterhalt verdienten. Die erste protestantische Kantorei bildete sich 1525 in Torgau aus Schülern der Lateinschule, singfreudigen Bürgern und Mitgliedern der aus pekuniären Gründen aufgelösten kurfürstlichen Hofkapelle unter der Leitung von Johann ▸ Walter. Walter war von 1527 bis 1529 Schulkantor an der Torgauer Lateinschule und trug wesentlich zur Konstituierung der Kantorei bei. Viele weitere Kantoreigründungen folgten (u.a. Oschatz 1540, Grimma 1561, Roßwein 1567, Lommatzsch 1570). Nach Aufhebung der Bischofssitze und Klöster übernahmen die Stadträte die Patronage über die Kantoreigesellschaften. Leiteten zunächst die Rektoren der Lateinschulen die Kantoreien, so wurden bald Kantoren für diesen Posten engagiert und ihnen ein Präfekt zur Seite gestellt; die Kantoren mussten auch Unterricht an den Schulen in allen Fächern erteilen. Viele Städte konnten mehrere Kantoreien haben, eine Kantorei konnte aber auch an mehreren Kirchen eingesetzt werden. – Als Beispiel sei die 1571 gegründete Kantoreigesellschaft St. Johannes zu Mügeln genannt, der wahrscheinlich kantoreiähnliche Strukturen vorausgingen (siehe hierzu Heinemann und Wollny). In ihren Statuten waren die Rechte und Pflichten der Mitglieder detailliert festgelegt. Die Kantorei bestand aus aktiven Mitgliedern, den Astanten, Adjuvanten (freiwillige Chorsänger) und Kantores sowie aus passiven Mitgliedern, den Extranei und Essentialis (Geistliche, Mitglieder der kommunalen Obrigkeit, auswärtige Sympathisanten). Die Nichtsänger zahlten eine Mitgliedsgebühr, die aktiven Sänger waren davon befreit. An gewöhnlichen Sonntagen wurde mehrstimmige Musik nur auf Anordnung der Geistlichen ausgeführt, an Feiertagen wurde zum Früh- und Vespergottesdienst mehrstimmig gesungen. Rechtzeitiges Erscheinen war die oberste Pflicht, wer dagegen verstieß, wurde hart bestraft.

Der Chor sang im Gottesdienst meist seitlich vor dem Altar, beim mehrchörigen Singen auch auf den Emporen. Die Sänger, gekleidet in Chormäntel, sangen im Halbkreis oder im Kreis angeordnet (um ein einseitiges oder zweiseitiges Pult geschart). Das Repertoire schickten die Komponisten den Stadträten und erhielten dafür ein Honorar (das nicht immer pünktlich bezahlt wurde). Die Notenbestände und Stadtrechnungen geben somit einen Einblick in das Repertoire der Kantoreien: Im 16. Jahrhundert wurden vor allem Vokalkompositionen von Martin ▶ Agricola, Jacobus ▶ Gallus, Heinrich ▶ Isaac, ▶ Josquin Desprez, Jacobus ▶ Clemens non Papa, Ludwig ▶ Senfl, Thomas ▶ Stoltzer, Philippe ▶ Verdelot und Johann ▶ Walter gesungen – mithin der bekanntesten zeitgenössischen Komponisten und keineswegs nur regionaler Musiker. Oftmals wurden Instrumente hinzugezogen, die Vokalstimmen waren mit wenigen Sängern, oft nur mit zwei bis drei Stimmen, besetzt. Außerhalb des Gottesdienstes wurde auch weltliche Musik gesungen und weltliche und ▶ geistliche Spiele aufgeführt. Die Kantoreien trugen wesentlich zum Aufschwung der Kirchenmusik in der zweiten Hälfte des 16. Jahrhunderts bei.

Die freiwilligen Chorsänger (Adjuvanten) schlossen sich zu Adjuvantenchören zusammen, die oftmals auch allein die Kantorei bildeten. Die ›Vereine‹ trugen sich durch Spenden sowie durch Mitgliedsbeiträge. Nichtsänger, die vor allem an den gesellschaftlichen Ereignissen teilnahmen, bezahlten mehr als die Sänger. Der Höhepunkt solcher Ereignisse bildete das ›Convivium musicum‹, das mehrmals im Jahr von einem der reicheren Mitglieder ausgehalten wurde, bis zu sechs Tagen dauern konnte und auf dem neben dem Gesang mehrstimmiger Kompositionen ausgiebig gespeist und getrunken wurde.

*Literatur*:
W. Niemöller, *Untersuchungen zur Musikpflege und Musikunterricht an den deutschen Lateinschulen vom ausgehenden Mittelalter bis um 1600* (Kölner Beiträge zur Musikforschung 54), Regensburg 1979 • H. Nuechterlein, *Sixteenth-century Kantorei and its predecessors*, in: Churchmusic (1971), S. 3–8 • E. Möller, *Kantorei*, in: MGG², Bd. 4 (Sachteil), 1996, Sp. 1779–1787 • M. Heinemann / P. Wollny (Hrsg.), *Musik zwischen Leipzig und Dresden: Geschichte der Kantoreigesellschaft Mügeln 1571–1996*, Oschersleben 1996.

ES

# Kapelle

Musikgeschichtlich bezeichnet im 15. und 16. Jahrhundert eine Kapelle eine Gruppe von Musikern – primär Sängern, die im Haushalt von Königen (Hofkapelle, Chapel Royal, Chapelle Royale, Capilla reale), Fürsten, Adligen oder Geistlichen angestellt waren. Meist gehörten auch weitere Personen zur Institution einer Kapelle, deren Bezeichnung sich aus der mittelalterlichen ›Hofkapelle‹, der Gemeinschaft aller am Hofe beschäftigten Geistlichen, zum Ensemble zunächst geistlicher, später auch zunehmend weltlicher Sänger entwickelte, die neben dem Singen auch weitere, meist administrative Aufgaben zu leisten hatten. (Letztendlich leitete sich der Begriff von der ›cappa‹ des Heiligen Martins her, der auf die Räumlichkeit in Kirchen und an Höfen, der Kapelle, übertragen wurde; zur Begriffsgeschichte siehe Ehrmann-Herfort). Die vorrangige Bezeichnung der Kapelle als Sängerensemble setzte sich seit dem 15. Jahrhundert durch. Im Laufe des 15. Jahrhunderts lässt sich eine steigende Professionalisierung der Kapellsänger beobachten, der Kapelle gehörten meist auch ein oder mehrere Organisten an, und gegen Ende des 15. Jahrhunderts wurden auch Instrumentalisten einbezogen. – Kapellen an Kirchen wurden häufig von Herrscherhäusern unterstützt, waren mit den höfischen Ensembles verbunden oder wirkten auch bei Hofe und umgekehrt; die Herrscher besuchten sowohl ihre eigenen privaten Gottesdienste als auch diejenigen der Kirchen und Kathedralen (zum komplexen Zusammenwirken von Hof und Kirche siehe Strohm). Im 15. und 16. Jahrhundert entwickelten sich die höfischen Kapellen zu voller Blüte; in Deutschland entstanden daneben oder als Ersatz der Kapellen ▶ Kantoreien (Cantorey), für Kapellen oder Kantoreien wurde auch der Begriff Sängerei (Singery, Sengerey etc.) gebraucht. Die königlichen und fürstlichen Kapellen waren seit dem späten 14. Jahrhundert die hauptsächlichen Institutionen der Musikausübung. Die Kapellen wurden immer größer und prunkvoller, insbesondere die königlichen und fürstlichen Kapellen, die Zeichen von Repräsentation und Macht der Herrscher waren. Das Renommee einer Kapelle hing von der Anzahl und vom Rang der Sänger ab. Im 15. und auch noch während des 16. Jahrhunderts waren insbesondere Sänger und Komponisten aus dem frankoflämischen Bereich begehrt, die die frankoflämische Vokalpolyphonie ausführten, im Laufe des 16. Jahrhunderts wurden zunehmend italienische Musiker, insbesondere italienische Instrumentalisten engagiert.

Die Struktur und die Organisation der Kapellen der einzelnen Herrscher waren zwar individuell verschieden, jedoch sind übergreifend einige gemeinsame Merkmale feststellbar. Leiter der Kapelle war der ›Kapellmeister‹ (maître de chant/chapelle, maestro di capella, maestro di capella, mestre de capella, dt. auch Sangmeister), dem auch weitere Aufgaben zufielen (er sang selbst mit, lehrte das polyphone Singen, unterrichtete die Chorknaben an Kirchen oder versah bei Hofe weitere Aufgaben). Die Sänger – seit Mitte des 14. Jahrhunderts nicht mehr nur ›capellani‹, sondern auch ›cantores‹ benannt – unterstanden einer hierarchischen Ordnung und hatten außer dem Singen meist weitere Pflichten (Priesteramt, Komponisten, Lehrer, Schreiber), die jedoch mit der zunehmenden Entwicklung der Kapelle zum professionellen Sängerensemble und im Zuge der wachsenden Säkularisierung reduziert wurden. Chorknaben waren im Unterschied zu kirchlichen Kapellen in höfischen Kapellen, die überwiegend zunehmend aus hochrangigen Sängern bestanden und die Herrscher auch auf längeren Reisen begleiteten, nicht immer vertreten. Eine durchschnittliche Anzahl der Sänger ist schwierig anzugeben, denn oft sind auch weitere der Institution angehörigen Mitglieder mitgezählt; man kann jedoch von einer durchschnittlichen Anzahl zwischen 15 und 25 Sängern ausgehen. Da die Sänger generell auch sakrale Pflichten zu erledigen hatten, waren sie zumindest im 15. Jahrhundert meist Geistliche, im Laufe der Entwicklung der Kapellen wurden zunehmend weltliche Sänger engagiert; bewerkstelligt wurde dies oft durch eine Umfunktionierung freiwerdender Stellen, die nicht mehr mit Geistlichen, sondern mit Musikern besetzt wurden (siehe hierzu ausführlich Strohm, S. 92ff.). Die kirchlichen Ämter, die die Hofkapelle auf dem Kontinent, insbesondere im deutschen Bereich, traditionell noch umfasste, konnten separat ausgewiesen sein wie beispielsweise in der Hofkapelle ▶ Ferdinands I. im Jahre 1527, die außer dem Kapellmeister, neun erwachsenen Sängern, zehn Chorknaben samt deren Leiter aus ein bis zwei Hofpredigern, fünf Hofkaplänen und zwei Hilfskräften bestand. Meist gehörten auch die Organisten zur Hofkapelle, später auch weitere Instrumentalisten. Die Kapellmitglieder mussten an der täglichen Liturgie teilnehmen, an gewöhnlichen Tagen den Choralgesang und an Sonn- und Festtagen die mehrstimmigen Gesänge vortragen; hinzu kam das Singen zu Repräsentationszwecken bei Festen und offiziellen Anlässen. Kleidung, Auftrittsritual und Verhaltensweisen (verspätetes Kommen oder Unruhe während des Gottesdienstes wurden streng bestraft) waren in den Ordnungen festgelegt.

Die Geschichte von Kapellen einzelner Herrscher, Herrscherfamilien, Kirchen oder staatlicher Einheiten (z.B. die ›burgundische Kapelle‹) zu verfolgen, ist ein komplexer Gegenstand, da meist nicht von einer Kapelle als Einheit ausgegangen werden kann, sondern von mehreren Gruppierungen (Kapelle aller Geistlichen und Sänger, nur das Sängerensemble, kleinere Reisekapellen, private Kapellen etc.), von verschieden lokalisierten Kapellen (z.B. je nach Aufenthaltsorten der Herrscher), von der Differenz oder Identität personell oder zu Kaiserreich, Königreichen, Herzogtümern u.a. zugeordneten Kapellen (z.B. Kapelle des Kaiserreichs oder Kapelle eines einzelnen Herrschers) oder auch nur von der unterschiedlich angegebenen Besetzung der Kapellen (Sänger oder auch andere Mitglieder). Die folgenden Ausführungen verstehen sich deshalb als auf bisherigen Forschungsergebnissen basierende zusammenfassende Übersicht, die der vorläufigen Orientierung dient.

*Die Päpstliche Kapelle und Kapellen in italienischen Städten*
Als Vorbild für weltliche Kapellen am Ende des 14. und Anfang des 15. Jahrhunderts galt die päpstliche Kapelle in Avignon, die auf die Reformen Papst Benedikts XII. (1334–1342) zurückging, der innerhalb der ›capella‹ ein Sängerensemble (›capella intrinseca‹) bestimmte, die die musikalisch-liturgische Ausführung der päpstlichen Gottesdienste und insbesondere das Singen der Horen zu versehen hatten. Sie bestand 1334 aus 12 Sängern und einem ›magister capellae‹. Wahrscheinlich wurde auch mehrstimmige Musik, insbesondere geistliche Motetten, gesungen, wie beispielsweise die Motette *Petre clemens* des der Kapelle angehörigen Sängers Philippe de Vitry für Benedikts Nachfolger, Papst Clemens VI. (1342–1352), belegt. 1377 kehrte Gregors XI. (1370–1378) nach Rom zurück und nahm die Kapelle mit; ob sie mit der in Rom verbliebenen Schola Cantorum verschmolz, ist nicht bekannt, da über die Zeit des ▶ Schismas wenige musikalische Quellen überliefert sind. Im 15. Jahrhundert wurde zunehmend mehrstimmiges Repertoire gepflegt und deshalb auf die Qualität der Sänger geachtet; seit 1405 ist ein Organist als Mitglied der Kapelle belegt, seit Ende des 15. Jahrhunderts umfasst sie auch weitere Instrumentalisten. Zur Qualitätssteigerung der Kapelle stellte Martin V. (1417–1431) französische Sänger ein, und unter Eugen IV. (1431–1447) erhielten die Sänger privilegierte Stellungen auch bezüglich der Vergabe von Pfründen. Unter Sixtus IV. (1471–1484) wurde die unter ihm erbaute und 1483 vollendete Cappella Sistina zum bevorzugten Ort der päpstlichen Messen und das Musiker-

ensemble nach dem Ort ihre Wirkens ebenfalls als Capella Sistina benannt. In den letzten 20 Jahren des 15. Jahrhunderts (unter Innozenz VIII., 1484–1492 und Alexander VI., 1492–1503) bestand die Kapelle aus ungefähr 20 Sängern. Die Peterskirche hingegen hatte eine ebenfalls von Sixtus IV. gegründete eigene Kapelle, die unter Julius II. (1503–1513) nach ihm benannte Capella Giulia. Nach der Blütezeit unter Leo X. (1513–1521) und den ersten Jahren unter Clemens VII. (1523–1534) folgte ein Einbruch durch den ▸ Sacco di Roma (1527), dem 1528 durch die Neueinstellung von Sängern entgegengewirkt wurde. Die liturgischen Reformen des Tridentinums in der zweiten Hälfte des 16. Jahrhunderts schließlich bewirkten durch die Umstellung des Repertoires auch eine Reduzierung der Sänger, 1586 auf 21 unter Sixtus V. (1585–1590). Der päpstlichen Kapelle gehörten viele berühmte Musiker an wie Guillaume ▸ Dufay von 1428–1437 (mit einer Unterbrechung 1433–1434), ▸ Gaspar van Weerbeke (1780–1789) oder ▸ Josquin Desprez in den 1580er und 1590er Jahren, im 16. Jahrhundert Costanzo ▸ Festa (1517–1545), Cristóbal de ▸ Morales (1535–1545), Jacques ▸ Arcadelt (1540–1551). Giovanni Pierluigi da ▸ Palestrina und einige weitere Musiker wurden wegen Verheiratung aufgrund des Motu proprio Pauls IV. (1555–1559) aus der Kapelle ausgeschlossen; Palestrina erhielt als ›Ersatz‹ 1565 das Amt des ›compositore della cappella pontificia‹, das er bis zu seinem Tod 1594 innehatte (zum Repertoire der päpstlichen Kapelle vgl. Janz).

Allgemein umfassten kirchliche Kapellen ungefähr 20 bis 25 Mitglieder sowie ca. 10 Chorknaben. Im 15. Jahrhundert waren die italienischen Kapellen meist mit frankoflämischen oder deutschen Musikern besetzt, im 16. Jahrhundert hingegen überwiegend mit italienischen. Am Dom von Modena bspw. waren ab 1494 ausschließlich italienische Kapellmeister tätig, darunter Ludovico ▸ Fogliano und Orazio ▸ Vecchi, der von 1583–1586 und von 1593–1604 ›maestro di capella‹ war; im 16. Jahrhundert folgten Marco Uccellini und Giovanni Maria Bononcini. Die meisten kirchlichen Kapellen wurden von den jeweiligen regierenden italienischen Familien unterstützt, so die Kapellen in Florenz am Dom Santa Maria del Fiore und am Baptisterium San Giovanni von den ▸ Medici bis zu deren Vertreibung 1494.

Während der Republik wurden die Kapellen in Florenz nach einer durch eine Reduktion polyphoner Aufführungen gekennzeichneten Übergangsphase 1501 bzw. 1510 wieder restituiert und von Guilden finanziert (die Woll-Guilde unterstützte diejenige der Kathedrale und die Calamala-Guilde diejenige des Baptisteriums ab 1510). Die vollendete Etablierung der Kapellen 1538 geschah unter der Aufsicht der Medici. In Neapel unterstützten die aragonesischen Herrscher unter ▸ Alfonso I. (1442–1458) und ▸ Ferrante I. (1458–1494) die seit den 1440er Jahren bestehenden Kapellen, in Ferrara etablierte Ercole I. d' ▸ Este (reg. 1471–1505) eine neue Kapelle, die 1473 schon 12, 1481 bereits 27 Musiker und 1499 33 Mitglieder zählte und zu den größten Kapellen zählte. Sie hatte eine besondere Organisationsform: Die Komponisten standen an der Spitze, danach kamen die Sänger, der ›maestro di cappella‹ stand erst an dritter Stelle und die an vierter Stelle angeführten ›cappellani‹ hatten auch sakrale Aufgaben wahrzunehmen. Geht man allgemein von einer Blütezeit der Kapellen von der zweiten Hälfte des 15. bis zur Mitte des 16. Jahrhunderts aus, so wirkten sich die kirchenpolitischen Forderungen der Gegenreformation bezüglich einer qualitativen Steigerung der Kapellen nicht gerade förderlich aus; die vielfältigen Wechselbeziehungen sind Gegenstand aktueller Untersuchungen (siehe Mischiati / Russo (Hrsg.), *La cappella musicale nell'Italia della Controriforma*).

*Kapellen in Frankreich*
Die französischen Könige unterhielten seit dem 14. Jahrhundert Kapellen, seit der zweiten Hälfte des 15. und im 16. Jahrhunderts gehörten ihnen berühmte Musiker an. Die Sänger waren im 15. Jahrhundert eng an die kirchlichen Institutionen gebunden; so umfasste die Kapelle ▸ Karls VI. (reg. 1380–1422) 11 Sänger, die aus Notre-Dame oder der Sainte-Chapelle rekrutiert wurden, und während ihrer häufigen Aufenthalte im Loire-Tal nahmen die Könige im 15. Jahrhundert keine Kapelle mit, sondern begnügten sich mit der kleinen Kapelle der Kathedrale von Tours, die die gesungenen Teile der Messe ausführten (15 Kapellsänger und ein Organist).

Am französischen Hof existierten auch zwei Instrumentalensembles, eines für die Militärmusik (›écurie‹) mit Trompeten, Zinken, Oboen, Querpfeifen und Trommeln sowie eines für die ›maison du roi‹ mit Lauten, Gamben, Spinetten und Regalen, die bei Banketten oder Unterhaltungen spielten. ▸ Ludwig XII. (1498–1515) brachte von seinen Feldzügen Instrumentalisten aus Italien mit (Posaunisten, Hornisten, Oboisten, Lauten). Unter ▸ Franz I. wurde die Kapelle vergrößert, die Musiker reisten nun mit dem König mit. Bis zum Ende des Jahrhunderts wurde die königliche Kapelle ständig erweitert. – Viele berühmte französische, im 15. Jahrhundert frankoflämische Komponisten gehörten der königlichen Kapelle an: Johannes ▸ Ockeghem, Loyset ▸ Compère, Alexander ▸ Agricola, Claudin ▸ Sermisy, Jean ▸ Mouton, Pierre ▸ Sandrin u.a. (zu einer ausführlichen Beschreibung der Kapellen ▸ Frankreich). Auch die Fürsten unterhielten Kapellen, diejenige in Savoyen umfasste 20 bis 30 Mitglieder. Bereits 1406 wurde von Herzog Jean de Berry eine Kapelle in Bourges neu gegründet in der Absicht, mit anderen königlichen und fürstlichen Kapellen zu konkurrieren; unter den Kapellmitgliedern befanden sich ehemalige Mitglieder der burgundischen wie auch der päpstlichen Privatkapelle in Avignon (siehe Higgins).

*Die Burgundische Kapelle*
Die burgundische Kapelle galt im 15. Jahrhundert als renommierteste Hofkapelle in ganz Europa. Bereits von Philipp dem Kühnen 1384 eingerichtet war sie 1404 mit 28 Mitgliedern größer als die Kapelle des französischen Königs und des Papstes Benedikt XIII. in Avignon; allein die großen Kathedralen Nordfrankreichs (Notre Dame in Paris, Chartres, Cambrai) hatten mehr Mitglieder. Nach Auflösung der Kapelle unter Johann ohne Furcht (reg. 1404–1419) wurde sie 1415 neu gegründet mit Sängern wie Pierre ▸ Fontaine und Nicolas ▸ Grenon. Unter ▸ Philipp dem Guten (reg. 1419–1467) umfasste die Kapelle 1445 17 Chapelains, die keine Geistlichen sein mußten, zwei Clercs und vier Sommeliers und war damit eine der größten und am besten organisierten Kapellen Europas, zu deren Sängern u.a. Gilles ▸ Binchois, Robert ▸ Morton, Gilles ▸ Joye, Hayne van ▸ Ghizeghem, Antoine ▸ Busnoys gehörten; Italiener waren im 15. Jahrhundert nur wenige in der burgundischen Kapelle (siehe Fiala). Als Dichter wirkte u.a. Martin le Franc, als berühmter Musiker war auch Dufay zeitweilig am Hof. 1459 gehörten der Kapelle (laut Fallows, *Specific information*, S. 110ff.) ausschließlich erwachsene Sänger an (14 insgesamt: 6 im Cantus, 2 im Contratenor altus, 3 im Tenor, 3 im Contratenor Bassus). Die Aufgaben der Chapelains waren vielfältig: Sie versahen, sofern sie Geistliche waren, das Priesteramt, waren aufführende Sänger, Komponisten, Lehrer und Schreiber; sie mussten den musikalischen Teil der täglichen Liturgie bestreiten, sowohl den Choralgesang als auch die polyphonen Gesänge an den Festtagen; hinzu kam die musikalische Ausgestaltung der zahlreichen Feste am burgundischen Hof. – Nach dem Tod ▸ Karls des Kühnen beschäftigten

Maria von Burgund (reg. 1477–1482) und ▸ Maximilian I. die Kapelle weiter, sie repräsentierte bei den Krönungen Maximilians in Frankfurt und Aachen und begleitete ihn auf seinen Reisen, insbesondere 1492–1494 (vgl. die einzelnen Stationen der Reise bei Meconi S. 19–29). 1494 übergab Maximilian die inzwischen 33 Mitglieder umfassende Kapelle seinem Sohn Philipp dem Schönen (1482–1506). 1501 und 1504 zog sie samt Organisten mit Philipp dem Schönen nach Spanien (Beschreibung bei Meconi S. 29-40). Laut Quellen (u.a. Antoine de Lalang, der die Reise bis in Detail beschrieb) soll die Kapelle bei ihren Auftritten in Erstaunen versetzt haben; in Blois sang sie im Dezember zusammen mit der französischen königlichen Kapelle. Für die Reisen wurde die Kapelle meist vergrößert, um Macht und Reichtum zu repräsentieren; zudem wollten die Herrscher nicht auf eine lokale Kapelle angewiesen sein. Berühmte Mitglieder der Zeit waren Alexander ▸ Agricola und Pierre de la ▸ Rue. Nach Niederlassung der burgundischen Herrscher in Spanien wurde die burgundische Kapelle zur ›capilla flamenca‹, die ▸ Karl V. nach dem Tod Philipps des Schönen übernahm. Die burgundische Kapelle in ▸ Brüssel war in der zweiten Jahrhunderthälfte nach dem Modell der Capilla Flamenca in Madrid organisiert, zerfiel aber zunehmend aufgrund der Religionskriege und der Emigration von Sängern; geleitet wurde sie in den letzten Jahren des 16. Jahrhunderts von Jean de Turnhout (siehe die detaillierteren Ausführungen im Artikel ▸ Brüssel sowie die Arbeit von Thieffry).

*Spanien und Portugal*
Im 15. Jahrhundert existierten bereits königliche Kapellen (›capillas reales‹) der spanischen Könige (Katalonien-Aragon, Kastilien, Navarra), die mit anderen großen Kapellen Europas konkurrieren konnten. Zu erwähnen ist die Kapelle des aragonesischen Hofes, die schon in der ersten Hälfte des 15. Jahrhundert über frankoflämische Musiker und deren Repertoire verfügte. In der Mitte des 15. Jahrhunderts hatte Alfonso V. (1396–1458), der als König ▸ Alfonso I. in Neapel regierte, eine stattliche Kapelle (1444: 15 Sänger, 1451: 21 Sänger), in der Juan ▸ Cornago ab 1453 diente (zuvor: Pietro Oriola ab 1441) und die wahrscheinlich überwiegend aus spanischen Musikern bestand. Daneben existierte eine kastilische Hofkapelle, die auch nach der Vereinigung von Kastilien und Aragon bestehen blieb. Die aragonesische Kapelle wurde mit dem Tod Ferdinands II. aufgelöst, während Karl V. die burgundische seines Vaters (›capilla flamenca‹) und die kastilische beibehielt. Karl V. förderte und vergrößerte die ›capilla flamenca‹ (bei Übernahme hatte sie 15 Sänger sowie Chorknaben, in den 1550er Jahren zählte sie 21 Sänger), deren Musiker vornehmlich aus den Niederlanden rekrutiert wurden. Die Kapelle war für die tägliche Liturgie der Gottesdienste zuständig, die der Kaiser besuchte. Berühmte Mitglieder waren Antonio de ▸ Cabezón, Mabrianus de ▸ Orto, Nicolas ▸ Gombert, Thomas ▸ Crecquillon, Cornelius ▸ Canis, Nicolas ▸ Payen. Wie zuvor begleitete die Kapelle den Kaiser auf Reisen, wo sie zu Repräsentationszwecken eingesetzt wurde, insbesondere bei den Entrées in Antwerpen 1515, in Cambrai 1540 oder in Ghent 1556 (siehe Bouckaert). In der zweiten Hälfte des 16. Jahrhunderts wurde die Kapelle unter ▸ Philipp II. fortgeführt, und Kapellmeister waren auch weiterhin frankoflämische Musiker wie Nicolas ▸ Payen, Gerard van Turnhout oder Philippe ▸ Rogier (siehe Becquart). Auf die Bedeutung der Kapelle verweist ein von dem Kapellmitglied Miguel Pérez de Aguirre verfasstes Dokument von 1559, in dem das liturgische Zeremoniell der ›capilla‹ detailliert aufgezeichnet wurde (siehe Nelson, *Ritual and ceremony*). Nach der Gründung des Escorial, dessen zunächst aus Mönchen bestehende Capilla

primär den einstimmigen Gesang pflegte, verstärkte die königliche Kapelle (›capilla real‹) oft gemeinsam mit den Kapellen der Kathedralen Toledo und Avila die musikalischen Aktivitäten zu höheren Festen – ab 1567 schrieb Philipp II. Polyphonie am Escorial an Sonntagen und Festtagen vor (siehe Noone). – Neben der Capilla flamenca existierte seit 1526 die kleinere, aus spanischen Musikern bestehende ›Capilla española‹ Isabellas von Portugal, der Gattin Karls V. (zu den Kapellen und deren Repertoire ▶ Spanien). – In Portugal wurde von Philipp II., der 1580 als Philipp I. auch portugiesischer König wurde, eine Kapelle nach dem Modell der spanischen Kapelle des Escorial eingerichtet, deren Satzung in dem umfangreichen *Regimento da Capella Real* von 1592 festgehalten wurde (siehe Nelson, *Philip II and the Portuguese Royal Chapel, 1580–1598*). – Die Entwicklung der Kapellen an spanischen Kathedralen und Kirchen unterschied sich von derjenigen in Frankreich, dem frankoflämischen Bereich, Italien und den deutschen Gebieten durch die verzögerte Entwicklung. Erst ab Mitte des 15. Jahrhunderts wurde an großen Kapellen der Posten des Kantors, des Maestro di capilla, installiert, der das Kapitel in Polyphonie zu unterrichten und die Chorknaben zu betreuen hatte, und erst seit dem 16. Jahrhundert hatte er polyphone Musik für bestimmte Anlässe zu komponieren. Im 16. Jahrhundert entwickelte sich jedoch eine eigenständige musikalische Kultur in Spanien, die von spanischen Komponisten und Sängern getragen wurde (▶ Spanien). Im 15. Jahrhunderten wurde der Gesang noch vorwiegend von Geistlichen ausgeführt, seit dem 16. Jahrhundert wurden wie auch andernorts vorwiegend Berufssänger zur Aufführung von Polyphonie engagiert. Gegen Ende des 16. Jahrhunderts wurden auch Instrumentalisten (Bläser) eingestellt (zum Aufbau der Kapelle vgl. Suárez-Pajares, Sp. 1636). Für die Musikerziehung der Chorknaben wurden in der zweiten Hälfte des 16. Jahrhundert die ›Colegios de infantes de coro‹ gegründet.

*Die kaiserliche Kapelle und Kapellen der Habsburger*
Eine erste kaiserliche Kapelle gründete 1434 Kaiser ▶ Sigismund, in der Johannes ▶ Brassart als Sänger engagiert wurde. Die Kapelle wurde nach dem Tod Sigismunds 1437 von ▶ Albrecht II. und nach dessen Ableben 1439 von ▶ Friedrich III. übernommen. Bedeutung erlangte sie unter ▶ Maximilian I. (Kaiser 1508–1519), der sie 1498 reorganisierte. Er übernahm sowohl die Hofkapelle Friedrichs III. als auch Musiker aus der Kapelle Sigmunds des Münzreichen und erweiterte sie durch hervorragende Musiker wie Paul ▶ Hofhaimer als Organisten, Pierre de la ▶ Rue (der 1493 als Chorknabe eintrat), Heinrich ▶ Isaac als Hofkomponisten, Georg von Slatkonia als Kapellmeister, Ludwig ▶ Senfl und Heinrich ▶ Finck. Die Kapellgründung wird im Fürstenspiegel *Der Weißkunig* biblisch mit Bezug auf König David begründet und zudem überhöht dargestellt: Die »canterey« solle alles bislang dagewesene übertreffen. Die Kapelle bestand 1512 bei einer Reise nach Trier laut Bericht (des Kanzleisekretärs Peter Maiers) aus 2 Altisten, 4 Tenoristen, 3 Bassisten und 10 Sängerknaben, also 19 Sängern. Die Hofkapellen ▶ Karls V. (Kaiser 1519–1556) waren an seiner spanischen Residenz lokalisiert (siehe oben: Spanien); daneben hatte sein Bruder ▶ Ferdinand I., der über die österreichischen Herzogtümer herrschte und ihm als Kaiser nachfolgte (1556–1564), eine Hofkapelle, der 1527 ein Kapellmeister, je drei Bassisten, Tenoristen und Altisten, ein Kapellknabenpräzeptor mit 10 Sängerknaben sowie ein Organist angehörten (angeführt im Personalverzeichnis der Kapellordnung von 1527). Kapellmeister unter Ferdinand I. waren Heinrich ▶ Finck in seinem letzten Lebensjahr (1527), nach dessen Tod ▶ Arnold von Bruck bis 1545.

Auf der Hofkapelle Ferdinands I. bauten die drei bedeutendsten habsburgischen Kapellen der zweiten Hälfte des 16. Jahrhunderts, die seiner drei Söhne, ▸ Maximilians II. (Kaiser 1564–1576) in Wien und Prag, Ferdinand von Tirol in Innsbruck und Karl II. von Innerösterreich in Graz, sowohl personell durch Übernahme von Musikern als auch strukturell auf. Führende Musiker in Maximilians Kapelle waren Jacobus ▸ Vaet und Philippe de ▸ Monte (seit 1569); die Anzahl der Mitglieder war mit 38 Sängern ziemlich hoch (13 Bassisten, 11 Tenoristen, 10 Altisten, 4 Diskantisten auf dem Höchststand); 1569 wurde deshalb ein Vizekapellmeister (Alard du Gaucquier) angestellt (einen Vizekapellmeister gab es allerdings bereits unter Ferdinand I., den von 1528–1541 in der Kapelle angestellten Stephan Mahu). Unter ▸ Rudolf II. (Kaiser 1576–1612) stieg das Niveau der Kapelle weiter an, Mitglieder waren u.a. Philippe de ▸ Monte, der schon seit 1569 Kapellmeister war und bis zu seinem Tod 1603 in der Kapelle verblieb, und Jacob ▸ Regnart, der Gaucquier 1579 als Vizekapellmeister nachfolgte, 1582 jedoch an den Innsbrucker Hof wechselte. Die Besetzung der Kapelle ist detailliert in den Aufzeichnungen (des »Ehrenholds« Peter Fleischmann) über den Reichstag in Regensburg 1594 dokumentiert, wo 44 Sänger samt Monte als Kapellmeister, 12 Hofkapläne, zwei Organisten, vier Musici, ein Lautenist sowie 25 Trompeter und deren Leiter, ein Heerpauker ein weiterer Trompeter, ein Pfeifer und ein Trommelschläger namentlich aufgeführt sind (siehe Bobeth, S. 183f.). Trompeter waren bereits in einem Verzeichnis der habsburgischen Kapelle für den Reichstag 1570 unter Maximilian II. in Speyer aufgelistet (siehe dazu Hindrichs), die insbesondere Repräsentationszwecken dienten.

*Kapellen deutscher Fürsten*
An deutschen Fürstenhöfen waren Kapellen zur Ausführung polyphoner Musik um 1500 noch selten. Um 1510 verfügten im wesentlichen vier deutsche Herrscher über eine Kapelle zur Ausführung niederländischer Vokalpolyphonie, der Kurfürst von Württemberg, der Kurfürst von der Pfalz (Heidelberg), der sächsische Kurfürst Friedrich der Weise (siehe Reimer, *Deutsche Hofkantoreien um 1500*) sowie die bayrischen Herzöge, deren Kapelle insbesondere in der zweiten Hälfte des 16. Jahrhunderts berühmt wurde. – Die Kapelle Herzog Ulrichs von Württemberg wurde 1506/1507 gegründet bzw. erneuert (Kapellsänger sind auch schon für das Ende des 15. Jahrhunderts verbürgt) nach dem Vorbild der Kapelle Maximilians, der ein Gönner von Ulrich war. Heinrich ▸ Finck wurde 1510 als Sing- und Kapellmeister angestellt, die Finanzierung der Kapelle erfolgte aus Pfründen (wofür ein Gesuch an den Papst um Pfründenbewilligung für Sänger geistlichen Standes erging) und Einkünften aus aufgehobenen Stiften. – Die Kapelle des Kurfürsten von der Pfalz in Heidelberg wurde 1472/1473 gegründet, und ▸ Johannes von Soest wurde als Kapellmeister angestellt, der die Kapelle gegenüber Anfeindungen verteidigte und für 24 erwachsene Sänger – also eine stattliche Anzahl – plädierte, was allerdings nicht realisiert wurde (die Kapelle umfasste 12 erwachsene Sänger und Chorknaben). Eine Sängerei-Ordnung wurde erlassen, die als die älteste im deutschen Sprachbereich gilt; ebenso tritt hier erstmals die Bezeichnung Sängerei als häufig verwendeter Terminus auf (dementsprechend auch Sängermeister und Sängerknaben, während die erwachsenen Sänger als Gesellen bezeichnet wurden, daneben auch Capelle und Capellmeister). Die Einrichtung der Kapelle wurde als »zur Ehre Gottes und zur Bereicherung des Gottesdienstes« begründet, wenn sie auch eigentlich – wie alle Kapellen – zu Repräsentationszwecken des Herrschers entstand (siehe Žak). Die Kapelle war weitgehend eigenständig und unabhängig von der kaiserlichen

Kapelle. Der Nachfolger von Johannes von Soest wurde Sebastian ▸ Virdung. 1559 wurden die Ausgaben für die Kapelle beim Übergang zum Calvinismus reduziert, unter dem lutherischen Pfalzgraf Ludwig VI. 1579 jedoch wieder restituiert und Johann ▸ Knöfel als Kapellmeister angestellt, bis weitere Reduzierungen seit 1584 nach Wiedereinführung des Calvinismus erfolgten. – In Sachsen förderte Kurfürst Friedrich der Weise (1486–1525) das kulturelle Leben nicht nur auf dem Gebiet der Musik, sondern auch auf demjenigen der Malerei und Buchkunst (vgl. zum folgenden ausführlich Heidrich). Die Hofkapelle wurde nach dem Vorbild derjenigen Maximilians I. aufgebaut, an dessen Hof Friedrich einige Ämter versah; Mitglieder der maximilianischen Hofmusik weilten in den 1490er Jahren zeitweilig am kursächsischen Hof, darunter auch Isaac und Hofhaimer. Der Aufbau der Kapelle wurde 1491 mit nur wenigen Sängern begonnen, 1496 hatte die Kapelle bereits dreizehn Sänger. Die Kosten für den Unterhalt der Kapelle bestritt der Fürst selbst wie auch die Ausgestaltung von Gottesdiensten durch Stiftungen. Der hauptsächliche Wirkungsort der Kapelle war neben den Aufführungsorten auf Reisen, insbesondere zu den Reichstagen, das Wittenberger Schloß und die Allerheiligenstiftskirche. ▸ Adam von Fulda war als Komponist dort bis zum seinem Tod 1506 tätig. Das Repertoire ist durch die 18 Jenaer Chorbücher verbürgt, die importierte Musik frankoflämischer Herkunft verzeichnen (die Messe *Fridericus Dux Saxoniae* ist nicht für ihn eigens komponiert, sondern eine Adaptation der Missa *Hercules Dux Ferrariae* von ▸ Josquin Desprez). Wahrscheinlich ist Martin ▸ Luthers Kenntnis der mehrstimmigen Musik hauptsächlich durch die sächsische Hofkantorei vermittelt (siehe Blankenburg, *MGG*, Bd. 8, 1960, Sp. 1337). Die Kapelle wurde 1526 nach dem Tod Friedrichs des Weisen aufgelöst, die Kapellsänger traten zum Teil Johann ▸ Walters ▸ Kantorei bei. – In der zweiten Hälfte des 16. Jahrhunderts bekam die Münchner Hofkapelle mit Orlande de ▸ Lassus hervorgehobene Bedeutung. In ▸ München wurde zur Regierungszeit Sigmunds (1460–1467) und Albrechts IV. (1465/1467–1508) die erste Hofkapelle gegründet, wahrscheinlich mit Vorbild der burgundischen Kapelle. 1520 wurden unter Wilhelm IV. Ludwig ▸ Senfl sowie weitere Sänger aus der Kapelle Maximilians I. nach deren Auflösung an den Münchner Hof berufen; die Finanzierung wurde – auch noch bis in die zweite Hälfte des Jahrhunderts – zu einem guten Teil aus kirchlichen Geldern geleistet (siehe Schwindt, *Zum Säkularisierungsprozess*). Senfl blieb in der Kapelle bis zu seinem Tod (1542/1543), nach ihm waren ab den 1550er Jahren Mattheus ▸ Le Maistre und Ludwig ▸ Daser in der Kapelle. Mit der Berufung von Orlande de ▸ Lassus 1557 begann die Blütezeit der Kapelle, ▸ Albrecht V. (1550–1579) erweiterte die Kapelle schon vor Lassus' Dienstantritt als Kapellmeister 1563. Die Kapelle erhielt in dieser Zeit auch konzisere Strukturen, insbesondere bezüglich der Besoldung nach bestimmten musikalischen Funktionen, in der Umpositionierung des Organisten aus dem Vokal- in das Instrumentalensemble, das im Vergleich zu anderen deutschen Höfen eine hohe Anzahl an Musikern (insbesondere auch Streicher), überwiegend italienischer Herkunft, aufwies. 1570 bestand der Chor aus 23 erwachsenen Sängern. Durch die Verteidigung auch der weltlichen ‹Kammermusik› durch Albrecht vollzog sich ein wachsender Säkularisierungsprozess der Kapelle, mit dem auch eine Musikanschauung von Kunst als Erholung vom politischen Alltag einherging (Schwindt, *Zum Säkularisierungsprozess*). Die berühmte Darstellung der Münchner Hofkapelle von Hans Mielich (1570) gibt die Kapellstruktur der Münchner Hofkapelle wieder (siehe Schwindt, *Hans Mielich*). Albrechts Nachfolger Wilhelm sah in der Kapelle vor allem ein Mittel der Repräsentation.

*Kapellen in weiteren europäischen Ländern*
Berichte über hervorragende Kapellen liegen auch für weitere Regionen und Länder vor. So hatte der ungarische König ▶ Matthias I. Corvinus eine hervorragende Kapelle aus flandrischen und italienischen Musikern, von der es heißt, sie habe die päpstliche Kapelle übertroffen; sie bestand aus 24 Sängern, die gut bezahlt wurden und die Kapelle deshalb für Musiker attraktiv machte; Johannes de ▶ Stockem war u.a. Mitglied. Um 1506 hatte der Ungar Márton Huszti die Leitung, deutsche und böhmische Musiker waren beschäftigt. In der Folgezeit war Thomas ▶ Stoltzer Kapellmeister der Königin Maria (Schwester Karls V.). – In Krakau wurde 1540 die Capela rorantistarum von König ▶ Sigismund gegründet. Die Kapelle erfuhr in der zweiten Hälfte des 16. Jahrhunderts unter Sigismund III. Wasa (1587–1632) großen Aufschwung; italienische Musiker wurden an den polnischen Hof gerufen, darunter als berühmtester Luca ▶ Marenzio (siehe Bellini). Wladyslaw IV. Wasa führte die Kapelle in gleichem Sinne weiter, wobei durch die italienischen Musiker auch die neuesten Kompositionstechniken der Jahrhundertwende (Monodie, ▶ Generalbass) Eingang fanden (siehe Szweykoswka). – In Kopenhagen stand die Kapellgründung ebenfalls unter burgundischem Einfluss; Christian II. (1481–1559, reg. 1513–1523) war mit Isabelle von Burgund (Schwester Karls V.) verheiratet und führte somit die burgundische Kultur in Kopenhagen ein. Die Hofkapelle, für die ausländische Sänger engagiert waren, bestand aus der gewöhnlichen Anzahl von 18 Sängern mit etwa zwei Bassisten, je drei Altisten und Tenoristen sowie 10 Chorknaben (Stroux, S. 5). Wahrscheinlich gehörte Heinrich ▶ Faber von 1515 bis 1523 der Kapelle unter dem Namen »Hainrich Lichtenfels« an.

*Die ▶ Chapel Royal und weitere Kapellen in England*
Die Chapel der englischen Könige unterschied sich von den kontinentalen Kapellen insbesondere darin, dass sie aus fest engagierten Sängern bestand, die bis zu ihrem Lebensende in der Kapelle verblieben. Zudem waren es mehr Sänger als in kontinentalen Kapellen. 1449 gehörten der Kapelle neben einem ›decanus‹ und 30 ausgewählten ›cantores‹ (›chaplains‹, ›clerks‹, ›choristers‹), von denen die Hälfte Geistliche waren, verschiedene weitere Personen zur Ausübung der Liturgie an: ein Priester für die Lesung des Evangeliums, ein Kleriker zur Lesung der Epistel mit 10 Knaben, die als Sänger und Leser fungierten, ein Gesangslehrer für die Knaben, ein für Bücher, Geräte und Gewänder zuständiger Geistlicher, drei Diener und ein Grammatiklehrer für die Knaben (siehe Ehrmann-Herfort, S. 68). Die Kapelle existierte mit dieser Sängeranzahl schon unter Heinrich V. (1413–1422) und Heinrich VI. (1429–1471, 1431 zum französischen König gekrönt). Das Niveau in der Chapel Royal war sehr hoch, ihr gehörten die berühmtesten englischen Musiker an (u.a. Thomas ▶ Tallis, William ▶ Byrd). Auch nach Einführung der anglikanischen Kirche und der Liturgiereformen wurde die Kapelle zur Repräsentation und zur Demonstration von politischer Macht beibehalten – Strukturen der ehemaligen Polyphonie wurden in die anglikanische Musik übernommen (▶ Anthem). – Generell verfügten englische Kapellen über 20 Stimmen und mehr für die Aufführung der üblicherweise fünfstimmigen Kompositionen. Die Kapelle des Cardinal College in Oxford hatte 12 ›chaplains‹, 12 ›lay clerks‹ und 16 ›choristers‹ (John ▶ Taverner als ›master of the choristers‹), die Kapelle der St Botolph Churst in Boston verfügte über 10 ›chaplains‹, 10 oder 12 ›lay clerks‹ und 8 oder 10 ›choristers‹. Über eine statthafte Kapelle verfügte auch Thomas Wolsey, Bischof und Chancellor ▶ Heinrichs VIII. (siehe

Bowers). Durch Auflösung von Klöstern und Abteikirchen nach Einführung der anglikanischen Kirche wurden die Musiker rasch in die neuen Strukturen integriert.

*Literatur*:
G. Pietzsch, *Zur Musikkapelle Kaiser Rudolfs II.*, in: Zeitschrift für Musikwissenschaft 16 (1934), S. 171–176 • W. Senn, *Musik und Theater am Hof zu Innsbruck. Geschichte der Hofkapelle vom 15. Jahrhundert bis zu deren Auflösung im Jahre 1748*, Innsbruck 1954 • M. Ruhnke, *Beiträge zu einer Geschichte der deutschen Hofmusikkollegien im 16. Jahrhundert*, Berlin 1963 • I.D. Bent, *The Early History of the English Chapel Royal*, Diss. Univ. of Cambridge 1969 • M. Ruhnke, *Beiträge zu einer Geschichte der deutschen Hofmusikkollegien im 16. Jahrhundert*, Berlin 1963 • F.A. D'Accone, *The Musical Chapels at the Florentine Cathedral and Baptistry during the First Half of the 16th Century*, in: Journal of the American Musicological Society 24 (1971), S. 1–50 • D. Fallows, *Specific information on the ensembles for composed polyphony, 1400–1474*, in: Studies in the Performance of of Late Mediaeval Music, hrsg. von St. Booerman, Cambridge 1983 • L. Robledo, *Sobre la capilla real de Felipe II*, in: Nassarre 4 (1988), S. 245–248 • Kl. Hortschansky, *Musikleben*, in: Die Musik des 15. und 16. Jahrhunderts (Neues Handbuch der Musikwissenschaft 3,1), hrsg. von L. Finscher, Laaber 1989, S. 23–128 • P. Higgins, *Music and Musicians at the Sainte-Chapelle of the Bourges Palace, 1405–1515*, in: Kongreßbericht SMI Bologna 1987, Turin 1990, Bd. 3, S. 689–701 • E. Reimer, *Die Hofmusik in Deutschland 1500–1800. Wandlungen einer Institution* (Taschenbücher zur Musikwissenschaft 112), Wilhelmshaven 1991 • R. Strohm, *The Rise of European Music*, Cambridge 1993 • O. Mischiati / P. Russo (Hrsg.), *La cappella musicale nell'Italia della Controriforma*, Florenz 1993 • S. Žak, *Die Gründung der Hofkapelle in Heidelberg*, in: Archiv für Musikwissenschaft 50 (1993), S. 145–163 • B. Janz, *Collectanea. II: Studien zur Geschichte der päpstlichen Kapelle*, hrsg. von B. Janz, Vatikanstadt 1994 • M. Ruhnke, *Kapelle. I., II.*, in: MGG², Bd. 4 (Sachteil), 1996, Sp. 1788–1793 • N. Schwindt, *Hans Mielichs bildliche Darstellung der Münchner Hofkapelle von 1570*, in: Acta musicologica 68 (1996), S. 48–85 • B. Nelson, *Philip II and the Portuguese Royal Chapel, 1580–98*, in: Leading notes Journal of the National Early Music-Association 8 (1998), S. 14–19 • M.J. Noone, *Music and musicians in the Escorial liturgy under the Habsburgs, 1563–1700*, Rochester 1998 • J. Suárez-Pajares, *Spanien. II. Renaissance*, in: MGG², Bd. 8 (Sachteil), 1998, Sp. 1639–1640 • Th. Antonicek, *Die maximilianische Hofmusikkapelle im Urteil der Nachwelt – ein Forschungsbericht*, in: Die Wiener Hofmusikkapelle I. Georg von Slaktonia und die Wiener Hofmusikkapelle, hrsg. von Th. Antonicek, E.Th. Hilscher und H. Krones, Wien u.a. 1999, S. 17–136 • P. Bellini, *Sigismund III. Wasa, Konig von Polen (1587-1632) als Musikmäzen: Italiener als Kapellmeister und Musiker am polnischen Hofe*, in: Beiträge zur Musikgeschichte Ostmittel- Ost- und Südosteuropas, hrsg. von H. Unverricht, Sinzig 1999, S. 31–42 • B. Bouckaert, *The Capilla Flamenca: the Compositiosn and Duties of the Music Ensemble at the Courts of Charles V, 1515–1558*, in: The Empire Resounds. Music in the Days of Charles V, hrsg. von F. Maes, Löwen 1999, S. 37–46 • E. Reimer, *Deutsche Hofkantoreien um 1500. Zum Umfeld der Kantorei Maximilians I.*, in: Die Wiener Hofmusikkapelle I. Georg von Slaktonia und die Wiener Hofmusikkapelle, hrsg. von Th. Antonicek, E.Th. Hilscher und H. Krones, Wien u.a. 1999, S. 23–36 • B. Nelson, *Ritual and Ceremony in the Spanisch Royal Chapel, c. 1559 – c. 1561*, in: Early Music History 19 (2000), S. 105–200 • K. Polk, *Musik am Hof Maximilinas I.*, in: Musikgeschichte Tirols, Bd. 1: Von den Anfängen bis zur Frühen Neuzeit, hrsg. von K. Drexel und Monika Fink, Innsbruck 2000, S. 629–652 • B. Körndle, *Der »tägliche Dienst« der Münchner Hofkapelle*, in: Musikalischer Alltag im 15. und 16. Jahrhundert, hrsg. von N. Schwindt (Trossinger Jahrbuch zur Renaissancemusik 1), Kassel 2001, S. 21–37 • A. Poindexter, *Chapel*, in: Grove, Bd. 4, 2001, S. 148–149 • D. Fiala, *Les musiciens italiens dans la documentation de la cour de Bourgogne entre 1467 et 1506: quelques silhouettes*, in: Regards croisés. Musiques, musiciens, artistes et voyageurs entre France et Italie au Xve siècle, hrsg. von N. Guidobaldi, Paris und Tours 2002, S. 61–82 • Th. Hindrichs, *Die Hofkapelle Kaiser Maximilians II. auf dem Reichstag zu Speyer 1579 und während seiner Wahl zum polnischen König in Wien 1576 – Zur »Propaganda« in der frühen Neuzeit*, in: Mitteilungen der Arbeitsgemeinschaft für mittelrheinische Musikgeschichte 74/75, Mainz 2002, S. 191–209 • H. Meconi, *Pierre de la Rue and Musical Life at the Habsburg-Burgundian Court*, Oxford 2003, darin: The Habsburg-Burgundian Chapel under Maximilian, Philip, and Juan: 1492? – 1508 und The Chapel under Marguerite and Charles: 1508–1516, S. 19–43 sowie Structure and Duties of the Chapel, S. 53–64 • G. Vigarani / M. A. Kalak / M. Lucchi, *Horatio Vecchi. Maestro de capella. La Cappella musicale del Duomo di Modena dalle origini ad Orazio Vecchi*, Modena 2004 • J. José / C. López (Hrsg.), *The Royal Chapel in the time of the Habsburg: Music and Ceremony in early modern European court*, Woodbridge 2005 • G. Bobeth, *Kapellstrukturen bei Habsburger Herrschern des 16. Jahrhunderts: Fragen und Perspektiven*, in: Institutio-

nalisierung als Prozess – Organisationsformen musikalischer Eliten im Europa des 15. und 16. Jahrhunderts, hrsg. von B. Lodes und L. Lütteken, Laaber 2009, S. 179–196 • S. Ehrmann-Herfort, ›Kapelle‹ im Spiegel der Begriffsgeschichte, in: Dass., S. 55–78 • J. Heidrich, Aspekte der Institutionalisierung: Friedrich der Weise und die kursächsische Kapelle, in: Dass., S. 153–164 • N. Schwindt, Zum Säkularisierungsprozess der bayerischen Hofkapelle unter Albrecht V., in: Dass. S. 197–224 • R. Strohm, Hofkapellen: die Institutionalisierung der Musikpflege im Zusammenwirken von Hof und Kirchen, in: Dass., S. 79–102. – Zu den einzelnen Städte, Regionen und Ländern siehe auch die entsprechenden Artikel im diesem Lexikon.

ES

## Karl der Kühne
* 11.11.1433 Dijon, † 5.1.1477 Nancy

Karl der Kühne wurde als Nachfolger seines Vaters ▸ Philipp des Guten Herzog von ▸ Burgund 1467–1477. Durch Kriege mit den Schweizer Eidgenossen und mit Frankreich versuchte er, sein Reich auszudehnen, eroberte 1473 auch Lothringen, unterlag jedoch seinen Gegnern wohl aufgrund von Spionage (siehe die *Mémoires* des zeitgenössischen Chronisten Philippe de Commynes) und fiel bei der Schlacht von Nancy. Mit seinem Tod kam das burgundische Erbe durch die Erbtochter Maria, die mit ▸ Maximilian I., dem späteren Kaiser, verheiratet war, an die Habsburger. – Der Herzog, der selbst ein guter Musiker war, Harfe spielte, komponierte und sogar in seinem Zelt zu Kriegszeiten Chansons sang, förderte die Musik in bedeutender Weise. Eine seiner Motetten war 1460 vom Kapellmeister und den Chorknaben der Kathedrale nach der Messe gesungen worden, wahrscheinlich vom Blatt. In der Hofhaltung seiner Frau Isabelle von Frankreich waren u.a. Hayne van ▸ Ghizeghem und Pierre Basin beschäftigt, in der herzoglichen Kapelle vorübergehend Robert ▸ Morton sowie Gilles ▸ Joye und Antoine ▸ Busnoys. Die Musiker sowie die ›trompettes de guerre‹ und einige Spielleute zogen mit Karls Wanderhof mit; Ghizeghem war auch bei der Belagerung von Beauvais und der Schlacht von Nancy dabei, in der er möglicherweise umkam (er wurde dort letztmals erwähnt).

*Literatur*:
K. Bittmann, *Ludwig IX. und Karl der Kühne. Die Memoiren des Philippe de Commynes als historische Quelle*, Göttingen 1964 • R. Vaughan, *Charles the Bold: the Last Valois Duke of Burgundy*, London 1973 • R. Nosow, *Karl der Kühne*, in: MGG², Bd. 9 (Personenteil), 2003, Sp. 1508–1509.

## Karl V.
* 24.2.1500 Gent, † 21.9.1558 nahe dem Kloster San Jerónimo de Yuste / Estremadura

Karl V. war seit 1516 spanischer König, von 1519 bis 1531 römischer König (ab 1531 folgte sein Bruder Ferdinand nach) und von 1519 bis 1556 Kaiser; nach seiner Abdankung wurde ▸ Ferdinand I. gewählt. Bei der Bewerbung zum Kaiser war der französische König ▸ Franz I. sein Konkurrent. Karl erbte von seinem Vater Philipp dem Schönen Burgund, von seiner Mutter Johanna der Wahnsinnigen Spanien und von seinem Großvater ▸ Maximilian I. Österreich, das er jedoch seinem Bruder Ferdinand überließ, der zum Mitregenten Karls wurde.

Außenpolitisch standen die Auseinandersetzungen mit Franz I. um das burgundische Erbe und um Italien im Vordergrund (Plünderung Roms 1527), aus denen Karl nach vier Kriegen als Sieger hervorging. Die Abwendung der Türkengefahr im Osten des Reiches überließ er im wesentlichen seinem Bruder. Bezüglich der religiösen Problematik wandte er sich gegen die Reformation, musste aber seit dem Reichstag in Augsburg 1530 gegenüber den protestantischen Reichsfürsten, die ihr Glaubensbekenntnis in der von Philipp ▸ Melanchthon verfassten *Confessio Augustana* vorlegten, immer wieder Zugeständnisse machen.

Die Kämpfe mit den Fürsten (Karls Sieg im Schmalkaldischen Krieg 1544, deren Sieg nach der Fürstenverschwörung 1552) gingen letztendlich zu seinen Ungunsten aus: Im Augsburger Religionsfrieden 1555 wurde zur Beilegung der Religionskämpfe die freie Wahl der Konfession für die weltlichen Reichsstände und die Ritterschaft zugestanden, deren Untertanen jedoch die gleiche Religion haben mussten (»cuius regio eius religio«). Karl, der auch mit dem Verlauf des ▸ Konzils von Trient, für dessen Einberufung er sich eingesetzt hatte, unzufrieden war, dankte deshalb 1556 ab und überließ seinem Sohn ▸ Philipp II. Spanien, seinem Bruder Ferdinand I. das Heilige Römische Reich.

Mit Karl V. verbindet sich insbesondere die Musikkultur seines spanischen Hofes, der zwei Kapellen hatte: eine größere, hervorragend ausgestattete ›capilla flamenca‹, die vorwiegend aus flämischen Musikern bestand, und seit 1526 die kleinere, aus spanischen Musikern bestehende ›capilla española‹ seiner Gattin Isabella von Portugal. Die flämische Kapelle, die aus der burgundischen Kapelle des 15. Jahrhunderts hervorging und die Karl von Philipp übernommen hatte (▸ Kapelle), begleitete den kaiserlichen Hof bei allen Ortswechseln, ihr gehörten Musiker aus dem franko-flämischen Bereich wie Cornelius ▸ Canis, Thomas ▸ Créquillon und Nicolas ▸ Gombert an. Auch Instrumentalisten gehörten dem höfischen Haushalt an, wenngleich die Instrumentalmusik eine geringere Rolle spielte als an anderen europäischen Höfen. Karl V. hatte Pierre ▸ Alamire als Hofkopist 1534 angestellt, der Prachthandschriften als Geschenk für viele Herrscher Europas anfertigte, die der Kaiser für seine Politik gewogen machen wollte: für den portugiesischen König, für ▸ Heinrich VIII., für Papst Leo X., für Friedrich den Weisen und Wilhelm IV. 1539 verlieh Karl das erste Privileg für den Druck von Musikalien. Am Hof angestellt war auch der Astrologe und Mathematiker Jean Taisnier, der als einer der ersten 1559 den Begriff ▸ Musica reservata benutzte. Während seiner Regierungszeit bildete sich die Zunft der Trompeter und Pauker, die er 1548 als Reichszunft anerkannte (nach Karl V. als Caroliner bezeichnet). – Bezüglich der Religionsproblematik existiert eine ▸ Bildmotette, die in eine Karikatur auf Karls Augsburger Interim von 1548 eingefügt ist (Finscher, S. 341).

*Literatur*:
L. Finscher, *die Musik des 15. und 16. Jahrhunderts* (Neues Handbuch der Musikwissenschaft 3), Laaber 1989 • F. Maes, *The Empire Resounds. Music in the Days of Charles V*, Löwen 1999.

## Karl VII.
* 22.2.1403 Paris, † 22.7.1461 Mehun-sur-Yèvre

Karl VII. (Haus Valois) wurde 1422 französischer König, jedoch erst nach Siegen gegen die Engländer mit Hilfe von Jeanne d'Arc 1429 in Reims gekrönt. 1451 gewann er die entscheidenden Schlachten, zog mit seinen Truppen am 30.6. in Bordeaux ein und beendete bis 1453 den Hundertjährigen Krieg. Er schloss 1435 Frieden mit Burgund und machte sich mit der Sanktion von Bourges (1438) von päpstlicher Kontrolle unabhängig. – Die Beendigung der Kriege bereitete die Grundlage für eine aufblühende Kultur. Musikgeschichtlich interessant ist bereits die anonym überlieferte Motette *In ultimo lucente Junii – Pacem Deus reddidit*, die zur Übergabe von Bordeaux dargeboten wurde; sie gilt als eine der ersten ▸ Tenormotetten (Finscher, S. 309f.). In den späten Regierungsjahren von Karl VII. gewann die königliche Kapelle an Bedeutung: Johannes ▸ Ockeghem gehörte ihr ab 1451 als ›chapellain‹ und ab 1454 als ›premier chapellain‹ für über 40 Jahre an; er komponierte sein Requiem wahrscheinlich für Karl VII.

*Literatur*:
L. Finscher, *Die Musik des 15. und 16. Jahrhunderts* (Neues Handbuch der Musikwissenschaft 3), Laaber 1989 • R. Strohm, *The rise of European Music, 1380–1500*, Cambridge 1993 • ▸ Frankreich, ▸ Paris.

## Karl VIII.
\* 30.6.1470 Amboise, † 7. oder 8.4.1498 Amboise

Karl VIII. übernahm 1483 die Krone von seinem Vater ▸ Ludwig XI. als letzter König aus dem Hause Valois. Bis 1491 war seine Schwester Anne von Beaujeu Regentin, die eine den Adel versöhnende Politik anstrebte. Durch die Heirat Karls mit Anne de Bretagne, die zunächst ▸ Maximilian I. versprochen war, zieht er die Feindschaft des Reiches auf sich und bindet die Bretagne an Frankreich. Mit dem Italienfeldzug 1494, um den Anspruchs des Hauses Anjou auf Neapel für die französische Krone geltend zu machen, beginnen die unter ▸ Ludwig XII. fortgesetzten italienischen Kriege. 1495 schließen sich Papst Alexander VI., Kaiser ▸ Maximilian I. und der Herzog von Mailand sowie Venedig und Spanien zu einer antifranzösischen Heiligen Liga zusammen, so dass Karl VIII. sich wieder zurückziehen muss.

Karl VIII., der wie seine Vorgänger im Loire-Tal residierte (wodurch Tours ein Zentrum wurde), übernahm die Hofkapelle mit zwölf Sängern, unter denen sich berühmte Musiker wie Johannes ▸ Ockeghem, Loyset ▸ Compère und Alexander ▸ Agricola befanden. Zudem waren Instrumentalisten am Hof beschäftigt.

Dokumentiert sind die ▸ Entrées Karls VIII. in Paris 1484 und mit Anne de Bretagne 1492, die von vielen musikalischen Darbietungen begleitet wurden (Oboen und Trompeten zur Ankunft, Theateraufführungen mit Musik, *Te Deum* in Notre Dame, Musik zur Tafel und zum Tanz; ▸ Frankreich). Inwieweit der Italienfeldzug neben dem Renaissanceeinfluss in Architektur und Literatur auch zum musikalischen Austausch beitrug, ist noch zu erforschen (vgl. Dobbins, Sp. 690).

*Literatur*:
F. Dobbins, *Frankreich*, in: *MGG*$^2$, Bd. 3 (Sachteil), 1994, Sp. 688–691 • ▸ Frankreich, ▸ Paris.

## Karl IX.
\* 27.6.1550 St. Germain-en-Laye, † 30.5.1574 Vincennes

Karl IX. regierte seit 1560, bis 1563 unter der Vormundschaft seiner Mutter Katharina de' ▸ Medici, deren Einfluss er auch später unterlag. Unter seiner Regierung wurden die Hugenottenkriege geführt, die Hugenottenverfolgung kulminierte 1572 in der Bartholomäusnacht, nachdem zuvor bereits eine Liberalisierung mit dem Edikt von Saint-Germain-en-Laye eingetreten war (▸ Hugenotten).

Unter Karl IX. wurde 1570 die ▸ Académie de musique et de poésie zur Wiederbelebung antiker Literatur und Musik gegründet, die vom König unterstützt wurde. Er bemühte sich intensiv um gute Musiker für die Hofkapelle und versuchte 1574, allerdings vergeblich, Orlande de ▸ Lassus an seinen Hof zu bekommen; 1570 war Pierre ▸ Certon ›compositeur de la chapelle‹ und Chorleiter der ›Sainte Chapelle‹. Karls Mutter Katharina de' Medici inszenierte theatralische Unterhaltungen, wie sie zu politischen Ereignissen auch in Florenz üblich waren (*Cartels, Pastorales, Mascarades* auf Texte von Pierre ▸ Ronsard zur Befriedung des Königreichs 1564; *Ballet des provinces françaises* zur Wahl ihres Sohnes Heinrich (▸ Heinrich III.) zum König von Polen (1573/1574).

*Literatur*:
▸ Frankreich, ▸ Paris.

## Kassel

Kassel ist seit 1277 Residenz der hessischen Landgrafen. 1435 wurde am Martinsstift eine Bibliothek eingerichtet, 1437 eine Orgel gebaut. Die Landgrafen hatten im 15. Jahrhunderts noch keine eigene Kapelle, wohl aber waren einzelne Musiker angestellt wie ▶ Johannes von Soest 1469–1471 bei Ludwig II., dem Freimütigen (reg. 1458–1471), oder Musiker wurden für bestimmte Anlässe eigens engagiert. Als Gründungsdatum der dann im 15. Jahrhundert blühenden Kasseler Hofkapelle gilt das Jahr 1501, in dem acht Trompeter und ein Pauker angestellt wurden (obgleich ▶ Kapellen im 15. und 16. Jahrhundert primär Sängerensembles waren). Philipp der Großmütige (reg. 1518–1567) unterhielt dann eine Kapelle aus Sängern und Instrumentalisten, darunter neben den Trompetern und Paukern auch Zinkenisten und Organisten; später kamen auch Saiteninstrumentenspieler, darunter eine Lautenistin [!], dazu. Die Zahl der Musiker stieg von 18 im Jahr 1522 auf 23 im Jahr 1535; der Kapelle stand ein ›Sängermeister‹ vor. – Nachdem in den 1520er Jahren die Reformation Eingang gefunden hatte, wurde in der Schule nach Philipp ▶ Melanchthons Forderungen Musik verstärkt unterrichtet. In der Woche waren vier Musikstunden in den oberen sechs von acht Klassen vorgesehen; die Schüler hatten auch in den Gottesdiensten zu singen. Ferner konnten sie sich ihren Unterhalt durch Singen vor den Häusern reicherer Bürger verdienen. – Ab spätestens 1536, möglicherweise schon ab 1532, war der Komponist Johannes Heugel in Kassel tätig, der mindestens bis 1577, also bis in die Zeit Wilhelms IV. (reg. 1567–1592) dort angestellt war; die Kapelle umfasste in den 1430er Jahren maximal sieben erwachsene Sänger, vier bis sechs Knaben und bis zu 15 Instrumentalisten. Wilhelm IV. übernahm bei Regierungsantritt alle Musiker. Eine musikalische Blütezeit folgte in Kassel mit Landgraf Moritz dem Gelehrten (reg. 1592–1627), der selbst musizierte und komponierte, insbesondere Liedmelodien, jedoch auch mehrstimmige Vokal- und Instrumentalkompositionen. Er erweiterte die Kapelle zu Beginn des 17. Jahrhunderts auf 28 Sänger, Chorknaben und Instrumentalisten, darunter sechs bis zwölf Trompeter.

*Literatur:*
*Moritz von Hessen und die Hofcapelle zu Cassel.* Eine Ausstellung, zusammengestellt von A. Horstmann, C. Gottwald u.a., in: KMT 1993, S. 101–167 • H. Brzoszinski, *Kassel*, in: *MGG*², Bd. 5 (Sachteil), 1996, Sp. 1–2.

## Katholische Erneuerungsbewegung

Unter dem Begriff ›Katholische Erneuerungsbewegung‹ bezeichnen die Historiker eine römische katholische Bewegung des 15. und 16. Jahrhunderts, deren Wurzeln genauso tief wie diejenigen des Protestantismus auf die reformatorische Stoßkraft am Ende des Mittelalters zurückgehen. Unter gewissen Aspekten baute sich die Bewegung als Reaktion auf den protestantischen Bruch auf; man spricht auch von ›Katholischer Gegenreformation‹.

*Die katholische Reform*
Die Bewegung wirkte sich auf alle Ebenen des kirchlichen Lebens aus: Das Papsttum und seine römischen Institutionen wurden fortschreitend reformiert; die Pontifikate der gebildeten Humanisten wie Sixtus IV. (1471–1484), Julius II. (1503–1513), Leo X. (1513–1521), Clemens VII. (1523–1534) oder Paul III. (1534–1549) favorisierten eine wahrhaftige Rückkehr zu den antiken Quellen, die durch das Exil von Theologen und Wissenschaftlern nach dem Fall von ▶ Konstantinopel (1435) in Europa verfügbar waren. Parallel zu den biblischen, philologischen und exegetischen Studien eines Kardinal Bessarion (ca. 1400–1472)

oder eines Johannes Reuchlin ersetzten Neoplatoniker wie Marsilio ▸ Ficino, Lorenzo Valla (1407–1457), Giovanni ▸ Pico della Mirandola, ▸ Erasmus, John Colet (1467–1519) oder Thomas ▸ More die Kirchenväter zu Ehren der ›philosophia Christi‹. Die Dogmatik und die Theologie kannten auch eine Erneuerung durch den Einfluss von Johannes Eck (1486–1543) und Johannes ▸ Cochlaeus. Parallel dazu entwickelte sich eine mystische Theologie, die auf die ▸ Devotio moderna zurückgeht; sie wurde von Büßerbewegungen begleitet, die sich auf einer persönlichen Frömmigkeit und einem strengen Leben gründeten, und die sich, rund um das Mittelmeer, sogar in den eindrucksvollen Devotionen der Gemeinschaften der ›Batutti‹ ausdrückten. Die in Gang gesetzte seelsorgerische Reform im V. Lateranischen Konzil (1512–1517) rief einen neuen Typus der ordentlichen Geistlichkeit hervor: Theatiner (1524), Barnabiten (1530), Jesuiten (1540), die die Betonung auf die Ausbildung der Priester und die Erziehung der Jugend in den Kollegien setzten. Neue Pflegeorden und karitative Vereinigungen wurden gegründet: Somasker (1532), Ursulinen (1535), Leihämter, während die alten religiösen ▸ Orden unter dem Phänomen der Observanz reformiert wurden.

Diese Bewegung bildete die reformatorische Basis, auf der das ▸ Konzil von Trient (1545–1563) arbeitete. Mit einem disziplinären Plan forderte es die Ausbildung der Geistlichkeit in Seminaren, festigte die Regeln der Ehelosigkeit und setzte die Residenzpflicht der Bischöfe fest. Mit einem doktrinären Plan wollte das Konzil eine Antwort auf den Protestantismus geben; man legte den Kanon der Schriften, die Doktrin der Erbsünde und die Rechtfertigung der Sakramente fest.

*Der liturgische Bereich*
Im liturgischem Bereich wird die Auswirkung der katholischen Reform auf die Musik am ersichtlichsten, mehr noch in den Jahrzehnten, die auf den Abschluss des Konzils von Trient folgten (ca. 1560–1620), in denen sie sich in der Reform des liturgischen Gesangs und in der Reglementierung der polyphonen und instrumentalen Praktiken äußerte. Die Bewegung beginnt jedoch vor dem Trienter Konzil. Sie nahm am Ende des 15. Jahrhunderts Gestalt an und zielte auf eine progressive Einheit von Messe und Offizium in der Gesamtheit der römischen katholischen Kirche. Das Konzil setzte die Annahme der römischen Liturgie obligatorisch für alle Diozösen und religiösen Orden, deren Tradition weniger als 200 Jahre alt war, sie behauptete den allgemeinen Gebrauch der lateinischen Sprache und bestätigte den Vorrang des gregorianischen Gesangs vor allen anderen musikalischen Formen.

Die liturgische Reform begann offiziell unter den Pontifikaten von Leo X. und Clemens VII. mit der Korrektur der lateinischen Texte des Offiziums gemäß den poetischen Normen der klassischen Latinität. Das *Hymnarium* erschien 1525, gefolgt vom *Breviarium* 1535, das von Kardinal Francisco Quiñonez (1485–1540) überarbeitet wurde; das letztere blieb bis 1568 in Gebrauch, das Datum, an dem sich die typischen tridentinischen Editionen des *Breviarium* (1568) und des *Missale* (1570) durchsetzten. 1588 gründete Sixtus V. (1585–1590) die Kongregation der Riten, um die Durchführung der liturgischen Reform zu überwachen.

*Der liturgische Gesang*
An der Wende vom 15. zum 16. Jahrhundert ließ der Franziskaner Francisco de Brugis in Venedig ein *Graduale* (1499–1500), ein *Antifonarium* (1503–1504) und ein *Psalterium* (1507) publizieren, deren Texte und Melodien unter seiner Betreuung revidiert wurden. Er hatte sogar schon vor den offiziellen Reformen die gregorianischen Melodien (▸ Gregorianischer Choral) den Erfordernissen der

metrischen Betonungen und der lateinischen Prosodie nach humanistischem Vorbild angepasst. Er verwendete ein Notationsprinzip, das proportional zum einstimmigen Gesang in drei Notenwerten verlief (▸ Longa, ▸ Brevis und ▸ Semibrevis), und das schnell zur Norm bis ins 19. Jahrhundert wurde. Seine Reform bemächtigte sich der ganzen italienischen Halbinsel, den südlichen deutschen Staaten und dann ganz Europas durch Vermittlung des *Directorium Chori* (1582) von Giovanni Guidetti (1530–1592).

Mit dem Pontifikat Gregors XIII. (1572–1585) begann die offizielle Revision der liturgischen Gesangsbücher, die Giovanni Pierluigi da ▸ Palestrina und Annibale ▸ Zoilo anvertraut wurden. Nach großer Mühsal wurde sie von Felice ▸ Anerio und Francesco ▸ Soriano vollendet; das *Graduale* (1615) erschien in Rom, aber ohne Approbation. Parallel dazu erblickten zahlreiche private Publikationen das Tageslicht. Unter den wichtigsten können wir das *Graduale* und *Antiphonarium* (Venedig 1587) von Lodovico Balbi und die Gesangsbücher nennen, die von der Assemblée du Clergé de France gedruckt wurden (1608–1635). Am Rande dieser Reformen erscheinen andere monodische liturgische Praktiken: der ›canto fratto‹ oder ›neogregoriano‹.

*Die polyphonen Praktiken*
Die Leitung des Konzils von Trient fasste keinen Entschluss über die musikalische Praxis; sie überließ diese Sorge den provinziellen Konzilen und Diözesen. Die seltenen Anspielungen, die in den konziliaren Texten stehen (Session 22–24), sprechen vorübergehend das Wesen des Orgelspiels und dasjenige der Polyphonie an. Der Diskurs über diese beiden Punkte war traditionell und nahm für sich eine Anzahl an Elementen auf, die zuvor von den Humanisten formuliert wurden:
1. Klarheit und Verständlichkeit des Textes, der in Musik gesetzt wird,
2. Zurückweisung jeden profanen Elements in der Polyphonie oder im Orgelspiel.

Im Verlauf des Konzils eröffnete Jacobus de ▸ Kerle den Weg zu einer polyphonen Reform mit seinen *Preces speciales pro concilio* (1562). Unter dem Einfluss des Kardinal Carlo Borromeo in Mailand jedoch fand sie die vollendetste Form in den Werken von Vincenzo ▸ Ruffo. Unter Zuhilfenahme der Technik des ▸ Fauxbourdon entwickelte Ruffo eine vertikale Schreibweise, in der Homophonie vorherrschte und so das Verständnis des Textes gefördert wurde.

In Zurückweisung der komplexen kontrapunktischen Kunstwerke der ersten Hälfte des 16. Jahrhunderts (Kanons, Parodien, Proportionskünste etc.) nahm die polyphone Schule in Rom, die durch Palestrina, Giammateo Asola (ca. 1532–1609) und Zoilo repräsentiert wurde, einen Mittelweg. Ihre hauptsächlichen Charakteristiken sind:
1. eine transparente kontrapunktische Schreibweise,
2. eine klare Struktur, die auf dem Kontrast von Episoden von einfacher Imitation und Homophonie beruht,
3. eine melodische und rhythmische Behandlung des Textes, die die metrischen und Akzent-Prinzipien des klassischen Latein respektiert.

Dieser Stil, der später als ›stile antico‹ oder ›stile a cappella‹ qualifiziert wurde, wurde vom Papsttum als Modell ernannt und zu politischen Zwecken gebraucht. Außerhalb des italienischen Territoriums wurde er auch in anderen Ländern angewandt: in Spanien mit Francisco ▸ Guerrero und Tomás Luis de ▸ Victoria – durch sie gelang er in die Missionen Südamerikas –, in den deutschen Ländern mit Orlande de ▸ Lassus, Gregor ▸ Aichinger und Hans Leo ▸ Haßler und, in einer gewisser Weise, in England mit William ▸ Byrd.

Am Rande dieser Schule, die als die römische qualifiziert wird, entwickelte sich eine andere polyphone Tradition, deren hauptsächliche Charakteristik der Gebrauch von ▸ Mehrchörigkeit ist; da sie in der Umgebung der venetianischen Staaten erschien, nennt man sie die ›venetianische‹ Schule. Die Technik des ▸ Coro spezzato, die sie anwendete, hatte ihren Ursprung in der ▸ Alternatim-Liturgie gemäß der Tradition der monastischen und kanonischen Psalmodie, die abwechslungsweise jeden der Verse eines Psalm dem einen oder anderen Teil des Chores anvertraute. Der erste Komponist, der auf diese Technik zurückgriff, war Ruffino Bartolucci d'Assisi (ca. 1490 – ca. 1532), Kapellmeister in Padua in den Jahren 1510–1520. Die Technik entwickelte sich sehr schnell zu gelehrten und komplexen Formen, indem die Anzahl der Chöre vervielfacht wurde und indem fortschreitend solistische Episoden und instrumentale Ritornelle integriert wurden. Adrian ▸ Willaert entwickelte die Technik in seinen *Salmi spezzati* (Venedig 1532/1533–1585). Sie erreichte ihren Höhepunkt mit Andrea ▸ Gabrieli und Giovanni ▸ Gabrieli und breitete sich dann auf die römische Schule aus, die die Tradition während des ganzen 17. Jahrhunderts weiterführte.

*Die instrumentalen Praktiken*
Die liturgische Rolle der ▸ Orgel wurde vom Konzil von Trient anerkannt, die daraus ein privilegiertes Instrument des römischen Katholizismus machte. Im liturgischen Rahmen war ihr Gebrauch in den Rubriken des *Missale* (1570) kodifiziert sowie denjenigen des *Caeremoniale episcoporum* (1600), die die lokalen Gebräuche vervollständigten. Das hauptsächliche Orgelrepertoire war improvisiert, immer gemäß der liturgischen Alternatim-Prinzipien: Der Organist wechselte von Vers zu Vers mit dem liturgischen Gesang oder der Polyphonie auf Hymnen, Cantiques und Psalmen im Lauf der hauptsächlichen Stundengebete (Laudes, Vespern, Complet) und auf das Ordinarium im Teil der Messe. Herkömmlicherweise rezitiert ein Geistlicher im Chor den Text des Verses, der von der Orgel gespielt wird, die oft die Melodie des Gesanges wie einen ▸ Cantus firmus gebrauchte. Die Orgel interveniert auch bei anderen Gelegenheiten. Sie kann über die Melodie des Gesangs präludieren, bevor sie dem Chor die Intonation gibt (▸ Intonation, ▸ Praeambulum) oder sie kann auch unabhängig vom Gesang intervenieren, um liturgische Handlungen zu begleiten (Prozessionen, Elevationen, Offertorien, Kommunionen, Eintritt und Abgang der Pfarrer begleiten etc.); für diese Gelegenheiten findet man die ausgearbeitetsten Stücke (▸ Kanzonen, ▸ Differencias, ▸ Fantasien, ▸ Glosas, ▸ Tiento, ▸ Toccata).

Wegen ihres improvisierten Charakters ist wenig Orgelmusik zum liturgischen Gebrauch aus dem 15. und 16. Jahrhundert überliefert. Wir können jedoch die beiden religiösen Sammlungen von Messen und Versen für das *Magnificat* (1543) von Girolamo Cavazzoni (ca. 1525 – nach 1577) anführen, zahlreiche Beispiele, die in *Il transilvano* (1593, 1609) von Girolamo ▸ Diruta zitiert werden, oder auch die Orgelstücke von Antonio de ▸ Cabézon. In der ersten Hälfte des 17. Jahrhunderts reihen sich die *Fiori musicali* (1635) von Girolamo Frescobaldi, die *Hymnes de l'église* (1623) und das *Magnificat* (1626) von Jehan Titelouze (1562/1563–1633) in dieses Repertoire ein.

*Die seelsorgerischen Reformen*
Die Etablierung einer wirklichen seelsorgerischen Katechistik und die Beförderung von gemeinschaftlichen Formen der Devotion hatten eine bedeutende Auswirkung auf die Wiederherstellung des paraliturgischen Repertoires, das im Mittelalter wurzelt. Dieses Repertoire, dessen hauptsächliches Charakteristikum der Gebrauch der Umgangssprache ist, findet sich unter verschiedenen Bezeichnungen: ▸ Lauda, ▸ Madrigali spirituali, ▸ Cantiques, ▸ Chansons spirituelles, ▸ Psalmen, ▸ Villancico, Lied oder ▸ Choral. Unter formalem Gesichts-

punkt vermischt sich alles mit dem weltlichen Repertoire.

*Die Katechismen*
Im nördlichen Europa, wo der Katholizismus sich Seite an Seite mit der protestantischen Reform befand, machte sich die Bildung und die Einsetzung einer katholischen Antwort auf dem *Genfer Psalter* (1562) bemerkbar; die Musik wurde hier Agens der katholischen Gegenreform. Konkret tradierte sie sich durch die Verbreitung didaktischer Werke, die zur Katechese der Erwachsenen und Kinder gebraucht wurden. In Frankreich wurde die Bewegung mit dem *Sommaire de la doctrine chrétienne* (1691) von Michel Coyssard (1547–1623) und dessen anonymer musikalischer Vervollständigung vorangeführt: der *Paraphrase des Hymnes et Cantiques spirituelz* (1592); dieser kleine Band wurde bis in die Mitte des 18. Jahrhunderts wieder aufgelegt. Parallel dazu wurde – beschränkt auf einige gelehrte und devote Zirkel – versucht, direkt auf den *Genfer Psalter* (1562) durch die Konstitution eines ›katholischen‹ Psalters in französischer Sprache zu antworten. 1573 legte Antoine de ▸ Baïf eine erste Übersetzung der *Psaumes en vers mesurés à l'antique* vor, die schnell von den Psalmen (1591, 1598 und 1603) von Philippe ▸ Desportes überrundet wurden, die zahlreiche Komponisten vertonten.

*Das Repertoire der Devotion*
Das Repertoire, das aus der mittelalterlichen ▸ Lauda stammte, besetzte einen wichtigen Platz in den Praktiken der städtischen Devotion, besonders bei den Büßern während des 14., 15. und 16. Jahrhunderts. Wenn auch die Mehrzahl des Repertoires die Form eines kollektiven Gesangs bewahrte, entwickelte sie parallel dazu auch ausgearbeitetere Formen unter den Händen von professionellen Musikern und Sängern. Nachdem diese komplizierte Form von Girolamo ▸ Savonarola kritisiert wurde, wurde die Lauda reformiert, in ihrer originalen Form restituiert und erhielt ein neues Repertoire. Sie wurde später von katholischen Reformtoren des 16. und 17. Jahrhunderts aufgegriffen und wiedereingesetzt, und wurde einer der hauptsächlichen Erfolge der tridentinischen Seelsorge. Gino Stefani (1975) unterschied zwei Typen des Repertoires: Das erste, traditionelle, beruht auf einer kollektiven Praxis der Lauda. Sie wurde auch gemeinsam in den bürgerlichen, städtischen und bäuerlichen Klassen gebraucht, für die die aktive Teilnahme am Gesang die ›Zuschauer‹dimension der offiziellen Liturgie relativierte. Der zweite Typ besteht aus einem elitäreren, verfeinerten und komplexen Repertoire, das unter dem Einfluss von Giovanni Giacomo ▸ Gastoldi oder Giovenale Ancina (1545–1603) die Lauda immer mehr zu einem Genre des geistlichen Madrigals werden ließ. Wie auch das *Teatro armonico spirituale* (1619) von Giovanni Francesco Anerio kann man die Lauda in der Nähe der Congregatio dell'Oratorio verorten, die von Fillippo ▸ Neri gegründet wurde, ein der Entwicklung gemäßes Terrain mit zunehmend dramatischer Orientierung, das schließlich zur Geburt des ▸ Oratoriums führte. Das gleiche Phänomen kann man mit der Erscheinung der ▸ Cantiques spirituels in Frankreich beobachten, deren Faktur sich an die Ästhetik des Air de cour annähert, wie aus den *Hymnes ecclésiastiques* (1578) von Guy Le Fèvre de la Bodérie (1541–1598) und den *Airs spirituels* (1582) von Antoine de Bertrand (fl. 1530–1580/1582) hervorgeht. In den deutschen Ländern kann man das *New Gesangbuchlin Geystlicher Lieder* (Leipzig 1537) von Aquinus Suevus († 1539) und *Ein lobsame kath. Frolockung* (Dillingen 1575) von Paulus Hoffaeus (1525–1608) der gleichen Bewegung zuordnen.

Literatur:
K.G. Fellerer, *Church Music and the Council of Trent*, in: Musical Quaterly 39 (1953), S. 576–594 • Ders., *Geschichte der katholischen Kirchenmusik*, Kassel

1972–1976 • G. Stefani, *Musica barocca. Poetica e ideologia*, Mailand ¹1974, ²1987 • Ders., *Musica e religione nell'Italia Barocca*, Palermo 1975 • E. Weber, *Le Concile de Trente et la musique. De la Réforme à la Contre-Réforme* Paris 1982 • D. Launay, *La Musique religieuse en France du Concile de Trente au Concordat*, Paris 1993 • M. Venard (Hrsg.), *De la réforme à la Réformation (1450–1530)* (Histoire du Christianisme VII), Paris 1994 • Ders. *Le Temps des confessions (1530–1620/30)* (Histoire du Christianisme VIII), Paris 1992 • D. Curti / M. Gozzi (Hrsg.), *Musica e Liturgia nella Riforma Tridentina*, Trento 1995 • K. Powers, *The Spiritual Madrigal in Counter-Reformation Italy: Definition, Use, and Style*, Diss. Univ. of California 1997 • G. Cattin / D. Curti / M. Gozzi (Hrsg.), *Il canto piano nell'era della stampa*, Trient 1999 • C. Monson, *The Council of Trent Revisited*, in: Journal of the American Musicological Society 55 (2002), S. 1–37.

FG

## Kepler, Johannes
\* 27.12.1571 Weil der Stadt (Württemberg),
† 15.11.1630 Regensburg

Der wohl bekannteste deutsche Mathematiker und Astronom der Zeit um 1600 kann mit Galileo ▸ Galilei als der entscheidende Reformator und Bahnbrecher des neuen heliozentrischen Weltbildes nach Nicolaus ▸ Copernicus angesehen werden. Kepler gelang nach der Aufgabe des Konzepts der ▸ Sphärenharmonie der letzte eigenständige Entwurf einer harmonikalen Kosmologie mit mathematischer und astronomischer Fundierung.

Im Zusammenhang mit der Darstellung seiner Weltenharmonik und Intervallehre in den Schriften *Astronomia nova* (1609) und *Harmonices mundi* (1619) entwickelte Kepler drei nach ihm benannte Gesetze der Planetenbewegung.

Diese ›Keplerschen Gesetze‹ stellen den Wendepunkt von der mittelalterlichen zur neuzeitlichen ▸ Astronomie dar und stehen zusammen mit den Untersuchungen von Galilei zur Mechanik und von Isaac Newton (1643–1727) zur Gravitation an der Schwelle zur modernen Naturwissenschaft.

Kepler besuchte 1577–1583 die Lateinschule in Leonberg und 1584–1589 die Klosterschulen in Adelberg und Maulbronn, wo er auch die zeitübliche Ausbildung in Musiktheorie und Figuralgesang (▸ Cantus figuratus) erhalten hat. 1589 begann er an der Universität Tübingen sein Studium, das er 1591 mit dem Grad eines Magisters der Freien Künste (▸ Artes liberales) abschloss. Anschließend studierte er in Tübingen evangelische Theologie, nahm sich jedoch kurz vor dem Abschluss mit der Weigerung, die Konkordienformel zu unterzeichnen, die Möglichkeit zum Eintritt in die von ihm angestrebte Pfarrerlaufbahn. Stattdessen folgte er 1594 einem Ruf als Lehrer für Mathematik an die protestantische Stiftsschule in ▸ Graz. Wegen der von der ▸ Katholischen Erneuerungsbewegung initiierten Verfolgung der Protestanten in Österreich musste Kepler bereits 1598 seine Stellung in Graz wieder aufgeben. Während der beiden folgenden Jahre ohne feste Anstellung entwickelte Kepler bei der Beschäftigung mit verschiedenen Formen der mathematischen und musikalischen Harmonie die grundsätzlichen Ideen und Konzepte zu einer universellen Weltenharmonik. 1600 erhielt er zum weiteren Ausbau dieses Vorhabens eine Einladung des renommierten Astronomen Tycho Brahe (1546–1601) an den Prager Hof des Kaisers ▸ Rudolf II. Dort wurde er zunächst Mitarbeiter Brahes und nach dessen Tod 1601 sein Nachfolger als kaiserlicher Mathematiker und Hofastronom. 1612 bis 1626 hatte Kepler das Amt des Landesmathematikers der oberösterreichischen Stände in Linz inne und lehrte dort an der Landschaftsschule. Diese Zeit war neben der Arbeit an dem kosmologischen Großwerk *Harmonices mundi* (1619) und an dem astronomischen Tafelwerk *Tabulae Rudolphinae* (1627) von persönlichen Schicksalsschlägen und erneuten konfessionellen Auseinandersetzungen mit dem Stuttgarter Konsistorium geprägt. Ausstehende Gehälter des kaiserlichen Hofs zwangen Kepler, der schon seit 1594 einen ausgezeichneten Ruf als Astrologe besaß, seinen Lebensunterhalt seit dem Tode seines Förderers Rudolf II. mit dem Erstellen von Horoskopen und astrologischen Gutachten zu bestreiten. Über diese Tätigkeit kam er in den 1620er Jahren mit dem kaiserlichen Feldherrn Albrecht von Wallenstein (1583–1634) in Kontakt, an dessen Residenz in Sagan er seit 1628 als Astrologe wirkte. Kepler starb 1630 in Regensburg auf einer Reise, die er mit dem Ziel unternommen hatte, seine noch beim Kaiser offenen Gehaltsforderungen einzutreiben.

Schon während seines Studiums an der Tübinger Artistenfakultät war Kepler dem dortigen Professor für Mathematik und Astronomie Michael Mästlin (1550–1631) begegnet, der ihn in die Theorie des kopernikanischen Weltbildes eingeführt hatte. Einen ersten Versuch zur Verbindung des heliozentrischen Systems nach Copernicus mit den älteren harmonikalen Kosmologien der Pythagoreer und Platoniker formulierte Kepler 1596 in seinem *Mysterium cosmographicum* mit der Idee eines Planetensystems, bei dem in das Modell der schichtenförmig angeordneten Kugelschalen aus der Sphärenharmonie die fünf gleichseitigen Körper aus dem *Timaios* Platons einbeschrieben sind. Den entscheidenden Schritt zu einer vollkommen eigenständigen harmonikalen Kosmologie vollzog Kepler jedoch erst 1609 in seiner *Astronomia nova*. Dort entschied er sich endgültig für das heliozentrische Weltbild nach Aristarch von Samos und Copernicus gegenüber den kinematisch gleichwertigen geozentrischen Modellen von Ptolemaios und Brahe, modifizierte das kopernikanische Weltbild jedoch in entscheidender Weise. Der von Kepler erzielte Fortschritt bestand darin, die Ebenen aller Planetenbahnen durch die Sonne verlaufen zu lassen. Entscheidend neu war auch die Annahme, dass die Bahnen der Planeten nicht streng kreisförmig, sondern elliptisch um die Sonne verlaufen und die Erkenntnis, dass die Abnahme der Gravitationskraft der Sonne von den inneren zu den äußeren Planeten des Sonnensystems deren unterschiedliche Umlaufgeschwindigkeiten und um die Sonne bedingt.

Keplers Annahme elliptischer statt ideal kreisförmiger Planetenbahnen ließ nicht nur die älteren Kosmologien des Mittelalters und der Renaissance obsolet werden, sondern auch alle mit ihnen verbundenen Theorien zur Weltenharmonik oder Sphärenmusik. Allerdings bemühte sich Kepler selbst um die Entwicklung eines neuen Modells für eine allumfassende Harmonie des Kosmos, dem seine 1619 publizierten *Harmonices mundi* in fünf Bänden gewidmet sind. Den Ausgangspunkt dieses Werks bildete für den Theologen Kepler die Hypothese, dass Gott die Welt nach bestimmten geometrischen Modellen oder archetypischen Harmonien geformt habe, deren Abbilder sich in der Natur auffinden lassen. Im dritten Buch der *Harmonices mundi* leitete Kepler daher unter Rückgriff auf ein schon 1599 von ihm in der Korrespondenz mit Herwart von Hohenburg entwickeltes Verfahren die acht Intervalle der Tonleiter nicht auf dem Wege der arithmetischen oder harmonischen Teilung, sondern ähnlich wie andere revolutionäre Musiktheoretiker des 16. und 17. Jahrhunderts rein geometrisch aus regelmäßigen, einem Kreisbogen einbeschriebenen Vielecken oder Polygonen ab. Zur Vorbereitung dieser Methode sind die ersten beiden Bücher der *Harmonices mundi* mathematischen Inhalts und beschäftigen sich mit den geometrischen Proportionen dieser Polygone. Im dritten Buch werden daran anschließend musikalische Phänomene wie Konsonanz und Dissonanz, Intervalle, Genera, Modi, Modulationen, Melodie und Notation abgehandelt. Hier befinden sich auch Keplers Darstellungen der von ihm aus klanglichen Gründen kritisierten Skala in pythagoreischer Stimmung und der von ihm demgegenüber favorisierten Skala in reiner Stimmung nach Ptolemaios. Im vierten, astrologisch orientierten Buch der *Harmonices mundi* bemühte sich Kepler um den Nachweis der geometrischen Proportionen konsonanter Intervalle in der Schöpfung und fand diese im Bereich der Planeten, die nach dem Selbstverständnis des Astrologen Kepler Einfluss auf das Schicksal der Menschen nehmen. Das fünfte, astronomische Buch der *Harmonices mundi* enthält die abschließende Entwicklung des Keplerschen Konzepts der universellen Weltenharmonie.

Die Weltenharmonik Keplers ist in der Geschichte der harmonikalen Kosmologien in mehrfacher Hinsicht einzigartig. Während der Antike und des Mittelalters galt die Sphärenmusik entweder als rein metaphorisches Konstrukt, literarische Fiktion oder als tatsächlich hörbare Musik, die jedoch nur von bestimmten außergewöhnlichen Menschen wahrgenommen werden konnte. Bei Kepler dagegen ist die Himmelsmusik zwar tatsächlich vorhanden, aber nicht hörbar, sondern allein durch den Intellekt erfassbar. Und während die Sphärenharmonie in der Geschichte der Musiktheorie von Platon bis Gioseffo ▸ Zarlino als einfache Tonleiter oder Intervallfolge in pythagoreischer Stimmung verstanden wurde, fasste Kepler seine Himmelsmusik entsprechend der zu seiner Zeit herrschenden Musikpraxis als Polyphonie in reiner Stimmung mit konsonanten Terzen und Sexten auf. Diese Ansicht basierte auf der philosophischen Grundüberzeugung Keplers, dass die Musik seiner Zeitgenossen ebenso wie die Musik des Kosmos ein Abbild der geometrischen Schönheiten sei, die den Prinzipien der Schöpfung entsprächen. Kepler wies daher bei der Konstruktion seiner Himmelsmusik – und damit folgte er ähnlich wie schon Johannes ▸ Regiomontanus einem Ansatz aus den *Harmonica* III,9 des Ptolemaios – die geometrischen Proportionen der musikalischen Konsonanzen nach reiner Stimmung in den extremen Winkelgeschwindigkeiten der Planeten in ihrem sonnennächsten (Perihel) und sonnenfernsten (Aphel) Punkt nach, wobei die Extremwerte der Geschwindigkeiten wiederum für jeden einzelnen Planeten eine eigene Skala ergaben. Im Verständnis Keplers bildet der Zusammenklang dieser von allen sechs Planeten produzierten Tonleitern die eigentliche Weltenharmonie, die in vollkommener Konsonanz jedoch nur im Moment der Schöpfung eingetreten und erst am Jüngsten Tage wieder zu erwarten sei.

Mit seiner Favorisierung der polyphonen Musik seiner Zeit als ästhetisch-metaphysisches Ideal stellte sich Kepler deutlich den Ansichten vom ▸ Humanismus beeinflusster Theoretiker seiner Zeit wie etwa Zarlino, den Vertretern der ▸ Pléiade oder der ▸ Camerata fiorentina entgegen, die sämtlich die Zukunft der Musik in einer Rückwendung zur antiken Musenkunst und deren rhythmisch-textlichen Ausdrucksqualitäten sahen. Gleicher Ansicht wie Kepler war nur Sethus ▸ Calvisius, der mit ihm zu Fragen der Musik und der Chronologie in Korrespondenz stand und von Kepler in den *Harmonices mundi* als einziger Musiktheoretiker überhaupt empfohlen wird. Die Rezeption der *Harmonices mundi* selbst erfolgte auf recht unterschiedliche Weise. Während sie die Physiker Newton und Christiaan Huygens (1629–1695) bei der Abfassung ihrer eigenen Musik- und Akustiktraktate inspiriert haben, erfuhren sie im *Veritatis proscenium* des Robert ▸ Fludd (1574–1637) 1621 eine fundamentale Kritik, die von Kepler in seiner *Apologia* 1622 zurückgewiesen wurde. Keplers Weltenharmonik wurde letztmalig von Andreas Werckmeister (1645–1706) 1687 im *Musicae mathematicae Hodegus curiosus* propagiert, Johann Mattheson (1681–1764) lehnte sie dagegen 1721 in *Das forschende Orchestre* bereits vollständig ab. Keplers Theoriegebäude wurde also zwar nur von wenigen

Theoretikern nach ihm aufgegriffen, war aber insofern von entscheidender Bedeutung für die Musikgeschichte, als nach Kepler keine wissenschaftliche Musiktheorie oder Akustik mehr ohne solides mathematisches Fundament auskam.

*Schriften*:
*Mysterium Cosmographicum,* Tübingen 1596, ²1621, Faksimile Brüssel 1958, hrsg. von M. Caspar, München 1938 (Gesammelte Werke 1) und hrsg. von Fr. Hammer, München 1963 (Gesammelte Werke 8), in deutscher Übersetzung als *Das Weltgeheimnis*, hrsg. von M. Caspar, Augsburg 1923; *Astronomia nova,* Prag/Heidelberg 1609, hrsg. von M. Caspar, München 1938 (Gesammelte Werke 3); *Harmonices mundi libri V*, Linz 1619, hrsg. von M. Caspar, München 1940 (Gesammelte Werke 6), in deutscher Übersetzung als *Die Weltenharmonik*, hrsg. von M. Caspar, München/Berlin 1939; *Pro suo opere harmonices mundi apologia*, Frankfurt a.M. 1622, hrsg. von M. Caspar, München 1940 (Gesammelte Werke 6); *Briefe 1590–1630*, hrsg. von M. Caspar (Gesammelte Werke 14–18), München 1945; *Joanis Kepleri Astronomi Opera omnia*, hrsg. von Ch. Frisch, 8 Bde., Frankfurt a.M. und Erlangen 1858–1817; *Johannes Kepler in seinen Briefen*, hrsg. von M. Caspar und W. van Dyck, 2 Bde., München und Berlin 1930.

*Literatur*:
D.P. Walker, *Kepler's Celestial Music*, in: Journal of the Warburg and Courtauld Institutes 30 (1967), S. 228–250; dt. als *Keplers Himmelsmusik*, in: *Hören, Messen und Rechnen in der frühen Neuzeit* (Geschichte der Musiktheorie 6), hrsg. von C. Dahlhaus und F. Zaminer, Darmstadt 1987, S. 81–107 • F. Krafft, *Astronomie als Gottesdienst, die Erneuerung der Astronomie durch Johannes Kepler*, in: *Der Weg der Naturwissenschaft von Johannes von Gmunden zu Johannes Kepler*, hrsg. von G. Hamann und H. Grössing, Wien 1988, S. 182–196 • J. Godwin (Hrsg.), *Cosmic Music, Musical Keys to the Interpretation of Reality*, Rochester/New York 1989 • O. Gingerich, *Kepler, Galilei, and the Harmony of the World*, in: *Music and Science in the Age of Galileo*, hrsg. von V.A. Coelho, Boston u.a. 1992, S. 45–63 • R. Haase, *Johannes Keplers Weltenharmonik, der Mensch im Geflecht von Musik, Mathematik, und Astronomie*, München 1998 • S. Jeans / H.F. Cohen, *Kepler, Johannes*, in: *Grove*, Bd. 13 (2001), S. 487–488 • J.V. Field, *Musical Cosmology, Kepler and his Readers*, in: *Music and Mathematics, from Pythagoras to Fractals*, hrsg. von J. Fauvel, R. Flood und R. Wilson, Oxford 2003, S. 29–44 • R. Bayreuther, *Kepler*, in: *MGG*², Bd. 10 (Personenteil), 2003, Sp. 17–20 • O. Mazal, *Geschichte der abendländischen Wissenschaft des Mittelalters*, Bd. 2, Graz 2006.

DG

## Kerle, Jacobus de
\* um 1531/1532 Ypern, † 17.1.1591 Prag

Der Komponist und Musiker Jacobus de Kerle wurde 1531 in eine Ypernser Familie von Tuchmachern geboren. Seine musikalische Begabung ermöglichte es ihm, bereits im Alter von knapp 18 Jahren an das renommierte Stiftskapitel von Cambrai aufgenommen zu werden, wo er ab 1548 zusammen mit Philipp de ▸ Monte als ›vicarius parvus‹ sowie (nach einem einmonatigen Ausscheiden) im Dezember 1549 als Tenorist diente. Bereits im Frühling des Folgejahres gab er freilich auch diese Stellung auf, um sein Glück südlich der Alpen zu versuchen. Ab November 1551 erscheint er in den Rechnungsbüchern des Doms von Orvieto als Kapellmeister, zwischen 1555 und 1561 bekleidete er dort das Amt des Domorganisten. Von den lästigen Pflichten der Chorknabenausbildung entbunden, konnte sich Kerle fortan der Komposition widmen. Systematisch nahm er sich der mehrstimmigen Ausgestaltung von Offizium und Messe an, die er in der Form von Vesper-, ▸ Magnificat- und Vesperpsalm-Zyklen der Öffentlichkeit präsentierte. Hatte sich Kerle damit schon als Verfechter einer innerkirchlichen Reform etabliert, so gilt dies insbesondere vom Gipfelpunkt dieser Schaffensperiode: den vor dem Hintergrund des ▸ Trienter Konzils konzipierten *Sex Misse* (1562). Als diese in Druck gingen, war Kerle bereits in den Dienst des Kardinals Otto Truchseß von Waldburg getreten, dem führenden kirchlichen Diplomaten, der von Rom aus zwischen dem Heiligen Stuhl, dem Konzil und den Herrschern des Heiligen Römischen Reichs vermittelte. Selbst ein engagierter Fürsprecher kunstvoller Musik, gründete er 1562 eine Privatkapelle, als deren Leiter Kerle engagierte. Kurz darauf erhielt dieser den Auftrag, eine Reihe von Fürbitten um das Gelingen des Konzils (*Preces speciales*, 1562) für Trient zu vertonen, aufgrund derer Otto Ursprung ihm (irrigerweise) das Prädikat des »Retters der Kirchenmusik« zuerkannte.

Im Gefolge von Waldburg verschlug es Kerle über Spanien 1563 nach Dillingen, der Residenzstadt der Augsburger Fürstbischöfe. Als Waldburg seine Kapelle 1565 schuldenhalber auflösen musste, kehrte er in die Heimat zurück und trat eine Tenoristenstelle am Dom von Ypern an. Nach einer disziplinarisch geahndeten Tätlichkeit gegen den Priester Laurentius Plontys trat er 1568 abermals an seinen langjährigen Gönner Waldburg heran, der ihn sogleich mit einem Kanonikat in Augsburg ausstattete und ihn noch im selben Jahr zum Domorganisten ernannte. Während seiner Augsburger Jahre etablierte sich Kerle, nicht zuletzt durch eine Reihe von Motettendrucken, als ›katholischer‹ Komponist im konfessionalisierten Süden Deutschlands. Sein fruchtbares Wirken in Augsburg kam 1575 zum Ende: Als Kerle 1575 wider Erwarten nicht auf das freigewordene Amt des Domkapellmeisters aufrückte, beschloss er, sein Glück andernorts zu finden. Nach Jahren der Wanderschaft, in denen sein Verbleib nicht bezeugt ist, trat er spätestens 1579 ein Kanonikat in Cambrai an. Da die Stadt während der niederländischen Befreiungskriege in die Gewalt antispanischer Truppen geriet, war er freilich alsbald wieder gezwungen, mit seinem Bischof ins Exil nach Merlaymont zu gehen. Mit dem Wechsel an den Hof von Gebhard von Waldburg, einem Neffen Ottos, kam de Kerle 1582 gewissermaßen vom Regen in die Traufe: Schon kurz nach dem Dienstantritt konvertierte Gebhard, seines Zeichens Erzbischof von Köln, zum Protestantismus, was den überzeugten Katholiken erneut auf Wanderschaft schickte.

Noch im selben Jahr gelang ihm allerdings der Sprung in berufliche Sicherheit, als ihn Kaiser ▸ Rudolph II. zum Kaplan seiner Domkapelle machte. In dieser Position verblieb der verdiente Komponist bis zu seinem Tod im Januar 1597.

Dreh- und Angelpunkt von Kerles Schaffen bildet sein unermüdlicher Einsatz um Kirchenmusik, die liturgische Zweckgebundenheit mit künstlerischer Qualität vereinte. Aufgrund seiner bewegten Biographie musste er die Ziele dieses Unterfangens wiederholt neu definieren. Ganz im Zeichen der innerkirchlichen Reform stehen die liturgischen Zyklen, die Kerle von Orvieto und Rom aus publizierte. In seiner deutschen Schaffensphase musste er sich ab 1563 damit zurechtfinden, als ›katholischer‹ Komponist in einem hochgradig konfessionalisierten Umfeld zu wirken. Er trug diesen Gegebenheiten dadurch Rechnung, dass er seine Werke und Publikationen auf verschiedene Konfessionen zuschnitt und generell eine kompositorische Unterscheidung zwischen liturgischen Werken (mit emphatischer ▸ Cantus-firmus-Bindung) und freikomponierten ▸ Motetten traf. Die ▸ Messen und kirchlichen Werke der 1580 Jahre, die u.a. für die kaiserliche und päpstliche Kapelle konzipiert waren, pflegen einen repräsentativen und manieristischen Stil.

*Ausgaben*:
*Ausgewählte Werke. 1. Teil: Die »Preces Speciales etc.« für das Konzil von Trient 1562*, hrsg. von O. Ursprung (Denkmäler der tonkunst in Bayern 34), Augsburg 1926, revidierte Ausgabe, hrsg. von R. Machold, Leipzig 1974; *Kritische Ausgabe sämtlicher Werke*, hrsg. von Chr. Th. Leitmeir (Denkmäler der Tonkunst in Baden-Württemberg, 6 Bde.) (Druck i. Vorb.)

*Literatur*:
O. Ursprung, *Jakobus de Kerle (1531/32–1591). Sein Leben und seine Werke*, München 1913 • Chr. Th. Leitmeir, *Jacobus de Kerle (1531/32–1591): Komponieren im Brennpunkt von Kirche und Kunst*, Turnhout 2009.

CTL

## Kirbye, George

* (?), begraben am 6.10.1634 Bury St. Edmunds

Kirbye komponierte hauptsächlich Vokalmusik, darunter Madrigale, englische und lateinische geistliche Werke sowie etliche Sätze für die Psalter von Thomas East (1592) und Thomas Ravenscroft (1621). Die handschriftlich überlieferten Madrigale sind im Stile William ▸ Byrds dem Consort Song verpflichtet, während in den gedruckten Madrigalen des *The First Set of English Madrigals* (1597) italienische Vorbilder zu erkennen sind.

*Ausgaben*:
E.H. Fellowes (Hrsg.), *The First Set of English Madrigals* (The English Madrigal School 24), London 1922; Ders. (Hrsg.), *Vox in Rama* (Church Choir Library 406), London 1932; I. Payne (Hrsg.), *G. Kirbye. Madrigals from Manuscript Sources* (The English Madrigalists 39), London 1988.

*Literatur*:
C. Monson, *George Kirbye and the English Madrigal*, in: Music & Letters 59 (1978), S. 290–315 • I. Payne, *George Kirbye (1565–1634). Two Important Repertories of English Secular Vocal Music Surviving Only in Manuscript*, in: Musical Quarterly 73 (1989), S. 401–416.

RS

## Kirchenlied

Der im Sprachgebrauch üblichen Verkürzung des Begriffs ›Kirchenlied‹ wurde von Markus Jenny (RISM B VIII/2, 1980) eine neutralere und umfassendere Definition entgegengesetzt, die sich seither im wissenschaftlichen Diskurs durchgesetzt hat. Im Anschluss an Jenny lassen sich folgende Wesensmerkmale aufzeigen: Textliche Grundlage des Kirchenliedes bildet eine christlich-geistliche Dichtung (die nicht auf eine bestimmte Konfession begrenzt ist). Der Text ist (zumeist gereimt) und metrisch gebaut. Der strophische Bau des Textes findet sein Pendant in der Vertonung als Strophenlied. Die Melodie ist für den Gesang einer Schar von Laien bzw. der Gemeinde konzipiert und für den wiederholten Gebrauch intendiert, sei es im Gottesdienst (Kirchenlied im engeren Sinne) oder in außerliturgischen Kontexten (z.B. Andachtslied, Prozessionsgesang und dergleichen). Geprägt von Johann Gottfried Herder in den *Fragmenten über die neure deutsche Literatur*, muss der Terminus Kirchenlied im wesentlichen als Schöpfung des 19. Jahrhunderts gelten, das auch die großen Denkmälerausgaben von evangelischen und katholischen Kirchenliedern sah. Erstmals tritt die Bezeichnung aber, wenngleich noch nicht in systematischer Weise, 1581 bei Johann Fischart auf.

Auch die vorreformatorische Zeit kannte bereits ein Korpus an Liedern, die den oben genannten Kriterien gehorchen und folglich als Kirchenlied tituliert werden können. Unter geistlichen Liedern, die für Gemeinde- und Volksgesang gedacht waren und bei liturgischen wie paraliturgischen Gelegenheiten gesungen wurden, finden sich lateinische ebenso wie volkssprachige Gesänge. Sie wurzeln u.a. in der geistlichen Dichtung der Minne- und ▸ Meistersinger (Leich, bisweilen auch das geistliche Tenorlied), dem Liedgut von Wallfahrern, religiösen Gemeinschaften, Konventen und Sozietäten, der privaten Frömmigkeitsausübung (besonders im Kontext der ▸ Devotio moderna) und der volkssprachigen Kontrafazierung geistlicher oder weltlicher lateinischer Gesänge (insbesondere Sequenzen wie *Veni sancte spiritus* oder Antiphonen wie *Media vita in morte sumus*). Zu letzteren gehören neben volkssprachlichen Nachdichtungen (z.B. *Josef lieber neve mein* auf der Grundlage des *Resonet in laudibus*) mitunter auch makaronische Lieder mit Mischtexten (z.B. das ebenfalls in diesen Melodienkreis gehörende *In dulci jubilo / Nun singet und seid froh*). Volkssprachliche geistliche Lieder (vor allem Leisen) sind bereits seit der Karolingerzeit belegt (z.B. das Petruslied *Unsar trohtin hat farsalt* oder die Osterleise *Christ ist erstanden*).

Durch die verschiedenen Reformationen des 15. und 16. Jahrhunderts, die dem volkssprachigen Gemeindegesang hohe Bedeutung zumaßen (Hussiten, Böhmische Brüder, Lutheraner, Calvinisten, Hugenotten, Anglikaner), kam es zu einer Blüte des Kirchenliedes. Gerade im deutschen Sprachraum konnten die Autoren der neuen konfessionellen Gesänge dabei auf mittelalterliche Vorbilder zurückgreifen, sei es dass Melodien und/oder Texte übernommen wurden, sei es dass erprobte Techniken der Kontrafazierung und volkssprachlichen Paraphrase weitergeführt wurden (vgl. hier etwa Übertragungen von Choralmelodien durch Thomas ▸ Müntzer und Martin ▸ Luther). Da das Gemeindelied in lutherischen Kirchen zudem eine exegetische und katechetische Funktion hatte, entstand darüber hinaus ein reicher Schatz von wesentlich neuen Liedern belehrenden Charakters (z.B. Luthers Auslegung des Dekalogs *Dies sind die heilgen zehn Gebot*) und Psalmparaphrasen in Form metrischer Strophenlieder (z.B. Luthers *Ein feste Burg ist unser Gott* oder die als Genfer Psalter [1562], *Hugenottenpsalter* oder *Souterliederken* bekannten Psalmliedsammlungen aus Genf, Frankreich und den Niederlanden). Manche dieser neuen Lieder erwiesen sich überdies als schlagkräftiges Medium in der konfessionellen Auseinandersetzung und besaßen demzufolge eine polemisch-politische Dimension, die sie an den Rand des begrifflichen Geltungsbereiches von Kirchenlied rücken (z.B. *Ein feste Burg* oder die vielfachen Variationen über das Judaslied). Die explosionsartige Verbreitung vor allem des lutherischen Kirchenlieds erklärt sich durch die gezielte Zusammenstellung von Gesangbüchern und die rasche Verbreitung im Druck, beginnend mit dem *Chorgesangbuch* von Johann Walter (Wittenberg 1524). Viele dieser Kirchenlieder blieben über Jahrhunderte hinweg im Gebrauch und regten auch mehrstimmige Sätze und Vertonungen an, angefangen bei den Cantus-firmus- und Kantionalsätzen eines Johann ▸ Walter und Caspar ▸ Othmayr über schlichte mehrstimmige Psalmparaphrasen so unterschiedlicher Komponisten wie Claude ▸ Le Jeune und Jacobus ▸ Clemens non Papa bis hin zu großangelegten Instrumental- und Vokalsätzen auf Grundlage eines Kirchenlied-Cantus-firmus.

Das katholische Kirchenlied der Reformationszeit entstand im wesentlichen als Reaktion auf die protestantischen Entwicklungen, die zudem retardiert einsetzte. Ausschlaggebend wirkte dabei nicht die Förderung des Gemeindegesangs (was als Zugeständnis an die volkssprachigen Gottesdienste der protestantischen Kirchen gewirkt hätte), sondern vielmehr das Bewusstsein, der Wirkmächtigkeit und Popularität des protestantischen Liedguts etwas entgegensetzen zu müssen. Dem Jesuiten Cozenius zufolge etwa hätten Luthers Gesänge mehr Seelen umgebracht als seine Schriften und Reden. Die katholische Produktion von Gesangbüchern kam jedoch nur schleppend in Gang: Den Anfang machte Michael ▸ Vehes *New Gesangbüchlin Geystlicher Lieder* (Leipzig 1537), bis zur Veröffentlichung des ▸ Leisentritschen Gesangbuchs von 1567 vergingen drei Jahrzehnte. Unter dem Einfluss des Genfer Psalters stehen die *Psalmen Davids in allerlei Teutsche Gesangreime gebracht* von Caspar ▸ Ulenberg (Köln 1582), die zugleich auch im Brennpunkt der theologischen Auseinandersetzung stehen. Die dort vorgelegte deutsche Fassung setzte sich nämlich zum Ziel, einige der als Übersetzungsfehler und inhaltlichen Entstellungen angesehenen Passagen im Lichte der katholischen Glaubensüberzeugungen zu verbessern.

*Ausgaben:*
W. Bäumker (Hrsg.), *Das katholische Kirchenlied in seinen Singweisen von den frühesten Zeiten bis gegen Ende des 17. Jahrhunderts*, 4 Bände, Freiburg i.Br.

1886–1911; J. Zahn (Hrsg.), *Die Melodien der deutschen evangelischen Kirchenlieder*, 6 Bände, Gütersloh 1889–1893; *Das deutsche Kirchenlied. Kritische Gesamtausgaben der Melodien*, Kassel 1975ff. (RISM B VIII; *Le Psautier français. Les 150 Psaumes versifis en français contemporain. Mélodies originales du XVI siècle harmones à quatre voix*, Lyon 1955; Ch. Meyer, *Les mélodies des églises protestantes de langue allemande. Catalogue descriptif des sources et édition critique des mélodies*, Bd. 1 (Baden-Baden und Bouxwiller 1987).

*Literatur:*
C. von Winterfeld, *Der evangelische Kirchengesang und sein Verhältnis zur Kunst des Tonsatzes*, 3 Bände (Leipzig 1843–1847) • F. Blume, *Geschichte der evangelischen Kirchenmusik*, 2. Auflage (unter Mitarbeit von L. Finscher u.a.), Kassel u.a. 1965 • W. Blankenburg, *Johann Walters Chorgesangbuch von 1524 in hymnologischer Sicht. Zum Beginn der Geschichte des evangelischen Kirchenliedes vor 450 Jahren*, in: Jahrbuch für Liturgik und Hymnologie 18 (1973/1974), S. 65–96 • M. Jenny, *Luther, Zwingli, Calvin in ihren Liedern*, Zürich 1983 • W.I. Sauer-Geppert, *Sprache und Frömmigkeit im deutschen Kirchenlied. Vorüberlegungen zu einer Darstellung seiner Geschichte*, Kassel 1984 • P. Veit, *Das Kirchenlied in der Reformation Martin Luthers. Eine thematische und semantische Untersuchung* (Veröffentlichungen des Instituts für europäische Geschichte Mainz 120), Stuttgart 1986 • E. Heitmayer, *Das Gesangbuch von Johann Leisentritt 1567. Adapton als Merkmal von Struktur und Genese früher Gesanbuchlieder*, St. Ottilien 1988 • A. Moeseritz, *Die Weisen der böhmischen Brüder von 1531. Eine stil- und quellenkritische Untersuchung*, Bonn 1990. Generell: Jahrbuch für Liturgik und Hymnologie.

CTL

# Kirchentonarten ▸ Tonsystem

# Kithara ▸ Leier

# Klausel / Kadenz

Von den beiden Begriffen kam ›Klausel‹ (lat. clausula) als erster in das Repertoire der musikalischen Fachbegriffe. Der Terminus stammt aus der lateinischen Rhetorik und wurde bis ins 15. Jahrhundert vor allem in der Bedeutung von ›Abschnitt‹ und ›Schluss‹ verwendet, und zwar im Zusammenhang mit einstimmiger und mehrstimmiger Musik. Die erste Bedeutung (›Abschnitt‹) wurde in der Folgezeit (bis ins 18. Jahrhundert) gelegentlich noch aufgegriffen, während das ›Schließen‹ Hauptbedeutung erlangte. Seit etwa 1500 trat neben ›clausula‹ der italienische Terminus ›cadenza‹. Beide Begriffe wurden synonym oder in gegenseitiger Ergänzung verwendet, wobei die auf Latein schreibenden deutschen Autoren den Terminus ›clausula‹ bevorzugten. Es hat sich für die moderne Terminologie eingebürgert, die Zäsurbildung der Einzelstimme als Klausel, diejenige eines mehrstimmigen Satzes als Kadenz anzusprechen.

Seit Beginn der regulierten Kontrapunktlehre (also seit etwa 1330) werden normativ zu verstehende Wendungen im zweistimmigen Satz beschrieben, die in idealer Weise (»naturaliter«) verschiedene Prinzipien kombinieren: schrittweise Führung der Einzelstimme, Gegenbewegung, Fortschreitung einer imperfekten Konsonanz in eine perfekte. Diesen Bedingungen gehorchen nur drei Verbindungen (die Ziffern stehen für Intervalle): 3-1, 6-8 und 3-5. Die häufig nicht notierte, aber in der Praxis fast durchweg vollzogene chromatische Erhöhung des aufwärtsgehenden Tons (bei den Zieltönen d, g und a) wurde früh schon als ›schön‹ deklariert; dem Einklang geht also die kleine Terz, der Oktave die große Sexte voraus (die seltene 3-5-Verbindung kam im 16. Jahrhundert weitgehend außer Gebrauch). Bei Kadenzen im e-Modus (›in mi‹) erscheint der Halbtonschritt in der abwärtsgeführten Stimme.

Die Vollkommenheit der naturaliter-Verbindungen prädestinierte diese zur Formulierung von Schlüssen und schlussähnlichen Zäsuren innerhalb eines Satzes, wobei durch Synkopation der aufwärtsgehenden Stimme der Charakter der schließenden Determiniertheit noch verstärkt wurde. Die einzelnen Töne des horizontalen Verlaufs bekamen vom Schluss her geprägte Bezeichnungen zugeteilt: der ›Paenultima‹ (erg.: nota, ›vorletzte‹) folgte die (meist unbezeichnet gelassene) ›Ultima‹. Vielfach wird darüber hinaus die ›Antepaenultima‹ in die Beschreibungen mit einbezogen (die ›vorvorletzte‹ Note), die – mit Ausnahme der synkopierten Stimme – freilich nicht normierbar ist.

Dieser zweistimmige kontrapunktische Verlauf ist Grundlage und Kern aller Kadenzen, auch der mehr als vierstimmigen. Die Klauseln der Einzelstimmen wurden seit Anfang des 16. Jahrhunderts gelegentlich näher bezeichnet. Demnach handelt es sich bei der melodischen Schlussformel des abwärtsgehenden Sekundschritts um die ›Tenorklausel‹ (›clausula tenoris‹, so z. B. bei Andreas ▶ Ornithoparchus 1517), sowie, bei deren Gegenpart, um die ›Diskantklausel‹. Diese zeichnet sich überdies durch ein jeweils der historischen Epoche und Idiomatik entsprechendes Ornamentierungsrepertoire aus; meist handelt es sich um die Umspielung des ›subsemitonium‹ (des ›Leittons‹). Eine bis in die Josquin-Zeit beliebte Formel war hierbei die ›Unterterzklausel‹, das Verlassen der Paenultima um einen Ton abwärts, so dass der abschließende Kadenzschritt sich zur Terz erweitert. Die Vielfalt der aus dem Grundschema ableitbaren mehrstimmigen Kadenzbildungen folgt zum einen aus der Umkehrbarkeit der Stimmen im zweistimmigen Modell, zum anderen (und vor allem) aus den nach kontrapunktischen Regeln hinzugefügten weiteren Stimmen. Die verschiedenen Typen werden im Folgenden nach moderner Terminologie angesprochen.

Für das 14. und 15. Jahrhundert charakteristisch ist die ›Parallelkadenz‹, eine Schlussbildung, die aus dem Satzmodell parallel geführter Sexten mit dem Tenor als unterster Stimme resultiert (Beispiel links). Die häufig, vor allem im 14. Jahrhundert, durch Vorzeichen geforderte Leittonerhöhung der Mittelstimme führt zur ›Doppelleittonkadenz‹ (Beispiel rechts).

Die Idee des um den Tenor schweifenden Contratenor manifestiert sich deutlich in der ›Oktavsprungkadenz‹, der in der zweiten Hälfte des 15. Jahrhunderts bevorzugten Schlusswendung.

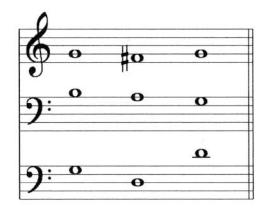

Alternativ konnte der Contratenor auch in den Schlusston geführt werden; diese Wendung entspricht der ›Bassklausel‹. In diesem Fall liegt, durch eine Altstimme ergänzt, bereits die für die Folgezeit verbindliche Standardkadenz (›clausula formalis‹) vor.

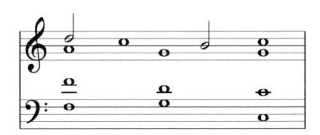

Die horizontale Schichtung der einzelnen Klauseln war in weiten Grenzen variierbar. Die Tenorklausel konnte im Diskant liegen; eine abgeschwächte (Binnen-)Zäsur wurde oft als ›Sekundfallkadenz‹, mit der Tenorklausel im Bass, gestaltet. Der Sonderfall der Kadenz ›in mi‹ (es kann keine Quinte unter der Tenor-Paenultima gebildet werden) führte zu einer Wendung, die dem heutigen Verständnis von Tonalität fremd ist. Im folgenden Beispiel wird eine ›mi‹-Kadenz nach a gezeigt; der a-Klang kann als

Anhang abschließend eingeführt werden. Gegen Ende des 16. Jahrhunderts wurde die Bassklausel als gleichrangige Kernstimme betrachtet; sie konnte in zweistimmigen Sätzen mit einer Diskantklausel zur Kadenz gefügt werden.

Im Bereich der Motetten- und Madrigalkomposition wurde ein Gutteil kompositorischen Ingeniums in die Verknüpfung aufeinander folgender Satzabschnitte investiert: Art und Weise der einzelnen variierenden Kadenzen dienten zur musikalischen Lesung des Sprachtextes. Eine besondere Rolle spielt hierbei die Technik der ›cadenza fuggita‹ (wörtlich: ›geflohen‹). Hierbei werden die normierten Kernstimmen entweder nicht zu Ende oder anders als zu erwarten weiter geführt. Zu den ›fuggita‹-Kadenzen zählen auch Überlappungen (der nächste Abschnitt beginnt während der Kadenz in einer anderen Stimme) sowie Bildungen nach Art des modernen ›Trugschlusses‹.

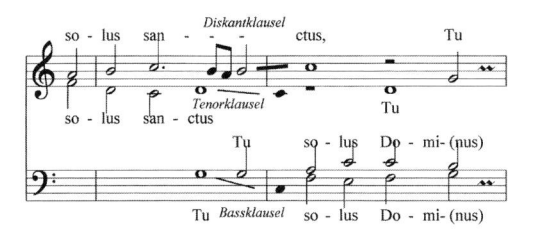

Cadenza fuggita in Alt und Bass unter Angabe der nicht erreichten Zieltöne; vgl. Palestrina, Gloria der *Missa Iste confessor*

Mit Prägungen wie ›cadenza propria / impropria‹ oder ›clausula principalis / minus principalis‹ werden hingegen Kadenzen im Hinblick auf ihr Ziel innerhalb eines Modus angesprochen. Die Zieltöne der Kadenzen sind gemäß den Haupt- und Nebenstufen der Tonart zu wählen, in der die Komposition verfasst wird (meist I., III. und V. Stufe); sie können in begründeten Fällen als ›clausulae peregrinae‹ auch außerhalb der Tonart liegen.

*Literatur:*
C. Dahlhaus, *Untersuchungen über die Entstehung der harmonischen Tonalität*, Kassel 1968 • S. Schmalzriedt, *Clausula, Kadenz*, in: *Handwörterbuch der musikalischen Terminologie* (1974) • B. Meier, *Die Tonarten der klassischen Vokalpolyphonie*, Utrecht 1974 • E. Schwind, *Klausel und Kadenz (I–V)*, in: MGG², Bd. 5 (Sachteil), 1996, Sp. 256–275.

TRÖ

# Klerus ▸ Sozialgeschichte

# Kleve / Düsseldorf

Als 1609 Herzog Johann Wilhelm ohne Nachkommen verstarb, endete der Traum von einem Niederrheinischen Mittelstaat (mit westfälischen Anteilen – Mark und Ravensberg), der, mit Ausnahme der habsburgischen Niederlande, den Nachbarterritorien (u.a. dem Erzstift Köln, den Reichsabteien Essen und Werden, den Reichsstädten Dortmund, Köln und Aachen) in seiner räumlichen Ausdehnung überlegen war. Jedoch wies dieser Staat, seit dem Spätmittelalter auf Grund des dynastischen Prinzips – Heiraten, Erbschaften und Todesfälle – zusammengewachsen (Berg-Ravensberg 1348; Kleve und Mark 1398, Jülich-Berg-Ravensberg 1423; Jülich-Berg-Kleve-Mark-Ravensberg 1511/1521, kurzfristig auch Geldern 1371–1423; 1538–1543), der nur durch die Person des jeweiligen Herrschers zusammengehalten wurde, erhebliche Mängel auf. Die geographische Zersplitterung, die unterschiedliche historische, wirtschaftliche und soziale Entwicklung (in den märkischen und südbergischen Landesteilen haben sich bereits frühindustrielle Gewerbeformen herausgebildet – Solinger Klingen, Wuppertaler Textilien), die jeweils weiter bestehenden erstarkenden Landstände (Adel/Städte) mit ihren divergierenden Interessen verhinderten die Errichtung einer straffen Zentralgewalt, um eine eindeutige Vorherrschaft in dem Gebiet zu erringen, in dem das Kurfürstentum Köln drei Jahrhunderte zuvor mit ähnlichen Ambitionen gescheitert war. Dazu kam, dass dieses künstliche staatliche Gebilde in die gesamteuropäischen politischen Auseinandersetzungen der frühen Neuzeit – Habsburg (österreichisch/spanisch) – Frankreich – Burgund – England – Freiheitskampf der Niederlande, die konfessionelle Spaltung (Katholiken, Lutheraner, Calvinisten, Schwärmer, Täufer u.a.m.) hineingezogen wurde (siehe Ausstellungskatalog *Land im Mittelpunkt der Mächte*). Der 1609 zusammengebrochene Staat fiel 1614/1666 durch die Verträge von Xanten an das Kurfürstentum Brandenburg (Kleve-Mark-Ravensberg) und an Pfalz-Neuburg (Jülich-Berg). Diese geographische Lage bedeutete allerdings kulturelle Vorteile. So bestanden seit dem 14. Jahrhundert enge Beziehungen zwischen Kleve und Burgund. Herzog Adolf II. (1394–1448) war in zweiter Ehe mit Maria von Burgund, sein Sohn Johann I. (1448–1481) mit Elisabeth von Burgund verheiratet. Johann I. und Johann II. wurden am burgundischen Hof (Herzog Philipp der Gute) erzogen.

*Die Zusammensetzung der klevischen Hofkapelle unter den Herzögen Adolf II. bis Johann Wilhelm 1394–1509*
Während der Regentschaft Herzog Adolfs II. sind zwei Trompeter, drei Pfeifer und ein Sprecher als Mitglieder der Hofkapelle bezeugt. Seine verwandtschaftliche Bindung an das Herzogtum Burgund mit dessen aufwendigem musikalischen Ensemble hat den Hofstaat Herzog Adolfs dennoch nicht wesentlich beeinflusst. Sein Sohn Herzog Johann I. (1448–1481), am burgundischen Hof erzogen, übernahm in großzügigem Rahmen das westliche Vorbild. Unter seiner Herrschaft wurde ein Ensemble aufgebaut (siehe die Hofverzeichnisse 1467–1473), das aus zwei Trompetern, acht Pfeifern, zwei Lautenisten, einem ›Claretter‹ bestand: Der burgundische Einfluss dokumentiert sich darin, dass zwei Musiker dem französischen Sprachraum entstammten.

Was die Kantorei betrifft, werden Sänger erstmals 1455 erwähnt. Höchstwahrscheinlich ist die Gründung einer Kantorei mit der in demselben Jahr stattgefundenen Hochzeit Herzog Johanns I. mit Elisabeth von Burgund in Verbindung zu bringen. Der Hofstaat von 1457 weist drei Kapläne, einen »witte monixken« (vermutlich ein Dominikanermönch) und fünf Kantoreimitglieder auf. Dieser Bestand konnte jeweils bei festlichen Anlässen durch Sängerknaben der Klever Stiftsschule ergänzt (s. Heimericks Beschreibung der Xantener Viktorstracht von 1464) und später personell erweitert werden. Im Zuge des Friedensschlusses mit Geldern 1467 musste der Intimfeind auch im künstlerischen Bereich in die Schranken gewiesen werden: neun Sänger, acht Musiker (ein Trompeter, ein Tamburin, ein ›Clarettist‹, 2 Lautenisten, 3 Pfeifer) wurden aufgeboten. Unter Johann I. hat die klevische Hofkultur ihre größte Blüte erfahren, die allerdings nicht von langer Dauer war (s. Flink, Thissen, Marra). Herzog Johann II. (1481–1521) konnte trotz erheblicher finanzieller Engpässe (Beteiligung an burgundischen Kriegen, aufwendige Hofhaltung, persönlicher protziger Lebensstil) das Ensemble in seiner Zusammensetzung weitgehend aufrechterhalten (so Pietzsch). Der politische Preis war jedoch erheblich: Gewichtige Machtbefugnisse mussten der Kanzlei (samt den Räten) und den Landständen (Landadel, Städte) überlassen werden, welche die Kredite stellten. Kanzlei und Landstände forderten in einem scharf formulierten Monikum den Fürsten auf, er solle in Zukunft seinen Pflichten pünktlich, fleißig und mit gebotener Sparsamkeit nachkommen.

Herzog Johann III. (1521–1539) hat durch seine Ehe mit der einzigen Tochter des Jülich-Bergischen Herzoghauses sein Territorium vergrößern, aber die finanzielle Schräglage des Staates nicht mindern können. Bereits 1515, noch vor dem Ableben des Vaters, hat er die Regierungsgeschäfte übernommen. Jedoch von einer vollständigen Zusammenlegung der beiden Hofkapellen konnte aus finanziellen Gründen keine Rede sein. Von den zwölf jülischen Musikern ist offensichtlich nur der bedeutende Harfenist Hans Kannegiesser in den Klevischen Dienst übernommen worden. 1524 bestand die Kapelle auf der Schwanenburg aus sieben Trompetern, einem Paukenisten, drei Pfeifern und einem Harfenisten (s. Pietzsch). Für die Existenz einer Kantorei in den Jahren 1511–1539 liegen keine Belege vor.

Johann III., von fachlich hochqualifizierten, humanistisch geprägten Räten (u.a. Johann van Vlattern) unterstützt, sucht im erasmisch-irenisch geprägten Geist während der religiösen Wirren in tolerantem Sinne ausgleichend zu wirken. Hier wird sicherlich auch der Einfluss der ▸ Devotio moderna eine große Rolle gespielt haben.

Unter der Regentschaft Herzog Wilhelms des Reichen (1539–1592) ist die Existenz einer Kantorei umstritten (s. Pietzsch, S. 148–154). Unter seinem Vorgänger war aus Repräsentationsgründen auf Druck der Klevischen Landstände hin, welche die Hofhaltungskosten allein nicht tragen wollten, die Hauptresidenz nach Düsseldorf verlegt worden. Die Hofhaltung wechselte seither zwischen Düsseldorf, Kleve, Heinsberg und Bensberg im jahreszeitlichen Rhythmus. Die Existenz zweier Kanzleien blieb jedoch bestehen. Außenpolitisch war er, der 22jährig die Herrschaft antrat, den Anforderungen nicht gewachsen. Der Spagat zwischen Habsburg, Frankreich, England (s. die kurze Ehe seiner Schwester Anna mit König Heinrich VIII.), zwischen Katholiken und Protestanten überstieg seine politische und diplomatische Kompetenz. Ein versuchter dritter Weg, der Reformkatholizismus, führte ihn ins totale Abseits. 1543 von den kaiserlichen Truppen vernichtend geschlagen, half ihm nur der Kniefall von Venlo vor ▸ Karl V. zum politischen Überleben. Durch die Ehe mit Maria, der Tochter ▸ Ferdinands (Bruder Karls V. und seit 1531 deutscher König), wurde er politisch und konfessionell an das Haus Habsburg gebunden. Wilhelm, der kulturell sehr ambitioniert war, gründete einige Schulen, begann mit der architektonischen Umgestaltung Düsseldorfs im Stile der Renaissance (Altes Düsseldorfer Rathaus), plante die Gründung einer Universität in Duisburg und die Aufstockung seiner Hofkapelle. Die Quellen reden jedoch eine andere Sprache. Bei der Hochzeit Wilhelms mit Maria von Habsburg in Regensburg werden keine klevischen Musiker erwähnt. So sind bei den weiteren klevisch-jülischen Feierlichkeiten, den drei Eheschließungen der Kinder 1573 in Königsberg, 1574 in Pfalz-Neuburg, 1579 in Bergzabern bestenfalls musikalische Minimalbesetzungen vertreten. Selbst bei der Beisetzung der Herzogin schritten nur zwei Trompeter dem Leichenzug voraus.

Die Hochzeit des Erbprinzen Johann Wilhelm mit der Markgräfin Jakobe von Baden sollte den Glanz des Klevisch-Jülischen Hofes noch einmal in hellem Licht erscheinen lassen. Eine ausführliche Beschreibung der einwöchigen Feierlichkeiten, die auf zahlreichen Kupferstichen ein eindrucksvolles Bild dieses rauschhaften Festes bietet, verdanken wir dem Landschreiber Dietrich Graminäus. Dieses Werk erschien 1587. Musikgeschichtlich bedeutsam sind die benutzten Instrumente. Auffällig ist die große Zahl der Trompeter, die den Gruppen der geladenen Gäste voranschritten: insgesamt 23 Trompeter und zwei Heerpauker – der Hof des Brautvaters verfügte nur über fünf Trompeter. Dazu traten Zinkenisten bei den Banketten und Tanzveranstaltungen. Diese

Instrumentalgruppen mussten von anderen Höfen ausgeliehen werden: aus Köln, Lüttich u.a. und aus den Reihen der eingeladenen Gäste. Am Virginal saß Martin Peu d'Argent, umgeben von sechs Instrumentalisten und sechs Sängern, darunter Adamus de Ponte. An Instrumenten sind u.a. eine Laute (von Gregorius Heuwett gespielt), zwei Violinen, ein Zink und eine Harfe zu erkennen. Einen weiteren Höhepunkt stellte ein Singspiel der Orpheus- und Amphionsage dar, ähnlich den heutigen ›open-air‹-Veranstaltungen. Laut Graminäus haben die beiden angeworbenen Sänger bzw. Lyraspieler ihre Aufgaben so hervorragend erfüllt, dass sich die Zuschauer ins Paradies aufgenommen wähnten.

Ein Feuerwerk und ein Ritterturnier beendeten die pompöse Hochzeit. Im Zeichen des Niedergangs wurden keine Kosten gescheut: Herzog Wilhelm war seit Jahren schwer erkrankt, der Thronfolger litt an einer Geistes- und Gemütskrankheit, die Regierungsgeschäfte konnten nur durch die fürstlichen Räte wahrgenommen werden, die Staatsfinanzen waren zerrüttet: 24 Jahre später existierte dieser Staat nicht mehr.

*Die Musiker am Klever und Düsseldorfer Hofe*
Während der Regierungszeit Wilhelms des Reichen ist der bedeutendste Musiker Martin Peu d'Argent (ca. 1510 – ca. 1590) gewesen. Er stammte aus dem niederländischen Huy im Fürstbistum Lüttich und wuchs in der francoflämischen Musiktradition auf. Frühe Beziehungen zu dem Lütticher Musiker Adamus de Ponte sind nachgewiesen. Erstmals wird er 1532 als Magister in Kleve erwähnt, vermutlich als Lehrer an der dortigen Stiftsschule, deren Sänger auch am Hofe auftraten. 1556 edierte er in Düsseldorf bei Jacob Bathenius (etwa 1561–1568) zwei Motettensammlungen: Nr. 11 in der zweiten Sammlung ist zur Taufe der ersten Tochter Eleonore (1550–1608), die Nr. 12 und 13 sind zur Geburt des Thronfolgers Karl Friedrich (1555–1575) komponiert worden. Nr. 11: *Terram nunc pede* und Nr. 12 *Misericorida Jesu Christi* sind fünfstimmig, Nr. 13 *Dux optatus adest* ist sechsstimmig. Die dritte Motettensammlung erschien 1556, allerdings mit Beiträgen vornehmlich anderer zeitgenössischer Musiker. 1561 wurden bei Oridryus und Buysius Chansons, ebenfalls auch mit Kompositionen anderer Musiker ediert: u.a. Josquin Baston, Pierre de Manchicourt, Petit Jean de Latre. Das Jahr 1585 bildete den Höhepunkt seiner Tätigkeit am Düsseldorfer Hof mit der musikalischen Gestaltung der schon erwähnten Hochzeit des Jungherzogs Johann Wilhelm.

Obwohl der Name Johann von ▸ Cleve (ca. 1529–1582) deutlich auf seine Herkunft aus Kleve bzw. aus dem Herzogtum hinweist, ist sich die Forschung in diesem Punkt nicht sicher (s. Pietzsch, 1971, S. 160, von Büren, 2006, S. 22). Seine Beziehung zum Hause Jülich-Kleve wird dadurch fassbar, dass sich in dem Augsburger Druck *Cantiones* von 1579/1580 eine Trauermotette zu sechs Stimmen auf den frühen Tod des Erbprinzen Karl Friedrich († 1575) befindet (Wilhelm Diedenhofen: *Der Tod in Rom*, in: *Land mit Mittelpunkt der Mächte*, 1984).

Ein weiterer Musiker ist Conrad Rintelius Hagius (1550–1680), in dessen erstem überlieferten Werk *Die Psalmen Davids* (vierstimmig, 1589 in Düsseldorf gedruckt) in der Vorrede erwähnt wird, dass er bereits drei Jahre am Hofe Herzog Wilhelms tätig sei. Johannes Oridryus (ca. 1515 – nach 1594) bekleidete von 1556 bis 1572 das Amt eines Lehrers für Latein und Musik an der Particularschule zu Düsseldorf. Sein gräzisierter Name weist auf den Geburtsort Bergeijk in Nordbrabant hin. Zusammen mit Peu d'Argent ist er der Autor eines Musiktraktats, das ein typisches Dokument für den Musikunterricht des 16. Jahrhunderts darstellt. – Jean de Castro (ca. 1540–

1600) komponierte für die Düsseldorfer Hochzeit die Chanson *Komm lieber Hymen*. Er wird als schillernde Persönlichkeit geschildert (s. Pietzsch und Büren), weil seine zahlreichen Ortswechsel, seine vermeintlichen Amtsbezeichnungen oft archivalisch nicht nachweisbar sind und sich häufig widersprechen. Auf den Titelseiten seiner Sammlungen bezeichnet er sich als Kapellmeister Johann Wilhelms. Die Textauswahl seiner Kompositionen ist breit gefächert. In den Chansons hat er u.a. Gedichte der ▸ Pléiade übernommen. ▸ Johannes von Soest gehört nicht in den Musikerkreis des Düsseldorfer Hofes.

In der Regierungszeit von Herzog Johann Wilhelm (1592–1609), des geistes- und gemütskranken Fürsten, werden nur wenige Musiker genannt, z.B. ein Conraidt der Khuir, der von einigen Autoren als der uns schon bekannte Konrad Hagius identifiziert wird, was jedoch in der Forschung umstritten ist. Weitere Namen sind Johann Lunckh, Johann Mewen (wahrsch. Johann Anthonius von Meuven). Das musikalische Leben kann nicht bedeutend gewesen sein, denn am Düsseldorfer Hofe herrschten Verhältnisse, die der apostolische Nuntius als ›babylonisch‹ bezeichnete. Auch die zweite Ehe Johann Wilhelms blieb kinderlos, so dass mit seinem Tod das Herrscherhaus ausstarb.

*Die Instrumente am Klever Hof*
1610 hat der Organist an der Klever Stiftskirche – Johann Anthonius von Meuven – für den im Erbfolgestreit involvierten Fürsten von Brandenburg und Pfalz-Neuburg eine Bestandsaufnahme der in Kleve vorhandenen Musikinstrumente vorgenommen: 8 Schalmeien verschiedener Tonhöhen (1 Pommer, 2 Tenorpommer, 2 Diskantschalmeien, 2 Basspommer), 4 Kornette (Zinken), 2 Rankette, 1 Fagott, 1 Lyra, 1 Quartbassposaune, mehrere Gamben (»violons«) und Posaunen.

1795 erschien eine Schrift Julius Heinrich von Buggenhagens *Nachrichten über die zu Cleve gesammelten theils Römischen, theils Vaterländischen Altertümer*, in der auf einem Kupferstich mehrere altertümliche Musikinstrumente, an der Wand hängend, gezeigt werden. Diese wurden 1778 im Antiquitätensaal der Klever Burg ausgestellt. Man erkennt drei Zinken, einen kleinen Zinken, ein großes und ein kleines Krummhorn und zwei Schalmeien (Gieseler, S. 34). Zu den neun abgebildeten gibt Buggenhagen insgesamt 18 Instrumente an (Wiens, S. 61–64), die sich in dem Antiquitätensaal befanden.

Während der Revolutionskriege seit 1792 sind sie verloren gegangen. Nur das Virginal ist erhalten geblieben und befindet sich heute im Victoria- und Albert-Museum in London.

*Literatur*:
H. Wiens, *Musik und Musikpflege am herzoglichen Hof zu Kleve* (Beiträge zur Rheinischen Musikgeschichte 32), Köln 1959 • W. Gieseler, *Die Musik am Hofe der Klever Herzöge*, in: *Kalender für das Klever Land auf das Jahr 1957*, Kleve 1956, S. 33–42 • K.G. Fellerer (Hrsg.), *Rheinische Musiker. 1. Folge und 2. Folge* (Beiträge zur Rheinischen Musikgeschichte 43 und 53), Köln 1960 und 1962 • *Historische Stätten III: Nordrhein Westfalen*, Stuttgart 1963 • G. Pietzsch, *Zur Musikpflege an den Höfen von Kleve und Jülich*, in: *Studien zur Klevischen Musikgeschichte* (Beiträge zur Rheinischen Musikgeschichte 75), hrsg. von W. Gieseler, Köln 1968 • Ders., *Archivalische Forschungen zur Geschichte der Musik an den Höfen der Grafen und Herzöge von Kleve – Jülich – Berg (Ravensberg) bis zum Erlöschen der Linie Jülich-Kleve im Jahre 1609* (Beiträge zur Rheinischen Musikgeschichte 88), Köln 1971 • *Land im Mittelpunkt der Mächte. Die Herzogtümer Jülich – Kleve – Berg*, Ausstellungskatalog Kleve und Düsseldorf, Kleve 1984 (darin Beiträge von K. Flink, E. Rümmler, H.P. Hilger) • W. Schnütgen, *Literatur am Klevischen Hof vom hohen Mittelalter bis zur frühen Neuzeit*, Kleve 1909 • K. Flink / B. Thissen (Hrsg.), *Die Klevischen Hofordnungen* (Rechtsgeschichtliche Schriften 9), Köln u.a. 1997 • W. Paravini (Hrsg.), *Höfe und Residenzen im spätmittelalterlichen Reich. Ein dynastisch-topographisches Handbuch. Teilband 1: Dynastien und Höfe* (Residenzforschung 15,1), S. 820–826 (darin: Beitrag zum Klever Hof von St. Marra) • *Martin Peudargent: Musiker und Komponist am Jülich-Klevischen Hof* (Jülicher Forschungen 7), bearbeitet und

kommentiert von M. Lubenow mit einem Beitrag von G. von Büren, Jülich 2006.

AME

# Knöfel, Johann
* um 1530 Lauban (Schlesien), † nach 1617 Kärnten oder Prag

Der Komponist und Kapellmeister Knöfel hat sowohl zur lutherischen Kirchenmusik als auch zum deutschen Lied beigetragen. Joachim ▸ Burmeister zählt ihn in seiner *Musica poetica* neben Komponisten wie Gallus ▸ Dressler, Jacobus ▸ Clemens non Papa, Leonhard ▸ Lechner, Orlande de ▸ Lassus zu den hervorragenden Komponisten der Zeit. – Er war von ca. 1560 bis ca. 1567 als Kantor an der lutherisch geprägten Trotzendorff-Schule in Goldberg (Schlesien) tätig. Spätestens 1569 war er Kapellmeister im Dienst des Piastenherzogs Heinrich XI. von Liegnitz, Brieg und Goldberg, dem er sein erstes gedrucktes Werk, *Dulcissimae quaedam cantiones* (Nürnberg 1571), zueignete. 1575 widmete er den *Cantus choralis* der Stadt Breslau, seine Hoffnung auf eine Stelle an einer Breslauer Kirche ging jedoch nicht in Erfüllung. Wahrscheinlich in der Zeit von 1579 bis 1584 war er im Dienst Pfalzgraf Ludwigs VI. am Heidelberger Hof, wo er auch weltliche Musik zu komponieren hatte; aus der Zeit stammen die *Neuen teutschen Liedlein*. Um 1592 war er in Prag an der Neustädter Brüderkirche St. Heinrich als Organist tätig und publizierte die *Novae melodiae* (1592). 1617 ist er in Kärnten nachweisbar (zur Dokumentation der Vita siehe Möller, 2001, S. VI–VII).

Knöfels Werk besteht überwiegend aus geistlichen lateinischen Kompositionen, den beiden *Cantiones*-Sammlungen, der *Missa* und dem *Cantus choralis* sowie zahlreichen weiteren ▸ Motetten. Der *Cantus choralis* umfasst die mehrstimmig gesetzten liturgischen Gesänge der Ordinariums- und Propriumsteile der ▸ Messe (Introitus, Versus, Kyrie, Gloria, Alleluia, Prosen, Sanctus, Agnus Dei) für sieben Hauptfeste (insgesamt 130 Stücke): De adventu domini, De nativitate Christi, In Epiphaniis domini, De resurrectione Christi, De Ascensione Christi, De festo pentecostes, De sancta trinitate. Sie waren für den Gottesdienst der Stadtkirchen Breslaus gedacht, die seit 1523–1525 lutherisch waren, den lateinischen Choral- und Messgesang jedoch wie vielerorts auch im lutherischen Gottesdienst beibehielten. In der Weihnachtsmesse sind zwei deutsche Gesänge (*Dank sagen wir alle* und *Den sollen wir alle mit seinen Engeln loben mit Schalle*) enthalten. Die Satzweise folgt – wie auch in anderen motettischen Sätzen Knöfels – den bei vielen deutschen Komponisten typischen Usancen einer Anlehnung an den frankoflämischen Stil (▸ Frankoflämische Musik), wobei jedoch nicht der ganze Satz durchimitiert ist, sondern Stimmpaare imitatorisch verknüpft und oft Einzelstimmen individuell behandelt werden oder nur ganz am Beginn Imitation vorliegt; oft sind auch Stimmen paarig in Terzen geführt, der Versus beginnt oft homophon: Im Unterschied zur strengen Durchimitation liegt eine bewegt vielgestaltige Faktur vor. Die Kyrie- und Christe-Sätze für Advent und Weihnachten sind tropiert, für Weihnachten sind Alternativversionen vorgesehen. Nicht für alle Feste liegen mehrstimmige Ordinariumssätze vor, wahrscheinlich wurden sie aus den anderen Festzyklen übernommen (darauf deutet zumindest die Anmerkung »Kyrie magnae Deus et gratias ut supra de Nativitate Christi« nach dem Versus in De sancta trinitate).

Die *Newen teutschen Liedlein mit fünff Stimmen* (1581) sind die einzigen weltlichen Kompositionen Knöfels; sie waren für den Heidelberger Hof bestimmt und vertonten u.a. die Wahlsprüche von seinem Dienstherrn Ludwig VI. und von dessen Gattin (Möller 2001, S. VI). Knöfel hat überwiegend bekannte Texte ausgesucht (darunter *Ich weiß ein megdlein*, Nr. 11 und *So wünsch ich ir ein' gute nacht*, Nr. 17) und möglicherweise den einen oder anderen Text auch selbst verfasst. Folgt der Inhalt der Texte mit der Thematisierung von Tugend, Ehre, Ordnung, Gottesergebenheit und Klage über schwindendes Kunstverständnis der deutschen ▸ Tenorlied- wie auch partiell der Sangspruchtradition, so wird kompositorisch hingegen an den Liedtypus von Orlande de ▸ Lassus in den *Newen Teutschen Liedlein* von 1567 und damit zugleich an italienische Formen wie ▸ Madrigal und ▸ Villanella angeknüpft. Die überwiegend fünfstimmigen Lieder sind keine ▸ Cantus firmus-Kompositionen mehr und zeigen eine Vielfalt an Techniken von homophonen Partien zu polyphon-durchimitierenden mit ähnlichen Merkmalen wie denjenigen des *Cantus choralis*, zusätzlich den Wechsel von vollem Klang und geringstimmigen Ausschnitten, den Wechsel von geradem und dreizeitigem Metrum sowie ▸ Madrigalismen. In Anlehnung an italienische Sammlungen werden die *Liedlein* mit einer umfangreichen achtstimmigen Komposition im Kanzonettenstil beschlossen.

*Ausgaben*:
*Dulcissimae quaedam cantiones*, Nürnberg 1571; *Cantus choralis*, *Nürnberg 1575*, hrsg. von H. Rau (Veröffentlichungen des Archivs der Stadt Heilbronn 25), München 2001; *Missa 5v. ad imitationem Cantionis Orlandi »In me transierunt«*, Nürnberg 1579; *Cantiones piae*, Nürnberg 1580; *Neue teutsche Liedlein mit fünf Stimmen, Nürnberg 1581*, hrsg. von H. Möller (Das Erbe deutscher Musik 102), Wolfenbüttel 2001; *Novae melodiae* (Prag 1592).

*Literatur*:
F. Feldmann, *Der Laubacher Johann Knöfel, insbesondere sein »Cantus choralis«*, in: *Die schlesische Kirchenmusik im Wandel der Zeiten*, hrsg. von G. Hultsch, Lübeck 1975, S. 40–52 • R. Caspari, *Liedtradition im Stilwandel um 1600. Das Nachleben des deutschen Tenorliedes in den gedruckten Liedersammlungen von Le Maistre (1566) bis Schein (1626)* (Schriften zur Musik 13), München 1971 • H. Möller, *Knöfel*, in: *MGG²*, Bd. 10 (Personenteil), 2003, Sp. 347–349.

ES

# Köln

Das kulturelle Leben Kölns im 15. und 16. Jahrhundert war in hohem Maße von den vergleichsweise komplexen politischen Verhältnissen geprägt, die die Stadt und das Erzbistum bestimmten. Der Erzbischof, der nicht nur geistlicher, sondern auch weltlicher Herr über Teile des Diözesangebiets war, residierte in fast vollständiger räumlicher und institutioneller Entkopplung von seinem Bischofssitz in Bonn, während in der Stadt Köln (seit 1475 freie Reichsstadt) das Domkapitel über die Kathedralkirche bestimmte und im Rat eine vergleichsweise durchlässige patrizische Führungsschicht das Sagen hatte. Die kurkölnischen Gebiete wurden durch die weltlichen Territorialmächte Jülich-Berg, Kleve-Mark, Geldern und Moers eingeschlossen bzw. parzelliert, was im 15. Jahrhundert zu zermürbenden militärischen Auseinandersetzungen führte, aus denen letztlich das 1521 vereinigte Herzogtum Jülich-Kleve-Berg mit der Residenzstadt Düsseldorf als dominierende politische Macht des 16. Jahrhunderts hervorging. Ein weiteres Zentrum bildete die Freie Reichsstadt Aachen, die, begünstigt durch die geographische Lage und als Krönungsort der deutschen Könige, ebenso wie Köln selbst aufgrund der Dreikönigsreliquien als Pilgerziel häufig zum Schauplatz aufwendiger Besuche mittel- und westeuropäischer Staatsmänner wurde.

Obwohl das Kölner Erzbistum einerseits kulturell und wirtschaftlich traditionell engstens mit den im Westen angrenzenden Diözesen Lüttich und Utrecht verflochten war, die zudem als Suffragane auch kirchenrechtlich eine Verwaltungseinheit mit dem Rheinland bildeten, und durch den Rhein als zentralem Handelsweg ein reicher Austausch auch mit dem süddeutschen Raum bestand, konnte Köln im 15. und 16. Jahrhundert offenbar kein ausgeprägtes musikgeschichtliches Profil entwickeln, jedoch macht der weitgehende Verlust von Zeugnissen polyphoner Musikpraxis eine Beurteilung ausserordentlich schwierig.

Abgesehen von vereinzelten Ausnahmen werden erst in der 2. Hälfte des 16. Jahrhunderts einige namhaftere Musiker in den Diensten der Erzbischöfe (Jean de Castro), des Aachener Doms (Johannes Mangon) oder der Herzöge von Jülich-Kleve-Berg (Jean de Castro, Martin Peudargent) greifbar, die durchweg ihre Ausbildung in Lüttich erfahren hatten und damit die enge Abhängigkeit von dem im Westen gelegenen Musikzentrum dokumentieren. Jedoch waren aufgrund einer Kapellstiftung des Erzbischofs Dietrich von Moers für die Marienkapelle seit dem Jahre 1454 und das ganze 16. Jahrhundert hindurch regelmäßig Berufssänger am Kölner Dom tätig. Darüber hinaus verfügte die Domkirche über mehrere Orgeln und, soweit nachweisbar, regelmäßig über festangestellte Organisten. Auch der Orgelbau florierte, wie sich an der auch ausserhalb Kölns reich dokumentierten Tätigkeit von Liebing Sweys, Hans Suys, Nikolaus Niehoff oder Arent Lampeler ablesen lässt. Daneben unterhielten verschiedene Stifte musikalische Einrichtungen, wie etwa das Bonner Cassiusstift oder die großen Kölner Stifte von St. Gereon und St. Kunibert, aus denen sich einige Choralhandschriften von z.T. erheblichem liturgiegeschichtlichem Interesse erhalten haben, in denen sich Ansätze zu einer spezifischen ›Kölner Liturgie‹ finden. Bemerkenswert ist ferner die 1466 eingesetzte Kapellstiftung des Kölner Patriziers Johannes Hardenrath, der die Salvatorkapelle in St. Maria im Kapitol mit einem Singmeister, vier Knaben, drei Sängern und einem Organisten ausstattete, die auf einem im Zweiten Weltkrieg zerstörten Wandbild in der Kapelle dargestellt waren. Diese musikalische Institution, die über ein eigenes Singmeisterhäuschen verfügte und bis 1804 bestand, scheint im 16. Jahrhundert über ein gewisses Niveau verfügt zu haben. Inventaren zufolge zählten Kompositionen von Jean ▶ Mouton, Cristóbal ▶ Morales, Jacobus ▶ Clemens non Papa, Thomas ▶ Crecquillon oder Orlande de ▶ Lassus zum Repertoire. Zwei im Kölner Diözesanarchiv erhaltene Chorbücher mit Kompositionen von Lassus, Philippe de ▶ Monte und Stefano ▶ Felis gelangten als Legate aus dem Umfeld der kaiserlichen Hofkapelle in Prag in den Hardenrathschen Bestand. Das 1551 begründete Kölner Jesuitengymnasium Tricoronatum stellt die einzige Institution in der Stadt dar, auf die ein größerer erhaltener Musikalienbestand des 16. Jahrhunderts zurückgeht (heute aufbewahrt in der Kölner Universitäts- und Stadtbibliothek). Ob die Stimmbücher entsprechende Aufführungstraditionen am Gymnasium dokumentieren, das ansonsten vor allem durch die Aufführung geistlicher Dramen mit musikalischen Einlagen hervortrat, oder durch Schenkungen in den Bestand gelangten, ist ungeklärt.

Über die bürgerliche Musikpflege in Köln haben sich einige Zeugnisse wie etwa die Chronik des Hermann Weinsberg oder das auf 1528 zu datierende Gemälde von Barthel Bruyn, das den Sohn eines Kölner Ratsherrn mit einer Ballade von ▶ Ninot le Petit vor sich liegend abbildet, erhalten, die den hohen Stellenwert und die internationale Vernetzung der bürgerlichen Musikkultur in Köln ebenso bestätigen wie der isoliert stehende, entgegen früheren Vermutungen wohl bereits um 1514/1515 entstandene Liederdruck von Arnt von ▶ Aich (RISM [1519][5]), der in seinen oberdeutschen Bezügen ein deutliches Indiz für den größeren, überregionalen Kontext darstellt, innerhalb dessen die Kölner Musikkultur um 1500 anzusiedeln ist. Deutlich später, aber für die Kanäle des Repertoireflusses ebenso aufschlussreich sind die um 1600 entstandenen Musikdrucke von Gerhard Grevenbroich; insgesamt jedoch blieb der Notendruck in Köln angesichts der umfangreichen sonstigen Druckproduktion erstaunlich marginal. Größere Bedeutung erlangte der Druck von Theoretica im frühen 16. Jahrhundert, der in engem Zusammenhang mit der sogenannten ›Kölner Schule der Musiktheorie‹ an der 1388 gegründeten Universität stand. Durch die in Köln tätigen Musiktheoretiker Johannes ▸ Cochlaeus, Bernhard ▸ Bogentantz, Melchior ▸ Schanppecher oder Nicolaus ▸ Wollick erfuhr u.a. der zeitweise in Köln studierende Heinrich ▸ Glarean nachhaltige Prägung.

Die große Bedeutung, die der Festkultur beigemessen wurde, dokumentiert insbesondere der 1447 fertiggestellte Gürzenich, ein reines Tanz- und Festgebäude. Zudem verfügte die Stadt über eine ausgeprägte Spielmannskultur. Neben den verschiedenen, offenbar qualitativ sehr hochstehenden Ensembles der Erzbischöfe, des Kölner Stadtrats und der verschiedenen Landesherren gelangten vor allem im Rahmen der Zusammenkünfte städtischer und auswärtiger ›Fürsten und Herrenpfeifer‹ wie etwa bei der Kölner Gottestracht von 1508 zahlreiche Musiker nach Köln.

Im Kölner Erzbistum war die Frömmigkeitsbewegung der ▸ Devotio moderna in ihren unterschiedlichen Ausprägungen weit verbreitet, wovon auch musikalische Quellen zeugen, so insbesondere die illuminierten Choralhandschriften der am Weidenbach in Köln angesiedelten Brüder vom gemeinsamen Leben und das vermutlich am Niederrhein entstandene Liederbuch der Anna von Köln. Im Zuge der Reformation entstanden dann mehrere Drucke von Kirchenliedern, so insbesondere das *Bönnische Gesangbuch*, das 1544 auf Betreiben des zur Reformation übergetretenen Kölner Erzbischofs Hermann von Wied publiziert wurde und nachfolgend zahlreiche Folgeauflagen sowie breite Rezeption in den Niederlanden und der Pfalz erfuhr, wie auch die katholischen Gegenunternehmungen etwa der *Psalmen Davids* von Caspar ▸ Ulenberg (1582).

*Literatur*:
W. Kahl, *Studien zur Kölner Musikgeschichte des 16. und 17. Jahrhunderts* (Universität, Tricoronatum) (Beiträge zur rheinischen Musikgeschichte 3), Köln und Krefeld 1953, S. 48f. • W, Salmen (Hrsg.), *Das Liederbuch der Anna von Köln*, Düsseldorf 1954 (Denkmäler rheinischer Musik 4) • Kl.W. Niemöller, *Nicolaus Wollick (1480–1541) und sein Musiktraktat* (Beiträge zur rheinischen Musikgeschichte, 13), Köln 1956 • L. Schrade, *Johannes Cochläus, Musiktheoretiker in Köln*, in: *Studien zur Musikgeschichte des Rheinlandes*. Festschrift für Ludwig Schiedermair (Beiträge zur rheinischen Musikgeschichte 20), Köln 1956, S. 124–132 • J. Overath, *Untersuchungen über die Melodien des Liedpsalters von Kaspar Ulenberg (Köln 1582). Ein Beitrag zur Geschichte des Kirchenliedes im 16. Jahrhundert* (Beiträge zur rheinischen Musikgeschichte 33), Köln 1960 • H. Hüschen, *Rheinische Gesangbuchdrucker und -verleger des 16. und 17. Jahrhunderts*, in: *50 Jahre Gustav Bosse Verlag*, hrsg. von E. Valentin, Regensburg 1963, S. 51–79 • H.-J. Werner, *Die Hymnen in der Choraltradition des Stiftes St. Kunibert zu Köln* (Beiträge zur rheinischen Musikgeschichte 63), Köln 1966 • G. Pietzsch, *Fürsten und fürstliche Musiker im mittelalterlichen Köln* (Beiträge zur rheinischen Musikgeschichte 66), Köln 1966 • K.G. Fellerer, *Die Kölner musiktheoretische Schule des 16. Jahrhunderts*, in: *Renaissance-Muziek 1400–1600*. Festschrift René Bernard Lenaerts, Leuven 1969, S. 121–130 • A. Gerhard / A. Odenthal (Hrsg.), *Kölnische Liturgie und ihre Geschichte*, Münster 2000 • M. Kirnbauer, ›Ferner Klang‹ – *Musik in Köln um 1500*, in: *Genie ohne Namen – Der Meister des Bartholomäus-Altares*, Ausstellungs-Katalog, hrsg. von R. Budde und R. Krischel, Köln u.a. 2001, S. 82–91 • Kl. Pietschmann (Hrsg.), *Das Erzbistum Köln in der Musikgeschichte des 15. und 16. Jahrhunderts*, Tagungsbericht Köln September 2005 (Beiträge zur rheinischen Musikgeschichte), Kassel 2008.

KP

## Kolorierung

Kolorierung, lat. Einfärbung (von Noten), ist ein Begriff aus der ▸ Mensuralnotation, mit dem die Schwärzung von ›weißen‹ Noten bezeichnet wird. Sie wird auf kürzere Notenpassagen angewendet und bewirkt die Reduktion des Notenwertes um ein Drittel, wodurch ein kurzfristiger Rhythmuswechsel erzeugt wird. Zunehmend häufiger wurde der ›minor color‹ verwendet, eine Kolorierung einer Zweiergruppe, bestehend aus einer längeren und einer kürzeren Note (meist ▸ Semibrevis – ▸ Minima), die sich als eine Punktierung eingeschliffen hat. Kolorierung ist außerdem eine Bezeichnung für die Verzierungspraxis deutscher Organisten und Lautenisten des 16. Jahrhunderts.

ALB

## Kombinative Chanson

Der Ausdruck ›combinative chanson‹ wurde von Maria Rika Maniates eingeführt (siehe Literatur), um eine bestimmte Kategorie von Chansons zu benennen, die in der zweiten Hälfte des 15. Jahrhunderts im französischen, burgundischen und burgundisch-habsburgischen Bereich innerhalb der höfischen polyphonen ▸ Chanson florierte.

Wie in Simultan-▸Quodlibets werden zwei (selten drei) verschiedene musikalische und textliche Schichten kombiniert, weshalb der Typus gelegentlich auch als Doppelchanson bezeichnet wird. In der Regel entspringt von diesen Schichten die eine, im Tonsatz höher liegende thematisch dem ▸ Amour courtois und ist musikalisch wie eine Chansonstimme in einer der ▸ Formes fixes gestaltet (so öfters noch als Ballade, nachdem diese als autonome Form kaum noch komponiert wurde). Die andere Schicht, die sich auf eine, zwei oder meist drei der tiefer liegenden Stimmen verteilt, von denen oft nur der Tenor textiert ist, geht auf tatsächlich oder scheinbar präexistente Musik populären Charakters zurück und ist daher meist weniger ornamentiert, von einfacherer und regelmäßigerer Melodie- und Rhythmusstruktur sowie zuweilen etwas langsamer (z.B. Johannes ▸ Ockeghem, *S'elle m'amera / Petite Camusette*; Philippe ▸ Basiron, *D'un autre amer* [von Ockeghem entlehnt] / *L'homme armé*). Hat nur der Tenor diese reale oder imaginäre präexistente Gestalt, spricht man auch gelegentlich von Cantus-firmus-Chanson. Insofern kann die kleine Gruppe der Motetten-Chansons, die eine französische Chanson mit lateinischem, teilweise liturgischem ▸ Cantus firmus koppelt, als Sonderform der kombinativen Chanson verstanden werden (z.B. mit humoristischem Unterton Guillaume ▸ Dufay, *Je ne puis plus / Unde veniet auxilium mihi* oder ▸ Josquins Trauerkomposition *Nymphes des bois / Requiem*). Eine Zwischenform vertritt Ockeghems Deploration Gilles ▸ Binchois' (Discantus *Mort tu as navré* / 3 tiefere Stimmen *Pie Jesu*).

Entscheidend ist, dass sich durch die Verknüpfung sowohl in materialer Hinsicht als auch vom Bedeutungsgehalt her ein Sphärenkontrast ergibt, wiewohl die Texte inhaltlich aufeinander bezogen sind. Die spielerische oder sinnstiftende Konfrontation vollzieht sich fast immer zwischen der höfischen Liebestradition, die – dem alltäglichen Leben entgegengesetzt – als Repräsentant des Artifiziellen erscheint, bzw. – gegenüber der offiziellen Konnotation des Lateinischen – als Ausdruck des Subjektiven und des in der Muttersprache artikulierten Empfindens auftritt.

*Literatur*:
M.R. Maniates, *Mannerist Composition in Franco-Flemish Polyphony*, in: Musical Quarterly 52 (1966), S. 17–36 • Dies., *Combinative Chansons in the Dijon Chansonnier*, in: Journal of the American Musicological Society 23 (1970), S. 228–281 • Dies., *Combinative Chansons in the Escorial Chansonnier*, in: Musica Disciplina 29 (1975), S. 61–125 • *The Combinative Chanson: An Anthology*, hrsg. von ders. (Recent researches in the music of the Renaissance 77), Madison 1989 • L. Finscher, *Motetten-Chanson*, in: MGG$^2$, Bd. 6 (Sachteil), 1997, Sp. 546–548.

NSCH

## Komposition

Musikgeschichtlich und speziell im Blick auf die Ära vom frühen 14. bis zum späten 16. Jahrhundert erfasst der Begriff Komposition
1. das Verfertigen (›Komponieren‹) von Musikstücken nach den Regeln der Ars musi-

ca, das schriftlich ausgeführt wird und für eine insgesamt vielfältige Praxis bestimmt ist, in der auch der Komponist als Sänger oder Instrumentalist zu den Ausführenden gehörte;
2. das einzelne derartige Musikstück als ›Werk‹;
3. den Gesamtbereich solchen musikalischen Schaffens einschließlich seiner spezifischen Lehre des Komponierens.

Damit wird Komposition abgegrenzt gegenüber Darbietungsarten, die auf Stegreifausführung und schriftlos usueller, vor allem volksläufiger Gesangs- oder Spielmannsmusik gründen (▸ Improvisation). Doch ist es verfänglich, historische Begebenheiten und Zeugnisse, zumal ohne genauere Kenntnis und (ab)wertend, dieser abstrakten Zweiteilung zu unterwerfen, denn zwischen ›artifiziellem‹ und ›usuellem‹ Musizieren bestanden fließende Grenzen.

Gleichwohl sind es bestimmte soziale Sphären und Funktionen, in denen das Komponieren wie die Darbietung von Kompositionen seinen wesentlichen Platz hatte, da die maßgebenden Träger dieser musikalischen Praxis geistliche und höfische Institutionen waren. Feierliches Zeremoniell in herausgehobenen Gottesdiensten und glanzvolle Repräsentation an Fürstenhöfen verlangten die Beteiligung besonders kunstreicher, prächtiger, ausdrucksstarker oder auch symbolhaltiger Musik. Daneben waren musikalische Darbietungen auch in Privatzirkeln Gebildeter oder im eher familiären Kreis schlichter Kunstliebhaber hoch geschätzt. Als Personal standen Sänger (Cantores), oft vom Knabenalter an eigens in Kathedral-Singschulen musikalisch ausgebildet und nicht selten zu Klerikern geweiht, aber auch qualifizierte Instrumentalisten s.o. zur Verfügung. Beide Gruppen wirkten in Ensembles von Kathedral- und Hofkapellen zusammen.

Das Repertoire der Kompositionen, ausgerichtet auf die Ansprüche reicher Liturgie, prunkvoller weltlicher Feste und erlesener Unterhaltung, lässt sich in einem ersten Überblick mit den drei Hauptgattungen umreißen, die Johannes ▸ Tinctoris (*Terminorum musicae diffinitorium*, Treviso 1495) ausdrücklich nach ihren Textgrundlagen unterschied:
a) die ▸ Messe (»Missa est cantus magnus, cui verba Kyrie […] supponuntur«),
b) die ▸ Motette (»Motetum est cantus mediocris, cui verba cuiusvis materiae sed frequentius divinae supponuntur«),
c) den Lied- oder Kantilenensatz (»Cantilena est cantus parvus, cui verba cuiusvis materiae sed frequentius amatoriae supponuntur«).

Wird hier vordergründig nach Sphären des Textgehaltes (materia) unterschieden (Messe geistlich, Motette meist geistlich [zuweilen weltlich-politisch], Liedsatz meist Liebesdichtung), so erinnert diese Dreigliederung mit ihren scheinbar äußerlichen Umfangs-Angaben (groß, mittel, klein) doch auch an die in Poetik und Rhetorik unterschiedenen Ebenen (›genera dicendi‹) von hohem, mittlerem und niederem Stil. Tinctoris deutet daher indirekt auch eine Gewichtung der Gattungen an, die sich am überlieferten Repertoire im wesentlichen bestätigt.

a) Die Messe entwickelte sich im 15. Jahrhundert zur musikalischen Großform, in der die Sätze des Ordinarium missae (Kyrie, Gloria, Credo, Sanctus, Agnus) zunehmend als erkennbare Einheit (durch Gemeinsamkeiten in Tonart, ▸ Cantus firmus, durch Entlehnungen von Motiven oder Satzteilen fremder Werke [Parodiemesse]) gestaltet werden und sich allen Kompositionstechniken der Zeit, besonders auch den kunstvollen (▸ Imitation, ▸ Kanon), öffnen.

b) Die Motette, die, anders als die Ordinariums-Messe, faktisch jedem beliebigen Prosatext gerecht werden musste, förderte in besonderem Grade den musikalischen Umgang mit Sprache – deklamatorisch, semantisch expressiv oder auch Wort-abbildend – sowie das schlüssige Disponieren des Gesamtverlaufs. Dieser unterliegt wesensmäßig (und noch ausgeprägter als die textreichen Sätze der Messe) einer Reihungsform und wird nicht selten durch Techniken der ▸ Isorhythmie vereinheitlicht.

c) Die unter »Cantilena« zusammengefassten Liedsätze verschiedenster Typen (▸ Ballade, ▸ Ballata, ▸ Chanson, ▸ Madrigal, ▸ Rondeau), überwiegend strophisch und refrainhaft angelegt, sind Reservoire vor allem für die Ausbildung solistischer Vokalmelodik zu dezent mitgehenden (oft instrumentalen) Kontrast- oder Stützstimmen. Im Bereich des vielfältigen Repertoires der »Cantilena«-Formen vollzogen sich allerdings im 16. Jahrhundert beträchtliche Wandlungen, die nicht selten die Merkmale wie auch das satztechnische Muster von Vokalmelodie und Begleitstimmen, dazu die strophische Anlage und die Charakterisierung als »Cantus parvus« radikal abstreiften.

Hinzu kam, dass sich seit dem 15. Jahrhundert die Zahl der für solenne Musiken üblichen Stimmen des Satzes erhöhte: Vierstimmigkeit, im 13./14. Jahrhundert seltene Ausnahme, wurde im 15. Jahrhundert zunehmend die Regel, aber auch bereits durch Fünf- und Sechsstimmigkeit übertroffen, die ihrerseits im 16. Jahrhundert fast zur Norm und abermals weiter gesteigert wurden. Ließ sich auch der Tonraum für Vokalstimmen naturgemäß nicht erweitern, so verdichtete sich doch in ihm der musikalische Satz so erheblich, dass mit den neuen Möglichkeiten an Klangfülle auch Veränderungen im Satztechnischen auftraten.

Zu ihnen gehören a) der stark zunehmende Einsatz von Techniken der Imitation, b) die kontrastierende Verwendung von polyphonem, meist imitativem Satz aus (eigenständig wirkenden) ›Stimmen‹ und von Partien, in denen sich die (einheitlich miteinander fortschreitenden) Stimmen zu einem Gefüge von ›Akkorden‹ vereinigen; ferner c) das kalkulierte Verdünnen oder Verdichten des Satzes innerhalb eines Stückes durch Wechseln in der Zahl der konkret beteiligten oder pausierenden Stimmen; schließlich d) das Gegeneinanderstellen verschiedener (hoher oder tiefer) Stimmengruppen im Sinn einer seit dem 16. Jahrhundert kunstvoll entwickelten ▸ Mehrchörigkeit.

Im Zusammenhang mit solcher Mehrchörigkeit ist daran zu erinnern, dass auch die bei Tinctoris unerwähnt gebliebenen Gattungen der ▸ Instrumentalmusik im 15./16. Jahrhundert für die Bereiche komponierter Musik bedeutsam wurden. War das Mitwirken von Instrumenten in Kathedral- und Hofkapellen eine Selbstverständlichkeit – sodass »a cappella« ursprünglich gerade nicht, wie dann im jüngeren Sprachgebrauch, eine rein vokale Ausführung bezeichnete –, so entstanden nun auch beachtliche Repertoires reiner Instrumentalmusik, überwiegend solistisch (besonders für Zupfinstrumente wie Laute und Tasten-[»Clavier«-]Instrumente wie Orgel), zuweilen für Ensembles meist wahlweiser oder auch bereits definierter Besetzung. Damit erschlossen sich dem Komponieren allmählich spezifische Satzweisen, die nicht mehr an Aufgaben texttragender Musik, wie sie Tinctoris erörterte, gebunden waren, sondern aus instrumentalen Spielweisen und Techniken hervorgingen (▸ Praeambulum, ▸ Ricercar, ▸ Tanzformen, ▸ Variation).

Obwohl sich Tendenzen unterschiedlicher Behandlung der Stimmen im Satz abzeichnen, je nach ihrer Zuweisung an vokale oder instrumentale Ausführung, überwiegt insgesamt (noch) ein relativ neutraler Einzelstimmenduktus, der den Ausführenden eine ziemlich freizügige Besetzungs- und Instrumentenwahl nach jeweiligen Bedingungen und Vorsätzen erlaubt. Auch sind Verfahren des ›Bearbeitens‹ üblich und verbreitet, die sich nicht lediglich, wie im ausgehenden Mittelalter schon, auf einstimmig vorgegebene Melodien aus den Repertoires von Choral und Lied bezogen, sondern mehrstimmige Musikstücke als solche umwandelten. Dies diente praktischen Erfordernissen, um beispielsweise Begleitstimmen zu einem Sologesang einer anderen Darbietungsweise anzupassen oder, so in gottesdienstlicher Praxis, eine vokal nicht realisierbare Motette durch die Orgel allein auszuführen (▶ Intavolierung).

Sind dies bereits Merkmale für die beträchtlich erweiterte Musikpraxis mit ihren kompositorischen Möglichkeiten, so vollzieht sich das Wesentliche doch in dem genuin vokalmusikalischen Bestreben, ›Wort und Ton‹ immer enger und sinnvoller miteinander zu verbinden. Äußerlich geschieht dies durch das gezielte Fördern einer sprachgerechten ▶ Deklamation beim Singen durch das Beachten erprobter Textierungsregeln. Innerlich aber greift das Bestreben viel tiefer, indem die Musik sich in ihrem ›Ausdruck‹ dem Gehalt, vor allem dem Affekt des Textes anpassen sollte, um ihn nicht nur verständlich, sondern auch sinn-adäquat darzustellen. Dabei wurde an die (antiken wie mittelalterlichen) Lehren vom besonderen Charakter der einzelnen Tonarten angeknüpft (▶ Musiktheorie 2c). Doch spezieller und auffälliger war das Bemühen der Komponisten in und seit der Renaissance, den Sinn herausgehobener Einzelwörter, wo möglich, musikalisch ›abzubilden‹ und den gesungenen Vortrag auf diese Weise, ähnlich den Verfahren aus Oratorie und ▶ Rhetorik, noch eindringlicher zu machen. Was sich bei der Komposition liturgischer Texte nahezu selbstverständlich an ›Entsprechungen‹ darbot – wie »duo Seraphim« zweistimmig, »ascendit in coelum« melodisch ansteigend zu vertonen –, wurde weit über derartig drastische Fälle, wie sie Zahlwörter, Richtungs- und Bewegungsverben usw. nahelegen, ausgedehnt, beispielsweise auf die Hervorhebung von Kernwörtern (»Jesu Christe«) durch plötzlich eintretenden Akkordsatz (▶ Noëma) oder auf einen gleichnishaften Einsatz der Kanontechnik, bis hin zu Fällen sehr versteckter Symbolik, die in der Barockzeit noch an Bedeutung gewannen (▶ Figuren, ▶ Zahlensymbolik).

Für das Bild von Komposition in der Renaissance ist indessen ein weiterer Text-Gesichtspunkt wesentlich. Gewiss erfährt die kunstvolle Mehrstimmigkeit, die »Musica Artificiale« (▶ Kontrapunkt / Satztechnik), eine Blütezeit in der Bindung ans Latein, die Sprache von Liturgie und Artes-Gelehrsamkeit. Doch auch im Vertonen der seit dem 13. Jahrhundert an Bedeutung gewinnenden Volkssprachen entwickeln sich, neben vielerlei einstimmigem Melodiengut, mehrstimmige Formen, Gattungen und Kompositionsweisen mit eigenständigen Zügen: im 14. Jahrhundert besonders zu italienischen und französischen Texten (Trecento, ▶ Ars nova), dann ausstrahlend auf die bodenständige Kunst vor allem in Deutschland, England, Spanien. Musikgeschichtlich mischen sich dabei Arten volkstümlicher Mehrstimmigkeit mit Satzweisen auf dem Standard jeweiliger Komposition, sodass diese eine geradezu diffuse Vielfalt von Ausprägungen gewinnt. Die weite Skala reicht von schlichten geistlichen Gesängen (▶ Lauda, ▶ Kantionalsatz) und weltlichen Liedern (▶ Frottola, ▶ Villanella) über Scherzhaft-Parodistisches (▶ Canti carnascialesci) und Vertonungen anspruchsvoller Liebeslyrik (▶ Madrigal) bis hin zu musikalisch unterlegten Lustspielszenen (▶ Madrigalkomödie) und enthält dabei etliche Misch- oder Zwischenformen. Was hier kompositorisch ›neu‹ ist, betrifft vor allem Vorstöße in zwei Richtungen: in die des sprachlich-deklamatorischen Umgangs mit den nun idiomatisch höchst unterschiedlichen Texten und in diejenige zuvor unüblicher Arten von Dissonanzbehandlung, Motivbildung, Textausdeutung (▶ Madrigalismen) sowie formaler Gestalt.

In der Erscheinungsvielfalt mehrstimmiger Musik der Renaissance bilden das differenzierte Bestimmen einer einzelnen Komposition, das Unterscheiden ihrer gattungs- und zeittypischen Züge von ihren (möglicherweise) individuellen Eigenarten, auch der Versuch, ihr ästhetisches Niveau, ihren ›Kunstcharakter‹ einzuschätzen, äußerste Herausforderungen als Ziele kompositionsgeschichtlicher Studien. Diesen Aufgaben kann sich nur die behutsame, von umfassender Kenntnis der Repertoires, ihrer allgemeinhistorischen und musikalisch-satztechnischen Bedingungen getragene Analyse stellen, deren Ergebnisse gleichwohl immer auch weiteren Diskussionen offen bleiben.

*Literatur*:
Fr. Blume, *Renaissance*, Abschnitte IV und V, in: *MGG*, Bd. 11, 1963, Sp. 247–280 • H.H. Eggebrecht, *Komposition*, in: *Riemann Musik Lexikon*, Sachteil, Mainz 1967, Sp. 473–476 • A. Laubenthal, *Tendenzen der Kompositionsgeschichte*, in: *Die Musik des 15. und 16. Jahrhunderts* (Neues Handbuch der Musikwissenschaft 3/1), hrsg. von L. Finscher, Laaber 1989, S. 157–186 • L. Finscher / S. Leopold, *Volkssprachliche Gattungen und Instrumentalmusik*, in: ebenda, Bd. 2, S. 437–605 • M. Beiche, *Compositio / Komposition*, in: *Handwörterbuch der musikalischen Terminologie*, hrsg. von H.H. Eggebrecht, Stuttgart (1996) • Kl.-J. Sachs, *Komposition*, Abschnitte III–V, in: *MGG*², Bd. 5 (Sachteil), 1996, Sp. 519–527 • O. Huck, *Die Musik des frühen Trecento* (Musica mensurabilis 1), Hildesheim u.a. 2005.

KJS

## Königsberg [heute Kaliningrad]

Die einstmals preußische Stadt nahe der Einmündung des Pregel ins Frische Haff entwickelte sich im Umfeld einer 1255 vom Deutschen Orden errichteten Burganlage. Es bildeten sich drei Gemeinden heraus, die bis zu ihrer Vereinigung unter Wilhelm I. im Jahre 1724 autonom blieben: Altstadt (dominiert von Kaufleuten), Löbenicht (gegründet 1300, auch Neustadt genannt, dominiert von Handwerkern) und Kneiphof (gegründet 1327, auch Inselstadt genannt, ab 1330 Sitz des Bischofs von Samland). Die Bevölkerungsstruktur war gemischt, den einheimischen Volksgruppen der Pruzzen, Polen und Litauer stand die Oberschicht von Siedlern aus dem Westen gegenüber, niedergelassene Vertreter aus anderen europäischen und skandinavischen Ländern trugen zusätzlich zur ethnischen und kulturellen Vielfalt bei.

Schon seit dem 14. Jahrhundert war der Marschall des Deutschen Ordens in Königsberg ansässig, einer wichtigen Etappenstadt für die Ostmissionierung und die Kreuzzüge. Nachdem die Deutschordensritter 1457 im 13jährigen Krieg die Marienburg verloren hatten, bezog der Hochmeister sein Hauptquartier auf der Königsberger Burg. Der zum Protestantismus übergetretene letzte Hochmeister, Albrecht von Brandenburg-Ansbach, löste 1525 den Orden auf, behielt aber die Herrschaft über die dem Orden zugehörigen Gebiete, die er als Lehen der polnischen Krone erhielt. Fortan erklärte er sich zum Herzog in Preußen und verlegte seinen Amtssitz nach Königsberg, der Hauptstadt des neu gegründeten Herzogtums Preußen.

Mit diesem politischen Wandel kam das kulturelle Leben Königsbergs zum Erblühen, wie sich etwa an der Gründung einer Universität im Jahre 1544 ersehen lässt. Vor allem in musikalischer Hinsicht prägte Herzog Albrecht (1525–1568), dessen besondere Liebe der Tonkunst galt, die junge Residenzstadt. Das Musikleben vor Albrechts Regentschaft ist quellenmäßig nur spärlich dokumentiert und dürfte infolgedessen weder quantitativ noch qualitativ von mehr als durchschnittlichem Rang gewesen sein (sieht man einmal vom Bau der Domorgel in der Mitte des 15. Jahrhunderts ab). Anders stellt sich die Situation ab dem Herrschaftsantritt Albrechts im Jahre 1525 dar. Sogleich machte er sich daran, eine erstklassige Hofkapelle einzurichten. Eine wichtige Rolle spielten darin die Hoftrompeter, die (anders als üblich) Keimzelle und Zentrum der Hofkapelle bilden. Leiter dieser Institution, die bereits in den 1530er Jahren über mehr als 20 fest angestellte Vokalisten verfügte, war traditionell der erste Trompeter (1523–1534: Heinz Kolb; 1534–1540: Hans Kugelmann), erst 1540 wurde das Amt des Hofkapellmeisters anderweitig vergeben (1540–1559: Christoph Walter; 1559–1563: Urban Störmer; 1565: Bartholomäus Agricola).

Albrecht verstand es, aus der peripheren Lage und der kosmopolitischen Population Kapital zu schlagen und Königsberg zu einer florierenden internationalen Kulturmetropole zu machen. Die Mitglieder seiner Hofkapelle rekrutierte er aus nah und fern. Das Beispiel der renommierten Augsburger Bläserfamilie Kugelmann, von der nicht weniger als vier Vertreter in Königsberg wirkten, beweist zudem Albrechts Geschick, ganze Musikdynastien an sich zu binden. Andere Künstler (wie etwa Adrianus Petit Coclico) vermochte er immerhin für kurze Zeit an seinen Hof zu holen.

Sorgte bereits der Zuzug auswärtiger Künstler für eine Internationalisierung des gepflegten Repertoires, so tat Albrecht auch persönlich alles daran, um mit den europäischen Entwicklungen auf dem Gebiet der Musik Schritt zu halten. Er pflegte persönliche Kontakte zu etlichen Musikern (z.B. Ludwig ▸ Senfl, Thomas ▸ Stoltzer, Johann ▸ Walter) und musikinteressierten Reformatoren (z.B. Martin ▸ Luther, Lucas ▸ Osiander) und ließ sich obendrein von Agenten neue Kompositionen verschaffen. Da Albrecht einen Ruf als großzügiger Musikmäzen genoss, wurden ihm immer wieder Musikwerke zugeeignet.

Ein Übriges tat in dieser Hinsicht die verwandtschaftliche Verflechtung Albrechts mit dem dänischen Königshaus (er heiratete eine Schwester Christians III., König von Dänemark und Norwegen), sie schlug sich auch auf musikalischem Gebiet nieder. So kam es zu einem lebendigen Austausch von Personal und Repertoire zwischen beiden den Hofkapellen in Königsberg und Kopenhagen. Wiederum gaben Trompeter den Ton an: Neben der Familie ▸ Kugelmann verdient insbesondere Jörg Heyde Erwähnung, der von Königsberg an die Höfe in Kopenhagen (1542 erster Hoftrompeter) und Stockholm wechselte (ab 1556). Ihm verdanken wir einen Satz handschriftlicher Stimmbücher (DK-Kk, Gl. kgl. Samling 1872 4°), der das von den Königsberger Instrumentalisten gepflegte Repertoire der Hofkapelle bezeugt – ein historisches Dokument, das von umso größerer Bedeutung ist, als große Teile des Quellenmaterials in den Kriegen des 20. Jahrhunderts und der Folgezeit zerstört wurden.

Das Mäzenatentum Albrechts, der sich auch selbst als Lieddichter hervortat, war nicht nur auf seine Hofkapelle beschränkt. Die 1525 von ihm erlassene Kirchenordnung folgt insofern dem Vorbild Martin ▸ Luthers, als Albrecht darin die Stellung des Gemeindeliedes betonte; 1527 folgten die ersten beiden gedruckten Königsberger Gesangbücher. Während in diesen die Melodien noch handschriftlich nachgetragen werden mussten, fand Königsberg bald darauf Anschluss an die typographischen Neuerungen, als Hans Weinreich den ersten Musikdruck mit beweglichen Typen vorlegte, den Traktat *De ratione componendi* von Thomas Horner.

Mit dem Tod Herzog Albrechts im Jahre 1567 wurde seine Kapelle kurzfristig aufgelöst (mit Ausnahme der Hoftrompeter). Die mageren Jahre kamen zu einem Ende, als Georg Friedrich von Brandenburg-Ansbach, Administrator des Herzogtums Preußens fungierte, seine Residenz nach Königsberg verlegte und seine eigene Hofkapelle aus Ansbach mitbrachte. Somit existierten zeitweilig zwei hochrangige Hofmusikkollegien nebeneinander: die Ansbacher Kapelle unter Teodoro Riccio, die ursprüngliche Königsberger Kapelle unter Bartholomäus Agricola (bis 1580) und Johann ▸ Eccard. Letzterer wurde 1604 zum alleinigen Hofkapellmeister, nachdem die Ansbacher Kantorei bereits 1586 in ihre Heimat zurückberufen worden war. Dank Eccard, der am Ende des hier zu behandelnden Zeitraums steht, sowie seinem späteren Nachfolger Johann ▸ Stobaeus) kommt Königsberg ein fester Platz in der Gattungsgeschichte des ▸ Kantionalsatzes zu.

Literatur:
R. Fuehrer, *Die Gesangbücher der Stadt Königsberg von der Reformation bis zur Einführung für Ost- und Westpreußen* (Schriften der Synodalkommission für ostpreußische Kirchengeschichte 26), Königsberg 1927 • M. Federmann, *Musik und Musikpflege zur Zeit Herzog Albrechts. Zur Geschichte der Königsberger Hofkapelle in den Jahren 1525–1578* (Königsberger Studien zur Musikwissenschaft 14), Kassel 1932 • G. Schmidt, *Die Musik am Hofe der Markgrafen von Brandenburg-Ansbach vom ausgehenden Mittelalter bis 1641*, Kassel 1956 • L. Finscher, *Die Geschichte der Königsberger Hofkapelle*, in: *Musik des Ostens* 1, 1962, S. 165–189.

CTL

# Konstantinopel

Die auch unter ihrem thrakischen Gründungsnamen Byzanz (Byzantion) bekannte und bisweilen Ostrom oder »zweites« bzw. »neues Rom« genannte, auf der Landzunge zwischen Marmarameer, Bosporus und Goldenem Horn angesiedelte Metropole geht auf eine im 7. Jahrhundert v. Chr. eingerichtete Kolonie der griechischen Stadt Megara zurück. Nach der Konsolidierung der Herrschaft von Konstantin I. als römischer Kaiser (306–337) wurde sie zu dessen neuer Residenz ausgebaut, in Konstantinopel umbenannt und am 11.5.330 offiziell als Hauptstadt des römischen Reichs eingeweiht. Als Folge des Untergangs der römischen Provinzen des westlichen Mittelmeerraums im 5. Jahrhundert wurde der östliche, von Konstantinopel aus regierte Teil des Imperium Romanum als Byzantinisches Reich juristischer und religiöser Nachfolger des Römischen Reichs. Kulturell und wissenschaftlich blieb Byzanz jedoch durch die Traditionen der griechischen Antike und Spätantike geprägt. Mit der sogenannten Halosis, der Eroberung Konstantinopels durch die Osmanen am 29.5.1453 und der damit verbundenen Änderung des Stadtnamens in Istanbul endete die Geschichte des Byzantinischen Reichs (▸ Osmanisches Reich), nicht aber die seiner bis zur Gegenwart anhaltenden kulturellen Einflüsse in West- und Osteuropa. So kommt etwa dem bis heute in Istanbul ansässigen Patriarchat der griechisch-orthodoxen Kirche, das sich auf den Bischofssitz des Heiligen Andreas zurückführt, noch immer die imaginäre Führungsrolle unter den Kirchen der Orthodoxie zu.

Für die Musikkultur der Renaissance war Konstantinopel bzw. Byzanz insbesondere in der letzten Phase seiner Existenz unter dem Kaiserhaus der Paläologen (1261–1453) bedeutsam. In diese Zeit fallen die ersten quellenmäßig dokumentierten Kontakte zwischen den Musikkulturen der Byzantiner und der Westeuropäer wie etwa die in den Berichten der Konzilien von Ferrara und Florenz (▸ Konzil von Ferrara, ▸ Konzil von Florenz) geschilderte Konfrontation der Kirchenmusik der Westeuropäer mit derjenigen der Byzantiner. Die Paläologenzeit zeichnete sich auch durch eine besonders intensive Pflege der mathematischen Wissenschaften aus, wie eben der spekulativen Musiktheorie griechischer Sprache. Als folgenreich für die Entwicklung der Musiktheorie in der europäischen Renaissance, insbesondere für den musikalischen ▸ Humanismus bzw. die Rezeption der Schriften zur griechischen Musiktheorie aus antiker und mittelalterlicher Zeit, hat sich daher vor allem der durch die Halosis bedingte Exodus byzantinischer Gelehrter nach Italien erwiesen: Philologen wie Manuel Chrysoloras (1353–1415), Georgios Trapezuntios (1395–1472), Theodoros Gazes (1400–1475) und Demetrios Chalkondyles (1423–1511) haben dort als Grammatiker und Sprachlehrer wesentlich zur Erweiterung der Griechischkenntnisse beigetragen und somit die Zugangsmöglichkeiten zu den Originaltexten der griechischen Musiktheorie entscheidend verbessert. Besuche byzantinischer Universalgelehrter wie Maximos Planudes (1255–1305) oder Georgios Gemistos Plethon (1355–1452) in ▸ Venedig und ▸ Florenz weckten parallel das Interesse italienischer Gelehrter an den Originalquellen der antiken griechischen Philosophie und ihrer musikrelevanten Schriften.

Ähnliches gilt für die Gelehrtenkreise, die sich nach der Halosis in Florenz und ▸ Rom um zentrale Persönlichkeiten aus den Reihen der Exilbyzantiner scharten: Während der scholastisch (▸ Scholastik) ausgebildete Philosophieprofessor Johannes Argyropoulos (1393–1487) in den 1460er Jahren am Florentiner Studium neue Interpretationen musiktheoretisch relevanter Schriften aus dem Corpus Aristotelicum wie etwa *De anima* vorlegte, unterhielt der unierte Kurienkardinal Basileios Bessarion (1403–1472) etwa zur gleichen Zeit an seiner Kurie in Rom eine Akademie, die für ihre kontroverse Diskussion der musikrelevanten Werke des Corpus Platonicum, beispielsweise der staatstheoretischen Schriften *Leges* und *Politeia*, bekannt war. Bessarion war es auch, der nach der Halosis als kulturelles Vermächtnis der Byzantiner eine umfangreiche Bibliothek griechischer Handschriften aus fast allen Wissensbereichen zusammenstellen ließ, die zur Grundlage der Stiftung und des alten Handschriftenfundus (Thesaurus antiquus) der Biblioteca Marciana in Venedig wurde, in dem sie bis heute fast ohne Verluste erhalten ist.

Aus diesem Bestand haben sich Abschriften fast aller musiktheoretischen Werke griechischer Sprache aus antiker und byzantinischer Zeit bis ins 17. Jahrhundert über ganz Europa verbreitet und damit bis in die Gegenwart entscheidend zu deren quellenkritischer Rezeption beigetragen.

*Literatur*:
D.J. Geanakoplos, *Interaction of the »Sibling« Byzantine and Western Cultures in the Middle Ages and Italian Renaissance (330–1600)*, New Haven/Connecticut und London 1976 • Ch. Hannick, *Byzantinische Musik*, in: *Die hochsprachliche profane Literatur der Byzantiner*, Bd. 2 (Handbuch der Altertumswissenschaft, 12. Abteilung = Byzantinisches Handbuch, 5. Teil, 2. Band), hrsg. von H. Hunger, München 1978, S. 183–218 • D.J. Geanakoplos, *Constantinople and the West: Essays on the Late Byzantine (Paleologan) and Italian Renaissances and the Byzantine and Roman Churches*, Madison/Wisconsin 1989 • J. Monfasani, *Byzantine Scholars in Renaissance Italy, Cardinal Bessarion and other emigrés, selected essays* (Variorum Reprints, Collected Studies Series 485), Aldershot 1995 • D. Glowotz, *Byzantinische Gelehrte in Italien zur Zeit des Renaissance-Humanismus, Musikauffassung – Vermittlung antiker Musiktheorie – Exil und Integration* (Schriften zur Musikwissenschaft aus Münster 22), Schneverdingen 2006.

DG

# Konstanz

Als Sitz des größten deutschen Bistums (vom Ende des 6. Jahrhunderts bis 1821), als freie Reichsstadt (von 1193 bis 1548) und als Knotenpunkt an einer der großen Handelsstraßen von Deutschland nach Italien war Konstanz im Mittelalter und der frühen Neuzeit eine der bedeutendsten und auch wohlhabendsten Städte Süddeutschlands, zudem auch in unmittelbarer Nähe der großen geistlich-intellektuellen Zentren Reichenau und St. Gallen gelegen. Nach dem Verlust der Reichsfreiheit 1548 (Konstanz kam unter österreichische Verwaltung) ging seine Bedeutung rasch zurück; 1806 fiel Konstanz an Baden, und 1821 wurde das Bistum aufgelöst.

Der Bischofssitz verfügte schon früh über eine Domschule und eine Choraltradition mit eigenen Offizien für die Ortsheiligen. Ab etwa 1100 traten zu den Domherren Kapläne hinzu, denen spezifisch der Choralgesang in der Liturgie oblag, ab dem 13. Jahrhundert auch ▸ Succentores (d.h. spezifisch für die – mehrstimmige – Musikausübung eingestellte Sänger), deren Zahl bis 1350 auf vier anstieg. Ab 1134 verfügte der Dom auch über eine Orgel – wie auch das Kloster Petershausen, das 983 auf der anderen Rheinseite gegründet worden war und das über eine reiche, gut dokumentierte Tradition des Choralgesangs verfügt. Ab dem 14. Jahrhundert sind ›Spielleute‹ (d.h. Instrumentalisten) im Dienst des Bischofs belegt, ab 1417 städtische Trompeter, ab dem späten 15. Jahrhundert angestellte Stadtpfeifer. Das für Konstanz in jeder Hinsicht bedeutendste Ereignis im 15. Jahrhunderts war das ▸ Konzil (1414–1418), das das Große Abendländische ▸ Schisma beendete; unter den mehr als 50.000 Personen, die im Verlauf der vier Jahre Konstanz besuchten (das selbst nur ca. 6000–8000 Einwohner hatte), waren hunderte von Musikern, darunter u.a. die päpstliche Kapelle und König ▸ Sigismunds Hofmusik. Für kurze Zeit war Konstanz Mittelpunkt der – auch musikalischen – Welt.

Spätestens seit 1473 lag mit dem *Graduale Constantiense* (und einer Reihe darauf folgender Bücher) auch ein für das gesamte Bistum verbindlicher Ritus mit Gesängen für das gesamte Bistum vor; es handelt sich um eines der frühesten gedruckten Choralbücher überhaupt und fand in Süddeutschland weite Verbreitung. Ihren absoluten quantitativen wie qualitativen Höhepunkt erreichte die Musikausübung am Konstanzer Dom überhaupt in den Jahrzehnten um 1500, nicht zuletzt durch die Bereitschaft des Bischof Hugo von Hohenlandenberg (reg. 1496–1532) und seinem Domkapitel, trotz extrem angespannter Finanzlage enorme Summen in diesen Bereich zu investieren. Nicht umsonst berichtet der Konstanzer Chronist Gregor Mangolt (1498 – nach 1583) über seine Jugend: »siner zit das domstift Costantz wit berümpt gwesen vier dingen halb: namlich ains herlichen chorgstüls, kostlicher orgel, guter sengery, und schöner glocken«. Die Orgel, die erst 1489/1490 von dem Baseler Orgelbauer Hans Tugi erneuert worden war, wurde schon 1516–1521 durch ein Instrument Hans Schentzers ersetzt, eines der größten seiner Zeit, das über etwa 31 klingende Register verfügte und noch hundert Jahre später bei Michael ▸ Praetorius lobende Erwähnung findet. Dies war auch die Zeit des Organisten Hans ▸ Buchner aus Ravensburg (1483–1538), einem Schüler Paul ▸ Hofhaimers, der von 1506 bis zu seinem Tod das Amt des Domorganisten innehatte und dessen *Fundamentbücher* (ein dreibändiges Lehrwerk über Orgelspiel, Improvisation und ▸ Cantusfirmus-Bearbeitung, mit einer großen Zahl von Beispielkompositionen, hauptsächlich für die Verwendung in der Konstanzer Domliturgie) eines der wichtigsten Dokumente der frühen Instrumentalmusik sind.

Seit etwa 1470 war es aber vor allem die ›sengery‹, die wachsenden internationalen Ruf genoss. Der Chor im engeren Sinne (d.h. das für Mehrstimmigkeit und nicht für den Choral zuständige Ensemble) wuchs bis ca. 1500 auf mindestens 8–10 Succentores und 8 Chorknaben an und wurde offenbar höchsten Ansprüchen gerecht. Schon 1471 erbat sich der Herzog von Ferrara, Ercole I. d'▸Este, den in Konstanz angestellten Sänger (und Komponisten) Johannes ▸ Martini für seine Kapelle; ihm folgten später Ulrich Bel und Johannes Bon. Zahlreiche europäische Herrscher machten mit ihren Hofkapellen in Konstanz Station, u.a. Kaiser ▸ Friedrich III. (August 1485) und der burgundische Herzog Philipp der Schöne (1496). Vor allem aber die häufigen Aufenthalte des österreichisch habsburgischen Kaisers ▸ Maximilian I. – zwischen 1492 und 1516 nicht weniger als achtmal – verliehen der Stadt auch musikalischen Glanz. Ab Frühjahr 1507 hielt sich zum Konstanzer Reichstag der gesamte Kaiserhof in der Stadt auf; die Hofkapelle verblieb möglicherweise sogar bis Sommer 1509, und 1508 wechselten zwei Mitglieder der kaiserlichen Hofkapelle in die Domkantorei über. Zum Reichstag kam auch der Hofkomponist Heinrich ▶ Isaac in die Stadt, der zu dessen Eröffnung zwei humanistisch geprägte Festmotetten verfasste (*Sancti spiritus assit nobis gratia – Imperii proceres* und *Virgo prudentissima*); ferner schloss das Domkapitel mit Isaac einen Vertrag über die mehrstimmige Vertonung von Messproprien nach dem Konstanzer Ritus ab. Isaac hielt sich bis 1509 in Konstanz auf und lieferte im November desselben Jahres die letzten Stücke. Die Veröffentlichung dieser Proprien als *Choralis Constantinus* (Nürnberg 1550/1555) – lange nach Isaacs Tod und durch Ludwig ▶ Senfl fertiggestellt – bleibt das dauerhafteste musikalische Vermächtnis der Stadt. Es ist allerdings festzuhalten, dass nur der zweite Teil dieser riesigen Sammlung (die zum erstenmal in der Musikgeschichte überhaupt Proprien für alle Feste des Kirchenjahres mehrstimmig auskomponiert) spezifisch in und für Konstanz geschrieben ist; hier sind auch u.a. die Stücke für die Ortsheiligen (St. Konrad, St. Gebhard, St. Pelagius) enthalten. Weitere in dieser Zeit in Konstanz wirkende Komponisten sind Sebastian ▶ Virdung (1507–08) und Sixt ▶ Dietrich (1517–1527).

1525 hielt die Reformation Einzug in Konstanz. Der Bischof verließ im Jahr darauf mit seinem Domkapitel die Stadt und residierte fortan auf der anderen Seite des Bodensees in Meersburg; die Domkantorei wurde zunächst nach Überlingen, 1542 dann nach Radolfzell verlegt. Erst 1549 kehrten Domkapitel und Domkapelle in Zuge der Besetzung der Stadt durch kaiserliche Truppen und der darauffolgenden Rekatholisierung in die Stadt zurück; die Bischofsresidenz verblieb allerdings weiterhin in Meersburg, ab dem Ende des 16. Jahrhunderts auch mit eigener Hofmusik. In Konstanz selbst schränkte die Reformation das Musikleben extrem ein. Von beträchtlicher Bedeutung ist allerdings das von Ambrosius Blarer und Johannes Zwick herausgegebene ›Konstanzer Gesangbuch‹ (*Nüw Gsangbuechle von vil schönen Psalmen und geistlichen liedern*, Zürich 1536, mit vielen weiteren Auflagen), in dem die Konstanzer Reformatoren im Vergleich zu Ulrich ▶ Zwingli eine weit weniger radikale Position vertraten und neben Psalmen auch viele andere Texte und Melodien einbezogen, unter anderem auch solche von Martin ▶ Luther und von Katholiken. Mehrstimmige Musik war allerdings auch in Konstanz streng verpönt, so dass Sixt Dietrich, der zwar zum Protestantismus konvertierte, sich aber seines Tätigkeitsfelds beraubt sah, konstatiert: »Die music ist gar vernicht«. Der Organist Hans ▶ Kotter trat die ihm 1538 angebotene Stelle als Schullehrer nicht an.

Ab der Mitte des 16. Jahrhunderts sinken, durch Gegenreformation (▶ Katholische Erneuerungsbewegung) und Verlust der Reichsfreiheit ausgelöst, politische Bedeutung ebenso wie finanzielle Leistungskraft. Die Domkapelle bestand zwar weiter und verfügte auch weiterhin nominell über Kapellmeister, Organist, acht Succentores und acht Chorknaben, versank aber zunehmend in der Provinzialität. Der letzte überregional bedeutende Musiker am Konstanzer Dom war Homer Herpol aus St. Omer in Nordfrankreich (ca. 1510–1573), der seit 1568 Sänger und Lehrer der Chorknaben am Dom, de facto offenbar auch Kapellmeister war; nach dessen Tod übernahm Georg Michaelis aus Neufrach bei Salem die Stelle (bis 1589), danach der Konstanzer Marcus Bader. Immerhin widmete Orlande de ▶ Lassus dem Domkapitel noch 1583, 1587 und 1593 Kompositionen.

*Literatur*:
M. Schuler, *Die Konstanzer Domkantorei um 1500 / Der Personalstatus der Konstanzer Domkantorei um 1500*, in: Archiv für Musikwissenschaft 21 (1964), S. 23–44, 255–286 • M. Schuler, *Die Musik in Konstanz während des Konzils 1414–1418*, in: Acta Musicologica 38 (1966), S. 150–168 • M. Schuler, *Orlando di Lasso und die Konstanzer Domkantorei*, in: Die Musikforschung 33 (1980), S. 184–189 • M.

Schuler, *Zur Überlieferung des »Choralis Constantinus« von Heinrich Isaac*, in: Archiv für Musikwissenschaft 36 (1979), S. 68–76, 146–154 • M. Schuler, *Die Anfänge der Konstanzer Domkantorei*, in: Freiburger Diözesan-Archiv 99 (1979), S. 45–68 • P. Zinsmaier, *Die Kapellmeister am Konstanzer Münster von 1555 bis 1800*, in: Freiburger Diözesan-Archiv 101 (1981), S. 66–139 • M. Schuler, *Zur liturgischen Musikpraxis am Konstanzer Dom um 1500*, in: *Heinrich Isaac und Paul Hofhaimer im Umfeld von Kaiser Maximilian I.*, hrsg. von W. Salmen, Innsbruck 1997, S. 71–80.

TSB

# Kontrapunkt / Satztechnik

Die Lehre, mehrstimmige Sätze – sei es spontan aus dem Stegreif, sei es in schriftlicher Ausarbeitung – herzustellen, ist spätmittelalterlicher Herkunft, hat aber zwischen ihren frühen Formen (ab 10. Jahrhundert) und ihrer Gestalt zu Beginn der Renaissance (14. Jahrhundert) grundlegende Wandlungen durchlaufen. Sie betreffen die Art, wie mehrere Stimmen sowohl ›klanglich‹ in ihren Intervallbeziehungen als auch ›zeitlich‹ in ihren rhythmischen Bewegungen einander zugeordnet werden können. In der Koordination unter diesen beiden Aspekten lagen die entscheidenden Herausforderungen für mehrstimmiges Musizieren, unabhängig davon, welche frühen, auch schriftlosen Praktiken erprobt, geübt, weitergegeben und dabei modifiziert wurden.

In den bereits umfangreichen mehrstimmigen Repertoires aus 12. und 13. Jahrhundert (›Saint Martial‹, ›Notre-Dame‹) sind klare Stilprägungen zu erkennen, die auf Prinzipien der Behandlung des Klanglichen und des Zeitlichen beruhen. Dabei war weniger die Tatsache kodifizierter Regelungen als vielmehr das Ausschöpfen von Konventionen, aber auch von gewissen Freiräumen entscheidend, die aus Erfahrungen im Umgang mit einstimmigen, vorwiegend geistlich-liturgischen Gesängen erwachsen sind.

Im 14. Jahrhundert setzte eine Durchrationalisierung des musikalischen Satzes ein, die sich, anscheinend schrittweise, in grundlegenden und dauerhaften Regeln niederschlug. Sie ist unter dem Fachwort Contrapunctus geschichtsträchtig geworden und erstreckte sich zunächst nur auf einen Satz aus zwei gleichzeitig – ›Note gegen Note‹ (»punctus contra punctum«) – fortschreitenden Stimmen. Von ihnen ist die eine als (zumeist liturgische) Melodie bereits vorgegeben, und die andere (neu hinzukommende) dient als schmückende Zutat und Bereicherung jener ersten, die als die vorrangige galt. Dieses denkbar einfache und durch den kontrapunktierenden Sänger aus dem Stegreif ausführbare Verfahren entsprach praktischen Erfordernissen, gewiss auch sängerischer Neigung zu improvisatorischen Darbietungen, beförderte aber innerhalb dieser recht elementaren Lehre bereits Tendenzen, Prinzipien und ›Regeln‹, die sich als so tragfähig erwiesen, dass sie für Jahrhunderte zur Grundlage des Komponierens wurden. Dabei ließ sich an eine Tendenz anknüpfen, die bereits im 13. Jahrhundert formuliert wurde, nämlich: die beiden Stimmen vorzugsweise in Gegenbewegung fortschreiten zu lassen, wodurch sie einen Anflug von Verselbständigung und Unabhängigkeit erhalten. Wesentlich aber wurde das äußerst fruchtbare Prinzip, aus der Unterscheidung zwischen vollkommenen (perfekten) und unvollkommenen (imperfekten) ▶ Konsonanzen – nur sie waren für den Note-gegen-Note-Satz zugelassen – allgemeine Faust-Regeln für diesen Satztypus zu gewinnen, die in hohem Grade als sinnvoll gelten und stilbildend wirken konnten. So wird einerseits den perfekten Konsonanzen (Einklang, Quinte, Oktave usw.), denen verbindlich die Aufgabe zukommt, den Satz zu beginnen und zu schließen, das unmittelbare Fortschreiten in gleichen Intervallen (›Oktaven- und Quintenparallelen‹) strikt untersagt (▶ Parallelenverbot), während andererseits Parallelfolgen für die imperfekten Konsonanzen (große wie kleine Terzen, Sexten usw.) empfohlen werden. Zu den Empfehlungen gehört auch, zwischen perfekten und imperfekten Konsonanzen abzuwechseln sowie möglichst zu ›nächstliegenden‹ Konsonanzen fortzuschreiten, also Intervallsprünge mit besonderem Bedacht zu verwenden. Damit sind Grundsätze berührt, die einer (dichten) melodischen wie einer (abwechslungsreichen, doch einheitlich dissonanzenfreien) klanglichen Gestalt zugute kamen.

Einfachheit bei extrem begrenztem Anwendungsfeld erwiesen diese Lehre als denkbar vorteilhaft, da sie erweiterungsfähig war, ohne sich in ihrem Kern zu verändern. Dieser Kern blieb gültig samt seiner Einschränkung auf den strikt konsonanten Note-gegen-Note-Satz. War demnach hier die wichtige Gruppe der dissonanten Zusammenklänge grundsätzlich ausgeklammert, so änderten sich die Bedingungen, wenn eine der Stimmen die Gleichzeitigkeit des Fortschreitens aufgab und beispielsweise, wie in Lehrtexten vorgeführt, zwei, drei oder vier Noten ›gegen eine‹ vortrug. Denn dadurch kamen (außer anderen Konsonanzen) ziemlich zwangsläufig auch Dissonanzen ins Spiel, deren ergänzende Regelung aber noch ausstand. Sie wurde anscheinend längere Zeit hindurch aufgeschoben, denn sie konnte auch ›ungeschrieben‹ erfolgen, weil beim Vorherrschen schrittweisen (sekundgebundenen) Fortschreitens die meisten der auftretenden Dissonanzen als ›Durchgänge‹ (▶ Commissura) bereits ihren – oder auch einen anderen – akzeptablen Platz fanden. So zeichnet sich die Dissonanzenregelung anfangs nur in Spuren ab; erst Johannes ▶ Tinctoris (*Liber de arte contrapuncti*, 1477) legte ein System vor, das nun auch den wichtigen Typ der Synkopendissonanz genau erfasst. Mit Ausdehnung der ursprünglichen Lehre auf den Satz ›mehrerer Noten gegen eine‹ durch ergänzende Vorschriften für den Dissonanzengebrauch wurde auch die Beziehung zwischen Contrapunctus- und Mensurallehre (▶ Mensuralnotation) enger, und es ist bezeichnend, dass beide Gebiete nun zunehmend in umfassenderen Traktaten nebeneinander stehen.

Eine andere Erweiterung vollzog sich eher verborgen. Sie betraf den mehr als zweistimmigen Satz und ging (wiederum) von seiner Note-gegen-Note-Gestalt aus. Auf diese Weise handelte es sich abermals um ein rein konsonantes Gefüge, zunächst dreier Stimmen, indem mit einem hinzutretenden ▶ Contratenor gerechnet wurde. Dieser entstand als ergänzende lagenunabhängige Stimme (teils als Mittel-, teils als Unterstimme) zum zweistimmigen Satz, dessen (primäre) Konsonanzen nun die (sekundären) des Contratenors bedingten. Dabei genügten zwei Regeln, die sich sozusagen zwangsläufig ergaben: a) Da auch dieser dreistimmige Satz dissonanzenfrei sein sollte, musste ein (sekundär) dissonierendes Zusammentreffen mehrerer konsonierender Intervalle vermieden werden, wie vor allem die Gleichzeitigkeit von Quinte und Sexte über demselben Ton (mit sekundärer Sekunde), von Oberquinte und Unterterz (mit sekundärer Septime) oder von vergleichbaren Konstellationen. Doch auch eine ›Lockerung‹ gegenüber den Zweistimmigkeitsregeln ergab sich in Gestalt der ›Quartenlizenz‹, indem b) die Quarte (im zweistimmigen Satz dissonant) im dreistimmigen Satz als Konsonanz zugelassen wurde, sofern ihr eine Terz oder eine Quinte unterlegt wird, sodass jene Quarte nur zwischen höherliegenden Stimmen, nicht aber unter Beteiligung der Unterstimme entsteht. Hier also wird die Frage nach dem jeweils tiefsten Ton des Klanges entscheidend. Die Lehre dieser zu ergänzenden Contratenorstimme hat meist die Form langatmiger Einzelaufzählungen möglicher konsonanter Zusatztöne zu den konsonanten Intervallen des (als primär angesehenen) zweistimmigen Satzes. Diese eigenartige Hierarchie unter den Stimmen schlug sich bei dreistimmigen Sätzen des 15.

Jahrhunderts oft nieder im Duktus des Contratenors als einer auffällig sprungreichen, ›unmelodischen‹, weithin instrumental gemeinten Ergänzungsstimme. Erst im frühen 16. Jahrhundert zeigen sich mit Ausdehnung dieses Verfahrens auf die Vierstimmigkeit (durch die nun lagendefinierten Stimmen Contratenor altus und Contratenor bassus) ausgleichende Tendenzen für den Stimmenverlauf insgesamt und eine zunehmende Wahrnehmung von günstigstem Akkordaufbau, guten Akkordfortschreitungen und ausgeprägtem Akkordsatz, zunächst anhand von Kadenzformeln, dann auch an Beispielen (wie den Oden im Anhang vom *Tetrachordum musices*, 1511, des Johannes ▶ Cochlaeus).

Im ausgehenden 15. Jahrhundert wird die Unterscheidung zwischen Contrapunctus als Lehrsystem und ▶ Komposition als Summe des für schaffende Musiker erforderlichen Rüstzeuges unscharf. Dies liegt vor allem daran, dass Bereiche einzubeziehen waren, die nicht zum kodifizierten Bestand bisheriger Contrapunctuslehre gehörten. Bei Johannes Tinctoris, der seine wichtige satztechnische Lehrschrift *Liber de arte contrapuncti* (1477) betitelt, deutet sich das Erweitern der Lehrthematik erst verhalten an, in Notenexempla vollständiger Stücke, die sich als Kompositionsbeispiele präsentieren und in Anspielungen auf deren Vielfalt (Varietas ▶ Variation). Andererseits werden unter Rubriken wie »De modo componendi« bereits Erfordernisse verzeichnet, die Fragen der Tonartwahl entsprechend dem Affekt des Textes (Moduslehre), der Kadenzbildung, der Textierung, der Unterscheidung verschiedener Satzweisen einschließlich von ▶ Imitation und ▶ Kanon betreffen. Diese Aspekte fügen sich in größerem Rahmen zu einer Satzlehre zusammen, die den Contrapunctus zwar einschließt, ihn aber faktisch übertrifft – es sei denn, man weist ihm auch jene ›anderen‹ Bereiche zu, wie die gelegentlichen Gleichsetzungen von ›Contrapunctus‹ und ›Compositio‹ suggerieren. Pietro ▶ Aaron (*Libri tres de institutione harmonica*, 1516, Buch III, fol. 38v) scheint aber genauer zu formulieren, wenn er von »Modus componendi« oder »Compositio« spricht bei Anweisungen – »nicht nur nach Art der Alten, sondern auch nach gegenwärtigem Brauch« – zum vier- und mehrstimmigen Satz, zur Kadenzenlehre, zur Imitation.

Doch nicht nur im Ausweiten und Verfeinern der Bereiche des Kontrapunkts in Richtung auf ein umfassenderes Verständnis von der Komposition verwandelte sich das Bild der Satzlehre im 16. Jahrhundert. Auch wurde erfasst, dass musikalische Kunst sich kaum mehr aus »geschriebenen Regeln, die nur erste Grundlagen vermitteln«, erklären lässt; denn »die guten Komponisten werden, wie die Dichter, geboren« und dafür sei mehr die »Hilfe des Himmels nötig als die geschriebener Regeln« (Giovanni ▶ Spataros Brief an Giovanni Del Lago; 5. April 1529; Blackburn, S. 364). Diesem Gedanken entspricht es, wenn Heinrich ▶ Glarean die Sammlung herausragender musikalischer Kompositionen, an denen er seine Tonarten-Theorie veranschaulicht, in Bemerkungen und Beispielen zum ›Ingenium‹ der Komponisten (*Dodekachordon*, 1547; S. 441: *De Symphonetarum ingenio*) kulminieren lässt. Dabei setzt er wichtige Komponisten, die in der Phase zwischen 1475 und 1520 gewirkt haben, in Vergleich mit römischen Dichtern (ebenda, S. 363): so ▶ Josquin Desprez (mit Vergil), Jacob ▶ Obrecht (Ovid), Pierre de la ▶ Rue (Horaz), Heinrich ▶ Isaac (Lucanus), Antoine de ▶ Févin (Claudianus), Antoine ▶ Brumel (Statius).

Indem so die renaissancetypische Verehrung ›alter‹ (zumal antiker) wie neuerer Dichter und bildender Künstler auf berühmte Komponisten übergriff, nahm auch die Wahrnehmung des Kunstcharakters von Musik zu. Bezeichnend dafür sind zwei Erscheinungen, die Adrian Petit Coclico in seinem *Compendium musices* (1552) auf diese Weise ansprach:

Für die beste, den Ohren gefälligste Musik (»optima […], quae hominum auribus grata est«) sei mehr ihre ›Praxis‹ als ihre ›Theorie‹ zuständig (fol. C 1r); und »laut Josquin«, den Coclico als seinen Lehrer ausgibt, sei »Musica […] die Kenntnis und das Vermögen des richtigen und schönen Singens und Komponierens« (»Musica, secundum Iosquinum, est rectè, & ornatè canendi atque componendi ratio«; fol. B 3v).

Der zunehmende Reichtum in der musikalischen Satztechnik seit dem 15. Jahrhundert rückte die Werke als solche und die berühmten Komponisten in den Blick, so dass sich die Lehre immer pragmatischer an ihnen ausrichten musste. Zwar bildeten die elementaren Grundlagen, da weiterhin gültig, die handwerklich-schulmäßige Basis, und die seit alters diskutierten Probleme spekulativer ▸ Musiktheorie fanden, meist in eigenen Büchern, ihren mehr oder minder zeitgerechten Niederschlag. Und wenn auch ein Einzelthema des im engeren Sinne Satztechnischen wie das einer freieren Dissonanzbehandlung – zumal mit der Absicht, klangliche Härten bewusst als Mittel besonderen Affektausdrucks einzusetzen – als neues Moment den »lizenziösen Kontrapunkt« (Rempp, S. 178–192) in die Handwerkslehre einführte, blieb doch als Ziel musikalisch-praktischer Durchbildung und zugleich als Kern des von Gioseffo ▸ Zarlino zum Leitbild erhobenen »Musico perfetto« (▸ Musiktheorie) dieses: das satztechnische Erörtern und Erfassen des gesamten Gebietes, das Pietro ▸ Pontio als »Musica Artificiale« (*Ragionamento di musica*, 1588, S. 8 u.a.) anspricht und an vielen Beispielen kunstvoller Kompositionen umreißt. Bei ihm nun weitet sich, gegen Ende des zur Renaissance gerechneten Zeitabschnitts, der Blick vom eigentlichen Regelwerk des Kontrapunkts hin zur Betrachtung von ▸ Komposition, zumal in Ansätzen ästhetischer Urteile, aber auch einer Lehre der Gattungsstile (ebenda, S. 153–160).

Auf dem Boden einer so umfassend betrachteten Satztechnik, die auch eine Reihe von (selten erörterten) Konventionen der Melodiebildung und ihrer rhythmischen Behandlung einschloss, entwickelte sich u.a. auch jene paradigmatische Art mehrstimmiger Kunst, die als Palestrinastil Geschichte gemacht hat.

*Literatur*:
Kl.-J. Sachs, *Der Contrapunctus im 14. und 15. Jahrhundert. Untersuchungen zum Terminus, zur Lehre und zu den Quellen* (Beihefte zum Archiv für Musikwissenschaft 13), Wiesbaden 1974 • Ders., *Contrapunctus / Kontrapunkt*, in: *Handwörterbuch der musikalischen Terminologie*, hrsg. von H.H. Eggebrecht (1982/1983) • Fr. Rempp, *die Kontrapunkttraktate des Vincenzo Galilei* (Veröffentlichungen des Staatlichen Instituts für Musikforschung Preußischer Kulturbesitz 9), Köln 1980 • Ders., *Elementar- und Satzlehre von Tinctoris bis Zarlino*, in: *Italienische Musiktheorie im 16. und 17. Jahrhundert* (Geschichte der Musiktheorie 7), hrsg. von Fr. Zaminer, Darmstadt 1989, S. 39–220 • B.J. Blackburn / F.E. Lowinsky / Cl. Miller, *A Correspondence of Renaissance Musicians*, Oxford 1991 • Cl.V. Palisca, *Kontrapunkt*, I.–IV., in: $MGG^2$, Bd. 5 (Sachteil), 1996, Sp. 596–614 • H. v. Loesch, *Musica – Musica practica – Musica poetica*, in: *Deutsche Musiktheorie des 15. bis 17. Jahrhunderts*, Bd. 1 (Geschichte der Musiktheorie 8/1), hrsg. von Th. Ertelt und Fr. Zaminer, Darmstadt 2003, S. 99–264.

KJS

## Konzil von Basel ▸ Konzilien

## Konzil von Cividale ▸ Konzilien

## Konzil von Ferrara

Das Konzil von Ferrara (9.4.1438–16.1.1439) bildet das achte ökumenische Konzil und den bislang letzten offiziellen Versuch der Wiederherstellung einer Einheit von katholischer und orthodoxer Kirche. Seine Streitfragen betrafen die Rechtmäßigkeit des päpstlichen Primatanspruchs und des lateinischen Zusatzes zum nizänischen Glaubensbekenntnis (›Filioque‹). An musikrelevanten Quellen zum Konzil sind neben offiziellen Verlautbarungen wie den lateinischen und griechischen Konzilsakten vor allem Augenzeugenberichte wie die Memoiren (*Apomnemoneumata*) des byzantinischen Grossekklesiarchen Sylvester Syropoulos (1399–1464) überliefert. Diese berichten neben den für das Konzil von Ferrara typischen Protokollschwierigkeiten zwischen päpstlicher und byzantinischer Delegation von Musikaufführungen in Form der zeitüblichen Zeremonialmusik im festlichen Rahmen des Konzils.

*Literatur*:
D. Glowotz, *Die musikalische Konfrontation der Ost- und Westkirche auf dem Konzil von Ferrara-Florenz*, in: Die Musikforschung 59 (2006), S. 1–16.

DG

## Konzil von Florenz

Das Konzil von Florenz (16.1.1439–6.7.1439) bildete die Fortsetzung des ▸ Konzils von Ferrara. Da sich Ausgangssituation und Quellenlage beider Konzilien entsprechen, werden sie meist unter dem Oberbegriff ›Florentiner Konzil‹ oder ›Florentinum‹ zusammengefasst. Den Abschluss des Konzils bildete die Feier zur Union der katholischen und orthodoxen Kirche im Florentiner Dom am 6.7.1439. Der Bericht des byzantinischen Großekklesiarchen Sylvester Syropoulos von diesem Ereignis reflektiert die ästhetischen Unterschiede der Musik beider Kirchen ebenso genau wie das offensichtliche Bestreben der päpstlichen Kapelle, den musikalischen Aufwand bei der Gestaltung der Unionsfeier gering zu halten. Letzteres wurde von der byzantinischen Delegation als diplomatischer Affront verstanden. Dennoch ging das Papsttum aus seiner Auseinandersetzung mit der Orthodoxie in Ferrara und Florenz klar als Sieger hervor.

*Literatur*:
▸ Konzil von Ferrara

DG

## Konzil von Konstanz

Die größte und wichtigste Kirchenversammlung des Spätmittelalters (5.11.1414–22.4.1418) wurde vom deutschen König ▸ Sigismund und Papst Johannes XXIII. einberufen und beendete das Große Abendländische Schisma, indem die drei konkurrierenden Päpste neben Johannes noch Gregor XII. und Benedikt XIII. abgesetzt bzw. zum Rücktritt gezwungen wurden; an ihrer Stelle wurde am 11. November 1417 Martin V. (Oddo Colonna) als neuer Papst gewählt. Weitere Kernanliegen waren der Konziliarismus (d.h. die Behauptung der Autorität des Konzils über den Papst) und die Bekämpfung der Reformbewegungen um John Wycliffe, Hieronymus von Prag und Jan Hus; Hus wurde im Juli 1415 als Ketzer in Konstanz verbrannt. Der wichtige Handelsknotenpunkt Konstanz, der zu der Zeit etwa 6000–8000 Einwohner aufwies, wurde über dreieinhalb Jahre hinweg zum Mittelpunkt des geistlichen, politischen und kulturellen Europa: Die Päpste, der König, Kardinäle, Bischöfe und Landesfürsten hielten sich über Monate und Jahre hinweg mit ihrem gesamten Gefolge in der Stadt auf; neben dem Konzil hielt Sigismund 1415 und 1417 auch Reichstage ab.

Unter den bis zu 70000 Besuchern befanden sich im Gefolge ihrer Arbeitgeber natürlich auch hunderte von Musikern: allen voran die Mitglieder der päpstlichen und königlichen Kapellen sowie (vom Konzilschronisten Ulrich Richenthal für ihren mehrstimmigen »Engelschen süssen gesang« besonders erwähnt) die Sänger der englischen Gesandtschaft. Die zahlreichen weltlichen Herrscher hatten ebenso wie Sigismund selbst Trompeter, Posaunisten und Spielleute im Gefolge, die sich zu größeren feierlichen Anlässen zu Ensembles von bis zu 50 und mehr Spielern zusammenfanden; auch hier erwähnt Richenthal die englischen Bläser gesondert, »prusonettend überainander mit dry stimmen als man gewöhnlich singet«. Der Bischofssitz Konstanz selbst steuerte einen Domkantor, vier ▶ Succentores (d.h. spezifisch für mehrstimmigen Gesang eingestellte Sänger), eine Orgel, Spielleute und ab 1417 auch Trompeter bei.

Von musikhistorischer Bedeutung ist das Konzil vor allem als Ort, an dem Musik aller denkbaren Stilrichtungen aufeinandertraf und rezipiert werden konnte (auch griechische und ▶ jüdische Musik wird erwähnt). Musik spielte in der dichten Folge von Feierlichkeiten aller Art eine immense und sehr öffentliche Rolle; Festgottesdienste und Prozessionen fanden vor tausenden von Zuschauern unter freiem Himmel statt, mit von Blechblasinstrumenten unterstützten Sängerensembles. Vermutlich von hier aus verbreitete sich die Musik der späten französischen und italienischen ▶ Ars nova in Deutschland und Mitteleuropa – dokumentiert in etwas späteren Quellen wie dem Straßburger Kodex F-Sm 222 C.22 (wohl um 1420 begonnen) und dem Chorbuch des Wiener Stephansdoms (Fragmente in D-Nst 9/9a und A-M 749) mit Werken von Philippe de Vitry, Antonio ▶ Zacara da Teramo u.a. sowie zahlreichen anonym überlieferten Motetten und Messensätzen. Während sich darin eher die Wertschätzung älterer Musik manifestiert, erklangen sicher auch zeitgenössische Kompositionen in Konstanz, aber hierfür fehlt fast jeder schriftliche Beleg (ebenso wie für die Anwesenheit von als Komponisten dokumentierten Musikern); wohl direkt für das Konzil komponiert ist die Motette *Argi vices Polyphemus / Tum philemon* für Papst Johannes XXIII. von »Nicolaus« (wahrscheinlich Nicolaus Zachariae aus Brindisi). Unter den aus Burgund bzw. Frankreich angereisten Musikern befand sich wahrscheinlich auch der junge Guillaume ▶ Dufay aus Cambrai; hier konnte er Kontakt zu den ebenfalls in Konstanz weilenden Herrschern von Pesaro und Rimini – Carlo und Pandolfo Malatesta – aufnehmen, in deren Kapelle er ab 1419 diente.

Die beiden deutschen Minnesänger Hugo von Montfort und ▶ Oswald von Wolkenstein hielten sich ebenfalls zum Konzil in Konstanz auf; letzterer trat 1415 in die Dienste König Sigismunds. Möglicherweise lernte Oswald eine Reihe der französischen Chansons, die er als Modelle für seine mehrstimmigen Kontrafakturen verwendete, während des Konzils kennen.

*Literatur:*
S. Žak, *Musik als »Ehr und Zier« im mittelalterlichen Reich*, Neuss 1979 • M. Schuler, *Die Musik in Konstanz während des Konzils 1414–1418*, in: Acta Musicologica 38 (1966), S. 150–168 • R. Strohm, *The Rise of European Music, 1380–1500*, Cambridge 1993 • W. Brandmüller, *Das Konzil von Konstanz 1414–1418*, 2 Bde., Paderborn 1991–1997.

TSB

# Konzil von Pavia und Siena ▶ Konzilien

# Konzil von Trient ▶ Konzilien

# Konzilien

Ein Konzil ist eine Kirchenversammlung, im engeren Sinne (als ›ökumenisches‹ oder ›Universalkonzil‹) eine Zusammenkunft kirchlicher Würdenträger (vor allem der Bischöfe) zur Beschlussfassung in allgemeinen die Kirche betreffenden Angelegenheiten. Konzilien sind im 15. und 16. Jahrhundert von besonderer Bedeutung, da sich die Kirche in dieser Zeit nie dagewesenen Herausforderungen stellen musste. Es handelt sich nicht nur um das Zeitalter der – je nach konfessioneller Sicht –

Reformation oder Kirchenspaltung (mit Jan Hus, Martin ▶ Luther, Ulrich ▶ Zwingli und ▶ Heinrich VIII. als Protagonisten), sondern auch um eine Zeit, in der die katholische Kirche selbst (nicht zuletzt angesichts der Bedrohung durch die reformatorischen Bewegungen) um ihre theologische Identität und institutionelle Einheit rang. Dies resultierte ab dem frühen 15. Jahrhundert in einer Reihe von ›Reformkonzilien‹, deren Ziel es zunächst war, das Schisma (d.h. die Existenz mehrerer konkurrierender Päpste) aufzulösen, dann aber auch die Rolle des Konzils selbst zu definieren: Hier stand die Position des Konziliarismus (d.h. der Grundsatz, dass das Konzil über dem Papst stehe), gegen die Position des Papstprimates. Letzteres setzte sich am Ende durch, was unter anderem dazu führte, dass nach dem Konzil von Trient erst wieder im späten 19. Jahrhundert ein Konzil einberufen wurde. Die Reformkonzilien im einzelnen sind Pisa (1409), ▶ Konstanz (1414–1418), Pavia-Siena (1423–1424), Basel (1431–1449) zusammen mit dem Gegenkonzil von ▶ Ferrara-Florenz (1438–1443), das V. Laterankonzil (Rom 1512–1517) und das ▶ Konzil von Trient (1545–1563).

Für die Musik sind die Konzilien in zweierlei Hinsicht relevant. Erstens handelte es sich um die wohl größten und wichtigsten internationalen Treffen von kirchlichen und weltlichen Herrschern aus ganz Europa; da diese in der Regel ihren Hofstaat – und damit auch ihre Sängerkapellen – mit sich führten, ergab sich hier wie kaum anderswo die Möglichkeit von Kontaktaufnahme und Repertoireaustausch. Dies ist nicht nur in den beiden größten und wichtigsten Konzilien von Konstanz und Trient der Fall; auch die Konzilien von Basel und Ferrara/Florenz führten zum Zusammentreffen von Personen (Johannes ▶ Brassart, Nicolas Merques, wiederum Guillaume ▶ Dufay) und Stilen unterschiedlichster Herkunft. Einige der wichtigsten Handschriften mit Musik der ersten Jahrhunderthälfte – und möglicherweise der massive Einfluss englischer Musik auf dem Kontinent in dieser Zeit überhaupt – gehen auf diese beiden Konzilien zurück: Johannes ▶ Lupi kopierte Teile der Trienter Kodizes 87 und 92 sowie den ›Kodex Zwettl‹ (A-ZW) entweder in Basel selbst oder auf der Basis konziliaren Repertoires und fügte an Tr 92 noch ein ›Basler Faszikel‹ mit Messen von Merques, Reginald Libert, Brassart, Dufay, Gilles ▶ Binchois und einer Reihe englischer Komponisten an. Der Kodex Aosta (I-AO 15) ist ebenfalls teilweise oder ganz konziliar, und der 1440–1448 für Leonello d'▶Este von Ferrara kompilierte Kodex ModB (I-MOe a.X.1.11) trägt in seiner Internationalität (vor allem wiederum im Hinblick auf englisches Repertoire) wohl seinerseits Spuren des zeitgleich stattfindenden Konzils.

Zweitens verhandelten die Konzilien auch immer wieder die Rolle der Kirchenmusik in der Liturgie bzw. Mißstände in deren Ausübung – auch wenn entsprechende Fragen angesichts der viel drängenderen Fragen der Kirchenspaltung und des Konziliarismus nicht im Zentrum standen. Gleichwohl war auch die Liturgiereform (und die Vereinheitlichung der Liturgie) ein wichtiges Anliegen der Reformkonzilien, und in diesem Kontext kommt immer wieder auch die Musik zur Sprache. Das Basler Konzil etwa verabschiedete ein ausführliches Dokument »Quomodo divinum officium sit celebratum« (»Wie der Gottesdienst zu feiern sei«), in dem die Sänger unter anderem angehalten werden, die Gesänge vollständig, gemeinsam, langsam und verständlich zu singen und ihnen untersagt wird, »cantilenas seculares« (»weltliche Gesänge«) im Gottesdienst zu singen. Auch die berühmten Diskussionen des Tridentinum über die Zulässigkeit von mehrstimmiger Musik im Gottesdienst standen im Kontext von allgemeinen Verhandlungen über die Liturgie bzw. über Missstände und Missbräuche in deren Ausübung; obwohl sie in den offiziellen Konzilsbeschlüssen mit wenigen Zeilen abgehandelt wurden, legen sie dennoch Zeugnis davon ab, wie sehr die Epoche (auch im Kontext der Reformation) mit Fragen der ›Reinheit‹ und Angemessenheit von Musik im Gottesdienst rang.

*Literatur*:
H. Jedin, *Geschichte des Konzils von Trient*, 4 Bde., Freiburg 1949–1975 • H. Jedin (Hrsg.), *Handbuch der Kirchengeschichte*, 9 Bde., Freiburg 1962–1975 • D. Harrán, *In Defense of Music*, Lincoln/London 1989 • R. Strohm, *The Rise of European Music, 1380–1500*, Cambridge 1993 • I. Hlavácek / A. Patschovsky (Hrsg.), *Reform von Kirche und Reich zur Zeit der Konzilien von Konstanz (1414–1418) und Basel (1431–1449)*, Konstanz 1996.
TSB

## Kopernicus ▶ Copernicus

## Kortholt
(Kortinstrument)

Neudeutsch kurzes Holz; französisch courtaud bzw. courtaut meint den Sordun, ital. cortalli oder cordtali bezeichnet ein ▶ Rankett, englisch curtal und double curtal den ▶ Dulzian. Aus dem englischen übernahm Michael ▶ Praetorius (1619) curtal wieder ins Deutsche: Unter »Singel Corthol« verstand er den Tenordulzian, mit »Doppel Corthol« bzw. »Corthol« den »Gedact Chorist-Fagott«. Tartölt bezeichnete ein Instrument mit mehrfach gewundener Röhre. Wie wenig normiert Renaissance-Instrumente waren und wie verschiedenartig die jeweiligen Bezeichnungen gebraucht wurden, geht aus einem Klever Inventar aus dem Jahre 1610 hervor, in dem von »zwei Cort Instrumenten genant Racketten oder Cornaldo« die Rede ist (Wiens, S. 59).

Unter Kortholt versteht man verschiedenartige Instrumente, die als gemeinsames Merkmal eine ein- oder mehrfach geknickte Röhre aufweisen und als Doppelrohrblattinstrumente mit einer Windkapsel angeblasen werden (nach Sachs, S. 231, auch ohne Windkapsel). Dies geschieht mit Hilfe eines an der Oberkante angebrachten Schlitzes und unterscheidet sich insofern von den Krummhörnern. In der Windkapsel staut sich der Blasdruck, bis das doppelte Rohrblatt zu schwingen beginnt. Hiermit ist eine Tongestaltung mit den Lippen unmöglich, was einen scharfen Klang bewirkt, einem in der Renaissance erwünschten Klangideal. Geschichtlich steht das Kortholt zwischen Rauschpfeife und barockem Fagott.

Unter der Bezeichnung »Kortholt oder Kurtz-Pfeiff« bildet Praetorius (Taf. XII, Nr. 7) ein Instrument mit Windkapsel und zylindrischer Röhre ab. Dieses entspricht bezüglich der Tonlochpositionen und Griffweisen den bei ihm abgebildeten Sordunen. In der Lage entspricht

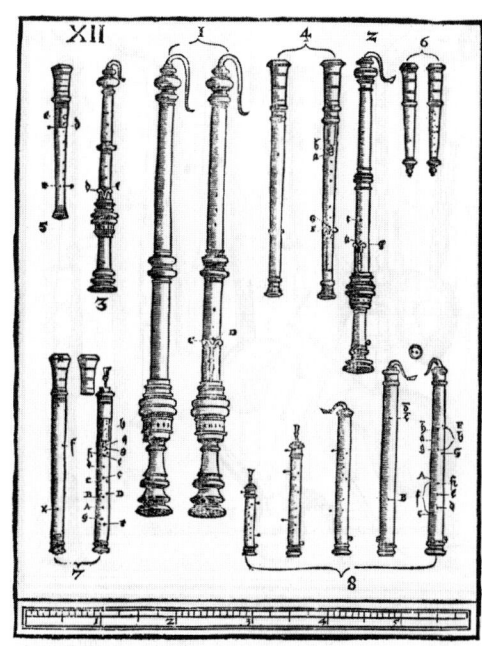

Michael Praetorius, *Syntagma Musicum*, Bd. II: *De Organographia*, Wolfenbüttel 1619, Tafel XII, Nr. 7 »Kortholt oder Kurtz-Pfeiff«.

das Kortholt dem Bass-Sordun, der Umfang laut Tabelle bei Praetorius (S. [23]) ist B̲-b.

Das Kortholt hat zwei durch eine Kapsel geschützte Klappen für den oberen Zeigefinger, alle Tonlöcher für die kleinen Finger und für sekundäre Fingerglieder sowie das obere Daumenloch sind doppelt angebracht. Die Öffnung für den tiefsten Ton befindet sich auf der Rückseite unterhalb der Zierwülste, der Wasserabflusspfropfen an der tiefsten Stelle.

Kortinstrumente haben aufgrund ihrer Bohrungen einen gedämpften, verschmelzungsfähigen Ton; dadurch fügt sich ihr Klang gut in gemischte Ensembles ein. Ende des 16. Jahrhunderts finden sich auf der Suche nach einem idealen Klang noch einmal die drei gebräuchlichen Anblasarten bei Doppelrohrblattinstrumenten wieder: Rackette mit Pirouettenansatz, Kortholte mit Windkapsel angeblasen und Sordune und ähnliche mit dem zukunftsweisenden labialen Ansatz.

*Literatur*:
M. Praetorius, *Syntagma musicum*, Bd. 2: *De Organographia*, Wolfenbüttel 1619 • M. Mersenne, *Harmonicorum libri*, Paris 1635, Faksimile Genf 1972 • P. Trichet, *Le Traité des instruments de musique. Les instruments à vent*, ca. 1640, hrsg. von F. Lesure, in: Annales musicologiques 3 (1955), S. 283–387 • C. Sachs, *Reallexikon der Musikinstrumente*, Berlin 1913, Reprint Hildesheim 1964 • G. Kinsky, *Doppelrohrblatt-Instrumente mit Windkapsel*, in: Archiv für Musikwissenschaft 7 (1925), S. 253–296 • A. Baines, *Woodwind Instruments and their History*, Leipzig 1957, ³1977 • H. Wiens, *Musik und Musikpflege am herzöglichen Hof zu Kleve*, Köln 1959 • A. Masel, *Doppelrohrblattinstrumente*, in: MGG², Bd. 2 (Sachteil), 1995, Sp. 1385–1387.

US

## Kotter, Hans
\* um 1480/1485 Straßburg, † 1541 Bern

Der Organist und Komponist Kotter ist für seine Orgeltabulaturen und insbesondere als Schreiber des *Amerbach-Codex* bekannt, der als eine der bedeutendsten Orgeltabulaturen der Zeit gilt. Er war Schüler Paul ▶ Hofhaimers am Hof in Torgau und dann dort selbst als Organist angestellt. Bei einem Aufenthalt in Freiburg oder Basel 1513/1514 hat er den dort studierenden Bonifacius ▶ Amerbach kennen gelernt, der wahrscheinlich bei ihm Unterricht nahm; zusammen mit ihm und dem Münsterorganisten Johann Weck fertigte er den *Amerbach-Codex* an (zum Inhalt ▶ Amerbach; eingehendere Analysen bei Merian). 1514 wurde er Organist an der Stiftskirche St. Nikolaus in Fribourg/Schweiz, wo das *Fundamentbuch* entstand. Als Anhänger der Reformation – er war 1520 zum Protestantismus konvertiert – musste er Fribourg verlassen. 1532 ließ er sich in Bern nieder und erhielt dort 1534 eine Anstellung als Lehrer.

*Literatur*:
▶ Amerbach • M. Schuler, *Ein Beitrag zur Biographie Hans Kotters*, in: Die Musikforschung 22 (1969), S. 197–200.

## Krakau

Die am Oberlauf der Weichsel gelegene Stadt Kraków fiel Ende des 10. Jahrhunderts an Polen und wurde 1138 dessen Hauptstadt. Die bedeutende Burganlage auf dem Wawel diente seitdem als Königssitz. Das heutige Erzbistum in Krakau geht auf eine um 1000 n.Chr. entstandene Diözese zurück. Ab dem 14. Jahrhundert entwickelte sich Krakau zu einem der bedeutendsten wirtschaftlichen und kulturellen Zentren Mitteleuropas mit einem hohen flämischen, deutschen und jüdischen Bevölkerungsanteil. 1364 wurde die Krakauer Akademie gegründet, die als zweite europäische Akademie überhaupt schon sehr bald zu europaweitem Ruhm gelangte. Im 16. Jahrhundert ließ Zygmunt I. der Alte italienische Künstler nach Krakau kommen, die vor allem die Architektur der Stadt nachhaltig prägten. Nach der Verlegung der Hauptstadt Polens nach Warschau im Jahre 1596 verlor Krakau an Bedeutung und wurde in den Kriegen des 17. und 18. Jahrhunderts teilweise zerstört. Krakau stellt heute neben Warschau das wichtigste Wissenschafts- und Kulturzentrum Polens dar.

Die ältesten Musikdenkmäler stammen aus dem 11. Jahrhundert. Sie belegen unter anderem die Pflege des Psalmensingens in der Wawel-Kathedrale und den Gebrauch cheironomischer Neumen. Aus dem 13. Jahrhundert stammende Denkmäler sind das Offizium *Dies adest celebris* von Wincenty von Kielce und ein Graduale und ein Antiphonale, die im Klarissenkloster in Krakau erhalten geblieben sind. Dem Graduale beigebundene Blätter enthalten Organumkompositionen aus dem 14. Jahrhundert. Im Kloster Stary Sącz sind Handschriften aus dem 13. Jahrhundert erhalten geblieben, die die Pflege der Notre-Dame-Schule belegen. Aus dem 15. Jahrhundert sind zwei Handschriften überliefert, die 55 geistliche und weltliche Werke von Johannes ▸ Ciconia, Nicola Zacharias und Mikołaj von Radom u.a. verzeichnen. Das erhaltene Fragment eines Liederbuches belegt die Pflege eines englisch-burgundischen Repertoires in Krakau. Ein Manuskript von Jan von Jassienas enthält polyphone Kompositionen, die im 15. Jahrhundert an der Universität gepflegt wurden. Im Archiv der Kathedrale finden sich zahlreiche Handschriften von Stücken auf regional verbreitete Melodien des 15. und 16. Jahrhunderts. Die Anthologie von Vincenzo Lilius von 1604 gibt Auskunft über die Pflege geistlicher Musik, überwiegend mehrchöriger Vokalpolyphonie, am Wawel.

Im 16. Jahrhundert etablierten sich zahlreiche Druckereien in Krakau. Vor allem liturgische Werke, Choralbücher und musiktheoretische Traktate, daneben zahlreiche Lieder und einige Lautentabulaturen wurden von F. Ugler, Johann Haller, H. Wietor und Łazarz Andrysowicz gedruckt, darunter auch die 4 Stimmbücher der *Lamentationen und Passionen* des Wacław von Szamotuły, die fünfstimmige *Missa paschalis* von Marcin Leopolita und die große Lautentabulatur des Valentin Bakfark.

Die Musiktheorie wurde seit dem 11. Jahrhundert an der Kathedralschule, später in Pfarrschulen und seit dem 14. Jahrhundert an der Universität gelehrt. Es sind 12 Handschriften mit musiktheoretischen Traktaten aus dem 15. und 16. Jahrhundert erhalten.

In Quellen aus dem 14. Jahrhundert werden bereits Sänger mit Harfen, Trommeln und Tamburin, die am königlichen Hofe musizierten, erwähnt. Aus der Regierungszeit Władysław II. Jagiełłos (1386–1434) stammen zwei Handschriften von hohem musikalischem Niveau und Akten, in denen die Namen vieler verschiedener Instrumentalisten verzeichnet sind. Heinrich ▸ Finck stand in den Diensten von Jan Olbracht (1492–1501) und Aleksander Jagiellończyk (1501–1506). Unter Zygmunt I. dem Alten (1506–1548) und Zygmunt II. August wirkten alle namhaften polnischen Komponisten wie Szamotuły, Leopolita, Mikołaj Gomółka, Valentin Bakfark, Wojciech Długoraj und Kasper Sielicki in Krakau.

Seit Beginn des 16. Jahrhunderts gab es drei Gruppen von Musikern, die das musikalische Leben am Hofe gestalteten: Die Tubicinatores erfüllten vor allem Repräsentationsaufgaben, eine zweite Gruppe gestaltete die Gottesdienste und die dritte Gruppe bestand aus Instrumentalisten (vor allem Bläser, Lautenisten und Geiger), die der höfischen Unterhaltung dienten. Die Musiker waren in einer seit Mitte des 15. Jahrhunderts in Krakau bestehenden Zunft organisiert.

Auskunft über das Repertoire der Stadtmusiker gibt eine aus dem 16. Jahrhundert stammende Lautentabulatur, die Intavolierungen polnischer Lieder, italienische ▸ Madrigale und ▸ Frottolen, französische ▸ Chansons, ein deutsches Lied sowie Tänze und ▸ Fantasien von Giovanni Pacoloni, John ▸ Dowland u.a. enthält.

Der früheste Bericht über eine Orgel in Krakau stammt aus dem 12. Jahrhundert, des weiteren sind seit dem 14. Jahrhundert Aufzeichnungen über Orgelbauer, Organisten und Orgelreparaturen erhalten. Die Orgeltabulatur aus dem Heilig-Geist-Kloster und die Tabulatur des ▸ Johannes von Lublin, beide Mitte des 15. Jahrhunderts entstanden, geben Auskunft über das Orgelrepertoire und belegen die Alternatim-Praxis und das Aufführen weltlicher Musik.

Bekannte Instrumentenbauer wie Jakub Frelich (Laute), Bartlomiej Kiejcher, Matthäus Dobrucki und Martin Groblicz wirkten im 16. Jahrhundert in Krakau.

Zur Pflege der liturgischen Vokalpolyphonie im Dom des Wawelschlosses stiftete Zygmunt I. der Alte die Rorantistenkapelle, ein Ensemble aus neun Geistlichen, die verpflichtet waren, täglich eine mehrstimmige Votivmesse zu singen. Zudem richtete er eine Gesangskapelle ein, der sowohl Erwachsene als auch Kinder angehörten. Stefan Batory (1576–1586) gründete ein Ensemble aus 11 Sängern. Ende des 16. Jahrhunderts holte Zygmunt III. Wasa (1587–1632) Sänger, Instrumentalisten und Komponisten aus Italien an seinen Hof, den er 1609 nach Warschau verlegen ließ. Das ausgezeichnete königliche Instrumentalensemble stand ebenfalls unter der Leitung italienischer Kapellmeister wie Luca ▸ Marenzio, Annibale Stabile und Asprilio Pacelli. Während zuvor höfische Feierlichkeiten das kulturelle und musikalische Leben der Stadt überwiegend prägten, wurde nach 1609 die Kathedrale zum musikalischen Zentrum Krakaus.

*Literatur*:
▸ Polen.

AWO

## Krebsgang

In dem seltenen und symbolträchtigen kompositorischen Verfahren wird ein notierter Melodie- oder Satzverlauf nicht nur in dieser Gestalt, sondern auch in Rückwärtsfolge verwendet. Vorbild sind vorwärts wie rückwärts gelesen sinnvolle Wörter (»Reliefpfeiler«, »Roma – amor«) oder ganze Verse (literarisch als Versus recurrentes, anazyklische Verse oder Palindrom bekannt).

Ältester musikalischer Beleg ist die rückläufige *Dominus*-Melodie in der Klausel 36 des Notre-Dame-Repertoires, deren Vermerk »Nus-mi-do« silbenkrebsgängig die Technik andeutet (*Magnus Liber Organi de Notre-Dame de Paris*, hrsg. von Edward H. Roesner, Bd. 5, Monaco 1995, S. 28). Guillaume de ▸ Machauts dreistimmiges Rondeau *Ma fin est mon commencement* fordert durch den Text selbst wie durch dessen Zuordnung die Rückläufigkeit von Stimmen (*Guillaume de Machaut, Musikalische Werke*, hrsg. von F. Ludwig, Bd. 1, Leipzig 1926, S. 63f.). Als Anweisungen, eine Stimme als Krebsgang einer anderen zu bilden, dienen »cancrizat«, »retrograditur« u.a., zuweilen auch verschlüsselnde Kanon-Sprüche wie »vade retro Sathane« (Markus 8, 33) im *Qui tollis* aus Pierre de la ▸ Rues *Missa Alleluia* (Corpus mensurabilis musicae, Bd. 97 I, S. 7–10).

*Literatur*:
Kl.-J. Sachs, *Krebsgang*, in: *Riemann Musik Lexikon*, Sachteil, Mainz [12]1967 • M. Beiche, *Krebsgang*, in: *Handwörterbuch der musikalischen Terminologie*, hrsg. von H.H. Eggebrecht (1987/1988).

KJS

## Krebskanon ▸ Kanon

## Kriegstein [Kriesstein], Melchior
* um 1520 Basel, † vor Herbst 1573 Augsburg

Melchior Kriegstein war ein Buchdrucker, der aus einer Basler Druckerfamilie stammt. 1525 übersiedelte er nach Augsburg und übernahm dort eine Druckwerkstatt. 1541 wurde er zum ›Geheimen Ratsdrucker‹ ernannt. Neben seiner umfangreichen Buchproduktion und einer Anzahl von musikalischen Flugschriften publizierte Kriegstein drei wichtige Sammelwerke mit mehrstimmiger Musik, die unter der Redaktion des Augsburger Ratsmusikers und Schullehrers Sigmund Salminger in den 1540er Jahren entstanden sind. Der Druck *Concentus novi* (1540) besteht aus dreistimmigen Psalmen und geistlichen Lieder des Hoftrompeters Hans Kugelmann, ergänzt mit Kompositionen bis zu acht Stimmen. Mit über hundert Werken erschien im selben Jahr eine weitere Sammlung, die für den Schulgebrauch gedacht war. Beide weisen ein handliches Stimmbuch-Kleinformat auf. Die dritte Sammlung, *Cantiones septem, sex et quinque vocum* (1545), beschließt die Serie.

*Literatur*:
Th. Röder, *Innovation and Misfortune. Augsburg Music Printing in the First Half of the 16th Century*, in: Yearbook of the Alamire Foundation 2 (1997), S. 465–477 • H.-J. Künast, ›*Getruckt zu Augspurg*‹. *Buchdruck und Buchhandel in Augsburg zwischen 1468 und 1555*, Tübingen 1997.

ALB

# Krummhorn

(Krumbhorn, engl. crumhorn, ital. storta, storto, cornamuto torto, frz. tournebout, cromorne; Krump horn in Sebastian ▶ Virdungs *Musica getutscht* von 1511 bezieht sich wohl auf den krummen Zink).

Das Krummhorn gehört zu den Windkapselinstrumenten: Das den Ton erzeugende Doppelrohr wird nicht direkt angeblasen, sondern von einer Holzkapsel umhüllt. Hierdurch ist eine individuelle Tongestaltung kaum möglich. Michael ▶ Praetorius schreibt hierzu in seinem *Syntagma Musicum* (Bd. 2, S. 40f.):

»Die Krumbhoerner […] werden nicht mit blossen Roehren geblasen / sondern haben […] oben ueber dem Roehrlin sonderliche Capsulen, darumb man sie dann auch desto weniger zwingen / und im Thon nachzugeben nicht sonderlich helfen kan.«

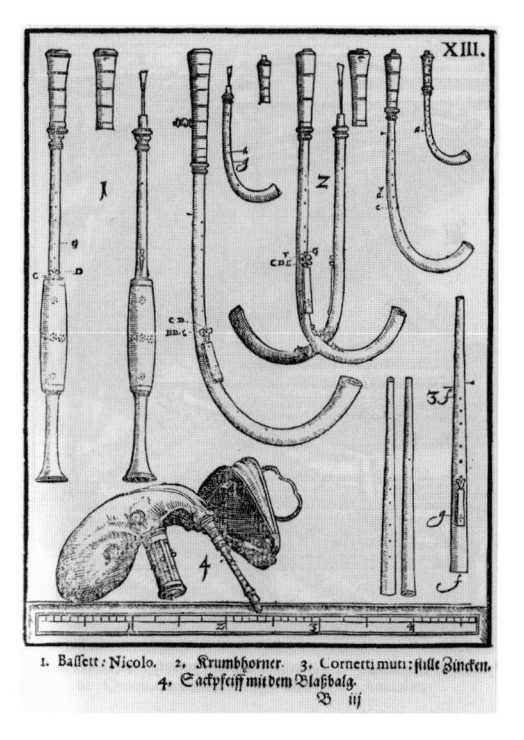

Michael Praetorius, *Syntagma Musicum*, Bd. II, *De Organographia*, Wolfenbüttel 1619, Tafel XIII.

Vereinzelt zeigen Abbildungen den Gebrauch des Krummhorns auch ohne Windkapsel, so bei der Hochzeit von Ercole II. d'▶Este mit Renée von Lothringen (auf der Wandvertäfelung von Peter Flötner in Nürnberg um 1520, früher Hirsvogelsaal, jetzt Fembohaus) und auf einer Elfenbeinplakette von Christoph Angermeier (Bayerisches Nationalmuseum München). Die Bohrung des Krummhorns ist zylindrisch und nur am unteren Ende der Röhre ein wenig konisch. Sie erfolgt zunächst als Längsbohrung am geraden Werkstück, später wird das Instrument über Wärme gebogen.

Der Tonumfang originaler Krummhörner beträgt eine None (Praetorius: »Und ist hierbey auch zu mercken, dass die [...] Krumbhoerner keinen Thon mehr von sich geben koennen / denn als die Zahl der Loecher mit sich bringet.«). Extensionen nach unten durch Hinzufügen von Klappen werden in diversen Quellen erwähnt und sind an historischen Instrumenten zu finden. Klappen zur Erweiterung des Tonumfangs nach oben hingegen sind moderne Additionen. Auch das Krummhorn wurde zumeist im ganzen Satz verwendet, wobei die Standardbesetzung Alt, 2 Tenöre und Bass umfasste. Praetorius nennt zusätzlich Diskant und Großbass. Die Instrumente hatten als Grundtöne: Diskant d, Alt g, Tenor d, Bass g, Großbass d. Durch Extension können bei Bass und Großbass jeweils ein bis zwei weitere Töne nach unten ergänzt werden.

Die Literatur umfasst neben den in Bezug auf die Besetzung nicht näher bezeichneten Instrumentalstücken geringen Tonumfangs einige explizit dem Krummhorn gewidmete Stücke: Johann Hermann Schein schreibt eine ▸ Pavane seines *Banchetto musicale* für fünf Krummhörner. Michael Praetorius nimmt in seine Sammlung *Terpsichore* (1612) Pazzamezze und Gaillarde von Francisco Caroubel auf und erwähnt sie im Vorwort als gut spielbar auf ›Krumbhoernern‹, obwohl gerade sie dem an anderer Stelle von Praetorius genannten Umfang nicht ganz entsprechen. Thomas ▸ Stoltzer sagt von seinem sechsstimmigen Psalm *Erzürne dich nicht* (1526), dass er sehr

Hans Burgkmair: *Kayser Maximilians I. Triumph*, Blatt 20: »Musica Schalmeyen, pusaunen und krumphörner«.

gut auf Krummhörnern spielbar sei. Einige anonyme Stücke finden sich in einer Sammlung der Königlichen Bibliothek Kopenhagen, die offensichtlich für Herzog Albrecht von Preußen angelegt wurde (hierin vor allem der fünfstimmige Satz des flämischen Liedes *Tandernaken* in der Besetzung ATTBB). Zur Hochzeit der ▸ Medici 1539 wird das sechsstimmige Madrigal *Guardan almo pastore* von Francesco ▸ Corteccia mit Zink und fünf Krummhörnern zunächst instrumental dargestellt und dann mit Sängern und den genannten Instrumenten gesungen und gespielt. Corteccia verwendet dieselbe Besetzung in weiteren Teilen der Florentiner Intermedien.

Krummhornspieler gehörten zu den Stadtpfeifereien und Hofkapellen, wie zahlreiche Abbildungen belegen. Hierbei sind sie fast immer in größeren homogenen Krummhornbesetzungen dargestellt. Allerdings findet man sie auch als einzelne Spieler im Ensemble mit anderen Blasinstrumenten wie ▸ Pommer, ▸ Zink, ▸ Posaune etc. Auch Inventarlisten wie jene vom Hofe ▸ Heinrichs VIII., die 25 (!) Krummhörner auflistet, und den Höfen von Berlin, ▸ Dresden, Graz, ▸ Innsbruck u.a. zeugen von der Verbreitung des Instruments. Erwähnt wird das Krummhorn als ›Tournebout‹ sogar noch 1636 in der *Harmonie Universelle* von Marin ▸ Mersenne und als ›Cormorne‹ unter den Instrumenten der Grande Écurie du Roy am französischen Hof. Mitglieder der Philidorfamilie werden als Krummhornspieler genannt, und eine *Suite pour les cromornes* von Degrigni von 1660 ist überliefert. Originale Krummhörner sind in etlichen Sammlungen von Museen erhalten, so u.a. in Berlin, ▸ Brüssel und Wien. Erbaut wurden sie u.a. von der ▸ Bassanofamilie. Auch als Orgelregister war die Klangfarbe des Krummhorns beliebt. Bereits 1489 findet sich ein solches Register in Dresden.

*Literatur*:
M. Praetorius, *Syntagma Musicum*, Bd. II: *De Organographia*, Wolfenbüttel 1619, Faksimile Kassel 1958 • I. Hechler, *Die Windkapselinstrumente: Geschichte, Spielweise, Besetzungsfragen*, Sonderdruck aus Tibia 2 (1977) • H. Mayer Brown, *Wind-cap instruments*, in: *Grove*, Bd. 20, (1980), S. 447 • B. Boydell, *The Crumhorn and other Renaissance Windcap Instruments*, Buren 1982 • D. Munrow, *Musikinstrumente des Mittelalters und der Renaissance*, London 1976 und Celle o.J. • J.H. van der Meer, *Musikinstrumente*, München 1983.

UV

## Kugelmann, Paul
* Augsburg, † um 1580 Königsberg

Kugelmann war vermutlich seit 1542, sicher ab 1548 Trompeter in der Hofkapelle Herzog Albrechts von Preußen in Königsberg, in der auch drei seiner Brüder (Hans, Christoph und Melchior) wirkten. 1549 bis 1553 war er vertretungsweise, ab 1557 festangestellter erster Hoftrompeter und damit Leiter der gesamten Instrumentalkapelle. Seine 1558 veröffentlichte Sammlung *Etliche Teutsche Liedlein, Geistlich und Weltlich* enthält neben eigenen auch Werke anderer Königsberger Hofmusiker, weitere Werke sind handschriftlich überliefert. Außer 3- bis 6-stimmigen deutschen Liedern sind von Kugelmann auch Werke mit deutschen oder lateinischen Titeln, aber ohne Text, überliefert, bei denen es sich teilweise wohl um Instrumentalkompositionen für die leistungsstarke Königsberger Hofmusik handelt.

*Ausgaben*:
*Sieben teutsche Liedlein für gemischten Chor*, hrsg. von H. Engel, Kassel und Basel 1954; verschiedene Kompositionen, hrsg. von Arthur Eglin in: Laudinella-Reihe, Nr. 228, 308, 384, 414.

*Literatur*:
F. Spitta, *Die Liedersammlung des Paul Kugelmann*, in: *Riemann-Festschrift*, hrsg. von C. Mennicke, Leipzig 1909 (Nachdruck Tutzing 1965), S. 272–277 • M. Federmann, *Musik und Musikpflege zur Zeit Herzog Albrechts* (Königsberger Studien zur Musikwissenschaft 14), Kassel 1932 • H. Engel, *Etliche Teutsche Liedlein geistlich und weltlich. Kugelmanns Königsberger Sammlung von 1558*, in: Ostpreußische Mu-

sik, Mitteilungsblatt der Ostpreußischen Musikgesellschaft, Heft 1 (1937), S. 38ff.

AB

# Kurrende

Die Kurrenden (wahrscheinlich von lat. ›currere‹: laufen; vereinzelt auch auf ›corradere‹: betteln, zusammenscharren, zurückgeführt) sind eine seit dem späten Mittelalter bestehende Institution in zahlreichen Städten, die auf fahrende Schüler und Bettelorden des Mittelalters zurückgeht, dann aber nach der Einrichtung von kirchlichen Lateinschulen zu einer fest organisierten Einrichtung wurde. Mitglieder der Kurrenden waren zumeist ärmere Schüler, die durch das Singen zu ihrem Lebensunterhalt beitrugen.

Die Kurrenden waren dem jeweiligen Kantor der Kirche unterstellt, der jedoch beim so genannten ›Umsingen‹ durch einen Präfekten (genannt ›praefectus‹, ›praecentor‹ oder auch ›auditor‹) vertreten wurde. Die Knaben sangen auf den Straßen oder an öffentlichen Plätzen sowie vor den Häusern der Bürger. Kurrendenordnungen legten die Orte und Zeiten fest, an denen gesungen wurde. Oft trugen die Knaben dabei eine altertümliche Tracht, wie schwarze Radmäntel, Kappen mit Hängequasten oder auch flache Zylinderhüte. Das Aussehen der Tracht wurde ebenfalls in der Kurrendenordnung festgelegt.

Die Knaben sagen zumeist 2–3 mal in der Woche am Nachmittag. Der Gesang war in der Regel einstimmig und unterschied sich dadurch von den Kantoreien, die mehrstimmig sangen. Jedoch kam es, besonders ab dem späteren 16. Jahrhundert, auch vor, dass die Kurrendaner ihre Gesänge mehrstimmig vortrugen, wie zeitgenössische Kurrendenbücher belegen. Überdies wurden Kurrenden z.T. auch zum Singen in Früh- und Wochengottesdiensten eingesetzt. Außerdem sangen sie bei Hochzeiten, Trauerfeiern und anderen festlichen Anlässen.

Die Rechte und Pflichten der Kurrenden wurden minutiös geregelt durch landesherrliche oder städtische Kirchenordnungen, z.T. sind auch eigene Kurrendenordnungen erhalten. Das Repertoire bestand vor allem aus geistlichen Liedern, wobei bereits vor der ▸ Reformation auch deutsches geistliches Liedgut Verwendung fand. Nach der Reformation wurden dann in protestantischen Gegenden primär Choräle und geistliche Lieder in der Volkssprache, passend zur jeweiligen Kirchenjahreszeit, verwendet.

Überhaupt bedeutete die Reformation, die mit einer Reform des Schulwesens in Deutschland einherging, einen Aufschwung im Kurrendenwesen. Durch die Betonung der Bildung einerseits und die Einrichtung von zahlreichen neuen Schulen andererseits bestand auch ein erhöhter Bedarf an Kurrenden, die für die finanzielle Unterstützung der Schüler verantwortlich waren. Förderlich erwies sich dabei, dass der Reformator Martin ▸ Luther selbst während seiner Schulzeit in Magdeburg und Eisenach Mitglied in einer Kurrende gewesen war und sich nicht nur positiv über diese Einrichtung äußerte, sondern sich ganz dezidiert gegen die Verspottung der ärmeren Schüler wandte. In *Eine Predigt Martin Luthers, das man Kinder zur Schulen halten solle* (Wittenberg 1530, ²1541) wendet sich der Reformator gegen die Verhöhnung jener Knaben, »die fur der thur ›Panem propter Deum‹ sagen und den brot reihen singen«.

Die Gründe für das schlechte Ansehen der Kurrenden waren vielfältig. Hierzu gehörten sowohl die ungewöhnlichen Uniformen, die z.T. schlechte Qualität der musikalischen Darbietungen (nicht jeder Kurrendaner war auch ein begabter Sänger), sowie die offene Zurschaustellung sozialer Bedürftigkeit. Die Grenze zwischen Kurrendensingen und Bettelei war oft nur sehr schmal. Die Kurrenden wurden daher von Vielen als störend und als Belästigung aufgefasst. Überdies kam es immer wieder zu disziplinarischen Problemen, sei es, dass sich die Knaben ungebührlich verhielten, herumpöbelten oder die öffentliche Ruhe störten oder dass einzelne Mitglieder oder der Präfekt sich mehr Geld aus den Sammelbüchsen nahmen, als ihnen zustand. Obgleich die Kurrendenordnungen sich bemühten, solche Probleme zu regeln, so wird doch aus zeitgenössischen Eingaben an die Stadträte wie aus Revisionen von Kurrendenordnungen deutlich, dass dies ein anhaltendes Problem war.

Am weitesten verbreitet waren die Kurrenden in Mitteldeutschland, während in Norddeutschland zahlreiche Kurrenden erst gegen Ende des 16. und zu Beginn des 17. Jahrhunderts gegründet wurden. In katholischen Gegenden waren sie weniger verbreitet. Bis heute haben sich Traditionen des Kurrendesingens lokal gehalten, wie etwa im Sternsingen in katholischen Gegenden, oder dem Martinssingen (Konfessionsspezifisch dem Heiligen Martin oder Martin Luther gewidmet).

*Literatur*:
Chr. G. Stemler, *Abhandlung aus der Kirchengeschichte von der Currende und denen Churrendanern*, Leipzig 1765 • Joh.Fr. Marquardt, *Die evangelische Currende […] nach ihrer Idee und Bedeutung*, Berlin 1858 • J. Rautenstrauch, *Luther und die Pflege der kirchlichen Musik in Sachsen*, Leipzig 1907, Reprint Hildesheim 1970 • G. Schünemann, *Geschichte der deutschen Schulmusik*, 2 Tle., Leipzig ²1931/1932 • Kl.W. Niemöller, *Untersuchungen zu Musikpflege und Musikunterricht an den deutschen Lateinschulen von ausgehenden Mittelalter bis um 1600*, Regensburg 1969 • F. Krautwurst, *Kurrende*, in: *MGG*², Bd. 5 (Sachteil), 1996, Sp. 827–831.

MR

**Kyriale** ▸ Gesangbuch, liturgisches